ADMINISTRAÇÃO FINANCEIRA INTERNACIONAL

E36a Eiteman, David K.
Administração financeira internacional / David K. Eiteman, Arthur I. Stonehill, Michael H. Moffett ; tradução: Christiane de Britto ; revisão técnica: Herbert Kimura. – 12. ed. – Porto Alegre : Bookman, 2013.
xx, 600 p. : il. ; 28 cm.

ISBN 978-85-407-0188-5

1. Administração. 2. Administração financeira internacional. I. Stonehill, Arthur I. II. Moffett, Michael H. III. Título.

CDU 005.915

Catalogação na publicação: Natascha Helena Franz Hoppen – CRB 10/2150

David K. Eiteman
University of California,
Los Angeles

Arthur I. Stonehill
Oregon State University e
University of Hawaii at Manoa

Michael H. Moffett
Thunderbird School of
Global Management

ADMINISTRAÇÃO FINANCEIRA INTERNACIONAL

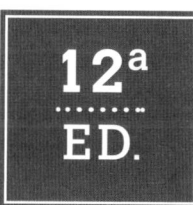

12ª ED.

Tradução:
Christiane de Britto

Consultoria, supervisão e revisão técnica desta edição:
Herbert Kimura
Doutor em Administração pela FEA/USP e pela EAESP/FGV
Professor adjunto da Universidade Presbiteriana Mackenzie

bookman

2013

Obra originalmente publicada sob o título
Multinational Business Finance, 12th Edition
ISBN 9780136096689

© 2010 by Pearson Education, Inc., sob o selo Prentice Hall.

Gerente Editorial – CESA: Arysinha Jacques Affonso

Colaboraram nesta edição:

Capa: *Maurício Pamplona*

Projeto e editoração: *Techbooks*

Reservados todos os direitos de publicação, em língua portuguesa, à
BOOKMAN EDITORA LTDA., uma empresa do GRUPO A EDUCAÇÃO S.A.
Av. Jerônimo de Ornelas, 670 – Santana
90040-340 – Porto Alegre – RS
Fone: (51) 3027-7000   Fax: (51) 3027-7070

É proibida a duplicação ou reprodução deste volume, no todo ou em parte, sob quaisquer formas ou por quaisquer meios (eletrônico, mecânico, gravação, fotocópia, distribuição na Web e outros), sem permissão expressa da Editora.

Unidade São Paulo
Av. Embaixador Macedo Soares, 10.735 – Pavilhão 5 – Cond. Espace Center
Vila Anastácio – 05095-035 – São Paulo – SP
Fone: (11) 3665-1100   Fax: (11) 3667-1333

SAC 0800 703-3444 – www.grupoa.com.br

IMPRESSO NO BRASIL
PRINTED IN BRAZIL

Os autores

Arthur I. Stonehill é professor emérito de Finanças e Administração Internacional na Oregon State University, onde ensinou por 24 anos (1966-1990). Durante os anos de 1991-1997, ele dividiu seu cargo de docente entre a University of Hawaii at Manoa e a Copenhagen Business School. De 1997 a 2001, continuou como Professor Visitante na University of Hawaii at Manoa. Também ocupou cargos de docência ou pesquisa na University of California, Berkeley; Cranfield School of Management (Reino Unido) e no North European Management Institute (Noruega). Foi presidente da Academy of International Business e diretor ocidental da Financial Management Association.

O professor Stonehill concluiu seu bacharelado em História pela Yale University (1953), seu M.B.A. pela Harvard Business School (1957) e seu Ph.D. em Administração de Empresas pela University of California, Berkeley (1965). Recebeu o título de doutorado honorário pela Aarhus School of Business (Dinamarca, 1989), Copenhagen Business School (Dinamarca, 1992) e Lund University (Suécia, 1998).

Foi autor e coautor de nove livros e vinte e cinco outras publicações. Seus artigos já foram publicados na *Financial Management, Journal of International Business Studies, California Management Review, Journal of Financial and Quantitative Analysis, Journal of International Financial Management and Accounting, International Business Review, European Management Journal, The Investment Analyst (Reino Unido), Nationaløkonomisk Tidskrift (Dinamarca), Sosialøkonomen (Noruega), Journal of Financial Education*, entre outras.

David K. Eiteman é professor emérito de Finanças no John E. Anderson Graduate School of Management at UCLA. Já teve cargos de docência ou pesquisa na Hong Kong University of Science & Technology, Showa Academy of Music (Japão), the National University of Singapore, Dalian University (China), the Helsinki School of Economics and Business Administration (Finlândia), University of Hawaii at Manoa, University of Bradford (Reino Unido), Cranfield School of Management (Reino Unido), e IDEA (Argentina). Já foi presidente da International Trade and Finance Association, da Society for Economics and Management, na China, e da Western Finance Association.

O professor Eiteman concluiu seu bacharelado em Administração de Empresas pela University of Michigan, Ann Arbor (1952); seu mestrado em Economia pela University of California, Berkeley (1956); e seu Ph.D. em Finanças pela Northwestern University (1959).

Foi autor e coautor de quarto livros e vinte e nove outras publicações. Seus artigos já foram publicados no *The Journal of Finance, The International Trade Journal, Financial Analysts Journal, Journal of World Business, Management International, Business Horizons, MSU Business Topics, Public Utilities Fortnightly*, entre outros.

Michael H. Moffett é professor titular da cátedra Continental Grain de Finanças na Thunderbird School of Global Management. Já foi Professor Adjunto de Finanças na Oregon State University (1985-1993). Também já teve cargos de docência e pesquisa na University of Michigan, Ann Arbor (1991-1993); Brookings Institution, Washington, D.C., University of Hawaii at Manoa; Aarhus School of Business (Dinamarca); Helsinki School of Economics and Business Administration (Finlândia); International Centre for Public Enterprises (Iugoslávia); e University of Colorado, Boulder.

O professor Moffett concluiu seu bacharelado em Economia pela University of Texas at Austin (1977), um mestrado em Economia de Recursos pela Colorado State University (1979) e outro em Economia pela University of Colorado, Boulder (1983) e seu Ph.D. em Economia pela University of Colorado, Boulder (1985).

Foi autor, coautor e contribuidor de seis livros e 15 outras publicações. Seus artigos foram publicados no *Journal of Financial and Quantitative Analysis, Journal of Applied Corporate Finance, Journal of International Money and Finance, Journal of International Financial Management and Accounting, Contemporary Policy Issues, Brookings Discussion Papers in International Economics,* entre outros. Foi contribuidor de diversas coletâneas, como o *Handbook of Modern Finance,* o *International Accounting and Finance Handbook* e a *Encyclopedia of International Business*. Foi também coautor de dois livros sobre administração de empresas multinacionais juntamente com Michael Czinkota e Ilkka Ronkainen, *International Business* (7ª edição) e *Global Business*.

Agradecimentos

Os autores expressam seu profundo agradecimento pelas muitas detalhadas revisões e sugestões de inúmeros colegas. Essas revisões, feitas por mais de 100 colegas, alguns tendo adotado o presente livro como material de ensino, outros não, incluíam detalhadas revisões capítulo por capítulo e respostas a um abrangente questionário. A edição atual do *Administração Financeira Internacional* reflete a maioria das sugestões feitas por esses revisores. Os participantes da pesquisa são anônimos. Os revisores são os seguintes:

Gordon M. Bodnar, *John Hopkins University*
Imad A. Elhah, *University of Louisville*
Larry Fauver, *University of Tennessee*
John P. Lajaunie, *Nicholls State University*
Sheryl Winston Smith, *University of Minnesota*
Masahiro Watanabe, *Rice University*
Gwinyai Utete, *Auburn University*

Agradecimentos especiais aos revisores e participantes de pesquisas das edições anteriores:

Otto Adleberge
Essen University, Alemanha
Alan Alford
Northeastern University
Stephen Archer
Williamette University
Bala Arshanapalli
Indiana University Northwest
Hossein G. Askari
George Washington University
Robert T. Aubey
University of Wisconsin at Madison
David Babbel
University of Pennsylvania
James Baker
Kent State University
Morten Balling
Arhus School of Business, Dinamarca
Arindam Bandopadhyaya
University of Massachusetts at Boston
Ari Beenhakker
University of South Florida
Carl Beidleman
Lehigh University

Robert Boatler
Texas Christian University
Nancy Bord
University of Hartford
Finbarr Bradley
University of Dublin, Irlanda
Tom Brewer
Georgetown University
Michael Brooke
University of Manchester, Inglaterra
Robert Carlson
Assumption University, Tailândia
Kam C. Chan
University of Dayton
Chun Chang
University of Minnesota
Sam Chee
Boston University Metropolitan College
Kevin Cheng
New York University
It-Keong Chew
University of Kentucky
Frederick D. S. Choi
New York University

Jay Choi
Temple University
Nikolai Chuvakhin
Pepperdine University
Mark Ciechon
University of California, Los Angeles
J. Markham Collins
University of Tulsa
Alan N. Cook
Baylor University
Kerry Cooper
Texas A&M University
Robert Cornu
Cranfield School of Management, U.K.
Roy Crum
University of Florida
Steven Dawson
University of Hawaii at Manoa
David Distad
University of California, Berkeley
Gunter Dufey
University of Michigan, Ann Arbor
Mark Eaker
Duke University

Rodney Eldridge
George Washington University

Vihang Errunza
McGill University

Cheol S. Eun *Georgia Tech University*

Mara Faccio *University of Notre Dame*

Joseph Finnerty
University of Illinois at Urbana-Champaign

William R. Folks, Jr.
University of South Carolina

Lewis Freitas
University of Hawaii at Manoa

Anne Fremault
Boston University

Fariborg Ghadar
George Washington University

Ian Giddy
New York University

Martin Glaum
Justus-Lievig-Universitat Giessen, Alemanha

Manolete Gonzales
Oregon State University

Deborah Gregory
University of Georgia

Robert Grosse
Thunderbird

Christine Hekman
Georgia Tech University

Steven Heston
University of Maryland

James Hodder
University of Wisconsin, Madison

Alfred Hofflander
University of California, Los Angeles

Janice Jadlow
Oklahoma State University

Veikko Jaaskelainen
Helsinki School of Economics and Business Administration

Benjamas Jirasakuldech
University of the Pacific

Ronald A. Johnson
Northeastern University

John Kallianiotis
University of Scranton

Charles Kane
Boston College

Fred Kaen
University of New Hampshire

Robert Kemp
University of Virginia

W. Carl Kester
Harvard Business School

Seung Kim
St. Louis University

Yong Kim
University of Cincinnati

Gordon Klein
University of California, Los Angeles

Steven Kobrin
University of Pennsylvania

Paul Korsvold
Norwegian School of Management

Chris Korth
University of South Carolina

Chuck C. Y. Kwok
University of South Carolina

Sarah Lane
Boston University

Martin Laurence
William Patterson College

Eric Y. Lee
Fairleigh Dickinson University

Donald Lessard
Massachusetts Institute of Technology

Arvind Mahajan
Texas A&M University

Rita Maldonado-Baer
New York University

Anthony Matias
Palm Bach Atlantic College

Charles Maxwell
Murray State University

Sam McCord
Auburn University

Jeanette Medewitz
University of Nebraska at Omaha

Robert Mefford
University of San Francisco

Paritash Mehta
Temple University

Antonio Mello
University of Wisconsin at Madison

Eloy Mestre
American University

Kenneth Moon
Suffolk University

Gregory Noronha
Arizona State University

Edmund Outslay
Michigan State University

Lars Oxelheim
Lund University, Suécia

Jacob Park
Green Mountain College

Yoon Shik Park
George Washington University

Harvey Poniachek
New York University

Yash Puri
University of Massachusetts at Lowell

R. Ravichandrarn
University of Colorado at Boulder

Scheherazade Rehman
George Washington University

Jeff Rosenlog
Emory University

David Rubinstein
University of Houston

Alan Rugman
Oxford University, U.K.

R. J. Rummel
University of Hawaii at Manoa

Mehdi Salehizadeh
San Diego State University

Michael Salt
San Jose State University

Roland Schmidt
Erasmus University, Holanda

Lemma Senbet
University of Maryland

Alan Shapiro
University of Southern California

Hany Shawky
State University of New York, Albany

Hamid Shomali
Golden Gate University

Vijay Singal
Virginia Tech University

Luc Soenen
California Polytechnic State University

Marjorie Stanley
Texas Christian University

Joseph Stokes
University of Massachusetts-Amherst

Jahangir Sultan
Bentley College

Lawrence Tai
Loyola Marymount University

Kishore Tandon
CUNY – Bernard Baruch College

Russell Taussig
University of Hawaii at Manoa

Lee Tavis
University of Notre Dame

Sean Toohey
University of Western Sydney, Australia

Norman Toy
Columbia University

Joseph Ueng
University of St. Thomas

Harald Vestergaard
Copenhagen Business School

K. G. Viswanathan
Hofstra University

Joseph D. Vu
University of Illinois, Chicago

Mahmoud Wahab
University of Hartford

Michael Williams
University of Texas at Austin

Brent Wilson
Brigham Young University

Bob Wood
Tennessee Technological University

Alexander Zamperion
Bentley College

Emilio Zarruk
Florida Atlantic University

Tom Zwirlein
University of Colorado, Colorado Springs

Pessoas do mercado

Paul Adaire
Philadelphia Stock Exchange

Barbara Block
Tektronix, Inc.

Holly Bowman
Bankers Trust

Payson Cha
HKR International, Hong Kong

John A. Deuchler
Private Export Funding Corporation

Kåre Dullum
Gudme Raaschou Investment Bank, Denmark

Steven Ford
Hewlett Packard

David Heenan
Campbell Estate, Hawaii Springs

Sharyn H. Hess
Foreign Credit Insurance Association

Aage Jacobsen
Gudme Raaschou Investment Bank, Dinamarca

Ira G. Kawaller
Chicago Mercantile Exchange

Kenneth Knox
Tektronix, Inc.

Arthur J. Obesler
Eximbank

I. Barry Thompson
Continental Bank

Gerald T. West
Overseas Private Investment Corporation

Willem Winter
First Interstate Bank of Oregon

É inevitável que estejam presentes neste livro ideias recebidas de professores e alunos de instituições onde ensinamos em todo o mundo. Estas incluem nossas próprias universidades – University of California, Los Angeles; Oregon State University; University of Hawaii; e Thunderbird. Nosso trabalho como professores visitantes foram na Hong Kong University of Science and Technology; University of California, Berkeley; University of Michigan, Ann Arbor; Cranfield School of Management, Reino Unido; University of Hawaii at Manoa; Northern European Management Institut, Noruega; Copenhagen Business School, Dinamarca; Aarhus School of Business, Dinamarca; Helsinki School of Economics and Business Administration, Finlândia; Indian School of Business, Hyderabad; Institute for the Development of Executives, Argentina; National University of Singapore; International Centre for Public Enterprises, Iugoslávia; Beijing Institute of Chemical Engineering and Management; e Dalian University of Science and Technology, China. Outras ideias vieram de trabalhos de consultoria na Argentina, Bélgica, Canadá, Dinamarca, Finlândia, Guatemala, Hong Kong, Indonésia, Japão, Malásia, México, Holanda, Noruega, República Popular da China, Peru, Suécia, Taiwan, Reino Unido e Venezuela.

Também gostaríamos de agradecer a dois importantes indivíduos na Pearson que trabalharam de modo diligente nesta 12ª edição: Donna Battista e Kerri McQueen.

Finalmente, gostaríamos de rededicar este livro a nossos pais, os finados Wilford e Sylvia Eiteman, os finados Harold e Norma Stonehill e Bennie Ruth e o finado Hoy Moffett, que nos motivaram a seguir a vida acadêmica e a escrever livros. Agradecemos a nossas esposas, Keng-Fong, Kari e Megan por sua paciência durante os anos que passamos preparando esta edição.

Pacific Palisades, Califórnia	D.K.E.
Honolulu, Havaí	A.I.S.
Glendale, Arizona	M.H.M.

Prefácio

O campo das finanças internacionais foi se desenvolvendo, e com ele o conteúdo do *Administração Financeira Internacional*. Assim como nas edições anteriores, vemos a empresa multinacional (EMN) como uma instituição singular que age como catalisadora e facilitadora do comércio internacional e como importante produtora e distribuidora em países anfitriões onde se localizam suas subsidiárias. O sucesso de uma empresa multinacional continua a depender de sua capacidade de reconhecer e tirar proveito de imperfeições nos mercados nacionais de produtos, fatores de produção e ativos financeiros.

Outro tema aproveitado de edições anteriores é que taxas de câmbio voláteis podem não somente aumentar o risco, mas também criar oportunidades para investidores e empresas lucrarem, se houver uma compreensão adequada da gestão de risco cambial.

A 12ª edição reconhece a crescente importância da integração global de mercados monetários e mercados de capitais, uma tendência que está criando oportunidades maiores para investidores e organizações que têm que levantar capital. Apesar de a integração global dos mercados financeiros remover parte das imperfeições de mercado que impedem o fluxo de capitais internacionalmente, ainda existem excelentes oportunidades para os investidores aumentarem seus retornos enquanto diminuem seu risco através da diversificação internacional de carteiras e para as empresas diminuírem seu custo de capital obtendo recursos internacionalmente.

A 12ª edição vê a EMN como uma organização que apresenta exigências singulares aos líderes empresariais do futuro. Esses líderes – possivelmente alguns dos leitores deste livro – enfrentarão inúmeros desafios que testarão não somente sua capacidade de *compreender* os mercados globais, mas também, mais do que isso, de *liderar* suas organizações através das constantemente mutantes correntes e marés das mudanças globais. Uma liderança competente talvez seja, de fato, a mais escassa *commodity* global.

Este livro trata de administração internacional e, mais especificamente, das dimensões de administração financeira que envolvem a liderança de uma empresa multinacional. O sucesso potencial da EMN, no entanto, se encontra nas mãos de líderes globais realmente competentes. O sucesso de qualquer EMN depende da capacidade de seus líderes para guiar e administrar a organização global.

Os gestores financeiros de EMNs enfrentam inúmeros riscos cambiais e políticos. Tais riscos podem ser intimidantes, mas, se compreendidos adequadamente, apresentam oportunidades para a criação de valor. Esses riscos e oportunidades são mais efetivamente compreendidos no contexto da empresa global propriamente dita, e da capacidade da administração de integrar os desafios estratégicos e financeiros enfrentados pela empresa.

PÚBLICO-ALVO

Administração Financeira Internacional, 12ª edição, é apropriado para cursos de nível universitário em administração financeira internacional, finanças empresariais internacionais, finanças internacionais e títulos similares. Pode ser utilizado no nível de graduação ou de pós-graduação além de cursos de formação de executivos.

Reconhecemos que muitos de nossos possíveis leitores vivem fora dos Estados Unidos e Canadá. Portanto, utilizamos um número significativo de exemplos, *Minicasos* e quadros de *Finanças globais na prática* com dados de outros países, como mostrados pela imprensa da área e nos noticiários (histórias e ilustrações).

ORGANIZAÇÃO

Administração Financeira Internacional, 12ª edição, é organizado em seis partes, unificadas pelo tópico do processo de globalização através do qual uma empresa passa de doméstica a multinacional.

- A Parte 1 introduz o ambiente financeiro global.
- A Parte 2 explica a teoria e os mercados de moedas.
- A Parte 3 analisa a exposição a taxas de câmbio.
- A Parte 4 analisa o financiamento da empresa global.
- A Parte 5 analisa as decisões de investimento internacionais.
- A Parte 6 examina a administração de operações internacionais.

O QUE HÁ DE NOVO NA 12ª EDIÇÃO

- O Capítulo 1, *Globalização e a empresa multinacional*, traça o desenvolvimento lógico das forças de globalização, vantagem comparativa, investimento estrangeiro direto por empresas multinacionais e dos princípios de globalização financeira da administração financeira internacional.
- O Capítulo 2, *Objetivos financeiros e governança corporativa*, aprofunda a discussão sobre governança empresarial, e agora inclui a propriedade privada de empresas – a forma de propriedade ainda dominante no mundo – e diferentes perspectivas sobre o valor de uma boa governança global.
- O Capítulo 5, *Desafios atuais das finanças internacionais: a crise do crédito de 2007-2009*, é completamente novo. O capítulo detalha as origens e a disseminação de títulos financeiros e derivativos, os acontecimentos do mercado por trás da crise financeira global e as soluções propostas.
- O Capítulo 18, *Teoria do investimento estrangeiro direto e risco político*, inclui uma nova seção sobre as EMNs de mercados emergentes.
- Há 22 Minicasos. Quatro são novos e 18 foram mantidos em resposta aos comentários de leitores.
- Há novos quadros de *Finanças globais na prática* espalhados pelo livro, ressaltando eventos atuais ligados ao material abordado no capítulo.
- Respostas completas para os Problemas de fim de capítulo marcados com um asterisco (*) encontram-se no final do livro em uma seção chamada *Respostas de Problemas selecionados*.

Neste livro, utilizamos cotações cambiais que às vezes podem diferir dos últimos símbolos computadorizados para as cotações (símbolos de três dígitos). Isso resulta das constantes modificações no mercado e porque às vezes preferimos utilizar símbolos tradicionais – $, ¥, £ – em vez de códigos de três dígitos, que consideramos menos férteis. Reconhecemos que essa decisão pode fazer o material parecer ultrapassado. Mas, mais uma vez, este livro trata das dificuldades e desafios de administrar empresas em um ambiente financeiro em rápida modificação. Também sabemos que muitos professores já prepararam materiais extras baseados em nossas cotações cambiais. Portanto, continuaremos a utilizar um misto das cotações existentes selecionadas (de edições anteriores) e as últimas taxas e movimentos no mercado. De qualquer forma, as cotações pretendem ilustrar um problema específico, e não dar suporte a soluções super atualizadas.

MATERIAIS DE APOIO

Este livro é acompanhado por materiais para facilitar a aprendizagem e para auxiliar o ensino e a avaliação dos alunos. Esses recursos estão disponíveis para *download* a partir da página da editora www.bookman.com.br.

Sumário Resumido

PARTE I O Ambiente Financeiro Internacional 1

    Capítulo 1 A Globalização e a Empresa Multinacional 2
    Capítulo 2 Objetivos Financeiros e Governança Corporativa 21
    Capítulo 3 O Sistema Monetário Internacional 47
    Capítulo 4 A Balança de Pagamentos 72
    Capítulo 5 Desafios Atuais das Finanças Internacionais: a Crise do Crédito de 2007-2009 100

PARTE II Teoria de Taxa de Câmbio e Mercados de Moedas Estrangeiras 129

    Capítulo 6 O Mercado de Moedas Estrangeiras 130
    Capítulo 7 Condições de Paridade Internacional 155
    Capítulo 8 Derivativos de Moeda Estrangeira 186
    Capítulo 9 *Swaps* de Taxas de Juros e de Moeda 221
    Capítulo 10 Determinação e Previsão de Taxas de Câmbio 242

PARTE III Exposição Cambial 265

    Capítulo 11 Exposição de Transação 266
    Capítulo 12 Exposição Operacional 302
    Capítulo 13 Exposição Contábil 325

PARTE IV Financiamento da Empresa Global 347

    Capítulo 14 Custo e Disponibilidade Global de Capital 348
    Capítulo 15 Obtenção de Capital Próprio no Cenário Global 373
    Capítulo 16 Obtenção de Capital de Terceiros no Cenário Global 392

PARTE V Decisões Sobre Investimentos no Exterior 411

    Capítulo 17 Teoria de Carteiras e Diversificação Internacional 412
    Capítulo 18 Teoria do Investimento Estrangeiro Direto e Risco Político 431
    Capítulo 19 Orçamento de Capital Multinacional 464

PARTE VI Gerenciamento de Operações Multinacionais 489

    Capítulo 20 Gerenciamento de Tributos Multinacionais 490
    Capítulo 21 Gerenciamento de Capital de Giro 510
    Capítulo 22 Finanças em Comércio Internacional 538

    Respostas de Problemas Selecionados 561
    Glossário 565
    Índice 579
    Créditos 597

Sumário

PARTE I O Ambiente Financeiro Internacional 1

Capítulo 1 Globalização e a Empresa Multinacional 2

Globalização e criação de valor na empresa multinacional 3
A teoria da vantagem comparativa 4
O que há de diferente na administração financeira global? 7
Imperfeições de mercado: uma explicação para a existência da empresa multinacional 8
O processo de globalização 9
Resumo 13
MINICASO: A Porsche muda de rumo 13
Perguntas ■ Problemas ■ Exercícios na Internet 18

Capítulo 2 Objetivos Financeiros e Governança Corporativa 21

Quem é o proprietário da empresa? 21
Qual o objetivo da administração? 23
Governança corporativa 27
Resumo 38
MINICASO: Falha da governança da Enron 39
Perguntas ■ Problemas ■ Exercícios na Internet 43

Capítulo 3 O Sistema Monetário Internacional 47

História do sistema monetário internacional 47
Regimes monetários contemporâneos 53
Mercados emergentes e opções de regime 58
O nascimento de uma moeda europeia: o euro 61
Regimes cambiais: como será daqui em diante? 64
Resumo 65
MINICASO: A reavaliação do yuan chinês 66
Perguntas ■ Problemas ■ Exercícios na Internet 69

Capítulo 4 A Balança de Pagamentos 72

Transações típicas da balança de pagamentos 73
Fundamentos da contabilidade da balança de pagamentos 74
A contabilidade da balança de pagamentos 75
A conta de capital e a conta financeira 77
A balança de pagamentos no total 81
A interação da balança de pagamentos com as principais variáveis macroeconômicas 85

Balança comercial e taxas de câmbio 87
Mobilidade do capital 90
Resumo 92
MINICASO: A crise da Turquia (A): Balança de pagamentos em deterioração 93
Perguntas ■ Problemas ■ Exercícios na Internet 95

Capítulo 5   Desafios Atuais das Finanças Internacionais: a Crise do Crédito de 2007-2009   100

As sementes da crise: dívida *subprime* 100
O mecanismo de transmissão: securitização e derivativos de dívidas securitizadas 104
A queda: a crise de 2007 e 2008 113
O remédio: prescrições para um organismo financeiro global infectado 121
Resumo 123
MINICASO: Adeus ao Lehman Brothers 124
Perguntas ■ Problemas ■ Atividades na Internet 126

PARTE II   Teoria de Taxa de Câmbio e Mercados de Moedas Estrangeiras   129

Capítulo 6   O Mercado de Moedas Estrangeiras   130

Extensão geográfica do mercado de moedas 130
Funções do mercado de moedas 131
Participantes do mercado 132
Transações no mercado interbancário 134
Taxas e cotações de moeda 139
Resumo 148
MINICASO: O mercado paralelo do bolívar na Venezuela 148
Perguntas ■ Problemas ■ Exercícios na Internet 151

Capítulo 7   Condições de Paridade Internacional   155

Preços e taxas de câmbio 155
Taxas de juros e taxas de câmbio 163
Taxa a termo como um estimador não viesado da taxa à vista futura 171
Preços, taxas de juros e taxas de câmbio no equilíbrio 172
Resumo 174
MINICASO: O repasse (*pass-through*) de moeda na Porsche 174
Perguntas ■ Problemas ■ Exercícios na Internet 176
Apêndice: Uma cartilha algébrica das condições de paridade internacional 182

Capítulo 8   Derivativos de Moeda Estrangeira   186

Contratos futuros de moeda 187
Opções de taxa de câmbio 190
Especulação em moeda estrangeira 192
Precificação e avaliação de opções 199
Sensibilidade do preço das opções cambiais 201
Prudência na prática 209
Resumo 210
MINICASO: Warren Buffett e derivativos: uma relação de amor e ódio 211
Perguntas ■ Problemas ■ Exercícios na Internet 213
Apêndice: Teoria da precificação de opções cambiais 217

CAPÍTULO 9 *Swaps* de Taxas de Juros e de Moeda   221

Definição do risco de taxa de juros   221
Gerenciamento do risco de taxa de juros   224
Trident Corporation: fazendo *swap* para taxas de juros fixas   232
Swaps de moeda   233
Trident Corporation: fazendo *swap* de dólares a taxas flutuantes por francos suíços a taxas fixas   234
Risco de contraparte   236
Resumo   237
MINICASO: A exposição em libra esterlina da McDonald's Corporation   238
Perguntas ■ Problemas ■ Exercícios na Internet   239

Capítulo 10   Determinação e Previsão de Taxas de Câmbio   242

Determinação da taxa de câmbio: a linha teórica   243
A abordagem do mercado de ativos para previsão   246
Desequilíbrio: taxas de câmbio em mercados emergentes   247
Caso ilustrativo: a crise asiática   248
Caso ilustrativo: a crise da Argentina de 2002   251
Previsão na prática   255
Resumo   259
MINICASO: A precisão de previsão da JPMorgan Chase[1]   259
Perguntas ■ Problemas ■ Exercícios na Internet   261

PARTE III   Exposição Cambial   265

Capítulo 11   Exposição de Transação   266

Tipos de exposição cambial   266
Por que fazer *hedge*?   268
Mensuração da exposição de transação   270
Exposição de transação da Trident Corporation   273
Gerenciamento de uma conta a pagar   280
Gerenciamento de risco na prática   282
Resumo   283
MINICASO: A Xian-Janssen Pharmaceutical (China) e o euro   284
Perguntas ■ Problemas ■ Exercícios na Internet   286
Apêndice: Opções complexas   294

Capítulo 12   Exposição Operacional   302

Atributos da exposição operacional   302
Ilustração da exposição operacional: Trident   304
Gerenciamento estratégico da exposição operacional   308
Gerenciamento proativo da exposição operacional   311
Abordagens contratuais: fazendo *hedge* do imponderável   318
Resumo   319
MINICASO: Exposição operacional europeia da Toyota   319
Perguntas ■ Problemas ■ Exercícios na Internet   321

Capítulo 13   Exposição Contábil   325

Panorama da conversão   325
Métodos de conversão   328

Exemplo de conversão: Trident Europe 331
Comparação entre exposição contábil e exposição operacional 336
Gerenciamento da exposição contábil 336
RESUMO 340
MINICASO: LaJolla Engineering Services 341
Perguntas ■ Problemas ■ Exercícios na Internet 343

PARTE IV Financiamento da Empresa Global 347

Capítulo 14   Custo e Disponibilidade Global de Capital   348

Custo médio ponderado de capital 350
A demanda por títulos estrangeiros: o papel dos investidores internacionais em carteira 355
O custo de capital para EMNs em comparação a empresas domésticas 361
Solucionando uma charada: o custo médio ponderado de capital das EMNs é realmente mais alto do que o de suas contrapartes domésticas? 362
Resumo 364
MINICASO: Novo Industri A/S (Novo) 365
Perguntas ■ Problemas ■ Exercícios na Internet 368

Capítulo 15   Obtenção de Capital Próprio no Cenário Global   373

Elaborando uma estratégia para obter capital próprio no cenário global 374
Emissão e listagem de ações em bolsas estrangeiras 377
Efeitos da listagem e da emissão de ações no exterior sobre o preço das ações 379
Barreiras à listagem e venda de ações no exterior 381
Instrumentos alternativos à busca de capital próprio em mercados globais 382
Resumo 386
MINICASO: Petrobras e o custo de capital 386
Perguntas ■ Problemas ■ Exercícios na Internet 389

Capítulo 16   Obtenção de Capital de Terceiros no Cenário Global   392

Estrutura financeira ótima 392
Estrutura financeira ótima e a EMN 393
Estrutura financeira de subsidiárias estrangeiras 396
Mercados internacionais de dívida 399
Resumo 406
MINICASO: Tirstrup BioMechanics (Dinamarca): levantando capital de terceiros em dólar 406
Perguntas ■ Problemas ■ Exercícios na Internet 408

PARTE V Decisões Sobre Investimentos no Exterior 411

Capítulo 17   Teoria de Carteiras e Diversificação Internacional   412

Diversificação internacional e risco 412
Internacionalização da carteira doméstica 415
Mercados nacionais e desempenho dos ativos 420
Resumo 425
MINICASO: A teoria moderna de carteiras está ultrapassada? 426
Perguntas ■ Problemas ■ Exercícios na Internet 427

Capítulo 18 Teoria do Investimento Estrangeiro Direto e Risco Político 431

Sustentando e transferindo a vantagem competitiva 431
O paradigma OLI e a internalização 434
Decidindo sobre onde investir 436
Como investir no exterior: formas de envolvimento estrangeiro 437
Investimento estrangeiro direto originário de países em desenvolvimento 440
Investimento estrangeiro direto e risco político 442
Avaliando o risco político 443
Riscos específicos de uma empresa 445
Riscos específicos de um país: riscos de transferência 448
Riscos específicos de um país: riscos culturais e institucionais 450
Riscos específicos de transações globais 453
Resumo 457
MINICASO: A crise da Mattel na China em 2007 458
Perguntas ■ Exercícios na Internet 461

Capítulo 19 Orçamento de Capital Multinacional 464

Complexidades orçamentárias de um projeto estrangeiro 465
Avaliação de Projeto *versus* avaliações da empresa matriz 466
Caso ilustrativo: Cemex entra na Indonésia 467
Análise de opções reais 479
Financiamento de projetos (*project finance*) 480
Resumo 482
MINICASO: A entrada da Trident no mercado chinês – uma aplicação da análise de opções reais 482
Perguntas ■ Problemas ■ Exercícios na Internet 484

PARTE VI Gerenciamento de Operações Multinacionais 489

Capítulo 20 Gerenciamento de Tributos Multinacionais 490

Princípios fiscais 490
Preço de transferência (*transfer pricing*) 498
Gerenciamento tributário na Trident 500
Subsidiárias em paraísos fiscais e centros financeiros internacionais *offshore* 501
Resumo 502
MINICASO: Stanley Works e transferência de sede social 503
Perguntas ■ Problemas ■ Exercícios na Internet 506

Capítulo 21 Gerenciamento de Capital de Giro 510

Ciclo operacional da Trident Brasil 510
Decisões da Trident sobre o reposicionamento 512
Restrições sobre o reposicionamento de fundos 513
Canais para movimentação de fundos através de transferências 514
Remessas internacionais de dividendos 515
Capital de giro líquido 516
Gerenciamento monetário internacional 522
Financiando o capital de giro 526
Resumo 530
MINICASO: Honeywell e Pakistan International Airways 530
Perguntas ■ Problemas ■ Exercícios na Internet 532

Capítulo 22 Finanças em Comércio Internacional 538

A relação comercial 538
O dilema comercial 540
Benefícios do sistema 541
Carta de crédito (L/C – *letter of credit*) 543
Cobrança documentária ou saque (*draft*) 545
Conhecimento de embarque (B/L – *bill of lading*) 546
Exemplo: Documentação em uma transação comercial comum 546
Programas do governo para auxiliar o financiamento de exportações 549
Alternativas para o financiamento comercial 550
Forfaiting: Financiamento de médio e longo prazo 552
Resumo 554
MINICASO: *Precious*, as fraldas ultrafinas da Crosswell International 555
Perguntas ■ Problemas ■ Exercícios na Internet 558

Respostas de Problemas Selecionados 561

Glossário 565

Índice 579

Créditos 597

PARTE I

O Ambiente Financeiro Internacional

CAPÍTULO 1
A Globalização e a Empresa Multinacional

CAPÍTULO 2
Objetivos Financeiros e Governança Corporativa

CAPÍTULO 3
O Sistema Monetário Internacional

CAPÍTULO 4
A Balança de Pagamentos

CAPÍTULO 5
Desafios Atuais das Finanças Internacionais: a Crise do Crédito de 2007-2009

CAPÍTULO 1

A Globalização e a Empresa Multinacional

Defino globalização como produzir onde for mais eficiente em termos de custo, vender onde for mais lucrativo e obter capital onde for mais barato, sem se preocupar com fronteiras nacionais.

—Narayana Murthy, Presidente e CEO, Infosys

Este livro trata de administração financeira internacional com uma ênfase especial sobre a *empresa multinacional*. A empresa multinacional (EMN) é definida como uma empresa que possui subsidiárias, filiais, ou afiliadas em operação localizadas em países estrangeiros. Sua definição inclui também empresas em atividades de serviços como consultoria, contabilidade, construção, serviços jurídicos, propaganda, entretenimento, serviços bancários, telecomunicações e hospedagem.

As EMNs têm sedes globais. Muitas delas são de propriedade de um misto de acionistas domésticos e estrangeiros. A propriedade de algumas empresas é tão internacionalmente dispersa que elas são conhecidas como empresas transnacionais. As transnacionais normalmente são administradas a partir de uma perspectiva global em vez de a partir da perspectiva de um único país.

Apesar de o livro *Administração financeira internacional* enfatizar as EMNs, empresas estritamente domésticas muitas vezes também têm atividades internacionais significativas. Tais atividades incluem a importação e a exportação de produtos, componentes e serviços. As empresas domésticas também podem licenciar empresas estrangeiras para conduzir seus negócios no exterior. Elas sofrem exposição à concorrência estrangeira em seu mercado doméstico. Elas sofrem também exposição indireta a riscos internacionais através de seus relacionamentos com clientes e fornecedores. Portanto, os gestores de empresas domésticas precisam compreender os riscos financeiros internacionais, especialmente aqueles relacionados a taxas de câmbio e os riscos de crédito relacionados a pagamentos comerciais.

Este livro foi escrito originalmente no idioma inglês e normalmente utiliza o dólar norte-americano em sua exposição. Entretanto, tentamos torná-lo relevante para todas as empresas multinacionais utilizando inúmeras EMNs sediadas em outros países que não os EUA. Utilizaremos o termo *empresa multinacional* (EMN) em todo este livro por dois motivos muito importantes. Em primeiro lugar, utilizamos o termo *multinacional* em vez de *internacional* porque nos focalizaremos na terceira fase do processo de globalização, na qual as empresas operam negócios em muitos países diferentes. Em segundo lugar, utilizamos o termo *empresa* em vez de *corporação* porque quando as empresas entram em muitos mercados emergentes, elas entram em *joint ventures*, alianças estratégicas ou simplesmente acordos de operação com empresas que podem não ser de capital aberto ou nem mesmo de propriedade privada (não sendo, portanto, corporações), mas, na verdade, extensões do governo.

GLOBALIZAÇÃO E CRIAÇÃO DE VALOR NA EMPRESA MULTINACIONAL

Administração global, como qualquer outra administração, é a ciência social de administrar pessoas para organizar, manter e aumentar a produtividade coletiva com o objetivo de alcançar metas produtivas, tipicamente para gerar lucro e valor para seus proprietários e outros *stakeholders**. Alcançar esta meta – construir valor para a empresa – exige que se combinem três elementos: 1) um *mercado aberto*; 2) *gestão estratégica* de alta qualidade; e 3) *acesso a capital*. Como mostra o Quadro 1.1, qualquer EMN que esteja tentando criar valor precisaria combinar esses três elementos cruciais que compõem os lados da pirâmide de valor da empresa.

Um mercado aberto

A economia de mercado é a condição fundamental para a criação de valor. A EMN terá pouca oportunidade para prosperar e crescer se não estiver operando em um mercado que permita a livre movimentação e concorrência de mão de obra, capital, tecnologia e os espíritos de inovação e empreendedorismo. O rápido desenvolvimento econômico da China, e as muitas empresas que estão surgindo na China hoje são exemplos recentes do poder de um mercado cada vez mais aberto. Entretanto, é muito complexo fomentar uma economia de mercado saudável em qualquer país, e muitos países ainda não encontraram sua "fórmula mágica".

Gestão estratégica

Apesar de a capacidade de competir em um mercado ser um requisito, para criar valor é necessário que haja uma capacidade de enxergar oportunidades de negócios e, então, projetar, desenvolver e executar uma estratégia empresarial através de todos os níveis de liderança e gestão. Apesar de os elementos fundamentais da inovação e do empreendedorismo provavelmente estarem embutidos no DNA humano, boas estratégias e uma boa gestão não estão. Contudo, uma estratégia perspicaz

QUADRO 1.1 Criando valor para uma empresa em mercados globais

O desafio da construção de valor para uma empresa – valor para todos, inclusive os acionistas, *stakeholders* e a comunidade social – está na expansão e no desenvolvimento dos três lados da pirâmide global: *um mercado aberto*; *acesso a capital de preço acessível*; e uma *gestão estratégica de alta qualidade*.

---

* N. de R.T.: O termo *stakeholder* é utilizado para denotar de modo geral todos os envolvidos, interessados e influenciados pela empresa como, por exemplo, clientes, fornecedores, funcionários, governo e comunidade.

e uma liderança competente são críticos para a criação de valor. Mas isso não é algo que já tenha sido quantificado ou dominado; como qualquer estudante de administração sabe, se computadores conseguissem criar e administrar estratégias, as empresas não contratariam pessoas (ou estudantes).

Acesso a capital

Mercados abertos e uma liderança competente de nada servem, no entanto, se a EMN não puder ter um pronto acesso a capital por um preço acessível. É o capital que permite o investimento necessário para obter a tecnologia, executar a estratégia e expandir para mercados globais. É o "capital" em *capitalismo* é a capacidade da empresa de buscar e obter recursos de fora de si mesma com o intuito de perseguir a visão da empresa e criar o valor para todos os principais *stakeholders* e, subsequentemente, para a comunidade e a sociedade da qual a empresa faz parte.

O nível de desenvolvimento desses três elementos combinados, os níveis I a III exibidos no Quadro 1, representa os graus de profundidade, amplitude e sofisticação aos quais a EMN tem acesso. Por exemplo:

- General Electric (EUA) pode ser considerada residente do Nível III. É uma EMN global cuja qualidade de liderança estratégica e de administração é amplamente reconhecida, que possui fácil acesso a capital barato e farto, e que é um concorrente importante no mercado mais competitivo e aberto do mundo.
- Cemex (México) pode ser um exemplo de um residente do Nível II. Um concorrente de rápido crescimento em seu setor global, sediado no México, que está emergindo rapidamente como uma economia de mercado cujo potencial é praticamente ilimitado. Contudo, a Cemex às vezes ainda é obstruída em seu acesso a capital disponível e de preço acessível para dar suporte a seus objetivos de negócios.
- The Haier Group (China) pode representar uma EMN residente no Nível I da pirâmide de valor. Apesar de extremamente bem-sucedida e uma EMN a ser considerada por um número cada vez maior de mercados, a Haier ainda enfrenta dificuldades para superar barreiras e limitações de todos os três elementos cruciais junto à sua base de clientes chinesa.

Como descrita no *Finanças globais na prática 1.1*, a evolução da empresa doméstica a uma multinacional e a uma "a-nacional" está gerando benefícios significativos para todos os interessados na empresa.

Essas três empresas são residentes da pirâmide. Suas posições na pirâmide são o resultado da complexa interação dos três elementos-chave – os três lados da pirâmide – com o nível de desenvolvimento econômico e abertura dos países onde se realizam suas atividades de negócios. O minicaso sobre a Porsche no final do capítulo desafiará o leitor a determinar onde a empresa pode ser classificada dentro da arquitetura da pirâmide de valor.

Como veremos em todo este livro, a economia global está testemunhando um crescimento sem precedentes nas EMNs na pirâmide de valor, e o tamanho e a forma da pirâmide no futuro provavelmente são ilimitados. Agora passaremos ao princípio subjacente que impulsiona o crescimento da administração global – a *vantagem comparativa*.

A TEORIA DA VANTAGEM COMPARATIVA

A *teoria da vantagem comparativa* fornece uma base para explicar e justificar o comércio internacional em um mundo-modelo que supostamente desfruta de livre comércio, concorrência perfeita, ausência de incertezas, informações com custos zero, e ausência de interferência do governo. As origens da teoria se encontram na obra de Adam Smith, e particularmente em seu livro seminal *A riqueza das nações*, publicado em 1776. Smith procurou explicar por que a divisão do trabalho em atividades produtivas e, subsequentemente o comércio internacional desses bens, aumentava a qualidade de vida de todos os cidadãos. Smith baseou sua obra no conceito de *vantagem absoluta*, segundo o qual cada país deveria se especializar na produção daqueles bens para os quais fosse mais singularmente apropriado. Seria possível produzir mais por menos. Assim, se cada país se especializasse nos produtos para os quais possuísse vantagem absoluta, os países poderiam produzir mais ao todo e trocar produtos – comercializar – por bens cujos preços fossem mais baratos do que aqueles produzidos localmente.

FINANÇAS GLOBAIS NA PRÁTICA 1.1

Nacional, multinacional ou "a-nacional"?

Quando Isaac Merritt Singer abriu uma filial de sua fabricante de máquinas de costura em Paris, em 1855, ele provavelmente não achou que estava inaugurando um caminho que as empresas norte-americanas ainda estariam seguindo mais de 150 anos depois. A expansão da Singer na França transformou a empresa, sediada em Nova York, na primeira multinacional dos EUA, sendo a pioneira de um modelo de negócios que seria adotado por outros ícones do capitalismo norte-americano, da Ford à Standard Oil e à General Electric. Mas talvez o legado mais importante do audacioso passo da Singer tenha sido o fato de isso ter dado certo: em menos de seis anos da inauguração francesa, as vendas no estrangeiro tinha excedido as receitas nos EUA. É uma lição que os líderes de empresas de hoje em dia aprenderam.

Nos três últimos meses, empresas blue-chip* como a General Electric, o conglomerado, a IBM, a gigante da tecnologia, e a UPS, o grupo de logística, pegaram uma carona em uma economia global que tem crescido mais rapidamente do que os EUA. Em comparação, empresas que dependem de consumidores domésticos, como a Wal-Mart, a varejista criadora de tendências, e a Home Depot, a cadeia de lojas de lazer utilitário do tipo "faça-você-mesmo", divulgaram resultados decepcionantes e previsões sombrias.

Entretanto, se os lucros estrangeiros ajudaram as multinacionais dos EUA protelar uma queda na lucratividade, a questão é se a atual dependência do resto do mundo é apenas uma fase cíclica ou o arauto de uma transformação na América corporativa. Poderia a importância dos mercados estrangeiros destruir – como discutiu Sam Palmisano, principal executivo da IBM – o antigo modelo multinacional segundo o qual as empresas descentralizavam as operações de produção e de vendas, mas mantinham as funções essenciais como a diretoria, pesquisa e projeto de produto no "país de origem"? E em caso afirmativo, estariam algumas das empresas dos EUA prontas para se tornarem verdadeiramente "transnacionais" distribuindo seus altos executivos pelo mundo?

À primeira vista, há forças cíclicas significativas por trás da recente ascensão das multinacionais norte-americanas – forças, em outras palavras, que poderiam mudar em um future próximo. Em primeiro lugar, o dólar perdeu quase um terço de seu valor frente aos maiores parceiros comerciais dos EUA nos sete últimos anos, tornando mais fácil para os exportadores norte-americanos vender para o mundo e aumentando o valor em dólar dos lucros no exterior. Em segundo lugar, as multinacionais dos EUA foram impulsionadas pelo crescimento econômico global, que, em grande parte, foi motivado pela fome dos mercados emergentes por infraestrutura e bens de consumo – dois dos maiores trunfos das corporações norte-americanas.

No entanto, mesmo se as mudanças econômicas e as revoluções internas das empresas significassem, nas palavras de Steve Mills, líder do negócio global de software da IBM, que "as coisas não poderiam voltar a ser como eram", será que mais empresas abandonariam a lealdade nacional e se tornariam verdadeiramente "a-nacionais"? A "Big Blue" – como foi apelidada a IBM – alega ser exatamente isso, com operações em mais de 150 países e funções essenciais espalhadas por todo o mundo. Seu chefe de compras, por exemplo, trabalha na sede de Shenzhen, China, a meio mundo de distância da sede do Sr. Palmisano em Armonk, Nova York, EUA. "Em nosso modo de pensar não há fronteiras", diz o Sr. Mills.

Entretanto, muitos principais executivos dos EUA consideram tais mudanças impraticáveis, se não simplesmente perigosas. Eles discutem que ter suas raízes fincadas nos EUA é não somente uma apólice de seguro no caso de a maré da globalização mudar, mas também uma maneira de manter a ordem e o foco em empresas cada vez mais complexas e dispersas – uma maneira de deixar que todos saibam de quem é a responsabilidade e quem é que manda. Jeffrey Immelt, presidente executivo da GE, uma das empresas mais "globais" dos EUA, recentemente afirmou: "Somos uma empresa norte-americana, mas a fim de sermos bem-sucedidos, temos que vencer em cada canto do mundo". Em outras palavras, aspirações globais tingidas de orgulho nacional – o que a Singer teria compreendido – são igualmente reconhecíveis hoje em dia entre os líderes de negócios nos EUA.

---

*N. de T.: Chamam-se blue-chip as empresas de prestígio, cujas ações são consideradas lucrativas e estáveis, com um preço relativamente alto. O termo é original do pôquer, onde fichas azuis são fichas de alto valor.

Fonte: Extraído de "US Companies Choose: National Multinational or 'A-National'?," Francesco Guerrera, Financial Times, August 16, 2007, p. 7.

David Ricardo, em sua obra *Princípios de economia política e tributação*, publicada em 1817, procurou levar as ideias fundamentais estabelecidas por Adam Smith alguns passos lógicos adiante. Ricardo observou que mesmo se um país possuísse vantagem absoluta na produção de dois produtos, ele ainda assim poderia ser relativamente mais eficiente do que outro país na produção de um bem do que na produção do outro. Ricardo chamou isso de *vantagem comparativa*. Cada país, então, possuiria uma vantagem comparativa na produção de um dos produtos e, assim sendo, ambos os países se beneficiariam se especializando completamente em um produto e adquirindo o outro através do comércio.

Apesar de o comércio internacional ter adotado o modelo da vantagem comparativa durante o século XIX, hoje certamente não o faz, por diversas razões. Os países não parecem se especializar apenas naqueles produtos que poderiam ser mais eficientemente produzidos pelos fatores de produção específicos de cada país. Em vez disso, os governos interferem na vantagem comparativa por diversas razões econômicas e políticas, como para alcançar o pleno emprego, desenvolvimento econômico, autosuficiência nacional em setores relacionados à defesa e proteção do modo de vida de um setor agrícola. A interferência do governo assume a forma de tarifas, cotas e outras restrições não tarifárias.

Pelo menos dois dos fatores de produção, capital e tecnologia, agora fluem direta e facilmente entre os países, e não apenas indiretamente através de bens e serviços comercializados. Esse fluxo direto ocorre entre subsidiárias e afiliadas relacionadas de empresas multinacionais, além de entre empresas não relacionadas através de empréstimos e contratos de licença e gerenciamento. Até mesmo a mão de obra flui entre os países, como por exemplo os imigrantes que entram nos Estados Unidos (legais e ilegais) e os imigrantes dentro da União Europeia e outras uniões.

Os fatores de produção modernos são mais numerosos do que nesse simples modelo. Fatores considerados no local de instalações de produção em todo o mundo incluem conhecimentos locais e gerenciais, uma estrutura jurídica confiável para dirimir disputas relativas a contratos, competência em pesquisa e desenvolvimento, nível educacional dos trabalhadores disponíveis, recursos energéticos, demanda dos consumidores por bens de marca, disponibilidade de minérios e matérias-primas, acesso a capital, diferenciais tributários, infraestrutura de suporte (estradas, portos e instalações de comunicações) e possivelmente outros.

Apesar de os termos comerciais serem, em última análise, determinados pela oferta e demanda, o processo através do qual esses termos são estabelecidos é diferente do processo visualizado na teoria do comércio tradicional. Eles são determinados em parte pela precificação administrada em mercados oligopolistas.

A vantagem comparativa se modifica com o tempo à medida que países menos desenvolvidos se tornam mais desenvolvidos e tornam viáveis suas oportunidades latentes. Por exemplo, nos 150 últimos anos, a vantagem comparativa da produção de produtos têxteis de algodão já passou dos Estados Unidos para o Japão, Hong Kong, Taiwan e finalmente para a China. O modelo clássico da vantagem comparativa também não conseguiu exatamente dar conta de outras questões como o efeito da incerteza e custos de informação, o papel de produtos diferenciados em mercados imperfeitamente competitivos e economias de escala.

Não obstante, apesar de o mundo estar muito longe do modelo comercial clássico, o princípio geral da vantagem comparativa ainda é válido. Quanto mais o mundo se aproximar da verdadeira especialização internacional, mais a produção e o consumo mundiais poderão aumentar, contanto que o problema da distribuição equitativa dos benefícios possa ser solucionado de modo a satisfazer os consumidores, produtores e líderes políticos. A especialização total, no entanto, continua sendo um caso-limite não realista, assim como a concorrência perfeita é um caso-limite na teoria microeconômica.

Terceirização da cadeia de suprimento: a vantagem comparativa hoje

A teoria da vantagem comparativa ainda é uma teoria relevante para explicar por que determinados países são mais adequados para a exportação de bens e serviços que servem de suporte à cadeia de suprimento global tanto das EMNs quanto das empresas domésticas. A vantagem comparativa do século XXI, no entanto, é uma vantagem baseada mais em serviços e sua facilitação entre fronteiras em decorrência das telecomunicações e da Internet. Entretanto, a fonte de vantagem comparativa de uma nação ainda é criada a partir de um misto da qualificação de sua mão de obra, acesso a capital e tecnologia.

Existem hoje muitos locais para a terceirização da cadeia de suprimentos. O Quadro 1.2 apresenta um panorama geográfico dessa reencarnação moderna da vantagem comparativa de base comercial. Para provar que esses países devem se especializar nas atividades exibidas, seria necessário saber quanto custaria exercer essas mesmas atividades nos países que estão importando esses serviços em comparação a seus próprios setores. Lembre-se de que é necessário que haja uma *vantagem relativa* em custos, e não somente uma *vantagem absoluta*, para criar uma *vantagem comparativa*.

| QUADRO 1.2 | Terceirização global da vantagem comparativa |

EMNs sediadas em muitos países industrializados estão terceirizando funções intelectuais a provedores sediados em países de economias emergentes.

Por exemplo, a Índia desenvolveu um setor de *software* extremamente eficiente e de baixo custo. Este setor oferece não somente a criação de *software* customizado, mas também *call centers* de suporte ao cliente, e outros serviços de tecnologia da informação. O setor de *software* indiano é composto por subsidiárias de EMNs e empresas independentes. Se você possui um computador Hewlett-Packard e liga para o número do centro de atendimento ao cliente em busca de ajuda, provavelmente falará com um *call center* na Índia. Quem atende sua ligação é um instruído engenheiro de *software* ou programador indiano que lhe ajudará a resolver seu problema passo a passo. A Índia possui um grande número de especialistas qualificados e que falam inglês, mas que recebem apenas uma fração do salário e benefícios recebidos por seus congêneres norte-americanos. O excesso de capacidade e o baixo custo das redes internacionais de telecomunicações de hoje em dia aumenta ainda mais a vantagem comparativa da localização na Índia.

A extensão da terceirização global já está chegando a todos os cantos do globo. Dos departamentos de administração financeira em Manila aos engenheiros de tecnologia de informação na Hungria, as telecomunicações modernas agora levam as atividades de negócio até a mão de obra em vez de ter que deslocar a mão de obra até os locais de negócios.

O QUE HÁ DE DIFERENTE NA ADMINISTRAÇÃO FINANCEIRA GLOBAL?

O Quadro 1.3 detalha algumas das principais diferenças entre a administração financeira doméstica e a internacional. Essas diferenças de composição incluem instituições, riscos de taxas de câmbio e políticos e as modificações necessárias na teoria e nos instrumentos financeiros.

A administração financeira internacional exige uma compreensão de diferenças culturais, históricas e institucionais como aquelas que afetam a governança corporativa. Apesar de tanto as empresas domésticas quanto as EMNs estarem expostas a riscos de taxas de câmbio, apenas as EMNs enfrentam certos riscos singulares, como riscos políticos, que normalmente não são uma ameaça a operações domésticas.

QUADRO 1.3 O que há de diferente na administração financeira internacional?

Conceito	Internacionais	Doméstica
Cultura, história e instituições	Cada país estrangeiro é singular e nem sempre é compreendido pela gerência da EMN	Cada país possui um caso base* conhecido
Governança corporativa	As regulamentações e práticas institucionais de países estrangeiros são todas singularmente diferentes	As regulamentações e instituições são bem conhecidas
Risco de taxa de câmbio	As EMNs enfrentam riscos de taxa de câmbio devido às suas subsidiárias, além de riscos de importações/exportações e de concorrentes estrangeiros	Riscos de taxa de câmbio de importações/exportações e concorrência estrangeira (sem subsidiárias)
Risco político	As EMNs enfrentam riscos políticos devido às suas subsidiárias estrangeiras e à sua alta visibilidade	Riscos políticos insignificantes
Modificação das teorias financeiras domésticas	As EMNs têm que modificar as teorias financeiras como orçamento de capital e custo de capital devido a complexidades estrangeiras	A teoria financeira tradicional é aplicável
Modificação dos instrumentos financeiros domésticos	As EMNs utilizam instrumentos financeiros modificados como opções, futuros, *swaps* e cartas de crédito	Uso limitado de instrumentos financeiros e derivativos devido a menos riscos de taxa de câmbio e políticos

* N. de T.: Em referência a um modelo ou projeções financeiras, "caso base" é o caso esperado do modelo utilizando as suposições consideradas mais prováveis pela gerência. Os resultados financeiros de seu caso base devem ser melhores do que os de seu caso conservador, mas piores do que seu caso agressivo.

As EMNs também enfrentam outros riscos que podem ser classificados como extensões da teoria financeira doméstica. Por exemplo, a abordagem doméstica normal do custo de capital, obtenção de capital de terceiros e de capital próprio, orçamento de capital, gerenciamento do capital de giro, tributação e análise de crédito precisa ser modificada para acomodar as complexidades estrangeiras. Além disso, diversos instrumentos financeiros que são utilizados na administração financeira doméstica são modificados para serem usados na administração financeira internacional. Exemplos são contratos futuros e de opções em moeda estrangeira, *swaps* de taxas de juros e de moeda e cartas de crédito.

O principal tema deste livro é analisar como a administração financeira de uma empresa multinacional evolui à medida que persegue oportunidades estratégicas globais e surgem novas restrições. Neste capítulo inicial, veremos brevemente os desafios e riscos associados à Trident Corporation (Trident), uma empresa que evoluiu do escopo doméstico para uma verdadeira multinacional. A discussão inclui as restrições que uma empresa enfrenta em termos de metas gerenciais e de governança à medida que vai se envolvendo cada vez mais em atividades multinacionais. Mas primeiramente precisamos esclarecer a singular proposição de valor e as vantagens para as quais a EMN foi criada para explorar.

IMPERFEIÇÕES DE MERCADO: UMA EXPLICAÇÃO PARA A EXISTÊNCIA DA EMPRESA MULTINACIONAL

As EMNs se esforçam para tirar proveito de imperfeições nos mercados nacionais de produtos, fatores de produção e ativos financeiros. As imperfeições do mercado de produtos significam oportunidades de mercado para as EMNs. As grandes empresas internacionais são mais capazes de explorar fatores competitivos como economias de escala, conhecimento especializado em gestão e tecnologia, diferenciação de produtos e força financeira do que seus concorrentes locais. Na verdade, as EMNs são mais bem-sucedidas em mercados caracterizados pela concorrência oligopolista internacional, onde esses fatores são particularmente cruciais. Além disso, uma vez que as EMNs tenham estabelecido uma presença física no exterior, elas estarão em uma posição melhor do que as empresas estritamente domésticas para identificar e implementar oportunidades de mercado através de sua própria rede interna de informações.

Por que as empresas se tornam multinacionais?

Motivações estratégicas impulsionam a decisão de investir no exterior e se tornar uma EMN. Essas motivações podem ser resumidas sob as cinco categorias a seguir:

1. **Empresas em busca de mercados** produzem em mercados estrangeiros ou para satisfazer a demanda local ou para exportar para outros mercados que não seu mercado local. As fabricantes de automóveis norte-americanas produzindo na Europa para o consumo local são um exemplo de empresas em busca de mercados. A Porsche, uma fabricante de automóveis europeia discutida no minicaso deste capítulo, decidiu *não* seguir este caminho.
2. **Empresas em busca de matérias-primas** extraem matérias-primas onde quer que elas se encontrem, ou para exportar ou para beneficiamento e venda no país em que se encontram – o país hospedeiro. As empresas de petróleo, mineração, plantação e silvicultura caem todas nesta categoria.
3. **Empresas em busca de eficiência produtiva** produzem em países em que um ou mais fatores de produção são subprecificados em relação à sua produtividade. A produção de componentes eletrônicos, intensiva em mão de obra, em Taiwan, Malásia e México é um exemplo dessa motivação.
4. **Empresas em busca de conhecimento** operam em países estrangeiros para ter acesso a conhecimentos especializados em gestão. Por exemplo, empresas alemãs, holandesas e japonesas adquiriram empresas de produtos eletrônicos localizadas nos EUA devido à sua tecnologia.
5. **Empresas em busca de segurança política** adquirem ou estabelecem novas operações em países em que se acha improvável que ocorram expropriações ou interferências com empresas privadas. Por exemplo, empresas de Hong Kong investiram pesado nos Estados Unidos, Reino Unido, Canadá e Austrália prevendo as consequências da tomada da colônia britânica em 1997 pela China.

Esses cinco tipos de considerações estratégicas não são mutuamente exclusivos. Empresas de produtos de silvicultura em busca de fibra de madeira no Brasil, por exemplo, podem encontrar também um grande mercado brasileiro para parte de sua produção.

Em setores caracterizados pela concorrência oligopolista mundial, cada um dos motivos estratégicos acima deve ser subdividido em investimentos *proativos* e *defensivos*. Os investimentos proativos são projetados para aumentar o crescimento e a lucratividade da própria empresa. Os investimentos defensivos são projetados para impedir o crescimento e a lucratividade dos concorrentes da empresa. Exemplos de investimentos defensivos são investimentos que tentam se apropriar de um mercado antes que os concorrentes consigam se estabelecer nele ou investimentos que se apossam de fontes de matéria-prima, negando-as a seus concorrentes.

O PROCESSO DE GLOBALIZAÇÃO

Trident é uma empresa hipotética sediada nos EUA que será utilizada como exemplo ilustrativo em todo este livro para demonstrar o *processo de globalização* – as mudanças estruturais e gerenciais experimentadas por uma empresa quando ela passa suas operações de domésticas para globais.

Transição global I: a Trident passa da fase doméstica à fase de comércio internacional

A Trident é uma empresa jovem que produz e distribui um conjunto de dispositivos de telecomunicações. Sua estratégia inicial é desenvolver uma vantagem competitiva sustentável no mercado norte-americano. Assim como muitas outras jovens empresas, a Trident sofre restrições devido a seu pequeno porte, aos seus concorrentes e à falta de acesso a fontes de capital baratas e fartas. A metade superior do Quadro 1.4 mostra a Trident em sua *fase doméstica* inicial. A Trident vende seus produtos em dólares norte-americanos para clientes nos EUA e compra seus insumos de produção e serviços de fornecedores norte-americanos, pagando-os em dólares norte-americanos. A classificação de crédito de todos os fornecedores e compradores é estabelecida sob práticas e procedimentos domésticos nos EUA. Um possível problema para a Trident neste momento é que apesar de a empresa não ser internacional ou global em suas operações, parte de seus concorrentes, fornecedores ou compradores talvez o sejam. Esse geralmente é o ímpeto que leva uma empresa como a Trident à primeira transição do processo de globalização, passando ao comércio internacional.

A Trident foi fundada por James e Edgar Winston em Los Angeles, em 1948, para produzir equipamentos de telecomunicações. A empresa de base familiar se expandiu lenta, mas constantemente ao longo dos 40 anos seguintes. As demandas por contínuos investimentos tecnológicos na década de 1980, no entanto, exigiam que a empresa levantasse mais capital próprio a fim de competir. Essa necessidade levou à sua primeira oferta pública inicial (initial public offering – IPO) em 1988. Como uma empresa sediada nos EUA cujas ações eram negociadas na NASDAQ, a administração da Trident buscava *criar valor para seus acionistas*.

À medida que a Trident foi se tornando uma concorrente visível e viável no mercado norte-americano, surgiram oportunidades estratégicas para expandir o alcance do mercado da empresa exportando produtos e serviços para um ou mais mercados estrangeiros. O Tratado Norte-Americano de Livre Comércio (North American Free Trade Area – NAFTA) tornou atraente o comércio com o México e o Canadá. Esta segunda fase do processo de globalização é exibida na metade inferior do Quadro 1.4. A Trident respondeu a essas forças de globalização importando insumos de fornecedores mexicanos e fazendo vendas de exportação a compradores canadenses. Definimos essa etapa do processo de globalização como a *Fase de comércio internacional*.

Exportar e importar produtos e serviços aumenta as demandas de administração financeira acima e além dos requisitos tradicionais da empresa estritamente doméstica. Em primeiro lugar, os *riscos de taxa de câmbio* agora são assumidos diretamente pela empresa. A Trident talvez agora precise cotar preços em moedas estrangeiras, aceitar pagamentos em moedas estrangeiras, ou pagar os fornecedores em moedas estrangeiras. Como o valor das moedas muda de um minuto para o outro no mercado global, a Trident agora enfrentará riscos significativos dos valores mutantes associados a esses pagamentos e recebimentos em moedas estrangeiras. Como discutido no minicaso deste capítulo sobre a Porsche, os riscos de taxa de câmbio também podem resultar em ganhos além de perdas!

Em segundo lugar, a avaliação da qualidade de crédito dos compradores e vendedores estrangeiros agora é mais importante que nunca. Reduzir a possibilidade de que produtos exportados não sejam pagos e de que produtos importados não sejam entregues passa a ser uma das duas tarefas de

QUADRO 1.4 Trident Corporation: início do processo de globalização

Fase um: operações domésticas

Fornecedores norte-americanos (domésticos) → Trident Corporation (Los Angeles, USA) → Compradores norte-americanos (domésticos)

Todos os pagamentos em dólares norte-americanos. Todo o risco de crédito sob a legislação dos EUA.

Fornecedores mexicanos → Trident Corporation → Compradores canadenses

Os fornecedores mexicanos são confiáveis?
A Trident pagará em dólares ou em pesos?

Os compradores canadenses têm capacidade creditícia?
O pagamento será feito em dólares norte-americanos ou em dólares canadenses?

Fase dois: expansão para o comércio internacional

administração financeira durante a fase de comércio internacional. Essa tarefa de *gerenciamento de risco de crédito* é muito mais difícil em negócios internacionais, já que os compradores e os fornecedores são novos, estão sujeitos a diferentes práticas de negócios e sistemas jurídicos e, de modo geral, são mais difíceis de avaliar.

Transição global II: da fase de comércio internacional à fase multinacional

Se a Trident for bem-sucedida em suas atividades de comércio internacional, chegará um momento em que o processo de globalização passará para a fase seguinte. A Trident logo precisará estabelecer afiliadas de vendas e serviços no exterior. Este passo geralmente é seguido pelo estabelecimento de operações de produção no exterior ou pelo licenciamento de empresas estrangeiras para produzir e oferecer serviços aos produtos da Trident. A multiplicidade de questões e atividades associadas a esta segunda e maior transição global é o propósito deste livro.

A globalização continuada da Trident exigirá que ela identifique as fontes de sua vantagem competitiva, e que, uma vez dotada deste conhecimento, expanda seu capital intelectual e presença física globalmente. Há uma variedade de alternativas estratégicas disponíveis para a Trident – a *sequência de investimento estrangeiro direto* – como mostra o Quadro 1.5. Essas alternativas incluem a criação de escritórios de vendas no exterior, o licenciamento do nome da empresa e tudo mais associado a ele, e a produção e distribuição de seus produtos para outras empresas em mercados estrangeiros. À medida que a Trident for se movimentando para baixo e para a direita no Quadro 1.5, o grau de sua presença física em mercados estrangeiros aumenta. Agora talvez ela seja proprietária de suas próprias instalações de distribuição e produção e, em última análise, podem querer adquirir outras empresas. Uma vez que a Trident seja proprietária de ativos e empresas em países estrangeiros, ela terá entrado na *fase multinacional* de sua globalização.

QUADRO 1.5 Sequência de investimento estrangeiro direto

* N. de T.: "Investimentos *greenfield*" são uma forma de investimento estrangeiro direto em que uma empresa sucursal começa um novo empreendimento em um país estrangeiro construindo novas instalações operacionais do zero e criando empregos de longo prazo no país estrangeiro por meio da contratação de novos funcionários.

Os limites da globalização financeira

As teorias de administração internacional e finanças internacionais introduzidas neste capítulo há muito defendem que com um mercado global cada vez mais transparente e aberto no qual o capital possa fluir livremente, o capital irá fluir cada vez mais e suportará países e empresas com base na *teoria da vantagem comparativa*. Desde meados do século XX, isso de fato tem acontecido já que mais e mais países passaram a buscar mercados mais abertos e competitivos. Mas a última década testemunhou o crescimento de um novo tipo de limite ou impedimento à *globalização financeira*: o crescimento da influência e do autoenriquecimento de pessoas que desfrutam de posições privilegiadas (*insiders*) em uma organização.*

Uma possível representação deste processo pode ser vista no Quadro 1.6. Se *insiders* influentes em corporações e estados soberanos continuarem a buscar o aumento do valor da empresa, haverá um crescimento nítido e contínuo na globalização financeira. No entanto, se os mesmos *insiders* influentes buscarem seus próprios interesses pessoais, o que pode aumentar seu poder e influência pessoal ou sua riqueza pessoal, ou ambos, o capital não fluirá para esses estados soberanos e corporações. O resultado é o crescimento da ineficiência financeira e a segmentação de resultados da globalização – criando vencedores e perdedores. Como veremos em todo este livro, essa barreira às finanças internacionais podem, de fato, ser cada vez mais problemáticas.

Este crescente dilema também está um tanto ligado ao assunto de que trata este livro. Os três elementos fundamentais – *teoria financeira*, *administração global* e *crenças e ações da administração* – combinam-se para apresentar ou o problema ou a solução para o crescente debate sobre os benefícios da globalização para países e culturas em todo o mundo. O minicaso sobre a Porsche prepara o terreno para nosso debate e discussão. Será que os membros da família que controlam essa empresa estão criando valor para si mesmos ou para seus acionistas?

QUADRO 1.6 Os possíveis limites da globalização financeira

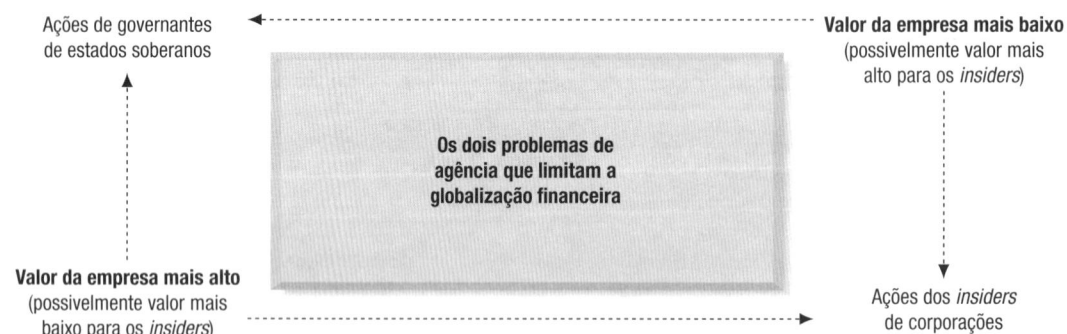

Se esses *insiders* influentes estiverem colocando a construção de sua riqueza pessoal à frente dos interesses a empresa, isso de fato impedirá o fluxo de capital entre fronteiras, moedas e instituições para criar uma comunidade financeira global mais aberta e integrada.

Fonte: Construído pelos autores com base em "The Limits of Financial Globalization", Rene M. Stulz, *Journal of Applied Corporate Finance*, Volume 19 Number 1, Winter 2007, pp. 8–15.

---

* Esta seção baseia-se nos pensamentos estimulantes apresentados em "The Limits of Financial Globalization", Rene M. Stulz, *Journal of Applied Corporate Finance*, Volume 19, Number 1, Winter 2007, pp. 8–15.

RESUMO

- A criação de valor exige a combinação de três elementos cruciais: 1) um mercado aberto; 2) gestão estratégica de alta qualidade; e 3) acesso a capital.

- A teoria fundamental da vantagem comparativa e seus requisitos devem ser considerados para explicar e justificar o comércio internacional.

- A teoria da vantagem comparativa fornece uma base para explicar e justificar o comércio internacional em um mundo-modelo que supostamente desfruta de livre comércio, concorrência perfeita, ausência de incertezas, informações com custos zero, e ausência de interferência do governo.

- A administração financeira internacional exige uma compreensão de diferenças culturais, históricas e institucionais como aquelas que afetam a governança corporativa.

- Apesar de tanto as empresas domésticas quanto as EMNs estarem expostas a riscos de taxa de câmbio, apenas as EMNs enfrentam certos riscos singulares, como riscos políticos, que normalmente não são uma ameaça a operações domésticas.

- As EMNs se esforçam para tirar proveito de imperfeições nos mercados nacionais de produtos, fatores de produção e ativos financeiros.

- As grandes empresas internacionais são mais capazes de explorar fatores competitivos como economias de escala, conhecimento especializado em gestão e tecnologia, diferenciação de produtos e força financeira do que seus concorrentes locais.

- Uma empresa pode primeiramente entrar em transações comerciais internacionais, depois em arranjos contratuais internacionais como escritórios de vendas e franquias e, finalmente, adquirir subsidiárias estrangeiras. É nessa etapa final que ela realmente se torna uma empresa multinacional (EMN).

- A decisão de investir ou não no exterior é impulsionada por motivações estratégicas, e pode exigir que a EMN entre em acordos globais de licenciamento, *joint ventures*, aquisições em outros países ou investimentos *greenfield*.

- Se *insiders* influentes em corporações e estados soberanos buscarem seus próprios interesses pessoais, o que pode aumentar seu poder, influência ou riqueza pessoal, o capital não fluirá para esses estados soberanos e corporações. Por sua vez, isso criará limitações à globalização em finanças.

MINICASO: A Porsche muda de rumo[1]

"Sim, é claro que ouvimos falar em valor ao acionista. Mas isso não muda o fato de que colocamos nossos clientes em primeiro lugar, depois os funcionários, depois os parceiros de negócios, fornecedores e revendedores, e então os acionistas". — Dr. Wendelin Wiedeking, CEO, Porsche, Die Zeit, 17 de abril de 2005.

A Porsche sempre foi diferente. Declarações da liderança da Porsche, como a que mostramos aqui, sempre deixaram Veselina (Vesi) Dinova nervosa com a atitude da empresa em relação à criação de valor ao acionista. A empresa era um paradoxo. As atitudes e atividades da Porsche eram como a de uma empresa de base familiar, mas a empresa estava sendo bem-sucedida na criação de valor substancial ao acionista há mais de uma década.

O CEO da Porsche, Dr. Wendelin Wiedeking, é considerado como alguém com clareza em seus propósitos e certeza na execução. Como um colega o descreveu: "Ele cresceu PID: pobre, inteligente e determinado."* A administração da Porsche tinha causado confusão no mercado sobre qual era a proposição de valor apresentada pela Porsche. A Porsche estava continuando a desenvolver um foco organizacional sobre o *valor ao acionista*, ou estava retornando às suas raízes alemãs mais tradicionais de *compadrio alemão*? Dito de maneira simples, a liderança da Porsche estava buscando alcançar objetivos da família à custa de seus acionistas?

Porsche AG

A Porsche AG era uma fabricante de automóveis alemã com ações negociadas na bolsa e propriedade concentrada. O presidente e principal executivo da Porsche, Dr. Wendelin Wiedeking, tinha devolvido à empresa tanto seu *status* quanto sua lucratividade desde que assumira a empresa em 1993. Imediatamente depois de assumir, ele aboliu as plataformas de modelos 928 e 968 para reduzir complexidade e custo, apesar de na época isso ter deixado a empresa com apenas uma plataforma, a 911. Wiedeking contratou, então, um grupo de consultores de produção japoneses na tradição da Toyota que lideraram uma completa reestruturação dos processos de produção da empresa.

Apesar de as ações da Porsche serem negociadas na Bolsa de Valores de Frankfurt (e outras bolsas alemãs associadas), o controle da empresa permanecia firmemente nas mãos das famílias fundadoras, as famílias Porsche e Piëch. A Porsche possuía duas classes de ações, *ordinárias* e *preferenciais*. As duas famílias detinham todas as 8,75 milhões de *ações ordinárias* – as

---

* N. de T.: No original em inglês, "*PSD: poor, smart and driven*".

[1] Copyright ©2007 Thunderbird School of Global Management. Todos os direitos reservados. Este caso foi preparado pelo Professor Michael H. Moffett com o propósito único de discussão em sala de aula.

ações que garantiam todos os direitos a voto. A segunda classe de ações, as *ações preferenciais*, participava apenas dos lucros. Todas as 8,75 milhões de ações preferenciais eram negociáveis na bolsa de valores. Aproximadamente 50% de todas as ações preferenciais eram detidas por grandes investidores institucionais nos Estados Unidos, Alemanha e Reino Unido, 14% eram detidas pelas famílias Porsche e Piëch, e 36% eram detidas por pequenos investidores privados. Como observado por seu CEO, Holger Härter, "Enquanto as duas famílias mantiverem suas carteiras de ações, não haverá nenhuma influência externa sobre as decisões relacionadas à empresa. Não tenho nenhuma dúvida de que as famílias manterão suas ações".

A Porsche era um tanto infame por sua mentalidade independente e ocasional teimosia no que dizia respeito à transparência e conformidade com os requisitos dos relatórios – os pré-requisitos para uma empresa ter ações negociadas na bolsa. Em 2002, a empresa tinha decidido não ser listada na Bolsa de Valores de Nova York depois da aprovação da Lei Sarbanes-Oxley. A empresa indicou a exigência específica da Lei Sarbanes-Oxley de que a alta gerência assinasse os resultados financeiros da empresa como inconsistente com a legislação alemã (o que era) e que não fazia sentido a gerência aceitá-la. A alta administração também há muito criticava a prática de emissão de relatórios trimestrais, e, na verdade, tinha sido retirada do índice da Bolsa de Frankfurt em setembro de 2002 por sua recusa a divulgar seus relatórios financeiros trimestralmente.

A empresa tinha, no entanto, acabado de divulgar lucros recordes pelo décimo ano consecutivo (ver Quadro 1). Os retornos eram tão bons e tinham crescido com tanta regularidade, que a empresa tinha pago um dividendo especial de €14 por ação em 2002, além de aumentar o valor do dividendo regular. Havia uma preocupação contínua com o fato de que a administração vinha primeiro. Nas palavras de um analista, ". . achamos que há o risco potencial de que a administração talvez não tenha os interesses dos acionistas em muita alta conta". Os pacotes de remuneração da equipe da alta gerência da Porsche eram quase que exclusivamente focalizados na lucratividade do ano corrente (83% da remuneração da diretoria executiva estava relacionado ao desempenho), sem nenhum incentivo à alta administração nem opções em ações relacionadas ao preço das ações da empresa.

A crescente carteira da Porsche

A Porsche tinha três principais plataformas de veículos: a principal, de carros de luxo, a *911*; a do conversível *Boxster*, com preços competitivos; e a do recém-introduzido veículo utilitário esportivo *off-road*, o *Cayenne*. A Porsche também tinha anunciado recentemente que iria adicionar uma quarta plataforma, *Panamera*, que seria um sedan de luxo para competir com o Jaguar, Mercedes e Bentley.

911. A série 911 ainda era o ponto focal da marca Porsche, mas muitos acreditavam que ela estava ficando ultrapassada e precisava ser substituída. As vendas pareciam ter tido um pico em 2001/02, e caído em mais de 15% em 2002/03. A 911 sempre desfrutou de uma participação praticamente exclusiva em seu segmento de mercado. Os preços continuavam altos, e as margens eram das mais altas do setor global de automóveis para esse modelo de produção. O 911 era o único modelo da Porsche que era fabricado e montado na própria empresa.

Boxster. O conversível Boxster tinha sido lançado em 1996 quando a Porsche entrou no segmento de preços mais baixos do mercado de carros esportivos. O Boxster também foi considerado uma ação anticíclica pelo fato de o tradicional 911 ter

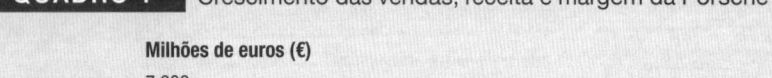

QUADRO 1 Crescimento das vendas, receita e margem da Porsche

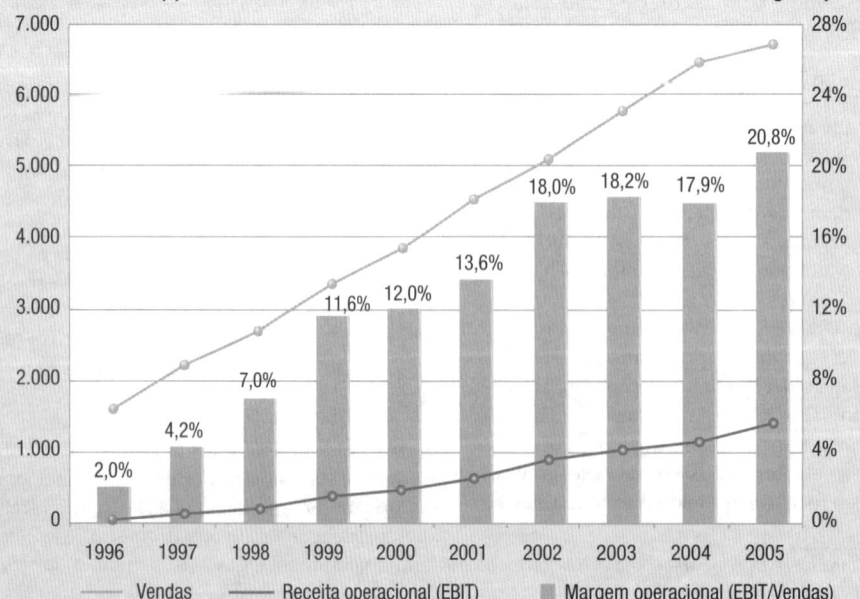

Nota: EBIT = lucros antes dos juros e impostos.

um preço tão alto. O baixo preço do Boxster tornou-o acessível e menos sensível ao ciclo de negócios. No entanto, ele passou a competir em um segmento de mercado cada vez mais competitivo. O volume de vendas do Boxster atingiu seu pico em 2000/01.

Cayenne. A terceira principal inovação de plataforma foi a entrada da Porsche no segmento de veículos utilitários esportivos (SUV) com o Cayenne. Claramente ocupando o segmento de luxo do mercado (O Cayenne era vendido, em 2002/03 por uma média de mais de US$70.000 cada), o Cayenne tinha feito sucesso muito rapidamente, principalmente no mercado norte-americano, aficionado por SUVs. Ele foi considerado o lançamento de produto mais bem-sucedido na história do setor automobilístico. O sucesso do Cayenne teria sido muito maior se não fossem as críticas recebidas antes de seu lançamento, de que o mercado não suportaria um SUV de preço tão alto, particularmente um modelo que compartilhava tamanho vínculo com o Touareg, da Volkswagen (VW). O Cayenne, da Porsche e o Touareg, da VW, compartilhavam um mesmo chassi, e, na verdade, ambos eram manufaturados na mesma fábrica em Bratislava, Eslováquia. A Porsche transportava o chassi do Cayenne para sua fábrica em Leipzig, onde o motor, o sistema de direção e o interior eram combinados na montagem final.

Panamera. No dia 27 de julho de 2005, a Porsche anunciou que prosseguiria com o desenvolvimento e a produção de um quarto modelo básico – o *Panamera*. O nome vinha da lendária corrida de longa distância *Carrera Panamericana* realizada por muitos anos no México. O Panamera seria um coupé esportivo de quatro assentos e quatro portas da classe *premium*, e competiria com os modelos sedan *premium*. Esperava-se que seu preço começasse em US$125.000, chegando a US$175.000. A produção estava programada para começar em 2009 com uma escala de 20.000 unidades por ano.

A empresa de automóveis mais lucrativa do mundo

O desempenho e a saúde financeira da Porsche, segundo os padrões das fabricantes de automóveis, europeias ou não, eram excelentes. Ela era certamente a menor das principais fabricantes da Europa, com vendas totais de €6,4 bilhões em 2004. Porém, como mostra o Quadro 2, a Porsche se destacava em todas as medidas de lucratividade e retorno sobre o capital investido. O EBITDA, EBIT e margens de lucro líquido da Porsche foram os mais altos entre todas as fabricantes de automóveis europeias em 2004.

Câmbio. Os resultados financeiros da Porsche, entretanto, tinha sido assunto de muitos debates nos últimos anos, já que se acreditava que o aumento de mais de 40% nos lucros operacionais era proveniente de *hedge** da moeda. A base de custos da Porsche era puramente em euros; ela produzia em apenas dois países, Alemanha e Finlândia, e ambos eram membros da área do euro. A Porsche acreditava que a qualidade de sua engenharia e produção estavam no cerne de sua marca, e não estava disposta a levar a produção para além da Europa (a BMW, Mercedes e VW estavam todas produzindo nos Estados Unidos e México há anos). As vendas da Porsche por moeda em 2004 foram de aproximadamente 45% em euro, 40% em dólar, 10% em libra esterlina e 5% em outras (primordialmente ienes japoneses e francos suíços).

A gerência da Porsche passou a empreender uma estratégia de *hedge* de moeda muito agressiva em 2001, quando o euro atingiu uma desvalorização recorde em relação ao dólar. Nos anos seguintes, esses *hedges* financeiros (utilizando derivativos de moeda) se mostraram extremamente lucrativos. Por exemplo, acredita-se que quase 43% dos lucros operacionais em 2003 tenham sido provenientes de atividades de *hedge*. Apesar de lucrativos, muitos analistas discutiam que a empresa estava se tornando cada vez mais um banco de investimento do que uma fabricante de automóveis, e que ela estava fortemente exposta às imprevisíveis flutuações entre as duas moedas mais poderosas do mundo, o dólar e o euro.

QUADRO 2 Retorno sobre Capital Investido (ROIC) das fabricantes de automóveis europeias, 2004

Fabricante de automóvel europeia	Vendas (milhões)	Margem operacional			Capital investido			Giro de capital	ROIC
		EBIT	Impostos	EBIT após os impostos	Dívida com juros	Patrimônio dos acionistas	Capital investido		
BMW	€44.335	€3.745	€1.332	€2.413	€1.555	€17.517	€19.072	2,32	12,65%
DaimlerChrysler	€142.059	€4.612	€1.177	€3.435	€9.455	€33.541	€42.996	3,30	7,99%
Fiat	€46.703	€22	-€29	€51	€24.813	€5.946	€30.759	1,52	0,17%
Peugeot	€56.797	€1.916	€676	€1.240	€6.445	€13.356	€19.801	2,87	6,26%
Porsche	€6.359	€1.141	€470	€671	€2.105	€2.323	€4.428	1,44	15,15%
Renault	€40.715	€2.148	€634	€1.514	€7.220	€16.444	€23.664	1,72	6,40%
Volkswagen	€88.963	€1.620	€383	€1.237	€14.971	€23.957	€38.928	2,29	3,18%

Fonte: "European Autos," Deutsche Bank, July 20, 2005; "Porsche," Deutsche Bank, September 26, 2005; Thomson Analytics; author estimates. "Invested Capital" = total stockholders' equity + gross interest-bearing debt. Capital turnover = sales / Invested capital. ROIC (return on invested capital) = EBIT – taxes/Invested capital.

---

* N. de R. T.: Operações de *hedge* comumente envolvem transações com contratos derivativos visando à diminuição do risco.

ROIC. No entanto, o que havia sido verdadeiramente excepcional ao longo do tempo fora o retorno sobre o capital investido (return on invested capital – ROIC) da Porsche. O ROIC da empresa em 2004 – depois da análise do Deutsche Bank apresentada no Quadro 2, foi de 15,15%. Esse era um valor claramente superior ao de todas as outras fabricantes de automóveis europeias.

Esse ROIC refletia a dupla estratégia financeira da Porsche: 1) margens superiores sobre a carteira de produtos restrita, mas seletiva e 2) alavancar o capital e as competências dos parceiros de fabricação no desenvolvimento e produção de dois de seus três produtos. A empresa tinha explorado com êxito os dois primeiros determinantes da fórmula do ROIC:

$$\text{ROIC} = \frac{\text{EBIT após os impostos}}{\text{Vendas}} \times \frac{\text{Vendas}}{\text{Capital investido}}$$

O primeiro componente, os lucros operacionais (EBIT, lucros antes dos juros e dos impostos) após os impostos como uma porcentagem das vendas – *margem operacional* – era excepcional na Porsche devido aos preços *premium* decorrentes de sua marca global de qualidade e excelência. Isso permitia à Porsche cobrar preços mais altos e alcançar umas das mais altas margens do setor automobilístico. Como mostra o Quadro 2, os lucros operacionais da Porsche após os impostos de €671 milhões produziam uma margem operacional após os impostos de 10,55% (€671 dividido por €6.359 em vendas), a mais alta do setor em 2004.

O segundo componente do ROIC, o *índice de giro de capital* (vendas divididas pelo capital investido) – *velocidade* – apesar de bastante alto em comparação a outras fabricantes de automóveis no passado, foi um dos mais baixos em 2004 como mostra o Quadro 2. Nos últimos anos, porém, o *capital investido* tinha subido mais rapidamente do que as vendas. Mas a Porsche não estava somando ativos fixos à sua base de capital investido, mas dinheiro em caixa. Os crescentes saldos de caixa eram resultado de lucros retidos (não distribuídos aos acionistas) e da emissão de novas dívidas (levantando mais de €600 milhões apenas em 2004). Consequentemente, o ano fiscal 2003/04 foi um dos piores anos da Porsche em termos de ROIC. Os níveis mínimos de capital investido da Porsche são decorrentes de algumas características bastante singulares.

O *capital investido* é definido de diversas maneiras, mas Vesi utilizou a definição padronizada de seu empregador associada a caixa mais capital de giro mais ativos fixos líquidos. O capital investido da Porsche estava crescendo primordialmente devido ao seu acúmulo de caixa. Vesi estava preocupada que utilizar esta medida de "capital investido" pudesse levar a uma visão distorcida do desempenho real da empresa. A base mínima de ativos fixos da Porsche era decorrente da estratégia explícita que a empresa vinha executando ao longo da última década.

A Porsche muda de rumo

O verão e o outono de 2005 testemunharam uma série de ações surpreendentes da Porsche. Em primeiro lugar, a Porsche anunciou que o investimento de €1 bilhão para projetar e fabricar o novo Panamera seria, em sua grande parte, financiado pela própria empresa. Apesar de o lançamento do Panamera já ter sido

QUADRO 3 Velocidade, margem e ROIC da Porsche

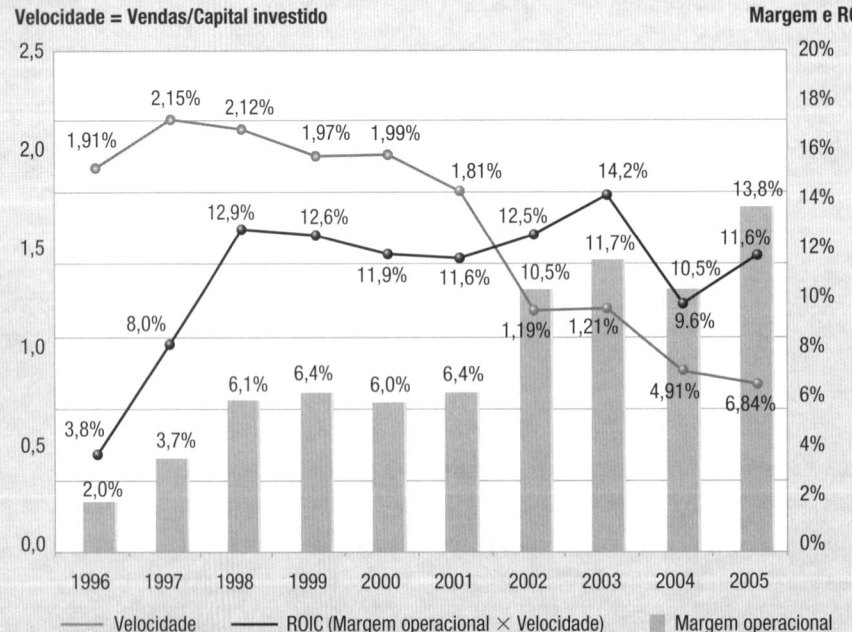

Margem operacional = (EBIT – Impostos)/(Vendas).
Capital investido = Caixa + Capital de giro líquido + Ativos fixos líquidos.

---

[2] A estrutura de propriedade resultante da Volkswagen em outubro de 2005 foi: 18,53% Porsche; 18,2% Estado da Baixa Saxônia; 13,0% Volkswagen; 8,58% Brandes Investment Partners; 3,5% Capital Group; e 38,19% de participações difusas.

previsto há algum tempo, o mercado ficou surpreso com o fato de que a Porsche pretendia projetar e construir o carro – e as instalações para tal – quase que totalmente sozinha. Ao contrário dos lançamentos de produtos anteriores, o Boxster e o Cayenne, não haveria nenhum grande parceiro de produção envolvido. O CEO daPorsche, Wendelin Wiedeking, observou especificamente isso em seu *press release*: "Não há planos para um *joint venture* com outra fabricante de automóveis. Mas para garantir a lucratividade dessa nova série de modelos, cooperaremos mais estreitamente do que fizemos até agora com os fornecedores de sistemas". A *participação alemã* no valor do Panamera seria de aproximadamente 70%. Assim como com o 911, o Boxster, e o Cayenne, o Panamera levaria o selo *Made in Germany* (Produzido na Alemanha). A segunda surpresa ocorreu no dia 25 de setembro de 2005, com a divulgação de investimentos de €3 bilhões na VW.

A Porsche AG, Stuttgart, deseja adquirir uma participação de aproximadamente 20 por cento das ações da Volkswagen AG, Wolfsburg, com direito a voto. A Porsche está tomando esta decisão porque a Volkswagen agora é não somente uma importante parceira de desenvolvimento da Porsche, mas também uma fornecedora significativa de aproximadamente 30 por cento do volume de vendas da Porsche. Nas palavras do Presidente e CEO da Porsche:"Ao fazermos este investimento, estamos procurando garantir nossas relações de negócios com a Volkswagen e fazer uma contribuição significativa para nossos próprios planos futuros de maneira sólida e duradoura". A Porsche está em posição de financiar a aquisição da participação planejada na Volkswagen através de sua própria liquidez existente. Depois de minuciosas análises desse caso de negócios, a Porsche está confiante de que o investimento será lucrativo para ambas as partes.

. . . A aquisição planejada serve para garantir que . . . não haja uma aquisição de controle hostil da Volkswagen por investidores que não estejam comprometidos com os interesses de longo prazo da empresa. Nas palavras do Presidente e CEO da Porsche: "Nosso investimento planejado é a resposta estratégica a esse risco. Desejamos, dessa maneira, garantir a independência do Grupo Volkswagen para nosso próprio proveito. Essa 'solução alemã' que estamos buscando é um pré-requisito essencial para o desenvolvimento estável do Grupo Volkswagen e, consequentemente, para a continuidade de nossa cooperação, o que é do interesse de ambas as empresas".

— "Acquisition of Stock to Secure Porsche's Business" (Aquisição de ações para garantir os negócios com a Porsche), Porsche AG (*press release*), 25 de setembro, 2005.

A Porsche gastaria aproximadamente €3 bilhões para assumir uma participação de 20% na VW. Isso faria da Porsche a maior investidora da VW, um pouco maior do que o governo da Baixa Saxônia.[2] Isso claramente eliminava quaisquer possíveis aquisições hostis que pudessem estar se aproximando (havia rumores de que a DaimlerChrysler estava interessada em adquirir a VW). A divulgação foi recebida com uma oposição quase universal.

Os laços de família entre as duas empresas eram conhecidos. Ferdinand K. Piëch, um dos mais proeminentes membros da família Piëch, que, juntamente com a família Porsche controlava a Porsche, era o antigo CEO (aposentou-se em 2002) e atual presidente da Volkswagen. Ele era neto de Ferdinand Porsche, o fundador da Porsche. Acusações de conflito de interesses foram imediatas, assim como os pedidos de que ele resignasse ao cargo, e a negação da solicitação da Porsche de uma cadeira na diretoria da VW. Apesar de a VW oficialmente ter aceito o investimento da Porsche de braços abertos, Christian Wulff, membro da diretoria da VW que representava o estado da Baixa Saxônia onde era sediada a VW, se opôs publicamente ao investimento da Porsche. Aos olhos de muitos, a ação da Porsche era um retorno ao compadrio corporativo alemão.

Durante anos, a "Deutschland AG" foi emblemática da cômoda rede de participações cruzadas* e diretorias não executivas compartilhadas que isolaram a Alemanha do capitalismo internacional. Wendelin Wiedeking, o diretor executivo da Porsche, convocou ele mesmo o ângulo nacional, dizendo que essa "solução alemã" era essencial para proteger a VW, a maior fabricante de automóveis da Europa, contra uma possível aquisição hostil por parte de investidores de curto prazo.

— "Shield for corporate Germany or a family affair? VW and Porsche close ranks" (Proteção para as empresas alemãs ou assunto de família? VW e Porsche entram em acordo) *Financial Times*, Tuesday, September 27, 2005, p. 17.

A Alemanha, apesar de ser há muito conhecida por complexas redes de participações cruzadas, tinha efetivamente desfeito a maioria delas na década de 1990. Essa ação da Porsche e da VW foi vista mais como uma questão pessoal – Ferdinand Piëch – do que como uma questão nacional de alianças alemãs. Muitos investidores da Porsche tinham concordado, discutindo que se eles quisessem investir na VW eles o teriam feito sozinhos. Apesar de os argumentos a favor da consolidação e da garantia da parceria Porsche/VW serem racionais, seu custo não era. Por €3 bilhões, aquele era um enorme investimento em um ativo sem um bom desempenho. Os analistas concluíram que os possíveis retornos aos acionistas, mesmo na forma de um dividendo especial, agora tinham sido adiados indefinidamente.

A divulgação da intenção da Porsche de adquirir uma participação acionária de 20% na VW foi recebida com uma forte oposição por parte de muitos acionistas tanto da VW quanto da Porsche. Os grandes bancos de investimento imediatamente rebaixaram a recomendação das ações da Porsche de *comprar* para *vender*, alegando que os retornos sobre o investimento maciço, em torno de €3 bilhões, provavelmente nunca retornariam aos acionistas. Apesar de a Porsche ter explicado sua decisão de investimento como algo que garantiria a estabilidade de sua futura cooperação com a VW, muitos críticos a viram como uma escolha de preservar os interesses das famílias Porsche e Piëch em detrimento dos acionistas que não faziam parte das famílias.

"Por que uma pequena e altamente lucrativa fabricante de carros esportivos repentinamente atrelaria sua sorte a uma empresa de produção em massa que estava enfrentando dificuldades? Essa era a pergunta que alguns acionistas alarmados fizeram esta semana quando a Porsche, a fabricante de automóveis mais lucrativa do mundo, anunciou planos de adquirir uma participação acionária de 20% na Volkswagen (VW), a maior fabricante de automóveis da Europa. Para alguns críticos do acordo, a ação da Porsche parecia um retorno ao cômodo corporativismo alemão em seu pior estilo. Desde janeiro de 2002, quando uma mu-

---

* N. de T.: "Participações cruzadas" significa uma empresa manter participações acionárias na outra e vice-versa.

dança na legislação encorajou as empresas alemãs a vender suas participações cruzadas, livres de impostos sobre ganhos de capital, novos acionistas estrangeiros passaram a dar novos ares à fossilizada administração alemã. Um acordo com os amistosos compatriotas da Porsche poderia resgatar a VW de seu desagradável destino, particularmente devido aos rumores de que fundos de hedge estrangeiros e especuladores estariam circundando a VW".

—"Business: Keeping It in the Family"
(Negócios: deixando tudo em família)
The Economist, October 1, 2005

Perguntas sobre o caso

1. Que decisões estratégicas tomadas pela Porsche nos últimos anos levaram a um retorno sobre o capital investido extremamente alto?
2. Vesi se perguntava se seu papel na Porsche talvez fosse de distinguir entre a *capacidade* da empresa de gerar resultados para os acionistas e sua *disposição* a fazê-lo. O que você acha?
3. Buscar os interesses das famílias controladoras da Porsche é diferente de maximizar seus retornos para os outros proprietários de suas ações?.

PERGUNTAS

1. **Globalização e a EMN.** O termo *globalização* passou a ser amplamente utilizado nos últimos anos. Como você o definiria?
2. **Globalização e a criação de valor.** De que uma EMN precisa a fim de criar valor através do processo de globalização?
3. **Criação de valor e o conceito de capitalismo.** Como o conceito de *capitalismo* realmente se aplica ao processo de globalização de uma empresa, quando ela passa da etapa elementar para a etapa multinacional de desenvolvimento?
4. **Teoria da vantagem comparativa.** Defina e explique a teoria da vantagem comparativa.
5. **Limitações da vantagem comparativa.** Para compreender a maioria das teorias é essencial compreender o que elas dizem e o que elas não dizem. Quais são quatro ou cinco das principais limitações da teoria da vantagem comparativa?
6. **Globalização da Trident.** Depois de ler a descrição deste capítulo do processo de globalização da Trident, como você explicaria as distinções entre empresas *internacionais*, *multinacionais* e *globais*?
7. **Trident, a EMN.** Em que ponto do processo de globalização a Trident se tornou uma empresa multinacional (EMN)?
8. **Vantagens da Trident.** Quais são as principais vantagens que a Trident obtém ao desenvolver uma presença multinacional?
9. **Fases da Trident.** Quais são as principais fases pelas quais a Trident passou ao se transformar em uma empresa verdadeiramente global? Quais são as vantagens e desvantagens de cada uma delas?
10. **Globalização financeira.** Como as motivações dos indivíduos, tanto dentro quanto fora da organização ou empresa, definem os limites da globalização financeira?

PROBLEMAS

Vantagem comparativa

Os problemas 1–5 ilustram um exemplo de troca comercial induzida pela vantagem comparativa. Eles supõem que a China e França tenham, cada uma, 1.000 unidades de produção. Com uma unidade de produção (um misto de terras, mão de obra, capital e tecnologia), a China pode produzir ou dez contêineres de brinquedos ou sete caixas de vinho. A França pode produzir ou dois contêineres de brinquedos ou sete caixas de vinho. Assim, uma unidade de produção na China é cinco vezes mais eficiente em comparação à França ao produzir brinquedos, mas igualmente eficiente ao produzir vinho. Suponha, a princípio, que não ocorrerá nenhuma troca comercial. A China aloca 800 unidades de produção para produzir brinquedos e 200 unidades de produção para produzir vinho. A França aloca 200 unidades de produção para produzir brinquedos e 800 unidades de produção para produzir vinho.

1. **Produção e consumo.** Qual é a produção e o consumo da China e da França sem trocas comerciais?
2. **Especialização.** Suponha uma especialização total, na qual a China produz apenas brinquedos e a França produz apenas vinho. Qual seria o efeito sobre a produção total?
3. **Troca comercial pelo preço doméstico da China.** O preço doméstico da China é: dez contêineres de brinquedos são iguais a sete caixas de vinho. Suponha que a China produza 10.000 contêineres de brinquedos e exporte 2.000 contêineres para a França. Suponha que a França produza 7.000 caixas de vinho e exporte 1.400 caixas para a China. O que acontece com a produção total e o consumo?
4. **Troca comercial pelo preço doméstico da França.** O preço doméstico da França é: dois contêineres de brinquedos são iguais a sete caixas de vinho. Suponha que a China produza 10.000 contêineres de brinquedos e exporte 400 contêineres para a França. Suponha que a França produza 7.000 caixas de vinho e exporte 1.400 caixas para a China. O que acontece com a produção total e o consumo?

5. **Troca comercial negociada pelo preço intermediário.** O preço intermediário da troca comercial entre a França e a China pode ser calculado como a seguir:

	Brinquedos		Vinho
Preço doméstico da China	10	para	7
Preço doméstico da França	2	para	7
Preço intermediário negociado	6	para	7

O que acontece com a produção total e o consumo?

Luzon Industries – 2007

O problemas 6 a 10 são baseados na Luzon Industries. A Luzon é uma empresa manufatureira multinacional sediada nos EUA, com subsidiárias integrais no Brasil, Alemanha e China, além de operações domésticas nos Estados Unidos. As ações da Luzon são negociadas na NASDAQ. A Luzon atualmente possui 650.000 ações em circulação. As características operacionais básicas das várias unidades de negócios são as seguintes:

(000s, moeda local)	EUA (dólares, $)	Brasil (reais, R$)	Alemanha (euros, €)	China (yuan, Y)
Lucros antes dos impostos (EBT)	$4.500	R$6.250	€4.500	Y2.500
Alíquota de impostos para pessoa jurídica	35%	25%	40%	30%
Taxa de câmbio média por período	—	R$1,80/$	€0,7018/$	Y7,750/$

*6. **Lucros consolidados da Luzon Corporation.** A Luzon tem que pagar a alíquota corporativa de impostos em cada país em que possui operações atualmente.
   a. Depois de deduzir os impostos em cada país, quais são os lucros consolidados e os lucros consolidados por ação da Luzon em dólares americanos?
   b. Que proporção dos lucros consolidados da Luzon vem de cada país individual?
   c. Que proporção dos lucros consolidados da Luzon vem de fora dos Estados Unidos?

7. **Sensibilidade do EPS (Earnings per share: lucro por ação) da Luzon às taxas cambiais (A).** Suponha que uma grande crise política assole o Brasil, primeiramente afetando o valor dos reais brasileiros e, subsequentemente, induzindo uma recessão econômica no país. Qual seria o impacto sobre o EPS consolidado da Luzon se os reais brasileiros caíssem para R$3,00/US$, e se todos os outros lucros e taxas cambiais permanecessem inalterados?

8. **Sensibilidade do EPS da Luzon às taxas cambiais (B).** Suponha que uma grande crise política assole o Brasil, primeiramente afetando o valor dos reais brasileiros e, subsequentemente, induzindo uma recessão econômica no país. Qual seria o impacto sobre o EPS consolidado da Luzon se, além da queda no valor dos reais para R$3,00/US$, os lucros antes dos impostos no Brasil caíssem, em decorrência da recessão, para R$5.800.000?

*9. **Lucros da Luzon e a queda do dólar.** Nos últimos anos, o dólar americano passou por flutuações significativas em seu valor em relação à maioria das moedas do mundo.
   a. Qual seria o impacto sobre o EPS consolidado da Luzon se todas as moedas estrangeiras sofressem uma valorização de 20% em relação ao dólar americano?
   b. Qual seria o impacto sobre o EPS consolidado da Luzon se todas as moedas estrangeiras sofressem uma desvalorização de 20% em relação ao dólar americano?

Nota: Calcule as mudanças percentuais dividindo o valor inicial da moeda por (1 + mudança percentual) para calcular o novo valor da moeda.

10. **Lucros da Luzon e a tributação global.** Todas as EMNs tentam minimizar suas obrigações tributárias globais. Volte ao conjunto original de suposições básicas e responda as perguntas a seguir em relação às obrigações tributárias globais da Luzon.
    a. Qual é o valor total – em dólares americanos – que a Luzon está pagando em todo o seu negócio global em impostos corporativos?
    b. Qual é a alíquota de impostos efetiva da Luzon globalmente (total de impostos pagos como um percentual dos lucros antes dos impostos)?
    c. Qual seria o impacto sobre o EPS e a alíquota de impostos efetiva global da Luzon se a Alemanha instituísse uma redução da alíquota corporativa de impostos para 28%, e se os lucros antes dos impostos da Luzon na Alemanha subisse para €5.000.000?

EXERCÍCIOS NA INTERNET

1. **Fluxos internacionais de capital: público e privado.** As principais organizações multinacionais (algumas das quais são exibidas a seguir) tentam acompanhar os movimentos relativos e as magnitudes do investimento capital global. Utilizando as páginas Web a seguir e outras, prepare um *briefing* executivo de duas páginas sobre a questão de se o capital gerado nos países industrializados está chegando aos mercados menos desenvolvidos e emergentes. Existe uma distinção crítica entre "menos desenvolvidos" e "emergentes"?

Banco Mundial	www.worldbank.org/
OECD	www.oecd.org/
European Bank for Reconstruction	www.ebrd.org/

2. **Administração internacional e consultorias estratégicas.** O setor de consultoria estratégica foi um dos primeiros recursos utilizados pelas EMNs em todo o mundo na década de 1990 para projetar e desenvolver suas estratégias corporativas. As páginas Web a seguir fornecem algumas informações sobre o setor, as oportunidades de emprego disponíveis para os profissionais de consultoria, além de

alguns recursos interessantes como o estudo de caso interativo online sobre o Boston Consultoria Group:

A.T. Kearney	www.atkearney.com/
Bain and Company	www.rec.bain.com/
Booze, Allen & Hamilton	www.bah.com/
Boston Consulting Group	www.bcg.com/
McKinsey & Company	www.mckinsey.com/

3. **Dívida externa.** O Banco Mundial compila e analisa regularmente a dívida externa de todos os países do mundo. Como parte de sua publicação anual sobre os Indicadores do Desenvolvimento Mundial (WDI, em inglês, *World Development Indicators*), são fornecidos online resumos sobre as dívidas externas de longo e curto prazo de países selecionados como o da Polônia, exibido a seguir. Vá ao web *site* indicado e encontre a decomposição da dívida externa do Brasil, México e Federação Russa:

Banco Mundial   www.worldbank.org/data

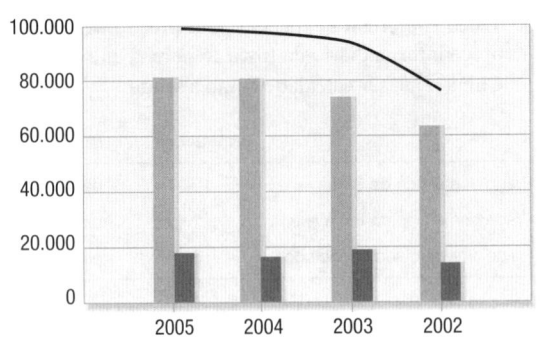

■ Dívida de longo prazo ■ Dívida de curto prazo — Dívida externa

País: Polônia. Dados em milhões.

CAPÍTULO 2

Objetivos Financeiros e Governança Corporativa

Gerald L. Storch, CEO da Toys 'R' Us, diz que todos os CEOs compartilham os mesmos objetivos fundamentais: aumentar o valor para o cliente, maximizar o retorno aos acionistas e desenvolver uma vantagem competitiva sustentável. "De maneira geral, acredito que as diferenças sejam mais sutis do que o que já li em muitos artigos. No dia a dia, eu faço sempre a mesma coisa. Vou trabalhar todas as manhãs. Tento tornar a empresa melhor".

—"Public Vs. Private" (Público *versus* Privado) *Forbes*, 1º de setembro, 2006.

Este capítulo examina como as diferenças culturais, legais, políticas e institucionais afetam a escolha dos objetivos financeiros e da governança corporativa de uma empresa.

QUEM É O PROPRIETÁRIO DA EMPRESA?

Começaremos nossa discussão sobre os objetivos financeiros fazendo duas perguntas fundamentais: 1) quem é o dono da empresa? e 2) os donos da empresa gerenciam a empresa eles mesmos? A maioria das empresas é criada por empreendedores que são ou indivíduos ou um pequeno grupo de sócios. De qualquer maneira, eles podem ser membros de uma família. (Não esqueça que até mesmo a Microsoft começou sua existência como fruto da imaginação de dois sócios, Bill Gates e Paul Allen.) Como mostra o Quadro 2.1, as empresas começam do lado esquerdo do quadro como uma versão da propriedade A, isto é, uma empresa de capital 100% fechado.

Com o passar do tempo, porém, algumas empresas podem decidir abrir seu capital através de uma oferta pública inicial, ou IPO. Tipicamente, apenas uma porcentagem relativamente pequena da empresa é vendida ao público, resultando em uma empresa que pode ainda ser controlada por um pequeno número de investidores privados, mas que também possui ações em circulação, que geram um preço de mercado para as ações diariamente. Esta é a versão da propriedade B, como mostra o Quadro 2.1.

Se a estrutura de propriedade algum dia chegar a passar da versão B para C ou D, será um caso muito específico. Algumas empresas podem vender mais e mais participação acionária no mercado de ações, possivelmente chegando a se tornar uma empresa de capital totalmente aberto. Ou o proprietário privado ou família pode decidir reter uma participação majoritária, mas não possuir controle explícito. É possível, como tem ocorrido nos últimos anos, que uma empresa que tenha chegado às versões de propriedade C ou D possa voltar à versão B ou até mesmo à A se a empresa voltar a pertencer totalmente a um proprietário privado. Por exemplo, no final de 2005, uma enorme empresa de capital fechado, a Koch Industries (U.S.), adquiriu todas as ações em circulação da Georgia-Pacific (U.S.), uma grande empresa de capital aberto de produtos de silvicultura. A Koch fechou o capital da Georgia-Pacific.

| QUADRO 2.1 | Quem é o proprietário da empresa? |

Quem é o proprietário da empresa – se ela tem capital fechado ou aberto – tem um impacto significativo sobre a relação entre propriedade e propriedade operacional.

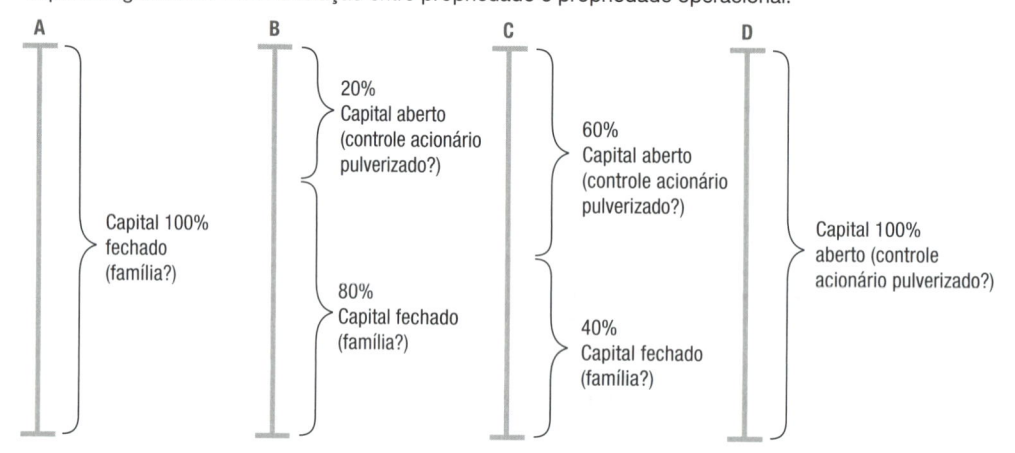

A: Capital 100% fechado (família?)

B: 20% Capital aberto (controle acionário pulverizado?) / 80% Capital fechado (família?)

C: 60% Capital aberto (controle acionário pulverizado?) / 40% Capital fechado (família?)

D: Capital 100% aberto (controle acionário pulverizado?)

Apesar de a maioria das empresas começarem sua trajetória como empresas de capital 100% fechado, geralmente de propriedade de uma família, algumas empresas abrem seu capital gradualmente.

Geralmente vendendo apenas 20% de participação acionária inicialmente, algumas vendem mais e mais ações aos mercados públicos, possivelmente passando a ser empresas de capital 100% aberto.

Recentemente, no entanto, muitas empresas nos mercados dos EUA e do Reino Unido começaram a reverter o processo aos poucos, com fundos de *private equity* comprando todas as ações em circulação, tornando a empresa mais uma vez uma empresa de capital fechado.

Uma outra consideração é que mesmo quando a propriedade da empresa é de capital aberto, ela pode ainda ser controlada por um único investidor ou por um pequeno grupo de investidores, inclusive grandes investidores institucionais. Isso significa que o controle da empresa é muito parecido com o de uma empresa de capital fechado, e, portanto, reflete os interesses e objetivos do investidor individual. E, como mostra o quadro *Finanças globais na prática 2.1*, as empresas de controle familiar em todo o mundo, inclusive na França, podem ter um desempenho melhor do que as empresas de capital totalmente aberto.

Como discutiremos na seção intitulada "Governança corporativa" mais adiante, neste capítulo, outra coisa importante decorre da venda inicial de ações ao público: na maioria dos países, a empresa passa a se sujeitar a muitos dos requisitos relacionados à legislação, regulamentação e relatórios no que diz respeito à venda e negociação de títulos. Nos Estados Unidos, por exemplo, a abertura de capital significa que a empresa agora terá que passar a fazer divulgações financeiras e operacionais com alto grau de detalhamento, divulgar essas informações pelo menos a cada trimestre, estar em conformidade com as regras e regulamentações da Securities and Exchange Commission (SEC), e cumprir todas as exigências operacionais e de relatórios da bolsa de valores específica onde suas ações são negociadas. Obviamente, o movimento da empresa até a negociação de ações na bolsa é acompanhado de muita bagagem!

Separação entre propriedade e controle

A passagem da propriedade da versão A para a B ou C ou D no Quadro 2.1 traz consigo uma outra grande mudança – a possibilidade de que a empresa seja administrada por profissionais contratados, e não por seus proprietários. Isso levanta a possibilidade de que propriedade e controle possam não estar perfeitamente alinhados em seus objetivos empresariais e financeiros, gerando os chamados *problemas de agência*.

Os mercados de ações dos EUA e do Reino Unido têm se caracterizado pela propriedade difusa* de ações. A administração detém apenas uma pequena proporção das ações em suas empresas.

---

* N. de T.: A "propriedade pulverizada" caracteriza-se por um grande número de acionistas com pequeno número de ações.

FINANÇAS GLOBAIS NA PRÁTICA 2.1

Empresas de controle familiar na França superam o desempenho do setor público

Tradução: "Por que as empresas de propriedade familiar superam o desempenho do índice CAC 40?"

Entre os principais países industrializados, a França possui o maior número de empresas de propriedade familiar (em torno de 65% das empresas do CAC 40 são de propriedade familiar *versus* aproximadamente 24% no Reino Unido). Isso inclui a Bouygues, Dassault, Michelin e Peugeot. Durante o período de 1990-2006, as empresas de propriedade familiar francesas geraram um retorno de 639% a seus proprietários, enquanto que o principal índice francês, o CAC 40, teve um retorno de apenas 292%. Essa dominância de empresas de propriedade familiar é atribuída a três fatores: 1) elas se focam no longo prazo; 2) elas se prendem a seus negócios essenciais; e 3) como os proprietários estão mais próximos da administração, surgem menos conflito entre gestores e proprietários (menos problemas de agência na terminologia de Finanças).

Fonte: Le Figaro, junho de 2007.

Ao contrário, no resto do mundo a propriedade normalmente é caracterizada por acionistas controladores, que detêm o controle da empresa. Os típicos acionistas controladores são os seguintes:

- Governo (por exemplo, empresas de utilidade pública privatizadas)
- Instituições (como os bancos na Alemanha)
- Famílias (como na França e na Ásia)
- Consórcios (como os *keiretsu*, no Japão, e os *chaebols*, na Coreia do Sul)

O controle é ampliado pela propriedade de ações com direito a voto dual, entrelaçamento de conselhos (*board interlocking*), eleição de membros do conselho de administração para mandatos alternados (*staggered board*), medidas de salvaguarda antiaquisição e outras técnicas não utilizadas nos mercados anglo-americanos. Entretanto, o recente surgimento de enormes fundos de ações e fundos de *hedge* nos Estados Unidos e no Reino Unido levou à privatização de algumas empresas de capital aberto muito proeminentes.

QUAL O OBJETIVO DA ADMINISTRAÇÃO?

À medida que a Trident vai se tornando mais profundamente comprometida com operações multinacionais, desenvolve-se uma nova restrição – uma restrição proveniente de divergentes opiniões e práticas em todo o mundo quanto a qual deve ser o objetivo geral das empresas sob a perspectiva da alta administração, assim como o papel da governança corporativa.

> *O que querem os investidores? Em primeiro lugar, é claro, os investidores querem desempenho: lucros fortes e previsíveis e um crescimento sustentável. Em segundo lugar, eles querem transparência, responsabilização* (accountability), *abertura na comunicação e uma governança corpora-*

tiva eficaz. As empresas que não adotam padrões internacionais em cada uma dessas áreas não conseguirão atrair e reter capital internacional.

—"The Brave New World of Corporate Governance" (O admirável mundo novo da governança corporativa), *LatinFinance*, maio de 2001.

Um curso introdutório em finanças normalmente é lecionado considerando a maximização da riqueza dos acionistas como *o objetivo da administração*. Na verdade, todo estudante de administração memoriza o conceito de *maximizar o valor ao acionista* em algum momento durante seu curso superior. Entretanto, essa memorização quase que automática apresenta pelo menos dois grandes desafios: 1) maximizar a riqueza dos acionistas não é necessariamente o objetivo aceito pela administração em todos os países – outros envolvidos podem ter um peso substancial e 2) é extremamente difícil realizá-lo. *Criar valor* é – assim como muitos objetivos grandiosos – mais fácil na teoria do que na prática.

Apesar de a ideia de maximizar a riqueza do acionista provavelmente ser realista tanto na teoria quanto na prática nos mercados anglo-americanos, ela nem sempre é exclusiva em outros mercados. Existem algumas diferenças básicas de filosofia corporativa e de filosofia dos investidores entre os mercados anglo-americanos e os mercados do resto do mundo. Portanto, é necessário perceber que as chamadas *verdades universais* ensinadas em cursos introdutórios de finanças são, na verdade, *normas culturalmente determinadas*.

Modelo de maximização da riqueza do acionista

Os mercados anglo-americanos têm uma filosofia de que o objetivo de uma empresa deve seguir o modelo de *maximização da riqueza do acionista* (*SWM* ou *shareholder wealth maximization*, no inglês). Mais especificamente, a empresa deve se esforçar para maximizar o retorno aos acionistas, medido pela soma dos ganhos de capitais e dividendos, para determinado nível de risco. Como alternativa, a empresa deve minimizar o risco para os acionistas para determinada taxa de retorno.

O modelo SWM pressupõe como verdade universal que o mercado de ações seja *eficiente*. Isso significa que o preço das ações está sempre correto porque expressa todas as expectativas de retorno e risco como elas são percebidas pelos investidores. Ele incorpora rapidamente novas informações ao preço das ações. O preço das ações, por sua vez, é considerado o melhor alocador de capital na macroeconomia.

O modelo SWM também trata sua definição de risco como verdade universal. O risco é definido como o risco adicional que as ações de uma empresa trazem para uma carteira diversificada. O risco operacional total da empresa pode ser eliminado através da diversificação da carteira pelos investidores. Portanto, este *risco não sistemático*, o risco do título individual, não deve ser uma grande preocupação para a administração, a menos que ele aumente as chances de falência. O *risco sistemático*, o risco do mercado em geral, não pode ser eliminado. Ele reflete o risco de que o preço das ações varie em função do mercado de ações como um todo.

Teoria da agência. O campo de *teoria da agência* é o estudo de como os acionistas podem motivar os gestores a aceitar as prescrições do modelo SWM.[1] Por exemplo, o uso liberal de opções de ações deve encorajar os gestores a pensar como os acionistas. Se esses estímulos têm êxito ou não é algo que está aberto ao debate. Entretanto, se os gestores se desviarem demais dos objetivos SWM de trabalhar de modo a maximizar os retornos aos acionistas – o conselho de administração deve substituí-los. Em casos em que o conselho de administração é fraco demais ou próximo demais para fazê-lo, a disciplina ou competição dos mercados de ações podem substituí-los através de uma aquisição hostil. Essa disciplina é possibilitada pela regra de "uma ação, um voto" que existe na maioria dos mercados anglo-americanos.

Maximização de valor de longo prazo *versus* de curto prazo. Durante a década de 1990, o *boom* econômico e os crescentes preços das ações nos Estados Unidos e no exterior expuseram uma falha no modelo SWM, especialmente nos Estados Unidos. Em vez de buscar a maximização de valor no longo prazo, várias grandes corporações norte-americana estavam buscando a maximização de

---

[1] Michael Jensen e W. Meckling, "Theory of the Firm: Managerial Behavior, Agency Costs, and Ownership Structure", *Journal of Financial Economics,* No. 3, 1976, e Michael C. Jensen, "Agency Cost of Free Cash Flow, Corporate Finance and Takeovers", *American Economic Review*, 76, 1986, p. 323–329.

valor no curto prazo (p.ex. o contínuo debate sobre atender ou não aos lucros trimestrais esperados do mercado). Esta estratégia era, em parte, motivada pelo uso excessivamente generoso de opções de ações para motivar a alta administração. A fim de maximizar o crescimento dos lucros no curto prazo e atender às expectativas infladas dos investidores, empresas como a Enron, Global Crossing, Health South, Adelphia, Tyco, Parmalat e WorldCom empreendiam práticas arriscadas, enganosas e às vezes desonestas de registro dos lucros e/ou ofuscação de passivos, o que acabou levando a seu fim. Tais comportamentos também levaram a ações jurídicas muito visíveis na mídia movidas contra seus CEOs, CFOs, empresas contábeis, consultores jurídicos e outras partes relacionadas. Esse foco destrutivo no curto prazo tanto pela gestão quanto pelos investidores foi corretamente apelidada de *capitalismo impaciente*. Esse ponto do debate às vezes é chamado de *horizonte de investimento* da empresa em referência a quanto tempo as ações, investimentos e operações de uma empresa levam para resultar em lucros.

Em oposição ao capitalismo impaciente há o *capitalismo paciente*, que se foca na maximização da riqueza do acionista no longo prazo. O lendário investidor Warren Buffett, através da Berkshire Hathaway, seu veículo de investimento, representa um dos melhores dos capitalistas pacientes. Buffett se tornou multibilionário focando sua carteira em empresas *mainstream* que cresciam lenta, mas regularmente com a economia, como a Coca-Cola. Ele não foi seduzido a investir nas ponto.com da década de 2000, que tinham um alto crescimento, mas eram arriscadas, ou no setor de "alta tecnologia" que acabou sendo implodido em 2001.

Modelo de capitalismo do *stakeholder*

Nos mercados não anglo-americanos, os acionistas controladores também se esforçam para maximizar os retornos sobre o patrimônio no longo prazo. No entanto, eles são mais pressionados por outros *stakeholders* poderosos. Em particular, os sindicatos trabalhistas têm mais força do que nos mercados anglo-americanos. Os governos interferem mais no mercado para proteger importantes grupos do público envolvido, como comunidades locais, o meio-ambiente, e o nível de emprego. Os bancos e outras instituições financeiras são credores mais importantes do que os mercados de títulos. Este modelo foi chamado de modelo de capitalismo do *stakeholder* (SCM ou *stakeholder capitalism model*, em inglês).

Eficiência de mercado. O modelo SCM não pressupõe que os mercados de ações sejam eficientes ou ineficientes. Na verdade, não importa, porque os objetivos financeiros da empresa não são exclusivamente orientados aos acionistas, já que são pressionados pelos outros *stakeholders*. De qualquer forma, o modelo SCM pressupõe que são os "fiéis" acionistas de longo prazo, tipicamente os acionistas controladores, que devem influenciar a estratégia da empresa, e não investidores temporários.

Risco. O modelo SCM pressupõe que o *risco total*, isto é, o risco operacional e financeiro, não conta. É um objetivo específico da empresa gerar lucros e dividendos crescentes no longo prazo com a maior certeza possível, considerando-se a declaração de missão e os objetivos da empresa. O risco é medido mais pela variabilidade do mercado de produtos do que pela variação dos lucros e dos preços das ações no curto prazo.

Objetivo único *versus* múltiplos. Apesar de o modelo SCM tipicamente evitar uma falha do modelo SWM, a saber o capital impaciente, que tem orientação de curto prazo, ele possui sua própria falha. Tentar satisfazer os desejos de múltiplos *stakeholders* deixa a administração sem um sinal claro quanto aos *trade-offs* envolvidos. Em vez disso, a administração tenta influenciar os *trade-offs* através de divulgações escritas e orais e de complexos sistemas de remuneração.

Indicadores de desempenho. Em oposição ao modelo SCM, o modelo SWM exige um único objetivo de maximização de valor com indicadores de desempenho bem definidos. Nas palavras de Michael Jensen:

> *Maximizar o valor de mercado total da empresa – isto é, a soma dos valores de mercado de ações, títulos de dívida e quaisquer outras obrigações contingentes pendentes da empresa – é a função objetiva que orientará os gestores ao fazer os trade-offs ótimos entre múltiplos grupos (ou* stakeholders*). Ela diz à empresa para gastar um dólar a mais de recursos para satisfazer os desejos de cada grupo enquanto esse grupo atribuir ao resultado um valor maior do que um dólar.*

Neste caso, o payoff para a empresa proveniente do investimento de recursos será de pelo menos um dólar (em termos de valor de mercado).[2]

Apesar de ambos os modelos terem seus pontos fortes e fracos, nos últimos anos duas tendências levaram a um foco maior sobre a forma da riqueza do acionista. Em primeiro lugar, à medida que mais e mais mercados não anglo-americanos foram privatizando seus setores, o foco sobre a riqueza do acionista aparentemente passou a ser necessário para atrair capital internacional de investidores externos, muitos dos quais são de outros países. Em segundo lugar, e ainda gerando controvérsias, muitos analistas acreditam que as EMNs baseadas em acionistas estão cada vez mais dominando seus segmentos industriais globais. Nada atrai mais seguidores do que o sucesso.

Objetivos operacionais

Uma coisa é dizer *maximizem o valor*, mas fazê-lo é totalmente diferente. O objetivo da administração de maximizar lucros não é tão simples quanto parece, porque a medida de lucro utilizada pelos proprietários/gestores difere entre a empresa de capital fechado e a de capital aberto. Em outras palavras, a administração está tentando maximizar a receita corrente, a apreciação de capital, ou ambos?

O retorno ao acionista em uma empresa de capital aberto é uma combinação de receitas correntes na forma de dividendos e ganhos de capital provenientes da apreciação do preço das ações:

$$\text{Retorno ao acionista} = \frac{\text{Dividendo}}{\text{Preço}_1} + \frac{\text{Preço}_2 - \text{Preço}_1}{\text{Preço}_1}$$

onde o preço inicial, P_1, é equivalente ao investimento inicial pelo acionista, e P_2 é o preço das ações no final do período. O acionista tipicamente recebe a renda de ambos os componentes. Por exemplo, nos últimos 50 ou 60 anos no mercado norte-americano, um investidor diversificado poderia ter recebido um retorno anual médio total de 14%, divididos aproximadamente entre dividendos, 2%, e ganhos de capital, 12%.

A administração geralmente acredita possuir uma influência mais direta sobre o primeiro componente – o *retorno em dividendos*. A administração toma decisões estratégicas e operacionais que propicie aumento de vendas e geração de lucros. Então, distribui esses lucros aos proprietários na forma de dividendos. *Ganhos de capital* – a variação no preço das ações quando negociadas nos mercados de ações – são muito mais complexos, e refletem muitas forças que não estão sob o controle direto da administração. Apesar de uma crescente participação de mercado, lucros ou qualquer outra medida tradicional de sucesso empresarial, o mercado pode não recompensar essas ações diretamente com a apreciação do preço das ações. Muitos altos executivos acreditam que os mercados de ações se movimentem de maneira misteriosa e nem sempre sejam consistentes em suas avaliações.

Uma empresa de capital fechado possui uma função objetiva de retorno ao acionista muito mais simples: maximizar a receita corrente e a sustentável. A empresa de capital fechado não possui um preço para suas ações (elas têm um valor, mas ele não é valor determinado pelo mercado da maneira que acreditamos que o mercado funcione). Portanto, ela simplesmente se foca em gerar receita corrente e receita de dividendos para gerar os retornos para seus proprietários. Se os proprietários da empresa de capital fechado são uma família, a família também pode dar uma grande ênfase à capacidade de sustentar esses lucros ao longo do tempo, mantendo, ao mesmo tempo, uma taxa de crescimento mais lenta, o que pode ser administrado pela própria família. Portanto, é crucial que os proprietários e os interesses financeiros específicos dos proprietários possam ser compreendidos desde o início se quisermos entender as metas e objetivos estratégicos e financeiros da administração.

Objetivos operacionais das EMNs. A EMN tem que ser orientada por objetivos operacionais adequados para vários níveis da empresa. Mesmo que o objetivo da empresa seja maximizar o valor ao acionista, a maneira como os investidores avaliam a empresa nem sempre é óbvia para a alta gerência da empresa. Portanto, a maioria das empresas espera receber uma resposta favorável dos investidores quando alcança objetivos operacionais que podem ser controlados pelo desempenho da empresa, e então espera – se é que podemos usar este termo – que o mercado recompense seus resultados.

---

[2] Michael C. Jensen, "Value Maximization, *Stakeholder* Theory, and the Corporate Objective Function", *Journal of Applied Corporate Finance*, Fall 2001, Volume 14, No. 3, pp. 8–21, p. 12.

A EMN tem que determinar o equilíbrio apropriado entre três objetivos financeiros operacionais comuns:

1. Maximização da receita consolidada após os impostos
2. Minimização da carga tributária global efetiva da empresa
3. Posicionamento correto da receita, fluxos de caixa e fundos disponíveis da empresa em relação ao país e à moeda

Esses objetivos são muitas vezes incompatíveis, no sentido de que a busca de um objetivo pode resultar em um resultado menos desejável de outro. A administração tem que tomar decisões sobre os *trade-offs* apropriados entre os objetivos (que é o motivo pelo qual pessoas são empregadas como administradores, e não computadores).

Lucros consolidados. O objetivo operacional primordial da EMN é *maximizar os lucros consolidados, após os impostos*. Os *lucros consolidados* são os lucros de todas as unidades individuais da empresa que se originam em muitas moedas diferentes expressas na moeda da empresa matriz. Isso não significa que a gerência não esteja se esforçando para maximizar o valor presente de todos os fluxos de caixa futuros. O que ocorre é que simplesmente a maioria das tomadas de decisões do dia a dia em administração global envolve lucros correntes. Os líderes da EMN, a equipe administrativa que está desenvolvendo e implementando a estratégia da empresa, têm que pensar para além dos lucros correntes.

Por exemplo, as subsidiárias estrangeiras têm seu próprio conjunto de demonstrações financeiras tradicionais: 1) uma demonstração da renda, resumindo as receitas e despesas da empresa ao longo do ano; 2) um balanço patrimonial, resumindo os ativos empregados na geração das receitas da unidade, e o financiamento desses ativos; e 3) uma demonstração dos fluxos de caixa, resumindo as atividades da empresa que geram e, então, usam os fluxos de caixa ao longo do ano. Essas demonstrações financeiras são expressas inicialmente na moeda local da unidade para fins tributários e de relatórios para o governo local, mas elas têm que ser consolidadas com as demonstrações financeiras da empresa matriz para relatórios aos acionistas.

GOVERNANÇA CORPORATIVA

Apesar de a estrutura de governança de qualquer empresa, seja ela doméstica, internacional, ou multinacional, ser fundamental à sua própria existência, exatamente esse assunto se tornou o pára-raios do debate político e empresarial nos últimos anos na medida em que falhas na governança em uma variedade de formas levaram a fraudes e falências nas empresas. Abusos e falhas na governança corporativa têm dominado as notícias sobre empresas globais nos últimos anos. A começar com a fraude contábil e a questionável ética de conduta de negócios adotada na Enron, que culminou com sua falência no outono de 2001, as falhas de governança corporativa levantaram questões sobre a ética e a cultura da conduta de negócios propriamente ditas.

O objetivo da governança corporativa

O único objetivo prioritário da governança corporativa nos mercados anglo-americanos é a otimização ao longo do tempo dos retornos aos acionistas. A fim de alcançar isso, boas práticas de governança devem focar a atenção do conselho de administração da empresa sobre esse objetivo desenvolvendo e implementando uma estratégia que garanta o crescimento da empresa e o aumento do valor do patrimônio desta. Ao mesmo tempo, elas devem garantir um bom relacionamento com os demais *stakeholders*.[3] Uma das declarações mais aceitas de boas práticas de governança corporativa são aquelas estabelecidas pela Organização para a Cooperação e Desenvolvimento Econômico (OCDE):[4]

---

[3] Esta definição do objetivo da empresa baseia-se na definição apoiada pela International Corporate Governance Network (ICGN), uma organização sem fins lucrativos comprometida a aperfeiçoar as práticas de governança corporativa em todo o mundo.

[4] "OECD Principles of Corporate Governance" The Organization for Economic Cooperation and Development, (Princípios de governança corporativa da OCDE – Organização para Cooperação e Desenvolvimento Econômico) 1999, revisado em 2004.

- **Os direitos dos acionistas:** A estrutura da governança corporativa deve proteger os direitos dos acionistas.
- **Tratamento equitativo dos acionistas:** A estrutura da governança corporativa deve garantir o tratamento equitativo de todos os acionistas, inclusive os acionistas minoritários e os estrangeiros. Todos os acionistas devem ter a oportunidade de obter uma reparação eficaz de qualquer violação de seus direitos.
- **O papel dos *stakeholders* na governança corporativa:** A estrutura da governança corporativa deve reconhecer os direitos estabelecidos por lei dos *stakeholders* e encorajar uma cooperação ativa entre empresas e público envolvido na criação de riqueza e empregos e na sustentabilidade de empresas financeiramente sólidas.
- **Divulgação e transparência:** A estrutura da governança corporativa deve garantir que todas as questões materiais que envolvem a empresa sejam divulgadas em tempo hábil e com precisão, incluindo a situação financeira, desempenho, participação acionária e governança da empresa.
- **As responsabilidades do conselho de administração:** A estrutura da governança corporativa deve garantir a orientação estratégica da empresa, o monitoramento eficaz dos gestores pelo conselho de administração, e a responsabilização do conselho pela empresa e pelos acionistas.

Esses princípios obviamente se focam em diversas áreas importantes – direitos e deveres dos acionistas, divulgação e transparência e as responsabilidades dos conselhos de administração – que discutiremos mais detalhadamente.

A estrutura da governança corporativa

Nosso primeiro desafio é tentar expressar o que as pessoas querem dizer quando usam a expressão "governança corporativa". O Quadro 2.2 fornece um panorama das várias partes envolvidas e suas responsabilidades associadas à governança da empresa moderna. As ações e comportamentos da empresa moderna são dirigidas e controladas tanto por *forças internas* quanto por *forças externas*.

As *forças internas*, os executivos da empresa (como o principal executivo ou CEO) e o conselho de administração da empresa (inclusive o presidente do conselho), são aqueles diretamente responsáveis por determinar tanto a direção estratégica quanto a execução do futuro da empresa. Mas ainda assim, não agem em um vácuo; estão sujeitos à constante sondagem das *forças externas* no

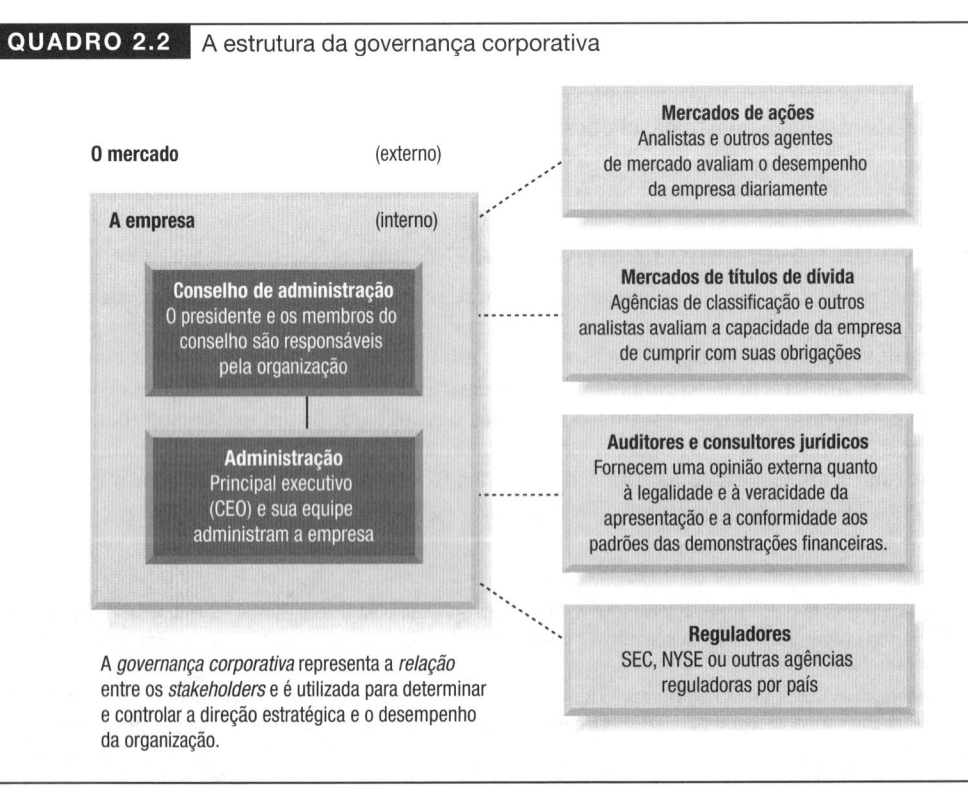

QUADRO 2.2 A estrutura da governança corporativa

O mercado (externo)

A empresa (interno)

Conselho de administração
O presidente e os membros do conselho são responsáveis pela organização

Administração
Principal executivo (CEO) e sua equipe administram a empresa

Mercados de ações
Analistas e outros agentes de mercado avaliam o desempenho da empresa diariamente

Mercados de títulos de dívida
Agências de classificação e outros analistas avaliam a capacidade da empresa de cumprir com suas obrigações

Auditores e consultores jurídicos
Fornecem uma opinião externa quanto à legalidade e à veracidade da apresentação e a conformidade aos padrões das demonstrações financeiras.

Reguladores
SEC, NYSE ou outras agências reguladoras por país

A *governança corporativa* representa a *relação* entre os *stakeholders* e é utilizada para determinar e controlar a direção estratégica e o desempenho da organização.

mercado que questionam a validade e a solidez de suas decisões e desempenho. Essas forças incluem os mercados nos quais as ações são negociadas, os analistas que criticam suas perspectivas de investimento, os credores e as agências de crédito que lhes concede empréstimos, os auditores e consultores jurídicos que atestam a veracidade e a legalidade de seus relatórios e os inúmeros reguladores que supervisionam suas ações a fim de proteger o público investidor.

O conselho de administração. O corpo jurídico que é responsável pela governança da empresa é seu conselho de administração. O conselho é composto tanto por funcionários da organização (membros internos) quanto por não funcionários experientes e influentes (membros externos). Áreas de debate a respeito dos conselhos incluem as seguintes: 1) o equilíbrio apropriado entre membros internos e externos; 2) os meios através dos quais os membros do conselho são remunerados por seu serviço; e 3) a capacidade efetiva de um conselho monitorar e gerenciar adequadamente uma empresa quando seus membros dedicam às vezes menos de cinco dias ao ano a atividades do conselho. Os membros externos, geralmente os principais executivos atuais ou aposentados de outras grandes empresas, podem trazer consigo um saudável senso de distanciamento e imparcialidade, que, apesar de revigorante, também pode resultar em uma limitada compreensão das verdadeiras questões e eventos que ocorrem na empresa.

Executivos e administradores. Os altos executivos da empresa, o principal executivo (chef executive officer – CEO), o principal executivo financeiro (chef financial officer – CFO), e o principal executivo operacional (chef operating officer – COO), são não somente os mais bem-informados sobre a empresa, mas também os criadores e diretores de sua direção estratégica e operacional. Os administradores da empresa, segundo a teoria, agem como contratados – como *agentes* – para os acionistas, para ir em busca da criação de valor. Eles são motivados por salários, bônus e opções de ações (positivamente) ou pelo risco de perder seus empregos (negativamente). Eles podem, no entanto, ter vieses de enriquecimento pessoal ou buscar interesses pessoais, que o conselho e outros envolvidos são responsáveis por supervisionar e policiar. É interessante observar que em mais de 80% das empresas da Fortune 500, o CEO também é presidente do conselho. Isso é, na opinião de muitos, um conflito de interesses e não é do interesse da empresa e de seus acionistas.

Mercados de ações. A empresa de capital aberto, independentemente de seu país de residência, é extremamente suscetível às mudanças de opinião do mercado. Os próprios mercados de ações, sejam eles a Bolsa de Valores de Nova York, a Bolsa de Valores de Londres ou a Bolsa da Cidade do México, devem refletir a constante avaliação, feita pelo mercado, da promessa e do desempenho de cada empresa individual. Os analistas são aqueles que se auto-intitulam especialistas, empregados por bancos de investimento que também negociam as ações da empresa-cliente. A expectativa (às vezes ingênua) é a de que eles avaliem as estratégias, planos de execução das estratégias e desempenho financeiro das empresas em tempo real. Os analistas dependem das demonstrações financeiras e de outras divulgações públicas da empresa para se manterem informados.

Mercados de títulos de dívida. Apesar de os mercados de títulos de dívida (bancos e outras instituições financeiras que fornecem empréstimos e várias formas de dívida securitizada, como, por exemplo, títulos de dívida corporativa) não estarem especificamente interessados em criar valor para o acionista, eles estão, de fato, interessados na saúde financeira da empresa. Seu interesse, especificamente, se encontra na capacidade da empresa de pagar sua dívida em tempo hábil e de maneira eficiente. Esses mercados, assim como os mercados de ações, contam com as demonstrações financeiras e outras divulgações (públicas e privadas, neste caso) das empresas com que trabalham.

Auditores e consultores jurídicos. Os auditores e consultores jurídicos são responsáveis por fornecer uma opinião externa profissional quanto à veracidade, legalidade e precisão das demonstrações financeiras da empresa. Neste processo, eles tentam determinar se os registros financeiros e práticas da empresa seguem o que nos Estados Unidos é chamado de *princípios contábeis geralmente aceitos* (generally accepted acounting principles – GAAP) no que diz respeito a procedimentos contábeis. Mas os auditores e consultores jurídicos são contratados pelas próprias empresas que eles estão auditando, o que leva a uma prática bastante singular de policiamento de seus empregadores. Outra dificuldade que tem surgido nos últimos anos é que as maiores empresas de contabilidade buscavam o desenvolvimento de práticas amplas de consultoria, o que muitas vezes levava a conflitos de interesse. Um auditor que não desse um "atestado de saúde" limpo para um cliente não poderia esperar obter muitos contratos de consultoria lucrativos com aquela mesma empresa no futuro.

Reguladores. As empresas de capital aberto nos Estados Unidos e em outros lugares estão sujeitas à supervisão regulatória tanto de organizações governamentais quanto de organizações não governamentais. Nos Estados Unidos, a Securities and Exchange Commission (SEC) é um cuidadoso vigilante dos mercados de ações negociadas na bolsa, tanto do comportamento das próprias empresas nesses mercados quanto dos vários investidores que participam deles. A SEC e outras autoridades similares fora dos Estados Unidos exigem um processo de divulgação regular e organizado sobre o desempenho da empresa a fim de que todos os investidores possam avaliar o valor de investimento da empresa com informações adequadas, precisas e bem distribuídas. Essa supervisão regulatória geralmente se foca em quando e que informações são divulgadas pela empresa, e para quem.

Uma empresa de capital aberto nos Estados Unidos também está sujeita às regras e regulamentações da bolsa em que são negociadas (Bolsa de Valores de Nova York, Bolsa de Valores Americana e NASDAQ são as maiores). Essas organizações, tipicamente classificadas como autorreguladoras por natureza, criam e fiscalizam o cumprimento de padrões de conduta tanto para suas empresas-membro quanto para si próprias na conduta da negociação de ações.

Governança corporativa comparativa[5]

As origens da necessidade de um processo de governança corporativa surgem da separação proprietários e gestão, além de das várias visões, dependendo da cultura, de quem são os *stakeholders* e qual a sua importância. Isso garante que as práticas de governança corporativa sejam diferentes em diferentes países, economias e culturas. Como descrito no Quadro 2.3, porém, os vários regimes de governança corporativa podem ser classificados por regime. Os regimes, por sua vez, refletem a evolução da propriedade e direção da empresa nos países ao longo do tempo.

Os *regimes de mercado*, assim como o dos Estados Unidos, Canadá e Reino Unido, são caracterizados por mercados de capitais relativamente eficientes em que a propriedade das empresas de capital aberto é amplamente pulverizada. Os *sistemas de base familiar*, como aqueles caracterizados em muitos dos mercados emergentes, mercados asiáticos e mercados latinoamericanos, não somente começaram com fortes concentrações de propriedade familiar (em contraposição a sociedades ou pequenos grupos de investimento sem base familiar), mas continuaram a ser amplamente controlados por famílias mesmo depois da abertura de seu capital. Os regimes *de base bancária* e *de base governamental* são aqueles que refletem mercados em que a propriedade de imóveis e indústrias nas mãos do governo tem sido a força constante ao longo do tempo, resultando em uma "propriedade pública" de empresas meramente marginal, e mesmo assim, sujeita a restrições significativas sobre suas práticas de negócios.

Esses regimes são, portanto, uma função de pelo menos quatro principais fatores na evolução dos princípios e práticas de governança corporativa em todo o mundo: 1) o desenvolvimento mercado financeiro; 2) o grau de separação entre propriedade e controle; 3) o conceito de divulgação e transparência; e 4) o desenvolvimento histórico do sistema judiciário.

QUADRO 2.3 Regimes de governança corporativa comparativa

Base de regime	Características	Exemplos
de mercado	Mercados de ações eficientes; propriedade difusa	Estados Unidos, Reino Unido, Canadá, Austrália
de base familiar	Propriedade e controle são combinados; Acionistas majoritários/da família e acionistas minoritários	Hong Kong, Indonésia, Malásia, Cingapura, Taiwan, França
de base bancária	Influência do governo sobre os empréstimos bancários; Falta de transparência; Controle familiar	Coréia, Alemanha
afiliada ao governo	Falta de transparência; Sem influências de acionistas minoritários	China, Rússia

Fonte: Baseado em "Corporate Governance in Emerging Markets: An Asian Perspective," de J. Tsui e T. Shieh, in *International Finance and Accounting Handbook*, Third Edition, Frederick D. S. Choi, editor, Wiley, 2004, pp. 24.4–24.6.

---

[5] Para um resumo sobre governança corporativa comparativa, ver R. La Porta, F. Lopez-de-Silanes e A. Schleifer, "Corporate Ownership Around the World," *Journal of Finance*, 54, 1999, pp. 471–517. Ver também A. Schleifer e R. Vishny, "A Survey of Corporate Governance," *Journal of Finance*, 52, 1997, pp. 737–783, e a edição Winter 2007, Volume 19, Número 1, do *Journal of Applied Corporate Finance*.

Desenvolvimento do mercado financeiro. A profundidade e a amplitude dos mercados de capitais é crucial para a evolução das práticas de governança corporativa. Mercados de países que tiveram um crescimento relativamente lento, como nos mercados emergentes, ou que se industrializaram rapidamente utilizando mercados de capitais vizinhos (como no caso da Europa Ocidental), podem não formar grandes sistemas públicos de mercados de ações. Sem negociações públicas significativas de ações, preservam-se grandes concentrações de participação acionária e desenvolvem-se poucos processos disciplinados de governança.

Separação entre propriedade e controle. Em países e culturas em que a propriedade da empresa continuou a ser parte integral da gerência, problemas e falhas de agência têm sido menos problemáticos. Em países como os Estados Unidos, em que a propriedade se tornou extremamente separada do controle (além de muito pulverizada), alinhar as metas da gerência às dos proprietários é muito mais difícil.

Divulgação e transparência. A extensão da divulgação no que diz respeito às operações e aos resultados financeiros de uma empresa variam drasticamente de um país para outro. As práticas de divulgação refletem uma grande variedade de forças culturais e sociais, inclusive o grau de propriedade que é de capital aberto, o grau com que o governo sente a necessidade de proteger os direitos dos investidores *versus* dos proprietários, e o quanto as empresas de base familiar e de base governamental permanecem centrais à cultura. A transparência, um conceito paralelo ao conceito de divulgação, reflete a visibilidade dos processos de tomada de decisões na organização empresarial.

Desenvolvimento histórico do sistema judiciário. A proteção ao investidor é tipicamente melhor em países em que a *common law* inglesa é a base do sistema judiciário, em comparação ao *código civil* típico da França e da Alemanha (o chamado Código Napoleônico). A *common law* inglesa é tipicamente a base dos sistemas judiciários no Reino Unido e em suas antigas colônias, inclusive os Estados Unidos e o Canadá. O Código Napoleônico é tipicamente a base do sistema judiciário nas antigas colônias francesas e em países europeus onde Napoleão já governou, como a Bélgica, a Espanha e a Itália. Em países com fraca proteção aos investidores, a participação acionária (propriedade) com controle muitas vezes é um substituto para a falta de proteção jurídica.

Observe que a palavra *ética* não foi utilizada. Todos os princípios e práticas descritos até o momento supuseram que os indivíduos em papéis de responsabilidade e liderança os perseguem de maneira verdadeira e justa. Porém, isso nem sempre é o que acontece.

Propriedade de base familiar e governança corporativa

Apesar de grande parte da discussão sobre governança corporativa se concentrar nos regimes de mercado (ver Quadro 2.3), os regimes de base familiar são discutivelmente mais comuns e mais importantes em todo o mundo, inclusive nos Estados Unidos e na Europa Ocidental. Por exemplo, em um estudo envolvendo 5.232 empresas em 13 países da Europa Ocidental, as empresas de controle familiar representavam 44% da amostra, em comparação a 37% de empresas de participação acionária pulverizada.[6]

Pesquisas recentes indicam que, ao contrário do que se acredita, as empresas de propriedade familiar em algumas economias altamente desenvolvidas tipicamente têm um desempenho superior ao das empresas de capital aberto. Isso é verdade não somente na Europa Ocidental, mas também nos Estados Unidos. Um estudo recente sobre as empresas incluídas no S&P 500 constatou que as famílias estão presentes em um terço do S&P 500 e representam 18% de suas ações em circulação. E, ao contrário do que se pensa, as empresas familiares têm um desempenho superior ao das empresas não familiares. (Outra coisa que se percebeu é que as empresas que possuem um CEO da família também têm um desempenho melhor do que aquelas que têm CEOs de fora da família). O que é interessante é que parece que os acionistas minoritários realmente se saem melhor, segundo esse estudo, quando fazem parte de uma empresa influenciada por uma família.[7]

Um outro estudo baseado em 120 empresas norueguesas controladas pela família fundadora e empresas controladas por famílias que não foram as fundadoras concluiu que o controle pela família

---

[6] Mara Faccio e Larry H. P. Lang, "The Ultimate Ownership of Western European Corporations", *Journal of Financial Economics*, 65 (2002), p. 365. Ver também: Torben Pedersen e Steen Thomsen, "European Patterns of Corporate Ownership", *Journal of International Business Studies*, Vol. 28, No. 4, quarto trimestre, 1997, pp. 759–778.

[7] Ronald C. Anderson e David M. Reeb, "Founding Family Ownership and Firm Performance from the S&P 500", *The Journal of Finance*, junho de 2003, p. 1301.

fundadora estava associado a um valor da empresa mais alto. Além disso, o impacto de diretores da família fundadora sobre o valor da empresa não é afetado pelas condições de governança corporativa como a idade da empresa, a independência do conselho de administração e o número de classes de ações.Os autores também descobriram que a relação positiva entre a propriedade pela família fundadora e o valor da empresa é maior entre empresas mais antigas, empresas com conselhos maiores e, particularmente, quando essas empresas têm múltiplas classes de ações.[8] É comum para as empresas norueguesas e as empresas sediadas em diversos outros países europeus ter duas classes de ações com direitos a votos diferenciados.

Falhas na governança corporativa

Falhas na governança corporativa se tornaram cada vez mais visíveis nos últimos anos. O escândalo da Enron nos Estados Unidos é descrito no minicaso no final deste capítulo. Além da Enron, outras empresas que revelaram grandes falhas na contabilidade e na divulgação, além de executivos que roubavam a empresa, são WorldCom, Parmalat, Global Crossing, Tyco, Adelphia e HealthSouth.

Em cada um desses casos, prestigiosas empresas de auditoria, como a Arthur Andersen, não conseguiram perceber as violações ou as minimizaram, possivelmente devido aos lucrativos relacionamentos de consultorias ou a outros conflitos de interesses. Além disso, analistas de títulos financeiros e bancos estimularam os investidores a comprar as ações e os títulos de dívida dessas e de outras empresas que eles sabiam apresentar alto risco ou estar próximas da falência. Ainda mais grave, a maioria dos altos executivos responsável por essa má administração que destruiu suas empresas acabou ficando (inicialmente) com enormes ganhos sobre as ações vendidas antes da falência, além de verbas rescisórias excessivamente generosas.

Parece que o dia do acerto de contas chegou. A primeira a cair (devido a seu envolvimento com a Enron) foi a Arthur Andersen, uma das antigas empresas de contabilidade chamadas "Big Five"* dos EUA. Entretanto, muitas outras ações movidas contra antigos executivos ainda estão a caminho. Apesar de os escândalos de corrupção terem sido revelados primeiramente nos Estados Unidos, eles se espalharam para o Canadá e para os países da União Europeia.

Boa governança e reputação da empresa

É importante que haja uma boa governança corporativa? Esta é, na verdade, uma pergunta difícil, e a resposta realista depende muito dos resultados históricos. Por exemplo, enquanto o preço das ações da Enron continuavam a subir drasticamente durante toda a década de 1990, questões quanto à transparência, correção contábil e até mesmo fatos financeiros foram quase que totalmente negligenciadas por todo o público envolvido na corporação. Contudo, eventualmente, a fraude, o logro e o fracasso de inúmeras práticas de governança corporativa resultaram na falência da empresa. Isso não somente destruiu a riqueza dos investidores, mas as carreiras, rendas e economias de grande parte de seus principais *stakeholders* – seus funcionários. Em última análise, *sim*, a boa governança é importante. Muito importante.

Uma boa governança corporativa depende de uma variedade de fatores, dos quais um é a reputação de governança geral do país onde a empresa foi incorporada e registrada. O Quadro 2.4 apresenta uma seleção de recentes classificações de países compilada pela Governance Metrics International (GMI) a partir de 23 de setembro de 2008. Estudos de muitas organizações e acadêmicos, inclusive da GMI, continuaram a mostrar diversas ligações importantes entre a boa governança (tanto no nível do país quanto no da empresa) e o custo de capital (mais baixo), os retornos aos acionistas (mais altos) e a lucratividade da empresa (mais alta). Uma outra dimensão de interesse é o papel da governança do país, já que ela pode influenciar o país em que investidores internacionais podem escolher investir. Estudos preliminares indicam que a boa governança de fato atrai o interesse de investidores internacionais.

---

[8] Chandra S. Mishra, Trond Randøy e Jan Inge Jenssen, "The Effect of Founding Family Influence on Firm Value and Corporate Governance", *Journal of International Financial Management and Accounting*, Volume 12, Número 3, outono de 2001, pp. 235–259.

* N. de T.: O "Big Five" era o grupo das cinco maiores empresas contábeis dos EUA, que incluía a Arthur Andersen, a Deloitte & Touche, a Ernst and Young, a KPMG e a Price Waterhouse Coopers.

QUADRO 2.4 Classificações de governança por país, 2008

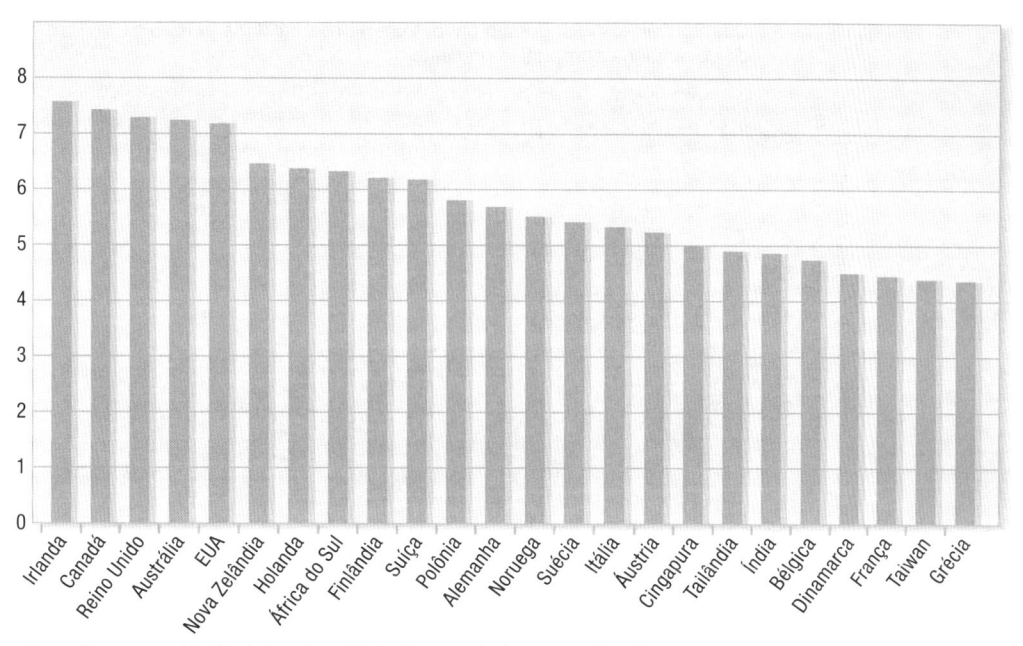

Fonte: Governance Metrics International, http://www.gmiratings.com. Classificações a partir de 23 de setembro de 2008.

Os Quadros 2.5 e 2.6 apresentam os resultados de um outro recente estudo internacional sobre governança corporativa, que comparou os prêmios que os acionistas de mercados selecionados estavam dispostos a pagar pelo que eles percebiam como boa governança. O Quadro 2.5 mede a boa governança

QUADRO 2.5 O prêmio pago por ações com direito a voto: padrões contábeis

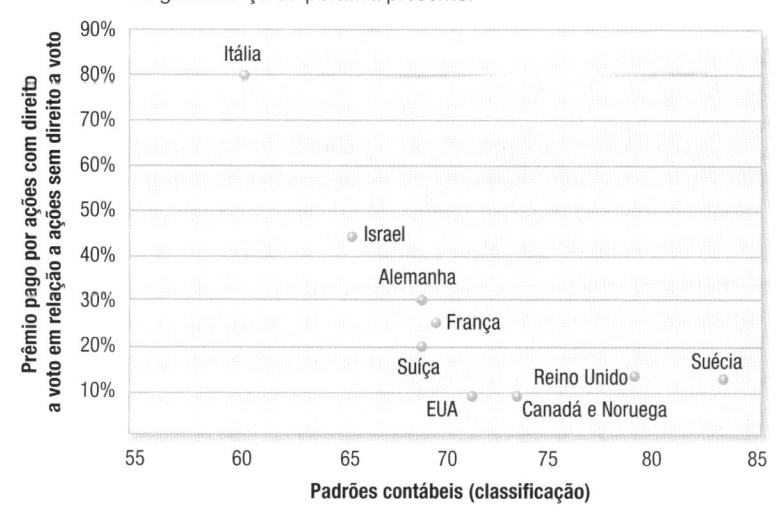

Fonte: "The Ownership Structure, governance, and Performance of French Companies", Peter Harbula, *Journal of Applied Corporate Finance*, Volume 19, Número 1, inverno de 2007, pp. 88–99.

| QUADRO 2.6 | O prêmio pago por ações com direito a voto: cumprimento da lei |

Quanto mais baixo o prêmio pago, mais alta a qualidade percebida da governança corporativa presente.

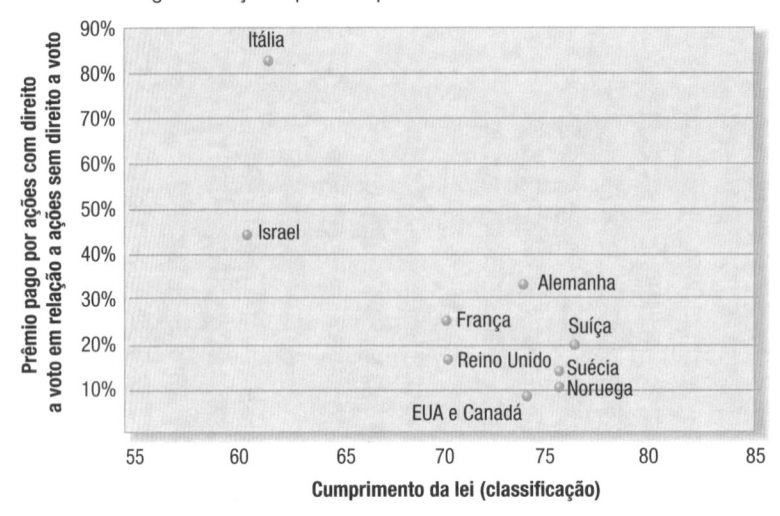

Eixo Y: Prêmio pago por ações com direito a voto em relação a ações sem direito a voto (10%–90%)
Eixo X: Cumprimento da lei (classificação) (55–85)

Pontos aproximados:
- Itália: ~(61, 83%)
- Israel: ~(61, 45%)
- Alemanha: ~(74, 33%)
- França: ~(71, 25%)
- Suíça: ~(76, 22%)
- Reino Unido: ~(74, 17%)
- Suécia: ~(77, 15%)
- Noruega: ~(78, 12%)
- EUA e Canadá: ~(74, 8%)

Fonte: "The Ownership Structure, governance, and Performance of French Companies", Peter Harbula, *Journal of Applied Corporate Finance*, Volume 19, Número 1, inverno de 2007, pp. 88–99.

com base em seus padrões contábeis, enquanto o Quadro 2.6 usa uma medida de padrões jurídicos percebidos no país de incoporação. Em ambos os casos, a medida de valor utilizada é qual o prêmio (valor adicional), se houver, que os investidores parecem estar dispostos a pagar por ações com direito a voto em relação a ações sem direito a voto. A ideia é que se o país é percebido como possuidor de uma governança corporativa relativamente boa, o investidor não teria que obter direito a voto para tentar proteger seu investimento.

Uma terceira maneira de sinalizar boa governança corporativa em empresas não anglo-americanas é eleger um ou mais membros do conselho de administração que sejam anglo-americanos. Isso mostrou ser válido para um grupo selecionado de empresas escandinavas. Um estudo realizado por Oxelheim e Randøy, usando um banco de dados de empresas norueguesas e suecas, concluiu o seguinte:[9]

> *Este estudo examina a influência de membros estrangeiros (anglo-americanos) no conselho de administração sobre o desempenho da empresa medido em termos de valor (Q de Tobin). Com base em empresas sediadas na Noruega e na Suécia, este estudo indica um valor significativamente por mais alto para empresas que possuem membros do conselho anglo-americanos ao controlarmos uma variedade de fatores específicos à empresa e fatores relacionados à governança corporativa. Discutimos que o desempenho superior reflete o fato de essas empresas terem se distanciado com êxito de um mercado de capitais doméstico parcialmente segmentado ao "importar", através de seu(s) membro(s) do conselho anglo-americano(s), um sistema de governança corporativa anglo-americana que oferece melhores oportunidades de monitoramento e um maior reconhecimento do investidor.*

Um estudo complementar das mesmas empresas constatou que o salário do CEO tinha aumentado devido à diminuição percebida da tolerância ao mau-desempenho e ao aumento do monitoramento necessário.[10]

Reforma da governança corporativa

Nos Estados Unidos e no Reino Unido, o principal problema de governança corporativa é o problema tratado pela teoria da agência: com a dispersão da participação acionária (propriedade), como uma

---

[9] Lars Oxelheim e Trond Randøy, "The Impact of Foreign Board Membership on Firm Value", *Journal of Banking and Finance*, Volume 27, Número 12, 2003, pp. 2369–2392.

[10] Lars Oxelheim e Trond Randøy, "The Anglo-American Financial Influence on CEO Compensation in Non–Anglo-American Firms", *Journal of International Business Studies*, Volume 36, Número 4, julho de 2005, pp. 470–483.

empresa pode alinhar os interesses dos administradores aos interesses dos acionistas? Como acionistas individuais não possuem os recursos ou o poder de monitorar a administração, os mercados dos EUA e do Reino Unido contam com o auxílio de reguladores na tarefa de monitoramento da teoria da agência. Fora dos Estados Unidos e do Reino Unido, grandes acionistas controladores (inclusive o Canadá) estão em maioria. Eles conseguem monitorar a administração melhor do que os reguladores, em alguns aspectos.

Entretanto, os acionistas controladores apresentam um diferente problema de agência. Como os acionistas minoritários podem ser protegidos contra os acionistas controladores?

Nos últimos anos, a reforma nos Estados Unidos e Canadá tem sido em grande parte regulatória. Reformas em outros países têm se caracterizado na maior parte pela adoção de princípios, em vez de por regulamentações jurídicas mais rígidas. A abordagem dos princípios é mais suave, menos custosa e menos provável que cause conflito com outras regulamentações existentes.

Lei Sarbanes-Oxley. O Congresso norte-americano aprovou a Lei Sarbanes-Oxley (SOX) em julho de 2002. Nomeada em homenagem a seus dois principais defensores no Congresso, a SOX fazia quatro principais exigências: 1) CEOs e CFOs de empresas de capital aberto tinham que passar a atestar a veracidade das demonstrações financeiras publicadas pela empresa; 2) os conselhos de administração das empresas tinham que passar a ter comitês de auditoria e remuneração formados por diretores independentes (externos); 3) as empresas passavam a ser proibidas de conceder empréstimos a seus executivos e diretores; e 4) as empresas tinham que passar a testar seus controles financeiros internos contra fraudes.

A primeira provisão – a chamada *cláusula da assinatura*, já teve impactos significativos sobre o modo como as empresas preparam suas demonstrações financeiras. A provisão pretendia instilar um senso de responsabilidade na alta gerência (e, portanto, menos explicações alegando que "os auditores concordaram"). As próprias empresas passaram a adotar o mesmo procedimento em níveis hierárquicos mais baixos de suas organizações, geralmente exigindo que os gerentes e diretores de unidades de negócios assinassem suas demonstrações financeiras. Penalidades severas eram aplicadas no caso de não conformidade.

A SOX foi muito mais cara de implementar do que se esperava originalmente durante o debate no Congresso dos EUA. Além dos custos óbvios de preencher mais formulários, muitos críticos discutem que se consome muito mais tempo para cumprir as novas regulamentações, modificar controles internos para combater fraudes e reafirmar lucros passados do que para administrar as operações da empresa. Esse custo pode ser desproporcionalmente alto para pequenas empresas que têm que cumprir as mesmas exigências regulatórias que as grandes empresas. Em particular, as taxas cobradas por auditorias e consultorias jurídicas dispararam.

Todos temem seguir os passos da Arthur Andersen, que entrou em colapso em decorrência do escândalo da Enron. (As empresas de contabilidade "Big Five" se tornaram "Big Four" da noite para o dia!*). O resultado líquido pode levar a mais empresas pequenas, mas em crescimento, decidirem se vender a empresas maiores em vez de tomarem o caminho da oferta pública inicial (IPO). Outras empresas podem simplesmente decidir manter seu capital fechado, sentindo que os custos das ofertas públicas superariam os benefícios. Além disso, muitas empresas podem se tornar mais avessas ao risco. Funcionários de nível mais baixo podem passar todas as decisões arriscadas a seus superiores em um nível mais central de avaliação de risco. Tal ação tornaria mais lento o processo de tomada de decisões e, potencialmente, o crescimento.

A SOX foi bastante controversa internacionalmente. Seu estilo de abordagem genérica ("*one size fits all*" ou "um padrão único para todos") entra em conflito com diversas práticas de governança corporativa já em vigor em mercados que acreditam ter um histórico de melhor governança do que os Estados Unidos. Uma empresa estrangeira que deseje listar ou continuar a listar suas ações em uma bolsa de valores norte-americana tem que cumprir a lei. Algumas empresas, como a Porsche, voltou atrás em seus planos de ser listada nos EUA especificamente em oposição à SOX. Outras empresas, porém, inclusive muitas das maiores empresas estrangeiras negociadas nas bolsas norte-americanas, como a Unilever, Siemens e ST Microelectronics, declararam estar dispostas a cumprir a lei – se conseguissem chegar a um meio-termo entre a legislação norte-americana e as exigências e princípios de governança em seus próprios países. Um exemplo é a Alemanha, onde

---

* N. de T.: O "Big Five", antes conhecido como "Big Eight", foi reduzido a apenas cinco devido a uma série de fusões. Este grupo passou a se chamar "Big Four" depois da queda da Arthur Andersen em 2002, após seu envolvimento no escândalo da Enron.

os comitês de supervisão de auditoria do conselho de administração têm que incluir representantes dos funcionários. No entanto, segundo a legislação norte-americana, funcionários não são independentes. Muitas dessas empresas listadas concluíram que precisam de acesso ao mercado de capitais norte-americano e, portanto, precisam estar em conformidade com a lei.

Estrutura e remuneração do conselho de administração. Muitos críticos discutiram a favor de os EUA se inclinarem mais a reformas estruturais mais consistentes com os padrões europeus (p. ex., proibindo os CEOs de também serem presidentes). Apesar de isso ser cada vez mais comum, não há nenhuma exigência regulatória ou jurídica para impor a questão. Em segundo lugar, e mais radical, seria se inclinar à estrutura de duas camadas hierárquicas de países como a Alemanha, na qual há um conselho de supervisão (em sua maioria de membros externos, e tipicamente grande – a Siemens possui 18 membros) e um conselho de administração (predominantemente membros internos, e pequeno – a Siemens possui oito membros). Como mostra o Quadro 2.7, não fica claro que a composição de diretores do conselho seja um verdadeiro problema.

Apesar de a SOX abordar o problema da teoria da agência ligado à transparência, ela não aborda o problema da teoria da agência ligado ao alinhamento dos objetivos dos conselhos e administradores aos interesses dos acionistas. No passado, os Estados Unidos se caracterizavam por esquemas de remuneração que recompensavam diretores e gerentes com uma combinação de um estipêndio ou salário anual e significativas opções de ações. Entretanto, quando as opções de ações ficam *underwater* (tornam-se essencialmente sem valor porque estão *muito out-of-the-money*),* elas não custam ao receptor nenhum custo direto, apenas a perda de um possível benefício futuro. De fato, algumas empresas simplesmente reemitem as opções de modo que elas tenham valores mais altos imediatamente. Agora parece que muitas empresas estão mudando seus esquemas de remuneração, substituindo as opções por *ações restritas*. Ações restritas não podem ser vendidas na bolsa por algum período de tempo especificado. Se o preço das ações da empresa caírem, o receptor terá de fato perdido dinheiro e, normalmente, não será recompensado recebendo mais ações restritas.

Transparência, contabilidade e auditoria. O conceito de *transparência* também é um conceito que foi levantado em diversos mercados e contextos diferentes. Transparência é um termo bastante comum utilizado para descrever o quanto um investidor – seja ele existente ou potencial – consegue discernir as verdadeiras atividades e determinantes de valor de uma empresa a partir das divulgações e resultados financeiros declarados. Por exemplo, a Enron era frequentemente considerada uma "caixa preta" no que dizia respeito a quais eram os riscos e os resultados operacionais e financeiros efetivos de sua grande quantidade de linhas de negócios. O consenso de todos os especialistas em governança corporativa é que todas as empresas em todo o mundo devem trabalhar no sentido de aumentar a transparência do perfil de risco e retorno da empresa.

QUADRO 2.7 Independência dos diretores nos EUA, 2008

A Shearman & Sterling LLP realiza uma pesquisa anual de práticas selecionadas de governança corporativa nas "100 Maiores Empresas". Vejamos algumas observações e os pontos principais de sua pesquisa de 2008.

- Os padrões de listagem tanto da NYSE quanto da NASDAQ exigem que a maioria dos diretores de uma empresa listada seja independente.

- Das 100 Maiores Empresas, 52 em 2008 tinham adotado e divulgado padrões mais rígidos em relação ao número mínimo de diretores independentes exigido pelos padrões das listagens relevantes.

- A maioria das 100 Maiores Empresas não exige explicitamente que 75% ou mais de seus diretores sejam independentes. Na prática, no entanto, as 100 Maiores Empresas continuam a exceder suas próprias exigências.

- Os diretores independentes constituem 75% ou mais dos conselhos de administração de 89 das 100 Maiores Empresas pesquisadas este ano. O CEO é o único diretor não independente em 44 das 100 Maiores Empresas. CFOs e COOs eram membros do conselho em sete e nove das 100 Maiores Empresas, respectivamente.

Fonte: "2008 Trends in Corporate Governance of the Large US Public Companies", Shearman & Sterling LLP, pp. 14–15. As 100 Maiores Empresas consistem nas 100 maiores empresas de capital aberto dos EUA segundo a lista *Fortune 500* da revista *Fortune*, classificadas por receita para o último ano fiscal e que possuem títulos listados na NYSE ou NASDAQ.

---

* N. de R. T.: Uma opção de compra *out-of-the-money* implica que o preço de exercício é maior que o preço da ação. Nessa situação, o titular da opção não exerce a opção de compra a ação pelo preço de exercício.

O processo contábil propriamente dito agora entrou em debate. O sistema norte-americano é caracterizado como um sistema estritamente baseado em regras, em vez de baseado em conceitos, como é comum na Europa Ocidental. Muitos críticos das práticas de governança corporativa dos EUA apontam essa como uma falha fundamental, na qual contadores inteligentes encontram, cada vez mais, maneiras de seguir as regras, mas sem atender ao propósito subjacente para o qual as regras foram criadas. Uma extensão do debate sobre processos contábeis é a do papel e remuneração associados à auditoria. Auditoria é o processo de usar terceiros pagos pela empresa para verificar se suas práticas de relatórios são consistentes com os princípios contábeis geralmente aceitos. Como o colapso da Arthur Andersen depois da derrocada da Enron ilustra, ainda há sérias questões a serem discutidas quanto à validade dessa prática corrente.

Direitos dos acionistas minoritários. Finalmente, a questão dos direitos dos acionistas minoritários continua a causar a fúria nos maiores mercados do mundo. Muitos dos mercados emergentes ainda são caracterizados pelo regime de governança corporativa de base familiar, no qual a família permanece no controle mesmo depois de a empresa passar por uma abertura de capital. Mas e quanto aos interesses e opiniões dos outros acionistas? Como seus interesses são preservados em organizações onde famílias ou investidores controladores tomam todas as decisões efetivas, inclusive sobre o conselho de administração? Como o quadro *Finanças globais na prática 2.2* ressalta, os direitos dos acionistas minoritários são uma questão em todos os mercados hoje em dia, inclusive na China.

FINANÇAS GLOBAIS NA PRÁTICA 2.2

Reforma de governança corporativa na China

A China fez muitas melhorias positivas em sua estrutura de governança corporativa recentemente ao revisar sua legislação empresarial e de títulos. Mudanças notáveis incluem maiores exigências relativas a divulgações financeiras, maior proteção dos direitos dos acionistas minoritários e diretrizes mais claras sobre o papel dos conselhos de supervisão.

Também foram feitos progressos significativos na melhoria da governança corporativa tanto no mercado bancário quanto no mercado de ações. Os bancos estrangeiros agora podem investir em bancos da RPC (República Popular da China) e trazer consigo seus conceitos de governança corporativa. O governo também introduziu um programa de reforma das ações, tornando obrigatório que ações não negociáveis de empresas estatais (SOEs ou *state-owned enterprises*, em inglês) sejam convertidas em ações negociáveis. Foram feitos esforços para diminuir o risco financeiro no sistema bancário da China através da redução do grande número de empréstimos em inadimplência mantidos pelos bancos locais.

Apesar de ter havido melhorias significativas na estrutura de governança corporativa da China, ela ainda fica atrás da de muitos países desenvolvidos. Quais são as falhas no sistema de governança corporativa da China? A China possui uma estrutura de governança do conselho com dois níveis hierárquicos para empresas, o que é muito similar ao sistema alemão, com um conselho de administração e um conselho de supervisão. Infelizmente, na realidade, os conselhos de supervisão na China normalmente apenas autorizam automaticamente as decisões tomadas pelos conselhos de administração. Essa duplicação no sistema não serve para nada além de criar redundância e aumentar os custos administrativos para as empresas. Além disso, apesar de as empresas chinesas terem que ter pelo menos um terço de seus conselhos formado por diretores independentes, na prática, esses diretores têm muito pouca capacidade de influenciar como as empresas são administradas.

Além disso, as exigências relativas às divulgações de informações financeiras das empresas chinesas listadas na bolsa ainda são fracas em comparação às de muitas jurisdições desenvolvidas. A continuada e duvidosa reforma das estruturas das ações das SOEs e a falta de informações financeiras confiáveis tornam extremamente difícil para os mercados de ações da China crescerem e funcionarem adequadamente.

O governo da RPC tem encorajado as empresas a se tornarem mais conscientes da boa governança corporativa. Um dos métodos adotados pelo governo tem sido encorajar ativamente as empresas locais a listarem suas ações na bolsa de valores de Hong Kong, que possui um sistema de governança corporativa mais internacionalmente aceito para empresas listadas. Entretanto, esse plano podia dar errado e atrapalhar o desenvolvimento dos mercados de ações da China, já que ele gera a percepção de que as bolsas de valores locais em Xangai e Shenzen – e as empresas nelas listadas – são mais fracas e administradas de maneira menos profissional.

Um outro problema de governança corporativa para as grandes empresas da RPC (das quais a maioria é estatal) é o problema de o governo tentar exercer uma forte influência administrativa sobre elas. Muitos dos altos executivos dessas empresas de propriedade majoritária do governo acreditam ter a função de manter o governo feliz a qualquer custo. Claramente, há muito espaço para melhorias no sistema de governança corporativa da China.

Fonte: "Shortcomings in China's Corporate Governance Regime", Johnny KW Cheung, *China Law & Practice*, fevereiro de 2007, p. 1.

O mau desempenho da administração geralmente exige mudanças na gerência, ou na propriedade, ou em ambos. O Quadro 2.8 ilustra alguns dos caminhos alternativos disponíveis aos acionistas quando estão insatisfeitos com o desempenho da empresa. Dependendo da cultura e das práticas aceitas, não é incomum que muitos investidores – pelo menos por um bom tempo – permaneçam em silêncio sobre insatisfação em relação ao desempenho dos preços das ações. Se responderem de maneira mais ativa, eles podem vender suas ações. É nas respostas três e quatro, as respostas de ativismo dos acionistas, que a administração escuta uma voz do acionista insatisfeito muito mais alta.

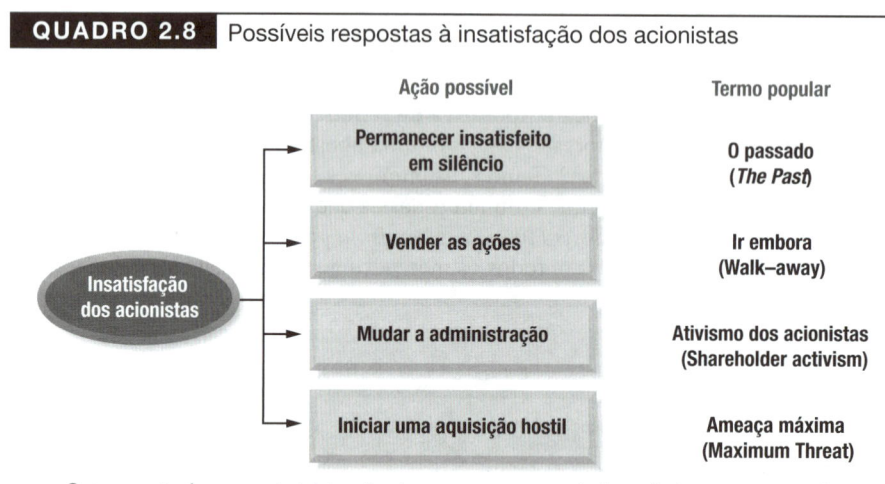

QUADRO 2.8 Possíveis respostas à insatisfação dos acionistas

Insatisfação dos acionistas → Ação possível	Termo popular
Permanecer insatisfeito em silêncio	O passado (*The Past*)
Vender as ações	Ir embora (Walk–away)
Mudar a administração	Ativismo dos acionistas (Shareholder activism)
Iniciar uma aquisição hostil	Ameaça máxima (Maximum Threat)

O que conta é que a administração de uma empresa cotada na bolsa e seu conselho de administração sabem que a empresa pode se tornar alvo de uma oferta de aquisição hostil, se eles não tiverem um bom desempenho. O crescimento de fundos de ações e de *hedge* nos Estados Unidos e em outros países nos últimos anos fortaleceu essa ameaça, já que aquisições alavancadas voltaram a ser comuns.

RESUMO

- A maioria das empresas é criada por empreendedores que são indivíduos ou um pequeno conjunto de sócios ou membros de uma família.

- Com o passar do tempo, algumas empresas decidem abrir seu capital através de uma oferta pública inicial, ou IPO.

- Os mercados de ações dos Estados Unidos e do Reino Unido são caracterizados por uma propriedade (participação acionária) pulverizada. No resto do mundo, a propriedade geralmente é caracterizada por acionistas controladores. Os acionistas controladores típicos são o governo, instituições, famílias e consórcios.

- Quando uma empresa passa a ter propriedade pulverizada, ela tipicamente passa a ser administrada por profissionais contratados. Os interesses de administradores profissionais podem não estar perfeitamente alinhados aos interesses dos proprietários, criando, assim, um *problema de agência*.

- Os mercados anglo-americanos têm uma filosofia de que o objetivo de uma empresa deve seguir o modelo de *maximização do valor ao acionista* (SWM ou *shareholder wealth maximization*). Mais especificamente, a empresa deve se esforçar para maximizar o retorno aos acionistas, sendo este medido pela soma de ganhos de capital e dividendos, para determinado nível de risco.

- Nos mercados não anglo-americanos, os acionistas controladores também se esforçam para maximizar o retorno sobre o patrimônio no longo prazo. Entretanto, eles são mais pressionados por outros membros poderosos dos *stakeholders*. Em particular, os sindicatos trabalhistas são mais poderosos do que nos mercados anglo-americanos. Os governos interferem mais no mercado para proteger importantes grupos dos *stakeholders*, como comunidades locais, o meio-ambiente, e os níveis de emprego. Bancos e outras instituições financeiras são credores mais importantes do que os mercados de títulos. Este modelo foi chamado de modelo de capitalismo dos *stakeholders* (SCM ou *stakeholder capitalism model*, em inglês).

- O retorno ao acionista em uma empresa de capital aberto é uma combinação de receitas correntes na forma de dividendos e ganhos de capital provenientes da apreciação do preço das ações.

- Uma empresa de capital privado tenta maximizar as receitas correntes e sustentáveis; como suas ações não possuem um preço, a empresa não dedica tempo ou recursos a tentar influenciar a opinião do mercado sobre seus negócios.

- A EMN tem que determinar para si mesma o equilíbrio adequado entre três objetivos operacionais comuns: a maximização da receita consolidada após os impostos; a minimização da carga tributária global efetiva da empresa; e o correto posicionamento da receita, fluxos de caixa e fundos disponíveis da empresa em relação ao país e à moeda.

- O relacionamento entre os grupos dos *stakeholders* utilizados para determinar e controlar a direção estratégica e o desempenho de uma organização chama-se governança corporativa.

- As dimensões da governança corporativa incluem a teoria da agência, a composição e o controle dos conselhos de administração; e variáveis culturais, históricas e institucionais.

- Quando as EMNs vão se tornando mais dependentes de mercados de capitais globais para financiamentos, elas podem precisar modificar suas políticas de governança corporativa.

- Há uma tendência das empresas residentes em mercados não anglo-americanos a se tornar mais "favoráveis aos acionistas". Simultaneamente, empresas dos mercados anglo-americanos podem estar se tornando mais "favoráveis aos *stakeholders*".

- Falhas na governança corporativa, especialmente nos Estados Unidos, recentemente estiveram em evidência na mídia e foram parcialmente culpadas pelo declínio no valor das bolsas norte-americanas.

- Os acionistas que estiverem insatisfeitos com o desempenho de sua empresa têm quatro escolhas típicas: manter sua insatisfação em silêncio; vender suas ações; mudar a administração; ou iniciar uma aquisição hostil.

- As recentes falhas na governança corporativa nos Estados Unidos geraram um turbilhão de iniciativas de órgãos do governo e privados para evitar o mesmo tipo de falhas futuras.

- Os Estados Unidos reagiram às falhas de governança corporativa aprovando a Lei Sarbanes-Oxley de 2002.

- A Lei Sarbanes-Oxley (SOX) faz quatro principais exigências: 1) Os CEOs e CFOs de empresas de capital aberto têm que atestar a veracidade das demonstrações financeiras publicadas pela empresa; 2) os conselhos de administração têm que ter comitês de auditoria e remuneração formados por diretores independentes (externos); 3) as empresas são proibidas de conceder empréstimos a seus executivos e diretores; e 4) as empresas têm que testar seus controles financeiros internos contra fraudes.

- Segundo a OCDE, boas práticas de governança corporativa incluiriam a definição clara e detalhada dos direitos e deveres dos acionistas, divulgação e transparência e as responsabilidades dos conselhos.

MINICASO Falha da governança da Enron

"As trágicas consequências das transações de partes relacionadas e erros de contabilidade foram o resultado de falhas em muitos níveis e cometidas por muitas pessoas: uma ideia errônea, o enriquecimento pessoal de funcionários, controles projetados inadequadamente, má implementação, falta de atenção na supervisão, simples (e outros nem tanto) erros na contabilidade, e a tentativa de abarcar o mundo com as pernas em uma cultura que parece ter encorajado o alargamento dos limites. Nossa análise indica que muitas dessas consequências poderiam e deveriam ter sido evitadas."

— "Report of Investigation: Special Investigative Committee of the Board of Directors of Enron Corporation", (Relatório de investigação: comitê investigativo especial do conselho de administração da Enron Corporation), Conselho de Administração, Enron, 1º de fevereiro de 2002, pp. 27–28.

No dia 2 de dezembro de 2001, a Enron Corporation pediu proteção contra falência sob o Capítulo 11. A falência da Enron foi o resultado de uma complexa combinação de falhas administrativas e de governança. Como observado na citação do relatório reimpressa aqui, tais falhas envolviam organizações e indivíduos dentro e fora da Enron. Mas deixando de fora os tribunais e a imprensa sensacionalista, ainda fica a questão de como o sistema deixou que isso acontecesse. Por que as muitas estruturas e salvaguardas do sistema de governança corporativa dos EUA não perceberam, impediram ou evitaram a falência da Enron?

O colapso da Enron

Segundo o antigo CEO da Enron, Jeffrey Skilling, a Enron faliu devido a uma "corrida aos bancos". É provável que isso, na verdade, seja tecnicamente correto. Quando a classificação de crédito da Enron foi rebaixada para abaixo de grau de investimento em novembro de 2001 pelas agências de classificação de crédito, seu negócio foi efetivamente parado. Isso porque como uma empresa comercial exportadora, ela precisava manter uma classificação de grau de investimento para que outras empresas fizessem negócios com ela. Sem grau de investimento, sem comércio.

Mas essa resposta quase que implora pela pergunta de *por que* a empresa foi rebaixada? Porque o endividamento total da Enron foi então determinado como US$38 bilhões, e não US$13 bilhões. Por que a dívida então, de repente, estava tão alta? Porque grande parte da dívida que foi classificada como *fora do balanço* (out of balance sheet) agora tinha sido reclassificada como *no balanço* (on balance sheet). Por que a reclassificação? Porque agora tinha se descoberto que muitas das entidades de propósitos específicos (no inglês, *special purpose entities ou* SPEs) e parcerias fora do balanço que carregavam essa dívida tinham sido mal classificadas para começo de conversa ou tinham se reconsolidado com a empresa em decorrência da queda do valor de suas ações (ações da Enron). O que nos leva de volta ao início – por que o preço das ações da Enron caiu em 2001? Foi simplesmente o resultado de uma empresa em falência, ou os lucros declarados e previstos da Enron, juntamente com sua saúde financeira geral, não tinham sido divulgados e avaliados de maneira honesta?

Falhas da governança corporativa da Enron

A equipe da alta administração da Enron, primordialmente o CEO Kenneth Lay e o COO Jeffrey Skilling (posteriormente CEO), era responsável pela formulação e implementação da estratégia da empresa, inclusive seus resultados operacionais e financeiros. Como a maioria das empresas de seu tamanho, ela tinha literalmente centenas de contadores e advogados em sua equipe permanente. Foram as preocupações de um contador, Sherron Watkins, que se tornaram particularmente públicas em agosto e setembro de 2001 e contribuíram para o aumento da dimensão do exame da Enron e de suas operações no outono de 2001.

No caso da Enron, as agências de governança corporativa externas foram foco de muitas críticas.

- **Auditores.** A Arthur Andersen (uma das chamadas *Big Five*) era a auditora da Enron. O trabalho da Andersen era determinar e atestar anualmente se a Enron tinha seguido as práticas contábeis geralmente aceitas nas demonstrações de seus resultados financeiros. A Andersen, assim como todas as empresas de auditoria, foi contratada e paga pela própria Enron. A Andersen também fornecia uma grande variedade de atividades de consultoria para a Enron, a soma das quais representava uma linha de negócio muito mais ampla do que a prática de auditoria básica propriamente dita.

- **Consultoria jurídica.** O conselho jurídico da Enron, primordialmente a empresa de Vinson & Elkins de Houston, também contratada pela empresa, era responsável pelo fornecimento de opiniões jurídicas sobre muitas das estratégias, estruturas e legalidade geral de grande parte do que a Enron fazia. Assim como com a Arthur Andersen, quando questionada posteriormente por que não se opusera a certas ideias e práticas, a empresa explicou que não tinha sido integralmente informada de todos os detalhes e complexidades da administração e da propriedade das SPEs.

- **Reguladores.** A Enron foi negligenciada pela maior parte dos corpos regulatórios dos EUA do setor. Como empresa comercial nos mercados de energia, a Federal Energy Regulatory Commission (FERC) tinha algumas responsabilidades distantes de supervisão em relação a alguns dos mercados e negociações das quais a empresa participava, mas essas eram questões totalmente separadas das atividades gerais da Enron.

- **Mercados de ações.** Como uma empresa de capital aberto, a Enron estava sujeita às regras e regulamentações da Securities and Exchange Commission (SEC). A SEC, no entanto, faz poucas investigações em primeira mão ou confirmações da diligência (due diligence) dos relatórios ela mesma, contando, em vez disso, com os testemunhos de outras agências como a auditora da empresa. Como uma empresa cujas ações eram negociadas na Bolsa de Valores de Nova York (NYSE), a Enron era governada pelas regras e regulamentações dessa bolsa. Naquela época, porém, as exigências relativas a relatórios da NYSE diferiam pouco, quando diferiam, daquelas da SEC. A NYSE não fazia nenhuma verificação de conformidade em primeira mão.

Como uma empresa cujas ações eram acompanhadas por inúmeras empresas de bancos de investimento, os analistas dessas empresas eram responsáveis por acompanhar, analisar e avaliar os resultados da Enron constantemente. Os relacionamentos da Enron com seus banqueiros de investimento envolviam um frequente comportamento de "olho por olho, dente por dente" ("tit-for-tat"), no qual as empresas que cooperavam com a Enron e sustentavam as histórias sobre seu desempenho eram recompensadas com novos negócios e novos pedidos para outras atividades de transações de bancos de investimento que eram lucrativas para as empresas.

- **Mercados de títulos de dívida.** A Enron, assim como todas as empresas que desejavam e precisavam de uma classificação de crédito, pagava a empresas como a Standard & Poor's e a Moody's para que elas lhe fornecessem tal classificação. Essas classificações eram necessárias para que os títulos de dívida da empresa fossem emitidos e negociados no mercado. Mais uma vez, um dos problemas que as agências de classificação de crédito tinham com a Enron é que elas só podiam fornecer análises do que elas conheciam sobre suas atividades e resultados operacionais e financeiros. E, no caso de títulos de dívidas sabiamente detidos por entidades de propósitos específicos *off balance sheet*, ainda há um considerável debate sobre se as agências de classificação de crédito conheciam ou não todos os detalhes e se decidiram ou não conscientemente ignorá-los no endividamento total da empresa.

E, finalmente, não nos esqueçamos dos bancos e banqueiros propriamente ditos, que forneceram acesso a empréstimos. A maioria desses bancos ganhava milhões e milhões de dólares em juros e taxas bancárias ao negociar e administrar a emissão de títulos de dívida (empréstimos) para a Enron.

Alimentando a fera

Uma característica particularmente problemática do modelo de negócios que surgia na Enron no final da década de 1990 é que as receitas cresciam muito mais rapidamente do que os lucros. O custo de empreender grandes projetos internacionais de energia (como na Índia), o comércio de energia elétrica e até mesmo novos empreendimentos comerciais como o comércio de direitos de uso de água e banda larga, eram, nas palavras de um antigo executivo, *abominável*. Os salários, bônus, custos de abertura de uma nova empresa e a falta geral de controle sobre todos os custos operacionais comem quaisquer lucros que tivessem surgido dos novos empreendimentos. Mesmo as linhas de negociação mais bem-sucedidas, inclusive a de energia elétrica, não geravam as margens que o mercado tinha passado a esperar da Enron e sua antiga carteira de negócios (primordialmente o comércio de gás natural). Como mostra o Quadro 1, a receita operacional efetiva (IBIT, receita antes dos juros e impostos) por empresa não estava crescendo em sincronia com as receitas.

O crescente déficit nos fluxos de caixa das empresas também levou a um problema de administração financeira fundamental para a Enron, a crescente necessidade de capital externo ou, como era descrito na empresa, "alimentar a fera". O rápido aumento

CAPÍTULO 2 Objetivos Financeiros e Governança Empresarial

dos investimentos em novas empresas, fossem eles a aquisição da Portland General Electric (PGE) em 1997 ou os projetos de energia desenvolvidos por Rebecca Mark (a diretora do grupo de desenvolvimento internacional da Enron) em todo o mundo, estava absorvendo mais capital do que os negócios correntes podiam financiar sozinhos. Os fluxos de caixa da Enron caíram para níveis cada vez mais distante de seus investimentos e suas vendas.

A Enron precisava de mais capital externo – mais capital de terceiros e mais capital próprio. Ken Lay e Jeff Skilling, no entanto, estavam relutantes em emitir grandes quantidades de ações porque isso diluiria os lucros e as participações acionárias dos acionistas existentes. A opção de usar capital de terceiros também era limitada, dados os níveis já altos de endividamento que a Enron possuía (e que carregava desde sua criação) que a deixavam na contínua posição precária de ser classificada como BBB, *grau de investimento marginal* pelos padrões das agências de crédito.

Apesar de Jeff Skilling ter inicialmente empregado o conceito de um fundo de capital a ser criado para oferecer suporte ao desenvolvimento dos negócios da Enron com a criação do *Cactus Fund* em 1991, Andrew Fastow levou o conceito a um novo nível. A experiência de Fastow em transações bancárias, especificamente no uso de entidades de propósitos específicos (SPEs), uma ferramenta comum em serviços financeiros, foi o que garantiu que ele subisse na carreira na Enron. Ele acabou chegando à posição de Principal Executivo Financeiro (CFO).

Muitas das transações envolvem uma estrutura contábil conhecida como "entidade de propósitos específicos" ou "veículo de propósitos específicos" (chamada de SPE neste Resumo e no Relatório). Uma empresa que faz negócios com uma SPE pode tratar essa SPE como se ela fosse uma entidade externa independente para fins contábeis se duas condições forem atendidas: (1) um proprietário independente da empresa tem que fazer um investimento patrimonial substancial de pelo menos 3% dos ativos da SPE e esses 3% têm que permanecer em risco durante toda a transação; e (2) o proprietário independente tem que exercer o controle da SPE. Sob essas circunstâncias, a empresa pode registrar ganhos e perdas sobre as transações com a SPE, e os ativos e passivos da SPE não são incluídos no balanço patrimonial da empresa, apesar de a empresa e a SPE estarem estreitamente ligadas. Foi a falha técnica de algumas das estruturas com as quais a Enron fazia negócios para satisfazer essas exigências que levaram à reformulação da Enron.[1]

As SPEs criados por Andy Fastow e seu assistente Michael Kopper serviam a dois propósitos muito importantes. Em primeiro lugar, ao vender ativos problemáticos para suas parcerias, a Enron os removia de seu balanço patrimonial, tirando a pressão do endividamento total da empresa e, simultaneamente, escondendo investimentos com desempenho abaixo do esperado. Isso também liberava espaço extra no balanço patrimonial para financiar novas oportunidades de investimento. Em segundo lugar, a venda dos investimentos problemáticos para as parcerias gerava receita que a Enron poderia então utilizar para honrar seus compromissos trimestrais em Wall Street.

O problema dessa solução é que ela era apenas temporária. As SPEs eram em sua grande parte financiadas a partir de três fontes: 1) participação acionária na forma de ações da Enron pela Enron; 2) participação acionária na forma de um mínimo de 3% dos ativos por um terceiro não relacionado à empresa (a princípio, apesar de mais tarde ter sido descoberto que não era isso o que acontecia em diversos casos); e 3) grandes quantidades de capital de terceiros de grandes bancos. Essa base de capital formava o lado direito do balanço patrimonial da SPE. Do lado esquerdo, o capital era utilizado para comprar uma variedade de ativos da Enron. Fastow vendeu esses

---

[1] "Report of Investigation: Special Investigative Committee of the Board of Directors of Enron Corporation," Conselho de Administração, Enron, 1º de fevereiro de 2002 (muitas vezes chamado de *Powers Report*), p. 5.

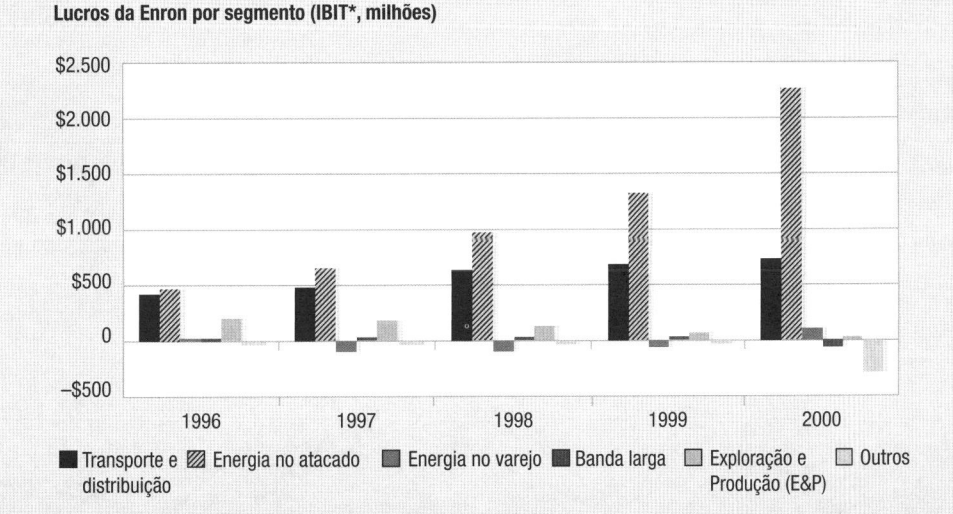

QUADRO 1 Receita operacional efetiva da Enron

Lucros da Enron por segmento (IBIT*, milhões)

■ Transporte e distribuição ▨ Energia no atacado ■ Energia no varejo ■ Banda larga ▨ Exploração e Produção (E&P) □ Outros

*IBIT é receita antes dos juros e dos impostos

acordos societários aos bancos baseado na premissa de que como ele tinha uma posição privilegiada como CFO da Enron e sócio-gerente da SPE, ele podia, essencialmente, escolher a dedo os ativos a serem comprados pela SPE. Fastow de fato escolhia a dedo, mas eram sempre escolhas ruins. A maioria dos ativos comprados pelas SPEs eram problemáticos ou tinham um desempenho abaixo do esperado.

Um detalhe final das SPEs provou, no final, ser devastador para o futuro financeiro da Enron. Como as ações primárias das SPEs eram ações da Enron, quando o preço das ações estava subindo durante os anos de 1999 e 2000, as SPEs podiam periodicamente sofrer marcação a mercado, o que resultava na apreciação no valor da SPE e contribuía com lucros significativos para a Enron. Essas mesmas ações, uma vez que seu preço começou a cair 2001, resultaram em parcerias que deviam ter registrado perdas substanciais na marcação a mercado, mas não o foram. Quando as ações da Enron caíram vertiginosamente no início do outono de 2001, as ações nas SPEs não atendiam mais às diretrizes contábeis para permanecerem fora do balanço patrimonial. As SPEs estavam se tornando um negócio um tanto que artificial para a Enron.

"O problema é que, as Raptors, assim como o resto da LJM2, tinha se tornado uma espécie de local de despejo para propriedades ruins. Em um esforço de obter lucros trimestrais (e, é claro, bônus anuais), os fundadores da Enron estavam viciados em fazer acordos com Fastow em vez de com terceiros de fora da empresa – que teriam feito muitas perguntas, tornado o processo mais lento e, em muitos casos, inviabilizando os acordos. Mais uma vez, nada disso importava para a maioria das pessoas na Enron, contanto que as ações continuassem subindo".[2]

A falha das pessoas

O que acabou acontecendo é que grande parte daquilo que a Enron divulgava como lucro não era lucro. Grande parte da dívida levantada pela empresa através das parcerias que não eram divulgadas nas demonstrações financeiras corporativas, deveriam ter sido divulgada. Simultaneamente à excessiva divulgação de lucros e a pouca divulgação de dívidas, havia os volumosos pacotes de remuneração e bônus recebidos pelos executivos da corporação. Então, como isso pôde acontecer?

- Parece que os executivos da empresa tiveram êxito em gerenciar o Conselho de Administração de modo a alcançar seus próprios objetivos. A administração tinha levado a empresa a inúmeros novos mercados nos quais sofria perdas substanciais, o que resultava em tentativas redobradas de sua parte de gerar, de alguma forma, os lucros necessários para atender à insaciável sede de Wall Street de crescimento lucrativo.

- O Conselho falhou em sua obrigação de proteger os interesses dos acionistas devido à falta da devida diligência e, muito provavelmente, à fé na competência e na integridade dos altos executivos da empresa. Também é notável que os consultores jurídicos da Enron, alguns dos quais se reportavam diretamente ao Conselho, também não ofereceram liderança em diversas ocasiões de prevaricação.

- Os auditores da Enron, da Arthur Andersen, cometeram sérios erros em suas avaliações em relação ao tratamento contábil de muitas das atividades da Enron, inclusive das parcerias discutidas aqui. Relata-se que a Andersen estava tendo sérios conflitos de interesse, recebendo US$5 milhões em taxas de auditoria da Enron em 2001, e mais de US$50 milhões em taxas de consultoria no mesmo ano.

- Os analistas da Enron, em alguns casos, foram ofuscados pela grande euforia em relação aos sucessos da Enron de meados ao fim da década de 1990, ou estavam trabalhando em bancos de investimento que estavam ganhando taxas de investimento bancário substanciais relacionadas às complexas parcerias. Apesar de alguns analistas terem continuado a observar que os lucros da empresa pareciam estranhamente altos em relação aos decrescentes fluxos de caixa divulgados em relatórios, a gerência da Enron teve êxito, de modo geral, em defender sua perspectiva.

A ascensão e queda da Enron é uma história que está longe de estar completa. No entanto, pode ser que, no final das contas, a verdadeira moral da história não esteja na falha de nenhum processo específico em vigor no sistema norte-americano de governança corporativa, nem no foco errôneo sobre a contabilidade a valor justo, nem na falta de diligência do comitê de auditoria do próprio Conselho, mas simplesmente o fato de pessoas em uma grande variedade de cargos em muitas diferentes organizações não terem agido de maneira respeitável e responsável.

Perguntas sobre o caso

1. Que partes do sistema de governança corporativa, internas ou externas, você acredita terem sido as maiores responsáveis pela falência da Enron?

2. Como você acha que cada indivíduo envolvido e os componentes do sistema de governança corporativa deveriam ter ou evitado problemas que ocorreram na Enron ou agido de modo a resolver os problemas antes de eles chegarem a proporções de crise?

3. Se todas as empresas de capital aberto nos Estados Unidos estão operando no mesmo sistema de governança corporativa que a Enron, por que alguns acreditariam que este tenha sido um incidente isolado, e não um exemplo de muitas falências futuras?

---

[2] *Power Failure*, de Sherron Watkins, p. 232. As *Raptors* e a *LJM2* referem-se a entidades de propósitos específicos.

PERGUNTAS

1. **Propriedade da empresa.** Como a estrutura de propriedade altera os objetivos e a governança de uma empresa?

2. **Separação entre propriedade e controle.** Por que essa separação é tão crucial para a compreensão de como as empresas são estruturadas e administradas?

3. **Objetivos da empresa: maximização da riqueza do acionista.** Explique os pressupostos e os objetivos do modelo de maximização da riqueza do acionista.

4. **Objetivos da empresa: maximização da riqueza dos** *stakeholders*. Explique os pressupostos e os objetivos do modelo de maximização da riqueza dos *stakeholders*.

5. **Governança corporativa.** Defina os termos a seguir:
   a. Governança corporativa
   b. O mercado de controle corporativo
   c. Teoria da agência
   d. Compadrio
   e. Capitalismo do público envolvido

6. **Objetivos operacionais.** Qual deve ser o principal objetivo operacional de uma EMN?

7. **Ativos de conhecimento.** "Ativos de conhecimento" são os ativos intangíveis de uma empresa, as fontes e usos de seu talento intelectual – sua vantagem competitiva. Quais são alguns dos mais importantes "ativos de conhecimento" que criam valor para o acionista?

8. **Sindicatos trabalhistas.** Na Alemanha e na Escandinávia, entre outros, os sindicatos trabalhistas têm uma representação nos conselhos de administração ou nos conselhos de supervisão. Como tal representação sindical pode ser vista sob o modelo de maximização da riqueza do acionista em comparação ao modelo de maximização da riqueza da empresa?

9. **Entrelaçamento dos conselhos.** Quando há entrelaçamento dos conselhos, os membros do conselho de administração de uma empresa também participam do conselho de administração de outras empresas. Como o entrelaçamento de conselhos pode ser visto pelo modelo de maximização da riqueza do acionista em comparação ao modelo de maximização da riqueza dos *stakeholders*?

10. **Aquisições alavancadas.** Uma aquisição alavancada é uma estratégia financeira em que um grupo de investidores ganha controle de voto em uma empresa e então liquida seus ativos a fim de quitar os empréstimos usados para comprar as ações da empresa. Como as aquisições alavancadas poderiam ser vistas pelo modelo de maximização da riqueza do acionista em comparação ao modelo de maximização da riqueza dos *stakeholders*?

11. **Alta alavancagem.** Como um alto grau de alavancagem (dívida/ativos) seria visto pelo modelo de maximização da riqueza do acionista em comparação ao modelo de maximização da riqueza dos *stakeholders*?

12. **Conglomerados.** Conglomerados são empresas que se diversificaram em campos não relacionados. Como uma política de conglomeração seria vista pelo modelo de maximização da riqueza do acionista em comparação ao modelo de maximização da riqueza dos *stakeholders*?

13. **Risco.** Como o risco é definido pelo modelo de maximização da riqueza do acionista em comparação ao modelo de maximização da riqueza dos *stakeholders*?

14. **Opções de ações.** Como opções de ações concedidas à gerência e aos funcionários de uma empresa seria vista pelo modelo de maximização da riqueza do acionista em comparação ao modelo de maximização da riqueza dos *stakeholders*?

15. **Insatisfação dos acionistas.** Se os acionistas estiverem insatisfeitos com sua empresa, que alternativas eles podem ter?

16. **Duas classes de ações ordinárias.** Em muitos países, é comum para uma empresa ter duas ou mais classes de ações ordinárias com diferentes direitos a voto. Nos Estados Unidos, a norma é que a empresa tenha uma classe de ações ordinárias com direito a voto de uma-ação-um-voto. Quais são as vantagens e desvantagens de cada sistema?

17. **Falhas na governança corporativa de mercados emergentes.** Argumenta-se que falhas na governança corporativa atrapalharam o crescimento e a lucratividade de algumas empresas proeminentes localizadas em mercados emergentes. Quais são algumas causas típicas dessas falhas na governança corporativa?

18. **Melhorias na governança corporativa de mercados emergentes.** Nos últimos anos, as EMNs de mercados emergentes melhoraram suas políticas de governança corporativa e se tornaram mais propícias aos acionistas. O que você acha que está impulsionando este fenômeno?

19. **Falhas na governança corporativa de mercados desenvolvidos.** Quais foram as principais causas das recentes falhas na governança corporativa nos Estados Unidos e na Europa?

20. **Propriedade de base familiar.** Quais são as principais diferenças nos objetivos e motivações de empresas de propriedade de famílias em comparação a empresas de capital aberto e com participação acionária pulverizada?

21. **Valor da boa governança.** Os mercados parecem estar dispostos a pagar por uma boa governança?

22. **Reformas na governança corporativa.** Quais são os princípios fundamentais por trás das reformas na governança corporativa de hoje em dia? Elas são específicas de uma só cultura, na sua opinião?

PROBLEMAS

Use a fórmula de retorno aos acionistas, a seguir, para responder as perguntas 1 a 3, onde P_t é o preço das ações no momento t e D_t é o dividendo pago no momento t.

$$\text{Retorno aos acionistas} = \frac{P_2 - P_1 + D_2}{P_1} = \frac{P_2 - P_1}{P_1} + \frac{D_2}{P_1}$$

*1. **Retornos da Suvari.** Se o preço das ações da Suvari, uma empresa de transporte de cargas sediada na Flórida, subir de US$16 para US$18 ao longo de período de um ano, qual terá sido a taxa de retorno aos acionistas, se:
   a. A empresa não tiver pago dividendos
   b. A empresa tiver pago dividendos de US$1 por ação
   c. Supondo que a empresa tenha pago o dividendo, separe o retorno total ao acionista em retorno em dividendos e ganhos de capital.

2. **As escolhas de Fong.** Alexander Fong, um proeminente investidor, está avaliando alternativas de investimento. Se ele acredita que certas ações específicas terão um aumento no preço de US$62 para US$74 no período de um ano que se seguirá, e se a expectativa é de que as ações paguem um dividendo de US$2,25 por ação, e se ele espera uma taxa de retorno de pelo menos 12% sobre um investimento deste tipo, ele deve investir nessas ações em particular?

*3. **Retornos da Legrand (A).** Tony Varga é um investidor de Nova York. Ele tem acompanhado de perto seu investimento em 100 ações da Legrand, uma empresa francesa que teve seu capital aberto em março de 2005. Quando ele comprou suas 100 ações, a um preço de €19,75 por ação, o euro estava sendo negociado a US$1,2250/€. Atualmente as ações estão sendo negociadas a €25.28 por ação, e o dólar caiu para US$1,4280/€.
   a. Se Tony vendesse suas ações hoje, que variação percentual no preço das ações ele receberia?
   b. Qual foi a variação percentual no valor do euro em relação ao dólar no mesmo período?
   c. Qual seria o retorno total que Tony obteria sobre suas ações se ele as vendesse por essas cotações?

4. **Retornos da Legrand (B).** Tony Varga decidiu não vender suas ações no momento descrito no problema anterior. Ele esperou, na expectativa de que o preço das ações aumentasse ainda mais depois da divulgação dos lucros trimestrais. Suas expectativas estavam corretas, o preço das ações subiu para €29,46 por ação depois da divulgação. Agora ele deseja recalcular seus retorno nesse momento. A taxa de câmbio à vista corrente é de US$1,1840/€.
   a. Se Tony vendesse suas ações hoje, qual seria a variação percentual no preço das ações que ele receberia?
   b. Qual foi a variação percentual no valor do euro em relação ao dólar no mesmo período?
   c. Qual seria o retorno total que Tony obteria sobre suas ações se ele as vendesse por essas cotações?

5. **Retornos da Legrand (C).** Usando os mesmos preços e taxas de câmbio do problema anterior, Legrand (B), qual seria o retorno total sobre as ações da Legrand detidas por Raid Gaule, um investidor de Paris?

6. **Dividendo da Microsoft.** Em janeiro de 2003, a Microsoft anunciou que começaria a pagar um dividendo de US$0,16 por ação. Dados os seguintes preços para as ações da Microsoft ultimamente, como um dividendo constante de US$0,16 por ação por ano teria alterado o retorno aos acionistas da empresa nesse período?

Primeiro dia de negociação	Preço de fechamento	Primeiro dia de negociação	Preço de fechamento
1998 (2 jan)	US$131,13	2001 (2 jan)	US$43,38
1999 (4 jan)	US$141,00	2002 (2 jan)	US$67,04
2000 (3 jan)	US$116,56	2003 (2 jan)	US$53,72

7. **Powlitz Manufacturing (A).** Em muitos países é comum haver duas classes de ações ordinárias. Suponha que a Powlitz Manufacturing tenha a seguinte estrutura de capital em valor contábil:

Powlitz Manufacturing	Moeda local (milhões)
Dívida de longo prazo	200
Lucros retidos	300
Ações ordinárias: 1 milhão de ações A	100
Ações ordinárias: 4 milhões de ações B	400
Total de capital de longo prazo	1.000

Cada ação do tipo A dá direito a dez votos, as ações do tipo B dão direito a um voto por ação.
   a. Que proporção do total do capital de longo prazo foi levantado por ações do tipo A?
   b. Que proporção dos direitos a voto é representada pelas ações A?
   c. Que proporção dos dividendos as ações A devem receber?

8. **Powlitz Manufacturing (B).** Considerando todos os valores de dívida e ações da Powlitz Manufacturing no problema 7, com a única exceção de que as ações A e as ações B dão os mesmos direitos a voto, um voto por ação:
   a. Que proporção do total do capital de longo prazo foi levantado por ações do tipo A?
   b. Que proporção dos direitos a voto é representada pelas ações A?
   c. Que proporção dos dividendos as ações A devem receber?

9. **Aquisições da Pharmaceutical.** Durante a década de 1960, foram criados muitos conglomerados por uma empresa que desfrutava de um alto índice preço-lucro (P/L). A empresa, então, usou suas ações extremamente valorizadas para adquirir outras empresas que tinham índices P/L mais baixos, normalmente em setores domésticos não relacionados. Esses conglomerados saíram de moda durante a década de 1980 quando perderam seus altos índices P/L, tornando, assim, mais difícil en-

	Índice P/E	Número de ações	Valor de mercado por ação	Lucros	EPS	Valor de mercado total
Pharm-Italy	20	10.000.000	US$20	US$10.000.000	US$1,00	US$200.000.000
Pharm-USA	40	10.000.000	US$40	US$10.000.000	US$1,00	US$400.000.000

contrar outras empresas com índices P/L mais baixos para adquirir.

Durante a década de 1990, a mesma estratégia de aquisição foi possível para empresas localizadas em países onde era comum haver índices P/L altos em comparação a empresas em outros países onde era comum haver índices P/L mais baixos. Considere as empresas hipotéticas no setor farmacêutico exibidas na tabela no fim desta página.

A Pharm-USA quer adquirir a Pharm-Italy. Ela oferece 5.500.000 ações da Pharm-USA, com um valor de mercado corrente de US$220.000.000 e um prêmio de 10% sobre as ações da Pharm-Italy, por todas as ações da Pharm-Italy.
   a. Quantas ações a Pharm-USA terá em circulação após a aquisição da Pharm-Italy?
   b. Quais seriam os lucros consolidados da Pharm-USA e Pharm-Italy combinadas?
   c. Supondo que o mercado continue a capitalizar os lucros da Pharm-USA a um índice P/L de 40, qual seria o novo valor de mercado da Pharm-USA?
   d. Quais são os novos lucros por ação da Pharm-USA?
   e. Qual é o novo valor de mercado de uma ação da Pharm-USA?
   f. De quanto foi o aumento no preço das ações da Pharm-USA?
   g. Suponha que o mercado tenha uma visão negativa da fusão e diminua o índice P/L da Pharm-USA para 30. Qual seria o novo preço de mercado por ação? Qual seria sua perda percentual?

10. **Governança corporativa: exagerar os lucros.** Várias empresas, especialmente nos Estados Unidos, tiveram que baixar lucros divulgados anteriormente devido a erros ou fraudes na contabilidade. Suponha que a Pharm-USA tivesse que baixar seus lucros para US$5.000.000 dos US$10.000.000 divulgados anteriormente. Qual será seu novo valor de mercado antes da aquisição? Ela ainda poderia fazer a aquisição?

11. **Pacific Precision (A): vendas europeias.** A Pacific Precision é uma exportadora de máquinas operatrizes sediada em Hong Kong e emite todas as suas demonstrações financeiras em dólares de Hong Kong (HK$). O diretor de vendas europeias da empresa, Jacque Mayal, tem sido criticado ultimamente por seu desempenho. Ele discorda, defendendo que as vendas na Europa cresceram uniformemente nos últimos anos. quem está correto?

	2002	2003	2004
Total de vendas líquidas, HK$	171.275	187.500	244.900
Porcentagem de total de vendas da Europa	48%	44%	39%
Total das vendas europeias, HK$			
Taxa de câmbio média, HK$/€	7,4	8,5	9,4
Total de vendas europeias, €			
Taxa de crescimento das vendas europeias			

12. **Pacific Precision (B): dívida em ienes japoneses.** A Pacific Precision de Hong Kong contraiu um empréstimo em ienes japoneses sob um contrato de empréstimo de longo prazo há vários anos. O novo CFO da empresa acredita, no entanto, que o que originalmente era para ser uma dívida relativamente "barata" não é mais o caso. O que você acha?

	2002	2003	2004
Pagamentos anuais em iene quando foi fechado o acordo (¥)	12.000.000	12.000.000	12.000.000
Taxa de câmbio média, ¥/HK$	15,9	14,7	13,7
Serviço anual da dívida em ienes, HK$			

13. **Busca de capital externo pela China e o yuan.** A Harrison Equipment de Denver, Colorado (EUA), compra todos os seus canos hidráulicos de fabricantes na China continental. Em junho de 2005, a empresa concluiu uma iniciativa de seis sigma/produção enxuta abrangendo toda a empresa. Os custos do sistema hidráulico de campos de petróleo concluídos foram reduzidos em 4% ao longo de um período de um ano, de US$880.000 para US$844.800. A empresa agora está preocupada com a possibilidade de que todos os canos hidráulicos que entram nesses sistemas (somando 20% de seus custos totais) sejam afetados pela possível revalorização do yuan chinês – se alguns em Washington interferirem. Como uma valorização de 12% no yuan em relação ao dólar afetaria os custos totais do sistema? Uma valorização de 12% do yuan seria calculada como:

$$\frac{\text{Yuan } 8,28/\text{US\$}}{1 + \% \text{ variação}} = \frac{\text{Yuan } 8,28/\text{US\$}}{1,012} = \text{Yuan } 7,39/\text{US\$}$$

14. **Desempenho global da Mattel.** Como a tabela ao lado ilustra, a Mattel (U.S.) alcançou um significativo aumento nas vendas em suas principais regiões internacionais entre 2001 e 2004. Em seus relatórios junto à Security and Exchange Commission (SEC), dos Estados Unidos, a empresa divulgou a quantidade de vendas regionais e que variação percentual nas vendas regionais ocorreram em decorrência de variações nas taxas de câmbio.
   a. Qual foi a variação percentual nas vendas, em dólares americanos, por região?
   b. Qual foi a variação percentual nas vendas por região menos os impactos da variação cambial?
   c. Qual foi o impacto relativo que a variação cambial teve sobre o nível e o crescimento das vendas consolidadas da Mattel no período de 2001 a 2004?

EXERCÍCIOS NA INTERNET

1. **As empresas multinacionais e seus ativos/receitas globais.** As diferenças entre as EMNs são impressionantes. Utilizando uma amostra de empresas como aquels listadas aqui, puxe de suas páginas Web individuais as proporções de suas receitas obtidas fora de seu país de corporatização.

a. Walt Disney — disney.go.com/
b. Nestlé S.A. — www.nestle.com/
c. Intel — www.intel.com/
d. Daimler-Benz — www.daimlerchrysler.de
e. Mitsubishi Motors — www.mitsubishi.com/
f. Nokia — www.nokia.com/
g. Royal Dutch/Shell — www.shell.com/

(Observe como a Nestlé se autodenomina uma empresa "transnacional").

Observe também o modo como se conduz negócios internacionais pela Internet hoje em dia. Várias das páginas Web acima permitem que o usuário escolha o idioma da apresentação visualizada.

2. **Governança corporativa.** Não existe assunto mais quente nos negócios hoje em dia do que governança corporativa. Utilize os *sites* a seguir para ver pesquisas recentes, eventos correntes e notícias, além de outras informações relativas às relações entre uma empresa e seu público envolvido.

www.corpgov.net/

3. **Fortune 500 global.** A revista *Fortune* é relativamente famosa por suas listas das empresas Fortune 500 que estão no mercado global. Use o *site* Web da *Fortune* para encontrar a lista mais recente de que empresas de que países estão nesse distinto clube.

www.fortune.com/fortune/

4. **Financial Times.** O Financial Times, com sede em Londres – o centro global das finanças internacionais, possui um *site* Web que exibe uma diversidade de informações. Depois de ir à página, vá à página Markets Data & Tools (dados e ferramentas de mercado), e examine a atividade recente das bolsas de valores ao redor do mundo. Observe a similaridade no movimento diário entre as maiores bolsas de valores do mundo.

www.ft.com/

Vendas globais da Mattel

(milhares de US$)	Vendas de 2001 (US$)	Vendas de 2002 (US$)	Vendas de 2003 (US$)	Vendas de 2004 (US$)
Europa	US$933.450	US$1.126.177	US$1.356.131	US$1.410.525
América Latina	471.301	466.349	462.167	524.481
Canadá	155.791	161.469	185.831	197.655
Ásia Pacífico	119.749	136.944	171.580	203.575
Total internacional	US$1.680.291	US$1.890.939	US$2.175.709	US$2.336.236
Estados Unidos	3.392.284	3.422.405	3.203.814	3.209.862
Ajustes das vendas	(384.651)	(428.004)	(419.423)	(443.312)
Total de vendas líquidas	US$4.687.924	US$4.885.340	US$4.960.100	US$5.102.786

	Impacto da variação nas taxas de câmbio		
Região	2001-2002	2002-2003	2003-2004
Europa	7,0%	15,0%	8,0%
América Latina	−9,0%	−6,0%	−2,0%
Canadá	0,0%	11,0%	5,0%
Ásia Pacífico	3,0%	13,0%	6,0%

Fonte: Mattel, Relatório anual, 2002, 2003, 2004.

CAPÍTULO 3

O Sistema Monetário Internacional

O preço de todas as coisas sobe e desce de tempos em tempos e de um lugar para outro; e com cada uma dessas variações, o poder aquisitivo do dinheiro varia enquanto isso continuar.

—Alfred Marshall

Este capítulo começa com uma breve história do sistema monetário internacional desde a época do padrão ouro clássico. A história inclui o desenvolvimento do mercado de euromoedas e sua taxa de juros de referência conhecida como London Interbank Offered Rate (LIBOR). A próxima seção descreve os regimes de moeda contemporâneos, as taxas de juros fixas *versus* flexíveis e os atributos da moeda ideal. A seguinte, analisa os mercados emergentes e escolhas de regimes, incluindo conselhos de moeda (*currency boards*) e a dolarização. A terceira seção descreve o nascimento do euro e o caminho em direção à unificação monetária, incluindo a expansão da União Europeia em 1º de março de 2004. A última seção analisa os *trade-offs* entre regimes de taxas de câmbio baseados em regras, discrição, cooperação e independência.

HISTÓRIA DO SISTEMA MONETÁRIO INTERNACIONAL

Ao longo dos tempos, as moedas já foram definidas em termos de ouro ou outros itens de valor, e o sistema monetário internacional já esteve sujeito a uma variedade de acordos internacionais. Uma análise desses sistemas fornece uma perspectiva útil através da qual podemos compreender o sistema de hoje, de modo a avaliar seus pontos fracos e propor mudanças.

O padrão ouro, 1876-1913

Desde a época dos faraós (em torno de 3000 A.C.), o ouro serviu como um meio de troca e de armazenar valor. Os gregos e romanos usavam moedas de ouro e passaram essa tradição adiante para o século XIX através da era mercantil. A grande intensificação comercial durante o período de livre comércio do final do século XIX levou à necessidade de um sistema mais formalizado para estabelecer as balanças comerciais internacionais. País após país determinava um valor nominal para sua moeda em termos de ouro e então tentava aderir às chamadas regras do jogo. Isso passou a ser conhecido, mais tarde, como o padrão ouro clássico. O padrão ouro como sistema monetário internacional ganhou aceitação na Europa Ocidental na década de 1870. Os Estados Unidos aderiram um pouco mais tarde ao sistema, não adotando o padrão oficialmente até 1879.

Sob o padrão ouro, as "regras do jogo" eram claras e simples. Cada país determinava a taxa pela qual sua unidade monetária (em papel ou moedas) podia ser convertida em um peso em ouro. Os Estados Unidos, por exemplo, declararam o dólar conversível ao ouro a uma taxa de US$20,67 por onça (uma taxa em vigor até o início da Primeira Guerra Mundial). A libra esterlina foi fixada a

£4,2474 por onça de ouro. Já que ambas as moedas eram livremente conversíveis em ouro, a taxa de câmbio dólar/libra esterlina era:

$$\frac{US\$20,67/\text{onça de ouro}}{£4,2474/\text{onça de ouro}} = US\$4,8665/£$$

Como o governo de cada país que adotava o padrão ouro concordava em comprar ou vender ouro a pedidos com qualquer um pela sua própria taxa de paridade fixa, o valor de cada moeda individual em termos de ouro e, portanto, as taxas de câmbio entre as moedas, eram fixas. Manter reservas adequadas de ouro para sustentar o valor da moeda era muito importante para um país nesse sistema. O sistema também tinha o efeito de limitar implicitamente a taxa pela qual qualquer país individual poderia expandir seu suprimento monetário. Qualquer aumento na quantidade de dinheiro no país era limitado pela taxa pela qual as autoridades podiam adquirir mais ouro.

O padrão ouro funcionou adequadamente até o início da Primeira Guerra Mundial interromper os fluxos comerciais e o livre movimento de ouro. Este evento levou as principais nações mercantis a suspenderem a operação do padrão ouro.

Os anos entreguerras e a Segunda Guerra Mundial, 1914-1944

Durante a Primeira Guerra e no início da década de 1920, as moedas podiam flutuar em faixas bastante amplas em termos de ouro e uma em relação à outra. Teoricamente, a oferta e a demanda pelas exportações e importações de um país causavam variações moderadas em uma taxa de câmbio em torno de um valor de equilíbrio central. Essa era a mesma função que o ouro tinha realizado sob o antigo padrão ouro. Infelizmente, taxas de câmbio tão flexíveis não funcionaram de modo a trazer equilíbrio. Ao contrário: especuladores internacionais vendiam as moedas fracas a descoberto, fazendo-as cair ainda mais em valor do que o garantido por verdadeiros fatores econômicos. A *venda a descoberto* é uma técnica de especulação em que um especulador individual vende um ativo como uma moeda a uma outra parte para entrega em uma data futura.* O especulador, no entanto, ainda não possui o ativo e espera que o preço do ativo caia até a data em que ele tem que ser comprado no mercado aberto pelo especulador para entrega.

O oposto acontecia com as moedas fortes. As flutuações nos valores das moedas não podiam ser contrabalançadas pelo mercado de câmbio a termo, relativamente ilíquido, exceto a um custo exorbitante. O resultado final foi que o volume do comércio mundial não cresceu na década de 1920 em proporção ao produto interno bruto, mas, ao contrário, caiu a um nível muito baixo com o advento da Grande Depressão da década de 1930.

Os Estados Unidos adotaram um padrão ouro modificado em 1934 quando o dólar americano foi desvalorizado dos US$20,67 por onça em vigor antes da Primera Guerra Mundial para US$35 por onça. Ao contrário da prática anterior, o Tesouro dos EUA trocava ouro apenas com os bancos centrais estrangeiros, não com cidadãos comuns. De 1934 até o fim da Segunda Guerra Mundial, as taxas de câmbio eram teoricamente determinadas pelo valor de cada moeda em termos de ouro. Durante a Segunda Guerra e na caótica situação que dela resultou, porém, muitas das principais moedas perderam sua conversibilidade em outras moedas. O dólar era a única importante moeda que continuava a ser conversível.

Bretton Woods e o Fundo Monetário Internacional, 1944

Quando a Segunda Guerra Mundial foi chegando ao fim, em 1944, as Forças Aliadas se encontraram em Bretton Woods, New Hampshire, EUA, a fim de criar um novo sistema monetário internacional pós-guerra. O Acordo de Bretton Woods estabeleceu um sistema monetário internacional baseado no dólar e criou duas novas instituições: o Fundo Monetário Internacional e o Banco Mundial. O Fundo Monetário Internacional (FMI) oferece auxílio a países com problemas na balança de pagamentos e na taxa de câmbio. O Banco Internacional para Reconstrução e Desenvolvimento (Banco Mundial) ajudou a financiar a reconstrução pós-guerra e, desde então, tem servido como um organismo de apoio geral ao desenvolvimento econômico. O quadro *Finanças globais na prática 3.1* esclarece um pouco os debates de Bretton Woods.

---

* N. de R. T.: Essa descrição de venda a descoberto constitui uma venda de contratos a termo ou futuros de moeda. Existem vendas a descoberto envolvendo também a moeda à vista.

FINANÇAS GLOBAIS NA PRÁTICA 3.1

Alinhavando um acordo em Bretton Woods

Os governos das forças aliadas sabiam que os impactos devastadores da Primeira Guerra Mundial exigiriam políticas decisivas e imediatas. Portanto, um ano inteiro antes do fim da guerra, representantes das 45 nações aliadas se reuniram no verão de 1944 (1 a 22 de julho) em Bretton Woods, New Hampshire (EUA), para a Conferência Monetária e Financeira das Nações Unidas. Seu propósito era planejar o sistema monetário internacional pós-guerra. Era um processo difícil, e a síntese final dos pontos de vista era obscurecida pelo pragmatismo e dúvidas significativas.

Apesar de a conferência ter sido realizada por 45 países, os principais criadores de políticas em Bretton Woods eram os britânicos e os norte-americanos. A delegação britânica era liderada por Lord John Maynard Keynes, apelidado de "peso pesado da economia britânica". Os britânicos defendiam um sistema pós-guerra que seria decididamente mais flexível do que os vários padrões-ouro utilizados antes da guerra. Keynes defendia, como o tinha feito depois da Primeira Guerra, que tentativas de atrelar os valores de moedas ao ouro criariam pressões por deflação (uma queda geral no nível de preços em um país) em muitas das economias assoladas pela guerra. E essas economias enfrentavam enormes necessidades de re-industrialização que provavelmente causariam inflação, e não deflação.

A delegação norte-americana era liderada pelo diretor do departamento de pesquisa monetária do Tesouro dos EUA, Harry D. White, e pelo Secretário do Tesouro dos EUA, Henry Morgenthau, Jr. Os norte-americanos defendiam a estabilidade (taxas de câmbio fixas), mas não um retorno ao padrão ouro propriamente dito. Na verdade, apesar de os Estados Unidos naquela época deter a maior parte do ouro das Forças Aliadas, os delegados norte-americanos defendiam que as moedas deviam ser fixadas em paridades, mas a redenção do ouro deveria ocorrer apenas entre autoridades oficiais (os bancos centrais dos governos).

Do lado mais pragmático, todas as partes concordaram que um sistema pós-guerra seria estável e sustentável somente se houvesse crédito suficiente disponível para os países defenderem suas moedas no caso de desequilíbrios na balança de pagamentos, o que eles sabiam ser inevitável em uma ordem mundial de reconstrução.

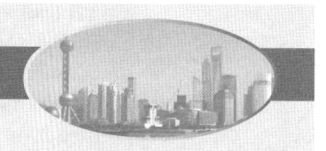

Hotel Mount Washington, Bretton Woods, New Hampshire (EUA).

A conferência se dividiu em três comissões por semanas de negociações. Uma comissão, liderada pelo Secretário do Tesouro dos EUA, Morgenthau, foi encarregada da organização de um fundo de capital a ser usado para estabilizar a taxa de câmbio. Uma segunda comissão, liderada por Lord Keynes, foi encarregada da organização de um segundo "banco" cujo propósito seria a reconstrução e o desenvolvimento no longo prazo. Uma terceira comissão tinha que alinhavar detalhes como qual seria o papel da prata em qualquer novo sistema.

Após semanas de reuniões, os participantes chegaram a um acordo de três partes – o *Acordo de Bretton Woods*. O plano determinava: 1) taxas de câmbio fixas, chamada de câmbio fixo ajustável (*adjustable peg*) entre os membros; 2) um fundo de ouro e moedas constituintes disponíveis aos membros para estabilização de suas respectivas moedas, chamado de *Fundo Monetário Internacional* (FMI); e 3) um banco para financiar projetos de desenvolvimento de longo prazo (que viria a ser conhecido como *Banco Mundial*). Uma proposta resultante das reuniões, que não foi ratificada pelos Estados Unidos, foi o estabelecimento de uma organização comercial internacional para promover o livre comércio. Isso ainda levaria muitos anos e muitas conferências.

O FMI era a instituição fundamental no novo sistema monetário internacional, e continua sendo até o presente. O FMI foi estabelecido para oferecer assistência temporária a países-membros que estavam tentando defender suas moedas contra ocorrências cíclicas, sazonais ou aleatórias. A instituição auxilia também países com problemas comerciais estruturais se eles prometerem dar passos adequados para corrigir seus problemas. No entanto, se ocorrerem déficits persistentes, o FMI não pode salvar um país de eventual desvalorização. Nos últimos anos, o FMI tentou ajudar países que enfrentavam crises financeiras. Ofereceu empréstimos maciços e consultoria à Rússia e a outras antigas repúblicas russas, ao Brasil, à Indonésia e à Coreia do Sul, entre muitos outros.

Sob as provisões originais do Acordo de Bretton Woods, todos os países fixavam o valor de suas moedas em termos de ouro, mas não tinham que trocar suas moedas por ouro. Apenas o dólar permaneceu conversível em ouro (a US$35 por onça). Portanto, cada país estabelecia sua taxa de câmbio em relação ao dólar e, então, calculava o valor nominal em ouro de sua moeda para criar a taxa de câmbio desejada em dólar. Os países participantes concordaram em tentar manter o valor de suas moedas dentro de 1% (que posteriormente se expandiu para 2,25%) do valor nominal comprando ou vendendo moeda estrangeira ou ouro conforme necessário. A desvalorização não era utilizada como política comercial competitiva, mas se uma moeda ficasse fraca demais para ser defendida, permitia-se uma desvalorização de até 10% sem aprovação formal pelo FMI. Desvalorizações maiores exigiam a aprovação do FMI. Isso passou a ser conhecido como o *padrão ouro-câmbio* ou *padrão-divisas*.

A *Special Drawing Right* (SDR) é uma reserva internacional criada pelo FMI para complementar as reservas de câmbio existentes. Serve como uma unidade contábil para o FMI e outras organizações internacionais e regionais, e também é a base em relação à qual alguns países fixam as taxas de câmbio de suas moedas.

Definida inicialmente em termos de uma quantidade fixa de ouro, a SDR foi redefinida diversas vezes. Atualmente é a média ponderada de quatro das principais moedas: o dólar americano, o euro, o iene japonês e a libra esterlina britânica. Os pesos são atualizados a cada cinco anos pelo FMI. Países individuais detêm SDRs na forma de depósitos no FMI, que fazem parte das reservas monetárias internacionais de cada país, juntamente com suas reservas de ouro, moeda estrangeira e sua posição de reserva no FMI. Os membros podem pagar transações entre si transferindo SDRs.

Euromoedas

Euromoedas são moedas domésticas de um país em depósito em um segundo país. Os vencimentos dos depósitos a prazo fixo em euro-dólar variam de *call money* e fundos de *overnight*, isto é, de um dia para outro, a períodos mais longos. Certificados de depósito geralmente são de três ou mais meses de duração e em incrementos de um milhão de dólares. Um depósito em euro-dólar não é um depósito a ordem, não é criado nos livros contábeis do banco fazendo empréstimos baseados em reservas fracionais necessárias e não pode ser transferido por um cheque a ser sacado do banco que contém o depósito. Os depósitos em euro-dólar são transferidos via linhas telefônicas ou cabo a partir de um saldo subjacente mantido em um banco correspondente localizado nos Estados Unidos. Uma analogia doméstica na maioria dos países seria a transferência de depósitos mantidos em associações de poupança não bancárias. Estes são transferidos fazendo a associação preencher seu próprio cheque de um banco comercial.

Qualquer moeda conversível pode existir na forma de "euro-". (Observe que este uso da expressão "euro-" não deve ser confundido com a nova moeda comum europeia chamada euro). O mercado de euromoedas inclui o euro-libra esterlina (libras esterlinas britânicas depositadas fora do Reino Unido), euro-euros (euros depositados fora da zona do euro), e o euro-iene (ienes japoneses depositados fora do Japão), além dos euro-dólares. O tamanho exato do mercado de euromoedas é difícil de medir porque varia com as decisões diárias de depositantes sobre onde manter fundos líquidos imediatamente transferíveis e, particularmente, se irão depositar dólares dentro ou fora dos Estados Unidos.

Os mercados de euromoedas servem a dois propósitos valiosos: 1) Os depósitos em euromoedas são um dispositivo eficiente e conveniente do mercado monetário para manter o excesso de liquidez corporativa; e 2) o mercado de euromoedas é uma importante fonte de empréstimos bancários de curto prazo para financiar as necessidades de capital de giro de empresas, inclusive o financiamento de importações e exportações.

Os bancos em que as euromoedas são depositadas são chamados de *Euro-bancos*. Um Euro-banco é um intermediário financeiro que simultaneamente capta depósitos a termos fixos e faz empréstimos em uma moeda diferente da moeda do país em que é localizado. Os Euro-bancos são grandes bancos mundiais que conduzem negócios em euromoedas além de todas as outras funções bancárias. Assim, a operação de euromoeda que qualifica um banco a ter o nome de "Euro-banco" é, na verdade, um departamento de um grande banco comercial, e o nome surge do desempenho dessa função.

O mercado moderno de euromoedas nasceu pouco tempo depois da Segunda Guerra Mundial. Detentores de dólares da Europa Oriental, incluindo os vários bancos estatais da União Soviética, tinham medo de depositar seus dólares nos Estados Unidos porque esses depósitos podiam ser congelados pelos norte-americanos com alegações contra os governos comunistas. Portanto, o detentores de dólares da Europa Oriental depositavam seus ativos na Europa Ocidental, particularmente em dois bancos soviéticos: o Moscow Narodny Bank em Londres e o Banque Commerciale pour l'Europe du Nord em Paris. Esses bancos redepositavam os fundos em outros bancos ocidentais, especialmente em Londres. Outros depósitos em dólar eram recebidos de vários bancos centrais da Europa Ocidental, que escolhiam manter parte de suas reservas em dólar nesta forma para obter maior rentabilidade. Os bancos comerciais também colocavam seus saldos em dólar no mercado pelo mesmo motivo, além de devido ao fato de vencimentos específicos poderem ser negociados no mercado de euro-dólares. Outros dólares chegavam ao mercado a partir de empresas de seguros europeias com grande volume de negócios nos EUA. Tais empresas achavam financeiramente vantajoso manter suas reservas em dólar no mercado mais rentável de euro-dólares. Vários detentores de fundos internacionais para refugiados também forneciam fundos.

Apesar de as causas fundamentais do crescimento do mercado de euromoedas serem eficiências econômicas, os singulares eventos institucionais durante as décadas de 1950 e 1960 a seguir contribuíram para o seu crescimento:

- Em 1957, as autoridades monetárias britânicas responderam a um enfraquecimento da libra esterlina impondo controles rígidos sobre os empréstimos de bancos do Reino Unido em libras esterlinas para não residentes do Reino Unido. Encorajados pelo Banco da Inglaterra, os bancos do Reino Unido passaram a oferecer a empréstimos em dólar como a única alternativa que os permitiria manter sua posição de liderança nas finanças mundiais. Para isso, eles precisavam de depósitos em dólar.
- Apesar de Nova York ser a base domiciliar do dólar e ter um grande mercado monetário e um grande mercado de capitais domésticos, Londres se tornou o centro de câmbio internacional em dólar devido à experiência da cidade em questões monetárias internacionais e à sua proximidade em tempo e distância em relação a importantes clientes.
- Um suporte adicional para um mercado de dólares de base europeia veio das dificuldades com a balança de pagamentos que os Estados Unidos enfrentavam durante a década de 1960, o que separou temporariamente o mercado de capitais doméstico dos EUA do mercado de capitais do resto do mundo.

Em última análise, porém, o mercado de euromoedas continua a florescer por ser um grande mercado monetário internacional relativamente livre da regulamentação e interferência governamental.

Taxas de juros das euromoedas: LIBOR

No mercado de euromoedas, a taxa de juros de referência é a *London Interbank Offered Rate* (LIBOR ou Taxa Oferecida Interbancária de Londres). A LIBOR é hoje a taxa de juros mais aceita utilizada em cotações padronizadas, acordos de empréstimos e avaliações de derivativos financeiros. A LIBOR é oficialmente definida pela *British Bankers Association* (BBA ou Associação Britânica de Bancos). Por exemplo, a LIBOR do dólar americano é a média das taxas interbancárias oferecidas por 16 bancos multinacionais segundo a amostra realizada pelo BBA às 11 da manhã no horário de Londres.

Da mesma maneira, o BBA calcula a LIBOR do iene japonês, a LIBOR do euro e a taxa LIBOR de outras moedas ao mesmo tempo em Londres a partir de amostras de grupos de bancos.

A taxa de juros interbancária não é, no entanto, confinada a Londres. A maioria dos centros financeiros domésticos constrói suas próprias taxas oferecidas interbancárias para acordos de empréstimos locais. Estas taxas incluem a PIBOR (Taxa Oferecida Interbancária de Paris), a MIBOR (Taxa Oferecida Interbancária de Madri), a SIBOR (Taxa Oferecida Interbancária de Cingapura) e a FIBOR (Taxa Oferecida Interbancária de Frankfurt), entre outras.

O principal fator que atrai tanto depositantes quanto tomadores ao mercado de empréstimos em euromoedas é o pequeno *spread* da taxa de juros nesse mercado. A diferença entre as taxas de depósito e de empréstimos geralmente é menor do que 1%. Os *spreads* de juros no mercado de euromoedas são pequenos por inúmeros motivos. Existem baixas taxas de empréstimos porque o mercado de euromoedas é um mercado *no atacado*, onde depósitos e empréstimos são feitos em múltiplos de US$500.000 ou mais sem colaterais, isto é, garantias. Os tomadores geralmente são grandes empresas ou entidades governamentais que se qualificam para baixas taxas devido à sua classificação de crédito e à dimensão da transação. Além disso, as despesas gerais cobradas pelas operações em euromoedas pelos bancos participantes são baixas.

As taxas de depósito são mais altas nos mercados de euromoedas do que na maioria dos mercados de moedas domésticas porque as instituições financeiras que oferecem atividades em euromoedas não estão sujeitas a muitas das regulamentações e exigências de reservas impostas sobre os bancos domésticos e atividades bancárias tradicionais. Removendo esses custos, as taxas estão sujeitas a pressões mais competitivas, as taxas de depósito são mais altas e as taxas de empréstimos são mais baixas. Uma segunda grande área de custos evitada nos mercados de euromoedas é o pagamento de taxas de seguro de depósito (como as avaliações da Federal Deposit Insurance Corporation (FDIC) pagas sobre

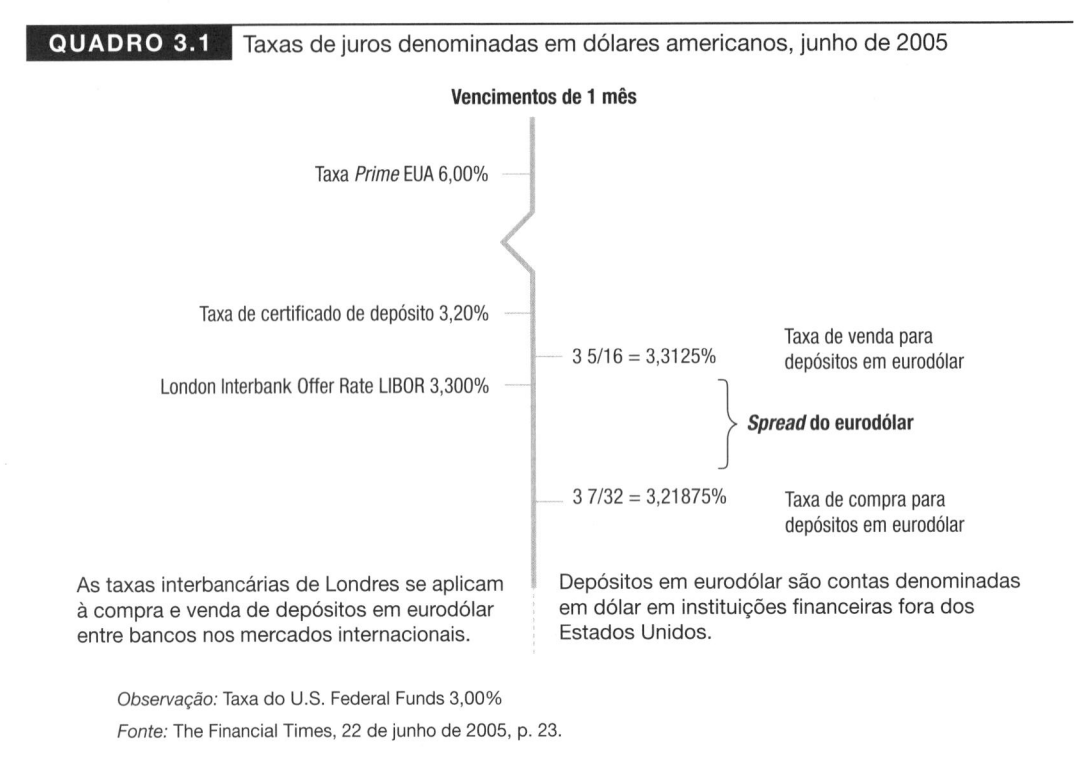

QUADRO 3.1 — Taxas de juros denominadas em dólares americanos, junho de 2005

Vencimentos de 1 mês

- Taxa *Prime* EUA 6,00%
- Taxa de certificado de depósito 3,20%
- London Interbank Offer Rate LIBOR 3,300%
- 3 5/16 = 3,3125% — Taxa de venda para depósitos em eurodólar
- *Spread* do eurodólar
- 3 7/32 = 3,21875% — Taxa de compra para depósitos em eurodólar

As taxas interbancárias de Londres se aplicam à compra e venda de depósitos em eurodólar entre bancos nos mercados internacionais.

Depósitos em eurodólar são contas denominadas em dólar em instituições financeiras fora dos Estados Unidos.

Observação: Taxa do U.S. Federal Funds 3,00%

Fonte: The Financial Times, 22 de junho de 2005, p. 23.

---

depósitos feitos nos Estados Unidos). O quadro 3.1 ilustra a comparação entre as taxas de depósito e empréstimo em euro-dólares, incluindo as taxas LIBOR, e as taxas de juros domésticas tradicionais.

Taxas de câmbio fixas, 1945-1973

O arranjo monetário negociado em Bretton Woods e monitorado pelo FMI funcionou razoavelmente bem durante o período pós-guerra de reconstrução e rápido crescimento no comércio mundial. Entretanto, políticas fiscais e monetárias nacionais amplamente divergentes, taxas diferenciais de inflação e vários choques externos inesperados acabaram resultando no fim do sistema. O dólar americano era a principal moeda de reserva detida pelos bancos centrais e era a chave da rede de valores de taxas de câmbio. Infelizmente, os Estados Unidos mantinham déficits persistentes e crescentes em sua balança de pagamentos. Era necessário um forte escoamento de dólares para financiar esses déficits e atender à crescente demanda por dólares por parte de investidores e empresas. O grande excedente de dólares (*dollar overhang*) mantido por estrangeiros resultou em uma falta de confiança na capacidade de os Estados Unidos honrarem seu compromisso de converter dólares em ouro.

Esta falta de confiança forçou o Presidente Richard Nixon a suspender as compras ou vendas oficiais de ouro pelo Tesouro dos EUA no dia 15 de agosto de 1971, depois de os Estados Unidos terem sofrido saídas de aproximadamente um terço de suas reservas oficiais de ouro nos sete primeiros meses do ano. As taxas de câmbio da maioria dos países mercantis tiveram permissão para flutuar em relação ao dólar e, assim, indiretamente em relação ao ouro. No final de 1971, a maioria das moedas cambiáveis tinha apresentado valorização em relação ao dólar. Esta variação foi – com efeito – uma desvalorização do dólar.

Um ano e meio mais tarde, o dólar americano novamente sofreu um ataque, forçando, assim, uma segunda desvalorização no dia 12 de fevereiro de 1973; dessa vez em 10%, para US$42,22 por onça de ouro. No final de fevereiro de 1973, já não parecia mais possível manter um sistema de câmbio fixo considerando-se o fluxo especulativo das moedas. Os principais mercados de câmbio chegaram a ser fechados por várias semanas em março de 1973. Quando eles foram reabertos, a maioria das moedas pôde flutuar para níveis determinados por forças de mercado. Os valores nominais permaneceram inalterados. Em junho de 1973, o dólar tinha flutuado, sofrendo uma queda média de outros 10%.

Um arranjo monetário eclético, 1973-presente

Desde março de 1973, as taxas de câmbio tinham se tornado muito mais voláteis e menos previsíveis do que eram durante o período de câmbio "fixo", quando as variações não ocorriam com frequência. O Quadro 3.2 ilustra as grandes variações exibidas pelo índice da taxa de câmbio nominal do FMI para o dólar americano desde 1957. Claramente, a volatilidade aumentou para esta medida monetária desde 1973.

O Quadro 3.3 resume os principais eventos e choques externos que afetaram os valores das moedas desde março de 1973. Os choques mais importantes dos últimos anos foram a reestruturação do Sistema Monetário Europeu (SME) em 1992 e 1993; as crises monetárias dos mercados emergentes, incluindo a do México, em 1994, a da Tailândia (e diversas outras moedas asiáticas) em 1997, a da Rússia em 1998 e a do Brasil em 1999; a introdução do euro em 1999; a crise econômica na Turquia em 2001; e as crises e mudanças de moeda na Argentina e Venezuela em 2002.

REGIMES MONETÁRIOS CONTEMPORÂNEOS

Hoje, o sistema monetário internacional é composto por moedas nacionais, moedas artificiais (como a SDR) e uma moeda totalmente nova (euro) que substituiu 11 moedas nacionais na União Europeia no dia 1º de janeiro de 1999. Todas essas moedas são ligadas umas às outras através de um "smörgåsbord"* de regimes monetários.

Classificações dos regimes cambiais do FMI

O FMI classifica todos os regimes cambiais em oito categorias específicas. As oito categorias englobam o espectro que vai de regimes cambiais rigidamente fixos a independentemente flexíveis.

QUADRO 3.2 Índice da taxa de câmbio nominal do dólar determinado pelo FMI e eventos significativos, 1957-2008

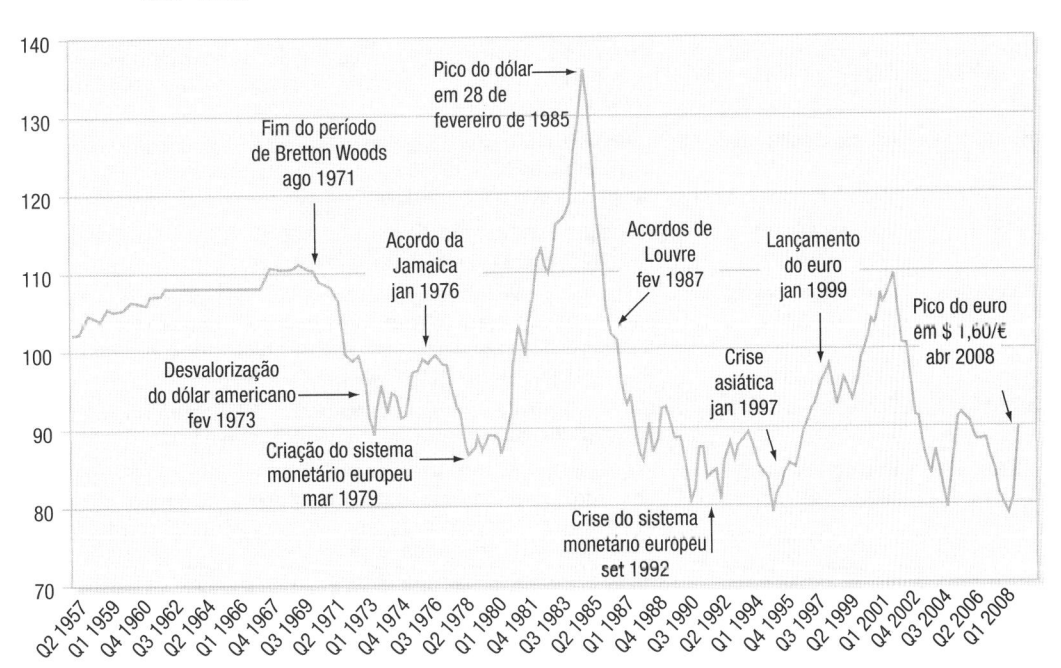

Fonte: Fundo Monetário Internacional, International Financial Statistics, www.imfstatistics.org

---

* N. de T.: "Smörgåsbord" é um tipo de refeição escandinava servida na forma de bufê com diversos pratos sobre uma mesa, originária da Suécia. Com a comparação, o autor faz alusão a uma grande variedade de regimes monetários.

1. **Arranjos cambiais sem moeda corrente separada.** A moeda de um outro país circula como a única moeda corrente ou o membro pertence a um bloco comercial ou monetário em que a mesma moeda corrente é compartilhada por membros do bloco.
2. **Arranjos do conselho de moeda.** Um regime monetário baseado em um compromisso legislativo implícito de trocar moeda doméstica por outra moeda estrangeira específica a uma taxa de câmbio fixa, juntamente com restrições sobre a autoridade emissora para garantir o cumprimento de sua obrigação legal.
3. **Outros arranjos convencionais de câmbio fixo.** O país determina sua taxa cambial (formalmente ou *de facto*) a uma taxa fixa em relação a uma moeda importante ou a uma cesta de moedas (composto), onde a taxa de câmbio flutua dentro de uma margem estreita ou no máximo ±1% em torno de uma taxa central.
4. **Taxas de câmbio fixas dentro de bandas horizontais.** O valor da moeda é mantido dentro de margens de flutuação em torno de uma taxa fixa formal ou *de facto* maior do que ±1% em torno de uma taxa central.
5. **Minidesvalorizações (*crawling peg*).** A moeda é ajustada periodicamente em pequenos valores a uma taxa fixa ou pré-anunciada ou em resposta a variações em indicadores quantitativos seletivos.
6. **Taxas de câmbio dentro de minidesvalorizações (*crawling pegs*).** A moeda é mantida dentro de certas margens de flutuação em torno de uma taxa central que é ajustada periodicamente a uma taxa fixa ou pré-anunciada ou em resposta a variações em indicadores quantitativos seletivos.
7. **Flutuação gerenciada sem caminho pré-anunciado para a taxa de câmbio.** A autoridade monetária influencia os movimentos da taxa de câmbio através da intervenção ativa no

QUADRO 3.3 Eventos monetários mundiais, 1971-2008

Data	Evento	Impacto
Agosto de 1971	Flutuação do dólar	Nixon fecha a "janela do ouro", suspendendo as compras ou vendas de ouro pelo Tesouro dos EUA; imposição temporária de uma sobretaxa de 10% sobre as importações
Dezembro de 1971	Acordo Smithsonian	Grupo dos Dez assume o compromisso no qual o dólar americano sofre desvalorização para US$38/onça de ouro; a maioria das outras moedas sofre apreciação em relação ao dólar
Fevereiro de 1973	Dólar americano desvalorizado	Pressão de desvalorização aumenta sobre o dólar, forçando uma nova desvalorização para US$42,22/onça de ouro
Fevereiro-março de 1973	Mercado monetário em crise	Taxas de câmbio fixas não mais consideradas defensíveis; pressões especulativas forçam o fechamento dos mercados cambiais internacionais por quase duas semanas; mercados são reabertos com câmbio flutuante para as principais moedas de países industrializados
Junho de 1973	Depreciação do dólar americano	Câmbio flutuante continua a pressionar o dólar, agora em livre flutuação, para baixo, já chegando a aproximadamente 10% em junho.
Outono de 1973-1974	Embargo do petróleo pela OPEP	Organização dos Países Exportadores de Petróleo (OPEP) impõe um embargo do petróleo que acabou quadruplicando o preço mundial de petróleo; como os preços do petróleo são determinados em dólar, o valor do dólar recupera parte de sua força anterior
Janeiro de 1976	Acordo da Jamaica	Reunião do FMI na Jamaica resulta na "legalização" do sistema de câmbio flutuante já em vigor; o ouro é desmonetizado como ativo de reserva
1977-1978	Aumento da taxa de inflação nos EUA	O governo de Carter reduz o desemprego à custa de aumentos na inflação; a crescente inflação nos EUA causa a depreciação contínua do dólar
Março de 1979	Criação do SME	O Sistema Monetário Europeu (SME) é criado, estabelecendo um sistema de câmbio cooperativo para membros participantes da Comunidade Econômica Europeia (CEE)
Verão de 1979	OPEP eleva preços	Países da OPEP elevam novamente o preço do petróleo

QUADRO 3.3 — Eventos monetários mundiais, 1971-2008 (*continuação*)

Data	Evento	Impacto
Primavera de 1980	Dólar americano começa a subir	A inflação mundial e sinais iniciais de recessão somados a verdadeiras vantagens diferenciais nos juros para ativos denominados em dólar contribuem para aumentar a demanda por dólares
Agosto de 1982	Crise da dívida da América Latina	O México informa ao Tesouro dos EUA em uma sexta-feira 13 de 1982 que não conseguirá cumprir seus pagamentos de serviço de dívida; Brasil e Argentina fazem o mesmo meses depois
Fevereiro de 1985	Pico do dólar americano	O dólar americano atinge um pico em relação à maioria das moedas de países industrializados, atingindo altas recorde em relação ao marco alemão e outras moedas europeias
Setembro de 1985	Acordo de Plaza	Os membros do Grupo dos Dez se encontra no Hotel Plaza na cidade de Nova York para assinar um acordo cooperativo internacional para controlar a volatilidade dos mercados monetários mundiais e estabelecer bandas cambiais
Fevereiro de 1987	Acordo do Louvre	O Grupo dos Seis estabelece que irá "intensificar" a coordenação de política econômica para promover crescimento e reduzir desequilíbrios externos.
Dezembro de 1991	Tratado de Maastricht	A União Europeia conclui um tratado para substituir todas as moedas individuais por uma única moeda – o euro.
Setembro de 1992	Crise do SME	Altas taxas de juros alemãs induzem fluxos de capitais maciços para ativos denominados em marcos alemães, causando a retirada da lira italiana e da libra esterlina da flutuação comum do SME
31 de julho de 1993	Realinhamento do SME	O SME ajusta a faixa de desvio permitida para ±15% para todos os países membros (exceto para o florim holandês); o dólar americano continua a se enfraquecer; o iene japonês atinge ¥100,25/US$
1994	Fundação do IME	É fundado em Frankfurt, Alemanha, o Instituto Monetário Europeu (IME), o predecessor do Banco Central Europeu
Dezembro de 1994	Colapso do peso	O peso mexicano sofre uma grande desvalorização em decorrência da crescente pressão da política de desvalorização administrada; o peso cai de Ps3,46/US$ para Ps5,50/US$ em poucos dias. O colapso do peso resulta na queda das principais taxas de câmbio latino-americanas em um processo de contágio – o "efeito tequila"
Agosto de 1995	Pico do iene	O iene japonês atinge a maior alta de todos os tempos em relação ao dólar americano com ¥79/US$; o iene, lentamente, desvaloriza durante os dois anos seguintes, caindo para ¥130/US$
Junho de 1997	Crise asiática	O baht tailandês é desvalorizado em julho, imediatamente seguido pela rúpia indonésia, o uon coreano, o ringgit malaio e o peso filipino. Após as desvalorizações iniciais da taxa de câmbio, a economia asiática afunda em uma recessão
Agosto de 1998	Crise russa	Na segunda-feira, 17 de agosto, o Banco Central Russo desvalorizou o rublo em 34%. O rublo continuou a deteriorar-se nos dias seguintes, fazendo com que a já enfraquecida economia russa entrasse em recessão
1º de janeiro de 1999	Lançamento do euro	Data de lançamento oficial da moeda europeia única, o euro. Onze países-membros da União Europeia decidiram participar do sistema, o que, de maneira irrevogável, liga suas taxas de câmbio individuais umas às outras
Janeiro de 1999	Crise do real brasileiro	O real, inicialmente desvalorizado em 8,3% pelo governo brasileiro em 12 de janeiro, é deixado subsequentemente em flutuação em relação às moedas mundiais
1º de janeiro de 2002	Cunhagem do euro	As moedas e notas de euro são introduzidas em paralelo com as moedas domésticas. As moedas nacionais foram anuladas gradualmente ao longo de um período de seis meses, desde 1º de janeiro
8 de janeiro de 2002	Crise do peso argentino	O peso argentino, que estava com seu valor fixo em relação ao dólar a uma taxa de 1:1 desde 1991 através de um conselho de moeda, é desvalorizado para Ps1,4/US$, passando, então, a flutuar
13 de fevereiro de 2002	Flutuação do bolívar venezuelano	O bolívar venezuelano, fixo em relação ao dólar desde 1996, flutua como resultado de uma crise econômica crescente

(*continua*)

QUADRO 3.3	Eventos monetários mundiais, 1971-2008 (*continuação*)	
Data	Evento	Impacto
14 de fevereiro de 2004	Desvalorização do bolívar venezuelano	A Venezuela desvaloriza o bolívar em 17% em relação ao dólar, em uma tentativa de lidar com seu crescente déficit fiscal
1º de maio de 2004	Ampliação da UE	Dez novos países entram para a União Europeia, ampliando-a, assim, para 25 membros; no futuro, quando estiverem qualificados, espera-se que a maioria desses países adote o euro
21 de julho de 2005	Reforma do yuan	O governo chinês e o Banco da China abandonam a fixação do yuan chinês (renminbi) em relação ao dólar, anunciando que ele será instantaneamente reavaliado de yuan 8,28/US$ para yuan 8,11/US$, e passando o regime cambial a uma flutuação administrada no futuro; a Malásia anuncia uma mudança similar em seu regime cambial
Abril de 2008	Pico do euro	O euro atinge um pico em relação ao dólar americano a US$1,60/€. Nos meses seguintes, o euro cai substancialmente, chegando a US$1,25/€ no final de outubro de 2008

mercado cambial sem especificar ou se pré-comprometer a um caminho pré-anunciado para a taxa de câmbio.

8. **Flutuação independente.** A taxa de câmbio é determinada pelo mercado, com qualquer intervenção cambial tendo o objetivo de moderar a taxa de variação e evitar flutuações indevidas na taxa de câmbio, em vez de estabelecer um nível para ela.

O exemplo mais proeminente de um sistema rigidamente fixo é a área do euro, na qual o euro é a única moeda de seus países membros. Entretanto, o próprio euro é uma moeda de flutuação independente em relação a todas as outras moedas. Outros exemplos de regimes de câmbio fixo incluem o Equador e o Panamá, que utilizam o dólar americano como sua moeda oficial; a zona do franco da África Central (CFA – Central African Franc), na qual países como Mali, Nigéria, Senegal, Camarões e República de Chad, entre outros, utilizam uma moeda comum (o franco, indexado ao euro) e a União Monetária do Caribe Oriental (ECCU – Eastern Caribbean Currency Union), cujos membros utilizam uma moeda comum (o dólar do Caribe Oriental).

No outro extremo encontram-se países com moedas de flutuação independente. Estes incluem muitos países desenvolvidos, como Japão, Estados Unidos, Reino Unido, Canadá, Austrália, Nova Zelândia, Suécia e Suíça. Entretanto, essa categoria também inclui diversos participantes "forçados" – países de mercados emergentes que tentaram manter um câmbio fixo, mas foram forçados pelo mercado a deixá-lo flutuar. Entre eles estão Coreia, Filipinas, Brasil, Indonésia, México e Tailândia.

É importante observar que apenas as duas últimas categorias, que inclui 80 dos 186 países incluídos, têm realmente uma taxa de flutua em um grau efetivo. Apesar de o sistema monetário internacional contemporâneo ser tipicamente chamado de "regime de taxa flutuante", claramente não é o que acontece com a maioria dos países do mundo.

Taxas de câmbio flexíveis *versus* fixas

A escolha de um regime monetário reflete prioridades nacionais em relação a todas as facetas da macroeconomia, incluindo inflação, desemprego, níveis de taxa de juros, balança comercial e crescimento econômico. A escolha entre taxas flexíveis e fixas pode mudar, assim como as prioridades mudam.

Com riscos de uma hipergeneralização, as seguintes observações explicam por que os países seguem certos regimes de taxa de câmbio. Elas se baseiam na premissa de que, mantendo outros fatores inalterados, os países prefeririam taxas de câmbio fixas.

- As taxas fixas oferecem estabilidade em preços internacionais para a condução do comércio. Preços estáveis ajudam no crescimento do comércio internacional e diminuem riscos para todas as empresas.
- As taxas de câmbio fixas são inerentemente anti-inflacionárias, exigindo que o país siga políticas fiscais e monetárias restritivas. Essa restrição, contudo, pode ser um ônus para um país que deseja seguir políticas que aliviem sucessivos problemas econômicos internos, como alto desemprego ou crescimento econômico lento.

Os regimes de taxa de câmbio fixa precisam que os bancos centrais mantenham grandes quantidades de reservas internacionais (moedas fortes e ouro) para serem utilizadas na defesa de suas taxas fixas. Como o mercado monetário internacional tem crescido rapidamente em tamanho e volume, essa necessidade se tornou um ônus significativo para muitas nações.

As taxas fixas, uma vez determinadas, podem ser mantidas em níveis inconsistentes com os fundamentos econômicos. À medida que a estrutura da economia do país muda, e que as relações comerciais e o saldo da balança comercial se desenvolvem, é a taxa de câmbio em si que deve variar. Taxas de câmbio flexíveis permitem que essa variação ocorra gradual e eficientemente, mas taxas de câmbio fixas devem ser mudadas administrativamente – normalmente tarde demais, com publicidade excessiva e com grande custo para a saúde econômica do país.

Atributos da moeda "ideal"

Se a moeda ideal existisse no mundo de hoje, ela teria três atributos (ilustrados no Quadro 3.4), geralmente chamados de "a impossível trindade":

1. **Estabilidade da taxa de câmbio.** O valor da moeda seria fixado em relação a outras moedas importantes, para que os *traders* e investidores pudessem estar relativamente seguros quanto ao valor de câmbio de cada moeda no presente e no futuro próximo.
2. **Total integração financeira.** Seria permitida a liberdade total de fluxos monetários, para que os *traders* e investidores pudessem, voluntária e facilmente, movimentar fundos e moedas de um país para outro em resposta aos riscos e às oportunidades econômicas percebidas.
3. **Independência monetária.** Políticas de taxas de juros e políticas monetárias domésticas seriam estabelecidas para cada país individualmente de modo a seguir as políticas econômicas nacionais desejadas, especialmente se pudessem estar relacionadas à limitação da inflação, ao combate a recessões e ao estímulo à prosperidade e ao pleno emprego.

Essas qualidades são chamadas de "a impossível trindade" porque um país tem que abrir mão de um dos três objetivos descritos pelos lados do triângulo: independência monetária, estabilidade da taxa de câmbio ou total integração financeira. As forças da economia não permitem que se alcance todos os três simultaneamente. Por exemplo, um país com um regime de flutuação cambial pode ter independência monetária e um alto grau de integração financeira com os mercados de capitais estrangeiros, mas isso pode resultar na perda da estabilidade da taxa de câmbio (o caso dos Estados Unidos). Da mesma forma, um país que mantém controles muito rígidos sobre o influxo e o escoamento de capital manterá sua independência monetária e uma taxa de câmbio estável, mas à custa da integração com mercados financeiros e mercados de capitais globais (o caso da Malásia no período de 1998-2002).

QUADRO 3.4 A impossível trindade

A teoria econômica e financeira declara claramente que um país não pode estar em todos os lados do triângulo ao mesmo tempo. Ele tem que abrir mão de um dos três "atributos" para alcançar um dos estados descritos pelos vértices do triângulo.

Fonte: Adaptado de Lars Oxelheim, *International Financial Integration*, Springer-Verlag, 1990, p. 10.

Como mostra o Quadro 3.4, o consenso de muitos especialistas é que a força de uma maior mobilidade de capital tem empurrado cada vez mais países em direção à total integração financeira na tentativa de estimular suas economias domésticas e alimentar o apetite por capital de suas próprias EMNs. Consequentemente, seus regimes monetários estão sendo "forçados" a serem ou de flutuação cambial (como os Estados Unidos) ou integrados a outros países em uniões monetárias (como a União Europeia).

MERCADOS EMERGENTES E OPÇÕES DE REGIME

O período de 1997-2005 testemunhou pressões cada vez maiores sobre os países de mercados emergentes para que eles escolhessem dentre os tipos mais extremos de regimes cambiais. As pressões da maior mobilidade do capital observada na seção anterior levou diversos países a escolher ou um regime cambial de livre flutuação (como a Argentina durante toda a década de 1990, detalhado na próxima seção) ou até mesmo a *dolarização* (como no Equador em 2000).

Conselhos de moeda (*currency boards*)

Existe um conselho de moeda (*currency board*) quando o banco central de um país se compromete a lastrear sua base monetária – seu suprimento de moeda – integralmente com reservas estrangeiras, o tempo todo. Esse comprometimento significa que uma unidade de moeda doméstica não pode ser introduzida na economia sem que uma unidade adicional de reserva cambial estrangeira tenha sido obtida primeiro. Oito países, incluindo o território de Hong Kong, utilizam conselhos de moeda como um meio de fixar suas taxas de câmbio.

Argentina. Em 1991, a Argentina passou de sua antiga taxa de câmbio administrada do peso argentino para uma estrutura de conselho de moeda. A estrutura do conselho de moeda fixou o valor do peso argentino em relação ao dólar americano em uma base de um para um. O governo argentino preservou a taxa de câmbio fixa exigindo que cada peso emitido pelo sistema bancário argentino fosse lastreado ou por ouro ou por dólares americanos mantidos em conta em bancos na Argentina. Esse sistema de reserva 100% tornou a política monetária do país dependente de sua capacidade de obter dólares americanos através de comércio ou investimentos. Somente depois de a Argentina ter obtido esses dólares através de comércio é que sua oferta monetária poderia ser expandida. Essa exigência eliminava a possibilidade de a oferta monetária do país crescer rápido demais e causar inflação.

Uma característica adicional do sistema de *currency board* da Argentina era a possibilidade de todos os argentinos ou estrangeiros manterem contas denominadas em dólar nos bancos argentinos. Essas contas eram, na verdade, *contas em euro-dólares* – depósitos denominados em dólar em bancos fora dos EUA. Essas contas permitiam a poupadores e investidores escolher se manteriam seu dinheiro em pesos ou não.

Desde o início, porém, havia uma grande desconfiança no mercado de que o governo argentino fosse conseguir manter a taxa de câmbio fixa. Os bancos argentinos normalmente pagavam taxas de juros um pouco mais altas para contas denominadas em pesos do que para contas denominadas em dólar. Esse diferencial de juros representava a avaliação do mercado sobre o risco inerente no sistema financeiro argentino. Os depositantes eram recompensados por aceitar riscos – por manter seu dinheiro em contas denominadas em pesos. Este era um sinal explícito do mercado de que havia uma possibilidade percebida de que aquilo que no momento era "fixo" poderia não mais vir a sê-lo.

O mercado estava certo. Em janeiro de 2002, depois de meses de instabilidade econômica e política e quase três anos de recessão econômica, o *currency board* argentino foi destituído. O peso primeiramente foi desvalorizado de Peso1,00/US$ para Peso1,40/US$, e então passou a flutuar totalmente. O valor da moeda caiu drasticamente em questão de dias. A experiência de uma década da Argentina com uma taxa de câmbio rigidamente fixa chegara ao fim. À desvalorização, seguiram-se meses de instabilidade, incluindo diversos "feriados bancários" e tumultos nas ruas de Buenos Aires. A crise da Argentina será apresentada detalhadamente no Capítulo 7.

Dolarização

Vários países sofreram desvalorizações de moeda por muitos anos, principalmente em decorrência da inflação, e caminharam em direção à dolarização. A dolarização é o uso do dólar americano como a moeda oficial do país. O Panamá usa o dólar como sua moeda oficial desde 1907. O Equador, após sofrer uma severa crise bancária e inflacionária em 1998 e 1999, adotou o dólar americano como sua moeda oficial em janeiro de 2000. Um dos principais atributos da dolarização foi muito bem resumido pela revista *Business Week* em um artigo publicado em 11 de dezembro de 2000 intitulado "The Dollar Club" (O Clube do Dólar):

> *Um atrativo da dolarização é que sólidas políticas monetárias e cambiais não mais dependem da inteligência e disciplina dos indivíduos que desenvolvem as políticas domésticas. Sua política monetária passa a ser, essencialmente, aquela adotada pelos EUA, e a taxa de câmbio permanece fixa para sempre.*

Os argumentos a favor da dolarização decorrem logicamente da discussão anterior sobre a impossível trindade. Um país que se dolariza remove qualquer volatilidade monetária (em relação ao dólar) e, teoricamente, eliminaria a possibilidade de futuras crises monetárias. Outros benefícios são expectativas de maior integração econômica com os Estados Unidos e outros mercados baseados no dólar, tanto mercados de produtos quanto mercados financeiros. Essa última questão levou muitos a discutirem a favor da dolarização regional, em que vários países com alta integração econômica podem se beneficiar significativamente de uma dolarização conjunta.

Há três principais argumentos contra a dolarização. O primeiro é a perda da soberania sobre a política monetária. Essa é, no entanto, a ideia da dolarização. Em segundo lugar, o país perde o poder de *seignorage*, a possibilidade de tirar proveito de sua capacidade de imprimir sua própria moeda. Em terceiro lugar, o banco central do país, por não mais ter a capacidade de criar dinheiro dentro de seu sistema econômico e financeiro, não pode mais representar o papel de emprestador de último recurso (*lender of last resort*). Este papel carrega consigo a possibilidade de prover liquidez para salvar instituições financeiras que possam estar à beira da falência durante épocas de crises financeiras.

Equador. O Equador oficialmente concluiu a substituição do sucre equatoriano pelo dólar americano como moeda corrente no dia 9 de setembro de 2000. Este passo fez do Equador o maior adotante nacional do dólar americano, e em muitos aspectos, o transformou em um caso-teste da dolarização para outros países de mercados emergentes acompanharem de perto. Como mostra o Quadro 3.5, essa foi a última etapa de uma desvalorização maciça do sucre em um curto período de dois anos.

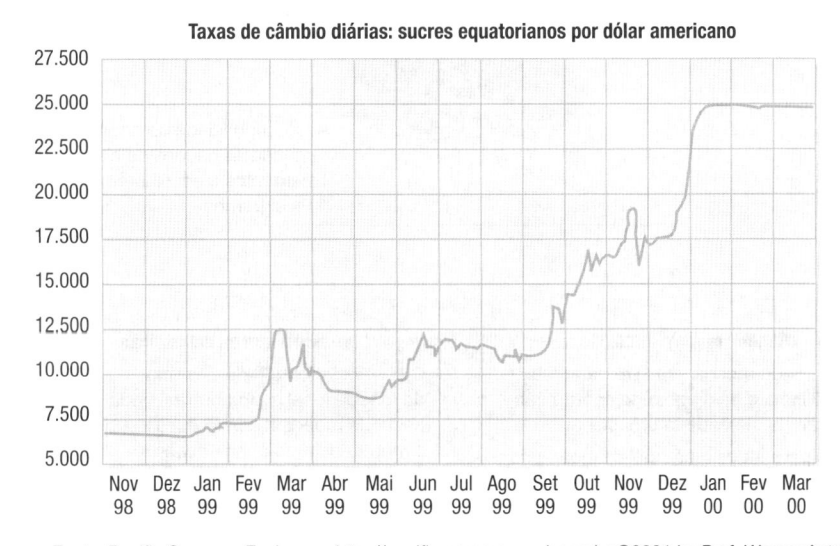

QUADRO 3.5 Taxa de câmbio do sucre equatoriano, novembro 1998-março 2000

Fonte: Pacific Currency Exchange, http://pacific.commerce.ubc.ca/xr ©2001 by Prof. Werner Antweiler, University of British Columbia, Vancouver, BC, Canadá.

Durante 1999, o Equador sofreu com o aumento da taxa de inflação crescente e a queda do nível de produção econômica. Em março de 1999, o setor bancário equatoriano foi afetado por uma série de devastadoras "corridas aos bancos", pânicos financeiros em que todos os depositantes tentavam sacar seus fundos simultaneamente. Apesar do fato de que havia sérios problemas no sistema bancário equatoriano, a verdade é que até a mais saudável instituição financeira fracassaria sob a tensão desse escoamento financeiro. O então presidente do Equador, Jamil Mahuad, imediatamente congelou todos os depósitos (o que passou a ser chamado de feriado bancário nos Estados Unidos na década de 1930, quando os bancos fechavam suas portas). O sucre equatoriano, que em janeiro de 1999 estava sendo negociado a aproximadamente Sucre7.400/US$, caiu vertiginosamente no início de março para Sucre12.500/US$. O Equador deixou de pagar mais de US$13,6 bilhões de sua dívida externa somente em 1999. O Presidente Mahuad agiu rápido, propondo a dolarização para salvar a enfraquecida economia equatoriana.

Em janeiro de 2000, quando o presidente seguinte tomou posse (depois de um golpe militar bastante complicado e sua subsequente retirada), o sucre tinha caído em valor para Sucre25.000/US$. O novo presidente, Gustavo Naboa, deu continuidade à iniciativa da dolarização. Apesar de não ter tido apoio do governo dos Estados Unidos ou do FMI, o Equador concluiu a substituição de sua própria moeda pelo dólar nos nove meses seguintes.

Ainda não se conhece os resultados da dolarização no Equador. Os residentes do Equador imediatamente devolveram mais de US$600 milhões ao sistema bancário, dinheiro este que eles tinham retirado dos bancos temendo falências bancárias. Essa infusão de capital, juntamente com novos empréstimos do FMI e restruturações econômicas, permitiram que o país fechasse o ano 200 com um pequeno ganho econômico de 1%. A inflação, no entanto, permaneceu alta, fechando o ano em mais de 91% (em relação a 66% em 1999). Claramente, somente a dolarização não eliminou as forças inflacionárias. O Equador continua lutando para encontrar um equilíbrio econômico e político com seu novo regime monetário.

Não há dúvidas de que para muitos mercados emergentes, regimes de *currency board*, de dolarização e de taxas de câmbio de livre flutuação são todos extremos. Na verdade, muitos especialistas sentem que o mercado financeiro global levará cada vez mais países de mercados emergentes em direção a um desses extremos. Como mostra o Quadro 3.6, fica claro que há uma falta de situações intermediárias entre os extremos de taxas cambiais rigidamente fixas e livremente flutuantes. Para sustentar este argumento com uma anedota, um pesquisa da população geral do México em 1999 indicou que 9 em cada 10 pessoas prefeririam a dolarização a um peso com taxa de câmbio flutuante. Claramente, há muitos nos mercados emergentes que não têm muita fé de que seus líderes e suas instituições implementem uma política cambial eficaz.

QUADRO 3.6 Opções de regime monetário para os mercados emergentes

País emergente

A alta mobilidade de capital está forçando as nações de mercados emergentes a escolherem entre dois extremos

Regime de livre flutuação
- O valor da moeda fica livre para flutuar para cima e para baixo de acordo com forças de mercado internacionais.
- São permitidos uma política monetária independente e o livre movimento de capital, mas à custa da estabilidade.
- Maior volatilidade pode ser mais do que um pequeno país com um pequeno mercado financeiro pode aguentar.

Currency board **ou dolarização**
- O *currency board* indexa o valor da moeda local a uma outra moeda ou cesta de moedas; a *dolarização* substitui a moeda pelo dólar americano.
- Perde-se a política monetária independente; a influência política sobre a política monetária é eliminada.
- *Seignorage*, perdem-se os benefícios obtidos pelo governo devido à capacidade de imprimir sua própria moeda.

O NASCIMENTO DE UMA MOEDA EUROPEIA: O EURO

Os 15 membros originais da União Europeia (UE) também são membros do Sistema Monetário Europeu (SME). Este grupo tentou formar uma ilha de taxas de câmbio fixas entre si em um mar de grandes moedas com taxas flutuantes. Os membros do SME dependem fortemente do comércio uns com os outros, então percebem que os benefícios do dia a dia de taxas de câmbio fixas entre eles são ótimos. No entanto, o SME passou por inúmeras mudanças desde seu início em 1979, incluindo grandes crises e reorganizações em 1992 e 1993, e a conversão de 11 membros ao euro no dia 1º de janeiro de 1999 (A Grécia aderiu em 2001).

O Tratado de Maastricht

Em dezembro de 1991, os membros da UE se reuniram em Maastricht, Holanda, e assinaram um tratado que mudou o futuro monetário da Europa.

Cronograma. O Tratado de Maastricht especificou um cronograma e um plano para substituir todas as moedas individuais da Unidade Monetária Europeia (UME) por uma moeda única chamada euro. Outros passos foram dados na direção de uma total União Econômica e Monetária Europeia (UEM).

Critérios de convergência. Para se preparar para a UEM, o Tratado de Maastricht exigia a integração e a coordenação das políticas monetária e fiscal dos países-membro. A UEM seria implementada por um processo chamado convergência. Antes de se tornar um membro integral da UEM, esperava-se originalmente que cada país-membro atendesse aos critérios da convergência:

- A inflação nominal não deve ser mais do que 1,5% acima da média dos três membros da UE com taxas de inflação mais baixas durante o ano anterior.
- As taxas de juros de longo prazo não devem ser mais do que 2% acima da média dos três membros com as taxas de juros mais baixas.
- O déficit fiscal não deve ser mais de 3% do produto interno bruto.
- A dívida pública não deve ser maior do que 60% do produto interno bruto.

Os critérios de convergência eram tão rígidos que poucos membros, ou nenhum, conseguiam satisfazê-los naquela época, mas 11 países conseguiram fazê-lo pouco antes de 1999. A Grécia adotou o euro no dia 1º de janeiro de 2001.

Banco Central forte. Um banco central forte, chamado Banco Central Europeu (BCE), foi estabelecido em Frankfurt, Alemanha, em conformidade com o Tratado. O banco foi criado aos moldes do Sistema de Reserva Federal dos EUA, o banco central americano. Este banco central independente domina os bancos centrais dos países, que continuam a regular os bancos residentes dentro de suas fronteiras; toda intervenção no mercado financeiro e a emissão de euros permanece como responsabilidade exclusiva do BCE. A função mais importante do BCE é promover estabilidade de preços na União Europeia.

Como parte de seu desenvolvimento da política monetária transnacional, o BCE formou o sistema Transeuropeu Automatizado de Transferência Rápida com Liquidação Bruta em Tempo Real (TARGET). O TARGET é o mecanismo através do qual o BCE liquida todos os pagamentos relativos à condução dos negócios e regulação bancária da UE. Ele permite ao BCE conduzir a política monetária e outras movimentações de capital em sistemas intrabancários de maneira rápida e sem custos.

Por que a unificação monetária?

Segundo a UE, a UEM é uma área monetária única dentro do mercado único da UE, agora conhecido como a *zona do euro* (ou *área do euro*), na qual pessoas, bens, serviços e capital podem se movimentar sem restrições. Tendo início no Tratado de Roma em 1957 e continuando com o Ato Único Europeu de 1987, o Tratado de Maastricht de 1991-1992 e o Tratado de Amsterdã de 1997, um conjunto central de países europeus trabalhou constantemente para integrar seus países individuais em um mercado doméstico maior e mais eficiente. Porém, mesmo depois do lançamento do programa de mercado único de 1992, ainda restavam diversas barreiras à verdadeira abertura. O uso de diferentes moedas exigia que tanto consumidores quanto empresas tratassem os mercados individuais separadamente. O risco de taxa de câmbio do comércio entre fronteiras ainda persistia. A criação de uma moeda única pretende superar esses vestígios de mercados separados.

A abreviação oficial do euro, EUR, foi registrada junto à Organização Internacional para Padronização, ISO (são necessárias abreviações em letras para o comércio mundial computadorizado). Essa abreviação é similar aos símbolos de computador de três letras usados para o dólar americano, USD, e a libra esterlina britânica, GBP. O símbolo oficial do euro é €. Segundo a UE, o símbolo € foi inspirado na letra grega *epsilon* (ε), que simultaneamente faz referência ao antigo papel da Grécia como berço da civilização europeia e lembra a primeira letra da palavra *Europa*.

O lançamento do euro

No dia 4 de janeiro de 1999, 11 membros da UE iniciaram a UEM. Eles estabeleceram uma moeda única, o euro, que substituiu as moedas individuais dos estados-membros participantes. Os 11 países eram Alemanha, Áustria, Bélgica, Espanha, Finlândia, França, Holanda, Irlanda, Itália, Luxemburgo e Portugal. O Reino Unido, Suécia e Dinamarca decidiram manter suas moedas individuais. A Grécia não se qualificava para a UEM, mas entrou para o grupo do euro em 2001. No dia 31 de dezembro de 1998, foram determinadas as taxas fixas finais entre as 11 moedas participantes e o euro. No dia 4 de janeiro de 1999, o euro foi oficialmente lançado. Apesar de ser o resultado de um metódico programa de longo prazo para o alinhamento de todas as forças políticas e econômicas na UE, o lançamento do euro foi apenas o primeiro de muitos passos a serem dados. Os impactos do euro sobre o ambiente econômico e sobre a sociedade em geral nos países participantes foram e continuarão a ser drásticos. Somente agora está começando a ficar aparente quais poderiam ser alguns desses impactos.

O euro afeta os mercados de três maneiras: 1) os países da zona do euro desfrutam de custos de transações mais baixos; 2) os riscos cambiais e os custos relacionados à incerteza das taxas de câmbio são reduzidos; e 3) todos os consumidores e empresas tanto dentro quanto fora da zona do euro desfrutam de transparência de preços e maior concorrência baseada em preços.

Alcançando a unificação monetária

Para que o euro seja um substituto bem-sucedido das moedas dos estados participantes da UE, ele tem que ter um fundamento econômico sólido. O principal determinante do valor de uma moeda é sua capacidade de manter seu poder aquisitivo (o dinheiro vale o que ele pode comprar). A maior ameaça à manutenção do poder aquisitivo é a inflação. Então, o principal objetivo da UE desde o início foi construir um sistema econômico que funcionasse de modo a evitar que forças inflacionárias prejudicassem o euro.

Política fiscal e política monetária. A política monetária da UEM é conduzida pelo BCE, que possui uma responsabilidade: salvaguardar a estabilidade do euro. Seguindo as estruturas básicas que foram utilizadas no estabelecimento do Sistema da Reserva Federal dos EUA e o Bundesbank na Alemanha, o BCE é livre de pressões políticas que historicamente fazem as autoridades monetárias ceder a pressões por empregos inflacionando as economias. A independência do BCE permite que ele se foque simplesmente na estabilidade da moeda sem virar vítima dessa armadilha histórica.

Indexando o valor do euro. A indexação das taxas de câmbio entre as moedas nacionais e o euro no dia 31 de dezembro de 1998 foram decisões permanentes para essas moedas. O Reino Unido manteve-se cético sobre a crescente violação de sua soberania pela UE, e optou por não participar. A Suécia, que não conseguiu ver benefícios significativos em se tornar membro da UE (apesar de ser um de seus mais novos membros), também manteve-se cética em relação a participar na UEM. A Dinamarca, assim como o Reino Unido e a Suécia, possui um forte elemento político que é extremamente nacionalista, e até o momento optou por não participar. A Noruega votou duas vezes contra se tornar membro da UE e, assim, não participa do sistema do euro.

No dia 4 de janeiro de 1999, o euro começou a ser negociado nos mercados monetários de todo o mundo. Sua introdução foi suave. No entanto, o valor do euro escorregou constantemente após sua introdução, primordialmente em decorrência da robustez da economia dos EUA e do dólar americano e de setores econômicos continuamente morosos nos países da UEM. O Quadro 3.7 ilustra o valor do euro desde sua introdução em janeiro de 1999. Depois sofrer uma queda de valor em relação ao dólar americano em 1999 e 2000, o euro foi operado em uma banda relativamente estreita durante todo o ano de 2001. No início de 2002, porém, o euro iniciou um forte e contínuo aumento em seu valor em relação ao dólar, atingindo um pico de US$1,50/€ no final de 2007.

QUADRO 3.7 — Taxa de câmbio à vista dólar americano/euro, 1999-2008 (Média mensal)

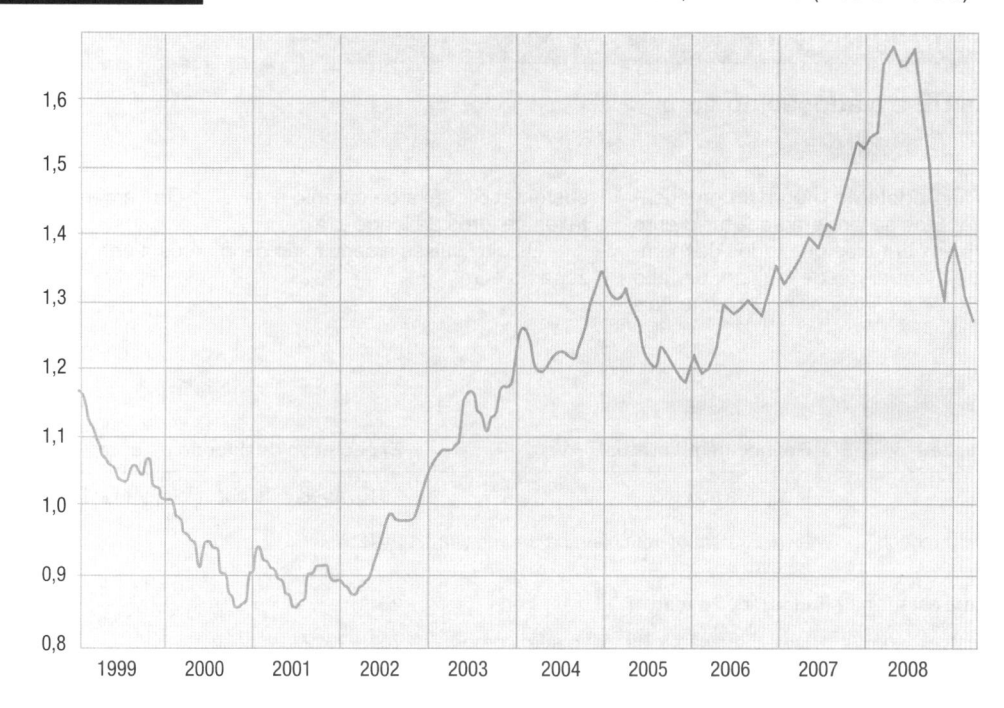

Fonte: ©2009 by Prof. Werner Antweiler, University of British Columbia, Vancouver, BC, Canadá. A imagem acima tem permissão para ser reproduzida contanto que a fonte e o *copyright* sejam citados.

Período de tempo exibido no diagrama: 1º de janeiro de 1999-2 de março de 2009.

Causas da queda do dólar. Desde a introdução do euro, os Estados Unidos enfrentaram diversos déficits na balança de pagamentos na conta corrente (explicado no Capítulo 4). Os maiores déficits bilaterais foram com a China e o Japão. No entanto, a fim de proteger sua competitividade nas exportações, China e Japão seguiam políticas macroeconômicas que manteriam as taxas de câmbio relativamente fixas entre suas moedas e o dólar americano. A fim de alcançar este resultado, tanto a China quanto o Japão tiveram que intervir no mercado cambial comprando quantidades maciças de dólares americanos e vendendo quantidades correspondentes de suas próprias moedas, o yuan chinês e o iene japonês. Essas compras apareciam como influxos de capital nos Estados Unidos. Entretanto, quando os Estados Unidos continuaram a manter taxas de juros historicamente baixas – tanto para estimular a economia doméstica quanto para promover a liquidez no sistema financeiro depois da crise das hipotecas *subprime* em 2007 – alguns críticos se perguntavam se a China e o Japão continuariam a manter quantidades tão altas de dólares americanos.

Além disso, vários governos da Ásia e do Oriente Médio estão começando a criar os chamados fundos de riqueza soberana para usar seus saldos acumulados em dólares americanos. Os fundos de riqueza soberana (Sovereign Wealth Funds, na sigla em inglês) são fundos públicos de investimento financiados pelo governo que ou adquirem ou assumem uma participação acionária significativa em empresas de capital fechado e grandes bancos estrangeiros nos Estados Unidos e em outros países ocidentais. Eles são objeto de crescentes preocupações à medida que nações estrangeiras investem em outros países.

Expansão da União Europeia e do euro. Em janeiro de 2007, dois outros países foram adicionados à crescente lista de países-membros da UE – Bulgária e Romênia. Sua entrada foi pouco mais de dois anos depois de a UE ter adicionado outros 10 países. Como mostra o quadro *Finanças globais na prática 3.2*, até hoje, apenas um desses 12 novos membros realmente adotou o euro. Apesar de a expectativa ser a de que todos os membros acabem substituindo suas moedas pelo euro, nos últimos anos houve crescentes debates e contínuos adiamentos pelos novos membros no passo em direção à adoção integral do euro.

FINANÇAS GLOBAIS NA PRÁTICA 3.2

Novos membros da UE e a adoção do euro

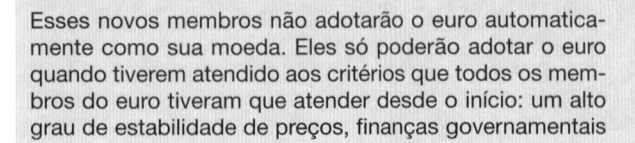

Esses novos membros não adotarão o euro automaticamente como sua moeda. Eles só poderão adotar o euro quando tiverem atendido aos critérios que todos os membros do euro tiveram que atender desde o início: um alto grau de estabilidade de preços, finanças governamentais sustentáveis, taxa de câmbio estável, e convergência nas taxas de juros de longo prazo.

Os oito países a seguir são candidatos a entrar para a zona do euro:

País	Moeda	Regime cambial atual	Expectativa de adoção do euro
Bulgária	lev	Indexada ao euro	2010, apesar de possivelmente até 2015
República Tcheca	coroa tcheca	Livre flutuação; administrada em relação ao euro	2012
Estônia	coroa estoniana	Indexada ao euro	2011
Hungria	forint	Livre flutuação; mas tem o euro como referência	2010-2012 (em debate)
Letônia	lats	Indexada ao euro	2012 (pelo menos)
Lituânia	lita	Indexada ao euro	2010
Polônia	zloty	Livre flutuação, mas tem o euro como referência	2012 (tentativa)
Romênia	leu	Livre flutuação	2014

O euro e o crescimento. Antes da introdução do euro, oponentes achavam que as condições políticas e econômicas eram desfavoráveis a uma moeda comum. A maioria dos países que finalmente adotaram o euro, como a Alemanha, França e Itália, não tinham a flexibilidade no mercado de mão de obra de que precisariam para compensar a perda do controle individual (no nível do país) sobre a política monetária como uma ferramenta para promover o crescimento. Como os membros individuais da UE não podem desvalorizar suas moedas, eles precisariam contar principalmente com políticas fiscais coordenadas para estimular o crescimento. Provavelmente é impossível conduzir uma política monetária centralizada que seja adequada a todos os países-membros, como ilustrada pela impossível trindade discutida anteriormente. Alguns membros estão crescendo e outros, não. O desemprego tem sido bastante alto em alguns membros, mas mais baixo em outros.

REGIMES CAMBIAIS: COMO SERÁ DAQUI EM DIANTE?

Todos os regimes cambiais têm que lidar com o *trade-off* entre *regras* e *discrição*, além daqueles entre *cooperação* e *independência*. O Quadro 3.8 ilustra os *trade-offs* entre os regimes cambiais baseados em regras, discrição, cooperação e independência.

- Verticalmente, diferentes arranjos cambiais podem determinar se o governo de um país tem requisitos rígidos de intervenção – *regras* – ou se ele pode escolher se, quando e até que ponto intervir nos mercados de câmbio – *discrição*.
- Horizontalmente, o *trade-off* para os países que participam de um sistema específico é entre consultar e agir em uníssono com outros países – *cooperação* – ou operar como um membro do sistema, mas agindo sozinho – *independência*.

QUADRO 3.8 Os *trade-offs* entre os regimes cambiais

- Padrão ouro antes da 2ª Guerra Mundial
- Bretton Woods
- Sistema Monetário Europeu 1979-1999
- Dólar americano, 1981-1985
- O futuro?

Eixos: Regime de regras / Política discricionária; Não cooperação entre os países / Cooperação entre os países.

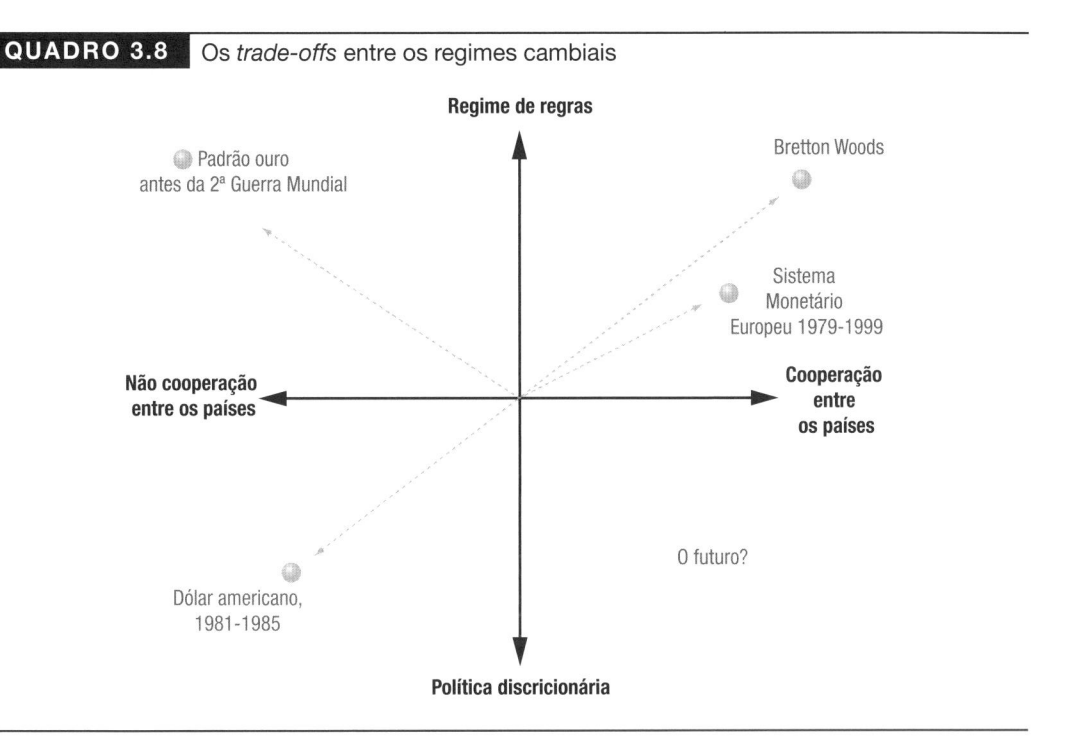

Estruturas de regimes como o padrão ouro não exigiam nenhuma política cooperativa entre os países, apenas a garantia de que todos seguiriam as "regras do jogo". Sob o padrão ouro em vigor antes da Segunda Guerra Mundial, essa garantia significava a disposição dos governos a comprar ou vender ouro a taxas de paridade a medida que fosse ofertado ou demandado. O Acordo de Bretton Woods, o sistema em vigor entre 1944 e 1973, exigia mais uma espécie de cooperação, no sentido de que o ouro não era mais a "regra", e os países tinham que cooperar mais para manter o sistema baseado no dólar. Os sistemas de taxas de câmbio, como o sistema de banda cambial fixa do Sistema Monetário Europeu usado entre 1979 a 1999, eram híbridos desses regimes de cooperação e de regra.

O atual sistema monetário internacional não é caracterizado por regras, e apresenta níveis variáveis de cooperação. Apesar de não haver solução presente para o contínuo debate sobre que forma o novo sistema monetário internacional deveria assumir, muitos acreditam que ele só poderia ter êxito se combinasse a cooperação entre os países com a discrição individual para perseguir os objetivos sociais, econômicos e financeiros domésticos.

RESUMO

- Sob o padrão ouro (1876–1913), as "regras do jogo" eram as de que cada país determinava a taxa pela qual sua unidade monetária poderia ser convertida em um peso em ouro.

- Durante os anos entre-guerras (1914–1944), as moedas puderam flutuar dentro de faixas bastante amplas em termos do ouro e umas das outras. As forças de oferta e demanda determinavam os valores das taxas de câmbio.

- O Acordo de Bretton Woods (1944) estabeleceu um sistema monetário internacional baseado no dólar. Sob as provisões originais do Acordo de Bretton Woods, todos os países fixavam o valor de suas moedas em termos do ouro, mas não eram obrigados a trocar suas moedas por ouro. Apenas o dólar permaneceu conversível em ouro (US$35 por onça).

- Uma variedade de forças econômicas levaram à suspensão da conversibilidade do dólar em ouro em agosto de 1971. As taxas de câmbio da maioria dos principais países mercantis puderam, então, passar a flutuar em relação ao dólar e, assim, indiretamente, em relação ao ouro. Após uma série de crises em 1972 e 1973, o dólar americano e outras moedas fortes do mundo passaram a flutuar em valor.

- Euromoedas são moedas domésticas de um país depositadas em um segundo país.

- Apesar de as causas fundamentais do crescimento do mercado de euromoedas serem eficiências econômicas, diversos eventos institucionais singulares durante as décadas de 1950 e 1960 ajudaram seu crescimento. Em 1957, as autoridades monetárias britânicas responderam a um enfraquecimento da libra esterlina impondo controles rígidos sobre os empréstimos de bancos do Reino Unido em libras esterlinas para não residentes do Reino Unido. Encorajados pelo Banco da Inglaterra, os bancos do Reino Unido passaram a oferecer a empréstimos em dólar como a única alternativa que os permitiria manter sua posição de liderança nas finanças mundiais. Para isso, eles precisavam de depósitos em dólar. Apesar de Nova York ser a base domiciliar do dólar e ter um grande mercado monetário e um grande mercado de capitais domésticos, Londres se tornou o centro de câmbio internacional em dólar devido à experiência da cidade em questões monetárias internacionais e à sua proximidade em tempo e distância em relação a importantes clientes.

- Um suporte adicional para um mercado de dólares baseado na Europa veio das dificuldades com a balança de pagamentos que os Estados Unidos enfrentaram durante a década de 1960, o que separou temporariamente o mercado de capitais doméstico dos EUA do mercado de capitais do resto do mundo.

- Se a moeda ideal existisse no mundo de hoje, ela teria três atributos: um valor fixo, conversibilidade e política monetária independente.

- Os países de mercados emergentes muitas vezes têm que escolher entre regimes cambiais extremos, ou um regime de livre flutuação cambial ou um regime extremamente fixo como o conselho de moeda ou a dolarização.

- Os 15 membros da União Europeia também são membros do Sistema Monetário Europeu (SME). Este grupo tentou formar uma ilha de taxas de câmbio fixas entre si em um mar de grandes moedas com taxas flutuantes. Os membros do SME dependem fortemente do comércio uns com os outros e, portanto, percebem que os benefícios do dia a dia de taxas de câmbio fixas entre eles são ótimos.

- No dia 1º de maio de 2004, a União Europeia admitiu outros 10 países, chegando a um total de 25 países-membros. Espera-se que os 10 novos membros caminhem em direção ao euro gradualmente ao longo dos próximos seis ou sete anos.

- O euro afeta os mercados de três maneiras: 1) os países da zona do euro desfrutam de custos de transações mais baixos; 2) os riscos cambiais e os custos relacionados à incerteza das taxas de câmbio são reduzidos; e 3) todos os consumidores e empresas tanto dentro quanto fora da zona do euro desfrutam de transparência de preços e maior concorrência baseada em preços.

MINICASO A reavaliação do yuan chinês[1]

"Eles começaram a falar de algo que não era muito útil, e então começaram a colecionar celulares e BlackBerrys", disse um banqueiro que foi informado mais tarde. Os chineses, então, fizeram uma declaração que traria quatro principais desdobramentos: Beijing estava desligando imediatamente o yuan do dólar americano".

—"Behind Yuan Move, Open Debate and Closed Doors," The Wall Street Journal, 25 de julho de 2005, p. A1.

"Foi um passo cuidadoso", disse Zhong Wei, um especialista em finanças da Beijing Normal University. "É mais como uma posição política do que uma verdadeira reforma monetária".

—"China Ends Fixed-Rate Currency," Peter S. Goodman, The Washington Post, 22 de julho de 2005, p. A01.

No dia 21 de julho de 2005, o governo chinês e o Banco Popular da China oficialmente mudaram o valor do yuan chinês (ou renminbi, RMB). Na manhã do dia 21 de julho, diversos grandes bancos estrangeiros em Beijing foram solicitados a enviar representantes ao Banco Popular da China para uma reunião sem uma pauta prevista. O Banco Popular da China anunciou ao grupo de bancos reunidos que abandonaria a indexação do yuan ao dólar, permitiria que o valor do yuan subisse para Yuan8,11/US$ imediatamente, e permitiria a partir desse momento que o valor do yuan flutuasse 0,3% ao dia em relação ao preço de fechamento do dia anterior (ver Apêndice do Minicaso para ler o texto completo do pronunciamento). A mudança no valor e regime – uma reavaliação em relação ao dólar, passando a indexar a moeda a uma cesta de moedas desconhecida – foi ao mesmo tempo esperada e uma surpresa.

O debate da reavaliação

Durante todo o período de 2004 e 2005, o governo norte-americano continuou a insistir que a China uma cotação de reavaliasse o yuan, que há décadas estava atrelado ao dólar a uma cotação de Yuan 8,28/US$. Os EUA discutiam que o crescente excedente comercial chinês com os EUA indicava que o yuan estava significativamente subavaliado. As brigas políticas tinham chegado a níveis de ameaças veladas, quando membros do Tesouro dos EUA avisaram oficiais do governo chinês que uma reavaliação de pelo menos 10% seria necessária para evitar legislações protecionistas no Congresso americano. Até

---

[1] Copyright ©2005 Thunderbird, The Garvin School of International Management. Todos os direitos reservados. Este caso foi preparado pelo Professor Michael Moffett com o propósito exclusivo de discussão em sala de aula, e não serve para indicar eficácia ou ineficácia administrativa.

mesmo muitos na China reconheciam que manter a taxa fixa era custoso, já que o Banco Central da China continuava a comprar os dólares americanos que continuavam a entrar devido ao comércio e a investimentos. No início de 2005, as reservas de câmbio da China tinham se inflado para mais de US$700 bilhões, inclusive US$190 bilhões em títulos de dívida do governo americano.

O governo chinês e muitos especialistas em comércio internacional, no entanto, não concordaram que o yuan estivesse subavaliado, defendendo que o excedente do comércio bilateral com os Estados Unidos era decorrente da competitividade, do custo de produção e da modificação nas estruturas industriais globais. Independente disso, a reavaliação do yuan era vista como uma ação política para reduzir as pressões crescentes entre os governos, enquanto, ao mesmo tempo, se iniciava o processo de fazer a economia chinesa assumir um papel proeminente na economia global.

Em maio de 2004, o governo chinês tinha reunido um grupo de especialistas acadêmicos em Dalian para discutir o futuro do yuan chinês. O debate chegou à filosofia de "manter o percurso" defendida por Ronald McKinnon, da Stanford University, e Robert Mundell, da Columbia University, em oposição à posição "pró-reavaliação" de Jeffrey Frankel, da Harvard University, e Morris Goldstein, do Institute for International Economics. O que é interessante é que o risco sobre o qual ambos os lados concordaram seria o de que se a reavaliação fosse pequena demais, os mercados monetários – especificamente os especuladores – exigiram mais, levando a uma maior instabilidade. Esse risco agora era uma clara possibilidade.

A pressão continuava a aumentar e rumores circulavam. Logo no dia 15 de julho, as manchetes do Financial Times proclamavam: "Os EUA esperam reavaliação da moeda chinesa", especulando que isso ocorreria em algum momento de agosto. A China foi ainda mais rápida. No final de uma quarta-feira, dia 20 de julho de 2005, o Tesouro dos EUA e as autoridades bancárias de Hong Kong foram informados, a apenas algumas horas antes do resto do mundo, que a China estava a ponto de alterar seu regime cambial de uma taxa fixa atrelada ao dólar a uma taxa com flutuação administrada.

Novo regime cambial

O yuan chinês estava fixado em relação ao dólar americano a Yuan 8,28/US$ desde o início de 1997. Esta indexação tinha sido sustentada durante a crise financeira asiática de 1997/1998 e tinha fornecido uma base monetária fixa e estável para o rápido desenvolvimento e crescimento da economia chinesa rumo ao novo milênio. A economia chinesa continuou a crescer com extrema rapidez – mais de 10% em termos de PIB real – e a expectativa era de que a taxa de crescimento continuasse nesse ritmo por pelo menos mais uma década. Claramente, a economia estava grande demais e cada vez maior para continuar sendo um país com taxa de câmbio de segunda categoria. Cada vez mais gente de fora da China queria que o yuan passasse a ter uma taxa de câmbio flutuante e se juntasse ao dólar, ao euro e ao iene japonês à frente do sistema financeiro global.

O novo regime cambial anunciado pelo Banco Popular da China mudaria o modo como o valor da moeda era administrado. Apesar de não dizer exatamente como o valor seria determinado, estava claro que os criadores de políticas chineses considerariam os valores de outras moedas fortes como o euro e o iene além do dólar em sua passagem para uma taxa com flutuação gerenciada. Sem saber o conteúdo de sua cesta conceitual, no entanto, observadores externos não seriam capazes de prever movimentos específicos dos criadores de políticas sobre o valor da moeda.

A mudança imediata, porém, foi uma reavaliação de aproximadamente 2,1%, uma variação muito menor do que os 10% a 20% sugeridos pelos críticos da China como, por exemplo, o governo dos Estados Unidos:

$$\frac{\text{Yuan } 8,28/\text{US\$} - \text{Yuan } 8,11/\text{US\$}}{\text{Yuan } 8,11/\text{US\$}} \times 100 = 2096\% \approx 21\%$$

A implicação do desvio aceito de 0,3% era potencialmente mais significativa. Embora esse desvio fosse limitar o movimento diário do valor do yuan (em muitos aspectos protegendo investidores e empresas contra grandes mudanças repentinas), ele permitiria que o yuan começasse uma flutuação mínima. E não evitaria que, ao longo do tempo, o yuan fosse valorizado lenta e gradativamente em relação a outras moedas como o dólar. Vários especialistas em política monetária foram rápidos em ressaltar que o antigo regime do yuan oficialmente também permitia um ajuste gradual da taxa de câmbio e que o yuan tinha, na verdade, sido reavaliado de Yuan 8,70/US$ para Yuan 8,28/US$ entre 1994 e 1997.

Impactos regionais

A economia chinesa se tornou cada vez mais integrada às economias da Ásia; especificamente, às economias da Tailândia, Malásia, Coreia e Taiwan. Nos últimos anos, diversas grandes indústrias migraram de outros países do sudeste asiático para a China, então a reavaliação do yuan altera a dinâmica competitiva da região. Vários países reagiram imediatamente à reavaliação anunciando suas próprias mudanças nas taxas de câmbio. Hong Kong, no entanto, manteve sua taxa fixa atrelada ao dólar.

O governo da Malásia, dentro de poucas horas, anunciou a introdução de um regime de taxa de câmbio administrada similar ao da China. A Malásia tinha mantido uma taxa de câmbio fixa desde o início da crise financeira asiática em 1997. Os novos regimes na China e na Malásia foram ambos marcadamente similares ao regime de Cingapura, o chamado regime BBC ("basket, band, and crawl"), que o país estava usando com sucesso desde a década de 1980.

Implicações competitivas

> Uma conhecida empresa norte-americana com grande exposição à China é a Mattel, Inc., a maior fabricante de brinquedos do mundo, que recebe aproximadamente 70% de suas bonecas Barbie, carros Hot Wheels e outros brinquedos da China, incluindo a produção de suas fábricas que a empresa possui no país. Um porta-voz da Mattel disse que um yuan mais forte significaria custos de materiais mais altos no próximo ano, quando ela renegociasse contratos com fábricas que não são de sua propriedade. Em suas próprias fábricas, o impacto "está mais relacionado à mão de obra do que a materiais, e não é tão grande", adicionou.
>
> —"Companies See Little Impact from Costlier Yuan – For Now", The Wall Street Journal, 22 de julho de 2005, p. B1.

A reavaliação do yuan chinês não era algo que a maioria das empresas multinacionais estivesse procurando. A maioria das empresas multinacionais em operação na China tinha investido com o propósito de usar a China como uma base manufatureira para fornecimento global. Assim, eles desejavam que a moeda permanecesse estável e relativamente "barata". Uma empresa multinacional como a Mattel, umas das principais fabricantes de brinquedo do mundo, recebia da China mais de 70% de seus brinquedos. Qualquer valorização do yuan significaria que em termos de dólar ou euro, o custo das mercadorias vendidas aumentaria e as margens resultantes e a lucratividade diminuiriam quando esses mesmos produtos fossem vendidos em mercados de euro ou dólar.

Para algumas empresas, como a Boeing, a reavaliação teria um impacto marginalmente positivo, se eventualmente houvesse um impacto. A Boeing não tinha muitos fornecedores na China, mas estava fazendo vendas cada vez maiores para o país. A reavaliação do yuan aumentaria levemente o poder aquisitivo dos clientes chineses da Boeing, já que eles usavam preços baseados no dólar para suas vendas de exportação, inclusive para a China. Outras empresas previam impactos competitivos mais complexos. Por exemplo, a General Motors, na verdade, viu a reavaliação favoravelmente. Apesar de a GM ter cada vez mais fornecedores de peças e subcomponentes da China, considerava-se a reavaliação de 2,1% um pequeno aumento no custo. Simultaneamente, esperava-se que a reavaliação do yuan desse ao iene japonês um impulso substancial nos mercados financeiros internacionais, elevando o valor do iene em relação ao dólar e ao euro.

Da perspectiva da GM, qualquer aumento no valor do iene a beneficiaria por prejudicar sua arquirrival Toyota, com grande parte de sua fabricação global ainda no Japão.

Os impactos competitivos sobre as empresas chinesas – especificamente multinacionais chinesas como o Grupo Haier (fabricante de pequenos eletrodomésticos como os minirefrigeradores que se encontram em muitos dormitórios universitários do país) – eram potencialmente grandes no longo prazo. Embora elas fossem sofrer apenas um aumento de 2% no custo, a nova liberdade do yuan em flutuar incrementalmente ao longo do tempo lhes apresentava um novo e crescente risco operacional de taxas de câmbio ao longo do tempo. Claramente, para todas as empresas que estavam rapidamente indo para a China, ou pelo acesso ao setor industrial ou a mercados, só o tempo diria se a recém-descoberta liberdade do yuan representaria uma oportunidade ou uma ameaça.

Perguntas sobre o caso

1. Muitos críticos chineses insistiam que a China reavaliasse o yuan em 20% ou mais. Qual seria o valor do yuan chinês em dólares americanos se ele tivesse sido desvalorizado em 20%?

2. Você acredita que a reavaliação do yuan chinês tenha tido motivação política ou econômica?

3. Se o yuan chinês variasse o máximo permitido diariamente, 0,3% em relação ao dólar, consistentemente ao longo de um período de 30 ou 60 dias, que valores extremos ele poderia atingir?

4. As multinacionais chinesas agora estariam enfrentando os mesmos riscos relacionados a taxas de câmbio enfrentados por multinacionais norte-americanas, japonesas e europeias. Que impacto você acredita que esse crescente risco terá sobre a estratégia e as operações de empresas chinesas em um futuro próximo?

APÊNDICE DO MINICASO — Pronunciamento público do Banco Popular da China sobre a reforma do regime das taxas de câmbio do RMB

21 de julho de 2005 – Tendo em vista estabelecer e aperfeiçoar o sistema econômico socialista de mercado na China, permitir que o mercado desempenhe completamente seu papel em alocação de recursos e pôr em vigor e fortalecer ainda mais o regime de taxa de câmbio com flutuação administrada com base na demanda e na oferta de mercado, o Banco Popular da China, com autorização do Conselho de Estado vem, por meio desta, fazer os seguintes pronunciamentos em relação à reforma do regime de taxa de câmbio do RMB:

1. A partir de 21 de julho de 2005, a China reformará o regime de taxa de câmbio passando para um regime de taxa de câmbio com flutuação administrada com base na oferta e demanda de mercado com referência a uma cesta de moedas. O RMB não mais será atrelado ao dólar americano e o regime da taxa de câmbio do RMB será aperfeiçoado com maior flexibilidade.

2. O Banco Popular da China divulgará o preço de fechamento de uma moeda estrangeira como, por exemplo, o dólar em relação ao RMB no mercado de câmbio interbancário após o fechamento do mercado em cada dia útil, e a utilizará como paridade central para o câmbio em relação ao RMB no dia útil seguinte.

3. A taxa de câmbio do dólar americano em relação ao yuan será ajustada para 8,11 yuan por dólar americano às 19 horas do dia 21 de julho de 2005. Os bancos designados para câmbio podem a partir de então ajustar as cotações de moeda para seus clientes.

4. O preço do câmbio diário do dólar americano em relação ao RMB no mercado de moeda continuará a poder flutuar dentro de uma banda de ±0,3 por cento em torno da paridade central publicada pelo Banco Popular da China, enquanto que o preço do câmbio de outras moedas que não o dólar em relação ao RMB poderá variar dentro de determinada banda anunciada pelo Banco Popular da China.

O Banco Popular da China ajustará a banda de variação da taxa de câmbio do RMB quando necessário, de acordo com o desenvolvimento do mercado e da situação econômica e financeira. A taxa de câmbio do RMB será mais flexível com base nas condições de mercado com referência a uma cesta de moedas. O Banco Popular da China é responsável por manter a taxa de câmbio do RMB basicamente estável a um nível adaptativo e de equilíbrio, de modo a promover o equilíbrio fundamental na balança de pagamentos e salvaguardar a estabilidade macroeconômica e financeira (ver quadro na próxima página).

Fonte: http://www.pbc.gov.cn/english/xinwen/.

CAPÍTULO 3 O Sistema Monetário Internacional

QUADRO 1 Taxas de câmbio médias mensais: renminbi chinês por dólar americano

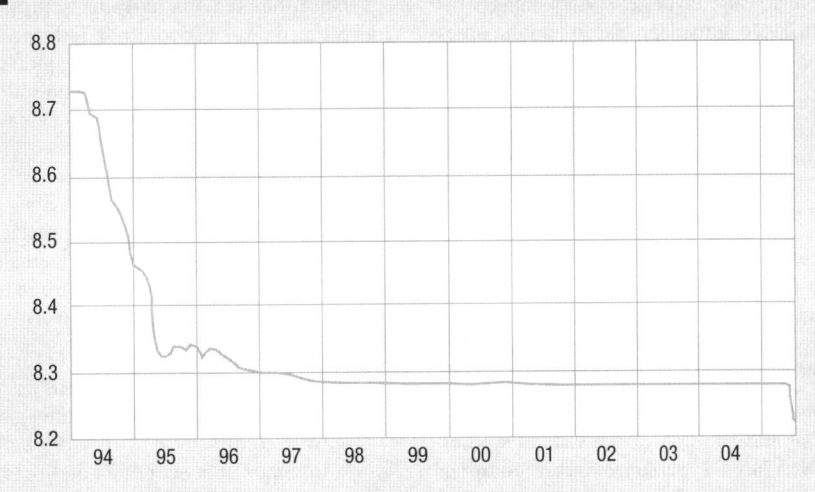

Fonte: ©2005 by Prof. Werner Antweiler, University of British Columbia, Vancouver, BC, Canadá.

PERGUNTAS

1. **O padrão ouro e a oferta monetária.** Sob o padrão ouro, todos os governos nacionais prometiam seguir as "regras do jogo". Isso significava defender uma taxa de câmbio fixa. O que essa promessa implica sobre a oferta monetária de um país?

2. **Causas da desvalorização.** Se um país segue um regime de taxa de câmbio fixa, que variáveis macroeconômicas poderiam fazer a taxa de câmbio fixa ser desvalorizada?

3. **Taxas de câmbio fixas *versus* flexíveis.** Quais são as vantagens e desvantagens de taxas de câmbio fixas?

4. **A impossível trindade.** Explique o que o termo "impossível trindade" significa e por que ele é verdadeiro.

5. ***Currency board* ou dolarização.** Regimes de taxas de câmbio fixas às vezes são implementados através de um *currency board* (Hong Kong) ou dolarização (Equador). Qual é a diferença entre as duas abordagens?

6. **Regimes de taxa de câmbio de mercados emergentes.** A alta mobilidade do capital está forçando os países de mercados emergentes a escolher entre regimes de flutuação livre e regimes de *currency board* ou dolarização. Quais são os principais resultados de cada um desses regimes da perspectiva dos países de mercados emergentes?

7. ***Currency board* da Argentina.** Como o *currency board* argentino funcionou de 1991 a janeiro de 2002 e por que ele entrou em colapso?

8. **O euro.** No dia 4 de janeiro de 1999, 11 estados-membro da União Europeia iniciaram a União Econômica e Monetária Europeia (UEM) e estabeleceram uma moeda comum, o euro, que substituiu as moedas individuais dos estados-membros participantes. Descreva três das principais maneiras como o euro afeta os membros da UEM.

9. **Inconformistas.** O Reino Unido, a Dinamarca e a Suécia decidiram não adotar o euro, mas, em vez disso, manter suas moedas individuais. Quais são as motivações de cada um desses três países que também são membros da União Europeia?

10. **Fundo Monetário Internacional (FMI).** O FMI foi estabelecido pelo Acordo de Bretton Woods (1944). Quais foram seus objetivos originais?

11. ***Special Drawing Rights.*** O que são *Special Drawing Rights* (SDRs)?

12. **Classificações do regime cambial.** O FMI classifica todos os regimes cambiais em oito categorias específicas que foram resumidas neste capítulo. Sob que regime cambial você classificaria os seguintes países?
    a. França
    b. Estados Unidos
    c. Japão
    d. Tailândia

13. **A moeda ideal.** Quais são os atributos da moeda ideal?

14. **Fracasso de Bretton Woods.** Por que o regime de taxas de câmbio fixas, de 1945–1973, acabou fracassando?

15. **UE e expansão do euro.** Com tantos novos países entrando para a União Europeia em 2004, quando eles adotarão oficialmente o euro – se é que vão adotar?

PROBLEMAS

1. **Bruxelas e Nova York.** Em Bruxelas, pode-se comprar um dólar americano por €0,8200. Em Nova York, pode-se comprar um euro por US$1,22. Qual é a taxa de câmbio entre o dólar e o euro?

*2. **Mudanças no peso mexicano.** Em dezembro de 1994, o governo do México alterou oficialmente o valor do peso mexicano de 3,2 pesos por dólar para 5,5 pesos por dólar. Qual foi a variação percentual no valor do peso? Isso foi uma desvalorização, uma valorização, uma depreciação ou uma apreciação? Explique.

3. **Padrão ouro.** Antes da Primeira Guerra Mundial, eram necessários US$20,67 para comprar uma onça de ouro. Se, ao mesmo tempo uma onça de ouro podia ser comprada na França por FF310,00, qual era a taxa de câmbio entre francos franceses e dólares americanos?

4. **Tão bom quanto ouro.** Sob o padrão ouro, o preço de uma onça de ouro em dólares americanos era US$20,67, enquanto que o preço dessa mesma onça de ouro em libras esterlinas britânicas era 4,2474. Qual seria a taxa de câmbio entre o dólar e a libra se o preço do dólar fosse US$38 por onça?

5. **Taxa à vista do peso mexicano.** A taxa à vista dos pesos mexicanos é de Ps10,74/US$. Se sua empresa comprar Ps350.000 à vista de seu banco na segunda-feira, quanto sua empresa tem que pagar e em que data?

6. **Dólar de Hong Kong Dollar e o yuan chinês.** O dólar de Hong Kong há muito foi atrelado ao dólar americano a HK$7,80/US$. Quando o yuan chinês foi reavaliado em julho de 2005 em relação ao dólar americano de Yuan 8,28/US$ para Yuan 8,11/US$, como o valor do dólar de Hong Kong variou em relação ao yuan?

*7. **Paridade do "loonie" (dólar canadense).** Se o preço de *The Age of Turbulence,* livro de memórias do antigo presidente da Federal Reserve dos EUA, Alan Greenspan, está marcado na sobrecapa como C$26,45, mas custa apenas US$20,99, que taxa de câmbio isso implica entre as duas moedas?

8. **Preços da Porsche (A).** A Porsche planeja introduzir um novo automóvel de luxo com 4 portas em 2009 chamado Panamera. Apesar de o preço ainda não estar determinado, alguns analistas do mercado automotivo acreditam que o modelo básico será vendido na Europa a €120.000. Com este preço, eles acreditam que a empresa ganharia uma margem de 20% sobre o valor de cada carro.
   a. Se a taxa à vista em 2009 foi de US$1,4400/€, qual seria o preço projetado do automóvel nos Estados Unidos?
   b. Se o preço no mercado norte-americano fosse determinado a US$158.000, e a taxa à vista tivesse uma média de US$1,4240/€, qual seria a margem sobre o Panamera?

9. **Preços da Porsche (B).** Usando os mesmos dados básicos do problema anterior, considere o seguinte. Se o dólar continuar a cair durante o ano, e a taxa à vista em 2009 tiver uma média de US$1,6250/€, mas o preço do dólar americano se mantiver constante desde sua introdução em janeiro de 2009 a US$158.000, qual seria a margem de lucro sobre cada carro vendido nos Estados Unidos?

10. **A Toyota exporta para o Reino Unido.** A Toyota fabrica no Japão a maioria dos veículos que vende no Reino Unido. A plataforma base para a linha de caminhão Toyota Tundra é ¥1.650.000. A taxa à vista do iene japonês em relação à libra esterlina britânica passou de ¥197/£ para ¥190/£. Como isso muda o preço do Tundra para a subsidiária britânica da Toyota em libras esterlinas?

11. **Ranbaxy (Índia) no Brasil.** Ranbaxy, uma empresa farmacêutica sediada na Índia, sempre tem problemas com o preço de seu produto de redução de colesterol no Brasil, um de seus mercados em rápido crescimento. Todos os seus produtos são fabricados na Índia, com custos e preço inicialmente determinado em rúpias indianas (Rps), mas convertido em reais brasileiros (R$) para distribuição e venda no Brasil. Em 2004, um volume unitário custava Rps12.500, com um preço em reais brasileiros de R$825. Mas, em 2005, o real sofreu apreciação em valor em relação à rúpia, chegando a uma média de Rps17,5/R$. A fim de preservar o preço em reais e a margem de lucro do produto em rúpias, qual deve ser o novo preço em rúpias?

12. **Decisões sobre o "Chunnel".** O Channel Tunnel ou Chunnel (Túnel do Canal da Mancha) passa por baixo do Canal da Mancha entre a Grã-Bretanha e a França, uma ligação entre o continente e as Ilhas Britânicas. Portanto, de um lado temos uma economia de libras esterlinas britânicas, e do outro, euros. Se você verificasse o preço da passagem ferroviária do Chunnel pela Internet, descobriria que ela é denominada em dólares. Por exemplo, a tarifa de uma passagem ida e volta na primeira classe para um adulto de Londres a Paris via Chunnel pela RailEurope pode custar US$170. Esta neutralidade de moeda, no entanto, significa que os clientes de ambos os lados do Chunnel pagam tarifas diferentes em suas moedas locais diariamente. Quais são os preços denominados em libras esterlinas e euro pela tarifa de ida e volta a US$170 na moeda local se comprada nas seguintes datas pelas taxas à vista a seguir, extraídas do *Financial Times*?

Data	Taxa à vista libra	Taxa à vista euro
17 de julho, 2005	£0,5702/US$	€0,8304/US$
18 de julho, 2005	£0,5712/US$	€0,8293/US$
19 de julho, 2005	£0,5756/US$	€0,8340/US$

*13. **Exportações para o Oriente Médio.** Um fabricante europeu transporta uma máquina operatriz a um comprador na Jordânia. O preço de compra é de €375.000. A Jordânia impõe uma tarifa de importação de 12% sobre todos os produtos comprados da União Europeia. O importador jordaniano reexporta, então o produto a um importador da Arábia Saudita, mas somente depois de cobrar sua própria taxa de revenda de 22%. Dadas as seguintes taxas de câmbio à vista no dia 25 de maio de 2004, qual é o custo total para o importador da Arábia Saudita em rial saudita, e qual é o equivalente desse preço em dólares americanos?

Taxa à vista, dinar jordaniano (JD) por euro (€)	JD0,8700/€
Taxa à vista, dinar jordaniano (JD) por dólar americano (US$)	JD0,7080/US$
Taxa à vista, rial saudita (SRI) dólar americano (US$)	SRI3,750/US$

14. **Reavaliação do yuan chinês.** Muitos especialistas acreditam que a moeda chinesa deveria não somente ser reavaliada em relação ao dólar, como ocorreu em julho de 2005, mas também deveria sofrer uma valorização de 20%

ou 30%. Qual seria a nova taxa de câmbio se o yuan fosse reavaliado a 20% ou 30% a mais do que sua taxa inicial pós-reavaliação de Yuan 8,11/US$?

15. **Coiote do café vietnamita.** Muitas pessoas ficaram surpresas quando o Vietnã passou a ser o segundo país do mundo em produção de café nos últimos anos, perdendo apenas para o Brasil. O dong vietnamita, VND ou d, é administrado em relação ao dólar americano, mas não é muito negociado. Se você fosse um comprador itinerante de café para o mercado de atacado (um coiote, na terminologia do setor), quais das seguintes taxas de câmbio e taxas de comissão seriam de maior interesse para você em uma viagem de negócios ao Vietnã?

Taxa de câmbio	Taxa	Comissão
Taxa do banco vietnamita	d14.000	1,50%
Taxa do birô de câmbio do aeroporto de Saigon	d13.800	2,00%
Taxa do birô de câmbio do hotel	d13.750	1,50%

EXERCÍCIOS NA INTERNET

1. **Transferências pessoais.** Como qualquer um que já fez viagens internacionais sabe, as taxas de câmbio disponíveis para clientes privados no varejo nem sempre são tão atraentes quanto aquelas conseguidas por empresas. O *site* Web OzForex possui uma seção sobre "taxas para os clientes" que ilustra a diferença. Use o *site* para calcular a diferença percentual entre as taxas de câmbio à vista entre o dólar australiano e o dólar americano para clientes no varejo *versus* taxas interbancárias.

   www.ozforex.com

2. ***Special Drawing Rights* (SDRs) do Fundo monetário Internacional.** A *Special Drawing Right* (SDR) é um índice composto de seis moedas participantes. Use o *site* Web do FMI para encontrar as ponderações das moedas e a avaliação da SDR.

   www.imf.org/external/np/ tre/sdr/basket.htm

3. **História recente das taxas de câmbio.** Use o banco de dados e o aplicativo de gráficos da Pacific Exchange Rate para acompanhar o valor do dólar americano – que está em baixa – em relação às seguintes principais moedas globais na última década: o euro, o iene japonês, a libra esterlina britânica, o franco suíço e o yuan chinês.

   Pacific Exchange Rate Service   fx.sauder.ubc.ca

4. **Controles de capital.** Um dos principais "lados" da impossível trindade discutida neste capítulo é o grau de mobilidade de capital que entra e sai de um país. Use a subseção de Finanças Internacionais do Yahoo! para determinar o estado atual da liberdade da movimentação de capital dos seguintes países: Chile, China, Malásia, Taiwan e Rússia.

   Yahoo!   biz.yahoo.com/intl.html

5. *Currency boards.* Use os Web *sites* a seguir, e quaisquer outros, para acompanhar o atual debate sobre o relativo sucesso da dolarização e de *currency boards*.

   Fundo Monetário Internacional
   www.imf.org/external/pubs
   National Bureau of Economic Research
   papers.nber.org/papers
   Cato Institute
   www.cato.org/pubs/pubs.html

6. **Controles sobre a moeda da Malásia.** A instituição de controles monetários do governo da Malásia após a crise monetária asiática é uma resposta clássica do governo a condições de instabilidade da moeda. Use o Web *site* a seguir para aumentar seus conhecimentos sobre como funcionam os controles monetários.

   www.econedlink.org/lessons/index.cfm?lesson=EM25

CAPÍTULO 4

A Balança de Pagamentos

O tipo de dependência que resulta do câmbio, i.e., de transações comerciais, é uma dependência recíproca. Não podemos ser dependentes de um estrangeiro sem ele depender de nós. Agora, é isso que constitui a própria essência da sociedade. Romper interrelações naturais não é se tornar independente, mas se isolar completamente.

—Frederic Bastiat.

As transações empresariais internacionais ocorrem em muitas formas diferentes no decorrer de um ano. A mensuração de todas as transações econômicas internacionais entre os residentes de um país e os residentes estrangeiros chama-se balança de pagamentos (BOP ou *balance of payments*, em inglês). A terminologia oficial utilizada em todo este capítulo é a do FMI. Como o FMI é a fonte primária de estatísticas similares para a balança de pagamentos e desempenho econômico em todo o mundo, sua "língua" é mais geral do que outras terminologias como aquela empregada pelo Departamento de Comércio norte-americano. Os criadores de política do governo precisam de medidas como a atividade econômica para avaliar a competitividade geral do setor doméstico, determinar políticas ou objetivos de taxas de câmbio ou de taxas de juros, e muitos outros propósitos. As EMNs utilizam várias medidas da BOP para avaliar o crescimento e a saúde de tipos específicos de comércio ou transações financeiras por país e regiões do mundo em relação ao seu país de origem.

Os dados da BOP relativos ao país de origem e ao país hospedeiro são importantes para administradores de empresas, investidores, consumidores e oficiais do governo, porque os dados influenciam e são influenciados por outras variáveis macroeconômicas como o produto interno bruto, níveis de emprego, níveis de preço, taxas de câmbio e taxas de juros. Políticas monetárias e fiscais têm que levar a BOP em consideração no nível nacional. Gestores de negócios e investidores precisam de dados da BOP para prever mudanças nas políticas econômicas do país hospedeiro que possam ser estimuladas por eventos da BOP. Os dados da BOP também são importantes pelos seguintes motivos:

- A BOP é um indicador importante da taxa de câmbio de um país e, assim, da possibilidade de uma empresa que esteja negociando com esse país ou investindo nele enfrentar ganhos ou perdas com as taxas de câmbio. Mudanças na BOP podem prever a imposição ou a remoção de controles cambiais.
- Mudanças na BOP de um país podem sinalizar a imposição ou a remoção de controles sobre o pagamento de dividendos e juros, taxas de licenciamento, taxas de *royalty* ou outros desembolsos de caixa para empresas ou investidores estrangeiros.

- A BOP ajuda a prever o potencial de mercado de um país, especialmente no curto prazo. Um país que esteja passando por um sério déficit comercial provavelmente não expandirá as importações como o faria se tivesse excedentes. Ele pode, no entanto, aceitar investimentos que aumentem suas exportações.

TRANSAÇÕES TÍPICAS DA BALANÇA DE PAGAMENTOS

As transações internacionais assumem muitas formas. Cada um dos exemplos seguintes é uma transação econômica internacional que é contada e expressa na balança de pagamentos dos EUA:

- A Honda U.S. é o distribuidor norte-americano de automóveis fabricados no Japão em sua empresa matriz, a Honda do Japão.
- Uma empresa sediada nos EUA, a Fluor Corporation, administra a construção de uma grande estação de tratamento de águas em Bancoc, Tailândia.
- A subsidiária norte-americana de uma empresa francesa, Saint Gobain, paga lucros (dividendos) de volta à sua empresa matriz em Paris.
- Um turista norte-americano compra um pequeno colar da Lapônia na Finlândia.
- O governo norte-americano financia a compra de equipamentos militares para seu aliado da OTAN (Organização do Tratado do Atlântico Norte), a Noruega.
- Um advogado mexicano compra um título de dívida corporativo através de um corretor de investimentos em Cleveland, EUA.

Essa é uma pequena amostra das centenas de milhares de transações internacionais que ocorrem todo ano. A balança de pagamentos fornece um método sistemático para classificar essas transações. Uma regra básica sempre auxilia a compreensão da contabilidade da BOP: "Acompanhar o fluxo de caixa".

A BOP é composta por inúmeras subcontas que são acompanhadas bem de perto por grupos muito diversos, como banqueiros de investimento, fazendeiros, políticos e executivos de empresas. Esses grupos acompanham e analisam as principais subcontas, a conta corrente, a conta de capital e a conta financeira, continuamente. O Quadro 4.1 fornece um panorama dessas principais subcontas da BOP.

QUADRO 4.1 Balança de pagamentos genérica

A. Conta corrente

1. Exportações/importações líquidas de bens (balança comercial)
2. Exportações/importações líquidas de serviços
3. Lucro líquido (renda do investimento proveniente de investimentos diretos e investimentos em carteira mais remuneração de funcionários)
4. Transferências líquidas (somas enviadas para casa por imigrantes e trabalhadores permanentes residindo no exterior, doações, subsídios e pensões)

A (1-4) = Saldo da conta corrente

B. Conta de capital

Transferências de capital relacionadas à compra e venda de ativos fixos como imóveis

C. Conta financeira

1. Investimento estrangeiro direto líquido
2. Investimento em carteira líquido
3. Outros itens financeiros

A + B + C = Saldo básico

D. Erros e omissões líquidas

Dados faltantes como, por exemplo, transferências ilegais

A + B + C + D = Saldo geral

E. Reservas e itens relacionados

Variações nas reservas monetárias oficiais incluindo ouro, câmbio e posição junto ao FMI

FUNDAMENTOS DA CONTABILIDADE DA BALANÇA DE PAGAMENTOS

A BOP tem que estar equilibrada. Se não estiver, algo não foi contado ou foi contado inadequadamente. Portanto, é incorreto afirmar que a BOP está em desequilíbrio. Não tem como estar. A oferta e a demanda pela moeda de um país pode estar desequilibrada, mas oferta e demanda não são o mesmo que a BOP. Uma subconta da BOP, como a balança comercial de mercadorias, pode estar em desequilíbrio, mas a BOP inteira de um único país está sempre em equilíbrio.

São três os principais elementos do processo efetivo de mensuração da atividade econômica internacional: 1) identificar o que é e o que não é uma transação econômica internacional; 2) compreender como o fluxo de bens, serviços, ativos e dinheiro cria dívidas e créditos na BOP geral; e 3) compreender os procedimentos contábeis do registro da BOP.

Definição de transações econômicas internacionais

Identificar transações econômicas internacionais normalmente não é difícil. A exportação de mercadorias – bens como caminhões, máquinas, computadores, equipamentos de telecomunicações, e assim por diante – obviamente é uma transação internacional. A importação de produtos como vinho francês, câmeras japonesas e automóveis alemães também é claramente associada a transações internacionais. Mas o comércio dessas mercadorias é apenas uma porção das milhares de diferentes transações internacionais que ocorrem nos Estados Unidos ou em qualquer outro país todos os anos.

Muitas outras transações internacionais não são tão óbvias. A compra de uma estatueta de vidro em Veneza, Itália, por um turista norte-americano é classificada como importação de mercadoria. Na verdade, todos os gastos realizados por turistas ao redor do mundo em troca de serviços (p. ex.: restaurantes, hotéis), mas não de mercadorias, são registrados na balança de pagamentos dos EUA como importação de serviços de viagem na conta corrente. A compra de um título do Tesouro dos EUA por um estrangeiro residente no país é uma transação financeira internacional e é devidamente registrada na conta financeira da balança de pagamentos dos EUA.

A BOP como demonstração de fluxos de caixa

A BOP muitas vezes é mal interpretado porque muitas pessoas inferem, a partir de seu nome, que ela é um balanço patrimonial (*balance sheet*) quando, na verdade, é uma demonstração de fluxos de caixa. Ao registrar todas as transações internacionais ao longo de um período de tempo como um ano, a BOP acompanha os fluxos contínuos de compras e pagamentos entre um país e todos os outros países. Ela não soma o valor de todos os ativos e passivos de um país em uma data específica como um balanço patrimonial (*balance sheet*) faz para uma empresa individual.

Dois tipos de transações comerciais dominam a balança de pagamentos:

1. **Troca de ativos reais.** A troca de bens (p. ex. automóveis, computadores, relógios e produtos têxteis) e serviços (p. ex. transações bancárias, consultoria e serviços de viagem) por outros bens e serviços (permuta) ou por dinheiro.
2. **Troca de ativos financeiros.** A troca de obrigações financeiras (p. ex. ações, títulos de dívida, empréstimos e compras ou vendas de empresas) por outras obrigações financeiras ou dinheiro.

Apesar de os ativos poderem ser identificados como reais ou financeiros, geralmente é mais simples pensar em todos os ativos como bens que podem ser comprados e vendidos. A compra de um tapete tecido à mão em uma loja em Bancoc por um turista norte-americano não é diferente de um bancário da Wall Street comprar um título de dívida do governo britânico para fins de investimento.

Contabilidade da BOP

A mensuração de todas as transações internacionais que entram e saem de um país ao longo de um ano é uma tarefa hercúlea. Sempre ocorrerão lapsos, erros e discrepâncias estatísticas. O problema principal é que manter uma contabilidade de dupla entrada é algo empregado na teoria, mas não na prática. Compras e transações individuais deveriam – na teoria – resultar em entradas financeiras correspondentes na balança de pagamentos. Na realidade, as entradas são registradas independentemente. As entradas nas contas corrente, financeira e de capital são registradas independentemente umas das outras, e não juntas como a contabilidade de partidas dobradas prescreveria. Assim, há sempre sérias discrepâncias (para usar um termo gentil) entre débitos e créditos.

A CONTABILIDADE DA BALANÇA DE PAGAMENTOS

A balança de pagamentos é composta por subcontas principais: a conta corrente, a conta financeira, e a conta de capital. Além disso, a conta de reservas oficiais acompanha as transações monetárias do governo e uma quinta subconta estatística, a conta de erros e omissões líquidas é produzida para preservar o equilíbrio em uma BOP. As relações econômicas internacionais entre países, porém, continuam a evoluir, como indica a recente revisão das principais contas de uma BOP, discutida na próxima seção.

A conta corrente

A *conta corrente* inclui todas as transações econômicas internacionais com fluxos de renda ou pagamento que ocorrem dentro do ano, o período corrente. A conta corrente consiste em quatro subcategorias:

1. **Comércio de bens.** A exportação e importação de bens. O comércio de mercadorias é a mais antiga e mais tradicional forma de atividade econômica internacional. Apesar de muitos países dependerem da importação de bens (como deveriam, segundo a teoria da vantagem comparativa), eles também normalmente trabalham para preservar ou o equilíbrio do comércio de bens ou até mesmo um excedente.
2. **Comércio de serviços.** A exportação e importação de serviços. Serviços internacionais comuns são serviços financeiros prestados por bancos a importadores estrangeiros, serviços de viagens de linhas aéreas e serviços de construção de empresas domésticas em outros países. Para a maioria dos países industrializados, foi essa subconta que mostrou o crescimento mais rápido na última década.
3. **Renda.** Predominantemente renda corrente associada a investimentos que foram feitos em períodos anteriores. Se uma empresa norte-americana criou uma subsidiária na Coreia do Sul para produzir peças de metal em um ano anterior, a proporção de renda líquida que é paga de volta à empresa matriz no ano corrente (o dividendo) constitui a renda corrente de investimentos. Além disso, salários pagos a trabalhadores não residentes também são incluídos nessa categoria.
4. **Transferências correntes.** Os acordos financeiros associados à mudança de propriedade de recursos reais ou itens financeiros. Qualquer transferência entre países que seja de via única – uma doação ou subsídios – é chamada de transferência corrente. Por exemplo, fundos fornecidos pelo governo dos EUA para auxiliar o desenvolvimento de uma nação menos desenvolvida seria uma transferência corrente. Transferências associadas à transferência de ativos fixos são incluídas em uma conta separada, a conta de capital.

Todos os países possuem alguma quantidade de comércio, a maior parte do qual é de mercadorias. Muitos países menores e menos desenvolvidos possuem pouco comércio de serviços, ou itens que se classificam nas subcontas de renda ou transferência.

A conta corrente é tipicamente dominada pelo primeiro componente descrito, a exportação e importação de mercadorias. Por este motivo, a balança comercial (BOT ou *balance of trade*, em inglês) tão citada na imprensa de negócios da maioria dos países refere-se ao balanço de exportações e importações somente de bens. Se o país é um país industrializado maior, no entanto, a BOT é bastante enganosa, uma vez que o comércio de serviços não é incluído.

O Quadro 4.2 resume a conta corrente e seus componentes para os Estados Unidos no período de 1998–2005. Como ilustrado, a balança comercial de bens dos EUA tem se mantido consistentemente negativa, mas tem sido parcialmente contrabalançada pelos contínuos excedentes na balança comercial de serviços.

QUADRO 4.2 A conta corrente dos Estados Unidos, 1998–2007 (bilhões de dólares americanos)

	1998	1999	2000	2001	2002	2003	2004	2005	2006	2007
Exportações de bens	672	686	775	722	686	717	811	898	1027	1153
Importações de bens	−917	−1030	−1277	−1148	−1167	−1264	−1477	−1682	−1861	−1968
Balança comercial de bens (BOT)	−245	−344	−452	−426	−481	−584	−666	−783	−835	−815
Créditos comerciais de serviços	261	280	296	283	289	301	350	385	430	493
Débitos comerciais de serviços	−181	−199	−224	−222	−231	−250	−291	−314	−349	−378
Balança comercial de serviços	80	80	72	61	58	51	58	72	81	115
Recebimentos de renda	262	294	351	291	281	320	414	535	685	818
Pagamentos de renda	−258	−280	−330	−259	−254	−275	−347	−463	−628	−736
Balança de renda	4	14	21	32	27	45	67	72	57	82
Transferências correntes, créditos	10	9	11	9	12	15	20	19	25	22
Transferências correntes, débitos	−63	−59	−69	−60	−77	−87	−105	−109	−117	−135
Transferências líquidas	−53	−50	−59	−51	−65	−72	−84	-90	−92	−113
Saldo da Conta Corrente	**−213**	**−300**	**−417**	**−385**	**−461**	**−523**	**−625**	**−729**	**−788**	**−731**

Os totais podem não conferir devido a arredondamentos.

Fonte: Extraído de Fundo Monetário Internacional, *Balance of Payments Statistics Yearbook 2008*, p. 1054.

Comércio de bens

O Quadro 4.3 coloca os valores da conta corrente do Quadro 4.2 em perspectiva ao longo do tempo dividindo a conta corrente em seus dois principais componentes: 1) comércio de bens 2) comércio de serviços e renda de investimentos. A primeira e mais surpreendente mensagem é a magnitude do déficit do comércio de bens no período exibido (uma continuação de uma posição criada no início da década de 1980). A balança de serviços e renda, apesar de não ser grande em comparação ao comércio de bens líquido, tem, com poucas exceções, alcançado excedentes ao longo das duas últimas décadas.

Os déficits na BOT da última década tem sido uma área de considerável preocupação para os Estados Unidos, nos setores privado e público. O comércio de mercadorias é o cerne original do comércio internacional. A manufatura de bens foi a base da revolução industrial e o foco da teoria da vantagem comparativa no comércio internacional. A manufatura tradicionalmente é o setor da economia que emprega a maioria dos trabalhadores de um país. O déficit no comércio de bens da década de 1980 testemunhou o declínio de indústrias pesadas tradicionais nos Estados Unidos; indústrias que, ao longo da história, empregaram muitos trabalhadores norte-americanos. O declínio em áreas da BOT como aço, automóveis, peças automotivas, produtos têxteis e manufatura de calçados causou enormes problemas econômicos e sociais.

Compreender o desempenho das importações e exportações de mercadorias é como compreender o mercado de qualquer produto individual. Os fatores de demanda que determinam ambos são renda, a taxa de crescimento econômico do comprador e o preço do produto aos olhos do consumidor depois de passar por uma taxa de câmbio. Por exemplo, os produtos importados dos EUA refletem o nível de renda dos consumidores norte-americanos e o crescimento da indústria. À medida que a renda aumenta, aumenta também a demanda por produtos importados.

As exportações seguem os mesmos princípios, mas na posição inversa. Os produtos manufaturados exportados dos EUA dependem não da renda dos residentes dos EUA, mas da renda dos

QUADRO 4.3 Balanças comerciais dos EUA de bens e serviços, 1985–2007 (bilhões de dólares americanos)

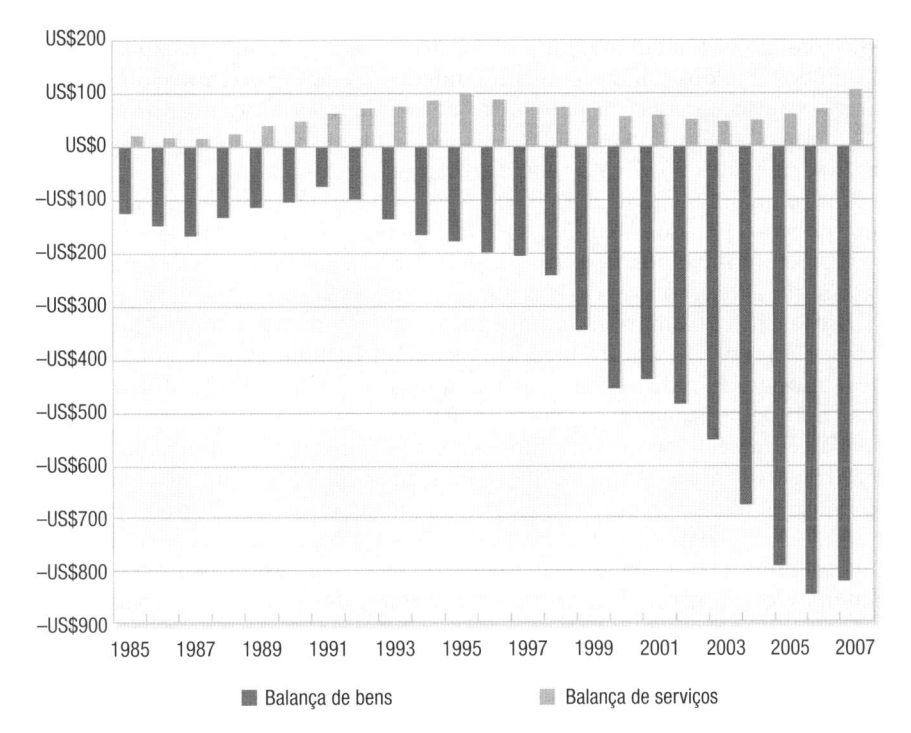

Fonte: Fundo Monetário Internacional, *Balance of Payments Statistics Yearbook 2008.*

compradores de produtos norte-americanos em todos os países do mundo. Quando essas economias estão crescendo, a demanda por produtos norte-americanos também cresce.

O componente de serviços da conta corrente dos EUA é um mistérios para muitos. Como ilustram os Quadros 4.2 e 4.3, os Estados Unidos têm alcançado um excedente consistentemente na renda do comércio de serviços. As principais categorias de serviços incluem viagens e bilhetes de passageiros; serviços de transporte; despesas de estudantes norte-americanos no exterior e estudantes estrangeiros estudando nos Estados Unidos; serviços de telecomunicações; e serviços financeiros.

A CONTA DE CAPITAL E A CONTA FINANCEIRA

A conta de capital e a conta financeira da balança de pagamentos medem todas as transações internacionais de ativos financeiros.

- **A conta de capital.** A conta de capital é formada por transferências de ativos financeiros e pela aquisição e descarte de ativos não produzidos/não financeiros. Só recentemente é que essa conta foi introduzida como um componente separado da balança de pagamentos do FMI. A magnitude das transações de capital cobertas é relativamente pequena, e elas serão incluídas, em princípio, na discussão a seguir sobre a conta financeira.
- **A conta financeira.** A conta financeira consiste em três componentes: investimento direto, investimento em carteira, e outros investimentos em ativos. Os ativos financeiros podem ser classificados de inúmeras maneiras diferentes, inclusive pela duração da vida do ativo (seu vencimento) e a natureza da participação proprietária (capital aberto ou fechado). A conta financeira, no entanto, utiliza um terceiro método, o grau de controle sobre os ativos

ou operações, como no investimento em carteira, em que o investidor não possui nenhum controle, ou no investimento direto, em que o investidor exerce certo grau explícito de controle sobre os ativos.

Investimento direto. Essa medida de investimento é o saldo líquido de capitais dispersos que entram e saem dos Estados Unidos com a finalidade de exercer controle sobre ativos. Se uma empresa norte-americana constrói uma nova fábrica de peças automotivas em outro país ou realmente compra uma empresa em outro país, este é um investimento direto na contabilidade da balança de pagamentos dos EUA. Quando o capital sai dos Estados Unidos, entra na balança de pagamentos como um fluxo de caixa negativo. Se, no entanto, uma empresa estrangeira comprar uma empresa nos Estados Unidos, esta será uma entrada de capital e entrará na balança de pagamentos como um fluxo positivo. Sempre que 10% ou mais das ações com direito a voto de uma empresa norte-americana são detidas por investidores estrangeiros, a empresa é classificada como afiliada dos EUA ou empresa estrangeira, e como um investimento estrangeiro direto. Da mesma forma, se investidores norte-americanos detêm 10% ou mais do controle acionário de uma empresa fora dos Estados Unidos, essa empresa será considerada afiliada estrangeira de uma empresa norte-americana.

O *boom* da década de 1980 nos investimentos estrangeiros nos Estados Unidos ou de compras de ativos nos Estados Unidos por residentes estrangeiros, foi extremamente controverso. A fonte de preocupação com o investimento estrangeiro em qualquer país, inclusive nos Estados Unidos foca-se em dois tópicos: controle e lucros. Alguns países impõem restrições sobre do que os estrangeiros podem ser proprietários em seu país. Essa regra baseia-se na premissa de que as terras, ativos e indústria doméstica em geral devem ser de propriedade dos residentes do país. Por outro lado, os Estados Unidos tradicionalmente têm poucas restrições sobre o que residentes estrangeiros ou empresas estrangeiras podem possuir ou controlar; a maioria das restrições prevalecentes está relacionada a questões de segurança nacional. Ao contrário do caso dos debates tradicionais sobre se o comércio internacional deve ou não ser livre, não há consenso de que o investimento internacional deva necessariamente ser livre. Essa questão ainda é primeiramente uma questão política doméstica e somente de forma secundária, uma questão econômica internacional.

A segunda grande fonte de preocupações sobre o investimento estrangeiro direto é quem recebe os lucros do empreendimento. As empresas estrangeiras proprietárias de empresas nos Estados Unidos acabam lucrando com as atividades das empresas, ou, em outras palavras, dos esforços dos trabalhadores norte-americanos. Apesar de evidências indicarem que as empresas estrangeiras nos Estados Unidos reinvestem a maior parte de seus lucros em seus negócios nos EUA (na verdade, a uma taxa mais alta do que as empresas domésticas), o debate sobre possíveis escoamentos de lucros continua. Independentemente das escolhas efetivamente feitas, os trabalhadores de qualquer nação sentem que os lucros de seu trabalho devem permanecer em seus próprios países. Novamente, essa é, em muitos aspectos, uma questão mais política e emocional do que econômica.

A escolha de palavras utilizada para descrever o investimento estrangeiro também pode influenciar a opinião pública. Se essas entradas maciças de capital forem descritas como "investimentos e capital de todo o mundo mostrando sua crença no futuro da indústria norte-americana", o excedente de capital líquido será representado como decididamente positivo. Se, no entanto, o excedente de capital líquido for descrito como resultante do fato de "os Estados Unidos serem o maior país devedor do mundo", a conotação negativa será óbvia. Ambos são, essencialmente, diferentes modos de ver os princípios econômicos que estão em jogo.

O capital, seja de curto ou de longo prazo, flui para onde o investidor acredita poder obter o máximo retorno para determinado nível de risco. E apesar de, no sentido contábil, isso ser "dívida internacional", quando a maioria da entrada de capital se apresenta na forma de investimentos diretos, um compromisso de longo prazo com empregos, produção, serviços, tecnologia e outros investimentos competitivos, o impacto sobre a competitividade da indústria localizada nos Estados Unidos aumenta. Quando o rótulo de "devedor líquido" é aplicado a investimentos patrimoniais, ele é enganoso, no sentido de que convida a uma comparação com sérias condições de crise de endividamento sofridas por muitos países no passado.

Investimento em carteira. Este é o saldo de capital líquido que entra e sai dos Estados Unidos, mas não chega ao limite de 10% de participação de investimento direto. Se um residente nos EUA com-

CAPÍTULO 4 A Balança de Pagamentos

prar ações de uma empresa japonesa, mas não alcançar o limite de 10%, definimos a compra como um investimento em carteira (e, neste caso, uma saída de capital). A compra ou venda de valores mobiliários representativos de dívida (como títulos do Tesouro dos EUA) entre fronteiras também é classificada como investimento em carteira, porque valores mobiliários representativos de dívida por definição não fornecem ao comprador participação proprietária ou controle.

Investimento em carteira é capital investido em atividades que são motivadas puramente pelo lucro (retorno), em vez de atividades realizadas para controlar ou administrar o investimento. Compras de títulos de dívida, contas que rendem juros, entre outros, têm como único objetivo gerar um retorno. Não fornecem nenhum voto ou controle sobre a parte que emite o título de dívida. Compras de títulos de dívida emitidos pelo governo norte-americano (bilhetes, notas e títulos de dívida do Tesouro dos EUA) realizadas por investidores estrangeiros constituem investimentos líquidos em carteira nos Estados Unidos. Vale a pena observar que a maioria dos títulos de dívida dos EUA comprados por estrangeiros é denominada em dólar – denominada na moeda do país emissor. A maior parte dos títulos de dívida estrangeiros emitida por países como a Rússia, México, Brasil e países do sudeste asiático também são denominadas em dólares americanos – neste caso, a moeda de um país estrangeiro. O país estrangeiro tem que obter dólares para pagar sua dívida externa. Os Estados Unidos não precisam obter nenhuma moeda estrangeira para pagar sua dívida externa.

Como ilustra o Quadro 4.4, o investimento em carteira mostrou um comportamento muito mais volátil do que os investimentos estrangeiros diretos ao longo da última década. Muitos valores mobiliários representativos de dívida norte-americanos como os títulos do Tesouro dos EUA e títulos

QUADRO 4.4 A conta corrente dos Estados Unidos, 1998–2007 (bilhões de dólares americanos)

	1998	1999	2000	2001	2002	2003	2004	2005	2006	2007
Investimento direto										
Investimento direto no exterior	−143	−225	−159	−142	−154	−150	−316	−36	−241	−333
Investimento direto nos EUA	179	289	321	167	84	64	146	113	242	238
Investimento direto líquido	36	65	162	25	−70	−86	−170	76	1	−96
Investimento em carteira										
Ativos, líquidos	−130	−122	−128	−91	−49	−123	−177	−258	−499	−295
Passivos, líquidos	188	286	437	428	428	550	867	832	1127	1145
Investimento em carteira líquido	57	163	309	338	379	427	690	575	628	851
Derivativos financeiros										
Derivativos, ativos									0	0
Derivativos, passivos									30	7
									30	7
Outros investimentos										
Outros investimentos, ativos	74	166	273	145	88	−54	−510	−267	−514	−662
Outros investimentos, passivos	57	165	280	187	283	244	520	303	692	675
Outros investimentos líquidos	−17	0	7	43	195	190	10	36	178	13
Saldo líquido da conta financeira	**77**	**227**	**478**	**405**	**504**	**532**	**530**	**687**	**837**	**774**

Os totais podem não conferir devido a arredondamento.

Fonte: Extraído de Fundo Monetário Internacional, *Balance of Payments Statistics Yearbook 2008*, p. 1054. Observe que "Derivativos Financeiros" foram adicionados em 2006.

de dívida corporativos tinham uma alta demanda no final da década de 1980, enquanto que o surto nos mercados emergentes tanto em títulos de dívida quanto em ações causou uma inversão de direção na década de 1990. As forças motivadoras de fluxos de investimento em carteira são sempre as mesmas – retorno e risco. Esse fato, no entanto, não torna os fluxos nem um pouco mais previsíveis.

Outros investimentos, ativos/passivos. Esta categoria final consiste em vários créditos comerciais de curto e longo prazo, empréstimos entre fronteiras de todos os tipos de instituições financeiras, depósitos em moeda e depósitos bancários, e outras contas a receber e a pagar relativas ao comércio entre fronteiras.

O Quadro 4.5 mostra as principais subcategorias do saldo da conta financeira dos EUA de 1985 a 2007: investimento direto, investimento em carteira e outros investimentos de capital de longo e curto prazo.

Relações do saldo da conta corrente e da conta financeira

O Quadro 4.6 ilustra os saldos da conta corrente e da conta financeira dos Estados Unidos nos últimos anos. O que o quadro mostra é uma das relações econômicas e contábeis fundamentais da balança de pagamentos: a relação inversa entre a conta corrente e a conta financeira. Essa relação inversa não é acidental. A metodologia da balança de pagamentos, a contabilidade de partidas dobradas, na teoria, exige que a conta corrente e a conta financeira contrabalancem uma à outra, a menos que a taxa de câmbio do país esteja sendo extremamente manipulada ou controlada pelas autoridades governamentais. Países que estejam passando por grandes déficits na conta corrente "financiam" essas compras através de excedentes igualmente grandes na conta financeira, e vice versa.

Erros e omissões líquidas. Como observado anteriormente, como as entradas na conta corrente e na conta financeira são levantadas e registradas separadamente, sempre ocorrem erros ou discrepâncias estatísticas. A conta de erros e omissões líquidas garante que uma BOP esteja de fato em equilíbrio.

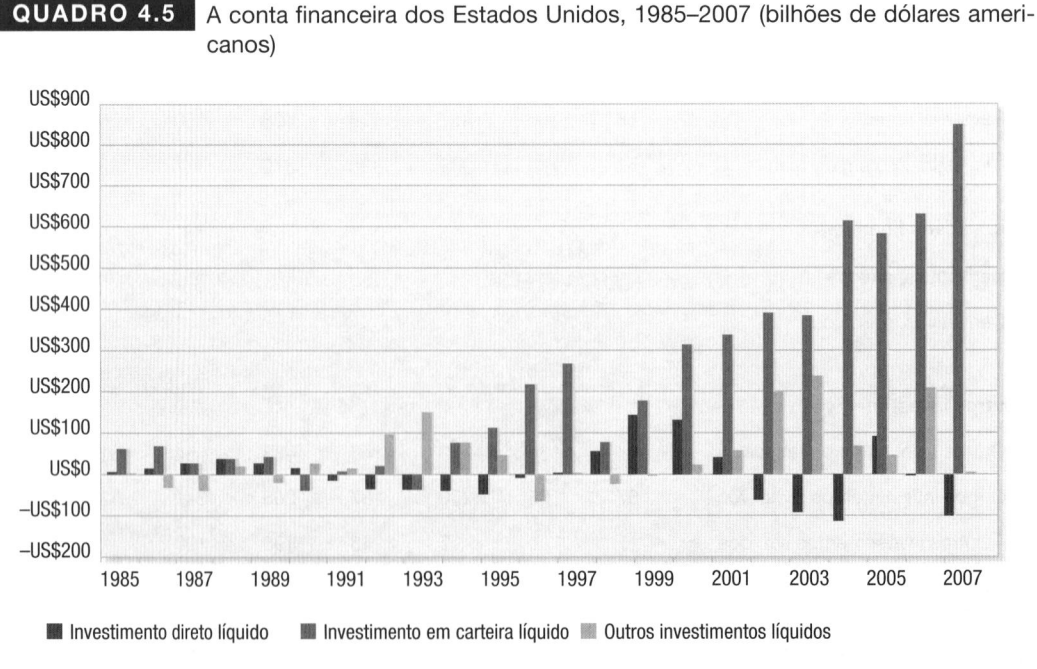

QUADRO 4.5 A conta financeira dos Estados Unidos, 1985–2007 (bilhões de dólares americanos)

Fonte: Fundo Monetário Internacional, *Balance of Payments Statistics Yearbook, 2008.*

QUADRO 4.6	Saldos da conta corrente e da conta financeira/de capitais combinada dos Estados Unidos, 1992–2007 (bilhões de dólares americanos)

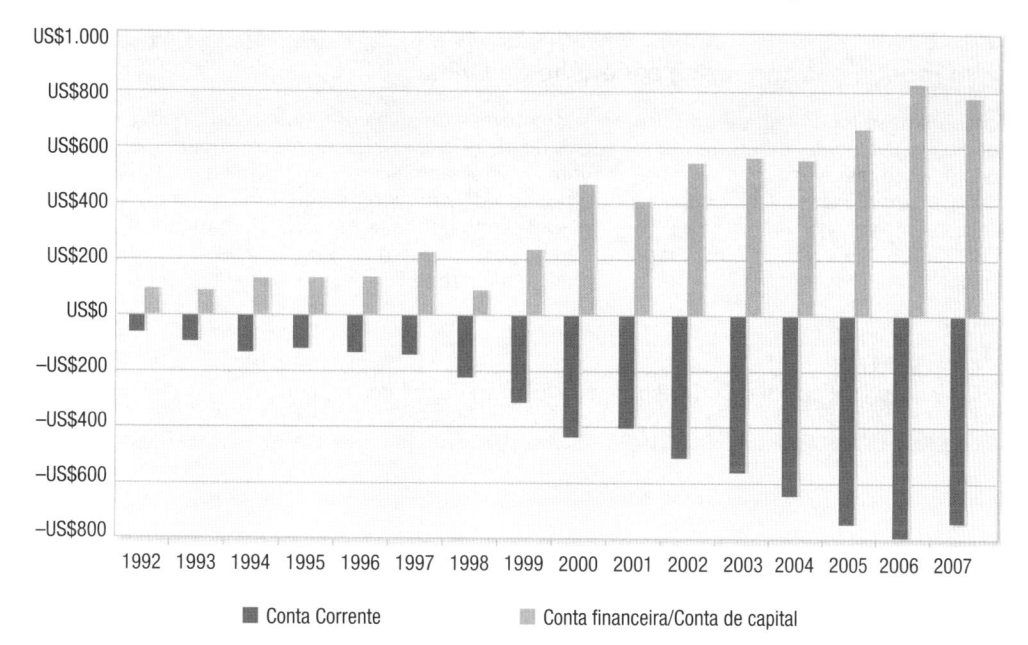

Fonte: Fundo Monetário Internacional, *Balance of Payments Statistics Yearbook, 2008.*

Conta de reservas oficiais A Conta de Reservas Oficiais é o total de reservas mantido pelas autoridades monetárias oficiais dentro do país. Essas reservas são normalmente compostas das principais moedas usadas no comércio internacional e em transações financeiras (as chamadas moedas "fortes" como o dólar americano, o euro europeu e o iene japonês; ouro; e *special drawing rights*, ou SDRs).

A importância das reservas oficiais depende geralmente de se o país está operando sob um regime de taxa de câmbio fixa ou sob um sistema de taxa de câmbio flexível. Se a moeda de um país for fixa, o governo do país oficialmente declara que a moeda é conversível em uma quantia fixa de alguma outra moeda. Por exemplo, o yuan chinês manteve-se fixado ao dólar americano por muitos anos. Era responsabilidade do governo chinês manter essa taxa fixa, também chamada de taxa de paridade. Se por algum motivo houvesse um suprimento excessivo de yuan chinês no mercado monetário, para evitar que o valor do yuan caísse, o governo chinês teria que dar suporte ao valor do yuan comprando yuan no mercado aberto (gastando suas reservas de moeda forte, suas reservas oficiais) até que o excesso de oferta tivesse sido eliminado. Sob um sistema de taxa flexível, o governo chinês não possui tal responsabilidade, e o papel das reservas oficiais diminui. No entanto, como discutido no quadro *Finanças globais na prática 4.1*, as reservas em moeda estrangeira do governo chinês agora são as maiores do mundo e, se necessário, ele provavelmente possui reservas suficientes para gerenciar o valor do yuan durante anos.

A BALANÇA DE PAGAMENTOS NO TOTAL

O Quadro 4.7 fornece a balança de pagamentos oficial para os Estados Unidos segundo apresentado pelo FMI, que levanta essas estatísticas para mais de 160 diferentes países ao redor do globo. Agora que as contas individuais e as relações entre as contas foram discutidas, o Quadro 4.7 permite-nos ver um panorama abrangente de como as contas individuais são combinadas para criar algumas das medidas de resumo mais úteis para os gestores de empresas multinacionais.

FINANÇAS GLOBAIS NA PRÁTICA 4.1

Reservas oficiais em moeda estrangeira: a ascensão da China

A ascensão da economia chinesa foi acompanhada por um aumento no excedente em sua conta corrente e, subsequentemente, seu acúmulo de reservas em moeda estrangeira. Como ilustra o Quadro A, as reservas da China em moeda estrangeira aumentaram por um fator de 10 de 2001 a 2008 – de US$200 bilhões para aproximadamente US$2.000 bilhões. Não há precedentes para esse aumento nas reservas em moeda estrangeira na história das finanças globais. Essas reservas permitem que o governo chinês administre o valor do yuan chinês (também chamado de *renminbi*) e seu impacto sobre a competitividade na economia mundial. A magnitude dessas reservas permite que o governo chinês mantenha uma taxa fixa administrada relativamente estável para o yuan em

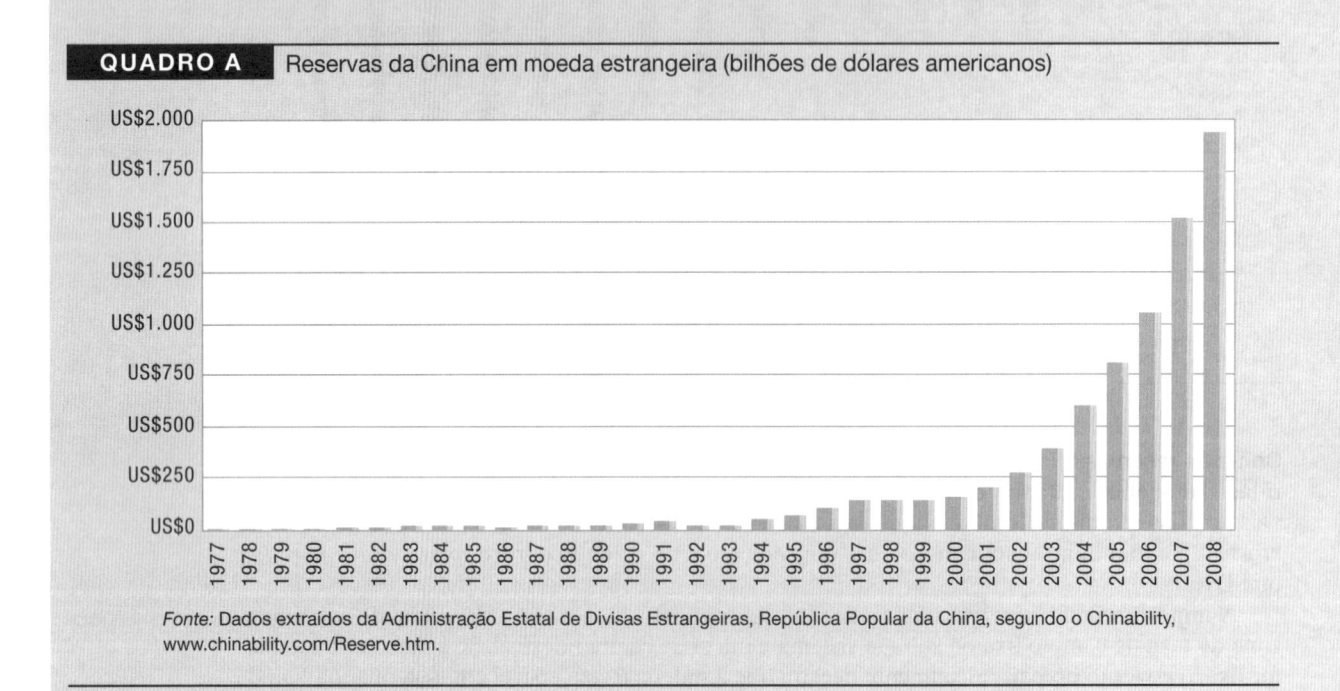

QUADRO A — Reservas da China em moeda estrangeira (bilhões de dólares americanos)

Fonte: Dados extraídos da Administração Estatal de Divisas Estrangeiras, República Popular da China, segundo o Chinability, www.chinability.com/Reserve.htm.

A conta corrente (linha A do Quadro 4.7), a conta de capital (linha B), e a conta financeira (linha C) se combinam para formar o saldo básico (Total, Grupos A a C). Esse saldo é uma das medidas de resumo mais frequentemente usadas da BOP. Ele descreve a atividade econômica internacional do país, que é determinada por forças de mercado, e não por decisões do governo (como intervenções no mercado monetário). O saldo básico dos EUA totalizou um excedente de US$41 bilhões em 2007. A segunda medida mais utilizada, o saldo geral, também chamado de saldo de pagamentos oficial (Total, Grupos A a D no Quadro 4.7), teve um pequeno excedente de US$0,13 bilhões em 2007.

O significado da BOP mudou nos últimos 30 anos. Enquanto a maioria dos principais países industriais ainda estavam operando sob taxas de câmbio fixas, a interpretação da BOP era relativamente fácil:

- Um excedente na BOP implicava que a demanda pela moeda do país excedia a oferta e que o governo deveria permitir que a moeda aumentasse – de valor – ou intervir e acumular mais

relação a outras moedas fortes, como o dólar americano, pelo tempo que desejar.

O grande volume e magnitude das reservas oficiais (exceto ouro) é ilustrado pelo Quadro B, que mostra os 20 maiores países em termos de suas reservas em 2008. As reservas da China são mais do que o dobro do que as do país com as segundas maiores reservas, as do Japão. Observe que apenas cinco países têm reservas que excedem os US$200 bilhões. Os Estados Unidos, com aproximadamente US$65 bilhões em reservas, fica apagado em comparação aos crescentes volumes das prósperas economias asiáticas.

Uma variedade de sugestões tem sido feita quanto ao que a China poderia fazer com suas crescentes reservas. A maioria das propostas – acumular petróleo ou outras *commodities*, por exemplo – apenas resultariam no aumento do preço dessas e de outras *commodities* globais cruciais, sem de fato parar o acúmulo *das reservas oficiais*. A única solução real para este "problema", se é que ele é um problema, é reduzir o excedente da conta corrente chinesa ou permitir que o yuan flutue para um valor mais forte. Ambas as soluções, no entanto, não estão alinhadas com o plano político atual da China.

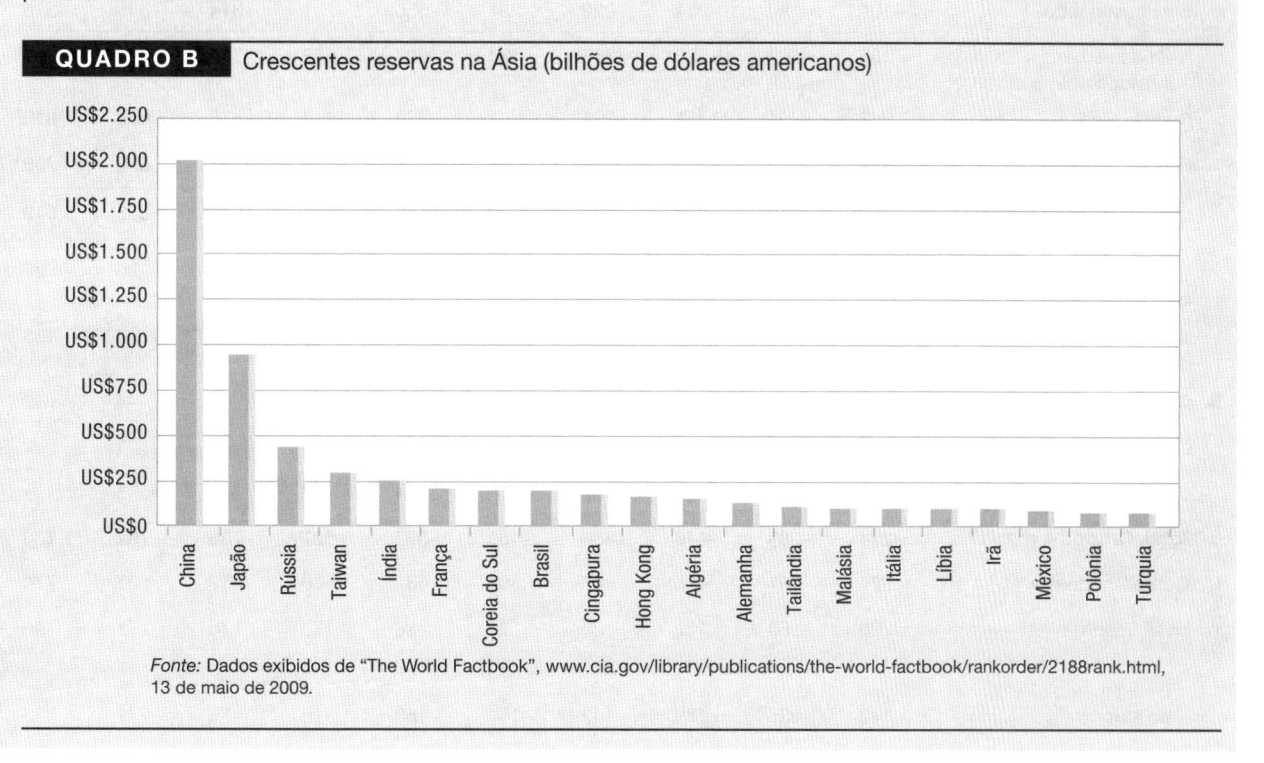

QUADRO B Crescentes reservas na Ásia (bilhões de dólares americanos)

Fonte: Dados exibidos de "The World Factbook", www.cia.gov/library/publications/the-world-factbook/rankorder/2188rank.html, 13 de maio de 2009.

reservas em moedas estrangeiras na conta de reservas oficiais. Essa intervenção ocorreria quando o governo vendesse sua própria moeda em troca de outras moedas, aumentando, assim, seus estoques de moedas fortes.
- Um déficit na BOP implicava em um excesso na oferta da moeda do país nos mercados mundiais, e o governo, então, ou desvalorizaria a moeda ou usaria suas próprias reservas oficiais para manter seu valor.

A transição para regimes de taxa de câmbio flexível na década de 1970 (descrita no Capítulo 3) mudou o foco do BOP total para o saldo de suas várias subcontas como a conta corrente e a financeira. Essas subcontas são indicadoras de atividades econômicas e repercussões monetárias futuras.

QUADRO 4.7 Balança de pagamentos dos Estados Unidos, Apresentação analítica, 1998–2007 (bilhões de dólares americanos)

	1998	1999	2000	2001	2002	2003	2004	2005	2006	2007
A. Conta corrente	−213	−300	−417	−385	−461	−523	−625	−729	−788	−731
Bens: exportações	672	686	775	722	686	717	811	898	1027	1153
Bens: importações	−917	−1030	−1227	−1148	−1167	−1264	−1477	−1682	−1861	−1968
Saldo de bens	−245	−344	−452	−426	−481	−548	−666	−783	−835	−815
Serviços: crédito	261	280	296	283	289	301	350	385	430	493
Serviços: débito	−181	−199	−224	−222	−231	−250	−291	−314	−349	−378
Saldo de bens e serviços	−165	−263	−380	−365	−424	−497	−608	−712	−753	−700
Renda: crédito	262	294	351	291	281	320	414	535	685	818
Renda: débito	−258	−280	−330	−259	−254	−275	−347	−463	−628	−736
Saldo de bens, serviços e renda	−160	−249	−359	−333	−396	−452	−541	−639	−696	−619
Transferências correntes: crédito	10	9	11	9	12	15	20	19	25	22
Transferências correntes: débito	−63	−59	−69	−60	−77	−87	−105	−109	−117	−135
B. Conta de capital	−1	−5	−1	−1	−1	−3	−2	−4	−4	−2
Conta de capital: crédito	1	1	1	1	1	1	1	1	1	2
Conta de capital: débito	−2	−6	−2	−2	−2	−4	−3	−5	−5	−4
Total, Grupos A mais B	−214	−305	−418	−386	−463	−527	−627	−733	−792	−733
C. Conta financeira	77	227	478	405	504	532	530	687	837	774
Investimento direto	36	65	162	25	−70	−86	−170	76	1	−96
Investimento direto no exterior	−143	−225	−159	−142	−154	−150	−316	−36	−241	−333
Investimento direto nos Estados Unidos	179	289	321	167	84	64	146	113	242	238
Investimento em carteira ativos	−130	−122	−128	−91	−49	−123	−177	−258	−499	−295
Títulos patrimoniais	−101	−114	−107	−109	−17	−118	−85	−187	−137	−118
Títulos de dívida	−29	−8	−21	18	−32	−5	−93	−71	−362	−177
Investimento em carteira passivos	188	286	437	428	428	550	867	832	1127	1145
Títulos patrimoniais	42	112	194	121	54	34	62	89	146	198
Títulos de dívida	146	173	243	307	374	516	806	743	981	948
Derivativos financeiros	0	0	0	0	0	0	0	0	30	7
Derivativos financeiros, ativos										
Derivativos financeiros, passivos										30	7
Outros investimentos, ativos	−74	−166	−273	−145	−88	−54	−510	−267	−514	−662

QUADRO 4.7	Balança de pagamentos dos Estados Unidos, Apresentação analítica, 1998–2007 (bilhões de dólares americanos) (*continuação*)									
	1998	1999	2000	2001	2002	2003	2004	2005	2006	2007
Autoridades monetárias	0	0	0	0	0	0	0	0	0	0
Governo geral	0	3	–1	0	0	1	2	6	5	–22
Bancos	–36	–71	–133	–136	–38	–26	–359	–151	–329	–516
Outros setores	–38	–98	–139	–9	–50	–29	–153	–121	–190	–124
Outros investimentos, passivos	57	165	280	187	283	244	520	303	692	675
Autoridades monetárias	7	25	–11	35	70	11	13	8	2	–11
Governo geral	–3	–1	–2	–2	0	–1	0	0	3	5
Bancos	30	67	123	88	118	136	347	232	343	477
Outros setores	23	74	171	66	96	98	160	62	344	204
Total, Grupos A a C	**–138**	**–77**	**60**	**19**	**41**	**5**	**–98**	**–46**	**45**	**41**
D. Erros e omissões líquidas	**144**	**69**	**–59**	**–14**	**–38**	**–6**	**95**	**32**	**–47**	**–41**
Total, Grupos A a D	7	–9	0,31	4,88	3,71	–1,33	–2,80	–14,10	–2,40	0,13
E. Reservas e itens relacionados	–7	9	0	–5	–4	2	3	14	2	0

Fonte: Fundo Monetário Internacional, *Balance of Payments Statistics Yearbook 2008*, p.1054.
Observação: Os totais podem não conferir com a fonte original devido a arredondamentos.

A INTERAÇÃO DA BALANÇA DE PAGAMENTOS COM AS PRINCIPAIS VARIÁVEIS MACROECONÔMICAS

A balança de pagamentos de um país interage com quase todas as suas principais variáveis macroeconômicas. Interagir significa que a balança de pagamentos afeta e é afetada por importantes fatores macroeconômicos como os seguintes:

- Produto interno bruto (PIB)
- Taxa de câmbio
- Taxas de juros
- Taxas de inflação

A BOP e o PIB

Em um sentido estático (contábil), o PIB (ou, do inglês, GDP – Gross domestic product) de um país pode ser representado pela seguinte equação:

$$GDP = C + I + G + X - M$$

C = gastos com consumo
I = gastos com investimento capital
G = gastos do governo
X = exportação de bens e serviços
M = importação de bens e serviços
$X - M$ = o saldo da conta corrente (ao incluir renda corrente e transferências)

Assim, um saldo positivo na conta corrente (excedente) contribui diretamente para aumentar a medida do PIB, mas um saldo negativo na conta corrente (déficit) diminui o PIB.

Em um sentido dinâmico (de fluxos de caixa), um aumento ou diminuição no PIB contribui com um déficit ou um excedente na conta corrente. À medida que o PIB cresce, crescem também a renda disponível e o investimento de capital. Uma renda disponível mais alta leva a um consumo maior, uma porção da qual é atendida por mais importações. Um consumo maior acaba levando a mais investimentos de capital.

O crescimento no PIB deve acabar levando a taxas de emprego mais altas. Entretanto, parte desse aumento teórico no nível de emprego pode ser enfraquecido pelo fornecimento estrangeiro (isto é, a compra de bens e serviços de empresas localizadas em outros países).

A administração da cadeia de suprimentos tem se focado cada vez mais na redução de custos através da importação porveniente de locais estrangeiros menos custosos (salários mais baixos). Essas importações podem ser de empresas de propriedade estrangeira ou de subsidiárias estrangeiras da empresa matriz. Neste último caso, as subsidiárias estrangeiras tendem a comprar componentes e propriedade intelectual de suas empresas matriz, criando, assim, exportações. Apesar de a terceirização sempre ter sido um fator na determinação de onde localizar ou comprar bens manufaturados e *commodities*, como mencionado no Capítulo 1, durante a última década, uma quantidade cada vez maior de bens e serviços de alta tecnologia está sendo fornecida do exterior. O fornecimento exterior dos Estados Unidos e da Europa Ocidental tem sido de países como a Índia (*software* e *call centers*), China, Europa Oriental, México e as Filipinas. Esse padrão tem causado a perda de alguns empregos de executivos nos Estados Unidos e na Europa Ocidental e um aumento correspondente em outros lugares.

A BOP e as taxas de câmbio

A BOP de um país pode causar um impacto significativo sobre o nível de sua taxa de câmbio e vice-versa, dependendo do regime cambial daquele país. A relação entre a BOP e taxas de câmbio podem ser ilustradas pelo uso de uma equação simplificada que resume os dados da BOP:

Saldo da conta corrente		Saldo da conta de capital		Saldo da conta financeira		Saldo de reserva		Balança de pagamentos
$(X - M)$	$+$	$(CI - CO)$	$+$	$(FI - FO)$	$+$	FXB	$=$	BOP

X = exportação de bens e serviços
M = importação de bens e serviços
CI = entrada de capital
CO = saída de capital
FI = entradas financeiras
FO = saídas financeiras
FXB = reservas monetárias oficiais como, por exemplo, divisas estrangeiras e ouro

O efeito de um desequilíbrio na BOP de um país funciona de maneira um pouco diferente dependendo de se esse país possui taxas de câmbio fixas, taxas de câmbio flexíveis ou um sistema de taxas de câmbio administradas.

Países com taxas de câmbio fixas. Sob um sistema de taxas de câmbio fixas, o governo assume a responsabilidade de garantir que a BOP seja próxima de zero. Se a soma da conta corrente e da conta de capital não se aproximarem de zero, espera-se que o governo intervenha no mercado de câmbio comprando ou vendendo reservas oficiais de divisas estrangeiras. Se a soma das duas primeiras contas for maior do que zero, haverá no mundo uma demanda excedente pela moeda doméstica. Para preservar a taxa de câmbio fixa, o governo tem que, então, intervir no mercado de câmbio e vender moeda doméstica em troca de moedas estrangeiras ou ouro de modo a trazer a BOP de volta a próximo de zero.

Se a soma da conta corrente e da conta de capital for negativa, haverá uma oferta excessiva da moeda doméstica nos mercados mundiais. Então, o governo terá que intervir comprando a moeda doméstica com suas reservas de moedas estrangeiras e ouro. É obviamente importante para um governo manter saldos significativos de reservas de divisas, suficiente para permitir que ele intervenha de maneira eficaz. Se o país ficar sem reservas de divisas, ele não será capaz de comprar de volta moeda doméstica e será forçado a desvalorizá-la.

Países com taxas de câmbio flexíveis. Sob um sistema de taxa de câmbio flexível, o governo de um país não tem a responsabilidade de fixar sua taxa de câmbio. O fato de que os saldos da conta corrente e da conta de capital não somam zero irá automaticamente (na teoria) alterar a taxa de câmbio na direção necessária para obter uma BOP próxima a zero. Por exemplo, um país que tenha um grande déficit na conta corrente, com o saldo de sua conta corrente e conta de capital igual a zero terá um déficit líquido na BOP. Uma oferta excessiva da moeda doméstica aparecerá nos mercados mundiais. Como todos os bens em oferta excessiva, o mercado se livrará do desequilíbrio diminuindo o preço. Assim, o valor da moeda doméstica cairá e a BOP voltará em direção a zero. Os mercados de divisas nem sempre seguem essa teoria, particularmente no curto e no médio prazo. Essa defasagem é conhecida como o efeito da curva J (ver também a próxima seção "Balanças comerciais e taxas de câmbio"). O déficit fica pior no curto prazo, mas volta ao equilíbrio no longo prazo.

Taxas com flutuação administrada. Apesar de ainda depender das condições do mercado para a determinação da taxa de câmbio diária, os países que operam com taxas de câmbio com flutuação administrada geralmente acham necessário agir de modo a manter os valores que desejam para as taxas de câmbio. Portanto, eles procuram alterar a avaliação de mercado de uma taxa de câmbio específica influenciando as motivações das atividades do mercado, em vez de através da intervenção direta nos mercados de divisas.

A principal ação realizada por tais governos é alterar as taxas de juros relativas, influenciando, assim, os fundamentos econômicos da determinação das taxas de câmbio. No contexto da equação discutida, uma alteração nas taxas de juros domésticas é uma tentativa de alterar o termo $(CI - CO)$, especialmente o componente da carteira de curto prazo desses fluxos de capital, a fim de restaurar um desequilíbrio causado pelo déficit na conta corrente. O impacto das alterações nas taxas de juros sobre as movimentações de capital e da taxa de câmbio pode ser substancial. Um país com uma taxa de juros com flutuação administrada que deseje defender sua moeda pode decidir elevar as taxas de juros domésticas para atrair mais capital estrangeiro. Esse passo alterará as forças de mercado e criará mais demanda de mercado por moeda doméstica. Nesse processo, o governo sinaliza para os participantes do mercado de divisas que pretende tomar medidas no sentido de preservar o valor da moeda dentro de certas faixas. No entanto, o processo também eleva o custo dos empréstimos locais para as empresas, e, portanto, essa política raramente passa sem críticas pelo mercado doméstico.

A BOP e taxas de juros

Além do uso das taxas de juros para intervir no mercado de divisas, o nível geral das taxas de juros de um país em comparação ao de outros países tem de fato um impacto sobre a conta financeira da balança de pagamentos. Taxas de juros reais relativamente baixas normalmente devem estimular uma saída de capital em busca de taxas de juros mais altas em moedas de outros países. No entanto, no caso dos Estados Unidos, ocorreu o efeito oposto. Apesar de taxas de juros reais relativamente baixas e grandes déficits na conta corrente da BOP, a conta financeira da BOP dos Estados Unidos teve entradas financeiras que contrabalançavam as saídas devido a perspectivas de crescimento relativamente atraentes, altos níveis de inovação na produção e uma política perceptivelmente segura. Assim, as entradas na conta financeira ajudaram os Estados Unidos a manterem suas baixas taxas de juros e a financiar seu déficit fiscal excepcionalmente alto.

No entanto, está começando a parecer que a entrada favorável na conta financeira está diminuindo enquanto o saldo na conta corrente dos EUA está piorando. O quadro Finanças globais na prática 4.2 mostra que os Estados Unidos está se tornando um grande país devedor em comparação ao resto do mundo.

A BOP e taxas de inflação

As importações têm o potencial de diminuir a taxa de inflação de um país. Em particular, as importações de bens e serviços de preço baixo impõem um limite sobre o que os concorrentes domésticos cobram por bens e serviços comparáveis. Assim, a concorrência estrangeira substitui a concorrência doméstica para manter uma taxa de inflação mais baixa do que poderia ter sido sem as importações.

Por outro lado, na medida em que os produtos importados substituem a produção e o emprego doméstico, o produto interno bruto será mais baixo e o saldo na conta corrente será mais negativo.

BALANÇA COMERCIAL E TAXAS DE CÂMBIO

A importação e a exportação de bens e serviços de um país são afetadas por mudanças nas taxas de câmbio. O mecanismo de transmissão é, em princípio, bastante simples: mudanças nas taxas de

FINANÇAS GLOBAIS NA PRÁTICA 4.2

Os Estados Unidos como a maior nação devedora do mundo

Os Estados Unidos se tornaram a maior nação devedora do mundo, em vez de o maior credor, a posição que já deteve antigamente. As compras líquidas estrangeiras de títulos dos EUA se retraíram de seu pico em 2001, enquanto que o saldo nas contas correntes dos EUA piorou, como mostra o gráfico à esquerda. O gráfico à direita mostra que a posição de investimento internacional a valor de mercado como uma porcentagem do PIB também está caindo – para 25% negativos.

Fonte: Os Quadros A e B são do *The Economist*, 18 de setembro de 2003. ©2003 The Economist Newspaper Ltd. Todos os direitos reservados. Reimpresso com permissão. Reprodução proibida. http://www.economist.com

Perdendo o brilho

US$bn — Compras líquidas estrangeiras de títulos dos EUA*; Saldo da conta corrente dos EUA*
*Total da movimentação de 12 meses
Fonte: Deutsche Bank; U.S. Bureau of Economic Analysis

Afundando em dívidas

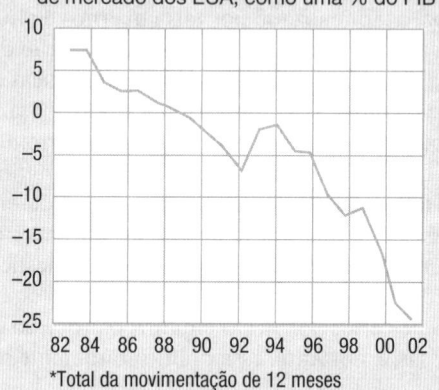

A posição de investimento internacional a valor de mercado dos EUA, como uma % do PIB
*Total da movimentação de 12 meses
Fonte: U.S. Bureau of Economic Analysis

---

câmbio alteram os preços relativos dos produtos importados e exportados, e a mudança nos preços, por sua vez, resulta em uma mudança nas quantidades demandadas através da elasticidade-preço da demanda. Apesar de a economia teórica parecer fácil, a realidade dos negócios globais é um pouco mais complexa.

Comércio e desvalorização

Os países ocasionalmente desvalorizam suas próprias moedas em decorrência de grandes e persistentes déficits comerciais. Muitos países em um passado não tão distante desvalorizaram intencionalmente suas moedas em um esforço de tornar suas exportações mais competitivas em termos de preço nos mercados mundiais. Acredita-se que a desvalorização do novo dólar de Taiwan em 1997 durante a crise financeira asiática tenha sido uma dessas desvalorizações competitivas. No entanto, essas desvalorizações competitivas geralmente são consideradas auto-destrutivas, pois elas também tornam as importações relativamente mais caras. Então, qual é a lógica e os resultados prováveis da desvalorização intencional da moeda doméstica para melhorar a balança comercial?

A trajetória de ajuste da Curva J

A análise econômica internacional caracteriza o ajuste da balança comercial como um processo que ocorre em três etapas: 1) o período de contração monetária; 2) o período de repasse (*pass-through*); e 3) o período de ajuste de quantidade. Essas três etapas, e a trajetória de ajuste temporal resultante da balança comercial ao todo, são ilustradas no Quadro 4.8. Supondo que a balança comercial já esteja em déficit antes da desvalorização, uma desvalorização no momento t_1 resulta inicialmente em uma maior deterioração na balança comercial antes de uma melhoria efetiva – a trajetória de ajuste

QUADRO 4.8 — Ajuste da balança comercial às mudanças na taxa de câmbio: a Curva J

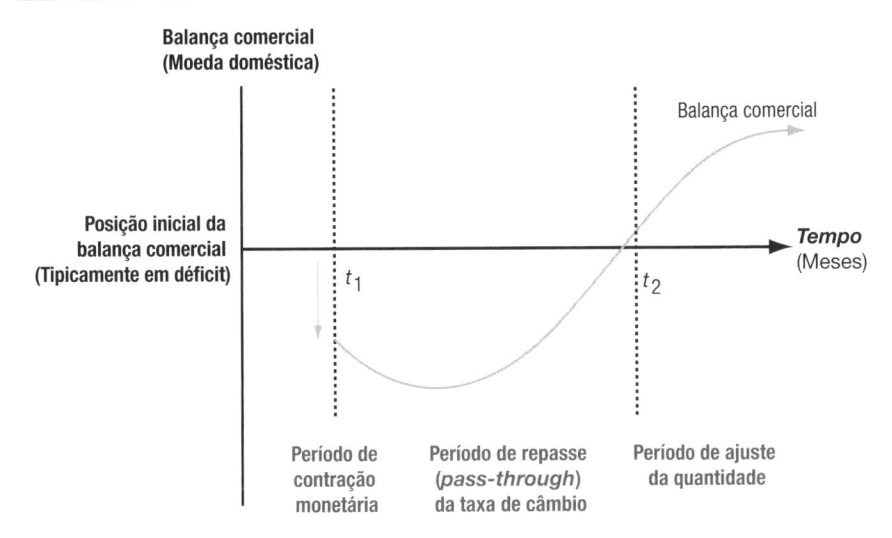

Se os produtos exportados forem predominantemente precificados e faturados em moeda doméstica, e os produtos importados forem predominantemente precificados e faturados em moeda estrangeira, uma desvalorização repentina da moeda doméstica pode possivelmente resultar —inicialmente— em uma deterioração da balança comercial. Depois de as taxas de câmbio serem repassadas para os preços dos produtos e os mercados terem tempo de responder a mudanças de preço alterando as demandas do mercado, a balança comercial irá melhorar. O período de contração monetária pode durar de três a seis meses, seguido pelo período de repasse (pass-through) e pelo período de ajuste da quantidade por outros três a seis meses.

---

que assume a forma de um "j" achatado. No primeiro período, o período de contração monetária, uma desvalorização repentina inesperada da moeda doméstica possui um impacto um tanto incerto, simplesmente porque todos os contratos de exportação e importação já estão em vigor. As empresas que operam sob esses contratos têm que cumprir suas obrigações, independentemente de elas estarem lucrando ou sofrendo perdas. Suponha que os Estados Unidos tenha passado por uma queda repentina no valor do dólar americano. A maioria das exportações eram precificadas em dólares americanos, mas a maioria das importações eram contratos denominados em moedas estrangeiras. O resultado de uma depreciação repentina seria um aumento no tamanho do déficit comercial no momento t_1, porque o custo para os importadores norte-americanos de pagar suas contas de importações aumentaria, já que eles gastariam mais dólares para comprar as moedas estrangeiras de que precisavam, enquanto que as receitas obtidas pelos exportadores norte-americanos permaneceriam inalteradas. Apesar de esse ser o cenário normalmente citado ao considerar o ajuste da balança comercial, há poucos motivos para se acreditar que a maioria das importações sejam denominadas em moeda estrangeira e a maioria das exportações, em dólares americanos.

O segundo período do processo de ajuste da balança comercial é chamado de período de repasse (pass-through). À medida que as taxas de câmbio mudam, os importadores e exportadores acabam repassando essas taxas de câmbio para os preços de seus produtos. Por exemplo, um produtor que realizar uma venda para o mercado norte-americano depois de uma grande queda no valor do dólar norte-americano terá que cobrir seus próprios custos de produção domésticos. Essa necessidade fará com que a empresa cobre preços em dólar mais altos a fim de obter sua própria moeda local em quantidades suficientemente grandes. A empresa tem que elevar seus preços no mercado norte-americano. Os preços das importações norte-americanas sobem substancialmente, e acabarão repassando integralmente as mudanças na taxa de câmbio para os preços. Os consumidores norte-americanos vêem preços de produtos importados mais altos nas prateleiras. Da mesma maneira, os preços das exportações norte-americanas agora são mais baratos em comparação aos dos concorrentes estrangeiros porque o dólar está mais barato. Infelizmente para os exportadores norte-americanos, muitas das entradas para produzir seus produtos finais pode, na verdade, ser importada, fazendo com que eles também sofram com o aumento nos preços depois da queda do dólar.

O terceiro e último período, o período de ajuste da quantidade, alcança o ajuste da balança comercial que é esperado da desvalorização ou depreciação da moeda doméstica. À medida que os preços das importações e exportações mudam em decorrência do período de repasse (*pass-through*), os consumidores tanto nos Estados Unidos quanto nos mercados de exportação dos EUA ajustam suas demandas aos novos preços. As importações estão relativamente mais caras; portanto, a quantidade demandada diminui. As exportações estão relativamente mais baratas; portanto, a quantidade demandada aumenta. A balança comercial – os dispêndios com exportações menos os dispêndios com importações – melhora.

Infelizmente, esses três períodos de ajuste não ocorrem da noite para o dia. Os países, como os Estados Unidos, que já passaram por grandes variações nas taxas de câmbio, também já viram esse ajuste ocorrer ao longo de um período prolongado. Estudos empíricos concluíram que para países industriais, o tempo total decorrido entre os momentos t_1 e t_2 pode variar de 3 a 12 meses – às vezes mais. Para complicar o processo, novas variações na taxa de câmbio ocorrem antes de o ajuste ser concluído. O ajuste do comércio às variações na taxa de câmbio não ocorre em um ambiente estéril de laboratório, mas no confuso e complexo mundo dos negócios e eventos econômicos internacionais.

A trajetória do ajuste da balança comercial: as equações

A balança comercial de um país é essencialmente a rede de receitas de importação e exportação, onde cada um é um múltiplo de preços ($P_X^{US\$}$ e P_M^{fc}) – os preços das exportações e importações, respectivamente. Os preços das exportações supostamente são denominados em dólares americanos, e os preços das importações são denominados em moeda estrangeira. A quantidade de exportações e a quantidade de importações são denotados por Q_x e Q_M respectivamente. Os dispêndios com importações são, então, expressos em dólares americanos multiplicando-se os dispêndios denominados em moeda estrangeira pela taxa de câmbio à vista, $US^{\$/fc}$. A balança comercial norte-americana, expressa em dólares americanos, é, então, expressa da seguinte forma:

$$\text{Balança comercial dos EUA} = (P_X^{US\$} Q_x) - (S^{US\$/fc} P_M^{fc} Q_M)$$

O impacto imediato de uma desvalorização da moeda doméstica é aumentar o valor da taxa de câmbio à vista S, o que resulta na imediata deterioração na balança comercial (período de contração monetária). Somente depois de um período em que os contratos correntes tiverem vencido e os novos preços refletindo um repasse parcial ou integral tiverem sido instituídos é que as melhorias na balança comercial se tornarão evidentes (período de *pass-through*). Na etapa final, que é quando a elasticidade-preço da demanda tem tempo para entrar em vigor (período de ajuste da quantidade), é que ocorre o equilíbrio efetivo da balança comercial – na teoria – que provavelmente se espera ver subir acima do nível de onde começou no Quadro 4.8.

MOBILIDADE DO CAPITAL

O grau de mobilidade com o qual o capital se movimenta entre fronteiras é crucialmente importante para a balança de pagamentos de um país. Já vimos como os Estados Unidos, ao experimentar um déficit no saldo de sua corrente nos últimos 20 anos, desfrutou simultaneamente de um excedente na conta financeira. Esse excedente na conta financeira provavelmente foi um dos maiores motivos pelos quais o dólar americano conseguiu manter seu valor até recentemente. Outros países, no entanto – por exemplo, o Brasil e 1998–1999 e a Argentina em 2001–2002 – experimentaram saídas de capital maciças de sua conta financeira que foram importantes componentes de suas crises econômicas e financeiras.

Padrões históricos da mobilidade de capital

Antes de terminar nossa discussão sobre a balança de pagamentos, precisamos esclarecer melhor a história da mobilidade de capital e a contribuição das saídas de capital – fuga de capital – para as crises da balança de pagamentos. O capital sempre esteve livre para entrar e sair de um país? Definitivamente não. A capacidade dos investidores estrangeiros de ter propriedades, comprar negócios ou comprar ações e títulos de dívida em outros países tem sido controversa. Obstfeld e Taylor (2001) estudaram a globalização dos mercados de capital e concluíram que o padrão ilustrado no Quadro 4.9 é uma representação justa da sabedoria controversa sobre a abertura dos mercados de capitais globais na história recente. Desde 1860 o padrão ouro em uso antes da Primeira Guerra Mundial e o período pós-1971 de taxas de câmbio flexíveis testemunharam a maior capacidade de o capital se movimentar entre fronteiras. Observe que Obstfeld e Taylor não utilizam nenhuma medida quantitativa específica de mobilidade. O diagrama utiliza apenas uma distinção estilizada entre "baixa" e "alta", combinando dois fatores primordiais: os regimes cambiais e o estado da política internacional e das relações econômicas.

Os autores discutem que a era pós-1860 pode ser subdividida em quatro períodos distintos:

1. O primeiro, 1860–1914, foi um período caracterizado por uma abertura de capital cada vez maior, à medida que mais e mais países adotavam o padrão ouro e expandiam as relações comerciais internacionais.
2. O segundo, 1914–1945, foi um período de destruição econômica global. As forças destrutivas combinadas de duas guerras mundiais e uma depressão em todo o mundo levou a maioria das nações a adotar políticas altamente nacionalistas e isolacionistas no âmbito econômico e político, efetivamente eliminando qualquer movimento significativo de capitais entre os países.
3. O terceiro, 1945–1971, a era de Bretton Woods, testemunhou uma grande expansão do comércio internacional em bens e serviços. Essa época também testemunhou uma recuperação lenta, mas estável dos mercados de capitais. O regime de taxa de câmbio fixa de Bretton Woods pode ter falhado porque as enormes forças do capital global não podiam mais ser mantidas em cheque.
4. O quarto, 1971–2000 [2007], foi um período caracterizado por taxas de câmbio flexíveis e volatilidade econômica, mas também por fluxos de capital que se expandem rapidamente para outros países. O principais países industrializados ou não tentavam mais, ou não precisavam mais, ou não podiam mais controlar o movimento de capital. Como os mercados monetários estavam livres para refletir os fundamentos econômicos subjacentes e os sentimentos dos investidores sobre o futuro, os movimentos de capital aumentaram em resposta a essa abertura.

QUADRO 4.9 Uma visão estilizada da mobilidade de capital na história moderna

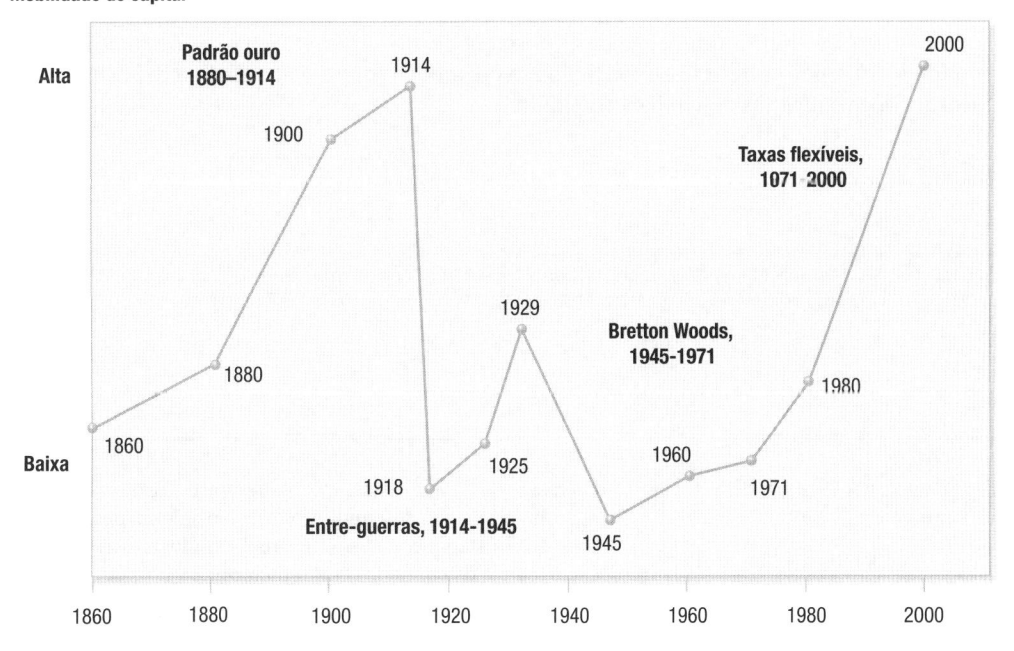

Fonte: "Globalization and Capital Markets", Maurice Obstfeld e Alan M. Taylor, NBER Conference Paper, 4-5 maio de 2001, p. 6.

As crises monetárias da segunda metade da década de 1990 e do início do século XXI podem resultar na inversão dessa liberdade de movimento de capital entre países; ainda é cedo demais para saber. Está claro, no entanto, que a capacidade do capital de se movimentar instantaneamente e maciçamente entre países foi um dos principais fatores na severidade das recentes crises monetárias.

Fuga de capital

Uma última questão é a fuga de capital. Apesar de não existir nenhuma definição aceita de fuga de capital, a discussão de Ingo Walter foi uma das mais úteis:

> *Os fluxos internacionais de investimentos diretos e investimentos em carteira sob circunstâncias comuns raramente estão associados ao fenômeno da fuga de capital. Em vez disso, quando as transferências de capital realizadas por residentes entram em conflito com os objetivos políticos é que o termo "fuga" entra em uso.*[1]

Apesar de não estar limitada a países profundamente endividados, a rápida e às vezes ilegal transferência de moedas conversíveis para fora de um país apresenta problemas econômicos e políticos significativos. Muitos países profundamente endividados já sofreram fugas de capital significativas, o que ampliou seus problemas de serviços de dívida.

Existem cinco principais mecanismos através dos quais o capital pode ser movimentado de um país para outro:

1. Transferências através dos mecanismos usuais de pagamentos internacionais (transferências bancárias regulares) normalmente são as mais fáceis e de menor custo, e são legais. a maioria dos países economicamente saudável permite o livre câmbio de suas moedas, mas obviamente, para tais países, a "fuga de capital" não constitui um problema.
2. Transferências de moedas físicas pelo portador (o famoso contrabando de dinheiro no fundo falso de uma mala) são mais caras e, para transferências saindo de muitos países, ilegal. Tais transferências podem ser consideradas ilegais para fins de balança de pagamentos ou para dificultar o movimento de dinheiro do tráfico de drogas ou de outras atividades ilegais.
3. O dinheiro é transferido em artigos colecionáveis ou metais preciosos, que então são transferidos entre os países.
4. Lavagem de dinheiro é a compra de ativos entre países que, então, são gerenciados de modo que oculte a movimentação do dinheiro e de quem é seu proprietário.
5. A falsificação de faturas de transações internacionais ocorre quando o capital é movimentado através do subfaturamento de exportações e do superfaturamento de importações, onde a diferença entre o valor faturado e o pagamento efetivo acordado é depositado em instituições bancárias de um país escolhido.

---

[1] Ingo Walter, "The Mechanisms of Capital Flight", *in Capital Flight and Third World Debt,* organizado por Donald R. Lessard e John Williamson, Institute for International Economics, Washington, D.C., 1987, p. 104.

RESUMO

- A balança de pagamentos é a demonstração resumida de todas as transações internacionais entre um país e todos os outros.

- A balança de pagamentos é uma demonstração de fluxos que resume todas as transações internacionais que ocorrem entre os limites geográficos da nação ao longo de um período de tempo, tipicamente um ano.

- Apesar de a BOP ter sempre, na teoria, que estar equilibrada, na prática há desequilíbrios substanciais em decorrência de erros estatísticos e erros nos registros dos fluxos da conta corrente e da conta de capital/financeira.

- As duas principais subcontas da balança de pagamentos, a conta corrente e a conta financeira/conta de capital, resumem, respectivamente, os fluxos de capital do comércio corrente e os fluxos de capitais internacionais.

- A conta corrente e a conta financeira/de capital são tipicamente inversas, uma apresenta excedentes enquanto a outra enfrenta déficits.

- Apesar de a maioria das nações se esforçar para apresentar excedentes na conta corrente, não está claro se um equilíbrio na conta corrente ou de capital, ou um excedente na conta corrente é sustentável ou desejável.

- Apesar de o comércio de mercadorias ser mais facilmente observável (por exemplo, bens que fluem pelos portos de entrada), o aumento do comércio de serviços é mais significativo para a balança de pagamentos de muitos dos maiores países industrializados hoje.

- Monitorar as várias subcontas da atividade de uma balança de pagamentos é útil para os tomadores de decisões e criadores de políticas em todos os níveis do governo e da indústria por possibilitar que se detecte tendências e movimentos subjacentes das forças econômicas que impulsionam as atividades econômicas internacionais de um país.

- As mudanças nas taxas de câmbio mudam os preços relativos das importações e exportações, e as mudanças nos preços, por sua vez, resultam em mudanças nas quantidades demandadas através da elasticidade-preço da demanda.

- Uma desvalorização resulta inicialmente em uma maior deterioração na balança comercial antes de ela finalmente melhorar – a trajetória de ajuste assume a forma de um "j" achatado.

- A capacidade do capital de se movimentar instantaneamente e maciçamente entre países tem sido um dos principais fatores na severidade das crises monetárias recentes. Em diversos casos, como na Malásia em 1997 e na Argentina em 2001, os governos nacionais concluíram que eles não tinham escolha senão impor restrições drásticas sobre a capacidade de fluxo de capital.

- Apesar de não estar limitada a países profundamente endividados, a rápida e às vezes ilegal transferência de moedas conversíveis para fora de um país apresenta problemas econômicos e políticos significativos. Muitos países profundamente endividados já sofreram fugas de capital significativas, o que ampliou seus problemas de serviços de dívida.

MINICASO

A crise da Turquia (A): Balança de pagamentos em deterioração

Foi somente quando turcos otimistas começaram a cortar as importações que os investidores começaram a duvidar que as entradas de capital estrangeiro iriam ser suficientes para financiar tanto os consumidores perdulários quanto o governo persistentemente penurioso.

—"On the Brink Again," The Economist, 24 de fevereiro de 2001.

Em fevereiro de 2001, a crise econômica em rápido crescimento da Turquia forçou a desvalorização da lira turca. O governo turco tinha travado uma guerra bem-sucedida contra as forças inflacionárias embutidas na economia do país em 1999 e início de 2000. Mas assim que a economia começou a crescer acentuadamente na segunda metade do ano 2000, as pressões sobre a balança de pagamentos do país aumentaram. A pergunta feita por muitos analistas nos meses que seguiram a crise foi se a crise tinha sido previsível e que sinais iniciais de deterioração deveriam ter sido percebidos no mundo exterior.

As contas

O Quadro 1 apresenta o saldo turco da conta corrente e da conta financeira entre 1993 e 2000 (terminando menos de dois meses antes da desvalorização). Várias questões são imediatamente evidentes:

- Em primeiro lugar, a Turquia aparentemente estava sofrendo uma volatilidade significativa nos saldos das principais contas internacionais. A conta financeira oscilava entre excedente (1993) e déficit (1994), e de volta a excedentes (1995–1997). Depois de cair vertiginosamente em 1998, o excedente financeiro retornou em 1999 e 2000.

- Em segundo lugar, como tipicamente ocorre, a conta corrente estava se comportando de maneira relativamente inversa à da conta financeira, apresentando déficits na maioria dos anos exibidos. Mas significativamente, o déficit na conta corrente cresceu drasticamente em 2000, para mais de US$9,8 bilhões, de um déficit em 1999 de apenas US$1,4 bilhão.

Muitos analistas são rápidos em ressaltar que o grande aumento no déficit da conta corrente devia ter sido visto como um sinal de colapso iminente. Outros, no entanto, ressaltam corretamente que a maioria das economias nacionais passa por rápidos aumentos no comércio e déficits na conta corrente durante períodos de rápido crescimento econômico. E para reforçar o argumento, o excedente líquido na conta financeira parecia indicar uma confiança cada vez maior na economia turca do ponto de vista dos investidores estrangeiros.

É útil fazer um exame dos subcomponentes dos saldos dessas principais contas. Como ilustra o Quadro 2, a rápida deterioração da conta corrente em 2000 foi em grande parte o resultado de um rápido salto em bens e mercadorias importados. A conta de importação de bens subiu de US$39,8 bilhões em 1999 para mais de US$54,0 bilhões em 2000, um aumento de 36% em um ano. Ao mesmo tempo, o comércio de serviços e as contas da renda corrente, tanto seu subcomponente de crédito quanto o de débito, mostraram poucas mudanças. Infelizmente,

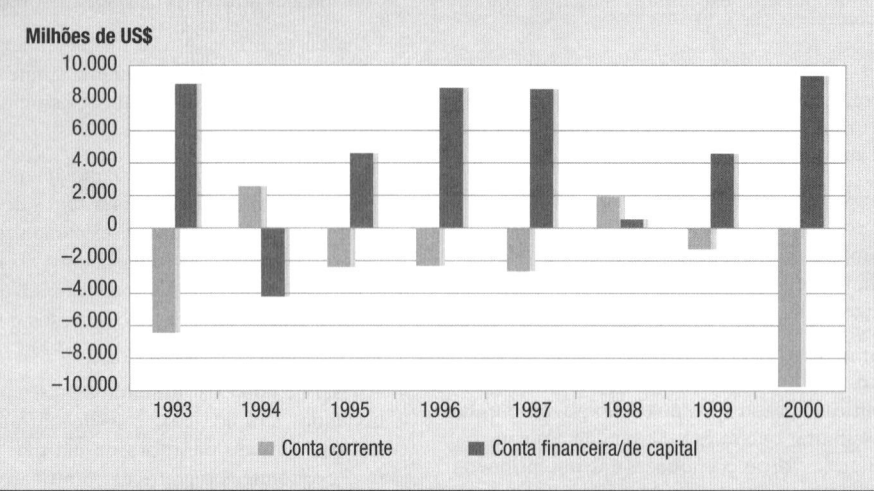

| QUADRO 1 | Balança de pagamentos da Turquia, 1993–2000 |

Gráfico de barras em Milhões de US$, anos 1993–2000, mostrando Conta corrente e Conta financeira/de capital.

as estatísticas informadas ao FMI fornecem poucos detalhes adicionais quanto à composição dessas rápidas importações, seu setor ou natureza e seu financiamento.

Uma decomposição similar do excedente da conta financeira também nos permite identificar onde, nas várias entradas e saídas de capital na Turquia, houve uma mudança significativa. O Quadro 3 fornece essa decomposição da conta financeira. Segundo o Quadro 3, a duplicação do excedente na conta financeira turca em 2000 foi, em grande parte, o resultado de um aumento maciço – mais de US$7 bilhões – em "outros investimentos líquidos".

Um determinante muito importante dos saldos dessas contas foi o setor de telecomunicações. Em todo o ano de 2000, a TelSim, a provedora nacional de telecomunicações da Turquia, importou bilhões de dólares em equipamentos da Nokia (Finlândia) e da Motorola (Estados Unidos). Os equipamentos foram comprados com crédito comercial, o que significa que a TelSim pagaria a Nokia e a Motorola pelos equipamentos em uma data futura, primordialmente com os resultados financeiros da ativação dos equipamentos para serviços de telecomunicações. A TelSim, no entanto, foi inadimplente em seus pagamentos, e a Nokia e a Motorola sofreram perdas de bilhões de dólares.

| QUADRO 2 | Subcontas da conta corrente turca, 1998–2000 (milhões de dólares americanos) |

	1998	1999	2000
Bens: exportações	31.220	29.325	31.664
Bens: importações	−45.440	−39.768	−54.041
Saldo de bens	−14.220	−10.443	−22.377
Serviços: crédito	23.321	16.398	19.484
Serviços: débito	−9.859	−8.953	−8.149
Saldo de serviços	13.462	7.445	11.335
Renda: crédito	2.481	2.350	2.836
Renda: débito	−5.466	−5.887	−6.838
Saldo da renda	−2.985	−3.537	−4.002
Transferências correntes: crédito	5.860	5.294	5.317
Transferências correntes: débito	−133	−119	−92
Saldo das transferências	5.727	5.175	5.225
Saldo da conta corrente	1.984	−1.360	−9.819

Fonte: Fundo Monetário Internacional, *Balance of Payments Statistics Yearbook 2001*, p. 913.

Perguntas sobre o caso

1. Onde na conta corrente os equipamentos de telecomunicações importados seriam listados? Esse local corresponderia ao aumento em magnitude e no andamento da conta financeira?

2. Por que você acha que os investimentos diretos líquidos diminuíram de US$573 milhões em 1998 para US$112 milhões em 2000?

3. Por que você acha que a TelSim foi inadimplente nos seus pagamentos de equipamentos importados da Nokia e Motorola?

QUADRO 3 Subcontas da conta financeira turca, 1998–2000 (milhões de dólares americanos)

	1998	1999	2000
Investimento direto líquido	573	138	112
Investimento direto em carteira	–6.711	3.429	1.022
Outros investimentos líquidos	6.586	1.103	8.311
Saldo da conta financeira	448	4.670	9.445

Fonte: Fundo monetário Internacional, *Balance of Payments Statistics Yearbook 2001*, p. 915.

PERGUNTAS

1. **Definição da balança de pagamentos.** A mensuração de todas as transações econômicas internacionais entre os residentes de um país e os residentes estrangeiros chama-se balança de pagamentos (BOP). Que instituição fornece a principal fonte de estatísticas similares para as balanças de pagamentos e o desempenho econômico em todo o mundo?

2. **Importância da BOP.** Os gestores de empresas e investidores precisam dos dados da BOP para prever mudanças nas políticas econômicas do país que pudessem ser determinadas por eventos da BOP. A partir da perspectiva dos gestores de empresas e investidores, liste três sinais específicos que a BOP de um país pode fornecer.

3. **Atividade econômica.** Quais são os dois primeiros tipos de atividade econômica medida pela BOP de um país?

4. **Equilíbrio.** Por que a BOP está sempre "em equilíbrio"?

5. **Contabilidade da BOP.** Se a BOP fosse vista como uma demonstração contábil, ela seria um balanço de pagamentos da saúde do país, uma demonstração de renda dos lucros do país ou uma demonstração de fluxo de caixa do dinheiro que entra e sai no país?

6. **Conta Corrente.** Quais são as principais contas componentes da conta corrente? Dê um exemplo de crédito e um de débito para cada componente da conta dos Estados Unidos.

7. **Ativos reais *versus* ativos financeiros.** Qual é a diferença entre um ativo "real" e um ativo "financeiro"?

8. **Investimentos diretos *versus* em carteira.** Qual é a diferença entre um investimento estrangeiro direto e um investimento estrangeiro em carteira? Dê um exemplo de cada. Que tipo de investimento uma empresa industrial multinacional mais provavelmente faria?

9. **Contas de capital e financeira.** Quais são os principais componentes das contas financeiras? Dê um exemplo de débito e um de crédito para cada componente dos Estados Unidos.

10. **Classificação das transações.** Classifique os itens abaixo como uma transação informada em um subcomponente da conta corrente ou das contas de capital e financeira dos dois países envolvidos:
    a. Uma cadeia norte-americanas de alimentos importa vinho do Chile.
    b. Um residente nos EUA compra um título de dívida denominado em euros de uma empresa alemã.
    c. Pais de Cingapura pagam os estudos de sua filha em uma universidade nos EUA.
    d. Uma universidade nos EUA oferece uma bolsa de estudos para um aluno estrangeiro de Cingapura.
    e. Uma empresa britânica importa laranjas espanholas, pagando com euro-dólares com um depósito em Londres.
    f. Um pomar espanhol deposita metade dos resultados financeiros de sua venda em um banco em Nova York.
    g. Um pomar espanhol deposita metade dos resultados financeiros em uma conta em euro-dólares em Londres.
    h. Uma empresa de seguros sediada em Londres compra títulos de dívida corporativos para sua carteira de investimentos.
    i. Uma empresa multinacional norte-americana compra seguros de uma corretora de seguros de Londres.
    j. Uma empresa de seguros de Londres paga por perdas incorridas nos Estados Unidos devido a um ataque terrorista internacional.
    k. A Cathay Pacific Airlines compra combustível para seus jatos no Aeroporto Internacional de Los Angeles para poder voar o segmento de retorno de um vôo de volta ao Japão.
    l. Um fundo mútuo sediado na Califórnia compra ações nas bolsas de valores de Tóquio e de Londres.

m. O exército dos EUA compra alimentos para suas tropas no sul da Ásia de fornecedores da Tailândia.
n. Um ex-aluno formando em Yale consegue um emprego no Comitê Internacional da Cruz Vermelha na Bósnia e recebe em francos suíços.
o. O governo russo contrata uma empresa holandesa de resgate para recuperar um submarino que afundou.
p. Um cartel de drogas colombiano contrabandeia cocaína para os Estados Unidos, recebe uma mala de dinheiro e voa de volta à Colômbia com esse dinheiro.
q. O governo dos EUA paga o salário de um diplomata que trabalha na embaixada dos EUA em Beirute.
r. Uma empresa norueguesa de transportes paga dólares americanos ao governo egípcio pela passagem de um navio pelo Canal de Suez.
s. Uma empresa alemã de automóveis paga o salário de seu executivo que trabalha em uma subsidiária em Detroit.
t. Um turista norte-americano paga por um hotel em Paris com seu cartão American Express.
u. Um turista francês provinciano paga por um hotel em Paris com seu cartão American Express.
v. Um professor norte-americano vai ao exterior por um ano com uma bolsa Fullbright.

11. **A balança.** Quais são as principais demonstrações resumidas das contas da balança de pagamentos e o que elas medem?

12. **Drogas e Terroristas.** Onde nas contas da balança de pagamentos entram o fluxo de dinheiro "lavado" por traficantes de drogas e o fluxo de dinheiro de organizações terroristas internacionais?

13. **Mobilidade de capital – Estados Unidos.** O dólar americano manteve ou aumentou seu valor durante os 20 últimos anos apesar de apresentar um déficit gradualmente maior em sua conta corrente. Por que esse fenômeno ocorreu?

14. **Mobilidade de capital – Brasil.** O Brasil passou por desvalorizações periódicas de sua moeda nos últimos 20 anos apesar de ocasionalmente apresentar um excedente em sua conta corrente. Por que esse fenômeno ocorreu?

15. **Transações da BOP.** Identifique a conta correta da BOP para cada uma das seguintes transações:
    a. Um fundo de pensão sediado na Alemanha compra títulos de dívida de 30 anos do governo dos EUA para sua carteira de investimentos.
    b. A Scandinavian Airlines System (SAS) compra combustível para seus jatos no Aeroporto de Newark para seu vôo até Copenhague.
    c. Alguns estudantes de Hong Kong pagam por seu curso de graduação na University of California, Berkeley.
    d. Uma empresa japonesa de automóveis paga os salários de seus executivos que trabalham para suas subsidiárias norte-americanas.
    e. Um turista norte-americano paga por uma refeição em um restaurante em Bancoc.
    f. Uma empresa do Reino Unido compra um título de dívida denominado em euros de uma EMN italiana.

PROBLEMAS

Conta corrente da Austrália

Use os dados a seguir do Fundo Monetário Internacional (todos os itens referem-se à conta corrente) para responder as perguntas 1 a 4.

*1. Qual é o saldo da balança comercial de bens da Austrália?

*2. Qual é o saldo da balança comercial de serviços da Austrália?

*3. Qual é o saldo da balança comercial de bens e serviços da Austrália?

*4. Qual é o saldo da conta corrente da Austrália?

Conta corrente da Austrália

Suposições (milhões US$)	1998	1999	2000	2001	2002	2003	2004	2005	2006
Bens: exportações	55.884	56.096	64.052	63.676	65.099	70.577	87.207	106.969	124.913
Bens: importações	−61.215	−65.857	−68.865	−61.890	−70.530	−85.946	−105.238	−120.372	−134.509
Serviços: crédito	16.181	17.399	18.677	16.689	17.906	21.205	26.362	28.442	33.088
Serviços: débito	−17.272	−18.330	−18.388	−16.948	−18.107	−21.638	−27.040	−29.360	−32.219
Renda: crédito	6.532	7.394	8.984	8.063	8.194	9.457	13.969	16.969	21.748
Renda: débito	−17.842	−18.968	−19.516	−18.332	−19.884	−24.245	−35.057	−43.746	−54.13
Transferências correntes: crédito	2.651	3.003	2.622	2.242	2.310	2.767	3.145	3.262	3.698
Transferências correntes: débito	−2.933	−3.032	−2.669	−2.221	−2.373	−2.851	−3.414	−3.625	−4.092

Balança de pagamentos da China (Continental)

Use os seguintes dados da balança de pagamentos chinesa fornecidos pelo FMI para responder as perguntas 5 a 8.

5. A China está passando por uma entrada ou saída de capital líquido?
6. Qual é o total da China para os Grupos A e B?
7. Qual é o total da China para os Grupos A a C?
8. Qual é o total da China para os Grupos A a D?

CAPÍTULO 4 A Balança de Pagamentos

Balança de pagamentos República Popular da China (Continental)

Suposições (milhões de US$)	1998	1999	2000	2001	2002	2003	2004	2005	2006
A. Saldo da conta corrente	31.472	21.115	20.518	17.401	35.422	45.875	68.659	160.818	253.268
B. Saldo da conta de capital	−47	−26	−35	−54	−50	−48	−69	4.102	4.020
C. Saldo da conta financeira	−6.275	5.204	1.958	34.832	32.341	52.774	110.729	58.862	2.642
D. Erros e omissões líquidas	−18.902	−17.641	−11.748	−4.732	7.504	17.985	26.834	−16.441	−13.075
E. Reservas e itens relacionados	−6.248	−8.652	−10.693	−47.447	−75.217	−116.586	−206.153	−207.342	−246.855

Conta corrente da Índia

Use os seguintes dados da balança de pagamentos da Índia fornecidos pelo FMI (todos os itens referem-se à conta corrente) para responder as perguntas 9 a 13.

9. Qual é o saldo de bens da Índia?
10. Qual é o saldo de serviços da Índia?
11. Qual é o saldo de bens e serviços da Índia?
12. Qual é o saldo de bens, serviços e renda da Índia?
13. Qual é o saldo da conta corrente da Índia?

Conta corrente da Índia

Suposições (milhões de US$)	1998	1999	2000	2001	2002	2003	2004	2005	2006
Bens: exportações	34.076	36.877	43.247	44.793	51.141	60.893	77.939	102.176	123.617
Bens: importações	−44.828	−45.556	−53.887	−51.212	−54.702	−68.081	−95.539	−134.702	−166.695
Serviços: crédito	11.691	14.509	16.684	17.337	19.478	23.902	38.281	55.831	75.354
Serviços: débito	−14.540	−17.271	−19.187	−20.099	−21.039	−24.878	−35.641	−47.989	−63.537
Renda: crédito	1.806	1.919	2.521	3.524	3.188	3.491	4.690	5.082	7.795
Renda: débito	−5.443	−5.629	−7.414	−7.666	−7.097	−8.386	−8.742	−11.475	−12.059
Transferências correntes: crédito	10.402	11.958	13.548	15.140	16.789	22.401	20.615	24.120	27.449
Transferências correntes: débito	−67	−35	−114	−407	−698	−570	−822	−877	−1.340

Balança de pagamentos da área do euro

Use os seguintes dados da Balança de pagamentos da área do euro fornecidos pelo FMI para responder as perguntas 14 a 17.

14. A zona do euro está passando por uma entrada de capital líquido?
15. Qual é o total da zona do euro para os Grupos A e B?
16. Qual é o total da zona do euro para os Grupos A a C?
17. Qual é o total da zona do euro para os Grupos A a D?

Balança de pagamentos da área do euro

Suposições (bilhões de US$)	1998	1999	2000	2001	2002	2003	2004	2005	2006
A. Saldo da conta corrente	31,0	−25,5	−81,8	−19,7	54,8	38,8	79,8	22,5	1,5
B. Saldo da conta de capital	13,9	13,5	8,4	5,6	9,7	14,3	20,6	13,9	11,7
C. Saldo da conta financeira	−86,1	2,6	50,9	−41,2	−16,9	−49,0	−39,0	−14,4	129,9
D. Erros e omissões líquidas	31,2	−2,2	6,4	38,8	−44,6	−36,9	−76,9	−44,9	−140,6
E. Reservas e itens relacionados	9,6	11,6	16,2	16,4	−3,0	32,8	15,6	22,9	−2,6

Balança de pagamentos da Argentina

A Argentina usou um conselho de moeda para manter seu peso com paridade com o dólar americano. entretanto, em janeiro de 2002, o peso entrou em colapso. A BOP da Argentina poderia ter sinalizado este evento. Listada abaixo temos a BOP da Argentina do período de 1998–2006. Use esses dados para responder as perguntas 18 a 24.

18. Qual é o saldo de serviços da Argentina?
19. Qual é o saldo da conta corrente da Argentina?
20. Qual parece ter sido o principal determinante da conta corrente da Argentina entre 1998 e 2000?
21. Qual é o saldo da conta financeira da Argentina?
22. Qual é o total da Argentina para os Grupos A a C?
23. Qual é o total da Argentina para os Grupos A a D?
24. Que indicações de uma crise iminente você observa nos anos que levam até o colapso do peso em 2002?

Balança de pagamentos da Argentina

Suposições (milhões US$)	1998	1999	2000	2001	2002	2003	2004	2005	2006
A. Conta corrente									
Bens: exportações	26.434	23.309	26.341	26.543	25.651	29.939	34.576	40.387	46.546
Bens: importações	−29.531	−24.103	−23.889	−19.158	−8.473	−13.134	−21.311	−27.300	−32.588
Serviços: crédito	4.854	4.719	4.936	4.627	3.495	4.500	5.288	6.635	7.987
Serviços: débito	−9.298	−8.830	−9.219	−8.490	−4.956	−5.693	−6.619	−7.620	−8.529
Renda: crédito	6.134	6.075	7.420	5.358	3.039	3.104	3.721	4.313	5.674
Renda: débito	−13.538	−13.566	−14.968	−13.085	−10.530	−11.080	−13.004	−11.617	−11.834
Transferências correntes: crédito	802	790	792	856	818	942	1.110	1.226	1.412
Transferências correntes: débito	−338	−337	−393	−431	−278	−438	−549	−742	−962
B. Conta de capital (Grupo B)	73	149	106	157	406	70	196	89	97
C. Conta financeira									
Investimento direto no exterior	−2.325	−1.730	−901	−161	627	−774	−676	−1.311	−2.438
Investimento direto na Argentina	7.291	23.988	10.418	2.166	2.149	1.652	4.125	5.265	5.537
Investimento em carteira, ativos líquidos	−1.906	−2.005	−1.252	212	477	−95	−77	1.368	−1
Investimento em carteira, passivos líquidos	10.693	−4.780	−1.331	−9.715	−5.117	−7.663	−9.339	−1.731	7.921
Saldo de outros ativos e passivos, líquido	5.183	−1.024	919	−7.473	−18.821	−8.980	−4.982	−1.693	−6.132
D. Erros e omissões líquidas	−437	−642	−154	−2.810	−1.890	−1.428	548	377	1.556
E. Reservas e itens relacionados	−4.090	−2.013	1.176	21.405	13.402	9.077	6.993	−7.644	−14.247

25. **Déficits comerciais e trajetórias de ajuste da curva J.** Suponha que os Estados Unidos tenha os seguintes volumes e preços de importações/exportações. O país faz uma grande "desvalorização" do dólar, digamos 18% em média em relação às principais moedas de países comerciais parceiros. Qual é o saldo da balança comercial pré e pós desvalorização?

Taxa à vista (US$/moeda estrangeira) inicial (pré-desvalorização)	2,00
Preço das exportações (US$)	20,00
Preço das importações (moeda estrangeira, fc)	12,00
Quantidade das exportações, unidades	100,00
Quantidade das importações, unidades	120,00
Elasticidade-preço da demanda, importações	−0,90

EXERCÍCIOS NA INTERNET

1. **Organizações mundiais e o panorama econômico.** O FMI, o Banco Mundial e as Nações Unidas são apenas algumas das maiores organizações mundiais que acompanham, divulgam e auxiliam o desenvolvimento econômico e financeiro internacional. Usando esses *sites* Web e outros que possam estar associados, resuma brevemente o panorama econômico das nações desenvolvidas e emergentes do mundo. Por exemplo, o texto integral do Capítulo do Panorama Econômico Mundial (World Economic Outlook) publicado anualmente pelo Banco Mundial está disponível na página Web do FMI.

   www.imf.org/external/index.htm
   www.un.org/databases/index.html
   www.worldbank.org
   europa.eu/
   www.bis.org/index.htm

2. **Reserva Federal de St. Louis.** O Banco da Reserva Federal ou Banco Central de St. Louis fornece uma grande quantidade de dados macroeconômicos recentes de economias abertas online. Use os seguintes endereços para acompanhar os dados recentes da BOP e do PIB dos principais países industrializados:

   research.stlouisfed.org/ publications/iet/
   research.stlouisfed.org/fred2/ categories/125

3. **Birô de análises econômicas dos EUA.** Use os *sites* do Birô de Análises Econômicas dos EUA (governo dos EUA) e o Ministério das Finanças (governo japonês) para encontrar as estatísticas mais recentes da balança de pagamentos de ambos os países:

   www.bea.gov/International/ Index.htm
   www.mof.go.jp/english/index.htm

4. **Organização Mundial do Comércio e propriedade intelectual.** A Organização Mundial do Comércio (OMC) está no momento em uma rodada de negociações de vários anos sobre comércio internacional. A rodada atual está acontecendo em Doha, Catar. Visite o *site* Web da OMC, incluindo alguns segmentos de vídeo online, e encontre as mais recentes evidências apresentadas pela OMC sobre o progresso das discussões sobre questões que incluem o comércio internacional em serviços e o reconhecimento internacional de propriedade intelectual.

   World Trade Organization   www.wto.org/

CAPÍTULO 5

Desafios Atuais das Finanças Internacionais: a Crise do Crédito de 2007-2009

A confiança em mercados e instituições se parece muito com o oxigênio. Quando você tem, você nem pensa nele. Indispensável. Você pode passar anos sem pensar nele. Quando você fica sem ele por cinco minutos, é a única coisa na qual você consegue pensar. A confiança foi arrancada dos mercados de crédito e das instituições.
—Warren Buffett, 1º de outubro de 2008.

A partir do verão de 2007, primeiro os *Estados* Unidos, depois os mercados financeiros europeu e asiático, incorreram em crises financeiras. Este capítulo fornecerá um panorama das origens, disseminação e repercussões dessas crises de crédito sobre como os negócios são conduzidos em todo o mundo. Os impactos sobre a empresa multinacional foram significativos e duradouros. Este capítulo foi adicionado nesta nova edição deste livro – representando, aos nossos olhos, a importância do assunto. Nenhum estudante de administração internacional pode ficar sem uma compreensão das causas e consequências desse colapso nos mercados financeiros globais.

AS SEMENTES DA CRISE: DÍVIDA *SUBPRIME*

As origens da crise atual se encontram nas cinzas da bolha das ações e no subsequente colapso dos mercados de ações no final da década de 1990. Quando a chamada bolha da Internet entrou em colapso nos anos 2000 e 2001, o capital fluiu cada vez mais em direção aos setores imobiliários nos Estados Unidos. Alguns economistas discutem que grande parte da riqueza acumulada dos mercados de ações durante aquele período agora estava sendo usada para empurrar para cima os preços da habitação e a demanda geral por imóveis. Apesar de os empréstimos para empresas ainda estarem relativamente baixos, o setor bancário norte-americano descobriu que o crédito hipotecário era um mercado lucrativo e em rápida expansão. Os anos seguintes testemunharam um rápido crescimento no investimento e na especulação no setor imobiliário. Tal crescimento incluía imóveis tanto residenciais quanto comerciais. À medida que os preços subiam e a especulação aumentava, um número cada vez maior de mutuários tinha uma qualidade de crédito cada vez pior. Esses mutuários e seus acordos hipotecários associados, a dívida *subprime* que é tão discutida, agora carregavam obrigações mais altas de juros da dívida com capacidades de fluxo de caixa cada vez mais baixas. Em termos da administração financeira tradicional, a cobertura de juros da dívida era cada vez mais inadequada.

Revogação da lei Glass-Steagall

O mercado também estava mais competitivo do que nunca, já que diversos esforços de desregulamentação nos Estados Unidos em 1999 e 2000 agora estavam abrindo esses mercados para cada vez mais organizações e instituições. Uma das maiores aberturas foi a aprovação pelo Congresso dos EUA da Lei de Modernização dos Serviços Financeiros de Gramm-Leach-Bliley de 1999, que revogou os últimos vestígios da Lei de Glass-Steagall de 1933, eliminando as últimas barreiras entre bancos comerciais e bancos de investimento. A Lei agora permitia que os bancos comerciais entrassem em mais áreas de risco, inclusive subscrição e transações proprietárias.[1] Um dos principais resultados foi que os bancos agora competiam agressivamente pelo negócio de empréstimos para clientes de todos os tipos, oferecendo aos mutuários formas de crédito hipotecário cada vez mais criativas a taxas de juros cada vez mais baixas – pelo menos as taxas de juros iniciais.

Um outro resultado da desregulamentação bancária foi a pressão extra colocada sobre os reguladores existentes. A Corporação Federal de Seguros de Depósitos (Federal Deposit Insurance Corporation ou FDIC) foi estabelecida para assegurar os depósitos de clientes em bancos comerciais. As principais ferramentas da FDIC eram exigir uma base de capital adequada para cada banco e inspeções periódicas para garantir a qualidade de crédito dos empréstimos bancários. Isso funcionou muito bem no período entre 1933–1999. Houve muito poucas falências bancárias e quase nenhuma grande falência.

Os bancos de investimento e as corretoras de ações eram regulados pela Comissão de Valores Mobiliários dos EUA (Securities and Exchange Commission ou SEC). Esses bancos e corretoras lidavam com atividades muito mais arriscadas do que os bancos comerciais. Essas atividades incluíam a subscrição de ações e títulos de dívida, a participação ativa nos mercados de derivativos e de seguros e investimentos em dívidas *subprime* e outras hipotecas, usando seu capital próprio ou capital de terceiros – não os depósitos de consumidores.

O setor habitacional e crédito hipotecário

Um dos principais resultados dessa nova abertura e competitividade de mercado foi que muitos mutuários que antes não se qualificavam para hipotecas, agora podiam se qualificar. Muitos desses empréstimos eram bastante transparentes em termos tanto de riscos quanto de retornos. Os mutuários geralmente tomavam empréstimos a taxas flutuantes, usualmente cotadas na LIBOR, mais um pequeno *spread* de taxa de juros. Os empréstimos seriam, então, ajustados a taxas fixas muito mais altas dentro de dois a cinco anos. Outras formas incluíam acordos de empréstimos que cobravam juros apenas nos primeiros anos, exigindo uma subsequente amortização nos pagamentos com redução do principal ou um completo financiamento em datas futuras. Em alguns casos, as estruturas de pagamento de empréstimos que pagam somente os juros tinham taxas de juros iniciais muito abaixo das taxas de mercado.

Qualidade de crédito. Créditos hipotecários no mercado norte-americano normalmente são classificados como *prime* (ou *A-paper*), Alt-A (*Alternative-A paper*), e *subprime*, em ordem crescente de nível de risco.[2] Uma hipoteca *prime* seria classificada como conforme (também chamada de empréstimo convencional), o que significa que atenderia às exigências de qualidade e a revenda às Empresas Patrocinadas pelo Governo (*Government Sponsored Enterprises* ou GSEs) Fannie Mae e Freddie Mac. As hipotecas do tipo Alt-A, no entanto, ainda seriam consideradas um empréstimo de risco relativamente baixo e os credores ainda seriam considerados, com capacidade creditícia, mas por algum motivo não eram inicialmente classificadas como conforme. (Elas ainda podiam, no entanto, ser vendidas a GSEs se o pagamento de certas entradas mínimas como 20% fossem incluídas). À medida que os mercados habitacional e imobiliário começaram a crescer rapidamente 2003 e 2004, mais e mais hipotecas eram originadas por credores que estavam na categoria Alt-A, já que esse era o empréstimo preferido para muitas propriedades que não eram ocupadas por proprietários em si. Os

---

[1] A lei agora permitia combinações corporativas como aquelas entre o Citibank, um banco comercial, e o Travelers Group, uma empresa de seguros. A entidade combinada agora podia fornecer transações bancárias, seguros e serviços de subscrição sob uma variedade de marcas diferentes. Essa combinação teria sido estritamente proibida sob a Lei de Glass-Steagall e a Lei de Conglomerados Bancários (Bank Holding Company Act).

[2] *Prime* é a taxa de juros fixa de 30 anos divulgada pela Pesquisa sobre o Mercado Primário de Hipotecas da Freddie Mac (Freddie Mac Primary Mortgage Market Survey). *Subprime* é a taxa média fixa de juros de 30 anos calculada pelo conjunto de dados da LoanPerformance. *Subprime premium* é a diferença entre as taxas *prime* e *subprime*.

investidores que desejassem comprar casas com a finalidade de revender, ou *"flipping"*, tipicamente se qualificariam para uma hipoteca Alt-A, mas não uma *prime*. No final de 2008 havia mais de US$1,3 trilhão em dívidas Alt-A em circulação.

A terceira categoria de crédito hipotecário, a *subprime*, é difícil de definir. Em princípio, ela reflete tomadores que não atendem a critérios de subscrição. Os tomadores *subprime* possuem um maior risco percebido de inadimplência, normalmente em decorrência de alguns elementos de histórico creditício que podem incluir falência, inadimplência em empréstimos, não pagamento ou simplesmente experiência ou histórico limitado de dívidas. São quase que exclusivamente estruturas de taxa flexível e carregam *spreads* de taxas de juros significativamente mais altos sobre as bases flexíveis como a LIBOR.

Os mutuários *subprime* tipicamente pagam um prêmio de 2% acima do *prime* – o diferencial do *subprime*. A partir da perspectiva tradicional do credor, a medida principal de qualquer empréstimo é o perfil de rescisão, a possibilidade de que o mutuário pague o empréstimo adiantado ou se torne inadimplente. Historicamente, a taxa de juros real que qualquer mutuário específico pagaria é determinada por uma grande variedade de fatores que incluem o escore de crédito, o índice de empréstimo/valor específico do empréstimo e o tamanho da entrada (ou sinal). O interessante é que a taxa cobrada não muda significativamente até que a entrada caia para menos de 10%.

Os empréstimos *subprime* foram em si mesmos o resultado da desregulamentação. Até a década de 1980, a maioria dos estados nos Estados Unidos tinham rígidos tetos de taxas de juros para credores/tomadores. Mesmo se um credor estivesse disposto a estender uma hipoteca a um tomador *subprime* – a uma taxa de juros mais alta, e se o tomador estivesse disposto a pagar essa taxa mais alta, a legislação estatal a proibia. Com a aprovação da Lei de Controle Monetário e Desregulamentação de Instituições Depositárias de 1980 (DIDMCA), a legislação federal substituiu a legislação estatal. Mas foi somente depois da aprovação da Lei de Reforma Tributária Americana de 1986 (TRA) que a dívida *subprime* se tornou um mercado viável. A TRA de 1986 eliminou a possibilidade de deduzir dos impostos os empréstimos a consumidores, mas permitia que se deduzisse cobranças de juros associadas tanto a um empréstimo primário para compra de imóvel residencial quanto a um segundo empréstimo hipotecário. Nascia o crédito *subprime*.

A crescente demanda por empréstimos ou hipotecas por esses mutuários levou cada vez mais originadores a oferecer os empréstimos com taxas acima das de mercado a partir do final da década de 1990. No período entre 2003–2005, esses empréstimos *subprime* eram um segmento crescente do mercado.[3] Como ilustrado no Quadro 5.1, o crescimento nos ativos financeiros de todos os tipos (medidos aqui como uma porcentagem do produto interno bruto, PIB) mais que dobrou entre o final da década de 1980 e 2008, em pouco menos de 20 anos.

Valores dos ativos. Um dos principais elementos financeiros dessa dívida crescente era o valor dos ativos que colateralizavam as hipotecas – as casas e imóveis propriamente ditos. À medida que as demandas do mercado empurravam os preços para cima, os ativos habitacionais cresciam em valor de mercado. Os valores mais altos eram, então, utilizados como colateral no refinanciamento e, em alguns casos, na obtenção de mais dívida na forma de segundas hipotecas com base no crescente valor do imóvel.

Infelizmente, um componente particularmente complexo desse processo foi que à medida que os imóveis existentes aumentavam de valor, muitos proprietários passavam a se sentir seduzidos e motivados a refinanciar as hipotecas existentes. Consequentemente, muitos detentores de hipotecas que anteriormente eram estáveis ficaram mais endividados e se tornavam contrapartes de acordos de empréstimo construídos de forma mais agressiva. Os corretores de hipotecas e os originadores de empréstimos também "colocavam lenha na fogueira", já que as perspectivas contínuas de refinanciamento geravam uma renda na forma de taxas extras, o elemento principal nos retornos do setor. O setor estava alimentando seu próprio crescimento. Estudantes de história das finanças reconhecem esta como uma história comum por trás de algumas das maiores bolhas financeiras da história.

O crédito hipotecário como uma porcentagem da renda familiar disponível continuava a subir nos Estados Unidos rapidamente no ambiente de negócios pós-2000. Mas esse não era um problema exclusivamente norte-americano, já que as obrigações de dívida estavam subindo em diversos países

---

[3] As hipotecas *subprime* podem nunca ter excedido 7% a 8% de todas as obrigações hipotecárias pendentes em 2007, mas no final de 2008, elas já eram a fonte de mais de 65% dos pedidos de falência de proprietários de imóveis nos Estados Unidos.

CAPÍTULO 5 Desafios Atuais das Finanças Internacionais: a Crise do Crédito de 2007-2009 **103**

QUADRO 5.1 Ativos financeiros dos EUA como uma porcentagem do PIB

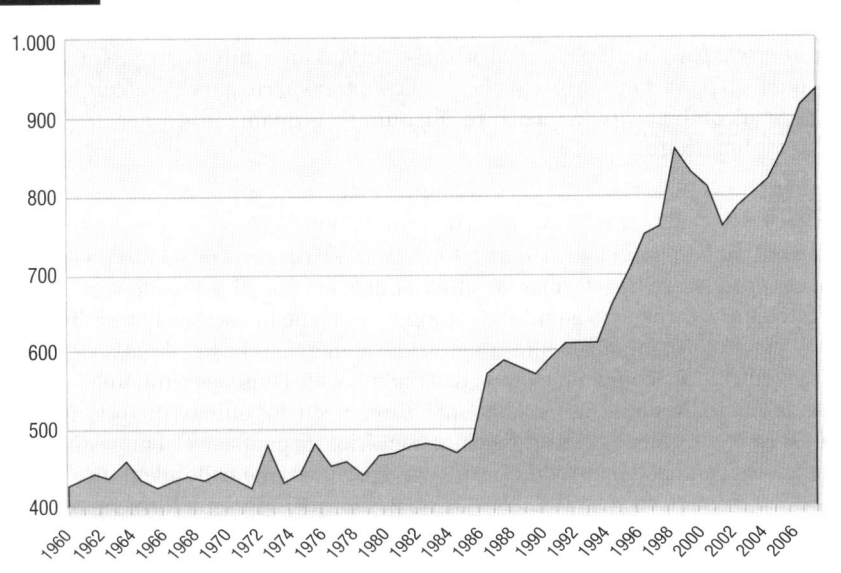

Fonte: Thomson Datastream e U.S. Federal Reserve, citado em "The Financial System: What Went Wrong," *The Economist*, 19 de março de 2008.

---

como Grã-Bretanha, França, Alemanha e Austrália. O Quadro 5.2 ilustra os níveis crescentes de dívidas familiares de três países selecionados durante meados de 2008. No final, a Grã-Bretanha estava significativamente mais endividada em crédito hipotecário do que até mesmo os Estados Unidos.

O Banco Central (Fed) dos EUA, ao mesmo tempo, intencionalmente auxiliou o mecanismo de aumento das dívidas ao continuar a baixar as taxas de juros. As ações de política monetária do Fed eram previsíveis ao baixar as taxas de juros para auxiliar a economia norte-americana em sua recuperação da recessão de 2000–2001. Essas taxas mais baixas ofereciam um incentivo adicional e um auxílio para tomadores de todos os tipos obterem dívidas novas e ainda mais baratas.

QUADRO 5.2 Dívida da casa própria como uma porcentagem da renda disponível, 1990–2008

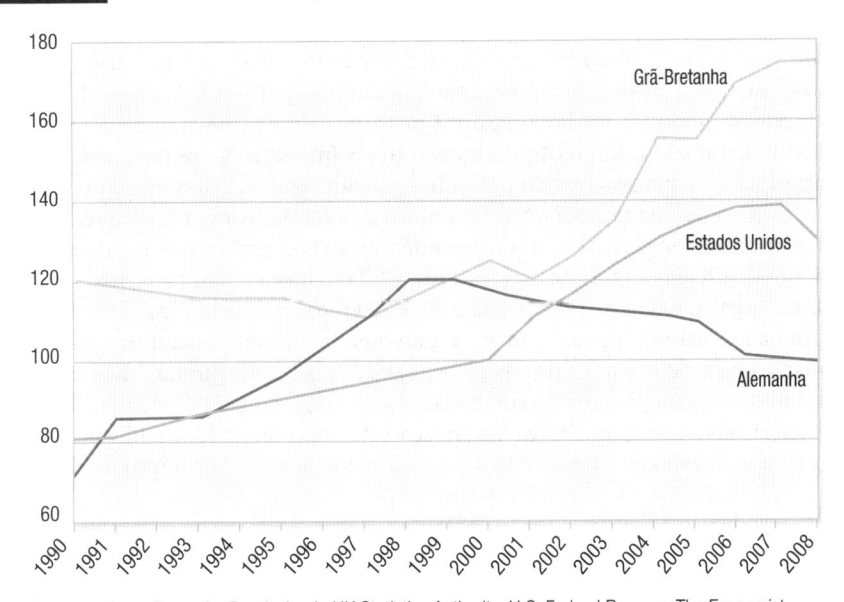

Source: Fonte: Deutsche Bundesbank, UK Statistics Authority, U.S. Federal Reserve, *The Economist*

O MECANISMO DE TRANSMISSÃO: SECURITIZAÇÃO E DERIVATIVOS DE DÍVIDAS SECURITIZADAS

Se a dívida *subprime* fosse malária, a securitização seria o mosquito transmissor, o mecanismo de transmissão aérea do parasita protozoário. O veículo de transporte para a crescente dívida de menor qualidade era uma combinação de securitização e um reagrupamento fornecido por uma série de novos derivativos financeiros.

Securitização

A securitização há muito tempo tem sido uma força de mudanças nos mercados financeiros globais. A securitização é o processo de transformar um ativo ilíquido em um ativo líquido vendável. O elemento-chave é a interpretação da palavra líquido. Líquido, no campo de finanças, é a possibilidade de se trocar um ativo por dinheiro, instantaneamente, a um valor de mercado justo.[4] Apesar de inúmeros países terem usado a securitização como um método de criar mercados líquidos para títulos de dívida e ações desde a Segunda Guerra Mundial, os Estados Unidos foram um dos últimos dos principais países industrializados a usar a securitização em seus sistemas bancários de poupança e empréstimos. A década de 1980, no entanto, testemunhou a introdução da securitização nos mercados de títulos de dívidas norte-americanos, e seu crescimento não fora controlado desde então. Em sua forma mais pura, a securitização essencialmente passa por cima dos intermediários financeiros tradicionais, tipicamente bancos, indo diretamente aos investidores no mercado, com o intuito de levantar fundos. Consequentemente, ela muitas vezes pode reduzir os custos de tomar e conceder empréstimos, possivelmente elevando os retornos para os investidores, uma vez que o intermediário financeiro é eliminado.

O crescimento dos empréstimos *subprime* e Alt-A nos mercados de dívida norte-americano pós-2000 dependeu dessa mesma força de securitização. As instituições financeiras estendiam mais e mais empréstimos de todos os tipos, hipotecas, empréstimos corporativos, empréstimos industriais e empréstimos com lastro em ativos, e então passavam esses acordos de empréstimos e obrigações de seus demonstrativos financeiros para veículos de propósito específico e, em última análise, para os crescentes mercados líquidos utilizando a securitização. Os ativos securitizados assumiam duas formas principais, títulos com lastro em hipotecas (*mortgage-backed securities* ou MBSs) e títulos com lastro em ativos (*asset-backed securities* ou ABSs). Os ABSs incluíam segundas hipotecas e empréstimos com garantia hipotecária, além de contas a receber de cartões de crédito, financiamentos para compra de veículos e diversos outros tipos.

O crescimento foi rápido. Como ilustra o Quadro 5.3, os títulos com lastro em hipotecas (MBS) já totalizavam mais de US$27 trilhões no final de 2007, cinco vezes mais alto do que em 1990, e representavam 39% de todos os empréstimos pendentes no mercado norte-americano. Do US$1,3 trilhão em dívida Alt-A pendente no final de 2008, mais de US$600 bilhões dela tinham sido securitizadas, aproximadamente o mesmo que os títulos *subprime* pendentes.

A crise do crédito de 2007–2008 renovou boa parte do debate sobre o uso da securitização. Historicamente, a securitização tem sido vista como um dispositivo bem-sucedido para criar mercados líquidos para muitos empréstimos e outros instrumentos de dívida que não eram negociáveis e, portanto, não podiam ser retirados dos demonstrativos financeiros dos bancos e outras organizações financeiras que estavam originando a dívida. Ao securitizar a dívida, carteiras de empréstimos e outros instrumentos de dívida podiam ser reunidos e revendidos para um mercado mais líquido, liberando as instituições originadoras para concederem mais empréstimos e aumentarem o acesso ao financiamento de dívidas a mais pessoas interessadas em hipotecas ou a tomadores comerciais.

O problema, porém, é que a securitização pode degradar a qualidade do crédito. Enquanto o credor, ou originador, estava "preso" com o empréstimo, ele podia assegurar a qualidade do empréstimo e a capacidade do tomador de pagar na hora certa. O credor tinha um interesse velado em continuar a monitorar o comportamento do mutuário ao longo da vida da dívida.

A securitização, no entanto, quebrava essa ligação. Agora o originador podia originar e vender a empréstimo, não sendo responsabilizado pela capacidade do tomador de cumprir as obrigações do em-

---

[4] Liquidez não é um conceito muito facilmente compreendido. Um exemplo relevante seria a possibilidade de proprietários de imóveis residenciais venderem seus imóveis e receberem a íntegra do pagamento em dinheiro vivo. Apesar de eles poderem fazê-lo, provavelmente receberiam um pagamento em dinheiro muito abaixo do real valor do ativo – o valor de mercado justo.

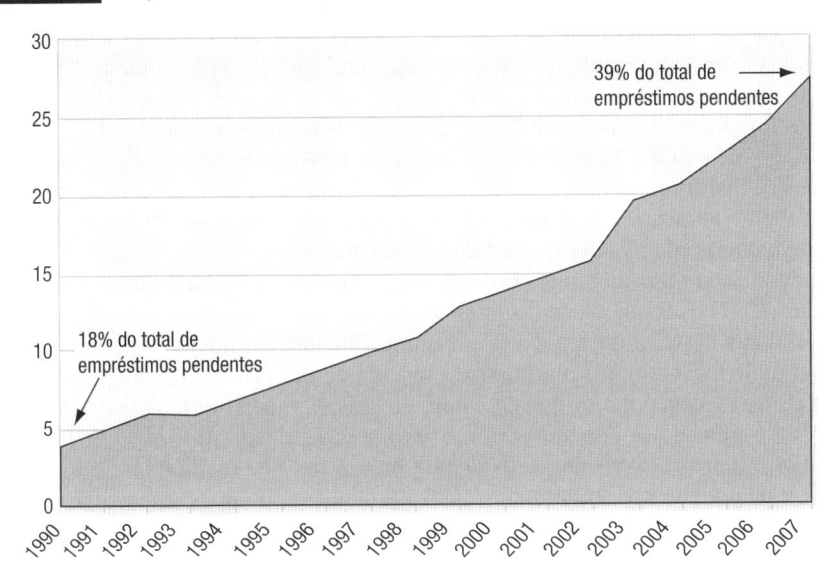

CAPÍTULO 5 Desafios Atuais das Finanças Internacionais: a Crise do Crédito de 2007-2009

> **QUADRO 5.3** Empréstimos securitizados pendentes (trilhões de dólares americanos)

Fonte: U.S. Federal Reserve, NERA Economic Consulting, citado em "Securitisation: Fear and Loathing and A Hint of Hope," *The Economist*, 14 de fevereiro de 2008.

empréstimo. Críticos discutem que a securitização fornece incentivos para uma avaliação de crédito rápida e possivelmente ruim. Os originadores, isto é, os credores, agora podiam se focar em gerar mais e mais tarifas (fees) através de mais empréstimos, sem estar preocupados com o desempenho do empréstimo ao longo do tempo. O modelo originar-e-distribuir (*originate-to-distribute* ou OTD) agora estava fragmentando os riscos e retornos bancários tradicionais. Sob o modelo OTD, uma vez que o empréstimo tivesse sido concedido e revendido, a habilidade de qualquer instituição que vendesse a carteira de empréstimos de acompanhar e monitorar o comportamento do mutuário tornava-se insignificante.

Os proponentes da securitização reconhecem que ela permitia que mais hipotecas e empréstimos *subprime* fossem emitidos. Mas esses mesmos créditos davam a mais e mais compradores de imóveis residenciais e mais operadores comerciais um financiamento de custo mais baixo, tornando a casa própria e atividades de pequenas empresas mais acessíveis. Além disso, apesar de claramente haver abusos na originação de hipotecas *subprime*, muitos acreditavam que o sistema norte-americano era particularmente vulnerável, sem exigências ou princípios suficientes em vigor quanto aos critérios de qualidade de crédito como, por exemplo, o histórico creditício. Os proponentes da securitização discutem que se esses erros forem corrigidos, a securitização teria a capacidade de realmente alcançar seus objetivos de criar mercados mais líquidos e eficientes sem degradar a qualidade dos instrumentos e obrigações.

É claro que a securitização sozinha não garante um mercado para as obrigações. A securitização simplesmente mudou sua forma, mas ainda havia a necessidade de um mercado para as obrigações que não estão em conformidade.

Veículos de investimento estruturado

A organização que preencheu esse nicho de mercado, o comprador de grande parte das dívidas securitizadas não conformes, foi o veículo de investimento estruturado. O veículo de investimento estruturado (*structured investment vehicle* ou SIV) era a última palavra em dispositivos de intermediação financeira: tomava empréstimos em posição vendida a descoberto e investia em posição comprada de longo prazo. O SIV era uma entidade fora do balanço (isto é, não era incluída nos demonstrativos financeiros da instituição) criada inicialmente pelo Citigroup em 1988. Foi projetado para permitir que um banco criasse uma entidade de investimento que investiria em ativos de longo prazo e alta rentabilidade como títulos de dívida de grau especulativo, títulos com lastro em hipoteca (MBSs), e obrigações de dívida colateralizadas (*collateralized debt obligations* ou CDOs), enquanto financiava a si próprio através de emissões de papel comercial (*commercial paper* ou CP). O CP há muito tempo era uma das fontes de financiamento de menor custo para qualquer empresa. O problema, é claro, é que os compradores de emissões de CP têm de ter fé na qualidade de crédito da unidade de negócios. E isso, no final das contas, foi o fim do SIV.

O Quadro 5.4 fornece um breve panorama da estrutura básica do SIV. O financiamento do SIV típico era bastante simples: usando um mínimo de capital próprio, o SIV tomava empréstimos em posição muito curta – *commercial paper* (CP), interbancário, ou notas de médio prazo. Os bancos patrocinadores forneciam linhas de crédito de garantia para garantir as mais altas classificações de crédito para emissões de CP. O SIV usava, então, os recursos financeiros obtidos para comprar carteiras de títulos de maior rentabilidade que mantinham classificações de crédito de rating de grau de investimento. O SIV gerava, então, uma margem de juros, aproximadamente uma média de 0,25%, agindo como um intermediário no processo de *shadow banking*.

É a qualidade de crédito de muitos dos ativos comprados – por exemplo, obrigações de dívida colateralizadas (CDOs), como descritas na próxima seção, que foi o assunto de grande parte do debate *ex post*. Uma carteira de hipotecas *subprime*, que, por definição, não possui qualidade de crédito com grau de investimento, muitas vezes recebia o grau de investimento devido à crença na teoria de carteiras. A teoria defende que enquanto um único grande mutuário *subprime* constitui um risco significativo, uma carteira de mutuários *subprime* securitizada (dividida em diversos pedaços, em certo sentido), representava significativamente menos risco de inadimplência e, portanto, podia receber o status de grau de investimento.

No entanto, a teoria acabou provando ser falsa. Quando o *boom* habitacional entrou em colapso em 2007, as hipotecas subprime por trás dessas CDOs falharam, fazendo o valor da carteira de ativos do SIV cair em valor instantaneamente (a contabilidade de marcação a mercado exigia uma reavaliação dos ativos em tempo real). Quando os valores dos ativos caíram, os compradores de CP baseado em SIVs desapareceram. Como os bancos patrocinadores de muitos SIVs tinham que fornecer linhas de crédito de garantia para que seus SIVs obtivessem qualidade de crédito A1/P1 para começar, os bancos foram forçados a dar um passo atrás e financiar seus próprios SIVs. Na segunda metade de 2007 e primeira metade de 2008, a maioria dos SIVs ou estavam fechados ou tinham sido reconsolidados com seus bancos patrocinadores. Em outubro de 2008, os SIVs já eram coisa do passado.

No final, tanto o nascimento quanto a morte do SIV foram um tanto que simbólicos das três principais forças que muitos acreditam estar por trás da crise de 2007 e 2008: instrumentos financeiros complexos, entidades contábeis fora do balanço e maior uso de alavancagem.

"Os SIVs são apenas uma parte da história dos problemas de crédito em 2007 e 2008, mas eles são esclarecedores porque incluem três elementos que contribuíram para perturbações em outros lugares. Primeiramente, eles envolviam o uso de títulos inovadores, que, na melhor das circunstâncias, eram difíceis de avaliar e que tinham um histórico curto demais para indicar como eles se

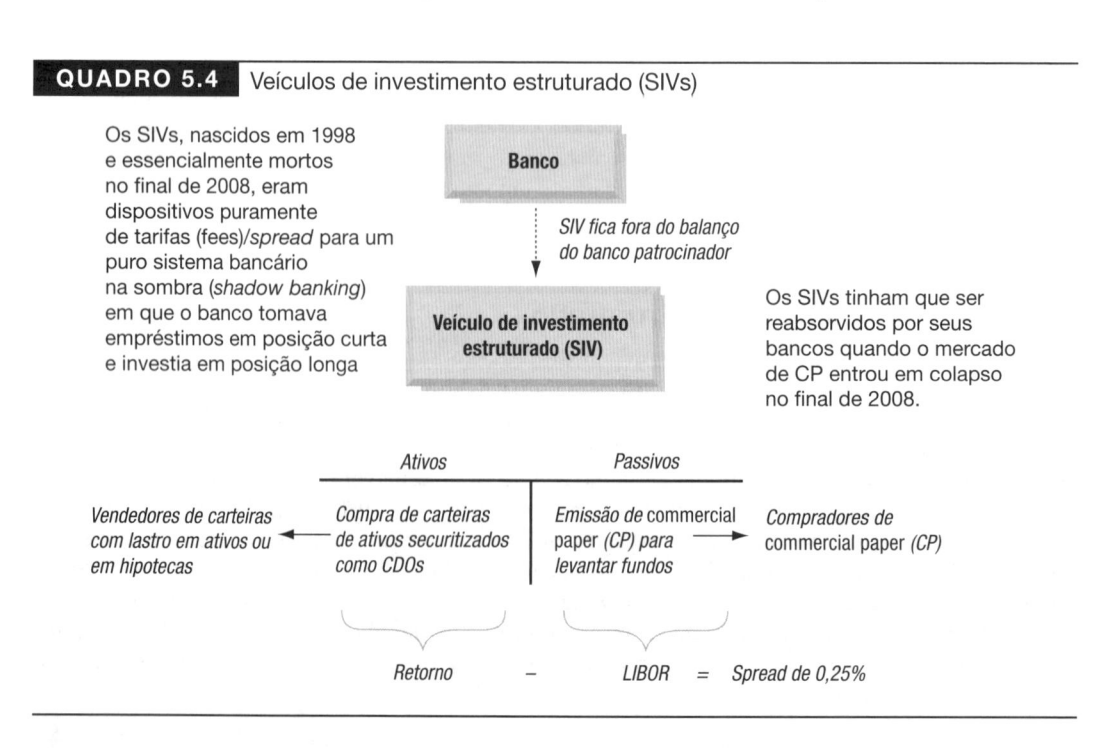

QUADRO 5.4 Veículos de investimento estruturado (SIVs)

Os SIVs, nascidos em 1998 e essencialmente mortos no final de 2008, eram dispositivos puramente de tarifas (fees)/*spread* para um puro sistema bancário na sombra (*shadow banking*) em que o banco tomava empréstimos em posição curta e investia em posição longa

Banco

SIV fica fora do balanço do banco patrocinador

Veículo de investimento estruturado (SIV)

Os SIVs tinham que ser reabsorvidos por seus bancos quando o mercado de CP entrou em colapso no final de 2008.

Ativos	Passivos
Vendedores de carteiras com lastro em ativos ou em hipotecas → Compra de carteiras de ativos securitizados como CDOs	Emissão de *commercial paper (CP)* para levantar fundos → Compradores de *commercial paper (CP)*

Retorno − LIBOR = Spread de 0,25%

comportariam em uma severa retração do mercado. Em segundo lugar, os riscos foram subestimados: os SIVs eram uma forma de especulação extremamente alavancada, que dependia da premissa de que os mercados sempre forneceriam liquidez. Finalmente, eles eram entidades fora do balanço: poucos nos mercados (ou talvez nas agências reguladoras) tinham uma ideia precisa do escopo ou da natureza de suas atividades até os problemas aparecerem. O resultado da interação desses fatores com uma forte retração do mercado habitacional é o período mais prolongado de instabilidade nos mercados financeiros dos EUA desde a Grande Depressão".

— "Averting Financial Crisis", Reportagem da CRS para o Congresso, por Mark Jickling, Congressional Research Service, October 8, 2008, p. CRS-5.

Quando a crise de crédito de 2008 se aprofundou, entrando na recessão de 2009, muitos legisladores e reguladores em diversos países e continentes debateram a possível regulamentação de derivativos financeiros que pudessem ter contribuído para a crise. Os governos da União Europeia e dos Estados Unidos analisaram de perto os dois derivativos específicos – obrigações de dívidas colateralizadas (CDOs) e os *swaps* de inadimplência creditícia (*credit default swaps* CDSs) – para determinar que papel eles desempenhavam na crise, e se e como eles poderiam ser mantidos sob maior controle.

Obrigações de dívida colateralizadas (Collaterized Debt Obligations – CDOs)

Um dos principais instrumentos nessa nova crescente securitização eram as obrigações de dívida colateralizadas, ou CDO, representadas no Quadro 5.5. Os bancos que originavam empréstimos hipotecários, e empréstimos e títulos de dívida corporativos, agora podiam criar uma carteira desses instrumentos de dívida e reuni-los como um título com lastro em ativos. Uma vez reunidos em um "pacote", o banco passava o título adiante para um veículo de propósitos específicos (*special purpose vehicle* ou SPV), geralmente localizado em um centro financeiro *offshore* como as Ilhas Cayman para obter vantagens jurídicas e tributárias.[5] Os SPVs ofereciam diversas vantagens distintas, como a possibilidade de permanecer fora do balanço se financiado e operado apropriadamente. De lá, a

QUADRO 5.5 Obrigações de dívida colateralizadas

As obrigações de dívida colateralizadas, CDO, são um instrumento derivativo criado a partir de hipotecas e empréstimos originados em bancos, combinados a obrigações de dívida similares em uma carteira, e então revendidos através de underwriters de transações de investimento bancário para uma variedade de investidores. A classificação de crédito das CDO, baseadas em seus componentes constitutivos, é crucial para que elas sejam atraentes aos investidores.

---

[5] Alguns leitores talvez se lembrem do passado infame do SPV devido ao seu amplo uso pela Enron para adquirir mais e mais dívidas – fora do balanço – de modo a alimentar seu modelo de negócios continuamente fracassado no final da década de 1990.

CDO era vendida para um mercado cada vez maior através de subscritoras ou *underwriters*. Isso liberava recursos financeiros dos bancos para originar mais e mais empréstimos, recebendo uma variedade de taxas ou tarifas ou fees. Um fee típico era de 1,1% à vista para a subscritora da CDO. O colateral na CDO era o imóvel, ou aeronave ou equipamento pesado ou outra propriedade que tiver sido adquirida com o empréstimo.

Essas CDOs eram vendidas ao mercado em categorias que representavam a qualidade de crédito dos tomadores das hipotecas – tranches sênior (com classificação AAA), mezanino ou intermediários (de AA descendo até BB), e tranches *equity* (abaixo de BB, *status* de título podre ou junk bonds, muitos dos quais não eram classificados). A colocação das CDOs no mercado, bem como sua venda propriamente dita, era realizada pelos principais bancos de investimento que agora achavam a receita das tarifas fácil e lucrativa. Esses bancos, como Lehman Brothers, Bear Stearns, AIG e outros, mais tarde lamentariam o dia em que comprometeram seu futuro ao seu novo vício em CDOs. O Quadro 5.5 traça este fluxo de CDOs para o comprador.

Apesar de à primeira vista isso parecer relativamente simples, na prática acabava sendo bastante confuso. Uma coleção de títulos de dívida corporativos ou hipotecas subprime eram combinadas em uma carteira – a CDO. A CDO era, então, passada a uma empresa de classificação de crédito, como a Moody's, S&P e Fitch, para serem classificadas quanto à sua segurança. As empresas de classificação de crédito eram pagas por sua classificação e geralmente sofriam fortes pressões para concluir sua análise e classificação da CDO com rapidez. Consequentemente, era uma prática comum usar as informações da classificação fornecida pelo *underwriter*, em vez de fazer uma análise de crédito minuciosa própria. Um segundo problema, que muitas vezes gera confusões, é que também era possível para uma coleção de títulos de dívida, digamos, de títulos BB, ser classificada acima de BB quando combinada em uma CDO. No final das contas, as classificações fornecidas pelas empresas de classificação de crédito eram cruciais para a subscritora conseguir colocar as CDOs no mercado rapidamente e a um preço favorável. Muitas instituições de investimento tinham declarações de rígidas políticas de investimento em vigor que exigiam o status de grau de investimento (BBB e acima) para aquisição.

A CDO agora tornara-se o "ativo *du jour*" preferido, já que instituições financeiras de todos os tipos, de fundos de pensão a fundos de *hedge*, compravam os ativos e obtinham as taxas de juros e retornos relativamente altos enquanto a economia, e os mercados de empréstimos imobiliários e de empréstimos hipotecários cresciam de 2001 a 2007. Esses mercados, auxiliados substancialmente por mercados de ações de baixo desempenho e taxas de juros relativamente baixas, se beneficiavam do fato de os investidores estarem passando rapidamente ao investimento em imóveis e à especulação. Em 2007, o mercado de CDOs tinha chegado a um nível recorde de mais de US$600 bilhões.

Obviamente, o valor real da CDO não era melhor ou pior do que seus dois principais determinantes de valor. O primeiro era o desempenho do colateral da dívida que a CDO mantinha, os pagamentos em andamento que eram realizados pelos tomadores originais sobre suas hipotecas individuais. Se por qualquer motivo esses tomadores não conseguissem realizar pagamentos de juros e amortizações de dívida antes do vencimento, de mudança nas taxas de juros a mudanças em sua renda, os valores das CDOs caíam. O segundo determinante, que foi o que passou despercebido até a ocorrência da crise, era a disposição de muitas instituições e negociantes de CDOs a continuar criando um mercado para o derivativo. Este componente de liquidez viria a se mostrar desastroso.

Propriedade. Uma das preocupações sobre as CDOs desde o início, expressa por diversas pessoas, inclusive Warren Buffet, o famoso investidor norte-americano, era a de que o originador da CDO não tinha nenhuma ligação ou responsabilidade quanto à hipoteca. Uma vez que o empréstimo hipotecário tivesse sido realizado e a CDO estruturada e vendida, o credor da hipoteca não tinha mais nenhuma responsabilidade em relação ao desempenho do empréstimo. Isso normalmente era visto como uma falha fatal, pois fornecia um incentivo significativo para que os originadores da hipoteca concedessem mais e mais empréstimos com qualidade de crédito duvidosa, recebendo seus fees e passando os títulos adiante para o mercado. É claro que os compradores no mercado também eram responsáveis por sua devida diligência sobre a qualidade dos ativos que estavam comprando. Eles também achavam bastante fácil passar as CDOs adiante para mais e mais participantes do mercado, fossem eles instituições como a Freddie Mac nos Estados Unidos, ou organizações comerciais ou de investimento em Londres, Paris, Hong Kong ou Tóquio.

Cuidado com a discrepância. Um segundo aspecto do potencial fracasso era como as CDOs se encaixavam nas estruturas organizacionais das próprias instituições financeiras. Os empréstimos hipotecários originais eram um ativo extremamente ilíquido, e tipicamente eram mantidos no que poderia ser chamado de "livro de empréstimos" ou carteira de crédito de uma instituição financeira. Uma vez que as hipotecas tivessem sido combinadas em uma carteira securitizada, a CDO, elas passavam a ser comercializadas em um mercado relativamente invisível, sem regulamentação real ou divulgação de atividades. As CDOs eram mantidas no "livro de mercado" ou carteira de negociação das instituições financeiras. Em diversas organizações, esses livros diferentes significavam diferentes departamentos, pessoal e atividades de monitoramento. A responsabilização geralmente falhava.

O mercado de CDO chegou ao que alguns banqueiros de investimento caracterizaram como um "frenesi alimentar" no outono de 2006, quando o apetite por novas emissões parecia insaciável. Nasciam as CDOs sintéticas. Essas eram as estruturas em que a CDO propriamente dita na verdade não detinha dívida, mas eram construídas puramente de contratos de derivativos combinados de modo a "simular" os fluxos de caixa de muitas outras CDOs. Uma emissão, a CDO Mantoloking oferecida pela Merrill Lynch em outubro de 2006, foi representativa de um outro extremo. A Mantoloking era uma "CDO ao quadrado", uma CDO que detinha outras CDOs. À medida que mais e mais CDOs eram criadas, todos os componentes *subprime* que não eram desejados ou aceitáveis para possíveis investidores eram agrupados; a Mantoloking era, efetivamente, uma "lixeira".[6] Os instrumentos de "CDO ao quadrado" não somente detinham empréstimos e títulos de dívida de qualidade cada vez mais baixa, mas também tipicamente eram CDOs extremamente subordinadas aos instrumentos originais aos quais serviam de suporte.

Independentemente das fraquezas da CDO, em 2007 ela tinha se tornado a base das atividades de investimento bancário globalmente. Quando surgiram as primeiras verdadeiras fraturas no mercado em 2007, a CDO tinha se espalhado para todos os cantos do mercado financeiro global. Muitos viriam a discutir que a CDO agiria como um câncer para o futuro da saúde do sistema. O começo do fim foi o colapso de dois fundos de *hedge* da Bear Stearns em julho de 2007. Ambos os fundos eram formados quase que integralmente por CDOs. Em menos de um mês o mercado de CDOs tinha se tornado completamente ilíquido. Qualquer pessoa que tentassem liquidar uma CDO encontraria ofertas que se aproximavam de oito centavos por dólar. O mercado efetivamente entrou em colapso, como ilustra o Quadro 5.6.

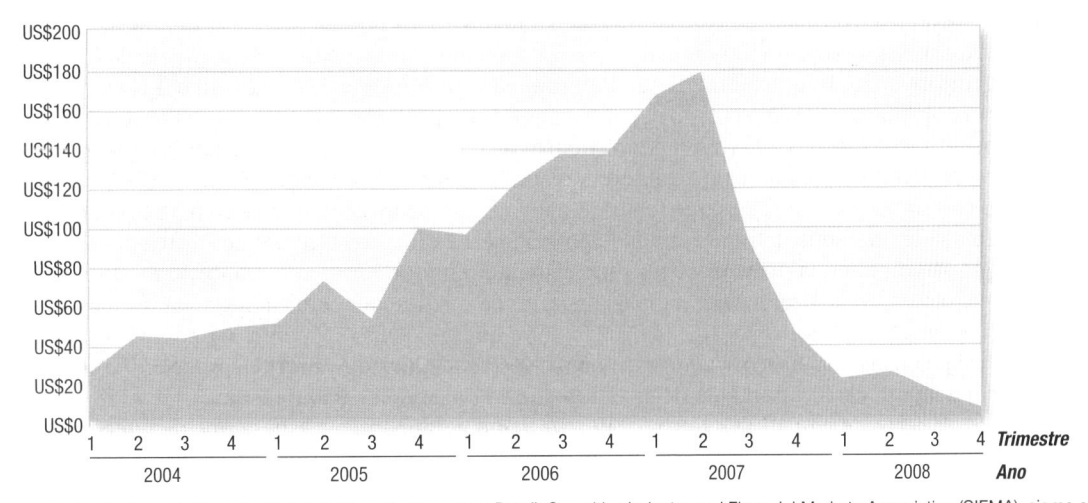

QUADRO 5.6 Emissão global de CDO, 2004–2008 (bilhões de dólares americanos)

Fonte: Dados extraídos de "Global CDO Market Issuance Data", Securities Industry and Financial Markets Association (SIFMA), sigma.org.

---

[6] "Frenzy", Jill Drew, The Washington Post, terça-feira, 16 de dezembro de 2008, p. A1.

Swaps de inadimplência de crédito (Credit Default Swaps – CDSs)

"Apesar de seu nome proibitivo, o CDS é uma ideia simples: ele permite que um investidor compre seguros contra uma empresa que esteja sendo inadimplente em seus pagamentos de dívida. Quando foi inventado, o CDS era um conceito útil, porque mais pessoas se sentiam confortáveis detendo títulos de dívida corporativa por poderem eliminar o risco de a emissora falir. O apetite extra por dívida ajudou a baixar o custo de capital".

—"Derivatives: Giving Credit Where It Is Due," The Economist, 6 de novembro de 2008.

O segundo derivativo que gerava crescentes preocupações era o *Credit default swap* (CDS). O CDS era um contrato, um derivativo, que derivava seu valor da qualidade e do desempenho de crédito de qualquer ativo especificado. O CDS era novo, inventado por uma equipe da JPMorgan em 1997, e projetado para transferir o risco de inadimplência a terceiros. Em resumo, era uma maneira de apostar se uma hipoteca ou título específico atrasaria o pagamento ou simplesmente deixaria de ser pago. Em alguns casos, para fazer *hedge*, ele oferecia seguro contra a possibilidade de um tomador não pagar. Em outros casos, era uma maneira de um especulador poder apostar que títulos de risco cada vez mais alto (como o CDO) manteriam seu valor. E o que era singular é que era possível fazer a aposta sem mesmo deter ou sem estar diretamente exposto ao instrumento de crédito propriamente dito.

O CDS estava completamente fora dos limites regulatórios, tendo obtido uma proteção incomparável em decorrência da Lei de Modernização dos Mercados Futuros de *Commodities* de 2000. O CDS era, na verdade, uma posição ou jogada que era considerada ilegal há mais de um século – isso até se realizar sua desregulamentação no mercado financeiro em 1999 e 2000. Um *bucket shop* era um tipo de casa de apostas em que se podia especular se determinadas ações iriam subir ou cair no preço sem nem mesmo deter tais ações. Observe que isso não é o mesmo que uma posição curta (ou a descoberto). Uma posição curta (ou a descoberto) ocorre quando um especulador aposta que um título sofrerá uma queda de preço e concorda em vender uma ação existente a uma segunda parte em uma data futura a um preço especificado. O especulador espera que o preço realmente caia, de modo que a ação possa ser comprada no mercado aberto a um preço mais baixo. Ele poderia, então, usar essa ação para cumprir a obrigação de revenda. A fim de subscrever ou vender as posições, seria necessário apenas encontrar uma contraparte disposta a assumir a posição oposta (em vez de realmente deter as ações). Consequentemente, o mercado de CDS, estimado em US$62 trilhões em seu pico, cresceu até um tamanho muitas vezes maior do que os instrumentos de crédito subjacentes para cuja proteção ele foi criado.

Os fluxos de caixa e posições de CDSs são ilustrados no Quadro 5.7. A organização que deseja adquirir seguro contra uma possível queda na qualidade de crédito (chamada de *hedger*), ou qualquer organização que acredite que determinado evento de crédito negativo irá ocorrer no curto prazo (chamado de especulador), é o comprador da proteção. O vendedor da proteção é qualquer organização que deseje assumir o lado oposto da transação, independentemente de se a instituição é proprietária ou possui qualquer interesse específico no ativo ou instrumento de crédito em questão. É esta dimensão dos CDSs que tem sido o alvo de preocupações; de que os participantes no mercado não tenham que deter propriedade propriamente dita ou interesses nos instrumentos de crédito que são o cerne da proteção. Eles simplesmente têm que ter uma opinião. Acabou-se verificando que eles também precisavam ter mais dinheiro do que tinham para cumprir sua promessa de proteção. Uma outra preocupação cada vez maior é que os CDSs realmente permitem que os bancos se desliguem de suas ligações com seus tomadores, reduzindo, dessa forma, os incentivos para selecionar e monitorar a capacidade de esses tomadores pagarem seus empréstimos.

A parte de cima do Quadro 5.7 ilustra o que geralmente se espera que aconteça ao longo do tempo com as posições e obrigações do comprador e do vendedor da proteção. O comprador faz pagamentos de prêmio nominais regulares ao vendedor enquanto durar seu contrato. Não havendo nenhum evento de crédito negativo significativo durante o prazo do contrato, o vendedor da proteção obtém seus prêmios ao longo do tempo, nunca tendo que fazer uma liquidação de sinistro significativa. Em essência, é um simples seguro.

A parte de baixo do Quadro 5.7, no entanto, conta uma história muito diferente. Esse é o caso em que, digamos no Período 4 do acordo de *swap*, o instrumento de crédito no cerne do contrato sofre um evento de crédito (p. ex.: falência). Então, o vendedor da proteção tem que cumprir sua

QUADRO 5.7 Fluxos de caixa sob um *swap* de inadimplência de crédito

Comprador da proteção
O *comprador do CDS* deseja se segurar contra a inadimplência do tomador. O *comprador* faz, então, pagamentos regulares ao vendedor, provavelmente nunca recebendo o seguro.

[Diagrama: Empréstimo ou ativo, com pagamentos em $t_1, t_2, t_3, t_4, t_5, \ldots, t_n$ de t_0 até t_n]

Vendedor da proteção O *vendedor* recebe pagamentos regulares por prover o seguro, esperando nunca ter que realmente fazer um pagamento de indenização de seguro (liquidação de sinistro) por inadimplência ou falência.

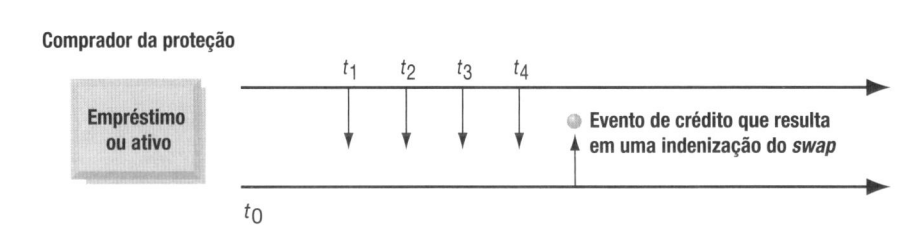

Comprador da proteção

[Diagrama: Empréstimo ou ativo, com pagamentos em t_1, t_2, t_3, t_4 e Evento de crédito que resulta em uma indenização do *swap*]

Vendedor da proteção Se o empréstimo ou ativo sofrer um "evento de crédito" o *vendedor* faz um pagamento ao *comprador*, e o contrato é encerrado (não haverá novos pagamentos entre as partes).

---

obrigação de fazer um pagamento de indenização (liquidação de sinistro) para o comprador da proteção. Tudo o que é necessário para a conclusão de um contrato bem-sucedido é que o vendedor da proteção realmente tenha capital suficiente ou seu próprio seguro para cobrir suas obrigações. Mas, citando Shakespeare, "eis o dilema" (*"ay, that's the rub"*).[7] Questões também surgem em relação à adequação de capital. Segundo a revista *The Economist*, os vendedores de CDSs em 2007 estavam em toda a parte em uma variedade de instituições financeiras. Todos se amontoavam no mercado: 44% bancos, 32% fundos de *hedge*, 17% empresas de seguros, 4% fundos de pensão, e 3% outros.[8]

Em decorrência do crescimento do mercado de CDS em um segmento completamente desregulamentado, não havia nenhum registro ou documentação real das emissões, nenhuma exigência dos *underwriters* e vendedoras de que eles tivessem o capital adequado para garantir o cumprimento contratual, e nenhum mercado real para garantir a liquidez – dependendo de acordos entre as contrapartes uma a uma. Como mostra o Quadro 5.8, o mercado sofreu um *boom*. Novas propostas para a regulamentação do mercado se centralizavam em primeiro exigir que os participantes tenham uma verdadeira exposição a um instrumento de crédito ou obrigação. Isso eliminava os especuladores de fora que simplesmente desejam assumir uma posição no mercado. Também era necessária a formação de algum tipo de câmara de compensação para fornecer uma troca e avaliação sistemática de todas as posições de CDS o tempo todo.

Os críticos da regulamentação discutem que o mercado já enfrentou muitos desafios, como a falência da Bear Stearns e do Lehman Brothers (que, em certa época, estima-se terem sido vendedores de 10% das obrigações de CDS de todo o mundo), a quase falência da AIG e as inadimplências da Freddie Mac e Fannie Mae. Apesar desses desafios, o mercado de CDS continua a funcionar e talvez tenha aprendido suas lições. Os proponentes da regulamentação discutem que apenas uma maior transparência da atividade poderia fornecer informações suficientes para uma crescente resiliência e liquidez do mercado.

---

[7] Do famoso discurso de Hamlet que começa com "to be or not to be", de William Shakespeare, 1603.
[8] "Credit Derivatives: The Great Untangling", The Economist, 6 de novembro de 2008.

| QUADRO 5.8 | Crescimento do mercado de *credit default swap* |

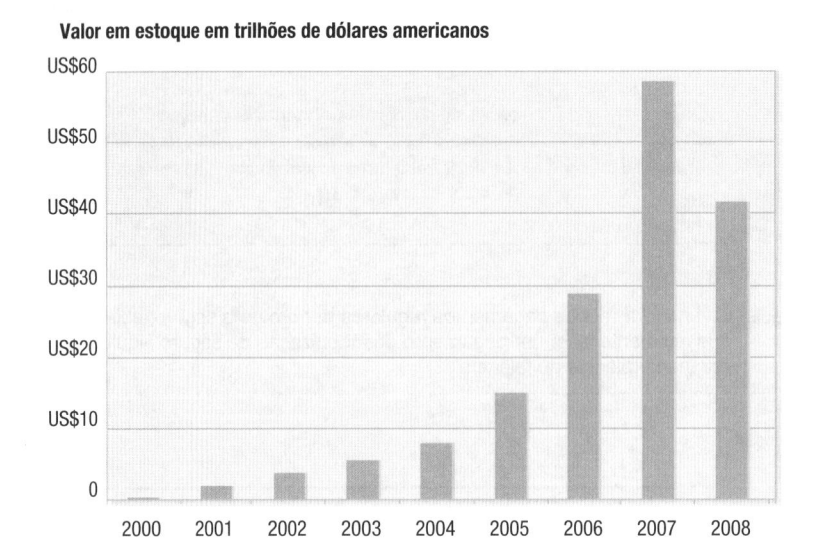

Valor em estoque em trilhões de dólares americanos

[Gráfico de barras mostrando valores de 2000 a 2008, com crescimento acentuado até 2007 (~US$58 trilhões) e queda em 2008 (~US$42 trilhões)]

Fonte: Dados extraídos da Tabela 19: Amounts Outstanding of Over-the-Counter-Derivatives, by Risk Category and Instrument, *BIS Quarterly Review*, Junho de 2009, bis.org.

"O que levanta uma questão de US$55 trilhões. Se as empresas falirem em massa, o que acontecerá com os derivativos que seguram contra inadimplência, conhecidos como CDS? O colapso do Lehman Brothers, um banco de investimento, e outros desastres financeiros, aumentam o medo de que os vendedores desses produtos, a saber, bancos e empresas de seguros, não honrem seus compromissos. Uma cascada de inadimplências poderia ser multiplicada muitas vezes através dos derivativos, fazendo ainda um novo buraco no sistema financeiro. Uma vez considerados uma maravilhosa ferramenta de administração de riscos, os CDSs hoje parecem que ampliarão o risco, em vez de mitigá-lo".

—"Dirty Words: Derivatives, Defaults, Disaster ...,"
por Henry Tricks, The World, 19 de novembro de 2008.

Melhoria de crédito

Um último elemento silenciosamente em funcionamento nos mercados de crédito a partir do final da década de 1990 foi o processo da *melhoria ou aprimoramento de crédito*. Melhoria de crédito é o método de tornar os investimentos mais atraentes a possíveis compradores reduzindo seu risco percebido. Em meados da década de 1990, os *underwriters* de diversos títulos com lastro em ativos (*asset-backed securities* ou ABSs) geralmente usavam agências de seguro de títulos de dívida para tornar seus produtos mais "seguros" tanto para eles quanto para os compradores potenciais. Essas agências de seguro de títulos eram terceiros, não uma parte direta da subscrição e venda, mas alguém que oferecia garantias no caso de inadimplência. A prática foi amplamente usada especificamente na subscrição de ABSs de empréstimos com garantia hipotecária.

A partir de 1998, no entanto, foi introduzida uma abordagem mais inovadora à melhoria de crédito, na forma de subordinação. O processo de subordinação, ilustrado no Quadro 5.9, combinava diferentes grupos de ativos (títulos corporativos, MBSs, ABSs, etc.) de diferentes qualidades de crédito em diferentes tranches separados por qualidade de crédito. Tranches sênior continham empréstimo de alta qualidade, e tranches mezanino e júnior eram formadas por empréstimos de qualidade relativamente mais baixa, como os Alt-A e os empréstimos jumbo. Esses eram empréstimos que, em muitos aspectos, eram não conforme – tecnicamente, mas ainda assim eram considerados de qualidade relativamente alta e de baixo risco para o investidor. As tranches finais, as tranches subordinadas, eram compostas de empréstimos *subprime* que eram claramente considerados de mais alto risco, e consequentemente

CAPÍTULO 5 Desafios Atuais das Finanças Internacionais: a Crise do Crédito de 2007-2009

QUADRO 5.9 Construção das CDOs e melhoria de crédito

As CDOs eram construídas como carteiras de instrumentos securitizados que misturava ativos de diferentes níveis de risco a fim de fornecer maiores retornos aos investidores. Uma CDO típica combinava tranches com base na classificação de dívida (AAA, A, etc.) e tranches *equity*.
Ao incluir componentes de tranches de qualidade de crédito mais baixa, esperava-se que o retorno geral da CDO melhorasse, enquanto o risco geral—em decorrência da carteira—permanecia aceitável.

Subordinação	Tranche e rating	Possível retorno de juros	Cascata de pagamentos
Dívida mezanino sênior	AAA	LIBOR + 50 bp	
	A	LIBOR + 150 bp	
Dívida mezanino júnior	BBB	LIBOR + 300 bp	
	BB	LIBOR + 800 bp	
Equity	Não classificado	Residual	

No caso do ativo da carteira ser inadimplente e falir, a cascata de pagamentos (*cash waterfall*) estabeleceria a prioridade de cima para baixo, com as posições mezanino mais baixas e equity/residual provavelmente recebendo um fluxo de caixa pequeno no resgate.

---

estavam pagando juros mais altos. Eram os juros mais altos dos componentes *subprime* que faziam o pacote inteiro combinado gerar uma rentabilidade mais alta, com um retorno de juros médio ponderado mais alto. Essas estruturas subordinadas eram particularmente atraentes para os detentores de tranches sênior, já que eles obtinham um retorno mais alto em decorrência dos componentes júnior e mezanino, mas mantinham direitos preferenciais de recebimento de pagamento no caso de inadimplência.

Um terceiro método de melhoria de crédito na era pós-bolha da alta tecnologia (pós-2000) foi o uso de *Credit default swaps* (CDSs) descritos na seção anterior. Um CDS poderia ser utilizado pelo comprador de uma CDO que detém uma variedade de títulos com lastro em ativos ou em hipotecas para obter proteção adicional contra a inadimplência das CDOs a taxas que mostraram ser relativamente baratas.

A QUEDA: A CRISE DE 2007 E 2008

O mercado habitacional começou a vacilar no final de 2005, com sinais cada vez maiores de colapso durante todo o ano de 2006. A bolha finalmente estourou na primavera de 2007. Os Estados Unidos não estavam sozinhos, já que os mercados imobiliários do Reino Unido e da Austrália seguiam caminhos similares. O que ocorreu depois foi literalmente um efeito dominó de colapso de empréstimos e títulos, seguidos pelos fundos e instituições que os detinham. Em julho de 2007, dois fundos de *hedge* na Bear Stearns que detinham uma variedade de CDOs e outros ativos com lastro hipotecário faliram. Logo depois, a Northern Rock, uma grande organização bancária britânica, foi resgatada da beira do colapso pelo Banco da Inglaterra. No início de setembro de 2007, os mercados financeiros globais chegaram à beira do pânico, quando inúmeras instituições financeiras em diversos continentes sofreram corridas ao banco. As taxas de juros subiram, as bolsas de valores sofreram quedas e as primeiras etapas da crise afetaram a economia global.

2008 se mostrou ainda mais volátil do que 2007. Os preços do petróleo bruto – assim como o preço de quase todas as outras *commodities* – subiram a taxas astronômicas na primeira metade do ano. O crescimento maciço nas economias chinesa e indiana e, na verdade, em muitas economias emergentes em todo o mundo, continuaram ininterruptamente. E, de repente, parou. O preço do petróleo bruto atingiu seu pico a US$147/barril em julho e então caiu vertiginosamente, como ocorreu com o preço de quase todas as outras *commodities*, incluindo o cobre, o níquel, a madeira, o concreto e o aço.

Quando os mercados hipotecários vacilaram, o Banco Central (Fed) dos EUA interveio. No dia 10 de agosto de 2008, o Fed comprou um recorde de US$38 bilhões em títulos com lastro hipotecário na tentativa de injetar liquidez nos mercados de crédito. No dia 7 de setembro de 2008, o governo norte-americano anunciou que estava colocando a Fannie Mae (Federal National Mortgage Association) e o Freddie Mac (Federal Home Loan Mortgage Corporation) em tutela. Em essência, o governo estava assumindo as instituições devido à sua quase insolvência. Durante a semana seguinte, o Lehman Brothers, um dos mais antigos bancos de investimento de Wall Street, lutava para sobreviver. Finalmente, no dia 14 de setembro, o Lehman pediu falência. Como descrito no minicaso no final deste capítulo, essa foi, sem dúvida, a maior falência individual da história dos Estados Unidos.

No dia 15 de setembro, os mercados responderam à queda do Lehman Brothers. As bolsas de valores sofreram uma grande queda. Em muitos aspectos, algo muito mais importante para a segurança financeira das empresas multinacionais, as taxas do dólar na LIBOR dispararam, como ilustra o Quadro 5.10, em decorrência da crescente percepção internacional do colapso financeiro das instituições bancárias dos EUA. No dia seguinte, a American International Group (AIG), o conglomerado de seguros norte-americano, recebeu uma injeção de US$85 bilhões do Fed americano em troca de uma participação de 80% em suas ações. A AIG estava com uma extensa exposição ao CDS. Apesar de os mercados de dólar aparentemente terem se acalmado, as semanas seguintes testemunharam uma alternância de períodos de colapso e calmaria à medida que mais e mais instituições financeiras faliam, se fundiam ou eram salvas por um surpreendente número de pacotes de socorro financeiro (*bailout packages*) e injeções de capital.

A crise de crédito agora começava com força total. Entre setembro de 2008 e a primavera de 2009, os mercados de crédito mundiais – empréstimos de todos os tipos – quase pararam. Os mercados de empréstimos corporativos agora demonstrava a seguinte complexa combinação de condições de crise:

- No final, as arriscadas atividades de investimentos bancários empreendidas após a desregulamentação, especialmente no mercado hipotecário, sobrepujaram as atividades bancárias comerciais dos bancos. Os empréstimos bancários comerciais tradicionais para financiamento

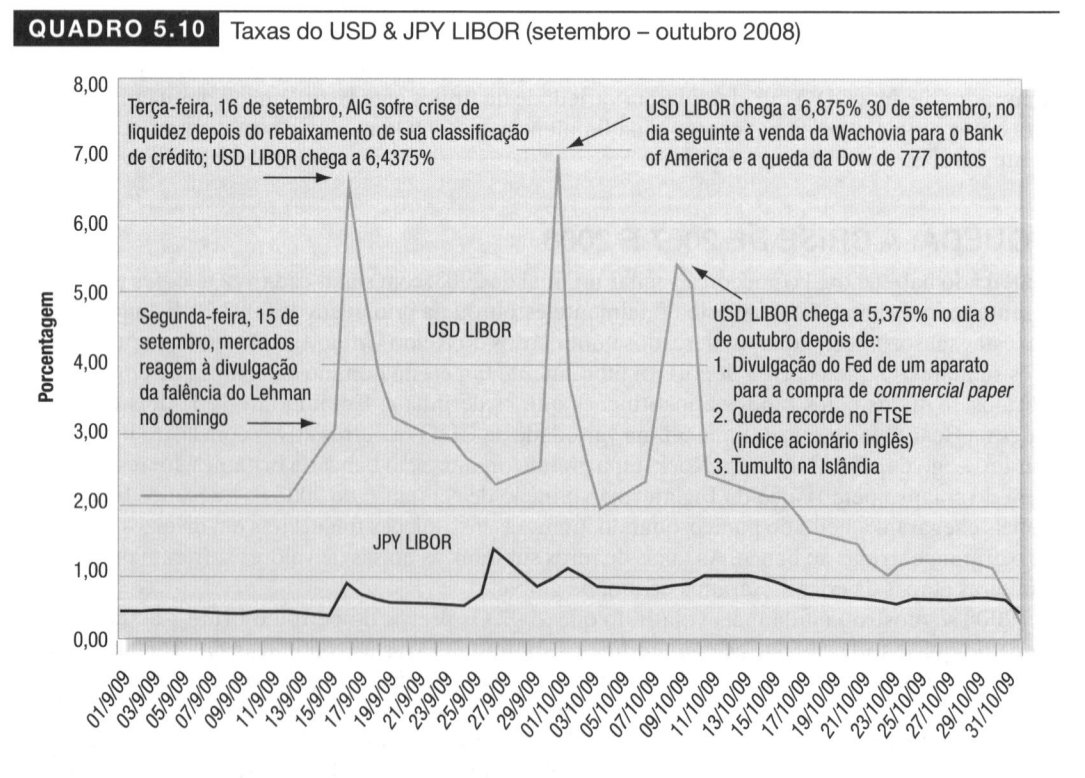

QUADRO 5.10 Taxas do USD & JPY LIBOR (setembro – outubro 2008)

Terça-feira, 16 de setembro, AIG sofre crise de liquidez depois do rebaixamento de sua classificação de crédito; USD LIBOR chega a 6,4375%

USD LIBOR chega a 6,875% 30 de setembro, no dia seguinte à venda da Wachovia para o Bank of America e a queda da Dow de 777 pontos

Segunda-feira, 15 de setembro, mercados reagem à divulgação da falência do Lehman no domingo

USD LIBOR chega a 5,375% no dia 8 de outubro depois de:
1. Divulgação do Fed de um aparato para a compra de *commercial paper*
2. Queda recorde no FTSE (índice acionário inglês)
3. Tumulto na Islândia

Fonte: Associação dos Banqueiros Britânicos (BBA). Taxas de empréstimo no *overnight*.

CAPÍTULO 5 Desafios Atuais das Finanças Internacionais: a Crise do Crédito de 2007-2009

de capital de giro, empréstimo para compra de veículos, empréstimos estudantis e dívidas de cartão de crédito foram arroxadas devido às grandes perdas das atividades bancárias de investimento. Assim começou o arrocho de crédito em todo o mundo, uma queda no preço dos ativos, maior desemprego, aumento do número de inadimplência no mercado de hipotecas e um mal-estar econômico geral em todo o mundo.

- O endividamento do setor corporativo tinha diversas "camadas", com as empresas maiores estando, na verdade, extremamente bem-posicionadas para aguentar a crise. As empresas das camadas intermediárias e inferiores em termos de tamanho, no entanto, dependiam fortemente de dívida, particularmente dívidas de curto prazo para financiar o capital de giro. Muitas agora estavam tendo problemas tanto em cumprir com as dívidas existentes quanto em ganhar acesso a novas dívidas para evitar condições de negócios decaídas.
- As empresas da Fortune 500 tinham duas características no balanço patrimonial que pareciam ter previsto a crise. Em primeiro lugar, o lado direito de seus balanços de pagamento era extremamente vazio. Eles mantinham níveis baixos recorde de dívida e títulos negociáveis do lado esquerdo do balanço patrimonial. Isso lhes dava dinheiro imediato se suas linhas de crédito bancários realmente secassem.
- Mesmo dentro da camada mais alta, das empresas menos endividadas, as repercussões continuavam. Muitos tesoureiros corporativos na Fortune 500 tinham então descoberto que grande parte de sua carteira de títulos negociáveis, investida tão segura e cuidadosamente com fundos mútuos e bancos de alta qualidade, na verdade tinha sido investida em diversos títulos, derivativos e fundos que agora estavam falindo, apesar de todas as declarações de políticas em vigor e às quais as empresas tinham supostamente aderido.
- Todos os tomadores corporativos foram repentinamente confrontados por bancos que estavam reduzindo seu acesso ao crédito. As empresas que não tinham linhas de crédito preexistentes não conseguiam ganhar acesso a fundos por nenhum preço. As empresas que tinham linhas de crédito preexistentes agora recebiam notificações de que suas linhas tinham sido reduzidas. (Isso aconteceu muito em Londres, mas também ocorreu em Nova York). Consequentemente, muitas empresas, apesar de não precisarem dos fundos, escolhiam sacar de suas linhas de crédito antes que elas fossem reduzidas. Essa era claramente uma resposta de pânico e, na verdade, funcionou de modo a reduzir a disponibilidade de crédito para todos.
- O mercado de *commercial papers* (CP) quase cessou suas operações em setembro e outubro. Apesar de o mercado de CP sempre ter sido um mercado monetário de curto prazo, mais de 90% de todas as emissões em setembro de 2008 foram *overnight*. Os mercados não mais confiavam na qualidade de crédito de qualquer contraparte – fossem eles fundos *hedge*, fundos do mercado monetário, fundos mútuos, bancos de investimento, bancos comerciais ou corporações. O Fed americano interveio rapidamente, anunciando que agora compraria bilhões em emissões de CP a fim de adicionar liquidez ao sistema.

Contágio global

Apesar de ser difícil atribuir causalidade, o rápido colapso dos mercados de títulos com lastro hipotecário nos Estados Unidos definitivamente se espalhou para o mercado global. O capital investido em instrumentos de propriedades (ações, por exemplo) e de dívida em todos os principais mercados financeiros fugiu em busca não somente de dinheiro, mas de dinheiro em países e mercados tradicionalmente seguros. As bolsas de valores sofriam quedas em todo o mundo, enquanto o capital fugia de muitos dos mercados emergentes mais promissores do mundo. O Quadro 5.11 ilustra claramente como os mercados caíram em setembro e outubro de 2008, e como eles permaneceram voláteis ("*jittery*" no vocabulário de Wall Street) nos meses que se seguiram.

O impacto foi sentido imediatamente nas moedas de diversos mercados emergentes financeiramente abertos. Muitas moedas agora estavam caindo em relação às três tradicionais moedas seguras, o dólar, o euro e o iene: a coroa islandesa, o forint húngaro, a rúpia indiana, o uon sul-coreano, o peso mexicano e o real brasileiro, entre outros.

Na primavera de 2009 o mercado hipotecário continuava a deteriorar. As hipotecas Alt-A agora estavam chegando a níveis recordes de inadimplência, mais alto do que até mesmo as hipotecas *subprime*. Agora era aparente que muitas das hipotecas que eram alimentadas no sistema próximo ao fim do *boom* habitacional como hipotecas Alt-A ou "quase-prime" eram, na verdade, *subprime*. Apesar de ter uma taxa de inadimplência média histórica de menos de 1%, a dívida hipotecária

QUADRO 5.11 Bolsas de valores selecionadas durante a crise

Índices da bolsa de valores (1° de outubro de 2007 = 100)

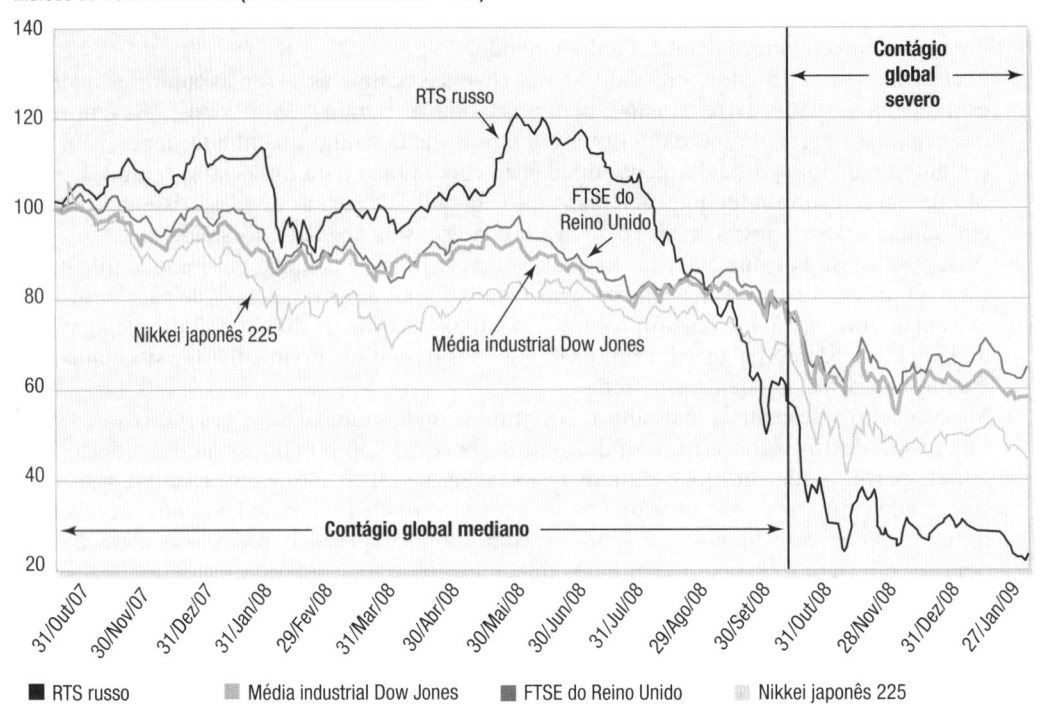

[Gráfico mostrando os índices RTS russo, Média industrial Dow Jones, FTSE do Reino Unido e Nikkei japonês 225 de 31/Out/07 a 27/Jan/09, indicando "Contágio global mediano" no período inicial e "Contágio global severo" a partir de outubro de 2008.]

Fonte: "The U.S. Financial Crisis: The Global Dimension with Implications for U.S. Policy," Dick K. Nanto, Congressional Research Service, Washington D.C., 29 de janeiro de 2009, p.11.

Alt-A originada em 2006 agora estavam acima de 11%. As classificações de crédito de títulos pendentes estavam em níveis horrendos. A Moody's, por exemplo, rebaixou mais de US$59 bilhões em títulos Alt-A em um período de apenas 3 dias em janeiro de 2009, a maioria dos quais caiu instantaneamente para grau especulativo. Esperava-se que 25% de todas as dívidas de títulos hipotecários fossem acabar inadimplentes.

Em janeiro de 2009, a crise do crédito estava tendo impactos adicionalmente complexos sobre os mercados globais – e sobre as empresas globais. Quando as instituições financeiras e os mercados vacilaram em muitos países industrializados, pressões de todos os tipos, empresariais, mercadológicas e políticas, aumentaram, focando-se em "suas próprias" necessidades. Surgia uma nova forma de força antiglobalização, a diferenciação entre o doméstico e o multinacional. Essa nova forma de mercantilismo financeiro focava-se em dar apoio primeiramente às empresas financeiras e não financeiras do país, deixando todas as outras em segundo lugar.

As empresas multinacionais, mesmo em mercados emergentes, agora viam indicadores crescentes de que elas estavam recebendo riscos de crédito mais altos e qualidades de crédito mais baixas, apesar de elas teoricamente terem maior diversidade de negócios e os meios necessários para sobreviver ao massacre. A imprensa financeira classificou a dinâmica de crédito como um fluxo voltado para sua terra natal. As condições de crédito e uma variedade de novos planos de socorro financeiro do governo estavam em progresso na Austrália, Bélgica, Canadá, França, Alemanha, Islândia, Irlanda, Itália, Luxemburgo, Espanha, Suécia, Reino Unido e Estados Unidos.

A crise do crédito, que tinha começado no verão de 2007, agora entrava em uma terceira etapa. A primeira etapa tinha sido o fracasso dos títulos com lastro hipotecário. Eles tinham causado a queda de fundos e instrumentos específicos. A segunda etapa viu a crise se espalhar para os próprios fundamentos das organizações que se encontravam no cerne do sistema financeiro global, os bancos comerciais e de investimento de todos os continentes. Esta terceira nova etapa tinha sido temida desde o início – uma recessão global induzida pelo crédito com a possível profundidade de uma depressão. A concessão de empréstimos não somente tinha parado, mas também, em muitos casos, a contratação de empréstimos e os investimentos tinham cessado. Apesar de as taxas de juros nos mercados de dólar americano estar pairando pouco acima de zero, o preço não era a questão. As perspectivas de retornos sobre investimentos de qualquer tipo agora eram obscuras. O setor corporativo não via oportunidades econômicas e retornos para novos investimentos. Os orçamentos foram cortados, as demissões continuaram e as economias do mundo industrializado tiveram que "apertar o cinto".

A contabilidade de marcação a mercado contribuiu para a crise?

Um dos debates contínuos sobre a crise de crédito global é se o uso da contabilidade de marcação a mercado (Mark-to-maket – MtM) contribuiu significativamente para o fracasso das instituições financeiras. A contabilidade MtM é a metodologia de reavaliar instrumentos e derivativos financeiros a seu valor de mercado diariamente. Tal metodologia baseia-se no princípio financeiro de que são os valores de mercado, e não os valores contábeis históricos, que devem ser utilizados no valor registrado dos ativos financeiros.

Uma antiga prática dos mercados de futuros, o método exige que uma instituição financeira reavalie todos os ativos e derivativos financeiros diariamente, apesar de não haver nenhuma intenção de liquidá-los naquele momento. O Padrão Contábil Financeiro No. 157 (FAS 157), "Medições do Justo Valor", em vigor a partir de 15 de novembro de 2007, expandiu a adoção da MtM por empresas norte-americanas financeiras e não financeiras. Apesar de ser o último de uma série de novos padrões financeiros sobre a avaliação de instrumentos financeiros e ativos, o FAS 157 enfatizava que o valor dos ativos deve ser baseado em um preço de saída – o valor de venda do ativo, e não o valor de compra – e que a avaliação deve ser baseada no mercado.

O problema, é claro, é que muitos instrumentos ou não são negociáveis em mercados, ou são negociáveis apenas em mercados muito finos com baixa liquidez. Ao reavaliar um ativo ou derivativo extremamente complexo que não é negociável, de modo que não há um valor de mercado, de fato, a reavaliação tem que seguir um processo teórico de simulação de valor chamado de marcação a modelo. Durante uma crise financeira como a que ocorreu em setembro de 2008, surge um outro problema. Aquilo que um dia antes era um mercado líquido pode repentinamente se tornar ilíquido; não há, com efeito, nenhum comprador disposto a pagar nada perto do que é considerado por alguns um justo valor de mercado.[9] Consequentemente, se uma instituição financeira tem que reavaliar todos os seus títulos, derivativos e ativos em mercados que estão essencialmente em uma queda-livre induzida pelo pânico, os valores dos ativos serão extremamente baixos, e poderão resultar em uma destruição significativa do patrimônio da organização; o resultado é a insolvência. Isso ocorre apesar do fato de a organização não ter nenhuma intenção de liquidar o ativo naquele momento.

O que há de errado com a LIBOR?

"A falta de confiança de hoje em dia baseia-se em três problemas relacionados: a solvência dos bancos, sua capacidade de financiar a si mesmos em mercados ilíquidos e a saúde da economia real".

—"The Credit Crunch: Saving the System," The Economist, 9 de outubro de 2008.

Os mercados financeiros globais sempre dependeram dos bancos comerciais para sua atividade central. Os bancos, por sua vez, sempre dependeram do mercado interbancário para fazer o vínculo líquido entre todas as suas atividades não bancárias, seus negócios de empréstimos e financiamentos para multinacionais. Mas durante todo o ano de 2008 e o início de 2009, o mercado interbancário, nas palavras de um analista, estava "se comportando mal". A LIBOR era claramente a culpada.

O mercado interbancário historicamente opera, em seus níveis mais altos, como um mercado "anônimo". Isso significava que, para os bancos com o mais alto nível de qualidade de crédito internacional, as transações interbancárias podiam ser conduzidas sem discriminar nomes. Portanto, eles negociavam entre si sem nenhum prêmio de risco de crédito diferencial. Dizia-se de um grande banco que negociava nesse nível que ele estava negociando "*on the run*". Os bancos considerados de qualidade de crédito um pouco mais baixa, que às vezes refletiam mais o risco-país do que o risco de crédito, pagavam um pouco

---
[9] Essa é uma questão muito discutida entre analistas, reguladores e investidores do setor. Muitos, como Warren Buffett, por exemplo, discutem que independentemente daquilo que outros consideram "ilíquido", se o mercado disser que o preço é x, então o preço é x. Qualquer outra coisa, ele considera pura conjectura, e abre uma Caixa de Pandora virtual de abusos na avaliação de mercado.

mais caro para contrair empréstimos no mercado interbancário. O próprio mercado ainda preferia não fazer precificações individuais, geralmente classificando muitos bancos por "camada".

Mas a maior parte disso mudou no verão de 2007, quando muitas hipotecas *subprime* começaram a apresentar inadimplência. À medida que caíam, os derivativos que se alimentavam dessas hipotecas caíam, assim como as obrigações de inadimplência de crédito (CDOs) e, com elas, diversos fundos de *hedge*. Quando instituições financeiras individuais e bancos comerciais e de investimento começaram a sofrer mais e mais perdas relacionadas a empréstimos e créditos ruins, os bancos propriamente ditos se tornaram objeto de grande debate.

O papel da LIBOR

A Associação dos Banqueiros Britânicos (British Bankers Association ou BBA), a organização encarregada da tabulação e publicação diária das taxas da LIBOR, ficou preocupada, na primavera de 2008, com a validade de sua própria taxa publicada. A crescente tensão nos mercados financeiros tinha, na verdade, criado incentivos para os bancos pesquisados para o cálculo da LIBOR a divulgar taxas mais baixas do que eles estavam realmente pagando. Um banco que historicamente fora considerado estar "on the run", mas que agora de repente registrava ter que pagar taxas mais altas no mercado interbancário, geraria preocupações de não mais ser da mesma qualidade de crédito anterior. A BBA levanta cotações de 16 bancos de sete diferentes países diariamente, incluindo os Estados Unidos, Suíça e Alemanha. Levantam-se cotações de taxas de 15 diferentes vencimentos, variando de um dia a um ano em 10 diferentes moedas.[10] Mas a BBA passou a se preocupar que até mesmo a escolha das palavras usadas em sua pesquisa – "a que taxa o banco poderia tomar emprestado um montante razoável?" – estaria levando a algumas irregularidades nas divulgações. Havia diferenças cada vez maiores na interpretação da palavra "razoável".

Com o aprofundamento da crise em setembro e outubro de 2008, muitos tomadores corporativos começaram a discutir publicamente que as taxas publicadas da LIBOR estavam, na verdade, atenuando seus problemas. Muitos acordos de empréstimo junto a bancos continham cláusulas de ruptura de mercado que permitia que os bancos realmente cobrassem dos tomadores corporativos o "verdadeiro custo de seus fundos", e não apenas a LIBOR publicada. Quando os mercados estão sob tensão e os bancos têm que pagar mais e mais para financiar suas próprias atividades, eles precisam repassar os custos mais altos a seus clientes corporativos. Obviamente, isso ocorresse somente para mutuários corporativos com acordos de empréstimo preexistentes com os bancos. Os tomadores corporativos que tentavam conseguir novos acordos de empréstimo estavam recebendo cotações de preços cada vez mais altos com *spreads* consideráveis acima da LIBOR.

A LIBOR, apesar de apenas uma dentre várias importantes taxas de juros no mercado global, tem sido o foco de muita atenção e ansiedade ultimamente. Além de seu papel crucial no mercado interbancário, ela passou a ser amplamente utilizada como a base para todos os instrumentos de taxa flexível de todos os tipos. Isso inclui hipotecas, empréstimos corporativos, empréstimos de desenvolvimento industrial e os diversos derivativos financeiros vendidos em todo o mercado global. Recentemente, a BBA estimou que a LIBOR fosse utilizada na precificação de mais de US$360 trilhões em ativos em todo o mundo. O papel central da LIBOR nos mercados é ilustrado no Quadro 5.12. Portanto, o fato de as taxas da LIBOR terem literalmente disparado em setembro de 2008, foi fonte de muitas preocupações.

Em princípio, os bancos centrais em todo o mundo determinavam o nível das taxas de juros em suas moedas e economias. Mas essas taxas são para empréstimos entre o banco central e os bancos do sistema bancário. O resultado é que, apesar de o banco central estabelecer a taxa pela qual concede empréstimos, ele não determina a taxa pela qual os bancos concedem empréstimos seja entre si ou a tomadores não bancários. Como ilustrado no Quadro 5.13, no julho e agosto precedentes às crises de setembro, a LIBOR de três meses estava apresentando uma média de pouco menos de 80 pontos base acima do índice do *swap* de taxa de juros de três meses – sendo essa diferença chamada de *TED Spread*. Em setembro e outubro de 2008, no entanto, o *spread* subiu para mais de 350 pontos base, 3,5%, já que a crise fez muitos bancos questionarem a qualidade de crédito de outros bancos. Mesmo esse *spread* se mostrou enganoso. O fato é que muitos bancos foram completamente

---

[10] Depois de levantar as 16 cotações por vencimento e moeda, a BBA elimina as quatro taxas mais altas e as quatro mais baixas divulgadas, e tira a média das restantes para determinar várias das taxas publicadas da LIBOR.

CAPÍTULO 5 Desafios Atuais das Finanças Internacionais: a Crise do Crédito de 2007-2009

QUADRO 5.12 — LIBOR e a crise na concessão de empréstimos

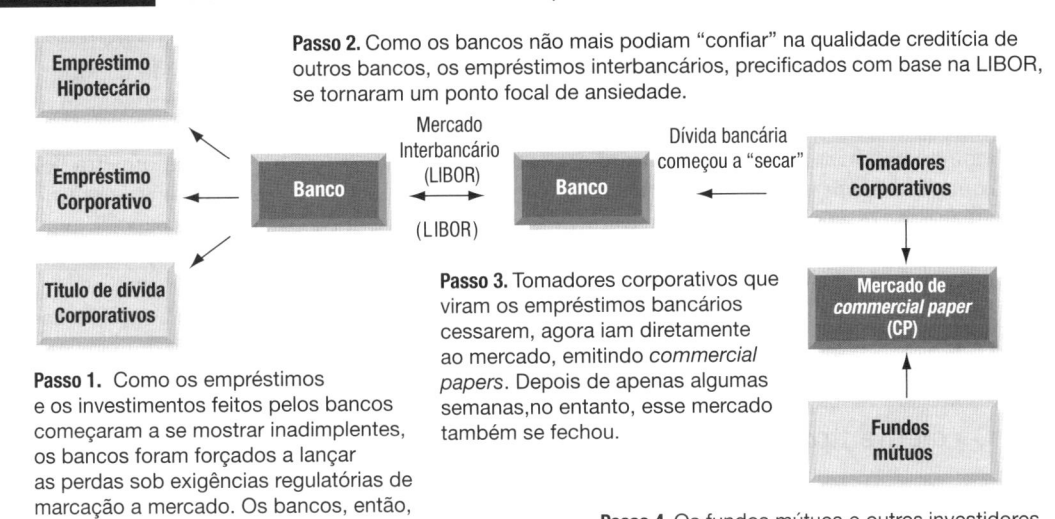

Passo 1. Como os empréstimos e os investimentos feitos pelos bancos começaram a se mostrar inadimplentes, os bancos foram forçados a lançar as perdas sob exigências regulatórias de marcação a mercado. Os bancos, então, precisaram obter financiamento buscando novos fundos, como o mercado interbancário.

Passo 2. Como os bancos não mais podiam "confiar" na qualidade creditícia de outros bancos, os empréstimos interbancários, precificados com base na LIBOR, se tornaram um ponto focal de ansiedade.

Passo 3. Tomadores corporativos que viram os empréstimos bancários cessarem, agora iam diretamente ao mercado, emitindo *commercial papers*. Depois de apenas algumas semanas, no entanto, esse mercado também se fechou.

Passo 4. Os fundos mútuos e outros investidores não bancários não estavam mais dispostos a investir em CP, uma vez que os tomadores corporativos tinham começado a sofrer de condições de negócios cada vez piores e a ser inadimplentes.

"trancados do lado de fora" do mercado interbancário. Independentemente do que eles estivessem ou não dispostos a pagar pelos fundos, eles não conseguiam obtê-los.

O que também é aparente a partir do Quadro 5.13 é o impacto das várias ações do Tesouro e do Banco Central dos EUA para fazer o mercado voltar a flutuar. Quando os bancos pararam de conceder empréstimos de meados ao fim de setembro, e muitos mercados interbancários se tornaram ilíquidos, as autoridades financeiras dos EUA trabalharam calorosamente para injetar fundos no mercado. O resultado foi a rápida redução no índice de *swap* de taxa de juros de três meses. O *TED Spread* permaneceu relativamente amplo apenas por um curto período de tempo, com a queda

QUADRO 5.13 — O TED Spread do dólar americano (julho 2008–janeiro 2009)

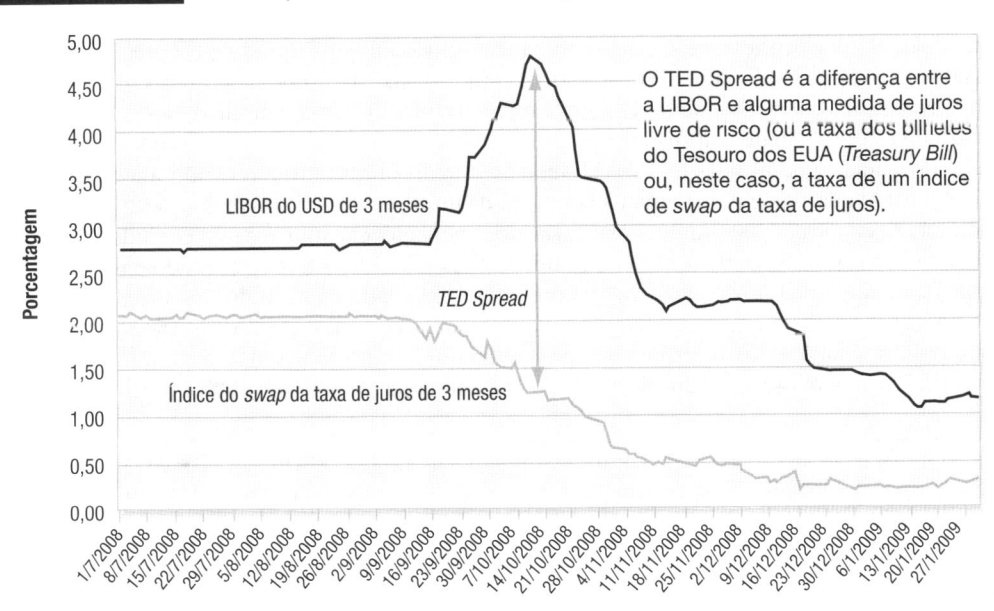

O TED Spread é a diferença entre a LIBOR e alguma medida de juros livre de risco (ou a taxa dos bilhetes do Tesouro dos EUA (*Treasury Bill*) ou, neste caso, a taxa de um índice de *swap* da taxa de juros).

Fonte: Associação dos Banqueiros Britânicos, Bloomberg.

da LIBOR para menos de 1,5% no final de 2008. Em janeiro de 2009, o *TED Spread* voltou a um *spread* mais comum de menos de 80 pontos base.[11]

É claro que as empresas maiores, com mais capacidade creditícia, não têm que contrair empréstimos exclusivamente de bancos, mas podem emitir dívida diretamente ao mercado na forma de *commercial paper*. Em setembro de 2008, quando muitos bancos comerciais nem mais atendiam o telefone, muitos tomadores corporativos fizeram exatamente isso. O mercado de *commercial paper* (CP), no entanto, também rapidamente entrou em colapso quando muitos dos compradores tradicionais de *commercial paper* do mercado – outros bancos comerciais, fundos de *hedge*, fundos de *private equity* e até mesmo os SIVs discutidos anteriormente – agora todos evitavam comprar o papel. Em meados de outubro o mercado de *commercial papers* viu as emissões caírem do já baixo US$1,75 bilhão por semana para pouco mais de US$1,4 bilhão. Até mesmo CP vendido pela tradicionalmente segura General Electric deu um salto, subindo 40 pontos base. Muitos dos compradores de CP agora estavam preocupados que o declínio da economia resultasse em uma inadimplência ainda maior dos emissores de CP. Quando o mercado de CP se fechou, o setor corporativo viu uma outra porta para o capital se fechar.

Os elementos da LIBOR

> *"Os prêmios de risco contidos nas taxas de juros dos depósitos interbancários de três meses de grandes bancos internacionais aumentaram fortemente em agosto de 2007 e os prêmios de risco permaneceram a um nível elevado desde então. Apesar de haver evidências de um papel desempenhado pelo risco de crédito, pelo menos a frequências mais baixas, a ausência de um relacionamento próximo entre o risco de inadimplência e os prêmios de risco no mercado monetário, além da reação dos mercados interbancários às provisões de liquidez do banco central, apontam para a importância dos fatores de liquidez para o comportamento da cotação diária dos bancos".*
>
> —"What Drives Interbank Rates? Evidence from the LIBOR Panel," Publicação Trimestral do Banco de Compensações Internacionais, março de 2008, pp. 47–58.

Em meio ao arrocho de crédito de 2007 e 2008, o Banco de Compensações Internacionais (Bank for International Settlements – BIS) na Basileia, Suíça, tinha publicado um estudo do comportamento do mercado da LIBOR recentemente. O estudo descrevia o prêmio de risco adicionado às cotações interbancárias, da seguinte maneira:

Prêmio de Risco = Prêmio de Prazo + Prêmio de Crédito + Liquidez Bancária + Liquidez do Mercado + Prêmio Micro

O termo prêmio é uma cobrança adicional em função da maturidade ou prazo. O prêmio de crédito é uma cobrança pelo risco percebido de inadimplência do banco que contrai o empréstimo. O prêmio de liquidez bancária é o acesso do banco individual que concede o empréstimo a fundos imediatos. O prêmio de liquidez de mercado é uma medida da liquidez geral do mercado, e um prêmio micro, uma cobrança que representa a microestrutura do mercado de como os bancos estão conduzindo a concessão de empréstimos interbancários.[12]

O BIS concluiu que, para os Estados Unidos, a Zona do Euro e o Reino Unido, apesar de parecer haver alguma evidência de uma pequena cobrança de prêmio de crédito, a maior parte do prêmio de risco total era explicada pela liquidez bancária e do mercado. O estudo teve o cuidado de observar que essa evidência era bastante complexa e muitas vezes, inconsistente. Os resultados, no entanto, pareceriam defender que grande parte do que prejudica o mercado da LIBOR é mais um resultado de uma grande variedade de instrumentos e mercados com negociações esporádicas (liquidez reduzida) do que a discriminação entre os próprios bancos entre diferentes percepções de qualidade de crédito. O Quadro 5.14 ilustra os resultados do estudo no período entre janeiro de 2007 e janeiro de 2008.

---

[11] O *TED Spread* geralmente é calculado usando o vencimento equivalente à LIBOR em *títulos do Tesouro* dos EUA, neste caso, a rentabilidade do bilhete do Tesouro (*U.S. Treasury Bill*) de três meses. Na verdade, no final de 2008, o bilhete do Tesouro dos EUA de três meses pairava em torno de zero.

[12] O estudo do BIS usou um índice de *swaps* de taxas de juros *overnight* (*overnight interest rate swaps* ou OISs) em vez de taxas do Tesouro para calcular o *spread*, neste caso, o LIBOR-OIS. OISs são *swaps* de taxas de juros nos quais a "perna" flutuante está ligada a um índice publicado de taxas *overnight*. As duas partes concordam em trocar, no vencimento, sobre uma quantia nocional acordada, a diferença entre os juros vencidos pela taxa fixa acordada e os juros vencidos através da média geométrica da taxa flutuante.

QUADRO 5.14 Mercado monetário de três meses e *spreads* de crédito (Banco de Compensações Internacionais) em pontos base

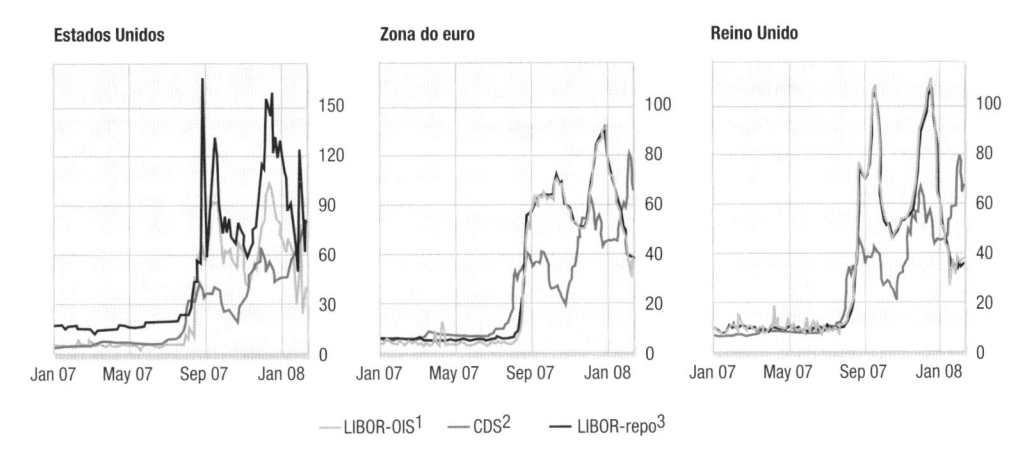

Estados Unidos | Zona do euro | Reino Unido

—— LIBOR-OIS¹ —— CDS² —— LIBOR-repo³

¹Taxas LIBOR de três meses menos taxas OIS correspondentes (para a área do euro, EONIA *swap*; para o Reino Unido, SONIA *swap*).

²Média dos spreads de CDS on-the-run de cinco anos para os bancos dos painéis que divulgam cotações da LIBOR no painel da moeda doméstica.

³Taxas LIBOR de três meses menos *repo rates** colaterais gerais (para os Estados Unidos, ICAP repo colateral geral do governo; para a área do euro, EBF eurepo; para o Reino Unido, BBA *repo*) na mesma moeda e vencimento.

Fontes: Bloomberg; cálculos do BIS.

*N. de T.: *Repo rates* é uma abreviação para *repurchase rates* (taxas de recompra) ou *official bank rates* (taxas bancárias oficiais). São a taxa descontada pela qual os bancos centrais recompram títulos do governo de bancos comerciais, dependendo do nível de oferta monetária que ele pretende manter no sistema monetário do país. Assim, para expandir temporariamente a oferta monetária, o banco central baixa as *repo rates* e para contrai-la, eleva as *repo rates*.

Uma outra descoberta interessante feita pelo estudo do BIS foi que "em várias moedas, a diferença ou *gap* entre as taxas cotadas pelos bancos internacionais e o mercado monetário doméstico ampliaram perceptivelmente", em comparação às diferenças entre as taxas cotadas entre bancos domésticos.[13] Isso parecia indicar que as atividades multinacionais realizadas por grandes bancos internacionais estavam resultando em uma percepção mais aguçada de exposição e risco.

Os resultados do estudo do BIS também sustentam os relativamente mais bem-sucedidos programas de socorro financeiro à crise de crédito associados à liquidez do mercado. No caso do governo nos EUA, os programas de socorro financeiro que se focaram em injetar capital em bancos selecionados tinham sido muito mal-sucedidos. Essa descoberta é complicada pela inconsistência do governo, primeiro "salvando" a Bear Stearns, depois deixando o Lehman falir. A disposição do governo dos EUA de permitir que o Lehman falisse é vista por muitos como um dos verdadeiros erros cometidos durante a crise de crédito. Os programas para injetar liquidez nos mercados financeiros, particularmente a disposição do Fed americano a comprar *commercial papers* diretamente, resultaram em uma maior liquidez no mercado. Isso é observado na recuperação do sistema da LIBOR. Fica claro, no entanto, que independentemente das soluções do governo ou do mercado, a saudável e estável LIBOR é a pedra fundamental da saúde do mercado interbancário internacional.

O REMÉDIO: PRESCRIÇÕES PARA UM ORGANISMO FINANCEIRO GLOBAL INFECTADO

Dito de forma crua, as brilhantes novas finanças são o sistema baseado em mercado extremamente alavancado e levemente regulamentado de alocação de capital dominado por Wall Street. É o suspeito sucessor das "atividades bancárias tradicionais", nas quais os bancos comerciais regulamentados emprestavam dinheiro a clientes confiáveis e registrava a dívida em sua contabilidade. O novo sistema se desenvolveu ao longo das três últimas décadas e teve um crescimento explosivo

---

[13] BIS Quarterly Review, março de 2008, p. 48.

nos últimos anos graças a três acontecimentos simultâneos, mas distintos: a desregulamentação, as inovações tecnológicas e a crescente mobilidade internacional do capital.

—"The World Economy: Taming the Beast," The Economist, 8 de outubro de 2008.

Então para onde caminham os mercados financeiros globais? Eliminando os extremos absolutos, de um lado, em que o capitalismo fracassou, e do outro lado, em que a regulamentação extrema é a única solução, que soluções práticas se encontram entre eles? E se voltarmos à sequência de eventos que levou à mais recente crise de crédito global?

Dívida. Será que o problema foi o *boom* das hipotecas em si? O mercado teve esse crescimento maciço em decorrência da combinação de poucos investimentos concorrentes (as bolsas de valores tinham caído) com o baixo custo e a grande disponibilidade de capital. O mais preocupante era o comportamento de originar-e-distribuir crédito combinado com questionáveis avaliações e classificações de crédito. Já estão sendo criadas novas diretrizes para a avaliação da qualidade de crédito e o acesso a hipotecas.

Como ilustra o quadro *Finanças Globais na Prática* 5.1, o socorro financeiro trouxe várias outras surpresas – consequências não intencionais.

Securitização. Foi a técnica financeira de combinar ativos em carteiras para negociar o problema, ou a falta de transparência e responsabilização pelos elementos individuais que compunham a carteira? Apesar de a própria teoria de carteiras ter sido utilizada para redução de riscos desde a década de 1960, ela sempre foi usada na construção de ativos com movimentos não correlacionados. No caso dos títulos com lastro em hipotecas, no entanto, os componentes da carteira eram tão similares que o único benefício era que o detentor "esperava" que todos os títulos não entrassem em inadimplência simultaneamente. Essa não era a premissa da teoria de carteiras.

Derivativos. Essa não é a primeira vez em que derivativos foram a fonte de fracassos substanciais no mercado, e provavelmente não será a última. Eles são o cerne das inovações tecnológicas financeiras. Mas os derivativos são apenas dispositivos e ferramentas, e não melhores ou piores do que aqueles que os utilizam. A criação de complexos ativos com lastro em hipoteca e estruturas de derivativos que, em última análise, tornavam os títulos impossíveis de serem avaliados, particularmente em mercados pouco líquidos, foi, em retrospectiva, uma escolha muito ruim. Novas exigências regulatórias, aumentando a divulgação de relatórios e um maior grau de transparência na precificação e avaliação auxiliarão a tirar os derivativos de sua posição extrema.

FINANÇAS GLOBAIS NA PRÁTICA 5.1

Oportunidades de refinanciamento e a crise do crédito

Um dos resultados mais incomuns da crise do crédito no outono de 2008 foi a oportunidade, para muitas empresas, de recomprar sua própria dívida a frações de seu valor de face. A crise tinha deixado os preços de mercado secundários da dívida, particularmente as dívidas de grau especulativo, extremamente baixos. Em alguns casos, a dívida em circulação estava sendo negociada a 30% de seu valor de face. Agora, se a empresa emissora tivesse caixa disponível, ou acesso a novas fontes de dívida de mais baixo custo, ela poderia recomprar sua dívida pendente a preços de queima de ativos. A recompra efetiva podia ser do mercado público, ou através de uma proposta de renegociação de dívida, onde uma oferta seria estendida diretamente a todos os detentores atuais de títulos de dívida da empresa.

Diversas empresas como a FreeScale, First Data, GenTek e Weyerhauser aproveitaram a oportunidade para extinguir dívidas mais caras a preços com descontos. Muitas empresas atualmente de propriedade de investidores em *private equity*, que têm acesso a recursos financeiros adicionais, realizaram recompras agressivas. As empresas se focaram particularmente em emissões de dívida que estavam para vencer no curto prazo, especialmente se temessem ter dificuldades de refinanciamento.

No entanto, houve diversas consequências não intencionais. Várias instituições financeiras que enfrentavam problemas usaram parte dos fundos do governo fornecido como socorro financeiro para recomprar suas próprias dívidas. A Morgan Stanley divulgou lucros de mais de US$2,1 bilhões no quarto trimestre de 2008 simplesmente por ter recomprado US$12 bilhões de sua própria dívida. Apesar de isso de fato melhorar o balanço patrimonial, a intenção principal do capital do governo fora renovar a concessão de empréstimos e financiamentos pelos bancos ao setor financeiro não bancário – negócios comerciais – na esperança de reiniciar a atividade de negócios de maneira geral, e não gerar lucros bancários devido ao refinanciamento de sua própria carteira.

Desregulamentação. A desregulamentação propriamente dita é suficientemente complexa no mercado financeiro em rápida modificação de hoje, e a desregulamentação tem a tendência de colocar ferramentas e brinquedos muito perigosos nas mãos de inexperientes. Desde o início, era necessário que se fizessem várias correções. Por exemplo, a falta de supervisão regulatória e a negociação de CDS na bolsa já estão em modificação. Muitos discutem hoje em dia que os mercados financeiros de fato precisam ser regulamentados, mas obviamente, o grau e tipo de regulamentação ainda não estão claros. Essa será uma arena de debates que crescerá nos próximos anos.

Mobilidade de capital. O capital é mais móvel hoje do que jamais foi. Essa maior mobilidade do capital, quando combinada com o crescimento nos mercados de capitais em geral e a nova abertura em muitas economias em particular, provavelmente produzirá mais e mais casos de crise induzida pelas finanças. Os dilemas da Islândia e da Nova Zelândia recentemente são apenas o começo desse fenômeno.

Mercados ilíquidos. Isso, finalmente, será o mais problemático. A maior parte da matemática e do comportamento racional por trás do projeto dos sofisticados produtos financeiros, derivativos e veículos de investimento de hoje baseiam-se em princípios de mercados organizados e líquidos. Quando a negociação de títulos extremamente comoditizados ou posições tão limpas quanto empréstimos bancários *overnight* entre bancos se torna a fonte central da instabilidade no sistema, todo o conhecimento e pressuposições tradicionais sobre finanças perdem seu valor. O Quadro Finanças Globais na Prática 5.2 explica por que modelos baseados em dados passados podem levar a conclusões falhas – pelo menos aos olhos de um investidor muito famoso.

FINANÇAS GLOBAIS NA PRÁTICA 5.2

Warren Buffett sobre a crise do crédito

O tipo de falácia envolvida na projeção de experiências de perda de um universo de títulos de dívida sem seguro a um outro universo igualmente enganoso em que muitos títulos de dívida têm seguros surge em outras áreas das finanças. Diversos tipos de modelos "testados" são suscetíveis a esse tipo de erro. Não obstante, eles muitas vezes são considerados nos mercados financeiros como guias para ações futuras. (Se meramente observar dados financeiros passados dissessem o que o futuro promete, a Forbes 400 consistiria em bibliotecários).

De fato, as perdas espantosas nos títulos relacionados a hipotecas ocorreram, em parte, devido a modelos baseados em dados passados falhos utilizados por vendedores, agências de classificação e investidores. Estes observavam as experiências de perdas ao longo de períodos em que os preços dos imóveis residenciais subiam apenas moderadamente e a especulação imobiliária era irrisória. Então, transformavam essa experiência em um parâmetro para avaliar perdas futuras. Eles jubilosamente ignoraram o fato de que os preços dos imóveis residenciais tinham atingido níveis astronômicos, as práticas de empréstimo tinham deteriorado e muitos compradores tinham optado por imóveis que não cabiam em seu orçamento. Em resumo, o universo "passado" e o universo "presente" tinham características muito diferentes. Mas os credores, o governo e a mídia não conseguiram de maneira alguma reconhecer esse importante fato.

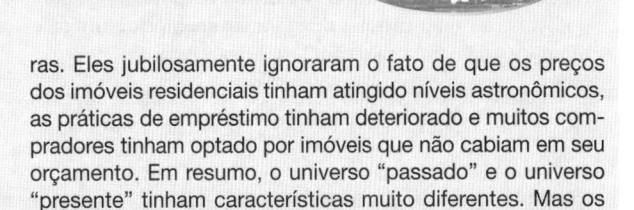

Os investidores deveriam ser céticos em relação a modelos históricos. Construídos por um "sacerdócio" *nerd* utilizando termos esotéricos como beta, gama, sigma, entre outros, esses modelos tendiam a parecer impressionantes. Porém, muito frequentemente, os investidores esqueciam de examinar os pressupostos por trás dos símbolos. Nosso conselho: cuidado com os *nerds* criadores de fórmulas.

Fonte: Bershire Hathaway Annual Report, 2008, Letter to Shareholders (Carta aos acionistas), pp. 14–15.

RESUMO

- As origens da crise atual se encontram nas cinzas da bolha das ações e no subsequente colapso dos mercados de ações no final da década de 1990.

- Uma grande parte da crise financeira global resultou da rápida expansão dos empréstimos baseados em hipotecas em todos os níveis de crédito – *prime*, Alt-A e *subprime* – nos anos que seguiram a retração econômica de 2000–2001.

- O crédito hipotecário como uma porcentagem da renda familiar disponível continuava a subir nos Estados Unidos rapidamente no ambiente de negócios pós-2000.

- Se a dívida *subprime* fosse malária, a securitização seria o mosquito transmissor, o mecanismo de transmissão aérea do parasita protozoário. O veículo de transporte para a crescente dívida de menor qualidade era uma combinação de securitização e um reagrupamento via títulos com lastro em hipoteca (MBSs) fornecido por uma série de novos derivativos financeiros.

- O crescimento dos empréstimos *subprime* e Alt-A nos mercados de dívida norte-americano pós-2000 dependeu dessa mesma força de securitização. As instituições financeiras estendiam mais e mais empréstimos de todos os tipos, hipotecas, empréstimos corporativos, empréstimos industriais e empréstimos com lastro em ativos, e então passavam esses acordos de empréstimos e obrigações de seus demonstrativos financeiros para veículos de propósito específico e, em última análise, para os crescentes mercados líquidos utilizando a securitização.

- Ao securitizar a dívida, carteiras de empréstimos e outros instrumentos de dívida podiam ser reunidos e revendidos para um mercado mais líquido, liberando as instituições originadoras para concederem mais empréstimos e aumentar o acesso ao financiamento de dívidas a mais pessoas interessadas em hipotecas ou empréstimos comerciais.

- O veículo de investimento estruturado (*structured investment vehicle* ou SIV) foi projetado para permitir que um banco criasse uma entidade de investimento que investiria em ativos de longo prazo e alta rentabilidade como títulos de dívida de grau especulativo e obrigações de dívida colateralizadas (*collateralized debt obligations* ou CDOs), enquanto financiava a si próprio através de emissões de *commercial paper* ou CP.

- Um dos principais instrumentos de títulos com lastro em hipotecas eram as obrigações de dívida colateralizadas, ou CDO. Os bancos que originavam empréstimos hipotecários, e empréstimos e títulos de dívida corporativos, agora podiam criar uma carteira desses instrumentos de dívida e reuni-los como um título com lastro em ativos.

- O segundo derivativo que gerava crescentes preocupações era o *credit default swap* (CDS). O CDS era um contrato, um derivativo, que derivava seu valor da qualidade e do desempenho de crédito de outro ativo específico. Em alguns casos, ele oferecia seguro contra a possibilidade de um tomador não pagar. Em outros casos, era uma maneira de um especulador poder apostar que títulos de risco cada vez mais alto (como o CDO) manteriam seu valor.

- No dia 7 de setembro de 2008, o governo norte-americano anunciou que estava colocando a Fannie Mae (Federal National Mortgage Association) e o Freddie Mac (Federal Home Loan Mortgage Corporation) em tutela. Em essência, o governo estava assumindo as instituições devido à sua quase insolvência. No dia 14 de setembro, o Lehman Brothers, um dos mais antigos bancos de investimento de Wall Street, pediu falência. Dois dias depois, o Fed americano forneceu uma injeção de capital de US$85 bilhões à AIG.

- A LIBOR é utilizada na precificação de mais de US$360 trilhões de ativos em todo o mundo. Ela foi, portanto, fonte de muita preocupação quando suas taxas literalmente dispararam em setembro de 2008. Quando as dúvidas quanto à qualidade de crédito de muitos bancos internacionais aumentaram, o mercado interbancário – via LIBOR – literalmente se fechou.

- A liquidez do mercado será uma das questões sobre a crise financeira global que irão perdurar. A maior parte da matemática e do comportamento racional por trás do design dos sofisticados produtos financeiros, derivativos e veículos de investimento de hoje baseiam-se em princípios de mercados organizados e líquidos. Quando a negociação de títulos extremamente comoditizados ou posições tão simples quanto empréstimos bancários *overnight* entre bancos se torna a fonte central da instabilidade no sistema, todo o conhecimento e pressuposições tradicionais sobre finanças perdem seu valor.

MINICASO: Adeus ao Lehman Brothers[1]

Há outras coisas que o Tesouro pode fazer quando uma grande empresa financeira supostamente "grande demais para falir" vem bater à sua porta, pedindo dinheiro de graça. Uma delas é: deixá-la falir.

Não tão caoticamente quanto o modo como deixaram o Lehman Brothers falir. Se uma empresa em falência é considerada "grande demais" para falir, então ela deve ser explicitamente nacionalizada, tanto para limitar seu efeito sobre outras empresas quanto para proteger o sistema. Seus acionistas devem ser eliminados e sua administração, substituída. Suas partes valiosas devem ser vendidas como empresas em funcionamento a quem oferecesse mais – talvez algum banco que não estivesse preso na bolha do crédito. O resto deve ser liquidado, em mercados calmos. Faça isso e, para todos exceto as empresas que inventaram a bagunça, a dor certamente diminuirá.

—"How to Repair a Broken Financial World," por Michael Lewis e David Einhorn, The New York Times, 4 de janeiro de 2009.

Deviam ter deixado o Lehman Brothers falir? Este é um dos debates ainda em pauta em relação às ações do governo norte-americano, ou neste caso, à sua inação, em suas tentativas de consertar o falido sistema financeiro no final de 2008. Permitir que o Lehman falisse – o banco pediu falência no dia 15 de setembro de 2008 – foi, aos olhos de muitos nos mercados financeiros globais, o evento individual que causou a crise de crédito global que se seguiu.

O Lehman Brothers foi fundado em 1850 no Alabama por dois irmãos empreendedores. Depois de transferir a empresa para Nova York após a Guerra Civil norte-americana, a empresa já era considerada um dos bancos de investimento de maior retorno e menor risco de Wall Street. Apesar de ter tido altos

---

[1]Copyright ©2009 Michael H. Moffett. Todos os direitos reservados. Este caso foi preparado a partir de fontes públicas com o propósito único de discussão em sala de aula, e não para indicar a eficácia ou ineficácia de sua administração.

e baixos muitas vezes ao longo dos anos, em 2008 a empresa já tinha uma enorme carteira de títulos com lastro em hipoteca em inadimplência e seu futuro não era promissor.

A queda do Lehman não foi nenhuma surpresa, mas uma longa e dolorosa queda em espiral. Depois de dois grandes fundos de *hedge* da Bear Stearn entrarem em colapso em julho de 2007, o Lehman passou a ser foco constante de muita especulação sobre sua detenção de muitos dos títulos problemáticos que estavam por trás da crise do crédito – os CDO e os CDS que inundaram o mercado em decorrência do boom imobiliário e hipotecário do período de 2000 a 2007.

Grande demais para falir

A doutrina do "grande demais para falir" há muito era a base do sistema financeiro norte-americano. O Fed americano assumia há muito tempo a responsabilidade de emprestador de último recurso, a instituição encarregada de garantir a estabilidade financeira e a viabilidade do sistema financeiro norte-americano. Apesar de apenas raramente na história ter exercido seus poderes, a Fed, juntamente com o Escritório do Controlador da Moeda (Comptroller of the Currency ou OCC) e a Corporação Federal de Seguro de Depósito (Federal Deposit Insurance Corporation ou FDIC), apenas em algumas ocasiões previu que a falência de um grande banco individual ameaçaria a saúde e o funcionamento do sistema financeiro. Nesses casos, por exemplo o Continental Illinois of Chicago em 1984, as três organizações intervieram para efetivamente nacionalizar a instituição e arranjar a continuação de suas operações para evitar o que acreditavam ser resultados desastrosos.

A doutrina, no entanto, tinha se confinado em grande parte a bancos comerciais, e não bancos de investimento que ganhavam dinheiro intencionalmente assumindo classes de títulos e posições mais arriscadas em nome de seus investidores – que esperavam retornos mais altos. O Lehman certamente se arriscava. Mas a distinção entre bancos comerciais e de investimento tinha praticamente acabado, à medida que mais e mais esforços de desregulamentação tinham reduzido com êxito as barreiras entre aceitar depósitos e conceder empréstimos a consumidores e empresas, sendo que as atividades tradicionais dos bancos de investimento de subscrever dívidas e emissões de ações mais arriscadas assumiam agora menos responsabilidade fiduciária.

Muitos críticos defendem que, por algum motivo, o Lehman foi selecionado para falir. Uma semana antes da falência do Lehman, o Fed americano e o Tesouro dos EUA, sob o Secretário do Tesouro Hank Paulson, Jr., tinham oferecido socorro financeiro à Fannie Mae e ao Freddie Mac, colocando-os sob o controle do governo. Dois dias depois de o Lehman declarar falência, o Fed estendeu à AIG, um conglomerado de seguros, um pacote de empréstimo de US$85 bilhões para evitar sua falência. Então, por que não o Lehman?

Por que não o Lehman?

O Lehman já tinha sobrevivido a uma quase-falência. Quando a Bear Stearns falira em março de 2008 e sua venda, arranjada pelo governo dos EUA, o Lehman estava claramente na mira dos especuladores financeiros, particularmente os que realizavam vendas a descoberto. Seu CEO de longa data, Richard Fuld Jr., tinha expressado sua crítica sobre os especuladores de vendas a descoberto que continuavam a atacar o Lehman no verão de 2008. Mas o CEO Fuld tinha sido encorajado por investidores, reguladores e críticos a encontrar uma maneira de sair daquela bagunça depois do quase-desastre em março. O Secretário Paulson tinha assumido publicamente a posição, depois da divulgação dos relatórios de lucros do Lehman em junho (que mostravam perdas maciças), que se o Lehman não organizasse uma venda até o final do terceiro trimestre, provavelmente haveria uma crise.

Mas os repetidos esforços de Fuld para descobrir compradores para diferentes partes da empresa falharam, de Wall Street ao Oriente Médio e à Ásia. Fuld passou a argumentar, desde então, que um dos motivos pelos quais ele não conseguia organizar uma venda era que o governo dos EUA não estava oferecendo as mesmas garantias atraentes que tinha oferecido ao organizar a venda da Bear Stearns.[2] O Fed organizara, com êxito, a venda da Bear Stearns à JPMorgan Chase somente após a Fed concordar em cobrir US$29 bilhões em perdas. Na verdade, em agosto de 2008, apenas semanas antes de sua falência, o Lehman acreditava ter encontrado dois pretendentes, o Bank of America e o Barclays, que rapidamente fechariam o negócio se a Fed garantisse US$65 bilhões em possíveis empréstimos ruins nos registros contábeis do Lehman. O Fed negou.

Uma outra proposta que parecia promissora tinha sido uma abordagem de auto-seguro feita por Wall Street. O Lehman seria dividido em um "banco bom" e um "banco ruim". O banco bom seria composto pelos ativos e títulos de mais alta qualidade e seria comprado ou pelo Bank of America ou pelo Barclays. O banco ruim seria uma "lixeira" de títulos com lastro em hipoteca em inadimplência que seriam recomprados por um consórcio de 12 a 15 instituições financeiras de Wall Street, sem exigir nenhum financiamento do governo ou dinheiro dos contribuintes. O plano acabou falhando quando os possíveis credores corporativos do banco ruim não puderam enfrentar suas próprias perdas e adquirir as perdas do Lehman, enquanto o Bank of America ou o Barclays sairiam com ativos de alta qualidade a preço de banana. No final das contas, apenas um dia depois do colapso do Lehman, o Barclays anunciou que compraria a divisão de mercados de capitais dos Estados Unidos do Lehman por US$1,75 bilhão, um "roubo", segundo um analista.

O Secretário Paulson argumentou que, na verdade, suas mão estavam atadas. O Fed é obrigado por lei a conceder empréstimos apenas até – e limitada por – a quantidade de colateral de ativos que qualquer instituição específica tenha a oferecer como garantia a empréstimos de resgate. (Isso, na verdade, é o princípio definidor por trás das operações de janelas de desconto do Fed). Mas muitos críticos discutiram que não era possível determinar o valor colateral dos títulos detidos pelo Lehman ou pela AIG ou Fannie Mae e Freddie Mac com precisão naquele momento devido à crise do crédito e à iliquidez dos mercados. Nunca ninguém ouvira o Secretário Paulson defender esse argumento antes do momento da falência.

---

[2] A riqueza e a remuneração do próprio Fuld tinha sido alvo de muitas críticas. Estima-se que a remuneração total de Fuld pelo Lehman nos cinco anos anteriores tenha totalizado mais de US$500 milhões, e que sua riqueza pessoal era de mais de US$1 bilhão no início de 2008 (antes da queda do preço das ações do Lehman).

Também se tornou rapidamente aparente que, depois do resgate da AIG, as autoridades dos EUA agiram rápido para tentar criar uma solução sistêmica, em vez de continuar a quicar de uma crise institucional individual a outra. O Secretário Paulson observou que estava cada vez mais claro que era necessária uma solução maior, e que salvar o Lehman não teria evitado a crise mais ampla. Outros observaram, no entanto, que o Lehman era um dos maiores emissores de *commercial paper* (CP) do mundo. Nos dias seguintes ao colapso do Lehman, o mercado de CP literalmente se fechou. A desapropriação do mercado de CP, por sua vez, eliminou a fonte primária de fundos líquidos entre bancos mútuos, fundos de *hedge* e bancos de todos os tipos. A crise agora estava em seu ápice.

> Os executivos de Wall Street e as autoridades das capitais financeiras da Europa criticaram o Sr. Paulson e o Sr. Bernanke por permitir que o Lehman falisse, um evento que enviou ondas de choque por todo o sistema bancário, transformando um tremor financeiro em uma tsunami.
>
> "Para o equilíbrio do sistema financeiro mundial, esse foi um erro genuíno", disse recentemente Christine Lagarde, ministra de Finanças da França. Frederic Oudea, principal executivo da Société Générale, um dos maiores bancos da França, chamou a falência do Lehman de "acionador" de eventos que levaram à crise global. Willem Sels, um estrategista de crédito da Dresdner Kleinwort, disse que "está claro que quando o Lehman entra em inadimplência, esse é o dia em que os mercados monetários entram em pânico. É difícil não encontrar uma relação causal".
>
> —"The Reckoning: Struggling to Keep Up as the Crisis Raced On," por Joe Nocera e Edmund L. Andrews, The New York Times, 22 de outubro de 2008.

Perguntas sobre o caso

1. Você acredita que o governo dos EUA tratou algumas instituições financeiras de maneira diferente durante a crise? Isso foi apropriado?
2. Muitos especialistas discutem que quando o governo oferece socorro financeiro a uma instituição financeira, ele cria um problema chamado "risco moral", que significa que se a instituição souber que será salva, ela, na verdade, terá um incentivo para correr mais riscos, e não menos. O que você acha?
3. Você acha que o governo dos EUA deveria ter deixado o Lehman Brothers falir?

PERGUNTAS

1. **Três forças.** Quais eram as três principais forças por trás da crise de crédito de 2007 e 2008?
2. **MBS.** O que é um título com lastro em hipoteca (*mortgage-backed security* ou MBS)?
3. **SIV.** O que é um veículo de investimento estruturado (*structured investment vehicle* ou SIV)?
4. **CDO.** O que é uma obrigação de dívida colateralizada (*collateralized debt obligation* ou CDO)?
5. **CDS.** O que é um *swap* de inadimplência de crédito (*credit default swap* ou CDS)?
6. **O papel da LIBOR.** Por que a LIBOR recebe tanta atenção nos mercados financeiros globais?
7. **Mercado Interbancário.** Por que você acha que é importante para muitos dos grandes bancos comerciais e de investimento do mundo serem considerados *on-the-run* no mercado interbancário?
8. **Spread do Tesouro e LIBOR.** Por que as taxas da LIBOR foram tão mais altas do que as rentabilidades do Tesouro em 2007 e 2008? O que é necessário para fazer as taxas da LIBOR retornarem aos níveis mais baixos e mais estáveis do passado?

PROBLEMAS

*1. **Valores de bilhetes ou notas do Tesouro dos EUA em leilões – março de 2009.** As taxas de juros sobre os títulos do Tesouro dos EUA no início de 2009 caíram para níveis muito baixos em decorrência do conjunto de eventos em torno da crise financeira global. Calcule a rentabilidade simples e a anualizada dos bilhetes do Tesouro dos EUA (*T-bills*) de 3 e 6 meses leiloados no dia 9 de março de 2009, listados abaixo.

	T-Bill de 3 meses	T-Bill de 6 meses
Título do Tesouro, valor de face	US$10.000,00	US$10.000,00
Preço na venda	US$9.993,93	US$9.976,74
Desconto	US$6,07	US$23,26

2. **A curva de rentabilidade atualizada.** A revista SmartMoney possui o que eles chamam de gráfico da Curva de Rentabilidade Atualizada (*Living Yield Curve*) em sua página da Internet. Esse gráfico de rentabilidade simula a curva de rentabilidade do Tesouro em dólares americanos de 1977 aos dias de hoje. Usando este gráfico em www.smartmoney.com (depois vá a "investing/bonds/living-yield-curve" [investimentos/títulos de dívida/curva-de-rentabilidade-de-viva]), responda as seguintes perguntas.
   a. Depois de selecionar a caixa que diz "Average" [média], qual é a média dos T-bills de 90 dias para o intervalo de tempo de 1977 até hoje?
   b. Em que ano a curva de rentabilidade dos títulos do Tesouro dos EUA parece ter alcançado seus níveis mais altos para o período de 1977 a 2009 ou 2010?
   c. Em que ano a curva de rentabilidade dos títulos do Tesouro dos EUA parece ter alcançado seus níveis mais baixos para o período de 1977 a 2009 ou 2010?

3. **Crise de crédito, 2008.** A crise de crédito global tornou-se mundialmente visível em setembro de 2007. As taxas de juros, particularmente as taxas de juros de prazo extremamente curto, geralmente mudam com rapidez (tipicamente para cima) como indicações de que os mercados estão sob um severo estresse. As taxas de juros exibidas na tabela abaixo são de datas selecionadas em setembro e outubro de 2008. Diferentes publicações definem o *TED Spread* de diferentes maneiras, mas uma medida é certamente o diferencial entre a taxa de juros LIBOR *overnight* e a taxa de juros dos títulos do Tesouro dos EUA de 3 meses.
   a. Calcule o *spread* entre as duas taxas de mercado exibidas aqui em setembro e outubro de 2008.
   b. Em que data o *spread* é mais estreito? E mais amplo?
   c. Quando o *spread* se amplia drasticamente, presumivelmente demonstrando alguma forma de ansiedade ou crise financeira, quais das taxas se movimenta mais e por quê?

4. **Valores de títulos do Tesouro dos EUA em leilões – maio de 2009.** As taxas de juros sobre os títulos do Tesouro dos EUA continuaram a cair na primavera de 2009. Calcule o desconto, e depois as rentabilidades simples e anualizada para os títulos do Tesouro de 3 e 6 meses leiloados no dia 4 de maio de 2009, listados abaixo.

	T-Bill de 3 meses	T-Bill de 6 meses
Título do Tesouro, valor de face	US$10.000,00	US$10.000,00
Preço na venda	US$9.995,07	US$9.983,32

5. **Hipotecas de casas desvalorizadas (*underwater*).** Bernie Madeoff paga US$240.000 por um imóvel de 730 metros quadrados e quatro quartos nos arredores de Tonopah, Nevada. Ele planeja dar uma entrada de 20%, mas está tendo dificuldade em decidir se quer uma hipoteca com taxa fixa de 15 anos (6,400%) ou uma taxa fixa de 30 anos (6,875%).
   a. Qual é o pagamento mensal das hipotecas de 15 e 30 anos, supondo um empréstimo de amortização total de pagamentos idênticos por toda a vida da hipoteca? Use uma planilha de cálculo para os pagamentos.
   b. Suponha que em vez de pagar um sinal de 20%, ele pague um sinal de 10%, e financie o restante a uma taxa de juros fixa de 7,125% por 15 anos. Qual será seu pagamento mensal?
   c. Suponha que o valor total do imóvel caia em 25%. Se o proprietário conseguir vender a casa agora, mas pelo novo valor, qual seria seu ganho ou perda sobre o imóvel e a hipoteca, supondo que todo o principal da hipoteca permaneça? Use as mesmas suposições feitas na parte a.

6. ***Ted Spread*, 2009.** Se usarmos as mesmas definições do *TED Spread* observadas no problema 3, o diferencial entre a taxa LIBOR overnight e a taxa dos títulos do Tesouro dos EUA de 3 meses, podemos ver como o mercado pode ter se acalmado na primavera de 2009. Use os dados a seguir para responder as perguntas abaixo.
   a. Calcule o *TED Spread* para as datas exibidas.
   b. Em que data o spread é mais estreito? E em que datas é mais amplo?
   c. Observando o *spread* e as séries de dados subjacentes a ele, compare esses valores com as taxas e *spreads* do problema 3.

Data	LIBOR USD overnight	Título do Tesouro de 3 meses	TED Spread	Data	LIBOR USD overnight	Título do Tesouro de 3 meses	TED Spread
8/9/2008	2,15%	1,70%		29/9/2008	2,57%	0,41%	
9/9/2008	2,14%	1,65%		30/9/2008	6,88%	0,89%	
10/9/2008	2,13%	1,65%		1/10/2008	3,79%	0,81%	
11/9/2008	2,14%	1,60%		2/10/2008	2,68%	0,60%	
12/9/2008	2,15%	1,40%		3/10/2008	2,00%	0,48%	
15/9/2008	3,11%	0,83%		6/10/2008	2,37%	0,48%	
16/9/2008	6,44%	0,79%		7/10/2008	3,94%	0,79%	
17/9/2008	5,03%	0,04%		8/10/2008	5,38%	0,65%	
18/9/2008	3,84%	0,07%		9/10/2008	5,09%	0,55%	
19/9/2008	3,25%	0,97%		10/10/2008	2,47%	0,18%	
22/9/2008	2,97%	0,85%		13/10/2008	2,47%	0,18%	
23/9/2008	2,95%	0,81%		14/10/2008	2,18%	0,27%	
24/9/2008	2,69%	0,45%		15/10/2008	2,14%	0,20%	
25/9/2008	2,56%	0,72%		16/10/2008	1,94%	0,44%	
26/9/2008	2,31%	0,85%		17/10/2008	1,67%	0,79%	

Data	LIBOR USD overnight	Título do Tesouro de 3 meses	TED Spread	Data	LIBOR USD overnight	Título do Tesouro de 3 meses	TED Spread
12/3/2009	0,33%	0,19%		27/3/2009	0,28%	0,13%	
13/3/2009	0,33%	0,18%		30/3/2009	0,29%	0,12%	
16/3/2009	0,33%	0,22%		31/3/2009	0,51%	0,20%	
17/3/2009	0,31%	0,23%		1/4/2009	0,30%	0,21%	
18/3/2009	0,31%	0,21%		2/4/2009	0,29%	0,20%	
19/3/2009	0,30%	0,19%		3/4/2009	0,27%	0,20%	
20/3/2009	0,28%	0,20%		6/4/2009	0,28%	0,19%	
23/3/2009	0,29%	0,19%		7/4/2009	0,28%	0,19%	
24/3/2009	0,29%	0,21%		8/4/2009	0,26%	0,18%	
25/3/2009	0,29%	0,18%		9/4/2009	0,26%	0,18%	
26/3/2009	0,29%	0,14%		14/4/2009	0,27%	0,17%	

ATIVIDADES NA INTERNET

1. **The New York Times & Times Topics. [Tópicos do The New York Times]** A versão online do The New York Times possui uma seção especial intitulada "Times Topics" [Tópicos do The New York Times] – tópicos de interesse e cobertura permanentes pela publicação. A atual crise financeira é coberta e atualizada regularmente aqui.

   topics.nytimes.com/topics/reference/timestopics/subjects/c/credit_crisis/

2. **Associação dos Banqueiros Britânicos (British Bankers Association) e a LIBOR.** A Associação dos Banqueiros Britânicos (BBA), a autora da LIBOR, fornece dados atualizados da LIBOR para diversos vencimentos além de estudos atuais sobre os mercados e práticas interbancárias.

   www.bbalibor.com

3. **Banco de compensações internacionais (Bank for International Settlements).** O Banco de compensações internacionais (BIS) publica avaliações regulares da atividade dos bancos de investimento. Use o *site* Web do BIS para encontrar uma análise atualizada da crise de crédito atual.

   Banco de compensações internacionais   www.bis.org/

4. **Banco Central de Nova York.** O Fed de Nova York mantém um mapa interativo de inadimplências de hipotecas e cartões de crédito nos Estados Unidos. Use o *site* Web a seguir para visualizar as taxas de inadimplência mais recentes de acordo com o Fed.

   data.newyorkfed.org/ creditconditionsmap/

PARTE II

Teoria de Taxa de Câmbio e Mercados de Moedas Estrangeiras

CAPÍTULO 6
O Mercado de Moedas Estrangeiras

CAPÍTULO 7
Condições de Paridade Internacional

CAPÍTULO 8
Derivativos de Moeda Estrangeira

CAPÍTULO 9
Swaps de Taxas de Juros e de Moeda

CAPÍTULO 10
Determinação e Previsão de Taxas de Câmbio

CAPÍTULO 6

O Mercado de Moedas Estrangeiras

A melhor maneira de destruir o sistema capitalista é corromper a moeda. Através de um contínuo processo de inflação, os governos podem confiscar, de maneira secreta e despercebida, uma importante parte da riqueza de seus cidadãos.
—John Maynard Keynes.

O mercado de câmbio fornece a estrutura física e institucional em que a moeda de um país é trocada pela moeda de outro país, a taxa de câmbio entre as moedas é determinada e as transações de câmbio são fisicamente concluídas. *Câmbio* significa o dinheiro de um país estrangeiro, isto é, saldos bancários em moeda estrangeira, notas, cheques e letras de câmbio. Uma *transação de câmbio* é um contrato entre um comprador e um vendedor, no qual uma quantia de uma moeda deve ser entregue a uma taxa específica em troca de outra moeda.

Este capítulo descreve as seguintes características do mercado de câmbio:

- Sua extensão geográfica
- Suas três principais funções
- Seus participantes
- Seu imenso volume de transações diárias
- Tipos de transações, incluindo transações à vista (*spot*), a termo (*forward*) e *swap*.
- Maneiras de determinar taxas, cotações de moeda e mudanças em taxas de câmbio

EXTENSÃO GEOGRÁFICA DO MERCADO DE MOEDAS

O mercado de câmbio abarca o planeta, sempre havendo, em algum lugar, a cada hora de cada dia útil, preços mudando e moedas sendo comercializadas. Os negócios mais importantes do mundo começam todas as manhãs em Sidney e Tóquio, indo em direção ao ocidente para Hong Kong e Cingapura, passando por Bahrain, mudando para os principais mercados europeus como Frankfurt, Zurique e Londres, cruzando o Atlântico até Nova York, dirigindo-se a Chicago e terminando em São Francisco e Los Angeles. Muitos grandes bancos internacionais operam salas de negociação de câmbio em cada um dos principais centros comerciais do mundo, a fim de atender a importantes contas comerciais 24 horas por dia. A negociação global de moedas é, de fato, um processo que funciona 24 horas por dia. Como mostra o Quadro 6.1, o volume de transações de moedas aumenta e flui ao redor do planeta à medida que os principais centros de negociação de Londres, Nova York e Tóquio abrem e fecham suas portas durante o dia.

Em alguns países, uma parte da negociação de câmbio é conduzida em um saguão oficial de negociações através de lances livres. Preços de fechamento são publicados como o preço oficial para o dia, e certas transações comerciais e de investimento são baseadas nesse preço oficial. Empresas que operam em países com controles de câmbio frequentemente devem entregar as receitas de exportações para o banco central pelo preço oficial diário.

Bancos envolvidos em negociações de câmbio são conectados por redes de telecomunicações extremamente sofisticadas. Operadores e corretores profissionais obtêm cotações de taxa de câmbio em telas de computadores e se comunicam por telefone, computador, faz e telex. Os departamentos de câmbio de muitas empresas não bancárias também utilizam rede de computador para se manter em contato com o mercado e para procurar as melhores cotações. Reuters, Telerate e Bloomberg são os fornecedores líquidos de informações de taxas de câmbio e de sistemas de negociação. Um progresso recente foi a introdução dos sistemas de "casamento" de ofertas mecanizados nos sistemas computadorizados de cotações. Muitos operadores acham que as transações executadas por computadores substituirão os sistemas convencionais de negociação em um futuro próximo.

FUNÇÕES DO MERCADO DE MOEDAS

O mercado de câmbio é o mecanismo pelo qual os participantes transferem poderes de compra entre países, obtêm ou fornecem crédito para transações de negócios internacionais e minimizam a exposição aos riscos das mudanças nas taxas de câmbio.

- A transferência do poder de compra é necessária porque negócios internacionais e transações de capitais normalmente envolvem partes que residem em países com moedas nacionais diferentes. Cada parte, geralmente, quer negociar na sua própria moeda, mas a negociação ou transação de capitais pode ser faturada apenas em uma única moeda. Logo, uma das partes terá que lidar com uma moeda estrangeira.
- Como o movimento de bens entre os países leva tempo, o estoque em trânsito tem que ser financiado. O mercado de câmbio fornece uma fonte de crédito. Instrumentos especializados, como aceites bancários e cartas de crédito, estão disponíveis para financiar o comércio exterior. Esses documentos serão explicados no Capítulo 20.
- O mercado de câmbio fornece meios de "proteção" (*hedge*) para transferir riscos de câmbio para outro participante mais disposto a correr riscos. Esses meios serão explicados no Capítulo 9.

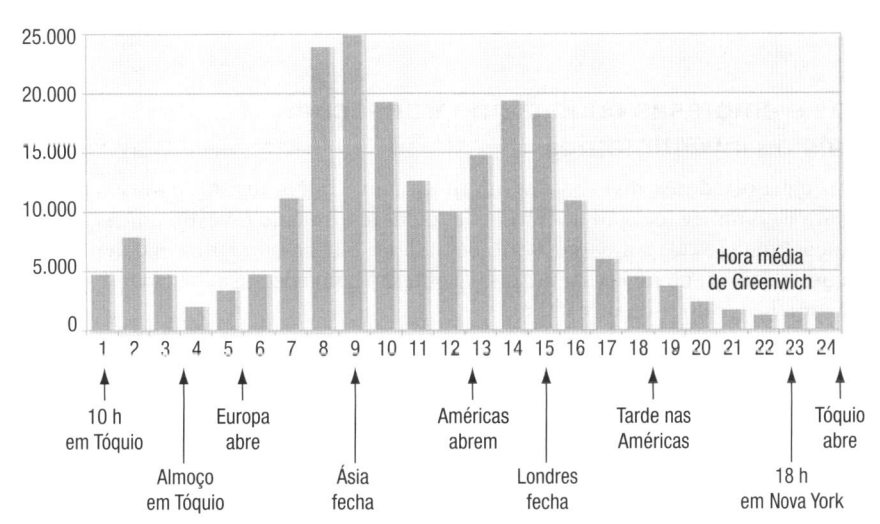

QUADRO 6.1 Medindo a atividade do mercado de câmbio: média de conversões eletrônicas por hora

Fonte: Banco da central de Nova York, "The Foreign Exchange Market in the United States," 2001, http://www.ny.frb.org.

PARTICIPANTES DO MERCADO

O mercado de câmbio consiste em dois segmentos, o mercado interbancário, ou de atacado, e o mercado de clientes, ou de varejo. As transações individuais no mercado interbancário são, geralmente, para grandes somas em múltiplos de um milhão de dólares americanos ou valor equivalente em outras moedas. Em contraste, contratos entre um banco e seu cliente são, geralmente, para quantias específicas.

Quatro amplas categorias de participantes operam nesses segmentos: operadores (*dealers*) bancários e não bancários de câmbio, indivíduos e empresas conduzindo transações comerciais ou investimentos, especuladores e arbitradores, e bancos centrais e tesouros nacionais.

Dealers bancários e não bancários de câmbio

Os bancos e alguns operadores não bancários de câmbio operam nos mercados interbancários e nos mercados de clientes. Eles lucram com a compra de moeda estrangeira a um *preço de compra* (*bid*) e revendendo-a por um *preço de venda* (*offer*, também chamado de *ask*) um pouco mais alto. A competição entre os *dealers* de todo o mundo diminui o *spread* entre compra e venda e contribui, assim, para tornar o mercado de câmbio eficiente, no mesmo sentido do mercado de títulos.

Os operadores em departamentos de câmbio de grandes bancos internacionais frequentemente funcionam como *criadores de mercado* (*market makers*). Eles estão sempre prontos para vender e comprar as moedas nas quais são especializados. Eles mantêm uma posição de "estoque" dessas moedas. Negociam com outros bancos em seus próprios centros monetários e em outros centros do mundo, de modo a manter estoques dentro dos limites de negociação estabelecidos pela política do banco. Os limites de negociação são importantes porque os departamentos de câmbio de muitos bancos operam como centros de lucro e os operadores individuais são remunerados com base nos lucros.

A negociação de moedas é bastante lucrativa para bancos comerciais e de investimento. Muitos dos principais bancos que negociam moedas nos Estados Unidos obtêm entre 10% e 20% em média de seu lucro líquido anual da negociação de moedas. Mas a negociação de moedas também é muito lucrativa para os operadores ou *traders* do banco, que tipicamente recebem um bônus baseado na lucratividade para o banco de suas atividades individuais.

É provável que bancos de médio e pequeno porte participem do mercado interbancário, mas não como *market makers* intermediários. Em vez de manter posições de estoque significativas, eles compram e vendem para bancos maiores, para equilibrar as transações de varejo com seus próprios clientes. Certamente, mesmo os bancos que são *market makers* no interbancário não operam em todas as moedas. Eles negociam, por sua própria conta, nas moedas de maior interesse para seus clientes e tornam-se participantes no atendimento das necessidades dos clientes em moedas menos importantes. O Quadro *Finanças Globais na Prática 6.1* descreve um dia típico de um operador de câmbio.

Indivíduos e empresas conduzindo transações comerciais ou investimentos

Importadores e exportadores, investidores internacionais, EMNs, turistas e outros usam o mercado de câmbio para facilitar a execução de transações comerciais ou de investimentos.

A utilização que eles fazem do mercado de câmbio é necessária, mas incidental, atendendo a propósitos comerciais ou de investimento subjacentes. Alguns desses participantes utilizam o mercado para fazer o *hedge* do risco de câmbio.

Especuladores e arbitradores

Especuladores e arbitradores buscam o lucro pela negociação no próprio mercado. Eles operam em seu próprio interesse, sem a necessidade ou a obrigação de servir clientes ou assegurar um mercado contínuo. Enquanto operadores buscam lucro através do *spread* entre compra e venda, especuladores procuram ganhar com as mudanças nas taxas de câmbio, arbitradores buscam todos os seus lucros através das diferenças simultâneas das taxas de câmbio em diferentes mercados.

Uma grande proporção de especulação e arbitragem é conduzida em nome de importantes bancos por operadores que trabalham para esses bancos. Assim, os bancos agem como operadores de

FINANÇAS GLOBAIS NA PRÁTICA 6.1

O dia de um operador (*trader*) de câmbio

Como os operadores de câmbio se preparam para seu dia de trabalho? As casas de câmbio na Europa abrem oficialmente às 8 da manhã, mas o trabalho do operador começa pelo menos uma hora antes. Todas as manhãs, os operadores-chefe dão diretrizes à sua equipe para suas atividades. Eles reavaliam essa estratégia com base em sua estimação do mercado nos próximos meses. Eles também decidem suas táticas para aquele dia, com base nos seguintes fatores:

- Atividades de negociação nas últimas horas em Nova York e no Extremo Oriente. Devido ao fuso horário, os bancos de Nova York continuam suas negociações durante várias horas a mais do que os bancos da Europa, enquanto que no Extremo Oriente, o dia de trabalho já está quase acabando quando o dia de trabalho europeu começa.
- Novos acontecimentos econômicos e políticos. Seguindo as forças teóricas que determinam as taxas de câmbio, mudanças nas taxas de juros, indicadores econômicos e agregados monetários são os fatores fundamentais que influenciam as taxas de câmbio. Eventos políticos como conflitos militares, inquietação social, a queda de um governo, entre outros, também podem influenciar o mercado, e às vezes até mesmo dominá-lo.
- A posição de câmbio do próprio banco.

Logo cedo de manhã, criadores de mercado usam sistemas eletrônicos de informação para se atualizarem sobre quaisquer eventos da noite anterior que possam ter um impacto sobre as taxas de câmbio. Os *charts*, representações gráficas dos movimentos do mercado e quadros que listam as taxas em telas permitem que os operadores estudem os últimos acontecimentos nas taxas de câmbio de Nova York e no Extremo Oriente. Assim que esse trabalho preparatório é concluído, os operadores estão prontos para as negociações internacionais (entre 8 da manhã e 5 da tarde).

O dia começa com uma série de ligações telefônicas entre os principais participantes do mercado; o objetivo dessas ligações é sondar quais são as intenções. Até recentemente, os corretores também agiam como intermediários em operações cambiais e do mercado monetário. Hoje em dia, no entanto, o Sistema Eletrônico de Corretagem (Electronic Broking System ou EBS) substituiu a maior parte das atividades dos próprios corretores. Os corretores originais trabalhavam com quantias mínimas, como US$5 milhões, enquanto que o EBS permite negociações flexíveis de US$1 a US$999 milhões. Entretanto, o EBS não negocia apenas em dólares americanos. Moedas como EUR/CHF, EUR/JPY e EUR/GBP também são negociadas. Isso significa que a continuidade da determinação das taxas é substancialmente mais alta, já que um número maior de quantias menores, anteriormente negociados privadamente entre os bancos, agora desempenham um papel na determinação das taxas. Uma outra vantagem desses sistema é que as taxas estão sempre disponíveis e visíveis na tela.

Fonte: Foreign Exchange and Money Market Transactions, UBS Investment Bank, Primavera de 2004.

---

câmbio e como especuladores e arbitradores. (Entretanto, os bancos raramente admitem especular; eles se descrevem como "tomando uma posição agressiva"!).

Bancos centrais e tesouros nacionais

Os bancos centrais e tesouros nacionais usam o mercado para comprar ou gastar as reservas de câmbio de seus países, bem como para influenciar o preço pelo qual sua própria moeda é negociada. Eles podem agir de modo a sustentar o valor de suas próprias moedas através de políticas adotadas em nível nacional ou de compromissos de filiação a acordos conjuntos de *float*, como o Sistema Monetário Europeu, que precedeu a introdução do euro. Consequentemente, seus motivos não são obter o lucro em si, mas influenciar o valor de câmbio de suas moedas para beneficiar os interesses de seus cidadãos. Em muitos casos, eles desempenham melhor suas tarefas quando estão dispostos a aceitar um prejuízo em suas próprias transações de câmbio. Como potenciais tomadores de prejuízo voluntários, os bancos centrais e tesouros nacionais diferem de todos os outros participantes do mercado em finalidade e comportamento.

Comunicações no mercado interbancário

A tecnologia em rápida evolução em telecomunicações está provocando mudanças rápidas nas comunicações no mercado interbancário. Há poucas negociações face-a-face (exceto naqueles poucos países que ainda usam pregões). Atualmente, a maioria das transações cambiais ainda é executada por telefone. entretanto, as negociações eletrônicas provavelmente logo substituirão o telefone.

Liquidação contínua interligada e fraudes

Em setembro de 2002, foi introduzido o sistema de Liquidação Contínua Interligada (Continuous Linked Settlement ou CLS). O CLS elimina perdas se qualquer das partes de uma transação cambial não conseguir pagar a outra parte. O sistema CLS liga os sistemas de Liquidação Bruta em Tempo Real (Real-Time Gross Settlement ou RTGS) em sete das principais moedas. Espera-se que ele acabe resultando no pagamento no mesmo dia em vez de levar dois dias como hoje leva.

O sistema CLS deve ajudar a combater fraudes nos mercados de câmbio. Nos Estados Unidos, a Lei de Modernização dos Mercados Futuros de *Commodities* (Commodity Futures Modernization Act) de 2000 coloca a responsabilidade de regular as fraudes nas negociações cambiais nas mãos da Comissão de Negociações de Futuros de *Commodities* (U.S. Commodity Futures Trading Commission ou CFTC).

TRANSAÇÕES NO MERCADO INTERBANCÁRIO

As transações no mercado de câmbio podem ser executadas à vista (*spot*), a termo (*forward*) ou na base de um *swap*. Uma transação à vista exige a entrega quase imediata da moeda estrangeira. Uma transação a termo exige a entrega da moeda estrangeira em alguma data futura, tanto em uma forma "explícita" quanto através de um contrato de "futuros". Uma transação de *swap* é a permuta simultânea de uma moeda estrangeira por outra moeda.

Transações à vista ou *spot*

Uma transação à vista em um mercado interbancário é a compra de uma moeda estrangeira com entrega e pagamento entre os bancos a serem feitos, normalmente, no segundo dia útil seguinte. O dólar canadense e o dólar americano negociam para entrega e pagamento no primeiro dia útil seguinte.

A data do contrato é chamada de *data de validade da transação*. Na data de validade da transação, a maioria das transações em dólar no mundo é estabelecida através do Sistema Interbancário de Pagamentos da Câmara de Compensação (Clearing House Interbank Payment Systems – CHIPS) de Nova York, que fornece uma estrutura para cálculos de saldos líquidos devidos por qualquer banco para pagamentos às 18 horas em um mesmo dia em fundos do Banco Central de Nova York.

Uma transação à vista típica em um mercado interbancário pode envolver um banco dos EUA contratar, em uma segunda-feira, a transferência de £10.000.000 para a conta de um banco em Londres. Se a taxa de câmbio *spot* fosse US$1,8420/£, o banco dos EUA transfeririam £10.000.000 para o banco de Londres na quarta-feira, e o banco de Londres transferiria US$18.420.000 para o banco nos EUA na mesma hora. Uma transação à vista entre um banco e seu cliente comercial não necessariamente envolveria uma espera de dois dias para a compensação.

Transações diretas a termo

Uma *transação direta a termo* (geralmente chamada simplesmente de *forward*) exige entrega, em uma data futura, de uma quantia específica de uma moeda em troca de uma quantia específica de uma outra moeda. A taxa de câmbio é estabelecida na hora do contrato, mas o pagamento e a entrega não são exigidos até o vencimento. Taxas de câmbio a termo são, normalmente, cotadas para datas de validade de um, dois, três, seis e 12 meses. Alguns contratos podem ser arranjados para outro número de meses ou, ocasionalmente, para períodos de mais de um ano. O pagamento é no segundo dia útil depois do vencimento da negociação, contados em meses-calendário. Assim, uma transação a termo de dois meses, iniciada em 18 de março, terá a data de liquidação da transação em 20 de maio, ou no próxima dia útil, se 20 de maio cair em um fim de semana ou feriado.

Observe que, por questão de terminologia, podemos dizer "compra a termo" ou "venda a termo" para descrever a mesma transação. Um contrato para entregar dólares por euros em seis meses é tanto "comprar euros a termo por dólares" quanto "vender dólares a termo por euros".

Transações de *swap*

Uma transação de *swap* no mercado interbancário é a compra e venda simultânea de certa quantia de moeda estrangeira para duas datas de liquidação diferentes. A compra e a venda são realizadas com a mesma contraparte. Um tipo comum de *swap* é o *spot against forward*. O operador compra uma moeda no mercado à vista e, simultaneamente, vende de volta a mesma quantia, para o mesmo banco, no mercado a termo. Como isso é feito como uma única transação com uma mesma contraparte, o operador não incorre em risco de câmbio inesperado. Transações explícitas a termo e de *swap* juntas corresponderam a 57% da atividade de mercado de câmbio em abril de 1998.

Swap forward-forward. Uma transação de *swap* mais sofisticada é chamada de *swap forward-forward*. Um operador vende £20.000.000 a termo por dólares para entrega em, digamos, dois meses a US$1,8420/£ e simultaneamente compra £20.000.000 a termo para entrega em três meses a US$1,8400/£. A diferença entre o preço de compra e o preço de venda é equivalente ao diferencial da taxa de juros – isto é, a paridade da taxa de juros entre as duas moedas. Assim, um *swap* pode ser visto como uma técnica para tomar outra moeda emprestada de maneira totalmente colateralizada.

Contratos a termo sem liquidação física (nondeliverable forwards ou NDFs). Criados no final da década de 1990, os contratos a termo sem liquidação física, ou NDF (*nondeliverable forwards*) são hoje um derivativo relativamente comum, oferecido pelos maiores fornecedores de derivativos de câmbio, como o Citibank. Os NDFs possuem as mesmas características e exigências de documentação que um contrato tradicional a termo, exceto pelo fato de que são estabelecidos apenas em dólar americano, e a moeda estrangeira vendida ou comprada a termo não é entregue fisicamente. A característica de liquidação financeira deste tipo de contrato reflete o fato de que os NDFs são contratados no exterior, por exemplo, em Nova York para um investidor mexicano, e assim estão fora do alcance das estruturas reguladoras dos governos dos países de origem (neste caso, o México). Os NDFs são negociados internacionalmente usando padrões estabelecidos pela Associação Internacional de *Swaps* e Derivativos (International Swaps and Derivatives Association ou ISDA). Apesar de originalmente criado para ser um método de *hedge* de moeda, agora estima-se que mais de 70% de todos os NDFs seja negociado com fins especulativos.

Os NDFs são usados primordialmente para moedas de mercados emergentes, que normalmente não têm negociações de moedas no mercado aberto à vista, mercado monetários líquidos ou taxas de juros cotadas em euromoedas. Apesar de a maioria das negociações de NDFs se focarem em moedas latino-americanas na década de 1990, muitas moedas asiáticas têm sido amplamente negociadas na era da crise asiática pós-1997. Em geral, os mercados de NDF normalmente se desenvolvem para moedas de países com amplo movimento de capital entre fronteiras, mas ainda estão sujeitos a restrições de conversibilidade. As negociações nos últimos anos têm sido dominadas pelo uon coreano, peso chileno, dólar de Taiwan, real brasileiro e renminbi chinês.

A precificação dos NDFs reflete diferenciais de juros básicos, assim como com os contratos a termo regulares, mais um prêmio adicional cobrado pelo banco para o pagamento em dólar. Se, no entanto, não houver mercado monetário acessível ou desenvolvido para estabelecer a taxa de juros, a precificação do NDF assume um elemento muito mais especulativo. Sem taxas de juros reais, os operadores geralmente estabelecem o preço com base no que eles acreditam que sejam as taxas à vista (*spot*) no momento do pagamento. Por exemplo, no outono de 2003, os NDFs do renminbi chinês caíram a níveis recorde (o que significa um renminbi muito forte em relação ao dólar) porque a maior parte dos operadores e analistas monetários estavam esperando que o governo chinês reavaliasse o renminbi muito em breve.[1]

Os NDFs são negociados e pagos fora do país da moeda alvo. Portanto, estão fora do controle do governo do país. No passado, isso criava uma situação difícil, na qual o mercado de NDF servia, então, como uma espécie de mercado paralelo na negociação daquela moeda. Por exemplo, no final de 2001, a Argentina estava sob pressões crescentes para abandonar seu regime de taxa de câmbio fixa de um peso igual a um dólar. O mercado de NDF começou a cotar taxas de

---

[1] Para uma excelente análise aprofundada do mercado de NDF, ver "An Overview of Non-Deliverable Foreign Forward Exchange Markets", por Laura Lipscomb, Banco Central de Nova York, maio de 2005.

Ps1,05/US$ e Ps1,10/US$, com efeito, um peso desvalorizado, para pagamentos de NDFs no ano seguinte. Isso levou a uma crescente pressão especulativa contra o peso, gerando a ira do governo argentino.

Os NDFs, no entanto, mostraram ser uma substituição um tanto que imperfeita para os contratos a termo tradicionais. Os problemas com os NDFs tipicamente envolvem "determinar sua taxa à vista na data da determinação". Essa é a taxa à vista no final do contrato usado para calcular o pagamento. Em tempos de crise financeira, por exemplo, o bolívar venezuelano em 2003, o governo da moeda em questão suspendeu as negociações de moedas estrangeiras no mercado à vista por um período de tempo extenso. Sem uma taxa determinada oficial, o NDF não pode ser pago. No caso da Venezuela, o problema aumentou quando um novo "bolívar desvalorizado" oficial foi anunciado, mas ainda não estava sendo negociado. Como descrito na *Finanças Globais na Prática* 6.2, os NDFs são particularmente ativos no renminbi chinês.

Tamanho do mercado

O Banco de Compensações Internacionais (Bank for International Settlements ou BIS), juntamente com bancos centrais de todo o mundo, realiza uma pesquisa sobre a atividade comercial de moedas a cada três anos. A pesquisa mais recente, realizada em abril de 2007, estimou o giro líquido global diário na atividade cambial em US$3,2 trilhões. Este foi um aumento maciço de quase 70% acima

---

FINANÇAS GLOBAIS NA PRÁTICA 6.2

Um *hedge* contra a exposição cambial?

Quando Beijing anunciou a valorização de 2,1 por cento do renminbi no fim do dia 21 de julho, os operadores do Deutsche Bank em Cingapura tiveram que refazer seus planos para a noite. "Foi caótico porque todos já tinham deixado o escritório", diz Mirza Baig, estrategista monetária do Deutsche. "Os operadores tiveram que voltar correndo para suas mesas para ver sua exposição, particularmente em termos de posições vendidas". Os *traders* de moedas estavam se focando no mercado de contratos a termo sem liquidação física (NDRs) de renminbi; derivativos *offshore* que são negociados principalmente por grandes bancos internacionais em Cingapura.

Os NDFs são amplamente utilizados por fundos de *hedge* que "apostam" no valor de moedas que não são totalmente conversíveis. Os políticos de Beijing não expressaram nenhum interesse no valor informacional do mercado, apesar da escassez de outros indicadores confiáveis da moeda chinesa. O mercado de NDF também não recebeu muita atenção na imprensa chinesa, que se foca nas negociações do mercado de câmbio doméstico dominado pelo banco central. Os contratos a termo são acordos de balcão (*over-the-counter*) em que ativos são negociados a preços correntes para entrega depois de um período de tempo especificado, normalmente variando de um mês a um ano. Os contratos a termo em renminbi não têm "liquidação física" porque são pagos em dólares americanos.

Um executivo do Banco Popular da China, o banco central do país, rejeita sugestões de que os preços do NDF possam desempenhar um papel no novo regime de estabelecimento de taxas do renminbi, que é formalmente conhecido como um regime de flutuação administrada baseado "na oferta e demanda de mercado com referência a uma cesta de moedas". "Os NDFs não são uma moeda; eles são apenas um tipo de contrato, então não estão em nossa cesta", diz o executivo. "Não estão nesta cesta, então certamente não serão considerados [ao estabelecer a taxa de câmbio]".

Ainda assim, com um volume de negociações diárias de aproximadamente US$500m, o mercado de NDF em ronminbi é mais do que apenas um pátio de recreação para alguns fundos de *hedge* de pavio curto. Por exemplo, grandes empresas internacionais com operações na China continental tendem a usar os NDFs para fazer *hedge* de sua exposição cambial. Um tesoureiro que trabalha em Hong Kong para uma grande grupo internacional diz que as empresas norte-americanas são particularmente propensas a evitar efeitos de conversão monetária em seus balanços. "Elas tendem a ter políticas contábeis internas muito conservadoras", continua. "Elas estão dizendo: 'compreendemos que o renminbi seja uma aposta de mão-única no momento, mas isso não importa'."

As empresas internacionais também podem querer usar contratos de NDF por estarem procurando fornecedores na China e porque parte de seus custos são denominados em renminbi. O Sr. Baig do Deutsche acredita que algumas empresas estarão dispostas a "fixar" expectativas de

CAPÍTULO 6 O Mercado de Moedas Estrangeiras

mercado *bullish**. Contratos de NDF de um ano sugerem que o renminbi subirá em aproximadamente 5 por cento de seu nível reavaliado. "O *hedging* lhes dá certeza para as suas previsões de lucro para os próximos 12 meses", adiciona.

* *N. de T.: Bullish refere-se a uma tendência dos preços a subirem.

Outros, porém, permanecem céticos. "Geralmente, as expectativas no mercado de NDF são muito exageradas, em comparação a o que as empresas [mais realistas] acham", diz Stephen Green, economista sênior do Standard Chartered Bank. "Não faz sentido usar esse mercado para fazer *hedge* se você acha que ele está exagerado".

Fonte: "A Hedge Against Forex Exposure," *Financial Times*, 2 de agosto de 2005.

---

da estimativa da pesquisa de 2004, de US$1,9 trilhão. Os dados do BIS para pesquisas entre 1989 e 2007 são exibidos no Quadro 6.2.

O giro cambial global no Quadro 6.2 é dividido em três categorias de instrumentos monetários: transações à vista (ou *spot*), transações a termo (ou *forward*), e transações de *swap*. Todas as três categorias de transações monetárias subiram significativamente entre 2004 e 2007, uma mudança distinta em relação ao que tinha sido observado nas pesquisas de 2001 e 2004.

- As transações à vista aumentaram de US$621 bilhões diários em 2004 para US$1.005 bilhões em 2007, um aumento de 62%.
- As transações a termo diretas aumentaram de US$208 bilhões diários em 2004 para US$363 bilhões em 2007, um aumento de 74%.
- As transações de *swap*, que mostraram o maior crescimento, aumentaram de US$944 bilhões diários em 2004 para mais de US$1.714 bilhões em 2007, um aumento de 82%.

QUADRO 6.2 Giro do mercado cambial global, 1989–2007 (médias diárias em abril, bilhões de dólares americanos)

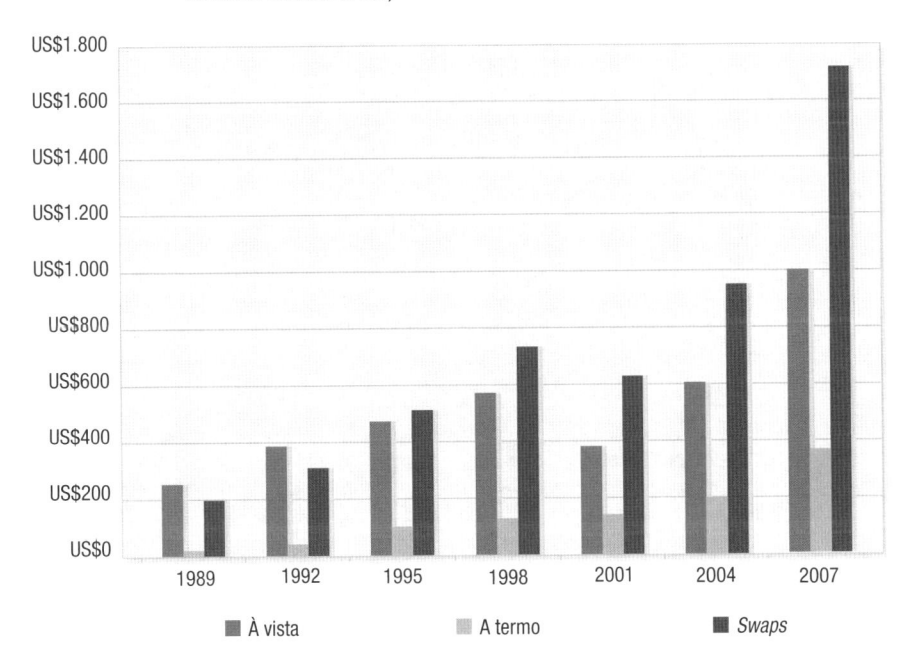

Fonte: Banco de Liquidações Internacionais, "Triennial Central Bank Survey of Foreign Exchange and Derivatives Market Activity in April 2007: Preliminary Global Results," outubro de 2007, www.bis.org.

Por que o enorme aumento? O BIS acredita que foi uma combinação de três principais forças que impulsionou o aumento. Em primeiro lugar, uma expansão significativa de uma variedade de grupos de investimento especializados, incluindo os fundos de *hedge*. Em segundo lugar, uma tendência dos investidores institucionais com um horizonte de investimento de mais longo prazo a manter carteiras mais internacionalmente diversificadas – o que, por sua vez, exige o câmbio de moedas. E, em terceiro lugar, um forte aumento nos níveis de negociações técnicas computadorizadas – mais notavelmente as negociações algorítmicas.

O Quadro 6.3 mostra a parcela proporcional de negociação cambial para os mercados nacionais mais importantes do mundo em 2007. Observe que apesar de os dados serem coletados e divulgados em nível nacional, designações como "os Estados Unidos" deveriam ser em sua grande parte interpretadas como "Nova York", devido ao fato de que a grande maioria das negociações cambiais ocorre na principal cidade de cada país. Isso também é válido para o "Reino Unido" e "Londres".

Claramente, o Reino Unido (Londres) continua a ser o centro da atividade cambial, com US$1.359 bilhões em giro diário de moedas, um valor dominante de 34,1% do câmbio mundial diário. Os Estados Unidos (Nova York) permanecem sendo o segundo maior centro, com uma atividade diária de US$664 bilhões, somando 16,6% das negociações de todo o mundo. Somente Londres e Nova York agora somam 50% de toda a atividade do mercado de câmbio, uma concentração jamais antes vista desde que o BIS começou a pesquisar os mercados.

Também houve mudanças significativas nos níveis de atividade dos outros principais países em negociações cambiais. A Suíça subiu fortemente nos últimos anos, sendo agora o terceiro maior centro de negociações, com 6,1% das negociações mundiais, seguida pelo Japão (6%), Cingapura (5,8%), Hong Kong (4,4%), Austrália (4,2%), França (3%), Alemanha (2,5%) e, em décimo lugar – Dinamarca (2,2%). Hong Kong é outro centro de atividades de negociações que cresceu marcadamente nos últimos anos, principalmente em seu papel como importante vínculo econômico e financeiro à economia chinesa em rápida ascensão. É interessante observar que a Austrália cresceu

QUADRO 6.3 Dez principais centros geográficos de negociações no mercado de câmbio, 1992–2007 (médias diárias em abril, bilhões de dólares americanos)

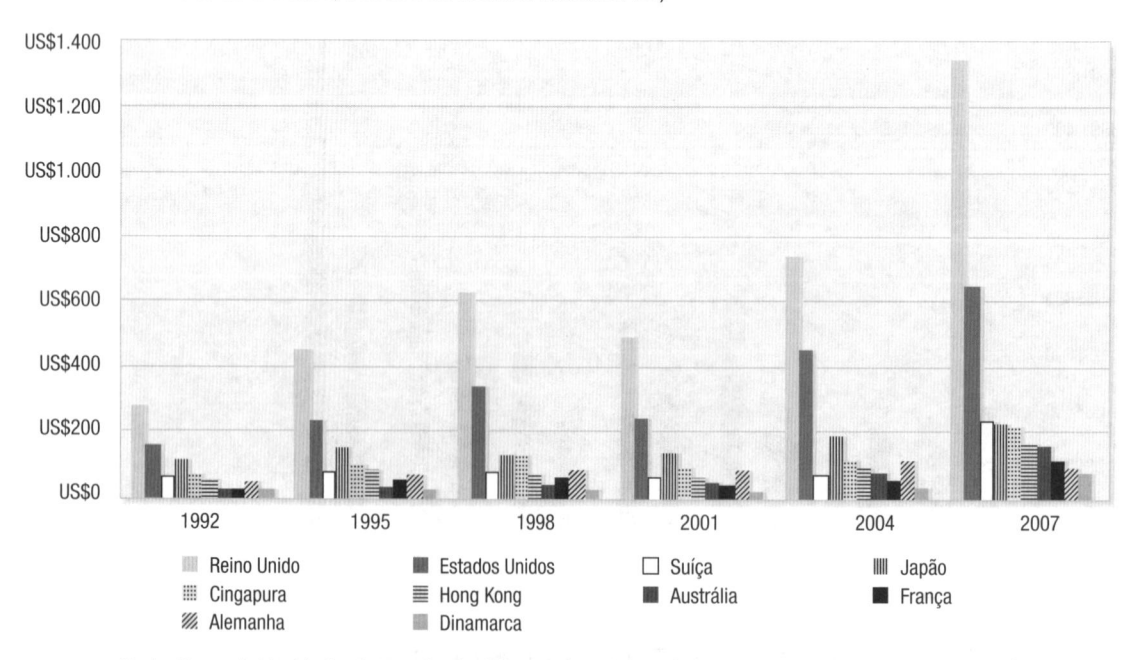

Fonte: Banco de Liquidações Internacionais, "Triennial Central Bank Survey of Foreign Exchange and Derivatives Market Activity in April 2007: Preliminary Global Results," setembro de 2007, www.bis.org.

consideravelmente nos últimos anos, refletindo a demanda por negociações cambiais relacionadas ao que é chamado de *carry trade*, quando o capital flui para um país em busca dos altos retornos das taxas de juros. Este tópico será abordado detalhadamente no Capítulo 7.

A composição monetária do giro, exibido no Quadro 6.4, também demonstrou mudanças nos últimos anos. Como todas as moedas são negociadas em relação a alguma outra moeda, todas as porcentagens exibidas no Quadro 6.4 são daquela moeda em relação a uma outra; neste caso, o dólar americano. As tendências são relativamente claras: as taxas cruzadas dólar americano/euro e iene japonês/dólar americano têm tendido a diminuir, apesar de lentamente. O que fica claro, no entanto, é que diversas outras moedas, como o dólar australiano, aumentaram suas atividades em termos de volume. A crescente participação do dólar de Hong Kong também é perceptível, provavelmente refletindo os vínculos econômicos e financeiros com o crescimento econômico da China. Uma nota adicional, que não está refletida no Quadro 6.4 propriamente dito, é o crescimento nas moedas de mercados emergentes. Pela primeira vez a participação de moedas de mercados emergentes aumentou, constituindo mais de 20% de todas as transações em abril de 2007.

TAXAS E COTAÇÕES DE MOEDA

Uma *taxa de câmbio* é o preço de uma moeda expressa em termos de uma outra moeda. Uma *cotação de câmbio* é a demonstração de disposição de comprar ou vender a uma taxa anunciada.

No mercado de varejo (incluindo bancas de revistas e bancas de câmbio em aeroportos), as cotações são frequentemente dadas como o preço da moeda estrangeira em moeda doméstica e muito frequentemente são dadas para muitos pares de moedas. Entretanto, essa prática não é uniforme em todo o mundo. Como descreveremos na próxima seção, o mercado interbancário profissional padronizou seu sistema de cotações.

Cotações interbancárias

Lembre-se, do Quadro 6.4, que a maior parte das transações cambiais ocorrem através do dólar americano. Corretores e operadores profissionais podem determinar cotações de câmbio de duas

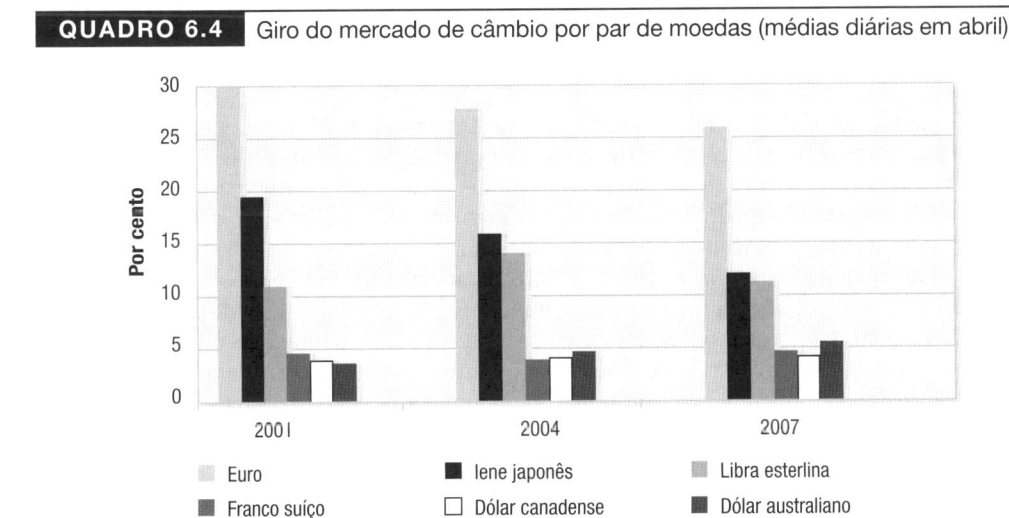

QUADRO 6.4 Giro do mercado de câmbio por par de moedas (médias diárias em abril)

Nota: Todas as moedas são representadas em relação ao dólar americano.
Fonte: Banco de Compensações Internacionais, "Triennial Central Bank Survey for Foreign Exchange and Derivatives Market Activity in April 2007: Preliminary Global Results," setembro de 2007. www.bis.org.

maneiras: o preço em moeda estrangeira de um dólar ou o preço em dólar de uma unidade da moeda estrangeira. A maioria das moedas do mundo é expressa em função do número de unidades de moeda estrangeira necessário para comprar um dólar. Por exemplo, a taxa de câmbio entre o dólar americano e o franco suíço é normalmente declarada da seguinte forma:

SF1,6000/US$, que se lê como "1,6000 francos suíços por dólar"

Este método, chamado de *termos europeus ou nomenclatura europeia*, expressa a taxa como o preço de um dólar em moeda estrangeira. Um método alternativo é chamado de *termos americanos* ou *nomenclatura americana*. A mesma taxa de câmbio acima expressa em termos americanos ficaria:

US$0,6250/SF, que se lê como "0,6250 dólares por francos suíços"

Sob os termos americanos, as taxas de câmbio são determinadas como o preço em dólares de uma unidade da moeda estrangeira. Observe que os termos europeus e os termos americanos são recíprocos:

$$\frac{1}{SF1,6000/US\$} = US\$0,6250/SF$$

Com várias exceções, incluindo duas importantes, a maioria das cotações interbancárias do mundo é determinada por termos europeus. Assim, a maneira mundial normal de cotar a relação entre o franco suíço e o dólar americano é SF1,6000/US$; este método também pode ser chamado de "termos suíços". A cotação do iene japonês de ¥118,32/US$ é chamada de "termos japoneses", embora a expressão "termos europeus" seja frequentemente usada como o nome genérico para preços do dólar em moedas europeias e também asiáticas. Os termos europeus foram adotados como uma forma universal de expressar taxas de câmbio para a maioria das moedas (mas não para todas) em 1978 para facilitar o comércio mundial através das telecomunicações.

Como já foi mencionado, há várias exceções para o uso de cotações em termos europeus. As duas mais importantes são as cotações para o euro e para a libra esterlina do Reino Unido. O euro, negociado pela primeira vez em janeiro de 1999, e a libra esterlina são, normalmente, cotados em termos americanos, isto é, no preço em dólar americano de um euro ou de uma libra esterlina. Adicionalmente, dólares australianos e neozelandeses são normalmente cotados em termos americanos. A libra esterlina é cotada como o preço de moeda estrangeira de uma libra por razões históricas. Durante séculos, a libra esterlina britânica era composta de 20 xelins, cada um contendo 12 pence*. A multiplicação e a divisão dessa moeda não decimal eram difíceis. O costume evoluiu para os preços do câmbio em Londres, então capital financeira do mundo, a ser estabelecido em unidades de moeda estrangeira por libra. Esta prática continuou mesmo depois da mudança da libra para o sistema decimal em 1971.

Os termos americanos são usados na cotação das taxas para a maioria dos contratos de opções e futuros de taxas de câmbio, bem como em mercados de varejo que negociam com turistas e remessas pessoais. Operadores de taxas de câmbio usam apelidos para a maior parte das moedas. "*Cabo*" significa a taxa de câmbio entre o dólar americano e a libra esterlina; o nome vem do tempo em que as transações entre o dólar americano e a libra esterlina eram feitas através do cabo telegráfico transatlântico**. O dólar canadense é um "*loonie*", devido ao pato silvestre estampado na moeda de um dólar canadense. "*Paris*" significa o franco francês, enquanto "*kiwi*" refere-se ao dólar neozelandês, "*aussie*" ao dólar australiano, "*swissie*" ao franco suíço e "*sing dollar*" ao dólar de Cingapura.

As quantias têm que ser precisas nas conversões de câmbio para evitar erros importantes. O significado de "bilhão" é diferente em inglês britânico e em inglês americano. No inglês britânico, "um bilhão" é 1 seguido de doze zeros: ou seja, 1.000.000.000.000, ou um milhão de milhões. Nos Estados Unidos e na França, onde o sistema de numeração se baseia em grupos de três em vez de quatro,

---

* N. de T.: Plural de *penny*, a menor unidade da moeda britânica ainda hoje, apesar da adoção do sistema decimal. Um *penny*, portanto, equivale hoje a um centavo de libra.

** N. de T.: No Brasil, dólar cabo tem outro significado, referindo-se a transações de câmbio que envolvem trocas de depósitos em dólar no exterior.

um bilhão é mil milhões, ou 1.000.000.000. Para os britânicos, um "trilhão" é um milhão de bilhões, enquanto nos Estados Unidos e na França, um trilhão é mil bilhões: isto é, o mesmo que o bilhão britânico.[2] Para evitar confusão, os operadores de câmbio usam a palavra "yard" para descrever o bilhão americano.

Cotações diretas e indiretas

Algumas vezes, as cotações de câmbio são descritas como *diretas* ou *indiretas*. Neste par de definições, o país de origem ou país-base das moedas em questão é fundamental.

Uma *cotação direta* é um preço em moeda doméstica de uma unidade de uma moeda estrangeira, e uma *cotação indireta* é o preço estrangeiro de uma unidade da moeda doméstica. A forma da cotação depende do que se quer dizer com "doméstica".

A cotação de câmbio SF1,6000/US$ é uma cotação direta na Suíça – é o preço na moeda doméstica suíça (franco suíço) de uma moeda estrangeira (dólar americano). Exatamente a mesma cotação, SF1,6000/US$, é uma cotação indireta quando usada nos Estados Unidos – sendo, então, o preço em uma moeda estrangeira (franco suíço) da moeda doméstica (dólar americano). O recíproco desta cotação, US$0,6250/SF, é uma cotação direta nos Estados Unidos e indireta na Suíça.

A cotação direta do dólar americano em relação ao franco suíço, US$0,6250/SF no exemplo anterior, também pode ser chamada de "valor externo do franco suíço" – isto é, o valor de um franco suíço fora da Suíça. O "valor interno do franco suíço" é SF1,6000/US$ – o número de francos suíços que podem ser comprados por um dólar.

Cotações de compra e venda

As cotações interbancárias são dadas como *compra* (*bid*) e *venda* (*offer* ou *ask*). Uma *cotação de compra* é o preço (ou seja, a taxa de câmbio) em uma moeda na qual o operador comprará outra moeda. Uma *cotação de venda* é o preço (i.e., a taxa de câmbio) pelo qual o operador venderá a outra moeda. Os operadores fazem o *bid* (compram) a um preço e *offer* (vendem) a um preço um pouco mais alto, fazendo o seu lucro a partir da margem (*spread*) entre os preços de compra e venda.

Cotações de compra e venda em mercados de câmbio são complicadas pelo fato de que a compra de uma moeda é, também, a venda para a moeda oposta. Um comerciante que procura comprar dólares com francos suíços está, simultaneamente, oferecendo francos suíços por dólares. Suponha que um banco faça as cotações mostradas na metade superior do Quadro 6.5 para o iene japonês. As cotações à vista na primeira linha indicam que o operador de câmbio do banco "comprará dólares" (isto é, "venderá ienes japoneses") pelo preço de venda de ¥118,27 por dólar.

Como ilustrado no Quadro 6.5, entretanto, a *cotação explícita* total (o preço total com todos os seus pontos decimais) é tipicamente mostrada somente para a taxa de câmbio corrente. Os operadores, entretanto, tendem a usar abreviações quando falam ao telefone ou quando colocam as informações em uma tela de vídeo. A primeira informação, a taxa de compra de uma cotação à vista, pode ser dada por extenso: isto é, "118,27". Entretanto, a taxa de venda provavelmente será expressa apenas como os dígitos que diferem da taxa de compra. Logo, em uma tela de vídeo, as taxas de compra e venda do iene à vista provavelmente seriam exibidas como "118,27–37".

Expressando cotações a termo em pontos

As cotações à vista dadas na primeira linha de cada moeda no Quadro 6.5 são "*explícitas*": ¥118,27/US$ para a compra à vista e ¥118,37/US$ para a venda à vista. As taxas a termo são, no entanto, tipicamente cotadas em termos de *pontos*, também chamados de *taxas cash* e *taxas swap*, dependendo do vencimento. Um ponto é o último dígito de uma cotação, com a convenção determinando o número de dígitos à direita do ponto decimal. Os preços de moedas em relação ao dólar americano normalmente são expressos em até quatro pontos decimais. Assim, um ponto é igual a 0,0001 para a maioria das moedas. Algumas moedas, como o iene japonês mostrado no Quadro 6.5, são cotadas somente até dois pontos decimais. Uma cotação a termo expressa em pontos não é uma taxa de câm-

---

[2] The Shorter Oxford English Dictionary on Historical Principles, 3a ed., Volumes I e II, Oxford: Clarendon Press, 1973.

142 PARTE II Teoria de Taxa de Câmbio e Mercados de Moedas Estrangeiras

QUADRO 6.5 Cotações à vista e a termo do euro e do iene japonês

		Euro: À vista e a termo (US$/€)			Iene: À vista e a termo (¥/US$)		
	Termo	Taxas médias	Taxa de compra	Taxa de venda	Taxas médias	Taxa de compra	Taxa de venda
	À vista	1,0899	1,0897	1,0901	118,32	118,27	118,37
Taxas *cash*	1 semana	1,0903	3	4	118,23	−10	−9
	1m	1,0917	17	19	117.82	−51	−50
	2m	1,0934	35	36	117,38	−95	−93
	3m	1,0953	53	54	116,91	−143	−140
	4m	1,0973	72	76	116,40	−195	−190
	5m	1,0992	90	95	115,94	−240	−237
	6m	1,1012	112	113	115,45	−288	−287
	9m	1,1075	175	177	114,00	−435	−429
	1a	1,1143	242	245	112,50	−584	−581
Taxas *swap*	2a	1,1401	481	522	106,93	−1150	−1129
	3a	1,1679	750	810	101,09	−1748	−1698
	4a	1,1899	960	1039	96,82	−2185	−2115
	5a	1,2102	1129	1276	92,91	−2592	−2490

*Nota: m é mês, a é ano. Taxas médias são as médias numéricas entre taxas de compra e de venda.

bio *per se*. É, na verdade, a diferença entre o preço a termo e o preço à vista. Consequentemente, a taxa à vista propriamente dita nunca pode ser dada em pontos.

As cotações em pontos para três meses para o iene japonês no Quadro 6.5 são −143 para compra e −140 para venda. O primeiro número (−143) refere-se a pontos distantes da compra à vista, e o segundo número (−140) a pontos distantes da venda à vista. Dadas as cotações explícitas de 118,27 para compra e 118,37 para venda, as taxas *forward* explícitas de três meses são calculadas como a seguir:

	Compra	Venda
Explícita à vista	¥118,27	¥118,37
Mais pontos (três meses)	−1,43	−1,40
Explícita a termo	¥116.84	¥116.97

As cotações de compra e venda a termo, no Quadro 6.5, por dois anos ou mais, são chamadas de taxas *swap*. Como mencionado anteriormente, muitas transações de câmbio a termo no mercado interbancário envolvem uma compra simultânea para uma data e uma venda (revertendo a transação) para outra data. Esse *swap* é uma maneira de tomar uma moeda emprestada por determinado tempo, deixando, ao mesmo tempo, de usar uma outra moeda pelo mesmo período. Em outras palavras, é tomar uma moeda emprestada no curto prazo combinado com o empréstimo no curto prazo de uma quantia equivalente de uma outra moeda. As duas partes poderiam, se quisessem, cobrar juros umas das outras com base nas taxas correntes de cada uma das moedas. Entretanto, é mais fácil para a parte com a moeda com juros mais altos simplificar o diferencial de juros líquidos para a outra. A taxa de *swap* expressa esse diferencial de juros líquidos em pontos, em vez de uma taxa de juros.

Cotações a termo em percentuais

Cotações a termo também podem ser expressas como o desvio percentual ao ano da taxa à vista. Esse método de cotação facilita a comparação de prêmios ou descontos no mercado a termo com diferenciais de taxas de juros. Entretanto, o prêmio ou desconto percentual depende de qual moeda é a moeda doméstica, ou moeda-base. Suponha as seguintes cotações, nas quais o dólar é a moeda doméstica:

	Moeda estrangeira/moeda doméstica	Moeda doméstica/moeda estrangeira
Taxa à vista	¥105,65/US$	US$0,009465215/¥
Taxa a termo de três meses	¥105,04/US$	US$0,009520183/¥

Cotações expressas em termos da moeda estrangeira (cotações indiretas). Quando é usado o preço em moeda estrangeira da moeda doméstica, a fórmula do prêmio ou desconto percentual anual é

$$f^{¥} = \frac{\text{à vista} - \text{a termo}}{\text{a termo}} \times \frac{360}{n} \times 100$$

Substituindo as taxas à vista e a termo ¥/US$, bem como o número de dias no contrato (90), temos

$$f^{¥} = \frac{105,65 - 105,04}{105,04} \times \frac{360}{90} \times 100 = +2,32\% \text{ por ano}$$

O sinal é positivo, o que indica que o iene a termo está sendo vendido a um prêmio de 2,32% por ano acima do dólar.

Cotações expressas em termos da moeda doméstica (cotações diretas). Quando é usado o preço em moeda doméstica para uma moeda estrangeira, a fórmula do prêmio ou desconto percentual é (f¥)

$$f^{¥} = \frac{\text{a termo} - \text{à vista}}{\text{à vista}} \times \frac{360}{n} \times 100$$

onde n é o número de dias no contrato. (*n* também pode ser o número de meses, neste caso o numerador é 12). Substituindo as taxas à vista e a termo US$/¥, bem como o número de dias no contrato (90), temos

$$f^{¥} = \frac{0,009520183 - 0,009465215}{0,009465215} \times \frac{360}{0} \times 100 = +2,32\% \text{ por ano}$$

O sinal é positivo, o que indica que o iene a termo está sendo vendido a um prêmio de 2,32% por ano acima do dólar.

Informações sobre o mercado de câmbio

É muito importante para todos os participantes do mercado acessar preços e notícias "em tempo real". Os principais provedores comerciais de informações são Moneyline Telerate, Reuters e Bloomberg. Esses serviços comerciais oferecem telas de serviço computadorizado nos escritórios de todos os seus clientes.

As taxas de câmbio são cotadas em todos os jornais mais importantes do mundo. A forma de cotação no *The Wall Street Journal* e no *Financial Times*, os dois jornais de negócios mais importantes em língua inglesa, é mostrada no Quadro 6.6. Embora essas cotações para a libra sejam para o mesmo dia, elas não são idênticas devido às diferenças de fuso horário e de bancos pesquisados para as cotações.

O *The Wall Street Journal* fornece as cotações em termos americanos sob o título "Equivalente em US$" e as cotações em termos europeus sob o título "Moeda por US$". As cotações são dadas para os dois últimos dias de negociações e são dadas de forma explícita para à vista e para um, dois, três e seis meses a termo. As taxas de câmbio cotadas são taxas médias, a média entre o preço de compra e venda. As cotações são para negociações entre bancos em quantias de US$1 milhão ou mais, cotadas às 16h pelo horário da costa leste dos EUA pela Reuters e outras fontes. O *The Wall Street Journal* afirma que transações de varejo fornecem menos unidades de moeda estrangeira por dólar.

O *The Financial Times* também apresenta as taxas médias de fechamento do dia, mais a variação absoluta na taxa do fechamento do último dia de negociações. Taxas a termo de um mês, três meses e um ano são cotadas de maneira direta, dólares americanos por libra. A taxa entre parênteses próximo a "Reino Unido" é a taxa à vista atual em libras esterlinas britânicas por dólar americano.

Taxas cruzadas

Muitos pares de moedas são raramente comercializados e, por isso, suas taxas de câmbio são determinadas através de sua relação com uma terceira moeda amplamente comercializada. Por exemplo, um importador mexicano precisa de ienes japoneses para pagar compras realizadas em Tóquio. Tan-

QUADRO 6.6 Cotações da taxa de câmbio do dólar americano/libra esterlina na imprensa financeira

The Wall Street Journal

	Equivalente em US$		Moeda por US$	
	Qui	Qua	Qui	Qua
Reino Unido (libra)	1,8410	1,8343	0,5432	0,5452
um mês a termo	1,8360	1,8289	0,5447	0,5468
três meses a termo	1,8259	1,8187	0,5477	0,5498
seis meses a termo	1,8120	1,8048	0,5519	0,5541

Fonte: "Exchange Rates," *The Wall Street Journal*, sexta-feira, 4 de junho de, 2004 (cotações da quinta-feira dia 3 de junho de 2004), p. B5.

Financial Times

	Média de fechamento	Variação do dia
Reino Unido. (0.5429) (£)	1,8418	–0,0015
um mês	1,8368	–0,0011
três meses	1,8268	–0,0008
um ano	1,7885	–0,0007

Fonte: "Currencies, Bonds & Interest Rates," *Financial Times*, 4 de junho de 2004 (cotações do dia 3 de junho de 2004), p. 25.

to o peso mexicano (Ps) quanto o iene japonês (¥) são normalmente cotadas em relação ao dólar. Suponha as seguintes cotações:

Iene japonês	¥110,73/US$
Peso mexicano	Ps11,4456/US$

O importador mexicano pode comprar um dólar por 11,4456 pesos mexicanos, e com esse dólar, comprar 110,73 ienes japoneses. O cálculo da taxa cruzada seria o seguinte:

$$\frac{\text{Iene japonês/dólar americano}}{\text{Pesos mexicanos/dólar americano}} = \frac{¥110,73/US\$}{Ps11,4456/US\$} = ¥\,9,6745/Ps$$

A taxa cruzada também pode ser calculada como o recíproco:

$$\frac{\text{Peso mexicano/dólar americano}}{\text{Iene japonês/dólar americano}} = \frac{Ps\,11,4456/US\$}{¥\,110,73/US\$} = Ps\,0,1034/¥$$

Em publicações financeiras, as taxas cruzadas geralmente aparecem na forma de uma matriz, como exibe o Quadro 6.7. Esta matriz mostra a quantidade de cada moeda (colunas) necessária para comprar uma unidade da moeda do país naquela linha, segundo a cotação do *The Wall Street Journal*.

Arbitragem entre mercados

As taxas cruzadas também podem ser usadas para verificar oportunidades para arbitragem entre mercados. Suponha que as seguintes taxas de câmbio sejam cotadas:

Cotações do Citibank – Dólares americanos por euro:	US$1,2223/€
Cotações do Banco Barclays – dólares americanos por libra esterlina:	US$1,8410/£
Cotações do Banco Dresdner – euros por libra esterlina:	€1.5100/£

A taxa cruzada entre o Citibank e o Barclays é

$$\frac{US\$1,8410/£}{US\$1,2223/€} = €1,5062/£$$

QUADRO 6.7 Taxas cruzadas das principais moedas

	Dólar	Euro	Libra	Franco suíço	Peso	Iene	CdnDir
Canadá	1,3618	1,6646	2,5071	1,0889	0,11898	0,01230	—
Japão	110,73	135,34	203,85	88,539	9,674	—	81,309
México	11,4456	13,9899	21,071	9,1519	—	0,10336	8,4045
Suíça	1,2506	1,5286	2,3024	—	0,10927	0,01129	0,9183
Reino Unido	0,54320	0,6639	—	0,4343	0,04746	0,00491	0,39886
Euro	0,81810	—	1,5062	0,65418	0,07148	0,00739	0,60075
EUA	—	1,2223	1,8410	0,79960	0,08737	0,00903	0,73430

Fonte: Reuters, citado em "Key Currency Cross Rates," *The Wall Street Journal*, sexta-feira, 4 de junho de 2004. Cotações são das negociações de Nova York, na quinta-feira, dia 3 de junho de 2004.

Esta taxa cruzada não é a mesma que a cotação do Dresdner, de €1,5100/£, então, há uma oportunidade de lucrar com arbitragem entre os três mercados. O Quadro 6.8A mostra os passos do que é conhecido como arbitragem triangular.

Um operador de mercado com US$1.000.000 pode vender essa soma à vista para o Barclays Bank por US$1.000.000 ÷ US$1,8410/£ = £543.183. Simultaneamente, essas libras podem ser vendidas ao Dresdner Bank por £543.183 × €1,5100/£ = €820.206, e então o operador pode vender esses euros imediatamente para o Citibank por dólares: €820.206 × US$1,2223/€ = US$1.002.538. O lucro em tal "rodada" é US$2.538 livres de risco. Tal arbitragem triangular pode continuar até que o equilíbrio da taxa de câmbio seja restabelecido; isto é, até que a taxa cruzada calculada seja igual à cotação real, menos uma pequena margem de custos de transação.

O Quadro 6.8B mostra uma análise de sensibilidade e a taxa de câmbio no equilíbrio (nenhuma perda ou ganho) da arbitragem triangular exibida no Quadro 6.8A. Observe que quando a cotação do Dresdner é menor do que a taxa cruzada do Barclays/Citibank, a perda pode ser revertida movimentando dinheiro no sentido anti-horário seguindo o fluxo triangular exibido no Quadro 6.8A. Portanto, é sempre possível lucrar quando a cotação intermediária e a taxa cruzada são diferentes.

O Quadro 6.8B é a primeira vez que usamos uma planilha na construção de um Quadro. As planilhas estão se tornando uma ferramenta muito comum em todas as áreas funcionais da administração além de seus usos tradicionais em finanças e contabilidade. Alguns quadro neste livro utilizarão o formato de planilha. O propósito disso é tanto apresentar conteúdos importantes quanto mostrar como o conteúdo foi construído ou calculado. Supomos que o leitor esteja familiarizado com as operações básicas de planilhas (os componentes de cálculo são secundários ao propósito do Quadro).

Dois aspectos devem ser observados: 1) Essa arbitragem é prática apenas se os participantes tiverem acesso instantâneo a cotações e execuções. Assim, exceto em raros casos, tal arbitragem é conduzida somente por operados de câmbio. A participação pública é mais difícil. 2) Os operadores de bancos podem conduzir tal arbitragem sem uma soma inicial de dinheiro, além da situação de crédito de seus bancos, porque os negócios são iniciados e subsequentemente "lavados" (isto é, contrabalançados) por meios eletrônicos antes da liquidação normal, dois dias depois.

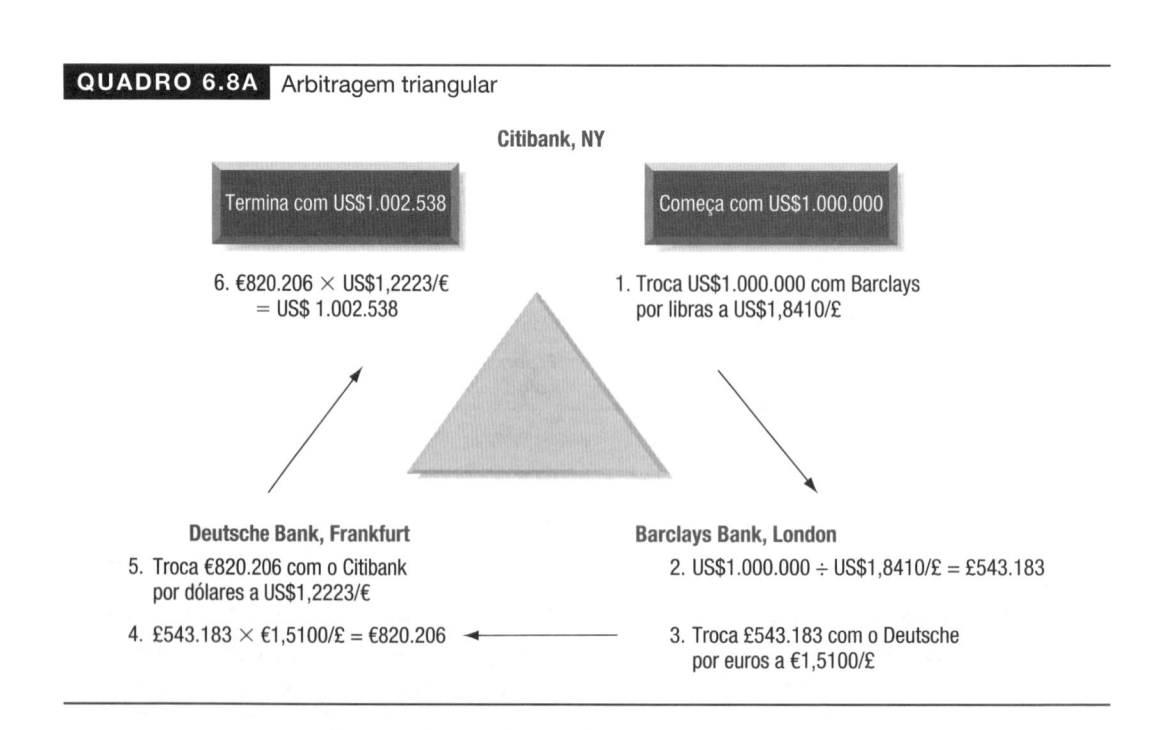

QUADRO 6.8A Arbitragem triangular

Citibank, NY

Termina com US$1.002.538

Começa com US$1.000.000

6. €820.206 × US$1,2223/€ = US$ 1.002.538

1. Troca US$1.000.000 com Barclays por libras a US$1,8410/£

Deutsche Bank, Frankfurt

5. Troca €820.206 com o Citibank por dólares a US$1,2223/€

4. £543.183 × €1,5100/£ = €820.206

Barclays Bank, London

2. US$1.000.000 ÷ US$1,8410/£ = £543.183

3. Troca £543.183 com o Deutsche por euros a €1,5100/£

QUADRO 6.8B Arbitragem triangular

	A	B	C	D	E	F	G
1				Quadro 6.8B Arbitragem Triangular			
2	Banco	Cotação		Movimentação	US$1.000.000	Análise de sensibilidade	
3	Barclays	US$/£	1,4443	£ em US$	£692.377	Cotação do	Ganho ou
4	Dresdner	US$/£	1,6200	£ em US$	US$1.121.651	Dresdner	perda em US$
5	Citibank	US$/€	0,9045	€ em US$	US$1.014.533	1,5800	–US$10.517
6		Taxa cruzada		Ganho em US$ =	US$14.533	1,5900	–US$4.255
7	Barclays/Citibank	US$/£	1,5968			1,6000	US$2.008
8						1,6100	US$8.270
9						1,6200	US$14.533

Entradas-chave nas células	
E3:	=E2/C3
E4:	=E3*C4
E5:	=E4*C5
E6:	=E5-E2

Taxa de câmbio no equilíbrio se encontra em uma cotação do Dresdner de 1,5968 €/£.

Eixo Y: Ganho ou perda para US$1 milhão
Eixo X: Cotação do Dresdner, Euros/Libra esterlina

Medindo uma variação das taxas de câmbio à vista

Suponha que o franco suíço, cotado a SF1,6351/US$ (que é o mesmo que US$0,61158/SF), de repente se fortaleça para SF1,5000/US$ (que é o mesmo que US$0,66667/SF). Qual é o aumento percentual no valor do franco em dólares e, assim, no valor das contas a receber ou a pagar denominadas em franco suíço detidas pelos americanos? Assim como com as cotações a termo na forma de percentagem, a moeda doméstica é crucial.

Cotações expressas em termos da moeda doméstica (cotações diretas). Quando é usado o preço em moeda doméstica de uma moeda estrangeira, a fórmula da variação percentual na moeda estrangeira é a seguinte:

$$\%\Delta = \frac{\text{Taxa final} - \text{Taxa inicial}}{\text{Taxa inicial}} \times 100 = \frac{\text{US\$0,66667/SF} - \text{US\$0,61158/SF}}{\text{US\$0,61158/SF}} \times 100 = +9,008\%$$

Neste caso, o franco suíço é 9,008% mais forte na taxa final. Detentores de contas a receber em francos suíços receberão 9,008% de dólares a mais, mas os devedores em francos suíços terão que pagar 9,008% a mais para comprar essa moeda.

Cotações expressas em termos de moeda estrangeira (cotações indiretas). Quando é usado o preço em moeda estrangeira de uma moeda doméstica, a fórmula da variação percentual na moeda estrangeira é a seguinte:

$$\%\Delta = \frac{\text{Taxa inicial} - \text{Taxa final}}{\text{Taxa final}} \times 100 = \frac{\text{SF1,6351/US\$} - \text{SF1,5000}}{\text{SF1,5000/US\$}} \times 100 = +9,008\%$$

Por ambos os métodos de cálculo, o franco suíço aumentou 9,008% em valor em relação ao dólar. Uma nota final sobre a clareza deste cálculo. Muitos alunos realizam esses dois cálculos e encontram dois valores muito próximos, mas ainda diferentes. Se o segundo cálculo (ou vice-versa) for calculado como a seguir, usando as cotações inversas precisas, a variação percentual resultante será exatamente a mesma, + 9,008%.

$$\%\Delta = \frac{\text{Taxa inicial} - \text{Taxa final}}{\text{Taxa final}} \times 100 = \frac{\frac{1}{\text{US\$0,61158/SF}} - \frac{1}{\text{US\$0,61158/SF}}}{\frac{1}{\text{US\$0,66667/SF}}} \times 100 = +9,008\%$$

RESUMO

- As três funções do mercado de câmbio são transferir poder aquisitivo, prover crédito e minimizar o risco de taxa de câmbio.

- O mercado de câmbio é composto de dois segmentos: o mercado interbancário e o mercado de clientes. Os participantes desses dois segmentos incluem operadores de câmbio, indivíduos e empresas que conduzem transações comerciais e de investimento, especuladores e arbitradores, bancos centrais e tesouros nacionais, e corretores de câmbio.

- Geograficamente, o mercado de câmbio engloba todo o mundo, sempre havendo, em algum lugar, a cada hora de cada dia útil, preços mudando e moedas sendo comercializadas.

- Uma taxa de câmbio é o preço de uma moeda expresso em termos de uma outra moeda. Uma cotação de câmbio é uma declaração da disposição a comprar ou vender moedas a um preço anunciado.

- No mercado de câmbio, as transações são executadas ou à vista, exigindo a compensação dois dias depois da transação ou a termo ou como *swap*, que exige compensação em alguma data futura designada.

- Cotações em termos europeus ou na nomenclatura europeia são o preço em moeda estrangeira de um dólares americano. Cotações em termos americanos ou na nomenclatura americana são o preço em dólar de uma moeda estrangeira.

- As cotações também podem ser diretas ou indiretas. Uma cotação direta é o preço em moeda doméstica de uma unidade de moeda estrangeira, enquanto que uma cotação indireta é o preço em moeda estrangeira de uma unidade da moeda doméstica.

- Direta e indireta não são sinônimos de termos americanos e europeus, porque a moeda doméstica muda dependendo de quem está fazendo o cálculo, enquanto que os termos europeus são sempre o preço de um dólar americano em moeda estrangeira.

- Uma taxa cruzada é uma taxa de câmbio entre duas moedas, calculada a partir de sua relação em comum com uma terceira moeda. Quando as taxas cruzadas são diferentes das taxas diretas entre duas moedas, é possível fazer arbitragem entre mercados.

MINICASO O mercado paralelo do bolívar na Venezuela[1]

Dizem que durante o ano e meio em que o presidente venezuelano Hugo Chávez passou na prisão por sua participação em uma tentativa de golpe contra o governo em 1992, ele foi um leitor voraz. É uma pena que seu plano de estudos pareça ter sido tão reduzido em economia e tão forte em Maquiavel.

—"Money Fun in the Venezuela of Hugo Chávez," The Economist, 13 de fevereiro de 2004.

No fim da tarde do dia 10 de março de 2004, Santiago abriu a janela de seu escritório em Caracas, Venezuela. Imediatamente, ele foi atingido pelos sons que vinham da praça – carros buzinando, manifestantes batendo em seus potes e panelas, vendedores ambulantes vendendo suas mercadorias. Desde a imposição de um novo conjunto de políticas econômicas pelo presidente Hugo Chávez em 2002, tais visões e sons tinham se tornado comuns na vida urbana em Caracas. Santiago suspirou ao desejar a simplicidade da vida na antiga Caracas.

O negócio de distribuição farmacêutica de Santiago, que já fora bem-sucedido, estava passando por tempos difíceis. Desde que os controles de capital tinham sido implementados em fevereiro de 2003, era difícil obter dólares. Ele tinha sido forçado a procurar vários métodos – métodos mais caros e nem sempre legais – para obter dólares, fazendo suas margens diminuírem

---

[1] Copyright ©2004 Thunderbird, the Garvin School of International Management. Todos os direitos reservados. Este caso foi preparado por Nina Camera, Thanh Nguyen e Jay Ward sob a direção do Professor Michael H. Moffett com a finalidade exclusiva de discussão em sala de aula, e não para indicar eficiência ou ineficiência administrativa. Os nomes dos principais envolvidos no caso foram alterados para preservar a confidencialidade.

em 50%. Para piorar a situação, a moeda da Venezuela, o bolívar (Bs), tinha sido recentemente desvalorizada (repetidas vezes). Isso tinha espremido instantaneamente suas margens, já que seus custos tinham subido de modo diretamente proporcional à taxa de câmbio. Ele não encontrava ninguém que lhe vendesse dólares. Seus clientes precisavam de suprimentos e precisavam deles rapidamente, mas como ele conseguiria os US$30.000 – a moeda forte – para pagar por este último pedido?

Caos político

O mandato de Hugo Chávez como presidente da Venezuela tinha sido, na melhor das hipóteses, tumultuado desde sua eleição em 1998. Depois de inúmeras cassações, renúncias, golpes e renomeações, o turbilhão político tinha abalado a economia venezuelana como um todo, principalmente sua moeda. O curto sucesso do golpe anti-Chávez em 2001, e seu retorno à presidência quase que imediato, tinha preparado o terreno para um retrocesso no isolacionismo de suas políticas econômicas e financeiras.

No dia 21 de janeiro de 2003, o bolívar fechou com uma baixa recorde – Bs1891,50/US$. No dia seguinte, o Presidente Chávez suspendeu a venda de dólares por duas semanas. Quase que instantaneamente, surgiu um mercado não oficial ou negro para a troca dos bolívares venezuelanos por dólares. Quando investidores de todos os tipos procuraram maneiras de sair do mercado venezuelano, ou simplesmente obter a moeda forte necessária para continuar a conduzir seus negócios (como foi o caso de Santiago), a crescente fuga de capital fez o valor do bolívar no mercado negro cair vertiginosamente para Bs2.500/US$ em apenas algumas semanas. À medida que mercados entraram em colapso e os valores do câmbio caíram, a taxa de inflação venezuelana disparou para mais de 30% ao ano.

Controles de capital e CADIVI

Para combater as pressões para diminuir o valor do bolívar, no dia 5 de fevereiro de 2003 o governo venezuelano anunciou a aprovação do Decreto de Regulamentação Cambial.

O decreto realizou as seguintes ações:

1. Determinou a taxa de câmbio oficial em Bs1.596/US$ para compra (*bid*) e Bs1.600US$ para venda (*offer*).
2. Estabeleceu a Comissão de Administração de Divisas (Comisión de Administración de Divisas ou CADIVI) para controlar a distribuição cambial.
3. Implementou rígidos controles sobre os preços para cortar a inflação gerada pelo bolívar mais fraco e a contração das importações induzida pelo controle cambial.

A CADIVI era tanto o meio oficial quanto o meio mais barato através do qual os cidadãos venezuelanos podiam obter moedas estrangeiras. A fim de receber uma autorização da CADIVI para obter dólares, um candidato tinha que preencher uma série de formulários. O candidato, então, tinha que provar ter pago nos três anos anteriores, provar os negócios existentes e propriedade de ativos e acordos de *lease* de propriedades da empresa e documentar os pagamentos de Seguro Social.

Extra-oficialmente, no entanto, havia uma outra exigência não divulgada para conseguir permissão para obter moeda estrangeira: que as autorizações pela CADIVI fossem reservadas a partidários de Chávez. Em agosto 2003, uma petição anti-Chávez tinha ganho ampla circulação. Um milhão de assinaturas tinham sido recolhidas. Apesar de o governo ter deliberado que a petição era inválida, ele tinha utilizado a lista de assinaturas para criar um banco de dados de nomes e números de Seguro Social que a CADIVI utilizava para verificar identidades ao decidir quem receberia moedas fortes. O Presidente Chávez supostamente teria dito, "Nem mais um dólar sequer aos *putschits* ("radicais" ou "simpatizantes do golpe"); os bolívares pertencem ao povo".[2]

As alternativas de Santiago

Santiago não teve sorte em obter dólares via CADIVI para pagar suas importações. Como ele tinha assinado a petição exigindo a retirada do Presidente Chávez do poder, ele tinha sido listado no banco de dados da CADIVI como anti-Chávez, e agora não poderia conseguir obter permissão para trocar bolívares por dólares.

A transação em questão era uma fatura de US$30.000 em produtos farmacêuticos de seu fornecedor sediado nos EUA. Santiago, por sua vez, venderia a um grande cliente venezuelano que distribuiria os produtos. Essa transação, no entanto, não foi a primeira vez que Santiago teve que recorrer a fontes alternativas para cumprir com suas obrigações em dólar. Desde a imposição dos controles de capital, a busca por dólares tinha se tornado uma atividade semanal para Santiago. Além do processo oficial, através da CADIVI, ele também podia conseguir dólares através do mercado informal, ou do mercado negro.

O mercado informal: ações da CANTV

Em maio de 2003, três meses depois da implementação dos controles cambiais, abrira-se uma janela de oportunidade para os venezuelanos – uma oportunidade que permitiu que investidores na bolsa de valores de Caracas evitassem as fortes restrições sobre o câmbio. Essa brecha contornava as restrições impostas pelo governo ao permitir que os investidores comprassem ações locais da empresa líder de telecomunicações, a CANTV, na bolsa de Caracas, e então convertê-las em recibos de ações negociadas nos EUA (American Depositary Receipts ou ADRs) denominados em dólar, negociáveis na NYSE.

O patrocinador das ADRs da CANTV na NYSE era o Bank of New York, o líder em patrocínio e administração de ADRs nos Estados Unidos. O Bank of New York tinha suspendido as negociações em ADRs da CANTV em fevereiro depois da aprovação do decreto de regulamentações cambiais, desejando determinar a legalidade das negociações sob os novos controles monetários venezuelanos. No dia 26 de maio, depois de concluir que as negociações eram, de fato, legais sob o decreto, o banco retomou as negociações de ações da CANTV. O preço e o volume de negociações das ações da CANTV dispararam na semana seguinte.[3]

O preço das ações da CANTV rapidamente se tornaram o principal método de calcular a taxa de câmbio implícita do

---

[2] Venezuela Girds for Exchange Controls," The Wall Street Journal (Eastern edition), 5 de fevereiro de 2003, p. A14.

[3] Na verdade, o preço das ações da CANTV continuava a subir acima do período de 2002–2004 em decorrência de seu uso como mecanismo de taxa de câmbio. O uso das ADRs da CANTV como um método para obter dólares usado pelos indivíduos e organizações venezuelanas era tipicamente descrito como "não ilegal".

mercado informal. Por exemplo, as ações da CANTV fecharam em Bs7.945/ação na bolsa de Caracas no dia 6 de fevereiro de 2004. Nesse mesmo dia, as ADRs da CANTV fecharam em Nova York em US$18,84/ADR. Cada nova ADR em Nova York era igual a sete ações da CANTV em Caracas. A taxa de câmbio implícita do mercado informal era, então, calculada como a seguir:

$$\text{Taxa de câmbio do mercado informal} = \frac{7 \times \text{Bs7.945/ação}}{\text{US\$18,84/ADR}}$$

$$= \text{Bs2.952/US\$}$$

A taxa de câmbio oficial nesse mesmo dia foi de Bs1.598/US$. Isso significava que o mercado informal estava cotando o bolívar a aproximadamente 46% mais fraco em relação ao dólar do que o governo venezuelano declarou oficialmente como o valor de sua moeda.

O Quadro 1 ilustra tanto a taxa de câmbio oficial quanto a do mercado informal (calculada usando as ações da CANTV) para o período de janeiro de 2002 a março de 2004. A divergência entre as taxas de mercado oficial e informal a partir de fevereiro de 2003 coincidiu com a imposição dos controles de capital.[4]

O mercado paralelo

Um terceiro método de obter moeda forte pelos venezuelanos era através do mercado paralelo em crescente expansão. O mercado paralelo era, assim como no caso dos mercados paralelos de todos o mundo, essencialmente inobservado e ilegal. Ele era, no entanto, bastante sofisticado, usando os serviços de um corretor ou banco na Venezuela que simultaneamente detinha contas em dólar no estrangeiro. A escolha de um corretor do mercado paralelo era crucial; no evento de uma impossibilidade de concluir a transação apropriadamente, não havia nenhum recurso legal disponível.

Se Santiago quisesse comprar dólares no mercado paralelo, ele depositaria bolívares na conta do corretor na Venezuela. A taxa de câmbio combinada no mercado paralelo era determinada no dia do depósito, e normalmente estava dentro da faixa de 20% da taxa do mercado informal decorrente do preço das ações da CANTV. Santiago, então, receberia acesso a uma conta denominada em dólares fora da Venezuela no valor combinado. A transação levava, em média, dois dias úteis para ser compensada. A taxa não oficial do mercado paralelo era de Bs3.300/US$.

QUADRO 1 Taxas de câmbio oficial e do mercado informal venezuelano, bolívar venezuelano/dólar americano (janeiro de 2002 – março de 2004)

Nota: Todos os preços e taxas são valores de fechamento da sexta-feira

---

[4] No dia 26 de novembro de 2003, Morgan Stanley Capital International (MSCI) anunciou que mudaria sua taxa à vista padrão do bolívar venezuelano para a taxa nocional com base na relação entre o preço de seus CANTV Telefonos de Venezuela D no mercado local em bolívares e o preço de sua ADR em dólares americanos.

Primavera de 2004

No início de 2004, o Presidente Chávez tinha pedido ao banco central da Venezuela para lhe dar um "bilhãozinho" – *millardito* – de suas reservas cambiais de US$21 bilhões. Chávez argumentou que o dinheiro, na verdade, pertencia ao povo, e que ele desejava investir parte dele no setor agrícola. O banco central recusou. Para não ser contrariado em sua busca por fundos, o governo de Chávez anunciou outra desvalorização no dia 9 de fevereiro de 2004. O bolívar foi desvalorizado em 17%, caindo em seu valor oficial de Bs1.600/US$ para Bs1.920/US$ (ver Quadro 1). Com todas as exportações venezuelanas de petróleo sendo compradas em dólares americanos, a desvalorização do bolívar significava que os resultados financeiros do país decorrentes das exportações cresceram nos mesmos 17% que a desvalorização.

O governo de Chávez argumentou que a desvalorização era necessária porque o bolívar era "uma variável que não pode ser mantida congelada, porque isso prejudica as exportações e pressiona a balança de pagamentos", segundo o Ministro das Finanças Tobias Nobriega. Os analistas, porém, ressaltaram que o governo venezuelano tinha, na verdade, um controle significativo sobre sua balança de pagamentos: o petróleo era sua principal exportação, o governo mantinha controle sobre o acesso oficial à moeda forte necessária para as importações e as reservas cambiais do banco central estavam, agora, acima dos 21 bilhões.

Não está claro se o Sr. Chávez compreende que enorme baque os venezuelanos levam quando suas economias e ganhos em dólar são cortados pela metade em apenas três anos. Talvez o estudante de ciências políticas acredite que bolívares mais desvalorizados deixem as pessoas mais ricas. Mas uma conclusão inevitável é que ele reconhecia que a desvalorização era uma maneira de pagar por suas "missões" bolivarianas, projetos do governo que talvez restaurassem sua popularidade por tempo suficiente para que ele sobrevivesse à cassação, ou sobrevivesse à audaciosa decisão de silenciá-la.

—"Money Fun in the Venezuela of Hugo Chávez," The Wall Street Journal (Eastern edition), 13 de fevereiro de 2004, p. A13.

O tempo estava acabando

Santiago recebeu confirmação da CADIVI na tarde do dia 10 de março, de que sua última solicitação de obtenção de dólares fora aprovada e que ele receberia US$10.000 pela taxa de câmbio oficial de Bs1.920/US$. Santiago atribuiu sua grande sorte ao fato de ter pago a um funcionário da CADIVI 500 bolívares extras por dólar para agilizar sua solicitação. Santiago observou com um sorriso que "os Chavistas também precisavam ganhar dinheiro". O barulho da rua parecia estar diminuindo com o pôr-do-sol. Estava na hora de Santiago tomar algumas decisões. Nenhuma das alternativas era bonita, mas se ele quisesse preservar seus negócios, os dólares tinham que ser obtidos – a algum preço.

Perguntas sobre o caso

1. Por que um país como a Venezuela impõe controles de capital?
2. No caso da Venezuela, qual é a diferença entre o mercado informal e o mercado paralelo?
3. Crie uma análise financeira das escolhas de Santiago e use-a para recomendar uma solução para seu problema.

PERGUNTAS

1. **Definições.** Defina os seguintes termos:
    a. Mercado de câmbio
    b. Transação cambial
    c. Câmbio

2. **Funções do mercado de câmbio.** Quais são as três principais funções do mercado de câmbio?

3. **Participantes do mercado.** Para cada um dos participantes do mercado de câmbio, identifique seu motivo para comprar ou vender câmbio.

4. **Transação.** Defina cada um dos seguintes tipos de transações cambiais:
    a. À vista (*spot*)
    b. A termo explícita
    c. *Swaps forward-forward*

5. **Características do mercado de câmbio.** Com referência à reviravolta no câmbio de 2007:
    a. Classifique o tamanho relativo das taxas à vista, a termo e *swaps* a partir de 2007.
    b. Classifique as cinco localizações geográficas mais importantes para a reviravolta do mercado de câmbio.
    c. Classifique as três moedas de denominação mais importantes.

6. **Cotações da taxa de câmbio.** Defina e dê um exemplo de cada uma das seguintes cotações:
    a. Cotação de compra
    b. Cotação de venda

7. **Recíprocos.** Converta as seguintes cotações indiretas em cotações diretas e as cotações diretas em indiretas:
    a. Euro: €1,22/US$ (cotação indireta)
    b. Rússia: Rub 30/US$ (cotação indireta)
    c. Canadá: US$0,72/C$ (cotação direta)
    d. Dinamarca: US$0,1644/DKr (cotação direta)

8. **Extensão geográfica do mercado de câmbio.** Com referência ao mercado de câmbio:
    a. Qual é a localização geográfica?
    b. Quais são os dois principais tipos de sistemas de negociação?
    c. Como os mercados de câmbio estão conectados para as atividades de negociação?

9. **Termos americano e europeu.** Com referência às cotações interbancárias, qual é a diferença entre termos americanos e termos europeus?

10. **Cotações diretas e indiretas.** Defina e dê um exemplo do seguinte:

a. Uma cotação direta entre o dólar americano e o peso mexicano, onde os Estados Unidos são designados como seu país doméstico.
b. Um exemplo de uma cotação indireta entre o iene japonês e o renminbi chinês (yuan), onde a China é designada como o país doméstico.

PROBLEMAS

*1. De Paris a São Petersburgo. Na viagem de comemoração de sua pós-graduação, você está indo de Paris a São Petersburgo, na Rússia. Você deixa Paris com 10.000 euros em sua pochete. Querendo trocar todos eles por rublos russos, você obtém as seguintes cotações:

Taxa à vista cruzada do dólar/euro	US$1,4260/€
Taxa à vista cruzada do rublo/dólar	Rbl 24,75/US$

a. Qual é a taxa cruzada rublo russo/euro?
b. Quantos rublos você obterá por seus euros?

*2. Negociações na Basileia. Você recebe as seguintes cotações para francos suíços em relação ao dólar para taxas à vista e taxas a termo de 1 mês, 3 meses e 6 meses.
1,2575 a 1,2585, 10 a 15, 14 a 22, 20 a 30.

a Calcule as cotações explícitas de compra e venda e o número de pontos do *spread* entre cada uma delas.
b. O que você percebe sobre o *spread* à medida que as cotações passam da taxa à vista para seis meses a termo?

3. Crise financeira asiática. A crise financeira asiática que começou em julho de 1997 causou uma enorme confusão em todos os mercados da Ásia Oriental. Quais das seguintes moedas tiveram as maiores depreciações ou desvalorizações durante o período de julho a novembro? Quais aparentemente sobreviveram aos cinco primeiros meses de crise com o mínimo impacto sobre suas moedas?

País	Moeda	Julho de 1997 (por US$)	Novembro de 1997 (por US$)
China	yuan	8,4	8,4
Hong Kong	dólar	7,75	7,73
Indonésia	rúpia	2400	3600
Coreia	uon	900	1100
Malásia	ringgit	2,5	3,5
Filipinas	peso	27	34
Cingapura	dólar	1,43	1,60
Taiwan	dólar	27,8	32,7
Tailândia	baht	25	40

4. Prêmios a termo sobre o iene japonês. Use as seguintes taxas de compra e venda à vista para a taxa de câmbio iene/dólar (¥/US$) para responder as seguintes perguntas:
a. Qual é a taxa média para cada vencimento?
b. Qual é o prêmio a termo anual para todos os vencimentos?
c. Que vencimentos têm o menor e o maior prêmio a termo?

Período	Taxa de compra ¥/US$	Taxa de venda ¥/US$
à vista	114,23	114,27
1 mês	113,82	113,87
2 meses	113,49	113,52
3 meses	113,05	113,11
6 meses	112,05	112,11
12 meses	110,20	110,27
24 meses	106,83	106,98

5. Taxas cruzadas da Bloomberg. Use a tabela de taxas cruzadas da Bloomberg exibidas no final desta página para determinar as seguintes taxas. Se você não está familiarizado com todos os códigos de três letras, consulte a tabela na contracapa deste livro.
a. Iene japonês/dólar americano
b. Dólares americanos por iene japonês
c. Dólares americanos por euro
d. Euros por dólar americano
e. Ienes japoneses por euro
f. Euros por iene japonês
g. Dólares canadenses por dólar americano
h. Dólares americanos por dólar canadense
i. Dólares australianos por dólar americano
j. Dólares americanos por dólar australiano
k. Libras esterlinas britânicas por dólar americano
l. Dólares americanos por libra esterlina britânica
m. Dólares americanos por franco suíço
n. Francos suíços por dólar americano

6. Prêmios a termo sobre o dólar/euro. Use as seguintes taxas de compra e venda à vista para a taxa de câmbio dólar americano/euro (US$/€) para responder as seguintes perguntas:

Período	Taxa de compra US$/€	Taxa de venda US$/€
à vista	1,4389	1,4403
1 mês	1,4440	1,4410
2 meses	1,4400	1,4415
3 meses	1,4403	1,4418
6 meses	1,4407	1,4422
12 meses	1,4408	1,4424
24 meses	1,4417	1,4436

a Qual é a taxa média para cada vencimento?
b. Qual é o prêmio a termo anual para cada vencimento?
c. Que vencimentos têm os menores e os maiores prêmios a termo?

7. Lucro livre de risco sobre o franco suíço. As seguintes taxas de juros estão disponíveis para você. (Você pode comprar ou vender pelas taxas declaradas).

Banco Mt. Fuji	¥120,00/US$
Banco Mt. Rushmore	SF1,6000/US$
Banco Mt. Blanc	¥80,00/SF

Moeda	USD	EUR	JPY	GBP	CHF	CAD	AUD	HKD
HKD	7,7508	11,1496	0,0679	15,9061	6,6564	8,052	7,1088	
AUD	1,0903	1,5684	0,0096	2,2375	0,9364	1,1327		0,1407
CAD	0,9626	1,3847	0,0084	1,9754	0,8267		0,8829	0,1242
CHF	1,1644	1,675	0,102	2,3896		1,2097	1,068	0,1502
GBP	0,4873	0,701	0,0043		0,4185	0,5062	0,4469	0,0629
JPY	114,156	164,2134		234,2687	98,0368	118,5913	104,7005	14,7282
EUR	0,6952		0,0061	1,4266	0,597	0,7222	0,6376	0,0897
USD		1,4385	0,0088	2,0522	0,8588	1,0389	0,9172	0,129

Suponha que você tenha SF10.000.000 iniciais. Você pode obter lucro através de arbitragem triangular? Em caso afirmativo, mostre os passos e calcule a quantia do lucro em francos suíços.

8. **Prêmios a termo sobre o dólar australiano.** Use as cotações à vista e a termo a seguir para o dólar americano/dólar australiano (US$/A$) de 26 de outubro de 2007 para responder as perguntas a seguir.

Período	Taxa de compra US$/A$	Taxa de venda US$/A$
à vista	0,91630	0,91700
1 mês	0,91477	0,91551
2 meses	0,91313	0,91388
3 meses	0,91156	0,91233
6 meses	0,90542	0,90621
12 meses	0,89155	0,89242
24 meses	0,86488	0,86602

a. Quais são as taxas médias das cotações de compra e venda?
b. Qual é o prêmio a termo para cada vencimento usando as taxas médias calculadas na parte (a)?
c. Que vencimentos têm os menores e maiores prêmios a termo?

9. **Arbitragem transatlântica.** Uma tesouraria corporativa com operações em Nova York simultaneamente liga para o Citibank, na cidade de Nova York, e para o Barclays, em Londres, onde recebe as seguintes cotações ao mesmo tempo:

Citibank NYC	Barclays London
US$0,9650–70/€	US$0,9640–60/€

Usando US$1 milhão ou seu equivalente em euros, mostre como a tesouraria da empresa poderia obter lucros de arbitragem geográfica com as cotações das duas taxas de câmbio diferentes.

10. **Victoria Exports.** Uma empresa exportadora canadense, a Victoria Exports, receberá seis pagamentos de €10.000, entre agora e daqui a 12 meses. Como a empresa detém saldos de caixa tanto em dólares canadenses quanto em dólares americanos, ela pode escolher que moeda trocar em euros no final de vários períodos. Que moeda parece oferecer taxas melhores no mercado a termo?

Período	Termo em dias	Taxa de compra US$/euro	Taxa de venda US$/euro
à vista		1,38390	1,1914
1 mês	30	1,38439	1,1926
2 meses	60	1,38444	1,1941
3 meses	90	1,38590	1,1956
6 meses	180	1,38750	1,2013
12 meses	360	1,39189	1,2130

11. **Bolívar venezuelano (A).** O governo venezuelano oficialmente fez o bolívar venezuelano (Bs) flutuar em fevereiro de 2002. Em algumas semanas, seu valor tinha passado do valor fixo pré-flutuação de Bs778/US$ para Bs1.025/US$.
a. Esta é uma desvalorização ou uma depreciação?
b. Em que porcentagem esse valor mudou?

12. **Bolívar venezuelano (B).** A crise política e econômica venezuelana se aprofundou no final de 2002 e início de 2003. No dia 1º de janeiro de 2003, o bolívar estava sendo negociado a Bs1.400/US$. Em 1º de fevereiro, seu valor tinha caído para monetários previram que o bolívar cairia ainda outros 40% de seu valor em 1º de fevereiro no início do verão de 2003.
a. Qual foi a porcentagem de mudança no valor do bolívar em janeiro de 2003?
b. Se os prognosticadores monetários estão corretos, qual seria o valor do bolívar em relação ao dólar em junho de 2003?

13. **Cotação indireta do dólar.** Calcule o prêmio a termo sobre o dólar (o dólar é a moeda doméstica) se a taxa à vista é €1,0200/US$ e a taxa a termo de três meses é €1,0300/US$.

14. **Cotação direta do dólar.** Calcule o desconto a termo sobre o dólar (o dólar é a moeda doméstica) se a taxa à vista é US$1,5500/£ e a taxa a termo de seis meses US$1,5600/£.

15. **Taxas cruzadas entre peso mexicano e euro.** Calcule a taxa cruzada entre o peso mexicano (Ps) e o euro (€) a partir das seguintes taxas à vista: Ps11,43/US$; €0,6944/US$.

16. **Arbitragem entre mercados.** Considerando as seguintes cotações, calcule como um operador de mercado do Citibank com US1.000.000 pode obter um lucro de arbitragem entre mercados:

Cotações de dólares americanos por libra esterlina do Citibank:	US$1,5400/£
Cotações de euros por libra esterlina do National Westminster:	€1,6000/£
Cotações de dólares americanos por euro do Deutsche Bank:	US$0,9700/€

EXERCÍCIOS NA INTERNET

1. **Banco de Liquidações Internacioanais.** O Banco de Liquidações Internacionais (Bank for International Settlements ou BIS) publica uma grande diversidade de índices efetivos de taxas de câmbio. Use seu banco de dados e análises para determinar o grau com que o dólar, o euro e o iene (as três grandes moedas) estão super ou subvalorizadas no momento.

   bis.org/statistics/eer/index.htm

2. **Índice da taxa de câmbio do Banco do Canadá (Bank of Canada Exchange Rate Index ou CERI).** O Banco do Canadá publica regularmente o CERI, um índice do valor do dólar canadense. O CERI é um índice ponderado de negociações multilaterais do valor do dólar canadense em relação a outras moedas globais relevantes à economia e ao cenário empresarial canadense. Use o CERI do *site* do Banco do Canadá para avaliar a força relativa do *loonie* nos últimos anos.

   www.bankofcanada.ca/en/rates/ceri.html

3. **Cotações a termo.** Os Serviços de Câmbio do OzForex fornece taxas de câmbio representativas para inúmeras moedas online. Use o *site* a seguir para procurar cotações de câmbio para uma variedade de moedas. (Observe o horário de Londres, Nova York e Sidney listadas na tela de cotações).

   www.ozforex.com.au

4. **Publicação Estatística do Banco Central dos EUA.** O Fed dos EUA fornece atualizações diárias do valor das principais moedas negociadas em relação ao dólar em seu *site*, Use o *site* do Fed para determinar os pesos relativos utilizados pelo Fed para determinar o índice do valor do dólar.

   www.federalreserve.gov/releases/h10/update/

5. **Moedas exóticas.** Apesar de as principais moedas como o dólar americano e o iene japonês dominarem as manchetes, há quase tantas moedas quanto há países no mundo. Muitas dessas moedas são negociadas em mercados extremamente finos e altamente regulados, tornando sua conversibilidade suspeita. Encontrar cotações para essas moedas às vezes é muito difícil. Usando as páginas Web a seguir, veja quantas cotações você consegue encontrar para moedas africanas:

   www.forex-markets.com/quotes_exotic.htm
   oanda.com

6. **Comentários diários do mercado.** Muitos serviços online diferentes de negociações de moedas e de consultoria fornecem avaliações diárias da atividade do mercado global de moedas. Use o *site* da GCI para encontrar a avaliação atual do mercado de como o euro está sendo negociado em relação ao dólar americano e ao dólar canadense.

   www.gcitrading.com/fxnews/

7. **Pacific Exchange Rate Service.** O *site* do Pacific Exchange Rate Service, liderado pelo Professor Werner Antweiler da Universidade de British Columbia, possui uma grande variedade de informações atuais sobre taxas de câmbio e estatísticas relacionadas. Use o serviço para traçar um gráfico do desempenho recente de moedas que sofreram recentemente desvalorizações ou depreciações significativas, como o peso argentino, o bolívar venezuelano, a lira turca e a libra egípcia.

   fx.sauder.ubc.ca/plot.html

CAPÍTULO 7

Condições de Paridade Internacional

... se o capital fluísse livremente para aqueles países onde ele pudesse ser empregado mais lucrativamente, não poderia haver diferença na taxa do lucro e nenhuma outra diferença no preço real ou de mão de obra das commodities, *além da quantidade adicional de mão de obra necessária para levá-las até os vários mercados onde serão vendidos.*
—David Ricardo, *On the Principles of Political Economy and Taxation*, 1817, Capítulo 7*.

Quais são os determinantes das taxas de câmbio? As variações nas taxas de câmbio são previsíveis? Essas são perguntas fundamentais com as quais os gestores de EMNs, investidores internacionais, importadores e exportadores e autoridades do governo têm que lidar todos os dias. Este capítulo descreve as principais teoriais financeiras que envolvem a determinação das taxas de câmbio. O Capítulo 10 introduzirá duas outras grandes escolas de pensamento no que concerne à avaliação monetária e combinará as três diferentes teorias em uma variedade de aplicações práticas.

A teorias econômicas que ligam as taxas de juros, níveis de preço e taxas de juros são chamadas de condições de paridade internacional. Aos olhos de muitos, essas condições de paridade internacional formam o cerne da teoria financeira que é considerada exclusiva do campo de finanças internacionais. Essas teorias nem sempre são "verdadeiras" quando comparadas ao que os alunos e profissionais da área observam no mundo real, mas elas são essenciais para compreender como as empresas multinacionais são conduzidas e financiadas no mundo hoje em dia. E, como muitas vezes ocorre, o erro nem sempre está na teoria propriamente dita, mas na maneira como ela é interpretada ou aplicada na prática.

PREÇOS E TAXAS DE CÂMBIO

Se produtos ou serviços idênticos podem ser vendidos em dois mercados diferentes, e não há restrições sobre a venda ou os custos de transporte para movimentar o produto entre mercados, o preço do produto deve ser o mesmo em ambos os mercados. Esta lei chama-se "lei do preço único".

Um princípio fundamental de mercados competitivos é que os preços se igualarão em diferentes mercados se não existirem fricções ou atritos ou custos de movimentar os produtos e serviços entre mercados. Se os dois mercados se localizarem em dois países diferentes, o preço do produto pode ser determinado em termos de diferentes moedas, mas o preço do produto ainda deve ser o mesmo. Comparar preços exigiria apenas uma conversão de uma moeda para outra. Por exemplo,

$$P^{US\$} \times S = P^{¥}$$

---

* N. de T.: Este livro foi traduzido para o português e publicado sob o título *Princípios de economia política e tributação* pela Editora Nova Cultural, em 1985, como parte da coleção Os Economistas.

onde o preço do produto em dólares americanos ($P^{US\$}$), multiplicado pela taxa de câmbio à vista ou *spot* (S, iene por dólar americano), é igual ao preço do produto em ienes japoneses ($P^{¥}$). Ao contrário, se os preços dos dois produtos estão determinados em moedas locais, e os mercados são competitivamente eficientes, fazendo cair um preço mais alto em um mercado em relação ao outro, a taxa de câmbio pode ser deduzida a partir dos preços dos produtos locais:

$$S = \frac{P^{¥}}{P^{US\$}}$$

Paridade do poder aquisitivo e a lei do preço único

Se a lei do preço único fosse válida para todos os bens e serviços, poderíamos encontrar a taxa de câmbio da paridade do poder de compra (Purchase Power Parity ou PPP) a partir de qualquer conjunto individual de preços. Ao comparar os preços de conjuntos idênticos denominados em diferentes moedas, poderia-se determinar a taxa de câmbio real ou da PPP que existiria se os mercados fossem eficientes. Esta é a versão absoluta da teoria da paridade do poder de compra. A PPP absoluta afirma que a taxa de câmbio à vista é determinada pelos preços relativos de cestas similares de produtos.

O "Índice Big Mac" como foi apelidado pela revista *The Economist* (ver Quadro 7.1) e calculado com regularidade desde 1986, é um ótimo exemplo dessa lei do preço único. Supondo que o Big Mac seja, de fato, idêntico em todos os países listados, ele serve como uma forma de comparação de se as moedas estão atualmente sendo negociadas a taxas de mercado que estão próximas à taxa de câmbio implícita pelos Big Macs em moedas locais.

Por exemplo, usando o Quadro 7.1, um Big Mac na China custa Yuan12,5 (moeda local), enquanto que o mesmo Big Mac nos Estados Unidos custa US$3,57. A taxa de câmbio à vista efetiva era de Yuan6,83/US$ nesse momento. O preço de um Big Mac na China em termos de dólares americanos era, portanto

$$\frac{\text{Preço de um Big Mac na China em Yuan}}{\text{taxa à vista Yuan/US\$}} = \frac{\text{Yuan } 12,5}{\text{Yuan } 6,83/\text{US\$}} = \text{US\$}1,83$$

Este é o valor que encontramos na segunda coluna do Quadro 7.1 para a China. A The Economist calcula, então, a taxa de paridade de poder de compra implícita usando o preço real do Big Mac na China (Yuan12,5) sobre o preço do Big Mac nos Estados Unidos em dólares americanos (US$3,57):

$$\frac{\text{Preço de um Big Mac na China em Yuan}}{\text{Preço de um Big Mac nos Estados Unidos em US\$}} = \frac{\text{Yuan } 12,5}{\text{US\$}3,57} \approx \text{Yuan } 3,50/\text{US\$}$$

Este é o valor que encontramos na terceira coluna do Quadro 7.1 para a China. Em princípio, é isso que o Índice Big Mac está dizendo: a taxa de câmbio entre o yuan e o dólar deve estar de acordo com a teoria.

Agora, comparando essa taxa de câmbio PPP implícita, Yuan3,50/US$, com a taxa de mercado real naquele momento, Yuan6,83/US$, o grau de subvalorização (−%) ou supervalorização (+%) do yuan em relação ao dólar americano é calculado como a seguir:

$$\frac{\text{Taxa implícita} - \text{Taxa real}}{\text{Taxa real}} = \frac{\text{Yuan}3,50/\text{US\$} - \text{Yuan}6,83/\text{US\$}}{\text{Yuan}6,83/\text{US\$}} = -0,4876 \approx -49\%$$

Neste caso, o Índice Big Mac indica que o yuan chinês está subvalorizado em 49% em relação ao dólar americano, como indica a coluna da extrema direita para a China no Quadro 7.1. A *The Economist* também é rápida em perceber que apesar de isso indicar uma subvalorização considerável do valor administrado do yuan chinês em relação ao dólar, a teoria da paridade do poder aquisitivo supostamente tem que dar uma indicação de para onde o valor das moedas deve ir no longo prazo, e não necessariamente qual é o seu valor hoje.

É importante compreender por que o Big Mac pode ser um bom candidato para a aplicação da lei do preço único e a medição da supervalorização. Em primeiro lugar, o produto em si é praticamente idêntico em todos os mercados. Este é o resultado da consistência do produto, excelência de processos e imagem de marca e orgulho do McDonald's. Em segundo lugar, mas de igual importância, o produto é resultado de materiais e custos de insumos predominantemente locais. Isso significa que seu preço em cada país representa os custos domésticos, e não importados – o que seria influenciado pelas próprias taxas de câmbio. No entanto, como ressalta a *The Economist*, o Índice Big Mac não é perfeito.

CAPÍTULO 7 Condições de Paridade Internacional

QUADRO 7.1 O menu da McMoeda – o padrão hambúrguer

	Preços dos Big Macs		PPP† implícita do dólar	Taxa de câmbio real	Sub (-)/Super (+) valorização em relação ao dólar
	Em moeda local	Em dólares*			
Estados Unidos‡	US$3,57	3,57	–	–	
Argentina	Peso 11,0	3,64	3,08	3,02	+2
Austrália	AUS$3,45	3,36	0,97	1,03	–6
Brasil	Real 7,50	4,73	2,10	1,58	+33
Grã-Bretanha	£ 2,29	4,57	1,56§	2,00	+28
Canadá	CUS$4,09	4,08	1,15	1,00	+14
Chile	Peso 1,550	3,13	434	494	–12
China	Yuan 12,5	1,83	3,50	6,83	–49
República Tcheca	Coroa 66,1	4,56	18,5	14,5	+28
Dinamarca	DK28,0	5,95	7,84	4,70	+67
Egito	Libra13,0	2,45	3,64	5,31	–31
Zona do euro**	€ 3,37	5,34	1,06††	1,59	+50
Hong Kong	HKUS$13,3	1,71	3,73	7,80	–52
Hungria	Forint 670	4,64	187,7	144,3	+30
Indonésia	Rúpia 18,700	2,04	5,238	9,152	–43
Japão	Iene 280	2,62	78,4	106,8	–27
Malásia	Ringgit 5,50	1,70	1,54	3,2	–52
México	Peso 32,0	3,15	8,96	10,2	–12
Nova Zelândia	NZUS$4,90	3,72	1,37	1,32	+4
Noruega	Coroa 40,0	7,88	11,2	5,08	+121
Polônia	Zloty 7,00	3,45	1,96	2,03	–3
Rússia	Rublo 59,0	2,54	16,5	23,2	–29
Arábia Saudita	Rial 10,0	2,67	2,80	3,75	–25
Cingapura	SUS$3,95	2,92	1,11	1,35	–18
África do Sul	Rand 16,9	2,24	4,75	7,56	–37
Coreia do Sul	Uon 3,200	3,14	896	1,018	–12
Suécia	SKr38,0	6,37	10,6	5,96	+79
Suíça	SFr6,50	6,36	1,82	1,02	+78
Taiwan	NTUS$75,0	2,47	21,0	30,4	–31
Tailândia	Baht 62,0	1,86	17,4	33,4	–48
Turquia	Lira 5,15	4,32	1,44	1,19	+21
Emirados Árabes	Dirrã 10,00	2,72	2,80	3,67	–24
Colômbia	Peso 7000,00	3,89	1960,78	1798,65	9
Costa Rica	Cólon 1800,00	3,27	504,20	551,02	–8
Estônia	Coroa 32,00	3,24	8,96	9,87	–9
Islândia	Coroa 469,00	5,97	131,37	78,57	67
Letônia	Lat 1,55	3,50	0,43	0,44	–2
Lituânia	Lita 6,90	3,17	1,93	2,18	–11

continua

QUADRO 7.1 O menu da McMoeda – o padrão hambúrguer (*continuação*)

	Preços dos Big Macs		PPP[†] implícita do dólar	Taxa de câmbio real	Sub (−)/Super (+) valorização em relação ao dólar
	Em moeda local	Em dólares*			
Paquistão	Rúpia 140,00	1,97	39,22	70,90	−45
Peru	Novo Sol 9,50	3,35	2,66	2,84	−6
Filipinas	Peso 87,00	1,96	24,37	44,49	−45
Eslováquia	Coroa 77,00	4,03	21,57	19,13	13
Sri Lanka	Rúpia 210,00	1,95	58,82	107,55	−45
Ucrânia	Hryvnia 11,00	2,39	3,08	4,60	−33
Uruguai	Peso 61,00	3,19	17,09	19,15	−11

*A taxas de câmbio correntes; †Paridade do poder de compra; preço local dividido pelo preço nos Estados Unidos; ‡Média de Nova York, Chicago, Atlanta e São Francisco; §Dólares por libra; **Preços médios ponderados na zona do euro; ††Dólares por euro

Fonte: "The Big Mac Index: Sandwiched," *The Economist*, 24 de julho de 2008.

> *O índice nunca teve a pretensão de ser um indicador preciso de movimentos das moedas, mas simplesmente um guia de se as moedas estão ou não em seu nível "correto" no longo prazo. É curioso observar, porém, que a "economia do hambúrguer" tem um histórico impressionante de previsão das taxas de câmbio: moedas que aparecem como supervalorizadas muitas vezes tendem a se enfraquecer em anos posteriores. Mas é necessário lembrarmos das limitações do Big Mac. Hambúrgueres não conseguem ser comercializados entre fronteiras e os preços são distorcidos por diferenças nos impostos e pelo custo de insumos não comercializáveis, como aluguéis.*
>
> —"Happy 20th Anniversary," The Economist, 25 de maio de 2006.

Uma forma menos extrema desse princípio seria que em mercados relativamente eficientes, o preço de uma cesta de produtos seria a mesma em cada mercado. Substituir o preço de um único produto por um índice de preços permite que a taxa de câmbio PPP entre dois países seja declarada como

$$S = \frac{PI^{¥}}{PI^{US\$}}$$

onde $PI^{¥}$ e $PI^{US\$}$ são índices de preço expressos em moeda local para o Japão e os Estados Unidos, respectivamente. Por exemplo, se a cesta de produtos idênticos custa ¥1.000 no Japão e US$10 nos Estados Unidos, a taxa de câmbio PPP seria

$$\frac{¥1.000}{\$10} = ¥100/US\$$$

Paridade relativa do poder de compra

Se as suposições da versão absoluta da teoria PPP forem afrouxadas um pouco mais, observaremos o que é chamado de paridade relativa do poder de compra. A PPP relativa afirma que a PPP não é particularmente útil na determinação de qual é a taxa à vista hoje, mas que a mudança relativa nos preços entre dois países ao longo de determinado período de tempo determina a variação na taxa de câmbio ao longo desse período. Mais especificamente, se a taxa de câmbio à vista entre dois países começar no equilíbrio, qualquer variação na taxa diferencial de inflação entre eles tende a ser contrabalançada no longo prazo por uma variação igual, mas de sentido inverso, na taxa de câmbio à vista.

O Quadro 7.2 mostra um caso geral de PPP relativa. O eixo vertical mostra a variação percentual na taxa de câmbio à vista de moedas estrangeiras e o eixo horizontal mostra a diferença percentual

| QUADRO 7.2 | Paridade relativa do poder de compra (PPP) |

[Gráfico: Linha PPP diagonal descendente. Eixo vertical: Variação percentual na taxa de câmbio à vista para moedas estrangeiras (-4 a 4). Eixo horizontal: Diferença percentual nas taxas de inflação esperadas (país estrangeiro em relação ao país doméstico) (-6 a 6). Ponto P em (-4, 4).]

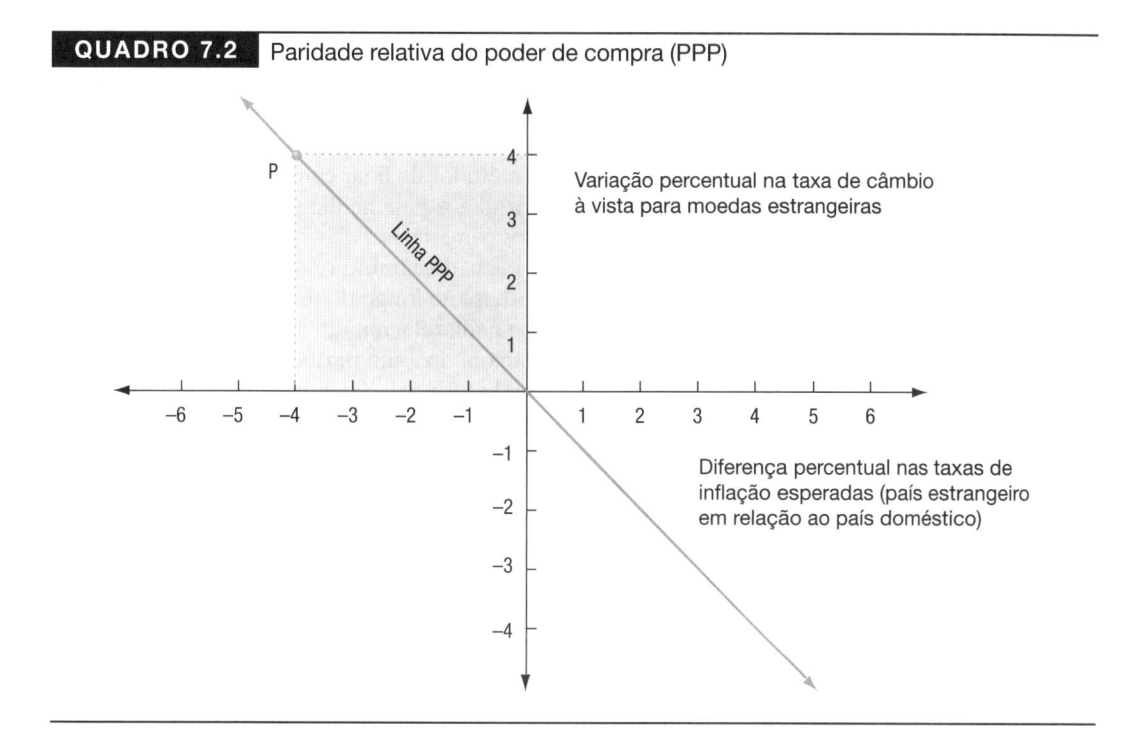

nas taxas de inflação esperadas (estrangeiras em relação ao país doméstico). A linha de paridade diagonal mostra a posição de equilíbrio entre uma variação na taxa de câmbio e as taxas de inflação relativas. Por exemplo, o ponto P representa um ponto de equilíbrio onde a inflação no país estrangeiro, Japão, é 4% mais baixa do que no país doméstico, os Estados Unidos. Portanto, a PPP relativa preveria que o iene seria valorizado em 4% ao ano em relação ao dólar americano.

A principal justificativa para a paridade do poder de compra é que se um país experimentar taxas de inflação mais altas do que as de seus principais parceiros comerciais e sua taxa de câmbio não variar, suas exportações de bens e serviços se tornarão menos competitivas em relação a produtos comparáveis produzidos em outros países. As importações do exterior se tornam mais competitivas em termos de preço com produtos domésticos de preço mais alto. Essas variações de preço levam a um déficit na conta corrente da balança de pagamentos a menos que contrabalançadas por fluxos de capital e financeiros.

Testes empíricos da paridade do poder de compra

Já foram feitos muitos testes tanto da versão absoluta e relativa da paridade do poder de compra quanto da lei do preço único.[1] Esses testes, em sua grande maioria, não conseguiram provar que a PPP era precisa em prever taxas de câmbio futuras. Bens e serviços, na realidade, não são transportados a custo zero entre os países e, na verdade, muitos serviços não são "comercializáveis" internacionalmente – por exemplo, cortes de cabelo. Muitos bens e serviços não são da mesma qualidade de um país para outro, refletindo diferenças nos gostos e recursos dos países, de sua produção e consumo.

Duas conclusões gerais podem ser tiradas a partir desses testes: 1) A PPP funciona bem no longo prazo, mas não funciona bem para períodos de tempo mais curtos e 2) a teoria funciona melhor em países com taxas de inflação relativamente altas e mercados de capitais subdesenvolvidos.

---

[1] Ver, por exemplo, Kenneth Rogoff, "The Purchasing Power Parity Puzzle," Journal of Economic Literature, Volume 34, Número 2, junho de 1996, pp. 647–668; e Barry K. Goodwin, Thomas Greenes e Michael K. Wohlgenant, "Testing the Law of One Price When Trade Takes Time," Journal of International Money and Finance, março de 1990, pp. 21–40.

Índices de taxas de câmbio: real e nominal

Como qualquer país individual faz comércio com inúmeros parceiros, precisamos acompanhar e avaliar sua moeda individual em relação aos valores de todas as outras moedas a fim de determinar o poder aquisitivo relativo. O objetivo é descobrir se a taxa de câmbio está "supervalorizada" ou "subvalorizada" em termos da PPP. Um dos principais métodos de lidar com esse problema é o cálculo de índices de taxa de câmbio. Esses índices são formados pela média ponderada das taxas de câmbio bilaterais entre o país doméstico e seus parceiros comerciais.

O índice nominal efetivo da taxa de câmbio usa taxas de câmbio reais para criar um índice, baseado em uma média ponderada do valor da moeda-base ao longo do tempo. Ele não indica, na verdade, nada sobre o "verdadeiro valor" da moeda, ou nada relacionado à PPP. O índice nominal simplesmente calcula como o valor da moeda está relacionado a um período-base escolhido arbitrariamente, mas é utilizado na formação do índice real efetivo da taxa de câmbio. O índice real efetivo da taxa de câmbio indica como a média ponderada do poder aquisitivo da moeda varia em relação a um período-base selecionado arbitrariamente. O Quadro 7.3 ilustra os índices reais efetivos da taxa de câmbio para os Estados Unidos e Japão ao longo dos últimos 22 anos.

O índice real efetivo da taxa de câmbio do dólar americano, $E_R^{US\$}$, é encontrado multiplicando-se o índice nominal efetivo da taxa de câmbio, $E_N^{US\$}$, pelo coeficiente entre os custos do dólar americano, $C^{US\$}$, e os custos da moeda estrangeira, C^{FC}, ambos na forma de índice:

$$E_R^{US\$} = E_N^{US\$} \times \frac{C^{US\$}}{C^{FC}}$$

Se variações nas taxas de câmbio apenas contrabalançarem os diferenciais de taxas de inflação – se a paridade do poder aquisitivo for válida – todos os índices reais efetivos da taxa de câmbio ficariam em 100. Se uma taxa de câmbio se fortalecesse mais do que seria justificável pelo diferencial de inflação, seu índice subiria para mais de 100. Se o índice real efetivo da taxa de câmbio estiver acima de 100, a moeda será considerada "supervalorizada" a partir de uma perspectiva competitiva. Um índice com valor abaixo de 100 sugeriria uma moeda "subvalorizada".

O Quadro 7.3 mostra que a taxa de câmbio real efetiva do dólar, iene e euro variou ao longo das três últimas décadas. O valor do índice do dólar ficou substancialmente acima de 100 na década de 1980 (supervalorizado), mas permaneceu abaixo de 100 (subvalorizado) desde o final da década de

QUADRO 7.3 Índices reais efetivos da taxa de câmbio para os Estados Unidos, Japão e Zona do euro calculados pelo FMI (2000 = 100)

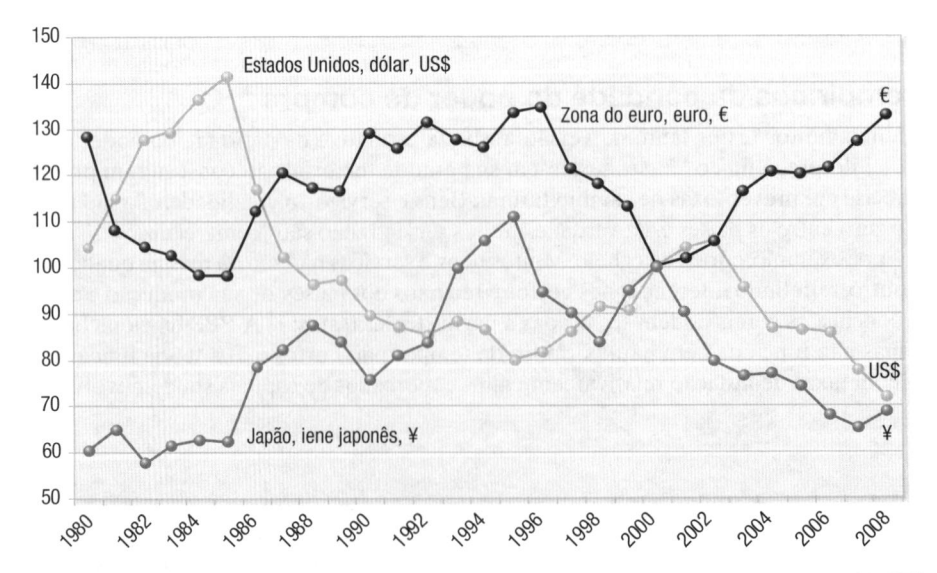

Fonte: International Financial Statistics, Fundo Monetário Internacional, dezembro de 2008, anual, série REU.
Os valores de 2008 referem-se ao período de janeiro a setembro.

1980 (ele chegou a subir acima de 100 rapidamente em 1995–1996 e novamente em 2001–2002). A taxa real efetiva do iene japonês permaneceu acima de 100 por quase todo o período de 1980 a 2006 (supervalorizado). O euro, cujo valor foi calculado para os anos anteriores à sua introdução em 1999, permaneceu abaixo de 100 e subvalorizado na maior parte do tempo de sua vida real.

Além de medir os desvios da PPP, a taxa de câmbio real efetiva de um país é uma importante ferramenta de administração ao prever a pressão para cima ou para baixo sobre a balança de pagamentos e sobre taxa de câmbio de um país, além de ser um indicador de o quanto é desejável para um país produzir para a exportação. O quadro Finanças Globais na Prática 7.1 mostra desvios da PPP no século XX.

FINANÇAS GLOBAIS NA PRÁTICA 7.1

Desvios da paridade do poder de compra no século XX

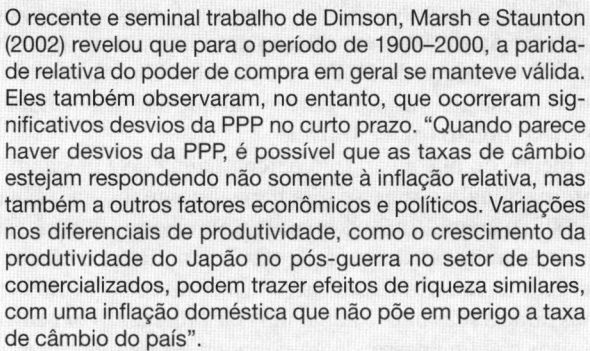

O recente e seminal trabalho de Dimson, Marsh e Staunton (2002) revelou que para o período de 1900–2000, a paridade relativa do poder de compra em geral se manteve válida. Eles também observaram, no entanto, que ocorreram significativos desvios da PPP no curto prazo. "Quando parece haver desvios da PPP, é possível que as taxas de câmbio estejam respondendo não somente à inflação relativa, mas também a outros fatores econômicos e políticos. Variações nos diferenciais de produtividade, como o crescimento da produtividade do Japão no pós-guerra no setor de bens comercializados, podem trazer efeitos de riqueza similares, com uma inflação doméstica que não põe em perigo a taxa de câmbio do país".

"Apesar de as taxas de câmbio reais não parecerem exibir uma tendência ascendente ou descendente no longo prazo, elas são claramente voláteis, e baseadas em cálculos anuais, a PPP explica apena uma pequena parte das flutuações nas taxas de câmbio. Algumas das variações extremas [na tabela] refletem taxas de câmbio ou índices de inflação que não são representativos, tipicamente (como na Alemanha) devido a controles em vigor em tempos de guerra, e isso pode ampliar a volatilidade das taxas de câmbio reais. Dado o possível erro de mensuração nos índices de inflação, e o fato de que as taxas de câmbio reais envolvem um coeficiente entre duas diferentes séries de índices de preços, é ainda mais surpreendente que, à exceção da África do Sul, todas as taxas de câmbio reais sofram uma apreciação ou depreciação anual de não mais do que uma fração de um ponto percentual".

Fonte: Elroy Dimson, Paul Marsh, and Mike Staunton, *Triumph of the Optimists: 101 Years of Global Investment Returns*, Princeton University Press, 2002, pp. 97–98.

Variações nas taxas de câmbio reais em relação ao dólar americano, anualmente, 1900–2000

País	Média geométrica (%)	Média aritmética (%)	Desvio padrão (%)	Variação mínima (Ano, %)	Variação máxima (Ano, %)
Austrália	–0,6	–0,1	10,7	1931: –39,0	1933: 54,2
Bélgica	0,2	1,0	13,3	1919: –32,1	1933: 54,2
Canadá	–0,5	–0,4	4,6	1931: –18,1	1933: 12,9
Dinamarca	0,1	1,0	12,7	1946: –50,3	1933: 37,2
França	–0,4	2,5	24,0	1946: –78,3	1943: 141,5
Alemanha	–0,1	15,1	134,8	1945: –75,0	1948: 1302,0
Irlanda	–0,1	0,5	11,2	1946: –37,0	1933: 56,6
Itália	–0,2	4,0	39,5	1946: –64,9	1944: 335,2
Japão	0,2	3,2	29,5	1945: –78,3	1946: 253,0
Holanda	–0,1	0,8	12,6	1946: –61,6	1933: 55,7
África do Sul	–1,3	–0,7	10,5	1946: –35,3	1986: 37,3
Espanha	–0,4	1,1	18,8	1946: –56,4	1939: 128,7
Suécia	–0,4	0,2	10,7	1919: –38,0	1933: 43,5
Suíça	0,2	0,8	11,2	1936: –29,0	1933: 53,3
Reino Unido	–0,3	0,3	11,7	1946: –36,7	1933: 55,2

Repasse da taxa de câmbio

O *repasse incompleto da taxa de câmbio* ou *exchange rate pass-through* é um motivo pelo qual o índice real efetivo da taxa de câmbio de um país pode se desviar por longos períodos de seu ponto de equilíbrio de 100 da PPP. O grau de variação dos preços de bens importados e exportados em decorrência de variações na taxa de câmbio é chamado de *repasse* (*pass-through*). Apesar de a PPP implicar que todas as taxas de câmbio são repassadas através de variações equivalentes nos preços aos parceiros comerciais, pesquisas empíricas na década de 1980 questionaram esse antigo pressuposto. Por exemplo, déficits consideráveis na conta corrente dos Estados Unidos nas décadas de 1980 e 1990 não responderam a variações no valor do dólar.

Para ilustrar o repasse da taxa de câmbio, suponha que a BMW produza um automóvel na Alemanha e pague todas as despesas de produção em euros. Quando a empresa exporta o automóvel para os Estados Unidos, o preço do BMW no mercado norte-americano deveria ser simplesmente o valor do euro convertido em dólares pela taxa de câmbio à vista

$$P_{BMW}^{US\$} = P_{BMW}^{\euro} \times S$$

onde $P_{BMW}^{US\$}$ é o preço do BMW em dólares, $P_{BMW}^{\euro}$ é o preço do BMW em euros, e S é um número de dólares por euro. Se o euro sofresse uma apreciação de 10% em relação ao dólar, a nova taxa de câmbio à vista deveria resultar em um aumento no preço do BMW nos Estados Unidos em 10% proporcionais. Se o preço em dólares aumentar na mesma variação percentual que a taxa de câmbio, o repasse das variações da taxa de câmbio será completo (ou de 100%).

Entretanto, se o preço em dólares subir menos do que a variação percentual na taxa de câmbio (como geralmente acontece no comércio internacional), o repasse será *parcial*, como ilustra o Quadro 7.4. O repasse de 71% (o dólar americano subiu apenas 14,29% quando o euro sofreu apreciação de 20%) implica que a BMW está absorvendo uma fração da variação adversa na taxa de câmbio. Essa absorção poderia ser decorrente de margens de lucro mais baixas, reduções no custo, ou ambos. Por exemplo, componentes e matérias-primas importadas para a Alemanha custam menos em euros quando o euro sofre apreciação. Também é provável que passe algum tempo antes de que todas as variações na taxa de câmbio finalmente se reflitam nos preços dos bens comercializados, incluindo o período durante o qual anteriormente se estão cumprindo contratos já assinados. Obviamente, é do interesse da BMW evitar que a apreciação do euro eleve o preço de seus automóveis em grandes mercados de exportação.

QUADRO 7.4 Repasse da taxa de câmbio

Repasse (pass-through) é a medida de resposta dos preços de produtos importados e exportados a variações na taxa de câmbio. Suponha que o preço em dólares e euros de um automóvel BMW produzido na Alemanha e vendido nos Estados Unidos pela taxa de câmbio à vista seja

$$P_{BMW}^{US\$} = P_{BMW}^{\euro} \times (US\$/\euro) = \euro 35.000 \times \$1.000/\euro = \$35.000$$

Se o euro sofresse uma apreciação de 20% em relação ao dólar americano, de US$1,0000/€ para US$1,2000/€, o preço do BMW no mercado norte-americano teoricamente seria US$42.000. Mas se o preço do BMW nos EUA não aumentasse em 20% – por exemplo, se ele subisse apenas para US$40.000 – então o grau de repasse seria parcial:

$$\frac{P_{BMW,2}^{US\$}}{P_{BMW,1}^{US\$}} = \frac{US\$40.000}{US\$35.000} = 1,1429, \text{ ou um aumento de } 14,29\%.$$

O grau de repasse é medido pela proporção da variação da taxa de câmbio refletida nos preços em dólar. Neste exemplo, o preço em dólar do BMW subiu apenas 14,29%, enquanto o euro sofreu uma apreciação de 20% em relação ao dólar americano. O grau de repasse é parcial: 14,29% ÷ 20,00%, ou aproximadamente 0,71. Apenas 71% da variação da taxa de câmbio foi repassado ao preço em dólar americano. Os outros 29% restantes da variação da taxa de câmbio foram absorvidos pela BMW.

O conceito de *elasticidade-preço da demanda* é útil ao determinar o nível desejável de repasse. Lembre-se de que a elasticidade-preço da demanda de qualquer bem é a variação percentual na quantidade demandada do bem em decorrência de uma variação percentual no preço do próprio bem:

$$\text{Elasticidade-preço da demanda} = e_p = \frac{\%\Delta Q_d}{\%\Delta P}$$

onde Q_d é a quantidade demandada e P, o preço de seu produto. Se o valor absoluto de e_p for menor do que 1,0, o bem será relativamente "inelástico" e se for maior do que 1,0, o bem será relativamente "elástico".

Um produto alemão que seja relativamente inelástico em termos de preço, o que significa que a quantidade demanda não é muito sensível a variações no preço, podem muitas vezes demonstrar um alto grau de repasse. Isso ocorre porque um preço em dólar mais alto no mercado dos Estados Unidos teria um efeito pouco perceptível sobre a quantidade de produto demandada pelos consumidores. A receita em dólar aumentaria, mas a receita em euro permaneceria a mesma. Entretanto, produtos que são relativamente elásticos em termos de preço, responderiam na direção oposta. Se a apreciação de 20% no euro resultasse em preços 20% mais altos em dólar, os consumidores norte-americanos diminuiriam o número de BMWs adquiridos. Se a elasticidade-preço da demanda por BMWs nos Estados Unidos fosse maior do que um, a receita total das vendas de BMWs em dólar diminuiria.

TAXAS DE JUROS E TAXAS DE CÂMBIO

Já vimos como os preços de bens em diferentes países devem estar relacionados através das taxas de câmbio. Agora, consideraremos como as taxas de juros estão ligadas às taxas de câmbio.

O efeito Fisher

O efeito Fisher, nomeado em homenagem ao economista Irving Fisher, afirma que as taxas de juros nominais de cada país são iguais à taxa real exigida mais uma compensação pela inflação esperada. De maneira mais formal, isso é deduzido de $(1 + r)(1 + \pi) - 1$:

$$i = r + \pi + r\pi$$

onde i é a taxa de juros nominal, r é a taxa de juros real e π é a taxa de inflação esperada ao longo do período de tempo pelo qual os fundos serão emprestados. O termo composto final, $r\pi$, muitas vezes é desconsiderado devido a seu valor relativamente pequeno. O efeito Fisher se reduz, então, a (forma aproximada):

$$i = r + \pi$$

O efeito Fisher aplicado aos Estados Unidos e Japão seria o seguinte:

$$i^{US\$} = r^{US\$} + \pi^{US\$}; i^{¥} = r^{¥} + \pi^{¥}$$

onde os sobrescritos US\$ e ¥ pertencem, respectivamente, aos componentes de inflação nominal (i), real (r) e esperada (π) de instrumentos financeiros denominados em dólares e ienes, respectivamente. Precisamos prever a taxa de inflação futura, e não o que a inflação foi. Prever o futuro pode ser difícil.

Testes empíricos usando taxas de inflação nacional *ex-post* mostraram que o efeito Fisher geralmente existe para títulos de curto prazo do governo como bilhetes e notas do Tesouro. Comparações baseadas em vencimentos mais longos sofrem de maior risco financeiro inerente a flutuações do valor de mercado dos títulos de dívida antes do vencimento. Comparações de títulos do setor privado são influenciadas pela desigualdade de capacidade creditícia dos emissores. Todos os testes são inconclusivos na medida em que as taxas de inflação recentes não são uma medida correta da inflação futura esperada.

O efeito Fisher internacional

A relação entre a variação percentual na taxa de câmbio à vista ao longo do tempo e o diferencial entre taxas de juros comparáveis em diferentes mercados de capitais domésticos é conhecida como o *efeito Fisher internacional*. O "Fisher-open", como geralmente é chamado, declara que a taxa de câmbio à vista deve variar no mesmo valor, mas na direção oposta à diferença nas taxas de juros entre os dois países. Mais formalmente,

$$\frac{S_1 - S_2}{S_2} = i^{US\$} - i^{¥}$$

onde $i^{US\$}$ e $i^{¥}$ são as taxas de juros nacionais respectivas e S é a taxa de câmbio à vista usando cotações indiretas (uma cotação indireta do dólar é, por exemplo, ¥/US$) no início do período ($S_1$) e no final do período (S_2). Esta é a forma de aproximação normalmente utilizada na indústria. A fórmula precisa é a seguinte:

$$\frac{S_1 - S_2}{S_2} = \frac{i^{US\$} - i^{¥}}{1 + i^{¥}}$$

A justificativa para o efeito Fisher internacional é que os investidores têm que ser recompensados ou penalizados para contrabalançar a variação esperada nas taxas de câmbio. Por exemplo, se um investidor cuja moeda-base é o dólar compra um título de dívida de 10 anos em ienes que paga 4% de juros em vez de um título de dívida de 10 anos em dólares que paga 6% de juros, o investidor tem que estar esperando que o iene venha a sofrer uma apreciação em relação ao dólar de pelo menos 2% por ano durante os 10 anos. Caso contrário, o investidor cuja moeda-base é o dólar obteria um resultado melhor ficando apenas com dólares. Se o iene apreciasse 3% durante o período de 10 anos, esse investidor obteria um bônus na forma de um retorno 1% mais alto. Entretanto, o efeito Fisher internacional prevê que com fluxos de capital irrestritos, um investidor deve ser indiferente quanto ao fato de seu título de dívida ser em dólares ou em ienes, porque os investidores em todo o mundo veriam a mesma oportunidade até que ela se diluísse pela concorrência.

Testes empíricos dão algum suporte à relação postulada pelo efeito Fisher internacional, apesar de ocorrerem desvios consideráveis no curto prazo. No entanto, uma crítica mais séria foi apresentada por estudos recentes que sugerem a existência de um prêmio de risco de câmbio para a maioria das moedas. Além disso, a especulação na arbitragem de juros descoberta (que será descrita em breve) cria distorções nos mercados monetários. Assim, a variação esperada nas taxas de câmbio pode consistentemente ser mais do que a diferença nas taxas de juros.

A taxa a termo

A *taxa a termo* (*forward rate*) é uma taxa de câmbio cotada hoje para liquidação em alguma data futura. Um acordo de câmbio a termo entre moedas declara a taxa de câmbio pela qual uma moeda estrangeira será *comprada a termo* ou *vendida a termo* em uma data específica no futuro (tipicamente depois de 30, 60, 90, 180, 270 ou 360 dias).

A taxa a termo é calculada para qualquer vencimento específico ajustando a taxa de câmbio à vista corrente pelo quociente entre as taxas de juros em euro de mesmo vencimento para as duas moedas subjacentes. Por exemplo, a taxa a termo de 90 dias para a taxa de câmbio do franco suíço/dólar americano ($F_{90}^{SF/US\$}$) é encontrada multiplicando-se a taxa à vista atual ($S^{SF/US\$}$) pelo quociente entre a taxa de depósito em euro-franco suíço de 90 dias (i^{SF}) sobre a taxa de depósito em eurodólar de 90 dias ($i^{US\$}$):

$$F_{90}^{SF/US\$} = S^{SF/US\$} \times \frac{\left[1 + \left(i^{SF} \times \frac{90}{360}\right)\right]}{\left[1 + \left(i^{US\$} \times \frac{90}{360}\right)\right]}$$

Supondo uma taxa à vista de SF1,4800/US$, uma taxa de depósito em euro-franco suíço de 90 dias de 4,00% ao ano e uma taxa de depósito em eurodólar de 90 dias de 8,00% ao ano, a taxa a termo de 90 dias é SF 1,4655/US$:

$$F_{90}^{SF/\$} = SF\,1{,}4800/\$ \times \frac{\left[1 + \left(0{,}0400 \times \frac{90}{360}\right)\right]}{\left[1 + \left(0{,}0800 \times \frac{90}{360}\right)\right]} = SF\,1{,}4800/\$ \times \frac{1{,}01}{1{,}02} = SF\,1{,}4655/\$$$

O *prêmio a termo* ou *desconto* (*foward premium* ou *discount*) é a diferença percentual entre a taxa de câmbio à vista e a termo, declarada em termos percentuais anuais. Quando o preço da moeda estrangeira da moeda doméstica é utilizada, como neste caso de SF/US$, a fórmula para o prêmio ou desconto percentual anual passa a ser

$$f^{SF} = \frac{\text{à vista} - \text{a termo}}{\text{a termo}} \times \frac{360}{\text{dias}} \times 100$$

Substituindo as taxas SF/US$ à vista e a termo, além de o número de dias a termo (90),

$$f^{SF} = \frac{SF\,1{,}4800/\$ - SF\,1{,}4655/\$}{SF\,1{,}4655/\$} \times \frac{360}{90} \times 100 = +3{,}96\% \text{ por ano}$$

O sinal é positivo, o que indica que o franco suíço está sendo *vendido a termo* a um *prêmio de 3,96% ao ano* sobre o dólar (são necessários 3,96% mais dólares para obter um franco pela taxa a termo de 90 dias).

Como ilustrado no Quadro 7.5, o prêmio a termo sobre a série de taxas de câmbio a prazo do eurodólar surge da diferença entre as taxas de juros em eurodólar e as taxas de juros em francos suíços. Como a taxa a termo de qualquer vencimento específico utiliza as taxas de juros específicas para aquele vencimento, o prêmio ou desconto a termo sobre uma moeda é visualmente óbvio – a moeda com a taxa de juros mais alta (neste caso, o dólar americano) será vendido a termo com um desconto, e a moeda com a taxa de juros mais baixa (neste caso, o franco suíço) será vendida a termo a um prêmio.

A taxa a termo é calculada a partir de três dados observáveis – a taxa à vista, a taxa de depósito da moeda estrangeira e a taxa de depósito da moeda doméstica – e não é uma previsão da taxa de câmbio à vista futura. Ela é, no entanto, frequentemente utilizada por gestores em EMNs como uma previsão, com alguns resultados bons e outros ruins, como descreve a próxima seção.

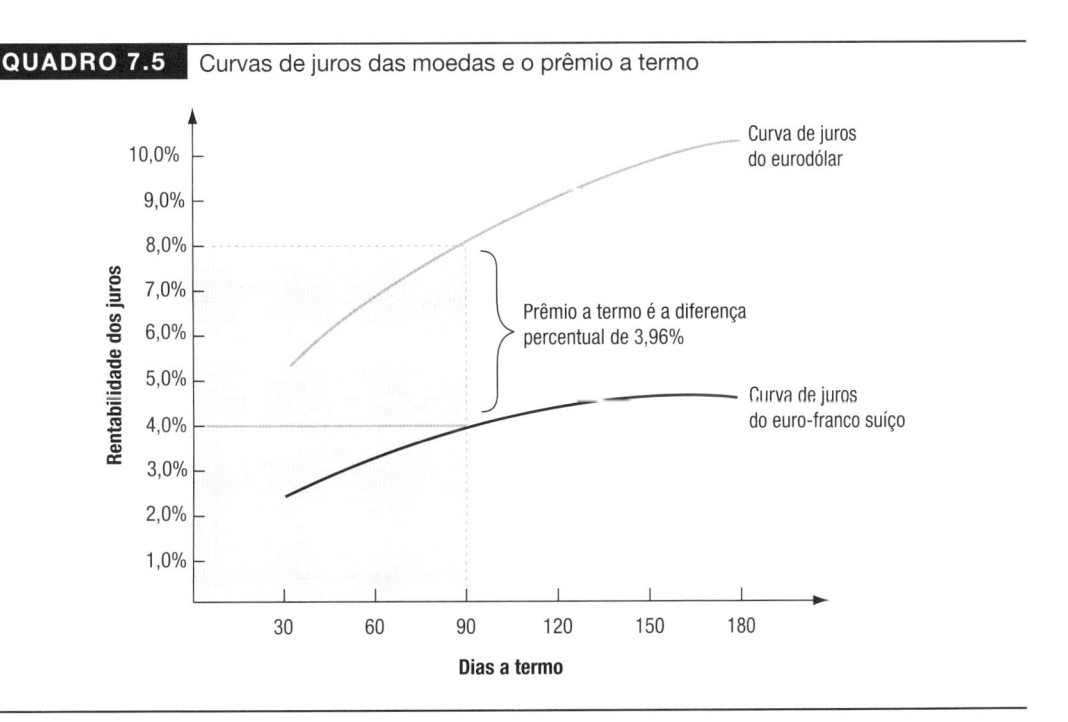

QUADRO 7.5 Curvas de juros das moedas e o prêmio a termo

Paridade da taxa de juros (IRP)

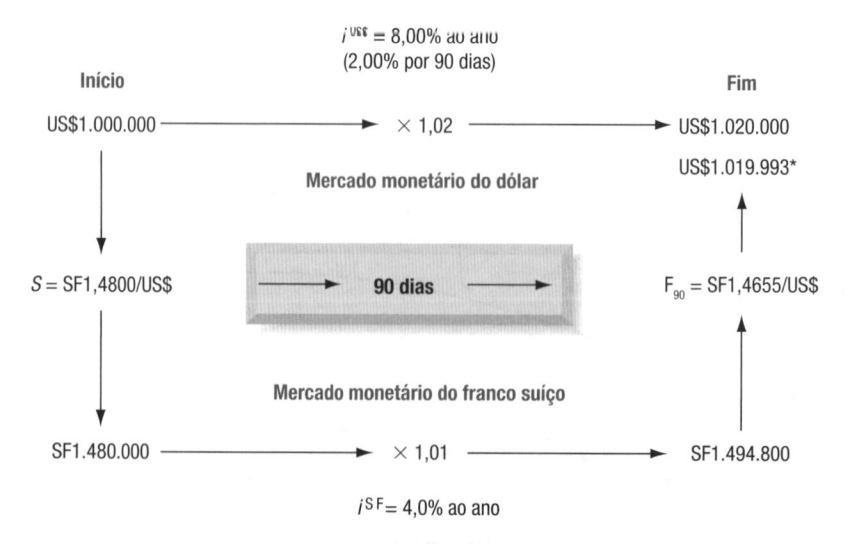

A teoria da paridade da taxa de juros (*interest rate parity* ou IRP) fornece a ligação entre os mercados de câmbio estrangeiros e os mercados monetários internacionais. A teoria declara: *a diferença nas taxas de juros nacionais de títulos de risco e vencimento similares deve ser igual ao desconto ou prêmio sobre a taxa a termo, mas com sinal oposto a ele, desconsiderando-se custos de transações.* O Quadro 7.6 mostra como a teoria da paridade da taxa de juros funciona. Suponha que um investidor tenha US$1.000.000 e vários investimentos monetários alternativos, mas comparáveis, em francos suíços (SF). Se o investidor decidir investir em um instrumento do mercado monetário em dólares, o investidor obteria a taxa de juros em dólar. Isso resulta em $(1 + i^{US\$})$ no final do período, onde $i^{US\$}$ é a taxa de juros em dólar na forma decimal. O investidor pode, no entanto, decidir investir em um instrumento de mercado em francos suíços de risco e vencimento idênticos para o mesmo período. Esta ação exigiria que o investidor trocasse dólares por francos à taxa de câmbio à vista, investisse os francos em um instrumento do mercado monetário, vendesse os francos a termo (a fim de evitar qualquer risco de que a taxa de câmbio viesse a variar), e no final do período, convertesse o resultado de volta em dólares.

Um investidor cuja moeda-base é o dólar avaliaria os retornos relativos de iniciar no canto superior esquerdo do Quadro 7.6 e investir no mercado de dólares (seguindo reto no alto do quadro) em comparação a investir no mercado de francos suíços (descendo e, então, contornando o quadro em direção ao canto superior direito). A comparação dos retornos seria como a seguir:

$$(1 + i^{US\$}) = S^{SF/US\$} \times (1 + i^{SF}) \times \frac{1}{F^{SF/US\$}}$$

onde S = taxa de câmbio à vista e F = taxa de câmbio a termo. Substituindo a taxa à vista (SF1,4800/US$) e a taxa a termo (SF1,4655/US$) e as respectivas taxas de juros ($i^{US\$} = 0,02$, $i^{SF} = 0,01$) a partir do Quadro 7.6, a condição da paridade da taxa de juros é a seguinte:

$$(1 + 0,02) = 1,4800 \times (1 + 0,01) \times \frac{1}{1,4655}$$

O lado esquerdo da equação é o retorno bruto que o investidor obteria investindo em dólares. O lado direito é o retorno bruto que o investidor obteria trocando dólares por francos suíços à taxa à vista, investindo os resultados em francos no mercado monetário de francos suíços e, simultaneamente, vendendo o principal mais juros em francos suíços a termo por dólares à taxa a termo corrente de 90 dias.

Ignorando os custos de transação, se os retornos em dólares forem iguais para os dois investimentos alternativos em mercados monetários, as taxas à vista e a termo são consideradas como

QUADRO 7.6 Paridade da taxa de juros (IRP)

$i^{US\$} = 8,00\%$ ao ano
(2,00% por 90 dias)

Início → US$1.000.000 → × 1,02 → US$1.020.000 → Fim

US$1.019.993*

Mercado monetário do dólar

$S = $ SF1,4800/US$ ← 90 dias → $F_{90} = $ SF1,4655/US$

Mercado monetário do franco suíço

SF1.480.000 → × 1,01 → SF1.494.800

$i^{SF} = 4,0\%$ ao ano

*Observe que o investimento em francos suíços rende US$1.019.993, US$7 a menos em um investimento de US$1 milhão.

estando em paridade da taxa de juros (ou "em IRP"). A transação é "coberta" porque a taxa de câmbio de volta para dólares é garantida no final do período de 90 dias. Portanto, como no Quadro 7.6, a fim de que as duas alternativas sejam iguais, quaisquer diferenças nas taxas de juros têm que ser contrabalançadas pela diferença entre as taxas de câmbio à vista e a termo (na forma aproximada):

$$\frac{F}{S} = \frac{(1+i^{SF})}{(1+i^{US\$})} \text{ or } \frac{SF\ 1,4655/US\$}{SF\ 1,4800/US\$} = \frac{1,01}{1,02} = 0,9902 \approx 100\% - 1\%$$

Arbitragem de juros coberta (Covered interest arbitrage – CIA)

Os mercados de câmbio à vista e a termo não se encontram constantemente no estado de equilíbrio descrito pela paridade da taxa de juros. Quando o mercado não se encontra em equilíbrio, existe a possibilidade de lucros por arbitragem ou "livre de riscos". O arbitrador que reconhece tal desequilíbrio age de forma a tirar proveito dele, investindo em qualquer moeda que ofereça o maior retorno de maneira coberta. Isso é chamado de *arbitragem de juros coberta* (*covered interest arbitrage* ou CIA).

O Quadro 7.7 descreve os passos que um operador de câmbio, muito provavelmente trabalhando na divisão de arbitragem de um grande banco internacional, implementaria uma transação de CIA. O operador de câmbio Fye Hong pode utilizar qualquer número das principais euromoedas que seu banco detém para realizar investimentos de arbitragem. As condições no início da manhã indicam a Fye Hong uma transação de CIA que troca 1 milhão de dólares americanos por ienes japoneses investidos em uma conta de euroienes por 6 meses e vendido a termo de volta por dólares, e que gerará um lucro de US$4.638 (US$1.044.638 – US$1.040.000) a mais em relação ao que seria disponibilizado por um investimento em eurodólar. No entanto, as condições nos mercados de câmbio e nos euromercados mudam rapidamente, então se Fye Hong esperar até mesmo alguns minutos, a oportunidade de lucro pode desaparecer. Fye Hong executa a seguinte transação:

Passo 1: Converter US$1.000.000 à taxa à vista de ¥106,00/US$ para ¥106.000.000 (ver "Início" no Quadro 7.7).
Passo 2: Investir o resultado, ¥106.000.000, em uma conta em euroienes por seis meses, obtendo 4,00% ao ano, ou 2% por 180 dias.
Passo 3: Simultaneamente vender o resultado futuro em ienes (¥108.120.000) a termo por dólares à taxa a termo de 180 dias de ¥103,50/US$. Esta ação "trava" as receitas brutas em dólar de US$1.044.638 (ver "Fim" no Quadro 7.7).
Passo 4: Calcular o custo (o custo de oportunidade) de fundos usados à taxa do eurodólar de 8,00% ao ano, ou 4% por 180 dias, sendo que o principal e os juros totalizam, então, US$1.040.000. O lucro da CIA ("Fim") é US$4.638 (US$1.044.638 – US$1.040.000).

QUADRO 7.7 Arbitragem de juros coberta (CIA)

Taxa em eurodólar = 8,00% ao ano

Início → US$1.000.000 → × 1,04 → US$1.040.000 ⎫ Possível
                                  US$1.044.638 ⎬ arbitragem

Mercado monetário de dólares

S = ¥106,00/US$ — 180 dias — F_{180} = ¥103,50/US$

Mercado monetário de ienes

Fim → ¥106.000.000 → × 1,02 → ¥108.120.000

Taxa em euroiene – 4,00% ao ano

Observe que todos os lucros são declarados em termos da moeda em que a transação foi inicializada, mas que um operador pode realizar investimentos denominados em dólares americanos, ienes japoneses ou qualquer outra moeda forte.

Regra básica. Tudo o que é necessário para obter lucros com arbitragem coberta é que a paridade da taxa de juros não seja válida. Dependendo das taxas de juros relativas e do prêmio a termo, Fye Hong teria começado em ienes japoneses, investido em dólares americanos, e vendido os dólares a termo por ienes. O lucro, então, seria denominado em ienes. Mas como Fye Hong decidiria em que direção ir ao redor do Quadro 7.7?

A chave para determinar se o investidor deve começar em dólares ou em ienes é comparar as diferenças nas taxas de juros ao prêmio a termo sobre o iene (o custo da cobertura). Por exemplo, no Quadro 7.7, a diferença nas taxas de juros de 180-dias é 2,00% (as taxas de juros em dólar são 2,00% mais altas). O prêmio sobre o iene de 180 dias é o seguinte:

$$f^¥ = \frac{\text{à vista} - \text{a termo}}{\text{a termo}} \times \frac{360}{180} \times 100 = \frac{¥106,00/US\$ - ¥103,50/US\$}{¥103,50/US\$} \times 200 = 4,8309\%$$

Em outras palavras, ao investir em ienes e vender os resultados em ienes à taxa a termo, Fye Hong obtém 4,83% ao ano, enquanto obteria apenas 4% ao ano se continuasse a investir em dólares.

Regra básica da arbitragem: Se a diferença nas taxas de juros for maior do que o prêmio a termo (ou variação esperada na taxa à vista), investir na moeda que oferece os juros mais altos. Se a diferença nas taxas de juros for menor do que o prêmio a termo (ou variação esperada na taxa à vista), investir na moeda que oferece os juros mais baixos.

O uso desta regra básica permite que Fye Hong escolha em que direção ir em torno do Quadro 7.7. Garante também que ele sempre obtenha lucro se for na direção correta. Esta regra pressupõe que o lucro seja maior do que qualquer custo de transação incorrido.

Este processo de CIA leva os mercados monetários e os mercados de câmbio internacionais em direção ao equilíbrio descrito pela paridade da taxa de juros. Leves desvios do equilíbrio fornecem oportunidades para arbitradores obterem pequenos lucros livres de risco. Tais desvios fornecem as forças de oferta e demanda que movimentam o mercado de volta à paridade (equilíbrio).

As oportunidades de arbitragem de juros coberta continuam até que a paridade da taxa de juros seja reestabelecida, porque os arbitradores são capazes de obter lucros livres de risco repetindo o ciclo o mais frequentemente possível. Suas ações, no entanto, empurram os mercados monetários e de câmbio de volta ao equilíbrio pelos seguintes motivos:

1. A compra do iene no mercado à vista e a venda do iene no mercado a termo estreita o prêmio sobre o iene a termo. Isso ocorre porque o iene à vista se fortalece devido à demanda extra e o iene a termo se enfraquece devido às vendas extras. Um prêmio menor sobre o iene a termo reduz o ganho do câmbio previamente captado ao investir em ienes.
2. A demanda por títulos denominados em ienes faz as taxas de juros em ienes caírem, e o nível mais alto de empréstimos nos Estados Unidos faz as taxas de juros do dólar subirem. O resultado líquido é um diferencial de juros mais amplo a favor dos investimentos no dólar.

Arbitragem de juros descoberta (UIA)

Um desvio da arbitragem de juros coberta é a *arbitragem de juros descoberta* (*uncovered interest arbitrage* ou UIA), na qual os investidores tomam empréstimos em países e moedas que exibem taxas de juros relativamente baixas e convertem os resultados em moedas que oferecem taxas de juros muito mais altas. A transação é "descoberta" porque o investidor não vende os resultados da moeda com juros mais altos a termo, escolhendo permanecer descoberto e aceitar o risco monetário de trocar a moeda com juros mais altos pela moeda com juros mais baixos ao final do período. O Quadro 7.8 demonstra os passos que um arbitrador de juros descoberto daria ao empreender o que é chamado de "*carry-trade* do iene".

O "*carry-trade* do iene" é uma antiga aplicação do UIA. Os investidores, tanto de dentro quanto de fora do Japão, tiram proveito das taxas de juros extremamente baixas do iene japonês (0,40% ao ano) para levantar capital. Os investidores cambiam o capital que levantam por outras moedas como dólares americanos ou euros. Reinvestem, então, esses resultados em dólar ou euro em mercados monetários de dólar ou euro onde os fundos obtêm taxas de retorno substancialmente altas (5,00% ao ano no Quadro 7.8). No final do período – um ano, neste caso – eles convertem os resultados em

QUADRO 7.8 Arbitragem de juros descoberta (UIA): o *carry-trade* do iene

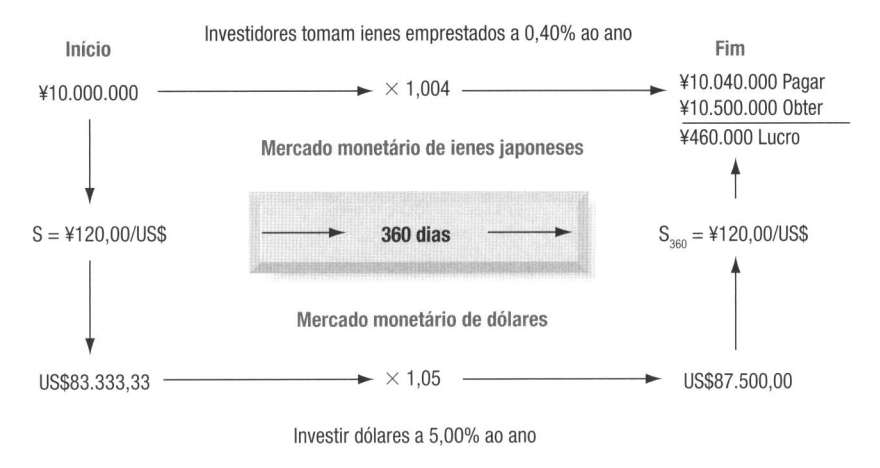

Início — Investidores tomam ienes emprestados a 0,40% ao ano — **Fim**

¥10.000.000 ⟶ × 1,004 ⟶ ¥10.040.000 Pagar
¥10.500.000 Obter
¥460.000 Lucro

Mercado monetário de ienes japoneses

S = ¥120,00/US$ ⟶ 360 dias ⟶ S_{360} = ¥120,00/US$

Mercado monetário de dólares

US$83.333,33 ⟶ × 1,05 ⟶ US$87.500,00

Investir dólares a 5,00% ao ano

FINANÇAS GLOBAIS NA PRÁTICA 7.2

Comprar, cozinhar, limpar... jogando com o *carry-trade* do iene

Nakako Ishiyama está sentada calmamente na sala de seu apartamento no antigo bairro de Nihonbashi, em Tóquio, não muito longe de sua famosa ponte de pedra – o ponto a partir do qual, no período Edo, eram medidas todas as distâncias do Japão. Ela estava me contando sobre seu histórico de investimentos desde em torno do ano 2000 – a época em que, não coincidentemente, o Banco do Japão forçou as taxas de juros para baixo para um ponto tão próximo a zero quanto um fio de cabelo. Sem seu marido saber, Ishiyama começou investindo o dinheiro do casal, em sua grande parte em lotes de aproximadamente US$50.000. E não parou mais. Cada fundo ao qual ela confiava seu pé-de-meia para a aposentadoria – ou toranoko, "clube do tigre" em Japonês – tinha um nome mais elaborado do que o último. À medida que vai listando cada um deles, ela vai adicionando como um sufixo as palavras nantoka nantoka – "sei lá o quê" ou "thingamajig". Não é nem um pouco reconfortante.

"Agora vejamos, havia o Fundo de Infraestrutura Global Não Sei o Quê Lá", diz ela. "E o Fundo Monetário Emergencial Sei Lá o Quê. E o Fundo Australiano de Prazo Fixo Não Sei das Quantas". Tímida e ansiosa (ela se recusou a ser fotografada), Ishiyama, de 66 anos de idade, não parece alguém que tenha participado – por mais modesta que tenha sido essa participação – do drama que engoliu o sistema financeiro global. Contudo, ela e muitas de suas colegas fizeram exatamente isso. As donas-de-casa do Japão agiram como as guardiãs das enormes economias das famílias do país acumuladas desde que alcançaram a prosperidade depois da devstação da guerra. A mais de ¥1.500.000 bilhões (em torno de US$16.800 bilhões), essas economias são consideradas o maior *pool* mundial de riqueza investível. A maior parte delas estão escondidas em contas bancárias japonesas comuns; uma quantidade surpreendente é guardada em casa em dinheiro, em economias tansu, assim chamadas devido às tradicionais cômodas de madeira em que os japoneses guardam seus pertences. Mas a partir do início de 2000, as donas-de-casa – muitas vezes chamadas coletivamente de "Sra. Watanabe", um sobrenome comum no Japão – começaram a ir em busca de retornos mais altos.

Muitas estavam insatisfeitas com as taxas de juros insignificantes que os bancos estavam oferecendo. O retorno de 0,02 por cento sobre um depósito de prazo fixo típico era tão ínfimo que o pagamento anual sobre até mesmo economias substanciais de uma vida inteira talvez chegasse a meras poucos centenas de ienes. "Se você furasse o pneu do carro a caminho do banco, ia ficar devendo", reclama Ishiyama. Ela, assim como centenas de milhares de outras, encontraram retornos mais atraentes em títulos de dívida estrangeiros e outros investimentos no exterior. "Eu estava andando na rua quando vi um pôster anunciando uma taxa de juros de 5%. Fiquei bastante entusiasmada com a ideia", diz ela. "Eu via anúncios de TV com todos sorrindo e pensava: 'Acho que não tem problema'.".

Não demorou muito para que os mercados começassem a perceber que algo estava acontecendo. Na primeira metade do ano 2003, investidores japoneses individuais compraram ¥2.700 bilhões em títulos de dívida estrangeiros, facilmente um recorde.

Os corretores adoraram, em parte porque eles ganhavam muito em taxas e honorários. Mas havia uma falação nervosa, também: se as donas-de-casa japonesas abrissem as comportas e enviassem todo o dinheiro para o exterior, poderia acontecer um colapso no enorme mercado de títulos de dívida do governo japonês. Até agora, as grandes somas de dinheiro presas no país em economias tinha permitido que o governo negociasse taxas de juros notavelmente baixas sobre a maciça dívida externa do país.

> Os operadores profissionais começaram a estudar cada passo da Sra. Watanabe. Ela os impressionava mantendo a calma toda vez que o iene se fortalecia temporariamente, usando cada ocasião como uma oportunidade para comprar mais ativos estrangeiros a preços arrebatadores. As linhas da Sra. Watanabe fora dos bancos e das empresas de corretagem se tornaram um barômetro do que poderia acontecer com o iene. Apesar de os operadores de câmbio extremamente bem-remunerados hesitarem, a Sra. Watanabe ganhavam dinheiro e começavam a adquirir uma reputação de gênio do investimento. Alguns profissionais começaram secretamente a fazer qualquer coisa que a Sra. Watanabe fizesse.
>
> Aqueles que ganharam dinheiro ganharam bastante e rapidamente. Mesmo em 2006, no momento em que o Banco do Japão tinha aumentado as taxas do overnight em até 0,25%, as taxas australianas estavam seis pontos percentuais mais altas. Muitos japoneses passam as férias na Austrália e vários deles se sentiam bastante confortáveis em colocar uma parte de suas economias nos bancos australianos. Outros optavam pelo rand sul-africano, para o qual o diferencial da taxa de juros em 2006 foi de 8,25 por cento, ou até mesmo a lira turca, que oferecia miraculosos 17,25 por cento. Outros ainda procuravam títulos de dívida denominados em moedas estrangeiras (uridashis) ou fundos mútuos de investimento estrangeiro que geravam um dividendo anual de 6 por cento ou mais.
>
> Nakako Ishiyama foi uma das pessoas que foram seduzidas. Antes que ela percebesse, muitos de seus investimentos tinham sido barbaramente atacados pelo repentino colapso dos preços de ações e o zigue-zague do iene. Ishiyama não cupa ninguém além de si mesma. "A culpa é toda minha. Eu assumo a responsabilidade. Minha avó sempre me dizia para não enfiar o nariz onde não tinha sido chamada" ela diz, citando um provérbio meio duvidoso sobre uma mulher e um galo cacarejante. Ela diz que lia sobre os empréstimos subprime e o vacilar dos bancos norte-americanos, mas não imaginava que acontecimentos tão distantes tivessem qualquer ligação com ela ou que ela tivesse qualquer ligação com eles. Recorrendo a mais um dos dizeres de sua avó, ela resume sua experiência de investimento: "Como um cego que não teme serpentes, eu agi como uma idiota".
>
> *Fonte:* Resumido de "Shopping, Cooking, Cleaning... Playing The Yen Carry Trade; Stories – Inquiry; Why Japanese housewives added international finance to their list of daily chores," David Pilling. *Financial Times.* London (UK): 22 de fevereiro de 2009, p. 30.

dólar de volta ao iene japonês no mercado à vista. O resultado é um pequeno lucro acima do custo de pagar o empréstimo inicial.

O truque, porém, é que a taxa de câmbio à vista no final do ano não deve mudar significativamente em relação ao que era no início do ano. Se o iene sofresse uma apreciação significativa em relação ao dólar, como ocorreu no final de 1999, passando de ¥120/US$ para ¥105/US$, esses investidores "descobertos" sofreriam perdas consideráveis quando convertessem seus dólares em ienes para pagar os ienes que pegaram emprestados. O retorno mais alto de fato apresenta um risco maior! O Quadro Finanças Globais na Prática 7.2 ressalta a multiplicidade de impactos que o *carry-trade* pode causar.

Equilíbrio entre taxas de juros e taxas de câmbio

O Quadro 7.9 ilustra as condições necessárias para o equilíbrio entre as taxas de juros e as taxas de câmbio. O eixo vertical mostra a diferença nas taxas de juros a favor da moeda doméstica, e o eixo horizontal mostra o prêmio ou desconto a termo sobre aquela moeda. A linha da paridade da taxa de juros mostra o estado de equilíbrio, mas os custos de transação fazem a linha ser uma faixa em vez de uma linha fina. Os custos de transação surgem do câmbio e dos custos de corretagem dos investimentos de compra e venda de títulos. Custos de transação típicos nos últimos anos estiveram na faixa de 0,18% a 0,25% anualmente. Para transações individuais como a atividade de arbitragem de Fye Hong no exemplo anterior, não há custo de transação explícito por transação de compra e venda; em vez disso, os custos do banco de oferecer suporte às transações de Fye Hong são os custos de transação. O ponto X mostra uma possível posição de equilíbrio, onde uma taxa de juros 4% mais baixa sobre títulos em iene seria contrabalançada por um prêmio de 4% sobre o iene a termo.

A situação de desequilíbrio, que encorajava a arbitragem da taxa de juros no exemplo anterior de CIA, é ilustrada pelo ponto U. Ele se localiza fora da linha da paridade de juros porque os juros mais baixos sobre o iene são de –4% (anualmente), enquanto que o prêmio sobre o iene a termo é pouco mais de 4,8% (anualmente). Usando a fórmula do prêmio a termo apresentada anteriormente, encontramos o prêmio sobre o iene, da seguinte maneira:

$$\frac{¥106,00/US\$ - 103,50/US\$}{¥103,50/US\$} \times \frac{360 \text{ dias}}{180 \text{ dias}} \times 100 = 4,83\%$$

A situação representada pelo ponto U é instável, porque todos os investidores têm um incentivo para executar a mesma arbitragem de juros coberta. Exceto por uma falha bancária, o ganho decorrente da arbitragem é praticamente livre de riscos.

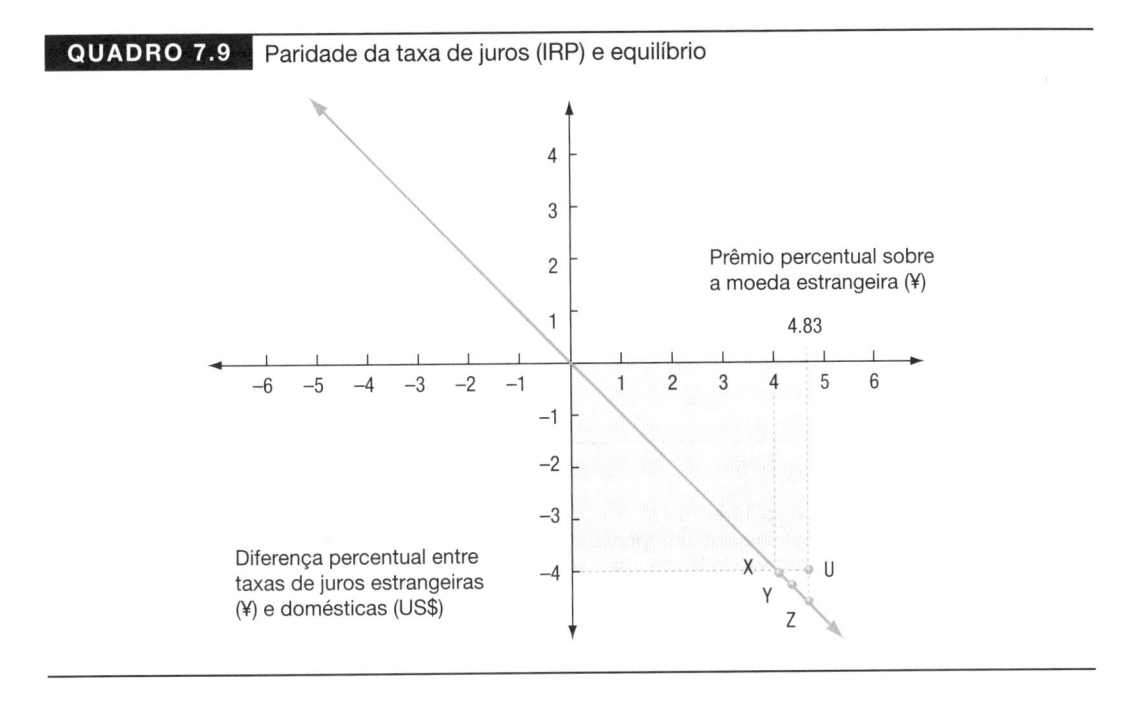

QUADRO 7.9 Paridade da taxa de juros (IRP) e equilíbrio

Prêmio percentual sobre a moeda estrangeira (¥)

Diferença percentual entre taxas de juros estrangeiras (¥) e domésticas (US$)

Alguns observadores sugeriram que não existe risco político, porque um dos governos talvez possa aplicar controles de capital que evitariam a execução do contrato a termo. Este risco é bastante remoto para a arbitragem de juros coberta entre os principais centros financeiros do mundo, especialmente porque uma grande porção dos fundos usados para a arbitragem de juros coberta é em eurodólares. A preocupação pode ser válida para operações com países que não são famosos por sua estabilidade política e fiscal.

O resultado líquido do desequilíbrio é que fluxos de fundos estreitarão a diferença entre as taxas de juros e/ou diminuirão o prêmio sobre o iene a termo. Em outras palavras, as pressões de mercado farão o ponto U no Quadro 7.9 se movimentar em direção à faixa da paridade da taxa de juros. O equilíbrio pode ser alcançado no ponto Y, ou em qualquer outro local entre X e Z, dependendo de se os prêmios de mercado a termo são mais ou menos deslocados do que os diferenciais entre as taxas de juros.

TAXA A TERMO COMO UM ESTIMADOR NÃO VIESADO DA TAXA À VISTA FUTURA

Alguns analistas acreditam que os mercados de câmbio das principais moedas flutuantes são "eficientes" e as taxas de câmbio a termo são *estimadores não viesados* das taxas de câmbio à vista futuras.

O Quadro 7.10 demonstra o significado de "estimador não viesado" em termos do desempenho da taxa a termo na estimação de taxas de câmbio à vista futuras. Se a taxa a termo for uma estimativa não viesada da taxa à vista futura, o valor esperado da taxa à vista futura no momento 2 será igual à taxa a termo presente para entrega no momento 2, disponível agora, $E_1(S_2) = F_{1,2}$.

Intuitivamente, isso significa que a distribuição de possíveis taxas à vista reais no futuro está centrada na taxa a termo. O fato de ela ser uma estimativa não viesada, no entanto, não significa que a taxa à vista futura seja realmente igual ao que prevê a taxa a termo. Previsão não viesada simplesmente significa que a taxa a termo irá, em média, superestimar e subestimar a taxa à vista futura em igual frequência e grau. A taxa a termo pode, na verdade, nunca ser realmente igual à taxa à vista futura.

A lógica dessa relação baseia-se na hipótese de que o mercado de câmbio é razoavelmente eficiente. A eficiência de mercado supõe que 1) todas as informações relevantes são rapidamente refletidas nos mercados de câmbio tanto à vista quanto a termo; 2) os custos de transação são baixos; e 3) os instrumentos denominados em diferentes moedas são substitutos perfeitos um do outro.

Estudos empíricos da hipótese do mercado de câmbio eficiente geraram resultados conflitantes. No entanto, está se desenvolvendo um consenso que rejeita a hipótese de mercados eficientes. Pare-

QUADRO 7.10 — Taxa a termo como um previsor não viesado da taxa à vista futura

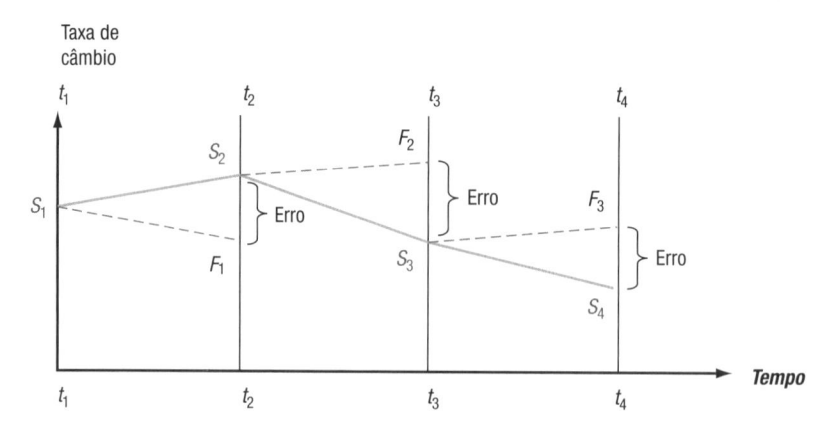

A taxa a termo disponível hoje (F_t, $t + 1$), no momento t, para entrega na data futura $t + 1$, é usada como um "previsor" da taxa à vista que existirá naquele dia no futuro. Portanto, a taxa à vista prevista para o momento S_{t2} é F_1; a taxa à vista real é S_2. A distância vertical entre a previsão e a taxa à vista real é o erro de previsão.

Quando a taxa a termo é chamada de "previsor não viesado da taxa à vista futura", isso significa que a taxa a termo superestima ou subestima a taxa à vista futura com frequência e quantidade relativamente iguais. Portanto, ela "se engana" de maneira regular e organizada. A soma dos erros é igual a zero.

---

ce que a taxa a termo não é uma estimativa não viesada da taxa à vista futura e que vale a pena usar recursos para tentar prever as taxas de câmbio.

Se a hipótese de mercados eficientes estiver correta, um executivo financeiro não pode esperar lucrar de nenhuma maneira consistente com a previsão de taxas de câmbio futuras, porque as cotações atuais no mercado a termo refletem tudo o que se sabe atualmente sobre as taxas futuras prováveis. Apesar de as taxas de câmbio futuras poderem muito bem se diferenciar da expectativa implícita na cotação do mercado a termo presente, não podemos saber hoje de que maneira as cotações futuras diferirão da taxa a termo de hoje. O valor médio esperado dos desvios é zero. A taxa a termo é, portanto, um estimador "não viesado" da taxa à vista futura.

Testes quanto à eficiência do mercado de câmbio utilizando períodos de análises mais longos, concluem que ou a eficiência do mercado de câmbio é intestável ou, caso seja testável, que o mercado não é eficiente. Além disso, a existência e o sucesso dos serviços de previsão de câmbio sugerem que os gestores estão dispostos a pagar um preço para prever informações apesar de eles poderem utilizar a taxa a termo como uma previsão sem nenhum custo. O "custo" de comprar essa informação é, em muitas circunstâncias, um "prêmio de seguro" para os gestores financeiros que talvez possam ser demitidos por usar sua própria previsão, incluindo taxas a termo, quando essa previsão se mostra incorreta. Se eles "comprassem" conselhos profissionais que acabassem por estar errados, a falha não estaria em sua previsão!

Se o mercado de câmbio não é eficiente, seria sensato para uma empresa gastar recursos com a previsão das taxas de câmbio. Essa é a conclusão oposta a uma em que os mercados de câmbio são considerados eficientes.

PREÇOS, TAXAS DE JUROS E TAXAS DE CÂMBIO NO EQUILÍBRIO

O Quadro 7.11 ilustra todas as relações fundamentais de paridade simultaneamente, no equilíbrio, usando o dólar americano e o iene japonês. As taxas de inflação previstas para o Japão e os Estados Unidos são de 1% e 5%, respectivamente; uma diferença de 4%. A taxa de juros nominal no mercado de dólares americanos (título do governo de um ano) é de 8%, uma diferença de 4% sobre a taxa de juros nominal japonesa de 4%. A taxa à vista, S_1, é de ¥104/US$, e a taxa a termo de um ano é de ¥100/US$.

- **Relação A: Paridade do poder de compra (PPP).** Segundo a versão relativa da paridade do poder de compra, espera-se que a taxa de câmbio à vista daqui a um ano, S_2, seja ¥100/US$:

$$S_2 = S_1 \times \frac{1+\pi^{¥}}{1+\pi^{US\$}} = ¥104/US\$ \times \frac{1,01}{1,05} = ¥100/US\$$$

  Isso é uma mudança de 4% e é igual, mas com sinal oposto, à diferença nas taxas de inflação esperadas (1% − 5% ou 4%).

- **Relação B: o efeito Fisher.** A taxa de retorno real é a taxa de juros nominal menos a taxa de inflação esperada. Supondo mercados eficientes e abertos, as taxas de retorno reais devem ser iguais em todas as moedas. Aqui, a taxa real é de 3% em mercados de dólares americanos (r = i − π = 8% − 5%), e em mercados de ienes japoneses (4% − 1%). Observe que a taxa de retorno real de 3% não se encontra no Quadro 7.11, mas, em vez dela, a relação do efeito Fisher – que as diferenças nas taxas de juros nominais são iguais à diferença nas taxas de inflação esperadas, −4%.

- **Relação C: efeito Fisher internacional.** A mudança na previsão da taxa de câmbio à vista, neste caso 4%, é igual, mas com sinal oposto à diferença entre as taxas de juros nominais:

$$\frac{S_1 - S_2}{S_2} \times 100 = i^{¥} - i^{US\$} = 4\% - 8\% = -4\%$$

- **Relação D: Paridade da taxa de juros (IRP).** Segundo a teoria da paridade da taxa de juros, a diferença nas taxas de juros nominais é igual, mas com sinal oposto ao prêmio a termo. Para esse exemplo numérico, a taxa de juros nominal em iene (4%) é 4% menor do que a taxa de juros nominal em dólar (8%):

$$i^{¥} - i^{US\$} = 4\% - 8\% = -4\%$$

QUADRO 7.11 Condições de paridade internacional no equilíbrio (forma aproximada)

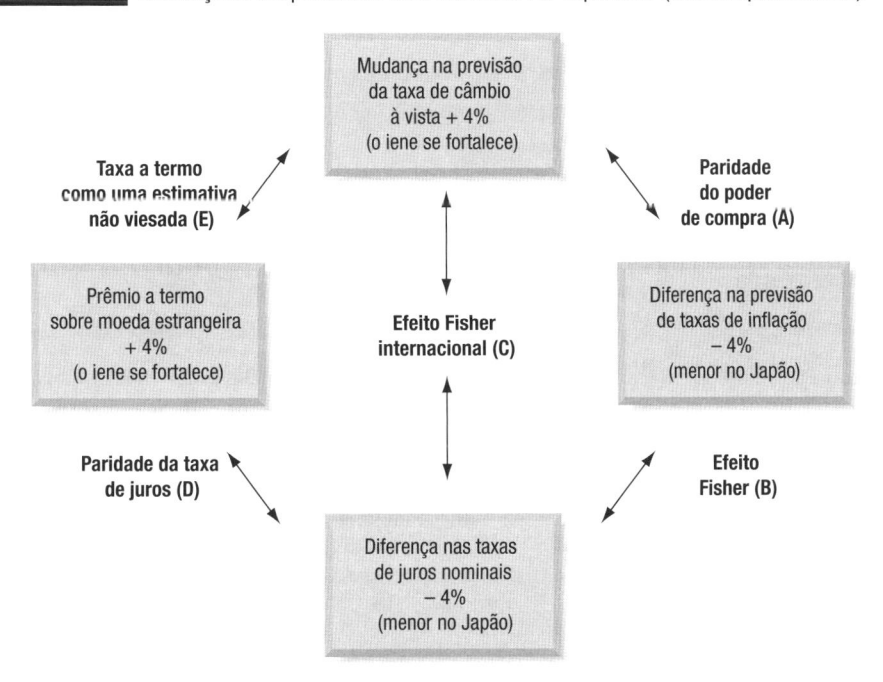

e o prêmio a termo é 4% positivos:

$$f^¥ = \frac{S_1 - F}{F} \times 100 = \frac{¥104/US\$ - ¥100/US\$}{¥100/US\$} \times 100 = 4\%$$

- **Relação E: Taxa a termo como uma estimativa não viesada.** Finalmente, a taxa a termo de um ano sobre o iene japonês, ¥100/US$, se considerada uma estimativa não viesada da taxa à vista futura, também prevê ¥100/US$.

RESUMO

- As condições de paridade têm sido tradicionalmente usadas pelos economistas para ajudar a explicar a tendência de longo prazo em uma taxa de câmbio.

- Sob condições de taxas de flutuação livre, a taxa esperada de variação na taxa de câmbio à vista, as taxas diferenciais de inflação e os juros nacionais e o desconto ou prêmio a termo, são todos diretamente proporcionais um ao outro e mutuamente determinados. Uma variação em uma dessas variáveis tem a tendência de alterar todas elas com um *feedback* sobre a variável que mudar primeiro.

- Se um produto ou serviço idêntico pode ser vendido em dois mercados diferentes, e não há restrições sobre sua venda ou custos de transporte de movimentar o produto entre mercados, o preço do produto deve ser o mesmo em ambos os mercados. Isso se chama lei do preço único.

- A versão absoluta da teoria da paridade do poder de compra afirma que a taxa de câmbio à vista é determinada pelos preços relativos de cestas de produtos similares.

- A versão relativa da teoria da paridade do poder de compra afirma que se a taxa de câmbio à vista entre dois países começar no equilíbrio, qualquer variação na taxa de inflação diferencial entre eles tenderá a ser contrabalançada no longo prazo por uma variação igual, mas de sinal oposto, na taxa de câmbio à vista.

- O efeito Fisher, cujo nome é uma homenagem ao economista Irving Fisher, afirma que as taxas de juros nominais em cada país são iguais à taxa de retorno real exigida mais uma compensação pela inflação esperada.

- O efeito Fisher internacional, o "Fisher-open" como muitas vezes é chamado, afirma que a taxa de câmbio à vista deve mudar no mesmo valor, mas na direção oposta à diferença nas taxas de juros entre dois países.

- Alguns analistas acreditam que os mercados de câmbio das principais moedas flutuantes são "eficientes" e as taxas de câmbio a termo são estimadores não viesados das taxas de câmbio à vista futuras.

- A teoria da paridade da taxa de juros (IRP) afirma que a diferença nas taxas de juros nacionais de títulos de risco e vencimento similares deve ser igual, mas com sinal oposto ao desconto ou prêmio da taxa a termo para a moeda estrangeira, exceto por custos de transação.

- Quando os mercados de câmbio à vista e a termo não se encontram em equilíbrio como descrito pela paridade da taxa de juros, existe o potencial de obter lucros "livres de risco" ou lucros de arbitragem. Isso se chama arbitragem de juros coberta (CIA).

MINICASO O repasse (*pass-through*) de moeda na Porsche

Sediada na Alemanha, e com produção e montagem exclusivamente localizada na Alemanha, Eslováquia e Finlândia, a base de custo inteira da Porsche é o euro ou a coroa eslovaca (que é administrada pelo governo eslovaco de modo que ela mantenha a estabilidade em relação ao euro). Isso significa que todos os custos diretos em sua produção de automóveis são incorridos (para fins práticos) em operações denominadas em euros (custo, *markup* e determinação básica de preços). Os produtos da Porsche são, então, exportados para seus principais mercados ao redor do mundo, inclusive os Estados Unidos, o Reino Unido, a China e o Japão.

O Quadro 1 ilustra um possível cenário do custo europeu e da precificação de mercado do lançamento norte-americano do Porsche 911 4S Cabriolet em 2003 (um motor de 3,6 litros e seis cilindros com uma velocidade máxima de 280 km/h; indo de 0 a 100 km/h em 5,3 segundos). Suponha que a Porsche primeiro tenha estabelecido o preço do carro em euros, e então – em abril de 2003 – determinado o preço em dólares americanos com base na então taxa de câmbio corrente de US$1,0862/€, aproximadamente US$93.200.

Como ilustra o quadro, nos meses seguintes à determinação de preços, a margem da empresa teria sido praticamente eliminada em decorrência da apreciação continuada do euro *versus* o dólar. A análise ressalta o arroxo sofrido por um produtor europeu exportando para os mercados de dólar americano. Independentemente de que método, grau ou eficácia de *hedge* estava sendo empreendido pela Porsche, a empresa enfrenta um contínuo dilema de determinação de preços para todas as suas vendas na América do Norte.

Perguntas sobre o caso

1. O que você acredita ser mais importante para sustentar a venda do novo modelo Carrera, manter uma margem de lucro ou manter o preço em dólares americanos?
2. Dada a variação nas taxas de câmbio e a estratégia empregada pela Porsche, você diria que o poder aquisitivo do cliente que paga em dólares americanos ficou mais forte ou mais fraco?
3. No longo prazo, o que a maioria das montadoras de automóveis fazem para evitar esses grandes arroxos nas taxas de câmbio?

QUADRO 1 — Análise de repasse para o 911 Carrera 4S Cabriolet, 2003

Suponha que a Porsche tenha estabelecido o que ela considerava o preço-alvo em abril de 2003, quando a taxa de câmbio era de US$1,0862/€. Isso permitia que a Porsche determinasse seus preços com uma margem de aproximadamente 15% sobre o custo cheio, sendo o preço europeu €85.900 e um preço-alvo norte-americano de US$93.200, que preservou a margem de 15%.

O lançamento norte-americano do 4S Cabriolet não ocorreu até julho. Em julho, a taxa de câmbio à vista tinha efetivamente reduzido a margem obtida pela Porsche sobre o novo modelo. No resto de 2003, a margem continuou a diminuir.

Componente de preço	Determinação de preço Abr	Mai	Jun	Lançamento nos EUA Jul	Aug	Set	Out	Nov	Dec
Custo cheio	€74.696	€74.696	€74.696	€74.696	€74.696	€74.696	€74.696	€74.696	€74.696
Margem (@ 15%)	€11.204	€11.204	€11.204	€11.204	€11.204	€11.204	€11.204	€11.204	€11.204
Preço europeu	€85.900	€85.900	€85.900	€85.900	€85.900	€85.900	€85.900	€85.900	€85.900
Taxa de câmbio à vista (US$/€)	1,0862	1,1565	1,1676	1,1362	1,1286	1,1267	1,1714	1,1710	1,2298
Preço-base em US$ se houvesse um repasse de 100%	US$93.305	US$99.343	US$100.297	US$97.600	US$96.947	US$96.784	US$100.623	US$100.589	US$105.640

Margem efetiva sobre o 4S Cabriolet com preço máximo limitado em US$

Preço-alvo em US$	US$93.200	US$93.200	US$93.200	US$93.200	US$93.200	US$93.200	US$93.200	US$93.200	US$93.200
Taxa de câmbio à vista (US$/€)	1.0862	1,1565	1,1676	1,1362	1,1286	1,1267	1,1267	1,1710	1,2298
Preço recebido em euros	€85.804	€80.588	€79.822	€82.028	€82.580	€82.719	€79.563	€79.590	€75.785
Menos custo cheio	(€74.696)	(€74.696)	(€74.696)	(€74.696)	(€74.696)	(€74.696)	(€74.696)	(€74.696)	(€74.696)
Margem residual	€11.108	€5.892	€5.126	€7.332	€7.885	€8.024	€4.867	€4.894	€1.089
Margem (%)	14,9%	7,9%	6,9%	9,8%	10,6%	10,7%	6,5%	6,6%	1,5%

PERGUNTAS

1. **Paridade do poder de compra.** Defina os seguintes termos:
   a. A lei do preço único
   b. Paridade absoluta do poder de compra
   c. Paridade relativa do poder de compra

2. **Índice nominal efetivo da taxa de câmbio.** Explique como um índice nominal efetivo da taxa de câmbio é construído.

3. **Índice real efetivo da taxa de câmbio.** Que fórmula é usada para converter um índice nominal efetivo da taxa de câmbio em um índice real efetivo da taxa de câmbio?

4. **Taxas de câmbio reais efetivas: Japão e Estados Unidos.** O Quadro 7.3 compara as taxas de câmbio reais efetivas do Japão e dos Estados Unidos. Se a taxa de câmbio real efetiva comparativa fosse o principal determinante, o Japão ou os Estados Unidos teria uma vantagem competitiva na exportação? Qual dos dois países teria uma vantagem competitiva na importação? Explique por quê.

5. **Repasse da taxa de câmbio.** O repasse incompleto da taxa de câmbio é um dos motivos pelos quais a taxa de câmbio real efetiva pode se desviar por longos períodos de seu nível de equilíbrio do poder aquisitivo, igual a 100. O que significa o termo repasse da taxa de câmbio?

6. **O efeito Fisher.** Defina o efeito Fisher. Até que ponto os testes empíricos confirmam que o efeito Fisher existe na prática?

7. **O efeito Fisher internacional.** Defina o efeito Fisher internacional. Até que ponto os testes empíricos confirmam que o efeito Fisher internacional existe na prática?

8. **Paridade da taxa de juros.** Defina a paridade da taxa de juros. Qual é a relação entre a paridade da taxa de juros e as taxas a termo?

9. **Arbitragem de juros coberta.** Defina os termos arbitragem de juros coberta e arbitragem de juros descoberta. Qual é a diferença entre essas duas transações?

10. **A taxa a termo como um estimador não viesado da taxa à vista futura.** Alguns analistas acreditam que os mercados de câmbio das principais moedas flutuantes são "eficientes" e as taxas de câmbio a termo são estimadores não viesados das taxas de câmbio à vista futuras. O que significa "estimadores não viesados" em termos do desempenho da taxa a termo na estimação das taxas de câmbio à vista futuras

PROBLEMAS

1–5. O índice Big Mac latino-americano: comparação histórica. Este livro utilizou o índice Big Mac da revista *The Economist* por muitos anos. Abaixo temos os preços do Big Mac e taxas de câmbio reais para países latino-americanos selecionados como eles foram impressos ns edições anteriores. Use os dados da tabela para completar o cálculo do valor PPP implícito da moeda em relação ao dólar americano e o cálculo que determina se a moeda está subvalorizada ou supervalorizada em relação ao dólar americano.

*6. **Peso argentino e PPP.** O peso argentino foi fixado através de um *currency board* a Ps1,00/US$ durante toda a década de 1990. Em janeiro de 2002, o peso argentino passou a flutuar. No dia 29 de janeiro de 2003, ele estava sendo negociado a Ps3,20/US$. Durante esse período de um ano, a taxa de inflação da Argentina foi de 20% sobre uma base anualizada. A inflação nos Estados Unidos durante esse mesmo período foi de 2,2% anualizados.
   a. Qual deveria ter sido a taxa de câmbio em janeiro de 2003 se a paridade do poder aquisitivo fosse mantida?
   b. Qual a subvalorização em termos percentuais do peso argentino em uma base anualizada?
   c. Quais são as causas prováveis da subvalorização?

Índice Big Mac: abril 1997 País	(1) Preços do Big Mac em moeda local	(2) Taxa de câmbio real (7 de abril de 1997)	(3) Preços dos Big Mac em dólares	(4) PPP implícito do dólar	(5) Moeda local sub (–) ou super (+) valorizada
Estados Unidos (dólar)	2,42	–	2,42	1,00	
Argentina (peso)	2,50	1,00			
Brasil (reais)	2,97	1,06			
Chile (peso)	1.200,00	417,00			
México (peso)	14,90	7,90			
Índice Big Mac: março 1999 País	**(1) Preços do Big Mac em moeda local**	**(2) Taxa de câmbio real (30 de março de 1999)**	**(3) Preços dos Big Mac em dólares**	**(4) PPP implícito do dólar**	**(5) Moeda local sub (–) ou super (+) valorizada**
Estados Unidos (dólar)	2,43	–	2,43	1,00	
Argentina (peso)	2,50	1,00			
Brasil (reais)	2,95	1,73			
Chile (peso)	1.250,00	484,00			
México (peso)	19,90	9,54			

Índice Big Mac: abril 2002 País	(1) Preços do Big Mac em moeda local	(2) Taxa de câmbio real (23 de abril de 2002)	(3) Preços dos Big Mac em dólares	(4) PPP implícito do dólar	(5) Moeda local sub (–) ou super (+) valorizada
Estados Unidos (dólar)	2,49	–	2,49	1,00	
Argentina (peso)	2,50	3,13			
Brasil (reais)	3,60	2,34			
Chile (peso)	1.400,00	655,00			
México (peso)	21,90	9,28			
Índice Big Mac: abril 2005 País	(1) Preços do Big Mac em moeda local	(2) Taxa de câmbio real (abril de 2005)	(3) Preços dos Big Mac em dólares	(4) PPP implícito do dólar	(5) Moeda local sub (–) ou super (+) valorizada
Estados Unidos (dólar)	3,06	–	3,06	1,00	
Argentina (peso)	4,75	2,90			
Brasil (reais)	5,90	2,47			
Chile (peso)	1.500	594,00			
México (peso)	28,00	10,84			

Notas: Coluna 3 = Coluna 1 / Coluna 2; Coluna 4 = Coluna 1 / Preço do Big Mac em US$; Coluna 5 = Coluna 4/Coluna 2.

7. **Akira Numata – CIA Japão.** Akira Numata, um operador de câmbio da Credit Suisse (Tóquio), está explorando as possibilidades de arbitragem de juros coberta. Ele quer investir US$5.000.000 ou seu equivalente em ienes, em uma arbitragem de juros coberta entre dólares americanos e ienes japoneses. Ele obteve as seguintes cotações de câmbio e de juros:

Taxa de câmbio à vista:	¥118,60/US$	Taxa de câmbio a termo de 180 dias:	¥117,80/US$
Taxa de juros em dólar de 180 dias:	4,800% ao ano		
Taxa de juros em iene de 180 dias:	3,400% ao ano		

O banco não calcula custos de transação sobre transações individuais porque esses custos são parte do orçamento operacional geral do equipamento de arbitragem. Explique e faça um diagrama dos passos específicos que Akira tem que dar para obter um lucro por arbitragem de juros coberta.

8. **Akira Numata – UIA Japan.** Akira Numata, Credit Suisse (Tóquio), observa que a taxa à vista ¥/US$ tem se mantido estável e as taxas de juros tanto do dólar quanto do iene permaneceram relativamente fixas ao longo da última semana. Akira está ponderando se deve tentar uma transação de arbitragem de juros a descoberto (UIA) e, dessa maneira, economizar o custo da cobertura a termo. Muitos dos pesquisadores associados de Akira – e seus modelos de computador – estão prevendo a taxa à vista para permanecer próximo a ¥118,00/US$ pelos próximos 180 dias. Usando os mesmos dados que no problema anterior, analise o potencial de UIA.
   a. Calcule quanto lucro Akira poderia obter se suas expectativas estiverem corretas.
   b. Qual é o risco que ele está correndo? E se a taxa à vista em 180 dias for ¥106,00/US$?

9. **Joseph Yazzie e as condições de paridade Japão/Estados Unidos.** Joseph Yazzie está tentando determinar se as condições financeiras U.S./Japão estão em paridade. A taxa à vista corrente é de ¥120,00/US$ redondos, enquanto que a taxa a termo de 360 dias é de ¥115,40/US$. A inflação prevista é de 1,00% para o Japão, 5,00% para os Estados Unidos. A taxa de depósito de 360 dias em euroiene é de 4,000% e a taxa de depósito de 360 dias em eurodólar é de 8,000%. Usando esses dados, faça o diagrama e calcule se as condições de paridade internacional são válidas entre o Japão e os Estados Unidos. Qual é a mudança prevista na taxa de câmbio iene japonês/dólar americano (¥/US$) daqui a um ano?

*10. **Exportações e repasse do XTerra.** Suponha que o preço de exportação de um Nissan XTerra de Osaka, Japão, seja de ¥3.250.000. A taxa de câmbio é ¥115,20/US$. A taxa de inflação prevista nos Estados Unidos é de 2,2% ao ano e de 0,0% ao ano no Japão.
   a. Qual é o preço de exportação do XTerra no início do ano expresso em dólares americanos?
   b. Suponha que a paridade do poder aquisitivo seja válida, qual deveria ser a taxa de câmbio no final do ano?
   c. Supondo um repasse de 100% das taxas de câmbio, qual deve ser o preço em dólar de um XTerra no final do ano?
   d. Supondo um repasse de 75%, qual deve ser o preço de um XTerra no final do ano?

11. **CIA em Copenhague (A).** John Duell, um operador de câmbio da JPMorgan Chase pode investir US$5 milhões ou o equivalente em moeda estrangeira dos fundos de curto prazo do banco em uma arbitragem de juros coberta com a Dinamarca. Usando as cotações a seguir, John Duell pode obter lucro com a arbitragem de juros coberta (CIA)?

Taxa de câmbio à vista:	kr 6,1720/US$
Taxa a termo de três meses:	kr 6,1980/US$
Taxa de juros do dólar por três meses:	3,0% ao ano (0,75% por 90 dias)
Taxa de juros da coroa por três meses:	5,0% ao ano (1,25% por 90 dias)

12. **CIA em Copenhague (B).** John Duell agora está avaliando o potencial de lucro por arbitragem no mesmo mercado depois de as taxas de juros mudarem.
    a. Suponha que as taxas de juros nos Estados Unidos aumente para 4% ao ano (1% para 90 dias), mas que todas as outras taxas permaneçam as mesmas. John pode obter lucro com uma arbitragem de juros coberta de 90 dias?
    b. Suponha que as taxas de juros da coroa dinamarquesa aumentem para 6% ao ano (1,5% para 90 dias), mas que todas as outras taxas permaneçam as mesmas, incluindo a taxa de juros original do dólar de 3% ao ano. Calcule se John poderia obter lucro com uma arbitragem de juros coberta de 90 dias.

13. **Luis Pinzon – CIA em Nova York.** Luis Pinzon é um operador de câmbio de um banco em Nova York. Ele possui US$1.000.000 (ou o equivalente em francos suíços) para um investimento no mercado monetário de curto prazo e está pensando se deve investir em dólares americanos por 3 meses ou fazer um investimento de arbitragem de juros coberta no franco suíço. Ele encontra as taxas indicadas na tabela a seguir:
    a. Onde você recomenda que Luis invista e por quê?
    b. Qual é a taxa de retorno anual de Luis sobre este investimento?

Taxa de câmbio à vista:	SFr 1,2810/US$
Taxa a termo de três meses:	SFr. 1,2740/US$
Taxa de juros do dólar por três meses:	4,800% ao ano (1,200% por trimestre)
Taxa de juros da coroa por três meses:	3,200% ao ano (0,800% por trimestre)

14. **Luis Pinzon – UIA.** Luis Pinzon, usando os mesmos valores e pressupostos que na pergunta anterior, agora decide buscar o retorno integral de 4,800% disponível em dólares americanos deixando de cobrir seus recebimentos a termo em dólar – uma transação de arbitragem de juros descoberta (UIA). Avalie a decisão de Luis.

*15. **Luis Pinzon – 30 dias depois.** Um mês depois dos eventos descritos nas perguntas anteriores, Luis Pinzon novamente possui US$1.000.000 (ou seu equivalente em francos suíços) para investir por três meses. Agora ele enfrenta as taxas a seguir. Ele deve entrar novamente em um investimento de arbitragem de juros coberta (CIA)?

Taxa de câmbio à vista	SFr: 1,3392/US$
taxa a termo de três meses	SFr: 1,3286/US$
Taxa de juros do dólar por três meses	4,750% ao ano
Taxa de juros da coroa por três meses	3,625% ao ano

16. **Resort da ilha de Langkawi.** Você está planejando passar 30 dias de suas férias na ilha Langkawi, na Malásia, daqui a um ano. O valor atual de uma suíte de luxo incluindo refeições em ringgit malaio (RM) é RM1.050/dia. O ringgit malaio atualmente está sendo negociado a RM3,75/US$. Logo, o custo em dólar hoje para uma estada de 30 dias seria de US$8.400. O hotel lhe informou que qualquer aumento nos valores de seus quartos seria limitado a aumentos no custo de vida malaio. Espera-se que a inflação na Malásia seja de 4% ao ano, enquanto que a inflação esperada dos Estados Unidos é de apenas 1%.
    a. Quantos dólares você espera precisar daqui a um ano para pagar pelas suas férias de 30 dias?
    b. O custo em dólar aumentou em quantos por cento? Por quê?

17. **Arbitragem da Statoil da Noruega.** A Statoil, a empresa nacional de petróleo da Noruega, é uma grande, sofisticada e ativa participante nos mercados monetário e petroquímico. Apesar de ser uma empresa norueguesa, por operar dentro do mercado global de petróleo, ela considera o dólar americano como sua moeda funcional, e não a coroa norueguesa. Ari Karlsen é um operador de câmbio da Statoil, e tem disponibilidades imadiatas de US$4 milhões ou o equivalente em coroas norueguesas. Tendo as taxas de mercado a seguir, ele está avaliando se poderia obter lucros de arbitragem nos próximos 90 dias.

Taxa de câmbio à vista, coroa norueguesa (kr):	kr 6,5520/US$
Taxa a termo por três meses:	kr 6,5264/US$
Taxa de títulos do tesouro dos EUA de três meses:	5,625% ao ano
Taxa de títulos do tesouro da Noruega de três meses:	4,250% ao ano

18. **Londres e Nova York.** O mercado monetário e o mercado de câmbio em Londres e Nova York são muito eficientes. As seguintes informação estão disponíveis:
    a. O que os mercados financeiros sugerem como inflação da Europa no próximo ano?
    b. Estime a taxa a termo de um ano entre o dólar e o euro.

	Londres	Nova Iorque
Taxa de câmbio à vista	US$ 1,3860/€	$ 1,3860/€
Taxa do título do tesouro de 1 ano	3,800%	4,20%
Taxa de inflação esperada	desconhecida	2,00%

19. **Aluguel de um *chateau* em Chamonix.** Você está planejando férias numa estação de esqui em Mt. Blanc, Chamonix, França, daqui a um ano. Você está negociando o aluguel de um *chateau*. O proprietário do *chateau* deseja preservar sua renda real tanto da inflação quanto de flutuações nas taxas de câmbio, e então o aluguel semanal atual de €9.800 (época do Natal) será ajustado para mais

ou para menos de acordo com qualquer mudança no custo de vida na França até lá. Você está baseando seu orçamento na paridade do poder de compra (PPP). Espera-se que a inflação francesa tenha uma média de 3,5% no próximo ano, enquanto que a inflação esperada nos Estados Unidos é de 2,5%. A taxa à vista atual é US$1,3620/€. O que você deve orçar como o custo em dólares americanos do aluguel de uma semana?

20. **East Asiatic Company – Tailândia.** A East Asiatic Company (EAC), uma empresa dinamarquesa com subsidiárias em toda a Ásia, está fundando sua subsidiária em Bancoc primordialmente com dívidas em dólares americanos devido ao custo e à disponibilidade do capital em dólar em comparação aos fundos em baht tailandês (B). O tesoureiro da EAC-Tailândia está considerando um empréstimo bancário por um ano de US$350.000. A taxa de câmbio à vista atual é de B42,84/US$, e os juros baseados no dólar são de 8,885% pelo período de um ano. A taxa de câmbio à vista atual é de B42,84/US$. Empréstimos de um ano cobram juros de 14% ao ano em baht, mas apenas 8,885% em dólares.
   a. Supondo taxas de inflação esperadas de 4,50% e 2,20% na Tailândia e nos Estados Unidos, respectivamente, no próximo ano, segundo a paridade do poder de compra, quais seriam os custos efetivos dos fundos em termos de baht tailandeses?
   b. Se os consultores de câmbio da EAC acreditam fervorosamente que o governo tailandês pretende baixar o valor do baht em relação ao dólar em 5% no próximo ano (para promover sua competitividade nas exportações em mercados de dólar), qual pode acabar sendo o custo efetivo dos fundos em termos de baht?
   c. Se a EAC pudesse tomar emprestados baht tailandeses a 14% ao ano, isso seria mais barato do que na parte (a) ou na parte (b) acima?

21. **Falcão maltês: março 2003–2004.** O infame falcão de ouro sólido, cuja intenção inicial era fazer um tributo ao Rei da Espanha pelos cavaleiros de Malta em apreciação a seu presente, a ilha de Malta, oferecida à ordem em 1530, foi recentemente recuperado. O falcão tem 14 polegadas de altura, é feito de ouro sólido e pesa aproximadamente 22 kg. Os preços do ouro no final de 2002 e início de 2003, primordialmente em decorrência de crescentes tensões políticas internacionais, subiu para US$440/onça.

   O falcão atualmente é de propriedade de um investidor privado em Istanbul, que está negociando ativamente com o governo maltês sua venda e retorno à ilha. A venda e o pagamento ocorrerão em março de 2004, e as partes estão negociando o preço e a moeda de pagamento. O investidor decidiu, para demonstrar boa vontade, basear o preço da venda apenas no valor em espécie do falcão – seu valor em ouro.

   A taxa de câmbio à vista atual é 0,39 lira maltesa (ML) por dólar americano. Espera-se que a inflação maltesa seja de aproximadamente 8,5% no próximo ano, enquanto que a inflação esperada nos Estados Unidos, devido a uma recessão, chegará apenas a 1,5%. Se o investidor baseia o valor no dólar americano, ele teria um resultado melhor recebendo liras maltesas daqui a um ano – supondo paridade do poder de compra, ou recebendo um pagamento garantido em dólar supondo que o preço do ouro seja de US$420 por onça?

22. **Fundo monetário de Londres.** Tim Hogan é o gestor de um fundo internacional do mercado monetário administrado nos arredores de Londres. Ao contrário de muitos fundos que garantem a seus investidores investimentos quase livres de risco com juros variáveis, o fundo de Tim Hogan é um fundo muito agressivo, que busca juros relativamente altos em todo o mundo, mas com certo risco. O fundo é denominado em libras esterlinas.

   Tim atualmente está avaliando uma oportunidade bastante interessante na Malásia. O governo malaio tem colocado em vigor periodicamente restrições monetárias e de capital substanciais, desde a Crise Asiática de 1997 para proteger e preservar o valor do ringgit malaio (RM). A taxa de câmbio corrente de RM3,750/US$ foi mantida com um pequeno desvio desde o fim de 1997. Depósitos de vencimento de 180 dias na moeda local (ringgit malaio) geram em torno de 9,600% ao ano (depósito mínimo de US$500.000). O mercado londrino de euromoedas por libras está oferecendo apenas aproximadamente 4,200% ao ano pelo mesmo vencimento de 180 dias. A taxa à vista atual da libra esterlina é US$1,7640/£, e a taxa a termo de 180 dias é de US$1,7420/£. O que você recomenda que Tim Hogan faça a respeito da oportunidade do mercado monetário malaio, supondo que ele esteja investindo £1 milhão?

23. **O padrão cerveja.** Em 1999, a revista The Economist publicou a criação de um índice ou padrão para a avaliação de valores de moedas na África. A cerveja foi escolhida como o produto de comparação porque o McDonald's ainda não havia penetrado no continente africano além da África do Sul, e a cerveja atendia à maioria das mesmas características de produto e mercado necessárias para a construção de um índice de moeda apropriado.

   A Investec, uma empresa de investimento bancário sul-africana, replicou o processo de criar uma medida de paridade do poder aquisitivo como a do Índice Big Mac Index da The Economist, para a África. O índice compara o custo de uma garrafa de 375 mililitros de cerveja clara em toda a África subsaariana. Como uma medida da paridade do poder de compra, a cerveja precisa ter qualidades relativamente homogêneas em todos os países e precisa possuir elementos substanciais de produção local, distribuição e serviço a fim de fornecer uma medida relativa do poder aquisitivo.

   As cervejas são primeiramente precificadas em moeda local (compradas nas tabernas frequentadas pelo povo local, e não nos caros centros turísticos), e então convertidas em rand sul-africano. Os preços das cervejas em rand são, então, comparados para formar uma medida de se as moedas locais estavam subvalorizadas (–%) ou supervaloirizadas (+%) em relação ao rand sul-africano.

   Use os dados na tabela da página seguinte e complete o cálculo de se as moedas africanas individuais listadas estão supervalorizadas ou subvalorizadas.

24. **Brynja Johannsdottir e o *carry-trade* islandês.** Brynja Johannsdottir é islandesa por nascimento, mas está trabalhando para a Magma Capital, um *hedge fund* de moeda administrado nos arredores de Nova York. As altas taxas do mercado monetário oferecidas na Islândia têm estimulado o *carry-trade*, quando os investidores contraem

O padrão cerveja

País	Cerveja	Preços da cerveja		Taxa PPP implícita	Taxa à vista 15/3/99	Sub ou supervalorizada em relação ao rand %
		Em moeda local	Em rand			
África do Sul	Castle	Rand 2,30	2,30	—	—	—
Botsuana	Castle	Pula 2,20	2,94	0,96	0,75	_____
Gana	Star	Cedi 1.200	3,17	521,74	379,10	_____
Quênia	Tusker	Shilling 41,25	4,02	17,93	10,27	_____
Malaui	Carlsberg	Kwacha 18,50	2,66	8,04	6,96	_____
Maurício	Phoenix	Rupee 15,00	3,72	6,52	4,03	_____
Namíbia	Windhoek	N$ 2.50	2,50	1,09	1,00	_____
Zâmbia	Castle	Kwacha 1.200	3,52	521,74	340,68	_____
Zimbábue	Castle	Z$ 9,00	1,46	3,91	6,15	_____

Preço da cerveja em rand = Preço na moeda loca/taxa à vista.

Taxa PPP implícita = Preço em rand/2,30.

Sub/Supervalorizada em relação ao rand = Taxa PPP implícita/taxa à vista.

Fonte: The Economist, 8 de maio de 1999, p. 78.

empréstimos em moedas mais baratas (quase qualquer moeda neste ponto) e investem no curto prazo na coroa islandesa. Mas eles fazem isso de maneira descoberta. Brynja acredita que – pelo menos pelo período dos próximos três a seis meses – a coroa permanecerá forte, mantendo-se a kr 0,70/US$. Seu banco exige que qualquer posição que ela assuma gere pelo menos 4,0% pelo período em questão (16% anualmente). Usando as suposições da tabela, ela deseja avaliar o potencial para uma arbitragem de juros descoberta (UIA).

Fundos disponíveis para arbitragem (US$)	US$2.000.000
Taxa de câmbio à vista (kr./US$)	71,6350
Taxa a termo de três meses (kr./US$)	72,9127
Taxa à vista esperada em 90 dias (kr.US$)	70,0000
Taxa de juros de três meses do dólar	4,800%
Taxa de juros de três meses da coroa islandesa	12,020%

25. **Queda vertiginosa do *carry-trade* do iene.** O iene japonês, há muito a base domiciliar do *carry-trade* global como a fonte de fundos com custo de juros mais baixos de qualquer dos principais países industrializados, começou a se fortalecer em agosto de 2007. O iene tinha permanecido relativamente calmo e acima de ¥118/US$ por vários meses. A maioria dos analistas e arbitradores acreditava que ele permaneceria em 118, talvez caindo para 120. Quando a crise da hipoteca subprime estourou em agosto de 2007, as taxas de juros em dólar começaram a subir, inicialmente estimulando ainda mais o *carry-trade*.

Mas então, no dia 14 de agosto, as crescentes preocupações sobre a saúde financeira da economia norte-americana causou uma queda no dólar e o iene começou a sofrer apreciações significativas em relação ao dólar (subindo rapidamente para ¥114/US$). Isso foi devastador para o *carry-trade*, já que o fato de o iene subir solapava os benefícios da arbitragem de juros descoberta. Em poucos dias, as coisas pioraram. Em um esforço de aumentar a liquidez do setor financeiro dos EUA temendo o aumento das inadimplências dos títulos com lastro em hipoteca, o Fed norte-americano baixou a taxa de desconto, o que causou uma queda nas taxas de juros de curto prazo.

Taxas de câmbio diárias: ienes japoneses por dólar americano

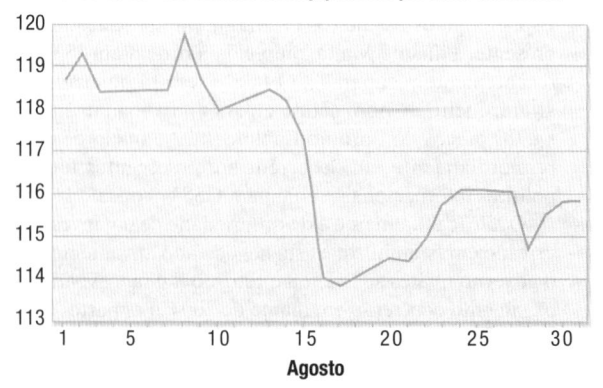

Fonte: Exchange Rate Service

Usando as informações a seguir e o gráfico da taxa de câmbio acima, com um valor nocional de US$1.000.000 (ou equivalente em ienes japoneses), mostre como o *carry-trade* do iene japonês resulta em um retorno sobre investimento negativo depois do aumento do iene e da queda das taxas de juros do dólar:

Fundos de arbitragem disponíveis (US$)	US$1.000.000
Taxa de câmbio à vista (¥/US$)	118,00
Taxa a termo de três meses (¥/US$)	117,33
Fundos disponíveis para arbitragem	US$ 1.000.000
Taxa à vista esperada em 90 dias (¥/US$)	118,00
Taxa de juros de três meses do dólar americano	4,800%
Nova taxa de juros de três meses do dólar americano (15 de agosto)	4,400%
Taxa de juros de três meses do iene japonês	2,500%

EXERCÍCIOS NA INTERNET

1. **Índice Big Mac atualizado.** Use o *site* da revista The Economist para encontrar a última edição do Índice Big Mac de supervalorização ou subvalorização de moedas. (Você quer fazer uma busca com as palavras "Big Mac Currencies"). Crie uma planilha para comparar como a libra britânica, o euro, o franco suíço e o dólar canadense mudaram em relação à versão apresentada neste capítulo.

   The Economist   www.economist.com/markets/Bigmac/Index.cfm

2. **Estatísticas da paridade do poder de compra.** A Organização para a Cooperação e o Desenvolvimento Econômico (OCDE) publica medidas detalhadas de preços e poder aquisitivo para seus países-membro. Vá ao *site* da OCDE e faça o *download* do arquivo de planilha com os dados históricos do poder aquisitivo dos países-membro.

   www.oecd.org/department/0,3355,en_2649_34357_1_1_1_1_1,00.html

3. **Taxas de juros internacionais.** Diversos *sites* publicam taxas de juros atuais por moeda e vencimento. Use o *site* do Financial Times para isolar os diferenciais das taxas de juros entre o dólar americano, a libra britânica e o euro para todos os vencimentos até um ano, inclusive.

   www.ft.com/markets

   Dados listados pelo Financial Times:

   - Taxas monetárias internacionais (taxas *de compra* bancárias para depósitos nas principais moedas)
   - Taxas monetárias (LIBOR, taxas CD, etc.)
   - Spreads de 10 anos (spreads de países individuais em relação ao euro e títulos do Tesouro dos EUA de 10 anos) Nota: Quais países realmente têm taxas de títulos do governo de 10 anos mais baixas do que os Estados Unidos e o euro? Provavelmente a Suíça e o Japão. Verifique.
   - Títulos de dívida do governo que são um *benchmark* (uma amostra de emissões governamentais representativas dos países mais importantes e movimentos de preços recentes). Observe que países estão apresentando taxas de *benchmark* de vencimento mais longo.
   - Títulos de dívida de mercados emergentes (emissões do governo, bonds Brady, etc.)
   - Taxas da área do euro (miscelânea de taxas de títulos de dívida para empresas sediadas na Europa; inclui classificações de dívidas da Moodys e S&P)

4. **Programa de comparação internacional do Banco Mundial.** O Banco Mundial possui um programa de pesquisas permanente que se foca no poder aquisitivo relativo de 107 diferentes economias de todo o mundo, especificamente em termos do consumo familiar. Faça o *download* das últimas tabelas de dados e ressalte quais economias parecem estar mostrando o maior crescimento nos últimos anos em poder aquisitivo relativo.

   Procure pelo World Bank International Comparison Program no site do Banco Mundial (World Bank).

CAPÍTULO 7 — APÊNDICE

Uma Cartilha Algébrica das Condições de Paridade Internacional

A seguir fizemos uma apresentação puramente algébrica das condições de paridade explicadas neste capítulo. É oferecida para fornecer àqueles que desejarem maiores detalhes teóricos um acesso fácil à dedução passo-a-passo das várias condições.

A lei do preço único

A lei do preço único refere-se ao estado em que, na presença do livre comércio, perfeita substitutabilidade de bens e transações sem custos, a taxa de câmbio no equilíbrio entre duas moedas é determinada pelo quociente do preço de qualquer *commodity i* denominada em duas diferentes moedas. Por exemplo,

$$S_t = \frac{P_{i,t}^{US\$}}{P_{i,t}^{SF}}$$

onde $P_i^{\$}$ e P_i^{SF} referem-se aos preços da mesma *commodity i*, no momento t, denominada em dólares americanos e francos suíços, respectivamente. A taxa de câmbio à vista, S_t, é simplesmente o quociente dos preços das duas moedas.

Paridade do poder de compra

A forma mais geral em que a taxa de câmbio é determinada pelo quociente de dois índices de preço chama-se versão absoluta da paridade do poder de compra (PPP). Cada índice de preço reflete o custo monetário da "cesta" de bens idênticos em diferentes países. A taxa de câmbio que é igual ao poder aquisitivo para o conjunto de bens idênticos é, então, declarada como:

$$S_t = \frac{P_t^{US\$}}{P_t^{SF}}$$

onde $P_t^{US\$}$ e P_t^{SF} são os valores do índice de preço em dólares americanos e francos suíços no momento t, respectivamente. Se π representa a taxa de inflação em cada país, a taxa de câmbio à vista no momento $t + 1$ seria

$$S_{t+1} = \frac{P_t^{US\$}\left(1+\pi^{US\$}\right)}{P_t^{SF}\left(1+\pi^{SF}\right)} = S_t\left[\frac{\left(1+\pi^{US\$}\right)}{\left(1+\pi^{SF}\right)}\right]$$

A variação do período t a $t + 1$ é, então

$$\frac{S_{t+1}}{S_t} = \frac{\dfrac{P_t^{US\$}(1+\pi^{US\$})}{P_t^{SF}(1+\pi^{SF})}}{\dfrac{P_t^{US\$}}{P_t^{SF}}} = \frac{S_t\left[\dfrac{(1+\pi^{US\$})}{(1+\pi^{SF})}\right]}{S_t} = \frac{(1+\pi^{US\$})}{(1+\pi^{SF})}$$

Isolando a variação percentual na taxa de câmbio à vista entre os períodos t e $t+1$ é, então

$$\frac{S_{t+1}-S_t}{S_t} = \frac{S_t\left[\dfrac{(1+\pi^{US\$})}{(1+\pi^{SF})}\right]-S_t}{S_t} = \frac{(1+\pi^{US\$})-(1+\pi^{SF})}{(1+\pi^{SF})}$$

Esta equação geralmente é aproximada excluindo-se o denominador do lado direito se ele for considerado relativamente pequeno. Então, ela é definida como

$$\frac{S_{t+1}-S_t}{S_t} = (1+\pi^{US\$})-(1+\pi^{SF}) = \pi^{US\$} - \pi^{SF}$$

Taxas a termo

A taxa de câmbio a termo é a taxa contratual que está disponível a agentes privados através de instituições bancárias e outros intermediários financeiros que negociam em moedas estrangeiras e instrumentos de dívida. A diferença percentual anualizada entre a taxa a termo e a taxa à vista chama-se prêmio a termo:

$$f^{SF} = \left[\frac{F_{t,t+1}-S_t}{S_t}\right] \times \left[\frac{360}{n_{t,t+1}}\right]$$

onde f^{SF} é o prêmio a termo sobre o franco suíço, $F_{t,t+1}$ é a taxa a termo contratada no momento t para entrega no momento $t+1$, S_t é a taxa à vista atual e $n_{t,t+1}$ é o número de dias entre a data do contrato (t) e a data de entrega ($t+1$).

Arbitragem de juros coberta (CIA) e paridade da taxa de juros (IRP)

O processo de arbitragem de juros coberta ocorre quando um investidor troca moeda doméstica por moeda estrangeira no mercado à vista, investe essa moeda em um instrumento que gera juros e assina um contrato a termo para "travar" uma taxa de câmbio futura segundo a qual poderão ser convertidos os resultados (brutos) em moeda estrangeira de volta à moeda doméstica. O retorno líquido da CIA é

$$\text{Retorno líquido} = \left[\frac{(1+i^{SF})F_{t,t+1}}{S_t}\right] - (1+i^{US\$})$$

onde S_t e $F_{t,t+1}$ são as taxas à vista e a termo (US\$/SF), i^{SF} é a taxa de juros nominal (ou rentabilidade) sobre um instrumento monetário denominado em francos suíços, e $i^{US\$}$ é o retorno nominal sobre um instrumento similar denominado em dólares americanos.

Se eles possuem taxas de retorno exatamente iguais – isto é, se a CIA resulta em lucro livre de risco igual a zero – a paridade da taxa de juros (IRP) é válida, e aparece como

$$(1+i^{US\$}) = \left[\frac{(1+i^{SF})F_{t,t+1}}{S_t}\right]$$

ou então como

$$\frac{(1+i^{US\$})}{(1+i^{SF})} = \frac{F_{t,t+1}}{S_t}$$

Se for encontrada uma diferença percentual de ambos os lados dessa equação (a diferença percentual entre a taxa à vista e a termo é o prêmio a termo), então a relação entre o prêmio a termo e os diferenciais da taxa de juros relativa é

$$\frac{F_{t,t+1} - S_t}{S_t} = f^{SF} = \frac{i^{US\$} - i^{SF}}{i^{US\$} + i^{SF}}$$

Se esses valores não forem iguais (assim, os mercados não estão em equilíbrio), existe um potencial para se obter lucros livres de riscos. O mercado será, então, empurrado de volta ao equilíbrio através da CIA por operadores que tentam explorar essa arbitragem potencial, até que a CIA não renda nenhum retorno positivo.

Efeito Fisher

O efeito Fisher declara que todas as taxas de juros nominais podem ser decompostas em uma taxa de juros (retorno) real implícita e uma taxa de inflação esperada:

$$i^{US\$} = \left[\left(1 + r^{US\$}\right)\left(1 + \pi^{US\$}\right)\right] - 1$$

onde $r^{US\$}$ é a taxa de retorno real, e $\pi^{US\$}$ é a taxa de inflação esperada, para ativos denominados em dólar. Os sub-componentes são, então, identificáveis:

$$i^{US\$} = r^{US\$} + \pi^{US\$} + r^{US\$} \pi^{US\$}$$

Assim como a PPP, existe uma aproximação para essa função que se tornou amplamente aceita. O produto cruzado entre o termo de $r^{US\$} \pi^{US\$}$ geralmente é muito pequeno e, portanto, pode ser completamente eliminado:

$$i^{US\$} = r^{US\$} + \pi^{US\$}$$

Efeito Fisher internacional

O efeito Fisher internacional é a extensão dessa relação da taxa de juros doméstica com os mercados monetários internacionais. Se o capital, através de uma arbitragem de juros coberta (CIA), tentar encontrar taxas de retorno mais altas internacionalmente decorrentes dos diferenciais entre as taxas de juros correntes, as taxas reais de retorno entre as moedas serão igualadas (p. ex., $r^{US\$} = r^{SF}$):

$$\frac{S_{t+1} - S_t}{S_t} = \frac{\left(1 + i^{US\$}\right) - \left(1 + i^{SF}\right)}{\left(1 + i^{SF}\right)} = \frac{i^{US\$} - i^{SF}}{\left(1 + i^{SF}\right)}$$

Se as taxas de juros nominais forem, então, decompostas em seus respectivos componentes de inflação real e esperada, a variação percentual na taxa de câmbio à vista será

$$\frac{S_{t+1} - S_t}{S_t} = \frac{\left(r^{US\$} + \pi^{US\$} + r^{US\$} \pi^{US\$}\right) - \left(r^{SF} + \pi^{SF} + r^{SF} \pi^{SF}\right)}{1 + r^{SF} + \pi^{SF} + r^{SF} \pi^{SF}}$$

O efeito Fisher internacional possui diversas outras implicações, se as seguintes exigências forem cumpridas: (1) pode-se entrar e sair livremente dos mercados de capital; (2) os mercados de capitais possuem oportunidades de investimento que são substitutos aceitáveis; e (3) agentes de mercado têm informações completas e iguais em relação a essas possibilidades.

Dadas essas condições, os arbitradores internacionais são capazes de explorar todas as possíveis oportunidades de lucro livres de risco até que as taxas de retorno reais entre os mercados se iguale ($r^{US\$} = r^{SF}$). Assim, a taxa esperada de variação na taxa de câmbio à vista se reduz ao diferencial nas taxas de inflação esperadas:

$$\frac{S_{t+1} - S_t}{S_t} = \frac{\pi^{US\$} + r^{US\$} \pi^{US\$} - \pi^{SF} - r^{SF} \pi^{SF}}{1 + r^{SF} + \pi^{SF} + r^{SF} \pi^{SF}}$$

Se as formas de aproximação forem combinadas (através da eliminação do denominador e da eliminação dos termos interativos de r e π), a variação na taxa à vista será simplesmente

$$\frac{S_{t+1} - S_t}{S_t} = \pi^{US\$} - \pi^{SF}$$

Observe o quanto a forma aproximada do efeito Fisher internacional é similar (idêntica na forma da equação) à paridade do poder de compra, discutida anteriormente (a única possível diferença é a diferença entre a inflação *ex post* e *ex ante*, ou esperada).

CAPÍTULO 8

Derivativos de Moeda Estrangeira

A menos que os contratos de derivativos sejam colateralizados ou garantidos, seu valor final também depende da capacidade creditícia de seus contrapartes. Nesse meio tempo, porém, antes de um contrato ser assinado, as contrapartes registram lucros e perdas – geralmente em quantias enormes – em suas demonstrações de lucros sem que um centavo sequer seja transferido entre elas. A variedade de contratos derivativos é limitada apenas pela imaginação do homem (ou, às vezes, de loucos, ao que parece).
—Warren Buffett, *Relatório anual da Berkshire Hathaway*, 2002.

A administração financeira da empresa multinacional no século XXI terá que considerar o uso de *derivativos financeiros*. Esses derivativos, assim chamados por seus valores derivarem de um ativo subjacente como ações ou moeda, são uma ferramenta poderosa utilizada nos negócios hoje em dia para dois objetivos administrativos muito distintos, a especulação e o *hedge*. O administrador financeiro de uma EMN pode comprar esses derivativos financeiros a fim de assumir posições na expectativa de lucro, *especulação*, ou pode usar esses instrumentos para reduzir os riscos associados ao dia a dia administrativo dos fluxos de caixa corporativos, *hedge*. Antes que esses instrumentos financeiros possam ser utilizados efetivamente, no entanto, o administrador financeiro tem que compreender certas questões básicas sobre sua estrutura e precificação. Neste capítulo, abordaremos dois derivativos financeiros em moeda estrangeira comuns, os contratos de futuros de câmbio e as opções sobre moeda estrangeira. Aqui, focaremos nos fundamentos de sua avaliação e seu uso para fins especulativos. O Capítulo 9 descreverá a avaliação e o uso de *swaps* de taxas de juros, o derivativo financeiro mais amplamente utilizado pelas empresas hoje em dia. O Capítulo 11 descreverá como esses derivativos de câmbio podem ser utilizados para proteger (fazer *hedge* de) transações comerciais.

Uma palavra de precaução – de reserva – antes de prosseguirmos. Os derivativos financeiros são uma ferramenta poderosa nas mãos de cuidadosos e competentes gestores financeiros. Eles também podem ser dispositivos muito destrutivos quando usados de forma imprudente. A década de 1990 apresentou inúmeros casos em que gestores financeiros perderam controle de seus derivativos, resultando em perdas significativas para suas empresas e, ocasionalmente, seu colapso absoluto. Nas mãos certas e com os devidos controles, no entanto, os derivativos financeiros podem fornecer à administração oportunidades de aumentar e proteger seu desempenho financeiro corporativo. Por outro lado, o minicaso no final deste capítulo descreve como um único negociante trapaceiro, Nicholas Leeson, causou a queda da Baring Brothers & Co. através de especulação descontrolada. Começaremos com os derivativos de câmbio relativamente mais fáceis, os contratos de futuros de câmbio.

CONTRATOS FUTUROS DE MOEDA

Um *contrato futuro de câmbio* é uma alternativa a um contrato a termo que determina a entrega futura de uma quantidade padrão de moeda em um momento, local e preço fixos. É similar a contratos futuros que existem para *commodities* (porco, boi, madeira, e assim por diante), depósitos que geram juros, e ouro.

A maioria dos centros monetários do mundo possui mercados de futuros de câmbio estabelecidos. Nos Estados Unidos, o mercado mais importante de futuros de câmbio é o Mercado Monetário Internacional (International Monetary Market ou IMM) de Chicago, uma divisão da Bolsa Mercantil de Chicago (Chicago Mercantile Exchange).

Especificações do contrato

As especificações do contrato são estabelecidas pela bolsa de valores em que os futuros são negociados. Por exemplo, no IMM de Chicago, as principais características que têm que ser padronizadas são as seguintes:

- **Tamanho do contrato.** Chamado de *valor nocional*; as negociações em cada moeda têm que ser feitas em um múltiplo inteiro de unidades de moeda.
- **Método de declarar as taxas de câmbio.** São utilizados "termos americanos"; isto é, as cotações são o custo das unidades da moeda estrangeira em dólares americanos, também conhecidas como cotações diretas.
- **Data de vencimento.** Os contratos vencem na terceira quarta-feira de janeiro, março, abril, junho, julho, setembro, outubro ou dezembro.
- **Último dia de negociações.** Os contratos podem ser negociados até o segundo dia útil anterior à quarta-feira de seu vencimento. Portanto, a menos que feriados interfiram, o último dia de negociações é a segunda-feira anterior à data de vencimento.
- **Colateral e margens de manutenção.** O comprador tem que depositar uma soma como margem inicial ou colateral ou margem de garantia. Essa exigência é similar a exigir um título de desempenho, e pode ser atendida através de uma carta de crédito fornecida por um banco, títulos do Tesouro, ou dinheiro vivo. Além disso, é exigida uma margem de manutenção. O valor do contrato é marcado a mercado diariamente, e todas as mudanças no valor são pagas diariamente em dinheiro. Fazer *marcação a mercado* significa que o valor do contrato é reavaliado utilizando o preço de fechamento do dia. A quantia a ser paga é chamada de *margem de variação*.
- **Liquidação.** Apenas em torno de 5% de todos os contratos futuros são compensados pela entrega física de moeda estrangeira entre comprador e vendedor. Na maioria das vezes, compradores e vendedores contrabalançam sua posição original antes da data de entrega assumindo uma outra posição. Isto é, se uma parte compra um contrato futuro, essa parte normalmente fechará sua posição vendendo um contrato futuro para a mesma data de vencimento. A transação completa compra/venda ou venda/compra é chamada de "rodada".
- **Corretagem.** Os clientes pagam uma comissão a seu corretor para executar uma rodada e um único preço é cotado. Esta prática difere da do mercado interbancário, em que os intermediários cotam uma taxa de compra e uma taxa de venda e não cobram uma comissão.
- **Uso de uma câmara de compensação como contraparte.** Todos os contratos são acordos entre o cliente e a câmara de compensação da bolsa, em vez de entre os dois clientes envolvidos. Consequentemente, os clientes não precisam se preocupar com a possibilidade de que uma contraparte específica no mercado deixe de honrar um acordo. A câmara de compensação pertence a todos os membros da bolsa e é garantida por eles.

Usando futuros de moeda

Para ilustrar o uso de futuros de câmbio ou de moeda para especular sobre a movimentação das moedas, iremos nos focar nos futuros de peso mexicano negociados na Bolsa Mercantil de Chicago

(Chicago Mercantile Exchange ou CME). O Quadro 8.1 apresenta cotações típicas para os futuros de pesos mexicanos (Ps) publicadas pelo The Wall Street Journal. Cada contrato é de 500.000 "novos pesos mexicanos" e é cotado em dólares americanos por peso mexicano. Qualquer investidor que deseje especular sobre o movimento do peso mexicano em relação ao dólar americano pode adotar uma das estratégias a seguir. Tenha em mente que o princípio de um contrato futuro é que se um especulador compra um contrato futuro, ele está fixando o preço pelo qual terá que comprar aquela moeda em uma data futura especificada, e se ele vende um contrato de futuros, ele está fixando o preço pelo qual ele terá que vender aquela moeda naquela data futura.

Posições vendidas. Se Amber McClain, uma especuladora que trabalha para a International Currency Operators, acredita que o valor do peso mexicano vá cair em relação ao dólar americano em março, ela poderia vender um contrato futuro para março, assumindo uma *posição vendida*. Ao vender um contrato para março, Amber fixa o direito de vender 500.000 pesos mexicanos a determinado preço. Se o preço do dólar realmente tiver caído na data de vencimento, como ela espera, Amber terá um contrato para vender pesos a um preço acima de seu preço corrente no mercado à vista. Logo, ela obtém lucro.

Usando as cotações sobre os futuros de peso mexicano no Quadro 8.1, Amber vende um contrato de futuros para março de 500.000 pesos pelo preço de fechamento, chamado de *preço de liquidação*, de US$0,10958/Ps. O valor de sua posição no vencimento – na ocasião da expiração do contrato futuro em março – será, então

$$\text{Valor no vencimento (Posição vendida)} = -\text{Valor nocional} \times (\text{À vista} - \text{Futuros})$$

Observe que a posição vendida entra na avaliação como um principal nocional negativo. Se a taxa de câmbio à vista no vencimento for US$0,09500/Ps, o valor de sua posição na compensação será de

$$\text{Valor} = -\text{Ps}500.000 \times (\text{US\$}0,09500/\text{Ps} - \text{US\$}0,10958/\text{Ps}) = \text{US\$}7.290$$

A expectativa de Amber estava correta: o valor do peso mexicano caiu em relação ao dólar americano. Poderíamos dizer que "Amber acaba comprando a US$0,09500 e vendendo a US$0,10958 por peso".

Tudo o que foi realmente necessário para Amber especular sobre o valor do peso mexicano foi ela ter uma opinião formada sobre o valor de câmbio futuro do peso mexicano em relação ao dólar americano. Neste caso, ela opinou que ele cairia até a data de vencimento em março do contrato futuro.

Posições compradas. Se Amber McClain esperasse que o valor do peso fosse subir em relação ao dólar no curto prazo, ela poderia assumir uma *posição comprada*, comprando um contrato futuro

QUADRO 8.1 Contratos futuros de peso mexicano, US$/Peso (CME)

Vencimento	Abertura	Alta	Baixa	Liquidação	Variação	Alta	Baixa	Posição aberta
Mar	0,10953	0,10988	0,10930	0,10958	...	0,11000	0,09770	34,481
Jun	0,10790	0,10795	0,10778	0,10773	...	0,10800	0,09730	3,405
Set	0,10615	0,10615	0,10610	0,10573	...	0,10615	0,09930	1,481

Todos os contratos são para 500.000 novos pesos mexicanos. "Abertura" significa o preço de abertura naquele dia. "Alta" significa o preço mais alto do dia. "Baixa" indica o preço mais baixo do dia. "Liquidação" é o preço de fechamento do dia. "Variação" indica a variação no preço de fechamento em relação ao preço de fechamento do dia anterior. "Alta" e "Baixa" à direita de Variação indicam os preços mais alto e mais baixo que este contrato específico (definido por seu vencimento) já teve em seu histórico de negociação. "Posição aberta" indica o número de contratos não liquidados.

de março sobre o peso mexicano. Comprar um contrato futuro de março significa que Amber está fixando o preço pelo qual ela terá que comprar pesos mexicanos na data de vencimento futura. O contrato futuro de Amber no vencimento teria o seguinte valor:

$$\text{Valor no vencimento (Posição comprada)} = \text{Principal nocional} \times (\text{À vista} - \text{Futuros})$$

Novamente usando o preço de compensação de março do contrato futuro do peso mexicano no Quadro 8.1, US$0,10958/Ps, se a taxa de câmbio à vista for US$0,1100/Ps, Amber terá, de fato, adivinhado corretamente. O valor de sua posição na liquidação será, então, de

$$\text{Valor} = \text{Ps}500.000 \times (\text{US}\$0,11000/\text{Ps} - \text{US}\$0,10958/\text{Ps}) = \text{US}\$210$$

Neste caso, Amber obtém, em uma questão de meses, um lucro de US$210 sobre um único contrato de futuros. Poderíamos dizer que "Amber compra a US$0,10958 e vende a US$0,11000 por peso".

Mas o que acontece se a expectativa de Amber sobre o valor futuro do peso mexicano estiver errada? Por exemplo, se o governo mexicano anunciar que a taxa de inflação no México de repente subirá drasticamente e o peso cair para US$0,08000/Ps até a data de vencimento em março, o valor do contrato de futuros de Amber na liquidação será de

$$\text{Valor} = \text{Ps}500.000 \times (\text{US}\$0,08000/\text{Ps} - \text{US}\$0,10958/\text{Ps}) = \text{US}\$14.790$$

Neste caso, Amber McClain sofreria uma grande perda especulativa. Esta é a vida do especulador cambial!

Os contratos futuros poderiam obviamente ser utilizados em combinações, de modo a formar uma variedade de posições mais complexas. Quando estamos combinando contratos, no entanto, a avaliação tem um caráter bastante fácil e aditivo.

QUADRO 8.2	Comparação entre os contratos de câmbio futuros e a termo	
Característica	**Contratos futuros**	**Contratos a termo**
Tamanho do contrato	Contratos padronizados por moeda	Qualquer tamanho desejado
Vencimento	Vencimentos fixos, o mais longo tipicamente sendo um ano	Qualquer vencimento até um ano, às vezes mais longo
Localização	Negociação ocorre em uma bolsa organizada	Negociação ocorre entre indivíduos e bancos com outros bancos através de conexões via telecomunicações
Precificação	Processo baseado no pregão da bolsa	Preços são determinados por cotações de compra e venda
Margem/colateral	Margem inicial com marcação a mercado diária	Não há colateral explícito, mas é necessário um relacionamento bancário padrão
Liquidação	Raramente entregue fisicamente; liquidação geralmente ocorre através da compra de uma outra posição que contrabalance a anterior	O contrato normalmente é entregue fisicamente, apesar de ser possível assumir uma posição que contrabalance a anterior
Comissões ou corretagens	Única comissão cobre compra e venda (ida e volta)	Não há comissão explícita; bancos ganham comissões efetivas através dos *spreads* de compra e venda
Horário de negociação	Tradicionalmente negociados durante o horário de funcionamento da bolsa; algumas bolsas passaram a funcionar 24 horas/dia	Negociado por telefone ou Internet, 24 horas por dia, através de redes bancárias globais
Contrapartes	Desconhecem uma à outra devido à estrutura de mercado de leilão	Partes entram em contato direto ao determinar especificações do contrato a termo
Liquidez	Líquidos, mas relativamente pequeno no volume de vendas totais e no valor	Líquidos e relativamente grandes no volume de vendas em comparação aos contratos futuros

Contratos futuros de moeda *versus* contratos a termo

Os contratos futuros de moeda diferem dos contratos a termo de diversas maneiras importantes, como mostra o Quadro 8.2. Pessoas físicas acham os contratos futuros úteis para a especulação por eles normalmente não terem acesso a contratos a termo. Para empresas, os contratos futuros são geralmente considerados ineficientes e problemáticos porque a posição futura é marcada a mercado diariamente ao longo da validade do contrato. Apesar de isso não exigir que a empresa pague para receber dinheiro diariamente, resulta em uma chamada de margem junto a seus provedores de serviços financeiros mais frequente do que a empresa tipicamente deseja.

OPÇÕES DE TAXA DE CÂMBIO

Uma *opção cambial* é um contrato que dá ao comprador da opção o direito, mas não a obrigação, de comprar ou vender determinada quantia de moeda estrangeira a um preço fixo por unidade por um período de tempo especificado (até a data de vencimento). A expressão mais importante desta definição é "mas não a obrigação"; isso significa que o detentor de uma opção possui uma escolha valiosa.

Em muitos aspectos, comprar uma opção é como comprar um ingresso para um show beneficente. O comprador tem o direito de assistir ao show, mas não é obrigado a fazê-lo. O comprador do ingresso do show não arrisca nada além do que ele pagou pelo ingresso. Da mesma maneira, o comprador de uma opção não pode perder nada além do que ele pagou pela opção. Se o comprador do ingresso decidir mais tarde não ir ao show – antes do dia do show, o ingresso pode ser vendido para outra pessoa que queira ir.

- Há dois tipos básicos de opções, *opções de compra (calls)* e *opções de venda (puts)*. Uma opção de compra é uma opção de comprar moeda estrangeira e uma opção de venda é uma opção de vender moeda estrangeira.
- O comprador de uma opção é chamado *titular*, enquanto que o vendedor de uma opção é chamado de *lançador* ou *outorgante*.

Cada opção possui três diferentes elementos de preço: 1) o *preço de exercício* ou *strike price*, a taxa de câmbio pela qual a moeda estrangeira pode ser comprada (*call*) ou vendida (*put*); 2) o *prêmio*, que é o custo, preço ou valor da opção propriamente dita; e 3) a taxa de câmbio à vista subjacente ou real no mercado.

- Uma *opção americana* dá ao comprador o direito de exercer a opção a qualquer momento entre a data da subscrição e a data de expiração ou vencimento. Uma *opção europeia* pode ser exercida somente em sua data de expiração, não antes. No entanto, as opções americanas e europeias têm seu preço determinado quase da mesma forma porque o detentor da opção normalmente venderia a opção propriamente dita antes do vencimento. A opção, então, ainda teria algum "valor temporal" acima de seu "valor intrínseco" se exercida (o que será explicado mais adiante, neste capítulo).
- O *prêmio* ou preço da opção é o custo da opção, normalmente pago adiantado pelo comprador ao vendedor. No mercado de balcão (opções oferecidas por bancos), os prêmios são cotados como uma porcentagem da quantia envolvida na transação. Os prêmios ou opções negociadas na bolsa são cotadas como uma quantia em moeda doméstica por unidade de moeda estrangeira.
- Diz-se que uma opção cujo preço de exercício é o mesmo que o preço à vista da moeda subjacente está *at-the-money* (ATM). Diz-se que uma opção que seria lucrativa, excluindo-se o custo do prêmio, se exercida imediatamente, está *in-the-money* (ITM). Diz-se que uma opção que não seria lucrativa, novamente excluindo o custo do prêmio, se exercida imediatamente, está *out-of-the-money* (OTM).

Mercados de opções sobre taxa de câmbio

Nas três últimas décadas, o uso de opções cambiais como ferramenta de *hedge* e para fins especulativos se transformou na principal atividade cambial. Diversos bancos nos Estados Unidos e em outros mercados de capitais oferecem opções cambiais flexíveis sobre transações de US$1 milhão ou mais. O mercado bancário, ou *mercado de balcão*, como é chamado, oferece opções personalizadas sobre todas as principais moedas negociáveis por qualquer período até um ano e, em alguns casos, por períodos de dois a três anos.

Em 1982, a Bolsa de Valores da Filadélfia introduziu a negociação de contratos de opções cambiais padronizados nos Estados Unidos. A Bolsa Mercantil de Chicago e outras bolsas de valores nos Estados Unidos e no exterior fizeram o mesmo. Os contratos negociados na bolsa são particularmente atraentes a especuladores e pessoas físicas que normalmente não têm acesso ao mercado de balcão. Os bancos também negociam nas bolsas porque é uma das várias maneiras através das quais eles podem contrabalançar o risco de opções que eles transacionaram com clientes ou outros bancos.

O aumento no uso de opções cambiais é um reflexo do explosivo crescimento no uso de outros tipos de opções e nas melhorias resultantes nos modelos de precificação de opções. O modelo de precificação de opções original desenvolvido por Black e Scholes em 1973 tem sido comercializado desde então por inúmeras empresas que oferecem programas de *software* e até mesmo rotinas integradas para calculadoras portáteis. Há vários programas comerciais disponíveis para lançadores de opções e *traders* utilizarem.

Opções no mercado de balcão

As opções do mercado de balcão (*over-the-counter* ou OTC) são mais frequentemente lançadas por bancos para dólares americanos em relação a libras esterlinas britânicas, francos suíços, ienes japoneses, dólares canadenses e o euro.

A principal vantagem das opções de balcão é que elas são personalizadas de acordo com as necessidades específicas da empresa. As instituições financeiras estão dispostas a lançar ou comprar opções que variam na quantia (principal nocional), preço de exercício e vencimento. Apesar de os mercados de balcão serem relativamente ilíquidos nos primeiros anos, o mercado cresceu a tais proporções que a liquidez hoje é bastante boa. Por outro lado, o comprador tem que avaliar a capacidade de o banco lançador cumprir o contrato da opção. Chamado de *risco de contraparte*, o risco financeiro associado à contraparte é uma questão cada vez mais discutida nos mercados internacionais em decorrência do crescente uso de contratos financeiros como opções e *swaps* pela administração das EMNs. As opções negociáveis na bolsa são mais o território de indivíduos e instituições financeiras propriamente ditas do que de empresas.

Se Maria Gonzalez, principal executiva da Trident, deseja comprar uma opção no mercado de balcão, ela normalmente faz uma oferta de compra para uma mesa de opções de um banco em um grande centro monetário, especifica as moedas, vencimento, taxa(s) de exercício e pede uma indicação – uma cotação de compra-venda. O banco normalmente levará de alguns minutos a algumas horas para precificar a opção e retornar a oferta.

Opções em bolsas de valores organizadas

As opções da moeda física (subjacente) são negociadas em diversas bolsas de valores organizadas em todo o mundo, inclusive na Bolsa de Valores da Filadélfia (Philadelpia Stock Exchange ou PHLX) e na Bolsa Mercantil de Chicago (Chicago Mercantile Exchange).

As opções negociáveis na bolsa de valores são liquidadas através de uma câmara de compensação, de modo que os compradores não lidam diretamente com os vendedores. A câmara de compensação é a contraparte de cada contrato de opção e garante seu cumprimento. As obrigações da câmara de compensação são, por sua vez, as obrigações de todos os membros da bolsa de valores, incluindo um grande número de bancos. No caso da Bolsa de Valores da Filadélfia, os serviços da câmara de compensação são fornecidos pela Options Clearing Corporation (OCC).

Cotações e preços de opções

Cotações típicas do The Wall Street Journal para opções em francos suíços são exibidas no Quadro 8.3. As cotações do Journal referem-se a transações concluídas na Bolsa de Valores da Filadélfia no dia anterior. As cotações normalmente estão disponíveis para mais combinações de preços de exercício e datas de vencimento do que realmente são negociadas e, assim, publicadas no jornal. Os preços de exercício das opções cambiais e os prêmios sobre o dólar americano são tipicamente cotados como cotações diretas do dólar americano e cotações indiretas da moeda estrangeira (US$/SF, US$/¥, e assim por diante).

QUADRO 8.3 — Cotações de opções de francos suíços (centavos de dólar americano/SF)

Opção e ativo-objeto	Preço de exercício	opções de compra – fechamento			opções de venda – fechamento		
		ago	set	dez	ago	set	dez
58,51	56	–	–	2,76	0,04	0,22	1,16
58,51	56,5	–	–	–	0,06	0,30	–
58,51	57	1,13	–	1,74	0,10	0,38	1,27
58,51	57,5	0,75	–	–	0,17	0,55	–
58,51	58	0,71	1,05	1,28	0,27	0,89	1,81
58,51	58,5	0,50	–	–	0,50	0,99	–
58,51	59	0,30	0,66	1,21	0,90	1,36	–
58,51	59,5	0,15	0,40	–	2,32	–	–
58,51	60	–	0,31	–	2,32	2,62	3,30

Cada opção = 62.500 francos suíços. As listas de agosto, setembro e dezembro são os vencimentos ou datas de expiração das opções.

O Quadro 8.3 ilustra os três diferentes preços que caracterizam qualquer opção cambial. Os três preços que caracterizam uma "opção de compra de agosto 58,5" (realçada no Quadro 8.3) são os seguintes:

1. **Taxa à vista.** No Quadro 8.3, "Opção e ativo-objeto" significa que 58,51 centavos de dólar, ou US$0,5851, era o preço à vista em dólar de um franco suíço no fechamento das negociações do dia anterior.
2. **Preço de exercício.** O preço de exercício listado no Quadro 8.3 significa o preço por franco que tem que ser pago se a opção for exercida. A opção de compra de agosto, isto é, com vencimento em agosto, de francos, de 58,5, significa US$0,5850/SF. O Quadro 8.3 lista nove diferentes preços de exercício variando de US$0,5600/SF a US$0,6000/SF, apesar de haver mais valores disponíveis naquela data do que os que foram listados aqui.
3. **Prêmio.** O prêmio é o custo ou preço da opção. O preço da opção de compra agosto 58,5 de francos suíços é de US$0,50 por franco, ou US$0,0050/SF. Não houve negociação da opção de compra com vencimentos em setembro ou dezembro 58,5 naquele dia. O prêmio é o valor de mercado da opção e, portanto, os termos prêmio, custo, preço e valor são todos intercambiáveis em relação a uma opção.

O prêmio da opção de compra agosto 58,5 e 0,50 centavos de dólar por franco e, neste caso, o prêmio da opção de venda agosto 58,5 também é 0,50 centavos de dólar por franco. Como um contrato de opção na Bolsa de Valores da Filadélfia consiste em 62.500 francos, o custo total de um contrato de opção para a opção de compra (ou de venda, neste caso) é SF62.500 × US$0,0050/SF = US$312,50.

ESPECULAÇÃO EM MOEDA ESTRANGEIRA

A *especulação* é uma tentativa de lucrar apostando sobre as expectativas em relação a preços no futuro. Nos mercados de câmbio, os especuladores assumem uma posição (não hedgeada) em uma moeda estrangeira e então liquidam aquela posição depois de a taxa de câmbio ter se movimentado – assim eles esperam – na direção apontada. Na próxima seção, analisaremos a maneira como a especulação é empreendida nos mercados à vista, a termo e de opções. É importante compreender este fenômeno porque ele causa um grande impacto em nossa incapacidade de prever com precisão as taxas de câmbio futuras.

Especulando no mercado à vista

Hans Schmidt é um especulador de moeda em Zurique, Suíça. Ele está disposto a arriscar dinheiro a partir de sua própria opinião sobre os preços futuros de moedas. Hans pode especular no mercado à vista, no mercado a termo ou no mercado de opções. Para ilustrar, suponha que o franco suíço esteja sendo cotado atualmente como a seguir:

Taxa à vista:	US$0,5851/SF
Taxa a termo de seis meses:	US$0,5760/SF

Hans possui US$100.000 com os quais deseja especular, e ele acredita que, em seis meses, a taxa à vista do franco será de US$0,6000/SF. A especulação no mercado à vista exige apenas que o especulador acredite que uma moeda estrangeira vá sofrer uma apreciação de valor. Hans deve dar os seguintes passos:

1. Usar os US$100.000 hoje para comprar SF170.910,96 à vista a US$0,5851/SF.
2. Guardar os SF170.910,96 indefinidamente. Apesar de a expectativa ser a de que o franco subirá até o valor-alvo em seis meses, Hans não quer se comprometer com esse horizonte de tempo.
3. Quanto a taxa de câmbio-alvo for alcançada, vender SF170.910,96 pela nova taxa à vista de US$0,6000/SF, recebendo SF170.910,96 × US$0,6000/SF = US$102.546,57.

Isso resulta em um lucro de US$2.546,57, ou 2,5% sobre os US$100.000 comprometidos por seis meses (5,0% ao ano). Estamos ignorando, por enquanto, a renda proveniente dos juros sobre os francos suíços e o custo de oportunidade dos dólares.

O ganho máximo potencial é ilimitado, enquanto que a perda máxima será de US$100.000 se o valor dos francos comprados no passo 1 cair para zero. Tendo inicialmente empreendido uma especulação no mercado à vista por seis meses, Hans, no entanto, não está preso a essa data-alvo. Ele pode vender os francos antes ou depois, se desejar.

Especulando no mercado a termo

A especulação no mercado a termo ocorre quando o especulador acredita que o preço à vista em alguma data futura será diferente do preço a termo de hoje para a mesma data. O sucesso não depende da direção do movimento da taxa à vista, mas da posição relativa da taxa à vista futura e da taxa a termo corrente. Dados os dados e as expectativas acima, Hans Schmidt deveria dar os seguintes passos:

1. Comprar hoje SF173.611,11 a termo por seis meses pela cotação a termo de US$0,5760/SF. Observe que este passo não exige nenhum desembolso de dinheiro.
2. Daqui a seis meses, cumprir o contrato a termo, recebendo SF173.611,11 a US$0,5760/SF por um custo de US$100.000.
3. Simultaneamente vender os SF173.611,11 no mercado à vista, pela taxa à vista futura esperada por Hans de US$0,6000/SF, recebendo SF173.611,11 × US$0,6000/SF = US$104.166,67.

Isso é um lucro de US$4.166,67 (US$104.166,67 – US$100.000,00).

O lucro de US$4.166,67 não pode ser relacionado a um investimento-base para calcular um retorno sobre o investimento porque os fundos em dólar nunca foram necessários. No aniversário de seis meses, Hans simplesmente casa a obrigação de pagamento de US$100.000 com o recebimento de US$104.166,67, e obtendo US$4.166,67 líquidos. No entanto, algumas instituições financeiras podem exigir que ele deposite um colateral como margem para garantir sua capacidade de concluir a transação.

Nesta especulação a termo em particular, a perda máxima é US$100.000, a quantia necessária para comprar francos através do contrato a termo. Esta perda seria incorrida apenas se o valor do franco à vista em seis meses fosse zero. O ganho máximo é ilimitado, já que os francos adquiridos no mercado a termo podem, teoricamente, subir até um valor infinito em dólares.

A especulação no mercado a termo não pode ser estendida além da data de vencimento do contrato a termo. Entretanto, se Hans quiser encerrar sua operação antes do vencimento, ele pode comprar um contrato que o neutralize. No exemplo acima, depois de, digamos, quatro meses, Hans poderia vender SF173.611,11 dois meses a termo a qualquer preço a termo que existisse então. Dois meses depois, ele encerraria o contrato vencido de seis meses para comprar francos juntamente com o contrato vencido de dois meses para vender francos, embolsando qualquer lucro ou pagando qualquer perda. A quantia de lucro ou perda seria fixada pelo preço pelo qual Hans vendeu o contrato de dois meses a termo.

Este exemplo é um dos vários tipos possíveis de especulação com contratos a termo e ignora quaisquer juros auferidos. Em uma especulação à vista, o especulador pode investir a quantia do principal no mercado monetário estrangeiro para auferir juros. Nas várias especulações a termo, um especulador que está detendo caixa para se proteger do risco de uma perda pode investir esses fundos no mercado monetário doméstico. Assim, a lucratividade relativa será influenciada por diferenciais de juros.

Especulando nos mercados de opções

As opções diferem de todos os outros tipos de instrumentos financeiros nos padrões de risco que elas produzem. O titular da opção tem a escolha de exercer a opção ou permitir que ela expire sem utilizá-la. O titular a exercerá quando exercê-la for lucrativo, o que significa quando a opção está *in-the-money*. No caso de uma opção de compra, quando o preço à vista da moeda subjacente aumenta, o titular tem a possibilidade de obter um lucro ilimitado. Uma desvantagem, no entanto, é que o titular pode abandonar a opção e sair com uma perda nunca maior do que o prêmio pago. Como descrito em Finanças globais na prática 8.1, no passado, algumas pessoas já obtiveram grandes lucros com especulação de opções.

FINANÇAS GLOBAIS NA PRÁTICA 8.1

O kiwi, Key e Krieger da Nova Zelândia

O que há muito tempo é considerado uma das mais drásticas jogadas cambiais da história voltou ao centro das atenções. A Nova Zelândia elegeu o Sr. John Key como seu novo primeiro-ministro em novembro de 2008. A carreira de Key é longa e célebre, grande parte dela envolvendo especulação cambial. O que é estranho é que Key já tinha trabalhado com outro especulador cambial, Andrew Krieger, que muitos acreditavam ter sido o responsável individual pela queda do dólar da Nova Zelândia, o kiwi, nos idos de 1987.

Em 1987 Andrew Krieger era um operador de 31 anos de idade que trabalhava para o Bankers Trust of New York (BT). Depois da quebra da bolsa de valores dos EUA em outubro de 1987, os mercados monetários de todo o mundo agiram rapidamente de modo a fugir do dólar. Muitas das outras moedas do mundo – incluindo moedas pequenas que se encontravam em mercados industrializados estáveis e abertos como o da Nova Zelândia – passaram a ser objeto de interesse. À medida que os operadores de câmbio do mundo vendiam dólares e compravam kiwis, o valor do kiwi subiu rapidamente.

Krieger acreditava que os mercados estavam tendo uma reação exagerada, e iriam supervalorizar o kiwi. Então ele assumiu uma posição vendida no kiwi, apostando que ele acabaria caindo. E ele o fez de maneira grandiosa, sem limitar suas posições a simples posições de mercado à vista ou a termo, mas também através de opções de moeda. (Krieger supostamente tinha aprovação para posições que chegavam a quase US$700 milhões, quando todos os outros operadores de câmbio do BT estavam restritos a US$50 milhões). Dizem que Krieger, em nome do Bankers Trust, colocou 200 milhões de kiwis em posição vendida – mais do que toda a oferta monetária da Nova Zelândia naquele momento. Ele estava certo. O kiwi caiu e Krieger conseguiu obter milhões em ganhos monetários para o BT. Ironicamente, apenas alguns meses depois, Krieger renunciou ao seu cargo no BT quando os bônus anuais foram anunciados e ele teria ganho apenas US$3 milhões sobre os mais de US$300 milhões que ele tinha ganho para o banco.

O banco central da Nova Zelândia acabou apresentando uma queixa contra o Bankers Trust, em que o CEO do BT na época, Charles S. Sanford Jr., aparentemente piorou a situação quando relatou-se que ele teria comentado "Não assumimos uma posição grande demais para o Bankers Trust, mas talvez tenhamos assumido uma posição grande demais para aquele mercado".

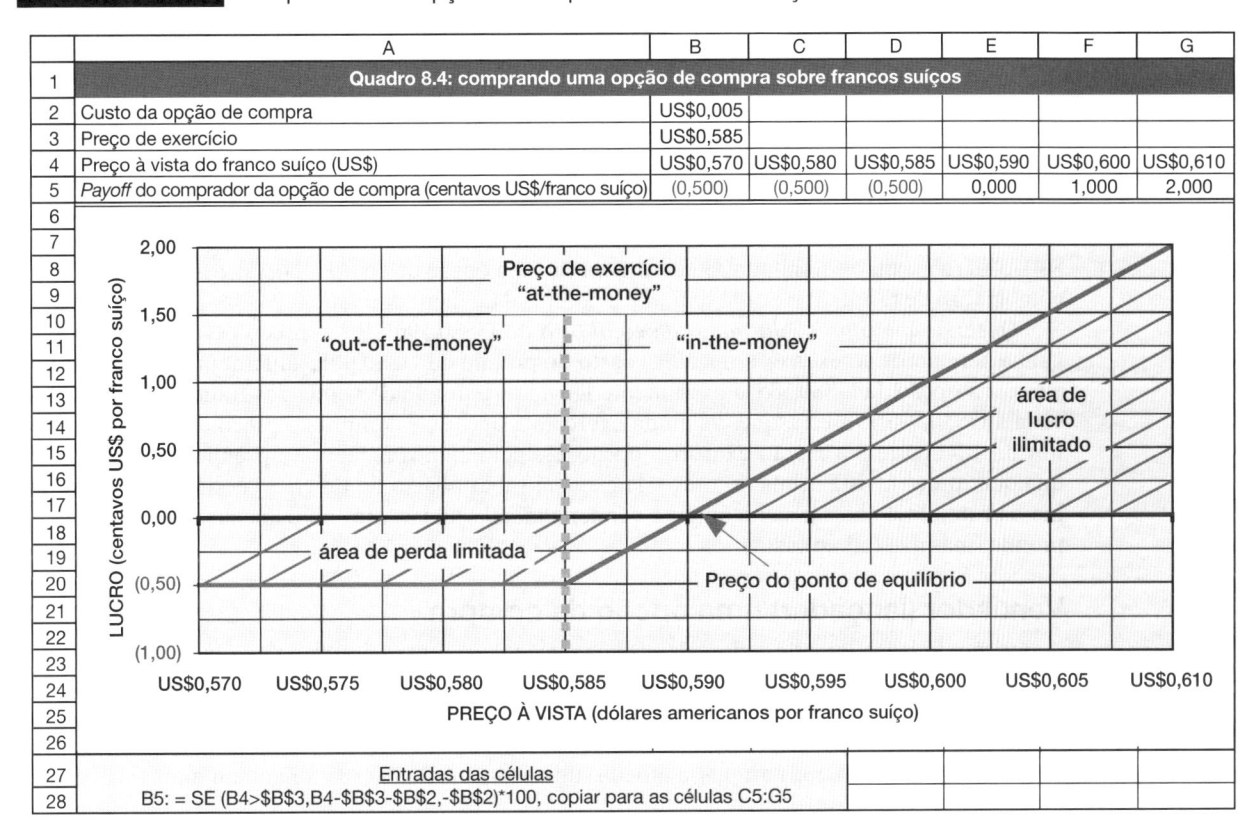

QUADRO 8.4 Comprando uma opção de compra sobre francos suíços

	A	B	C	D	E	F	G
1	Quadro 8.4: comprando uma opção de compra sobre francos suíços						
2	Custo da opção de compra	US$0,005					
3	Preço de exercício	US$0,585					
4	Preço à vista do franco suíço (US$)	US$0,570	US$0,580	US$0,585	US$0,590	US$0,600	US$0,610
5	*Payoff* do comprador da opção de compra (centavos US$/franco suíço)	(0,500)	(0,500)	(0,500)	0,000	1,000	2,000
6							
27	Entradas das células						
28	B5: = SE (B4>$B$3,B4-$B$3-$B$2,-$B$2)*100, copiar para as células C5:G5						

Comprador (titular) de uma opção de compra

A posição de Hans como comprador de uma opção de compra, isto é, comprador de call, é ilustrada no Quadro 8.4. Suponha que ele compre a opção de compra com vencimento em agosto em francos suíços descrita anteriormente, aquela com um preço de exercício de 58,5 (US$0,5850/SF), e um prêmio de US$0,005/SF. O eixo vertical mede o lucro ou perda para o comprador da opção em cada nível de diferentes preços à vista para o franco até a data de vencimento.

A todas as taxas à vista abaixo do preço de exercício de 58,5, Hans escolheria não exercer sua opção. Isso é óbvio, porque pela taxa à vista de 58,0 por exemplo, ele preferiria comprar um franco suíço por US$0,580 no mercado à vista em vez de exercer sua opção de comprar um franco a US$0,585. Se a taxa à vista permanecer abaixo de 58,0 até agosto, quando a opção expira, Hans não exerceria a opção. Sua perda total estaria limitada a apenas o que ele pagou pela opção, o preço de compra, isto é, o prêmio de US$0,005/SF. A qualquer outro preço mais baixo pelo franco, sua perda, da mesma forma, estaria limitada ao custo original de US$0,005/SF.

De forma oposta, a qualquer taxa à vista acima do preço de exercício de 58,5, Hans exerceria a opção, pagando apenas o preço de exercício por franco suíço. Por exemplo, se a taxa à vista fosse de 59,5 centavos de dólar por franco no vencimento, ele exerceria sua opção de compra, comprando francos suíços por US$0,585 cada um em vez de comprá-los no mercado à vista a US$0,595 cada um. Ele poderia vender os francos suíços imediatamente no mercado à vista por US$0,595, embolsando um lucro bruto de US$0,010/SF, ou um lucro líquido de US$0,005/SF depois de deduzir o custo original da opção de US$0,005/SF. O lucro de Hans, se a taxa à vista for maior do que o preço de exercício, com o preço de exercício de US$0,585, um prêmio de US$0,005, e uma taxa à vista de US$0,595, é

$$\text{Lucro} = \text{Taxa à vista} - (\text{Preço de exercício} + \text{Prêmio})$$
$$= \text{US\$0,595/SF} - (\text{US\$0,585/SF} + \text{US\$0,005/SF})$$
$$= \text{US\$0,005/SF}$$

É mais provável que Hans realizasse o lucro realizando uma operação que neutralizasse as opções inicialmente transacionadas em vez de receber a entrega física da moeda. Como o preço em dólar de um franco poderia subir até um nível infinito (lado direito superior da página no Quadro 8.4), o lucro máximo é ilimitado. O comprador de uma opção de compra possui, assim, uma atraente combinação de resultados: perda limitada e potencial de lucro ilimitado.

Observe que o *preço do ponto de equilíbrio* de US$0,590/SF é o preço pelo qual Hans nem ganha nem perde ao exercer a opção. O custo do prêmio de US$0,005, juntamente com o custo de exercer a opção de US$0,585, é exatamente igual ao resultado da venda dos francos no mercado à vista a US$0,590. Observe que ele ainda exercerá a opção de compra ao preço do ponto de equilíbrio. Isso ocorre porque ao exercer a opção, ele pelo menos recupera o prêmio pago por ela. A qualquer preço à vista acima do preço de exercício, mas abaixo do preço do ponto de equilíbrio, o lucro bruto obtido ao exercer a opção e vender a moeda subjacente cobre apenas parte do custo do prêmio (mas não todo o custo).

Vendedor (lançador) uma opção de compra

A posição do lançador (vendedor) da mesma opção de compra é ilustrada no Quadro 8.5. Se a opção expira quando o preço à vista da moeda subjacente está abaixo do preço de exercício de 58,5, o detentor da opção não a exerce. O que o detentor perde, a lançador ganha. O lançador retém como lucro todo o prêmio pago de US$0,005/SF. Acima do preço de exercício de 58,5, o lançador de uma opção de compra tem que entregar a moeda subjacente por US$0,585/SF em um momento em que

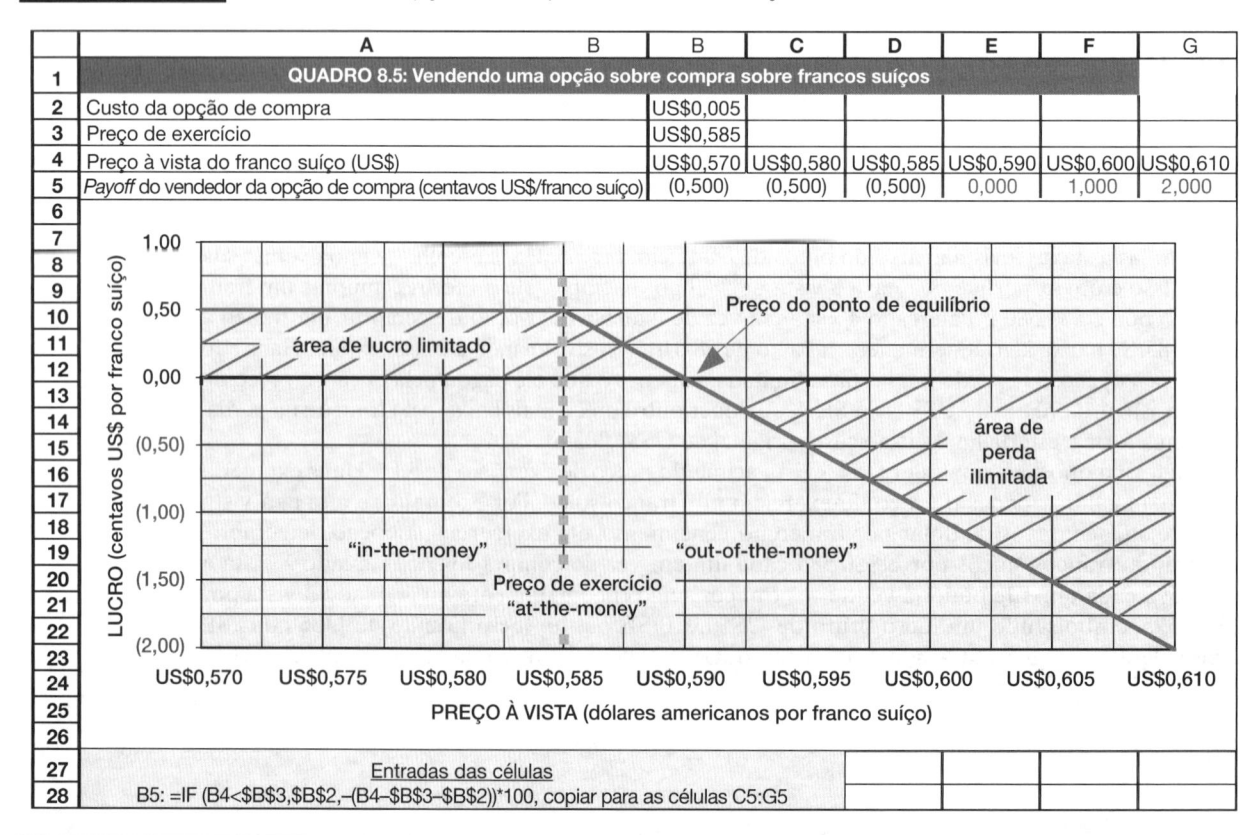

QUADRO 8.5 Vendendo uma opção de compra sobre francos suíços

	A	B	B	C	D	E	F	G
1	QUADRO 8.5: Vendendo uma opção sobre compra sobre francos suíços							
2	Custo da opção de compra		US$0,005					
3	Preço de exercício		US$0,585					
4	Preço à vista do franco suíço (US$)		US$0,570	US$0,580	US$0,585	US$0,590	US$0,600	US$0,610
5	*Payoff* do vendedor da opção de compra (centavos US$/franco suíço)		(0,500)	(0,500)	(0,500)	0,000	1,000	2,000

[Gráfico: LUCRO (centavos US$ por franco suíço) vs PREÇO À VISTA (dólares americanos por franco suíço), mostrando área de lucro limitado à esquerda do preço de exercício de US$0,585, preço do ponto de equilíbrio em US$0,590, e área de perda ilimitada à direita; regiões "in-the-money", "at-the-money" e "out-of-the-money" indicadas]

	Entradas das células			
27				
28	B5: =IF (B4<$B$3,$B$2,–(B4–$B$3–$B$2))*100, copiar para as células C5:G5			

o valor do franco está acima de US$0,585. Se o lançador subscrever a opção "nua" ("*naked*"), isto é, sem possuir a moeda, esse lançador agora terá que comprar a moeda à vista e assumir a perda. A quantia de tal perda é ilimitada e aumenta à medida que o preço da moeda subjacente aumentar. Mais uma vez, o que o titular ganha, o lançador perde, e vice-versa. Mesmo se o lançador já possuir a moeda, experimentará uma perda de oportunidade, por entregar na opção a mesma moeda que poderia ter sido vendida por um valor maior no mercado.

Por exemplo, o lucro para o lançador de uma opção de compra de preço de exercício de US$0,585, prêmio de US$0,005 e uma taxa à vista de US$0,595/SF é

$$\text{Lucro} = \text{Prêmio} - (\text{Taxa à vista} - \text{Preço de exercício})$$
$$= \text{US\$0,005/SF} - (\text{US\$0,595/SF} - \text{US\$0,585/SF})$$
$$= -\text{US\$0,005/SF}$$

mas somente se a taxa à vista for maior ou igual ao preço de exercício. Para taxas à vista menores do que o preço de exercício, a opção expirará sem valor algum e o lançador da opção de compra reterá o prêmio obtido. O lucro máximo que o lançador da opção de compra pode obter é limitado ao prêmio. O lançador de uma opção de compra teria uma combinação de possíveis resultados nada atraente – possível lucro limitado e possível perda ilimitada – mas sempre há maneiras de limitar tais perdas através de outras técnicas de neutralização.

Comprador (titular) de uma opção de venda

A posição de Hans como comprador, isto é, de titular de uma opção de venda, é ilustrada no Quadro 8.6. Os termos básicos desta opção de venda são similares àqueles que acabamos de usar para ilustrar uma opção de compra. O comprador de uma opção de venda, no entanto, quer conseguir vender a moeda subjacente pelo preço de exercício quando o preço de mercado dessa moeda cair (e não quando subir, como no caso de uma opção de compra). Se o preço à vista de um franco cair para, digamos,

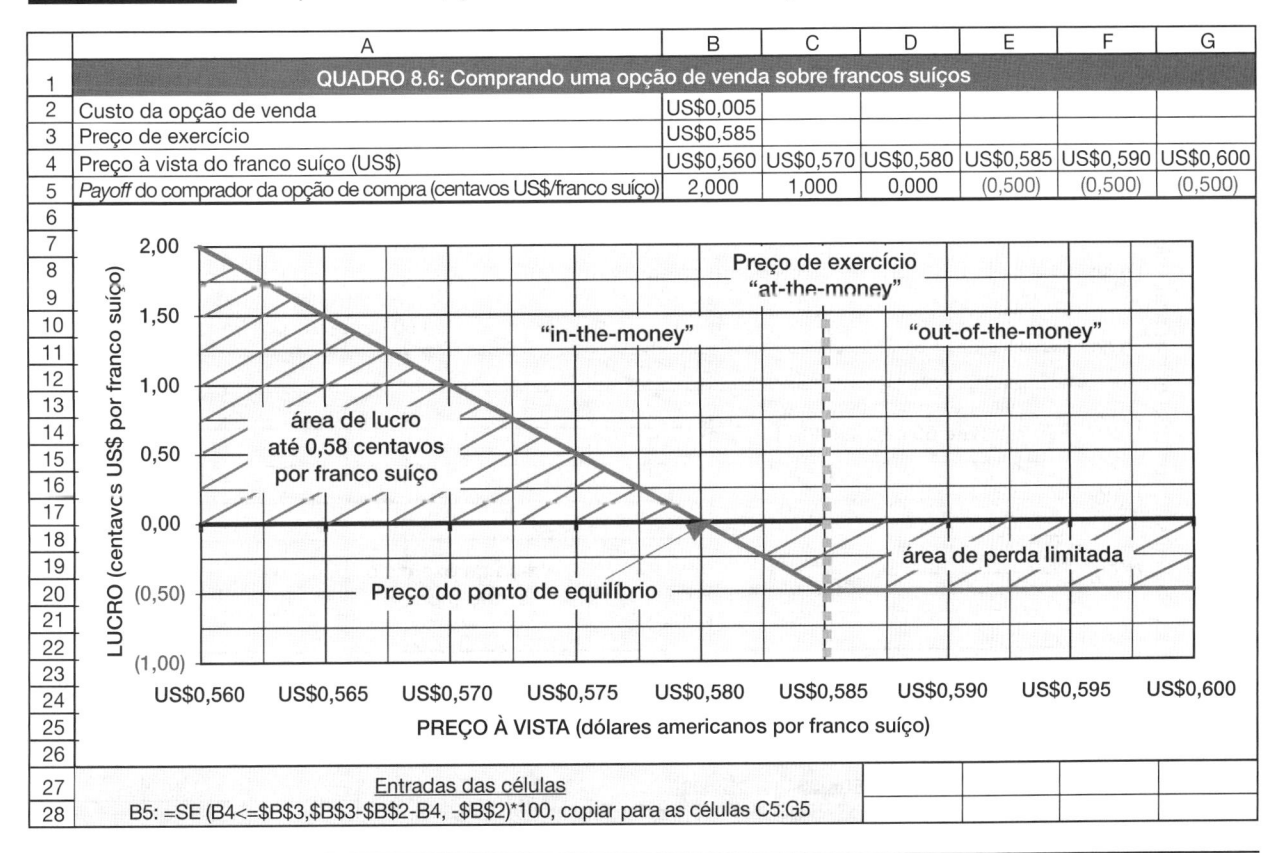

QUADRO 8.6 Comprando uma opção de venda sobre francos suíços

	A	B	C	D	E	F	G
1	QUADRO 8.6: Comprando uma opção de venda sobre francos suíços						
2	Custo da opção de venda	US$0,005					
3	Preço de exercício	US$0,585					
4	Preço à vista do franco suíço (US$)	US$0,560	US$0,570	US$0,580	US$0,585	US$0,590	US$0,600
5	*Payoff* do comprador da opção de compra (centavos US$/franco suíço)	2,000	1,000	0,000	(0,500)	(0,500)	(0,500)

[Gráfico: LUCRO (centavos US$ por franco suíço) vs PREÇO À VISTA (dólares americanos por franco suíço), mostrando área de lucro até 0,58 centavos por franco suíço, área "in-the-money", preço de exercício "at-the-money", "out-of-the-money", área de perda limitada, preço do ponto de equilíbrio]

27	Entradas das células						
28	B5: =SE (B4<=$B$3,$B$3-$B$2-B4, -$B$2)*100, copiar para as células C5:G5						

US$0,575/SF, Hans entregará francos ao lançador e receberá US$0,585/SF. Os francos podem agora ser comprados no mercado à vista por US$0,575 cada e o custo da opção foi de US$0,005/SF, então ele terá um ganho líquido de US$0,005/SF.

Explicitamente, o lucro para o detentor de uma opção de venda se a taxa à vista for menor do que o preço de exercício, com um preço de exercício de US$0,585/SF, um prêmio de US$0,005/SF, e uma taxa à vista de US$0,575/SF, é

$$\text{Lucro} = \text{Preço de exercício} - (\text{Taxa à vista} + \text{Prêmio})$$
$$= \text{US\$0,585/SF} - (\text{US\$0,575/SF} + \text{US\$0,005/SF})$$
$$= \text{US\$0,005/SF}$$

O preço do ponto de equilíbrio da opção de venda é o preço de exercício menos o prêmio, ou US$0,580/SF neste caso. À medida que a taxa à vista vai caindo mais e mais abaixo do preço de exercício, o lucro potencial aumenta continuamente, e o lucro de Hans passa a ser ilimitado (até um máximo de US$0,580/SF, quando o preço de um franco seria zero). Para qualquer taxa de câmbio acima do preço de exercício de 58,5, Hans não exerceria a opção e, então, perderia apenas o prêmio de US$0,005/SF pago pela opção de venda. O comprador de uma opção de venda tem um potencial de lucro ilimitado com um potencial de perda limitado. Assim como o comprador de uma opção de compra, o comprador de uma opção de venda nunca pode perder mais do que o prêmio pago à vista.

Vendedor (lançador) de uma opção de venda

A posição de um lançador que vendeu uma opção de venda ao Hans é exibida no Quadro 8.7. Observe a simetria de lucro/perda, preço de exercício e preços do ponto de equilíbrio entre o comprador e o lançador de uma opção de venda. Se o preço à vista dos francos cair para menos de 58,5 centavos de dólar por franco, Hans exercerá a opção. Abaixo de um preço de 58,5 centavos de dólar por fran-

QUADRO 8.7 Vendendo uma opção de venda sobre francos suíços

	A	B	C	D	E	F	G
1	QUADRO 8.7: Vendendo uma opção de venda sobre francos suíços						
2	Custo da opção de venda	US$0,005					
3	Preço de exercício	US$0,585					
4	Preço à vista do franco suíço (US$)	US$0,560	US$0,570	US$0,580	US$0,585	US$0,590	US$0,600
5	Payoff do vendedor da opção de venda (centavos US$/franco suíço)	(2,000)	(1,000)	0,000	0,500	0,500	0,500

	Entradas das células
27	
28	B5: =SE (B4<=$B$3, -$B$3+$B$2+B4, $B$2)*100, copiar para as células C5:G5

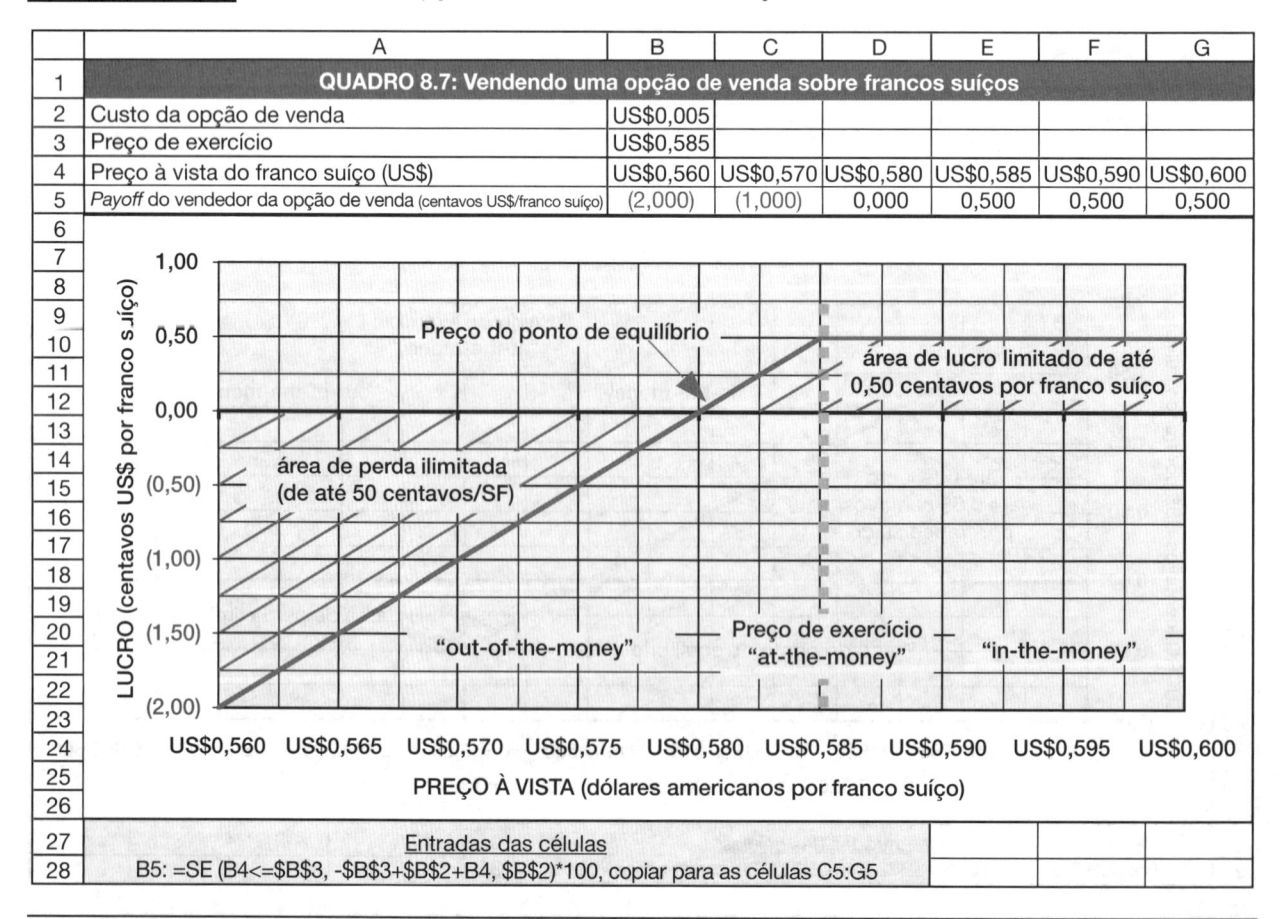

co, o lançador perderá mais do que o prêmio recebido por subscrever a opção (US0,005/SF), caindo abaixo do ponto de equilíbrio. Entre US$0,580/SF e US$0,585/SF, o lançador perderá parte do prêmio recebido, mas não todo. Se o preço à vista estiver acima de US$0,585/SF, Hans não exercerá a opção, e o lançador embolsará todo o prêmio de US$0,005/SF.

O lucro (perda) obtido(a) pelo lançador de uma opção de venda com preço de exercício de venda US$ 0,585, um prêmio de US$0,005, e uma taxa à vista de US$0,575, é

$$\text{Lucro (Perda)} = \text{Prêmio} - (\text{Preço de exercício} - \text{Taxa à vista})$$
$$= \text{US\$0,005/SF} - (\text{US\$0,585/SF} - \text{US\$0,575/SF})$$
$$= -\text{US\$0,005/SF}$$

mas somente quando taxas à vista são menores ou iguais ao preço de exercício. Quando taxas à vista são maiores do que o preço de exercício, a opção expira *out-of-the-money* e o lançador retém o prêmio. O lançador da opção de venda possui a mesma combinação básica de resultados disponíveis para um lançador de uma opção de compra: lucro potencial limitado e perda potencial ilimitada.

PRECIFICAÇÃO E AVALIAÇÃO DE OPÇÕES

O Quadro 8.8 ilustra o perfil de lucro/perda de uma opção de compra do tipo europeia de libras britânicas. A opção de compra permite que o titular compre libras britânicas a um preço de exercício de US$1,70/£. Ela possui um vencimento de 90 dias. O valor desta opção de compra é, na verdade, a soma de dois componentes:

$$\text{Valor total (Prêmio)} = \text{Valor intrínseco} + \text{Valor temporal}$$

A precificação de qualquer opção cambial combina seis elementos. Por exemplo, esta opção de compra do tipo europeia possui um prêmio de US$0,033/£ (3,3 centavos por libra) a uma taxa à vista de US$1,70/£. Este prêmio é calculado usando as seguintes suposições:

1. Taxa presente à vista: US$1,70/£
2. Prazo até o vencimento: 90 dias
3. Taxa a termo para vencimento correspondente (90 dias): US$1,70/£
4. Taxa de juros do dólar: 8,00% ao ano
5. Taxa de juros da libra esterlina britânica: 8,00% ao ano
6. Volatilidade, o desvio padrão do movimento diário do preço à vista: 10,00% ao ano

Valor intrínseco é o ganho financeiro se a opção for exercida imediatamente. Ele é exibido pela linha hachurada no Quadro 8.8, que é zero até chegar ao preço de exercício, a partir de onde sobe linearmente (um centavo para cada aumento de um centavo na taxa à vista). O valor intrínseco é zero quando a opção está *out-of-the-money* – isto é, quando o preço de exercício está acima do preço de mercado – já que não se pode obter nenhum ganho exercendo-se a opção. Quando a taxa à vista sobe acima do preço de exercício, o valor intrínseco passa a ser positivo, porque a opção sempre vale pelo menos este valor se exercida. Na data de vencimento, uma opção terá um valor igual a seu valor intrínseco (um restante de tempo nulo significa valor temporal zero).

- Quando a taxa à vista é US$1,74/£, a opção está *in-the-money* e possui um valor intrínseco de US$1,74 – US$1,70/£, ou 4 centavos por libra.
- Quando a taxa à vista é US$1,70/£, a opção está *at-the-money* e possui um valor intrínseco de US$1,70 – US$1,70/£, ou 0 centavos por libra.
- Quando taxa à vista é US$1,66/£, a opção está *out-of-the-money* e não possui valor intrínseco. Isso é exibido pela linha hachurada do valor intrínseco sobre o eixo horizontal. Somente um tolo exerceria esta opção de compra a esta taxa em vez de comprar libras mais baratas no mercado à vista.

O *valor temporal* de uma opção existe porque o preço da moeda subjacente, a taxa à vista, pode potencialmente se movimentar para mais e mais *in-the-money* entre o momento presente e a data de expiração da opção. O valor temporal é exibido no Quadro 8.8 como a área entre o *valor total* da opção e seu valor intrínseco.

O Quadro 8.9 separa o valor total em valores intrínseco e temporal da opção de compra representada no Quadro 8.8. Por exemplo, a uma taxa à vista de US$1,72/£, o valor total da opção é

QUADRO 8.8	Análise de uma opção de compra sobre libras britânicas com um preço de exercício = US$1,70/£

	A	B	C	D
1	**Quadro 8.8: Análise de uma opção de compra sobre libras britânicas**			
2	Dados de entrada			
3	Taxa presente à vista, US$/£			US$1,70
4	Preço de exercício, US$/£			US$1,70
5	Prazo até o vencimento, dias			90
6	Taxa a termo para vencimento correspondente (90 dias), US$/£			US$1,70
7	Taxa de juros do dólar, por cento/ano			8,0%
8	Taxa de juros da libra britânica, por cento/ano			8,0%
9	Desvio padrão do movimento diário do preço à vista, por cento/ano			10,0%
10	Efeito da taxa à vista sobre o valor intrínseco, temporal e total			
11		Valor intrínseco	Valor temporal	Valor total
12	Taxa à vista, US$/£	Centavos americanos/£	Centavos americanos/£	Centavos americanos/£
13	1,65	0,00	1,37	1,37
14	1,66	0,00	1,67	1,67
15	1,67	0,00	2,01	2,01
16	1,68	0,00	2,39	2,39
17	1,69	0,00	2,82	2,82
18	1,70	0,00	3,30	3,30
19	1,71	1,00	2,82	3,82
20	1,72	2,00	2,39	4,39
21	1,73	3,00	2,01	5,01
22	1,74	4,00	1,67	5,67
42	Entradas das células			
43	B12: =SE (A12<$D$3, 0, A12-$D$3)*100, copiar para as células B13:B21			
44	C12: Calculado com *software* de precificação de opções.			
45	D12: =B12+C12, copiar para as células D13:D21			

| QUADRO 8.9 | Os componentes de valor intrínseco, temporal e total da opção de compra de 90 dias sobre a libra britânica a taxas de câmbio à vista variáveis |

	Preço de exercício: US$1,70/£							
À vista (US$/£)	1.66	1.67	1.68	1.69	1.70	1.71	1.72	1.73	1.74
Intrínseco	0.00	0.00	0.00	0.00	0.00	1.00	2.00	3.00	4.00
Temporal	1.67	2.01	2.39	2.82	3.30	2.82	2.39	2.01	1.67
Valor total	1.67	2.01	2.39	2.82	3.30	3.82	4.39	5.01	5.67

formada por um valor intrínseco de 2 centavos por libra e um valor temporal de 2,39 centavos por libra, chegando a um valor total de 4,39 centavos por libra.

Observe que o componente do valor temporal é igual em seu valor – simétrico – à medida que você se movimenta em qualquer direção para longe do preço de exercício de US$1,70/£. Por exemplo, o valor temporal é de 2,39 centavos a taxas à vista de 1,68 (2 centavos abaixo do preço de exercício) e 1,72 (2 centavos acima do preço de exercício). Este resultado demonstra o princípio subjacente de que a precificação de opções é baseada em uma distribuição esperada de possíveis resultados em torno da taxa a termo, que neste caso é o mesmo que o preço de exercício, US$1,70.

Um investidor paga algo hoje por uma opção *out-of-the-money* (i.e., valor intrínseco zero) contando com a chance de que a taxa à vista se movimentará para longe o suficiente antes do vencimento para levar a opção a ficar *in-the-money*. Consequentemente, o preço de uma opção é sempre um pouco maior do que seu valor intrínseco, porque há sempre alguma chance de que o valor intrínseco subia entre a data presente e a data de vencimento.

SENSIBILIDADE DO PREÇO DAS OPÇÕES CAMBIAIS

Para usar as opções cambiais de maneira eficaz, ou para fins de especulação ou gerenciamento de risco (abordado nos capítulos seguintes), o operador individual precisa saber como os valores das opções – os *prêmios* – reagem a seus vários componentes. A próxima seção analisará essas seis sensibilidades básicas:

1. O impacto da variação das taxas a termo
2. O impacto da variação das taxas à vista
3. O impacto do tempo até o vencimento
4. O impacto da variação da volatilidade
5. O impacto da variação de diferenciais de juros
6. O impacto de preços de exercícios alternativos de uma opção

Sensibilidade à taxa a termo

Apesar de raramente isso ser observado, as opções cambiais padrão são precificadas em torno de uma taxa a termo, porque a taxa à vista corrente e as taxas de juros doméstica e estrangeiras (da moeda doméstica e de moedas estrangeiras) são incluídas no cálculo do prêmio da opção.[1] Indepen-

---

[1] Lembre-se de que uma taxa a termo é calculada a partir da taxa à vista corrente e das taxas de juros das duas moedas em questão para o vencimento desejado. Por exemplo, a taxa a termo de 90 dias da opção de compra de libras britânicas descritas anteriormente é calculada como a seguir:

$$F_{90} = US\$1.70/£ \times \left[\frac{1 + 0.08\left(\frac{90}{360}\right)}{1 + 0.08\left(\frac{90}{360}\right)}\right] = US\$1.70/£$$

dentemente do preço de exercício específico escolhido, a taxa a termo é central para a avaliação. A fórmula de precificação de opções calcula uma distribuição de probabilidade subjetiva centrada na taxa a termo. Esta abordagem não significa que o mercado espera que a taxa a termo seja igual à taxa à vista futura. É simplesmente um resultado da estrutura da precificação de opções baseadas no modelo de arbitragem.

O foco na taxa a termo também fornece informações úteis para o operador gerenciar uma posição. Quando o mercado precifica uma opção cambial, ele o faz sem sentimentos *bullish* ou *bearish** sobre a direção do valor da moeda estrangeira em relação à moeda doméstica. Se o operador possui expectativas específicas sobre a direção da taxa à vista futura, essas expectativas podem ser usadas. Um operador não aposta inerentemente contra o mercado. Em uma seção a seguir, também descreveremos como uma mudança no diferencial de juros entre as moedas, o fundamento teórico das taxas a termo, também altera o valor da opção.

Sensibilidade à taxa à vista (delta)

A opção de compra de libras britânicas representada no Quadro 8.8 possui um prêmio que excede o valor intrínseco da opção ao longo de toda a faixa de taxas à vista em torno do preço de exercício. Contanto que a opção tenha algum tempo sobrando antes de expirar, a opção possuirá este elemento de valor temporal. Esta característica é um dos principais motivos pelos quais uma opção do tipo americana, que pode ser exercida em qualquer dia até o dia do vencimento, inclusive, na verdade raramente é exercida antes do vencimento. Se o titular da opção quiser liquidá-la por seu valor, ela normalmente seria vendida, e não exercida, de modo que qualquer valor temporal restante também pudesse ser captado pelo titular. Se a taxa à vista atual for maior que o preço de exercício da opção, o que induziria o titular da opção a exercê-la no vencimento, a opção também terá um valor intrínseco. A opção de compra ilustrada no Quadro 8.8 está *in-the-money* para taxas à vista à direita do preço de exercício de US$1,70/£, *at-the-money* para US$1,70/£ e *out-of-the-money* para taxas à vista menores do que US$1,70/£.

A distância vertical entre o valor de mercado e o valor intrínseco de uma opção de compra em libras é maior para uma taxa à vista de US$1,70/£. Para US$1,70/£, a taxa à vista é igual ao preço de exercício (*at-the-money*). Este prêmio de 3,30 centavos de dólar por libra consiste inteiramente em valor temporal. Na verdade, o valor de qualquer opção que se encontra correntemente *out-of-the-money* é formado inteiramente por valor temporal. Quanto mais o preço de exercício da opção estiver *out-of-the-money*, menor será o valor ou prêmio da opção. Isso ocorre porque o mercado acredita que a probabilidade dessa opção realmente se movimentar em direção à faixa do preço de exercício antes do vencimento é significativamente menor do que uma opção que já está *at-the-money*. Se a taxa à vista caísse para US$1,68/£, o prêmio da opção cairia para 2,39 centavos/£ – mais uma vez, inteiramente valor temporal. Se a taxa à vista subisse acima do preço de exercício, para US$1,72/£, o prêmio subiria para 4,39 centavos/£. Neste caso, o prêmio representa um valor intrínseco de 2,00 centavos (US$1,72/£ – US$1,70/£) mais um elemento de valor temporal de 2,39 centavos. Observe a simetria dos prêmios do valor temporal (2,39 centavos) à esquerda e à direita do preço de exercício.

A simetria da avaliação de opções em relação ao preço de exercício é observada decompondo-se os prêmios da opção em seus respectivos valores intrínseco e temporal. O Quadro 8.10 ilustra como variar a taxa à vista corrente em ±US$0,05 em torno do preço de exercício de US$1,70/£ altera os valores intrínseco e temporal de cada opção.

A sensibilidade do prêmio da opção a uma pequena variação na taxa de câmbio à vista é chamada de delta. Por exemplo, o delta da opção de compra de US$1,70/£, quando a taxa à vista muda de US$1,70/£ para US$1,71/£, é simplesmente a variação no prêmio dividida pela variação na taxa à vista:

$$delta = \frac{\Delta \text{ Prêmio}}{\Delta \text{ Taxa À Vista}} = \frac{\text{US\$0,038/£} - \text{US\$0,033/£}}{\text{US\$1,71/£} - \text{US\$1,70/£}} = 0,5$$

---

* N. de T.: Estas duas palavras referem-se ao "mercado *bullish*" e ao "mercado *bearish*" que são denominações da língua inglesa que indicam quando um ativo qualquer está em movimento de alta ou baixa, respectivamente. O mercado *bullish* é representado pelo touro (*bull*) porque o touro faz movimentos de ataque de baixo para cima, representando um movimento em alta. E o mercado *bearish* é representado pelo urso (*bear*) porque o urso golpeia de cima para baixo, quando em luta, representando um movimento de baixa.

Se o delta da opção específica for conhecido, é fácil determinar como o valor da opção mudará à medida que a taxa à vista mudar. Se a taxa à vista muda em 1 centavo (US$0,01/£), dado um delta de 0,5, o prêmio da opção mudaria em 0,5 × US$0,01, ou US$0,005. Se o prêmio inicial fosse de US$0,033/£, e a taxa à vista aumentasse em 1 centavo (de US$1,70/£ para US$1,71/£), o novo prêmio da opção seria US$0,033 + US$0,005 = US$0,038/£. O delta varia entre +1 e 0 para uma opção de compra, e –1 e 0 para uma opção de venda.

Operadores de câmbio que trabalham com opções classificam opções individuais segundo seu delta em vez de se elas estão *in-the-money*, *at-the-money* ou *out-of-the-money*. À medida que uma opção vai se distanciando cada vez mais de estar *in-the-money*, como a opção *in-the-money* do Quadro 8.10, o delta vai subindo em direção a 1,0 (neste caso, até 0,71). À medida que uma opção vai se distanciando cada vez mais *out-of-the-money*, o delta vai caindo em direção a zero. Observe que a opção *out-of-the-money* do Quadro 8.10 possui um delta de apenas 0,28.[2]

Regra básica: Quanto maior for o delta (deltas de 0,7 ou 0,8 para cima são considerados altos), maior será a probabilidade de que a opção expire in-the-money.

Prazo até o vencimento: valor e deterioração (teta)

Os valores das opções aumentam quanto maior for a distância até o vencimento. A variação esperada no prêmio da opção de uma pequena variação no prazo até a expiração é chamada de *teta*. O teta é calculado como a mudança no prêmio da opção sobre a mudança no tempo até o vencimento. Se a opção de compra de US$1,70/£ se aproximasse um dia de seu vencimento inicial de 90 dias, o teta da opção de compra seria a diferença entre os dois prêmios, 3,30 centavos/£ e 3,28 centavos/£ (supondo uma taxa à vista de US$1,70/£):

$$teta = \frac{\Delta \text{Prêmio}}{\Delta \text{Tempo}} = \frac{3{,}30 \text{ centavos/£} - 3{,}28 \text{ centavos/£}}{90 - 89} = 0{,}02$$

O teta não é baseado em uma relação linear com o tempo, mas em vez disso, com a raiz quadrada do tempo. O Quadro 8.11 ilustra a deterioração do valor temporal para nossa mesma opção de compra com preço de exercício de US$1,70/£. O preço de exercício *at-the-money* é US$1,70/£, e as taxas à vista *in-the-money* e *out-of-the-money* são US$1,75/£ e US$1,65/£, respectivamente. Os prêmios da opção deterioram a uma taxa cada vez maior à medida que se aproxima do vencimento. Na verdade, a maior parte do prêmio da opção – dependendo da opção individual – é perdida nos 30 últimos dias anteriores à expiração.

Esta relação exponencial entre o prêmio da opção e o tempo é observada no quociente dos valores de opções entre os vencimentos *at-the-money* de três meses e de 1 mês. O quociente da opção de compra *at-the-money* não é de 3 para 1 (mantendo todos os outros componentes constantes), mas, em vez disso

$$\frac{\text{prêmio de três meses}}{\text{prêmio de um mês}} - \frac{\sqrt{3}}{\sqrt{1}} = \frac{1{,}73}{1{,}00} = 1{,}73$$

QUADRO 8.10 Decompondo os prêmios de uma opção de compra: valor intrínseco e valor temporal

Preço de exercício (US$/£)	Taxa à vista (US$/£)	Opção	Prêmio da opção de compra (centavos/£)	=	Valor intrínseco (centavos/£)	+	Valor temporal (centavos/£)	Delta (0 a 1)
1,70	1,75	ITM	6,37		5,00		1,37	0,71
1,70	1,70	ATM	3,30		0,00		3,30	0,50
1,70	1,65	OTM	1,37		0,00		1,37	0,28

---

[2] A mudança esperada no delta da opção resultante de uma pequena mudança na taxa à vista é chamada de gama, que geralmente é utilizada como uma medida da estabilidade do delta de uma opção específica. O gama é utilizado na construção de estratégias de *hedge* mais sofisticadas que se focam nos deltas (estratégias de delta neutro).

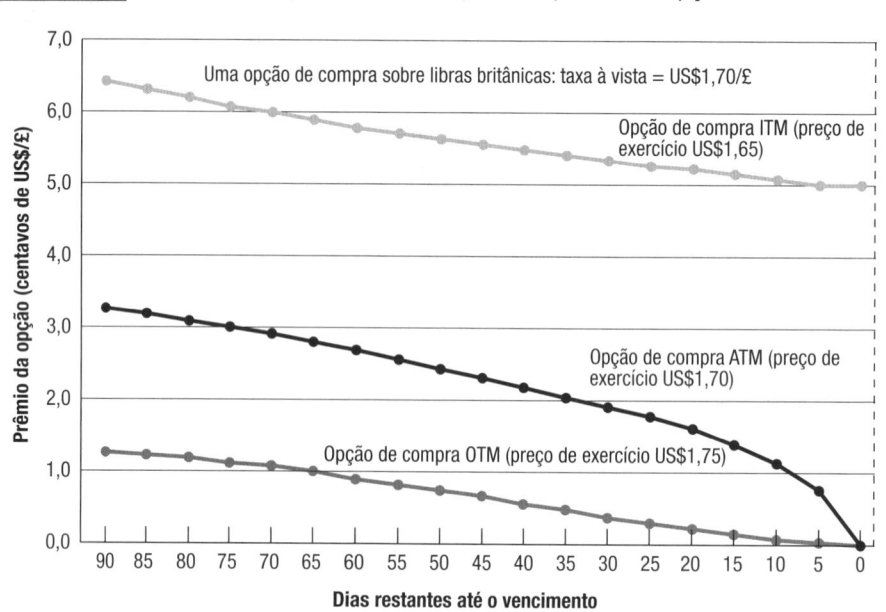

QUADRO 8.11 Teta: deterioração do valor temporal do prêmio da opção

Uma opção de compra sobre libras britânicas: taxa à vista = US$1,70/£

- Opção de compra ITM (preço de exercício US$1,65)
- Opção de compra ATM (preço de exercício US$1,70)
- Opção de compra OTM (preço de exercício US$1,75)

Eixo Y: Prêmio da opção (centavos de US$/£)
Eixo X: Dias restantes até o vencimento

O preço da opção de três meses é apenas 1,73 vezes maior do que a de um mês, e não três vezes maior.

A rápida deterioração dos valores das opções nos últimos dias antes da expiração é observada calculando novamente o teta da opção de compra de US$1,70/£, mas agora quando os dias restantes até o vencimento passam de 15 para 14 dias:

$$teta = \frac{\Delta \text{ Prêmio}}{\Delta \text{ Tempo}} = \frac{1{,}37 \text{ centavos/£} - 1{,}32 \text{ centavos/£}}{15 - 14} = 0{,}05$$

Uma diminuição de um dia no tempo até o vencimento agora reduz o prêmio da opção em 0,05 centavos/£, em vez de apenas 0,02 centavos/£ como quando o vencimento estava a 90 dias de distância.

O Quadro 8.11 também ilustra as relações básicas entre taxa à vista-prêmio da opção observadas anteriormente. O prêmio da opção de compra *out-of-the-money* é logicamente menor do que o da opção *at-the-money* no decorrer de sua vida, mas se deteriora a uma taxa mais lenta devido a um nível inicialmente menor a partir do qual cair. A opção *in-the-money* tem maior valor por toda sua vida em relação à *at-the-money*, caindo em direção a seu valor intrínseco (5 centavos/£) no vencimento. A opção *at-the-money*, no entanto, cair particularmente rápido nos períodos finais anteriores do vencimento. À medida que qualquer opção específica vai "envelhecendo", se aproximando continuamente do vencimento, o valor temporal diminui constantemente (supondo que nada mais tenha mudado). Essa situação seria ilustrada por um deslocamento para dentro da linha do valor total da opção de compra inicialmente exibida no Quadro 8.8 em direção ao preço de exercício de US$1,70.

As implicações da deterioração do valor temporal para os operadores de câmbio são bastante significativas. Um operador que esteja comprando uma opção com apenas um ou dois meses até a expiração verá o valor da opção se deteriorar rapidamente. Se o operador tivesse, então, que vender a opção, ela teria um valor de mercado significativamente menor nos períodos imediatamente posteriores à sua compra.

Ao mesmo tempo, no entanto, um operador que estivesse comprando opções com vencimentos mais longos pagaria mais, mais não proporcionalmente mais, pelo vencimento mais longo da opção. O prêmio de uma opção de seis meses é aproximadamente 2,45 vezes mais caro do que o de um mês e a opção de doze meses seria apenas 3,46 vezes mais cara do que a de um mês. Essa informação implica que duas opções de três meses não são iguais a uma opção de seis meses.

Regra básica: Um operador normalmente achará que opções de vencimento mais longo têm valores melhores, dando a ele a capacidade de alterar uma posição em uma opção sem sofrer uma deterioração significativa do valor temporal.

Sensibilidade à volatilidade (lambda)

Há poucas palavras no campo financeiro mais empregadas e abusadas do que *volatilidade*. A volatilidade no contexto das opções é definida como o desvio padrão de mudanças percentuais diárias na taxa de câmbio subjacente. A volatilidade é importante para o valor da opção devido a uma probabilidade percebida de que uma taxa de câmbio possa se movimentar ou para dentro ou para fora da faixa na qual a opção seria exercida. Se a volatilidade da taxa de câmbio estiver aumentando e, portanto, o risco de a opção ser exercida estiver aumentando, o prêmio da opção estará aumentando.

A volatilidade é dada em uma taxa percentual ao ano. Por exemplo, uma opção pode ser descrita como tendo uma volatilidade anual de 12,6%. A variação percentual de um único dia pode ser encontrada como a seguir:

$$\frac{12,6\%}{\sqrt{365}} = \frac{12,6\%}{19,105} = 0,66\% \quad \text{Volatilidade diária}$$

Para nossa opção de compra de US\$1,70/£, um aumento na volatilidade anual de um ponto percentual – por exemplo, de 10,0% para 11,0% – fará o prêmio da opção aumentar de US\$0,033/£ para US\$0,036/£.

A variação marginal no prêmio da opção é igual à variação no prêmio da opção propriamente dita dividida pela variação na volatilidade, o que se chama *lambda*:

$$lambda = \frac{\Delta \text{ Prêmio}}{\Delta \text{ Volatilidade}} = \frac{\text{US\$0,036/£} - \text{US\$0,033/£}}{0,11 - 0,10} = 0,30$$

O principal problema com a volatilidade é que ela é inobservável; é a única entrada na fórmula de precificação de opções que é determinada subjetivamente pelo operador que está precificando a opção. Não existe um único método correto para este cálculo. Trata-se de um problema de previsão; a volatilidade histórica não é necessariamente um previsor preciso da volatilidade futura do movimento da taxa de câmbio, ainda que se possa contar com pouco além do histórico.

A volatilidade e vista de três maneiras: *histórica*, em que a volatilidade é estimada a partir de um período de tempo recente; *futura*, em que a volatilidade histórica é alterada de modo a refletir as expectativas relativas ao período futuro durante o qual a opção existirá; e *implícita*, em que a volatilidade é baseada no próprio preço de mercado da opção.

- **Volatilidade histórica.** A volatilidade histórica normalmente é medida como a variação percentual na taxa à vista diariamente, de 6 em 6 horas ou de 12 em 12 horas durante os 10, 30 ou 90 dias anteriores.
- **Volatilidade futura.** Como alternativa, o operador de uma opção pode ajustar, para cima ou para baixo, as volatilidades históricas recentes de acordo com flutuações ou eventos esperados do mercado.
- **Volatilidade implícita.** A volatilidade implícita é equivalente a ter as respostas de um teste; as volatilidades implícitas são calculadas com base nos valores de mercado dos prêmios das opções negociadas. Como a volatilidade é o único elemento não observável do preço do prêmio da opção, depois de todos os componentes terem sido incluídos, é utilizado o valor residual da volatilidade implícita pelo preço.

Se os operadores de opções acreditarem que o futuro imediato será igual ao passado recente, a volatilidade histórica será igual à volatilidade futura. Se, no entanto, a expectativa for de que o período futuro venha a experimentar uma volatilidade maior ou menor, a medida histórica terá que ser alterada para a precificação da opção.

Volatilidades implícitas selecionadas para vários pares de moedas em 30 de janeiro de 2008 são listadas no Quadro 8.12. Essas volatilidades são *taxas médias*, a média das taxas de compra e venda cotadas para os contratos de opção. O Quadro 8.12 ilustra claramente que as volatilidades das opções* variam consideravelmente de uma moeda para outra. Embora os dados do Quadro 8.12 não evidenciem, a relação entre volatilidade e vencimento (tempo até a expiração) não se movimenta em apenas uma direção.

---

* N. de R.T.: A volatilidade refere-se ao grau de variabilidade do valor do ativo-objeto ou, no caso, da moeda subjacente. Os autores usam o termo volatilidade da opção referindo-se à variabildade do valor do ativo-objeto.

QUADRO 8.12	Volatilidade implícita do câmbio para opções em moeda estrangeira, 30 de janeiro de 2008

Taxas de volatilidade implícitas

As taxas de volatilidade implícitas são médias das taxas médias de cotações "at-the-money" de compra e venda para moedas selecionadas à 11:00 A.M. do último dia útil do mês.

Taxas de volatilidade implícita para opções em moeda estrangeira*

31 de março de 2009

	1 SEMANA	1 MÊS	2 MESES	3 MESES	6 MESES	1 ANO	2 ANOS	3 ANOS
EUR	20,2	18,2	18,1	17,9	17,7	17,5	16,5	15,1
JPY	20,4	18,4	17,3	16,5	15,4	14,2	12,3	11,6
CHF	17,5	16,0	15,9	15,7	15,6	15,2	14,2	12,9
GBP	19,8	18,2	18,0	17,8	17,7	17,5	17,1	17,0
CAD	16,7	16,6	16,5	16,5	16,5	16,5	16,5	16,4
AUD	23,8	22,3	21,8	21,3	20,5	19,7	18,4	17,5
GBPEUR	16,3	15,8	15,8	15,7	15,7	15,6	14,9	14,4
EURJPY	24,4	22,5	22,0	21,5	21,0	20,6	20,4	20,3

Este *release* fornece faixas pesquisadas de taxas médias da volatilidade implícita para as opções a partir de 11:00 A.M.

As cotações são de contratos de pelo menos US$10 milhões com uma contraparte *prime*.

Essas informações são baseadas em dados coletados pelo Federal Reserve Bank of New York a partir de uma amostra de participantes do mercado e seu único objetivo é informacional.

Os dados foram obtidos de fontes supostamente confiáveis, mas esse banco não garante sua precisão, completude ou correção.

Como as volatilidades são o único componente subjetivo que deve ser estimado pelos operadores da opção, elas desempenham um papel na precificação de opções. Todos os pares de moedas têm séries históricas que contribuem para a formação das expectativas dos operadores de opções. Mas no final das contas, os operadores de opções verdadeiramente talentosos são aqueles com a intuição e o *insight* para precificar o futuro de maneira eficaz.

Assim como todos os mercados de futuros, as volatilidades das opções reagem instantânea e negativamente a eventos (ou rumores) econômicos e políticos inquietantes. Duplicar a volatilidade de uma opção *at-the-money* resultará em uma duplicação equivalente do preço da opção. A maioria dos operadores de opções de moeda focam suas atividades em prever movimentos da volatilidade de moedas no curto prazo, porque os movimentos no curto prazo são os que mais alteram os preços. Por exemplo, as volatilidades de opção subiram significativamente nos meses que precederam a Guerra do Golfo Pérsico, em setembro de 1992, quando o Sistema Monetário Europeu estava em crise, em 1997 depois do início da crise financeira asiática, e nos dias seguintes aos ataques terroristas aos Estados Unidos em setembro de 2001. Em todos os casos, as volatilidades das opções da maioria das combinações cruzadas de moedas, como o SF/US$, subiu para aproximadamente 20% por longos períodos. Consequentemente, os custos dos prêmios subiram de maneira correspondente em termos de valor.

Regra básica: os operadores que acreditarem que as volatilidades cairão significativamente em um futuro próximo irão vender (lançar) opções agora, esperando comprá-las de volta obtendo um lucro imediatamente depois de todas as volatilidades caírem, fazendo os prêmios das opções caírem.

Sensibilidade à variação nos diferenciais da taxa de juros (rô e pi)

No início desta seção, ressaltamos que os preços e valores das opções de moeda são focados na taxa a termo. A taxa a termo é, por sua vez, baseada na teoria da Paridade da Taxa de Juros, discutida no Capítulo 7. Variações na taxa de juros de qualquer das moedas alterarão a taxa a termo, que, por sua vez, alterará o prêmio ou valor da opção. A variação esperada no prêmio da opção a partir de uma pequena variação na taxa de juros doméstica (moeda doméstica) é chamada de *rô*. A variação esperada no prêmio da opção a partir de uma pequena variação na taxa de juros estrangeira (moeda estrangeira) é chamada de *pi*.

Continuando com nosso exemplo numérico, um aumento na taxa de juros do dólar americano de 8,0% para 9,0% aumenta o prêmio da opção de compra *at-the-money* de libras esterlina britânicas de US$0,033/£ para US$0,035/£. Este é um valor positivo de rô de 0,2:

$$rô = \frac{\Delta \text{ Prêmio}}{\Delta \text{ Taxa de juros do dólar americano}} = \frac{\text{US\$0,035/£} - \text{US\$0,033/£}}{9,0\% - 8,0\%} = 0,2$$

Um aumento similar de 1% na taxa de juros estrangeira – a taxa da libra esterlina, neste caso – *reduz* o valor da opção (prêmio) de US$0,033/£ para US$0,031/£. O *pi* do prêmio desta opção é, portanto –0,2:

$$pi = \frac{\Delta \text{ Prêmio}}{\Delta \text{ Taxa de juros estrangeira}} = \frac{\text{US\$0,031/£} - \text{US\$0,033/£}}{9,0\% - 8,0\%} = -0,2$$

Por exemplo, durante toda a década de 1990, as taxas de juros do dólar americano (moeda doméstica) mantiveram-se substancialmente mais baixas do que as taxas de juros da libra esterlina (moeda estrangeira). Isso significava que a libra consistentemente era vendida a termo com desconto em relação ao dólar americano. Se esse diferencial de juros aumentasse (ou com a queda das taxas de juros do dólar ou com o aumento das taxas de juros da moeda estrangeira, ou uma combinação de ambos), a libra seria vendida a termo com um desconto maior. Um aumento no desconto a termo é o mesmo que uma diminuição na taxa a termo (em dólares americanos por unidade de moeda estrangeira). A condição do prêmio da opção afirma que o prêmio tem que aumentar à medida que aumentarem os diferenciais das taxas de juros (supondo que as taxas à vista permaneçam inalteradas).

O Quadro 8.13 demonstra como o prêmio de opções de compra europeias de libras esterlinas britânicas varia com os diferenciais de juros. Se usarmos as mesmas suposições para o valor das opções de compra de antes, um aumento nas taxas de juros da libra esterlina em relação ao dólar americano, $i_{US\$} - i_£$ um movimento da esquerda para a direita resulta em uma queda no prêmio da opções de compra.

Para o operador de opções, uma expectativa do diferencial entre as taxas de juros pode obviamente ajudar na avaliação de para onde caminha o valor da opção. Por exemplo, quando as taxas de juros estrangeiras são maiores do que as taxas de juros domésticas, a moeda estrangeira é vendida

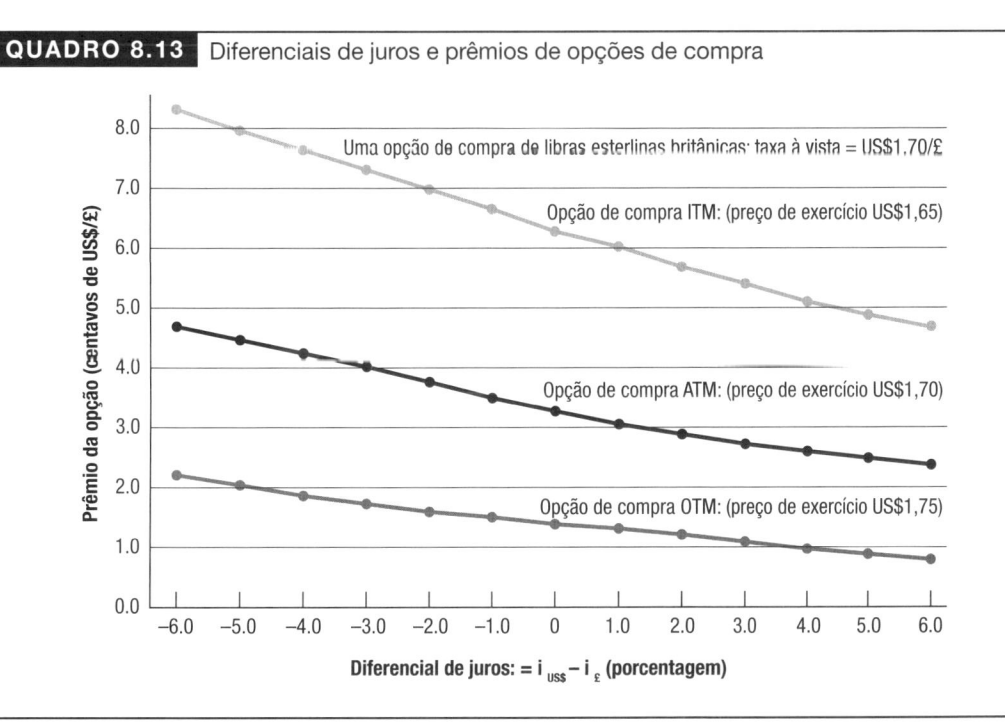

QUADRO 8.13 Diferenciais de juros e prêmios de opções de compra

com desconto. Isso resulta em prêmios de opções de compra relativamente mais baixos (e prêmios de opções de venda mais altos).

> *Regra básica:* um operador que esteja comprando uma opção de compra em moeda estrangeira deve fazê-lo antes de as taxas de juros domésticas subirem. Isso permitirá que o operador compre a opção antes de seu preço aumentar.

Preços de exercício alternativos e prêmios de opções

O sexto e último elemento que é importante na avaliação de opções (mas que, felizmente, não possui nome grego) é a seleção do preço de exercício real. Apesar de termos conduzido toda a nossa análise de sensibilidade usando o preço de exercício de US$1,70/£ (um preço de exercício a termo *at-the-money*), uma empresa que esteja comprando uma opção no mercado de balcão pode escolher seu próprio preço de exercício. A questão é como escolher.

O Quadro 8.14 ilustra os prêmios de opções de compra exigidos para uma série de preços de exercício alternativos acima e abaixo do preço de exercício a termo *at-the-money* de US$1,70/£ usando nosso exemplo como parâmetro. O prêmio da opção de compra usado, US$1,70/£, é de 3,3 centavos US$/£. As opções de compra subscritas com preços de exercício menores do que US$1,70/£, quando a taxa à vista presente é de US$1,70/£, já são lucrativas ou *in-the-money*. Por exemplo, uma opção de compra com um preço de exercício de US$1,65/£ teria um valor intrínseco de US$0,05/£ (US$1,70/£ – US$1,65/£), que o prêmio da opção tem que cobrir. O prêmio da opção de compra para o preço de exercício de US$1,65/£ é de 6,3 centavos de US$/£, que é maior do que o valor do prêmio anterior.

Da mesma forma, opções de compra de libras esterlinas a preços de exercício acima de US$1,70/£ tornam-se cada vez mais baratas com a taxa à vista subjacente de US$1,70/£. No presente, eles não têm nenhum valor intrínseco. Por exemplo, uma opção de compra de libras esterlinas com um preço de exercício de US$1,75/£ possui um prêmio de apenas 1,5 centavos de US$/£, porque a opção, no presente, está muito *out-of-the-money*. A opção não possui nenhum valor intrínseco, mas apenas valor temporal; o valor intrínseco é zero.

O Quadro 8.15 resume os vários elementos "gregos" e impactos discutidos nas seções anteriores. O prêmio da opção é um dos conceitos mais complexos da teoria financeira, e a aplicação da precificação de opções a taxas de câmbio não o simplifica. Apenas com um tempo e esforço consideráveis é que pode se esperar que um indivíduo adquira um "sexto sentido" no gerenciamento de posições de opção de moeda.

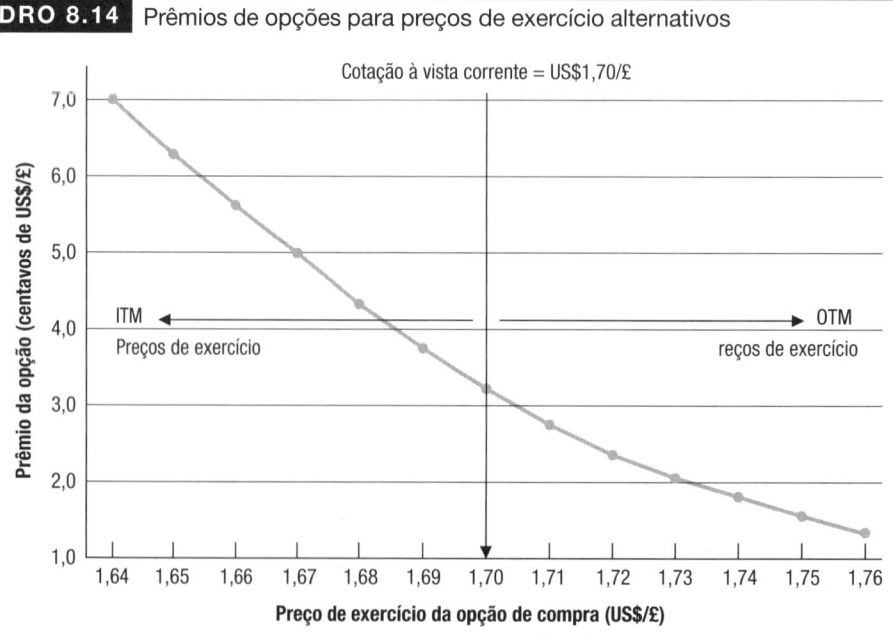

QUADRO 8.14 Prêmios de opções para preços de exercício alternativos

QUADRO 8.15 — Resumos dos componentes de prêmios de opções

Grego	Definição	Interpretação
Delta Δ	Variação esperada no prêmio da opção para uma pequena variação na **taxa à vista**	Quanto mais alto o delta, mais provável a opção se movimentará em direção a estar *in-the-money*.
Teta θ	Variação esperada no prêmio da opção para uma pequena variação no **prazo até o vencimento**	Prêmios são relativamente insensíveis até os 30 e poucos últimos dias.
Lambda λ	Variação esperada no prêmio da opção para uma pequena variação na **volatilidade**	Prêmios sobem com aumentos na volatilidade.
Rô ρ	Variação esperada no prêmio da opção para uma pequena variação na **taxa de juros doméstica**	Aumentos nas taxas de juros domésticas causam aumentos nos prêmios das opções de compra.
Pi φ	Variação esperada no prêmio da opção para uma pequena variação na **taxa de juros estrangeira**	Aumentos nas taxas de juros estrangeiras causam diminuições nos prêmios das opções de compra.

PRUDÊNCIA NA PRÁTICA

Como ilustrado no quadro Finanças Globais na Prática 8.2, os grandes desastres financeiros corporativos relacionados a derivativos financeiros continuam a ser um problema nos negócios globais. Assim como ocorre com tantas questões na sociedade moderna, a culpa não é da tecnologia, mas de erros humanos no uso da tecnologia. Concluímos nossa discussão de derivativos financeiros com uma observação de cautela e humildade extraída de um ensaio de autoria de Peter Bernstein, publicada na Harvard Business Review:

> *Mais do que qualquer outro acontecimento, a quantificação do risco define o limite entre os tempos modernos e o resto da história. A velocidade, poder, movimento e comunicação instantânea que caracterizam nossa era teriam sido inconcebíveis antes de a ciência eliminar a superstição como reduto contra riscos de todos os tipos.*
>
> *É um orgulho arrogante acreditarmos que somos capazes de atribuir números confiáveis e estáveis ao impacto do poder de um político, à probabilidade de um boom de aquisições como o que ocorreu na década de 1980, ao retorno sobre as bolsas de valores nos próximos 2, 20 ou 50 anos, ou a fatores subjetivos como utilidade e aversão a risco. É igualmente bobo limitar nossas deliberações apenas àquelas variáveis que se prestam à quantificação, excluindo de toda consideração séria aquelas que não são quantificáveis. É irracional confundir probabilidade com cronologia e supor que um evento com baixa probabilidade, portanto, não é iminente. Tal confusão, no entanto, não é de forma alguma incomum. E certamente é ingênuo definir descontinuidade como anomalia em vez de como normalidade; somente a forma e a cronologia dos distúrbios estão escondidos de nós, não sua inevitabilidade.*
>
> *Finalmente, a ciência do gerenciamento de risco é capaz de criar novos riscos mesmo enquanto tenta controlar antigos riscos. Nossa fé no gerenciamento de risco nos encoraja a assumir riscos que não assumiríamos caso contrário. Na maioria das vezes, isso é benéfico. Mas devemos estar cientes de estarmos aumentando a quantidade total de risco no sistema. Pesquisas mostram que a segurança dos cintos de segurança encorajam os motoristas a se comportarem mais agressivamente, com o resultado de que o número de acidentes aumenta mesmo que a seriedade dos ferimentos em um acidente individual possa diminuir.*
>
> —Reimpresso com permissão da Harvard Business Review. Extraído de "The New Religion of Risk Management", de Peter L. Bernstein, março-abril 1996. Copyright 1996 by the Harvard Business School Publishing Corporation; todos os direitos reservados.

FINANÇAS GLOBAIS NA PRÁTICA 8.2

Uma lista selecionada de desastres relacionados a derivativos e à administração

Data	Empresa	Descrição
1991	Allied-Lyons (Reino Unido)	Perdas de £165 milhões relacionadas à especulação em opções de moedas.
1993	Shell Showa Sekiyu (Japão)	Mais de ¥1,5 bilhão em perdas provenientes do reconhecimento de perdas cumulativas em contratos a termo rolados (*rolled over*)* entre 1989 e 1993.
1993	Metallgesellschaft (Alemanha)	Essencialmente, uma estratégia falha de *hedge* com contratos futuros causou o colapso da organização.
1994	Codelco (Chile)	Um operador de futuros de cobre da empresa nacional de cobre do Chile, a Codelco, perde aproximadamente 0,5% do produto interno bruto do Chile em 1994 através da especulação em contratos de futuros.
1994	Kashima Oil (Japão)	Centenas de milhões de ienes são perdidos devido a uma especulação a termo falha realizada em ienes japoneses.
1994	Procter & Gamble (EUA), Gibson Greeting Cards (EUA), Air Products (EUA), Dharmala (Indonésia)	Todos sofrem perdas materiais nos milhões de dólares em acordos de *swap* alavancado com o Bankers Trust dos Estados Unidos.
1995	Barings Brothers (Reino Unido)	O mais antigo banco de investimentos de Londres vai à falência em decorrência das perdas causadas pela negociação de contratos futuros por um operador em seu escritório em Cingapura, um tal de Sr. Nicholas Leeson. (Ver minicaso a seguir).
2002	Allied Irish Bank (EUA/Reino Unido)	Um operador de câmbio desonesto nos escritórios de Baltimore do Allied Irish Bank leva a fama por uma perda de mais de US$691 milhões.

*N. de T.: O termo refere-se à extensão de um contrato de futuros para além da sua data de vencimento original. Representa, na prática, a troca de um contrato que está no seu vencimento, pelo contrato com vencimento seguinte.

RESUMO

- Um contrato futuro de câmbio é um acordo negociado na bolsa que determina a entrega futura de uma quantia padrão de moeda estrangeira em determinado momento, local e preço específicos.

- Os contratos futuros de câmbio são, na realidade, contratos a termo padronizados. Ao contrários dos contratos a termo, no entanto, as negociações ocorrem no pregão de uma bolsa de valores organizada em vez de entre bancos e clientes. Os contratos futuros também exigem colateral e normalmente são liquidados através da compra de uma posição que neutralize a anterior.

- Como resumido no Quadro 8.2, os contratos futuros diferem dos contratos a termo no tamanho do contrato, vencimento, local de negociação, preço, exigências de colateral/margem, método de compensação, comissões, horário de negociação, contrapartes e liquidez.

- Os gestores financeiros tipicamente preferem contratos a termo em moeda estrangeira aos contratos futuros devido à simplicidade de uso e de manutenção de posição dos contratos a termo. Os especuladores financeiros tipicamente preferem os contratos futuros aos contratos a termo devido à liquidez dos mercados de futuros.

- As opções em moeda estrangeira são contratos financeiros que dão ao titular o direito, mas não a obrigação, de comprar (no caso de opções de compra) ou vender (no caso de opções de venda) uma quantidade especificada de moeda estrangeira a um preço predeterminado em uma data de vencimento especificada ou antes dela.

- O uso de uma opção de moeda como dispositivo especulativo para o comprador de uma opção surge do fato de que uma opção aumenta de valor à medida que a moeda subjacente aumenta (para opções de compra) ou cai (para opções de venda). A quantia perdida quando a moeda subjacente se movimenta na direção oposta à direção desejada está limitada ao prêmio da opção.

- O uso de uma opção de moeda como dispositivo especulativo para o lançador (vendedor) de uma opção surge em decorrência do prêmio da opção. Se a opção – seja de compra ou de venda – expirar *out-of-the-money* (sem valor), o lançador da opção terá ganho, e reterá, todo o prêmio.

- A especulação é uma tentativa de lucrar negociando sobre as expectativas sobre preços no futuro. No mercado de câmbio, especula-se assumindo uma posição em uma moeda estrangeira e então fechando essa posição depois de a taxa de câmbio ter se movimentado; resultará em lucro apenas se a taxa se movimentar na direção que o especulador esperava.

- O comprador de uma opção de compra ou venda possui um potencial de perda limitado e um potencial de lucro ilimitado; o comprador de uma opção de compra ou venda não pode perder mais do que o prêmio da opção pago inicialmente.

- O lançador (vendedor) de uma opção de compra ou venda possui um potencial de lucro limitado (o prêmio da opção obtido é o limite do lucro), com um potencial de perda ilimitado de cobrir a opção vendida.

- A avaliação de opções de moeda, isto é, a determinação do prêmio das opções, é uma combinação complexa da taxa à vista corrente, preço de exercício específico, taxa a termo (que é, em si, dependente da taxa à vista corrente e diferenciais de juros), volatilidade da moeda e prazo até o vencimento.

- O valor total de uma opção é a soma de seu valor intrínseco e seu valor temporal. O valor intrínseco depende da relação entre o preço de exercício da opção e a taxa à vista corrente em qualquer momento no tempo, enquanto que o valor temporal estima como esse valor intrínseco corrente pode mudar – para melhor – antes do vencimento ou expiração da opção.

MINICASO: Warren Buffett e derivativos: uma relação de amor e ódio

Warren Buffett há muito tempo é considerado uma das verdadeiras vozes da razão no vasto deserto das más decisões de negócios. Como Presidente do Conselho do Berkshire Hathaway, juntamente com seu amigo e colega de trabalho, o vice-presidente Charlie Munger, possui umas das melhores reputações em investimento. Também é famoso por sua natureza de sinceridade extrema, por suas falas duras e, em alguns casos, pura rudeza. Um dos alvos de suas críticas implacáveis tem sido os derivativos. No trecho a seguir, de uma de suas famosas cartas aos acionistas, ele não economiza palavras ao difamar o que ele vê como uma ameaça definitiva ao futuro tanto do sistema financeiro quanto dos negócios de maneira geral.

Mas é preciso uma observação antes de continuarmos. Em sua carta aos acionistas de 2007 (publicada em março de 2008), este mesmo Warren Buffett descreveu detalhadamente como a empresa tinha 94 contratos de derivativos de dois tipos, *Credit Default Swaps* e opções de venda em índices da bolsa. Buffett observou que ".. em todos os casos, retemos o dinheiro, o que significa que não temos risco de contrapartes". Ele também deu uma explicação muito interessante sobre como a contabilidade de marcação a mercado dos derivativos detidos pela empresa seria vista:

"As mudanças no valor de um contrato derivativo, no entanto, têm que ser aplicadas a cada trimestre aos lucros. Assim, nossas posições de derivativos às vezes causarão grandes oscilações nos lucros divulgados, apesar de Charlie e eu acreditarmos que o valor intrínseco dessas posições possa ter mudado um pouco. Ele e eu não seremos incomodados por essas oscilações – apesar de elas poderem facilmente chegar a US$1 bilhão ou mais em um trimestre – e esperamos que vocês também não sejam. Vocês se lembram que em nosso negócio de seguro contra catástrofes, sempre estamos prontos para trocar maior volatilidade nos lucros divulgados no curto prazo por maiores ganhos no valor líquido no longo prazo. Esta também é nossa filosofia em relação aos derivativos".

—Carta aos acionistas, Berkshire Hathaway, Relatório anual, 2007, p. 16.

Com esses pensamentos reconfortantes, o que veremos a seguir descreve o pensamento do Sr. Buffett cinco anos antes.

Relatório anual da Berkshire Hathaway, 2002: Trecho sobre derivativos

Charlie e eu concordamos em como nos sentimos em relação aos derivativos e as atividades de negociação a eles relacionados: vemo-los como bombas-relógio, tanto para as partes que os negociam com eles quanto para o sistema econômico.

Tendo produzido este pensamento, ao qual voltarei, passemos à explicação dos derivativos, apesar de que a explicação terá que ser de teor geral, pois a palavra cobre uma ampla gama de contratos financeiros. Essencialmente, esses instrumentos determinam que o dinheiro troque de mãos em alguma data futura, com a quantia a ser determinada por um ou mais itens de referência, como taxas de juros, preços de ações ou valores de moedas. Se, por exemplo, você tiver uma posição comprada ou vendida em um contrato futuro do S&P 500, você será parte de uma transação de derivativos muito simples – com seu ganho ou perda decorrentes dos movimentos do índice. Os contratos de derivativos têm duração variável (às vezes vigentes por 20 anos ou mais) e seu valor geralmente é atrelado a diversas variáveis.

A menos que os contratos de derivativos sejam colateralizados ou garantidos, seu valor último também depende da capacidade creditícia de suas contrapartes. Nesse ínterim, no entanto, antes de um contrato ser compensado, as contrapartes registram ganhos e perdas – geralmente em quantias enormes – em suas demonstrações de resultados correntes sem nem um único centavo mudar de mãos.

A variedade dos contratos de derivativos é limitada apenas pela imaginação humana (ou às vezes, ao que parece, de loucos). Na Enron, por exemplo, derivativos de papel-imprensa e banda larga, que seriam compensados muitos anos à frente, foram colocados nos livros contábeis. Ou digamos que você quisesse escrever um contrato especulando sobre o número de gêmeos que irão nascer em Nebraska, EUA, em 2020. Sem problemas – por certo preço, você certamente encontrará uma contraparte disposta.

Quando compramos a Gen Re, veio junto a General Re Securities, uma operadora de derivativos que Charlie e eu não queríamos, julgando-a perigosa. Falhamos em nossas tentativas de vender a operação, no entanto, e hoje a estamos extinguindo. Mas fechar um negócio de derivativos é mais fácil na teoria do que na prática. Serão muitos anos antes de estarmos totalmente fora dessa operação (apesar de reduzirmos nossa exposição diariamente). Na verdade, os negócios de resseguro e o de derivativos são similares: assim como o inferno, é fácil entrar em ambos, mas quase impossível de sair. Em qualquer dos dois setores, uma vez que você assina um contrato – o que pode exigir um grande pagamento décadas mais tarde – você geralmente está preso com ele. É verdade, há métodos através dos quais o risco pode ser transferido a outros. Mas a maioria das estratégias de se fazer isso meio que deixam você com uma obrigação residual.

Uma outra coisa que os resseguros e os derivativos têm em comum é que ambos geram lucros divulgados que geralmente são exagerados. Isso ocorre porque os lucros de hoje em dia são, de uma maneira significativa, baseados em estimativas cuja imprecisão pode não ser exposta durante muitos anos.

Erros normalmente são honestos, refletindo apenas a tendência humana a assumir uma visão otimista de seus compromissos. Mas as partes envolvidas nos contratos de derivativos também têm enormes incentivos a roubar na contabilidade a seu favor. Aqueles que negociam derivativos geralmente são pagos (total ou parcialmente) com base em "lucros" calculados pela contabilidade de marcação a mercado. Mas geralmente não existe mercado real (pense em nosso contrato que envolvia gêmeos) e utiliza-se a "marcação a modelo". Esta substituição pode gerar enormes prejuízos. Como regra geral, os contratos que envolvem múltiplos itens de referência e datas de compensação distantes aumentam as oportunidades para que as contrapartes usem pressupostos fantasiosos. Na situação dos gêmeos, por exemplo, as duas partes do contrato poderiam muito bem utilizar modelos diferentes que permitissem que ambos mostrasse lucros substanciais por muitos anos. Em casos extremos, a marcação a modelo se degenera no que eu chamaria de "marcação a mito".

Obviamente, auditores internos e externos avaliam os números, mas esse não é um trabalho fácil. Por exemplo, a General Re Securities no final do ano (dez meses depois de finalizar suas operações) tinha 14.384 contratos em vigor, envolvendo 672 contrapartes em todo o mundo. Cada contrato tinha um valor positivo ou negativo deduzido de um ou mais itens de referência, incluindo alguns de uma complexidade impressionante. Ao avaliar uma carteira como essa, auditores experientes poderiam fácil e honestamente ter opiniões extremamente variadas.

O problema da avaliação está longe de ser acadêmico: nos últimos anos, algumas fraudes e quase-fraudes de grande escala foram facilitadas pelo comércio de derivativos. Nos setores de empresas de utilidade pública de energia e eletricidade, por exemplo, as empresas usavam derivativos e atividades de negociação para divulgar grandes "lucros" – até o teto ruir quando eles realmente tentaram converter em dinheiro as contas a receber relacionadas a derivativos que se encontravam em seus balanços patrimoniais. A "marcação a mercado" passou a ser, então, realmente "marcação a mito".

Posso lhe garantir que os erros de marcação no negócio de derivativos não foram simétricos. Quase que invariavelmente, eles favoreceram ou o operador, que estava de olho em um bônus multimilionário, ou o CEO, que queria divulgar "lucros" impressionantes (ou ambos). Os bônus eram pagos e o CEO lucrava com suas opções. Somente muito mais tarde é que os acionistas descobriram que os lucros divulgados eram um "blefe".

Um outro problema sobre os derivativos é que eles podem exacerbar problemas que a corporação tenha encontrado por motivos completamente não relacionados. Esse efeito cumulativo ocorre porque muitos contratos de derivativos exigem que uma empresa que sofreu rebaixamento em sua classificação de crédito imediatamente forneça colateral a suas contrapartes. Imagine, então, que uma empresa seja rebaixada devido a adversidades gerais e que seus derivativos instantaneamente passem a fazer essa exigência, impondo sobre a empresa uma demanda inesperada e enorme de dinheiro em caixa como colateral. A necessidade de atender a essa demanda pode, então, levar a empresa a uma crise de liquidez que pode, em alguns casos, estimular ainda outros rebaixamentos na classificação de crédito. Tudo isso vira uma espiral que pode levar ao colapso da corporação.

Os derivativos também criam um risco de efeito "em cascata" similar ao risco que correm as seguradoras ou resseguradoras que transferem grande parte de seus negócios a outros. Em ambos os casos, grandes contas a receber de muitas contrapartes tendem a se acumular com o tempo. (Na Gen Re Securities, ainda temos US$6,5 bilhões de contas a receber, apesar de estarmos em modo de liquidação há quase um ano). Um participante pode se considerar prudente, acreditando que suas grandes exposições de crédito são diversificadas e que, portanto, não são perigosas. Sob certas circunstâncias, porém, um evento exógeno que faz uma conta a receber da Empresa A não ser paga, também afetará aquelas das Empresas B a Z. A história nos ensina que uma crise geralmente faz problemas se correlacionarem de maneiras nunca sonhadas em épocas mais tranquilas.

Em transações bancárias, o reconhecimento de um problema de "conexões" foi um dos motivos da formação do Federal Reserve System nos EUA. Antes da criação do Fed, a falência de bancos fracos às vezes impunha demandas repentinas e imprevistas de liquidez sobre bancos previamente fortes que fazia eles irem à falência, por sua vez. O Fed agora isolava os fortes dos problemas dos fracos. Mas não há nenhum banco central designado para evitar os efeitos dominó em seguros ou derivativos. Nesses setores, as empresas que são fundamentalmente sólidas podem enfrentar problemas simplesmente devido aos problemas de outras empresas muito mais abaixo na cadeia. Quando existe uma ameaça de "reação em cadeia" em um setor, é adequado minimizar conexões de qualquer tipo. É como conduzimos nosso negócio de resseguro e é um dos motivos pelos quais estamos deixando os derivativos.

Muitas pessoas discutem que os derivativos reduzem problemas sistêmicos, no sentido de que participantes que não podem correr certos riscos são capazes de transferi-los a mãos mais fortes. Essas pessoas acreditam que os derivativos agem no sentido de estabilizar a economia, facilitar o comércio e eliminar solavancos para participantes individuais. E, em um nível micro, o que elas dizem frequentemente é verdade. De fato, na Berkshire, às vezes me envolvo em transações de derivativos de grande escala a fim de facilitar certas estratégias de investimento.

Charlie e eu acreditamos, no entanto, que o quadro macro é perigoso e está se tornando ainda mais perigoso. Grandes quantidades de risco, particularmente risco de crédito, estão concentradas nas mãos de relativamente poucos operadores de derivativos, que, além disso, fazem um comércio extensivo uns com os outros. Os problemas de um poderiam rapidamente infectar os outros. Some-se a isso o fato de contrapartes deverem enormes quantias a esses operadores. Algumas dessas contrapartes, como já mencionei, estão ligadas de maneiras que poderia fazê-las enfrentar problemas temporariamente devio a um único evento (como a implosão do setor de telecomunicações ou o enorme declínio no valor dos projetos de usinas de energia). Quando repentinamente a conexão vem à tona, ela pode dar início a sérios problemas sistêmicos.

De fato, em 1998, as atividades alavancadas pesadas em derivativos de um único fundo de *hedge* do Fed, o Long-Term Capital Management, tornou as ansiedades dos EUA tão severas que ele rapidamente orquestrou um esforço de resgate. Posteriormente, em um testemunho no Congresso, executivos do Fed reconheceram que, se eles não tivessem intervindo, as ações em circulação da LTCM – uma empresa desconhecida para o público em geral e que empregava apenas algumas centenas de pessoas – poderia ter apresentado uma séria ameaça à estabilidade dos mercados norte-americanos. Em outras palavras, o Fed agiu porque seus líderes temiam o que poderia acontecer a outras instituições financeiras se o primeiro "dominó" da LTCM tivesse caído. E esse caso, apesar de ter paralisado muitas partes do mercado de renda fixa durante semanas, estava longe de ser o pior possível.

Um dos instrumentos de derivativos que a LTCM usava eram os *swaps* de retorno total, contratos que facilitam 100% de alavancagem em vários mercados, incluindo ações. Por exemplo, a Parte A de um contrato, normalmente um banco, mobiliza todo o dinheiro para a compra de ações enquanto a Parte B, sem mobilizar nenhum capital, concorda que, em uma data futura, receberá qualquer ganho ou pagará qualquer perda que o banco realizar.

Os *swaps* de retorno total desse tipo faz chacota das exigências de margem. Além disso, outros tipos de derivativos restringem severamente a capacidade de reguladores conter a alavancagem e geralmente colocar as mãos nos perfis de risco de bancos, seguradoras e outras instituições financeiras. Da mesma forma, até mesmo investidores e analistas experientes enfrentam grandes problemas ao analisar as condições financeiras de empresas que estão fortemente envolvidas com contratos de derivativos. Quando Charlie e eu terminarmos de ler as longas notas de rodapé que detalham as atividades de derivativos dos grandes principais bancos, a única coisa que compreendemos é que não compreendemos o quanto risco a instituição está correndo.

O gênio dos derivativos agora já saiu totalmente da lâmpada, e esses instrumentos quase que certamente se multiplicarão em variedade e número até que algum evento torne claro o quanto eles são tóxicos. Saber o quão perigosos eles são já permeou os negócios de eletricidade e gás, nos quais a erupção de grandes problemas fez o uso de derivativos diminuir drasticamente. Em outros setores, no entanto, o negócio de derivativos continua a se expandir livremente. Os bancos centrais e governos ainda não encontraram nenhuma maneira eficiente de controlar, ou mesmo monitorar, os riscos apresentados por esses contratos.

Charlie e eu acreditamos que a Berkshire deveria ser uma fortaleza de força financeira – em nome de nossos proprietários, credores, detentores de apólices e funcionários. Tentamos estar alertas a qualquer tipo de risco megacatastrófico e essa postura nos torna desnecessariamente apreensivos sobre as quantidades explosivas de contratos de derivativos de longo prazo e a quantidade maciça de contas a receber não colateralizadas que estão crescendo junto deles. Em nossa visão, no entanto, os derivativos são armas financeiras de destruição em massa, carregando perigos que, apesar de agora estarem latentes, são potencialmente letais.

Perguntas do caso

1. Em sua carta de 2002 aos acionistas, o que Warren Buffett parece mais temer em relação aos derivativos financeiros?
2. Em sua carta de 2007 aos acionistas, o que Warren Buffett admite que ele e Charlie tinham feito?
3. Você acha que existe uma consistência subjacente nesse ponto de vista sobre o uso adequado de derivativos?

PERGUNTAS

1. **Opções *versus* contratos de futuros.** Explique a diferença entre opções em moeda estrangeira e contratos futuros e quando um ou outro pode ser usado mais adequadamente.
2. **Local de negociação de futuros.** Verifique o The Wall Street Journal para encontrar onde os contratos futuros de câmbio dos Estados Unidos são negociados.
3. **Terminologia dos contratos futuros.** Explique o significado e a provável importância para os negócios internacionais das seguintes especificações de contrato:
   a. Contrato de tamanho especificado
   b. Método padrão de declarar taxas de câmbio
   c. Data de vencimento padrão
   d. Colateral e margens de manutenção
   e. Contrapartes
4. **A negociação de um contrato futuro.** Um jornal mostra os seguintes preços para o dia de negociações anterior de contratos futuros de moedas em dólar americano-euro:

Mês:	Dezembro
Abertura:	0,9124
Fechamento:	0,9136
Variação:	+0,0027
Máximo:	0,9147
Mínimo:	0,9098
Volume estimado:	29.763
Posição aberta:	111.360
Tamanho do contrato:	€125.000

O que os termos acima indicam?

5. **Opções de venda e de compra.** Qual é a diferença básica entre uma opção de venda e uma opção de compra de libras esterlinas britânicas?
6. **Elemento do contrato de uma opção de compra.** Você lê que as opções de compra americanas de libras esterlinas

negociadas na bolsa de valores que têm o preço de exercício de 1,460 e um vencimento no próximo mês de março estão cotadas a 3,67. O que isso significa se você for um comprador potencial?

7. **O custo de uma opção.** O que acontece com o prêmio que você pagou pela opção na pergunta 6 caso você decida deixar a opção expirar sem ser exercida? O que acontece com esse valor caso você decida exercer a opção?

8. **Comprando uma opção europeia.** Você tem as mesmas informações que na pergunta 6, exceto que o preço é de uma opção europeia. O que é diferente?

9. **Lançando opções.** Por que alguém lançaria uma opção, sabendo que o ganho decorrente do recebimento do prêmio da opção é fixo, mas a perda, se o preço subjacente for na direção errada, pode ser extremamente grande?

10. **Avaliação de opções.** O valor de uma opção é declarado como a soma de seu valor intrínseco e seu valor temporal. Explique o que esses termos significam.

PROBLEMAS

*1. **Peregrine Funds – Jacarta.** Samuel Samosir negocia moedas para o Peregrine Funds em Jacarta, Indonésia. Ele foca quase todo o seu tempo e atenção à taxa cruzada entre o dólar americano/dólar de Cingapura (US$/S$). A taxa à vista corrente é de US$0,6000/S$. Depois de um considerável estudo esta semana, ele concluiu que o dólar de Cingapura será apreciado em relação ao dólar americano nos próximos 90 dias, provavelmente para aproximadamente US$0,7000/S$. Ele possui as seguintes opções em dólar de Cingapura dentre as quais escolher:

Opção	Preço de exercício	Prêmio
Opção de venda sobre Sing $	US$0,6500/S$	US$0,00003/S$
Opção de compra sobre Sing $	US$0,6500/S$	US$0,00046/S$

a. Samuel deve comprar uma opção de venda sobre dólares de Cingapura ou uma opção de compra sobre dólares de Cingapura?
b. Usando sua resposta para a parte (a), qual é o preço do ponto de equilíbrio de Samuel?
c. Usando sua resposta para a parte (a), qual é o lucro bruto e o lucro líquido de Samuel (incluindo o prêmio) se a taxa à vista no final de 90 dias for, de fato, US$0,7000/S$?
d. Usando sua resposta para a parte (a), qual é o lucro bruto e o lucro líquido de Samuel (incluindo o prêmio) se a taxa à vista no final de 90 dias for, de fato, US$0,8000/S$?

2. **Opções de venda de Paulo.** Paulo lança uma opção de venda em ienes japoneses com um preço de exercício de US$0,008000/¥ (¥125,00/US$) e um prêmio de 0,0080 centavos de dólar por iene, com uma data de vencimento daqui a seis meses. A opção é para um volume de ¥12.500.000. Qual será o lucro ou perda de Paulo no vencimento se as taxas à vista finais forem de ¥110/US$, ¥115/US$, ¥120/US$, ¥125/US$, ¥130/US$, ¥135/US$ e ¥140/US$?

3. **Amber McClain.** Amber McClain, a especuladora monetária que conhecemos anteriormente neste capítulo, agora está vendendo oito contratos futuros para junho por 500.000 pesos pelo preço de fechamento cotado no Quadro 8.1.
a. Qual é o valor de sua posição no vencimento se a taxa à vista final for de US$0,12000/Ps?
b. Qual é o valor de sua posição no vencimento se a taxa à vista final for de US$0,09800/Ps?
c. Qual é o valor de sua posição no vencimento se a taxa à vista final for de US$0,11000/Ps?

4. **Black River Investments.** Jennifer Magnussen, uma operadora de moeda da Black River Investments, sediada em Chicago, usa as cotações futuras (exibidas no fim da página seguinte) de libras esterlinas britânicas para especular sobre seu valor:
a. Se Jennifer comprar 5 contratos futuros de libras esterlinas para vencimento em junho, e a taxa à vista no vencimento for de US$1,3980/£, qual será o valor da posição de Jennifer?
b. Se Jennifer vender 12 contratos futuros de libras esterlinas para vencimento em março, e a taxa à vista no vencimento for de US$1,4560/£, qual será o valor da posição de Jennifer?
c. Se Jennifer comprar 3 contratos futuros de libras esterlinas em março, e a taxa à vista no vencimento for de US$1,4560/£, qual será o valor da posição de Jennifer?
d. Se Jennifer vender 12 contratos futuros de libras esterlinas para vencimento em junho, e a taxa à vista no vencimento for de US$1,3980/£, qual será o valor da posição de Jennifer?

5. **Madera Capital.** Katya Berezovsky é uma especuladora de moeda do Madera Capital de Los Angeles. Sua última posição especulativa é lucrar em cima de sua expectativa de que o dólar americano vá subir significativamente em relação ao iene japonês. A taxa à vista corrente é de ¥120,00/US$. Ela tem que escolher entre as seguintes opções de 90 dias no iene japonês:

Opção	Preço de exercício	Prêmio
Opção de venda sobre ienes	¥125/US$	US$0,00003/¥
Opção de compra sobre ienes	¥125/US$	US$0,00046/¥

a. Katya deve comprar uma opção de venda sobre ienes ou uma opção de compra sobre ienes?
b. Usando sua resposta para a parte (a), qual é o preço do ponto de equilíbrio de Katya?
c. Usando sua resposta para a parte (a), qual é o lucro bruto e o lucro líquido de Katya (incluindo o prêmio) se a taxa à vista no final de 90 dias for, de fato, ¥140/US$?

6. **Gnome Capital (A).** Stefan Weir negocia moedas para a Gnome Capital de Geneva. Stefan possui US$10 milhões com os quais começar, e ele tem que declarar todos os lucros no final de qualquer especulação em dólares americanos. A taxa à vista sobre o euro é de US$1,3558/€, enquanto que a taxa a termo de 30 dias é de US$1,3550/€.
a. Se Stefan acredita que o euro vá continuar a subir em valor em relação ao dólar americano, de modo que ele

espera que a taxa à vista seja US$1,3600/€ ao final de 30 dias, o que ele deve fazer?

b. Se Stefan acredita que o euro irá sofrer uma depreciação em valor em relação ao dólar americano, de modo que ele espera que a taxa à vista seja US$1,2800/€ ao final de 30 dias, o que ele deve fazer?

7. **Gnome Capital (B).** Stefan Weir acredita que o franco suíço será apreciado em relação ao dólar americano no período futuro de três meses. Ele possui US$100.000 para investir. A taxa à vista corrente é de US$0,5820/SF, a taxa a termo de três meses é de US$0,5640/SF, e ele espera que as taxas à vista cheguem a US$0,6250/SF em seis meses.
  a. Calcule o lucro esperado de Stefan supondo uma estratégia de especulação puramente de mercado à vista.
  b. Calcule o lucro esperado de Stefan supondo que ele compre ou venda SF em contratos a termo de três meses.

8. **Lucros de opções de compra.** Suponha que uma opção de compra em euros seja lançada com um preço de exercício de US$1,25/€ e um prêmio de 3,80 centavos de dólar por euro (US$0,0380/€) e com uma data de vencimento dentro de três meses. A opção é para um volume de €100.000. Calcule seu lucro ou perda se você exercer a opção antes do vencimento em um momento em que o euro esteja sendo negociado à vista por
  a. US$1,10/€
  b. US$1,15/€
  c. US$1,20/€
  d. US$1,25/€
  e. US$1,30/€
  f. US$1,35/€
  g. US$1,40/€

9. **Giri, o "do contra".** Giri Patel trabalha para o CIBC Currency Funds em Toronto. Giri é um tanto do contra – ao contrário da maioria das previsões, ele acredita que o dólar canadense (C$) será apreciado em relação ao dólar americano no decorrer dos próximos 90 dias. A taxa à vista corrente é de US$0,6750/C$. Giri pode escolher entre as seguintes opções em dólares canadenses:

Opção	Preço de exercício	Prêmio
Opção de venda sobre C$	US$0,7000	UC$0,0003/C$
Opção de compra sobre C$	US$0,7000	US$0,0249/C$

  a. Giri deve comprar uma opção de venda sobre dólares canadenses ou uma opção de compra sobre dólares canadenses?
  b. Usando sua resposta para a parte (a), qual é o preço do ponto de equilíbrio de Giri?
  c. Usando sua resposta para a parte (a), qual é o lucro bruto e o lucro líquido de Giri (incluindo o prêmio) se a taxa à vista no final de 90 dias for, de fato, US$0,7600/C$?
  d. Usando sua resposta para a parte (a), qual é o lucro bruto e o lucro líquido de Giri (incluindo o prêmio) se a taxa à vista no final de 90 dias for, de fato, US$0,8250/C$?

10. **Downing Street.** Sydney Reeks é um operador de moedas da Downing Street, uma casa de investimentos privados em Londres. Os clientes da Downing Street são uma coleção de ricos investidores privados que, com uma participação mínima de £250.000 cada, desejam especular sobre o movimento das moedas. Os investidores esperam retornos anuais acima de 25%. Apesar de localizadas em Londres, todas as contas e expectativas são baseadas em dólares americanos.

    Sydney está convencido de que a libra esterlina britânica cairá significativamente – possivelmente para US$1,3200/£ – nos próximos 30 a 60 dias. A taxa à vista corrente é de US$1,4260/£. Andy deseja comprar uma opção de venda sobre libras que renderá o retorno de 25% esperado por seus investidores. Qual das opções de venda exibidas abaixo você recomendaria que ele comprasse? Prove que sua escolha é a combinação preferível de preço de exercício, vencimento e despesa adiantada com o prêmio.

Preço de exercício	Vencimento	Prêmio
US$1,36/£	30 dias	US$0,00081/£
US$1,34/£	30 dias	US$0,00021/£
US$1,32/£	30 dias	US$0,00004/£
US$1,36/£	60 dias	US$0,00333/£
US$1,34/£	60 dias	US$0,00150/£
US$1,32/£	60 dias	US$0,00060/£

Precificando suas próprias opções

Um caderno de exercícios intitulado FX Option Pricing (Precificação de opções FX) pode ser baixado do site deste livro. O caderno de exercícios possui quatro planilhas construídas para precificar opções de moedas para os cinco seguintes pares de moedas (exibidos no alto da próxima página): dólar americano/euro, dólar americano/iene japonês, euro/iene japonês, dólar americano/libra esterlina britânica e euro/libra esterlina britânica. Use a planilha apropriada do caderno de exercícios para responder as perguntas a seguir.

11. **Dólar americano/euro.** O Quadro no alto da próxima página indica que uma opção de compra de um ano em euros com um preço de exercício de US$1,25/€ custará ao comprador US$0,0366/€, ou 4,56%. Mas isso, supondo-se uma volatilidade de 10,5% quando a taxa à vista era de US$1,2674/€. Quanto custaria essa mesma opção de compra se a volatilidade fosse de 12% e a taxa à vista, de US$1,2480/€?

12. **Dólar americano/iene japonês.** Qual seria a despesa com o prêmio, em moeda doméstica, para a compra pela Nakagama, do Japão, de uma opção para vender 750.000 dólares americanos, considerando os valores iniciais listados no caderno de exercícios FX Option Pricing?

Contratos futuros em libras esterlinas, US$/£ (CME)

Contrato = 62.500 libras

Vencimento	Abertura	Máximo	Mínimo	Fechamento	Variação	Máximo	Mínimo	Posição aberta
Março	1,4246	1,4268	1,4214	1,4228	0,0032	1,4700	1,3810	25,605
Junho	1,4164	1,4188	1,4146	1,4162	0,0030	1,4550	1,3910	809

Precificação de opções de moeda em euro	Uma empresa sediada nos EUA que deseja compra ou vender euros (a moeda estrangeira)		Uma empresa europeia que deseja comprar ou vender dólares (a moeda estrangeira)	
	Variável	Valor	Variável	Valor
Taxa à vista (doméstica/estrangeira)	S_0	US$1,248	S_0	€ 0,8013
Preço de exercício (doméstica/estrangeira)	X	US$1,2500	X	€ 0,8000
Taxa de juros doméstica (% p.a.)	r_d	1,453%	r_d	2,187%
Taxa de juros estrangeira (% p.a.)	r_f	2,187%	r_f	1,453%
Prazo (anos, 365 dias)	T	1,000	T	1,000
Equivalente em dias		365,00		365,00
Volatilidade (% p.a.)	s	10,500%	s	10,500%
Prêmio da opção de compra (por unidade de fc: *foreign currency* – moeda estrangeira)	c	US$0,0461	c	€ 0,0366
Prêmio da opção de venda (por unidade de fc: *foreign currency* – moeda estrangeira)	p	US$0,0570	p	€ 0,0295
(Precificação europeia)				
Prêmio da opção de compra (%)	c	3,69%	c	4,56%
Prêmio da opção de venda (%)	p	4,57%	p	3,68%

13. **Euro/iene japonês.** A Legrand (França) está esperando receber ¥10,4 milhões em 90 dias em decorrência de uma venda de exportação para uma empresa japonesa de semicondutores. Quanto custará, no total, a compra de uma opção para vender o iene a €0,0072/¥?

14. **Dólar americano/libra esterlina britânica.** Supondo os mesmos valores iniciais da taxa cruzada entre dólar/libra no caderno de exercícios FX Option Pricing, quanto a mais custaria uma opção de compra em libras se o vencimento fosse dobrado de 90 para 180 dias? Que aumento percentual é este para um vencimento com o dobro de tempo?

15. **Euro/libra esterlina britânica.** Como o prêmio da opção de compra mudaria sobre o direito de comprar libras com euros se a taxa de juros do euro mudasse para 4,000% a partir dos valores iniciais listados no caderno de exercícios FX Option Pricing?

EXERCÍCIOS NA INTERNET

1. **Derivativos financeiros e a ISDA.** A ISDA, a International Swaps and Derivatives Association, publica muitas informações sobre derivativos financeiros, sua avaliação e seu uso, além de fornecer documentos-modelo para seu uso contratual entre as partes. Use o *site* da ISDA a seguir para encontrar as definições de 31 perguntas e termos básicos sobre derivativos financeiros.

   ISDA www.isda.org/educat/faqs.html

2. **Gerenciamento de risco dos derivativos financeiros.** Se você acha que este livro é longo, dê uma olhada no manual U.S. Comptroller of the Currency, sobre gerenciamento de risco relacionado ao cuidado e ao uso de derivativos financeiros, que pode ser baixado gratuitamente!

   www.occ.treas.gov/handbook/deriv.pdf

3. **Precificação de opções.** A OzForex Foreign Exchange Services é uma empresa de capital fechado com um *site* muito forte em derivativos de moedas estrangeiras. Use o *site* a seguir para avaliar as várias "gregas" relacionadas à precificação de opções em moeda.

   www.ozforex.com.au/reference/fxopçãos/

4. **Formulação de opções de Garman-Kohlhagen.** Para os corajosos e adeptos a análises quantitativas, verifique, no *site* abaixo, a apresentação detalhada sobre a formulação de opções de Garman-Kohlhagen, tão amplamente usada em negócios e finanças hoje em dia.

   www.riskglossary.com/link/garman_kohlhagen_1983.htm

5. **Chicago Mercantile Exchange.** O Chicago Mercantile Exchange negocia contratos de futuros e opções em uma variedade de moedas, inclusive reais brasileiros. Use o *site* a seguir oara avaliar os usos desses derivativos de moeda.

   www.cme.com/trading/dta/del/
   product_list.html?ProductType=cur

6. **Volatilidades de moeda implícitas.** A única variável não observável na precificação de opções de moeda é a volatilidade, já que os valores da volatilidade são o desvio padrão esperado das flutuações diárias da cotação à vista pelo período futuro até o vencimento da opção. Use o *site* do Banco Central de Nova York para obter volatilidades de moeda implícitas correntes para os principais pares de taxas cruzadas.

   www.ny.frb.org/markets/impliedvolatility.html

7. **Bolsa de valores de Montreal.** A Bolsa de Valores de Montreal (Montreal Exchange) é uma bolsa de valores canadense dedicada ao suporte de derivativos financeiros no Canadá. Use seu *site* para ver as últimas volatilidades do MV – a volatilidade do próprio índice da Bolsa de Valores de Montreal – nas últimas horas e dias de negociação.

   www.m-x.ca/marc_options_en.php

CAPÍTULO 8 — APÊNDICE

Teoria da Precificação de Opções Cambiais

O modelo de opções em moedas estrangeiras aqui apresentado para a opção do tipo europeu, é o resultado do trabalho de Black e Scholes (1972); Cox e Ross (1976); Cox, Ross e Rubinstein (1979); Garman e Kohlhagen (1983); e Bodurtha e Courtadon (1987). Apesar de não explicarmos a dedução teórica do modelo de precificação de opções a seguir, o modelo original deduzido por Black e Scholes baseia-se na formação de uma carteira com *hedge* dinâmico, livre de risco, de uma posição comprada no título, ativo ou moeda, e uma opção de compra europeia. A solução do retorno esperado desse modelo gera o prêmio da opção.

O modelo teórico básico para a precificação de uma opção de compra europeia é:

$$C = e^{-r_f T} S N(d_1) - E e^{-r_d T} N(d_2)$$

onde
- C = prêmio de uma opção de compra europeia
- e = desconto temporal contínuo, função exponencial
- S = taxa de câmbio à vista (US$/moeda estrangeira)
- E = preço de exercício
- T = tempo até o vencimento
- N = função de distribuição normal acumulada
- r_f = taxa de juros estrangeira
- r_d = taxa de juros doméstica
- σ = desvio padrão do preço do ativo (volatilidade)
- $\ln$ = logaritmo natural

As duas funções de densidade, d_1 e d_2, são definidas como

$$d_1 = \frac{\ln\left(\dfrac{S}{E}\right) + \left(r_d - r_f + \dfrac{\sigma^2}{2}\right)T}{\sigma\sqrt{T}}$$

e

$$d_2 = d_1 - \sigma\sqrt{T}$$

Esta expressão pode ser reordenada de modo que o prêmio de uma opção de compra europeia seja escrito em termos da taxa a termo

$$C = e^{-r_f T} FN(d_1) - e^{-r_d T} EN(d_2)$$

onde a taxa à vista e a taxa de juros estrangeira foram substituídas pela taxa a termo, F, e tanto o primeiro quanto o segundo termos são descontados continuamente no tempo através da função exponencial, e. Se agora simplificarmos um pouco, descobriremos que o prêmio da opção é o valor presente da diferença entre duas funções de densidade normais acumuladas:

$$C = \left[FN(d_1) - EN(d_2) \right] e^{-r_d T}$$

As duas funções de densidade agora são definidas como

$$d_1 = \frac{\ln\left(\frac{F}{E}\right) + \left(\frac{\sigma^2}{2}\right) T}{\sigma \sqrt{T}}$$

e

$$d_2 = d_1 - \sigma \sqrt{T}$$

Solucionar cada uma dessas equações em d_1 e d_2 permite a determinação do prêmio da opção de compra europeia. O prêmio de uma opção de venda europeia, P, é deduzido de maneira similar, como

$$P = \left[F(N(d_1) - 1) - E(N(d_2) - 1) \right] e^{-r_d T}$$

A opção de compra europeia: exemplo numérico

O cálculo real do prêmio da opção não é tão complexo quanto parece a partir do conjunto anterior de equações. Levando em consideração a taxa de câmbio básica e os valores de taxas de juros a seguir, o cálculo do prêmio da opção é relativamente fácil.

Taxa à vista	= US$1,7000/£
Taxa a termo de 90 dias	= US$1,7000/£
Preço de exercício	= US$1,7000/£
Taxa de juros do dólar americano	= 8,00% (ao ano)
Taxa de juros da libra esterlina	= 8,00% (ao ano)
Tempo (dias)	= 90
Desvio padrão (volatilidade)	= 10,00%
e (desconto infinito)	= 2,71828

O valor das duas funções de densidade são primeiramente deduzidos como

$$d_1 = \frac{\ln\left(\frac{F}{E}\right) + \left(\frac{\sigma^2}{2}\right) T}{\sigma \sqrt{T}} = \frac{\ln\left(\frac{1,7000}{1,7000}\right) + \left(\frac{0,1000^2}{2}\right) \frac{90}{365}}{0,1000 \sqrt{\frac{90}{365}}} = 0,025$$

e

$$d_2 = 0,25 - 0,1000 \sqrt{\frac{90}{365}} = -0,025$$

Os valores de d_1 e d_2 são, então, encontrados na tabela de probabilidade normal acumulada:

$$N(d_1) = N(0,025) = 0,51; \quad N(d_2) = N(-0,025) = 0,49$$

O prêmio da opção de compra europeia com um preço de exercício a termo "*at-the-money*" é

$$C = [(1{,}7000)(0{,}51)] - (1{,}7000)(0{,}49)]2{,}71828^{-0{,}08(90/365)} = \$0{,}033/£$$

Este é o prêmio, preço, valor ou custo da opção de compra.

Tabela de probabilidade normal acumulada

A probabilidade de que uma observação de uma distribuição normal padrão produzirá um valor menor do que a constante d é

$$\text{Prob}(z < d) = \int_{-\infty}^{d} \frac{1}{\sqrt{2\pi}} e^{-z^2/2} dz = N(d)$$

QUADRO 8A.1

Faixa de d: −2,49 ≤ d ≤ 0,00

D	−0,00	−0,01	−0,02	−0,03	−0,04	−0,05	−0,06	−0,07	−0,08	−0,09
−2,40	0,00820	0,00798	0,00776	0,00755	0,00734	0,00714	0,00695	0,00676	0,00657	0,00639
−2,30	0,01072	0,01044	0,01017	0,00990	0,00964	0,00939	0,00914	0,00889	0,00866	0,00842
−2,20	0,01390	0,01355	0,01321	0,01287	0,01255	0,01222	0,01191	0,01160	0,01130	0,01101
−2,10	0,01786	0,01743	0,01700	0,01659	0,01618	0,01578	0,01539	0,01500	0,01463	0,01426
−2,00	0,02275	0,02222	0,02169	0,02118	0,02068	0,02018	0,01970	0,01923	0,01876	0,01831
−1,90	0,02872	0,02807	0,02743	0,02680	0,02619	0,02559	0,02500	0,02442	0,02385	0,02330
−1,80	0,03593	0,03515	0,03438	0,03362	0,03288	0,03216	0,03144	0,03074	0,03005	0,02938
−1,70	0,04457	0,04363	0,04272	0,04182	0,04093	0,04006	0,03920	0,03836	0,03754	0,03673
−1,60	0,05480	0,05370	0,05262	0,05155	0,05050	0,04947	0,04846	0,04746	0,04648	0,04551
−1,50	0,06681	0,06552	0,06426	0,06301	0,06178	0,06057	0,05938	0,05821	0,05705	0,05592
−1,40	0,08076	0,07927	0,07780	0,07636	0,07493	0,07353	0,07215	0,07078	0,06944	0,06811
−1,30	0,09680	0,09510	0,09342	0,09176	0,09012	0,08851	0,08691	0,08534	0,08379	0,08226
−1,20	0,11507	0,11314	0,11123	0,10935	0,10749	0,10565	0,10383	0,10204	0,10027	0,09853
−1,10	0,13567	0,13350	0,13136	0,12924	0,12714	0,12507	0,12302	0,12100	0,11900	0,11702
−1,00	0,15866	0,15625	0,15386	0,15150	0,14917	0,14686	0,14457	0,14231	0,14007	0,13786
−0,90	0,18406	0,18141	0,17879	0,17619	0,17361	0,17106	0,16853	0,16602	0,16354	0,16109
−0,80	0,21186	0,20897	0,20611	0,20327	0,20045	0,19766	0,19489	0,19215	0,18943	0,18673
−0,70	0,24196	0,23885	0,23576	0,23270	0,22965	0,22663	0,22363	0,22065	0,21770	0,21476
−0,60	0,27425	0,27093	0,26763	0,26435	0,26109	0,25785	0,25463	0,25143	0,24825	0,24510
−0,50	0,30854	0,30503	0,30153	0,29806	0,29460	0,29116	0,28774	0,28434	0,28096	0,27760
−0,40	0,34458	0,34090	0,33724	0,33360	0,32997	0,32636	0,32276	0,31918	0,31561	0,31207
−0,30	0,38209	0,37828	0,37448	0,37070	0,36693	0,36317	0,35942	0,35569	0,35197	0,34827
−0,20	0,42074	0,41683	0,41294	0,40905	0,40517	0,40129	0,39743	0,39358	0,38974	0,38591
−0,10	0,46017	0,45620	0,45224	0,44828	0,44433	0,44038	0,43644	0,43251	0,42858	0,42465
0,00	0,50000	0,49601	0,49202	0,48803	0,48405	0,48006	0,47608	0,47210	0,46812	0,46414
0,00	0,50000	0,50399	0,50798	0,51197	0,51595	0,51994	0,52392	0,52790	0,53188	0,53586

(continua)

QUADRO 8A.1 *(continuação)*

Faixa de d: −2,49 ≤ d ≤ 0,00

D	−0,00	−0,01	−0,02	−0,03	−0,04	−0,05	−0,06	−0,07	−0,08	−0,09
0,01	0,53983	0,54380	0,54776	0,55172	0,55567	0,55962	0,56356	0,56749	0,57142	0,57535
0,20	0,57926	0,58317	0,58706	0,59095	0,59483	0,59871	0,60257	0,60642	0,61026	0,61409
0,30	0,61791	0,62172	0,62552	0,62930	0,63307	0,63683	0,64058	0,64431	0,64803	0,65173
0,40	0,65542	0,65910	0,66276	0,66640	0,67003	0,67364	0,67724	0,68082	0,68439	0,68793
0,50	0,69146	0,69497	0,69847	0,70194	0,70540	0,70884	0,71226	0,71566	0,71904	0,72240
0,60	0,72575	0,72907	0,73237	0,73565	0,73891	0,74215	0,74537	0,74857	0,75175	0,75490
0,70	0,75804	0,76115	0,76424	0,76730	0,77035	0,77337	0,77637	0,77935	0,78230	0,78524
0,80	0,78814	0,79103	0,79389	0,79673	0,79955	0,80234	0,80511	0,80785	0,81057	0,81327
0,90	0,81594	0,81859	0,82121	0,82381	0,82639	0,82894	0,83147	0,83398	0,83646	0,83891
1,00	0,84134	0,84375	0,84614	0,84850	0,85083	0,85314	0,85543	0,85769	0,85993	0,86214
1,10	0,86433	0,86650	0,86864	0,87076	0,87286	0,87493	0,87698	0,87900	0,88100	0,88298
1,20	0,88493	0,88686	0,88877	0,89065	0,89251	0,89435	0,89617	0,89796	0,89973	0,90147
1,30	0,90320	0,90490	0,90658	0,90824	0,90988	0,91149	0,91309	0,91466	0,91621	0,91774
1,40	0,91924	0,92073	0,92220	0,92364	0,92507	0,92647	0,92785	0,92922	0,93056	0,93189
1,50	0,93319	0,93448	0,93574	0,93699	0,93822	0,93943	0,94062	0,94179	0,94295	0,94408
1,60	0,94520	0,94630	0,94738	0,94845	0,94950	0,95053	0,95154	0,95254	0,95352	0,95449
1,70	0,95543	0,95637	0,95728	0,95818	0,95907	0,95994	0,96080	0,96164	0,96246	0,96327
1,80	0,96407	0,96485	0,96562	0,96637	0,96712	0,96784	0,96856	0,96926	0,96995	0,97062
1,90	0,97128	0,97193	0,97257	0,97320	0,97381	0,97441	0,97500	0,97558	0,97615	0,97670
2,00	0,97725	0,97778	0,97831	0,97882	0,97932	0,97982	0,98030	0,98077	0,98124	0,98169
2,10	0,98214	0,98257	0,98300	0,98341	0,98382	0,98422	0,98461	0,98500	0,98537	0,98574
2,20	0,98610	0,98645	0,98679	0,98713	0,98745	0,98778	0,98809	0,98840	0,98870	0,98899
2,30	0,98928	0,98956	0,98983	0,99010	0,99036	0,99061	0,99086	0,99111	0,99134	0,99158
2,40	0,99180	0,99202	0,99224	0,99245	0,99266	0,99286	0,99305	0,99324	0,99343	0,99361

Fonte: Hans R. Stoll e Robert E. Whaley, *Futures and Options*, Southwestern Publishing, 1993, pp. 242–243. Reimpresso com permissão.

CAPÍTULO 9

Swaps de Taxas de Juros e de Moeda

Os objetivos de um financista são, então, assegurar uma ampla receita; impo-la com criteriosidade e igualdade; empregá-la economicamente; e, quando a necessidade o obrigar a fazer uso de crédito, garantir suas bases, nesse caso e para sempre, através da clareza e da candidez de seus procedimentos, da exatidão de seus cálculos, e da solidez de seus fundos.
—Edmund Burke (1729–1797).

Este capítulo discute a variedade de estratégias para gerenciar os riscos da taxa de juros e de moeda associados à estrutura de capital de uma EMN. Nossas principais ferramentas são os *swaps* de taxa de juros e de moeda. Além disso, muitas das mesmas ferramentas que observamos anteriormente no gerenciamento de risco de câmbio têm paralelos no gerenciamento de risco da taxa de juros e de moedas.

O gerenciamento de riscos financeiros – taxas de câmbio, taxas de juros e preços de *commodities* – é uma área da administração financeira internacional em rápido crescimento. Todos esses preços financeiros introduzem risco aos fluxos de caixa da empresa. A identificação, mensuração e gerenciamento do risco da taxa de juros agora recebem aproximadamente o mesmo nível de atenção e esforço que o risco de câmbio recebia há alguns anos.

DEFINIÇÃO DO RISCO DE TAXA DE JUROS

Todas as empresas – domésticas ou multinacionais, pequenas ou grandes, alavancadas ou não alavancadas – são sensíveis aos movimentos nas taxas de juros de uma maneira ou de outra. Apesar de existir uma variedade de riscos de taxas de juros na teoria e na prática, este livro se foca na administração financeira da empresa não financeira. Logo, nossa discussão se limita ao risco da taxas de juros associadas à empresa multinacional. O risco da taxas de juros de empresas financeiras, como bancos, não serão abordados aqui.

O maior risco da taxa de juros da empresa não financeira é o pagamento (serviço) de dívidas. A estrutura de endividamento da EMN possui dívidas com diferentes vencimentos, diferentes estruturas de taxas de juros (como taxa fixa ou flutuante), e diferentes moedas de referência. As taxas de juros são específicas para cada moeda. Cada moeda tem sua própria curva de rentabilidade da taxa de juros e *spreads* de crédito para os tomadores. Portanto, a dimensão de múltiplas moedas do risco da taxa de juros da EMN é uma preocupação séria. Como ilustrado no Quadro 9.1, mesmo os cálculos da taxa de juros variam de acordo com a ocasião, moeda e país.

A segunda fonte mais prevalente de risco da taxa de juros para a EMN se encontra nos títulos sensíveis a juros que a empresa detém. Ao contrário da dívida, que é registrada do lado direito do

QUADRO 9.1 Cálculos das taxas de juros internacionais

Os cálculos das taxas de juros internacionais diferem no número de dias usados no cálculo do período e a definição de quantos dias há em um ano (para fins financeiros). O exemplo a seguir ressalta como os diferentes métodos resultam em diferentes pagamentos de juros mensais sobre um empréstimo de US$10 milhões, juros de 5,500% ao ano, por um período exato de 28 dias.

US$10 milhões @ 5,500% ao ano

Prática	Contagem de dias no período	Dias/ano	Dias usados	Pagamento de juros
Internacional	Número exato de dias	360	28	US$42.777,78
Britânica	Número exato de dias	365	28	US$42.191,78
Suíça (*Eurobond*)	Supostos 30 dias/mês	360	30	US$45.833,33

Fonte: Adaptado de "Hedging Instruments for Foreign Exchange, Monday Market, and Precious Metals", Union Bank of Switzerland, pp. 41–42.

---

balanço patrimonial da empresa, a carteira de títulos negociáveis da empresa aparece do lado esquerdo. Os títulos negociáveis representam ganhos potenciais ou entradas de juros para a empresa. Pressões competitivas cada vez mais fortes forçaram os gestores financeiros a arroxar seu gerenciamento tanto do lado esquerdo quanto do lado direito do balanço patrimonial.

Esteja ela do lado esquero ou direito, o cálculo da *taxa de referência* dos juros merece uma atenção especial. Uma *taxa de referência* – por exemplo, a LIBOR do dólar americano – é a taxa de juros usada em uma cotação padronizada, acordo de empréstimo, ou avaliação de derivativos financeiros. A LIBOR, a Taxa Interbancária do Mercado de Londres (*London Interbank Offered Rate*), é, de longe, a mais usada e cotada, como descrito no Capítulo 3. É oficialmente definida pela Associação dos Banqueiros Britânicos (British Bankers Association ou BBA). A LIBOR do dólar americano é a média de uma amostra de 16 taxas oferecidas por bancos multinacionais levantada pela BBA aproximadamente às 11 da manhã do horário de Londres, em Londres. Da mesma maneira, a BBA calcula a LIBOR do iene japonês, a LIBOR do euro, e as taxas LIBOR de outras moedas ao mesmo tempo em Londres a partir de amostras de bancos.

O mercado da taxa de juros interbancária não é, no entanto, restrito a Londres. A maioria dos grandes centros financeiros domésticos constroem suas próprias taxas oferecidas interbancárias para fins de acordos de empréstimo locais. Essas taxas incluem a PIBOR (Taxa interbancária do mercado de Paris), a MIBOR (Taxa interbancária do mercado de Madri), a SIBOR (Taxa interbancária do mercado de Cingapura), e a FIBOR (Taxa interbancária do mercado de Frankfurt), entre outras. O Quadro 9.2 ilustra a íntima relação entre a LIBOR e outras taxas de juros e taxas de depósito de curto prazo.

Risco de crédito e risco de reprecificação

Antes de descrever o gerenciamento dos riscos mais comuns de precificação da taxa de juros, é importante distinguir entre risco de crédito e risco de reprecificação. O *risco de crédito*, às vezes chamado de *risco de roll-over*, é a possibilidade de que a capacidade creditícia de um tomador, no momento de renovar um crédito, seja reclassificada pelo credor. Isso pode resultar em uma mudança de tarifas, mudanças nas taxas de juros, alteração dos compromissos da linha de crédito, ou até mesmo a recusa da renovação. O *risco de reprecificação* é o risco de mudanças nas taxas de juros cobradas (obtidas) no momento em que a taxa de um contrato financeiro é restabelecida ou fixada.

Considere as três diferentes estratégias de dívida a seguir, sendo consideradas por um tomador corporativo. Cada uma delas pretende fornecer US$1 milhão em financiamento por um período de três anos:

- *Estratégia 1:* Contrair um empréstimo de US$1 milhão por três anos a uma taxa de juros fixa
- *Estratégia 2:* Contrair um empréstimo de US$1 milhão por três anos a uma taxa flutuante, LIBOR + 2%, a ser restabelecida ou fixada anualmente
- *Estratégia 3:* Contrair um empréstimo de US$1 milhão por um ano a uma taxa fixa e então renovar o crédito anualmente

QUADRO 9.2 Taxas de juros denominadas em dólares americanos (fevereiro de 2004)

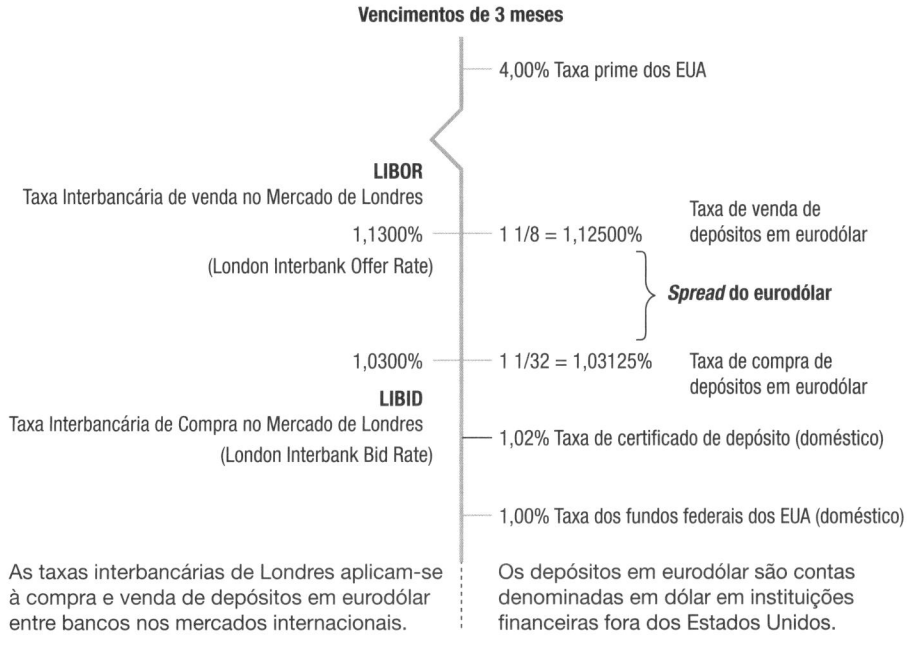

Vencimentos de 3 meses

— 4,00% Taxa prime dos EUA

LIBOR
Taxa Interbancária de venda no Mercado de Londres
1,1300% —— 1 1/8 = 1,12500% — Taxa de venda de depósitos em eurodólar
(London Interbank Offer Rate)

} *Spread* do eurodólar

1,0300% —— 1 1/32 = 1,03125% — Taxa de compra de depósitos em eurodólar

LIBID
Taxa Interbancária de Compra no Mercado de Londres
(London Interbank Bid Rate)

— 1,02% Taxa de certificado de depósito (doméstico)

— 1,00% Taxa dos fundos federais dos EUA (doméstico)

As taxas interbancárias de Londres aplicam-se à compra e venda de depósitos em eurodólar entre bancos nos mercados internacionais.

Os depósitos em eurodólar são contas denominadas em dólar em instituições financeiras fora dos Estados Unidos.

Fonte: Financial Times, 10 de fevereiro de 2004, p. 27. ©2004 *Financial Times*. Reimpresso com permissão.

Apesar de o custo mais baixo dos fundos ser sempre o principal critério de seleção, ele não é o único. Se a empresa escolher a estratégia 1, ela garante para si o financiamento pelos três anos inteiros a uma taxa de juros conhecida. Ela terá maximizado a previsibilidade dos fluxos de caixa da obrigação da dívida. O que é sacrificado, até certo ponto, é a possibilidade de desfrutar de uma taxa de juros mais baixa caso as taxas de juros caiam no decorrer do período. Obviamente, essa estratégia também elimina o risco de que as taxas de juros pudessem aumentar no decorrer do período, aumentando os custos de serviço da dívida.

A estratégia 2 oferece o que a estratégia 1 não possibilitava – flexibilidade (risco de reprecificação). Ela também garante o financiamento por todo o período de três anos. Isso elimina o risco de crédito. O risco de reprecificação, no entanto, ainda existe na estratégia 2. Se a LIBOR mudar drasticamente no segundo ou terceiro ano, a mudança na LIBOR será integralmente repassada ao tomador. O *spread*, no entanto, permanece fixo (refletindo a situação de crédito que foi fixada para todos os três anos). A flexibilidade tem um custo neste caso, o risco de que as taxas de juros pudessem subir, tanto quanto poderiam diminuir.

A estratégia 3 oferece mais flexibilidade e mais risco. Primeiramente, a empresa está contraindo um empréstimo na extremidade mais curta da curva de rentabilidade. Se a curva de rentabilidade tiver inclinação positiva, como é comum nos principais mercados industrializados, a taxa de juros base deverá ser mais baixa. Mas a extremidade curta da curva de rentabilidade também é mais volátil. Ela responde a eventos de curto prazo de maneira muito mais pronunciada do que as taxas de longo prazo. A estratégia também expõe a empresa à possibilidade de que sua classificação de crédito pudesse mudar drasticamente no momento de renovação de crédito, para melhor ou para pior. Observando que as classificações de crédito em geral são estabelecidas pressupondo-se que uma empresa possa cumprir suas obrigações de dívida caso a situação econômica piore, as empresas com alta capacidade creditícia (classificadas com grau de investimento) podem ver a estratégia 3 como uma alternativa mais relevante do que as empresas de menor capacidade creditícia (classificadas com grau especulativo). Esta não é uma estratégia para empresas financeiramente fracas.

Apesar de o exemplo anterior oferecer apenas um quadro parcial da complexidade das decisões de financiamento de uma empresa, ele demonstra as muitas maneiras de como os riscos de crédito e os riscos de reprecificação são inextricavelmente interligados. A expressão exposição à taxa de juros é um conceito complexo, e a mensuração adequada da exposição antes de seu gerenciamento é crucial. Agora descreveremos o risco da taxa de juros da forma mais comum de dívida corporativa, empréstimos com taxas flutuantes.

GERENCIAMENTO DO RISCO DE TAXA DE JUROS
O dilema da administração

Antes de conseguirem gerenciar o risco da taxa de juros, os tesoureiros e gerentes financeiros de todos os tipos têm que resolver um dilema fundamental da administração: o equilíbrio entre risco e retorno. A tesouraria tradicionalmente é considerada um centro de serviço (centro de custo) e, portanto, não se espera que ela assuma posições que incorram em risco na expectativa de lucro. As atividades da tesouraria raramente são administradas ou avaliadas como centros de lucro. As práticas administrativas da tesouraria são, portanto, predominantemente conservadoras, mas oportunidades de reduzir custos ou de realmente obter lucros não devem ser ignoradas. A história, no entanto, é cheia de exemplos em que gerentes financeiros se distanciaram de suas responsabilidades fiduciárias na expectativa de lucro. Infelizmente, na maior parte das vezes eles só realizaram perdas. Já contamos sobre as perdas em derivativos de empresas específicas no Capítulo 8. Os muitos desastres envolvendo derivativos, juntamente com o mais amplo uso de derivativos financeiros, têm ajudado um número cada vez maior de empresas a perceberem o valor de declarações de políticas bem construídas como aquelas listadas no Quadro 9.3.

A administração do risco de câmbio e do risco da taxa de juros tem que se focar em administrar as exposições de fluxos de caixa existentes ou previstos da empresa. Assim como na administração da exposição cambial, a empresa não pode empreender estratégias de gerenciamento ou de *hedge* prudentes sem formar expectativas – *uma visão no que diz respeito à direção e/ou volatilidade* – dos movimentos da taxa de juros. Felizmente, os movimentos da taxa de juros historicamente mostram mais estabilidade e menos volatilidade do que os das taxas de câmbio. A administração financeira muitas vezes acha valioso vagar no lado conservador, aumentando a previsibilidade dos comprometimentos e de fluxos de caixa. Esse conservadorismo, por sua vez, melhora a capacidade de tomada de decisões estratégicas da empresa. Finalmente, da mesma forma que com os riscos da taxa de câmbio, ainda se questiona se os acionistas querem que a administração faça o *hedge* do risco da taxa de juros ou se preferem diversificar o risco através da propriedade de outros títulos.

Uma vez que a administração tenha formado expectativas sobre os níveis futuros e os movimentos da taxa de juros, ela terá que escolher a implementação apropriada, um caminho que inclui o uso seletivo de várias técnicas e instrumentos. Felizmente, a administração do risco da taxa de juros é auxiliada pela disponibilidade de vários instrumentos derivativos de taxa de juros, como acordos de taxas a termo,

---

QUADRO 9.3 Declaração de políticas da tesouraria

Os principais desastres envolvendo derivativos da década de 1990 ressaltaram a necessidade da construção e implementação apropriada de declarações das políticas corporativas da administração financeira. As declarações de políticas, no entanto, são muitas vezes incompreendidas por aqueles que as escrevem ou aqueles que as executam. Alguns fundamentos úteis podem ser necessários.

- **Uma política é uma regra, não uma meta.** O objetivo de uma política é limitar ou restringir ações da administração, e não determinar prioridades ou metas. Por exemplo, "Não é permitido lançar opções descobertas" é uma política. "A administração sempre procurará o custo de capital mais baixo" é uma meta.

- **O objetivo de uma política é restringir alguma tomada de decisões subjetiva.** Apesar de à primeira vista esse aspecto parecer indicar que a administração não é confiável, ele pretende facilitar a tomada de decisões da administração em situações potencialmente perigosas.

- **O objetivo de uma política é estabelecer diretrizes operacionais independentemente de sua equipe de funcionários.** Apesar de muitas políticas poderem parecer extremamente restritivas dados os talentos específicos da equipe financeira, a responsabilidade fiduciária da empresa precisa ser mantida independentemente do pessoal específico que se encontra na empresa no momento. Mudanças de pessoal frequentemente colocam novos gestores em ambientes desconfortáveis, com os quais não estão familiarizados. Isso pode gerar erros de avaliação. A contrução de políticas apropriadas fornece uma base construtiva e protetora para a curva de aprendizagem da administração.

swaps e opções. Seu uso é ilustrado pelo empréstimo com taxa flutuante da Trident, como exemplo. O aumento do uso desses instrumentos em geral é apresentado no Quadro Finanças Globais na Prática 9.1.

Empréstimos de taxa flutuante da Trident

Os empréstimos de taxa flutuante são uma fonte de dívida amplamente utilizada por empresas em todo o mundo, como ilustra o Quadro Finanças Globais na Prática 9.2. Eles também são a fonte da maior e mais frequente exposição corporativa à taxa de juros observada.

O Quadro 9.4 mostra os custos e fluxos de caixa de um empréstimo de taxa flutuante de três anos contraído pela Trident Corporation. O empréstimo de US$10 milhões será pago com pagamentos de juros anuais e com pagamento do principal total no final do período de três anos.

- O empréstimo é *precificado* pela LIBOR do dólar americano + 1,500% (observe que o custo do dinheiro, ou juros, geralmente é chamado de preço). A base da LIBOR será restabelecida ou fixada a cada ano em uma data predeterminada (digamos, dois dias antes do pagamento). Enquanto o componente da LIBOR é realmente flutuante, o *spread* de 1,500% é, na verdade, um componente fixo do pagamento de juros, que é conhecido com certeza por todo o resto da vida do empréstimo.
- Quando o empréstimo é contraído inicialmente, no ano zero, uma tarifa adiantada de 1,500% é cobrada pelo credor. Essa tarifa resulta em uma redução nos resultados líquidos do empréstimo em US$150.000. Apesar de o acordo do empréstimo declarar o valor emprestado como US$10.000.000 e a Trident ter que pagar esse valor integral, o resultado líquido real para a empresa é de apenas US$9.850.000.
- A Trident não saberá qual o custo de juros real do empréstimo até que o empréstimo tenha sido pago integralmente. Maria Gonzalez, a CFO da Trident, pode tentar prever qual será a LIBOR por toda a vida do empréstimo, mas ela não saberá com certeza até que todos os pagamentos tenham sido concluídos. Esta incerteza é não somente um risco de taxa de juros, mas também um verdadeiro risco de fluxo de caixa associado ao pagamento de juros. (Um empréstimo de taxa de juros fixa possui *risco de taxa de juros*, neste caso, um custo de oportunidade, que não coloca fluxos de caixa, de fato, em risco).

FINANÇAS GLOBAIS NA PRÁTICA 9.1

Derivativos da taxa de juros – boom em 2007

Como parte da pesquisa do Banco de Liquidações Internacionais (Bank for International Settlement) sobre a movimentação do câmbio a cada três anos (a chamada "Triennial Survey"), o banco também coleta dados sobre o uso de derivativos de taxa de juros.

Como ilustrado pelo gráfico, está claro que os derivativos de taxa de juros – acordos de taxa a termo (*forward rate agreements* ou FRAs), opções de taxa de juros e *swaps* de taxa de juros – estão mostrando um aumento substancial nos últimos anos. A pesquisa de abril de 2007 indica que mais de US$1,6 trilhão em negociações diárias ocorreram no mercado de balcão (*over-the-counter* – ou OTC – *market*). a maior parte delas foi em *swaps* de taxa de juros, US$1,2 trilhão, que estão demonstrando um crescimento muito maior do que o das opções.

Movimentação dos derivativos da taxa de juros do mercado de balcão (OTC), 1998–2007 (médias diárias em abril, bilhões de dólares americanos)

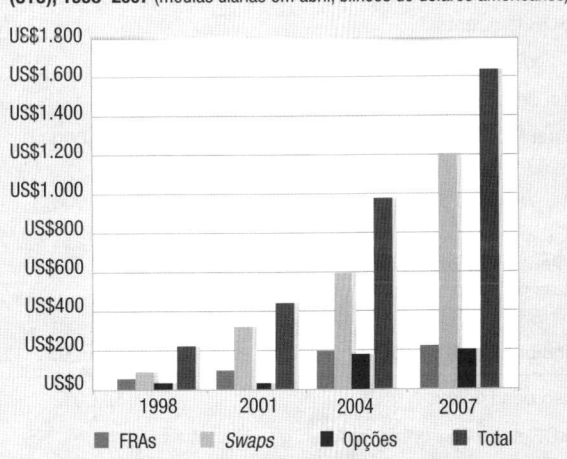

Fonte: Bank for International Settlements, ì Triennial Central Bank Survey of Foreign Exchange and Derivatives Market Activity in April, 2007: Preliminary Global Results", outubro de 2007, p. 13, www.bis.org.

FINANÇAS GLOBAIS NA PRÁTICA 9.2

Um mundo de taxas fixas ou taxas flutuantes?

A publicação *BIS Quarterly Review* de março de 2009 fornece uma decomposição estatística detalhada dos tipos de notas e títulos de dívida internacionais recém-emitidos e em circulação, por emissor, por tipo de instrumento e por moeda de referência. Os dados fornecem algumas observações interessantes sobre o mercado internacional de títulos.

- No final do ano 2008, havia US$22,7 trilhões de notas e títulos de dívida internacionais emitidos por todos os tipos de instituições.
- O mercado continua a ser dominado por emissões de instituições financeiras. Os emissores por valor em dólar, eram: instituições financeiras, US$17.9 trilhões ou 79%; governos, US$1,8 trilhão ou 8%; organizações internacionais, US$0,6 trilhão ou 3%; e emissores corporativos, US$2,4 trilhões ou 10% do total em circulação.
- Os instrumentos ainda são, em grande parte, emissões de taxa fixa, sendo 64% de todas as emissões em circulação de taxa fixa, 34% de taxa flutuante e aproximadamente 2% relacionados a ações.
- O euro continua a dominar as emissões internacionais de notas e títulos de dívida, somando mais de 48% do total. O euro é seguido pelo dólar, 36%; a libra esterlina, 8%; o iene japonês, 3%; e o franco suíço, pouco abaixo de 2%.

Os dados continuam a oferecer suporte a duas antigas características fundamentais dos mercados internacionais de dívida. Em primeiro lugar, que o domínio do euro reflete o uso de longo prazo dos mercados internacionais de títulos pelas instituições nos países que constitem o euro – a Europa Ocidental. Em segundo lugar, que as emissões de taxa fixa ainda são o fundamento do mercado. Apesar de as emissões de taxa flutuante terem, de fato, aumentado marginalmente no período de 2003–2006, a crise de crédito internacional de 2007–2008 e a resposta dos bancos centrais para empurrar as taxas de juros para baixo criaram novas oportunidades para a emissão de taxas fixas de longo prazo por emissores de todos os tipo.

Fonte: Dados retirados da Tabela 13B, *BIS Quarterly Review*, março de 2009, p. 91, www.bis.org/statistics/secstats.htm

QUADRO 9.4 Custos e fluxos de caixa da Trident Corporation ao pagar um empréstimo de taxa flutuante

As taxas de juros esperadas e fluxos de caixa associados a um empréstimo de três anos de US$10.000.000 à taxa flutuante. A Trident paga uma tarifa de abertura de crédito de 1,500% do principal adiantado (o que reduz o resultado do empréstimo).

Taxas de juros do empréstimo	Ano 0	Ano 1	Ano 2	Ano 3	
LIBOR (flutuante)	5,000%	5,000%	5,000%	5,000%	
Spread (fixa)		1,500%	1,500%	1,500%	
Total de juros a pagar		6,500%	6,500%	6,500%	
Fluxos de caixa de juros sobre o empréstimo					
LIBOR (flutuante)		(US$500.000)	(US$500.000)	(US$500.000)	
Spread (fixa)		(150.000)	(150.000)	(150.000)	
Total de juros		(US$650.000)	(US$650.000)	(US$650.000)	
Resultados do empréstimo (pagamento)	US$9.850.000			(US$10.000.000)	
Total de fluxos de caixa do empréstimo	US$9.850.000	(US$650.000)	(US$650.000)	(US$10.650.000)	
Taxa interna de retorno (TIR ou IRR – Internal rate of return) do total de fluxos de caixa	7,072%		Todos os custos incluídos (AIC – all-in-cost)		
Sensibilidades à LIBOR	LIBOR (ano 0)	LIBOR (ano 1)	LIBOR (ano 2)	LIBOR (ano 3)	AIC
Caso base acima	5,000%	5,000%	5,000%	5,000%	7,072%
LIBOR sobe 25 pontos-base/ano		5,250%	5,500%	5,750%	7,565%
LIBOR cai 25 pontos-base/ano		4,750%	4,500%	4,250%	6,578%

Nota: O custo efetivo dos fundos (antes dos impostos) para a Trident, o chamado *all-in-cost* (AIC), que representa todos os custos incluídos, é encontrado determinando-se a taxa interna de retorno (*internal rate of return* ou IRR) do total dos fluxos de caixa associados ao empréstimo. O AIC do acordo original do empréstimo, sem tarifas, é de 6,500%.

O Quadro 9.4 ilustra *todos os custos incluídos* (*all-in-costs* ou AIC) do empréstimo sob diversas diferentes sensibilidades ou mudanças na libor. O AIC é encontrado calculando-se a taxa interna de retorno (*internal rate of return* ou IRR) do total dos fluxos de caixa do pagamento do empréstimo. A análise básica supõe que a LIBOR permaneça a 5,000% por toda a vida do empréstimo. Incluindo as tarifas adiantadas, o AIC para a Trident é de 7,072% (ou 6,500% puros, excluindo as tarifas). Se, no entanto, a LIBOR aumentasse regularmente durante o período de três anos em 25 pontos-base (0,25%) por ano, o AIC do empréstimo aumentaria para 7,565%. Se a LIBOR caísse nos mesmos 25 pontos-base por ano, o AIC cairia para 6,578%. Temos que nos lembrar, no entanto, que apenas o componente da LIBOR do preço do empréstimo cria riscos de fluxo de caixa.

Se a Trident Corporation decidisse, depois de ter contraído o empréstimo, que ela desejava administrar o risco de taxa de juros associado ao acordo do empréstimo, ela teria diversas alternativas administrativas:

- **Refinanciamento.** A Trident poderia procurar seu credor e reestruturar e refinanciar todo o acordo. Isso nem sempre é possível e muitas vezes custa caro.
- **Acordos de taxas a termo (FRAs).** A Trident poderia fixar os pagamentos de juros futuros com FRAs, de maneira muito parecida com o modo como as taxas de câmbio são fixadas em contratos a termo.
- **Contratos futuros da taxa de juros.** Apesar de as empresas raramente utilizarem futuros de moeda estrangeira para administrar riscos de câmbio, os contratos futuros de taxas de juros têm ganho uma aceitação substancialmente maior. A Trident poderia travar os pagamentos futuros de juros assumindo uma posição em contratos futuros de taxa de juros.
- *Swaps* **da taxa de juros.** A Trident poderia entrar em um acordo adicional com um banco ou *dealer* de *swap* no qual trocaria fluxos de caixa de tal modo que os pagamentos de taxa de juros sobre o empréstimo de taxa flutuante se tornariam fixos.

Acordos de taxas a termo

Um *acordo de taxa a termo* (*forward rate agreement* ou FRA) é um contrato de negociação interbancária para comprar ou vender pagamentos de taxa de juros sobre um valor nocional. Esses contratos são liquidados em dinheiro. O comprador de um FRA obtém o direito de fixar uma taxa de juros por um prazo desejado que começa em uma data futura. O contrato especifica que o vendedor do FRA pagará ao comprador o aumento na despesa com juros sobre uma soma nominal (o valor nocional) de dinheiro se as taxas de juros subirem acima da taxa acordada, mas o comprador pagará ao vendedor o diferencial das despesas com juros se as taxas de juros caírem abaixo da taxa acordada. Os vencimentos disponíveis são tipicamente 1, 3, 6, 9 e 12 meses, de maneira muito similar aos contratos a termo de moedas.

Por exemplo, a Trident pode decidir que deseja fixar o primeiro pagamento de juros (que vence no final do ano 1), então compra um FRA que fixa um pagamento total de juros a 6,500%.* Se a LIBOR tiver subido acima de 5,000% até o final do ano 1, a Trident receberia um pagamento em dinheiro do vendedor do FRA que reduziria a taxa de juros para 5,000%. Da mesma forma, se a LIBOR caísse durante o ano 1 para menos de 5,000% (não é o que Maria Gonzalez espera que aconteça), a Trident faria um pagamento em dinheiro ao vendedor do FRA, efetivamente elevando seu pagamento da LIBOR para 5,000% e os juros totais do empréstimo para 6,500%.

Assim como os contratos a termo de moeda estrangeira, os FRAs são úteis em exposições individuais. Eles são compromissos contratuais da empresa que possibilitam alguma flexibilidade para desfrutar de movimentos favoráveis, como quando a LIBOR está caindo, como acabamos de descrever. As empresas também usam os FRAs se planejarem investir em títulos em datas futuras, mas temem que as taxas de juros possam cair antes da data do investimento. Devido à limitação de vencimentos e moedas disponíveis, no entanto, os FRAs não são amplamente utilizados fora das grandes economias e moedas de países industrializados.

Contratos futuros das taxas de juros

Ao contrário dos futuros de moeda estrangeira, os *contratos futuros de taxas de juros* têm um uso relativamente amplo por gestores financeiros e tesoureiros de empresas não financeiras. Sua popularidade é decorrente da liquidez relativamente alta dos mercados futuros de taxas de juros, sua

---

* N. de R.T.: Considerando a libor corrente de 5% mais o especial de 1,5%.

simplicidade de uso e as exposições da taxas de juros bastante padronizadas que a maioria das empresas possuem. Os dois contratos futuros mais amplamente usados são os contratos futuros de eurodólar negociados no Chicago Mercantile Exchange (CME) e os futuros de títulos de dívida do Tesouro dos EUA do Chicago Board of Trade (CBOT). O que é interessante é que o terceiro maior volume de um contrato de futuros negociado no final da década de 1990 foi o contrato futuro de moeda dólares americanos/reais brasileiros negociado na Bolsa de Mercadorias e Futuros no Brasil.

Para ilustrar o uso de futuros para administrar riscos de taxas de juros, nos focaremos nos contratos futuros do eurodólar de três meses. O Quadro 9.5 apresenta futuros de eurodólar por dois anos (eles, na verdade, são negociados para prazos de até mesmo 10 anos no futuro).

A rentabilidade de um contrato futuro é calculada a partir do *preço de ajuste*, que é o preço de fechamento daquele dia de negociações. Por exemplo, um gestor financeiro que esteja examinando as cotações do eurodólar no Quadro 9.5 para um contrato de março de 2003 veria que o *preço de ajuste* no dia anterior foi de 94,76, uma rentabilidade anual de 5,24%:

$$\text{Rentabilidade} = (100,00 - 94,76) = 5,24\%$$

Como cada contrato é por um período de três meses (um trimestre) e um principal nocional de US$1 milhão, cada ponto-base vale, na verdade, US$2.500 (0,01 × US$1.000.000 × 90/360).

Se Maria Gonzalez estivesse interessada em fazer *hedge* de um pagamento de juros de taxa flutuante com vencimento em março de 2003, ela precisaria *vender um contrato futuro* para assumir uma *posição vendida*. Esta estratégia é chamada de posição vendida ou venda a descoberto (*short position*) porque Maria está vendendo algo que ela não possui (como se faz com ações ordinárias). Se as taxas de juros tiverem subido até março – como Maria teme – o preço dos contratos de futuros cairá e ela conseguirá fechar a posição com lucro. Este lucro irá mais ou menos neutralizar as perdas associadas ao aumento dos pagamentos de juros sobre sua dívida. Se ela estiver errada, no entanto, e as taxas de juros na verdade tiverem caído até a data de vencimento, fazendo o preço do contrato futuro subir, Maria sofrerá uma perda que acabará com as "economias" obtidas por ter feito um pagamento de juros de taxa flutuante mais baixo do que o que ela esperava. Então, ao vender um contrato futuro com vencimento em março de 2003, ela estará fixando uma taxa de juros de 5,24%.

Obviamente, as posições futuras da taxa de juros poderiam ser – e são regularmente – compradas puramente para fins especulativos. Apesar de este não ser o foco do contexto administrativo aqui, o exemplo mostra como qualquer especulador com uma visão direcional das taxas de juros poderia assumir posições na expectativa de lucro.

Como mencionado anteriormente, a exposição mais comum à taxa de juros da empresa não financeira é os juros a pagar sobre dívidas. Tal exposição não é, no entanto, o único risco de taxa de juros. À medida que mais e mais empresas passam a administrar agressivamente todo o seu balanço

QUADRO 9.5 Preços de contratos de futuros de eurodólar

Vencimento	Abertura	Máximo	Mínimo	Ajuste	Rentabilidade	Posição aberta
Junho 02	94,99	95,01	94,98	95,01	4,99	455.763
Set	94,87	94,97	94,87	94,96	5,04	535.932
Dez	94,60	94,70	94,60	94,68	5,32	367.036
Mar 03	94,67	94,77	94,66	94,76	5,24	299.993
Jun	94,55	94,68	94,54	94,63	5,37	208.949
Set	94,43	94,54	94,43	94,53	5,47	168.961
Dez	94,27	94,38	94,27	94,36	5,64	130.824

Nota: Apresentação típica do *The Wall Street Journal*. São exibidos somente vencimentos trimestrais regulares. Todos os contratos são de US$1 milhão; pontos de 100%. A posição aberta é o número de contratos em estoque.

patrimonial, os ganhos com juros do lado esquerdo passam a ficar sob escrutínio cada vez maior. Se a expectativa for a de que os gestores financeiros obtenham altos juros sobre títulos que rendem juros, eles podem muito bem descobrir um segundo uso para o mercado de futuros de taxas de juros: fixar ganhos futuros decorrentes de juros. O Quadro 9.6 exibe um panorama dessas duas exposições básicas à taxa de juros e as estratégias necessárias para se administrar os contratos futuros de taxa de juros.

Swaps de taxa de juros

Os *swaps* são acordos contratuais para trocar, ou fazer *swap*, de uma série de fluxos de caixa. Esses fluxos de caixa são normalmente pagamentos de juros associados ao serviço de dívidas, como o empréstimo de taxa flutuante descrito anteriormente.

- Se o acordo for para que uma parte faça *swap* de seu pagamento de taxa de juros fixa por pagamentos de taxas de juros flutuantes de uma outra parte, ele é chamado de *swap de taxa de juros*.
- Se o acordo for fazer *swap* de moedas referentes a obrigações de dívida – por exemplo, pagamentos de juros em francos suíços em troca de pagamentos de juros em dólares americanos – ele é chamado de *swap de moeda*.
- Um único *swap* pode combinar elementos de *swaps* de taxa de juros e de *swaps* de moeda.

Em qualquer caso, no entanto, o *swap* serve para alterar as obrigações de fluxo de caixa da empresa, assim como ocorre ao trocar pagamentos de taxa flutuante por pagamentos de taxa fixa associados a uma obrigação de dívida existente. O *swap* propriamente dito não é uma fonte de capital, mas, em vez disso, uma alteração dos fluxos de caixa associados a pagamentos. Aquilo que geralmente é chamado de *swap plain vanilla* é um acordo entre duas partes para trocar obrigações financeiras de taxa fixa por outras de taxa flutuante. Este tipo de *swap* forma o maior mercado de derivativos do mundo.

As duas partes podem ter várias motivações para entrar no acordo. Por exemplo, uma posição muito comum é a seguinte. Um tomador corporativo de boa situação creditícia possui pagamentos de serviço de dívida de taxa flutuante existentes. O tomador, após avaliar as condições de mercado correntes e de formar expectativas sobre o futuro, pode concluir que as taxas de juros estão a ponto de subir. A fim de proteger a empresa contra o aumento nos pagamentos de juros de dívida, a tesouraria da empresa pode entrar em um contrato de *swap* para *pagar taxas de juros fixas/receber*

QUADRO 9.6 Estratégias de contratos futuros de taxas de juros para exposições comuns

Exposição	Ação do mercado de futuros	Taxas de juros	Resultado da posição
Pagar juros em uma data futura	Vender um contrato futuro (posição vendida)	Se as taxas subirem	O preço dos futuros cai; posição vendida obtém lucro
		Se as taxas caírem	O preço dos futuros sobe; posição vendida obtém perda
Receber juros em uma data futura	Comprar um contrato de futuros (posição comprada)	Se as taxas subirem	O preço dos futuros cai; posição comprada obtém perda
		Se as taxas caírem	O preço dos futuros sobe; posição comprada obtém lucro

taxas de juros flutuantes. Isso significa que a empresa agora fará pagamentos de juros a taxas fixas e receberá da contraparte do *swap* pagamentos de juros a taxas flutuantes. Os pagamentos a taxas flutuantes que a empresa receberá serão utilizados para cumprir com as obrigações de dívida da empresa, então a empresa, em termos líquidos, está agora fazendo pagamentos de juros com taxas fixas. Usando derivativos, ela trocou sinteticamente uma dívida de taxas flutuantes por uma dívida a taxas fixas. E ela o fez sem enfrentar os custos e as complexidades de refinanciar as obrigações de dívida existentes.

Da mesma maneira, uma empresa com uma dívida a taxas fixas que espera que as taxas de juros venham a cair pode trocar a dívida a taxas fixas por uma dívida a taxas flutuantes. Neste caso, a empresa entraria em um *swap para pagar taxas de juros flutuantes/receber taxas de juros fixas*. O Quadro 9.7 apresenta uma tabela que resume as estratégias de *swap* de taxas de juros recomendadas para empresas que tenham ou uma dívida a taxa de juros fixa ou uma dívida a taxa de juros flutuante.

Os fluxos de caixa de um *swap* da taxa de juros são taxas de juros aplicadas a uma quantia determinada de capital (o *valor nocional ou principal*). Por este motivo, eles também são chamados de *swaps de cupom*. As empresas que entram em *swaps* da taxa de juros determinam o valor nocional de modo que os fluxos de caixa resultantes do *swap* da taxa de juros cubram suas necessidades administrativas para as taxas de juros.

Os *swaps* da taxa de juros são compromissos contratuais entre uma empresa e um *dealer* de *swap* e são completamente independentes da exposição da taxa de juros da empresa. Isto é, a empresa pode entrar em um *swap* por qualquer motivo que lhe for conveniente e então fazer o *swap* de um nocional que é menor do que, igual a ou até mesmo maior do que a posição total sendo administrada. Por exemplo, uma empresa com uma variedade de empréstimos de taxa flutuante em seus livros contábeis pode entrar em *swaps* de taxa de juros de apenas 70% do principal existente, se ela assim o desejar.

O motivo para entrar em um *swap*, e a posição de *swap* em que a empresa entra, é uma decisão puramente da administração. Também deve-se observar que o mercado de *swap* da taxa de juros está preenchendo uma lacuna da eficiência de mercado. Se todas as empresas tivessem livre e igual acesso aos mercados de capitais, independentemente da estrutura da taxa de juros ou a moeda de referência, o mercado de *swap* provavelmente não existiria. O fato de que o mercado de *swap* não somente existe, mas também floresce e fornece benefícios a todas as partes vai, em alguns aspectos, contra o provérbio de que "nada vem de graça", devido à vantagem comparativa.

Vantagem comparativa

Empresas com diferentes qualidades de crédito são tratadas de maneira diferente pelos mercados de capitais. Por exemplo, a Unilever (Reino Unido) e a Xerox (EUA) estão ambas no mercado de dívidas de US$30 milhões por um período de cinco anos. A Unilever possui uma classificação de crédito AAA (a mais alta) e, portanto, tem acesso a dívidas com taxas de juros fixas ou flutuantes a taxas atraentes. A Unilever preferiria contrair empréstimos a taxas flutuantes, já que ela já pos-

QUADRO 9.7 Estratégias de *swap* de taxa de juros

Posição	Expectativa	Estratégia de *swap* de taxa de juros
Dívida de taxas fixas	Taxas subirem	Não fazer nada
	Taxas caírem	Pagar flutuante/receber fixa
Dívida de taxa flutuante	Taxas subirem	Pagar fixa/receber flutuante
	Taxas caírem	Não fazer nada

sui fundos de taxas fixas e deseja aumentar a proporção de sua carteira de dívida que é flutuante. A Xerox possui uma classificação de crédito BBB (a categoria mais baixa das classificações de crédito de grau de investimento) e preferirira levantar a dívida a taxas de juros fixas. Apesar de a Xerox ter acesso a fundos tanto de taxa fixa quanto de taxa flutuante, a dívida de taxa fixa é considerada cara. As empresas, através do Citibank, podiam, na verdade, contrair empréstimos em seus mercados relativamente vantajosos e então fazer um *swap* de seus pagamentos dessa dívida. Isso é ilustrado no Quadro 9.8.

Implementação do *swap* de taxa de juros

Cada empresa primeiro contrai um empréstimo no mercado em que possui vantagem comparativa relativa. Como ilustrado no Quadro 9.8, a Unilever pode tomar emprestados fundos a taxas fixas 1,000% mais baratos do que a Xerox (7,000% em comparação a 8,000%), e pode tomar emprestados fundos a taxas flutuantes 0,5% mais baratos (0,25% em relação a 0,75% da Xerox). Isso significa que a *vantagem comparativa relativa* da Unilever é tomar emprestados fundos de taxa fixa e, portanto, a Xerox deveria tomar emprestados fundos de taxa flutuante.

1. A Unilever contrai empréstimos à taxa fixa de 7,000% ao ano, e então entra em um *swap* de taxa de juros para *receber taxa fixa e pagar taxa flutuante*, com o Citibank. O banco, então, concorda em fazer os pagamentos de serviço da dívida de 7,000% em nome da Unilever pelo restante da vida do acordo de *swap* (cinco anos).
2. A Unilever concorda, por sua vez, em pagar ao Citibank uma taxa de juros flutuante, a LIBOR de um ano, o que permite que ela faça pagamentos de serviço de dívida a taxa flutuante, o que ela prefere. A taxa de juros que ela negocia com o Citibank é mais baixa do que a taxa que ela poderia ter conseguido sozinha.
3. A Xerox contrai empréstimos pela taxa flutuante LIBOR + 0,75%, e então faz um *swap* dos pagamentos com o Citibank. O Citibank concorda em fazer os pagamentos de dívida com taxa flutuante em nome da Xerox.
4. A Xerox concorda, por sua vez, em pagar ao Citibank uma taxa de juros fixa, 7,875%, o que permite que a Xerox faça pagamentos de serviço de dívida com taxa fixa – o que ela prefere – mas a um custo de fundos mais baixo do que poderia ter conseguido sozinha.

QUADRO 9.8 Vantagem comparativa e estruturação de um acordo de *swap*

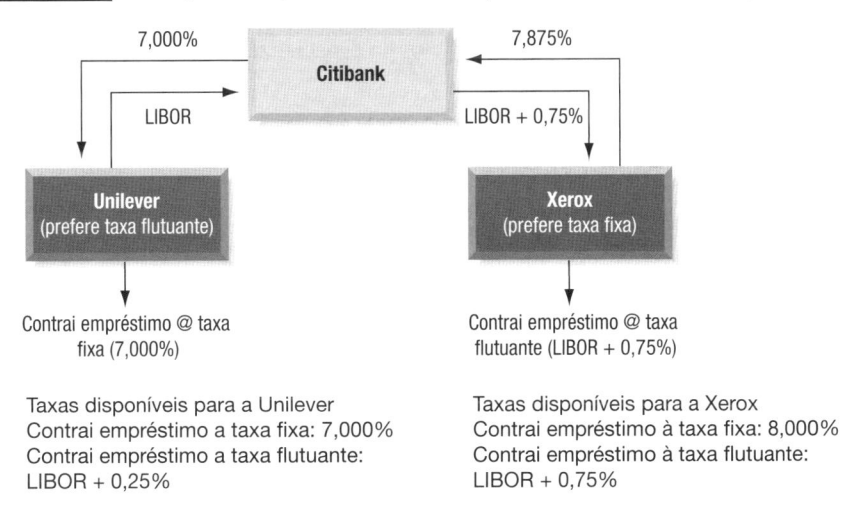

```
              7,000%                    7,875%
         ←─────────────  Citibank  ←─────────────
         ─────────────→           ─────────────→
              LIBOR                LIBOR + 0,75%
              ↓                          ↓
         Unilever                     Xerox
    (prefere taxa flutuante)    (prefere taxa fixa)
              ↓                          ↓
    Contrai empréstimo @ taxa   Contrai empréstimo @ taxa
         fixa (7,000%)           flutuante (LIBOR + 0,75%)
```

Taxas disponíveis para a Unilever
Contrai empréstimo a taxa fixa: 7,000%
Contrai empréstimo a taxa flutuante: LIBOR + 0,25%

Taxas disponíveis para a Xerox
Contrai empréstimo à taxa fixa: 8,000%
Contrai empréstimo à taxa flutuante: LIBOR + 0,75%

Benefícios do *swap* de taxa de juros

A Unilever tomou emprestados fundos a uma taxa fixa de 7,000%. Agora ela entrou em um acordo de *swap* em que pagará uma taxa flutuante, LIBOR + 0%, em troca de o Citibank fazer seus pagamentos de juros de 7,000% sobre sua dívida. A Unilever, então, possui os seguintes pagamentos de juros combinados:

Unilever contrai empréstimo a taxas fixas:	(7,000%)
Faz *swaps* de taxas *fixas por flutuantes*:	+ 7,000% Recebe taxas fixas
	(LIBOR) Paga taxas flutuantes
Juros líquidos (dívida + *swap*)	(LIBOR)

A Xerox tomou emprestados fundos a LIBOR + 0,75%, uma taxa de juros flutuante. Agora ela entrou em um acordo de *swap* para fazer o *swap* de *taxa flutuante por fixa*, o que significa que ela receberá uma taxa flutuante de LIBOR + 0,25% e pagará uma taxa de juros fixa de 7,875%.

Xerox contrai empréstimo a taxas flutuantes:	(LIBOR + 0,75%)	
Faz *swaps* de taxas *flutuantes por fixas*:	+ LIBOR + 0,75%	Recebe taxas flutuantes
	(7,875%)	Paga taxas fixas
Juros líquidos (dívida + *swap*)	(7,875%)	

Cada um dos tomadores se beneficia do *swap* de taxa de juros passando a ser capaz de tomar capital emprestado com a estrutura de taxa de juros preferencial e uma taxa mais baixa do que a que conseguiria obter sozinho.

	Unilever (Reino Unido)	Xerox (EUA)
Se fizer empréstimo direto	LIBOR + 0,25%	8,000%
Se fizer empréstimo através de *swap*	LIBOR + 0%	7,875%
Economias	+ 0,25%	+ 0,125%

Como isso é possível? Cada um se beneficia em decorrência da especialização de cada tomador em adquirir fundos em seu mercado de acesso preferencial, e então trocando as sequências de fluxos de pagamentos de juros, redistribuindo os benefícios da especialização.

TRIDENT CORPORATION: FAZENDO *SWAP* PARA TAXAS DE JUROS FIXAS

O empréstimo existente com taxa flutuante da Trident Corporation agora é fonte de preocupações para Maria Gonzalez. Eventos recentes levaram-na a acreditar que as taxas de juros, especificamente a LIBOR, podem vir a subir nos próximos três anos. Como o acordo do empréstimo é relativamente novo (a Trident ainda está no primeiro ano do empréstimo e ainda tem que fazer um pagamento de juros), refinanciar é considerado caro demais nesse momento. Maria acredita que um *swap* de taxa de juros para *pagar taxas fixas/receber taxas flutuantes* possa ser a melhor alternativa para fixar taxas de juros agora. Ao contatar vários de seus principais bancos, a Trident recebe uma cotação de taxa fixa de 5,750% baseada na LIBOR. Se a Trident entrar no acordo de *swap*, pelos próximos três anos ela receberá a LIBOR e pagará 5,750% sobre um nocional de US$10 milhões. Uma rápida análise do empréstimo existente combinado e um *swap* para pagar taxas fixas/receber taxas flutuantes empreendido pelo grupo de tesouraria da Trident é apresentada no Quadro 9.9.

O acordo de *swap* não substitui o acordo de empréstimo existente; ele o complementa. A Trident ainda é responsável por fazer todos os pagamentos sobre o empréstimo de taxa flutuante. Observe que o acordo de *swap* se aplica apenas aos pagamentos de juros sobre o empréstimo e não inclui o pagamento do principal. A porção do pagamento de serviço da dívida com a qual a Trident está

QUADRO 9.9 Swap da taxa de juros da Trident Corporation para pagar taxas fixas/receber taxas flutuantes

Taxas de juros do empréstimo	Variabilidade	Ano 1	Ano 2	Ano 3
LIBOR (flutuante)	Poderia subir ou descer	–5,000%	–5,000%	–5,000%
Spread (fixa)	Fixa	–1,500%	–1,500%	–1,500%
Total de juros a pagar		–6,500%	–6,500%	–6,500%
Swap de taxas de juros				
Pagar taxas fixas	Fixa	–5,750%	–5,750%	–5,750%
Receber LIBOR flutuante	Poderia subir ou descer	+5,000%	+5,000%	+5,000%
Posição combinada empréstimo e *swap*				
LIBOR sobre o empréstimo	Pagar	–5,000%	–5,000%	–5,000%
Spread (fixa)	Pagar	–1,500%	–1,500%	–1,500%
Pagar taxas fixas no *swap*	Pagar	–5,750%	–5,750%	–5,750%
Receber LIBOR flutuante no *swap*	Receber	+5,000%	+5,000%	+5,000%
Juros líquidos devidos depois do *swap*	Pagamento líquido	–7,250%	–7,250%	–7,250%

Nota: Na data em que o acordo de *swap* de taxa de juros é feito, as taxas reais da LIBOR para todos os anos (1, 2 e 3) são desconhecidas. Entretanto, com base nas expectativas dos operadores de *swap*, o valor presente das sequências de fluxos de caixa de taxa flutuante e das sequências de fluxos de caixa de taxa fixa são iguais na data do acordo.

preocupada – a taxa base da LIBOR – agora seria neutralizada pelo recebimento de um fluxo de caixa da LIBOR do banco em função do *swap*. Esse arranjo responsabiliza a Trident pelo pagamento do *spread* fixo de 1,500% sobre o empréstimo mais o pagamento fixo ao banco do *swap* de 5,750%. Esses pagamentos se combinam, criando um pagamento fixo total da taxa de juros de 7,250% sobre a dívida de US$10 milhões, como ilustrado no Quadro 9.9.

A questão que resta para Maria Gonzalez é se este é ou não um bom acordo. A Trident agora possui uma dívida de taxa fixa de US$10 milhões por três anos. Se as taxas de mercado correntes cotadas para a Trident por seus credores estiverem em taxas fixas acima de 7,250%, a resposta é sim. A Trident faria uma boa escolha garantindo o acordo de *swap* agora, supondo que sua meta seja fixar taxas de juros pelos próximos três anos.

SWAPS DE MOEDA

Como todas as taxas de *swap* são deduzidas da curva de rentabilidade em cada uma das principais moedas, o *swap* da taxa de juros de taxa fixa para taxa flutuante existente em cada moeda permite que as empresas façam *swap* entre moedas. O Quadro 9.10 lista taxas de *swap* típicas para o euro, o dólar americano, o iene japonês e o franco suíço. Essas taxas de *swap* são baseadas nas rentabilidades de títulos do governo em cada um dos mercados monetários individuais, mais um *spread* de crédito aplicável a tomadores com grau de investimento nos respectivos mercados.

Observe que as taxas de *swap* no Quadro 9.10 não são classificadas ou categorizadas por classificações de crédito. Isso porque o mercado de *swap* propriamente dito não carrega o risco de crédito associado a tomadores individuais. Vimos que no exemplo anterior de *swap* da taxa de juros quando a Trident, que contraiu empréstimo sozinha à taxa da LIBOR mais um *spread* de 1,500% (o *spread* que representa o *spread* de crédito específico do tomador), com um *swap* baseado apenas no componente da LIBOR. O *spread* fixo, um prêmio de risco de crédito, ainda é arcado pela própria empresa. Por exemplo, empresas com classificações mais baixas podem pagar *spreads* de 3% ou 4% acima da LIBOR, enquanto que algumas das maiores e mais financeiramente sólidas EMNs podem levantar capital a taxas de LIBOR – 0,40%. O mercado de *swap* não diferencia a taxa pelo participante; todos podem fazer *swaps* de taxas fixas baseados na LIBOR em sua respectiva moeda.

QUADRO 9.10 Cotações de *swaps* de taxa de juros e de moeda

	Euro-€		Franco suíço		Dólar americano		Iene japonês	
Anos	Compra	Venda	Compra	Venda	Compra	Venda	Compra	Venda
1	2,99	3,02	1,43	1,47	5,24	5,26	0,23	0,26
2	3,08	3,12	1,68	1,76	5,43	5,46	0,36	0,39
3	3,24	3,28	1,93	2,01	5,56	5,59	0,56	0,59
4	3,44	3,48	2,15	2,23	5,65	5,68	0,82	0,85
5	3,63	3,67	2,35	2,43	5,73	5,76	1,09	1,12
6	3,83	3,87	2,54	2,62	5,80	5,83	1,33	1,36
7	4,01	4,05	2,73	2,81	5,86	5,89	1,55	1,58
8	4,18	4,22	2,91	2,99	5,92	5,95	1,75	1,78
9	4,32	4,36	3,08	3,16	5,96	5,99	1,90	1,93
10	**4,42**	**4,46**	**3,22**	**3,30**	**6,01**	**6,04**	**2,04**	**2,07**
12	4,58	4,62	3,45	3,55	6,10	6,13	2,28	2,32
15	4,78	4,82	3,71	3,81	6,20	6,23	2,51	2,56
20	5,00	5,04	3,96	4,06	6,29	6,32	2,71	2,76
25	5,13	5,17	4,07	4,17	6,29	6,32	2,77	2,82
30	5,19	5,23	4,16	4,26	6,28	6,31	2,82	2,88
LIBOR	3,0313	3,0938	1,3125	1,4375	4,9375	5,0625	0,1250	0,2188

Nota: Típica apresentação do *Financial Times*. *Spreads* de compra e venda no fechamento das negociações em Londres. US$ é cotado com base na LIBOR de três meses; o iene japonês, baseado na LIBOR de seis meses; o euro e o franco suíço, baseado na LIBOR de seis meses.

A motivação usual para um *swap* de moeda é substituir fluxos de caixa programados em uma moeda indesejada por fluxos em uma moeda desejada. A moeda desejada provavelmente é a moeda em que as receitas operacionais futuras (entradas) da empresa serão geradas. As empresas geralmente levantam capital em moedas nas quais elas não possuem receitas significativas ou outros fluxos de caixa naturais. O motivo de fazerem tal coisa é o custo; empresas específicas podem encontrar custos de capital em moedas específicas com preços atraentes para eles sob condições especiais. Uma vez tendo levantado o capital, no entanto, a empresa pode desejar fazer um *swap* de seu pagamento por uma moeda em que ela possui futuras receitas operacionais.

A utilidade do mercado de *swaps* de moeda para uma EMN e instituições governamentais é significativa. Uma EMN que deseja fazer um *swap* de uma sequência de fluxos de caixa de 6,04% fixos em dólares americanos por 10 anos poderia fazer um *swap* por 4,46% fixos em euros, 3,30% fixos em francos suíços, ou 2,07% fixos em ienes japoneses. Ela poderia fazer um *swap* de dólares fixos não somente para taxas fixas, mas também para taxas LIBOR flutuantes em várias moedas. Tudo é possível pelas taxas cotadas no Quadro 9.10.

TRIDENT CORPORATION: FAZENDO *SWAP* DE DÓLARES A TAXAS FLUTUANTES POR FRANCOS SUÍÇOS A TAXAS FIXAS

Voltamos à Trident Corporation para demonstrar como usar um *swap* de moedas. Depois de levantar US$10 milhões em financiamento com taxa flutuante e, subsequentemente, fazer um *swap* por pagamentos a taxa fixa, a Trident decide que preferiria fazer seus pagamentos de serviço de dívida em francos suíços. A Trident tinha recentemente assinado um contrato de vendas com um comprador suíço que pagará francos à Trident no período dos próximos três anos. Isso seria uma entrada natural de francos suíços pelos próximos três anos, e a Trident pode decidir que deseja igualar a moeda de referência dos fluxos de caixa através de um *swap* de moeda.

A Trident Corporation agora entra em um *swap* de moeda de três anos para *pagar francos suíços e receber dólares americanos*. Ambas as taxas de juros são fixas. A Trident pagará juros fixos de 2,01% (taxa de venda) em francos suíços e receberá 5,56% fixos (taxa de compra) em dólares americanos.

Como ilustrado no Quadro 9.11, o *swap* de moeda de três anos em que a Trident entrou é diferente do *swap* da taxa de juros *plain vanilla* descrito acima de duas importantes maneiras:

1. A taxa de câmbio à vista em vigor na data do acordo estabelece qual é o nocional na moeda-alvo. A moeda-alvo é a moeda pela qual a Trident está fazendo o *swap*, neste caso o franco suíço. O nocional de US$10.000.000 é convertido em um nocional de Sfr15.000.000. Este é o principal utilizado para estabelecer os fluxos de caixa reais que a Trident está se comprometendo a fazer (2,01% × Sfr15.000.000 = Sfr301.500).
2. O nocional propriamente dito faz parte do acordo de *swap*. Nos *swaps* de taxa de juros descritos anteriormente, ambos os fluxos de caixa de pagamentos de juros eram baseados no mesmo principal nocional em dólares americanos. Logo, não havia necessidade de incluir o principal no acordo. Em um *swap* de moeda, no entanto, como os principais nocionais são denominados em duas moedas diferentes e a taxa de câmbio entre essas duas moedas pode mudar ao longo da vida do *swap*, os nocionais são, na verdade, parte do acordo de *swap*.

No momento de incepção do *swap*, ambas as posições têm o mesmo valor presente. O *swap* da Trident compromete a empresa a fazer três pagamentos futuros em francos suíços. Por sua vez, a empresa receberá três pagamentos em dólares americanos. Os pagamentos são determinados. Práticas de contabilidade financeira exigem que a Trident acompanhe e valorize sua posição regularmente, faça *marcação a mercado* do *swap* com base nas taxas de câmbio e taxas de juros correntes. Se depois de o *swap* ser iniciado o franco suíço for apreciado em relação ao dólar, e a Trident estiver pagando francos, a Trident registrará uma perda no *swap* para fins contábeis. (Da mesma maneira, o lado do *dealer* de *swap* da transação registrará um ganho). Ao mesmo tempo, se as taxas de juros nos mercados de francos suíços aumentarem e o *swap* da Trident fizer a empresa se comprometer com uma taxa fixa de 2,01%, então ocorrerá um ganho do componente de juros do valor do *swap*. Em resumo, ganhos e perdas do *swap*, pelo menos para fins contábeis, persistirão durante toda a vida do *swap*.

Os *swaps* de moeda descritos aqui são *swaps* sem amortização. Um *swap sem amortização* paga todo o principal no vencimento em vez de ao longo da vida do acordo de *swap*. Os *dealers* de *swap* ficarão, é claro, mais do que felizes em oferecer à empresa a forma de sua escolha. Utilizamos exemplos de *swaps* sem amortização em todo este capítulo para maior simplicidade de apresentação.

QUADRO 9.11 *Swap* de moeda da Trident Corporation: pagar francos suíços e receber dólares americanos

Componente do *swap*	Ano 0	Ano 1	Ano 2	Ano 3
A Trident receberá US$ a taxas fixas de		5,56%	5,56%	5,56%
Sobre um nocional de	US$10.000.000			
Fluxos de caixa que a Trident receberá		US$556.000	US$556.000	US$10.556.000
Taxa de câmbio	Sfr.1,5000/US$			
A Trident pagará Sfr a taxas fixas de		2,01%	2,01%	2,01%
Sobre um principal nocional de	Sfr15.000.000			
Fluxos de caixa que a Trident pagará		Sfr301.500	Sfr301.500	Sfr15.301.500

A taxa fixa em dólares para pagar 5,56% é a taxa de compra de três anos no Quadro 9.10. A taxa fixa em francos suíços para receber 2,01% é a taxa de venda de três anos do Quadro 9.10. Uma vez que a Trident Corporation tenha determinado o nocional de US$10.000.000, a taxa à vista corrente será usada para determinar o nocional para o lado do *swap* de francos suíços (ou vice-versa, dependendo das metas da Trident). O valor presente de cada lado do *swap* em sua incepção é US$10.000.000 (Sfr15.000.000).

Trident Corporation: desfazendo *swaps*

Assim como os acordos de empréstimo originais, pode acontecer de que, em alguma data futura, os parceiros de um *swap* possam desejar terminar o acordo antes de ele vencer. Se, por exemplo, depois de um ano o contrato de vendas na Suíça da Trident Corporation for terminado, a Trident não mais precisará do *swap* como parte de seu programa de *hedge*. A Trident poderia terminar ou *desfazer* o *swap* com o *dealer*.

Desfazer (*unwind*) um *swap* de moeda exige o desconto dos fluxos de caixa restantes sob o acordo de *swap* a taxas de juros correntes, convertendo, então, a moeda-alvo (francos suíços aqui) de volta na moeda doméstica da empresa (dólares americanos no caso da Trident). Se a Trident possui dois pagamentos restantes no acordo de *swap* de Sfr301.500 e Sfr15.301.500 (um pagamento de somente juros e um pagamento de principal e juros), e a taxa de juros fixa de dois anos do franco agora é de 2,000%, o valor presente do compromisso da Trident em francos suíços é como a seguir:

$$PV(Sfr) = \frac{Sfr301.500}{(1,020)^1} + \frac{Sfr15.301.500}{(1,020)^2} = Sfr15.002.912$$

Ao mesmo tempo, o valor presente dos fluxos de caixa restantes do lado do dólar do *swap* é determinado usando a taxa de juros corrente fixa de dois anos do dólar, que agora é de 5,500%:

$$PV(\$) = \frac{\$556.000}{(1,055)^1} + \frac{\$10.556.000}{(1,055)^2} = \$10.011.078$$

O *swap* de moeda da Trident, se desfeito nesse momento, geraria um valor presente de entradas líquidas (o que ela recebe sob o *swap*) de US$10.011.078 e um valor presente de saídas (o que ela paga sob o *swap*) de Sfr15.002.912. Se a taxa de câmbio à vista for de Sfr1,4650/US$, a compensação líquida desse *swap* de moeda será a seguinte:

$$\text{Compensação} = \$10.011.078 - \frac{Sfr15.002.912}{Sfr1,4650/\$} = (\$229.818)$$

A Trident faz um pagamento em dinheiro ao *dealer* de *swap* de US$229.818 para desfazer o *swap*. A Trident sofreu uma perda no *swap*, em grande parte em decorrência da apreciação do franco suíço (as taxas de juros quase não mudaram). Como a Trident tinha se comprometido a pagar na moeda que agora tem o valor mais forte – o franco – desfazer o *swap* custa caro. O *swap*, no entanto, foi iniciado como uma proteção (*hedge*), e não como um investimento financeiro.

RISCO DE CONTRAPARTE

O *risco de contraparte* é a exposição potencial de qualquer empresa individual à possibilidade de que a segunda parte envolvida em qualquer contrato financeiro não seja capaz de cumprir as obrigações especificadas no contrato. A preocupação com o risco de contraparte aumentou nos mercados de *swap* de taxas de juros e de moeda em decorrência de algumas inadimplências de *swaps* grandes e muito comentadas na mídia. O rápido crescimento nos mercados de derivativos financeiros de moeda e taxa de juros na verdade foi acompanhado por uma taxa de inadimplência surpreendentemente baixa até o momento, particularmente em um mercado global que é, em princípio, não regulamentado.

O risco de contraparte há muito tem sido um dos principais fatores que favorecem o uso de derivativos negociados na bolsa de valores em vez de derivativos negociados no mercado de balcão. A maioria das bolsas, como a Bolsa de Valores da Filadélfia para opções de moeda ou a Chicago Mercantile Exchange para futuros de eurodólar, são, elas mesmas, a contraparte de todas as transações. Isso dá a todas as empresas um alto grau de confiança de que elas podem comprar ou vender produtos negociados na bolsa rapidamente e com pouca preocupação com a qualidade de crédito da bolsa propriamente dita. As bolsas de valores financeiras tipicamente exigem uma pequena tarifa de todos os que participam de negociações nas bolsas, para financiar fundos de seguro criados expressamente com a finalidade de proteger todas as partes. Os produtos de balcão, no entanto, possuem exposições de crédito diretas para a empresa porque o contrato geralmente é feito entre a empresa compradora e a instituição financeira vendedora. A maioria dos derivativos financeiros nos centros financeiros mundiais de hoje em dia é vendida ou corretada apenas pelas maiores e mais sólidas instituições financeiras. Essa estrutura não significa, no entanto, que as empresas possam entrar em acordos contínuos com essas instituições sem algum grau de risco financeiro e preocupação.

Uma empresa que esteja entrando em um acordo de *swap* de moeda ou de taxa de juros retém a responsabilidade final por pagar no prazo suas próprias obrigações de dívida. Apesar de um acordo de *swap* poder constituir um contrato para trocar pagamentos em dólares americanos por pagamentos em euros, a empresa que realmente detiver a dívida em dólar ainda será legalmente responsável pelo pagamento. A dívida original permenece nos livros contábeis do credor. No caso de uma contraparte do *swap* não fazer o pagamento como acordado, a empresa que detém legalmente a dívida ainda é responsável pelo pagamento da dívida. No caso de tal inadimplência, os pagamentos em euro seriam parados, pelo *direito de compensação* (*right of offset**), e as perdas associadas ao *swap* inadimplente seriam mitigadas.

A exposição real de um *swap* de juros ou de moeda não é o nocional total, mas os valores marcados a mercado dos diferenciais dos pagamentos de juros ou de juros de moeda (custo de substituição) desde a incepção do acordo de *swap*. Este diferencial é similar à mudança no valor do *swap* descoberto ao se desfazer um *swap*. Esse valor é tipicamente de apenas 2% a 3% do principal nocional.

---

* N. de T.: Cláusula contratual que dá aos bancos o direito legal de se apropriar de fundos depositados para cobrir um empréstimo que esteja inadimplente.

RESUMO

- O maior risco de taxa de juros da empresa não financeira é o serviço de dívida. A estrutura de dívida da EMN possui diferentes vencimentos de dívida, diferentes estruturas de taxas de juros (como taxas fixas *versus* flutuantes), e diferentes moedas de referência.

- A crescente volatilidade das taxas de juros mundiais, combinadas com o crescente uso de dívidas de curto prazo e taxas variáveis em todo o mundo, levou muitas empresas a gerenciar ativamente seus riscos de taxas de juros.

- As principais fontes de riscos de taxa de juros para uma empresa não financeira multinacional são empréstimos de curto prazo e investimentos, além de fontes de dívidas de longo prazo.

- As técnicas e instrumentos usados no gerenciamento do risco de taxa de juros de muitas maneiras lembram aquelas utilizadas no gerenciamento de risco de moedas: os antigos e já testados métodos de conceder e contrair empréstimos.

- Os principais instrumentos e técnicas usadas para o gerenciamento do risco de taxa de juros incluem acordos de taxas a termo (*forward rate agreements* ou FRAs), contratos futuros de taxas de juros, e *swaps* de taxas de juros.

- Os mercados de *swap* de taxa de juros e de moeda permitem que as empresas tenham acesso limitado a moedas específicas e estruturas de taxa de juros para ganharem acesso a custos relativamente baixos. Isso, por sua vez, permite que essas empresas gerenciem seus riscos de moeda e de taxas de juros mais eficientemente.

- Um *swap* de taxa de juros cruzada entre moedas permite que uma empresa altere tanto a moeda de referência dos fluxos de caixa no serviço da dívida quanto a estrutura das taxas de juros de fixa para flutuante ou de flutuante para fixa.

MINICASO: A exposição em libra esterlina da McDonald's Corporation

McDonald's Corporation possui investimentos em mais de 100 países. Ela considera que seus investimentos patrimoniais em subsidiárias estrangeiras estejam sujeitos a risco e, portanto, passíveis de *hedge* dependendo do país, moeda e mercado em questão.

Subsidiária britânica como uma exposição

A empresa matriz do McDonald's possui três diferentes exposições denominadas em libras esterlinas que são decorrentes da propriedade e operação de sua subsidiária britânica.

- Em primeiro lugar, a subsidiária britânica possui capital próprio, que é um ativo da empresa matriz denominado em libras.

- Em segundo lugar, além do capital próprio investido na subsidiária britânica, a empresa matriz possui uma dívida intraempresarial na forma de um empréstimo de £125 milhões por 4 anos. O empréstimo é denominado em libras esterlinas britânicas e possui um pagamento de juros anual de 5,30% fixos.

- Em terceiro lugar, a subsidiária britânica paga uma porcentagem fixa das vendas brutas em *royalties* à empresa matriz, também denominada em libras esterlinas. As três diferentes exposições somam um problema de exposição sifgnificativo para o McDonald's.

- Um outro detalhe técnico complica ainda mais a situação. Quando a empresa matriz faz um empréstimo intraempresarial à subsidiária britânica, ela tem que designar – segundo as práticas contábeis e da legislação tributária dos EUA – se o empréstimo é considerado como sendo permanentemente investido naquele país. (Apesar de superficialmente parecer ilógico considerar quatro anos "permanente", a empresa matriz poderia renovar continuamente o empréstimo e, na verdade, nunca pagá-lo). Se ele não for considerado permanente, os ganhos e perdas cambiais relacionados ao empréstimo fluem diretamente para a demonstração de lucros e perdas da empresa, segundo o FAS#52.[1] Se, no entanto, o empréstimo for designado como permanente, os ganhos e perdas cambiais relacionados ao empréstimo intraempresarial fluem apenas para o ajuste cumulativo de conversão (*cumulative translation adjustment* ou CTA) no balanço patrimonial consolidado. Até hoje, a McDonald's decidiu designar o empréstimo como permanente. A moeda funcional da subsidiária britânica para fins de consolidação é a moeda local, a libra esterlina britânica.

Anka Gopi é Gerente de Mercados Financeiros/Tesouraria e acionista do McDonald's. Ela está atualmente analisando a estratégia de *hedge* existente empregada pelo McDonald's contra a exposição à libra esterlina. A empresa tem feito *hedge* da exposição à libra esterlina entrando em um *swap* cruzado de moedas de dólar americano/libra esterlina. O *swap* atual é um *swap* de sete anos para receber dólares e pagar libras. Assim como todos os *swaps* cruzados de moeda, o acordo exige que o McDonald's-EUA faça pagamentos de juros regulares denominados em libras esterlinas e um pagamento do principal (nocional) em uma única parcela no final do acordo do *swap*. O McDonald's considera o grande pagamento do principal nocional como um *hedge* contra o investimento de capital próprio na subsidiária britânica.

De acordo com o FAS#52, uma empresa pode escolher pegar os juros associados a um empréstimo denominado em uma moeda estrangeira e levá-los diretamente à demonstração de lucros e perdas (P&L) da empresa matriz. Isso já foi feito no passado, e o McDonald's se beneficiou da inclusão desse pagamento de juros.

O FAS#133, sobre Contabilidade de Instrumentos Derivativos e Atividades de *Hedge*, emitida em junho de 1998, tinha o propósito original de ser eficaz para todos os trimestres fiscais em anos fiscais iniciados depois de 5 de junho de 1999 (para a maioria das empresas, isso significava 1º de janeiro de 2000). O novo padrão, no entanto, era tão complexo e potencialmente de tal influência material para as EMNs sediadas nos EUA, que a Comissão de Padrões de Contabilidade Financeira (Financial Accounting Standards Board) foi procurada por dezenas de grandes empresas e solicitada a adiar a implementação obrigatória. A complexidade do padrão, juntamente com o volume de trabalho associado aos controles de risco Y2K (ano 2000), convenceram a Comissão de Padrões de Contabilidade Financeira a adiar a dara da implementação obrigatória do FAS#133 indefinidamente.

Anka Gopi deseja considerar o impacto potencial do FAS#133 sobre a estratégia de *hedge* atualmente empregada. Sob o FAS#133, a empresa terá que fazer marcação a mercado de toda a posição do *swap* cruzado de moeda, incluindo o principal, e levar isso às outros resultados abrangentes (*other comprehensive income* ou OCI). Os OCI, no entanto, são, na verdade, uma outra forma de resultados exigida sob os GAAP* dos EUA e divulgada nas notas de rodapé das demonstrações financeiras, mas não a medida de resultados usados nos lucros divulgados por ação. Apesar de o McDonald's ter levado os pagamentos de juros do *swap* para os resultados, ela anteriormente não teve que carregar o valor presente do principal do *swap* para os OCI. Aos olhos de Anka, isso apresenta um risco material substancial para as OCI.

Anka Gopi também deseja reconsiderar a estratégia atual. Ela começa listando os prós e contras da estratégia atual, comparando-a estratégias alternativas e, então, decidindo o que seria feito, se é que algo fosse ser feito, a respeito disso nesse momento.

Perguntas sobre o caso

1. Como o *swap* cruzado de moedas faz efetivamente um *hedge* contra as três principais exposições do McDonald's em relação à sua subsidiária britânica?

2. Como o *swap* cruzado de moedas faz *hedge* da exposição de longo prazo do capital próprio na subsidiária estrangeira?

3. Anka – e o McDonald's – devem se preocupar com os OCI?

---

* N. de T.: GAAP é a sigla de Generally Accepted Accounting Principles, ou Princípios Contábeis Geralmente Aceitos.

[1] FAS#52 é o padrão contábil que determina a maioria das práticas de divulgação de relatórios financeiros financeiras por empresas relacionadas a mudanças nas taxas de câmbio.

PERGUNTAS

1. **Tríade de riscos.** Defina e explique os três principais riscos financeiros enfrentados por uma empresa multinacional.

2. **Taxas de referência.** O que é uma taxa de juros "de referência" e como ela é usada para determinar taxas para tomadores individuais?

3. **Risco e retorno.** Alguns departamentos de tesouraria de empresas são organizados como centros de serviços (centros de custos), enquanto outros são estabelecidos como centros de lucro. Qual é a diferença e quais são as implicações para a empresa?

4. **Tipos de previsão.** Qual é a diferença entre uma previsão específica e uma previsão direcional?

5. **Declarações de políticas.** Explique a diferença entre uma declaração de metas e uma declaração de política.

6. **Risco de crédito e de reprecificação.** A partir do ponto de vista da corporação que contrai um empréstimo, o que são risco de crédito e risco de reprecificação? Explique os passos que uma empresa pode dar para minimizar ambos.

7. **Acordo de taxa a termo.** Como uma empresa que contraiu um empréstimo com taxa de juros flutuante usa um acordo de taxa a termo para reduzir o risco da taxa de juros?

8. **Contratos futuros de eurodólar.** O jornal publicou que determinado contrato futuro de eurodólar de junho foi liquidado a 93,55. Qual foi a rentabilidade anualizada?

9. **Inadimplência em um *swap* de taxa de juros.** A Smith Company e a Jones Company entram em um *swap* de taxa de juros, sendo que a Smith paga juros fixos para a Jones, e a Jones paga juros flutuantes para a Smith. A Smith agora vai à falência e então passa a ser inadimplente nos pagamentos de juros restantes. Qual é o prejuízo financeiro para a Jones Company?

10. ***Swaps* de moeda.** Por que uma empresa com pagamentos de juros em libras esterlinas iria querer fazer um *swap* desses pagamentos por pagamentos de juros em dólares americanos?

11. **Risco de contraparte.** Como a negociação de *swaps*, em bolsas de valores organizadas, remove qualquer risco de que o contraparte envolvido em um acordo de *swap* não cumpra o acordo?

PROBLEMAS

*1. **Chavez S.A.** A Chavez S.A., uma empresa venezuelana, deseja tomar emprestados US$8.000.000 por oito semanas. Uma taxa de 6,250% ao ano é cotada por credores potenciais em Nova York, Grã Bretanha e Suíça, usando, respectivamente, as definições de juros (convenções de contagem de dias) internacional, britânica e suíça-eurotítulos. De que fonte a Chavez deve contrair o empréstimo?

2. **Botany Bay Corporation.** A Botany Bay Corporation da Austrália está procurando contrair um empréstimo de US$14.000.000 no mercado de eurodólares. Os fundos são necessários por dois anos. Uma investigação leva a três possibilidades:

   Opção 1: Tomar emprestados os US$14.000.000 por dois anos a uma taxa de juros fixa de 5,375%

   Opção 2: Tomar emprestados os US$14.000.000 à taxa da LIBOR + 1,5%. A LIBOR atualmente é de 3,885%, e a taxa seria redefinida a cada seis meses

   Opção 3: Tomar emprestados os US$14.000.000 por apenas um ano a 4,625%; no final do primeiro ano, a empresa teria que negociar um novo empréstimo de um ano

   Compare as alternativas e faça uma recomendação.

3. **Raid Gauloises.** A Raid Gauloises é uma loja francesa de artigos esportivos e roupas e acessórios de corridas de aventura que está em rápido crescimento. A empresa decidiu tomar emprestados €20.000.000 através de um empréstimo euro-euro a taxas flutuantes por quatro anos. A Raid tem que decidir entre duas ofertas de empréstimos concorrentes de dois de seus bancos.

   O Banque de Paris ofereceu a dívida de quatro anos pela taxa euro-LIBOR + 2,00% com uma taxa de abertura de crédito de 1,8% à vista. O Banque de Sorbonne, no entanto, ofereceu uma taxa de euro-LIBOR + 2,5%, um *spread* maior, mas nenhuma taxa de abertura de crédito à vista, com o mesmo prazo e principal. Ambos os bancos redefinem a taxa de juros no final de cada ano.

   A euro-LIBOR está correntemente a 4,00%. O economista da Raid prevê que a LIBOR vá subir 0,5 pontos percentuais por ano. O Banque de Sorbonne, no entanto, prevê oficialmente que a euro-LIBOR começará uma tendência ascendente à taxa de 0,25 pontos percentuais por ano. O custo de capital da Raid Gauloises é de 11%. Que proposta de empréstimo você recomenda para a Raid Gauloises?

*4. **Agnelli Motors.** A Agnelli Motors da Itália recentemente contraiu um empréstimo de €5 milhões por quatro anos com uma taxa de juros flutuante. Agora ela está preocupada, no entanto, com os crescentes custos dos juros. Apesar de inicialmente ter acreditado que as taxas de juros na zona do euro apresentariam uma tendência descendente quando contraiu o empréstimo, indicadores econômicos recentes mostram crescentes pressões inflacionárias. Os analistas estão prevendo que o Banco Central Europeu desacelerará o crescimento monetário fazendo aumentar as taxas de juros.

   A Agnelli agora está considerando se deve procurar alguma proteção contra um aumento na euro-LIBOR, e está considerando um acordo de taxa a termo (FRA) com uma empresa de seguros. Segundo o acordo, a Agnelli pagaria à empresa de seguros no final de cada ano a diferença entre seu custo de juros inicial baseado na LIBOR + 2,50% (6,50%) e qualquer queda no custo de juros devido a uma queda na LIBOR. Ao contrário, a empresa de seguros pagaria à Agnelli 70% da diferença entre o custo de juros inicial da Agnelli e qualquer aumento nos custos de juros causado por um aumento na LIBOR.

   A compra do acordo de taxa flutuante custará €100.000, pagos no momento do empréstimo inicial. Quais serão os custos de financiamento anuais da Agnelli agora se a LIBOR subir e se a LIBOR cair? A Agnelli usa 12% como seu custo médio ponderado de capital. Você recomenda que a Agnelli compre o FRA?

5. **Chrysler LLC.** A Chrysler LLC, uma empresa atualmente de capital fechado liquidada pela DaimlerChrysler, tem que pagar taxa flutuante daqui a três meses. Ela deseja fixar esses pagamentos de juros comprando um contrato futuro de taxa de juros. Os contratos futuros de taxa de juros para daqui a três meses são negociados a 93,07, gerando uma rentabilidade de 6,93% ao ano.
   a. Se a taxa de juros flutuante de daqui a três meses for 6,00%, o que a Chrysler terá ganho ou perdido?
   b. Se a taxa de juros flutuante de daqui a três meses for 8,00%, o que a Chrysler terá ganho ou perdido?

6. **Cañon Chemicals.** Amanda Suvari, a tesoureira da Cañon Chemicals Company, acredita que as taxas de juros irão subir, então ela deseja fazer um *swap* de seus pagamentos de juros a taxas flutuantes por taxas fixas. No momento, ela está pagando a taxa de LIBOR + 2% ao ano sobre US$5.000.000 de dívida pelos dois próximos anos, com pagamentos vencendo duas vezes por ano. A LIBOR atualmente é de 4,00% ao ano. A Srta. Suvari acaba de realizar um pagamento de juros hoje, então o próximo pagamento vencerá daqui a seis meses.
   A Srta. Suvari descobre que pode fazer um *swap* de seus pagamentos a taxa corrente flutuante por pagamentos fixos de 7,00% ao ano. (O custo médio ponderado de capital da Cañon Chemical é de 12%, que a Srta. Suvari calcula como 6% por período de seis meses).
   a. Se a LIBOR subir à taxa de 50 pontos-base por período de seis meses, a partir de amanhã, quanto a Srta. Suvari economizaria ou quanto custaria à sua empresa ao fazer esse *swap*?
   b. Se a LIBOR cair à taxa de 25 pontos-base por cada período de seis meses, a partir de amanhã, quanto a Srta. Suvari economizaria ou quanto custaria à sua empresa ao fazer esse *swap*?

7. **Xavier e Zulu.** Xavier Manufacturing e Zulu Products estão ambas procurando fundos pelo custo mais baixo possível. A Xavier preferiria a flexibilidade de um empréstimo com taxas flutuantes, enquanto que a Zulu preferiria a segurança de um empréstimo com taxa fixa. Xavier é a empresa com melhor capacidade creditícia. Ela recebe a estrutura de taxas de juros a seguir. Xavier, com a melhor classificação de crédito, possui custos de empréstimo mais baixos em ambos os tipos de empréstimo:

	Xavier	Zulu
Classificação de crédito	AAA	BBB
Custo do empréstimo de taxa fixa	8%	12%
Custo do empréstimo de taxa flutuante	LIBOR + 1%	LIBOR + 2%

Xavier quer uma dívida com taxa flutuante, então poderia contrair o empréstimo pela taxa LIBOR + 1%. Entretanto, ela poderia contrair um empréstimo com taxa fixa de 8% e fazer um *swap* por uma dívida a taxa flutuante. A Zulu quer uma taxa fixa, então poderia contrair um empréstimo com taxa fixa de 12%. Entretanto, ela também poderia contrair um empréstimo com taxa flutuante de LIBOR + 2% e fazer um *swap* por uma dívida a taxa fixa. O que elas devem fazer?

8. ***Swap* cruzado de moedas da Trident: Sfr por US$.** A Trident entrou no *swap* cruzado da taxa de juros de moedas de três anos deste capítulo para receber dólares e pagar francos suíços. A Trident, no entanto, decidiu desfazer o *swap* depois de um ano – tendo, dessa maneira, dois anos ainda para pagar os custos de desfazer o *swap* depois de um ano. Repita os cálculos para desfazer o *swap*, mas suponha que as taxas seguintes sejam aplicáveis agora:

Taxa de juros do franco suíço de dois anos	5,20% ao ano
Taxa de juros do dólar americano de dois anos	2,20% ao ano
Taxa de câmbio à vista	SF1,5560/US$

9. ***Swap* cruzado de moedas da Trident: ienes por euros.** Usando a mesma tabela de taxas de *swap* (Quadro 9.8), suponha que a Trident entre em um acordo de *swap* para receber euros e pagar ienes japoneses sobre um nocional de €5.000.000. A taxa de câmbio à vista na época do *swap* é de ¥104/€.
   a. Calcule todos os pagamentos do principal e de juros, em euros e em francos suíços, pelo resto da vida do acordo de *swap*. (Use o Quadro 9.9 como um guia).
   b. Suponha que depois de um ano de fechado o acordo de *swap*, a Trident decida que quer desfazer o *swap* e liquidá-lo em euros. Supondo que a taxa de juros fixa de dois anos do iene japonês seja agora de 0,80%, e a taxa de juros fixa do euro seja agora de 3,60%, e a taxa de câmbio à vista seja agora de ¥114/€, qual é o valor presente líquido do contrato de *swap*? Quem paga o quê a quem?

10. **Delphi.** A Delphi é a fornecedora de peças automotivas que surgiu a partir da cisão da General Motors em 2000. Com vendas anuais de mais de US$26 bilhões, a empresa expandiu seus mercados para muito além dos fabricantes de automóveis tradicionais, em busca de uma base de vendas mais diversificada. Como parte do esforço de diversificação mais geral, a empresa também deseja diversificar a moeda de denominação de sua carteira de dívida. Suponha que a Delphi entre em um *swap* cruzado da taxa de juros de moedas de US$50 milhões por sete anos apenas para fazer isso – pagar euros e receber dólares. Usando os dados no Quadro 9.10,
    a. Calcule todos os pagamentos do principal e de juros em ambas as moedas pelo resto da vida do acordo de *swap*.
    b. Suponha que três anos depois, a Delphi decida desfazer o acordo de *swap*. Se as taxas de juros fixas de quatro anos do euro agora subiram para 5,35%, as taxas de juros fixas do dólar agora caíram para 4,40%, e a taxa de câmbio à vista corrente é de US$1,02/€, qual é o valor presente líquido do contrato de *swap*? Quem paga o quê a quem?

EXERCÍCIOS NA INTERNET

1. **Curva de rentabilidade viva.** O *site* da SmartMoney' permite que o usuário veja uma detalhada exposição gráfica da curva de rentabilidade do Tesouro dos EUA de 1977 até o presente. Use o gráfico para ver como as taxas de juros em geral nos Estados Unidos caíram ao longo do tempo, e como a curva de rentabilidade corrente está posicionada em relação a como estava ao longo do período de tempo histórico.

   www.smartmoney.com/investing/bonds/the-living-yield-curve-7923/

2. **Taxas de juros internacionais.** Diversos *sites* publicam taxas de juros correntes por moeda e vencimento. Use o *site* do Financial Times abaixo para isolar os diferenciais da taxa de juros entre o dólar americano, a libra esterlina britânica e o euro para todos os vencimentos até um ano, inclusive.

   www.ft.com/markets

   Dados listados pelo Financial Times:

   - *Taxas monetárias internacionais (taxas call bancárias para os principais depósitos em moeda)*
   - *Taxas monetárias (LIBOR, taxas de CD, etc.)*
   - *Spreads de dez anos (spreads de países individuais versus euro e títulos do Tesouro dos EUA de 10 anos). Que países realmente têm taxas de títulos de dívida do governo de 10 anos mais baixas do que os Estados Unidos e o euro? Provavelmente a Suíça e o Japão. Verifique.*
   - *Títulos do governo "benchmark" (amostra de emissões do governo representativas pelos principais países e movimentos recentes nos preços). Que países mostram taxas de benchmark com vencimento mais longo?*
   - *Títulos de mercados emergentes (emissões do governo, títulos Brady, etc.)*
   - *Taxas da zona do euro (miscelânea de taxas de títulos de dívida para diversas empresas sediadas na Europa; inclui classificações de dívida da Moodys e S&P).*

3. **Curva de rentabilidade ou *yield curve* do euro.** O Eurostat, a unidade de estatística da União Europeia (UE), posta um gráfico atualizado da curva de rentabilidade da dívida pendente do Banco Central Europeu denominada em euros. Use o *site* para fazer uma observação detalhada do seguinte: a) rentabilidades, b) volatilidade e c) estruturas das curvas de rentabilidade históricas.

   www.ecb.int/stats/acc/html/index.en.html

4. **Taxas de juros correntes e curvas de rentabilidade (*yield curves*).** Use a página web do New York Federal Reserve Bank para encontrar taxas de juros recentes para todos os vencimentos de emissões de dívida denominadas em dólares americanos. Também há dados históricos disponíveis de modo que é relativamente fácil traçar o gráfico de como as rentabilidades de Vencimento Constante do Tesouro mudaram de uma semana para outra e de um mês para outro para vencimentos variando entre 3 meses e 10 anos.

   www.ny.frb.org/

5. **A Associação Internacional de *Swaps* e Derivativos (International Swaps and Derivatives Association ou ISDA).** A ISDA é a principal organização global que tenta padronizar o uso de *swaps* de taxas de juros e de *swaps* cruzados de moeda e acompanhar o tamanho do mercado. Use o *site* da ISDA para determinar que tipo de derivativo da taxa de juros está crescendo mais rapidamente.

   www.isda.org

6. **Taxas de juros da libra e do dólar.** O *site* yieldcurve.com fornece cotações em tempo real dos principais vencimentos de títulos de renda fixa denominados em dólares americanos e de títulos de dívida denominados em libras esterlinas britânicas (*bunds*). Use as informações do *site* para comparar a diferença nas estruturas das taxa de juros no presente.

   www.yieldcurve.com/marketyieldcurve.asp

CAPÍTULO 10

Determinação e Previsão de Taxas de Câmbio

Aquele que vive de acordo com a bola de cristal logo aprende a comer vidro moído. O instinto de manada entre os analistas faz as ovelhas parecerem pensadores independentes.
—Edgar R. Fiedler.

A determinação da taxa de câmbio é complexa. O Capítulo 4 explicou como a balança de pagamentos de um país pode ter um impacto significativo sobre o nível de seu câmbio e vice-versa, dependendo do regime cambial desse país. O Capítulo 7 analisou as condições de paridade internacionais que integram as taxas de câmbio com inflação e taxas de juros, e forneceu uma base teórica para os mercados financeiros globais e o gerenciamento de atividades financeiras internacionais. Este capítulo amplia a discussão da determinação da taxa de câmbio direcionando a uma outra das principais escolas de pensamento sobre a determinação das taxas de câmbio: *a abordagem do mercado de ativos*.

O Quadro 10.1 fornece um panorama dos muitos determinantes das taxas de câmbio. Esse mapa é organizado primeiramente pelas três principais escolas de pensamento (condições de paridade, abordagem da balança de pagamentos e abordagem do mercado de ativos), e em segundo lugar pelos determinantes individuais dentro de cada uma dessas abordagens. À primeira vista, a ideia de que há três conjuntos de teorias pode parecer intimidante, mas é importante lembrar que elas não são *teorias concorrentes*, mas, sim, *teorias complementares*. Sem a profundidade e a amplitude das várias abordagens combinadas, nossa capacidade de captar a complexidade do mercado monetário global se perderia.

Além de compreender as teorias básicas, é igualmente importante conhecer na prática como as complexidades da economia política internacional; infraestruturas societais e econômicas; e eventos políticos, econômicos ou sociais aleatórios afetam os mercados de taxas de câmbio. Vejamos alguns exemplos:

- *Pontos fracos da infraestrutura* estavam entre as principais causas dos colapsos da taxa de câmbio nos mercados emergentes no final da década de 1990. Por outro lado, os pontos fortes da infraestrutura ajudam a explicar por que o dólar americano continuou a ser forte, pelo menos até o ataque terrorista de 11 de setembro de 2001 contra os Estados Unidos, apesar de déficits recordes na conta corrente da balança de pagamentos.
- *A especulação* contribuiu muito para as crises nos mercados emergentes que serão descritas mais adiante, neste capítulo. Algumas características da especulação estão associadas ao fluxo de dinheiro quente entrando e saindo de moedas, títulos, imóveis e *commodities*. Arbitragem

QUADRO 10.1 Os determinantes das taxas de câmbio estrangeiras

Condições de paridade
1. Taxas de inflação relativas
2. Taxas de juros relativas
3. Taxas de câmbio a termo
4. Paridade das taxas de juros

Existe um mercado monetário e de capitais bem desenvolvido e líquido nessa moeda?

Taxa de câmbio à vista

Existe um sistema bancário sólido e seguro para dar suporte às atividades de câmbio de moedas?

Mercado de ativos
1. Taxas de juros reais relativas
2. Perspectivas de crescimento econômico
3. Oferta e demanda de ativos
4. Possibilidade de estabilidade política
5. Especulação e liquidez
6. Riscos e controles políticos

Balança de pagamentos
1. Saldos da conta corrente
2. Investimento em carteira
3. Investimento estrangeiro direto
4. Regimes de taxa de câmbio
5. Reservas monetárias oficiais

---

de juros descoberta causada por taxas de juros de empréstimos excepcionalmente baixas no Japão juntamente com altas taxas de juros nos Estados Unidos foi um problema durante a maior parte da década de 1990. Tomar empréstimos em ienes para investir em títulos seguros do governo dos EUA, na esperança de que a taxa de câmbio não fosse mudar era algo popular.

- O *investimento estrangeiro direto* e o *investimento internacional em carteiras* que entravam nos mercados emergentes secou durante suas crises.
- Os *riscos políticos estrangeiros* foram muito reduzidos nos últimos anos à medida que os mercados de capitais se tornaram menos segmentados um em relação ao outro e mais líquidos. Mais países adotaram formas de governo democráticas. Entretanto, ocorrências recentes de terrorismo podem estar mudando as percepções de risco político.

Finalmente, observe que a maioria dos determinantes das taxas de câmbio à vista também são, por sua vez, afetadas pelas mudanças na taxa à vista. Em outras palavras, elas não somente estão ligadas, como também são mutuamente determinadas.

DETERMINAÇÃO DA TAXA DE CÂMBIO: A LINHA TEÓRICA[1]

Por trás de um economista internacional se encontra uma forte crença em alguma variante da teoria PPP* da taxa de câmbio.

—Paul Krugman, 1976.

Há basicamente três visões das taxas de câmbio. A primeira vê a taxa de câmbio como o preço relativo de moedas (a abordagem monetária); a segunda, como o preço relativo de bens (a abordagem da paridade do poder de compra); e a terceira, o preço relativo de títulos de dívida.

—Rudiger Dornbusch, "Exchange Rate Economics: Where Do We Stand?" Brookings Papers on Economic Activity 1, 1980, pp. 143–194.

---

[1] Esta seção baseia-se em diversas fontes, inclusive em *Currency Forecasting: A Guide to Fundamental and Technical Models of Foreign Exchange Determination*, Michael R. Rosenberg, Chicago: Irwin Professional Publishing, 1996.

* N. de T.: PPP é a sigla, em inglês, de *purchasing-power parity*, ou paridade do poder de compra.

A classificação tripartida da teoria da taxa de câmbio estabelecida pelo Professor Dornbusch é um bom ponto de partida, mas em alguns aspectos não é suficientemente robusta – em nossa humilde opinião – para capturar a multiplicidade de teorias e abordagens. Então, no espírito tanto da tradição quanto da completude, acrescentamos às três categorias de Dornbusch várias linhas de pensamento na discussão a seguir. A próxima seção fornecerá um breve panorama das diversas, mas relacionadas, teorias da determinação taxa de câmbio e sua relativa utilidade na previsão para fins empresariais.

Abordagens da paridade do poder de compra

A mais amplamente aceita de todas as teorias de determinação da taxa de câmbio, a teoria da *paridade do poder de compra* (*purchasing power parity* ou PPP), afirma que o equilíbrio de longo prazo da taxa de câmbio é determinado pelo índice de preços domésticos em relação a preços estrangeiros, como explicado no Capítulo 6.

- A PPP é a mais antiga e mais amplamente seguida das teorias da taxa de câmbio.
- A maioria das teorias da determinação da taxa de câmbio possui elementos da PPP embutidos em seus modelos.
- Os cálculos e previsões da PPP, no entanto, podem estar impregnados de diferenças estruturais entre diferentes países, além de significativos desafios na estimação de dados.

Abordagens do balanço de pagamentos (fluxos)

Depois da paridade do poder de compra, a abordagem teórica mais frequentemente utilizada da determinação da taxa de câmbio é provavelmente a *abordagem do balanço de pagamentos*, envolvendo a oferta e demanda de moedas no mercado de câmbio. Esses *fluxos* da taxa de câmbio refletem transações da conta corrente e da conta financeira registradas no balanço de pagamentos de uma nação, como descrito no Capítulo 4.

- A abordagem básica do balanço de pagamentos discute que a taxa de câmbio do equilíbrio é encontrada quando a entrada (saída) líquida de moeda decorrente das atividades da conta corrente corresponde à saída (entrada) líquida de moeda decorrente das atividades da conta financeira.
- A abordagem do balanço de pagamentos continua a desfrutar de um alto grau de apelo, já que as transações do balanço de pagamentos são uma das atividades econômicas internacionais mais frequentemente acompanhadas e divulgadas.
- Críticas da abordagem do balanço de pagamentos surgem da ênfase da teoria sobre os fluxos de moeda e capital, em vez de estoques monetários ou ativos financeiros.
- Os estoques monetários ou ativos financeiros relativos não desempenham nenhum papel na determinação da taxa de câmbio nesta teoria, um ponto fraco explorado nas abordagens monetária e de mercado de ativos apresentadas a seguir.
- Curiosamente, a abordagem do balanço de pagamentos é amplamente desconsiderada pela comunidade acadêmica hoje em dia, enquanto os praticantes – participantes do mercado, inclusive os próprios operadores de câmbio – ainda contam com diferentes variações da teoria para sua tomada de decisões.

Abordagens monetárias

A *abordagem monetária* em sua forma mais simples afirma que a taxa de câmbio é determinada pela oferta e demanda pelos estoques monetários nacionais, além dos níveis e taxas futuras esperadas de crescimento dos estoques monetários. Outros ativos financeiros, como os títulos de dívida (abordados mais adiante), não são considerados relevantes para a determinação da taxa de câmbio, já que os títulos de dívida domésticos e estrangeiros são vistos como substitutos perfeitos. Nesta abordagem, o que importa são os estoques monetários.

- A variações na oferta e demanda por dinheiro são os principais determinantes da inflação. Variações nas taxas de inflação relativas, por sua vez, alteram as taxas de câmbio através de uma suposta influência sobre a paridade do poder de compra.

- A abordagem monetária também supõe que os preços sejam flexíveis no curto prazo bem como no longo prazo, de modo que o mecanismo de transmissão seja imediato em seu impacto.
- Em modelos monetários da determinação da taxa de câmbio, a atividade econômica real é relegada a um papel em que ela apenas influencia as taxas de câmbio através de alterações da demanda por dinheiro.
- A abordagem monetária omite diversos fatores que os especialistas geralmente concordam serem importantes para a determinação da taxa de câmbio, inclusive 1) o fracasso da PPP no curto e no médio prazo; 2) a demanda por dinheiro parecer ser relativamente instável ao longo do tempo; e 3) o nível de atividade econômica e a oferta de dinheiro parecer ser interdependente, e não independente. Consequentemente, não descreveremos a abordagem monetária de maneira mais aprofundada.

Abordagem do mercado de ativos (preço relativo de títulos de dívida)

A *abordagem do mercado de ativos*, às vezes chamada de *abordagem do preço relativo de títulos de dívida ou balanceamento de carteira*, discute que as taxas de câmbio são determinadas pela oferta e demanda por uma grande variedade de ativos financeiros.

- Variações na oferta e demanda por ativos financeiros alteram as taxas de câmbio.
- Mudanças na política monetária e fiscal alteram os retornos esperados e os riscos relativos percebidos dos ativos financeiros, que, por sua vez, alteram as taxas de câmbio.
- Muitos dos avanços teóricos macroeconômicos da década de 1980 se focaram em como mudanças na política monetária e fiscal alteravam as percepções relativas do risco e retorno dos estoques de ativos financeiros que determinam as variações na taxa de câmbio. As obras frequentemente citadas de Mundell-Fleming fazem parte desse gênero.
- As teorias da *substituição monetária*, a capacidade de investidores individuais e comerciais alterarem a composição de suas posses monetárias em suas carteiras, seguem as mesmas premissas básicas do modelo do balanceamento e rebalanceamento e rebalanço da carteira.

Infelizmente, independentemente de todo o bom trabalho e pesquisas nos últimos 50 anos, a capacidade de prever os valores da taxa de câmbio no curto prazo e no longo prazo é – nas palavras da citação a seguir – *deplorável*. Apesar de acadêmicos e profissionais concordarem que, no longo prazo, os princípios fundamentais como o poder aquisitivo e balanças externas determinarem os valores das moedas, nenhuma das teorias fundamentais mostraram ser úteis no curto e no médio prazo.

> ... [O] caso dos determinantes macroeconômicos das taxas de câmbio está em um estado deplorável.... [Os] resultados indicam que nenhum modelo baseado em fundamentos padrão como oferta de dinheiro, receita real, taxas de juros, taxas de inflação e saldos da conta corrente jamais terão êxito em prever uma alta porcentagem da variação na taxa de câmbio, pelo menos no curto e no médio prazo.
>
> —Jeffrey A. Frankel e Andrew K. Rose, "A Survey of Empirical Research on Nominal Exchange Rates", NBER Working Paper no. 4865, 1994.

Análise técnica

As inadequações de previsão das teorias fundamentais levaram ao crescimento e a popularidade da *análise técnica*, a crença de que o estudo do comportamento passado dos preços fornece insights ou ideias sobre os movimentos futuros dos preços.

- A principal característica da análise técnica é a suposição de que as taxas de câmbio, ou, na verdade, qualquer preço direcionado pelo mercado, seguem tendências. E essas tendências podem ser analisadas e projetadas para fornecer um insight sobre os movimentos nos preços no curto e no médio prazo.
- A maioria das teorias de análise técnica diferencia valor justo de valor de mercado. Valor justo é o valor real no longo prazo que o preço acabaria atingindo. O valor de mercado está sujeito a diversas mudanças e comportamentos que surgem de percepções e crenças distintas dos participantes do mercado.

A ABORDAGEM DO MERCADO DE ATIVOS PARA PREVISÃO

A *abordagem do mercado de ativos* supõe que a disposição de estrangeiros a deter direitos na forma monetária dependerá de um amplo conjunto de considerações ou determinantes de investimento. Esses determinantes, como mostra o Quadro 10.1, incluem o seguinte:

- As taxas de juros reais relativas são um aspecto relevante a ser levado em consideração para os investidores em títulos de dívida estrangeiros e instrumentos de curto prazo do mercado monetário.
- Perspectivas de crescimento econômico e lucratividade são um importante determinante do investimento de capital próprio no exterior tanto em títulos quanto em investimento estrangeiro direto.
- A liquidez do mercado de capitais é particularmente importante para os investidores institucionais estrangeiros. Investidores no exterior estão não somente interessados na facilidade de comprar ativos, mas também em ser capaz de vender esses ativos rapidamente por um valor de mercado justo.
- A infraestrutura econômica e social de um país é um indicador importante da habilidade desse país de sobreviver a choques externos inesperados e a prosperar em um ambiente econômico mundial em constante modificação.
- A segurança política é excepcionalmente importante para investidores estrangeiros em carteira de ativos e em investimentos e diretos. A perspectiva de segurança política normalmente se reflete nos prêmios de risco político sobre os títulos de um país e para fins de avaliação do investimento estrangeiro direto nesse país.
- A credibilidade das práticas de governança corporativa é importante para investidores estrangeiros. Más práticas de governança corporativa por parte de uma empresa podem reduzir a influência dos investidores estrangeiros e causar a subsequente perda do foco da empresa sobre os objetivos da riqueza dos acionistas.
- *Contágio* é definido como a difusão de uma crise em um país para seus países vizinhos e outros países com características similares, pelo menos aos olhos dos investidores estrangeiros. O contágio pode fazer um país "inocente" experimentar uma fuga de capitais e uma consequente depreciação de sua moeda.
- A especulação pode causar uma crise de câmbio ou piorar uma crise existente. Observaremos esse efeito através de dois casos ilustrativos que se seguirão adiante, neste capítulo.

A abordagem do mercado de ativos em países altamente desenvolvidos

Os investidores estrangeiros estão dispostos a deter títulos e empreender investimento estrangeiro direto em países altamente desenvolvidos com base, primordialmente, nas taxas de juros reais relativas e na perspectiva de crescimento econômico e lucratividade. Supõe-se que todos os outros determinantes descritos no Quadro 10.1 e detalhados anteriormente sejam satisfeitos.

Por exemplo, durante 1981–1985, o dólar americano se fortaleceu apesar de crescentes déficits na conta corrente. Esse fortalecimento foi em parte devido às taxas de juros reais relativamente altas nos Estados Unidos. Um outro fator, no entanto, foi a forte entrada de capital estrangeiro no mercado de ações e no mercado imobiliário dos EUA, motivada por boas perspectivas no longo prazo de crescimento e lucratividade nos Estados Unidos.

O mesmo ciclo foi repetido nos Estados Unidos entre 1990 e 2000. Apesar de contínuas pioras nos saldos da conta corrente, o dólar americano se fortaleceu em termos nominal e real devido à entrada de capital estrangeiro motivada por aumentos nas ações e nos preços dos imóveis, uma baixa taxa de inflação, altos retornos de juros reais, e uma aparentemente infinita "exuberância irracional" sobre as perspectivas econômicas futuras.

Dessa vez a bolha estourou depois do ataque terrorista de 11 de setembro de 2001 contra os Estados Unidos. O ataque e suas consequências causaram uma reavaliação negativa das perspectivas de crescimento e lucratividade no longo prazo nos Estados Unidos, além de um recém-formado nível de risco político para os próprios Estados Unidos. Essa perspectiva negativa foi reforçada por uma queda muito drástica nos mercados de ações dos EUA baseada em lucros esperados mais baixos. Outros danos à economia foram causados por uma série de revelações sobre falhas na governança corporativa de diversas grandes corporações. Essas falhas incluíam o exagero dos lucros, informações privilegiadas (*insider trading*) e empréstimos em causa própria cedidos pelas empresas a seus próprios executivos, como descrito no Capítulo 2.

A perda de confiança na economia dos EUA levou a uma grande retirada de capital estrangeiro dos mercados de títulos do país. Como tinha sido previsto tanto pela abordagem do balanço de pagamentos quanto pela abordagem do mercado de ativos, o dólar americano foi depreciado. De fato, sua taxa nominal foi depreciada em 18% entre meados de janeiro e meados de julho de 2002 somente em relação ao euro. Ocorreu uma nova depreciação devido à guerra no Iraque a ao terrorismo e instabilidade que se seguiram.

A experiência dos Estados Unidos, além de outros países altamente desenvolvidos, ilustra por que alguns analistas acreditam que as taxas de câmbio são mais fortemente influenciadas pelas perspectivas econômicas do que pela conta corrente. Um estudioso resume esta crença usando uma interessante anedota:

Muitos economistas rejeitam a visão de que o comportamento das taxas de câmbio no curto prazo é determinado nos mercados de fluxo. As taxas de câmbio são preços de ativos negociados em um mercado financeiro eficiente. De fato, uma taxa de câmbio é o preço relativo de duas moedas e, portanto, é determinada pela disposição de deter cada moeda. Assim como outros preços de ativos, a taxa de câmbio é determinada pelas expectativas sobre o futuro, e não pelos fluxos de comércio correntes.

Um paralelo com outros preços de ativos pode ilustrar a abordagem. Consideremos o preço das ações de uma vinícola negociadas na bolsa de valores de Bordeaux. Uma geada no fim da primavera resulta em uma colheita ruim em termos de quantidade e qualidade. Depois da colheita, o vinho finalmente é vendido, e a renda é muito menor do que a do ano anterior. No último dia de vendas, não há motivo para o preço das ações ser influenciado por esse fluxo. Em primeiro lugar, a renda baixa já foi descontada por muitos meses no preço das ações da vinícola. Em segundo lugar, o preço das ações é afetado pelas perspectivas futuras além de pelas perspectivas correntes. O preço das ações baseia-se nas expectativas de lucros futuros, e a principal causa de mudança no preço das ações é uma revisão dessas expectativas.

Um raciocínio similar se aplica às taxas de câmbio: fluxos internacionais contemporâneos devem ter pouco efeito sobre as taxas de câmbio no sentido de que eles já eram esperados. Somente notícias sobre perspectivas econômicas futuras é que afetarão as taxas de câmbio. Como as expectativas econômicas são potencialmente voláteis e influenciadas por muitas variáveis, especialmente as de natureza política, o comportamento das taxas de câmbio no curto prazo é volátil.[2]

A abordagem do mercado de ativos para previsões também é aplicável a mercados emergentes. Neste caso, porém, diversas outras variáveis contribuem para a determinação da taxa de câmbio. Essas variáveis, como descritas anteriormente, são mercados de capitais ilíquidos, infraestrutura econômica e social fraca, instabilidade política, governança corporativa, efeitos de contágio e especulação. Essas variáveis serão ilustradas nas seções sobre crises a seguir.

DESEQUILÍBRIO: TAXAS DE CÂMBIO EM MERCADOS EMERGENTES

Apesar de as três escolas de pensamento sobre a determinação da taxa de câmbio (condições de paridade, abordagem do balanço de pagamentos, e abordagem do mercado de ativos) fazerem a compreensão das taxas de câmbio parecer fácil, isso raramente é o que acontece. Os grandes e líquidos mercados de capitais seguem muitos dos princípios descritos até agora relativamente bem no médio prazo e no longo prazo. Os mercados menores e menos líquidos, no entanto, muitas vezes demonstram comportamentos que aparentemente contradizem a teoria. O problema está não na teoria, mas na relevância das suposições por trás da teoria. Uma análise das crises dos mercados emergentes ilustra diversas dessas aparentes contradições.

Depois de diversos anos de relativa tranquilidade global, a segunda metade da década de 1990 foi assolada por uma série de crises monetárias que sacudiram todos os mercados emergentes.

---

[2] Bruno H. Solnik, *International Investments*, 3a Edição, Reading, MA: Addison Wesley 1996, p. 58. Reimpresso com permissão da Pearson Education, Inc.

A desvalorização do peso mexicano em dezembro de 1994 foi um prenúncio. A crise asiática de julho de 1997 e a queda do peso argentino em 2002 fornecem um espectro de falhas econômicas nos mercados emergentes, cada uma com suas próprias e complexas causas e perspectivas desconhecidas. Essas crises também ilustraram o crescente problema da fuga de capital e especulação internacional de curto prazo nos mercados monetários e de títulos. Usaremos cada uma das crises individuais para nos focarmos em uma dimensão específica das causas e consequências:

1. **A crise asiática.** Apesar de este não ter sido o caso de um colapso de nenhuma moeda, economia ou sistema, as estruturas complexas que combinam governo, sociedade e negócios em todo o Extremo Oriente fornece um pano de fundo para compreender a tênue ligação entre negocios, governo e sociedade.
2. **A crise argentina.** Em 1991, a Argentina adotou uma estrutura de *currency board*. O peso argentino estava atrelado ao dólar americano na base de um para um. O programa de austeridade resultante causado pela necessidade de defender sua taxa de câmbio fixa fez a Argentina cair em uma recessão. Tendo início em 1998 e continuando pelos quatro anos seguintes, o programa de austeridade e a recessão causaram uma reviravolta política cada vez maior, fuga de capitais e, finalmente, a queda do próprio *currency board*.

CASO ILUSTRATIVO: A CRISE ASIÁTICA

As raízes da crise monetária asiática se estenderam a partir de uma mudança fundamental na economia da região: a transição de muitas nações asiáticas de exportadores líquidos para importadores líquidos. A partir já da década de 1990 na Tailândia, as economias em rápida expansão do Extremo Oriente começaram a importar mais do que exportavam, exigindo grandes entradas de capital líquido para dar suporte às suas moedas. Contanto que o capital continuasse a entrar – capital para fábricas, projetos de represas, desenvolvimento de infraestrutura, e até mesmo especulação imobiliária – as taxas de câmbio fixas da região poderiam ser mantidas. Quando o influxo de capital de investimento parou, no entanto, a crise foi inevitável.

As raízes mais visíveis da crise foram os excessos de influxo de capital para a Tailândia em 1996 e início de 1997. Com o rápido crescimento econômico e lucros crescentes formando o pano de fundo, as empresas, bancos e empresas financeiras tailandesas tinha acesso imediato aos mercados internacionais, encontrando fontes baratas de dívida em dólares americanos no exterior. Os bancos tailandeses continuaram a levantar capital internacionalmente, estendendo crédito a uma variedade de investimentos e empreendimentos domésticos além do que a economia tailandesa poderia suportar. À medida que a entrada de capital na Tailândia atingia níveis recorde, fluxos financeiros eram dedicados a investimentos de todos os tipos, incluindo manufatura, imóveis e até mesmo empréstimos de margem no mercado de ações. Com a expansão da bolha do investimento, alguns participantes levantaram questões sobre a capacidade da economia de pagar a dívida que estava sendo levantada. O baht tailandês passou a ser atacado.

Colapso monetário

O governo tailandês e o banco central intervieram nos mercados de câmbio diretamente (usando preciosas reservas monetárias) e indiretamente (elevando as taxas de juros para tentar parar a saída contínua de capital). Os mercados de investimento tailandeses pararam, o que causou perdas monetárias maciças e falências bancárias. No dia 2 de julho de 1997, o banco central tailandês finalmente permitiu que o baht flutuasse (ou afundasse, neste caso). O baht caiu 17% em relação ao dólar americano e mais de 12% em relação ao iene japonês em uma questão de horas. Em novembro, o baht já tinha caído de Baht 25/US$ para Baht 40/US$, uma queda de aproximadamente 38%. Na sequência, o especulador internacional e filantropo George Soros foi objeto de muitas críticas, principalmente pelo Primeiro Ministro da Malásia, Dr. Mahathir Mohamad, por ter sido a causa da crise devido à especulação maciça realizada por seu fundo de *hedge* e outros. Soros, no entanto, provavelmente era apenas o mensageiro.

Em apenas alguns dias, na versão da própria Ásia do que é chamado de *efeito tequila*, diversas nações asiáticas vizinhas, algumas com e algumas sem características similares às da Tailândia, entraram em ataque especulativo por operadores de câmbio e mercados de capitais. ("Efeito tequila" é o termo usado para descrever como a crise do peso mexicano de dezembro de 1994 rapidamente se espalhou para outros mercados monetários e de ações latino-americanos, uma forma de pânico financeiro chamado de *contágio*). O peso filipino, o ringgit malaio e a rúpia indonésia todos caíram nos meses seguintes ao julho da desvalorização do baht (ver Quadro 10.2 e Quadro 10.3).

No final de outubro de 1997, Taiwan pegou os mercados em desequilíbrio com a surpresa de uma desvalorização competitiva de 15%. A desvalorização de Taiwan parecia apenas renovar a força da crise. Apesar de o dólar de Hong Kong ter sobrevivido (à enorme custa das reservas de câmbio do banco central), o won coreano não teve tanta sorte. Em novembro de 1997, o historicamente estável won coreano caiu de Won 900/US$ para mais de Won 1100/US$. A única moeda que não tinha caído além do dólar de Hong Kong era o yuan chinês, que não era livremente conversível. Apesar de o yuan não ter sido desvalorizado, havia uma crescente especulação de que o governo chinês logo o desvalorizaria por motivos competitivos (mas não o fez).

Complexidades causais

A crise econômica asiática – pois ela foi mais do que apenas um colapso monetário – teve muitas raízes além das tradicionais dificuldades do balanço de pagamentos. As causas foram diferentes em cada país, contudo, há similaridades subjacentes específicas que permitem a comparação: socialismo corporativo, governança corporativa, e estabilidade e gestão bancária.

Socialismo corporativo. Apesar de os mercados ocidentais conhecerem de longa data a volatilidade do livre mercado, os países da Ásia pós-Segunda Guerra Mundial só conheciam a estabilidade. Devido à influência do governo e da política na arena dos negócios, mesmo no caso de falência, acreditava-se que o governo não permitiria que as empresas falissem, que os trabalhadores perdessem seus empregos ou que bancos fechassem. Isso era verdade até os problemas terem alcançado as proporções vistas em 1997 e os passivos das empresas excederem as capacidades dos governos

QUADRO 10.2 As economias e moedas da Ásia, julho-novembro 1997

	Conta corrente 1996 (bilhões de US$)	Passivos para bancos estrangeiros (bilhões de US$)	Taxa de câmbio		
			Julho (por US$)	Novembro (por US$)	% de variação
Economias mais fracas					
Indonésia (rúpia)	−9,0	29,7	2.400	3.600	−33,3%
Coreia (won)	−23,1	36,5	900	1.100	−18,2%
Malásia (ringgit)	−8,0	27,0	2,5	3,5	−28,6%
Filipinas (peso)	−3,0	2,8	27	34	−20,6%
Tailândia (baht)	−14,7	48,0	25	40	−37,5%
Economias mais fortes					
China (yuan)	47,2	56,0	8,4	8,4	+0,0%
Hong Kong (dólar)	0,0	28,8	7,75	7,73	+0,0%
Cingapura (dólar)	14,3	55,3	1,43	1,60	−10,6%
Taiwan (dólar)	11,0	17,6	27,8	32,7	−15,0%

Fonte: Fundo Monetário Internacional, *International Financial Statistics*, outubro-novembro 1997.

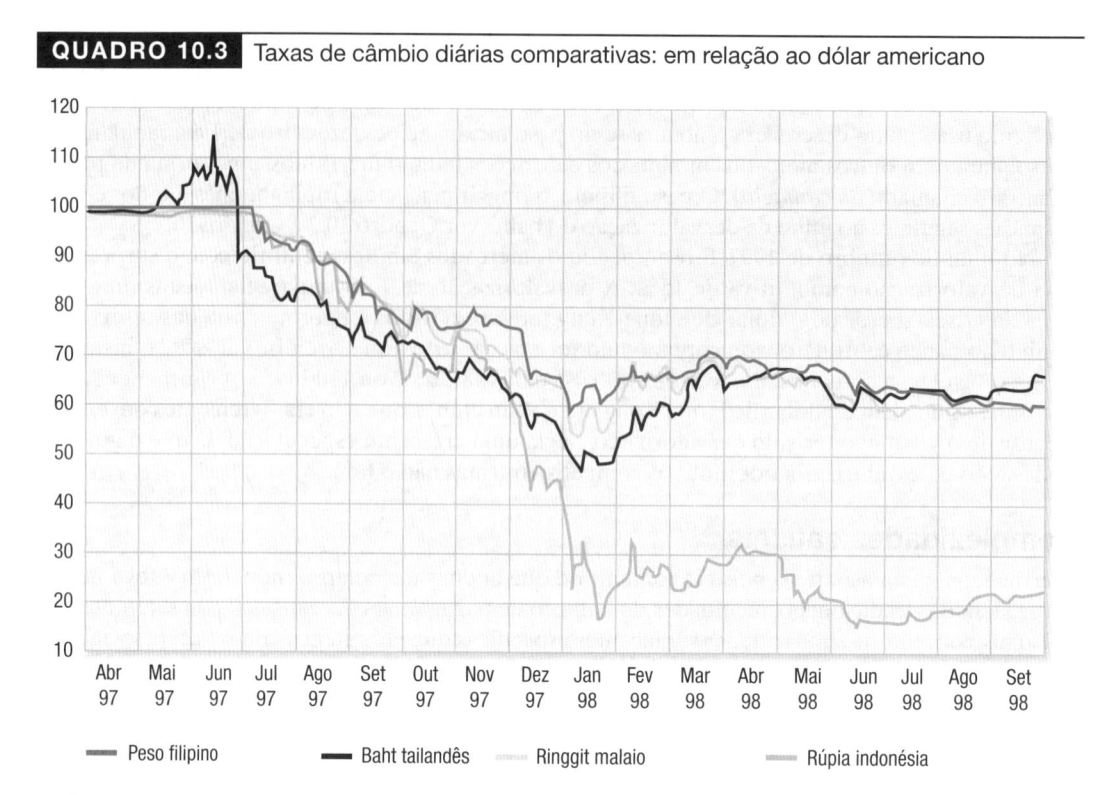

QUADRO 10.3 Taxas de câmbio diárias comparativas: em relação ao dólar americano

— Peso filipino — Baht tailandês — Ringgit malaio — Rúpia indonésia

Fonte: Pacific Exchange Rate Service, http://fx.sauder.ubc.ca ©1999 by Prof. Werner Antweiler, Sauder School of Business, University of British Columbia, Vancouver, BC, Canadá. Período de tempo exibido no diagrama: 1º de abril de 1997 a 30 de setembro de 1998.

de lhes prestar socorro financeiro. Práticas que tinham persistido por décadas sem questionamento, como o emprego para a vida toda, não eram mais sustentáveis. O resultado foi uma dolorosa lição sobre a aspereza do mercado.

Governança corporativa. Pouco se duvida de que muitas empresas locais que operam nos ambientes de negócios do Extremo Oriente fossem controladas ou por famílias ou por grupos relacionados ao partido do governo ou a alguma agência do país. Esta tendência foi chamada de *compadrio* ou *clientelismo* (cronyism). O cronyism significa que os interesses dos acionistas e credores minoritários geralmente são secundários, na melhor das hipóteses, às motivações prioritárias da administração corporativa. Quando a administração não se foca nos "resultados finais" (*bottom line*), os resultados finais se deterioram.

Liquidez e gestão bancária. O setor bancário perdeu popularidade nas duas últimas décadas. As estruturas regulatórias bancárias e os mercados foram desregulamentados quase sem exceções em todo o mundo. O papel central desempenhado pelos bancos na conduta de negócios, no entanto, foi, em grande parte, ignorado e subestimado. Quando as empresas em toda a Ásia entraram em colapso, os cofres do governo foram esvaziados e investimentos especulativos feitos pelos próprios bancos falharam. Sem os bancos, é como se o "encanamento" da conduta de negócios tivesse sido fechado. As empresas não conseguiam obter o financiamento necessário do capital de giro para produzir e vender seus produtos ou para prestar seus serviços. Esse papel pivotal da liquidez bancária era o foco dos esforços de socorro financeiro do FMI.

A crise econômica asiática teve impactos globais. O que começou como uma crise monetária rapidamente se transformou em uma recessão que afetou toda uma região. A magnitude da devastação econômica na Ásia ainda não foi totalmente reconhecida pelos ocidentais. Em uma conferência de 1998 patrocinada pelo Milken Institute, um palestrante observou que a preocupação mundial com os problemas econômicos da Indonésia era incompreensível, porque "o produto interno bruto total da Indonésia era aproximadamente do tamanho da Carolina do Norte". O palestrante seguinte observou, no entanto, que da última vez que ele tinha verificado, a "Carolina do Norte não tinha uma população de 220 milhões de pessoas". As economias lentas da região rapidamente causaram grandes reduções nas demandas mundiais por muitos produtos, especialmente *commodities*. Os mercados mundiais de petróleo, metal e produtos agrícolas todos testemunharam severas quedas nos preços à medida que a demanda caía. Essas quedas nos preços foram imediatamente forma de percebidas na forma de diminuição dos lucros e nas perspectivas de crescimento de outras economias emergentes.

CASO ILUSTRATIVO: A CRISE DA ARGENTINA DE 2002

Agora, a maioria dos argentinos está culpando políticos corruptos e demônios estrangeiros por seus problemas. Mas poucos estão olhando para dentro, a conceitos societais predominantes como a "viveza criolla", uma peculiaridade cultural argentina que aplaude qualquer um que for suficientemente astuto para fazer algo errado sem ser pego. Este é um dos motivos por trás da maciça sonegação fiscal que lá ocorre: um em cada três argentinos o faz – e muitos gostam de se gabar de fazê-lo.

— Anthony Faiola, "Once-Haughty Nation's Swagger Loses Its Currency," The Washington Post, 13 de março de 2002.

Os altos e baixos da economia argentina são historicamente ligados à saúde do peso argentino. O país mais ao sul da América do Sul – que muitas vezes se considera a América Latina mais europeia – tinha sido destruído pela hiperinflação, dívida externa e colapso econômico na década de 1980. No início de 1991, o povo da Argentina já tinha chegado ao extremo. A reforma econômica do início da década de 1990 era uma meta comum do povo argentino. Eles não estavam interessados em soluções temporárias, mas em mudanças duradouras e um futuro estável. Eles quase conseguiram.

O *currency board*

Em 1991, o peso argentino tinha sido fixado em relação ao dólar a uma taxa de câmbio de um para um. A política era um afastamento radical dos métodos tradicionais de fixar o valor da taxa de câmbio de uma moeda. A Argentina adotou um *conselho de moeda* ou *currency board*, uma estrutura para – em vez de um mero compromisso a – limitar o crescimento do dinheiro na economia. Sob um *currency board*, o banco central de um país pode aumentar a oferta de dinheiro no sistema bancário apenas com aumentos em suas posses de reservas de moeda forte. As reservas, neste caso, eram de dólares americanos. Ao remover a capacidade do governo de expandir a taxa de crescimento da oferta de dinheiro, a Argentina acreditava que estava eliminando a fonte de inflação que tinha devastado seu padrão de vida.

A ideia era elegantemente simples e, em muitos aspectos, simplista: limitar a taxa de crescimento na oferta de dinheiro do país à taxa a que o país recebe entradas líquidas de dólares americanos em decorrência do crescimento comercial e excedente em geral. Era tanto uma receita para uma administração financeira conservadora e prudente quanto uma decisão de eliminar o poder dos políticos, eleitos e não eleitos, para exercer decisões boas e ruins. Era uma regra automática e inquebrável. E, desde o início, tinha mostrado os custos e benefícios de seu rigor.

O Quadro 10.4 ilustra as três medidas tradicionais do desempenho macroeconômico de um país: o crescimento real no produto interno bruto (PIB), inflação e desemprego. Mas o Quadro 10.4 também ilustra a dimensão da austeridade da estrutura do *currency board*. Apesar de a hiperinflação ter, de fato, sido um problema, a cura era uma política monetária restritiva que tornou mais lento o crescimento econômico nos anos seguintes. O primeiro e mais importante custo do crescimento econômico mais lento tinha sido o desemprego. Depois de começar a década com uma baixa taxa

QUADRO 10.4 Desempenho econômico da Argentina, 1991–2000

	1991	1992	1993	1994	1995	1996	1997	1998	1999	2000
Taxa de crescimento do PIB real (%)	10,5	9,6	5,8	5,8	–2,8	5,5	8,2	3,9	–3,5	–0,4
Taxa de desemprego (%)	6,3	7,2	9,1	11,7	15,9	16,3	14,2	14,1	15,5	15,0
Taxa de inflação (%)	172,0	24,6	10,6	4,3	3,3	0,2	0,5	0,9	–1,2	–0,9

Fonte: Fundo Monetário Internacional, Serviços de Risco Político, Agência de Desenvolvimento Econômico da Argentina.

de desemprego de 6,3% em 1991, o desemprego subiu para valores de dois dígitos em 1994 e lá permaneceu. A taxa de crescimento do PIB real, que abriu a década com níveis altíssimos de mais de 10%, entrou em recessão no final de 1998. O crescimento do PIB encolheu em 1999 (–3,5%) e 2000 (–0,4%). Estimativas preliminares de 2001 indicavam uma deterioração ainda maior no PIB: –3% para o ano.

Como parte do permanente compromisso do governo com a taxa de câmbio fixa do *currency board* para o peso, os bancos argentinos permitiam que os depositantes detivessem seu dinheiro em qualquer uma das formas – pesos ou dólares. Esta abordagem pretendia fornecer uma disciplina baseada no mercado aos sistemas bancário e político, e demonstrar o compromisso inabalável do governo de manter a paridade do valor do peso com o dólar. Apesar de considerado por muitos uma excelente política para retomar a confiança, no fim das contas ela se mostrou desastrosa para o sistema bancário argentino.

Crise econômica, 2001

A recessão de 1998 estava se mostrando interminável. Três anos e meio depois, a Argentina ainda estava em recessão. Em 2001, as condições da crise já tinham revelado três problemas subjacentes muito importantes para a economia da Argentina: 1) o peso argentino estava supervalorizado; 2) o regime do *currency board* tinha eliminado as alternativas de políticas monetárias por uma política macroeconômica; e 3) o déficit orçamentário do governo argentino – e o déficit nas despesas – estava fora de controle.

O peso argentino. O peso tinha, de fato, se estabilizado, mas a inflação ainda não tinha sido eliminada, e os outros fatores que são importantes na avaliação do valor de uma moeda no mercado global – crescimento econômico, lucratividade corporativa, e assim por diante – não necessariamente tinham sido sempre positivos. A incapacidade do valor do peso de mudar com as forças do mercado levou muitos a acreditar cada vez mais que ele estava supervalorizado, e que a lacuna dessa supervalorização estava aumentando à medida que o tempo passava.

O grande vizinho ao norte da Argentina, o Brasil, também estava sofrendo de muitos dos males econômicos da hiperinflação e dívida externa na década de 1980 e início da década de 1990. A resposta do Brasil, o *Plano Real*, foi introduzida em julho de 1994.[3] O Plano Real funcionou por um tempo, mas acabou entrando em colapso em janeiro de 1999 em decorrência da crescente lacuna entre o valor oficial dos reais e a avaliação de mercado de seu verdadeiro valor.

O Brasil era, de longe, o maior parceiro comercial da Argentina. Com a queda do real brasileiro, no entanto, os consumidores brasileiros não conseguiam mais arcar com os produtos exportados pela Argentina. Simplesmente eram necessários reais demais para comprar um peso. Na verdade, as exportações argentinas se tornaram umas das mais caras em toda a América do Sul, à medida que outros países viam suas moedas perder seu valor marginal em relação ao dólar ao longo da década. Mas não o peso argentino.

O *currency board* e a política monetária. O crescimento econômico cada vez mais lento na Argentina garantiu políticas econômicas expansionistas, discutiam muitos políticos de dentro e fora do país. Mas a premissa básica do *currency board* era a de que a oferta de dinheiro para o sistema financeiro não pudesse ser expandida mais ou mais rápido do que a capacidade da economia de captar reservas em dólar. Essa regra eliminava a política monetária como uma avenida para a formulação de políticas macroeconômicas, deixando apenas a política fiscal para o estímulo econômico.

Déficits orçamentários do governo. Os gastos do governo, no entanto, não estavam diminuindo. À medida que a taxa de desemprego crescia, e que a pobreza e a inquietação social aumentava, o governo no centro civil da Argentina, Buenos Aires e nas províncias ao seu redor, que enfrentava crescentes gastos expansionistas, precisava fechar as lacunas econômicas e sociais. Os gastos do governo continuavam a aumentar, mas o recebimento de impostos não acompanhou esse crescimento. Uma renda mais baixa levara a impostos de renda mais baixos.

A Argentina, então, recorreu aos mercados internacionais em busca de auxílio no financiamento do déficit de despesas de seu governo. Como ilustrado no Quadro 10.5, a dívida externa total do país

---

[3] O Brasil introduziu uma nova moeda naquela época, o real. O valor do real não foi, no entanto, fixado ao dólar, mas indexado ao dólar com uma taxa previsível e prometida de desvalorização diária. Isso permitiu que o real se enfraquecesse de maneira proporcional à taxa de inflação à baixa e taxa de crescimento baixa, mas controlando a variação de seu valor ao longo do tempo.

QUADRO 10.5 — Dívida e principais saldos da Argentina, 1991–2000

	1991	1992	1993	1994	1995	1996	1997	1998	1999	2000
Dívida externa (bilhões de US$)	65,4	71,9	60,3	69,6	68,2	105,2	123,2	139,0	149,0	123,7
Conta Corrente (bilhões de US$)	−0,65	−5,49	−8,03	−11,22	−5,30	−6,94	−12,43	−14,55	−11,95	−8,90
Balança orçamentária (bilhões de US$)	−1,01	−0,07	−1,58	−1,88	−1,42	−5,24	−4,35	−4,15	−8,13	−6,86

Fonte: Fundo Monetário Internacional, Serviços de Risco Político, Agência de Desenvolvimento Econômico da Argentina.

começou a aumentar drasticamente em 1997 e 1998. Apenas diversas injeções de capital pelo FMI em 2000 e 2001 evitaram que a dívida externa total do país disparasse. Quando a década acabou, no entanto, a dívida externa total tinha efetivamente dobrado e a capacidade de gerar receitas da economia, não.

Também podemos observar no Quadro 10.5 o fracasso da Argentina em direcionar a conta corrente a um excedente. Apesar desse fracasso não ser surpreendente, dada a moeda supervalorizada em relação a seus principais vizinhos sul-americanos, era apenas através de um excedente comercial que a Argentina poderia conseguir reservas adicionais de dólar e permitir um afrouxamento das restrições da política monetária.

No fim das contas, o déficit orçamentário do governo continuava a crescer. A recessão continuada exigia grandes despesas fiscais pelos governos federal e local. Os gastos do governo eram cada vez mais financiados por capital internacional. Investidores internacionais estavam começando a duvidar da capacidade da Argentina de pagá-los.

Repercussões sociais

À medida que as condições econômicas continuavam a se deteriorar, os bancos sofriam corridas cada vez maiores. Os depositantes, temendo que o peso fosse ser desvalorizado, faziam filas para sacar seu dinheiro, tanto saldos em peso argentino quanto em dólar americano. Os pesos foram convertidos em dólares, mais uma vez botando lenha na crescente fogueira do colapso monetário. O governo, temendo que o crescente escoamento financeiro nos bancos causasse seu colapso, fechou os bancos no dia 1º de dezembro de 2001, no esforço de impedir a fuga de dinheiro e capital para fora da Argentina. Os consumidores, incapazes de sacar mais de US$250 por semana, foram instruídos a usar cartões de débito e cartões de crédito para fazer compras e conduzir transações do dia a dia.

Em dezembro de 2001, tumultos nas ruas de Buenos Aires intensificaram a necessidade de mudanças rápidas. Com a chegada do Ano-Novo de 2002, o segundo presidente em duas semanas, Fernando de la Rua, foi retirado do poder. Ele foi sucedido por um peronista, o Presidente Adolfo Rodríguez Saá, que durou apenas uma semana como presidente antes de ele, também, ser retirado do poder. O Presidente Saá, no entanto, deixou um legado. Em uma semana como presidente da Argentina, Saá declarou o maior calote (*default*) da dívida soberana da história. A Argentina anunciou que não seria capaz de fazer pagamentos de juros devidos sobre sua dívida soberana (do governo) de US$155 bilhões.

Saá foi sucedido por Eduardo Duhalde, o quinto presidente da Argentina em pouco menos de duas semanas. Candidato presidencial em 1999 e senador da província de Buenos Aires, Duhalde enfrentou uma tarefa hercúlea. Ele recebeu imediatamente poderes emergenciais para tentar salvar o que tinha sobrado do sistema econômico da Argentina.

Desvalorização

No domingo, 6 de janeiro de 2002, no primeiro ato de sua presidência, Duhalde desvalorizou o peso de Ps1,00/US$ para Ps1,40/US$. Esperava-se que uma vez que o peso tivesse sido desvalorizado, o país poderia acalmar os nervos de seu povo.

Mas o sofrimento econômico continuava. Duas semanas depois da desvalorização, os bancos ainda estavam fechados. A maioria dos governos estaduais fora de Buenos Aires, basicamente falido e sem acesso a recursos de financiamento, começaram a imprimir suas próprias moedas – *script* – notas promissórias dos governos provincianos. Os governos provincianos não tinham muita escolha – a economia da Argentina estava se aproximando de um colapso total com as pessoas e empresas sem conseguir obter dinheiro para conduzir as transações comerciais do dia a dia de suas vidas.

Mas as notas eram uma resposta apenas parcial. Como as notas eram notas promissórias dos governos provincianos, e não do governo federal, as pessoas e negócios não aceitavam notas de outras províncias. As prateleiras das lojas estavam vazias, porque embora os consumidores pudessem comprar o que já estava na loja, a loja não podia fazer um pagamento aceitável para fornecedores regionais, nacionais ou internacionais. A população estava presa dentro de sua própria província, porque seu dinheiro não era aceito no mundo exterior em troca de bens, serviços, viagens ou qualquer outra coisa.

No dia 3 de fevereiro de 2002, o governo da argentina anunciou que o peso voltaria a flutuar. O governo não mais tentaria fixar ou gerenciar seu valor em nenhum nível específico, permitindo que o mercado encontrasse ou estabelecesse a taxa de câmbio. O valor do peso agora começava uma depreciação gradual.[4]

À medida que o ano foi passando, o país se viu confrontando problemas e mais problemas do colapso social, político e econômico. Os bancos e banqueiros se tornavam cada vez mais o alvo da ira da população. Com o colapso dos bancos, os negócios caíam com eles. Em fevereiro e março, uma crescente série de investigações sobre comércio ilegal e fraudes financeiras cobriram as manchetes de Buenos Aires. Em fevereiro e março de 2002, as continuadas negociações entre o FMI e a Argentina entraram em um desacordo que começou quando o FMI exigiu o aumento da reforma fiscal sobre os crescentes déficits orçamentários do governo e sobre o mau gerenciamento dos bancos. O próprio FMI se tornou alvo cada vez maior do descontentamento da população argentina.

Nos dias 24 e 25 de março, o peso foi novamente atingido por vendas maciças. Em um país há muito considerado o mais rico e mais sofisticado de toda a América do Sul, as pessoas estavam cada vez mais se opondo a todos os políticos, todos os bancos e provedores de serviços financeiros e, em muitos casos, uns aos outros. A trajetória do colapso do peso é apresentada no Quadro 10.6. Na primavera de 2002, a Argentina era um país com problemas consideráveis.

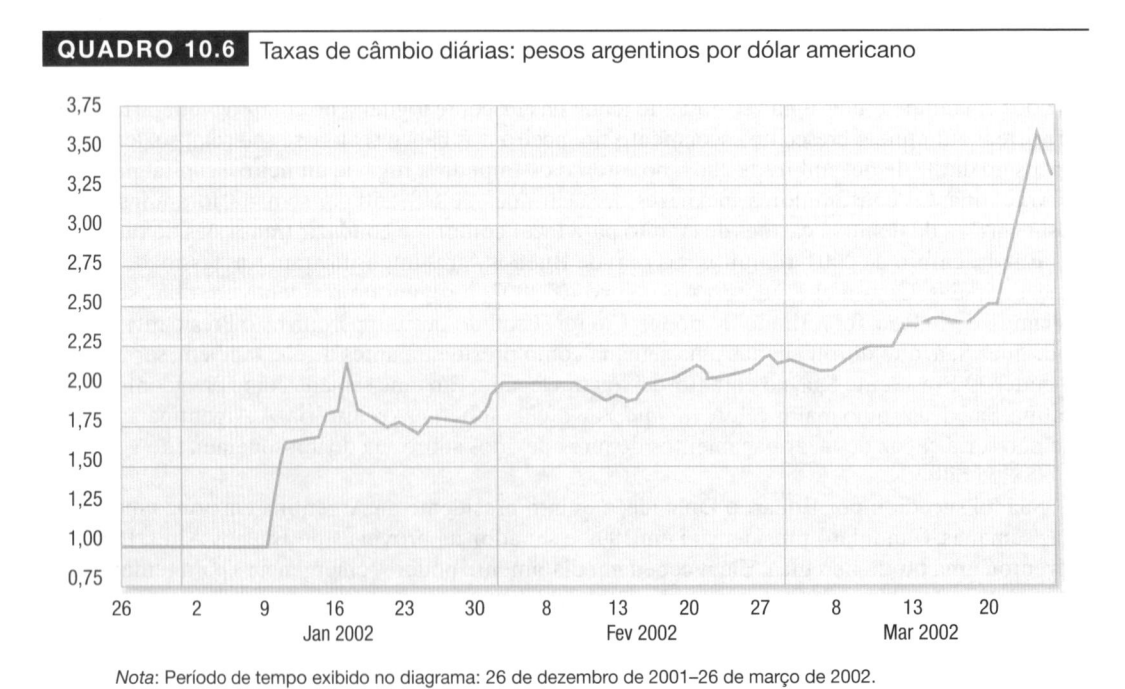

QUADRO 10.6 Taxas de câmbio diárias: pesos argentinos por dólar americano

Nota: Período de tempo exibido no diagrama: 26 de dezembro de 2001–26 de março de 2002.
Fonte: © 2002 by Prof. Werner Antweiler, University of British Columbia, Vancouver, BC, Canadá.

---

[4] Quando uma moeda que está sob um regime de taxa de câmbio fixa é oficialmente reduzida de valor em relação a uma outra moeda padrão, chamamos essa redução de *desvalorização*. Quando uma moeda que tem flutuação livre nos mercados de câmbio sofre uma redução de valor, chamamos essa redução de *depreciação*.

O professor de Harvard e membro do Conselho de Assessores Econômicos do Presidente dos EUA (U.S. President's Council of Economic Advisors) Martin Feldstein resumiu as duras lições da história argentina.

> *Na realidade, or argentinos compreendiam o risco que estavam assumindo tão bem quanto a equipe do FMI. O risco deles era um risco calculado que talvez pudesse vir a produzir bons resultados. É verdade, no entanto, que a equipe do FMI encorajou a Argentina a continuar com a taxa de câmbio fixa e o currency board. Apesar de o FMI e praticamente todos os economistas de fora acreditarem que uma taxa de câmbio flutuante é preferível a um sistema "fixo, mas ajustável" em que o governo reconhece que terá que desvalorizar ocasionalmente, o FMI (além de alguns economistas de fora) passaram a acreditar que o sistema do currency board de uma taxa de câmbio fixa e rígida (um "hard peg", no jargão de finanças internacionais) era uma política de longo prazo viável para uma economia. A experiência da Argentina provou que isso estava errado.*[5]

PREVISÃO NA PRÁTICA

Além das tries abordagens aplicadas à previsão representadas no Quadro 10.1, os profissionais da previsão utilizam a *análise técnica*.

Análise técnica

Os analistas técnicos, tradicionalmente chamados de *grafistas*, focam-se nas informações de preço e volume para determinar tendências passadas que se esperam que continuem no futuro. O elemento mais importante da análise técnica é que as taxas de câmbio futuras são baseadas na taxa de câmbio corrente. Os movimentos na taxa de câmbio, bem como os movimentos nos preços das ações, podem ser subdivididos em três períodos: 1) movimento diário, que é aparentemente aleatório; 2) movimentos de curto prazo, estendendo-se de vários dias a vários meses; e 3) movimentos de longo prazo, caracterizados por tendências de alta e baixa de longo prazo. A análise técnica de longo prazo vem ganhando popularidade em decorrência de pesquisas recentes sobre a possibilidade de que existam "ondas" de longo prazo nos movimentos da moeda sob as taxas de câmbio flutuantes.

Quanto mais longo o horizonte de tempo da previsão, mais imprecisa provavelmente será a previsão. Enquanto que a previsão do longo prazo tem que depender de fundamentos econômicos da determinação da taxa de câmbio, muitas das necessidades de previsão das empresas têm um horizonte de tempo de curto a médio prazo e podem ser atendidas com abordagens menos teóricas. Técnicas de séries temporais não inferem nenhuma teoria ou causalidade, mas simplesmente preveêm valores futuros a partir de um passado recente. Os analistas misturam a análise técnica e a dos fundamentos econômicos, presumivelmente porque fazer previsões é como uma ferradura para ter sorte: é importante chegar perto dela!

Serviços de previsão

Existem inúmeros serviços de previsão de taxas de câmbio, dos quais muitos são fornecidos por bancos e consultores independentes. Além disso, muitas empresas multinacionais têm seus próprios departamentos internos de previsão. As previsões podem ser baseadas em elaborados modelos econométricos, na análise técnica de gráficos e tendências, na intuição e em uma certa medida de ousadia.

Se algum desses serviços de previsão valem quanto custam, depende, em parte, do motivo da previsão e, em parte, da precisão necessária para a previsão. Por exemplo, previsões de longo prazo podem ser motivadas pelo desejo de uma empresa multinacional iniciar um investimento estrangeiro no Japão, ou talvez de levantar fundos de longo prazo denominados em ienes japoneses. Ou um administrador de carteira pode estar considerando diversificar no longo prazo em títulos japoneses. Quanto maior o horizonte de tempo da previsão, mais imprecisa, mas também menos crítica, a previsão provavelmente será. O analista tipicamente usa dados anuais para exibir tendências de longo prazo em fundamentos econômicos como a inflação japonesa, o crescimento e o balanço de pagamentos.

As previsões de curto prazo são tipicamente motivadas por um desejo de fazer *hedge* de contas a receber, contas a pagar ou dividendo, talvez por um período de três meses. Neste caso, os funda-

---

[5] Martin Feldstein, "Argentina's Fall", Foreign Affairs (março/abril 2002), Volume 81, Edição 2, pp. 8–14.

mentos econômicos de longo prazo podem não ser tão importantes quanto os fatores técnicos no mercado, a intervenção do governo, notícias e caprichos passageiros de operadores e investidores. A precisão da previsão é crucial, já que a maioria das variações da taxa de câmbio é relativamente pequena, apesar de a volatilidade diária poder ser alta.

Os serviços de previsão normalmente empreendem uma análise econômica fundamental para previsões de longo prazo, e alguns baseiam suas previsões de curto prazo no mesmo modelo básico. Outros baseiam suas previsões de curto prazo em análises técnicas similares àquela conduzida na análise de títulos. Eles tentam correlacionar as variações da taxa de câmbio com várias outras variáveis, independentemente de haver uma lógica econômica para a correlação. As chances de essas previsões serem consistentemente úteis ou lucrativas dependem da crença de se o mercado de câmbio é eficiente. Quanto mais eficiente for o mercado, mais provável será de que as taxas de câmbio estejam seguindo "passeios aleatórios" (sofrendo variações aleatórias), nos quais o comportamento passado dos preços não fornece nenhuma dica quanto ao futuro. Quanto menos eficiente for o mercado de câmbio, melhores as chances de que os analistas possam ter sorte e encontrar uma relação que seja válida, pelo menos no curto prazo. Se a relação for realmente consistente, no entanto, outros logo a descobrirão e o mercado se tornará eficiente novamente no que diz respeito a essa informação.

O Quadro 10.7 resume os vários períodos e regimes de previsão e as opiniões dos autores sobre as metodologias preferidas. Opiniões, no entanto, podem mudar sem aviso prévio! (E, lembre-se, se

QUADRO 10.7 Previsão da taxa de câmbio na prática

Período previsto	Regime	Métodos de previsão recomendados
Curto prazo	Taxa fixa	1. Suponha que a taxa fixa seja mantida
		2. Indicações de estresse sobre a taxa fixa
		3. Controles de capital; taxas no mercado negro
		4. Indicadores do governo
		5. Mudanças nas reservas oficiais de moeda estrangeira
	Taxa flutuante	1. Métodos técnicos que captam tendências
		2. Taxas a termo como previsões
		a. < 30 dias; suponha um passeio aleatório
		b. 30 – 90 dias; taxas a termo
		3. 90 – 360 dias; combinar tendências com análise fundamentalista
		4. Análise fundamentalista sobre preocupações inflacionárias
		5. Declarações e acordos do governo relacionados às metas da taxa de câmbio
		6. Acordos cooperativos com outros países
Longo prazo	Taxa fixa	1. Análise fundamentalista
		2. Gerenciamento do balanço de pagamentos
		3. Capacidade de controlar a inflação doméstica
		4. Capacidade de gerar reservas de moeda forte para usar para intervenção
		5. Capacidade de operar excedentes comerciais
	Taxa flutuante	1. Foco sobre os fundamentos inflacionários e PPP
		2. Indicadores da saúde econômica geral, como crescimento econômico e estabilidade
		3. Análise técnica de tendências de longo prazo; novas pesquisas indicam possibilidades de "ondas" técnicas de longo prazo.

nós, autores, pudéssemos prever o movimento das taxas de câmbio com regularidade, certamente não estaríamos escrevendo livros).

Consistência de taxas cruzadas na previsão

Os administradores de finanças internacionais muitas vezes têm que prever as taxas de câmbio de suas moedas domésticas para o conjunto de países em que a empresa opera, não somente para decidir se deve fazer *hedge* ou fazer um investimento, mas também como parte integral da preparação de orçamentos operacionais multipaíses na moeda doméstica de seu país. Esses são os orçamentos operacionais em relação aos quais o desempenho de gerentes de subsidiárias estrangeiras será avaliado. Checar se as taxas cruzadas implícitas são razoáveis em previsões individuais funciona como uma verificação da adequação das previsões originais.

Para ilustrar, suponha que o escritório central de uma empresa com matriz nos EUA preveja que a taxa de câmbio de ienes para dólares daqui a um ano seja de ¥105/US$ e que a taxa da libra esterlina do Reino Unido seja de US$1,85/£. Isso cria uma taxa à vista implícita daqui a um ano de ¥194,25/£. Entretanto, os gestores financeiros japonês e britânico, com bons motivos, tenham previsto uma taxa à vista daqui a um ano de ¥190,00/£.

Obviamente, os dois gestores das subsidiárias (que prevêem ¥190,00/£) e o escritório central (com uma previsão implícita de ¥194,25/£) não podem estar ambos corretos. O momento para reconciliar essas duas previsões conflitantes é o presente, e não daqui a um ano quando os gestores no Japão ou no Reino Unido alegarem que seu desempenho em relação ao orçamento é melhor do que o medido pela matriz americana. Além disso, checar se as taxas cruzadas implícitas são razoáveis é um exercício para melhorar a precisão do processo de previsão.

Previsões: o que pensar?

Obviamente, com a variedade de teorias e práticas, prever as taxas de câmbio no futuro é uma tarefa intimidante. Aqui temos uma síntese de nossos pensamentos e experiência:

- A partir de décadas de estudos teóricos e empíricos, parece que as taxas de câmbio aderem aos princípios e teorias fundamentais descritos nas seções anteriores. Os fundamentos se aplicam ao longo prazo. Há, portanto, uma espécie de *trajetória de equilíbrio fundamental* para o valor de uma moeda.
- Também parece que, no curto prazo, uma variedade de eventos aleatórios, fricções institucionais e fatores técnicos podem fazer os valores das moedas se desviarem significativamente de sua trajetória fundamental de longo prazo. Este comportamento às vezes é chamado de *ruído*. Claramente, portanto, podemos esperar que desvios da trajetória de longo prazo não somente ocorram, mas que ocorram com alguma regularidade e relativa longevidade.

O Quadro 10.8 ilustra essa síntese de pensamento sobre previsões. A trajetória do equilíbrio de longo prazo da moeda – apesar de relativamente bem definido em retrospecto – nem sempre é aparente no curto prazo. A própria taxa de câmbio pode se desviar em algo como um ciclo ou onda em torno da trajetória de longo prazo.

Se os participantes do mercado concordarem sobre a trajetória geral de longo prazo e possuírem *expectativas de estabilização*, o valor da moeda retornará periodicamente para a trajetória de longo prazo. É crucial, no entanto, que quando o valor da moeda sobe acima da trajetória de longo prazo, a maioria dos participantes do mercado a vejam com supervalorizada e respondam vendendo a moeda, fazendo seu preço cair. Da mesma forma, quando o valor da moeda cai abaixo da trajetória de longo prazo, os participantes do mercado respondem comprando a moeda e fazendo seu valor se elevar. É isso que significa *expectativas de estabilização*: os participantes do mercado têm que responder continuamente aos desvios da trajetória de longo prazo comprando ou vendendo para devolver a moeda à trajetória de longo prazo.

Se, por algum motivo, o mercado se tornar instável, como ilustrado pelo desvio pontilhado no Quadro 10.8, a taxa de câmbio pode se distanciar significativamente da trajetória de longo prazo para períodos de tempo mais longos. As causas desses movimentos de desestabilização, como uma infra-estrutura fraca (por exemplo, o sistema bancário), e eventos políticos ou sociais que ditam comportamentos econômicos, são geralmente o resultado das ações de especuladores e mercados ineficientes.

QUADRO 10.8 Diferenciando o ruído de curto prazo das tendências de longo prazo

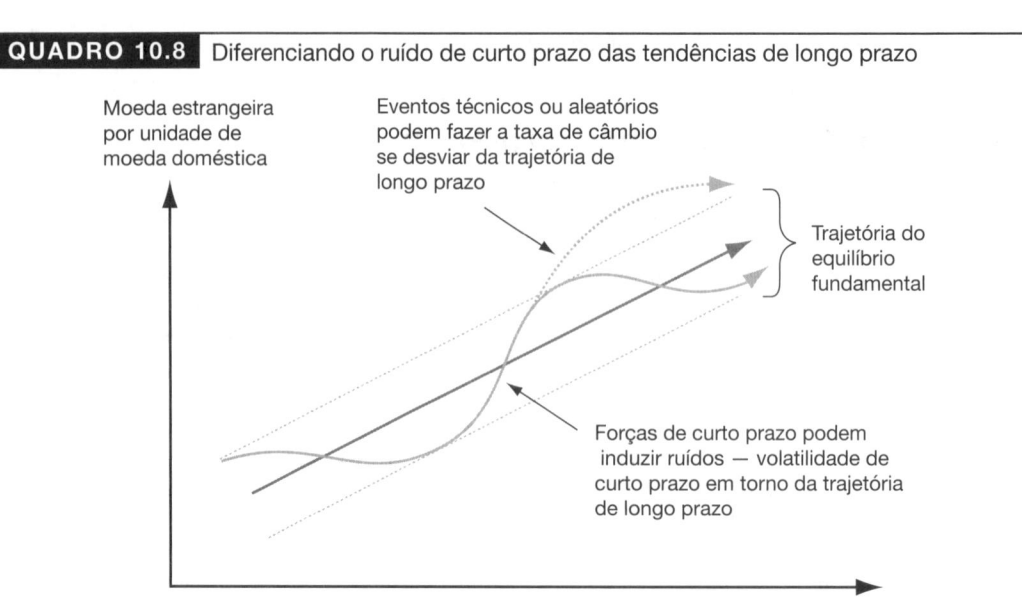

Dinâmica da taxa de câmbio: compreendendo os movimentos do mercado

Apesar de as várias teorias ao redor da determinação da taxa de câmbio serem claras e sólidas, pode parecer no dia a dia que os mercados monetários não prestam muita atenção às teorias – eles não lêem os livros! A dificuldade é compreender que fundamentos estão direcionando os mercados e em que momentos.

Um exemplo dessa confusão relativa sobre a dinâmica da taxa de câmbio é o fenômeno conhecido como *overshooting*. Suponha que a taxa à vista corrente entre o dólar e o euro, como ilustrado no Quadro 10.9, é S_0. O Fed dos EUA anuncia uma política monetária expansionista que corta as

QUADRO 10.9 Dinâmica da taxa de câmbio: *overshooting*

Se o Fed dos EUA anunciasse uma mudança na política monetária, uma expansão na oferta de dinheiro, o resultado poderia ser potencialmente uma mudança "*overshooting*" da taxa de câmbio.

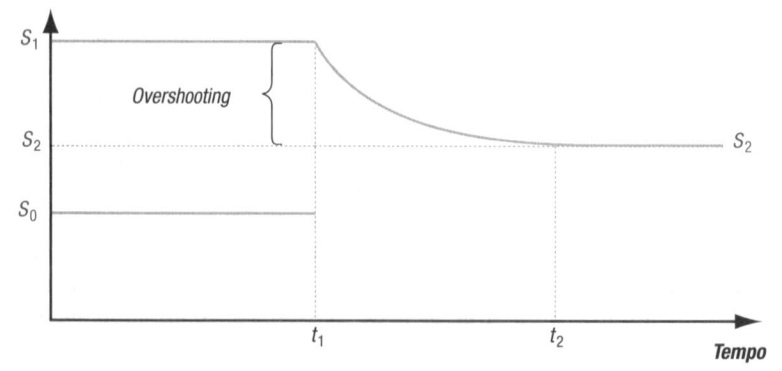

O Fed anuncia uma expansão monetária no tempo t_1. Este pronunciamento resulta imediatamente em taxas de juros mais baixas para o dólar. Os mercados de câmbio imediatamente respondem às taxas de juros de dólar mais baixas baixando o valor do dólar de S_0 para S_1. Esta nova taxa é baseada em *diferenciais de juros*. Entretanto, nos dias e semanas seguintes, à medida que os efeitos de preço fundamentais das ações da política monetária começam a penetrar na economia, a *paridade do poder de compra* passa a vigorar e o mercado se movimenta em direção a uma avaliação do dólar de mais longo prazo — no momento — t_2 — de S_2, um dólar mais fraco do que S_0, mas não tão fraco quanto determinado inicialmente, em S_1.

taxas de juros dos dólares americanos. Se as taxas de juros denominadas em euros permanecerem inalteradas, a nova taxa à vista esperada pelos mercados de câmbio com base em diferenciais de juros será S_1. Essa mudança imediata na taxa de câmbio é típica de como os mercados reagem a notícias, eventos econômicos e políticos distintos que são observáveis. A mudança imediata no valor do dólar/euro é, portanto, baseada em diferenciais de juros.

Com o passar do tempo, no entanto, os impactos de preço da mudança da política monetária começam a penetrar na economia. À medida que as mudanças de preço ocorrem ao longo do médio a longo prazo, as forças da paridade do poder de compra começam a direcionar a dinâmica do mercado, e a taxa à vista passa de S_1 a S_2. Apesar de as taxas S_1 e S_2 serem ambas determinadas pelo mercado, elas refletiam o domínio de diferentes princípios teóricos. Consequentemente, o valor inicial mais baixo do dólar de S_1 geralmente é explicado como um *overshooting* do valor de equilíbrio de longo prazo de S_2.

Esta é, obviamente, apenas uma das possíveis séries de eventos e reações do mercado. Os mercados monetários estão sujeitos a *novas* notícias a qualquer hora do dia, dificultando a previsão dos movimentos da taxa de câmbio em períodos de tempo curtos. No mais longo prazo, como mostramos aqui, os mercados de fato costumam retornar aos fundamentos da determinação da taxa de câmbio.

RESUMO

- A abordagem do mercado de ativos aplicada a previsões sugere que os estrangeiros estarem ou não dispostos a deter direitos na forma monetária dependerá, em parte, das taxas de juros reais relativas e, em parte, da perspectiva de crescimento econômico e lucratividade de um país.

- A previsão de mais longo prazo, acima de um ano, exige um retorno à análise básica dos fundamentos da taxa de câmbio como o balanço de pagamentos, taxas de inflação relativas, taxas de juros relativas e propriedades de longo prazo da paridade do poder de compra.

- Os analistas técnicos (grafistas) se focam em dados de preço e volume para determinar tendências passadas que se esperam que continuem no futuro.

- A previsão da taxa de câmbio na prática é um misto das formas fundamentalista e técnica da análise da taxa de câmbio.

- A crise monetária asiática foi primordialmente uma crise do balanço de pagamentos em suas origens e impactos sobre a determinação da taxa de câmbio. Infraestrutura econômica e financeira, problemas de governança corporativa e especulação também eram fatores contribuintes.

- A crise argentina de 2002 foi provavelmente uma combinação de um desequilíbrio nas condições de paridade internacionais (diferenciais das taxas de inflação) e um desequilíbrio do balanço de pagamentos (déficits da conta corrente combinados com saídas da conta financeira).

MINICASO   A precisão de previsão da JPMorgan Chase[1]

Veselina (Vesi) Dinova foi solicitada por seu diretor na Teknekron (EUA) para analisar a acurácia da previsão da taxa de câmbio do principal provedor de serviços financeiros de sua empresa, JPMorgan Chase (JPMC). Vesi se focou em três principais moedas em torno das quais revoluíam as operações da empresa: o dólar, o euro e o iene. A Teknekron dependia da JPMC para a maioria de seus serviços de consultoria monetária há anos e as previsões fornecidas pela JPMC eram regularmente utilizadas em decisões de venda e de fornecimento (*sourcing*) – incluindo a determinação de preços. O aumento do euro em relação ao dólar nos últimos anos tinha, no entanto, elevado o interesse na acurácia dessas previsões. Avaliar essa acurácia agora era tarefa de Vesi.

Focando-se primeiramente na taxa de câmbio à vista do dólar americano/euro, Vesi fez o gráfico das previsões fornecidas pela JPMC e a taxa de câmbio real à vista para o período de 2002–2005, em incrementos de 90 dias. Como ilustrado pelo Quadro 1, os resultados não foram encorajadores. Apesar de a JPMC ter atingido sua taxa vista real bem em cima tanto em maio quanto em novembro de 2002, a dimensão dos erros de previsão e da direção do movimento pareciam aumentar com o passar do tempo.

O que era mais preocupante para Vesi é que em uma boa parte de 2004, a JPMC estava avaliando a direção errada. Em fevereiro de 2004, eles tinham previsto que a taxa à vista se movimentaria da taxa atual de US$1,27/€ para US$1,32/€, mas, na

---

[1] Este estudo de caso usa dados da taxa de câmbio, tanto real quanro prevista, segundo publicada na edição impressa da revista *The Economist*, publicada trimestralmente. A fonte das previsões da taxa de câmbio, como observado na *The Economist*, é a JPMorgan Chase.

260 PARTE II Teoria de Taxa de Câmbio e Mercados de Moedas Estrangeiras

QUADRO 1 Taxas de câmbio mensais médias: US$/€

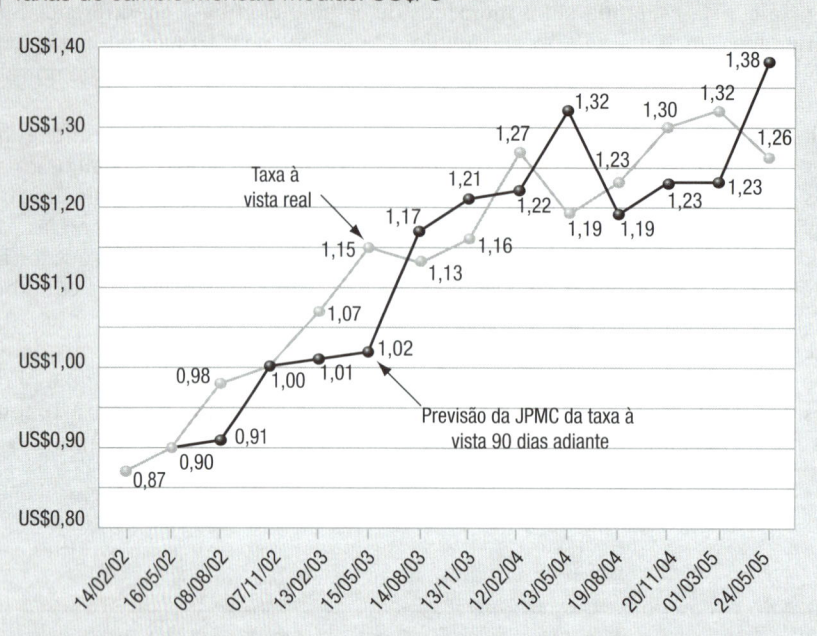

verdade, o dólar tinha sido apreciado drasticamente no período seguinte de três meses, fechando em US$1,19/€. Isso era, na verdade, uma diferença maciça. Apesar de a Teknekron ter usado uma média ponderada em movimento da taxa real à vista e prevista em sua precificação de moeda estrangeira (neste caso, em euros), o erro direcional tinha feito a empresa atingir uma média em um dólar muito mais fraco do que o que tinha acontecido. O comprador tinha ficado irritado.

Apesar de a Teknekron ter realizado a maior parte de suas vendas na América do Norte e na Europa (logo, a precificação baseada no euro), seus fornecedores eram confinados aos Estados Unidos e Japão. Os fornecedores japoneses da Teknekron ofereciam descontos de 3% para faturas japonesas denominadas em ienes, desconto que a Teknekron tradicionalmente ficava feliz em aceitar ao realizar pagamentos em ienes. Mas essa abordagem exigia que a empresa de Vesi gerenciasse e controlasse seu custo de mercadorias vendidas – incluindo os custos denominados em ienes.

Vesi agora passara à acurácia prevista da JPMC sobre o iene. O Quadro 2 fornece um panorama dessa análise. Mais

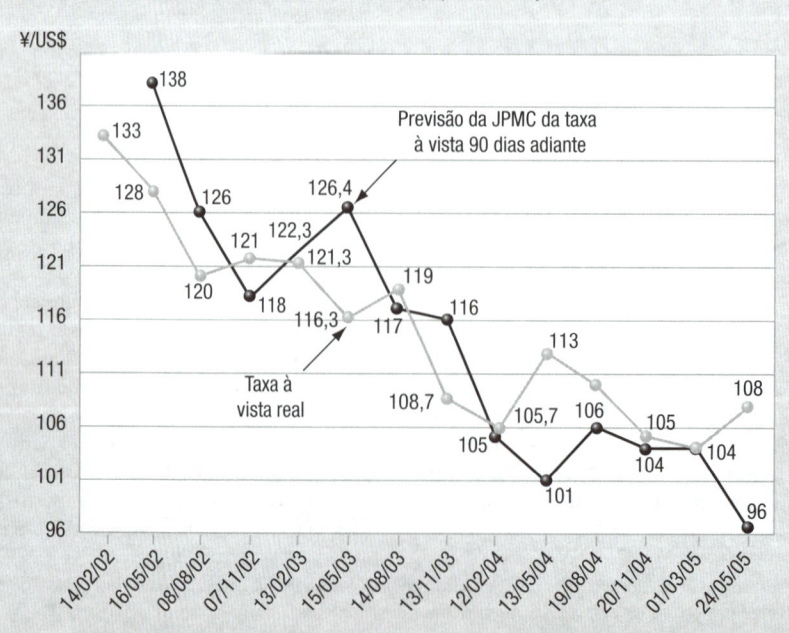

QUADRO 2 Taxas de câmbio mensais médias: ienes japoneses por dólar americano

uma vez, apesar de o dólar estar caindo consistentemente, em relação ao iene, a acurácia de previsão – pelo menos através da observação do gráfico, não era encorajadora. O último trimestre tinha fechado em ¥108/US$, apesar de a previsão ter sido seguir a tendência até ¥96/US$.

Perguntas sobre o caso

1. Como você realmente calcularia a acurácia estatística dessas previsões? A Vesi teria tido melhores resultados usando a taxa à vista como previsão da taxa à vista futura, 90 dias adiante?
2. Prever o futuro é obviamente um desafio intimidante. Considerando tudo isso, como você acha que a JPMC está se saindo?
3. Se você fosse a Vesi, o que você concluiria sobre a acurácia relativa das previsões da taxa à vista da JPMC?

PERGUNTAS

1. **Previsão a termo.** Quais são as principais diferenças entre as previsões de curto e longo prazo para o seguinte:
   a. Uma taxa de câmbio fixa?
   b. Uma taxa de câmbio flutuante?

2. **Dinâmica da taxa de câmbio.** O que significa o termo "*overshooting*"? O que o causa e como ele é corrigido?

3. **Equilíbrio fundamental.** O que significa o termo "trajetória do equilíbrio fundamental" para o valor de uma moeda? O que é "ruído"?

4. **Abordagem do mercado de ativos aplicada a previsões.** Explique como a abordagem do mercado de ativos pode ser usada para prever taxas de câmbio à vista futuras. Como a abordagem do mercado de ativos difere da abordagem do balanço de pagamentos aplicada a previsões?

5. **Análise técnica.** Explique como a análise técnica pode ser usada para prever taxas de câmbio à vista futuras. Como a análise técnica difere da abordagem do balanço de pagamentos aplicada a previsões?

6. **Serviços de previsão.** Existem inúmeros serviços de previsão da taxa de câmbio. A CFO da Trident, Maria Gonzalez, está considerando se deve assinar um desses serviços pelo custo de US$20.000 por ano. O preço inclui acesso online ao modelo econométrico computadorizado de previsão da taxa de câmbio. Que fatores Maria deve considerar ao decidir se deve ou não assinar o serviço?

7. **Consistência da taxa cruzada na previsão.** Explique o significado de "consistência da taxa cruzada" como usada pelas EMNs. Como as EMNs usam uma verificação da consistência da taxa cruzada na prática?

8. **Fragilidade da infraestrutura.** A fragilidade da infraestrutura foi uma das causas do surgimento da crise do mercado na Tailândia em 1997. Defina fragilidade da infraestrutura e explique como ela poderia afetar a taxa de câmbio de um país.

9. **Pontos fortes da infraestrutura.** Explique por que os pontos da infraestrutura ajudaram a contrabalançar os grandes déficits da balança comercial na conta corrente dos Estados Unidos.

10. **Especulação.** As crises dos mercados emergentes de 1997–2002 foram pioradas devido a uma especulação desenfreada. Os especuladores causam tais crises ou eles simplesmente respondem a sinais de fraqueza do mercado? Como um governo pode gerenciar a especulação cambial?

11. **Investimento estrangeiro direto.** Oscilações nos fluxos de investimento estrangeiro direto entrando e saindo dos mercados emergentes contribuem para a volatilidade da taxa de câmbio. Descreva um exemplo concreto histórico desse fenômeno durante os últimos 10 anos.

12. **Crise da Tailândia de 1997.** Quais foram as principais causas da crise da Tailândia de 1997? Que lições foram aprendidas e que passos acabaram sendo tomados para normalizar a economia da Tailândia?

13. **Crise da Argentina de 2001–2002.** Quais foram as principais causas da crise da Argentina de 2001–2002? Que lições foram aprendidas e que passos acabaram sendo tomados para normalizar a economia da Argentina?

PROBLEMAS

1. **"*Loonie*" canadense.** O valor do dólar canadense em relação ao dólar americano sofreu mudanças significativas na história recente. Use o gráfico a seguir (no canto superior esquerdo da próxima página) da taxa de câmbio C$/US$ para o período de 27 anos entre 1980 e o final do ano de 2007 para estimar a variação percentual no valor do dólar canadense (conhecido, de forma carinhosa, como o "*loonie*") em relação ao dólar americano para os seguintes períodos:
   a. Janeiro 1980 – Dezembro 1985
   b. Janeiro 1986 – Dezembro 1991
   c. Janeiro 1992 – Dezembro 2001
   d. Janeiro 2002 – Dezembro 2007

Taxas de câmbio médias mensais: dólares canadenses por dólar americano

Taxas de câmbio médias mensais: ienes japoneses por euro europeu

Fonte: Pacific Exchange Rate Service ©2007 by Prof. Werner Antweiler, University of British Columbia, Vancouver, BC, Canadá.

Fonte: Pacific Exchange Rate Service ©2007 by Prof. Werner Antweiler, University of British Columbia, Vancouver, BC, Canadá.

*2. **Real brasileiro.** O valor do real brasileiro (R$) era de R$1,21/US$ na segunda-feira, dia 11 de janeiro de 1999. Seu valor caiu para R$1,43/US$ na sexta-feira, dia 15 de janeiro de 1999. Qual foi a variação percentual em seu valor?

3. **Lira turca.** A lira turca (TL) foi oficialmente desvalorizada pelo governo turco em fevereiro de 2001 durante uma severa crise política e econômica. O governo turco anunciou, no dia 21 de fevereiro, que a lira seria desvalorizada em 20%. A taxa de câmbio à vista no dia 20 de fevereiro era de TL68.000/US$.
   a. Qual passou a ser a taxa de câmbio depois de uma desvalorização de 20%?
   b. Em menos de três dias, a lira tinha caído vertiginosamente para mais de TL100.000/US$. Qual foi a variação percentual em relação à taxa pré-desvalorização?

4. **Euros e ienes.** A taxa cruzada iene japonês-euro é um dos valores de moeda mais significativos para o comércio global. O gráfico a seguir (no alto da próxima coluna) mostra essa taxa cruzada calculada retroativamente do início de 1994 ao final do ano de 2007. (Lembre-se de que o euro não foi lançado até janeiro de 1999, mas seu valor pode ser calculado retroativamente a partir de suas moedas componentes). Estime a variação no valor do iene ao longo dos três períodos de variação a seguir:
   a. Janeiro 1994 – Agosto 1998
   b. Setembro 1998 – Outubro 2000
   c. Novembro 2000 – Dezembro 2007

*5. **Seis Anos.** O México foi famoso – ou infame – por muitos anos por ter duas coisas a cada seis anos: uma eleição presidencial e uma desvalorização monetária. Isso ocorreu em 1976, 1982, 1988 e 1994. Em sua última desvalorização no dia 20 de dezembro de 1994, o valor do peso mexicano (Ps) foi oficialmente mudado de Ps3,30/US$ para Ps5,50/US$. Qual foi a desvalorização percentual?

6. **Rublo russo.** O rublo russo (R) estava sendo negociado a R6,25/US$ no dia 7 de agosto de 1998. No dia 10 de setembro de 1998, seu valor tinha caído para R20,00/US$. Qual foi a variação percentual em seu valor?

7. **Baht tailandês.** O baht tailandês (Bt) foi desvalorizado pelo governo tailandês de Bt25/US$ para Bt29/US$ no dia 2 de julho de 1997. Qual foi a desvalorização percentual do baht?

8. **Sucre equatoriano.** O sucre equatoriano (S) sofreu de forças hiperinflacionárias durante todo o ano de 1999. Seu valor passou de S5.000/US$ para S25.000/US$. Qual foi a variação percentual em seu valor?

9. **Prevendo o peso argentino.** Como ilustrado no gráfico na próxima página, o peso argentino passou de sua taxa de câmbio fixa de Ps1,00/US$ para mais de Ps2,00/US$ em uma questão de dias no início de janeiro de 2002. Depois de um breve período de alta volatilidade, o valor do peso pareceu se assentar em uma faixa que variava entre 2,0 e 2,5 pesos por dólar.

Se você estivesse prevendo o peso argentino mais adiante no futuro, como você usaria as informações no gráfico – o valor do peso flutuando livremente nas semanas seguintes à desvalorização – para prever seu valor futuro?

Taxas de câmbio diárias: pesos argentinos por dólar americano

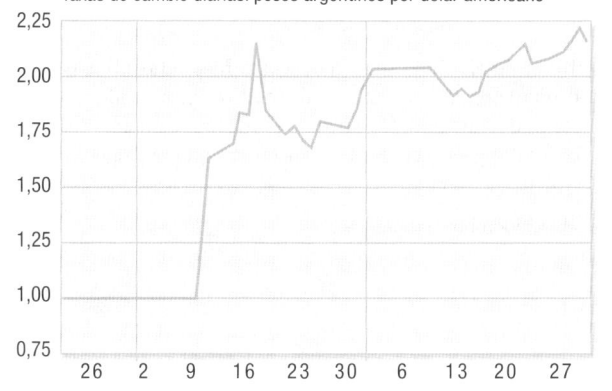

Fonte: ©2007 by Prof. Werner Antweiler, University of British Columbia, Vancouver, BC, Canadá.

Prevendo a pirâmide do pan-pacífico

Use a tabela da próxima página contendo indicadores econômicos, financeiros e de negócios da edição da The Economist (edição impressa) do dia 20 de outubro de 2007, para responder os problemas 10 a 15.

10. **Taxas à vista correntes.** Quais são as taxas de câmbio à vista correntes das seguintes taxas cruzadas?
    a. Iene japonês/dólar americano
    b. Iene japonês/dólar australiano
    c. Dólar australiano/dólar americano

11. **Previsões da paridade do poder de compra.** Usando a teoria da paridade do poder de compra, e supondo que as mudanças previstas nos preços ao consumidor sejam as melhores medidas da inflação esperada, preveja as seguintes taxas de câmbio à vista para daqui a um ano:
    a. Iene japonês/dólar americano
    b. Iene japonês/dólar australiano
    c. Dólar australiano/dólar americano

12. **Previsões internacionais de Fisher.** Usando o efeito Fisher Internacional, e o fato de que as últimas taxas de títulos de dívida do governo são as taxas de juros mais adequadas para aplicar o Fisher Internacional, preveja as seguintes taxas de câmbio à vista para daqui a um ano:
    a. Iene japonês/dólar americano
    b. Iene japonês/dólar australiano
    c. Dólar australiano/dólar americano

13. **Taxas de juros reais implícitas.** Use as últimas taxas de títulos de dívida do governo e as mudanças previstas nos preços ao consumidor para prever as taxas de juros reais para o seguinte:
    a. Dólar australiano
    b. Iene japonês
    c. Dólar americano

14. **Taxas a termo.** Usando as taxas à vista e as taxas de juros de mercado de 90 dias listadas, calcule as taxas a termo de 90 dias para as seguintes taxas de câmbio:
    a. Iene japonês/dólar americano
    b. Iene japonês/dólar australiano
    c. Dólar australiano/dólar americano

15. **Atividade econômica real e miséria.** Uma das medidas comuns gerais da saúde econômica nacional às vezes é chamado de "índice de miséria", a soma da taxa de inflação e da taxa de desemprego de um país. Usando as taxas a termo calculadas anteriormente (problema 14), calcule o índice de miséria do país e use-o como medida relativa para a previsão (da mesma maneira que os diferenciais de inflação ou diferenciais de juros são utilizados para a previsão) daqui a um ano.
    a. Iene japonês/dólar americano
    b. Iene japonês/dólar australiano
    c. Dólar australiano/dólar americano

EXERCÍCIOS NA INTERNET

1. **Previsões de seis meses para taxas de câmbio e taxas de juros.** Use a fonte independente de previsões de todos os dados internacionais a seguir para ver as perspectivas para as taxas de câmbio US$/€, ¥/US$ e US$/£.

    www.forecasts.org/exchange-rate/index.htm

2. **Estatísticas da taxa de câmbio do Bank of Canada.** Um dos *sites* da Internet mais abrangentes e mais disponível para estatísticas e análises da taxa de câmbio é o *site* mantido pelo Bank of Canada. Use o *site* do banco para ver os últimos indicadores de como as variações relativas das taxas de juros afetarão a importante taxa de câmbio dos dólares canadenses tanto com o dólar americano quanto com o euro.

    www.bankofcanada.ca/en/rates/exchange.html

3. **Atualização da previsão da Mellon FX.** Um dos boletins mais interessantes e completos de previsões econômicas e de taxas de câmbio é a newsletter da Mellon Financial. Use

o *site* da Mellon para baixar a última versão da previsão cambial. Ela geralmente inclui uma análise significativa das perspectivas das taxas de retorno reais nos Estados Unidos, Europa, Japão, Canadá, Reino Unido, Austrália e Nova Zelândia.

www.mellon.com/assetservicing/productservices/foreignexchange.html

4. **Dados econômicos e financeiros recentes.** Use os seguintes *sites* para obter dados econômicos e financeiros recentes usados para todas as abordagens de previsão apresentadas neste capítulo.

www.economist.com
www.ft.com
www.econedlink.org/datalinks/index.cfm

5. **Comentário semanal da OzForex.** O *site* da OzForex Foreign Exchange Services fornece um comentário semanal sobre os principais fatores e eventos políticos e econômicos que movimentam os mercados correntes. Usando seu *site*, veja o que eles esperam que aconteça na próxima semana em três das principais moedas globais – o dólar, o iene e o euro.

www.ozforex.com.au/marketwatch.htm

6. **Taxas de câmbio, taxas de juros e mercados globais da Bloomberg.** A magnitude dos dados do mercado às vezes pode parecer opressiva. Use a página de mercados da Bloomberg a seguir para organizar sua mente e seus dados globais.

www.bloomberg.com/markets

Prevendo a pirâmide do pan-pacífico

Austrália, Japão e os Estados Unidos

País	Produto interno bruto				Produção industrial	Taxa de desemprego
	Último trimestre	Trimestre*	Previsão 2007e	Previsão 2008e	Tr Rec	Último
Austrália	4,3%	3,8%	4,1%	3,5%	4,6%	4,2%
Japão	1,6%	−1,2%	2,0%	1,9%	4,3%	3,8%
Estados Unidos	1,9%	3,8%	2,0%	2,2%	1,9%	4,7%

País	Preços ao consumidor			Taxas de juros	
	Ano passado	Último	Previsão 2007e	Último 3 meses	Última Tít. Dív. Gov. 1 ano
Austrália	4,0%	2,1%	2,4%	6,90%	6,23%
Japão	0,9%	−0,2%	0,0%	0,73%	1,65%
Estados Unidos	2,1%	2,8%	2,8%	4,72%	4,54%

País	Balança comercial	Conta Corrente		Unidades correntes (por US$)	
	Últimos 12 meses (bilhões de US$)	Últimos 12 meses (bilhões de US$)	Previsão 07 (% do PIB)	17 de outubro	Ano passado
Austrália	−13,0	−US$47,0	−5,7%	1,12	1,33
Japão	98,1	US$197,5	4,6%	117	119
Estados Unidos	−810,7	−US$793,2	−5,6%	1,00	1,00

Fonte: Dados extraídos da revista The Economist, 20 de outubro de 2007, edição impressa.

Nota: A menos que se observe o contrário, as porcentagens são variações percentuais ao longo de um ano. Tr Rec = trimestre recente.

PARTE III

Exposição Cambial

CAPÍTULO 11
　　Exposição de Transação

CAPÍTULO 12
　　Exposição Operacional

CAPÍTULO 13
　　Exposição Contábil

CAPÍTULO 11

Exposição de Transação

Há dois momentos na vida de um homem em que ele não deve especular: quando ele não pode arcar com isso e quando ele pode.
— "Following the Equator," Pudd'nhead Wilson's New Calendar, Mark Twain.

Exposição cambial é uma medida do potencial da *lucratividade*, o *fluxo de caixa líquido* e o *valor de mercado* de uma empresa mudarem devido a uma variação nas taxas de câmbio. Uma importante tarefa do gestor financeiro é medir a exposição cambial e gerenciá-la de modo a maximizar a lucratividade, o fluxo de caixa líquido e o valor de mercado da empresa. Esses três componentes – lucros, fluxo de caixas e valor de mercado – são os elementos financeiros essenciais de como vemos o relativo sucesso ou fracasso de uma empresa. Os dois primeiros – lucros e fluxo de caixas – em grande parte, fazem surgir o terceiro, o valor de mercado. E, apesar de a teoria financeira nos ensinar que os fluxos de caixa são importantes e a contabilidade não, qualquer verdadeiro executivo sabe que os ganhos e perdas relacionados a moedas podem ter impactos destrutivos sobre os lucros contábeis divulgados. Os lucros divulgados de qualquer empresa de capital aberto são fundamentais para a opinião que o mercado forma daquela empresa.

TIPOS DE EXPOSIÇÃO CAMBIAL

O que acontece com uma empresa quando as taxas de câmbio mudam? O efeito pode ser medido de várias maneiras. O Quadro 11.1 analisa os três principais tipos de exposição cambial – de transação, operacional e contábil.

Exposição de transação

A *exposição de transação* mede mudanças nos valores das obrigações financeiras pendentes incorridas antes de uma mudança nas taxas de câmbio, mas que não serão realizadas até depois de as taxas de câmbio mudarem. Assim, ela lida como as mudanças nos fluxos de caixa que resultam das obrigações contratuais existentes. O propósito deste capítulo é analisar como a exposição de transação é medida e gerenciada.

Exposição operacional

A *exposição operacional*, também chamada de *exposição econômica*, *exposição competitiva* ou *exposição estratégica*, mede a mudança no valor presente da empresa que resulta de qualquer mudança nos fluxos de caixa operacionais futuros da empresa causada por uma variação inesperada nas taxas de câmbio. A mudança no valor depende do efeito da mudança na taxa de câmbio sobre o volume, preços e custos de vendas futuras. O capítulo 12 analisa a exposição operacional.

QUADRO 11.1 Comparação conceitual de exposição cambial de transação, operacional e contábil

Instante no tempo em que a taxa de câmbio muda

Exposição contábil
Mudanças no patrimônio divulgado do acionista em demonstrações financeiras consolidadas causadas por uma variação nas taxas de câmbio

Exposição operacional
Mudança nos fluxos de caixa esperados futuros decorrente de uma variação inesperada nas taxas de câmbio

Exposição de transação
Impacto da compensação de obrigações pendentes nas quais se entrou antes da mudança nas taxas de câmbio, mas a serem liquidadas depois da mudança nas taxas de câmbio

Tempo ⟶

A exposição de transação e a exposição operacional existem devido a mudanças inesperadas nos fluxos de caixa futuros. A diferença entre as duas é que a exposição de transação envolve os fluxos de caixa futuros já contratados, enquanto a exposição operacional se foca em fluxos de caixa futuros (ainda não contratados) que talvez possam mudar porque uma variação nas taxas de câmbio alterou a competitividade internacional.

Exposição contábil

A *exposição contábil*, também chamada de *exposição de conversão*, é o potencial de ocorrerem mudanças no patrimônio líquido do acionista em função da necessidade de a contabilidade "converter" demonstrações financeiras em moeda estrangeira de subsidiárias estrangeiras em uma única moeda de relatório oficial nas demonstrações financeiras consolidadas em todo o mundo. O capítulo 13 analisa a exposição contábil.

Exposição tributária

As consequências tributárias da exposição cambial variam de um país para outro. Como regra geral, no entanto, apenas perdas cambiais *realizadas* são dedutíveis para fins de cálculo do imposto de renda. Da mesma forma, apenas ganhos *realizados* ou *incorridos* geram renda tributável. *Realizado* significa que a perda ou ganho envolve fluxos de caixa.

Perdas decorrentes de exposição de transação geralmente reduzem a renda tributável no ano em que são realizadas. Perdas decorrentes de exposição operacional reduzem a renda tributável ao longo de uma série de anos futuros. Como o capítulo 13 mostrará, perdas decorrentes de exposição contábil não são perdas em dinheiro e, então, não são dedutíveis. Alguns passos dados para minimizar um ou outro tipo de exposição, como entrar em um contrato de taxa de câmbio a termo, criam renda tributável ou perdas. Outros passos dados para obter a mesma proteção não têm implicações tributárias. Como a exposição tributária é determinada pelo país de domicílio de cada subsidiária, uma EMN precisa planejar suas políticas de gestão cambial para minimizar as consequências de perdas cambiais após os impostos e para maximizar os ganhos após os impostos. Entretanto, como muitas EMNs administram a exposição cambial de maneira centralizada, ganhos ou perdas muitas vezes não têm correspondência com o país de origem.

Exposições cambiais nem sempre resultam em perdas para a empresa. Elas podem, na verdade, ocasionalmente resultar em ganhos – ganhos que não são resultantes das operações reais da empresa ou de sua competência essencial – mas da sorte e do momento certo associado a mudanças na taxa de câmbio e movimentos das moedas. Como ilustrado no quadro Finanças Globais na Prática 11.1, há muitos debates em andamento sobre o gerenciamento da exposição cambial.

POR QUE FAZER *HEDGE*?

As EMNs possuem uma multiplicidade de fluxos de caixa que são sensíveis a mudanças nas taxas de câmbio, taxas de juros e preços de *commodities*. Esses três riscos de preços financeiros são o assunto do crescente campo de *gerenciamento de risco financeiro*. Neste capítulo, focaremo-nos na sensibilidade dos fluxos de caixa futuros da empresa individual somente às taxas de câmbio.

Definição de *hedge*

Muitas empresas tentam gerenciar suas exposições cambiais através do *hedge*. Fazer *hedge* é assumir uma posição – adquirindo um fluxo de caixa, um ativo ou um contrato (incluindo um contrato a termo) – que aumentará (ou diminuirá) em valor e neutralizará uma queda (ou aumento) no valor de uma posição existente. Portanto, fazer *hedge* protege o proprietário do ativo existente contra perdas. Entretanto, isso também elimina qualquer ganho decorrente de um aumento no valor do ativo protegido pelo *hedge*. A questão permanece: o que a empresa ganha fazendo *hedge*?

O valor de uma empresa segundo a teoria financeira é o valor presente líquido de todos os fluxos de caixa futuros esperados. O fato de que esses fluxos de caixa são *esperados* enfatiza que nada a respeito do futuro é certo. Se o valor divulgado da moeda de muitos desses fluxos de caixa for alterado por mudanças na taxa de câmbio, uma empresa que faz *hedge* de sua exposição cambial

---

FINANÇAS GLOBAIS NA PRÁTICA 11.1

Gestão de risco de moeda estrangeira (foreign exchange – FX) – Se a rosa tivesse outro nome...*

Há muitas diferentes opiniões tanto no mercado quanto na academia hoje quanto ao foco, aos objetivos e até mesmo a classificação da gestão de risco cambial.

Foco da gestão de risco cambial

As escolhas de foco são tipicamente resumidas ou como *fluxo de caixa* ou como *lucros*. A academia geralmente enfatiza o puro objetivo teórico financeiro de se focar em eventos baseados em fluxos de caixa, e não gastar "dinheiro de verdade" gerenciando resultados contábeis. Muitos no setor, no entanto, acreditam que se os mercados, particularmente os mercados de ações, fizerem muitas avaliações de valor a partir dos lucros divulgados, então será da responsabilidade da administração da empresa proteger os lucros divulgados do risco cambial.

Objetivo da gestão de risco cambial

O objetivo da gestão de risco de câmbio pode ser ainda mais controverso. Apesar de a maioria das empresas rapidamente reconhecer que eliminar o risco cambial é quase impossível, particularmente em horizontes de tempo além do curto prazo imediato (digamos, 90 dias), há óbvias diferenças de opinião. Muitas empresas observam especificamente que seu objetivo é maximizar o valor da moeda doméstica de todas as exposições, mas minimizar o desvio do valor da moeda doméstica realizada em relação ao orçamento é geralmente observado, assim como a minimização do custo de se fazer também *hedge*.

Classificação da exposição cambial

Este livro usa um método tradicional de classificação da exposição, separando a exposição em moeda estrangeira em três categorias: *exposição operacional, exposição de transação* e *exposição contábil*. Mas isso está longe de ser padronizado, e muitas empresas usam internamente sistemas de classificação e gestão muito diferentes. Uma metodologia comum é classificar exposições com base na *contabilidade* (balanço patrimonial, tradução dos ganhos, etc.) e *não contabilidade* (transações previstas e exposições contingentes). Mesmo ao usar essa simples distinção, muitas exposições que não se encontram no balanço patrimonial, como *exposições previstas* sobre compras intraempresariais, logo estarão. Algumas exposições, como o investimento que uma empresa matriz faz em uma subsidiária estrangeira, são particularmente complexas dependendo da política de dividendos intraempresarial e da moeda funcional da subsidiária estrangeira.

---

* N. de T.: Referência à famosa passagem da cena II de *Romeu e Julieta*, de William Shakespeare.

reduz parte da variância do valor de seus fluxos de caixa futuros esperados. Portanto, o *risco cambial* pode ser definido aproximadamente como a variância nos fluxos de caixa esperados decorrente de mudanças inesperadas da taxa de câmbio.

O Quadro 11.2 ilustra a distribuição de fluxos de caixa líquidos esperados da empresa individual. Fazer *hedge* desses fluxo de caixas estreita a dispersão dos fluxos de caixa em torno da média da distribuição. Fazer *hedge* de moeda reduz o risco. A redução do risco não é, entretanto, o mesmo que a adição de valor ou retorno. O valor da empresa apresentado no Quadro 11.2 aumentaria somente se o *hedge* realmente fizesse a média da distribuição se deslocar para a direita. Na verdade, se fazer *hedge* não for "de graça", o que significa que a empresa tem que desembolsar recursos para empreender a atividade, fazê-lo agregará valor somente se o deslocamento para a direita for suficientemente grande de modo a compensar o custo de tê-lo feito.

Motivos para não fazer *hedge*

Logo, a questão principal: uma redução na variabilidade dos fluxos de caixa é motivo suficiente para empreender a gestão de risco cambial? Essa pergunta é, na verdade, um debate permanente em administração financeira internacional. Os oponentes do *hedge* cambial geralmente defendem os seguintes pontos:

1. Os acionistas são muito mais capazes de diversificar o risco cambial do que a administração de uma empresa. Se os acionistas não desejam aceitar o risco cambial de uma empresa específica, eles podem diversificar suas carteiras para gerenciar o risco cambial de uma maneira que satisfaça suas preferências individuais e sua tolerância ao risco.
2. Como observado anteriormente, a gestão de risco cambial não aumenta os fluxos de caixa esperados da empresa. A gestão de risco cambial normalmente consome parte dos recursos de uma empresa e, dessa forma, reduz seus fluxos de caixa. O impacto sobre o valor é uma

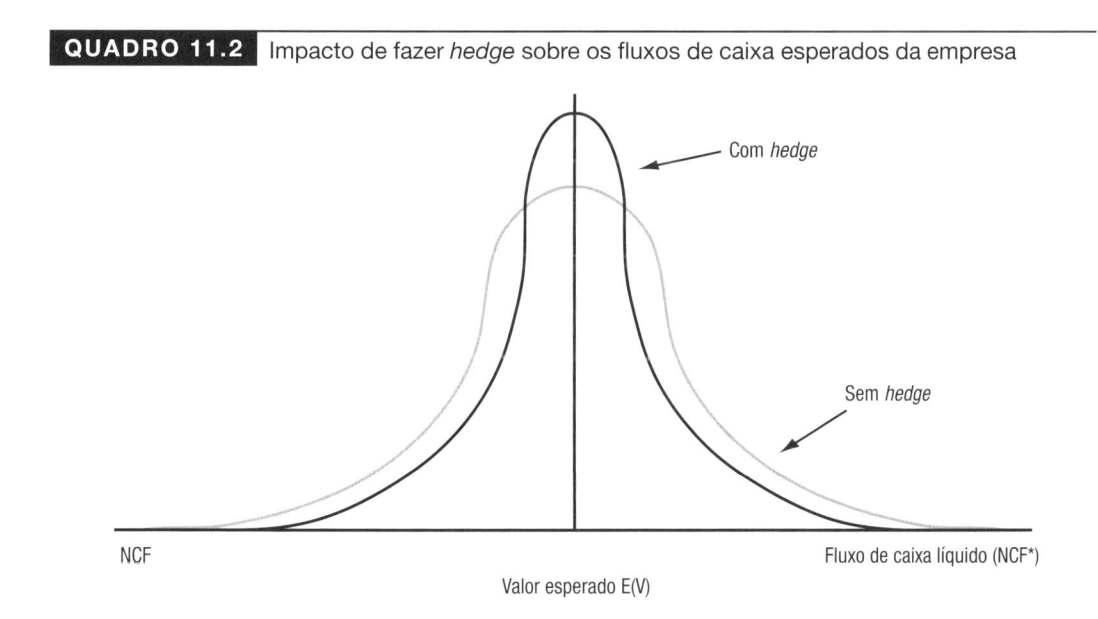

QUADRO 11.2 Impacto de fazer *hedge* sobre os fluxos de caixa esperados da empresa

Fazer *hedge* reduz a variabilidade dos fluxos de caixa esperados em torno da média da distribuição. Esta redução da variância da distribuição é uma redução de risco.

---

* N. de T.: NCF ou *Net Cash Flow*, no original em inglês.

combinação da redução do fluxo de caixa (o que, por si só, diminui o valor) e a redução na variância (o que, por si só, aumenta o valor).
3. A administração geralmente realiza atividades de *hedge* que beneficiam a si mesma à custa dos acionistas. A área de finanças chamada de *teoria da agência* muitas vezes argumenta que a administração geralmente é mais avessa a riscos do que os acionistas. Se a meta da empresa é maximizar a riqueza do acionista, fazer *hedge* provavelmente não é do interesse dos acionistas.
4. Os gestores não têm como prever melhor o mercado. Se e quando os mercados estão em equilíbrio no que diz respeito às condições de paridade, o valor presente líquido esperado do *hedge* é zero.
5. A motivação da administração para reduzir a variabilidade às vezes é impulsionada por motivos contábeis. A administração pode acreditar que será criticada mais severamente por perdas cambiais incorridas em suas demonstrações financeiras do que por incorrer em custos de caixa similares ou até mesmo mais altos ao evitar a perda cambial. As perdas cambiais aparecem na demonstração como um item em uma linha totalmente separada ou como nota de rodapé, mas os custos de proteção são enterrados em despesas operacionais ou com juros.
6. Teóricos de mercados eficientes acreditam que os investidores podem ver através do "véu da contabilidade" e, portanto, já levaram o efeito cambial em consideração na avaliação de mercado da empresa.

Motivos para fazer *hedge*

Os proponentes do *hedge* citam os seguintes motivos para apoiá-lo:

- A redução no risco de fluxos de caixa futuros melhora a capacidade de planejamento da empresa. Se a empresa consegue prever os fluxos de caixa futuros mais precisamente, ela pode ser capaz de empreender investimentos ou atividades específicas que talvez não fossem considerados caso contrário.
- A redução no risco de fluxos de caixa reduz a probabilidade de que os fluxos de caixa da empresa caiam a um nível abaixo de um mínimo necessário. Uma empresa tem que gerar fluxos de caixa suficientes para fazer pagamentos de serviço de dívida a fim de poder continuar em operação. Este ponto mínimo de fluxo de caixa, geralmente chamado de ponto de *dificuldades financeiras* ou *financial distress*, se encontra à esquerda do centro da distribuição dos fluxos de caixa esperados. Fazer *hedge* reduz a probabilidade de que os fluxos de caixa da empresa caiam até esse nível.
- A administração possui uma vantagem comparativa sobre o acionista individual no que diz respeito a conhecer o risco cambial real da empresa. Independentemente do nível de divulgação fornecido pela empresa ao público, a administração sempre possui uma vantagem na profundidade e amplitude do conhecimento relacionado aos riscos e retornos reais inerentes aos negócios de qualquer empresa.
- Os mercados normalmente estão em desequilíbrio devido a imperfeições estruturais e institucionais, além de a choques externos inesperados (como uma crise do petróleo ou um ataque terrorista). A administração se encontra em uma posição mais vantajosa do que a dos acionistas para reconhecer as condições de desequilíbrio e tirar proveito de oportunidades únicas para aumentar o valor da empresa através de *hedge seletivo*. Fazer "*hedge* seletivo" refere-se a fazer *hedge* de exposições grandes, singulares e excepcionais ou o ocasional uso de *hedge* quando a administração possui uma expectativa definida sobre a direção das taxas de câmbio.

MENSURAÇÃO DA EXPOSIÇÃO DE TRANSAÇÃO

A exposição de transação mede ganhos ou perdas decorrentes da liquidação de obrigações financeiras existentes cujos termos são definidos em uma moeda estrangeira. A exposição de transação decorre do seguinte:

- Compra ou venda de bens ou serviços a crédito quando os preços são determinados em moedas estrangeiras
- Contração ou concessão de empréstimos de fundos quando o pagamento tem que ser feito em uma moeda estrangeira

- Ser contraparte de um contrato a termo de taxa de câmbio em aberto
- Adquirir de outra maneira ativos ou incorrer em passivos denominados em moeda estrangeira

O exemplo mais comum de exposição de transação surge quando uma empresa possui uma conta a receber ou a pagar denominada em uma moeda estrangeira. Como ilustrado no Quadro 11.3, a exposição de transação total consiste nas exposições de *cotação*, *pedidos pendentes* (*backlog*) e *faturamento* (*billing*). A exposição de transação, na verdade, é criada no primeiro momento que o vendedor cota um preço em termos de uma moeda estrangeira para um comprador potencial (t_1). A cotação pode ser verbal, como em uma cotação por telefone, ou por escrito, como em uma licitação ou lista de preços impressa. Fazer um pedido (t_2) converte a exposição potencial criada no momento da cotação (t_1) em uma exposição real, chamada de exposição de pedidos pendentes porque o produto ainda não foi expedido ou faturado. A exposição de pedidos pendentes dura até o momento em que os bens forem expedidos e faturados (t_3), momento este em que ela passa a ser exposição de faturamento. A exposição de faturamento continua até o momento em que o vendedor receber o pagamento (t_4).

Compra ou venda através de uma conta corrente

Suponha que a Trident Corporation venda mercadorias através de uma conta corrente a um comprador belga no valor de €1.800.000, com pagamento a ser feito em 60 dias. A taxa de câmbio corrente é US$1,2000/€, e a Trident espera trocar os euros recebidos por €1.800.000 × US$1,2000/€ = US$2.160.000 quando o pagamento for recebido.

A exposição de transação surge devido ao risco de que a Trident vá receber algo diferente dos US$2.160.000 esperados. Por exemplo, se o euro enfraquecer para US$1,1000/€ quando o pagamento for recebido, a Trident receberá apenas €1.800.000 × US$1,1000/€ = US$1.980.000, ou em torno de US$180.000 a menos do que o esperado. Se o euro se fortalecesse para US$1,3000/€, no entanto, a Trident receberia €1.800.000 × US$1,3000/€ = US$2.340.000, um aumento de US$180.000 além do valor esperado. Assim, a exposição é a chance de uma perda ou de um ganho.

A Trident talvez tivesse evitado a exposição de transação enviando a fatura em dólares ao comprador belga. Obviamente, se a Trident tentasse vender somente em dólares, talvez ela não tivesse obtido a venda em primeiro lugar. Evitar a exposição de transação não fazendo uma venda é contraproducente para o bem-estar da empresa! Mesmo se o comprador belga concordasse em pagar em dólares, a exposição de transação não seria eliminada. Em vez disso, ela seria transferida ao comprador belga, cujas contas a pagar em dólares teriam um custo desconhecido em euros 60 dias depois.

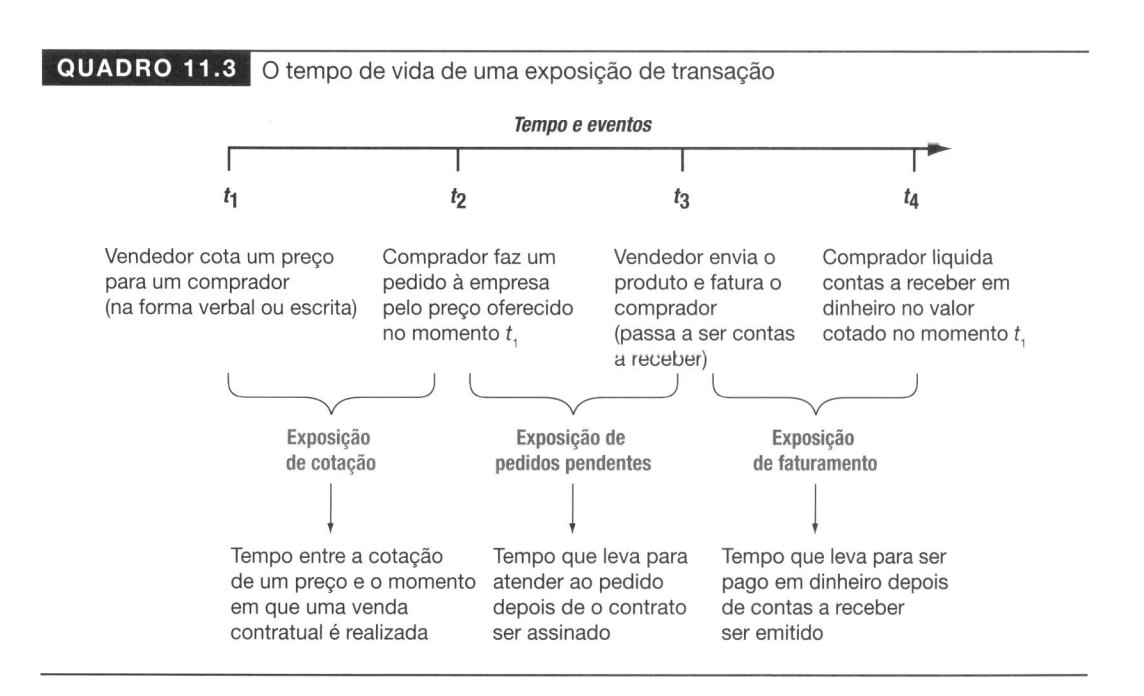

QUADRO 11.3 O tempo de vida de uma exposição de transação

Tempo e eventos

t_1 — Vendedor cota um preço para um comprador (na forma verbal ou escrita)

t_2 — Comprador faz um pedido à empresa pelo preço oferecido no momento t_1

t_3 — Vendedor envia o produto e fatura o comprador (passa a ser contas a receber)

t_4 — Comprador liquida contas a receber em dinheiro no valor cotado no momento t_1

Exposição de cotação: Tempo entre a cotação de um preço e o momento em que uma venda contratual é realizada

Exposição de pedidos pendentes: Tempo que leva para atender ao pedido depois de o contrato ser assinado

Exposição de faturamento: Tempo que leva para ser pago em dinheiro depois de contas a receber ser emitido

Contração e concessão de empréstimos

Um segundo exemplo da exposição de transação surge quando fundos de empréstimo são contraídos ou concedidos e a quantia envolvida é denominada em moeda estrangeira. Por exemplo, a maior engarrafadora da PepsiCo fora dos Estados Unidos em 1994 era o Grupo Embotellador de Mexico (Gemex). Em meados de dezembro de 1994, o Gemex tinha uma dívida em dólares de US$264 milhões. Naquela época, o novo peso do México (Ps) estava sendo negociado a Ps3,45/US$, uma taxa fixa que tinha sido mantida com pequenas variações desde 1º de janeiro de 1993, quando a nova unidade monetária foi criada. No dia 22 de dezembro de 1994, o novo peso passou a ter permissão para flutuar devido a eventos econômicos e políticos no México, e em apenas um dia caiu para Ps4,65/US$. Em quase todo o resto de janeiro, ele foi negociado em uma faixa próxima a Ps5,50/US$.

Para o Gemex, o aumento na quantia em pesos de sua dívida em dólares foi o seguinte:

Dívida em dólares em meados de dezembro de 1994: US$264.000.000 × Ps3,45/US$ =	Ps910.800.000
Dívida em dólares em meados de janeiro de 1995: US$264.000.000 × Ps5,50/US$ =	Ps1.452.000.000
Aumento da dívida em dólares medido em novos pesos mexicanos	Ps541.200.000

O número de pessos necessários para pagar a dívida em dólares aumentou em 59%! Em termos de dólares americanos, a queda no valor dos pesos fez com que o Gemex precisasse o equivalente em pesos de US$98.400.000 extras para pagar a dívida. Este aumento na dívida foi decorrente da exposição de transação.

Outras causas da exposição de transação

Quando uma empresa compra um contrato a termo, ela deliberadamente cria uma exposição de transação. Esse risco normalmente é incorrido para fazer *hedge* de uma exposição de transação existente. Por exemplo, uma empresa norte-americana pode querer contrabalançar uma obrigação existente para comprar ¥100 milhões para pagar por uma importação do Japão daqui a 90 dias. Uma maneira de contrabalançar esse pagamento é comprar ¥100 milhões no mercado a termo hoje para entrega em 90 dias. Dessa maneira, a empresa neutraliza qualquer mudança no valor do iene japonês em relação ao dólar. Se o iene aumentar de valor, uma conta a pagar sem *hedge* custaria mais dólares, uma perda de transação. O contrato a termo, no entanto, já fixou o valor em dólares necessário para comprar os ¥100 milhões. Assim, a perda (ou ganho) potencial de transação sobre a conta a pagar será compensada pelo ganho (ou perda) de transação sobre o contrato a termo.

Observe que saldos de caixa em moeda estrangeira não criam exposição de transação, apesar de o valor de sua moeda doméstica mudar imediatamente com uma mudança nas taxas de câmbio. Não existe nenhuma obrigação legal de se movimentar o dinheiro de um país e moeda para outro. Se tal obrigação existisse, ela apareceria nos livros contábeis como uma conta a pagar (por exemplo, dividendos declarados e a pagar) ou contas a receber e então seria contada como parte da exposição de transação. No entanto, o valor em moeda estrangeira de saldos de caixa muda quando as taxas de câmbio mudam. Tal mudança se reflete na demonstração consolidada dos fluxos de caixa e no balanço patrimonial consolidado, como discutiremos no Capítulo 12.

Hedges contratuais

A exposição de transação cambial pode ser gerenciada por *hedges contratuais, operacionais* e *financeiros*. Os principais *hedges* contratuais empregam os mercados a termo, monetário, de futuros e de opções. Os *hedges* operacionais e financeiros usam acordos de compartilhamento de riscos, adiantamentos (*leads*) e atrasos (*lags*) nos prazos de pagamento, *swaps* e outras estratégias a serem discutidas em capítulos posteriores.

O termo *hedge natural* refere-se a um fluxo de caixa operacional compensável, decorrente da condução de negócios. Um *hedge financeiro* refere-se ou a uma obrigação de dívida (como um empréstimo) ou algum tipo de derivativo financeiro como um *swap* da taxa de juros. É importante distinguir *hedges* da mesma maneira que as finanças distinguem os fluxos de caixas – *operacionais* de *financeiros*.

O caso a seguir ilustra como técnicas de *hedge* contratual podem oferecer proteção contra a exposição de transação.

EXPOSIÇÃO DE TRANSAÇÃO DA TRIDENT CORPORATION

Maria Gonzalez é a principal executiva financeira da Trident. Ela acaba de concluir as negociações para a venda de equipamentos de telecomunicações para a Regency, um empresa britânica, por £1.000.000. Esta venda individual é bastante grande em relação aos negócios atuais da Trident. A venda é realizada em março com pagamento a ser feito três meses depois, em junho. Maria levantou as seguintes informações financeiras e de mercado para a análise de seu problema de exposição de moeda:

- Taxa de câmbio à vista: US$1,7640/£
- Taxa a termo de três meses: US$1,7540/£ (um desconto de 2,2676% ao ano sobre a libra esterlina)
- Custo de capital da Trident: 12,0%
- Taxa de juros de contração de empréstimos de três meses no Reino Unido: 10,0% (ou 2,5%/trimestre)
- Taxa de juros de investimentos de três meses no Reino Unido: 8,0% (ou 2,0%/trimestre)
- Taxa de juros de contração de empréstimos de três meses nos EUA: 8,0% (ou 2,0%/trimestre)
- Taxa de juros de investimentos de três meses nos EUA: 6,0% (ou 1,5%/trimestre)
- Opção de venda de junho no mercado de balcão (bancos) de £1.000.000; preço de realização US$1,75 (quase *at-the-money*); prêmio de 1,5%
- Previsões do serviço de consultoria cambial da Trident de que a taxa à vista em três meses será de US$1,76/£.

Assim como muitas empresas manufatureiras, a Trident opera com margens relativamente estreitas. Maria e a Trident ficariam muito felizes se a libra apreciasse em relação ao dólar, mas as preocupações estão centradas na possibilidade de que a libra venha a cair. Quando Maria orçou este contrato específico, ela determinou que sua margem mínima aceitável seria um preço de venda de US$1.700.000. A *taxa orçada*, a taxa de câmbio mais baixa aceitável de dólares por libra, foi, portanto, estabelecida a US$1,70/£. Qualquer taxa de câmbio abaixo desta taxa orçada faria a Trident realmente perder dinheiro na transação.

As quatro opções a seguir estão disponíveis para a Trident gerenciar a exposição:

1. Permanecer sem *hedge*
2. Fazer *hedge* no mercado a termo
3. Fazer *hedge* no mercado monetário
4. Fazer *hedge* no mercado de opções

Posição sem *hedge*

Maria pode decidir aceitar o risco de transação. Se ela acreditar no consultor cambial, ela esperará receber £1.000.000 × US$1,76 = US$1.760.000 em três meses. Entretanto, esse valor está em risco. Se a libra cair para, digamos, US$1,65/£, ela receberá apenas US$1.650.000. O risco cambial não é unilateral, no entanto; se a transação foi deixada descoberta e a libra se fortalecer ainda mais do que a previsão feita pelo consultor, a Trident receberá consideravelmente mais do que US$1.760.000.

A essência de uma abordagem sem *hedge* é a seguinte:

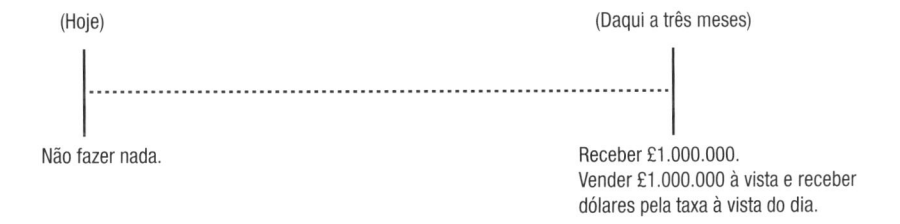

(Hoje)	(Daqui a três meses)
Não fazer nada.	Receber £1.000.000. Vender £1.000.000 à vista e receber dólares pela taxa à vista do dia.

Hedge no mercado a termo

Um "*hedge* a termo" envolve um contrato a termo (ou de futuros) e uma fonte de fundos para cumprir esse contrato. Entra-se no contrato a termo no momento em que a exposição de transação é criada. No caso da Trident, isso seria em março, quando a venda para o Regency foi registrada nos livros contábeis como uma conta a receber.

Quando uma venda denominada em moeda estrangeira como essa é realizada, ela é registrada nos livros contábeis pela taxa de câmbio à vista existente na data de registro. No caso da Trident, a taxa à vista do dia em que é registrada como uma conta a receber é US$1,7640/£, então a venda é registrada nos livros contábeis da Trident como uma venda de US$1.764.000. Os fundos para cumprir o contrato estarão disponíveis em junho, quando a Regency pagar £1.000.000 à Trident. Se os fundos para cumprir o contrato a termo estão à mão ou vencidos devido a uma operação de negócios, o *hedge* é considerado *coberto*, *perfeito* ou *honrado* pois não existe nenhum risco cambial residual. Fundos disponíveis ou a serem recebidos são "casados" a fundos a serem pagos.

Em algumas situações, os fundos para cumprir o contrato de câmbio a termo não se encontram já disponíveis ou vencidos para serem recebidos posteriormente, mas têm que ser comprados no mercado à vista em alguma data futura. Tal tipo de *hedge* é "aberto" ou "descoberto". Envolve riscos consideráveis porque quem o faz tem que arriscar comprar câmbio a determinada taxa à vista futura incerta a fim de cumprir o contrato a termo. A compra de tais fundos em uma data posterior é chamada de "cobertura".

Se Trident desejar fazer *hedge* de sua exposição de transação no mercado a termo, ela venderá £1.000.000 a termo hoje pela mesma cotação de três meses a termo de US$1,7540 por libra. Esta é uma transação coberta em que a empresa não mais possui risco cambial. Dentro de três meses, a empresa receberá £1.000.000 do comprador britânico, entregará esta soma ao banco para cobrir sua venda a termo e receberá US$1.754.000. Esta soma certa é US$6.000 a menos do que os US$1.760.000 incertos esperados da posição sem *hedge* devido à cotação no mercado a termo diferir da previsão de três meses da empresa. Isso então seria registrado nos livros contábeis da Trident como uma perda cambial de US$10.000 (US$1.764.000 como foi registrado e US$1.754.000 como foi compensado).

A essência de um *hedge* a termo é a seguinte:

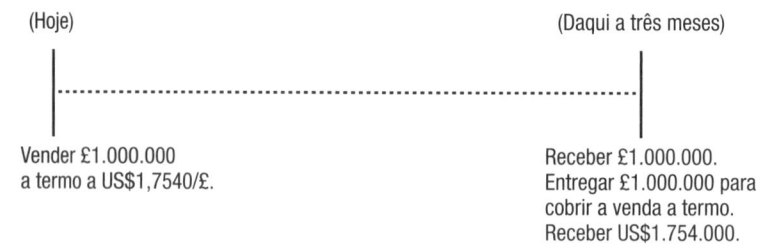

```
(Hoje)                              (Daqui a três meses)
  |---------------------------------------|
  |                                       |
Vender £1.000.000                   Receber £1.000.000.
a termo a US$1,7540/£.              Entregar £1.000.000 para
                                    cobrir a venda a termo.
                                    Receber US$1.754.000.
```

Se a previsão de Maria das taxas futuras fosse idêntica à que está implícita na cotação a termo, isto é, US$1,7540, os recebimentos esperados seriam os mesmos tivesse a feito *hedge* ou não. Entretanto, os recebimentos realizados na alternativa sem *hedge* poderiam variar consideravelmente dos recebimentos certos quando a transação tem *hedge*. Acreditar que a taxa a termo é uma estimativa não viesada da taxa à vista futura não evita que usemos o *hedge* a termo para eliminar o risco de uma mudança inesperada na taxa à vista futura.

Hedge no mercado monetário

Assim como um *hedge* no mercado a termo, um *hedge* no mercado monetário também inclui um contrato e uma fonte de fundos para cumprir esse contrato. Neste caso, o contrato é um acordo de empréstimo. A empresa que está buscando o *hedge* no mercado monetário contrai um empréstimo em uma moeda e troca o resultado por outra moeda. Os fundos para cumprir o contrato – isto é, para pagar o empréstimo – podem ser gerados a partir de operações de negócios, caso em que o *hedge* no mercado monetário é coberto. Alternativamente, os fundos para pagar o empréstimo podem ser comprados no mercado de câmbio à vista quando o empréstimo vencer. Neste caso, o *hedge* no mercado monetário é descoberto ou aberto.

Um *hedge* no mercado monetário pode cobrir uma única transação, como na conta a receber da Trident de £1.000.000, ou transações repetidas. O *hedge* de transações repetidas chama-se *matching*. Ele exige que a empresa "case", isto é, faça o casamento entre entradas e saídas esperadas de fluxos de caixa em moeda estrangeira por moeda e por vencimento. Por exemplo, se a Trident tivesse inúmeras vendas denominadas em libras esterlinas para clientes britânicos no decorrer de um longo período de tempo, ela teria entradas de caixa em libras esterlinas um tanto previsíveis. A técnica apropriada de *hedge* no mercado monetário seria contrair um empréstimo em libras esterlinas em um valor que correspondesse ao tamanho e vencimento típicos das entradas esperadas de libras esterlinas. Então, se a libra fosse depreciada ou apreciada, o efeito cambial sobre as entradas de caixa em libras seria aproximadamente neutralizada pelo efeito sobre as saídas de caixa em libras para pagar o empréstimo em libras mais juros.

A estrutura de um *hedge* no mercado monetário lembra a de um *hedge* a termo. A diferença é que o custo do *hedge* no mercado monetário é determinado pelas diferenciais taxas de juros, enquanto que o custo do *hedge* a termo é uma função da cotação da taxa a termo. Em mercados eficientes, a paridade da taxa de juros deve assegurar que esses custos sejam aproximadamente iguais, mas nem todos os mercados são eficientes o tempo todo. Além disso, uma diferença nas taxas de juros que uma empresa de capital fechado enfrenta ao contrair empréstimos em dois mercados nacionais separados pode não ser a mesma que a diferença nas taxas de títulos livres de risco do governo ou taxas de juros de euromoedas nesses mesmos mercados. É este último diferencial que é relevante para a paridade da taxa de juros.

Para fazer *hedge* no mercado monetário, Maria tomará libras esterlinas emprestadas em Londres agora, imediatamente convertendo as libras esterlinas emprestadas em dólares, e pagando o empréstimo em libras esterlina daqui a três meses com o resultado da venda. Quanto ela deve tomar emprestado? Ela precisará tomar emprestado apenas o suficiente para pagar o principal e os juros com o resultado da venda. A taxa de juros do empréstimo será de 10% ao ano, ou 2,5% por três meses. Portanto, a quantia a ser tomada emprestada agora para pagamento daqui a três meses é

$$\frac{£1.000.000}{1 + 0,025} = £975.610$$

Maria deve tomar £975.610 emprestadas agora e daqui a três meses pagar este valor mais £24.390 de juros usando os valores da venda da conta a receber. A Trident trocaria o resultado de £975.610 do empréstimo por dólares pela taxa de câmbio à vista corrente de US$1,7640/£, recebendo US$1.720.976 imediatamente.

O *hedge* no mercado monetário, se selecionado pela Trident, na verdade cria um passivo denominado em libras esterlinas, isto é, um empréstimo bancário em libras esterlinas, para neutralizar o ativo denominado em libras esterlinas, a conta a receber. O *hedge* no mercado monetário funciona como uma cobertura que "casa" ativos e passivos de acordo com sua moeda de referência. Usando uma simples conta T ou razonete para ilustrar o balanço patrimonial da Trident, vemos que o empréstimo (principal e juros a pagar) em libras esterlinas britânicas neutraliza a conta a receber denominada em libras esterlinas:

Ativos		Passivos e valor líquido	
Conta a receber	£1.000.000	Empréstimo bancário (principal)	£975.610
		Juros a pagar	24.390
	£1.000.000		£1.000.000

O empréstimo age como um *hedge do balanço patrimonial* – um *hedge* no mercado monetário neste caso – para cobrir a conta a receber denominada em libras esterlinas.

Para compararmos o *hedge* a termo ao *hedge* no mercado monetário, temos que analisar como o resultado do empréstimo da Trident será utilizado pelos próximos três meses. Lembre-se de que o resultado do empréstimo é recebido hoje, mas o resultado do contrato a termo é recebido daqui a três meses. Para fins comparativos, temos que calcular ou o valor futuro do resultado do empréstimo daqui a três meses ou o valor presente do resultado do contrato a termo. (Usaremos o valor futuro por motivos pedagógicos, mas o uso correto do valor presente forneceria os mesmos resultados comparativos).

Como tanto o resultado do contrato a termo quanto o resultado do empréstimo são relativamente certos, é possível escolher, dentre as duas alternativas, aquela que render o maior valor a receber em dólar. Este resultado, por sua vez, depende da taxa de investimento suposta dos recursos do empréstimo.

Existem pelo menos três escolhas lógicas para uma taxa de investimento suposta para o resultado do empréstimo pelos próximos três meses. Em primeiro lugar, se a Trident tiver muito dinheiro em caixa, o resultado do empréstimo pode ser investido em instrumentos do mercado monetário em dólar que supusemos render 6% ao ano. Em segundo lugar, Maria poderia simplesmente usar o resultado do empréstimo em libras esterlinas para substituir por um empréstimo igual em dólares que a Trident teria contraído a uma taxa suposta de 8% ao ano. Em terceiro lugar, Maria poderia investir o resultado do empréstimo nas operações gerais da empresa, caso este em que o custo de capital de 12% ao ano seria a taxa apropriada. O valor futuro do resultado do empréstimo no final de três meses sob cada uma dessas três suposições de investimento seria o seguinte:

Recebido hoje	Investido em	Taxa	Valor futuro daqui a três meses
US$1.720.976	Bilhetes do tesouro	6%/ano ou 1,5%/trimestre	US$1.746.791
US$1.720.976	Custo da dívida	8%/ano ou 2,0%/trimestre	US$1.755.396
US$1.720.976	Custo de capital	12%/ano ou 3,0%/trimestre	US$1.772.605

Como o resultado daqui a três meses do *hedge* a termo seria de US$1.754.000, o *hedge* no mercado monetário seria superior ao *hedge* a termo se Maria utilizasse o resultado do empréstimo para substituir um empréstimo em dólares (8%) ou para conduzir operações gerais de negócios (12%). O *hedge* a termo seria preferível se a Trident meramente investisse o resultado do empréstimo em libras esterlinas em instrumentos denominados em dólar no mercado monetário a juros anuais de 6%.

Pode-se calcular o ponto de equilíbrio da taxa de investimento que tornaria a Trident indiferente entre o *hedge* a termo e o *hedge* no mercado monetário. Suponha que r seja a taxa de investimento de três meses desconhecida – expressa como um decimal – que igualaria o resultado do *hedge* a termo ao do *hedge* no mercado monetários. Temos

$$(\text{recursos do empréstimo})(1 + \text{taxa}) = (\text{resultado do contrato a termo})$$
$$\text{US\$1.720.976}(1 + r) = \text{US\$1.754.000}$$
$$r = 0{,}0192$$

Podemos converter essa taxa de investimento de três meses (90 dias) em um equivalente percentual anual, supondo um ano financeiro de 360 dias, como a seguir:

$$0{,}0192 \times \frac{360}{90} \times 100 = 7{,}68\%$$

Em outras palavras, se Maria puder investir o resultado do empréstimo a uma taxa maior do que 7,68% ao ano, ela preferirá o *hedge* no mercado monetário. Se ela puder investir apenas a uma taxa menor do que 7,68%, ela preferirá o *hedge* com contratos a termo.

A essência do *hedge* no mercado monetário é a seguinte:

(Hoje)   (Daqui a três meses)

Tomar £975.610 emprestados.
Trocar £975.610 por dólares a US$1,7640/£.
Receber US$1.720.976 em dinheiro.

Receber £1.000.000.
Pagar o empréstimo de £975.610 mais £24.390 de juros, somando um total de £1.000.000

O *hedge* no mercado monetário resulta em dinheiro recebido à vista (no início do período), que pode, então, ser corrigido (*carried forward*) no tempo para comparação com as outras alternativas de *hedge*. O Quadro 11.4 mostra o valor da conta a receber de £1.000.000 da Trident com uma variedade de possíveis taxas de câmbio à vista finais. O valor da conta a receber é mostrado sem *hedge*, coberto por um *hedge* com contrato a termo e coberto por um *hedge* no mercado monetário. O Quadro 11.4 deixa claro que a visão da empresa sobre as prováveis mudanças na taxa de câmbio auxilia na escolha do tipo de *hedge*. Se a empresa espera que a taxa de câmbio se movimente contra a Trident – para a esquerda de US$1,76/£ – o *hedge* no mercado monetário será claramente a alternativa preferida. Para um valor garantido de US$1.772.605, o *hedge* no mercado monetário é sem dúvida a escolha mais

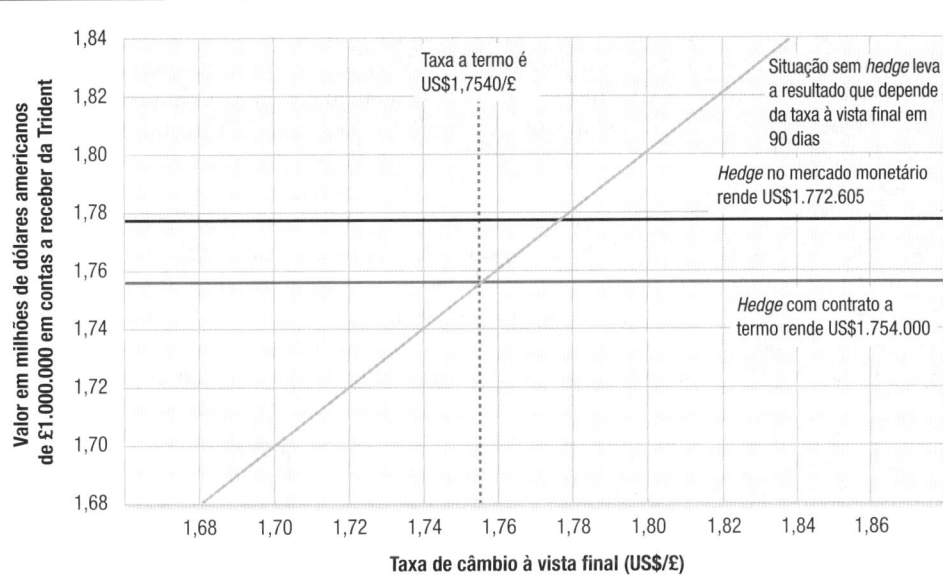

QUADRO 11.4 Avaliação de fluxos de caixa por alternativa de *hedge* para a Trident

Gráfico: Valor em milhões de dólares americanos de £1.000.000 em contas a receber da Trident (eixo y, 1,68 a 1,84) versus Taxa de câmbio à vista final (US$/£) (eixo x, 1,68 a 1,86).

- Taxa a termo é US$1,7540/£
- Situação sem *hedge* leva a resultado que depende da taxa à vista final em 90 dias
- *Hedge* no mercado monetário rende US$1.772.605
- *Hedge* com contrato a termo rende US$1.754.000

lucrativa. Se a Trident espera que a taxa de câmbio se movimente a favor da Trident, para a direita de US$1,76/£, a escolha do *hedge* é mais complexa. Considere os pontos a seguir:

- Se espera-se que a taxa à vista se movimente para a direita de US$1,77/£, a alternativa sem *hedge* sempre fornecerá o maior valor em dólar para a conta a receber.
- Se Maria está preocupada que suas expectativas acabem estando incorretas, a decisão de permanecer sem *hedge* não garante à Trident alcançar sua taxa de câmbio orçada de US$1,70/£. Este é um resultado com que a empresa não pode arcar. Sempre existe a possibilidade de que um importante evento político ou econômico afete os mercados monetários internacionais inesperadamente.
- Se espera-se que a taxa à vista se movimente para a direita de US$1,77/£, mas não muito para a direita, por exemplo, para US$1,78/£, os benefícios esperados de permanecer sem *hedge* provavelmente são menores do que os riscos. O *hedge* no mercado monetário ainda é a escolha preferida.

O Quadro 11.4 também ajuda Maria a se focar exatamente no que ela deseja poder alcançar: uma posição que lhe forneça proteção no *downside* (à esquerda de US$1,76/£), mas que ainda permita que ela se beneficie do *upside* (à direita de US$1,76/£). Esta é a vantagem básica de um *hedge* com contratos de opções.

Hedge no mercado de opções

Maria também poderia cobrir sua exposição dos £1.000.000 comprando uma opção de venda. Esta técnica permite que ela especule sobre o potencial de apreciação da libra esterlina do *upside*, limitando o risco do *downside* a uma quantia conhecida.

Dada a cotação anterior, Maria poderia comprar de seu banco uma opção de venda de £1.000.000 de três meses a um preço de exercício *at-the-money* (ATM) de US$1,75/£ e um custo de prêmio de 1,50%. O custo desta opção com um preço de exercício de US$1,75, um preço de exercício que seria considerado próximo ao *at-the-money* a termo, é

$$(\text{Tamanho da opção}) \times (\text{prêmio}) \times (\text{taxa à vista}) = \text{custo da opção}$$

$$£1.000.000 \times 0,015 \times US\$1,7640 = US\$26.460$$

Como estamos usando o valor futuro para comparar as várias alternativas de *hedge*, é necessário projetar o custo do prêmio da opção a termo de três meses. Mais uma vez, poderíamos justificar várias taxas de investimento. Utilizaremos um custo de capital de 12% ao ano ou 3% por trimestre. Portanto, o custo do prêmio da opção de venda a partir de junho seria de US$26.460(1,03) = US$27.254.

Quando os £1.000.000 forem recebidos em junho, o valor em dólares dependerá da taxa de câmbio à vista nesse momento. O potencial do *upside* é ilimitado, o mesmo que na alternativa sem *hedge*. A qualquer taxa de câmbio acima de US$1,75/£, a Trident permitiria que sua opção expirasse sem ser exercida e trocaria as libras esterlinas por dólares pelas taxa à vista. Se a taxa esperada de US$1,76/£ se materializasse, por exemplo, a Trident trocaria o £1.000.000 no mercado à vista por US$1.760.000. O resultado líquido seria US$1.760.000 menos o custo da opção de US$27.254, ou US$1.732.746.

Ao contrário da alternativa sem *hedge*, o risco do *downside* é limitado com uma opção. Se a libra esterlina fosse depreciada para menos de US$1,75/£, Maria exerceria sua opção de vender (opção de venda) £1.000.000 a US$1,75/£, recebendo US$1.750.000 brutos, e US$1.722.746 líquidos, considerando o custo da opção de US$27.254. Apesar desse resultado do *downside* ser menor do que o *downside* do *hedge* a termo ou do *hedge* no mercado monetário, o potencial do *upside* não é limitado da maneira que é com esses *hedges*. Assim, se a estratégia da opção será ou não superior a um *hedge* a termo ou a um *hedge* no mercado monetário dependerá do grau de aversão a risco da administração.

A essência do *hedge* no mercado de opção *at-the-money* (ATM) é a seguinte:

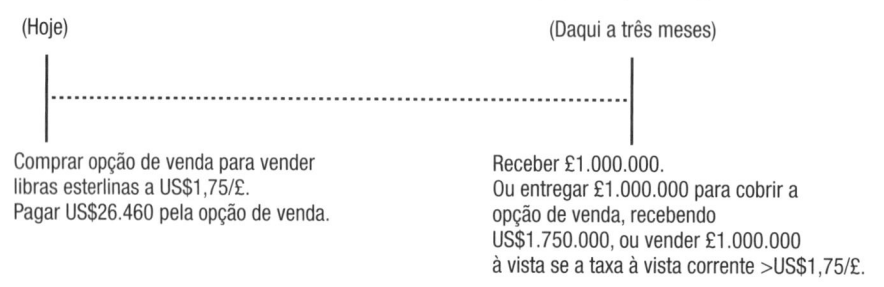

(Hoje)	(Daqui a três meses)
Comprar opção de venda para vender libras esterlinas a US$1,75/£. Pagar US$26.460 pela opção de venda.	Receber £1.000.000. Ou entregar £1.000.000 para cobrir a opção de venda, recebendo US$1.750.000, ou vender £1.000.000 à vista se a taxa à vista corrente >US$1,75/£.

Podemos calcular uma faixa de negociação para a libra esterlina que defina os pontos de equilíbrio para a opção em comparação às outras estratégias. O limite superior da faixa é determinado em comparação à taxa a termo. A libra esterlina tem que ser apreciada para um valor suficientemente acima da taxa a termo de US$1,7540/£ para cobrir os custo da opção de US$0,0273/£. Portanto, o preço à vista do ponto de equilíbrio do *upside* da libra esterlina tem que ser US$1,7540 + US$0,0273 = US$1,7813. Se a libra esterlina à vista for apreciada para mais de US$1,7813/£, o resultado da estratégia da opção será maior do que o do *hedge* a termo. Se a libra esterlina à vista acabar abaixo de US$1,7813/£, o *hedge* a termo seria superior em retrospecto.

O limite inferior da faixa é determinado através de uma comparação com a estratégia sem *hedge*. Se o preço à vista cair para menos de US$1,75/£, Maria exercerá sua opção de venda e venderá a moeda obtendo um resultado a US$1,75/£. O resultado líquido por libra esterlina será de US$1,75/£ menos o custo da opção de US$0,0273, ou US$1,7227/£. Se a taxa à vista cair para menos de US$1,7227/£, o resultado líquido de exercer a opção será maior do que o resultado líquido de vender as libras esterlinas sem *hedge* no mercado à vista. A qualquer taxa à vista acima de US$1,7227/£, o resultado à vista da alternativa sem *hedge* será maior. Essas taxas e valores são resumidos como a seguir:

Preço de exercício da opção de venda	Opção ATM US$1,75/£
Custo da opção (valor futuro)	US$27.254
Resultado se exercida	US$1.750.000
Resultado líquido mínimo	US$1.722.746
Resultado líquido máximo	Ilimitado
Taxa à vista no ponto de equilíbrio (*upside*)	US$1,7813/£
Taxa à vista no ponto de equilíbrio (*downside*)	US$1,7227/£

Comparação de alternativas

As quatro alternativas disponíveis a Maria Gonzalez e à Trident são exibidas no Quadro 11.5. O *hedge* a termo rende um valor certo de US$1.754.000 daqui a três meses. O *hedge* no mercado monetário, se o resultado do empréstimo for investido pelo custo de capital de 12%, rende US$1.772.605, sendo preferível ao *hedge* no mercado a termo.

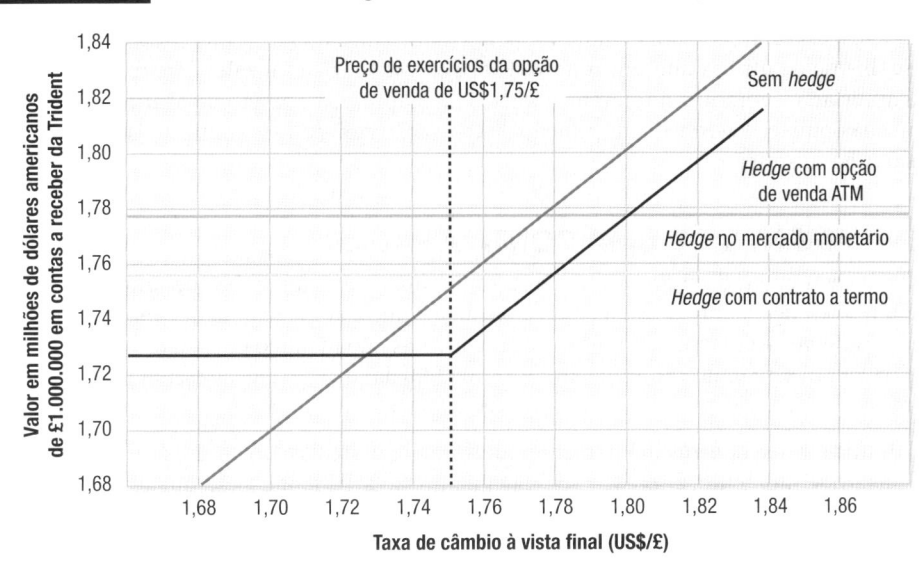

QUADRO 11.5 Alternativas de hedge da Trident, incluindo uma opção de venda ATM

[Gráfico: Valor em milhões de dólares americanos de £1.000.000 em contas a receber da Trident versus Taxa de câmbio à vista final (US$/£). Linhas mostradas: Sem hedge, Hedge com opção de venda ATM, Hedge no mercado monetário, Hedge com contrato a termo. Preço de exercícios da opção de venda de US$1,75/£.]

Se Maria não fizer *hedge*, ela pode esperar obter US$1.760.000 daqui a três meses (calculados pela taxa à vista esperada de US$1,76/£). Entretanto, esta soma está sujeita a risco e pode ser maior ou menor. Sob condições em que a taxa a termo é aceita como a taxa à vista futura mais provável, os resultados esperados de uma posição sem *hedge* são idênticos aos resultados certos do *hedge* a termo. Sob tais circunstâncias, a vantagem de fazer *hedge* a permanecer sem ele é a redução da incerteza.

A opção de venda oferece uma alternativa única. Se a taxa de câmbio se movimentar a favor da Trident, a opção oferecerá quase o mesmo potencial no *upside* que a alternativa sem *hedge*, exceto pelos custos à vista. Se, no entanto, a taxa de câmbio se movimentar contra a Trident, a opção de venda limitará o risco no *downside* ao valor líquido a ser recebido de US$1.722.746.

As opções em moeda estrangeira têm uma variedade de usos para *hedge* além daquele ilustrado aqui. Uma opção de venda é útil para empresas de construção ou outras exportadoras quando precisam fazer uma licitação com preço fixo em uma moeda estrangeira sem saber até alguma data posterior se sua oferta teve êxito ou não. Uma opção de venda pode ser usada para fazer *hedge* do risco cambial ou apenas para o período da licitação ou por todo o período de exposição potencial se a oferta sair vencedora. Se a oferta for rejeitada, a perda é limitada ao custo da opção. Ao contrário, se fizermos *hedge* do risco por meio de um contrato a termo e a oferta for rejeitada, o contrato a termo terá que ser revertido ou eventualmente cumprido a um ganho ou perda potencial desconhecido. O licitante teria em mãos algo que acabaria sendo um contrato a termo descoberto.

Escolha de estratégia e resultados

A seção anterior comparou alternativas de *hedge* disponíveis para a Trident. A Trident, como todas as empresas que estão tentando fazer *hedge* da exposição de transação, tem que decidir por uma estratégia antes que ocorram mudanças na taxa de câmbio. Como Maria Gonzalez da Trident escolherá dentre as estratégias alternativas de *hedge*? Ela tem que selecionar com base em dois critérios de decisão: 1) a *tolerância a risco* da Trident, segundo expressa em suas políticas declaradas e 2) sua própria *visão* ou expectativa da direção (e distância) em que a taxa de câmbio se movimentará ao longo do período de 90 dias que está por vir.

A tolerância a risco da Trident é uma combinação da filosofia da administração em relação à exposição de transação e as metas específicas das atividades da tesouraria. Muitas empresas acreditam que o risco de moeda é simplesmente parte de fazer negócios internacionalmente, e, portanto, iniciam sua análise a partir de uma linha de base sem *hedge*. Outras empresas, no entanto, vêem o risco de moeda como inaceitável. Elas ou iniciam sua análise a partir de uma proteção integral com um contrato ou simplesmente determinam que todas as exposições de transação serão integralmente hedgeadas por contratos a termo independentemente do valor de outras alternativas de *hedge*. A tesouraria de tais empresas opera como um centro de custo ou centro de serviço da empresa. Por outro lado, se a tesouraria de uma empresa opera como centro de lucro, talvez ela tolere mais risco.

A escolha final entre os diferentes tipos de *hedge* – se Maria Gonzalez espera que a libra esterlina será apreciada – combina a tolerância a risco da empresa, a opinião de Maria e a confiança de Maria em sua opinião. A gestão da exposição de transação com *hedges* contratuais exige avaliação e decisões da administração.

GERENCIAMENTO DE UMA CONTA A PAGAR

O caso da Trident como discutimos até agora supõe uma conta a receber denominada em moeda estrangeira. O gerenciamento de uma conta a pagar, em que a empresa tem que fazer um pagamento em moeda estrangeira em uma data futura, é similar, mas não idêntico em sua forma.

Se a Trident tivesse uma conta a pagar de £1.000.000 daqui a 90 dias, as escolhas de *hedge* seriam as seguintes:

1. **Permanecer sem *hedge*.** A Trident poderia esperar 90 dias, trocar dólares por libras esterlinas nesse momento, e realizar seu pagamento. Se a Trident espera que a taxa à vista daqui a 90 dias seja US$1,76/£, esperaria-se que o pagamento fosse custar US$1.760.000. Essa quantia, na verdade, é incerta; a taxa de câmbio à vista daqui a 90 dias poderia ser muito diferente da taxa esperada.

2. **Usar um *hedge* no mercado a termo.** A Trident poderia comprar £1.000.000 a termo, fixando uma taxa de US$1,7540/£ e um custo total em dólar de US$1.754.000. Isso é US$6.000 a menos do que o custo esperado de permanecer sem *hedge*, e é menos arriscado. Portanto, pode ser considerado preferível.

3. **Usar um *hedge* no mercado monetário.** O *hedge* no mercado monetário é distintamente diferente para uma conta a pagar em comparação a uma conta a receber. Para implementar um *hedge* no mercado monetário neste caso, a Trident trocaria dólares americanos à vista e os investiria por 90 dias em uma conta que rendesse juros e fosse denominada em libras esterlinas. Ela usaria, então, o principal e os juros em libras esterlinas britânicas no final do período de 90 dias para pagar a conta de £1.000.000.

   A fim de garantir que o principal e os juros fossem exatamente iguais ao £1.000.000 devido daqui a 90 dias, a Trident descontaria o £1.000.000 pela taxa de juros de investimento em libras esterlinas, de 8% ao ano por 90 dias (2%) a fim de determinar as libras esterlinas necessárias hoje:

$$\frac{£1.000.000}{\left[1+\left(0,08 \times \frac{90}{360}\right)\right]} = £980.392,16$$

   Esses £980.392,16 necessários hoje exigiriam US$1.729.411,77 pela taxa à vista corrente de US$1,7640/£:

$$£980.392,16 \times \$1.7640/£ = \$1.729.411,77$$

   Finalmente, a fim de comparar o resultado do *hedge* no mercado monetário com as outras alternativas de *hedge*, o custo de US$1.729.411,77 hoje tem que ser transferido (*carried forward*) 90 dias para a mesma data futura das outras escolhas de *hedge*. Se o custo corrente em dólar for transferido pelo custo médio ponderado de capital (weighted average cost of capital – WACC) da Trident, de 12%, o valor futuro total do custo do *hedge* no mercado monetário será

$$\$1.792.411,77 \times \left[1+\left(0,12 \times \frac{90}{360}\right)\right] = \$1.781.294,12$$

   Isso é mais alto do que o *hedge* a termo e, portanto, menos atraente.

4. **Usar *hedge* com opções.** A Trident poderia cobrir sua conta a pagar de £1.000.000 comprando uma opção de compra de £1.000.000. Uma opção de compra de libras esterlinas de junho com um preço de exercício quase *at-the-money* de US$1,75/£ custaria 1,5% (prêmio) ou

$$£1.000.000 \times 0,015 \times \$1,7640/£ = £26.460$$

Este prêmio, independentemente de se a opção de compra será exercida ou não, será pago à vista. Seu valor corrigido para 90 dias adiante pelo WACC de 12%, como no exemplo da conta a receber, elevaria seu custo ao final do período para US$27.254.

Se a taxa à vista daqui a 90 dias for menor do que US$1,75/£, a opção poderia expirar e os £1.000.000 para a conta a pagar seriam comprados no mercado à vista. O custo total do *hedge* com opção de compra se a opção não for exercida é teoricamente menor do que qualquer outra alternativa (à exceção de permanecer sem *hedge*), porque o prêmio da opção é pago e perdido.

Se a taxa à vista daqui a 90 dias exceder US$1,75/£, a opção de compra será exercida. O custo total do *hedge* com opção de compra, se exercida, é o seguinte:

Exercer opção de compra (£1.000.000 × US$1,75/£)	US$1.750.000
Prêmio de opção de compra (corrigido para 90 dias adiante)	27.254
Despesa total máxima do *hedge* com opção de compra	US$1.777.254

Os quatro métodos de *hedge* para gerenciar uma conta a pagar de £1.000.000 para a Trident são resumidos no Quadro 11.6. Os custos do *hedge* com contrato a termo e do *hedge* no mercado monetário são certos. O custo de usar um *hedge* com opção de compra é calculado como um máximo, e o custo de permanecer sem *hedge* é altamente incerto.

Assim como com a conta a receber da Trident, a escolha final de *hedge* depende da confiança nas expectativas de Maria sobre a taxa de câmbio e de sua disposição a correr riscos. O *hedge* a termo proporciona o custo mais baixo para realizar o pagamento da conta a pagar a um valor certo. Se o dólar se fortalecer em relação à libra esterlina, terminando com uma taxa à vista menor do que US$1,75/£, a opção de compra poderia potencialmente ser o *hedge* com custo mais baixo. Dada uma taxa à vista esperada de US$1,76/£, no entanto, o *hedge* com contrato a termo parece ser a melhor alternativa.

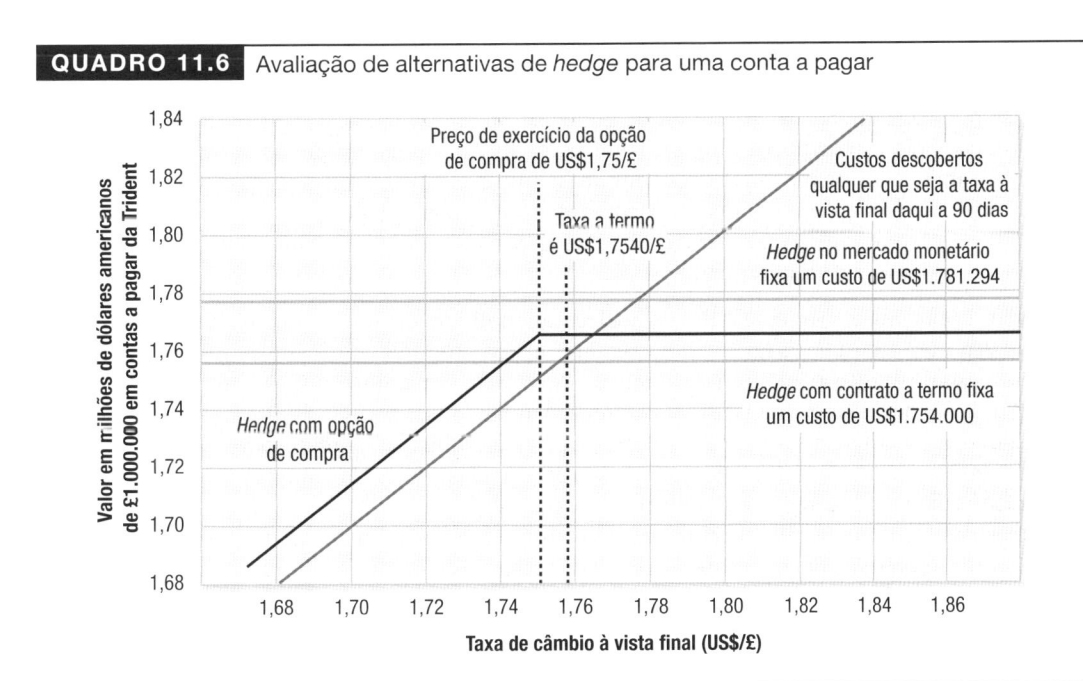

QUADRO 11.6 Avaliação de alternativas de *hedge* para uma conta a pagar

GERENCIAMENTO DE RISCO NA PRÁTICA

Há tantas abordagens diferentes do gerenciamento de exposições quanto há diferentes empresas. Diversas pesquisas sobre práticas de gerenciamento de risco corporativo nos últimos anos nos Estados Unidos, Reino Unido, Finlândia, Austrália e Alemanha não indicam nenhum consenso real em relação a qual seria a melhor abordagem. A seguir, tentamos assimilar os resultados fundamentais dessas pesquisas e combiná-los com nossa própria experiência profissional no setor.

Que metas?

A função de tesouraria da maioria das empresas, o grupo funcional tipicamente responsável pelo gerenciamento da exposição de transação, normalmente é considerada um centro de custos. Não se espera que ela agregue lucro para o resultado final da empresa (o que não é o mesmo que dizer que não se espera que ela agregue valor para a empresa). Espera-se que os gestores de risco de moeda permaneçam no lado conservador ao administrar o dinheiro da empresa.

Que exposições?

As exposições de transação existem antes mesmo de elas serem registradas nos livros contábeis como contas a pagar ou a receber denominadas em moeda estrangeira. Entretanto, muitas empresas não permitem o *hedge* da exposição de cotação ou exposição de pedidos pendentes (*backlog*) por uma questão de política da empresa. O raciocínio por trás disso é simples: até que a transação exista nos livros contábeis da empresa, considera-se que a probabilidade de a exposição realmente ocorrer seja de menos de 100%. Políticas de *hedge* conservadoras determinam que *hedges* contratuais sejam feitos apenas para exposições existentes.

Um número crescente de empresas, no entanto, tem não somente ativamente feito *hedge* contra exposições de pedidos pendentes, mas também seletivamente feito *hedge* de exposições de cotação e exposições previstas. Exposições previstas são transações para as quais não há – no presente – nenhum contrato ou acordo entre as partes, mas tais contratos são previstos com base nas tendências históricas e relacionamentos de negócios contínuos. Apesar de fazer *hedge* de exposições previstas parecer, superficialmente, um comportamento excessivamente especulativo por parte dessas empresas, talvez fazer *hedge* de contas a pagar ou a receber esperadas em moeda estrangeira para períodos futuros seja a abordagem mais conservadora para proteger as receitas operacionais da empresa contra mudanças inesperadas na taxa de câmbio.

Que *hedges* contratuais?

Como se poderia esperar, os programas de gerenciamento de exposição de transação geralmente são divididos pelo uso de opções: aqueles que usam opções e aqueles que não usam. As empresas que não usam opções de moedas dependem quase que exclusivamente de *hedges* com contratos a termo e *hedges* no mercado monetário. Algumas empresas com quantidades notáveis de exposição de transação na verdade não fazem *hedge* algum. E, como descrito no quadro Finanças Globais na Prática 11.2, as opções podem ser caras.

Hedges proporcionais. Muitas EMNs estabeleceram políticas de gerenciamento de risco de exposição de transação bastante rígidas que exigem o *hedge* proporcional. Essas políticas geralmente exigem o uso de *hedges* com contrato a termo sobre uma porcentagem (por exemplo, 50%, 60% ou 70%) das exposições de transação existentes. À medida que o vencimento das exposições fica mais longo, a porcentagem exigida de cobertura a termo diminui. A porção restante de exposição é coberta, então, por *hedges* seletivos com base na tolerância a riscos da empresa, sua visão sobre os movimentos da taxa de câmbio, e seu nível de confiança.

Apesar de raramente reconhecido pelas próprias empresas, o uso contínuo de programas de *hedge* seletivo é, essencialmente, especulação nos mercados monetários. Ainda permanecem questões teóricas significativas quanto a se a empresa ou um gestor financeiro pode prever consistentemente a direção futura dos movimentos da taxa de câmbio. Gunter Dufey (da Universidade de Michigan) uma vez observou, "ocasionalmente pode ser possível encontrar dinheiro na rua, mas eu não esperaria que seja possível viver disso".

FINANÇAS GLOBAIS NA PRÁTICA 11.2

A crise do crédito e as volatilidades das opções em 2009

A crise do crédito global teve diversos impactos duradouros sobre as práticas corporativas de *hedge* cambial em 2008 e início de 2009. As volatilidades das moedas subiram para um dos níveis mais altos já vistos em anos, e lá permaneceram. Isso fez os prêmios das opções subirem tão drasticamente que muitas empresas passaram a ser muito mais seletivas em seu uso de opções de moedas em seus programas de gerenciamento de risco.

A volatilidade dólar-euro foi um excelente exemplo. Já em julho de 2007, a volatilidade implícita da dupla de moedas mais amplamente negociada estava abaixo de 7% para vencimentos de uma semana a três anos. No dia 31 de outubro de 2008, a volatilidade implícita de um mês já tinha alcançado os 29%. Apesar de esse ter sido aparentemente o pico, as volatilidades implícitas de um mês ainda estavam acima de 20% no dia 30 de janeiro de 2009.

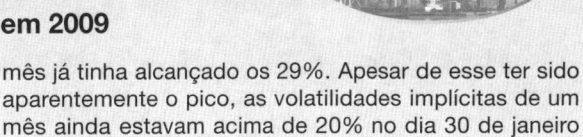

Isso torna as opções muito caras. Por exemplo, o prêmio de uma opção de compra de euros de um mês com uma taxa de câmbio de exercício *at-the-money* em relação ao valor a termo no final de janeiro de 2009 subiu de US$0,0096/€ para US$0,0286/€ quando a volatilidade é de 20%, e não de 7%. Para um principal de €1 milhão, esse é um aumento no preço de US$9.580 para US$28.640. Isso causaria um buraco nor orçamento de qualquer departamento de tesouraria.

RESUMO

- As EMNs encontram três tipos de exposição de moeda: 1) exposição de transação, 2) exposição operacional e 3) exposição contábil.

- A *exposição de transação* mede ganhos ou perdas decorrentes da liquidação de obrigações financeiras cujos termos são declarados em uma moeda estrangeira.

- A *exposição operacional*, também chamada de exposição econômica, mede a mudança no valor presente da empresa decorrente de qualquer mudança nos fluxos de caixa operacionais futuros da empresa causada por uma variação inesperada nas taxas de câmbio.

- A *exposição contábil* é a possibilidade de que ocorram mudanças decorrentes da contabilidade no valor das ações do proprietário devido à necessidade de "converter" as demonstrações financeiras em moeda estrangeira de subsidiárias estrangeiras em uma única moeda para preparar demonstrações financeiras consolidadas em todo o mundo.

- A exposição de transação surge 1) da compra ou venda de bens ou serviços a crédito cujos preços são determinados em moedas estrangeiras; 2) da contração ou concessão de empréstimos de fundos quando o pagamento tem que ser feito em uma moeda estrangeira; 3) da participação como contraparte em um contrato de câmbio a termo a vencer; e 4) da aquisição de ativos ou passivos denominados em moedas estrangeiras.

- Existe um debate considerável sobre se as empresas devem ou não fazer *hedge* de riscos de moedas. Teoricamente, fazer *hedge* reduz a variabilidade dos fluxos de caixa que entram na empresa. Não aumenta os fluxos de caixas que entram na empresa. Na verdade, os custos de fazer *hedge* podem potencialmente diminuir os fluxos de caixa.

- A exposição de transação pode ser gerenciada por técnicas contratuais que incluem *hedges* com contratos a termo, no mercado de futuros, no mercado monetário e com opções.

- A escolha de que *hedge* contratual usar irá depender da tolerância a risco de moeda da empresa individual e de sua expectativa do provável movimento das taxas de câmbio ao longo do período da exposição de transação.

- Em geral, se a expectativa é a de que uma taxa de câmbio se movimente a favor da empresa, os *hedges* contratuais preferidos serão provavelmente aqueles que permitem que a empresa participe do potencial do *upside* (permanecendo sem *hedge* ou usando uma opção de moeda), mas que a proteja contra quaisquer movimentos adversos na taxa de câmbio.

- Em geral, se a expectativa é a de que uma taxa de câmbio se movimente contra a empresa, o *hedge* contratual preferido será aquele que fixar uma taxa de câmbio, como o *hedge* com contrato a termo ou o *hedge* no mercado monetário.

- O gerenciamento de risco na prática exige que o departamento de tesouraria de uma empresa identifique suas metas. A tesouraria é um centro de custo ou um centro de lucro?

- A tesouraria também tem que escolher que *hedges* contratuais usar e que porporção de risco de moeda deve ser coberto por um *hedge*. Além disso, a tesouraria tem que determinar se a empresa deve comprar e/ou vender opções de moeda, uma estratégia historicamente arriscada para algumas empresas e bancos.

MINICASO: A Xian-Janssen Pharmaceutical (China) e o euro

Era dezembro de 2003, e Paul Young, o controlador financeiro da Xian-Janssen Pharmaceutical Ltd (XJP), estava se preparando para uma reunião com o CEO da empresa, Christian Velmer, para discutir o plano de negócios de 2004. A XJP era uma *joint venture* da Johnson & Johnson (J&J) que visava à entrada no mercado chinês. A XJP era uma das maiores empresas em operação da J&J, e esperava-se que agora ela fosse fechar o ano de 2003 com lucros de Rmb 1,006 bilhão (US$121,6 milhões). O CEO da XJP já tinha informado os objetivos de lucros corporativos para 2004: Rmb 1,205 bilhão, um aumento de pouco menos de 20%. Embora a XJP tenha tido um bom desempenho nos últimos anos, com uma média de crescimento de 20% nos lucros anuais a despeito dos muitos desafios, inclusive a epidemia de SARS em 2003, atender aos objetivos corporativos dessa vez seria difícil. Muitas das despesas diretas e indiretas da XJP estavam aumentando, inclusive suas perdas relacionadas ao câmbio.

Christian Velmer era CEO da XJP apenas há seis meses, e Paul Young sabia que Velmer provavelmente aceitaria a diretiva corporativa sobre os lucros. Ele não tinha muita escolha. Os lucros da XJP eram centrais à J&J, e com a desaceleração de diversos de seus tradicionais mercados, a responsabilidade pelo crescimento cairia cada vez mais sobre unidades como a XJP. A equipe da gerência também sabia que se a unidade não conseguisse atingir seus objetivos de lucro, além de revisões no desempenho da gerência e segurança no emprego, a posição de desenvolvimento de novos produtos da unidade poderia ser ameaçada. Sem novos produtos, a XJP poderia perder sua posição de número um no mercado chinês.

XJP da China

A XJP produzia e comercializava medicamentos de prescrição e de balcão (OTC ou over-the-counter). A empresa era a empresa farmacêutica número um em operação na China, e ocupava esse lugar desde 1985. As operações da empresa eram divididas quase que igualmente entre negócios da Ethical e OTC. O ano de 2003 tinha sido muito movimentado, no qual a empresa enfrentou dois diferentes cortes nos preços e três lançamentos de novos produtos Ethical, sem mencionar o fato de ter fechado o ano com uma taxa de sucesso de 98% em mais de 1.200 vendas em leilões de oferta.[1]

O mercado de medicamentos na China baseava-se em grande parte em hospitais, com mais de 80% de todas as vendas de medicamentos alcançando os clientes através de hospitais do governo. Os 20% restantes do mercado eram, então, divididos entre drogarias, pequenas clínicas coletivas ou individuais, e alguns hospitais privados que estavam ganhando espaço. O mercado farmacêutico chinês tinha tido uma média anual de crescimento de 12,5% na última década, e esperava-se que ele fosse continuar próximo desse crescimento em um futuro próximo. Aumentos na renda e no poder aquisitivo de grandes segmentos da população urbana, associados a diversas reformas nos planos de saúde e no sistema de saúde, tinham aberto as portas de remédios ocidentais para muitos chineses. O problema foi que essas mesmas reformas agora estavam canalizando os reembolsos dos planos de saúde para medicamentos genéricos, fazendo uma pressão cada vez maior sobre os preços. Os próprios hospitais agora estavam comprando regularmente através do mercado de vendas por leilão, em que a XJP muitas vezes se via obtendo margens cada vez menores.

Custo e pressões monetárias

A linha de produtos da XJP cobria uma ampla variedade de produtos farmacêuticos, dos quais a maioria tinha sido descoberta ou desenvolvida por sua empresa matriz. Nos últimos anos, a empresa também tinha licenciado diversos medicamentos de terceiros através da J&J Europe. Historicamente, 100% da matéria-prima e produtos acabados da XJP era importado da J&J Europe. Em 2003, a empresa tinha iniciado sua busca de fornecedores locais na China, mas isso ainda não constituía mais do que 5% do estoque comprado. A determinação de preços e o faturamento dos negócios essenciais da XJP ainda eram originados na Europa, o que significava preços e faturas em euros. Paul também tinha determinado nos últimos meses que os preços de transferência impostos à XJP eram relativamente altos em comparação a outros compradores intraempresariais ao redor do mundo.

A XJP comprava seus materiais e produtos do centro de tesouraria belga da J&J Europe. Todos os pagamentos eram em euros, sendo que a XJP incorria nos riscos e despesas de moeda internamente. A política corporativa exigia que a XJP fizesse *hedge* de um mínimo de 80% de suas exposições de moeda previstas, sem que os *hedges* excedessem 100%. Havia poucas alternativas de *hedge*. Depois de receber o lucro líquido de qualquer pagamento que a lei permitisse por trimestre, a XJP comprava, então, contratos a termo (comprar euro, vender Rmb) a partir de seu banco de moedas estrangeiras em Xangai. A lei chinesa restringia a compra de contratos a termo somente para transações comerciais.

---

[1] As vendas por leilão eram compras periódicas por leilão feitas por muitos hospitais chineses de linhas de produtos genéricos. As vendas eram realizadas como leilões holandeses, em que o comprador ordenava as ofertas por preço mais baixo primeiro, e acumulando volume até alcançar o número de itens necessários. O preço da última oferta incremental determinava o preço de todo o leilão (contratos a termo não poderiam ser comprados para finalidade de investimento).

O renminbi chinês (Rmb) foi fixado em relação ao dólar a Rmb8,27/US$. O drástico aumento do euro em relação ao dólar durante todo o ano de 2003 tinha, portanto, significado diretamente um Rmb igualmente fraco em relação ao euro. Os consultores bancários de Paul Young tinham recentemente previsto que o euro permaneceria forte, se não ganhasse força ainda maior, em 2004. A previsão que era consenso para a primeira metade de 2004 era de US$1,30/€, ou uma taxa cruzada de Rmb10,75/€, o que Paul Young considerou "exagerado" quando analisou o Quadro 1.

Os resultados financeiros da XJP para 2003 tinham sido muito afetados pelo custo do *hedge*. A XJP tinha feito o orçamento para 2003 (em dezembro de 2002) a uma taxa de câmbio à vista média esperada de Rmb8,60/€. Mas o aumento do euro tinha resultado em uma taxa a termo de 90 dias média para todo o ano de 2003 de Rmb9,22/€, culminando em um total de perdas cambiais (diferenças entre a taxa à vista orçada e a taxa a termo) de Rmb75 milhões (ver Quadro 2). Do total de Rmb75 milhões, Rmb60 milhões seriam cobrados dos resultados da XJP em 2003, e Rmb 15 milhões seriam absorvidos em estoques que seriam transferidos para 2004. Felizmente, como ilustrado pelas planilhas financeiras de Paul Young no Quadro 2, a unidade chinesa tinha obtido Rmb70 milhões em ganhos extraordinários em um ajuste de imobilizado e uma reversão de avaliação de estoques. Esses ganhos tinham obviamente mitigado o impacto negativo das perdas de moeda, mas 2004 provavelmente não seria um ano de tanta sorte. Com o dólar fechando em US$1,30/€ em dezembro (Rmb10,75/€), a taxa a termo de 90 dias também estava subindo. Paul Young sabia que teria que usar uma taxa orçamentária para 2004 (previsão para a taxa de câmbio à vista média do ano) de algo entre Rmb9,8/€ e Rmb10,0/€. Mas dado o duro prêmio a termo que ele fora forçado a pagar em 2003, sua taxa efetiva pós-*hedge* poderia subir para Rmb10,50/€ em 2004. Paul olhava fixamente para os números – especificamente para sua estimativa de lucros para 2004 – e se perguntava de que maneira ele alcançaria os objetivos de lucros corporativos de Rmb 1,205 bilhão.

Perguntas sobre o caso

1. Qual a importância do impacto que ganhos e perdas cambiais têm sobre o desempenho corporativo na XJP? Qual é a sua opinião sobre como eles estruturam e gerenciam suas exposições de moeda?

2. A Johnson & Johnson possui aproximadamente 200 subsidiárias estrangeiras em todo o mundo. Ela sempre promoveu uma estrutura organizacional extremamente descentralizada, em que as unidades individuais são responsáveis por grande parte de seu próprio desempenho da primeira à última linha do demonstrativo de resultados. Como isso se reflete na situação em que a XJP se encontra?

3. Qual é a relação entre a taxa de câmbio à vista real, a taxa de câmbio à vista orçada, a taxa a termo, e as expectativas para os resultados financeiros da subsidiária chinesa pela empresa matriz norte-americana?

4. Se você fosse Paul Young, o que você faria?

QUADRO 1 Renminbi chinês/Taxa de câmbio à vista do euro (média mensal, 1999–2003.)

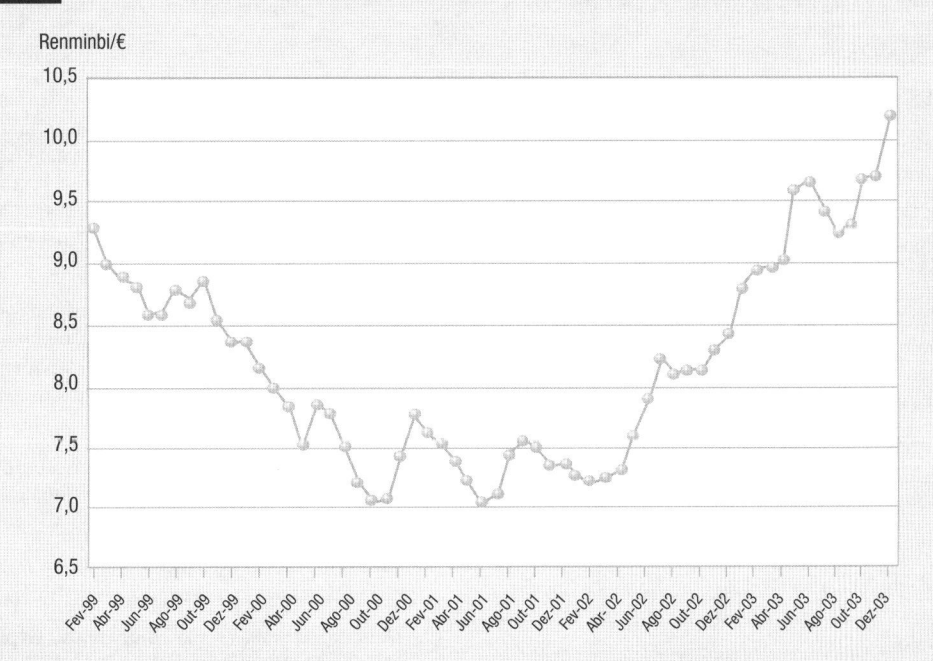

QUADRO 2	Xian-Janssen Pharmaceutical (China)		
Crescimento suposto nas vendas e custos			20%
Renminbi chinês (Rmb)		**2003 Real**	**2004 Orçamento**
Total de vendas:		3.353.600.000	4.024.320.000
Custo bruto dos produtos vendidos		(1.040.600.000)	(1.422.960.000)
Margem bruta		2.313.000.000	2.601.360.000
Despesas de vendas, *marketing* e administrativas		(1.263.000.000)	(1.515.600.000)
Lucros operacionais líquidos		1.050.000.000	1.085.760.000
Ganhos (perdas) extraordinários		70.000.000	–
Ganhos (perdas) em moeda estrangeira		(60.000.000)	(75.020.000)
Lucro líquido		1.060.000.000	1.010.740.000
Planilha de compras importadas:			
Compras importadas esperadas (euros)		€121.000.000	€145.200.000
Taxa de câmbio à vista orçada (euro/Rmb)		8,60	9,80
Compras importadas esperadas (Rmb)		1.040.600.000	1.422.960.000
Taxa a termo média real (euro/Rmb)		9,22	10,50
Custo real das importações cobertas por *hedge* (Rmb)		1.115.620.000	1.524.600.000
Custo do *hedge* (Rmb)		(75.020.000)	(101.640.000)
Custo do *hedge*, para o ano corrente (Rmb)		(60.000.000)	(80.000.000)
Custo do *hedge*, estoque (Rmb)		(15.020.000)	(21.640.000)

Nota: Os valores financeiros foram ficcionalizados para preservar a confidencialidade. O orçamento de 2004 supõe a mesma taxa de crescimento em receitas e vendas. Os ganhos (perdas) em moeda estrangeira de 2004 supõem 80% dos ganhos (perdas) do ano atual incorridos, além dos custos de estoque do ano anterior.

PERGUNTAS

1. **Exposição cambial.** Dê uma definição geral de "exposição cambial" no que diz respeito às operações de uma empresa multinacional.
2. **Tipos de exposição.** Explique as diferenças entre a exposição de transação, a exposição operacional e a exposição contábil.
3. **Exposição contábil *versus* exposição de transação.** Como as exposições contábeis e as exposições de transação alteram os fluxos de caixa corporativos?
4. **Exposição tributária.** O que é exposição tributária e qual sua relação com o trio de exposição de transação, exposição operacional e exposição contábil?
5. *Hedge*. O que é um *hedge*?
6. **Variabilidade do fluxo de caixa.** O Quadro 11.2 exibe duas distribuições normais em torno de uma média chamada valor esperado.
    a. Qual é a implicação das áreas próximas ao centro das distribuições onde a linha coberta por *hedge* é mais alta do que a linha sem cobertura de *hedge*?
    b. Qual é a implicação das áreas próximas aos limites exteriores das distribuições onde a linha sem cobertura de *hedge* é mais alta do que a linha coberta por *hedge*?
    c. Pode-se argumentar a favor de que a média da distribuição com *hedge* deve se encontrar à esquerda ou à direita da média da distribuição sem *hedge*, mas não exatamente sobre ela? Discuta.
7. **Expectativas do investidor.** Os proponentes da hispótese de mercados eficientes defendem que uma EMN não deve fazer *hedge* porque os investidores poder fazer suas próprias proteções se não gostarem dos riscos cambiais apresentados pela empresa. Avalie este argumento.
8. **Criando uma exposição de transação.** Identifique e crie um exemplo hipotético para cada uma das quatro causas da exposição de transação.
9. **Saldos de caixa.** Por que deter saldos de caixa em moeda estrangeira não leva à exposição de transação?
10. ***Hedges* naturais *versus* contratuais.** Explique a diferença entre um *hedge* natural e um *hedge* contratual. Dê um exemplo hipotético de cada.

11. Tolerância a risco. O que é tolerância a risco? Ela pode ser medida?

PROBLEMAS

1. **Siam Cement.** A Siam Cement, uma fabricante de cimento sediada em Bangcoc, sofreu enormes perdas com a chegada da crise asiática em 1997. A empresa estava adotando uma estratégia de crescimento muito agressiva em meados de 1990, assumindo quantidades maciças de dívida denominada em moeda estrangeira (primordialmente dólares americanos). Quando o baht tailandês (B) foi desvalorizado de sua taxa fixa de B25,0/US$ em julho de 1997, apenas os pagamentos de juros da Siam sobre sua dívida pendente em dólar representavam mais de US$900 milhões (com uma taxa de juros média de 8,40% sobre sua dívida em dólar naquela época). Supondo que a Siam Cement contraísse US$50 milhões em dívida em junho de 1997 a juros de 8,40%, e tivesse que pagá-la em um ano quando a taxa de câmbio à vista tivesse se estabilizado a B42,0/US$, qual seria a perda cambial incorrida na transação?

2. **Hindustan Lever.** A empresa afiliada da Unilever na Índia, a Hindustan Lever, tem como fornecedora de grande parte de sua linha de produtos de higiene uma empresa japonesa. Devido à escassez de capital de giro na Índia, os prazos de pagamento pelos importadores indianos são tipicamente de 180 dias ou mais. A Hindustan Lever deseja fazer *hedge* de uma conta a pagar de 8,5 milhões de ienes japoneses. Apesar de não haver opções disponíveis em rúpias indianas (Rs), há taxas a termo disponíveis para o iene. Além disso, uma prática comum na Índia é as empresas como a Hindustan Lever trabalharem com um agente de câmbio que, neste caso, fixaria a taxa de câmbio à vista corrente por uma comissão de 4,85%. Usando os dados da taxa de câmbio e da taxa de juros a seguir, recomende uma estratégia de *hedge*.

Taxa à vista, iene/dólar:	¥120,60/US$	taxa de investimento em rúpias de 180 dias:	8,000%
Taxa à vista, rúpias/dólar:	Rs47,75/US$	taxa de investimento em ienes de 180 dias:	1,500%
Taxa a termo de 180 dias, iene/rúpia:	¥2,4000/Rs	custo de capital da Hindustan:	12,00%
Taxa à vista esperada em 180 dias:	¥2,6000/Rs		

*3. **Seattle Scientific, Inc.** Josh Miller é o principal executivo financeiro de uma fabricante de médio porte de aparelhos médicos sediada em Seattle. As vendas anuais da empresa, de US$40 milhões, tem crescido rapidamente, e o financiamento de capital de giro é uma fonte comum de preocupações. Ele recentemente foi procurado por um de seus principais clientes japoneses, a Yokasa, com uma nova proposta de pagamento. A Yokasa tipicamente faz pedidos de ¥12.500.000 em produtos a cada dois meses e paga em ienes japoneses. Os prazos de pagamento atuais oferecidos pela Seattle são de 30 dias, sem descontos para pagamentos feitos antes do vencimento ou em dinheiro. A Yokasa sugeriu que estaria disposta a pagar em dinheiro – em ienes japoneses – se recebesse um desconto de 4,5% sobre o preço de compra. Josh Miller levantou as seguintes cotações de seu banco sobre as taxas de câmbio à vista e a termo correntes, e estimou o custo médio ponderado (WACC) de capital da Yokasa.

Taxa à vista:	¥111,40/US$	WACC da Yokasa:	8,850%
Taxa a termo de 30 dias:	¥111,00/US$	WACC da Seattle Scientific:	9,200%
Taxa a termo de 90 dias:	¥110,40/US$		
Taxa a termo de 180 dias:	¥109,20/US$		

Quanto em dólares americanos a Seattle Scientific receberá 1) com o desconto e 2) sem desconto, mas totalmente coberta por um *hedge* de contrato a termo?

4. **Warner Indonésia.** A Warner, uma empresa farmacêutica multinacional sediada nos EUA, está avaliando uma exportação de seu medicamento de redução do colesterol para um possível distribuidor da Indonésia. A compra seria no valor de 1.650 milhões de rúpias da Indonésia (Rp), que pela taxa de câmbio à vista corrente de Rp9.450/US$, significa aproximadamente US$175.000. Apesar de não ser uma grande venda pelos padrões da empresa, a política da empresa determina que as vendas têm que ser liquidadas por uma margem bruta mínima, neste caso, um pagamento em dinheiro de US$168.000 na ocasião da venda. A taxa a termo de 90 dias corrente é Rp9.950/US$. Apesar de essa taxa não parecer atraente, a Warner teve que contatar vários grandes bancos antes de conseguir encontrar uma cotação para a rúpia. O consenso entre os analistas de moeda no momento, no entanto, é que a rúpia se manteria relativamente estável, possivelmente caindo para Rp9.400 ao longo dos 90 a 120 dias seguintes. Analise a perspectiva de venda e faça uma recomendação de *hedge*.

5. **Embraer.** A Embraer é uma das duas fabricantes globais líderes em jatos regionais (a Bombardier do Canadá é a outra). Os jatos regionais são menores do que os aviões civis tradicionais produzidos pela Airbus e Boeing, com capacidade para entre 50 e 100 pessoas em média.

A Embraer fechou um acordo com uma linha aérea regional dos EUA para produzir e entregar quatro aeronaves daqui a um ano por US$80 milhões. Embora a Embraer venha a ser paga em dólares americanos, ela também possui uma exposição de moeda para seus insumos – ela tem que pagar US$20 milhões a fornecedores estrangeiros de insumos daqui a um ano (mas eles entregarão os sub-componentes ao longo do ano). A taxa à vista corrente para os reais brasileiros (R$) é R$1,8240/US$, mas o real tem sido uniformemente apreciado em relação ao dólar ao longo dos três últimos anos. Contratos a termo são difíceis de adquirir e considerados caros. O Citibank Brasil não forneceu explicitamente uma cotação da taxa a termo à Embraer, mas afirmou que provavelmente determinaria uma taxa a termo com base na taxa corrente de euromoeda do dólar americano de 4,00% e na taxa de títulos de dívida do governo brasileiro de 10,50%. Aconselhe a Embraer quanto à sua exposição de moeda.

6. **Caterpillar.** A Caterpillar (EUA) acaba de comprar uma empresa coreana que produz porcas e parafusos de plástico para equipamentos pesados. O preço de compra foi de won7.030 milhões. Já foram pagos won1.000 milhões, e os won6.030 milhões restantes vencem daqui a seis meses. A taxa à vista corrente é de won1.200/US$, e a taxa a termo de seis meses é de won1.260/US$. Dados adicionais:

Taxa de juros coreana de seis meses:	16,00% ao ano
Taxa de juros norte-americana de seis meses:	4,00% ao ano
Opção de compra de seis meses de won coreano a W1.200/US$:	prêmio de 3,0%
Opção de venda de seis meses de won coreano a W1.200/US$:	prêmio de 2,4%

A Caterpillar pode investir com base nas taxas fornecidas na tabela anterior, ou contrair um empréstimo a 2% ao ano acima dessas taxas. O custo médio ponderado de capital da Caterpillar é de 10%. Compare maneiras alternativas de como a Caterpillar poderia lidar com sua exposição cambial. O que você recomenda e por quê?

7. **Brinquedos Mattel.** A Mattel é uma empresa sediada nos EUA cujas vendas representam aproximadamente dois terços em dólares (Ásia e as Américas) e um terço em euros (Europa). Em setembro, a Mattel entrega uma grande carga de brinquedos (primordialmente Barbies e Hot Wheels) a um grande distribuidor na Antuérpia. A conta a receber, de €30 milhões, vence em 90 dias, prazo padrão para o setor europeu de brinquedos. A equipe de tesouraria da Mattel levantou as seguintes cotações de moeda e de mercado. Os consultores cambiais da empresa acreditam que o euro estará em torno de, aproximadamente, US$1,4200/€ em 90 dias. A administração da Mattel não utiliza opções de moeda em atividades de gerenciamento de risco de moeda. Aconselhe a Mattel sobre que estratégia de *hedge* provavelmente seria preferível.

Taxa à vista:	US$1,4158/€	taxa de juros de 90 dias do eurodólar	4,000%
Cotação a termo de 90 dias da Credit Suisse:	US$1,4172/€	taxa de juros de 90 dias do euro	3,885%
Cotação a termo de 90 dias da Barclays:	US$1,4195/€	taxa de empréstimo em dólar de 90 dias	5,000%
Capital da Mattel	9,600%	taxa de empréstimo em euro de 90 dias	5,000%

8. **South Face.** A South Face, Ltd., uma fabricante canadense de capas de chuva, não faz *hedge* seletivo de sua exposição de transação. Em vez disso, se a data da transação for conhecida com certeza, todos os fluxos de caixa denominados em moeda estrangeira têm que utilizar a seguinte fórmula obrigatória de *hedge* com contrato a termo:

	Hedge de exposição exigida de acordo com o vencimento		
Se a South Face está:	0–90 dias	91–180 dias	>180 dias
"pagando os pontos a termo"	75%	60%	50%
"recebendo os pontos a termo"	100%	90%	50%

A South Face espera receber múltiplos pagamentos em coroas dinamarquesas ao longo do próximo ano. DKr 3.000.000 vencem em 90 dias; DKr 2.000.000 vencem em 180 dias; e DKr 1.000.000 vencem em um ano. Usando as seguintes taxas de câmbio à vista e a termo, qual seria o valor do *hedge* com contratos a termo exigido pela política da empresa por período?

Taxa à vista:	DKr 4,70/C$
Taxa a termo de três meses:	DKr 4,71/C$
Taxa a termo de seis meses:	DKr 4,72/C$
Taxa a termo de um ano:	DKr 4,74/C$

9. **Translucent/H20.** A Translucent/H2O é uma empresa sediada nos EUA que fabrica, vende e instala equipamentos de purificação de água. No dia 20 de abril, a empresa vendeu um sistema para a Cidade de Nagasaki, Japão, para instalação nos famosos Glover Gardens de Nagasaki (onde a ópera Madame Butterfly, de Puccini, esperou pelo retorno do Tenente Pinkerton). A venda foi precificada em ienes a ¥20.000.000, com o pagamento vencendo em três meses. No dia da venda, o Financial Times publicou as seguintes taxas médias para o iene:

Taxa de câmbio à vista:	¥118,255/US$ (taxa média no fechamento)
Taxa a termo de um mês:	¥117,760/US$, a 5,04% prêmio ao ano
Taxa a termo de três meses:	¥116,830/US$, a 4,88% prêmio ao ano
Taxa a termo de um ano:	¥112,450/US$, a 5,16% prêmio ao ano

Taxas monetárias (% ao ano)	Estados Unidos	Japão	Diferencial
Um mês	4,8750%	0,09375%	4,78125%
Três meses	4,9375%	0,09375%	4,84375%
Doze meses	5,1875%	0,31250%	4,87500%

Nota: Os diferenciais da taxa de juros variam um pouco em relação aos descontos a termo sobre o iene devido à diferenças de tempo para as cotações. O ¥118,255/US$ à vista, por exemplo, é a média de uma faixa. No dia 20 de abril, o iene à vista passou a ser negociado em Londres de ¥118,30/US$ para ¥117,550/US$.

Informações adicionais: os concorrentes japoneses da Translucent/H2O's atualmente tomam empréstimos em ienes de bancos japoneses a um *spread* de dois pontos percentuais acima da taxa monetária japonesa. O custo médio ponderado de capital da Translucent/H2O's é de 16%, e a empresa deseja proteger o valor em dólar dessa conta a receber.

Opções de três meses do Kyushu Bank:
- Opção de compra de ¥20,000,000 a um preço de exercício de ¥118,00/US$: um prêmio de 1%.
- Opção de venda de ¥20.000.000 a um preço de exercício de ¥118,00/US$: um prêmio de 3%.

a. Quais são os custos e benefícios de *hedges* alternativos? Quais você recomendaria e por quê?
b. Qual é a taxa de reinvestimento do ponto de equilíbrio ao comparar alternativas de *hedge* com contrato a termo e no mercado monetário?

10. **Farah Jeans.** A Farah Jeans de San Antonio, Texas, EUA, está completando uma nova fábrica de montagem próximo à Cidade de Guatemala. O último pagamento da construção no valor de Q8.400.000 vence daqui a seis meses. ("Q" é o símbolo do quetzal da Guatemala). A Farah usa 20% ao ano como seu custo médio ponderdo de capital. As cotações da taxa de câmbio e da taxa de juros de hoje são as seguintes:

Taxa à vista presente:	Q7,0000/US$
Taxa a termo de seis meses:	Q7,1000/US$
Taxa de juros de seis meses do quetzal da Guatemala:	14,00% ao ano
Taxa de juros de seis meses do dólar:	6,00% ao ano

O gerente da tesouraria da Farah, preocupado com a economia da Guatemala, está na dúvida quanto a se a Farah deve fazer *hedge* de seu risco cambial. A previsão do próprio gerente é a seguinte:

Taxa esperada máxima:	Q8,0000/US$, refletindo uma desvalorização significativa
Taxa esperada:	Q7,3000/US$
Taxa esperada mínima:	Q6,4000/US$, refletindo um fortalecimento do quetzal

Que alternativas realistas estão disponíveis à Farah para realizar o pagamento? Que método você selecionaria, e por quê?

*11. **PanAmerican Travel.** A PanAmerican Travel, uma agência de viagens com 100% de capital fechado sediada em Honolulu, Havaí, assinou um acordo para adquirir uma participação de 50% na Taipei Travel, uma agência de viagens de capital fechado sediada em Taiwan especializada em atender clientes que vem dos Estados Unidos e do Canadá. O preço de aquisição é de 7 milhões de dólares de Taiwan (T$ 7.000.000) pagáveis em dinheiro em três meses.

Susan Takaga, proprietária da PanAmerican, acredita que o dólar de Taiwan ou vá permanecer estável ou cairá um pouco ao longo dos três próximos meses. À taxa à vista presente de T$35/US$, a quantia necessária é de apenas US$200.000, mas mesmo essa quantia relativamente modesta precisará ser tomada emprestada pessoalmente por Susan Takaga. Os depósitos que rendem juros de Taiwan para não residentes são regulamentados pelo governo, e atualmente são determinados em 1,5% ao ano. Ela possui uma linha de crédito junto ao Banco do Havaí de US$200.000 com uma taxa de juros de empréstimos corrente de 8% ao ano. Ela não acredita que possa calcular um custo médio ponderado de capital aceitável já que não possui ações em circulação e seus concorrentes também são de capital fechado, sem divulgação de seus resultados financeiros. Como a aquisição consumiria todo o seu crédito disponível, ela está na dúvida se deveria fazer *hedge* dessa exposição de transação. As cotações do Banco do Havaí estão exibidas na tabela abaixo.

Taxa à vista:	T$33,40/US$
Taxa a termo de três meses:	T$32,40/US$
Taxa de empréstimo de três meses do dólar:	6,50% ao ano
Taxa de depósito de três meses do T$:	1,50% ao ano
Opções de compra de três meses:	não disponível

Analise os custos e riscos de cada alternativa, e então faça uma recomendação quanto a que alternativa Susan Takaga deveria escolher.

12. **Chronos Time Pieces.** A Chronos Time Pieces de Boston, EUA, exporta relógios para muitos países, vendendo em moedas locais a lojas e distribuidores. A Chronos se orgulha de ser financeiramente conservadora. Pelo menos 70% de cada exposição de transação individual tem cobertura de *hedge*, em sua maioria no mercado a termo, mas, ocasionalmente, com opções. A política cambial da Chronos é tal que o *hedge* de 70% pode aumentar até um *hedge* de 120% se uma desvalorização ou depreciação parecer iminente. A Chronos acaba de enviar uma carga para seu grande distribuidor norte-americano. A empresa emitiu uma fatura a ser paga em 90 dias para seu cliente no valor de €1.560.000. A taxa à vista corrente é de US$1,2224/€, a taxa a termo de 90 dias é de US$1,2270/€. O tesoureiro da Chronos, Manny Hernandez, tem um bom histórico na previsão dos movimentos da taxa de câmbio. Atualmente, ele acredita que o euro vá se enfraquecer em relação ao dólar nos próximos 90 a 120 dias, possivelmente para em torno de US$1,16/€.

a. Avalie as alternativas de *hedge* para a Chronos se Manny estiver certo (Caso #1: US$1,16/€) e se Manny estiver errado (Caso #2: US$1,26/€). O que você recomenda?
b. O que significa fazer um *hedge* de 120% de uma exposição de transação?
c. Qual seria considerada a política de gerenciamento de exposição de transação mais conservadora por uma empresa? Compare-a com a da Chronos.

13. **Micca Metals, Inc.** A Micca Metals, Inc. é uma empresa de materiais e metais especializados localizada em Detroit, Michigan, EUA. A empresa é especializada em metais preciosos e materiais específicos que são utilizados em uma variedade de aplicações de pigmentos em muitos outros setores incluindo cosméticos, eletrodomésticos e diversos equipamentos de fabricação de ouropel. A Micca acaba de comprar uma carga de fosfatos de Marrocos por 6.000.000 dirrãs, a pagar daqui a seis meses. O custo de capital da Micca é de 8,600%. As cotações a seguir estão disponíveis no mercado.

	Estados Unidos	Marrocos
Taxa de juros de empréstimos de seis meses:	6,00% ao ano	8,00% ao ano
Taxa de juros de investimentos de seis meses:	5,00% ao ano	7,00% ao ano
Taxa de câmbio à vista:	US$1,00 = 10,00 dirrãs	
Taxa a termo de seis meses:	US$1,00 = 10,40 dirrãs	

As opções de compra de seis meses de 6.000.000 dirrãs a um preço de exercício de 10,00 dirrãs por dólar estão disponíveis junto ao Banco Al-Maghrub a um prêmio de 2%. Opções de venda de seis meses de 6.000.000 dirrãs a um preço de exercício de 10,00 dirrãs por dólar estão disponíveis a um prêmio de 3%. Compare e contraste maneiras alternativas de como a Micca pode fazer *hedge* de sua exposição de transação. Qual é a sua recomendação?

14. **Métricas financeiras da Pixel.** Leo Srivastava é diretor de finanças da Pixel Manufacturing, uma fabricante, sediada nos EUA, de sistemas de computador portáteis (*hand-held*) para gerenciamento de estoques. O sistema da Pixel combina um código de barras ativo de baixo custo utilizado no estoque (as etiquetas de código de barras emitem uma frequência de rádio extremamente baixa) com *hardware* e *software* personalizados que acompanham as emissões para controle do estoque. A Pixel concluiu a venda de um sistema de código de barras para uma empresa britânica, Grand Metropolitan (Reino Unido), por um pagamento total de £1.000.000. As taxas de câmbio a seguir estavam disponíveis à Pixel nas datas correspondentes aos eventos dessa exportação específica. Suponha que cada mês tenha 30 dias.

Data	Taxa à vista (US$/£)	Taxa a termo (US$/£)	Descrição
Fev 1	1,7850	F_{210} = 1,7771	Cotação de preço pela Pixel (EUA) para a Grand Met (Reino Unido)
Mar 1	1,7465	F_{180} = 1,7381	Contrato de venda assinado totalizando £1.000.000
Jun 1	1,7689	F_{90} = 1,7602	Produto enviado à Grand Met
Ago 1	1,7840	F_{30} = 1,7811	Produto recebido pela Grand Met
Set 1	1,7290		Grand Met faz pagamento de £1.000.000

a. A demonstração de resultados da Pixel refletirá a venda tanto como venda contabilizada quanto como possível ganho (perda) cambial. Suponha que Leo decida não fazer *hedge* dessa exposição de transação. Qual é o valor da venda registrada? Qual é o ganho (perda) cambial sobre a venda?
b. Agora suponha que Leo decida fazer *hedge* da exposição com um contrato a termo. As demonstrações financeiras refletirão um conjunto diferente de valores quando cobertos por *hedge*. Qual é o valor da venda contabilizada? Qual é o ganho (perda) cambial sobre a venda se coberto por *hedge* com um contrato a termo?

15. **Maria Gonzalez e a Trident (A).** A Trident – a mesma empresa sediada nos EUA que foi discutida em todo este capítulo, concluiu uma segunda grande venda de equipamentos de telecomunicações para a Regency (Reino Unido). O pagamento total de £3.000.000 vence em 90 dias. Maria Gonzalez também aprendeu que a Trident só será capaz de contrair empréstimos no Reino Unido a 14% ao ano (devido a preocupações de crédito por parte dos bancos britânicos). Dadas as taxas de câmbio e taxas de juros a seguir, que *hedge* de exposição de transação agora seria do interesse da Trident?

Taxa à vista:	US$1,7620/£
Taxa à vista esperada em 90 dias:	US$1,7850/£
Taxa a termo de 90 dias:	US$1,7550/£
Taxa de depósitos em dólar de 90 dias:	6,0% ao ano
Taxa de empréstimos em dólar de 90 dias:	8,0% ao ano
Taxa de depósito em libra esterlina de 90 dias:	8,0% ao ano
Taxa de empréstimos em libra esterlina de 90 dias:	14,0% ao ano
12,0% ao ano da Trident	

Maria também levantou dados sobre duas opções específicas:

	Taxa de câmbio de exercício	Prêmio
Opção de venda de £ de 90 dias	US$1,75/£	1,5%
Opção de venda de £ de 90 dias	US$1,71/£	1,0%

16. **Maria Gonzalez e a Trident (B).** Um ano mais tarde, Maria Gonzalez ainda está empregada na Trident. Os negócios da Trident estão florescendo, e as vendas agora se expandiram, passando a incluir exportações para a Alemanha e Japão, além de vendas permanentes para o Reino Unido. Todas as vendas de exportação são faturadas na moeda local do comprador. Maria Gonzalez contabilizará as seguintes vendas nesse período:

Vendas domésticas	US$7.300.000 (prazo de crédito de 45 dias)
Vendas de exportação	€2.340.000; £1.780.000; ¥125.000.000 (os prazos de todas as exportações são de 90 dias)

Outros itens da demonstração de resultados são os seguintes:

Custo das mercadorias vendidas	65% das vendas
Despesas gerais e administrativas	9% das vendas
Depreciação	US$248.750 por período
Impostos corporativos nos EUA	40% dos lucros antes dos impostos
Ações em circulação	1.000.000

Maria Gonzalez obteve as seguintes taxa à vistas (as vendas serão contabilizadas a essas taxas), taxas a termo de 90 dias, e previsões de 90 dias com o consultor cambial da Trident para as três moedas:

À vista	A termo para 90 dias	Previsão do consultor de câmbio
US$1,5900/£	US$1,5875/£	US$1,5600/£
US$1,0560/€	US$1,0250/€	US$1,0660/€
¥122,43/US$	¥120,85/US$	¥126,00/US$

Ao criar uma demonstração de resultados pró-forma para a Trident, responda as seguintes perguntas:
  a. Se Maria Gonzalez deixar todas as posições descobertas, e as taxas à vista finais na liquidação forem exatamente as que o consultor de câmbio tinha previsto, quais são os ganhos (perdas) cambiais para o período, e quais são os valores finais do lucro líquido e dos lucros por ação (EPS ou *earnings per share*)?
  b. Se Maria Gonzalez cobrir todas as posições com uma cobertura total usando contratos a termo, e as taxas à vista finais na liquidação forem exatamente iguais às previstas pelo consultor de câmbio, quais serão os ganhos (perdas) cambiais para o período, e os valores finais do lucro líquido e dos lucros por ação (EPS ou *earnings per share*)?
  c. Se Maria Gonzalez usa uma prática comum do setor de cobrir todas as posições 100% com uma cobertura a termo se a taxa a termo a fizer ganhar os pontos, cobrindo apenas a metade das posições em que ela está pagando os pontos a termo, quais são os ganhos (perdas) cambiais para o período e os valores finais do lucro líquido e dos lucros por ação (EPS ou *earnings per share*), supondo as seguintes taxas à vista na liquidação final: US$1,0480/€, US$1,6000/£, ¥122,50/US$?

17. **Solar Turbines.** No dia 1º de março, a Solar Turbines, uma subsidiária de propriedade integral da Caterpillar (EUA), vendeu uma turbina de compressão de 12 megawatts para a Vollendam Dike Company, da Holanda, por €4.000.000, a serem pagos da seguinte forma: €2.000.000 no dia 1º de junho e €2.000.000 no dia 1º de setembro. A Solar obteve o preço de sua cotação de €4.000.000 no dia 1º de fevereiro dividindo seu preço de venda normal em dólar de US$4.320.000 pela taxa à vista corrente daquele momento, de US$1,0800/€.

Quando o pedido foi recebido no dia 1º de março, o euro tinha se fortalecido para US$1,1000/€, então a venda passou a valer, na verdade, €4.000.000 × US$1,1000/€ = US$4.400.000. A Solar já tinha ganho US$80.000 extras de movimentos favoráveis da taxa de câmbio! No entanto, o diretor de finanças da Solar agora estava na dúvida sobre se a empresa deveria fazer *hedge* para se proteger de uma inversão na recente tendência do euro. Quatro abordagens eram possíveis:
1. *Hedge* no mercado a termo. A cotação a termo de três meses era de US$1,1060/€ e a cotação a termo de seis meses era de US$1,1130/€.
2. *Hedge* no mercado monetário. A Solar poderia tomar euros emprestados da filial de Frankfurt de seu banco norte-americano a 8,00% ao ano.
3. *Hedge* com opções em moeda estrangeira. Havia opções de venda de junho disponíveis a um preço de exercício de US$1,1000/€ por um prêmio de 2,0% por contrato, e opções de venda de setembro a US$1,1000/€ por um prêmio de 1,2%. A opções de compra de junho a US$1,1000/€ podiam ser compradas por um prêmio de 3,0%, e opções de compra de setembro a US$1,1000/€ estavam disponíveis a um prêmio de 2,6%.
4. Não fazer nada. A Solar podia esperar até os resultados das vendas serem recebidos em junho e setembro, esperar que o recente fortalecimento do euro continuasse, e vender os euros recebidos por dólares no mercado à vista.

A Solar estima que seu custo de capital seja de 12% ao ano. Como uma pequena empresa, a Solar Turbines não consegue levantar fundos com dívida de longo prazo. Os bilhetes do Tesouro dos EUA estavam rendendo 3,6% ao ano. O que a Solar deveria fazer?

Tektronix

Os cinco problemas a seguir são baseados nas exposições de transação hipotéticas, mas típicas, que poderiam ser enfrentadas pela Tektronix, Inc. (TEK), uma EMN real sediada em Beaverton, Oregon, EUA. As vendas da TEK no ano fiscal que termina em 31 de maio de 2004 foram de aproximadamente US$1 bilhão. Seus principais produtos são instrumentos de mensuração científica como análises de protocolo e simuladores, sistemas de monitoramento de redes, produtos de teste de transmissões e cabos e uma ampla variedade de osciloscópios. Parte das vendas *no estrangeiro foram exportações diretas da sede de produção e pesquisa da TEK em Beaverton. Uma segunda parte das vendas foram passadas pelas próprias subsidiárias estrangeiras de vendas e de montagem da TEK. Uma terceira parte das vendas foram através de joint ventures como no Japão (Sony) e China. A TEK também importava componentes e outros materiais que eram usados nas operações de produção em Beaverton. Os principais concorrentes da TEK são a Agilent (antigo negócio de instrumentos de mensuração da Hewlett Packard) e a Siemens (um enorme conglomerado alemão).*

18. **TEK – Conta a receber italiana (planilha no *site*).** A TEK deseja fazer *hedge* de uma conta a receber de €4.000.000 decorrente de uma venda para a Olivetti (Itália). O pagamento vence em três meses. A unidade italiana da TEK não possui acesso direto a empréstimos em moeda local, eliminando a alternativa de um *hedge* no mercado monetário. O Citibank ofereceu à TEK as seguintes cotações:

Taxa à vista:	US$1,2000/€
Taxa a termo de três meses:	US$1,2180/€
Taxa de juros de três meses do euro:	4,200% ao ano
Opção de venda de euros de três meses	
A um preço de exercício de US$1,0800/€:	3,40%
Custo médio ponderado de capital da TEK:	9,80%

a. Quais são os custos de cada alternativa?
b. Quais são os riscos de cada alternativa?
c. Que alternativa a TEK deve escolher se preferir "jogar com segurança"?
d. Que alternativa a TEK deve escolher se estiver disposta a correr um risco razoável e tiver uma visão direcional de que o euro possa vir a ser apreciado em relação ao dólar durante os três próximos meses?

19. **TEK – Conta a pagar japonesa.** A TEK importou componentes de seu *joint venture* no Japão, a Sony–TEK, com um pagamento de ¥8.000.000 que vence em seis meses. O Citibank ofereceu à TEK as seguintes cotações:

Taxa à vista:	¥108,20/US$
Taxa a termo de seis meses:	¥106,20/US$
Taxa de depósito de seis meses do iene:	1,250% ao ano
Taxa de juros de seis meses do dólar:	4,000% ao ano
Opção de compra de seis meses	
do iene a um preço de exercício de ¥108/US$:	2,5%
Custo médio ponderado de capital da TEK:	9,80%

a. Quais são os custos de cada alternativa?
b. Quais são os riscos de cada alternativa?
c. Que alternativa a TEK deve escolher se estiver disposta a correr um risco razoável e tiver uma visão direcional de que o iene possa vir a ser depreciado em relação ao dólar durante os seis próximos meses?

20. **TEK – Leilão da British Telecom.** A TEK fez uma oferta de £1.500.000 para fornecer e instalar um sistema de monitoramento de redes para a British Telecom em Manchester, Reino Unido. A oferta é válida por 30 dias, momento em que será anunciado o vencedor do processo de leilão. Espera-se que os outros ofertantes sejam a Agilent, a Siemens e pelo menos duas empresas britânicas. Se a TEK vencer o leilão, ela terá 60 dias para construir e instalar o sistema. Durante este período de 90 dias, os £1.500.000 serão considerados como pedidos pendentes (*backlog*). Mediante a entrega e testagem do sistema, a British Telecom fará um pagamenbto integral 30 dias depois. Durante esse mês, a TEK contará com os £1.500.000 como uma conta a receber. O Barclay's Bank (Reino Unido) ofereceu à TEK as seguintres cotações:

Taxa à vista:	US$1,8418/£
Taxa a termo de um mês:	1,8368/£
Taxa a termo de quatro meses:	1,8268/£
Taxa de investimento em £ de um mês:	4,000% ao ano
Taxa de empréstimos em £ de um mês:	6,500% ao ano
Taxa de investimento em £ de quatro meses:	4,125% ao ano
Taxa de empréstimos em £ de quatro meses:	6,500% ao ano
Opção de venda de libra esterlina em um mês (preço de exercício US$1,85/£) prêmio US$0,006/£	
Opção de venda de libra esterlina em quatro meses (preço de exercício US$1,85/£) prêmio US$0,012/£	
Custo médio ponderado de capital da TEK:	9,80%

O que a TEK deveria fazer para fazer *hedge* dessa oferta?

21. **TEK – lista de preços suecos.** A TEK oferece osciloscópios e outros produtos prontos para usar através de listas de preços denominados em moedas estrangeiras. Os preços são válidos por três meses somente. Um exemplo é uma lista de preços sueca expressa em coroas suecas. Com efeito, os clientes recebem uma opção de compra sem custo sobre produtos com uma taxa de câmbio dólar/coroa sueca. Durante um período típico de três meses, a TEK poderia esperar vender SKr 5.000.000 – SKr 10.000.000 em produtos com base na lista de preços. Como a taxa de câmbio SKr/US$ provavelmente irá mudar durante qualquer período de três meses, a TEK gostaria de fazer *hedge* dessa exposição de transação (a unidade de negócios suecos da TEK acredita que a coroa esteja se fortalecendo em relação ao dólar nos próximos meses). O Nordea Bank (Suécia) ofereceu à TEK as seguintes cotações:

Taxa à vista:	SKr 7,4793/US$
Taxa a termo de três meses:	SKr 7,4937/US$
Taxa de juros de tries meses em coroa:	4,780% ao ano
Taxa de empréstimo de três meses em coroa:	6,50% ao ano
Taxa de juros de três meses do dólar:	4,00% ao ano
Opção de venda em três meses da coroa a um preço de exercício de SKr 7,50/US$:	2,5%
Custo médio ponderado de capital da TEK:	9,80%

a. Quais são os custos de cada alternativa para fazer *hedge* de SKr 5.000.000?
b. Quais são os riscos de cada alternativa? Quantas coroas a TEK precisa cobrir com *hedge* se desejar "jogar com segurança"?
c. Que alternativa a TEK deve escolher se estiver disposta a assumir um risco razoável e tiver uma visão direcional de que a coroa sueca será apreciada em relação ao dólar americano durante os três próximos meses?

22. **TEK – Dividendo a pagar na Suíça.** As subsidiárias europeias da TEK são de propriedade formal de uma *holding*, TEK-Switzerland. Assim, as subsidiárias pagam dividendos à holding suíça, que, por sua vez, paga dividendos à TEK-Beaverton. A TEK declarou dividendos de 5 milhões de francos suíços, a serem pagos em três meses pela Suíça à TEK-Beaverton. Se a TEK-Beaverton deseja fazer *hedge* dessa exposição de transação ela pode utilizar as seguintes cotações do Swiss Bank Corporation:

Taxa à vista:	SFr1,2462/US$
Taxa à vista esperada em três meses:	SFr1,2200/US$
Taxa a termo de três meses:	SFr1,2429/US$
Taxa de juros de três meses do franco suíço:	3,75% ao ano
Taxa de juros de três meses do dólar:	4,00% ao ano
Opção de venda de SF em três meses a um preço de exercício de SFr1,25/US$:	prêmio de US$0,0150/SFr
Custo médio ponderado de capital da TEK:	9,80%

Quais são os custos de cada alternativa para fazer um *hedge* do dividendo a ser pago? Quais são os riscos de cada alternativa? Que alternativa a TEK deve escolher? Explique sua suposição sobre a motivação da TEK para escolher a alternativa que você sugeriu.

EXERCÍCIOS NA INTERNET

1. **Volatilidades de moedas estrangeiras.** Você deseja determinar o preço de suas próprias opções, mas precisa das volatilidades correntes do euro, libra esterlina e ienes japoneses. Usando os *sites* a seguir, reúna as taxas à vista e as volatilidades a fim de determinar o preço *at-the-money* em relação à taxa a termo de opções de venda para sua análise de precificação de opções:

   www.ratesfx.com/summaries/volatility.html

2. **Objetivos do *hedge*.** Todas as empresas multinacionais declaram as metas e objetivos de suas atividades de gerenciamento de risco de moeda em seus relatórios anuais. Começando pelas empresas a seguir, reúna amostras de discussões sobre "por que fazer *hedge*?" para uma discussão de comparação e contraste:

   www.nestle.com
   www.disney.com
   www.nokia.com
   www.bp.com

3. **Política governamental da Nova Zelândia.** O governo da Nova Zelândia possui políticas e diretrizes específicas para o gerenciamento da exposição de transação. Visite o *site* a seguir para acompanhar a análise detalhada de suas recomendações:

   www.treasury.govt.nz/publicsector/fxexposure/5.asp

CAPÍTULO 11 — APÊNDICE

Opções Complexas

A Dayton Manufacturing, uma empresa sediada nos EUA, possui uma exposição de £1.000.000 – uma conta a receber – a ser compensada em 90 dias. O Quadro 11A.1 resume as suposições, exposição e alternativas tradicionais de opções a serem usadas em todo este apêndice. A empresa acredita que a taxa de câmbio vá se movimentar a seu favor ao longo do período de 90 dias (a libra esterlina britânica será apreciada em relação ao dólar americano). Apesar de ter essa visão direcional ou expectativa monetária, a empresa deseja proteção no *downside* no caso de a libra esterlina sofrer uma depreciação, ao contrário do que se espera.

As zonas de gerenciamento da exposição que são de maior interesse para a empresa são os dois triângulos opostos formados pelos perfis de ausência de *hedge* e de *hedge* usando contrato a termo. A empresa gostaria de reter toda a área potencial no triângulo superior direito, mas minimizar sua própria exposição potencial ao triângulo inferior esquerdo. O "perfil distorcido" da opção de venda é consistente com o que a empresa deseja se acredita que a libra esterlina virá a ser apreciada.

QUADRO 11A.1 Problema da Dayton Manufacturing e *hedges* com opções de venda

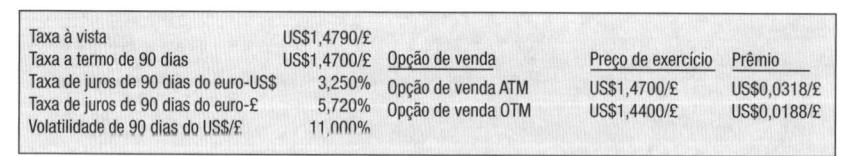

		Opção de venda	Preço de exercício	Prêmio
Taxa à vista	US$1,4790/£			
Taxa a termo de 90 dias	US$1,4700/£			
Taxa de juros de 90 dias do euro-US$	3,250%	Opção de venda ATM	US$1,4700/£	US$0,0318/£
Taxa de juros de 90 dias do euro-£	5,720%	Opção de venda OTM	US$1,4400/£	US$0,0188/£
Volatilidade de 90 dias do US$/£	11,000%			

Valor em dólar americano de £1.000.000 A/R de 90 dias

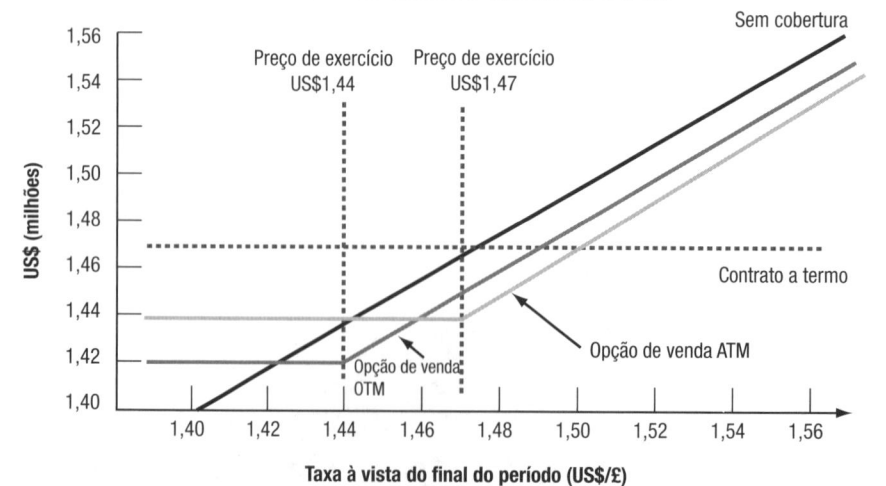

A empresa poderia considerar qualquer número de diferentes preços de exercício para as opções de venda, dependendo de que valor mínimo garantido – grau de auto-seguro – a empresa está disposta a aceitar. O Quadro 11A.1 ilustra duas diferentes alternativas de opção de venda: uma opção de venda ATM em relação à taxa a termo com preço de exercício de US$1,4700/£, e uma opção de venda OTM em relação a termo com preço de exercício de US$1,4400/£. Como as opções em moeda estrangeira são, na verdade, precificadas em torno da taxa a termo (ver capítulo 8), e não da taxa à vista, a especificação correta de se uma opção, seja de venda ou de compra, é ITM, ATM ou OTM faz referência à taxa a termo do mesmo vencimento. A opção de venda OTM fornece proteção a um custo mais baixo, mas também oferece um nível de proteção mais baixo.

O contrato a termo sintético

A uma taxa a termo de US$1,4700/£, os resultados financeiros do contrato a termo em 90 dias renderão US$1.470.000. Uma segunda alternativa para a empresa seria construir um contrato a termo sintético usando opções. O contrato a termo sintético exige que a empresa combine três elementos diferentes:

1. Posição comprada em £ (contas a receber de £1.000.000)
2. Comprar uma opção de venda de £ com um preço de exercício de US$1,4700/£, pagando um prêmio de US$0,0318/£
3. Vender uma opção de compra de £ com um preço de exercício de US$1,4700/£, obtendo um prêmio de US$0,0318/£

A compra da opção de venda exige o pagamento de um prêmio e a venda da opção de compra traz o pagamento do prêmio para a empresa. Se ambas as opções forem realizadas à taxa a termo (ATM em relação à taxa a termo), os prêmios deveriam ser idênticos e o pagamento líquido do prêmio deveria ser igual zero.

O Quadro 11A.2 ilustra a posição descoberta, o *hedge* básico com taxa a termo, e os perfis individuais das opções de compra e de venda para a possível construção de um contrato a termo sintético. O resultado da posição combinada é facilmente confirmado simplesmente traçando-se o que aconteceria com todas as taxas de câmbio à esquerda de US$1,4700/£, e o que aconteceria à direita de US$1,4700/£.

QUADRO 11A.2 Construção de um contrato a termo sintético para uma posição comprada na FX

Instrumentos	Preços de exercício	Prêmio	Valor nocional
Comprar uma opção de venda	US$1,4700/£	US$0,0318/£	£1.000.000
Vender uma opção de compra	US$1,4700/£	US$0,0318/£	£1.000.000

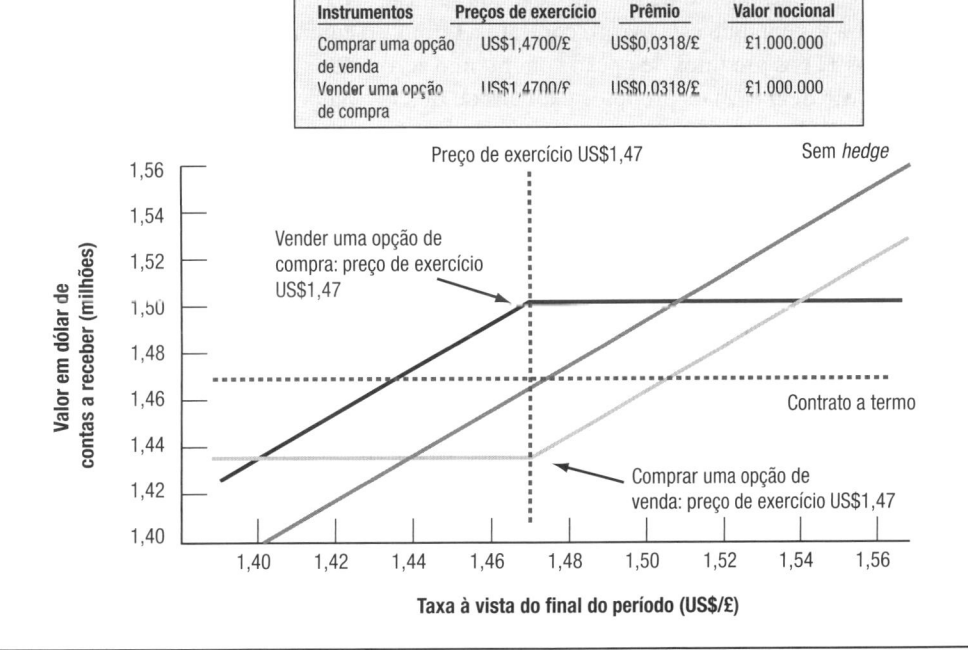

Para todas as taxas de câmbio à esquerda de US$1,4700/£:

1. A empresa receberia £1.000.000 em 90 dias.
2. A opção de compra de libras esterlinas vendida pela empresa expiraria *out-of-the-money*.
3. A empresa exerceria a opção de venda de libras esterlinas para vender as libras esterlinas recebidas a US$1,4700/£.

Para todas as taxas de câmbio abaixo de US$1,4700/£, a empresa sediada nos EUA obteria US$1.470.000 da conta a receber. Para todas as taxas de câmbio à direita de US$1,4700/£:

1. A empresa receberia £1.000.000 em 90 dias.
2. A opção de venda de libras esterlinas comprada pela empresa expiraria *out-of-the-money*.
3. A empresa entregaria o £1.000.000 recebido para o comprador da opção de compra, que agora exerceria a opção de compra contra a empresa. A empresa receberia US$1,4700/£ do comprador da opção de compra.

Assim, para todas as taxas de câmbio acima ou abaixo de US$1,4700/£, a empresa sediada nos EUA teria um lucro líquido de US$1.470.000 em moeda doméstica. A posição combinada à vista-opção se comportou identicamente a um contrato a termo. Uma empresa com a posição exatamente oposta, uma conta a pagar de £1.000.000 em 90 dias poderia, da mesma forma, construir um contrato a termo sintético usando opções.[1]

Mas por que uma empreenderia essa posição relativamente complexa a fim de simplesmente criar um contrato a termo? A resposta pode ser encontrada observando-se os prêmios de opção recebidos e pagos. Supusemos que os preços de realização usados da opção eram exatamente taxas ATM em relação à taxa a termo, e os prêmios de opção resultantes pagos e recebidos eram exatamente iguais. Mas isso não necessariamente ocorre. Se os preços de exercício da opção (lembre-se de que eles têm que ser idênticos para ambas as opções, compradas e vendidas) não forem exatamente iguais ao ATM em relação a termo, os dois prêmios podem diferir em uma pequena quantia. A posição do prêmio líquido pode acabar como um recebimento de prêmio líquido ou um pagamento de prêmio líquido. Se positivo, este valor seria adicionado aos resultados da conta a receber para resultar em um valor recebido total em dólar mais alto.[2]

Produtos de gerenciamento de risco de moeda de segunda geração

Os produtos de gerenciamento de risco de segunda geração são construídos a partir de dois derivativos básicos usados em todo este livro: o contrato a termo e o contrato de opção. Subdividiremo-los em dois grupos: (1) os produtos de opção com prêmio zero, que se focam na precificação na taxa a termo e em torno dela e (2) os produtos exóticos de opções (na falta de um nome melhor), que se focam em preços-alvo alternativos. Apesar de todos os derivativos a seguir serem vendidos como produtos financeiros por empresas de gerenciamento de risco, apresentaremos cada um deles como a construção da posição a partir de blocos de construção comuns, ou LEGO^R_S, como eles passarão a ser chamados, usados no gerenciamento de risco de moeda tradicional, nos contratos a termo e de opções. Como grupo, eles são coletivamente chamados de opções complexas.

---

[1] Uma empresa residente nos EUA que possui um pagamento futuro denominado em moeda estrangeira de £1.000.000 poderia construir um contrato a termo sintético da seguinte maneira: (1) a empresa pagaria £1.000.000 em 90 dias; (2) compraria uma opção de compra de libras esterlinas a um preço de exercício de US$1,4700/£; e (3) venderia uma opção de venda de libras esterlinas a um preço de exercício de US$1,4700/£.

[2] Uma outra possibilidade é que a empresa ache, para o momento em que a posição for assumida, que o prêmio da opção de compra obtido pode, na verdade, exceder um pouco o prêmio pago pela opção de venda. Esse resultado significa que o mercado de opções está temporariamente fora de equilíbrio (paridade). Esta situação é bastante possível, dada a avaliação exigida na precificação de opções (o modelo de precificação de opções de diferentes bancos não necessariamente usa volatilidades idênticas o tempo todo) e a estrutura descentralizada inerente à moeda e aos mercados de opções em moedas estrangeiras.

Produtos de opção com prêmio nulo

O principal "problema" com o uso de opções para gerenciamento de risco aos olhos das empresas é o pagamento de um prêmio à vista. Apesar de o pagamento do prêmio ser apenas uma porção do perfil de pagamento total do *hedge*, muitas empresas vêem o desembolso de fundos substanciais para a compra de derivativos financeiros como proibitivamente caro. Em comparação, o contrato a termo que elimina o risco de moeda não exige nenhuma despesa imediata pela empresa (e não existe nenhuma especificação real das expectativas em relação aos movimentos nas taxas de câmbio).

Os produtos de opção com prêmio nulo (ou combinações de derivativos financeiramente construídas) são criados para não exigir nenhum pagamento de prêmio imediato no início do *hedge*. Este conjunto de produtos inclui o que é muito frequentemente chamado de *range forward* e *participating forward*. Ambos esses produtos (1) são precificados com base na taxa a termo; (2) são construídos de modo a gerar um pagamento nulo de prêmio à vista; e (3) permitem que a empresa fazendo o *hedge* tire proveito das expectativas de movimentação da taxa de câmbio. Para o problema que temos em mãos, isso significa que todos os produtos a seguir são aplicáveis a uma expectativa de que o dólar americano venha a ser depreciado em relação à libra esterlina. Se a empresa que está fazendo *hedge* não tiver tal visão, o melhor é voltar atrás agora (e comprar um contrato a termo ou não comprar nada)!

Ratio Spreads (*Spreads* de quociente)

Antes de descrever os produtos de opção de segunda geração mais amplamente aceitos, é útil demonstrar um dos métodos mais antigos de obter uma combinação de opção com prêmio nulo: uma alternativa que deixa a empresa que está fazendo o *hedge* com uma grande exposição descoberta.

A empresa sediada nos EUA no problema de nosso capítulo decide que deseja estabelecer um nível mínimo de proteção comprando uma opção de venda de US$1,4700/£ (ATM em relação à taxa a termo) a um custo de US$0,0318/£ (custo total de US$31.800). Esta é uma despesa substancial de capital à vista pelo prêmio da opção, e a divisão de gerenciamento de risco da empresa não possui orçamento para esta magnitude de despesa. A empresa, com a forte sensação de que o dólar será depreciado em relação à libra esterlina, decide "financiar" a compra da opção de venda com a venda de uma opção de compra OTM. A empresa analisa as condições do mercado e considera diversos preços de exercício que estejam significativamente OTM, preços de exercício de US$1,5200/£, US$1,5400/£, ou mais OTM.

Decide-se que a opção de compra de US$1,5400/£, com um prêmio de US$0,0089/£, será lançada e então vendida para obter o prêmio e financiar a compra da opção de venda. No entanto, como o prêmio da opção de compra OTM é tão menor do que o prêmio da opção de venda ATM, o tamanho da opção de compra lançada tem que ser maior. A empresa determina o valor da opção de compra solucionando o simples problema de equivalência de prêmio, como a seguir:

Custo do prêmio da opção de venda = Ganhos com o prêmio da opção de compra

Substituindo os valores dos prêmios das opções de venda e de compra, temos

US$0,0318/£ × £1.000.000 = US$0,0089/£ × £ opção de compra

Encontramos o tamanho da opção de compra a ser lançada como a seguir:

$$\frac{US\$31.800}{US\$0,0089/£} = £3.573.034$$

O motivo pelo qual esta estratégia é chamada de *ratio spread* (*spread* de quociente) é que a posição final, o tamanho da opção de compra em relação ao tamanho da opção de venda, é um quociente maior do que 1 (£3.573.034 ÷ £1.000.000, ou um índice de aproximadamente 3,57).

Uma forma alternativa de *ratio spread* é o *calendar spread* ou *spread calendário*. O *calendar spread* combinaria a opção de venda de 90 dias com a venda de uma opção de compra OTM com um vencimento mais longo; por exemplo, 120 ou 180 dias. O vencimento mais longo da opção de compra lançada traz para a empresa prêmios com ganhos maiores, exigindo um "índice" menor. Como diversas empresas que usam esta estratégia aprenderam com seus próprios erros, no entanto, se as expectativas da empresa que está fazendo *hedge* estiverem incorretas, e a taxa à vista se movimentar para além do preço de exercício da opção de compra lançada, a empresa enfrentará a entrega de uma moeda estrangeira que ela não possui. Neste exemplo, se a taxa à vista se movimentasse para mais de US$1,5400/£, a empresa teria que cobrir uma posição de £2.573.034.

O *range forward*

O *range forward* básico tem sido comercializado com diversos outros nomes, como *collar*, contrato a termo flexível (*flexible forward*), opção de cilindro (*cylinder option*), *option fence* ou simplesmente *fence*, *mini-max*, ou túnel de custo zero (*zero-cost tunnel*). O *range forward* é construído através de dois passos:

1. Comprar uma opção de venda com uma taxa de câmbio de exercício menor que a taxa a termo, para cobrir todo o valor da exposição comprada na moeda (100% de cobertura)
2. Vender uma opção de compra com uma taxa de câmbio de exercício maior do que a taxa a termo, para cobrir todo o valor da exposição comprada na moeda (100% de cobertura)

A empresa que está fazendo o *hedge* escolhe um lado da "faixa" ou *spread*, normalmente o *downside* (taxa de câmbio de exercício da opção de venda), o que, então, determina a taxa de câmbio de exercício à qual a opção de compra será vendida. A opção de compra tem que ser escolhida a uma distância da taxa a termo igual à distância que o preço de exercício da opção de venda mantém da taxa a termo. Se empresa que está fazendo o *hedge* acredita que há uma possibilidade significativa de que a moeda se movimentará a favor da empresa, e em um grau considerável, a taxa de câmbio de exercício da opção de venda pode ser determinada relativamente baixa a fim de que o teto (valor máximo) seja mais alto ou mais distante da taxa a termo e ainda assim desfrutar de um prêmio líquido igual a zero. O quão baixa a proteção do *downside* pode ser determinada é uma questão difícil para a empresa. Geralmente, o tesoureiro da empresa determina a que taxa de câmbio mínima a empresa seria capaz de recuperar a margem mínima necessária sobre o negócio que está por trás da exposição de fluxo de caixa, às vezes chamada de taxa orçamentária.

O Quadro 11A.3 ilustra o resultado final de um *range forward* construído com a compra de uma opção de venda com um preço de exercício de US$1,4500/£, pagando um prêmio de US$0,0226/£, e com a venda de uma opção de compra com preço de exercício de US$1,4900/£, obtendo um prêmio de US$0,0231/£. A empresa que está fazendo o *hedge* terá limitado a faixa sobre a qual o valor de

QUADRO 11A.3 O *range forward*: fazendo *hedge* de uma posição comprada de £1.000.000

Instrumentos	Taxas de câmbio de exercício	Prêmio	Valor nocional
Comprar uma opção de venda	US$1,4500/£	US$0,0226/£	£1.000.000
Vender uma opção de compra	US$1,4900/£	US$0,0231/£	£1.000.000

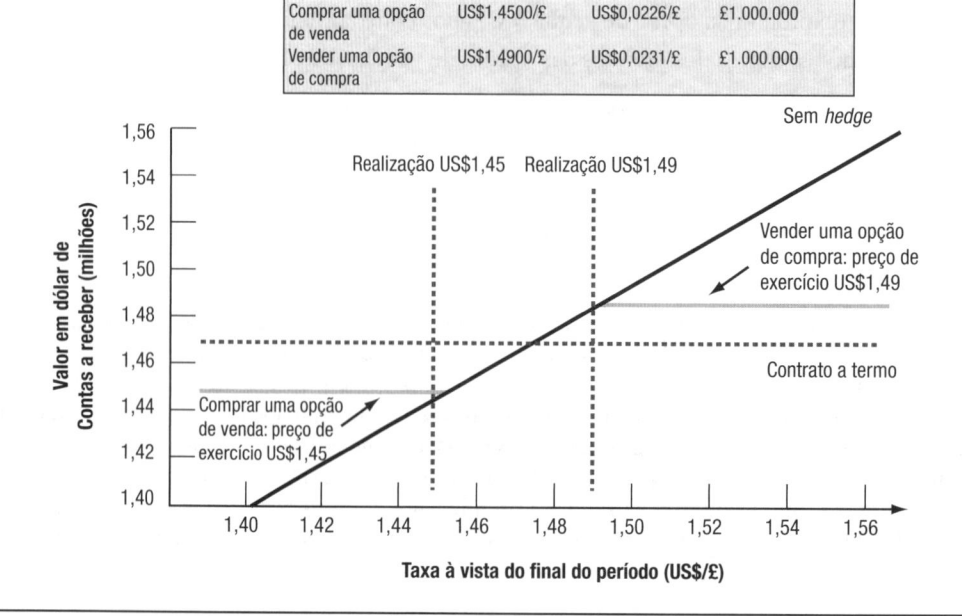

contas a receber empresa se movimenta como uma posição descoberta, com um valor mínimo para a opção de venda e um teto para uma opção de compra vendida.

Existem diversas variações sobre o *range forward* básico. Se ambos os preços de exercício forem os mesmos, será um contrato a termo sintético. Se ambos os preços de exercício escolhidos forem iguais à taxa a termo real, o contrato sintético será igual ao contrato a termo real. Este contrato a termo sintético terá um prêmio líquido próximo de zero. Apesar de os prêmios da opção de venda e da opção de compra não serem idênticos neste caso, eles são próximos o suficiente para resultar em um prêmio próximo de zero:

$$\text{Prêmio líquido} = (\text{US\$0,0226/£} - \text{US\$0,0231/£}) \times £1.000.000 = -\text{US\$500}$$

Os benefícios da posição combinada são imediatamente observáveis, dado que o prêmio da opção de venda sozinho chega a US$22.600. Se as taxas de câmbio de exercício das opções forem selecionadas independentemente do desejo de um prêmio líquido à vista exatamente igual a zero (ainda delimitando a taxa a termo), a opção será chamada de *option collar* or *cylinder option*.

O *participating forward*

O *participating forward*, também chamado de *opção de índice de custo zero* (*zero-cost ratio option*) e acordo de participação a termo (*forward participation agreement*), é uma combinação de opções que permite que a empresa que está fazendo o *hedge* compartilhe possíveis movimentações no *upside* fornecendo, ao mesmo tempo, uma proteção do *downside*, tudo com um prêmio líquido igual a zero. O *participating forward* é contruído através de dois passos:

1. Comprar uma opção de venda com um preço de exercício abaixo da taxa a termo, para cobrir todo o valor da exposição comprada em moeda (100% de cobertura)
2. Vender uma opção de compra com um preço de exercício que é o mesmo que a opção de venda, para cobrir uma porção do valor da exposição comprada em moeda (cobertura de menos de 100%)

De maneira similar ao *range forward*, o comprador de um *participating forward* escolherá a taxa de câmbio de exercício da opção de venda primeiro. Como a taxa de câmbio de exercício da opção de compra é a mesma que a da opção de venda, tudo o que resta é determinar a taxa de participação, a proporção da exposição vendida em relação à opção de compra.

O Quadro 11A.4 ilustra a construção de um *participating forward* para o problema do capítulo. A empresa primeiramente escolhe o nível de proteção da opção de venda, neste caso US$1,4500/£, com um prêmio de US$0,0226/£. Uma opção de compra vendida com a mesma taxa de câmbio de exercício de US$1,4500/£ traria para a empresa US$0,0425/£. O prêmio da opção de compra é substancialmente mais alto do que o prêmio da opção de venda porque a opção de compra já está *in-the-money* (ITM). O objetivo da empresa é vender uma opção de compra somente para o número de libras esterlinas necessárias para financiar a compra da opção de venda. O prêmio total da opção de venda é

$$\text{Prêmio total da opção de venda} = \text{US\$0,0226/£} \times £1.000.000 = \text{US\$22.600}$$

que, então, é utilizado para determinar o número de opções de compra que é necessário para exatamente neutralizar a compra da opção de venda:

$$\text{US\$22.600} = \text{US\$0,0425/£} \times \text{principal da opção de compra}$$

Para encontrar o principal da opção de compra:

$$\text{Principal da opção de compra} = \frac{\text{US\$22.600}}{\text{US\$0,0425/£}} = £531.765$$

A empresa, portanto, tem que vender uma opção de compra sobre £531.765 com uma taxa de câmbio de exercício de US$1,4500/£ para cobrir a compra da opção de venda. Essa falta de correspondência nos valores principais das opções é o que dá ao *participating forward* seu formato singular.[3]

---

[3] Observe que se ambas as opções tivessem a mesma taxa de câmbio de exercício e o mesmo principal, o resultado seria um prêmio positivo para um contrato a termo sintético. O prêmio positivo resultaria da taxa de câmbio de exercício que coloca a opção de compra *in-the-money* e a opção de venda *out-of-the-money*. Um verdadeiro contrato a termo sintético de prêmio líquido igual a zero usaria uma taxa de câmbio de exercício igual à taxa a termo.

QUADRO 11A.4 O *participating forward*: fazendo *hedge* de uma posição comprada de £1.000.000

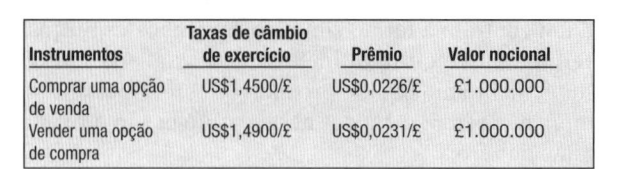

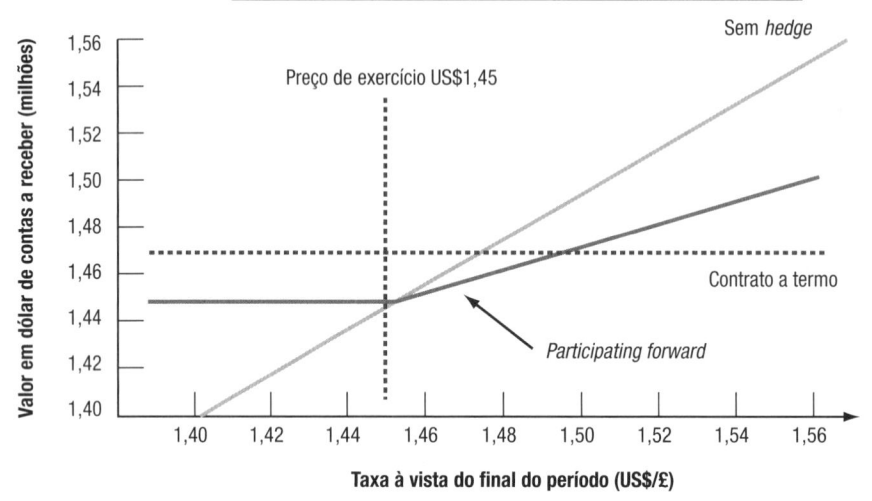

Instrumentos	Taxas de câmbio de exercício	Prêmio	Valor nocional
Comprar uma opção de venda	US$1,4500/£	US$0,0226/£	£1.000.000
Vender uma opção de compra	US$1,4900/£	US$0,0231/£	£1.000.000

O quociente dos prêmios das opções, além do índice dos principais das opções, é chamado de cobertura percentual (*percent cover*):

$$\text{Cobertura percentual} = \frac{\text{US\$0,026/£}}{\text{US\$0,0425/£}} = \frac{£531.765}{£1.000.000} = 0,5318 \approx 53,18\%$$

A taxa de participação é a porcentagem residual da exposição que não é coberta pela venda da opção de compra. Por exemplo, se a cobertura percentual for 53,18%, a taxa de participação será igual a 1 – a cobertura percentual, ou 46,82%. Isso significa que para todos os movimentos favoráveis da taxa de câmbio (aqueles acima de US$1,4500/£), a empresa que está fazendo o *hedge* "participaria" ou desfrutaria de 46,8% do diferencial. Entretanto, como todos os *hedges* baseados em opções, a exposição no *downside* é limitada pela taxa de câmbio de exercício da opção de venda.

As expectativas do comprador são similares ao *range forward*; apenas o grau de otimismo em relação à moeda estrangeira (bullishness)* é maior. Para que o *participating forward* tenha um resultado superior ao do *range forward*, é necessário que a taxa de câmbio se movimente mais na direção favorável do que no *range forward*.

A opção de taxa média

Essas opções normalmente são classificadas como opções de moeda "dependentes da trajetória" ou path-dependent options porque seus valores dependem das médias das taxas à vista ao longo de determinado período de tempo pré-especificado. Aqui, descreveremos dois exemplos de opções dependentes da trajetória, a opção de taxa média e a opção de preço de exercício médio:

1. A opção de taxa média (ARO ou *average rate option*), também conhecida como opção asiática, define inicialmente a taxa de câmbio de exercício e é exercida no vencimento se a taxa à vista média ao longo do período (como observado por amostragem predefinida) for menor do que a taxa de câmbio de exercício predeterminada da opção.

---

* N. de T.: Refere-se a uma expectativa de aumento nos preços.

2. A opção de preço de exercício médio (ASO ou *average strike option*) estabelece a taxa de câmbio de exercício da opção como a média da taxa à vista experimentada ao longo da vida da opção e é exercida se a taxa de exercício for maior do que a taxa à vista do fim do período.

Assim como a opção *knock-out*, a opção de taxa média é difícil de ilustrar porque seu valor depende não da taxa à vista final, mas, em vez disso, da trajetória que a taxa à vista toma ao longo de seu tempo de vida especificado. Por exemplo, uma opção de taxa média com preço de exercício de US$1,4700/£ teria um prêmio de apenas US$0,0186/£. A taxa média seria calculada por observações semanais (12 semanas completas, sendo que a primeira observação ocorreria 13 dias depois da compra) da taxa à vista. Obviamente existem diversas diferentes médias ou trajetórias do movimento da taxa à vista. Alguns cenários diferentes auxiliam na compreensão de como a ARO difere em sua avaliação.

1. A taxa à vista se movimenta muito pouco ao longo dos 70 a 80 primeiros dias do período, com um movimento repentino na taxa à vista para menos de US$1,4700/£ nos dias anteriores ao vencimento. Apesar de a taxa à vista final estar abaixo de US$1,4700/£, a média deste período se encontra acima de US$1,4700, então a opção não pode ser exercida. A conta a receber é trocada pela taxa à vista (menos de US$1,4700/£) e o custo do prêmio da opção ainda é incorrido.
2. O dólar lenta e uniformemente vai sendo depreciado em relação à libra esterlina, com a taxa subindo de US$1,4790/£ para US$1,48, US$1,49, e assim por diante. No final dos 90 dias a opção expira *out of the money*, a conta a receber é trocada com base na taxa à vista favorável, e a empresa terá desfrutado da proteção da opção de taxa média gastando substancialmente menos com o prêmio.

Uma variação na taxa média é a *opção lookback, com preço de exercício* e *sem preço de exercício*. Uma *opção lookback com preço de exercício* é uma opção europeia com uma taxa de câmbio de exercício predeterminada que, no vencimento, é avaliada em relação à maior ou menor taxa à vista alcançada ao longo da vida da opção. Uma opção *lookback sem preço de exercício* é tipicamente uma opção europeia que determina a taxa de câmbio de exercício no vencimento como a taxa de câmbio mais baixa alcançada durante o período para uma opção de compra, ou a taxa de câmbio mais alta alcançada durante o período para uma opção de venda, e é exercida com base nessa taxa de câmbio de exercício *versus* a taxa à vista final.

Diversos tipos diferentes de produtos de opções de moedas são vendidos por instituições financeiras, cada um com uma estrutura de pagamento distinta. Devido à complexidade do valor das opções dependentes de trajetória, deve-se ter cautela no uso desses instrumentos. Como em todos os mercados, o comprador deve estar alerta.

CAPÍTULO 12

Exposição Operacional

A essência do gerenciamento de risco se encontra em maximizar as áreas nas quais temos algum controle sobre os resultados, minimizando as áreas nas quais não temos absolutamente nenhum controle sobre os resultados e a ligação entre causa e efeito está oculta para nós.
— Peter Bernstein, *Against the Gods*, 1996.

Este capítulo amplia o conceito de exposição de transação, descrito no Capítulo 11, ao longo do tempo e entre diversos fluxos de caixa futuros que criam o valor de qualquer empresa multinacional. A exposição operacional, também chamada de exposição econômica, exposição competitiva e até mesmo exposição estratégica em certas ocasiões, mede qualquer mudança no valor presente de uma empresa que seja decorrente de mudanças em fluxos de caixa operacionais futuros causadas por qualquer variação inesperada nas taxas de câmbio. A análise da exposição operacional avalia o impacto de mudanças nas taxas de câmbio sobre as operações de uma empresa ao longo dos meses e anos que estão por vir e sobre sua posição competitiva no que diz respeito a outras empresas. O objetivo é identificar ações estratégicas ou técnicas operacionais que a empresa possa desejar adotar para aumentar seu valor tendo em vista variações inesperadas nas taxas de câmbio.

A exposição operacional e a exposição de transação estão relacionadas no sentido de que ambas lidam com fluxos de caixa futuros. Elas diferem em termos de que fluxos de caixa a administração leva em consideração e por que esses fluxos de caixa mudam quando as taxas de câmbio mudam.

ATRIBUTOS DA EXPOSIÇÃO OPERACIONAL

Medir a exposição operacional de uma empresa exige a previsão e análise de todas as exposições de transação individuais futuras da empresa juntamente com as futuras exposições de todos os concorrentes e possíveis concorrentes da empresa em todo o mundo. Um simples exemplo esclarecerá a questão.

Uma EMN como a Eastman Kodak (EUA) possui diversas exposições de transação a qualquer dado momento. A Kodak possui vendas nos Estados Unidos, Japão e Europa e, portanto, possui uma série contínua de contas a receber em moeda estrangeira (e contas a pagar). As vendas e despesas que já são contratadas são exposições de transação tradicionais. As vendas que são altamente prováveis com base no histórico da linha de negócios e na participação de mercado da Kodak, mas que ainda não possuem base jurídica são exposições de transação antecipadas. (Este termo é usado de maneira bastante específica em contabilidade para ganhos e perdas cambiais).

E se a análise da exposição da empresa a mudanças na taxa de câmbio for estendida ao futuro? Quais são as exposições de mais longo prazo da Kodak a mudanças na taxa de câmbio? Mudanças na taxa de câmbio futura não somente alteram o valor, em moeda doméstica (dólares americanos, neste caso), dos fluxos de caixa em moeda estrangeira da empresa, mas também mudam a quantidade de fluxos de caixa em moeda estrangeira gerados. Qualquer mudança nos fluxos de caixa da Kodak no futuro dependerá do grau de competitividade da empresa em seus vários mercados. A competitividade internacional da Kodak, por sua vez, será afetada pelas exposições operacionais de suas principais concorrentes como a Fuji (Japão) e a Agfa (Alemanha). A análise deste mais longo prazo – em que as mudanças nas taxas de câmbio snao imprevisíveis e, portanto, inesperadas – é o objetivo da análise da exposição operacional.

Fluxos de caixa operacionais e financeiros

O fluxos de caixa da EMN podem ser divididos em fluxos de caixa operacionais e fluxos de caixa financeiros. Os fluxos de caixa operacionais surgem das contas a receber e contas a pagar, aluguéis e pagamentos de *leases* para o uso de instalações e equipamentos, *royalty* e tarifas de licenciamento pelo uso de tecnologias e propriedade intelectual, além de diversas taxas de gerenciamento por serviços prestados que ocorrem interempresa (entre empresas não relacionadas) e intraempresa (entre unidades da mesma empresa).

Fluxos de caixa financeiros são pagamentos pelo uso de empréstimos (principal e juros) interempresa e intraempresa e relacionados ao patrimônio do acionista (novos investimentos em capital próprio e dividendos). Cada um desses fluxos de caixa pode ocorrer em diferentes intervalos de tempo, em diferentes valores e em diferentes moedas de referência, e cada um possui uma diferente previsibilidade de ocorrência. Resumimos as possibilidades de fluxo de caixa no Quadro 12.1 para uma EMN que oferece suporte à sua subsidiária estrangeira.

Mudanças esperadas *versus* inesperadas nos fluxos de caixa

A exposição operacional é muito mais importante para a saúde de longo prazo de um negócio do que as mudanças causadas por exposições de transação ou contábeis. No entanto, a exposição operacional é inevitavelmente subjetiva porque depende de estimativas de mudanças nos fluxos de caixa futuros ao longo de um horizonte de tempo arbitrário. Assim, ela não surge do processo contábil, mas, em vez disso, da análise operacional. O planejamento da exposição operacional é de total res-

QUADRO 12.1 Fluxos de caixa financeiros e operacionais entre matriz e subsidiária

Fluxos de caixa relacionados ao financiamento da subsidiária são fluxos de caixa financeiros
Fluxos de caixa relacionados às atividades de negócios da subsidiária são fluxos de caixa operacionais

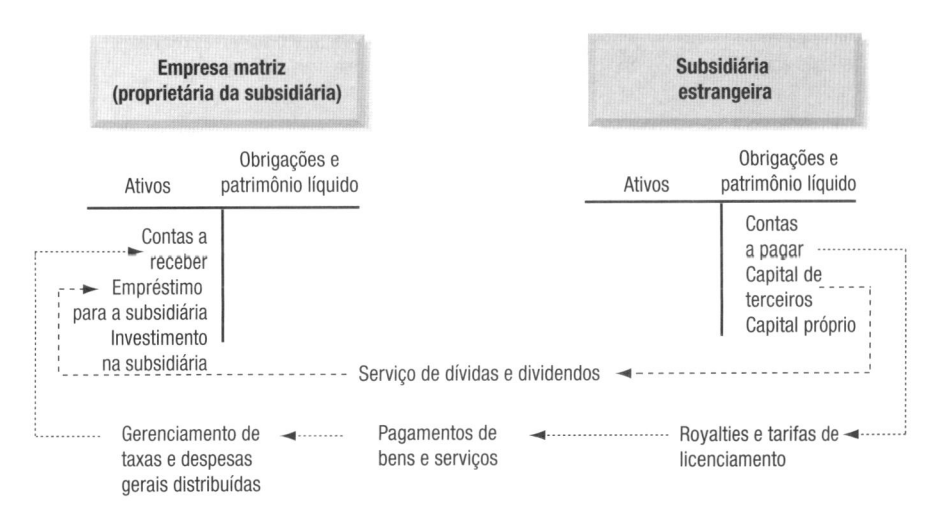

Empresa matriz (proprietária da subsidiária)

- Ativos: Contas a receber; Empréstimo para a subsidiária; Investimento na subsidiária
- Obrigações e patrimônio líquido

Subsidiária estrangeira

- Ativos
- Obrigações e patrimônio líquido: Contas a pagar; Capital de terceiros; Capital próprio

Serviço de dívidas e dividendos

Gerenciamento de taxas e despesas gerais distribuídas ← Pagamentos de bens e serviços ← Royalties e tarifas de licenciamento

ponsabilidade da administração, porque depende da interação entre estratégias de finanças, *marketing*, compras e produção.

Uma mudança esperada nas taxas de câmbio não é incluída na definição de exposição operacional, porque administradores e investidores deveriam ter incluído essa informação em sua avaliação de resultados operacionais previstos e no valor de mercado. Sob a perspectiva da administração, as demonstrações financeiras orçadas já refletem informações sobre o efeito de uma mudança esperada nas taxas de câmbio. Por exemplo, sob condições de equilíbrio, a taxa a termo pode ser usada como um estimador não viesado da taxa à vista futura. Nesse caso, a administração usaria a taxa a termo ao preparar os orçamentos operacionais, em vez de supor que a taxa à vista permaneceria inalterada.

Um outro exemplo é que o fluxo de caixa esperado para amortizar a dívida já deve refletir o efeito Fisher internacional. O nível de pagamento de juros e principal esperado deve ser uma função das taxas de câmbio esperadas em vez de das taxas à vista existentes.

Sob a perspectiva de um investidor, se o mercado de câmbio for eficiente, informações sobre as mudanças esperadas nas taxas de câmbio devem ser amplamente conhecidas e, assim, devem se refletir no valor de mercado de uma empresa. Apenas mudanças inesperadas nas taxas de câmbio, ou um mercado de câmbio ineficiente devem causar mudanças no valor de mercado.

Sob uma perspectiva mais ampla, a exposição operacional é não somente a sensibilidade dos fluxos de caixa futuros de uma empresa a mudanças inesperadas nas taxas de câmbio, mas também sua sensibilidade a outras variáveis macroeconômicas importantes. Este fator foi chamado de incerteza macroeconômica. O Capítulo 7 descreveu as relações de paridade entre taxas de câmbio, taxas de juros, e taxas de inflação. Entretanto, essas variáveis geralmente se encontram em desequilíbrio umas com as outras. Portanto, mudanças inesperadas nas taxas de taxas de juros e nas taxas de inflação também poderiam ter um impacto simultâneo, mas distinto sobre os fluxos de caixa futuros.

ILUSTRAÇÃO DA EXPOSIÇÃO OPERACIONAL: TRIDENT

Para ilustrar as consequências da exposição operacional, usaremos a subsidiária europeia da Trident, a Trident Europe. O Quadro 12.2 apresenta o dilema enfrentado pela Trident Corporation em decorrência de uma mudança inesperada no valor do euro, a moeda de consequência econômica para a subsidiária alemã. A Trident Corporation (EUA) recebe grande parte de seus lucros divulgados (lucros e lucros por ação – EPS – como divulgados para a Wall Street) de sua subsidiária europeia. Se o euro cair de valor inesperadamente, como as receitas da Trident Europe mudarão (preços, em termos do euro e volumes)? Como seus custos mudarão (primordialmente custos de insumos, em

QUADRO 12.2 Trident Corporation e sua subsidiária europeia: exposição operacional da matriz e sua subsidiária

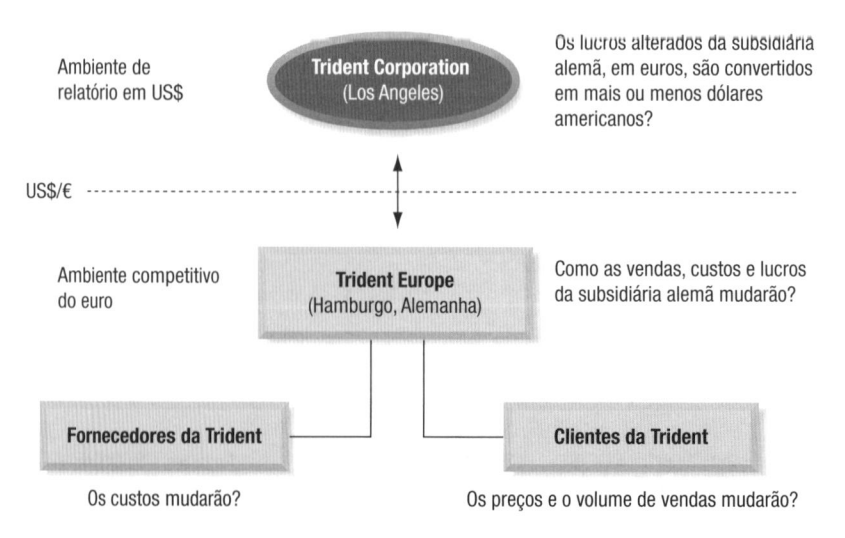

- Ambiente de relatório em US$ — **Trident Corporation (Los Angeles)** — Os lucros alterados da subsidiária alemã, em euros, são convertidos em mais ou menos dólares americanos?

US$/€

- Ambiente competitivo do euro — **Trident Europe (Hamburgo, Alemanha)** — Como as vendas, custos e lucros da subsidiária alemã mudarão?

- **Fornecedores da Trident** — Os custos mudarão?
- **Clientes da Trident** — Os preços e o volume de vendas mudarão?

Uma depreciação inesperada no valor do euro altera tanto a competitividade da subsidiária quanto os seus resultados financeiros, que são consolidados junto à empresa matriz.

termos do euro)? Como os concorrentes responderão? Explicaremos a sequência de eventos prováveis no curto e médio prazo na próxima seção.

Caso base

A Trident Europe fabrica na Alemanha empregando material e mão de obra europeia. Metade de sua produção é vendida dentro da Europa por euros e metade é exportada para países não europeus. Todas as vendas são faturadas em euros, e as contas a receber são iguais a um quarto das vendas anuais. Em outras palavras, o prazo médio de recebimento é de 90 dias. O estoque é igual a 25% dos custos diretos anuais. A Trident Europe pode expandir ou contrair seu volume de produção sem nenhuma mudança significativa em custos diretos por unidade ou nas despesas gerais e administrativas. A depreciação sobre a fábrica e equipamentos é de €600.000 por ano, e a alíquota de impostos corporativos na Alemanha é de 34%.

O balanço patrimonial e os cenários alternativos do dia 31 de dezembro de 2010 são exibidos no Quadro 12.3. Suposemos que no dia 1º de janeiro de 2011, antes de se iniciar qualquer atividade comercial, o euro caia de valor inesperadamente em 16,67%, passando de US$1,2000/€ para US$1,0000/€. Se não tivesse ocorrido nenhuma desvalorização, esperava-se que a Trident Europe tivesse um desempenho em 2011 como mostra o caso base do Quadro 12.3, gerando um fluxo de caixa em dólar a partir das operações da Trident Corporation no valor de US$2.074.320.

A exposição operacional depende de se uma mudança inesperada nas taxas de câmbio causa mudanças imprevistas no volume de vendas, preço de vendas ou custos operacionais. Depois de uma desvalorização do euro, a Trident Europe pode escolher manter seu preço de vendas doméstico constante em termos do euro, ou pode tentar aumentar os preços domésticos porque produtos importados concorrentes agora têm um preço mais alto na Europa. A empresa pode escolher manter os preços das exportações constantes em termos das moedas estrangeiras, em termos de euros, ou em algum ponto intermediário (repasse ou *pass-through* parcial). A estratégia empreendia depende, em grande medida, da opinião da administração sobre a elasticidade-preço da demanda. Do lado dos custos, a Trident Europe pode elevar os preços porque matérias-primas ou componentes importados estão mais caros, ou talvez porque todos os preços domésticos na Alemanha tenham subido e agora a mão de obra esteja exigindo salários mais altos para compensar a inflação doméstica.

As vendas domésticas e os custos da Trident Europe também podem ser parcialmente afetados pelo efeito da desvalorização do euro sobre a demanda. Na medida em que a desvalorização, ao tornar os preços das mercadorias alemãs inicialmente mais competitivos, estimula compras de mercadorias europeias em setores da economia que concorrem com importações além das exportações de mercadorias alemãs, a renda nacional alemã deve aumentar. Isso supõe que o efeito favorável de uma desvalorização do euro sobre preços comparativos não é neutralizada imediatamente por uma inflação doméstica mais alta. Dessa forma, a Trident Europe pode conseguir vender mais mercadorias domesticamente devido aos efeitos de preço e de renda e internacionalmente devido aos efeitos de preço.

Para ilustrar o efeito de vários cenários pós-desvalorização sobre a exposição operacional da Trident Europe, considere três casos simples:

Caso 1: Desvalorização; nenhuma mudança em nenhuma variável
Caso 2: Aumento no volume de vendas, outras variáveis permanecem constantes
Caso 3: Aumento no preço de venda, outras variáveis permanecem constantes

Para calcular a mudança líquida no valor presente em cada um dos cenários, usaremos um horizon de tempo de cinco anos para qualquer mudança nos fluxos de caixa induzida por uma mudança na taxa de câmbio do dólar/euro.

Caso 1: Desvalorização; nenhuma mudança em nenhuma variável

Suponha que em cinco anos não ocorra nenhuma mudança no volume de vendas, preço de venda ou custos operacionais. Os lucros do próximo ano em euros serão como esperados, e o fluxo de caixa das operações será de €1.728.600, como mostra o Quadro 12.3. Com uma nova taxa de câmbio de US$1,0000/€, este fluxo de caixa medido em dólares durante 2011 será de €1.728.600 ×

QUADRO 12.3 Trident Europe

	A	B	C	D	E	F
1			Quadro 12.3: TRIDENT EUROPE			
2		Informações do balanço patrimonial. Fim do ano fiscal de 2010				
3	Ativos		Passivos e valor líquido			
4	Caixa	€ 1.600.000	Contas a pagar		€ 800.000	
5	Contas a receber	3.200.000	Empréstimo bancário de curto prazo		1.600.000	
6	Estoque	2.400.000	Dívida de longo prazo		1.600.000	
7	Instalações e equipamentos líquidos	4.800.000	Ações ordinárias		1.800.000	
8			Lucros retidos		6.200.000	
9	Soma	€ 12.000.000	Soma		€ 12.000.000	
10			Índices importantes a serem mantidos e outros dados			
11			Contas a receber como porcentagem das vendas		25,00%	
12			Estoque, como porcentagem dos custos diretos anuais		25,00%	
13			Custo de capital (taxa de desconto anual)		20,00%	
14			Alíquota de impostos de renda		34,00%	
15			Caso base	Caso 1	Caso 2	Caso 3
16			Pressupostos			
17	Taxa de câmbio, US$/€		1,2000	1,0000	1,0000	1,0000
18	Volume de vendas (unidades)		1.000.000	1.000.000	2.000.000	1.000.000
19	Preço de vendas por unidade		€ 12,80	€ 12,80	€ 12,80	€ 15,36
20	Custo direto por unidade		€ 9,60	€ 9,60	€ 9,60	€ 9,60
21			Fluxos de caixa anuais antes de ajustes			
22	Receita de vendas		€ 12.800.000	€ 12.800.000	€ 25.600.000	€ 15.360.000
23	Custo direto das mercadorias vendidas		9.600.000	9.600.000	19.200.000	9.600.000
24	Despesas operacionais em dinheiro (fixas)		890.000	890.000	890.000	890.000
25	Depreciação		600.000	600.000	600.000	600.000
26	Lucro antes dos impostos		€ 1.710.000	€ 1.710.000	€ 4.910.000	€ 4.270.000
27	Despesas com imposto de renda		581.400	581.400	1.669.400	1.451.800
28	Lucro depois dos impostos		€ 1.128.600	€ 1.128.600	€ 3.240.600	€ 2.818.200
29	Adicionar depreciação		600.000	600.000	600.000	600.000
30	Fluxo de caixa das operações, em euros		€ 1.728.600	€ 1.728.600	€ 3.840.600	€ 3.418.200
31	Fluxo de caixa das operações, em dólares		€ 2.074.320	€ 1.728.600	€ 3.840.600	€ 3.418.200
32			Ajustes ao capital de giro para 2011 e 2015 causados por mudanças nas condições			
33	Contas a receber		€ 3.200.000	€ 3.200.000	€ 6.400.000	€ 3.840.000
34	Estoque		2.400.000	2.400.000	4.800.000	2.400.000
35	Soma		€ 5.600.000	€ 5.600.000	€ 11.200.000	€ 6.240.000
36	Mudança em relação às condições-base em 2011		€ -	€ -	€ 5.600.000	640.000
37		Ano	Fluxos de caixa no fim do ano			
38		1 (2011)	US$ 2.074.320	US$ 1.728.600	US$ (1.759.400)	US$ 2.778.200
39		2 (2012)	US$ 2.074.320	US$ 1.728.600	US$ 3.840.600	US$ 3.418.200
40		3 (2013)	US$ 2.074.320	US$ 1.728.600	US$ 3.840.600	US$ 3.418.200
41		4 (2014)	US$ 2.074.320	US$ 1.728.600	US$ 3.840.600	US$ 3.418.200
42		5 (2015)	US$ 2.074.320	US$ 1.728.600	US$ 9.440.600	US$ 4.058.200
43		Ano	Mudança nos fluxos de caixa no fim do ano em relação às condições-base			
44		1 (2011)	na	US$ (345.720)	US$ (3.833.720)	US$ 703.880
45		2 (2012)	na	US$ (345.720)	US$ 1.766.280	US$ 1.343.880
46		3 (2013)	na	US$ (345.720)	US$ 1.766.280	US$ 1.343.880
47		4 (2014)	na	US$ (345.720)	US$ 1.766.280	US$ 1.343.880
48		5 (2015)	na	US$ (345.720)	US$ 7.366.280	US$ 1.983.880
49			Valor presente dos fluxos de caixa incrementais no fim do ano			
50			na	US$ (1.033.914)	US$ 2.866.106	US$ 3.742.892
51			Caso base	Caso 1	Caso 2	Caso 3
52			Fórmulas nas células			
53	C22: =C$18*C19, copiar para D22:F23			C33: =$E11*C22, copiar para D33:F34		
54	C24: Entrar como valor de dado, copiar para D24:F24			C35: =SUM(C33:C34), copiar para D35:F35		
55	C25: Entrar como valor de dado, copiar para D25:F25			C36: =C35-$C$35, copiar para D36:F36		
56	C26: =C22-SUM(C23:C25), copiar para D26:F26			C38: =C31-C36, copiar para D38:F38		
57	C27: =$E$14*C26, copiar para D27:F27			C39: =C$31, copiar para C38:F41		
58	C28: =C26-C27, copiar para D28:F28			C42: =C31+C36, copiar para D42:F42		
59	C29: =C25, copiar para D29:F29			D44: =D38-$C38, copiar para D44:F48		
60	C30: =C28+C29, copiar para D30:F30			D50: =NPV($E$13,D44:D48), copiar para E44:F48		
61	C31: =C30*C17, copiar para D31:F31					

N. de R.T.: No caso do uso de planilha eletrônica, NPV equivale ao valor presente líquido (VPL).

US$1,0000/€ = US$1.728.600. O Quadro 12.3 mostra que a mudança no fluxo de caixa no final do ano do caso base é de US$345.720 para cada um dos cinco próximos anos (2011–2015).

O Quadro 12.3 mostra que o valor presente descontado dessa série de fluxos de caixa com um valor do dólar menor é de US$1.033.914.

Caso 2: Aumento no volume de vendas; outras variáveis permanecem constantes

Suponha que as vendas na Europa dobrem de volume depois da desvalorização porque os componentes de telecomunicação produzidos na Alemanha agora são mais competitivos com as importações. Além disso, o volume de exportação dobra porque os componentes produzidos na Alemanha agora são mais baratos em países cujas moedas não enfraqueceram. O preço de venda é mantido constante em termos do euro porque a administração da Trident Europe não observou qualquer mudança nos custos operacionais locais alemães e porque ela vê uma oportunidade de aumentar sua participação de mercado.

O Quadro 12.3 mostra que o fluxo de caixa esperado para o primeiro ano (2011) seria de US$3.840.600. Esse valor, no entanto, não está disponível porque dobrar o volume de vendas exige investimentos adicionais nas contas a receber e em estoque. Apesar de uma fração desse investimento adicional poder ser financiando aumentando as contas a pagar, supomos que o capital de giro adicional seja financiado pelo fluxo de caixa das operações.

No final de 2011, as contas a receber serão iguais a um quarto das vendas anuais, ou €6.400.000. Esse valor é o dobro das contas a receber de €3.200.000 no final de 2010, e o aumento incremental de €3.200.000 tem que ser financiado com dinheiro disponível. O estoque no fim do ano seria igual a um quarto dos custos diretos anuais, ou €4.800.000, um aumento de €2.400.000 em relação ao nível do início do ano. As contas a receber e o estoque juntos aumentam em €5.600.000. No final de cinco anos (2015), essas saídas de caixa incrementais serão recuperadas porque qualquer investimento em ativos circulantes acabará sendo convertido em dinheiro.

Supondo que não haja nenhuma outra mudança no volume, preço ou custos, as entradas de caixa pelos cinco anos seriam como aquelas descritas no Quadro 12.3. Neste caso, a desvalorização causa uma grande queda no fluxo de caixa do primeiro ano, dos US$2.074.320 previstos em 2011 sem desvalorização a um fluxo de caixa negativo de US$1.759.400. Entretanto, o fluxo de caixa dos quatro anos restantes irá melhorar substancialmente devido aos efeitos operacionais da desvalorização. Com o passar do tempo, a Trident Europe passará a gerar significativamente mais dinheiro para seus proprietários. A desvalorização produz um ganho operacional ao longo do tempo, em vez de uma perda operacional.

O motivo pelo qual a Trident Corporation terá um resultado melhor no Caso 2 depois da desvalorização é que o volume de vendas dobra, enquanto que o preço de venda equivalente em dólares por unidade cai apenas 16,67% – o valor percentual da desvalorização. Em outras palavras, o produto enfrenta uma elasticidade-preço da demanda maior do que 1.

Caso 3: Aumento no preço de venda; outras variáveis permanecem constantes

Suponha que o preço de venda em euros tenha aumentado de €12,80 para €15,36 por unidade para manter o mesmo preço equivalente em dólares americanos (a mudança neutraliza a depreciação do euro). Suponha, ainda, que o volume permaneça constante apesar desse aumento no preço; isto é, que os clientes esperem pagar o mesmo preço equivalente em dólares, e que os custos locais não mudem.

A Trident Europe agora terá um resultado melhor depois da desvalorização do que antes porque o preço de venda, que é fixado ao nível de preços internacional, aumentou. Entretanto, o volume não caiu. O novo nível de contas a receber seria de um quarto do nível de vendas de €15.360.000, ou €3.840.000, um aumento de €640.000 em relação ao caso base. O investimento em estoque é de US$2.400.000, que é o mesmo que no caso base porque os custos diretos anuais não mudaram.

O fluxo de caixa esperado em dólar a cada ano excede o fluxo de caixa de US$2.074.320 que fora previsto sem nenhuma desvalorização. O aumento no capital de giro faz o fluxo de caixa ser de apenas US$2.778.200 em 2011, mas a partir de então, o fluxo de caixa passa a ser US$3.418.200 por ano, com um capital de giro adicional de US$640.000 recuperado no quinto ano.

A chave para esta melhoria é a alavancagem operacional. Se os custos são incorridos em euros e não aumentam após a desvalorização, um aumento no preço de venda no valor da desvalorização levará a lucros muito mais altos.

Outras possibilidades

Se qualquer fração da receita de vendas fosse incorrida em outras moedas, a situação seria diferente. A Trident Europe talvez deixasse o preço de venda estrangeiro inalterado, como efeito, elevando o preço equivalente em euros. Como alternativa, ela poderia deixar o preço equivalente em euros inalterado, diminuindo, assim, o preço de venda estrangeira na tentativa de ganhar volume. É claro que ela poderia se posicionar entre esses dois extremos. Dependendo das elasticidades e da proporção entre vendas estrangeiras e domésticas, a receita total de vendas pode aumentar ou cair.

Se parte ou toda a matéria-prima ou componentes fosse importada e paga em moedas fortes, os custos operacionais em euros aumentariam depois da desvalorização do euro. Uma outra possibilidade é a de que os custos locais (não importados) em euro aumentariam depois da desvalorização.

Mensuração de perdas

O Quadro 12.3 resume a mudança nos fluxos de caixa esperados no fim do ano para os três casos e compara-os ao fluxo de caixa esperado caso não ocorra nenhuma desvalorização (caso base). Essas mudanças são, então, descontadas segundo o suposto custo médio ponderado de capital de 20% da Trident Corporation para obter o valor presente do ganho (perda) sobre a exposição operacional.

No Caso 1, em que nada muda depois do euro ser desvalorizado, a Trident Corporation incorre em uma perda operacional com um valor presente de US$1.033.914. No Caso 2, em que o volume dobrou sem nenhuma mudança no preço depois da desvalorização, a Trident Corporation teve um ganho operacional com um valor presente de US$2.866.106. No Caso 3, em que o preço de venda em euro aumentou e o volume não mudou, o valor presente do ganho operacional decorrente da desvalorização foi de US$3.742.892. Um número quase infinito de combinações de volume, preço e custo poderia ocorrer depois de qualquer desvalorização, e qualquer um deles poderia entrar em vigor imediatamente depois de uma desvalorização ou apenas depois de algum tempo.

GERENCIAMENTO ESTRATÉGICO DA EXPOSIÇÃO OPERACIONAL

O objetivo do gerenciamento da exposição operacional e da exposição de transação é prever e influenciar o efeito de mudanças inesperadas nas taxas de câmbio sobre os fluxos de caixa futuros de uma empresa, em vez de meramente esperar o melhor. Para atender esse objetivo, a administração pode diversificar a base operacional e financeira da empresa. A administração também pode mudar as políticas operacionais e financeiras da empresa.

A chave para gerenciar a exposição operacional no nível estratégico é a administração reconhecer um desequilíbrio nas condições de paridade quando ele ocorre e estar pré-posicionado para reagir da maneira mais apropriada. Esta tarefa pode ser realizada da melhor maneira se uma empresa diversificar internacionalmente tanto suas bases operacionais quanto suas bases financeiras. Diversificar as operações significa diversificar as vendas, a localização das instalações de produção e as fontes de matéria-prima. Diversificar a base financeira significa levantar fundos em mais de um mercado de capitais e em mais de uma moeda.

Uma estratégia de diversificação permite que a empresa reaja ou ativa ou passivamente, dependendo da preferência a riscos da administração, a oportunidades apresentadas por condições de desequilíbrio nos mercados de câmbio, de capitais e de produtos. Tal estratégia não exige que a administração preveja o desequilíbrio, mas apenas o reconheça quando ele ocorre. Ela exige que a administração considere como os concorrentes estão pré-posicionados no que diz respeito às suas próprias exposições operacionais. Este conhecimento deve revelar que empresas seriam ajudadas ou prejudicadas competitivamente por cenários alternativos de desequilíbrio.

Diversificação das operações

Se as operações de uma empresa forem diversificadas internacionalmente, a administração estará pré-posicionada para reconhecer o desequilíbrio quando ele ocorre e para reagir competitivamente. Considere o caso em que a paridade do poder de compra se encontra temporariamente em desequilíbrio. Apesar de o desequilíbrio talvez ter sido imprevisível, a administração frequentemente poderá reconhecer seus sintomas assim que ele ocorrerem. Por exemplo, a administração pode perceber uma mudança nos custos comparativos nas instalações da própria empresa localizadas em diferentes países. Ela também pode observar a mudança nas margens de lucro ou no volume de vendas em uma área em comparação a outra, dependendo do preço e das elasticidades-renda da demanda e das reações dos concorrentes.

Reconhecer uma mudança temporária nas condições competitivas em todo o mundo permite que a administração faça mudanças nas estratégias operacionais. A administração pode fazer alterações marginais ao buscar fornecedores de matéria-primas, componentes ou produtos acabados. Se houver capacidade extra, o ciclo de produção pode ser ampliado em um país e reduzido em outro. O esforço de *marketing* pode ser fortalecido nos mercados de exportação em que os produtos da empresa se tornaram mais competitivos em termos de preço devido às condições de desequilíbrio.

Mesmo se a administração não distorcer ativamente as operações normais quando as taxas de câmbio mudarem, a empresa deverá experimentar alguns efeitos benéficos de carteira diversificada. A variabilidade de seus fluxos de caixa provavelmente é reduzida pela diversificação internacional de sua produção, busca de fornecedores e vendas porque as mudanças na taxa de câmbio sob condições de desequilíbrio provavelmente aumentarão a competitividade da empresa em alguns mercados, reduzindo-a em outros. Neste caso, a exposição operacional seria neutralizada. O quadro Finanças Globais na Prática 12.1 mostra a resposta da Goodyear à desvalorização do peso mexicano através de uma conveniente alteração em sua estratégia operacional.

Em comparação à EMN internacionalmente diversificada, uma empresa puramente doméstica pode estar sujeita ao impacto total da exposição operacional de câmbio mesmo que ela não tenha fluxos de caixa em moeda estrangeira. Por exemplo, ela poderia experimentar uma intensa concor-

FINANÇAS GLOBAIS NA PRÁTICA 12.1

Resposta da Goodyear à desvalorização do peso mexicano

No dia 20 de dezembro de 1994, quando o diretor da Goodyear no México ouviu no rádio de seu carro que o peso tinha sofrido uma desvalorização, ele se reuniu com seus gerentes imediatamente para avaliar os prejuízos. Em poucos dias, ele percebeu que a demanda doméstica por pneus da Goodyear cairia mais do 20%, ou 3.000 por dia. Suas escolhas: demitir trabalhadores ou encontrar novos mercados de exportação – imediatamente, antes que a produção excedesse a capacidade de seu armazém.

Os membros de sua equipe, auxiliados pela sede da empresa Goodyear Tire and Rubber em Akron, Ohio, EUA, não somente encontraram compradores suficientes para compensar o que acabou sendo uma queda de 3.500 pneus nas vendas domésticas, mas também encontrou locais para vender outros 1.600, estabelecendo um recorde de produção na fábrica a 24 quilômetros ao norte da Cidade do México. Uma fábrica que tinha importado suprimentos, mas não tinha exportado um único pneu em 1992, agora expedia metade de sua produção, na maior parte para os Estados Unidos, mas também para a América do Sul e Europa. A empresa rapidamente passou de importadora líquida a exportadora líquida.

rência nas importações em seu mercado doméstico de empresas concorrentes que produzem em países com moedas subvalorizadas. O quadro Finanças Globais na Prática 12.2 fornece um exemplo de tal concorrência.

Uma empresa puramente doméstica não tem a opção de reagir a uma condição de desequilíbrio internacional da mesma maneira que uma EMN. Na verdade, uma empresa puramente doméstica não estará posicionada de forma a reconhecer que existe um desequilíbrio por não ter dados comparativos de suas próprias fontes internas. Quando passa a haver dados externos disponíveis de fontes

FINANÇAS GLOBAIS NA PRÁTICA 12.2

Detroit sonha com o aumento do iene no outono de 2007

Os deuses financeiros trabalham de formas misteriosas. Apesar de muitos desafortunados estarem sendo punidos pelo turbilhão do *subprime*, o setor automobilístico norte-americano poderia receber um necessário impulso se o iene continuasse a subir. Além de sua miríade de falências, Detroit está sofrendo com o sucesso das empresas japonesas em ganhar participação de mercado. Apesar de fatores como a qualidade da montagem e uma moda por carros menores terem desempenhado seu papel, não há dúvidas de que empresas como a Toyota e Honda determinaram seus preços agressivamente. É verdade que os japoneses são produtores mais efcientes, mas um iene fraco nos últimos anos favoreceu sua causa.

Historicamente, há uma forte correlação entre volume de exportações de automóveis do Japão para os EUA e a taxa de câmbio entre iene/dólar. Nos 15 últimos anos, houve dois períodos de força prolongada do iene em relação ao dólar. A fase mais marcada foi a que compreendeu os dois anos anteriores a 1995, quando o dólar caiu para ¥80. Nessa época, o número de carros descarregados nos portos dos EUA chegou a quase a metade, em torno de 80.000 veículos por mês. As importações do Japão também foram marcadas entre 2002 e 2004, o período anterior de força do iene.

Obviamente, o mercado norte-americano progrediu desde a década de 1990. Empresas como a Toyota agora têm uma presença considerável no território norte-americano. Elas também têm uma participação de mercado muito maior para proteger e Detroit está discutivelmente em uma situação ainda pior. Mas as empresas de automóveis japonesas permanecem muito sensíveis ao dólar: os lucros por ação da Honda, por exemplo, cairiam em torno de um terço se o dólar caísse de ¥120 para ¥100. E com um alcance global, elas podem rapidamente mudar sua ênfase dos EUA para, digamos, a Europa.

As "Três Grandes" montadoras (chamadas "Big Three" em inglês) norte-americanas teriam que elevar seu jogo para capitalizar com qualquer movimentação nas taxas de câmbio. Com sorte, a Chrysler, em novas mãos, também causará mudanças na Ford e na General Motors. Mas Detroit terá que ser rápida, porque é provável que haja um baque econômico devido à crise do *subprime,* também. Ainda assim, se as montadoras norte-americanas puderem tomar de volta parte de sua participação de mercado independentemente de uma retração econômica, elas poderão muito bem, em termos relativos, emergir ainda mais fortes.

Fonte: "Detroit Winners," *Financial Times*, Quarta-feira, 5 de setembro de 2007, p.12.

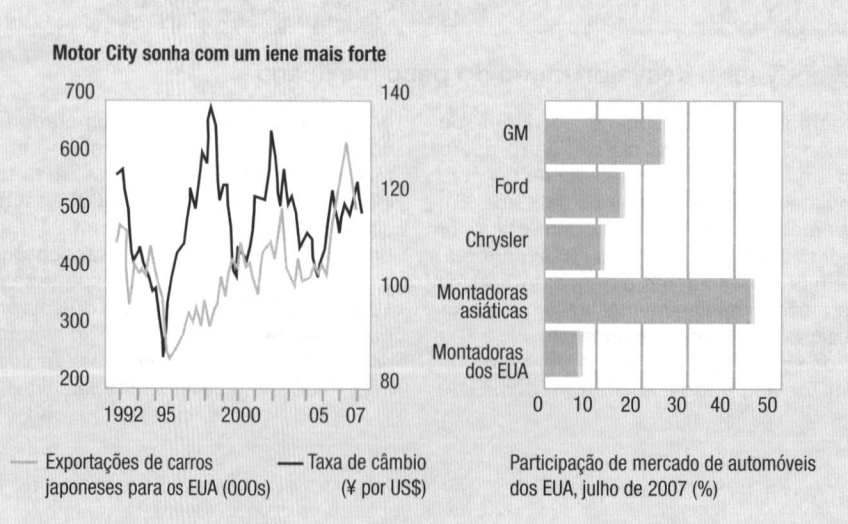

Motor City sonha com um iene mais forte

— Exportações de carros japoneses para os EUA (000s)
— Taxa de câmbio (¥ por US$)

Participação de mercado de automóveis dos EUA, julho de 2007 (%)

Fonte: Datastream; Ward's AutoInfoBank: Citigroup

publicadas, geralmente é tarde demais para reagir. Mesmo se uma empresa doméstica reconhecer o desequilíbrio, ela não consegue desviar a produção e as vendas para mercados estrangeiros em que não possuía uma presença anterior.

Diversificação das finanças

Se uma empresa diversificar suas fontes de financiamento, ela estará pré-posicionada para tirar proveito de desvios temporários do efeito Fisher internacional. Se os diferenciais das taxas de juros não forem iguais às mudanças esperadas nas taxas de câmbio, existirão oportunidades de baixar o custo de capital da empresa. No entanto, para ser capaz de trocar de fontes de financiamento, uma empresa já tem que ser conhecida na comunidade internacional de investimentos, com contatos bancários já estabelecidos pela empresa. Mais uma vez, esta não é uma opção para uma empresa doméstica que limitou seu financiamento a apenas um mercado de capitais.

Apesar de recomendarmos a diversificação como uma estratégia para o gerenciamento de risco de câmbio, tal estratégia possui um impacto potencialmente favorável também sobre outros riscos. Em particular, ela poderia reduzir a variabilidade de fluxos de caixa futuros devido aos ciclos de negócios domésticos, contanto que eles não tenham uma correlação perfeita com os ciclos internacionais. Ela poderia aumentar a disponibilidade de capital, e reduzir seu custo diversificando riscos como políticas restritivas no mercado de capitais ou a concorrência com empréstimos do governo no mercado de capitais. Ela poderia mitigar riscos políticos como expropriações, guerras, bloqueio de fundos ou mudanças desfavoráveis nas leis que reduzem ou eliminam a lucratividade. A lista de vantagens da diversificação internacional pode até mesmo ser estendida a áreas como dispersar o risco de obsolescência tecnológica e reduzir o risco de carteira no contexto do modelo de precificação de ativos de capital. Agora estamos nos aproximando do tema da estratégia de diversificação que aparece em todo o restante deste livro.

Existem restrições que podem limitar a viabilidade de uma estratégia de diversificação para o gerenciamento de risco de câmbio ou um dos outros riscos que acabamos de mencionar. Por exemplo, a tecnologia de determinado setor pode exigir economias de escala tão grandes que não é economicamente viável diversificar os locais de produção. No entanto, empresas nesse setor ainda poderiam diversificar as vendas e as fontes de financiamento. Por outro lado, uma empresa pode ser pequena demais ou desconhecida demais para atrair investidores ou credores internacionais. Contudo, ela pode pelo menos diversificar suas vendas internacionalmente. Assim, a estratégia de diversificação pode ser implementada somente até onde é viável.

GERENCIAMENTO PROATIVO DA EXPOSIÇÃO OPERACIONAL

As exposições operacionais e de transação podem ser *parcialmente gerenciadas* através da adoção de políticas operacionais ou financeiras que contrabalancem as exposições de câmbio previstas. Seis das políticas proativas mais empregadas são as seguintes:

1. Casamento (*matching*) de fluxos de caixa de moeda
2. Acordos de compartilhamento de riscos
3. Empréstimos paralelos ou *back-to-back*
4. *Swaps* de moeda
5. Adiantamentos e atrasos (*leads and lags*)
6. Centros de refaturamento

Equilíbrio de fluxos de caixa de moeda

Uma maneira de neutralizar uma longa exposição contínua prevista a determinada moeda é adquirir dívida denominada naquela moeda. O Quadro 12.4 demonstra a exposição de uma empresa norte-americana com vendas de exportação contínuas para o Canadá. A fim de competir efetivamente nos mercados canadenses, a empresa fatura todas as vendas de exportação em dólares canadenses. Esta política resulta em um recebimento contínuo de dólares canadenses mês após mês. Se as vendas de exportação são parte de uma relação contínua com o fornecedor, a posição comprada do dólar canadense é relativamente previsível e constante. Essa interminável série de exposições de transação poderia, é claro, ser coberta continuamente por *hedge* com contratos a termo ou outros *hedges* contratuais, como discutido no Capítulo 11.

QUADRO 12.4 Equilíbrio: Financiamento de dívidas como *hedge* financeiro

```
    Corporação                                    Banco
    canadense          ←─────────              canadense
(compradora de bens)                      (fundos de empréstimos)
         │                                          │
         │ Exporta                    Corporação norte-americana
         │ mercadorias                contrai dívida em dólares
         │ para o Canadá              canadenses do banco
         ↓                            canadense ↑
                          Corporação
                       norte-americana
   Pagamento de mercadorias         Pagamentos de principal
   em dólares canadenses            e juros sobre dívida em
                                    dólares canadenses
```

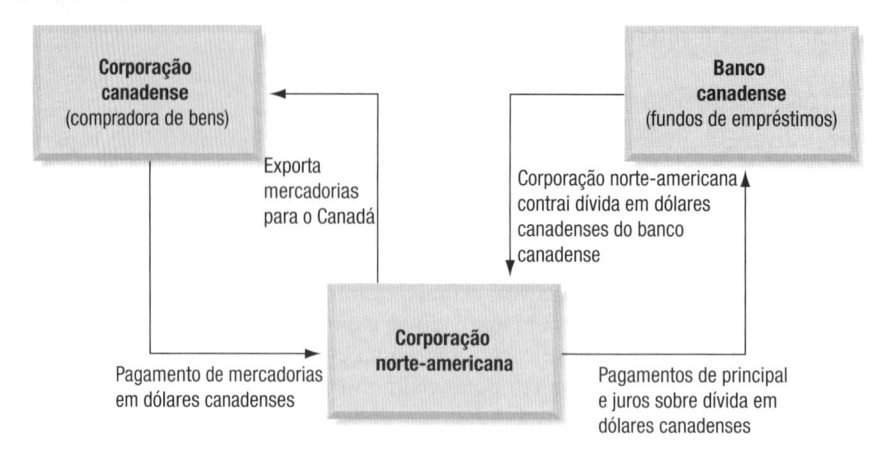

Exposição: A venda de mercadorias para o Canadá cria uma exposição de moeda devido ao influxo de dólares canadenses.

***Hedge*:** Os pagamentos da dívida em dólares canadenses age como um *hedge* financeiro por exigir o serviço da dívida, uma saída de dólares canadenses.

Mas e se a empresa buscasse um uso contínuo, uma saída de capital, para sua entrada contínua de dólares canadenses? Se a empresa norte-americana adquirisse parte de seu capital de terceiros nos mercados de dólares canadenses, ela poderia usar as entradas de caixa em dólares canadenses que são relativamente previsíveis decorrentes das vendas de exportação para cobrir os pagamentos do principal e juros sobre a dívida em dólares canadenses e equilibrar o fluxo de caixa. A empresa sediada nos EUA fez *hedge* de uma entrada de caixa operacional criando uma saída de caixa financeira e, dessa forma, não tem que gerenciar ativamente a exposição com instrumentos financeiros contratuais como contratos a termo. Essa forma de cobertura ou proteção com *hedge*, às vezes chamada de casamento de moeda (*matching*), é eficaz na eliminação de exposições de moeda quando a exposição do fluxo de caixa é relativamente constante e previsível ao longo do tempo.

A lista de possíveis estratégias de *matching* é quase infinita. Uma segunda alternativa seria a empresa norte-americana procurar possíveis fornecedores de matéria-primas ou componentes no Canadá como um substituto para empresas norte-americanas ou para outras empresas estrangeiras. A empresa possuiria, então, não somente uma entrada de caixa operacional em dólares canadenses, a conta a receber, mas também uma saída de caixa operacional em dólares canadenses, uma conta a pagar. Se os fluxos de caixa fossem aproximadamente os mesmos em magnitude e cronograma, a estratégia seria um *hedge natural*. O termo natural refere-se a atividades da empresa com base operacional.

Uma terceira alternativa, geralmente chamada de troca de moeda ou *currency switching*, seria pagar os fornecedores estrangeiros com dólares canadenses. Por exemplo, se a empresa norte-americana importasse componentes do México, as próprias empresas mexicanas poderiam receber pagamentos em dólares canadenses por estarem com poucos dólares canadenses em sua rede internacional de fluxos de caixa.

Cláusulas monetárias: compartilhamento de riscos

Uma maneira alternativa para gerenciar uma exposição de fluxo de caixa de longo prazo entre empresas com um relacionamento comprador-fornecedor contínuo é o compartilhamento de riscos. O compartilhamento de riscos é um arranjo contratual em que comprador e fornecedor concordam em "compartilhar" ou dividir os impactos dos movimentos de uma moeda sobre os pagamentos entre eles. Se as duas empresas estiverem interessadas em um relacionamento de longo prazo baseado na qualidade dos produtos e na confiabilidade do fornecedor e não nos caprichos dos mercados monetários, um acordo cooperativo para compartilhar o ônus do gerenciamento de risco de moeda pode ser a escolha mais apropriada.

Se as operações norte-americanas da Ford importam peças automotivas da Mazda (Japão) todos os meses, ano após ano, grandes variações nas taxas de câmbio podem beneficiar uma parte à custa da outra. A Ford é uma importante acionista da Mazda, mas não exerce controle sobre suas operações. Portanto, o acordo de compartilhamento de riscos é particularmente apropriado; as transações entre as duas são tanto interempresa quanto intraempresa. Um acordo de compartilhamento de riscos consolida a parceria. Uma possível solução seria a Ford e a Mazda concordarem que todas as compras realizadas pela Ford serão realizadas em ienes japoneses à taxa de câmbio corrente, contanto que a taxa à vista na data da fatura esteja entre, digamos, ¥115/US$ e ¥125/US$. Se a taxa de câmbio estiver entre esses valores nas datas de pagamento, a Ford concorda em aceitar qualquer exposição de transação que exista (porque está pagando em uma moeda estrangeira). Se, no entanto, a taxa de câmbio sair dessa faixa na data de pagamento, a Ford e a Mazda compartilharão a diferença igualmente.

Por exemplo, a Ford possui uma conta a pagar de ¥25.000.000 para o mês de março. Se a taxa à vista na data da fatura for de ¥110/US$, o iene japonês teria sido apreciado em relação ao dólar, aumentando os custos da Ford de comprar peças automotivas. Como essa taxa cai fora da faixa contratual, a Mazda concordaria em aceitar um pagamento total em ienes japoneses, que resultaria de uma diferença de ¥5/US$ (¥115 − ¥110). O pagamento da Ford seria o seguinte:

$$\left[\frac{\yen 25.000.000}{\yen 115,00/\$ - \dfrac{\yen 5,00/\$}{2}}\right] = \frac{\yen 25.000.000}{\yen 112,50/\$} = \$222.222,22$$

O pagamento total da Ford em ienes japoneses seria calculado usando uma taxa de câmbio de ¥112,50/US$, e economizaria à Ford US$5.050,51. A uma taxa à vista de ¥110/US$, os custos da Ford para março seriam de US$227.272,73. O acordo de compartilhamento de riscos entre a Ford e a Mazda permite que a Ford pague US$222.222,22, uma economia de US$5.050,51 sobre o custo sem compartilhamento de riscos (essa "economia" é uma redução em um custo já aumentado, e não uma verdadeira redução no custo). Ambas as partes, portanto, incorrem em custos e benefícios decorrentes dos movimentos da taxa de câmbio fora da faixa especificada. Observe que o movimento poderia da mesma forma estar a favor da Mazda se a taxa à vista tivesse se movimentado para ¥130/US$.

O acordo de compartilhamento de riscos tem como objetivo suavizar o impacto, sobre ambas as partes, de movimentos voláteis e imprevisíveis nas taxas de câmbio. Obviamente, uma apreciação sustentada de uma moeda em relação à outra exigiria a negociação de um novo acordo de compartilhamento, mas a meta última do acordo é aliviar pressões monetárias sobre o relacionamento de negócios contínuo. Acordos de compartilhamento de riscos como esses têm sido usados há aproximadamente 50 anos nos mercados de todo o mundo. Eles se tornaram uma espécie de raridade durante a década de 1960, quando as taxas de câmbio estavam relativamente estáveis sob o Acordo de Bretton Woods. Mas com o retorno a taxas de câmbio flutuantes na década de 1970, as empresas com relacionamentos de longo prazo entre cliente-fornecedor de diferentes países voltaram a algumas antigas maneiras de manter um comércio mutuamente benéfico no longo prazo.

Empréstimos *back-to-back*

Um empréstimo *back-to-back*, também chamado de empréstimo paralelo ou *swap* de crédito, ocorre quando duas empresas em diferentes países arranjam empréstimos uma na moeda da outra por um período de tempo específico. Elas devolvem as moedas emprestadas em uma data terminal acordada. A operação é conduzida fora dos mercados de câmbio, apesar de cotações à vista terem sido usadas como ponto de referência para determinar a quantia de fundos a entrar no *swap*. Tal *swap* cria um *hedge* contra uma perda cambial, já que cada empresa, em seus próprios livros contábeis, toma emprestada a mesma moeda que paga. Os empréstimos *back-to-back* também são usados em épocas de limitações jurídicas reais ou previstas sobre a transferência de fundos de investimento de ou para qualquer dos países.

A estrutura de um empréstimo *back-to-back* é ilustrada no Quadro 12.5. Uma empresa matriz britânica que queira investir fundos em sua subsidiária holandesa localiza uma empresa matriz

> **QUADRO 12.5** Usando um empréstimo *back-to-back* para fazer *hedge* de moeda
>
> 1. Empresa britânica deseja investir fundos em sua subsidiária holandesa.
> 2. Empresa britânica identifica uma empresa holandesa que deseje investir fundos em sua subsidiária britânica.
>
> ```
> Empresa matriz           Financiamento           Empresa matriz
>   britânica                 indireto                holandesa
>       |                        X                        |
> Empréstimo                                         Empréstimo
> direto em libras                                   direto em euros
>       |                                                 |
>       v                                                 v
> Subsidiária britânica                          Subsidiária holandesa
> da empresa holandesa                           da empresa britânica
> ```
>
> 3. A empresa britânica empresta libras diretamente à subsidiária britânica da empresa holandesa.
> 4. A subsidiária holandesa da empresa britânica toma euros emprestados da matriz holandesa.
>
> O empréstimo *back-to-back* fornece um método de financiamento entre matriz-subsidiária em diferentes países sem incorrer em nenhuma exposição de moeda direta.

holandesa que queira investir fundos no Reino Unido. Evitando totalmente os mercados de câmbio, a matriz britânica empresta libras à subsidiária holandesa no Reino Unido enquanto a matriz holandesa empresta euros à subsidiária britânica na Holanda. Os dois empréstimos seriam de igual valor pela taxa à vista corrente e teria um vencimento especificado. No vencimento, os dois empréstimos separados seriam pagos ao credor original, novamente sem nenhuma necessidade de envolver os mercados de câmbio. Nenhum dos empréstimos carrega qualquer risco de câmbio, e nenhum dos empréstimos normalmente precisa da aprovação de uma agência governamental que regula a disponibilidade de câmbio para fins de investimento.

Não são necessárias garantias pela empresa matriz nos empréstimos *back-to-back* porque cada empréstimo carrega o direito de ser neutralizado no evento de inadimplência do outro empréstimo. Um outro acordo pode fornecer a manutenção da paridade do principal caso haja mudanças na taxa à vista entre os dois países. Por exemplo, se a libra cair mais do que, digamos, 6% por 30 dias, a matriz britânica pode ter que fornecer libras adicionais à subsidiária holandesa para trazer o valor do principal dos dois empréstimos de volta à paridade. Uma provisão similar protegeria os britânicos se o euro enfraquecesse. Apesar de essa provisão de paridade poder levar a mudanças na quantia de moeda doméstica que cada parte tem que emprestar durante o período do acordo, ela não aumenta o risco de câmbio, pois no vencimento, todos os empréstimos serão pagos na mesma moeda emprestada.

Há dois impedimentos fundamentais para o uso ampliado do empréstimo *back-to-back*. Em primeiro lugar, é difícil para uma empresa encontrar uma parceira, chamada de contraparte, para a moeda, quantidade e momento desejados. Em segundo lugar, há um risco de que uma das partes não devolva os fundos emprestados no vencimento designado – apesar de esse risco ser minimizado porque cada parte no empréstimo possui, com efeito, um colateral de 100%, embora em uma moeda diferente. Essas desvantagens levaram à rápida evolução e ao uso ampliado do *swap* de moeda.

Swaps de moeda

Um *swap* de moeda lembra um empréstimo *back-to-back* exceto que ele não aparece no balanço patrimonial de uma empresa. Como observamos brevemente no Capítulo 6, o termo *swap* é amplamente utilizado para descrever um acordo de câmbio entre duas partes para trocar determinada quantidade de uma moeda por uma outra e, depois de determinado período de tempo, devolver as quantias originais trocadas no *swap*. Deve-se tomar cuidado para esclarecer a qual dos muitos *swaps* diferentes se está fazendo referência em um caso específico.

Em um *swap* de moeda, uma empresa e um *dealer* de *swap* ou um banco concordam em trocar uma quantia equivalente de duas moedas diferentes por determinado período de tempo. Os *swaps* de moeda podem ser negociados para uma ampla variedade de vencimentos de até pelo menos 10 anos. Se os fundos forem mais caros em um país do que no outro, pode ser necessário cobrar uma tarifa para compensar o diferencial de juros. O *dealer* de *swap* ou banco age como intermediário ao estabelecer o acordo de *swap*.

Um típico *swap* de moeda primeiro exige que duas empresas tomem fundos emprestados nos mercados e moedas em que elas são mais conhecidas. Por exemplo, uma empresa japonesa tipicamente tomaria ienes emprestados regularmente em seu mercado doméstico. Se, no entanto, a empresa japonesa estivesse exportando para os Estados Unidos e recebendo dólares americanos, ela poderia desejar contruir um *hedge* de fluxo de caixa correspondente, o que a permitiria usar os dólares americanos obtidos para fazer pagamentos regulares de serviço de dívida sobre a dívida em dólares americanos. Se, no entanto, a empresa japonesa não é conhecida nos mercados financeiros norte-americanos, ela pode não ter acesso imediato a dívidas em dólares americanos.

Uma maneira através da qual ela poderia, com efeito, tomar dólares emprestados, é participar de um *swap* cruzado de moeda (ver Quadro 12.6). A empresa japonesa poderia fazer *swap* de seus pagamentos de serviço de dívida denominados em ienes com uma outra empresa que tenha pagamentos de serviço de dívida em dólares americanos. Este *swap* faria a empresa japonesa "pagar dólares" e "receber ienes". A empresa japonesa, então, pagaria sua dívida em dólares sem, na verdade, ter que tomar dólares emprestados. Simultaneamente, uma empresa norte-americana poderia entrar em um *swap* cruzado de moeda na direção oposta – "pagando ienes" e "recebendo dólares". O *dealer* de *swap* é um intermediário.

Os operadores de *swap* arranjam a maioria dos *swaps* de maneira "cega", o que significa que a empresa que inicia o *swap* não sabe quem está do outro lado do arranjo – a contraparte. A empresa vê o operador ou banco de *swap* como sua contraparte. Como os mercados de *swap* são dominados pelos principais centros bancários mundiais, o risco do contraparte é aceitável. Como o negócio do *dealer* de *swap* é arranjar *swaps*, o *dealer* geralmente pode conseguir a moeda, quantia e momento do *swap* desejado.

QUADRO 12.6 Usando um *swap* cruzado de moeda para fazer *hedge* de uma exposição de moeda

Tanto a empresa japonesa quanto a norte-americana gostariam de entrar em um *swap* cruzado de moeda que as permitiria usar as entradas de caixa em moeda estrangeira para fazer pagamentos de serviço de d[ívida]

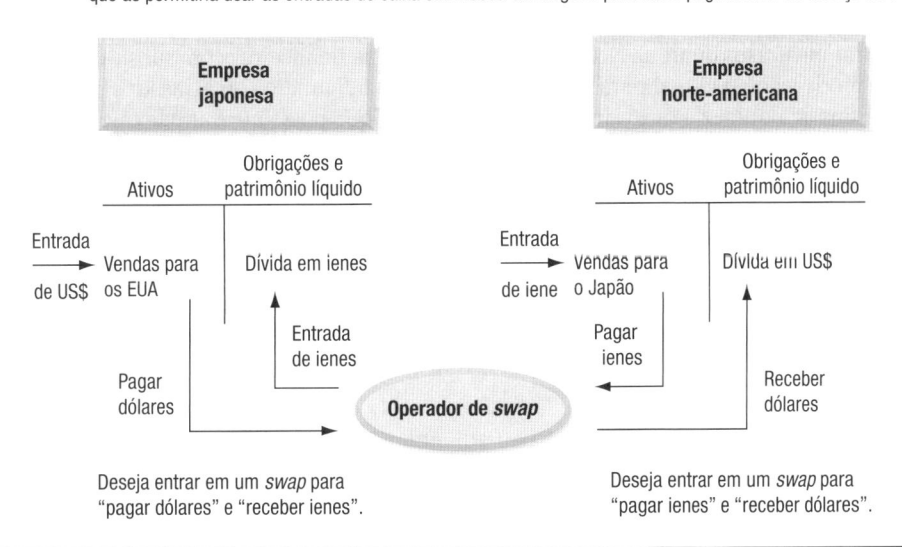

Empresa japonesa

Ativos — Entrada de US$ → Vendas para os EUA

Obrigações e patrimônio líquido — Dívida em ienes ← Entrada de ienes

Pagar dólares →

Operador de swap

Empresa norte-americana

Ativos — Entrada de iene → Vendas para o Japão

Obrigações e patrimônio líquido — Dívida em US$ ← Receber dólares

← Pagar ienes

Deseja entrar em um *swap* para "pagar dólares" e "receber ienes".

Deseja entrar em um *swap* para "pagar ienes" e "receber dólares".

Os contadores nos Estados Unidos tratam o *swap* de moeda como uma transação de câmbio em vez de como uma dívida e tratam a obrigação de reverter o *swap* em alguma data futura como um contrato de câmbio a termo. Os contratos de câmbio a termo podem ser associados a ativos, mas eles entram como notas de rodapé em vez de como itens no balanço patrimonial de uma empresa. O resultado é que as exposições de transação e operacionais são evitadas, e não se cria nem uma conta a receber de longo prazo nem uma dívida de longo prazo no balanço patrimonial. O risco de mudanças nas taxas das moedas para o colateral implícito em um *swap* de moeda de longo prazo pode ser tratado como uma cláusula similar à cláusula de manutenção do principal em um empréstimo *back-to-back*. Se as taxas de câmbio mudarem mais do que determinado valor especificado, digamos, 10%, uma quantia adicional da moeda mais fraca terá que ser fornecida.

Depois de ser introduzido em escala global no início da década de 1980, o *swap* de moedas passou a ser um dos maiores mercados de derivativos financeiros do mundo. O Capítulo 9 fornece uma explicação detalhada da teoria e da aplicação do *swap* de moedas no contexto do gerenciamento de riscos de juros.

Adiantamentos e atrasos (*leads and lags*): Reprogramando a transferência de fundos

As empresas podem reduzir a exposição operacional e a de transação acelerando ou desacelerando o programa dos pagamentos que têm que ser feitos ou recebidos em moedas estrangeiras. Uma empresa que detém uma moeda fraca ou que possui dívidas denominadas em uma moeda forte iniciará usando a moeda fraca para pagar as dívidas em moeda forte o mais rápido possível. O objetivo é pagar as dívidas em moeda forte antes que a moeda fraca caia de valor. Fazer um *lag* é pagar atrasado. Uma empresa que detém uma moeda forte e possui dívidas denominadas em uma moeda fraca, fará um *lag* pagando essas dívidas com atraso, na esperança de que menos da moeda fraca seja necessário. Se possível, as empresas também farão adiantamentos e atrasos em seu conjunto de contas a receber, recebendo contas a receber em moeda fraca antecipadamente e recebendo contas a receber em moeda forte mais tarde.

Os adiantamentos e atrasos nos pagamentos podem ser feitos entre empresas relacionadas (intraempresa) ou com empresas independentes (interempresa). Supondo que os pagamentos serão feitos, os adiantamentos ou atrasos sempre resultam na mudança da posição de caixa e de contas a pagar de uma empresa, com o efeito inverso sobre a outra empresa.

Adiantamentos e atrasos intraempresa. Fazer adiantamentos e atrasos entre empresas relacionadas é mais viável porque elas presumivelmente compartilham um conjunto de metas comuns para o grupo consolidado. Além disso, os muitos pagamentos periódicos entre unidades de uma EMN fornecem oportunidades para muitos tipo de adiantamentos e atrasos. Como as oportunidades para adiantar e atrasar pagamentos depende da exigência dos pagamentos dessa natureza, o artifício é mais prontamente adaptável a uma a empresa que opera de maneira integrada em todo o mundo. Se cada unidade funcionar como uma entidade separada e autosuficiente, a motivação para fazer adiantamentos ou atrasos diminui. No caso de fluxos de caixa financeiros com subsidiárias estrangeiras, há uma motivação adicional para realizar pagamentos adiantados ou atrasados para posicionar fundos para fins de liquidez. Por exemplo, uma subsidiária que possa atrasar pagamentos à empresa matriz está, na realidade, contraindo um empréstimo junto à matriz.

Como o uso de adiantamentos e atrasos é uma técnica óbvia para minimizar a exposição cambial e para deslocar o ônus do financiamento, muitos governos impõem limites da faixa permitida. Os prazos permitidos pelos governos muitas vezes são sujeitados a negociações quando um bom argumento pode ser apresentado. Assim, alguns limites estão sujeitos a exceções. Por exemplo, no passado, a Itália não impunha limites sobre atrasos nos pagamentos de exportações e importações com outros países da OCDE. No entanto, foi aplicado um limite de 180 dias para atrasos de exportações e um limite de cinco anos para atrasos de importações para o comércio com países que não pertencem à OCDE.

Adiantamentos e atrasos interempresa. Fazer adiantamentos ou atrasos entre empresas independentes exige que a preferência de tempo de uma empresa seja imposta em detrimento da outra empresa. Por exemplo, a Trident Europe pode querer fazer um adiantamento ao receber suas contas a receber brasileiras que são denominadas em reais porque espera que o real caia em valor em comparação ao euro. Mas por que os clientes brasileiros adiantariam o pagamento de suas contas a pagar? Para começar, o crédito em reais era parte do incentivo para eles comprarem da Trident Europe. O único modo de os brasileiros estarem dispostos a pagar suas contas a pagar mais cedo seria o credor alemão oferecer um desconto aproximadamente igual ao desconto a termo sobre o real ou, no equilíbrio, a diferença entre as taxas de juros brasileira e alemã para o período do pagamento adiantado. No equilíbrio, esse "desconto" eliminaria o benefício para a Trident Europe de receber a moeda "fraca" antecipadamente.

Centros de refaturamento

Um *centro de refaturamento* é uma subsidiária separada que serve como um tipo de intermediário entre a matriz ou unidade relacionada em um local e todas as subsidiárias estrangeiras em uma região geográfica. As subsidiárias de produção vendem mercadorias para subsidiárias de distribuição da mesma empresa apenas vendendo para um centro de refaturamento, que, por sua vez, revende-os para a subsidiária de distribuição. O título referente ao produto passa ao centro de refaturamento, mas o movimento físico das mercadorias é direto da fábrica de produção, neste caso a Trident USA, para a subsidiária estrangeira, a Trident Brasil. Assim, o centro de refaturamento lida com documentos, mas não possui estoques.

Como mostra o Quadro 12.7, a unidade de produção dos EUA da Trident Corporation fatura o centro de refaturamento da empresa – localizado na sede corporativa em Los Angeles – em dólares americanos. No entanto, as mercadorias propriamente ditas são enviadas diretamente à Trident Brasil. O centro de refaturamento, por sua vez, revende para a Trident Brasil em reais brasileiros. Consequentemente, todas as unidades operacionais lidam apenas com sua própria moeda, e toda a exposição de transação fica nas mãos do centro de refaturamento.

Para evitar acusações de *lucros de transferência* (*profit-shifting*) através de *preços de transferência* (*transfer pricing*), a maioria dos centros de refaturamento revendem pelo custo mais uma pequena comissão por seus serviços. O preço de revenda é muitas vezes o preço do fabricante vezes a taxa de câmbio a termo para a data em que o pagamento do comprador é esperado, apesar de serem possíveis outras combinações. A comissão cobre o custo do centro de refaturamento, mas não captura os lucros das subsidiárias operacionais.

Há três benefícios básicos que surgem da criação de um centro de refaturamento:

1. **Gerenciar a exposição cambial.** A formação do centro permite que o gerenciamento de toda a exposição de transação das vendas intraempresa seja localizada em um só lugar. O pessoal do centro de refaturamento pode desenvolver uma qualificação especializada para escolher que técnica de *hedge* é a melhor em cada momento, e eles provavelmente conseguirão cotações de câmbio mais competitivas por estarem lidando com transações maiores.

QUADRO 12.7 Uso de um centro de refaturamento

Trident USA (produz switches não acabados) → Mercadorias físicas → Trident Brasil (acabamentos para venda local)

As mercadorias são vendidas pela Trident USA ao centro de refaturamento em dólares americanos.

As mercadorias são revendidas pelo centro de refinanciamento para subsidiária brasileira em reais brasileiros (R$).

Centro de refaturamento

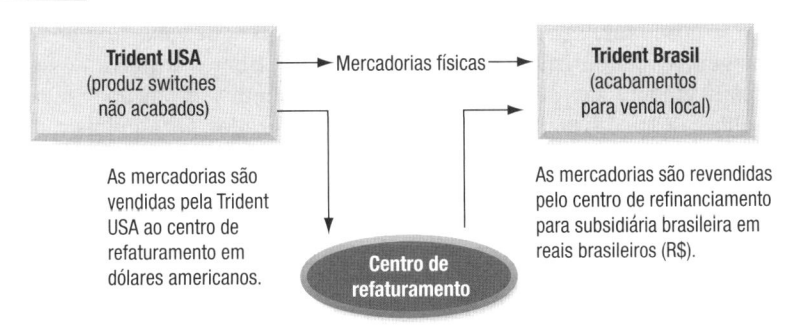

1. A Trident USA envia as mercadorias diretamente à subsidiária brasileira.
2. A fatura emitida pela Trident USA, que é denominada em dólares americanos, é passada ao centro de refaturamento.
3. O centro de refaturamento assume o título jurídico das mercadorias.
4. O centro de refaturamento fatura a Trident Brasil em reais brasileiros, reposicionando a exposição de moeda de ambas as unidades operacionais para o centro de refaturamento.

2. **Garantir a taxa de câmbio para pedidos futuros.** Ao garantir a taxa de câmbio para pedidos futuros, o centro de refaturamento pode determinar os custos na moeda local da empresa com antecedência. Isso permite que as subsidiárias de distribuição façam ofertas da empresa a clientes finais não relacionados, e se protejam contra a exposição criada por um *backlog* de pedidos não atendidos. A exposição de pedidos pendentes não aparece nos livros contábeis da empresa porque as vendas ainda não foram registradas. As subsidiárias de venda podem se focar em suas atividades de *marketing* e seu desempenho pode ser avaliado sem distorção devido a mudanças nas taxas de câmbio.
3. **Gerenciar fluxos de caixa intrasubsidiária.** O centro pode gerenciar os fluxos de caixa intrasubsidiária, incluindo adiantamentos e atrasos de pagamentos. Com um centro de refaturamento, todas as subsidiárias compensam as contas intraempresa em suas moedas locais. O centro de refaturamento precisa apenas fazer *hedge* da exposição de câmbio residual.

A principal desvantagem é a de custo em relação aos benefícios recebidos. Uma outra unidade corporativa tem que ser criada e é necessário manter um conjunto separado de livros contábeis. O custo inicial de estabelecimento pode ser alto porque os procedimentos existentes de processamento de pedidos têm que reprogramados. O centro terá um impacto sobre a situação fiscal de todas as subsidiárias, além de sobre o valor de negócios de câmbio direcionados aos bancos locais em cada país. O estabelecimento de um centro de refaturamento provavelmente trará maior escrutínio das autoridades fiscais para se certificarem de que o centro não está funcionando como um paraíso fiscal. Consequentemente, uma variedade de custos profissionais serão incorridos na contratação de consultorias tributária e jurídica, além dos custos de pessoal para operar o centro.

ABORDAGENS CONTRATUAIS: FAZENDO *HEDGE* DO IMPONDERÁVEL

Algumas EMNs agora tentam fazer *hedge* de sua exposição operacional com estratégias contratuais. Empresas como a Eastman Kodak (U.S.) e Merck (U.S.) têm empreendido *hedges* com opções de moeda de suas posições de longo prazo criados para neutralizar lucros cessantes devido a mudanças adversas nas taxas de câmbio. Esse *hedge* do que muitas empresas chamam de exposição estratégica ou exposição competitiva parece desafiar a teoria tradicional.

A capacidade das empresas de fazer *hedge* do "imponderável" depende da previsibilidade: 1) a previsibilidade dos fluxos de caixa futuros da empresa e 2) a previsibilidade das reações dos concorrentes da empresa a mudanças nas taxas de câmbio. Apesar de a administração de muitas empresas poder acreditar que são capazes de prever seus próprios fluxos de caixa, na prática, poucas sentem-se capazes de prever com precisão as reações dos concorrentes.

A Merck é um exemplo de empresa cuja administração se sente capaz de ambos. A empresa possui fluxos de receita relativamente previsíveis devido à natureza de produtos de nicho do setor farmacêutico. Como exportadora sediada nos EUA para mercados estrangeiros, mercados esses em que os níveis de vendas por produto são relativamente previsíveis e os preços são frequentemente regulados pelo governo, a Merck pode prever com precisão fluxos de caixa líquidos de longo prazo em moedas estrangeiras num horizonte de cinco a dez anos à frente. A Merck possui uma estrutura operacional relativamente não diversificada. É extremamente centralizada em termos de onde os custos de pesquisa, desenvolvimento e produção são localizados. Os administradores da Merck sentem que a empresa não possui alternativas reais senão o *hedge* contratual se quiser se proteger no longo prazo contra mudanças insperadas nas taxas de câmbio. A Merck tem comprado opções de venda de longo prazo de balcão (OTC ou *over-the-counter*) de moedas estrangeiras *versus* o dólar americano como um seguro contra possíveis perdas de lucros devido a mudanças nas taxas de câmbio. No caso da Merck, a previsibilidade da reação dos concorrentes às mudanças nas taxas de câmbio é menos pertinente dado a natureza de mercado de nicho dos produtos farmacêuticos.

A Eastman Kodak é uma outra EMN que no passado já empreendeu *hedges* contratuais de sua exposição operacional. A administração da Kodak acredita que seus mercados sejam orientados, em grande parte, por preços e está ciente de que seu maior concorrente, a Fuji, possui uma base de custos japonesa. Se o dólar americano se fortalecesse no médio a longo prazo, a participação de mercado da Kodak nos Estados Unidos e em mercados estrangeiros cairia. A liderança da Kodak também acredita que qualquer venda perdida pela Kodak, será ganha por seus concorrentes.

A Kodak, portanto, também tem comprado opções de venda de longo prazo de moedas estrangeiras, o que substituiria lucros de longo prazo se o valor do dólar americano subisse inesperadamente.

A magnitude da posição da opção depende da natureza da substituição desejada. Por exemplo, se a Kodak desejasse se segurar apenas contra as perdas nos lucros líquidos induzidas pela taxa de câmbio, a posição da opção seria consideravelmente menor do que uma posição que tentasse substituir as receitas de vendas brutas. Dadas as despesas mais caras associadas a posições de opções de venda de longo prazo desse tipo, substituir os lucros é preferível a substituir as vendas.

Ainda resta uma significativa dúvida quanto à verdadeira eficácia de se fazer *hedge* da exposição operacional com *hedges* contratuais. É verdade que mesmo depois de temidos movimentos nas taxas de câmbio e pagamentos de posições em opções terem ocorrido, a empresa se encontra em desvantagem competitiva. O desembolso de capital necesseario para a compra de posições de opção de tal magnitude é um capital não utilizado para a possível diversificação das operações, o que, no longo prazo, poderia ter mantido mais efetivamente a participação de mercado global da empresa e sua competitividade internacional.

RESUMO

- Exposição cambial é uma medida do potencial de lucratividade, fluxo de caixa líquido e valor de mercado de uma empresa mudarem devido a uma mudança nas taxas de câmbio. Os três principais tipo de risco de câmbio são a exposição operacional, a exposição de transação e a exposição contábil.

- A exposição operacional mede a mudança no valor da empresa que resulta de mudanças nos fluxos de caixa operacionais futuros causadas por uma variação inesperada nas taxas de câmbio.

- As estratégias de gerenciamento da exposição operacional enfatizam a estruturação das operações da empresa a fim de criar fluxos de caixa de equilíbrio por moeda. Isso é chamado de *hedge* natural.

- O objetivo do gerenciamento da exposição operacional é prever e influenciar o efeito das mudanças inesperadas nas taxas de câmbio sobre os fluxos de caixa futuros de uma empresa, em vez de ser forçada a uma reação passiva a tais mudanças. Esta tarefa pode ser alcançada da maneira mais apropriada se a empresa diversificar internacionalmente tanto sua base operacional quanto sua base financeira.

- Políticas proativas incluem o equilíbrio de fluxos de caixa de moeda, cláusulas de compartilhamento de riscos de moeda, estruturas de empréstimo *back-to-back* e acordos de *swap* cruzado de moeda.

- As abordagens contratuais (isto é, opções e contratos a termo) têm sido usadas ocasionalmente para fazer *hedge* de exposições operacionais, mas são caras e possivelmente ineficazes.

MINICASO: Exposição operacional europeia da Toyota

Era janeiro de 2002, e a Toyota Motor Europe Manufacturing (TMEM) tinha um problema. Mais especificamente, o Sr. Toyoda Shuhei, o novo Presidente da TMEM, tinha um problema. Ele estava a caminho do escritório corporativo da Toyota Motor Company (Japão) nas proximidades de Tóquio para explicar as perdas contínuas das operações europeias de produção e venda. O CEO da Toyota Motor Company, o Sr. Hiroshi Okuda, estava esperando uma proposta do Sr. Shuhei para reduzir e, eventualmente, eliminar essas perdas. A situação era tensa, dado que a TMEM era a única grande subsidiária da Toyota que estava perdendo dinheiro.

Toyota e a produção de automóveis

A Toyota Motor Company era a produtora de automóveis número um no Japão, a terceira maior fabricante no mundo por vendas unitárias (5,5 milhões de unidades ou um automóvel a cada seis segundos), mas era número oito em vendas na Europa continental. O setor automobilístico global, como muitos setores, estava experimentando frequentes consolidações nos últimos anos, à medida que suas margens eram estreitadas, economias de escala e de escopo passavam a ser perseguidas e as vendas globais desaceleravam.

A Toyota não era diferente. Ela tinha continuado a racionalizar sua produção regional e a aumentar a quantidade de produção local na América do Norte. Em 2001, mais de 60% das vendas norte-americanas da Toyota eram produzidas localmente. Mas as vendas europeias da Toyota ainda não chegavam nem perto disso. A maior parte da produção de automóveis e caminhões da Toyota para a Europa ainda era feita no Japão. Em 2001, apenas 26% dos automóveis vendidos na Europa eram produzidos na Europa (incluindo o Reino Unido), sendo o restante importado do Japão (ver Quadro 1).

A Toyota Motor Europe vendeu 634.000 automóveis em 2000. A Europa era o segundo maior mercado estrangeiro da

QUADRO 1 — Estrutura operacional de moeda europeia da Toyota Motor

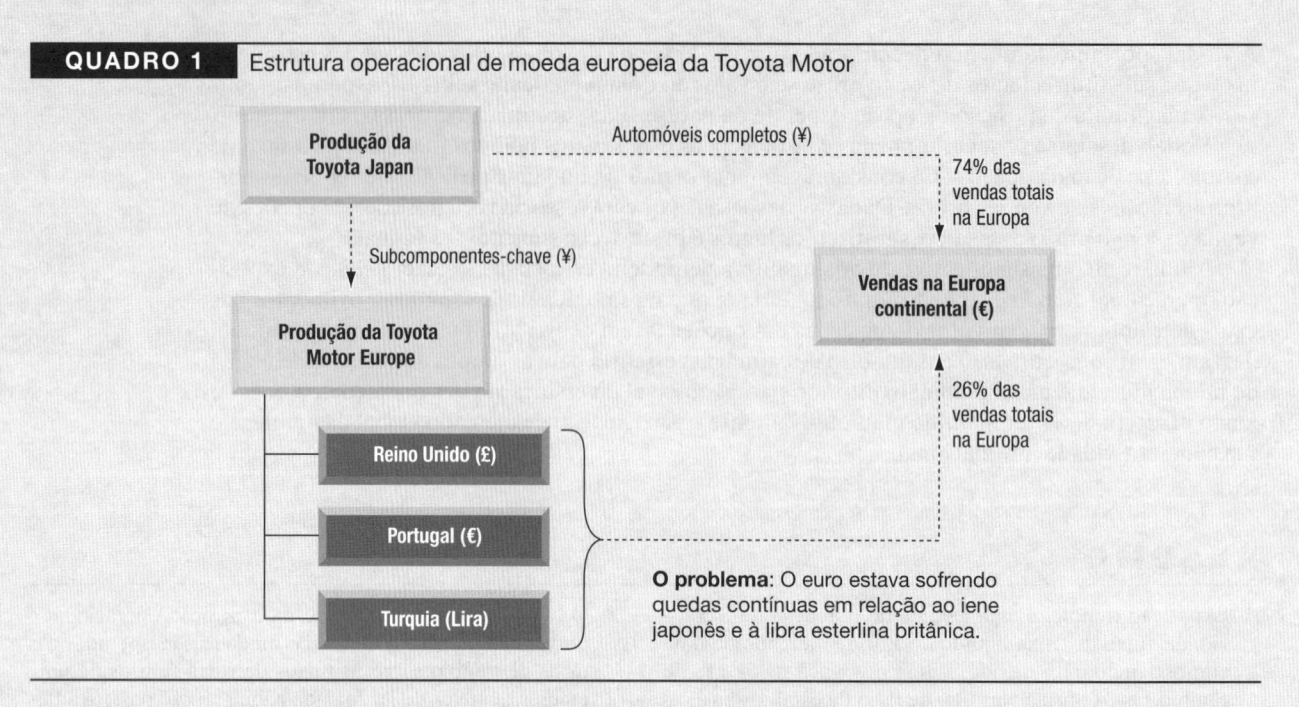

- Produção da Toyota Japan
  - Automóveis completos (¥) → 74% das vendas totais na Europa → Vendas na Europa continental (€)
  - Subcomponentes-chave (¥) ↓
- Produção da Toyota Motor Europe
  - Reino Unido (£)
  - Portugal (€)
  - Turquia (Lira)
  - → 26% das vendas totais na Europa

O problema: O euro estava sofrendo quedas contínuas em relação ao iene japonês e à libra esterlina britânica.

Toyota, ficando atrás apenas da América do Norte. A TMEM esperava crescimento significativo nas vendas europeias e estava planejando expandir a produção e as vendas europeias para 800.000 unidades até 2005. Mas para o ano fiscal de 2001, a unidade divulgou perdas operacionais de ¥9,897 bilhões (US$82,5 milhões a ¥120/US$). A TMEM tinha três fábricas de montagem no Reino Unido, uma na Turquia e uma em Portugal. Em novembro do ano 2000, a Toyota Motor Europe anunciou publicamente que não geraria lucros pelos dois próximos anos devido ao fato de o euro estar enfraquecido.

A Toyota tinha introduzido recentemente um novo modelo ao mercado europeu, o Yaris, que estava fazendo muito sucesso. O Yaris, um veículo super pequeno com um motor de 1.000cc, tinha vendido mais de 180.000 unidades em 2000. Apesar de o Yaris ter sido especificamente projetado para o mercado europeu, tinha-se decidido anteriormente fabricá-lo no Japão.

Exposição de moeda

Uma fonte de perdas operacionais contínuas sofridas pela TMEM era o valor decrescente do euro. Durante todo o ano de 1999 e a primeira metade do ano 2000, o iene se fortaleceu em relação ao euro (ver Quadro 2). Apesar de o euro ter ganho nova força no final de 2000, ele permaneceu relativamente fraco.

Como demonstra o Quadro 1, a base de custo para a maioria dos automóveis vendidos no mercado da Europa continen-

QUADRO 2 — Taxas de câmbio diárias: ienes japoneses por euro

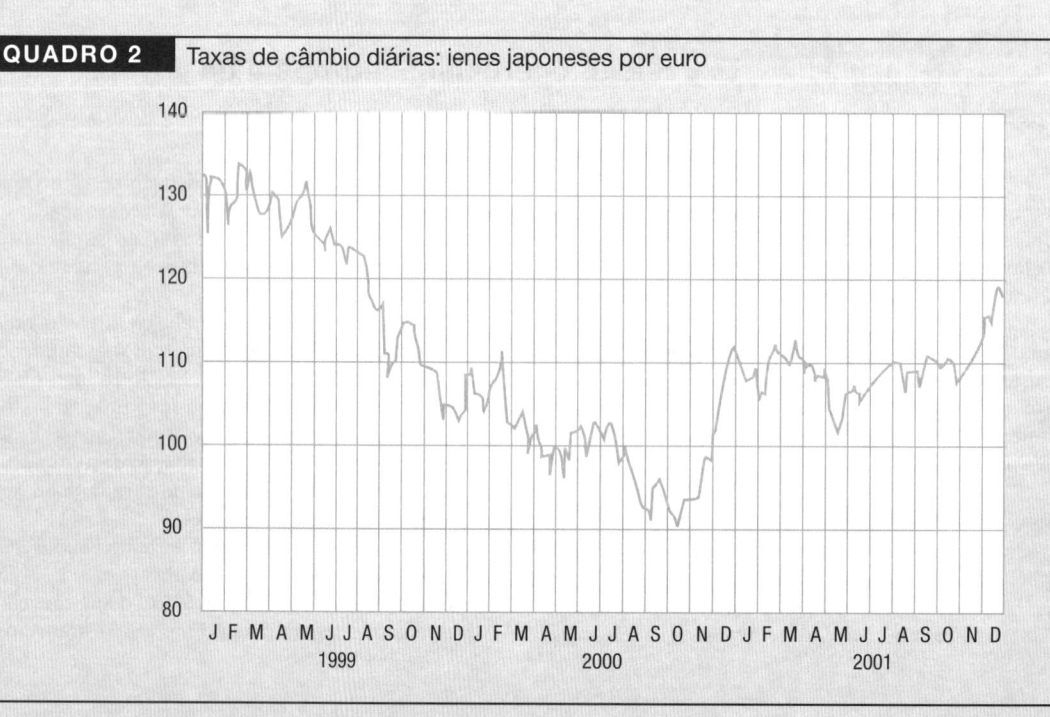

tal era o iene japonês. À medida que o iene subia em relação ao euro, os custos aumentavam significativamente quando medidos em termos do euro. Se a Toyota desejasse preservar sua competitividade de preço no mercado europeu, ela tinha que absorver a maior parte das mudanças nas taxas de câmbio, sofrendo margens reduzidas ou negativas tanto em carros acabados quanto em subcomponentes enviados a seus centros de produção europeus. Decidir produzir o Yaris no Japão tinha apenas exacerbado o problema.

Resposta da administração

A administração da Toyota não estava assistindo a tudo passivamente. Em 2001, eles tinham iniciado algumas operações de montagem em Valenciennes, França. Apesar de Valenciennes ainda constituir uma porcentagem relativamente pequena das vendas totais da Europa a partir de 2002, a Toyota planejava continuar a expandir sua capacidade e suas competências para obter de fornecedores aproximadamente 25% das vendas europeias até 2004. A montagem do Yaris estava programada para ser transferida para Valenciennes em 2002. O problema que persistia, no entanto, é que ela era uma fábrica de montagem, o que significava que grande parte do caro valor agregado contido nos carros que eram montados ainda se baseava ou no Japão ou no Reino Unido.

O Sr. Shuhei, com a aprovação do Sr. Okuda, também tinha iniciado um programa de fornecimento e compras locais para as operações de produção do Reino Unido. A TMEM desejava diminuir o número de componentes-chave importados da Toyota Japan para reduzir a exposição de moeda da unidade do Reino Unido. Mas, novamente, o problema que persistia da fraqueza do euro em relação à libra esterlina britânica, como mostra o Quadro 3, reduzia a eficácia até mesmo dessa solução.

Perguntas sobre o caso

1. Por que você acha que a Toyota esperou tanto para transferir sua produção para vendas na Europa para a Europa?
2. Se a Grã-Bretanha se juntasse à União Monetária Europeia, o problema seria resolvido? Qual é a probabilidade de que a Grã-Bretanha faça isso?
3. Se você fosse o Sr. Shuhei, como você classificaria seus problemas e soluções? Qual era um problema de curto prazo e qual era um problema de longo prazo?
4. Que medidas você recomendaria que a Toyota Europe tomasse para resolver as perdas operacionais contínuas?

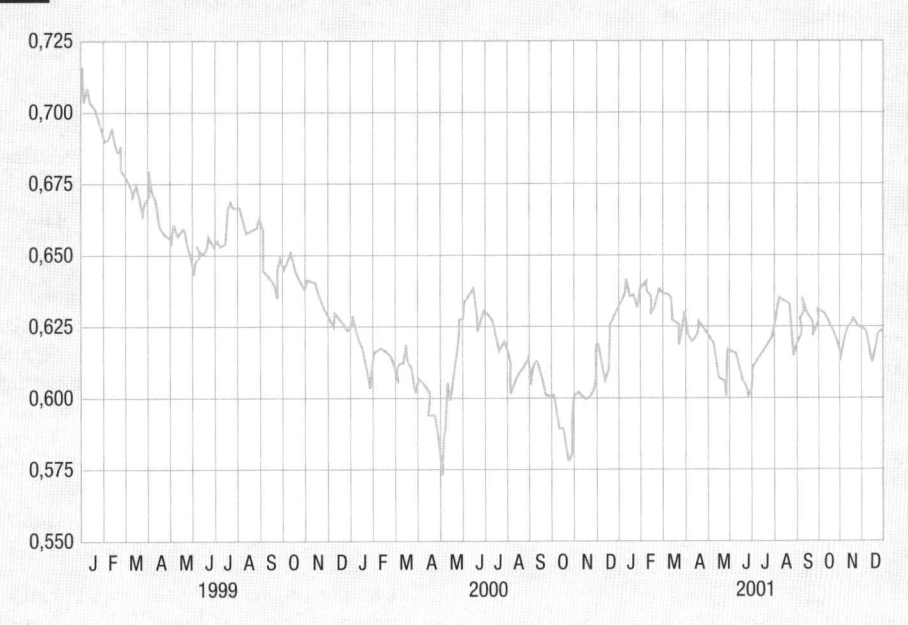

QUADRO 3 | Taxas de câmbio diárias: libras esterlinas por euro

PERGUNTAS

1. **Outros nomes.** A exposição operacional tem outros nomes. Quais são eles e o que as palavras contidas nesses nomes sugerem sobre a natureza da exposição operacional?

2. **Comparação do tipo de exposição.** A partir de uma perspectiva de mensuração de fluxo de caixa, qual é a principal diferença entre as perdas decorrentes da exposição de transação e as da exposição operacional?

3. **Fluxos de caixa intraempresa.** Quais são as diferenças entre os fluxos de caixa operacionais e os fluxos de caixa financeiros da matriz para a subsidiária ou vice-versa? Liste vários fluxos de caixa em ambas as categorias e indique por que esse fluxo ocorre.

4. **Mudanças esperadas nas taxas de câmbio.** Por que as mudanças inesperadas nas taxas de câmbio contribuem para a exposição operacional, mas as mudanças esperadas nas taxas de câmbio não contribuem?

5. **Incerteza macroeconômica.** O que é incerteza macroeconômica e como ela se relaciona com a mensuração da exposição operacional?

6. **Quem é dono de quem?** A revista The Economist (1-7 de dezembro de 2001, p. 4 do caderno de "Pesquisas" ("*Survey*")) publicou um artigo sobre uma empresa que tinha uma subsidiária na Índia. A subsidiária indiana, por sua vez, possui sua própria subsidiária na França. Como você presumiria ser a exposição operacional para a empresa internacional francesa de uma desvalorização inesperada da rúpia indiana em relação ao euro?

7. **Respostas estratégicas.** Ques respostas estratégicas uma empresa multinacional pode ter para evitar perdas devido à sua exposição operacional?

8. **Políticas proativas para neutralizar a exposição cambial.** Existe uma diferença muito sutil entre mudanças totalmente previstas nas taxas de câmbio e mudanças possíveis, mas não garantidas nas taxas de câmbio. Se a administração acredita que possa ocorrer uma mudança nas taxas de câmbio, mas não consegue estimar ao certo o momento ou o valor de tal mudança, o que a administração pode fazer para aliviar as possíveis consequências de uma dessas desvalorizações incertas?

9. **Paradoxo?** A possibilidade de um ganho ou uma perda decorrente de exposições operacionais neutralizada por uma perda ou ganho oposta decorrente de exposições de transação pode parecer contraditória. Explique por que, quando a moeda em que uma subsidiária estrangeira opera cai de valor, a empresa matriz pode experimentar tanto um ganho operacional quanto uma perda de transação.

10. **Subsidiária fazendo empréstimos das matriz.** Subsidiárias estrangeiras recém-estabelecidas geralmente são financiadas com dívida fornecida pela matriz, talvez porque uma nova subsidiária não tenha nenhum histórico de crédito ou valor em si mesma, ou talvez porque a empresa matriz possa adquirir capital mais barato. Assim que a subsidiária estiver operacional, no entanto, a empresa matriz encoraja ou exige que a subsidiária consiga seus próprios financiamentos de dívida localmente. Como essa abordagem ser viria como um *hedge* natural para a maioria das subsidiárias?

PROBLEMAS

1. **Kona Macadamia Nuts.** A Kona Macadamia Nuts, sediada em Hilo, Havaí, exporta nozes macadâmia para todo o mundo. O mercado japonês é seu maior mercado de exportação, com vendas anuais médias faturadas em ienes para clientes japoneses no valor de ¥1.200.000.000. Pela taxa de câmbio atual de ¥125/US$, isso é equivalente a US$9.600.000. As vendas são distribuídas de maneira relativamente uniforme durante o ano. Elas aparecem como uma conta a receber de ¥250.000.000 no balanço parimonial da Kona Macadamia Nuts. Os termos de crédito para cada cliente dão um prazo de 60 dias para o pagamento. Os recebimentos mensais são tipicamente de ¥100.000.000.

   A Kona gostaria de fazer *hedge* de seus recebimentos em ienes, mas possui clientes e transações demais para tornar prático vender a termo cada conta a receber. Ela não quer usar opções porque elas são consideradas caras demais para este propósito específico. Portanto, a empresa decidiu utilizar um *hedge* de "equilíbrio" tomando ienes emprestados.
   a. Quanto a Kona deve tomar emprestado em ienes?
   b. Quais devem ser os termos de pagamento sobre o empréstimo em ienes?

*2. **Newport Lifts (A).** A Newport Lifts (EUA) exporta equipamentos de guindastes pesados para várias empresas nas docas chinesas. As vendas são atualmente de 10.000 unidades por ano pelo equivalente em ienes a US$24.000 cada. O yuan chinês (renminbi) está sendo negociado a Yuan8,20/US$, mas um serviço de consultoria de Hong Kong prevê que o renminbi sofrerá uma queda no valor na próxima semana para Yuan9,20/US$, depois da qual, permanecerá inalterado por pelo menos uma década. Aceitando esta previsão como dada, a Newport Lifts enfrenta uma decisão de determinação de preço tendo em vista e desvalorização iminente. Ela pode 1) manter o mesmo preço em yuans e, com efeito, vender por menos dólares, caso em que o volume chinês não mudará ou 2) manter o mesmo preço em dólar, elevar o preço em yuan na China para neutralizar a desvalorização, e experimentar uma queda de 10% no volume de unidades. Os custos são 75% do preço de venda nos EUA.
   a. Qual seria o impacto de curto prazo (um ano) de cada estratégia de precificação?
   b. O que você recomenda?

3. **Newport Lifts (B).** Suponha os mesmos fatos do problema 2. Além disso, a gerência financeira acredita que se mantiver o mesmo preço de venda em yuans, o volume aumentará a uma taxa de 12% ao ano por oito anos. Os custos em dólar não mudarão. Ao final de dez anos, a patente da Newport Lifts expirará e ela não mais exportará para a China. Depois de o yuan ser desvalorizado para Yuan9,20/US$, não são esperadas outras desvalorizações. Se a Newport Lifts elevar o preço em yuan de modo a manter seu preço em dólar, o volume aumentará a uma taxa de apenas 1% ao ano por oito anos, começando da base inicial mais baixa de 9.000 unidades. Novamente, os custos em dólar não mudarão, e ao final de oito anos, a Newport parará de exportar para a China. O custo médio ponderado de capital da Newport é de 10%. Dadas essas considersções, qual deve ser a política de precificação da Newport?

4. **Compartilhamento de riscos da Pucini.** A Pucini Fashionwear, sediada na Cidade de Nova York, importa casacos de couro da Boselli Leather Goods, um fornecedor confiável e de longa data, sediado em Buenos Aires. O pagamento é em pesos argentinos. Quando o peso perdeu sua paridade com o dólar americano em janeiro de 2002, em outubro de 2002, ele já tinha caído em valor para Ps4,0/US$. A perspectiva era de uma nova queda no valor do peso. Como tanto a Pucini Fashionwear quanto a Boselli Leather Goods queriam continuar seu antigo relacionamento, elas concordaram em um arranjo de compartilhamento de riscos. Contanto que a taxa à vista na data de uma fatura estivesse entre Ps3,5/US$ e Ps4,5/US$, a Pucini Fashionwear pagaria com base na taxa à vista. Se a taxa de câmbio saísse dessa faixa, ela compartilharia a

diferença igualmente com a Boselli Leather Goods. O acordo de compartilhamento de riscos durará por seis meses, momento em que os limites da taxa de câmbio serão reavaliados. A Pucini Fashionwear faz um contrato de importação de casacos de couro da Boselli Leather Goods por Ps8.000.000 ou US$2.000.000 pela taxa à vista corrente de Ps4,0/US$ durante os seis próximos meses.
   a. Se a taxa de câmbio mudar imediatamente para Ps6,00/US$ qual será o custo em dólar de seis meses de importações para a Pucini Fashionwear?
   b. A Ps6,0/US$, de quanto será a venda de exportações em pesos da Boselli Leather Goods para a Pucini Fashionwear?

5. **Morris Garage, Ltd.** A Morris Garage, Ltd., de Coventry, Inglaterra, produz carros esporte no estilo britânico, dos quais vários são exportados para a Nova Zelândia em libras esterlinas. O distribuidor vende os carros esporte na Nova Zelândia por dólares neozelandeses. O distribuidor da Nova Zelândia não consegue carregar todo o risco de câmbio, e não venderia os modelos da Morris a menos que a empresa pudesse compartilhar parte do risco de câmbio. A Morris Garage concordou que as vendas de modelos do ano serão inicialmente precificadas a uma taxa à vista "base" entre o dólar da Nova Zelândia e a libra esterlina, determinada como a taxa média à vista no início daquele ano. Contanto que a taxa de câmbio real esteja entre ±5% dessa taxa base, o pagamento será feito em libras esterlinas. Isto é, o distribuidor da Nova Zelândia assume todo o risco de câmbio. No entanto, se a taxa à vista no momento do envio cair fora dessa faixa de ±5%, a Morris Garage compartilhará igualmente (isto é, 50/50%) a diferença entre taxa à vista real e a taxa base. Para o atual modelo do ano, a taxa base é de NZ$1,6400/£.
   a. Quais são as faixas externas dentro das quais o importador da Nova Zelândia terá que pagar com base na taxa à vista corrente?
   b. Se a Morris envia 10 carros esporte para o distribuidor da Nova Zelândia em um momento em que a taxa de câmbio à vista é de NZ$1,7000/£, e cada carro possui um custo de fatura de £12.000, qual será o custo para o distribuidor em dólares neozelandeses? Quantas libras a Morris receberá e como isso se compara aos recebimentos esperados das vendas da Morris de £12.000 por carro?
   c. Se a Morris Garage enviar os mesmos 10 carros esporte para a Nova Zelândia em um momento em que a taxa de câmbio à vista é de NZ$1,6500/£, quantos dólares neozelandeses o distribuidor irá pagar? Quantas libras a Morris Garage receberá?
   d. Um acordo de compartilhamento de riscos como este transfere a exposição de moeda de uma parte da transação para outra?
   e. Por que tal acordo de compartilhamento de riscos beneficia a Morris? E o distribuidor da Nova Zelândia?

6. **Trident Europe: Caso 4.** A Trident Europe (ver Quadro 12.3) decide não mudar seu preço doméstico de €12,80 por unidade na Europa, mas elevar seu preço de exportação (em euros) de €12,80 por unidade para €15,36 por unidade, preservando, assim, seu preço equivalente original em dólar de US$15,36 por unidade. O volume em ambos os mercados permanece o mesmo porque nenhum comprador percebe que o preço mudou.
   a. Qual é o impacto sobre o fluxo de caixa?
   b. Qual é o impacto sobre o capital de giro necessário?
   c. Qual é o impacto sobre a abordagem do valor presente para medir a exposição operacional?

7. **Trident Europe: Caso 5.** A Trident Europe (ver Quadro 12.3) acha que os custos domésticos aumentam em proporção à queda no valor do euro devido à inflação local e a um aumento no custo das matérias-primas e componentes importados. Este aumento nos custos (+20%) se aplica a todos os custos em dinheiro, incluindo custos diretos e custos operacionais fixos. Entretanto, ele não se aplica à depreciação. Devido ao aumento em seus custos, a Trident Europe aumenta seu preço de venda em euros de €12,80 por unidade para €15,36 por unidade.
   a. Qual é o impacto sobre o fluxo de caixa?
   b. Qual é o impacto sobre o capital de giro necessário?
   c. Qual é o impacto sobre a abordagem do valor presente para medir a exposição operacional?

8. **Dzell Printers, Inc. (A).** A Dzell Printers, Inc. (DP) dos Estados Unidos, exporta impressoras de computador para o Brasil, cuja moeda, o real (símbolo R$) está sendo negociado a R$3,40/US$. As exportações para o Brasil representam atualmente 50.000 impressoras por ano, o equivalente em reais a US$200 cada. Existe um forte rumor de que o real será desvalorizado para R$4,00/US$ dentro de duas semanas pelo governo brasileiro. Se a desvalorização ocorrer, espera-se que o real permaneça inalterado por mais uma década. Aceitando esta previsão como dada, a DP enfrenta uma decisão de determinação de preço que tem que ser tomada antes de qualquer desvalorização: a DP pode ou 1) manter o mesmo preço em reais e, com efeito, vender por menos dólares, caso em que o volume de vendas para o Braisl não mudará ou 2) manter o mesmo preço em dólares, elevar o preço em reais no Brasil para compensar a desvalorização e experimentar uma queda de 20% no volume de vendas. Os custos diretos nos EUA são de 60% do preço de venda em dólares.

   Qual seria a implicação de curto prazo (um ano) de cada estratégia de precificação? Qual você recomenda?

9. **Dzell Printers, Inc. (B).** Suponha os mesmos fatos que no problema 8. A DP também acredita que se mantiver o mesmo preço em reais brasileiros como uma política permanente, o volume aumentará a uma taxa de 10% ao ano por seis anos. Os custos em dólar não mudarão. No final de seis anos, a patente da DP expirará e ela não mais exportará para o Brasil. Depois de o real ser desvalorizado para R$4,00/US$ não se espera nenhuma outra desvalorização.

   Se a DP elevar o preço em reais de modo a manter seu preço em dólar, o volume aumentará a uma taxa de apenas 4% ao ano por seis anos, começando da base inicial mais baixa de 40.000 unidades. Novamente, os custos em dólares não mudarão, e no final de seis anos, a DP parará de exportar para o Brasil. O custo médio ponderado de capital da DP é de 12%. Dadas essas considerações, o que você recomenda para a política de preços da DP? Justifique sua recomendação.

10. **Compartilhamento de riscos na Harley Davidson.** A Harley-Davidson (U.S.) usa acordos de compartilhamento de riscos com suas próprias subsidiárias estrangeiras e com distribuidores estrangeiros independentes. Como essas unidades estrangeiras tipicamente vendem a seus mercados locais e recebem em moeda local, a Harley gostaria de facilitar os problemas individuais de exposição de moeda permitindo que eles pagassem pelas mercadorias da Harley (EUA) em sua moeda funcional local.

A taxa à vista entre o dólar americano e o dólar australiano no dia 1º de janeiro é A$1,2823/US$. Suponha que a Harley use essa taxa como base para determinar sua taxa central ou taxa de câmbio base para o ano a A$1,2800/US$. A Harley concorda precificar todos os contratos para distribuidores australianos segundo essa taxa de câmbio exata contanto que a taxa à vista corrente na data do pedido esteja a ±2,5% dessa taxa. Se a taxa à vista sair dessa faixa, mas ainda estiver dentro de ±5% da taxa central, a Harley irá "compartilhar" igualmente (isto é, 50/50%) a diferença entre a nova taxa à vista e o limite neutro com o distribuidor.

   a. Quais são as taxas de câmbio específicas nos limites das zonas de risco neutra e de compartilhamento de riscos?
   b. Se a Harley (EUA) envia uma motocicleta, uma "*hog*", com uma fatura de US$8.500 para a Austrália, e a taxa de câmbio na data do pedido é de A$1,3442/US$, qual é o preço em dólares australianos?
   c. Se a Harley (EUA) envia a mesma *hog* para a Austrália e a taxa de câmbio na data do pedido é de A$1,2442/US$, qual é o preço em dólares australianos para o distribuidor estrangeiro?

EXERCÍCIOS NA INTERNET

1. **Exposição operacional: exemplos recentes.** Usando os periódicos a seguir como pontos de partida, encontre um exemplo atual de uma empresa com um problema substancial de exposição operacional. Para auxiliar em sua busca, você pode se focar em empresas com operações em países com recentes crises monetárias, ou através da depreciação ou através de uma grande apreciação da moeda doméstica.

   www.ft.com/
   www.economist.com/
   www.wsj.com/

2. **Arquivos Edgar da SEC.** A fim de analisar a exposição operacional de uma empres individual mais cuidadosamente, é necessário ter mais informações detalhadas disponíveis do que no relatório anual normal. Escolha uma empresa específica com operações internacionais substanciais, por exemplo a Coca-Cola ou a PepsiCo, e busque os arquivos Edgar da Security and Exchange Commission para encontrar relatórios financeiros mais detalhados sobre suas operações internacionais.

   www.sec.gov/cgi-bin/srch-edgar

CAPÍTULO 13

Exposição Contábil

A caneta é mais poderosa que a espada, mas ninguém é mais poderoso que o contador.
—Jonathan Glancey.

A *exposição contábil*, também chamada de *exposição de conversão*, surge porque as demonstrações financeiras de subsidiárias estrangeiras – que são declaradas em moeda estrangeira – têm que ser refeitas na moeda da empresa matriz para que a empresa possa preparar suas demonstrações financeiras consolidadas. As subsidiárias estrangeiras de empresas norte-americanas, por exemplo, têm que recalcular o euro, libra esterlina, iene, e outras moedas locais nas demonstrações em termos de dólares americanos de modo que os valores estrangeiros possam ser adicionados ao balanço patrimonial e à demonstração de resultados da empresa matriz, denominados em dólares americanos. Este processo contábil chama-se "conversão". Exposição contábil é o potencial de um aumento ou diminuição no valor líquido e resultados líquidos divulgados pela empresa matriz causados por uma mudança nas taxas de câmbio desde a última conversão.

Apesar de a principal finalidade da conversão ser o preparo das demonstrações consolidadas, as demonstrações convertidas também são usadas pela administração para avaliar o desempenho das subsidiárias estrangeiras. Embora tal avaliação possa ser realizada a partir das demonstrações em moeda local, refazer as demonstrações de todas as subsidiárias em termos de um único "denominador comum", uma única moeda, facilita a comparação pela administração.

PANORAMA DA CONVERSÃO

A conversão é um princípio muito simples. As demonstrações financeiras em moeda estrangeira têm que ser refeitas na moeda da empresa matriz para fins de consolidação. Se a mesma taxa de câmbio fosse usada para medir novamente cada item em uma demonstração individual (demonstração de resultados e balanço patrimonial), não haveria nenhum desequilíbrio resultante dessa nova mensuração. Mas, se uma taxa de câmbio diferente fosse usada para cada item em um demonstrativo, ocorreria um desequilíbrio.

Por que usaríamos uma taxa de câmbio diferente ao medir novamente diferentes itens? Porque os princípios de conversão em muitos países geralmente são um complexo compromisso entre avaliação histórica e avaliação do mercado corrente. As taxas de câmbio históricas podem ser usadas para certas contas patrimoniais, ativos fixos e itens de estoque, enquanto as taxas de câmbio correntes podem ser usadas para ativos circulantes, passivos circulantes, resultados e itens de despesas. A questão, então, é o que tem que ser feito – caso algo tenha que ser feito – com o desequilíbrio. Ele é levado ou para a receita corrente ou para as reservas patrimoniais.

Os métodos de conversão diferem por país em duas dimensões gerais, além de por conta individual. Uma dimensão é uma diferença na maneira como uma subsidiária estrangeira é caracterizada com base em seu grau de independência em relação à empresa matriz. A segunda dimensão é a definição de que moeda é mais importante para as operações da subsidiária estrangeira.

Caracterização das subsidiárias

Hoje, a maioria dos países especifica o método de conversão usado por uma subsidiária estrangeira com base nas operações de negócios da subsidiária. Por exemplo, o negócio da subsidiária estrangeira pode ser categorizado ou como uma *entidade estrangeira integrada* ou como uma *entidade estrangeira autossuficiente*. Uma entidade estrangeira integrada é aquela que opera como uma extensão da empresa matriz, com fluxos de caixa e linhas de negócio gerais que são fortemente inter-relacionadas às da matriz. Uma entidade estrangeira autossuficiente é aquela que opera no ambiente econômico local independentemente da empresa matriz. A diferenciação é importante para a lógica da conversão. Uma subsidiária estrangeira deve ser avaliada principalmente em termos da moeda que é a base de sua viabilidade econômica.

Não é incomum encontrar duas subsidiárias estrangeiras diferentes de uma mesma empresa que tenham diferentes características. Por exemplo, um fabricante sediado nos EUA que produz componentes nos Estados Unidos que, então, são enviados a uma subsidiária espanhola para o acabamento, montagem e revenda na União Europeia provavelmente caracterizaria a subsidiária espanhola como uma *entidade estrangeira integrada*. A moeda dominante de operação econômica provavelmente é o dólar americano. Essa mesma matriz norte-americana pode, no entanto, ser proprietária de um negócio de *marketing* agrícola na Venezuela que possui poucos fluxos de caixa ou operações relacionadas à empresa matriz nos EUA (ou ao dólar americano). A subsidiária venezuelana pode comprar quase todos os materiais e gastar todos os custos de operações em bolivares venezuelanos e vender exclusivamente na Venezuela. Como as operações da subsidiária venezuelana são independentes de sua matriz e sua moeda funcional é o bolivar venezuelano, ela seria classificada como uma *entidade estrangeira autossuficiente*.

Moeda funcional

A *moeda funcional* de uma subsidiária estrangeira é a moeda do principal ambiente econômico em que a subsidiária opera e gera fluxos de caixa. Em outras palavras, é a moeda dominante usada por essa subsidiária estrangeira em suas operações do dia a dia. É importante observar que a localização geográfica de uma subsidiária estrangeira e sua moeda funcional podem ser diferentes. A subsidiária de Cingapura de uma empresa dos EUA pode ter como sua moeda funcional o dólar americano (subsidiária integrada), o dólar de Cingapura (subsidiária autossuficiente), ou uma terceira moeda como a libra esterlina britânica (também uma subsidiária autossuficiente).

Os Estados Unidos, em vez de distinguirem uma subsidiária estrangeira como integrada ou autossuficiente, seguem uma abordagem paralela que exige que a moeda funcional da subsidiária seja determinada. As práticas de conversão correntes nos EUA são delineadas pela *Declaração de Padrões Contábeis Financeiros nº 52* (*Statement of Financial Accounting Standards Number 52*), geralmente chamada de FAS#52. Foi emitida pela Comissão de Padrões de Contabilidade Financeira norte-americana (Financial Accounting Standards Board ou FASB) em dezembro de 1981, suplantando a FAS#8, que estava em vigor desde 1975. A FASB define práticas contábeis aprovadas para empresas norte-americanas.

A administração tem que avaliar a natureza e a finalidade de cada uma de suas subsidiárias estrangeiras para determinar a moeda funcional apropriada para elas. O Quadro 13.1 lista os indicadores que a FASB usa na determinação da moeda funcional de uma subsidiária estrangeira. Se uma subsidiária estrangeira de uma empresa sediada nos EUA tem determinado que o dólar americano é sua moeda funcional, ela é essencialmente uma extensão da empresa matriz (equivalente à designação de entidade estrangeira integrada utilizada pela maioria dos países). Se, no entanto a moeda funcional da subsidiária estrangeira for determinada como diferente do dólar americano, a subsidiária será considerada uma entidade separada da matriz (equivalente à designação de entidade autossuficiente).

QUADRO 13.1 Indicadores econômicos para determinar a moeda funcional

Segundo a Comissão de Padrões de Contabilidade Financeira (FASB), os seguintes indicadores econômicos devem ser utilizados para determinar a moeda funcional de qualquer subsidiária estrangeira:

A. Indicadores de fluxo de caixa

1. Moeda estrangeira – Fluxos de caixa relacionados aos ativos e passivos individuais da entidade estrangeira são primordialmente na moeda estrangeira e não causam nenhum impacto sobre os fluxos de caixa da empresa matriz.

2. Moeda da matriz – Fluxos de caixa relacionados aos ativos e passivos individuais da entidade estrangeira causam um impacto direto sobre os fluxos de caixa correntes da matriz e estão prontamente disponíveis para serem reenviados para a empresa matriz.

B. Indicadores de preço de venda

1. Moeda Estrangeira – Os preços de venda dos produtos da entidade estrangeira não são essencialmente sensíveis no curto prazo a mudanças nas taxas de câmbio, mas são determinados mais pela concorrência local ou pela regulamentação do governo local.

2. Moeda da matriz – Os preços de venda dos produtos da entidade estrangeira são essencialmente sensíveis no curto prazo a mudanças nas taxas de câmbio; por exemplo, os preços de vendas são determinados mais pela concorrência mundial ou por preços internacionais.

C. Indicadores do mercado de vendas

1. Moeda Estrangeira – Existe um mercado de vendas local ativo para os produtos da entidade estrangeira, apesar de também poder haver uma quantidade significativa de exportações.

2. Moeda da matriz – O mercado de vendas é, em grande parte, no país da matriz ou os contratos de venda são denominados na moeda da matriz.

D. Indicadores de despesas

1. Moeda Estrangeira – Mão de obra, materiais, e outros custos relacionados aos produtos ou serviços da entidade estrangeira são essencialmente custos locais, apesar de também poder haver importações de outros países.

2. Moeda da matriz – Mão de obra, materiais, e outros custos relacionados aos produtos ou serviços da entidade estrangeira são, de maneira contínua, essencialmente custos de componentes obtidos do país no qual a empresa matriz é localizada.

E. Indicadores de financiamento

1. Moeda Estrangeira – O financiamento é denominado essencialmente em moeda estrangeira, e os fundos gerados pelas operações da entidade estrangeira são suficientes para pagar as obrigações de dívida normalmente esperadas.

2. Moeda da matriz – O financiamento é essencialmente feito pela matriz ou por outras obrigações denominadas em dólar ou os fundos gerados pelas operações da entidade estrangeira não são suficientes para pagar as obrigações de dívida existentes e normalmente esperadas sem a infusão de fundos adicionais da matriz. A infusão de fundos adicionais da matriz para expansão não é um crítico, contanto que se espere que os fundos gerados pelas operações expandidas da entidade estrangeira cubram esse financiamento adicional.

F. Indicadores de transações e arranjos interempresas

1. Moeda Estrangeira – Há um baixo volume de transações interempresas e não existe uma inter-relação ampla entre as operações da entidade estrangeira e da empresa matriz. Entretanto, as operações da entidade estrangeira podem depender das vantagens competitivas da matriz, como patentes e marcas registradas.

2. Moeda da matriz – Há um alto volume de transações interempresas e existe uma ampla inter-relação entre as operações da entidade estrangeira e da empresa matriz. Além disso, a moeda da matriz geralmente seria a moeda funcional se a entidade estrangeira for um recurso ou uma empresa de fachada legal (*shell corporation*) para deter investimentos, obrigações, ativos intangíveis e assim por diante, que poderiam prontamente ser mantidos nos livros contábeis da matriz ou da subsidiária afiliada.

Reimpresso com permissão da FASB.

MÉTODOS DE CONVERSÃO

Os dois métodos básicos para a conversão das demonstrações financeiras de uma subsidiária estrangeira que são empregados em todo o mundo são o *método da taxa corrente* (*current rate method*) e o *método temporal* (*temporal method*). Independentemente de qual método é empregado, um método de conversão não pode apenas designar a que taxa de câmbio individual os itens do balanço patrimonial e do demonstrativo de resultados estão sendo recalculados, mas têm também que designar onde deve ser registrado qualquer desequilíbrio (tipicamente ou na receita corrente ou em uma conta de reserva patrimonial no balanço patrimonial). A importância dessa decisão é que os desequilíbrios repassados na demonstração de resultados afetam a receita corrente divulgada da empresa, enquanto que os desequilíbrios transferidos diretamente para o balanço patrimonial não a afetam.

Método da taxa corrente

O método da taxa corrente é o que mais prevalece no mundo hoje em dia. De acordo com este método, todos os itens com linha individual da demonstração são convertidos segundo a taxa de câmbio "corrente", com poucas exceções. Itens com linha individual incluem o seguinte:

- **Ativos e passivos.** Todos os ativos e passivos são convertidos segundo a taxa de câmbio corrente; isto é, segundo a taxa de câmbio em vigor na data do balanço patrimonial.
- **Itens da demonstração de resultados.** Todos os itens, incluindo a depreciação e custo de mercadorias vendidas, são convertidos ou segundo a taxa de câmbio real nas datas em que as várias receitas, despesas, ganhos e perdas foram incorridas ou segundo uma taxa de câmbio média apropriadamente ponderada para o período.
- **Distribuições.** Dividendos pagos são convertidos segundo a taxa de câmbio em vigor na data do pagamento.
- **Itens patrimoniais.** Ações ordinárias e contas de capital integralizado são convertidas segundo taxas históricas. Os lucros retidos no final do ano consistem nos lucros retidos do início do ano mais ou menos qualquer receita ou perda naquele ano.

Ganhos ou perdas causadas por ajustes de conversão não são incluídos no cálculo de lucro líquido consolidado. Em vez disso, os ganhos ou perdas devido à conversão são divulgados separadamente e acumulados em uma conta de reserva patrimonial separada (no balanço patrimonial consolidado) com um título como ajustes acumulados de conversão (*cumulative translation adjustment* – CTA). Diversos nomes diferentes são utilizados para esses ajustes na conta reserva. Na Espanha, por exemplo, o CTA é chamado de "diferencias de conversión" (diferenciais de conversão). Se uma subsidiária estrangeira for posteriormente vendida ou liquidada, os ganhos ou perdas devido à conversão de anos passados acumulados na conta CTA são divulgados como um componente dos ganhos ou perdas totais na venda ou liquidação. Os ganhos ou perdas totais são divulgados como parte do lucro ou perda líquida do período de tempo em que ocorre a venda ou liquidação. Este é o assunto do "minicaso" deste capítulo.

A maior vantagem do método da taxa corrente é que os ganhos ou perdas decorrentes da conversão não passam pelo demonstrativo de resultados, mas vão diretamente para uma conta reserva. Isso elimina a variabilidade dos lucros divulgados devido a ganhos ou perdas decorrentes da conversão. Uma segunda vantagem do método da taxa corrente é que as proporções relativas das contas individuais do balanço patrimonial permanecem as mesmas. Logo, o processo de conversão não distorce índices do balanço patrimonial como o índice de liquidez corrente ou o grau de endividamento (*debt-to-equity ratio*). A principal desvantagem do método da taxa corrente é que ele viola o princípio contábil de preencher as contas do balanço patrimonial segundo custos históricos. Por exemplo, ativos estrangeiros comprados com dólares e então registrados nas demonstrações de uma subsidiária segundo o custo histórico de sua moeda estrangeira são convertidos para o dólar por uma taxa diferente. Assim, eles são divulgados na demonstração consolidada em dólares com um custo diferente de seu custo histórico.

Método temporal

De acordo com o método temporal, ativos e passivos específicos são convertidos segundo taxas de câmbio consistentes com o momento da criação do item. O *método temporal* supõe que diversos ativos de itens com linhas individuais como estoques e instalações e equipamentos líquidos sejam recalculados regularmente de modo a refletir o valor de mercado. Se esses itens não fossem recalculados, mas transferidos segundo o custo histórico, o método temporal passa a ser um *método monetário/não monetário de conversão*, uma forma de conversão que ainda é usada por diversos países hoje. Os itens com linhas individuais incluem o seguinte:

- **Ativos monetários (primordialmente dinheiro vivo, títulos comercializáveis, contas a receber e contas a receber de longo prazo).** São convertidos segundo taxas de câmbio correntes.
- **Passivos monetários (primordialmente passivos e dívidas de longo prazo).** São convertidos segundo taxas de câmbio correntes.
- **Ativos e passivos não monetários (primordialmente estoques e ativos fixos).** São convertidos segundo taxas históricas.
- **Itens da demonstração de resultados.** São convertidos segundo a taxa de câmbio média do período, exceto para itens como depreciação e custo de mercadorias vendidas que são diretamente associados a ativos ou passivos não monetários. Essas contas são convertidas segundo sua taxa histórica.
- **Distribuições.** Dividendos pagos são convertidos segundo a taxa de câmbio em vigor na data de pagamento.
- **Itens patrimoniais.** Ações ordinárias e contas de capital integralizado são convertidas segundo taxas históricas. Os lucros retidos do final do ano consistem nos lucros retidos do início do ano mais ou menos qualquer receita ou perda daquele ano, mais ou menos qualquer desequilíbrio decorrente da conversão, como explicado a seguir.

Sob o método temporal, os ganhos ou perdas resultantes das novas avaliações são transferidos imediatamente para a receita consolidada corrente e não para as reservas patrimoniais. Logo, os ganhos e perdas cambiais decorrentes do processo de conversão introduzem volatilidade aos lucros consolidados.

A vantagem básica do método temporal é que ativos não monetários estrangeiros são transferidos com seu custo original para a demonstração consolidada da empresa matriz. Na maioria dos países, essa abordagem é consistente com o tratamento do custo original dos ativos domésticos da empresa matriz. Na prática, porém, se algumas contas estrangeiras forem convertidas segundo uma taxa de câmbio enquanto outras são convertidas segundo taxas diferentes, o balanço patrimonial convertido resultante não estará em equilíbrio. Logo, há a necessidade de um "*plug*" para remover o que foi chamado de "débito ou crédito solto" (*dangling debit or credit*). A verdadeira natureza do ganho ou perda criado pelo uso de tal *plug* é uma questão em aberto. Os ganhos ou perdas cambiais não realizados são incluídos nos *lucros por ação* (*earning per share* ou EPS) primários trimestrais, aumentando, assim, a variabilidade dos lucros divulgados.

Procedimentos de conversão dos EUA

Como mencionado anteriormente, os Estados Unidos diferenciam subsidiárias estrangeiras com base em sua moeda funcional, e não na caracterização da subsidiária. O resultado, no entanto, é equivalente. O Quadro 13.2 ilustra os procedimentos de conversão usados pelas empresas sediadas nos EUA segundo os Princípios Contábeis Geralmente Aceitos norte-americanos (*generally accepted accounting principles* ou GAAP). Como mostra o Quadro 13.2:

- Se as demonstrações financeiras da subsidiária estrangeira de uma empresa norte-americana forem mantidas em dólares americanos, a conversão não é necessária.
- Se as demonstrações financeiras da subsidiária estrangeira forem mantidas na moeda local e a moeda local for a moeda funcional, elas serão convertidas pelo método da taxa corrente.

QUADRO 13.2 Fluxograma de procedimentos para as práticas de conversão dos EUA

Finalidade: Demonstrações financeiras em moeda estrangeira têm que ser convertidas em dólares americanos

Se as demonstrações financeiras da subsidiária estrangeira são expressas em uma moeda estrangeira, as seguintes determinações precisam ser feitas.

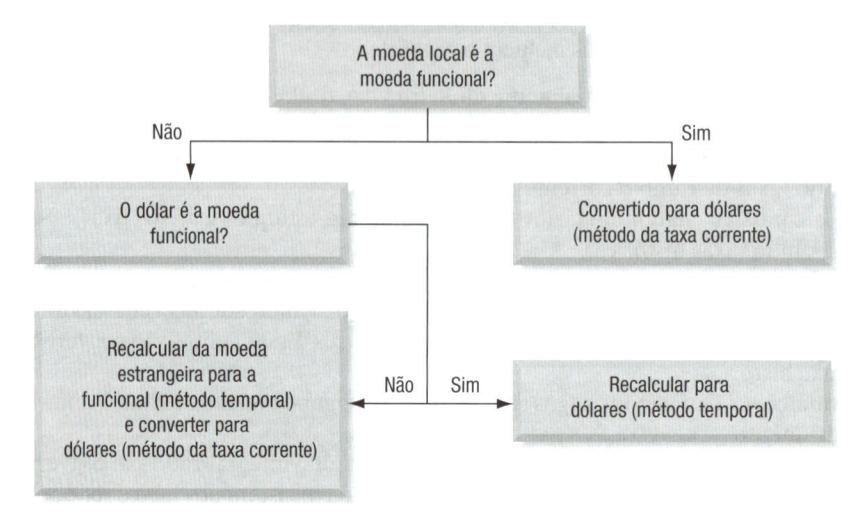

```
                    A moeda local é a
                    moeda funcional?
           Não                          Sim
            │                            │
            ▼                            ▼
     O dólar é a moeda           Convertido para dólares
        funcional?               (método da taxa corrente)
            │
            │
            ▼
   Recalcular da moeda
   estrangeira para a         Não    Sim      Recalcular para
   funcional (método temporal) ◄──────────►   dólares (método temporal)
   e converter para
   dólares (método da taxa corrente)
```

- Se as demonstrações financeiras da subsidiária estrangeira forem mantidas na moeda local e o dólar americano for a moeda funcional, elas serão convertidas pelo método temporal. (A terminologia pode ser complicada; sob as práticas contábeis e de conversão dos EUA, o uso do método da taxa corrente é chamado de *conversão* (*translation*), enquanto que o uso do método temporal é chamado de *recálculo* (*remeasurement*).
- Se as demonstrações financeiras de subsidiárias estrangeiras de empresas norte-americanas forem mantidas na moeda local e nem a moeda local nem o dólar forem a moeda funcional, então as demonstrações têm primeiramente que ser recalculadas para a moeda funcional pelo método temporal, e então convertidas em dólares pelo método da taxa corrente.

Países com hiperinflação

FAS#52 possui uma provisão especial para converter demonstrações de subsidiárias estrangeiras de empresas norte-americanas que operam em países em que a inflação acumulada foi de aproximadamente 100% ou mais ao longo de um período de três anos. As demonstrações financeiras dessas subsidiárias têm que ser convertidas na moeda na qual os dados são divulgados usando o método temporal.

A lógica é corrigir o problema do "desaparecimento do ativo". Se a taxa corrente fosse usada, a depreciação seria subestimada em relação aos custos de substituição, os lucros seriam superestimados em termos reais e o valor contábil das instalações e equipamentos acabaria praticamente desaparecendo do balanço patrimonial à medida que seu valor fosse diminuindo em termos da moeda do relatório divulgado. Converter instalações e equipamentos e despesas de depreciação segundo a taxa de câmbio histórica gera um valor do ativo mais alto na moeda de divulgação do relatório do que o faria o uso da taxa de câmbio corrente (depreciada). Isso leva a uma demonstração de resultados e um balanço patrimonial menos distorcidos. Com efeito, a FAS#52 declara que a moeda funcional de subsidiárias em países com hiperinflação é a moeda de relatório (dólares americanos para empresas norte-americanas).

O padrão de hiperinflação tem precedência na prática de negócios.

Quando um país está sendo atormentado por hiperinflação, ele geralmente usa o dólar americano ou outra moeda forte como sua moeda funcional de facto para transações reais independentemente dos padrões contábeis. Por exemplo, a maioria dos varejistas israelitas em 1982 precificaram *suas mercadorias em dólares americanos, não em shkalim*. Tendo em vista a inflação de três dígitos, eles não podem mudar seus preços dia sim, dia não. O dólar americano passa a ser a unidade contábil. Além disso, quando um israelita detém dólares americanos e o shekel é desvalorizado, o valor que ele detém em dólares permanece o mesmo, enquanto que se ele detiver moeda em shekel e o shekel for desvalorizado, o valor que ele detém diminui em poder aquisitivo. O dólar americano passa a ser um "estoque" de valor. Consistente com a prática mercantil de executivos de economias extremamente inflacionárias, a FASB promulga o padrão contábil de que a moeda doméstica passa a ser a moeda funcional quando a inflação é desenfreada; caso contrário, a moeda local é a moeda funcional. O estabelecimento de padrões contábeis simplesmente segue as práticas de negócios aceitas.*

—Russell A. Taussig, "Impact of SFAS 52 on the Translation of Foreign Financial Statements of Companies in Highly-Inflationary Economies," Journal of Accounting, Auditing, and Finance, Inverno de 1983, pp. 145–176.

Em resumo, as práticas de conversão dos EUA exigem que a empresa matriz primeiramente determine a moeda funcional da subsidiária estrangeira, que então determinará se as demonstrações financeiras da subsidiária serão convertidas pelo método da taxa corrente ou recalculadas pelo método temporal. Uma ênfase final: a seleção da moeda funcional é determinada pelas realidades econômicas das operações da subsidiária e não é uma decisão discricionária da administração sobre procedimentos preferidos ou resultados elegíveis. Como muitas multinacionais sediadas nos EUA possuem inúmeras subsidiárias estrangeiras, algumas com o dólar como moeda funcional e algumas com sua moeda estrangeira local como moeda funcional, os ganhos e perdas cambiais podem, ambos, passar pela receita consolidada corrente e/ou ser acumulados em reservas patrimoniais.

Práticas de conversão internacional

Como ilustrado no Quadro 13.3, muitos dos maiores países industriais do mundo – além do relativamente recém-formado Comitê de Pronunciamentos Contábeis Internacionais (International Accounting Standards Committee ou IASC) – seguem o mesmo procedimento básico de conversão:

- Uma subsidiária estrangeira é uma entidade estrangeira integrada ou uma entidade estrangeira autossuficiente.
- As entidades estrangeiras integradas são tipicamente recalculadas usando o método temporal (ou alguma pequena variação dele).
- As entidades estrangeiras autossuficientes são convertidas segundo o método da taxa corrente, também chamado de método da taxa de fechamento (do balanço).

EXEMPLO DE CONVERSÃO: TRIDENT EUROPE

Continuemos o exemplo da Trident do Capítulo 12, focando aqui em sua subsidiária europeia. Também ilustraremos a conversão pelo método temporal a fim de mostrar a natureza arbitrária de ganhos ou perdas decorrentes da conversão. A seleção do método contábil é o principal fator na determinação da magnitude do ganho ou perda. O exemplo que segue lida apenas com conversões no balanço patrimonial. Os procedimentos um tanto mais complexos para converter demonstrações de resultados são descritos em livros de contabilidade internacional.

A moeda funcional da Trident Europe é o euro, e a moeda de relatório de sua matriz, a Trident Corporation, é o dólar americano. Suponha o seguinte:

- Instalações e equipamentos além de dívidas de longo prazo foram adquiridas e ações ordinárias foram emitidas pela Trident Europe em algum momento do passado quando a taxa de câmbio era US$1,2760/€. Apesar de o euro nunca ter sido negociado com essa taxa em relação ao dólar, a taxa histórica do marco alemão em uso na época em que o investimento

---

* N. de T.: A moeda corrente do Estado de Israel é o Novo Shekel de Israel (NIS), ou apenas shekel para simplificar (no plural, *shkalim* em hebraico e shekels em inglês).

QUADRO 13.3 Comparação de métodos de conversão empregados em países selecionados

País	Entidade Estrangeira Integrada	Entidade Estrangeira Autosuficiente
Estados Unidos	Demonstrações financeiras são recalculadas utilizando o método temporal com ajustes incluídos na receita líquida corrente.	Método da taxa corrente. Ajustes de conversão entram no relatório como um componente separado do patrimônio dos acionistas.
Internacional	Método temporal. Ajustes de conversão são incluídos no lucro líquido corrente, exceto que os ajustes de conversão de itens monetários de longo prazo podem ser adiados e amortizados ao longo da vida do item.	Método da taxa corrente. Ajustes de conversão são incluídos no relatório como um componente separado do patrimônio dos acionistas.
Austrália	Método temporal. Ajustes de conversão são incluídos no lucro líquido corrente.	Método da taxa corrente. Ajustes de conversão são incluídos no relatório como um componente separado do patrimônio dos acionistas.
Canadá	Método temporal. Ajustes de conversão são incluídos no lucro líquido corrente.	Método da taxa corrente. ajustes de conversão são incluídos no relatório como um componente separado do patrimônio dos acionistas.
França	Método temporal. Ajustes de conversão são incluídos no lucro líquido corrente.	Método da taxa corrente. Ajustes de conversão são incluídos no relatório como um componente separado do patrimônio dos acionistas.
Alemanha	Método temporal ou método da taxa corrente são aceitáveis. Ajustes de conversão são incluídos no lucro líquido corrente se o método temporal for usado e como um componente separado se o método da taxa corrente for usado.	O mesmo que para a entidade estrangeira integrada.
Japão	Método temporal. Ajustes relacionados a subsidiárias estrangeiras entram no relatório separadamente como um ativo ou um passivo; ajustes relacionados a divisões ou filiais são incluídos no lucro líquido corrente.	O mesmo que para a entidade estrangeira integrada.
Holanda	Método temporal. Ajustes de conversão são incluídos no lucro líquido corrente. O método da taxa corrente é usado se a entidade utiliza contabilidade de valores correntes.	Método da taxa corrente. Ajustes de conversão são incluídos no relatório como um componente separado do patrimônio dos acionistas.
Reino Unido	Método temporal. Ajustes de conversão são incluídos no lucro líquido corrente.	Método da taxa corrente. Ajustes de conversão são incluídos no relatório como um componente separado do patrimônio dos acionistas.

Fonte: *Survey of International Accounting Practices*, Arthur Andersen & Co., Coopers & Lybrand, Deloitte & Touche, Ernst & Young, KPMG Peat Marwick e Price Waterhouse, 1991.

inicial foi feito tem que ser convertida em uma "taxa histórica do euro" que, com efeito, faz as taxas de euro valerem retroativamente em relação ao marco alemão.

- O estoque em mãos atualmente foi comprado ou manufaturado durante o trimestre imediatamente anterior quando a taxa de câmbio média era de US$1,2180/€. No fechamento dos negócios na segunda-feira, dia 31 de dezembro de 2010, a taxa de câmbio à vista corrente era de US$1,2000/€.
- Quando os negócios reabriram no dia 2 de janeiro de 2011, depois do feriado de Ano Novo, o euro tinha caído 16,67% em valor em relação ao dólar, chegando a US$1,0000/€.

O exemplo também analisará as consequências caso o euro tivesse se fortalecido em 10% no *overnight*, chegando a US$1,3200/€.

Método da taxa corrente

A metade superior do Quadro 13.4 ilustra as perdas decorrentes da conversão usando o método da taxa corrente. Ativos e passivos no balanço patrimonial pré-depreciação são convertidos segundo a taxa de câmbio corrente de US$1,1600/€. O estoque de capital é convertido segundo a taxa histórica de US$1,2760/€, e os lucros retidos são convertidos segundo uma taxa composta que é equivalente a ter a parcela dos lucros retidos de cada ano passado convertida segundo a taxa de câmbio em vigor naquele ano.

QUADRO 13.4 — Trident Europe: Perdas decorrentes de conversão logo após a depreciação do euro

	Em euros	31 de dezembro de 2010		2 de janeiro de 2011	
			Logo antes da depreciação		Logo depois da depreciação
Método da taxa corrente					
Dinheiro em caixa	€1.600.000	1,2000	US$1.920.000	1,0000	US$1.600.000
Contas a receber	3.200.000	1,2000	3.840.000	1,0000	3.200.000
Estoque	2.400.000	1,2000	2.880.000	1,0000	2.400.000
Instalações e equipamentos líquidos	4.800.000	1,2000	5.760.000	1,0000	4.800.000
	€12.000.000		US$14.400.000		US$12.000.000
Contas a pagar	€800.000	1,2000	US$960.000	1,0000	US$800.000
Empréstimo bancário de curto prazo	1.600.000	1,2000	1.920.000	1,0000	1.600.000
Dívida de longo prazo	1.600.000	1,2000	1.920.000	1,0000	1.600.000
Ações ordinárias	1.800.000	1,2760	2.296.800	1,2000	2.296.800
Lucros retidos	6.200.000	(a)	7.440.000	1,2000(b)	7.440.000
Ajuste de conversão (CTA)	–	–	(136.800)	–	(1.736.800)
	€12.000.000		US$14.400.000		US$12.000.000
Método Temporal					
Dinheiro em caixa	€1.600.000	1,2000	US$1.920.000	1,0000	US$1.600.000
Contas a receber	3.200.000	1,2000	3.840.000	1,0000	3.200.000
Estoque	2.400.000	1,2180	2.923.200	1,2180	2.923.200
Instalações e equipamentos líquidos	4.800.000	1,2760	6.124.800	1,2760	6.124.800
	€12.000.000		US$14.808.000		US$13.848.000
Contas a pagar	€800.000	1,2000	US$960.000	1,0000	US$800.000
Empréstimo bancário de curto prazo	1.600.000	1,2000	1.920.000	1,0000	1.600.000
Dívida de longo prazo	1.600.000	1,2000	1.920.000	1,0000	1.600.000
Ações ordinárias	1.800.000	1,2760	2.296.800	1,2760	2.296.800
Lucros retidos	6.200.000	(a)	7.711.200	(b)	7.711.200
Ganhos (perdas) decorrentes da conversão	–	–	–	(c)	(160.000)
	€12.000.000		US$14.808.000		US$13.848.000

(a) Os lucros retidos em dólar antes da depreciação são a soma cumulativa do que se adicionou aos lucros retidos de todos os anos anteriores, convertidas segundo as taxas de câmbio de cada ano. Ver texto para os pressupostos usados neste exemplo.
(b) Convertidos em dólares segundo a mesma taxa antes da depreciação do euro.
(c) De acordo com o método temporal, a perda decorrente da conversão de US$160.000 seria compensada nos lucros retidos através da demonstração de resultados em vez de deixada como um item em uma linha separada como exibido aqui. Logo, segundo o método temporal, os lucros retidos finais seriam, na verdade, US$7.711.200–US$160.000 = US$7.551.200.

A soma dos lucros retidos e a conta dos ajustes acumulados de conversão (CTA) tem que "fazer equilibrar"* a seção de obrigações e patrimônio líquido do balanço patrimonial com o lado dos ativos. Para o exemplo hipotético deste livro, supusemos as duas quantias usadas para o balanço patrimonial do dia 31 de dezembro de 2010. A suposição não afeta a medida final do aumento na conta CTA porque a conta dos lucros retidos é transferida segundo uma quantia arbitrária qualquer que tenha sido atribuída a este exemplo.

Como mostra a metade superior do Quadro 13.4, a conversão do dólar "logo antes da depreciação" relata uma perda decorrente da conversão acumulada de períodos anteriores no valor de US$136.800. Este valor é o ganho ou perda acumulada decorrente da conversão do euro em dólares nas demonstrações em anos anteriores, e tinha sido transferida separadamente na conta CTA. As demonstrações de 1998 e anteriores tinham sido originalmente demonstrações em marco alemão, convertidas em euros depois de 1º de janeiro de 1999, quando o euro foi introduzido.

Depois da depreciação de 16,67%, a Trident Corporation converte ativos e passivos segundo a nova taxa de câmbio de US$1,0000/€. As contas patrimoniais, incluindo os lucros retidos, são convertidas exatamente como eram antes da depreciação e, consequentemente, a perda decorrente da conversão acumulada aumenta para US$1.736.800. O aumento de US$1.600.000 nesta conta (partindo de uma perda acumulada de US$136.800, e chegando a uma nova perda acumulada de US$1.736.800) é a perda decorrente da conversão medida pelo método da taxa corrente.

Esta perda decorrente da conversão é uma diminuição nos ativos líquidos expostos do patrimônio, medido na moeda de relatório da empresa matriz. Um *ativo exposto* é um ativo cujo valor cai com a depreciação da moeda funcional e aumenta com uma apreciação dessa moeda. Os ativos *líquidos* expostos, neste contexto, significam ativos expostos menos passivos expostos. Os ativos líquidos expostos são positivos ("posição comprada") se os ativos expostos excederem os passivos expostos. São negativos ("posição vendida") se os ativos expostos forem menores do que os passivos expostos.

A exposição pode ser medida criando-se um balanço patrimonial convertido "antes" e "depois", como mostra o Quadro 13.4. Um método mais simples é multiplicar os ativos líquidos expostos pelo valor percentual da depreciação. Fizemos esse cálculo para o método da taxa corrente na coluna esquerda do Quadro 13.5, que ilustra que uma depreciação do euro de 16,67% significa que os ativos líquidos expostos de US$9.600.000 perdem 16,67% de seu valor, uma perda decorrente da conversão de US$1.600.000.

Suponha, ao contrário, que o euro tenha sido apreciado. Se, no final do ano, o euro tivesse sido apreciado de US$1,2000/€ para US$1,3200/€, a apreciação teria sido de 10%. O efeito disso aparece no Painel B do Quadro 13.5, que começa com os mesmos ativos líquidos expostos calculados no Painel A. Seguindo o método da taxa corrente, a matriz dos EUA teria tido um ganho devido à conversão de US$960.000.

Método temporal

A conversão das mesmas contas segundo o método temporal mostra a natureza arbitrária de qualquer ganho ou perda decorrente da conversão. Isso é ilustrado na metade inferior do Quadro 13.4. Os ativos monetários e os passivos monetários no balanço patrimonial antes da depreciação do euro são convertidos segundo a taxa de câmbio corrente, mas outros ativos e as contas patrimoniais são convertidas segundo suas taxas históricas. Para a Trident Europe, a taxa histórica dos estoques difere da taxa de instalações e equipamentos líquidos porque os estoques foram adquiridos mais recentemente.

Segundo o método temporal, as perdas decorrentes da conversão não são acumuladas em uma conta patrimonial separada, mas repassadas diretamente para as demonstração de resultados de cada trimestre. Assim, no balanço patrimonial em dólar convertido antes da depreciação, os lucros retidos eram o resultado acumulado dos lucros de todos os anos anteriores convertidos segundo as taxas históricas em vigor em cada ano, mais ganhos ou perdas de todos os anos anteriores decorrentes da conversão. No Quadro 13.4, não aparece nenhuma perda decorrente da conversão no balanço patrimonial em dólar antes da depreciação porque qualquer perda teria sido contemplada nos lucros retidos.

---

* N. de T.: Para os lados estarem "em equilíbrio", o ativo total deve ser igual ao passivo total.

QUADRO 13.5 Trident Europe: Ganho ou perda decorrente da conversão: comparação do método da taxa corrente ao método temporal

Painel A: Depreciação do euro, de US$1,2000/€ para US$1,0000/€ (–16,67%)

	Método da taxa corrente	Método temporal
Ativos expostos		
Dinheiro em caixa	US$1.920.000	US$1.920.000
Contas a receber	3.840.000	3.840.000
Estoques	2.880.000	não exposto
Instalações e equipamentos líquidos	5.760.000	não exposto
Total de ativos expostos ("A")	US$14.400.000	US$5.760.000
Passivos expostos		
Contas a pagar	US$960.000	US$960.000
Empréstimo bancário de curto prazo	1.920.000	1.920.000
Dívida de longo prazo	1.920.000	1.920.000
Total de passivos expostos ("L")	US$4.800.000	US$4.800.000
Ganho (perda) se o euro for depreciado		
Ativos líquidos expostos ("A" – "L")	US$9.600.000	US$960.000
Vezes valor da depreciação	× (0,1667)	× (0,1667)
Ganho (perda) decorrente da conversão	(US$1.600.000)	(US$160.000)

Painel B: Apreciação do euro, de US$1,2000/€ para US$1,3200/€ (+10,00%)

Ganho (perda) se o euro for apreciado		
Ativos líquidos expostos ("A" – "L")	US$9.600.000	US$960.000
Multiplicados pelo valor da apreciação	× 0,1000	× 0,1000
Ganho (perda) decorrente da conversão	US$960.000	US$96.000

O efeito da depreciação de 16,67% é criar uma perda imediata de US$160.000 decorrente da conversão. Este valor é exibido como um item em uma linha separada no Quadro 13.4 a fim de focar a atenção nele para o exemplo deste livro. Segundo o método temporal, esta perda de US$160.000 decorrente da conversão seria repassada na demonstração de resultados, reduzindo os resultados líquidos divulgados e reduzindo os lucros retidos. Os lucros retidos finais seriam, na verdade, de US$7.711.200 menos US$160.000, ou US$7.551.200. Outros países que usam o método temporal não necessariamente exigem que os ganhos e perdas sejam repassados no demonstrativo de resultados.

Quando uma perda decorrente da conversão é vista em termos das mudanças no valor das contas expostas, como mostra a coluna direita do Quadro 13.5, a perda segundo o método temporal é de 16,67% dos ativos líquidos expostos de US$960.000, ou US$160.000. Se o euro fosse apreciado em 10%, o ganho decorrente da conversão para a matriz dos EUA seria de US$96.000, como mostra a última linha da coluna direita no Quadro 13.5.

Implicações gerenciais

No Quadro 13.4 e Quadro 13.5, a perda ou ganho decorrente da conversão é maior segundo o método da taxa corrente porque os estoques e instalações e equipamentos líquidos, além dos ativos monetários, são considerados expostos. Quando os ativos líquidos expostos são maiores, os ganhos ou perdas decorrentes da conversão também são maiores.

As implicações gerenciais desse fato são muito importantes. Se a administração espera que uma moeda estrangeira vá ser depreciada, ela pode minimizar a exposição contábil reduzindo os ativos líquidos expostos. Se a administração prever uma apreciação da moeda estrangeira, ela deve aumentar os ativos líquidos expostos para se beneficiar de um ganho.

Dependendo do método contábil do momento, a administração pode selecionar diferentes ativos e passivos para redução ou aumento. Assim, as decisões "reais" sobre investimento e financiamento podem ser determinadas pela técnica contábil que seja exigida, quando, na verdade, o método de reportar dados deveria ser neutro em sua influência sobre as decisões operacionais e financeiras.

COMPARAÇÃO ENTRE EXPOSIÇÃO CONTÁBIL E EXPOSIÇÃO OPERACIONAL

No Quadro 13.6, os ganhos ou perdas decorrentes da conversão no caso de uma depreciação de moeda são comparados aos ganhos ou perdas operacionais do Capítulo 12, Quadro 12.3. Obviamente, os ganhos ou perdas decorrentes da conversão podem ser bastante diferentes dos ganhos ou perdas operacionais, não somente em magnitude, mas também em sinal (um ganho (+) ou perda (-)). Um administrador que se focar apenas nas perdas decorrentes da conversão, em uma situação como a da Trident Europe, pode evitar fazer negócios na Alemanha devido à probabilidade de tais perda. O administrador pode temer perder seu bônus atrelado aos lucros divulgados, ou possivelmente perder seu emprego se o investimento na Alemanha fosse feito e a demonstração de resultados relatasse ao escritório central perdas severas decorrentes da conversão.

A exposição operacional apresenta uma visão totalmente diferente da mesma situação. Como resumido no Quadro 13.6, a Alemanha e a Europe se tornaram locais mais desejáveis (e não menos) para investimentos devido às consequências operacionais que seguiram a depreciação em dois dos três casos mostrados aqui. Isso ilustra a importância de focar as decisões primeiramente sobre as consequências operacionais das mudanças nas taxas de câmbio e só então sobre as medidas de desempenho contábil.

GERENCIAMENTO DA EXPOSIÇÃO CONTÁBIL

A principal técnica para minimizar a exposição contábil é chamada de *hedge* do balanço patrimonial. Algumas empresas tentam fazer *hedge* da exposição contábil no mercado de contratos a termo. Tal ação acaba virando especulação no mercado de contratos a termo na esperança de realizar um lucro em dinheiro para neutralizar a perda decorrente da conversão, que não é em dinheiro. O sucesso depende de uma previsão precisa das taxas de câmbio futuras, pois tal *hedge* não funcionará para uma variedade de possíveis taxas à vista futuras. Além disso, tal *hedge* aumenta o ônus tributário, já que o lucro do *hedge* a termo (especulação) é tributável, mas a perda decorrente da conversão não reduz a renda tributável. Como ilustrado pelo quadro Finanças Globais na Prática 13.1, fazer *hedge* da conversão ainda é, de modo geral, uma questão controversa.

QUADRO 13.6 Comparação da exposição contábil à exposição operacional, depreciação do euro de US$1,200/€ para US$1,0000/€ para a Trident Europe

Exposição	Valor	Ganho ou perda
Exposição contábil (Quadros 13.4 e 13.5)		
Método da taxa corrente	(US$1.600.000)	**Perda** na conversão
Método temporal	(US$160.000)	**Perda** na conversão
Exposição Operacional (em termos de valor presente; Quadro 12.3)		
Caso 1: Depreciação do euro	(US$1.033.914)	**Perda** nas operações
Caso 2: Volume dobra	US$2.866.106	**Ganho** nas operações
Caso 3: Preço de venda aumenta	US$3.742.892	**Ganho** nas operações

Definição de *hedge* do balanço patrimonial

Um *hedge* do balanço patrimonial exige uma quantia igual de ativos e passivos expostos em moeda estrangeira no balanço patrimonial consolidado de uma empresa. Se isso puder ser alcançado para cada moeda estrangeira, a exposição contábil líquida será zero. Uma mudança nas taxas de câmbio muda o valor dos passivos expostos em um valor igual mas oposto em sinal à mudança no valor dos ativos expostos. Se uma empresa faz conversão pelo método temporal, uma posição exposta líquida igual a zero é chamada de equilíbrio monetário. O equilíbrio monetário completo não pode ser alcançado sob o método da taxa corrente porque o total de ativos teria que ser correspondido por uma quantia igual de dívida, mas a seção de patrimônio do balanço patrimonial ainda tem que ser convertida segundo taxas de câmbio históricas.

O custo de um *hedge* do balanço patrimonial depende dos custos relativos da contração de empréstimo. Se os custos da contração de empréstimo em moeda estrangeira, depois de uma correção para incluir o risco cambial, forem mais altos do que os custos da contração de empréstimo na moeda da matriz, o *hedge* do balanço patrimonial terá custo alto, e vice-versa. As operações normais, no entanto, já exigem decisões sobre a magnitude e a denominação de moeda das contas específicas do balanço patrimonial. Assim, os *hedges* do balanço patrimonial são um compromisso em que a denominação das contas do balanço patrimonial é alterada, talvez a um custo em termos de despesas com juros ou de eficiência operacional, de modo a alcançar certo grau de proteção cambial.

Ilustração do *hedge* do balanço patrimonial

Para ilustrar um *hedge* do balanço patrimonial, voltemos à exposição contábil anteriormente identificada para a Trident Europe e sua matriz, a Trident Corporation. Dados anteriores do Quadro 13.4 são reapresentados em um formato diferente no Quadro 13.7.

FINANÇAS GLOBAIS NA PRÁTICA 13.1

Gyrus (Reino Unido): Exposição contábil ou exposição de transação?

As ações da Gyrus caíram depois de a produtora de equipamentos cirúrgicos declarar que permanecia exposta ao fraco dólar depois de divulgar lucros da primeira metade do ano de acordo com as expectativas. A Gyrus, que tinha 80 por cento de suas receitas denominadas em dólares, declarou que as vendas nos meses que terminavam em 30 junho subiram 2 por cento, para £109m (£107m) em comparação a um aumento de 11 por cento sobre moedas constantes.

"Temos confiança na segunda metade do ano e no futuro... mas algo limita nosso entusiasmo devido à contínua fraqueza do dólar", disse a Gyrus. A empresa relatou um forte crescimento em suas divisões urológica/ginecológica e cirúrgica nos EUA, onde as receitas aumentaram 22 por cento e 11 por cento, respectivamente. A divisão de cirurgia geral viu as vendas darem um salto de 136 por cento, chegando a US$6,6m (£3,3m).

Simon Shaw, principal executivo financeiro, disse que o impacto da moeda era contábil (decorrente da conversão) e não transacional. "Não é economicamente viável fazer *hedge* da conversão, é incrivelmente caro".

Andy Smith, gerente de investimentos do International Biotechnology Trust, que detém aproximadamente 3 por cento de sua carteira na Gyrus, disse: "Este é o segundo ano consecutivo que isso afetou o preço das ações da Gyrus. Eles fazem *hedge* de determinada proporção, mas obviamente precisa ser mais. Há várias maneiras de sair desse problema – fazer mais *hedge* da exposição do dólar, relistar-se na Nasdaq ou ser adquirida por uma empresa dos EUA. A Gyrus é uma excelente empresa e deve abordar essas questões".

O Sr. Shaw disse que a opção de se relistar na Nasdaq tinha sido discutida, mas que os "riscos que acompanham a Sarbanes Oxley e o custo de conformidade sobrepujam o possível aumento na avaliação", adicionou. O Sr. Smith disse que a Gyrus era um excelente alvo de aquisição. Partes interessadas poderiam incluir as rivais Smith & Nephew, Johnson & Johnson e a Tyco. Os lucros antes dos impostos, antes dos custos de reestruturação, subiram para £10,3m (£5,5m). Os lucros por ação eram de 3,5p (2,5p)*. As ações da Gyrus caíram 35p, fechando a 398p.

Fonte: "Gyrus Hurt by Dollar Weakness," *Financial Times*, 18 de setembro de 2007.

---

* N. de T.: "p" é o símbolo de *pence*, o centavo da libra esterlina britânica.

QUADRO 13.7 Trident Europe, exposição do balanço patrimonial

	Contas do balanço patrimonial	Exposição da taxa corrente	Exposição temporal
Ativos			
Dinheiro em caixa	€1.600.000	€1.600.000	€1.600.000
Contas a receber	3.200.000	3.200.000	3.200.000
Estoques	2.400.000	2.400.000	
Instalações e equipamentos líquidos	4.800.000	4.800.000	
Total de ativos	€12.000.000		
Ativos expostos		€12.000.000	€4.800.000
Obrigações e patrimônio líquido			
Contas a pagar	€800.000	€800.000	€800.000
Dívidas bancárias de curto prazo	1.600.000	1.600.000	1.600.000
Dívidas de longo prazo	1.600.000	1.600.000	1.600.000
Estoque de capital	1.800.000		
Lucros Retidos	6.200.000		
Total passivos e valor líquido	€12.000.000		
Passivos expostos		€4.000.000	€4.000.000
Ativos líquidos expostos em euros		€8.000.000	€800.000
Multiplicados pela taxa de câmbio (US$/€)		× 1,2000	× 1,2000
Ativos líquidos expostos em dólares		US$9.600.000	US$960.000
Multiplicados pelo valor da desvalorização		× 0,1667	× 0,1667
Ganho (perda) esperado decorrente da conversão		US$(1.600.000)	US$(160.000)

A Trident Europe espera que o euro caia 16,67% em valor em relação a seu valor no início do ano, chegando a uma nova taxa de câmbio de US$1,0000/€. Segundo o método da taxa corrente, a perda esperada é de 16,67% da exposição, no valor de US$9.600.000, ou US$1.600.000. Segundo o método temporal, a perda esperada é de 16,67% da exposição, no valor de US$960.000, ou US$160.000.

Para alcançar um *hedge* do balanço patrimonial, a Trident Corporation tem que ou 1) reduzir seus ativos em euros expostos sem simultaneamente reduzir os passivos em euro, ou 2) aumentar os passivos em euro sem simultaneamente aumentar os ativos em euro. Uma maneira de fazer isso é troca o dinheiro existente em euro por dólares. Se a Trident Europe não tiver grandes saldos de caixa em euro, ela poderá tomar euros emprestados e trocar os euros emprestados por dólares. Uma outra subsidiária poderia tomar euros emprestados e trocá-los por dólares. Isto é, a essência do *hedge* é a matriz ou qualquer uma de suas subsidiárias criar uma dívida em euros e trocar os resultados financeiros por dólares.

Método da taxa corrente. Segundo o método da taxa corrente, a Trident Europe deveria tomar emprestados o valor de €8.000.000. O efeito inicial deste primeiro passo é aumentar tanto um ativo exposto (dinheiro em caixa) quanto um passivo exposto (dívidas a pagar) no balanço patrimonial da Trident Europe, sem nenhum efeito imediato sobre os ativos líquidos expostos. O passo seguinte necessário pode assumir duas formas: 1) a Trident Europe pode trocar os euros adquiridos por dólares americanos e ela mesma deter esses dólares ou 2) ela pode transferir os euros que tomou emprestados para a Trident Corporation, talvez como um dividendo em euro ou como um pagamento de uma dívida intraempresa. A Trident Corporation poderia, então, trocar os euros por dólares. Em alguns países, é claro, as autoridades monetárias locais não permitem que sua moeda seja trocada tão livremente.

Uma outra possibilidade seria a Trident Corporation ou uma irmã subsidiária tomar os euros emprestados, mantendo, assim, a dívida em euro inteiramente fora dos livros contábeis da Trident Europe. Entretanto, o segundo passo ainda é essencial para eliminar a exposição do euro; a entidade que contrair o empréstimo tem que trocar os euros por dólares ou outros ativos não expostos. Qualquer desses empréstimos tem que ser coordenado com todos os outros empréstimos em euro para evitar a possibilidade de que uma subsidiária esteja tomando euros emprestados para reduzir a exposição contábil ao mesmo tempo em que uma outra subsidiária estiver pagando uma dívida em euro. (Observe que os euros podem ser "tomados emprestados" simplesmente atrasando o pagamento de dívidas existentes em euro; a meta é o aumento da dívida em euro, e não a contração de um empréstimo, no sentido literal).

Método temporal. Se a conversão for pelo método temporal, apenas o valor muito menor de €800.000 precisa ser tomado emprestado. Assim como antes, a Trident Europe poderia usar os resultados financeiros do empréstimo para adquirir dólares americanos. No entanto, a Trident Europe também poderia usá-los para adquirir estoques ou ativos fixos na Europa. Segundo o método temporal, esses ativos não são vistos como expostos e seu valor em dólar não cai quando o euro é depreciado.

Quando se justifica fazer *hedge* do balanço patrimonial?

Se a subsidiária de uma empresa está usando a moeda local como moeda funcional, as circunstâncias a seguir poderiam justificar quando usar um *hedge* do balanço patrimonial:

- A subsidiária estrangeira está a ponto de ser liquidada, de modo que o valor de seus CTA seria realizado.
- A empresa possui cláusulas de dívida ou acordos bancários que declaram que seus coeficientes de endividamento (*debt/equity ratios*) serão mantidos dentro de limites específicos.
- A gerência é avaliada com base em certas medidas da demonstração de resultados e do balanço patrimonial que são afetadas por perdas ou ganhos decorrentes da conversão.
- A subsidiária estrangeira está operando em um ambiente hiperinflacionário.

Se uma empresa está usando a moeda doméstica da empresa matriz como moeda funcional da subsidiária estrangeira, todos os ganhos/perdas de transações são repassados para a demonstração de resultados. Fazer *hedge* dessas receitas consolidadas para reduzir sua variabilidade pode ser importante para os investidores e agências de classificação de títulos de dívida. O quadro Finanças Globais na Prática 13.2 descreve um *hedge* alternativo dos resultados contábeis, a receita denominada em moeda estrangeira.

Escolha entre minimizar a exposição de transação ou a exposição contábil

A gerência achará quase impossível neutralizar a exposição de transação e a exposição contábil ao mesmo tempo. A redução de uma exposição normalmente muda o valor da outra exposição. Por exemplo, a maneira mais fácil de neutralizar a exposição contábil é exigir que a matriz e todas as subsidiárias denominem todos os ativos e passivos expostos na moeda de relatório da matriz. Para empresas norte-americanas e suas subsidiárias, todos os ativos e passivos seriam mantidos em dólares. Tais empresas não teriam exposição contábil, mas cada subsidiária teria sua própria exposição de transação.

Para ilustrar, suponha que uma empresa matriz norte-americana instrua sua subsidiária japonesa a faturar uma exportação para a matriz em dólares. A conta a receber nos livros contábeis da subsidiária japonesa é exibida como o equivalente em ienes do valor em dólares, e o lucro em ienes é registrado no momento da venda. Se, antes de a empresa matriz pagar os dólares à subsidiária japonesa, o iene for apreciado em 5%, a matriz ainda pagará apenas o valor em dólar contratado. A subsidiária receberá 5% menos ienes do que o esperado e registrará esse valor como lucro. Logo, a subsidiária japonesa sofrerá uma perda cambial de 5% em suas contas a receber denominadas em dólar. Um lucro mais baixo em ienes acabará sendo convertido em um lucro mais baixo em dólares quando a demonstração de resultados da subsidiária for consolidada com a da empresa matriz. Finalmente, a EMN consolidada sediada nos EUA exibirá uma perda cambial – em dólares!

FINANÇAS GLOBAIS NA PRÁTICA 13.2

Gastando euros com *hedge*

Em 2000, diversas grandes multinacionais dos EUA estavam ficando cada vez mais preocupadas com o valor decrescente do euro. Dada a contribuição significativa dos lucros continentais obtidos em euros, a queda no valor do euro em relação ao dólar representava uma degradação contínua de possíveis lucros divulgados. Algumas empresas, como a Coca-Cola, faziam *hedge* do valor em dólar de seus lucros projetados em euros. Os *hedges* protegiam o valor em dólar de seus lucros em euro e, consequentemente, as empresas não sofriam perdas materiais nos lucros consolidados. Outras, no entanto, como a Goodyear e a Caterpillar, sofriam reduções percentuais de dois dígitos nos lucros consolidados em decorrência da queda do euro sem *hedge*.

Apesar de inúmeras empresas terem admitido serem capazes de evitar que seus lucros consolidados fossem prejudicados pela queda no valor de moedas estrangeiras – por um trimestre ou uma série de trimestres, pelo menos – ainda é extremamente controverso que uma empresa gaste recursos e adquira posições de *hedge* com contratos a termo e *swaps* para proteger resultados contábeis.

O impacto da queda no valor do euro sobre multinacionais selecionadas sediadas nos EUA

Empresa	Receita operacional no terceiro trimestre de 2000 (milhões)	Redução devido ao euro (percentual)
Goodyear	US$68	30%
Caterpillar	US$294	12%
McDonald's	US$910	5%
Kimberly-Clark	US$667	2,5%

Fonte: "Business Won't *Hedge* the Euro Away," *Business Week*, 4 de dezembro de 2000.

Um raciocínio similar mostra que se uma empresa escolher eliminar a exposição de transação, a exposição contábil pode até mesmo ser ampliada. A maneira mais fácil de eliminar a exposição de transação é exigir que a matriz e todas as subsidiárias denominem todas as contas sujeitas à exposição de transação em sua moeda local. Assim, toda subsidiária evitaria ganhos ou perdas de transação. No entanto, cada subsidiária estaria criando uma exposição contábil líquida assumindo posição comprada ou vendida em termos da moeda local – ativos ou passivos expostos. A demonstração financeira consolidada da empresa matriz mostraria a exposição contábil em cada moeda local.

De maneira geral, as empresas que buscam reduzir ambos os tipos de exposição normalmente reduzem a exposição de transação primeiro. Então, elas recalculam a exposição contábil (que pode ter mudado), e decidem se alguma exposição contábil residual ainda pode ser reduzida sem criar mais exposição de transação. Os impostos complicam a decisão de procurar proteção contra a exposição de transação ou contábil. As perdas de transação geralmente são consideradas perdas "realizadas" e são, portanto, dedutíveis dos lucros antes dos impostos. No entanto, as perdas decorrentes da conversão são perdas apenas "no papel", que não envolvem fluxos de caixa e não são dedutíveis dos lucros antes dos impostos. É altamente discutível se as técnicas de proteção que necessitam pagamentos em dinheiro e, dessa forma, reduzem o fluxo de caixa líquido, devem ou não ser incorridas para evitar perdas que não representam perdas em dinheiro.

RESUMO

- A exposição contábil resulta da conversão das demonstrações financeiras denominadas em moeda estrangeira de subsidiárias estrangeiras na moeda em que o relatório da empresa matriz é divulgado de modo que a matriz possa preparar as demonstrações financeiras consolidadas. A exposição contábil é o potencial de perdas ou ganhos decorrentes desse processo de conversão.

- A moeda funcional de uma subsidiária estrangeira é a moeda do principal ambiente econômico em que a subsidiária opera e em que gera fluxos de caixa. Em outras palavras, é a moeda dominante usada por essa subsidiária estrangeira em suas operações do dia a dia.

- Os dois procedimentos básicos para conversão usados na maioria dos países hoje em dia são o método da taxa corrente e o método temporal.

- Aspectos técnicos da conversão incluem questões sobre quando reconhecer ganhos ou perdas na demonstração de resultados, a distinção entre moeda funcional e moeda de relatório e o tratamento das subsidiárias em países com hiperinflação.

- Os ganhos e perdas de conversão podem ser bem diferentes dos ganhos e perdas operacionais, não somente em magnitude, mas também em sinal (positivo ou negativo). A gerência pode precisar determinar qual é mais importante antes de decidir que exposição será gerenciada primeiro.

- A principal técnica para gerencia a exposição contábil é fazer um *hedge* do balanço patrimonial. Isso exige uma igual quantia de ativos e passivos expostos em moeda estrangeira.

- Mesmo se a gerência decidir seguir uma política ativa de *hedge* da exposição contábil, é quase impossível neutralizar a exposição de transação e a exposição contábil simultaneamente. Se forçado a escolher, a maioria dos gerentes se protegerá contra perdas de transação porque essas são perdas realizadas em dinheiro, em vez de se proteger contra as perdas decorrentes da conversão.

MINICASO LaJolla Engineering Services

Meaghan O'Connor tinha herdado um conjunto de problemas na Divisão de Equipamentos de Engenharia muito maior do que ela tinha esperado.[1] Depois de assumir como CFO da divisão em março de 2004, Meaghan descobrira que as subsidiárias latino-americanas da Divisão de Equipamentos de Engenharia da LaJolla estavam sendo fonte de perdas recentes e crescentes ameaças às receitas. A parte nada comum do crescente problema é que tanto as perdas quanto as ameaças estavam surgindo da conversão de moeda.

Subsidiárias latino-americanas

A LaJolla era uma empresa multinacional de serviços de engenharia com uma reputação estabelecida em design e construção de sistemas de energia elétrica. Apesar de a maior parte dos negócios da LaJolla ser normalmente descrito como "serviços" e, portanto, usar ou deter poucos ativos reais, não era o que acontecia com a Divisão de Equipamentos de Engenharia. Esta unidade de negócios específica estava encarregada de possuir e operar os equipamentos pesados especializados e de alto custo envolvidos na construção de certos sistemas de transmissão e distribuição de energia elétrica. Na terminologia de Meaghan, ela estava encarregada do "Ferro Pesado" (*Big Iron*) em uma empresa de consultores.

As recentes atividades da LaJolla se focavam em quatro países – Argentina, Jamaica, Venezuela e México. Infelizmente, os últimos anos não tinham sido bons para o valor dessas moedas – particularmente em relação ao dólar americano. Cada uma das subsidiárias da LaJolla nesses países tinha como moeda funcional a moeda local. Cada subsidiária gerava a maior parte de suas receitas a partir de contratos de serviços locais, e grande parte das despesas operacionais também eram locais. Mas cada uma das unidades tinha investido em apenas parte dos equipamentos especializados – o chamado Ferro Pesado (*Big Iron*) – implicando a existência de ativos líquidos expostos quando a LaJolla concluía sua consolidação das atividades estrangeiras todo ano para fins de relatórios financeiros. Os ganhos e perdas decorrentes da conversão (em sua grande parte, perdas nos últimos anos, com o enfraquecimento do peso argentino, do dólar jamaicano e do bolivar venezuelano em relação ao dólar americano), tinham se acumulado no item de ajustes cumulados de conversão nos livros contábeis consolidados da empresa. Mas o problema tinha se tornado ainda mais real ultimamente.

Normalmente, essas perdas devido à conversão não teriam sido um grande problema gerencial para a LaJolla e Meaghan, exceto por um pequeno erro de arquivamento de documentos na Argentina, no outono de 2003. A LaJolla, assim como muitas empresas multinacionais em operação na Argentina nos últimos anos, simplesmente tinha desistido de conduzir qualquer negócio realmente promissor na severamente deprimida Argentina pós-crise. Essencialmente, a empresa tinha fechado suas portas no verão de 2003. Mas seu conselho jurídico em Buenos Aires tinha cometido um erro. Em vez de cessar as operações atuais e desativar os ativos existentes da LaJolla Engineering Argentina, o conselho local tinha preenchido papéis declarando que a LaJolla estava liquidando o negócio. Apesar de esta parecer uma pequena diferença, segundo a GAAP e a FAS52 norte-americanas, a LaJolla agora teria que contemplar em lucros correntes as perdas acumuladas devido à conversão que tinham crescido ao longo dos anos no negócio da Argentina. E elas eram substanciais: US$7 milhões em perdas no quarto trimestre de 2003. A administração da LaJolla não tinha ficado feliz.

---

[1] Este caso envolve uma empresa real. Os nomes e países foram alterados para preservar a confidencialidade.

LaJolla 2004

Devido a essa recente experiência, a LaJolla decidiu analisar de perto todos os ganhos e perdas decorrentes da conversão em suas várias unidades de negócio em todo o mundo. Mais uma vez, as operações latino-americanas da empresa eram seu ponto focal, já que coletivamente, muitas das moedas latinas tinham se enfraquecido recentemente em relação ao euro. A Jamaica, a Venezuela, e o México apresentavam, cada um, problemas e desafios individuais, mas todos apresentavam ameaças de ajustes de conversão à LaJolla.

Jamaica. A empresa estava seriamente preocupada com os negócios da Jamaica em seus contratos desde o início.[2] A empresa tinha inicialmente concordado em receber todas as receitas em dólares jamaicanos (selando a moeda local como moeda funcional), mas depois da queda do dólar jamaicano no início de 2003 (ver Quadro 1), a empresa tinha renegociado um acordo de compartilhamento de riscos. O acordo reestruturava o relacionamento para um em que, apesar de a LaJolla continuar a ser paga em moeda local, as duas empresas compartilhariam quaisquer mudanças nas taxas de câmbio a partir do quarto trimestre de 2003, ao determinar os débitos como faturados. Independentemente disso, a contínua queda do dólar jamaicano tinha criado perdas substanciais devido à conversão para a LaJolla na Jamaica.

QUADRO 1 Taxas de câmbio mensais médias: dólares jamaicanos por dólar americano

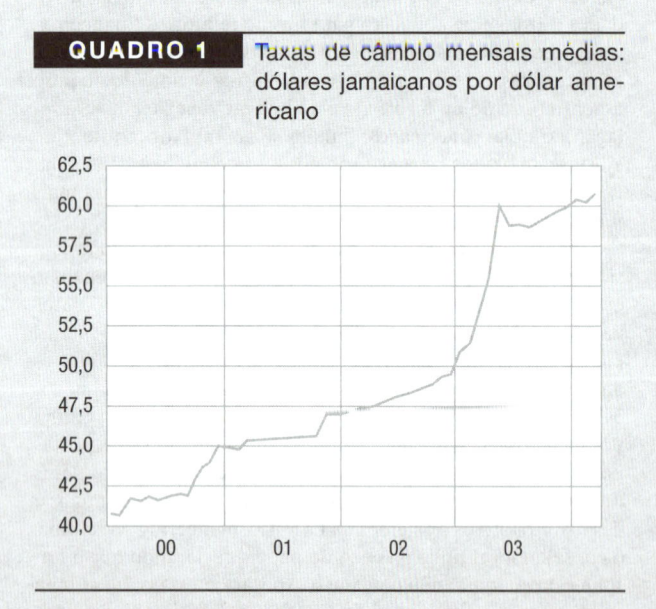

México. Apesar de o peso mexicano ter estado bastante estável por vários anos, ele claramente tinha começado a cair em relação ao dólar em 2002 e 2003 (ver Quadro 2).

QUADRO 2 Taxas de câmbio mensais médias: pesos mexicanos por dólar americano

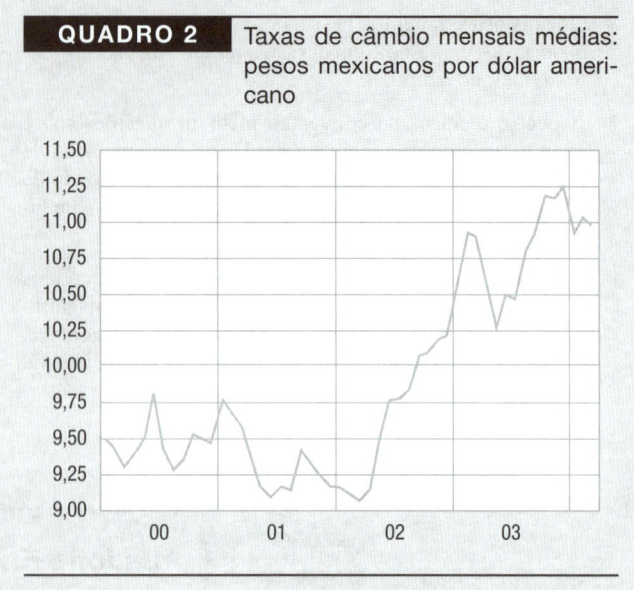

Quanto mais a fundo analisava a situação mexicana, Meaghan ficava particularmente frustrada. A LaJolla tinha iniciado as operações na subsidiária do México no início de 2000, contudo, as perdas relatadas devido à conversão no México tinham crescido muito mais rapidamente do que ela esperava. Ela também ficou bastante agitada quando percebeu que os relatórios financeiros que vinham de seus escritórios mexicanos pareciam estar "aumentando" as perdas devido à conversão todo trimestre. Quando ela fazia perguntas, primeiro por telefone e depois pessoalmente, seu *controller* local simplesmente parava de falar (ela estava trabalhando com um intérprete), dizendo que simplesmente não estava entendendo as perguntas. Meaghan não era nenhuma iniciante em finanças internacionais, e sabia que as demonstrações financeiras mexicanas indexavam regularmente as contas denominadas em moeda estrangeira aos índices publicados pelo governo de valores de ativos relacionados a moedas. Ela imaginou que a indexação poderia estar na fonte do rápido crescimento das perdas devido à conversão.

Venezuela. A crise política contínua na Venezuela em torno da presidência de Hugo Chavez tinha afetado negativamente o bolivar venezuelano (ver Quadro 3). A LaJolla não somente estava sofrendo com a queda nos resultados financeiros em dólares americanos provenientes de suas operações venezuelanas, mas também continuava a sofrer vários atrasos de pagamentos severos de várias agências governamentais para as quais a empresa estava prestando serviços exclusivamente. A fatura típica agora estava levando mais de 180 dias para ser paga, e a queda do bolivar tinha aumentando ainda mais as perdas. As perdas decorrentes da conversão estavam se acumulando aqui, novamente de uma subsidiária cuja moeda funcional era a moeda local. O controlador da LaJolla na Venezuela tinha enviado

---

[2] Todos os diagramas de taxas de câmbio foram cedidos como cortesia da Pacific Exchange Rate Service (http://fx.sauder.ubc.ca), um serviço voltado para pesquisa e ensino acadêmico; ©2004 by Prof. Werner Antweiler, University of British Columbia, Vancouver, BC, Canadá. O período de tempo exibido em cada diagrama é 1/jan/2000–9/mar/2004.

QUADRO 3 Taxas de câmbio mensais médias: bolivares venezuelanos por dólar americano

uma proposta via fax que envolveria mudar a moeda usada nos livros contábeis na Venezuela para dólares americanos, além de uma sugestão de que eles deveriam considerar transferir a subsidiária para um *offshore* (fora da Venezuela) para fins contábeis e de consolidação. Ele tinha sugerido as Ilhas Caimã ou as Antilhas holandesas perto de sua costa.

No fim das contas, Meaghan estava começando a achar que tinha cometido um grande erro ao aceitar a promoção a CFO desta divisão. Ela voltou seu olhar novamente para o Pacífico e ficou pensando em que alternativas ela poderia ter para gerenciar essas exposições e o que ela deveria fazer imediatamente, se é que deveria fazer alguma coisa.

Perguntas sobre o caso

1. Você acredita que Meaghan deveria dedicar tempo e recursos para tentar gerenciar as perdas devido à conversão, o que muitos consideram um fenômeno puramente contábil?
2. Como você caracterizaria ou estruturaria sua análise das ameaças individuais que cada país apresentava à LaJolla? Que características específicas de seus problemas individuais parecem estar interligadas a questões de moeda?
3. O que você recomenda que Meaghan faça?

PERGUNTAS

1. **Outros nomes.** O que significa a palavra conversão? Por que a exposição contábil às vezes é chamada de exposição de conversão?
2. **Convertendo ativos financeiros.** No contexto de preparar demonstrações financeiras consolidadas, as palavras converter e traduzir são sinônimos?
3. **O problema central.** Qual é o problema central na consolidação das demonstrações financeiras de uma subsidiária estrangeira?
4. **Subsidiárias autosuficientes.** Qual é a diferença entre uma subsidiária estrangeira autosuficiente e uma subsidiária estrangeira integrada?
5. **Moeda Funcional.** O que é uma moeda funcional? O que é uma moeda não funcional?
6. **Convertendo Ativos.** Quais são as principais diferenças entre o método da taxa corrente e o método temporal para converter ativos?
7. **Convertendo Passivos.** Quais são as principais diferenças entre o método da taxa corrente e o método temporal para converter passivos?
8. **Hiperinflação.** O que é hiperinflação e quais são suas consequências para a conversão das demonstrações financeiras estrangeiras?
9. **Perdas cambiais com outros nomes.** Quais são as principais diferenças entre perdas decorrentes de exposição de transação, de exposição operacional, e de exposição contábil?
10. **Reagindo a possíveis perdas.** Como os administradores financeiros reagem a qualquer diferença entre possíveis perdas decorrentes da exposição operacional e decorrentes da exposição contábil?
11. **Trident e um dólar forte.** Durante o próximo ano, espera-se que o dólar americano seja apreciado em relação ao euro. Como isso pode afetar os lucros consolidados divulgados da Trident e sua subsidiária em operação na Alemanha?
12. **Trident e um dólar fraco.** Durante o próximo ano, espera-se que o dólar americano seja depreciado em relação ao euro. Como isso pode afetar os lucros consolidados divulgados da Trident e sua subsidiária em operação na Alemanha?

PROBLEMAS

1. **Trident Europe (A).** Usando fatos do capítulo sobre a Trident Europe, suponha que a taxa de câmbio no dia 2 de janeiro de 2011, no Quadro 13.4 tenha caído em valor de US$1,2000/€ para US$0,9000/€ em vez de para US$1,0000/€. Recalcule o balanço patrimonial convertido da Trident Europe para o dia 2 de janeiro de 2011, com a nova taxa de câmbio usando o método da taxa corrente.
    a. Qual é o valor de ganhos ou perdas decorrentes da conversão?
    b. Onde eles devem aparecer nas demonstrações financeiras?

2. **Trident Europe (B).** Usando fatos do capítulo sobre a Trident Europe, suponha, como no problema 1, que a taxa de câmbio no dia 2 de janeiro de 2011, no Quadro 13.4 tenha caído em valor de US$1,2000/€ para US$0,9000/€ em vez de para US$1,0000/€. Recalcule o balanço patrimonial convertido da Trident Europe para o dia 2 de janeiro de 2011, com a nova taxa de câmbio usando o método temporal.
    a. Qual é o valor de ganhos ou perdas decorrentes da conversão?
    b. Onde eles devem aparecer nas demonstrações financeiras?
    c. Por que as perdas ou ganhos decorrentes da conversão sob o método temporal diferem das perdas ou ganhos sob o método da taxa corrente?

3. **Trident Europe (C).** Usando fatos do capítulo sobre a Trident Europe, suponha que a taxa de câmbio no dia 2 de janeiro de 2011, no Quadro 13.4 tenha sido apreciada de US$1,2000/€ para US$1,500/€. Calcule o balanço patrimonial convertido da Trident Europe para o dia 2 de janeiro de 2011, com a nova taxa de câmbio usando o método da taxa corrente.
    a. Qual é o valor de ganhos ou perdas decorrentes da conversão?
    b. Onde eles devem aparecer nas demonstrações financeiras?

4. **Trident Europe (D).** Usando fatos do capítulo sobre a Trident Europe, suponha, como na pergunta 3, que a taxa de câmbio no dia 2 de janeiro de 2011, no Quadro 13.4 tenha sido apreciada de US$1,2000/€ para US$1,500/€. Calcule o balanço patrimonial convertido da Trident Europe para o dia 2 de janeiro de 2011, com a nova taxa de câmbio usando o método temporal.
    a. Qual é o valor de ganhos ou perdas decorrentes da conversão?
    b. Onde eles devem aparecer nas demonstrações financeiras?

*5. **Productos Montevideo, S.A. (A).** A Productos Montevideo, S.A., é a subsidiária uruguaia de uma empresa manufatureira dos EUA. Seu balanço patrimonial para 1º de janeiro pode ser visto a seguir. A taxa de câmbio de 1º de janeiro entre o dólar americano e o peso uruguaio ($U) é de $U20/US$.

Montevideo Products, S.A.

Balanço patrimonial, 1º de janeiro, milhares de pesos uruguaios

Ativos		Obrigações e patrimônio líquido	
Caixa	$U 60.000	Passivos circulantes	$U30.000
Contas a receber	120.000	Dívida de longo prazo	90.000
Estoques	120.000	Estoque de capital	300.000
Instalações e equipamentos líquidos	240.000	Lucros retidos	120.000
	$U540.000		$U540.000

    a. Determine a contribuição da Montevideo para a exposição contábil de sua matriz em 1º de janeiro, usando o método da taxa corrente.
    b. Calcule a contribuição da Montevideo para as perdas da matriz decorrentes da conversão se a taxa de câmbio em 31 de dezembro é de $U20/US$. Suponha que todas as contas em pesos uruguaios permaneçam como estavam no início do ano.

6. **Productos Montevideo, S.A. (B).** Calcule a contribuição da Montevideo para as perdas da matriz decorrentes da conversão se a taxa de câmbio em 31 de dezembro é de $U22/US$. Suponha que todas as contas em pesos uruguaios permaneçam como estavam no início do ano.

7. **Productos Montevideo, S.A. (C).** Calcule a contribuição da Montevideo para os ganhos ou perdas da matriz decorrentes da conversão se a taxa de câmbio em 31 de dezembro é de $U12/US$. Suponha que todas as contas em pesos uruguaios permaneçam como estavam no início do ano.

8. **Bangkok Instruments, Ltd. (A).** A Bangkok Instruments, Ltd., a subsidiária tailandesa de uma corporação dos EUA, é uma fabricante de instrumentos sísmicos. A Bangkok Instruments produz os instrumentos primordialmente

para o setor de petróleo e gás em todo o mundo, e com os recentes aumentos de todos os tipos nos preços das *commodities* – inclusive do cobre – seu negócio começou a crescer rapidamente. As vendas são essencialmente para empresas multinacionais sediadas nos Estados Unidos e Europa. O balanço patrimonial da Bangkok Instruments em milhares de bahts tailandeses (B) a partir de 31 de março é exibido na tabela na próxima página.

Bangkok Instruments, Ltd.

Balanço Patrimonial, 1º de março, milhares de bahts tailandeses

Ativos		Obrigações e patrimônio líquido	
Caixa	B 24.000	Contas a pagar	B 18.000
Contas a receber	36.000	Empréstimos bancários	60.000
Estoques	48.000	Ações ordinárias	18.000
Instalações e equipamentos líquidos	60.000	Lucros retidos	72.000
	B 168.000		B 168.000

As taxas de câmbio para converter o balanço patrimonial da Bangkok em dólares americanos são as seguintes:

B 40,00/US$	1º de abril – taxa de câmbio após desvalorização de 25%.
B 30,00/US$	31 de março – taxa de câmbio antes de desvalorização de 25%. Todo o estoque foi adquirido com esta taxa.
B 20,00/US$	Taxa de câmbio histórica com a qual instalações e equipamentos foram adquiridos.

O baht tailandês caiu em valor de B30/US$ para B40/US$ entre 31 de março e 1º de abril. Supondo que não haja nenhuma mudança nas contas do balanço patrimonial entre esses dois dias, calcule o ganho ou a perda decorrente da conversão pelo método da taxa corrente e pelo método temporal. Explique os ganhos ou perdas decorrentes da conversão em termos das mudanças no valor das contas expostas.

9. **Bangkok Instruments, Ltd. (B).** Usando os dados originais fornecidos para a Bangkok Instruments, suponha que o baht tailandês tenha sido apreciado em valor de B30/US$ para B25/US$ entre 31 de março e 1º de abril. Suponha que não tenham ocorrido mudanças nas contas do balanço patrimonial entre esses dois dias, calcule os ganhos ou perdas decorrentes da conversão pelo método da taxa corrente e pelo método temporal. Explique os ganhos decorrentes da conversão em termos das mudanças no valor das contas expostas.

10. **Cairo Ingot, Ltd.** A Cairo Ingot, Ltd. é a subsidiária egípcia da Trans-Mediterranean Aluminum, uma multinacional britânica que confecciona blocos de alumínio para motores de automóveis. A moeda doméstica de relatório da Trans-Mediterranean é a libra esterlina britânica. O balanço patrimonial em 31 de dezembro da Cairo Ingot se encontra a seguir. Na data desse balanço patrimonial, a taxa de câmbio entre as libras esterlinas egípcias (£E) e as libras esterlinas britânicas (UK£) era de £E5,50/UK£.

Ativos		Obrigações e patrimônio líquido	
Caixa	£E 16.500.000	Contas a pagar	£E 24.750.000
Contas a receber	33.000.000	Dívida de longo prazo	49.500.000
Estoques	49.500.000	Capital investido	90.750.000
Instalações e equipamentos líquidos	66.000.000		
	£E 165.000.000		£E 165.000.000

Qual é a contribuição da Cairo Ingot para a exposição contábil da Trans-Mediterranean em 31 de dezembro, usando o método da taxa corrente? Calcule a perda decorrente da exposição contábil da Trans-Mediterranean se a taxa de câmbio no final do trimestre seguinte é £E6,00/UK£. Suponha que todos os itens do balanço patrimonial permaneçam inalterados.

EXERCÍCIOS NA INTERNET

1. **Práticas de conversão: FASB.** A Comissão de Padrões de Contabilidade Financeira norte-americana (Financial Accounting Standards Board ou FASB) promulga práticas padronizadas para o relatório dos resultados financeiros por empresas nos Estados Unidos. Entretanto, ela também muitas vezes lidera o caminho no desenvolvimento de novas práticas para problemas emergentes em todo o mundo. Use a página web da FASB para acom-

panhar padrões contábeis propostos e o estado atual da reação aos padrões propostos.

www.fasb.org/

2. **Associações de profissionais de tesouraria.** A tesouraria corporativa, a unidade da típica EMN que gerencia saldos de caixa e posições cambiais, é uma área de serviços especializados. Existem diversas grandes organizações – duas estão listadas aqui – que fornece educação continuada e atualizações sobre avanços regulatórios, tecnológicos e tópicos relevantes.

www.afponline.org/
www.treasuryandrisk.com/

3. **Demonstrações financeiras e taxas de câmbio da Nestlé.** Usando a página web da Nestlé, verifique os Press Releases atuais para encontrar resultados financeiros mais recentes, inclusive o que a empresa divulga como as principais moedas taxas de câmbio médias usadas na conversão durante o período mais recente.

www.nestle.com/MediaCenter/PressReleases/PressReleases.htm

PARTE IV

Financiamento da Empresa Global

CAPÍTULO 14
  Custo e Disponibilidade Global de Capital

CAPÍTULO 15
  Obtenção de Capital Próprio no Cenário Global

CAPÍTULO 16
  Obtenção de Capital de Terceiros no Cenário Global

CAPÍTULO 14

Custo e Disponibilidade Global de Capital

Ideias e liderança, no entanto, não são suficientes. Elas precisam ser fomentadas com dinheiro. As empresas que não podem contar com um acesso constante aos mercados de capitais não irão prosperar.... O que os investidores querem? Em primeiro lugar, é claro, os investidores querem bom desempenho: lucros fortes e previsíveis e um crescimento sustentável. Em segundo lugar, eles querem transparência, accountability *(responsabilização) comunicações abertas e uma governança corporativa eficaz. As empresas que não conseguirem passar a adotar padrões internacionais em cada uma dessas áreas não conseguirão atrair e reter o capital internacional.*

—"The Brave New World of Corporate Governance" (O admirável mundo novo da governança corporativa)* *LatinFinance*, maio de 2001.

Como as empresas podem ter acesso a mercados de capitais globais com a finalidade de minimizar seu custo de capital e maximizar a disponibilidade de capital? Por que elas devem fazê-lo?

A integração global dos mercados de capitais deu a muitas empresas acesso a novas e mais baratas fontes de fundos além daquelas disponíveis em seus mercados domésticos. Essas empresas podem, então, aceitar projetos de mais longo prazo e investir mais em melhorias na estrutura de capital e expansão. Se uma empresa se localiza em um país com mercados de capitais ilíquidos e/ou segmentados, ela pode alcançar esse custo mais baixo e maior disponibilidade de capital global através de uma estratégia adequadamente projetada e implementada. As dimensões de custo e disponibilidade de capital são apresentadas no Quadro 14.1. O impacto das características específicas de uma empresa, a liquidez de mercado dos títulos da empresa e a definição e efeito da segmentação de mercado sobre os preços do capital de uma empresa são o foco da maior parte deste capítulo.

Uma empresa que tem que obter seu capital de longo prazo e capital próprio de terceiros em um *mercado de títulos doméstico altamente ilíquido* provavelmente terá um custo de capital relativamente alto e enfrentará uma disponibilidade limitada de tal capital, o que, por sua vez, diminuirá sua competitividade tanto internacionalmente quanto face a empresas que estiverem entrando em seu mercado doméstico. Esta categoria de empresas inclui tanto empresas residentes em países emergentes, onde o mercado de capital continua subdesenvolvido, quanto empresas pequenas demais para terem acesso a seus próprios mercados de títulos nacionais. Muitas empresas de estrutura familiar se encontram nesta categoria porque decidem não utilizar os mercados de títulos para suprir suas necessidades de capital de longo prazo.

---

* N. de T.: O título do artigo faz alusão ao romance *Brave New World* (Admirável Mundo Novo), de Aldous Huxley, publicado em 1931.

QUADRO 14.1 Dimensões da estratégia de custo e disponibilidade de capital

Acesso ao mercado local   **Acesso ao mercado global**

Características específicas à empresa

Os títulos da empresa atraem apenas investidores domésticos	⟷	Os títulos da empresa atraem investidores internacionais

Liquidez de mercado dos títulos da empresa

Mercado de títulos domésticos ilíquido e liquidez internacional limitada	⟷	Mercado doméstico altamente líquido e ampla participação internacional

Efeito da segmentação de mercado sobre os títulos e o custo de capital da empresa

Mercado de títulos domésticos segmentado que precifica as ações de acordo com padrões domésticos	⟷	Acesso a mercados de títulos globais que precificam as ações de acordo com padrões internacionais

As empresas residentes em países industrializados com *mercados de capitais pequenos* geralmente obtêm seu capital de longo prazo e capital próprio de terceiros localmente nesses mercados de títulos domésticos parcialmente líquidos. O custo e a disponibilidade de capital da empresa é melhor do que o de empresas em países com mercados de capitais ilíquidos. No entanto, se essas empresas pudessem ter acesso aos mercados globais altamente líquidos, elas também poderiam fortalecer sua vantagem competitiva ao obter capital.

As empresas residentes em países com *mercados de capitais segmentados* têm que criar uma estratégia para escapar da dependência desse mercado para suas necessidades de capital de longo prazo e capital próprio de terceiros. Um mercado de capitais nacional é segmentado se a taxa de retorno exigida sobre títulos nesse mercado diferirem da taxa de retorno exigida sobre títulos de risco e retorno esperados comparáveis negociados em outros mercados de títulos. Os mercados de capitais tornam-se segmentados devido a fatores como controle regulatório excessivo, risco político percebido, risco cambial previsto, falta de transparência, disponibilidade assimétrica de informações, compadrio (ou *cronyism*), informações privilegiadas (*insider trading*) e muitas outras imperfeições de mercado.

As empresas restringidas por qualquer uma dessas condições têm que desenvolver uma estratégia para escapar de seus próprios mercados de capitais limitados e obter parte de seu capital de longo prazo no exterior. Primeiramente, este capítulo analisará como uma empresa calcula seu custo médio ponderado de capital quando os investidores internacionais podem investir em seus títulos de capital próprio e de dívida (capital de terceiros). A Trident será nosso exemplo.

Então, o capítulo analisará como uma empresa pode atrair investidores internacionais para seus títulos. Esta capacidade depende das características específicas à empresa, de um ambiente regulatório que permita fluxos de investimento irrestritos entre fronteiras e de uma estratégia financeira que crie liquidez de mercado e precificação global para os títulos da empresa, seja ou não seu mercado doméstico segmentado de outros mercados de capitais.

Depois, o foco passa a ser a ligação entre o custo e a disponibilidade de capital. Alcançar essa ligação exige melhorar a liquidez de mercado dos títulos da empresa e escapar de um mercado doméstico segmentado. Se a empresa tiver êxito em implementar essas estratégias, ela reduzirá seu custo médio ponderado de capital e aumentará sua disponibilidade de capital.

Finalmente, analisaremos se as EMNs reduziram seu custo de capital abaixo dos de seus concorrentes domésticos comparáveis.

CUSTO MÉDIO PONDERADO DE CAPITAL

Uma empresa normalmente encontra seu *custo médio ponderado de capital* (weighted average cost of capital – WACC) combinando o custo de capital próprio com o custo de capital de terceiros em proporção ao peso relativo de cada um deles na estrutura financeira de longo prazo ótima da empresa. Mais especificamente:

$$k_{WACC} = k_e \frac{E}{V} + k_d (1-t) \frac{D}{V}$$

onde

k_{WACC} = custo médio ponderado de capital depois dos impostos
k_e = custo de capital próprio corrigido pelo risco
k_d = custo de capital de terceiros antes dos impostos
t = alíquota marginal de imposto
E = valor de mercado do patrimônio líquido da empresa
D = valor de mercado da dívida da empresa
V = valor de mercado total dos títulos da empresa (D + E)

Custo de capital próprio

A abordagem do *Modelo de Precificação de Ativos de Capital* (CAPM ou *capital asset pricing model*) é definir o custo de capital próprio de uma empresa pela seguinte fórmula:

$$k_e = k_{rf} + \beta_j (k_m - k_{rf})$$

onde

k_e = taxa esperada (exigida) de retorno sobre o patrimônio líquido
k_{rf} = taxa de juros sobre títulos de dívida livres de risco (títulos de dívida do Tesouro dos EUA, por exemplo)
β_j = coeficiente de *risco sistemático* da empresa
k_m = taxa esperada (exigida) de retorno sobre a carteira como, por exemplo, uma carteira de ações representativa do mercado

Risco sistemático é uma função da variabilidade total dos retornos esperados das ações da empresa em relação ao índice de mercado (k_m) e o grau de correlação entre a variabilidade dos retornos esperados da empresa e os retornos do mercado. Mais formalmente:

$$\beta_j = \frac{\rho_{jm} \sigma_j}{\sigma_m}$$

onde

β_j (beta) = medida do risco sistemático do título j
ρ (rho) = correlação entre o título j e o mercado
σ_j (sigma) = desvio padrão do retorno sobre a empresa j
σ_m (sigma) = desvio padrão do retorno de mercado

O beta terá um valor menor do que 1,0 se os retornos da empresa forem menos voláteis do que os do mercado, 1,0 se forem iguais aos do mercado, ou maior do que 1,0 se forem mais voláteis – ou arriscados – do que os do mercado. A análise CAPM supõe que o retorno exigido estimado seja uma indicação de quanto a mais na taxa de juros livre de risco, k_{rf}, é necessário para manter o capital de um investidor investido nas ações da empresa considerada. Se o retorno das ações não alcançar o retorno esperado, o CAPM suporá que os investidores individuais liquidarão suas posses.*

---

* N. de R. T.: Essa análise é simplificada, uma vez que o beta depende não somente das volatilidades dos retornos do ativo e do mercado como também de sua correlação.

Custo de capital de terceiros

O procedimento normal para medir o custo de capital de terceiros exige uma previsão das taxas de juros pelos próximos anos, as proporções de várias classes de dívida que a empresa espera utilizar e a alíquota de impostos corporativa. Tira-se, então, a média dos custos de juros dos diferentes componentes da dívida de acordo com sua proporção na estrutura de endividamento. Esta média antes dos impostos, k_d, é, então, corrigida pelos impostos corporativos multiplicando-se pela expressão (1 – alíquota de impostos), para obter $k_d (1 - t)$, o custo médio ponderado de capital de terceiros depois dos impostos.

O custo médio ponderado de capital (WACC) normalmente é usado como a taxa de desconto corrigida pelo risco sempre que os novos projetos de uma empresa estiverem na mesma classe geral de risco que seus projetos existentes. Por outro lado, deve-se usar uma taxa de retorno exigida específica a um projeto como taxa de desconto se um novo projeto diferir em termos de risco dos projetos de negócios ou financeiros existentes.

Custo médio ponderado de capital da Trident

Maria Gonzalez, a principal executiva financeira da Trident, calcula o custo médio ponderado de capital como 12,28%, como mostra o Quadro 14.2.

Ela acredita que o custo de capital da Trident já esteja em um nível global. Ele é totalmente competitivo em relação ao dos principais concorrentes da Trident no segmento do setor de *hardware* de telecomunicações em todo o mundo, que são sediados nos Estados Unidos, Reino Unido, Canadá, Finlândia, Suécia, Alemanha, Japão e Holanda. Suas ações são listadas em bolsas de valores proeminentes e investidores internacionais podem livremente negociar suas ações. A própria Trident está

QUADRO 14.2 Cálculo do custo médio ponderado de capital da Trident

Entradas do custo de capital próprio (k_e)

k_{rf} = 5,000%	k_{rf} é a taxa de juros livre de risco estimada usando a taxa dos títulos de dívida do Tesouro do governo dos EUA.
k_m = 15,000%	k_m é a taxa de retorno esperada sobre a carteira de mercado detida por um investidor global bem diversificado. Mais de 40% das ações da Trident são mantidas por investidores estrangeiros em carteira, como parte de suas carteiras globalmente diversificadas. Os investidores norte-americanos da Trident também tipicamente detêm carteiras globalmente diversificadas.
β = 1,2	β é a estimativa da Trident de seu próprio risco sistemático usando a correlação entre os retornos da Trident e os do mercado (ρ), o desvio padrão da Trident (σ_c), e o desvio padrão do mercado(σ_m).
O custo de capital próprio é, então	$k_e = k_{rf} + \beta (k_m - k_{rf}) = 5{,}000\% + 1{,}2 (15{,}000\% - 5{,}000\%) = 17{,}000\%$

Entradas do custo de capital de terceiros (k_d)

k_d = 8,000%	k_d é o custo de capital de terceiros antes dos impostos estimado através da observação da rentabilidade corrente dos títulos de dívida em circulação da Trident combinado com dívida bancária.
t = 35%	t é a alíquota de impostos corporativa nos EUA.
O custo de capital de terceiros depois dos impostos e, entao	$k_d (1 - t) = 8{,}000 (1 - 0{,}35) = 8{,}000 (0{,}65) = 5{,}200\%$

Estrutura financeira

E/V = 60%	E/V é o quociente do patrimônio líquido em relação ao valor da empresa; a porcentagem dos títulos da Trident (E + D) que é patrimônio líquido.
D/V = 40%	D/V é o coeficiente de endividamento; a porcentagem dos títulos da Trident (E + D) que é dívida (títulos de dívida e empréstimos bancários).
V = 100%	V é o valor de mercado dos títulos da Trident (E + D).
O custo médio ponderado de capital (k_{WACC}) é, então	$k_{WACC} = k_e \frac{E}{V} + k_d (1-t) \frac{D}{V} = 17{,}00\%(0{,}60) + 5{,}20\% (0{,}40) = 12{,}28\%$

listada na bastante líquida NASDAQ. A chave para o custo e disponibilidade de capital global favoráveis da Trident é sua capacidade de atrair e manter investidores internacionais que detêm suas ações.

Nestlé: uma aplicação do CAPM internacional

Na teoria, a distinção primária na estimação do custo de capital próprio de uma empresa individual usando uma versão internacionalizada do CAPM é a definição do mercado e o recálculo do beta da empresa para esse mercado. O caso da Nestlé (Suíça) fornece uma ilustração do possível impacto dessa globalização de carteiras.

A Nestlé, uma empresa multinacional sediada na Suíça que produz e distribui uma variedade de produtos de confeitaria, serve como um excelente exemplo de como o investidor internacional pode ver o custo de capital global de maneira diferente de um investidor doméstico.[1]

Ao estimar o retorno exigido sobre as ações da Nestlé, um possível investidor suíço pode supor um retorno livre de risco de 3,3% (índice dos títulos de dívida do governo suíço, em francos suíços), um retorno médio sobre uma carteira de ações suíças de 10,2% (*Financial Times Swiss Index*, em francos suíços), e um $\beta_{Nestlé}$ of 0,885. Um investidor esperaria, então, que as ações da Nestlé rendessem 9,4065% no próximo ano:

$$k_e^{Nestlé} = k_{rf} + (k_m - k_{rf})\beta_{Nestlé} = 3,3 + (10,2 - 3,3)0,885 = 9,4065\%$$

Um problema com essa abordagem doméstica tradicional do CAPM é que ela supõe que os investidores no mercado suíço, e potencialmente na Nestlé, detenham carteiras limitadas às ações disponíveis apenas no mercado suíço – uma carteira puramente doméstica. Ao contrário, se os investidores suíços mantivessem carteiras internacionalmente diversificadas, tanto o retorno esperado do mercado (k_m) quanto a estimativa do beta da Nestlé ($\beta_{Nestlé}$) seriam definidos e determinados de maneira diferente.

Um investidor suíço pode deter uma carteira global, em vez de uma carteira doméstica. Dadas as tendências em direção à desregulamentação e integração dos mercados de capitais internacionais, as expectativas da carteira do investidor suíço seriam mais precisamente representadas por um índice de carteira global do que um índice puramente doméstico.

Seguimos a preferência de Stulz's (1995) aqui para descrever a carteira internacionalmente diversificada como a carteira global em vez de a carteira mundial. A distinção é importante. A carteira mundial é um índice de todos os títulos do mundo. No entanto, mesmo com a crescente tendência à desregulamentação e integração financeira, diversos mercados de títulos ainda permanecem segmentados ou restritos em seu acesso. Os títulos que estão realmente disponíveis a um investidor formam a *carteira global*.

No caso da Nestlé, para o mesmo período de tempo de antes, um índice da carteira global como o índice do *Financial Times* em francos suíços (FTA-Swiss) exibiria um retorno de mercado de 13,7% (em oposição ao retorno do índice suíço doméstico de 10,2%). Além disso, um beta para a Nestlé estimado sobre os retorno da Nestlé *versus* o índice da carteira global seria muito menor: 0,585 (em comparação aos 0,885 encontrados anteriormente). Um investidor suíço internacionalmente diversificado esperaria um retorno sobre as ações da Nestlé de

$$k_e^{Nestlé} = k_{rf} + (k_m - k_{rf})\beta_{Nestlé} = 3,3 + (13,7 - 3,3)0,585 = 9,384\%$$

Temos que admitir que não faz muita diferença no final. O Quadro 14.3 resume os valores e resultados da comparação. No entanto, dada a magnitude das mudanças em ambos os valores da média do retorno de mercado e do beta da empresa, é óbvio que o resultado final poderia facilmente ter variado em várias centenas de pontos-base. A construção apropriada da carteira do investidor e a representação apropriada das percepções de risco e custo de oportunidade pelo investidor são claramente importantes para identificar o custo global do capital próprio de uma empresa.

---

[1] René Stulz, "The Cost of Capital in Internationally Integrated Markets: The Case of Nestlé," *European Financial Management*, Volume 1, Número 1, março de 1995, pp. 11–22.

Cálculo de prêmios de risco na prática

Na prática, calcular o prêmio de risco de uma empresa é mais controverso. Apesar de o Modelo de Precificação de Ativos Financeiros (CAPM) agora ter se tornado amplamente aceito no cenário global de negócios como o método preferido de cálculo do custo de capital próprio de uma empresa, há um debate cada vez maior sobre quais valores numéricos deveriam ser usados em sua aplicação, especialmente para o prêmio de risco. O *prêmio de risco* é o retorno médio anual do mercado esperado pelos investidores acima das taxas de dívidas livres de risco, o valor ($k_m - k_{rf}$).

Histórico do prêmio de risco. O campo das finanças concorda que um cálculo do custo de capital próprio deve estar voltado para o futuro, o que significa que as entradas na equação devem representar o que se espera que aconteça no decorrer de um horizonte de tempo futuro relevante. Como tipicamente ocorre, no entanto, os profissionais usam evidências históricas como a base para suas projeções futuras. O debate atual começa com um debate sobre o que aconteceu no passado.

O Quadro 14.4 apresenta os resultados de um grande estudo originalmente concluído em 2001 e atualizado em 2003. O estudo calcula o prêmio de risco em 16 diferentes países desenvolvidos do ano de 1900 a 2002. Há claramente diferenças significativas nos retornos sobre ações ao longo do tempo de um país para outro. Comparando retornos aritméticos, isto é, baseado na média aritmética de retornos passados, a Itália foi a mais alta (10,3%), seguida pela Alemanha (9,4%) e pelo Japão (9,3%). A Dinamarca, com uma retorno aritmético médio de apenas 3,8%, teve o prêmio mais baixo. Os Estados Unidos tiveram um retorno aritmético médio de 7,2%, enquanto que o Reino Unido teve 5,9%. O retorno médio dos 16 países listados foi de 6,9%. O mundo, segundo a definição dos autores do estudo, teve um retorno aritmético de 5,7%.

Há menos debates relativos ao uso dos retornos aritméticos em vez de retornos geométricos. O retorno aritmético médio é simplesmente a média das mudanças percentuais anuais em ganho do capital mais distribuições de dividendos. Esse é um cálculo de taxa de retorno com o qual todo estudante de administração é familiarizado. O retorno geométrico médio, no entanto, é um cálculo mais especializado que leva em consideração apenas os valores iniciais e finais ao longo de um amplo período de histórico. Então, ele calcula a taxa média anual do crescimento composto do início ao fim, sem prestar atenção à trajetória específica adotada entre eles. O Quadro 14.5 fornece um simples exemplo de como os dois métodos diferiam para uma série histórica muito curta de preços de ações.

QUADRO 14.3 Estimativa do custo de capital próprio global da Nestlé (Suíça)

Carteira doméstica do investidor suíço	Carteira global do investidor suíço
k_{rf} = 3,3% (rentabilidade do índice de títulos de dívida suíços)	k_{rf} = 3,3% (rentabilidade do índice de títulos de dívida suíços)
k_m = 10,2% (carteira de mercado suíça em SF)	k_m = 13,7% (índice global do *Financial Times* em SF)
$\beta_{Nestlé}$ = 0,885 (Nestlé *versus* carteira de mercado suíça)	$\beta_{Nestlé}$ = 0,585 (Nestlé *versus* índice FTA-Swiss)

$$k_{Nestlé} = k_{rf} + (k_m - k_{rf}) \beta_{Nestlé}$$

Retorno exigido sobre as ações da Nestlé:	Retorno exigido sobre as ações da Nestlé:
$k_e^{Nestlé}$ = 9,4065%	$k_e^{Nestlé}$ = 9,3840%

Fonte: Todos os valores foram extraídos de René Stulz, "The Cost of Capital in Internationally Integrated Markets: The Case of Nestlé," *European Financial Management*, março de 1995, Volume 1, Número 1, pp. 11–22.

PARTE IV Financiamento da Empresa Global

QUADRO 14.4 Prêmios de risco em todo o mundo, 1900–2002

	Em relação a bilhetes			Em relação a títulos de dívida		
	Media geométrica	Média aritmética	DP	Media geométrica	Média aritmética	DP
Austrália	6,8	8,3	17,2	6,0	7,6	19,0
Bélgica	2,2	4,4	23,1	2,1	3,9	20,2
Canadá	4,2	5,5	16,8	4,0	5,5	18,2
Dinamarca	2,2	3,8	19,6	1,5	2,7	16,0
França	6,4	8,9	24,0	3,6	5,8	22,1
Alemanha	3,9	9,4	35,5	5,7	9,0	28,8
Irlanda	3,6	5,5	20,4	3,2	4,8	18,5
Itália	6,3	10,3	32,5	4,1	7,6	30,2
Japão	6,1	9,3	28,0	5,4	9,5	33,3
Holanda	4,3	6,4	22,6	3,8	5,9	21,9
África do Sul	5,9	7,9	22,2	5,2	6,8	19,4
Espanha	2,8	4,9	21,5	1,9	3,8	20,3
Suécia	5,2	7,5	22,2	4,8	7,2	2,5
Suíça	3,2	4,8	18,8	1,4	2,9	17,5
Reino Unido	4,2	5,9	20,1	3,8	5,1	17,0
Estados Unidos	5,3	7,2	19,8	4,4	6,4	20,3
Média	4,5	6,9	22,8	3,8	5,9	21,6
Mundo	4,4	5,7	16,5	3,8	4,9	15,0

Fonte: Elroy Dimson, Paul Marsh e Mike Staunton, "Global Evidence on the Equity Risk Premium," *Journal of Applied Corporate Finance*, 2003, Volume 15, Número 4, p. 31. O prêmio de risco é medido como 1 + taxa de retorno sobre o patrimônio líquido dividido por 1 + retorno livre de risco, menos 1. As estatísticas divulgadas nesta tabela são baseadas em 103 observações anuais por cada país, exceto a Alemanha, que exclui 1922–1923, quando detentores de bilhetes do Tesouro e títulos de dívida experimentaram retornos de –100% devido à hiperinflação. A linha rotulada "média" é uma média simples, não ponderada das estatísticas dos 16 países individuais. A linha marcada "mundo" representa o índice Mundial. DP é desvio padrão.

Os retornos aritméticos captam a volatilidade nos mercados de ano a ano; os retornos geométricos, não. Por este motivo, a maioria dos profissionais prefere a medição aritmética, pois ela representaria melhor a volatilidade muitas vezes característica dos mercados de ações em todo o mundo. Observe que as mudanças geométricas levarão a um retorno médio menor em todas as circunstancias, exceto em alguns casos extremos.

QUADRO 14.5 Retornos aritméticos *versus* geométricos: um exemplo de cálculo

Ano	1	2	3	4	5	Média
Preço das ações	10	12	10	12	14	
Variação aritmética		+20,00%	–16,67%	+20,00%	+16,67%	+10,00%
Variação geométrica		+8,78%	+8,78%	+8,78%	+8,78%	+8,78%

A variação aritmética é calculada ano a ano como $[P_2/P_1 - 1]$. A média simples da série é a "Média". A variação geométrica é calculada usando apenas os valores inicial e final, 10 e 14, e a raiz geométrica de $[(14/10)^{1/4} - 1]$ é encontrada (quatro períodos de variação). A variação geométrica supõe capitalização composta, enquanto que a média aritmética supõe apenas um investimento de ponto a ponto.

Os Estados Unidos no futuro. O debate sobre qual prêmio de risco utilizar na prática foi ressaltado nesse mesmo estudo observando que prêmios de risco estão sendo recomendados para os Estados Unidos por uma variedade de fontes. Como ilustra o Quadro 14.6, uma empresa hipotética com um beta de 1,0 (risco de mercado estimado igual ao do mercado) talvez tivesse um custo de capital próprio de tão baixo quanto 9,000% e tão alto quanto 12,800% usando esse conjunto de valores alternativos. Observe que aqui os autores usaram retornos geométricos, e não retornos aritméticos.

Qual é a importância para uma empresa prever seu custo de capital próprio com precisão? A corporação tem que determinar anualmente que investimentos potenciais ela aceitará e rejeitará devido a seus recursos de capital limitados. Se a empresa não estiver estimando seu custo de capital próprio com precisão – e, portanto, seu custo de capital geral – ela não estará estimando com precisão o valor presente de investimentos potenciais se usar seu próprio custo de capital como a base para descontar os fluxos de caixa esperados.

A DEMANDA POR TÍTULOS ESTRANGEIROS: O PAPEL DOS INVESTIDORES INTERNACIONAIS EM CARTEIRA

A gradual desregulamentação dos mercados de ações durante as três últimas décadas não somente estimulou uma maior concorrência entre participantes domésticos, mas também abriu os mercados a concorrentes estrangeiros. O investimento internacional em carteira e a listagem de ações em mais de uma bolsa de valores nos mercados estrangeiros se tornaram lugar comum.

O que motiva os investidores a comprar e deter títulos estrangeiros em sua carteira? A resposta está na compreensão da teoria "doméstica" de carteira e como ela foi estendida de modo a lidar com a possibilidade de carteiras globais. Mais especificamente, é necessária uma compreensão dos princípios da redução de risco de carteira, da taxa de retorno de carteira e de risco de moedas estrangeiras. Esses princípios são explicados detalhadamente no Capítulo 17.

Os gestores de carteiras domésticas e internacionais são alocadores de ativos. Seu objetivo é maximizar a taxa de retorno de uma carteira para determinado nível de risco, ou minimizar o risco para determinada taxa de retorno. Os gestores de carteiras internacionais podem escolher dentre uma variedade de ativos maior do que os gestores de carteira limitados a alocações de ativos exclusivamente domésticos. Consequentemente, as carteiras internacionalmente diversificadas geralmente têm taxas de retorno esperadas mais altas, e elas quase sempre têm níveis mais baixos de risco de carteira, porque os mercados de títulos nacionais têm correlações imperfeitas uns com os outros.

A alocação de ativos em carteira pode ser realizada em muitas dimensões, dependendo do objetivo de investimento do gestor de carteira. Por exemplo, as carteiras podem ser diversificadas segundo o tipo dos títulos. Elas podem ser compostas exclusivamente de ações ou exclusivamente de títulos de dívida ou uma combinação de ambos. Elas também podem ser diversificadas por setor ou por grau de capitalização (carteiras de ações de baixa capitalização, de média capitalização ou de alta capitalização).

QUADRO 14.6 Estimativas alternativas do custo de capital próprio de uma empresa hipotética, supondo $\beta = 1$ e $k_{rf} = 4\%$

Fonte	Prêmio de risco	Custo de capital próprio	Diferencial
Ibbotson	8,800%	12,800%	3,800%
Livros de finanças	8,500%	12,500%	3,500%
Pesquisas de investidores	7,100%	11,100%	2,100%
Dimson, et al.	5,000%	9,000%	Valor-base

Fonte: Cotações de prêmios de risco extraídas de "Stockmarket Valuations: Great Expectations," *The Economist*, 31 de janeiro de 2002.

Para nossa finalidade, as dimensões mais relevantes são a diversificação por país, região geográfica, estágio de desenvolvimento ou uma combinação destes (global). Um exemplo de diversificação por país é o Fundo da Coreia. Em uma época, ele era o único veículo para investidores estrangeiros deterem títulos sul-coreanos, mas restrições de propriedade estrangeira foram liberalizadas mais recentemente. Uma típica diversificação regional seria um dos muitos fundos asiáticos. Eles tinham um desempenho excepcionalmente bom até o estouro da "bolha" no Japão e no sudeste asiático durante a segunda metade da década de 1990. As carteiras compostas de títulos de mercados emergentes são exemplos de diversificação por estágio de desenvolvimento. Elas compreendem títulos de diferentes países, regiões geográficas e estágios de desenvolvimento.

A ligação entre custo e disponibilidade de capital

O custo médio ponderado de capital da Trident foi calculado supondo-se que sempre haveria capital próprio e capital de terceiros disponíveis pela mesma taxa de retorno exigida mesmo se o orçamento de capital da Trident expandisse. Esta é uma suposição razoável, considerando o excelente acesso da Trident, através da NASDAQ, a investidores internacionais em mercados de capitais globais. É uma suposição ruim, no entanto, para empresas residentes em mercados de capitais ilíquidos ou segmentados, pequenas empresas domésticas, e empresas familiares residentes em qualquer mercado de capitais. Agora examinaremos como a liquidez de mercado e a segmentação de mercado podem afetar o custo de capital de uma empresa. Isso será acompanhado por um caso ilustrativo que mostra como a NOVO Industri A/S, uma empresa dinamarquesa, conseguiu superar as desvantagens de ser residente em um mercado ilíquido e segmentado.

Melhorando a liquidez de mercado

Apesar de não haver um consenso sobre a definição de *liquidez de mercado*, podemos observá-la percebendo o grau com que uma empresa pode emitir um novo título sem deprimir o preço atual de mercado, além de o grau com que uma mudança no preço de seus títulos gera um fluxo de pedidos substancial.

No caso doméstico, um pressuposto é que a total disponibilidade de capital a uma empresa a qualquer momento é determinada pela oferta e demanda nos mercados de capitais domésticos. Uma empresa deve sempre expandir seu orçamento de capital levantando fundos na mesma proporção de sua estrutura financeira ótima. À medida que seu orçamento se expande em termos absolutos, no entanto, seu custo de capital marginal acabará aumentando. Em outras palavras, uma empresa pode ter acesso ao mercado de capitais somente para uma quantia limitada no curto prazo antes que os fornecedores de capital comecem a se esquivar de fornecer mais fundos, mesmo se a mesma estrutura financeira ótima for preservada. No longo prazo, este arranjo pode não ser uma limitação, dependendo da liquidez de mercado.

No caso multinacional, uma empresa pode melhorar a liquidez de mercado levantando fundos nos euromercados (dinheiro, títulos de dívida e ações), vendendo emissões de títulos no exterior, e tendo acesso aos mercados de capitais locais através de subsidiárias estrangeiras. Tal atividade deve logicamente expandir a capacidade de uma EMN levantar fundos no curto prazo além do que poderia ser levantado se a empresa fosse limitada a seu mercado de capitais doméstico. Esta situação supões que a empresa preserve sua estrutura financeira ótima.

Segmentação de mercado

Se todos os mercados de capitais forem totalmente integrados, os títulos comparáveis em termos de retorno e risco esperados devem ter a mesma taxa de retorno exigida em cada mercado nacional depois de corrigidos pelo risco cambial e risco político. Esta definição se aplica tanto a capital próprio quanto a de terceiros, apesar de muitas vezes acontecer de um ou outro poder ser mais integrado do que sua contraparte.

Como apresentado anteriormente, a segmentação dos mercados de capitais é uma imperfeição dos mercados financeiros causada principalmente por restrições governamentais, práticas institucionais e percepções dos investidores. A seguir temos as imperfeições mais importantes:

- Informações assimétricas entre investidores domésticos e estrangeiros
- Falta de transparência
- Títulos com altos custos de transação
- Riscos cambiais
- Riscos políticos
- Diferenças na governança corporativa
- Barreiras regulatórias

As imperfeições de mercado não necessariamente implicam que os mercados de títulos nacionais sejam ineficientes. Um mercado de títulos nacionais pode ser eficiente em um contexto doméstico, mas segmentado em um contexto internacional. Segundo a teoria financeira, um mercado é *eficiente* se os preços de títulos nesse mercado refletirem todas as informações relevantes disponíveis e se ajustarem rapidamente a quaisquer informações relevantes. Portanto, o preço de um título individual reflete seu "valor intrínseco" e quaisquer flutuações nos preços serão "passeios aleatórios" em torno deste valor. A eficiência de mercado supões que os custos de transação sejam baixos, que haja muitos participantes no mercado, e que esses participantes tenham força financeira suficiente para movimentar os preços dos títulos. Testes empíricos da eficiência de mercado mostram que a maioria dos mercados nacionais é razoavelmente eficiente.

Um mercado de títulos nacionais eficiente pode muito bem precificar corretamente todos os títulos negociados nesse mercado com base nas informações disponíveis aos investidores que participam desse mercado. No entanto, se esse mercado fosse segmentado, investidores estrangeiros não seriam participantes. Assim, os títulos no mercado segmentado seriam precificados com base em padrões domésticos, e não internacionais.

No restante deste capítulo e no próximo capítulo, usaremos o termo empresa multinacional (EMN) para descrever todas as empresas que têm acesso a custo e disponibilidade de capital globais. Isso inclui EMNs qualificadas, sejam elas localizadas em mercados extremamente desenvolvidos ou em mercados emergentes. Também inclui grandes empresas que não são multinacionais, mas que têm acesso aos mercados de capitais globais. Elas também poderiam ser localizadas em mercados de capitais extremamente desenvolvidos ou emergentes. Utilizaremos o termo *empresa doméstica* (ED) para todas as empresas que não têm acesso a custo e disponibilidade de capital globais, independentemente de onde elas estejam localizadas.

A disponibilidade de capital depende de se a empresa pode obter liquidez por seus títulos de dívida e suas ações e um preço para esses títulos baseado em padrões internacionais, e não nacionais. Na prática, isso significa que a empresa tem que definir uma estratégia para atrair investidores internacionais e, dessa forma, escapar das restrições de seu próprio mercado nacional ilíquido ou segmentado.

O efeito da liquidez de mercado e da segmentação

O grau de liquidez ou segmentação dos mercados de capitais possui uma importante influência sobre o custo de capital marginal de uma empresa e, assim, sobre seu custo médio ponderado de capital. O custo de capital marginal é o custo médio ponderado da próxima unidade de moeda levantada. Isso é ilustrado no Quadro 14.7, que mostra a transição de um custo de capital marginal doméstico para um custo de capital marginal global.

O Quadro 14.7 mostra que a EMN possui um dado retorno marginal sobre capital (*marginal rate of return*) para diferentes níveis orçamentários, representados na linha MRR. Esta demanda é determinada ordenando possíveis projetos de acordo com o valor presente líquido ou a taxa interna de retorno. A taxa de retorno percentual para usuários e fornecedores de capital é exibida na escala vertical. Se a empresa é limitada a levantar fundos em seu mercado doméstico, a linha MCC_D mostra

QUADRO 14.7 Liquidez de mercado, segmentação e o custo de capital marginal

Custo marginal de capital e taxa marginal de retorno (MRR) (percentual)

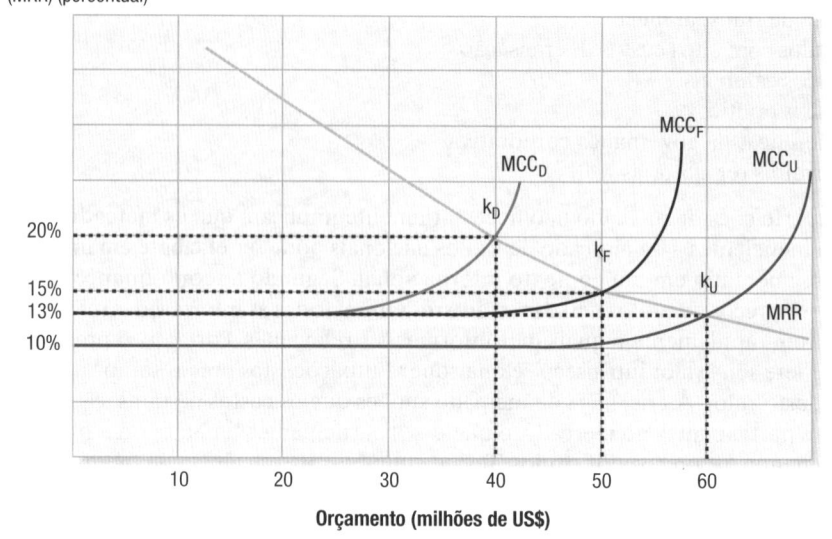

[Gráfico mostrando curvas MCC_D, MCC_F, MCC_U e MRR. Pontos marcados: k_D em 20% (orçamento 40), k_F em 15% (orçamento 50), k_U em 13% (orçamento 60). Eixo horizontal: Orçamento (milhões de US$), de 10 a 60+.]

o custo marginal de capital doméstico (eixo vertical) para vários níveis orçamentários (eixo horizontal). Lembre-se de que a empresa continua a manter o mesmo coeficiente de endividamento à medida que expande seu orçamento, de modo que o risco financeiro não muda. O orçamento ótimo no caso doméstico é de US$40 milhões, onde a taxa marginal de retorno (MRR) é exatamente igual ao custo marginal de capital (MCC_D). Para este nível de orçamento, o custo marginal de capital doméstico, k_D, seria igual a 20%.

Se a EMN possui acesso a outras fontes de capital fora de um mercado de capitais doméstico ilíquido, o custo marginal de capital deveria se deslocar para a direita (a linha MCC_F). Em outras palavras, os mercados estrangeiros podem ser acessados para fundos de longo prazo em momentos em que o mercado doméstico está saturado devido ao forte uso por outros tomadores de dívida ou emissores de ações, ou quando ele não consegue absorver uma outra emissão da EMN no curto prazo. O Quadro 14.7 mostra que acessando mercados de capitais estrangeiros, a empresa reduz seu custo marginal de capital internacional, k_F, para 15%, mesmo quando estava levantando outros US$10 milhões. Essa declaração supõe que em torno de US$20 milhões sejam levantados no exterior, já que apenas aproximadamente US$30 milhões poderiam ser levantados domesticamente a um custo de capital marginal de 15%.

Se a EMN for localizada em um mercado de capitais que é ilíquido e segmentado, a linha MCC_U representa o custo marginal de capital mais baixo se ela obtiver acesso a outros mercados. Em decorrência dos efeitos combinados de maior disponibilidade de capital e precificação internacional dos títulos da empresa, o custo de capital marginal, k_U, cai para 13% e o orçamento de capital ótimo sobe para US$60 milhões.

A maioria dos testes de segmentação de mercado sofrem do problema usual dos modelos – a saber, a necessidade de se abstrair a realidade a fim de obter um modelo testável. Em nossa opinião, um teste realista seria observar o que acontece com o preço de um único título quando ele está sendo negociado apenas em um mercado doméstico, quando ele é "descoberto" por investidores estrangeiros, e então quando passa a ser negociado em um mercado estrangeiro. A arbitragem deve manter o preço de mercado igual em ambos os mercados. No entanto, se durante a transição observarmos uma mudança significativa no preço do título que não esteja correlacionada aos movimentos nos preços em nenhum dos mercados de títulos subjacentes, podemos inferir que o mercado doméstico era segmentado.

Nos círculos acadêmicos, testes baseados em estudos de caso geralmente são considerados "empirismo casual", porque não existe nenhuma teoria ou modelo para explicar o que está sendo observado. Não obstante, pode-se aprender alguma coisa com esses casos, assim como os cientistas aprendem com a observação da natureza em um ambiente não controlado. Além disso, estudos de caso que preservam as complicações do mundo real podem ilustrar tipos específicos de barreiras à integração dos mercados e maneiras como elas podem ser superadas.

Infelizmente, foram documentados poucos estudos de caso em que uma empresa "escapa" de um mercado de capitais segmentado. Na prática, escapar normalmente significa ser listado em uma bolsa de valores como a de Nova York ou Londres e/ou vender títulos em mercados de capitais estrangeiros. Ilustraremos algo mais específico usando o exemplo da Novo Industri A/S, uma empresa dinamarquesa.[2]

Globalização dos mercados de títulos

Durante a década de 1980, inúmeras empresas nórdicas e outras empresas europeias seguiram o exemplo da Novo. Elas listavam suas ações em mais de uma das principais bolsas de valores, como a de Londres ou Nova York. Elas faziam emissões de ações e de títulos de dívida nos principais mercados de títulos. Na maioria dos casos, elas tiveram êxito em baixar seu WACC e aumentar sua disponibilidade.

Durante as décadas de 1980 e 1990, as restrições nacionais sobre investimentos estrangeiros em carteira foram gradualmente suavizadas sob pressão da Organização para Cooperação e Desenvolvimento Econômico (OCDE), um consórcio da maioria dos países mais industrializados do mundo. A liberalização dos mercados de títulos europeus foi acelerada devido aos esforços da União Europeia para desenvolver um único mercado europeu sem barreiras. Os mercados de países emergentes fizeram o mesmo, assim como os países do antigo bloco Oriental depois da queda da União Soviética. Os mercados nacionais emergentes muitas vezes eram motivados pela necessidade de obter capital estrangeiro para financiar privatizações de grande escala.

Atualmente, a segmentação de mercado foi significativamente reduzida, apesar de a liquidez de mercados nacionais individuais continuar limitada. A maioria dos analistas acredita que, para o bem ou para o mal, alcançamos um mercado global de títulos. A boa notícia é que muitas empresas foram auxiliadas a se tornar EMNs porque agora têm acesso a custo e disponibilidade de capital globais. A má notícia é que a correlação entre os mercados de títulos aumentou, reduzindo, assim, mas não eliminando os benefícios da diversificação internacional de carteiras. A globalização dos mercados de títulos também levou a uma maior volatilidade e a um comportamento mais especulativo, como mostram as crises dos mercados emergentes do período de 1995–2001 e a crise de crédito global de 2008.

Governança corporativa e o custo de capital. Os investidores globais estariam dispostos a pagar um prêmio por uma ação de uma empresa com boa governança corporativa? Um recente estudo de empresas norueguesas e suecas mediu o impacto da participação estrangeira (anglo-americana) no conselho diretor sobre o valor da empresa. Eles resumiram suas descobertas como a seguir:

Usando uma amostra de empresas sediadas na Noruega ou Suécia, o estudo indica um valor significativamente mais alto para empresas que tenham membros estrangeiros anglo-americanos no conselho diretor, depois de uma variedade de fatores específicos à empresa e fatores relacionados à governança corporativa terem sido medidos. Defendemos que este desempenho superior reflete o fato de que essas empresas se distanciaram com êxito de um mercado de capitais doméstico parcialmente segmentado ao "importar" um sistema anglo-americano de governança corporativa. Tal "importação" sinaliza uma disposição, por parte da empresa, de se expor a uma governança corporativa melhor e melhorar sua reputação no mercado financeiro.[3]

---

[2] O material do caso da Novo, apresentado no final deste capítulo, é uma versão resumida de Arthur Stonehill e Kåre B. Dullum, Internationalizing the Cost of Capital in Theory and Practice: The Novo Experience e National Policy Implications (Copenhagen: Nyt Nordisk Forlag Arnold Busck, 1982; e New York: Wiley, 1982). Reimpresso com permissão.

[3] Lars Oxelheim e Trond Randøy, "The impact of foreign board membership on firm value," *Journal of Banking and Finance*, Volume 27, Número 12, 2003, p. 2,569.

Alianças estratégicas

Alianças estratégicas normalmente são formadas por empresas que esperam obter sinergias devido a um ou mais dos seguintes esforços conjuntos. Elas podem compartilhar o custo de desenvolvimento de novas tecnologias, ou buscar atividades de *marketing* complementares. Elas podem obter economias de escala ou escopo ou uma variedade de outras vantagens comerciais. No entanto, uma sinergia que às vezes pode ser subestimada é a possibilidade de uma empresa financeiramente forte ajudar uma empresa financeiramente fraca a diminuir seu custo de capital fornecendo ações ou financiamento de dívidas com preços atraentes. Isso é ilustrado no Quadro Finanças Globais na Prática 14.1 sobre a aliança estratégica entre a Bang & Olufsen e a Philips N.V.

FINANÇAS GLOBAIS NA PRÁTICA 14.1

Bang & Olufsen e Philips N.V.

Um excelente exemplo de sinergia financeira que diminuiu o custo de capital de uma empresa é a aliança estratégica internacional entre a Philips N.V. da Holanda e a Bang & Olufsen (B&O) da Dinamarca, em 1990. A Philips N.V. é uma das maiores empresas multinacionais do mundo e empresa líder em bens de consumo eletrônicos na Europa. A B&O é uma pequena concorrente europeia, mas com um bom nicho no *high end** do mercado audiovisual.

A Philips era uma grande fornecedora de componentes para a B&O, uma situação que ela desejava que continuasse. Ela também desejava unir forças com a B&O no mercado *high end* de bens de consumo eletrônicos, onde a Philips não desfrutava da imagem de qualidade desfrutada pela B&O. A Philips estava preocupada com a possibilidade de que pressões financeiras forçassem a B&O a escolher um concorrente japonês como parceiro. Isso seria lastimável. A B&O sempre apoiara os esforços políticos da Philips em obter suporte na UE para tornar as poucas empresas europeias de bens de consumo eletrônicos que ainda restavam mais competitivas do que seus fortes concorrentes japoneses.

Motivação da B&O

A B&O estava interessada em uma aliança com a Philips para obter acesso mais rápido à sua nova tecnologia e a assistência em converter essa tecnologia em produtos da B&O. A B&O queria a garantia de entregas de componentes em tempo hábil com descontos de volume dados pela própria Philips, além de acesso à grande rede de fornecedores da Philips sob os termos desfrutados por ela. Também era importante o fato de a B&O querer obter uma infusão de capital próprio da Philips para fortalecer sua instável posição financeira. Apesar de seu talento comercial, nos últimos anos a B&O só tinha sido lucrativa marginalmente, e suas ações negociadas na bolsa eram consideradas arriscadas demais para justificar uma nova emissão pública na Dinamarca ou no exterior. Ela não tinha excesso de capacidade de obtenção de empréstimos.

A aliança estratégica

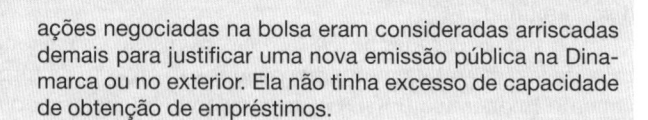

Foi feita uma aliança estratégica dando a cada parceiro o que ele desejava comercialmente. A Philips concordou em investir DkK342 milhões (aproximadamente US$50 milhões) para aumentar o patrimônio líquido da principal subsidiária operacional da B&O. Em retorno, ela receberia uma participação de 25% na subsidiária expandida.

Quando a aliança estratégica da B&O foi anunciada ao público em 3 de maio de 1990, o preço das ações da B&O Holding, a empresa listada na Bolsa de Valores de Copenhage, deu um salto para 35% em dois dias. Ela permaneceu neste nível até a crise da Guerra do Golfo deprimir temporariamente o preço das ações da B&O. O preço das ações se recuperou desde então e as sinergias esperadas acabaram se materializando. A B&O acabou comprando de volta da Philips suas ações a um preço que tinha sido predeterminado no início.

Ao avaliar o que aconteceu, reconhecemos que um comprador industrial pode estar disposto a pagar um preço mais alto por uma empresa que a fornecerá algumas sinergias do que um investidor em carteira que não recebe essas sinergias. Investidores em carteira precificam as ações das empresas com base apenas no risco normal *versus* o *trade-off* do retorno. Eles normalmente não podem prever o valor das sinergias que uma empresa pode obter em decorrência de um parceiro inesperado de aliança estratégica. A mesma conclusão deveria valer para uma aliança estratégica puramente doméstica, mas acontece que este exemplo é uma aliança internacional.

---

* N. de T.: Parte superior do mercado, mais sofisticada e influente.

No Capítulo 15, descrevemos as experiências de empresas que tiveram com êxito acesso a mercados globais de títulos e as estratégias e instrumentos financeiros que elas utilizaram.

O CUSTO DE CAPITAL PARA EMNs EM COMPARAÇÃO A EMPRESAS DOMÉSTICAS

O custo médio ponderado de capital das EMNs é mais alto ou mais baixo do que o de suas contrapartes domésticas? A resposta é uma função do custo de capital marginal, do custo de capital de terceiros relativo depois dos impostos, do nível ótimo de endividamento e do custo de capital próprio relativo.

Disponibilidade de capital

Anteriormente neste capítulo, discutimos que a disponibilidade de capital internacional para as EMNs, ou para outras grandes empresas que podem atrair investidores internacionais em carteira, pode permitir que elas diminuam seu custo de capital próprio e de terceiros em comparação à maioria das empresas domésticas. Além disso, a disponibilidade internacional permite que uma EMN mantenha seu coeficiente de endividamento desejado, mesmo quando quantias significativas de novos fundos tiverem que ser levantadas. Em outras palavras, o custo de capital marginal de uma EMN é constante para faixas consideráveis de seu orçamento de capital. Essa declaração não é verdadeira para a maioria das empresas domésticas. Elas têm que depender ou de fundos gerados internamente ou contrair empréstimos no curto e no médio prazos junto a bancos comerciais.

Estrutura financeira, risco sistemático e o custo de capital das EMNs

Teoricamente, as EMNs devem estar em uma posição melhor do que suas contrapartes domésticas no que diz respeito a sustentar seus níveis ou graus de endividamento, porque seus fluxos de caixa são internacionalmente diversificados. A probabilidade de uma empresa cobrir encargos fixos sob condições variáveis em mercados de produtos, financeiros e cambiais deve melhorar se a variabilidade de seus fluxos de caixa for minimizada. Ao diversificar os fluxos de caixa internacionalmente, a EMN pode conseguir alcançar o mesmo tipo de redução na variabilidade dos fluxos de caixa que os investidores em carteira recebem por diversificar os títulos que detêm internacionalmente. O mesmo argumento se aplica – a saber, ao fato de que os retornos não são perfeitamente correlacionados entre os países.

Apesar da elegância teórica dessa hipótese, estudos empíricos chegaram à conclusão oposta.[4] Apesar do efeito favorável da diversificação internacional dos fluxos de caixa, o risco de falência era aproximadamente o mesmo para as EMNs e para as empresas domésticas. No entanto, as EMNs enfrentavam custos mais altos de agência, de risco político, de risco cambial e de informações assimétricas. Esses foram identificados como os fatores que levam a níveis de endividamento mais baixos e até mesmo a um custo mais alto de dívidas de longo prazo para as EMNs. As empresas domésticas dependem muito mais de dívidas de curto e médio prazos, que se encontram na extremidade de baixo custo da curva de rentabilidade.

Até mais surpreendente foi um estudo que descobriu que as EMNs têm um nível mais alto de risco sistemático do que suas contrapartes domésticas.[5] Os fatores que causam esse fenômeno são os mesmos que causavam níveis de endividamento mais baixos para as EMNs. O estudo concluiu que o maior desvio padrão dos fluxos de caixa decorrentes da internacionalização mais do que neutralizavam a correlação mais baixa decorrente da diversificação.

---

[4] Kwang Chul Lee e Chuck C.Y. Kwok, "Multinational Corporations vs. Domestic Corporations: International Environmental Factors and Determinants of Capital Structure," *Journal of International Business Studies*, Verão de 1988, pp. 195–217.

[5] David M. Reeb, Chuck C.Y. Kwok, e H. Young Baek, "Systematic Risk of the Multinational Corporation," *Journal of International Business Studies*, Segundo trimestre de 1998, pp. 263–279.

Como afirmamos anteriormente neste capítulo, o termo do risco sistemático, β_j, é definido como a seguir:

$$\beta_j = \frac{\rho_{jm}\sigma_j}{\sigma_m}$$

onde ρ_{jm} é o coeficiente de correlação entre o título j e o mercado; σ_j é o desvio padrão de retorno da empresa j; e σ_m é o desvio padrão do retorno de mercado. O risco sistemático da EMN poderia aumentar se a diminuição no coeficiente de correlação, ρ_{jm}, devido à diversificação internacional, for mais do que neutralizada por um aumento em σ_j, o desvio padrão da EMN devido aos fatores de risco previamente mencionados. Esta conclusão é consistente com a observação de que muitas EMNs usam uma taxa de retorno mínimo mais alta para descontar os fluxos de caixa esperados do projeto estrangeiro. Em essência, elas estão aceitando projetos que elas consideram mais arriscados do que os projetos domésticos, assim, potencialmente distorcendo para mais o seu risco sistemático percebido. No mínimo, as EMNs precisam obter uma taxa de retorno mais alta do que seus equivalentes domésticos para manter seu valor de mercado.

Um estudo mais recente descobriu que a internacionalização realmente permitia que as EMNs de mercados emergentes carregassem um nível de dívida mais alto e diminuíssem seu risco sistemático.[6] Isso ocorria porque as EMNs de mercados emergentes estão investindo em economias mais estáveis no exterior, uma estratégia que diminui seus riscos operacionais, financeiros e políticos. A redução do risco mais do que neutraliza seus custos de agência mais altos e permite que as EMNs de mercados emergentes desfrutem de uma alavancagem mais alta e um risco sistemático mais baixo do que as EMNs que são suas contrapartes sediadas nos EUA.

SOLUCIONANDO UMA CHARADA: O CUSTO MÉDIO PONDERADO DE CAPITAL DAS EMNs É REALMENTE MAIS ALTO DO QUE O DE SUAS CONTRAPARTES DOMÉSTICAS?

A charada é que a EMN supostamente deve ter um custo marginal de capital (*marginal cost of capital* ou MCC) mais baixo do que uma empresa doméstica, devido ao acesso da EMN a custo e disponibilidade de capital globais. Por outro lado, os estudos empíricos que mencionamos mostram que o custo médio ponderado de capital (WACC) das EMNs é, na verdade, mais alto do que o de empresas domésticas comparáveis devido a custos de agência, riscos cambiais, riscos políticos e informações assimétricas, além de outras complexidades das operações estrangeiras.

A resposta dessa charada se encontra na ligação entre o custo de capital, sua disponibilidade, e o conjunto de oportunidades de projetos. À medida que o conjunto de oportunidades de projetos aumenta, a empresa acaba precisando aumentar seu orçamento de capital até o ponto em que seu custo marginal de capital está aumentando. O orçamento de capital ótimo ainda estaria no ponto em que o custo marginal de capital crescente é igual à taxa de retorno decrescente sobre o conjunto de oportunidades de projetos. No entanto, isso teria um custo médio ponderado de capital mais alto do que para um nível mais baixo de orçamento de capital ótimo.

Para ilustrar esta conexão, o Quadro 14.8 mostra o custo marginal de capital dados diferentes orçamentos de capital ótimos. Suponha que haja dois programas de demanda diferentes com base no conjunto de oportunidades de projetos para a empresa multinacional (EMN) e sua contraparte doméstica (CD).

A linha MRR_{DC} representa um modesto conjunto de possíveis projetos. Ela intercepta a linha MCC_{EMN} em 15% e em um nível orçamentário de US$100 milhões. Ela intercepta a linha MCC_{CD} em 10% e em um nível orçamentário de US$140 milhões. Para esses níveis orçamentário baixos, a MCC_{EMN} possui um MCC mais alto e provavelmente um custo médio ponderado de capital mais alto do que sua contraparte doméstica (MCC_{CD}), como descoberto nos recentes estudos empíricos.

---

[6] Chuck C.Y. Kwok e David M. Reeb, "Internationalization and Firm Risk: An Upstream-Downstream Hypothesis," *Journal of International Business Studies*, Volume 31, Número 4, 2000, pp. 611–630.

QUADRO 14.8 O custo de capital da EMN comparado ao da contraparte doméstica

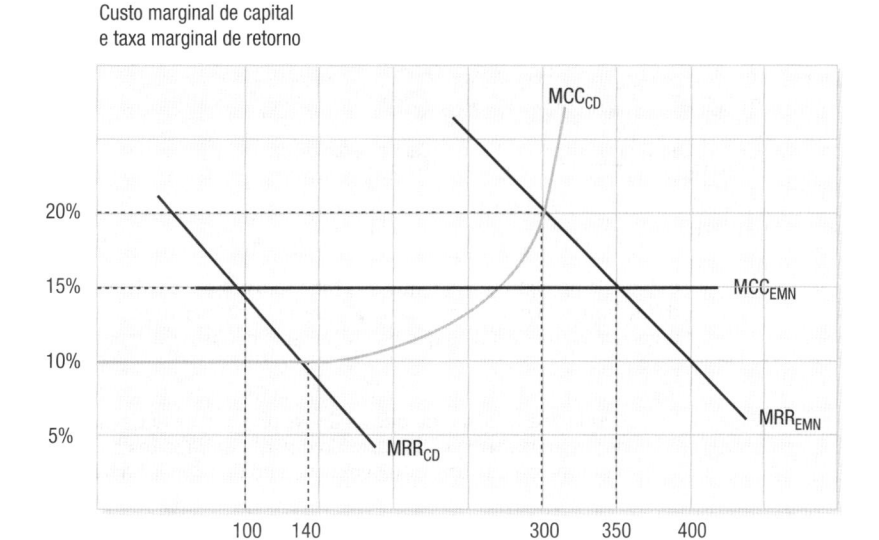

Custo marginal de capital e taxa marginal de retorno

[Gráfico: eixo Y de 5% a mais de 20%; eixo X orçamento em milhões de US$ com marcações em 100, 140, 300, 350, 400. Curvas: MCC_{CD} (crescente), MCC_{EMN} (horizontal em 15%), MRR_{CD} e MRR_{EMN} (decrescentes).]

A linha MRR_{EMN} representa um conjunto de projetos mais ambicioso para a EMN e sua contraparte doméstica. Ela intercepta a linha MCC_{EMN} ainda em 15% e um orçamento de US$350 milhões. No entanto, ela intercepta a MCC_{CD} em 20% e um nível orçamentário de US$300 milhões. Para esses níveis orçamentários mais altos, a MCC_{EMN} possui um MCC mais baixo e provavelmente um WACC mais baixo do que sua contraparte doméstica, como previsto anteriormente neste capítulo.

A fim de generalizar esta conclusão, precisaríamos saber sob que condições uma empresa doméstica estaria disposta a empreender o orçamento de capital ótimo apesar do crescente custo marginal de capital da empresa. Em algum ponto, a EMN também poderia ter um orçamento de capital ótimo no ponto em que seu MCC está subindo.

Estudos empíricos mostram que nem as empresas domésticas maduras nem as EMNs tipicamente estão dispostas a assumir os riscos de agência ou o risco de falência mais altos associados a MCCs e orçamentos de capital mais altos. Na verdade, a maioria das empresas maduras demonstra certo grau de comportamento de maximização da riqueza dos envolvidos. Elas são um tanto avessas ao risco e tendem a evitar retornar ao mercado para levantar mais capital próprio. Elas preferem limitar seus orçamentos de capital ao que pode ser financiado com fluxos de caixa livres. De fato, elas têm o que se chama de "ordem hierárquica" (*pecking order*) que determina a prioridade de que fontes de fundos elas devem acessar e em que ordem. Este comportamento motiva os acionistas a monitorarem a administração mais de perto. Eles atrelam a remuneração da administração ao desempenho das ações (opções). Eles também podem exigir outros tipos de acordos contratuais que sejam coletivamente parte dos custos de agência.

Em conclusão, se tanto as EMNs quanto as empresas domésticas realmente limitam seus orçamentos de capital ao que pode ser financiado sem aumentar seu MCC, então, as descobertas empíricas de que as EMNs têm WACC mais alto são válidas. Se a empresa doméstica tem oportunidades de crescimento tão boas que ela decide empreender o crescimento apesar de um custo marginal de capital mais alto, então a EMN teria um WACC mais baixo. O Quadro 14.9 resume essas conclusões.

QUADRO 14.9 As EMNs têm um WACC mais alto ou mais baixo do que suas contrapartes domésticas?

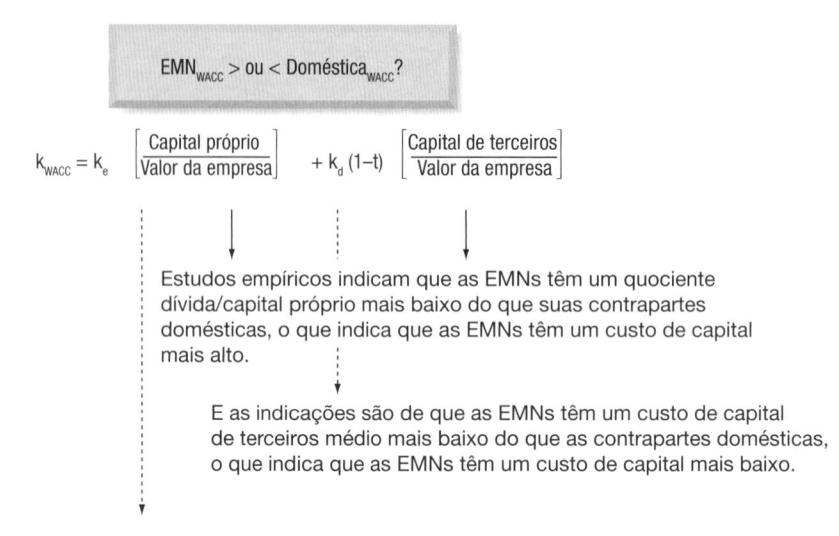

$$EMN_{WACC} > ou < Doméstica_{WACC}?$$

$$k_{WACC} = k_e \left[\frac{\text{Capital próprio}}{\text{Valor da empresa}}\right] + k_d (1-t) \left[\frac{\text{Capital de terceiros}}{\text{Valor da empresa}}\right]$$

Estudos empíricos indicam que as EMNs têm um quociente dívida/capital próprio mais baixo do que suas contrapartes domésticas, o que indica que as EMNs têm um custo de capital mais alto.

E as indicações são de que as EMNs têm um custo de capital de terceiros médio mais baixo do que as contrapartes domésticas, o que indica que as EMNs têm um custo de capital mais baixo.

O custo de capital próprio exigido pelos investidores é mais alto para empresas multinacionais do que para empresas domésticas. Possíveis explicações são níveis mais altos de risco político, risco cambial, e custos de agência mais altos para fazer negócios em um ambiente gerencial multinacional. No entanto, para níveis relativamente altos de orçamento de capital ótimo, a EMN teria um custo de capital mais baixo.

RESUMO

- Ganhar acesso aos mercados de capitais globais deve permitir que uma empresa diminua seu custo de capital.

- Isso pode ser alcançado aumentando a liquidez de mercado de suas ações e escapando da segmentação de seu mercado de capitais doméstico.

- O custo e disponibilidade de capital estão diretamente ligados ao grau de liquidez e segmentação de mercado. As empresas que têm acesso a mercados com alta liquidez e um baixo nível de segmentação deveriam ter um custo de capital mais baixo e maior capacidade de levantar novo capital.

- Uma empresa pode aumentar sua liquidez no mercado levantando dívida no euromercado, vendendo emissões de títulos em mercados de capitais nacionais individuais e através de eurotítulos, e tendo acesso a mercados de capitais locais através de subsidiárias estrangeiras. Uma maior liquidez no mercado faz a linha do custo de capital marginal "se achatar para a direita". Isso resulta em a empresa ser capaz de levantar mais capital pelo mesmo custo marginal de capital baixo, e dessa forma, justificar o investimento em mais projetos de capital. A chave é atrair investidores internacionais em carteira.

- Um mercado de capitais nacional é segmentado se a taxa de retorno exigida sobre títulos nesse mercado diferir da taxa de retorno exigida sobre títulos de risco e retorno esperados comparáveis que são negociados em outros mercados de títulos nacionais. A segmentação dos mercados de capitais é uma imperfeição dos mercados financeiros causada por restrições governamentais e percepções dos investidores. As imperfeições mais importantes são: 1) informações assimétricas; 2) custos de transação; 3) risco cambial; 4) diferenças na governança corporativa; 5) risco político; e 6) barreiras regulatórias.

- A segmentação resulta em um custo de capital mais alto e menos disponibilidade de capital.

- Se uma empresa é residente em um mercado de capitais segmentado, ela ainda assim pode escapar desse mercado obtendo capital de terceiros e capital próprio no exterior. O resultado deve ser um custo de capital mais baixo, maior liquidez para suas ações e um orçamento de capital maior. A experiência da Novo foi sugerida como um possível modelo para empresas residentes em mercados pequenos ou emergentes que são parcialmente segmentados e ilíquidos.

- Se as EMNs têm um custo de capital mais baixo do que suas contrapartes domésticas ou não irá depender de suas estruturas financeiras ótimas, risco sistemático, disponibilidade de capital, e o nível do orçamento de capital ótimo.

MINICASO: Novo Industri A/S (Novo)

A Novo é uma empresa multinacional dinamarquesa que produz enzimas industriais e produtos farmacêuticos (na maior parte, insulina). Em 1977, a administração da Novo decidiu "internacionalizar" sua estrutura de capital e suas fontes de fundos. Esta decisão foi baseada na observação de que o mercado de títulos dinamarquês era ilíquido e segmentado em relação a outros mercados de capitais. Em particular, a falta de disponibilidade e o alto custo do capital próprio na Dinamarca fez a Novo ter um custo de capital mais alto do que suas principais concorrentes multinacionais, como a Eli Lilly (EUA), Miles Laboratories (EUA – uma subsidiária da Bayer, Alemanha), e a Gist Brocades (Holanda).

Além do custo de capital, as oportunidades de crescimento projetadas da Novo sinalizavam a eventual necessidade de levantar mais capital de longo prazo além do que poderia ser levantado no ilíquido mercado dinamarquês. Como a Novo é uma líder em tecnologia em suas especialidades, investimentos de capital planejados em instalações, equipamentos e pesquisa não poderiam ser adiados até que o financiamento interno com seus próprios fluxos de caixa se tornasse disponível. As concorrentes da Novo se apropriariam de qualquer mercado não atendido pela Novo antes dela.

Mesmo se uma emissão de ações da dimensão necessária pudesse ser feita na Dinamarca, a taxa de retorno exigida teria sido inaceitavelmente alta. Por exemplo, o índice preço/lucro da Novo era tipicamente em torno de 5; o de suas concorrentes estrangeiras era de bem mais de 10. Contudo, o risco de negócios e financeiro da Novo parecia ser aproximadamente o mesmo que de suas concorrentes. Um índice preço/lucro de 5 parecia apropriado para a Novo apenas em um contexto doméstico dinamarquês, quando a Novo era comparada a outras empresas domésticas de risco de negócios e financeiro comparável.

Se os mercados de títulos da Dinamarca fossem integrados aos mercados mundiais, esperaria-se que os investidores estrangeiros corressem para compra os títulos dinamarqueses "subvalorizados". Neste caso, empresas como a Novo desfrutariam de um custo de capital internacional comparável ao de suas concorrentes estrangeiras. O que é estranho é que havia restrições governamentais dinamarquesas que evitavam que investidores estrangeiros detivessem títulos dinamarqueses. Portanto, temos que pensar na percepção dos investidores como a principal causa da segmentação de mercado na Dinamarca naquela época.

Pelo menos seis características do mercado de ações dinamarquês eram responsáveis pela segmentação de mercado: 1) a base de informações assimétricas de investidores dinamarqueses e estrangeiros, 2) tributação, 3) conjuntos alternativos de carteiras viáveis, 4) risco financeiro, 5) risco cambial e 6) risco político.

Informações assimétricas

Certas características institucionais da Dinamarca fizeram os investidores dinamarqueses e estrangeiros não estarem informados sobre as ações uns dos outros. A mais importante barreira à informação era uma regulamentação dinamarquesa que proibia investidores dinamarqueses de deter títulos estrangeiros do setor privado. Portanto, os investidores dinamarqueses não tinham nenhum incentivo para acompanhar os acontecimentos nos mercados de títulos estrangeiros ou para levar em consideração tais informações em suas avaliações de títulos dinamarqueses. Consequentemente, os títulos dinamarqueses podem ter sido precificados corretamente no sentido de mercados eficientes em relação uns aos outros, considerando a base de informações dinamarquesa, mas foram precificados incorretamente considerando a base de informações combinada dinamarquesa e estrangeira. Um outro efeito negativo desta regulamentação era que empresas de títulos estrangeiros não estabeleciam escritórios ou pessoal na Dinamarca, já que não tinham nenhum produto para vender. A falta de uma presença física na Dinamarca reduzia a capacidade de analistas de títulos estrangeiros acompanharem os títulos dinamarqueses.

Uma segunda barreira à informação era a falta de um número suficiente de analistas de títulos dinamarqueses acompanhando esses títulos. Apenas um serviço de análise de títulos empresas era publicado (Børsinformation), e essa publicação era feita em dinamarquês. Alguns investidores institucionais dinamarqueses empregavam analistas internos, mas suas descobertas não eram disponibilizadas ao público. Quase nenhum analista de títulos estrangeiros acompanhava os títulos dinamarqueses, porque eles não tinham nenhum produto para vender e o mercado dinamarquês era pequeno demais (viés de país pequeno).

Outras barreiras à informação incluíam o idioma e princípios contábeis. Naturalmente, as informações financeiras normalmente eram publicadas em dinamarquês, usando princípios contábeis dinamarqueses. Algumas empresas, como a Novo, publicavam versões em inglês, quase nenhuma usava princípios contábeis norte-americanos ou britânicos ou tentava mostrar qualquer tipo de reconciliação com tais princípios.

Tributação

A política de tributação dinamarquesa tinha eliminado o investimento em ações ordinárias por indivíduos. Até uma mudança nas leis tributárias em julho de 1981, os ganhos de capital sobre ações detidas por mais de dois anos eram tributados a uma alíquota de 50%. Ações detidas por menos de dois anos, ou com fins "especulativos", eram tributadas a alíquotas de imposto de renda de pessoa física, sendo a taxa marginal mais alta 75%. Ao contrário, os ganhos de capital sobre títulos de dívida eram isentos de impostos. Esta situação resultava na emissão de títulos de dívida com enormes descontos porque o resgate ao par no vencimento era considerado um ganho de capital. Assim, a maioria dos investidores individuais detinha títulos de dívida em vez de ações. Este fator reduziu a liquidez do mercado de ações e aumentou a taxa de retorno exigida sobre ações se elas fossem competir com os títulos de dívida.

Conjunto de carteiras viáveis

Devido à proibição da propriedade de títulos estrangeiros, os investidores dinamarqueses tinham um conjunto de títulos muito limitado dentre os quais escolher para formar uma carteira. Na prática, as carteiras institucionais dinamarquesas eram compostas de ações, títulos do governo e títulos hipotecários dinamarqueses. Como os movimentos dos preços das ações são intimamente correlacionados uns aos outros, as carteiras possuíam um nível de risco sistemático bastante alto. Além disso, a política do governo tinha sido fornecer uma taxa de retorno real relativamente alta sobre títulos de dívida do governo depois de ajustar pela inflação. O resultado final das políticas de tributação sobre os indivíduos e rentabilidades reais atraentes sobre os títulos de dívida do governo foi que as taxas de retorno exigido sobre as ações eram relativamente altas para os padrões internacionais.

A partir da perspectiva de carteiras, as ações dinamarquesas forneciam uma oportunidade para os investidores estrangeiros diversificarem internacionalmente. Se os movimentos dos preços das ações dinamarquesas não fossem intimamente correlacionados aos movimentos nos preços das ações mundiais, a inclusão das ações dinamarquesas em carteiras estrangeiras deveria reduzir o risco sistemático dessas carteiras. Além disso, os investidores estrangeiros não estavam sujeitos às altas alíquotas de impostos dinamarquesas, porque elas normalmente são protegidas por tratados tributários que tipicamente limitam sua alíquota a 15% sobre dividendos e ganhos de capital. Em decorrência do potencial de diversificação internacional, os investidores estrangeiros podiam ter exigido uma taxa de retorno mais baixa sobre as ações dinamarquesas do que os investidores dinamarqueses, mantendo todos os outros fatores constantes. No entanto, os outros fatores não eram mantidos constantes, porque os investidores estrangeiros percebiam que as ações dinamarquesas carregavam mais risco financeiro, cambial e político do que seus próprios títulos domésticos.

Riscos financeiros, cambiais e políticos

A alavancagem financeira utilizada pelas empresas dinamarquesas era relativamente alta para os padrões norte-americanos e britânicos, mas não era anormal para a Escandinávia, Alemanha, Itália ou Japão. Além disso, a maior parte da dívida era de curto prazo com taxas de juros variáveis. O modo como os investidores estrangeiros viam o risco financeiro das empresas dinamarquesas dependia de que normas eles seguiam em seus países. Sabemos, pela experiência da Novo no acesso ao mercado de eurotítulos em 1978 que Morgan Grenfell, seu banqueiro de investimento britânico, aconselhou a Novo a manter um coeficiente de endividamento (dívida/capitalização total) mais perto de 50% do que os 65% ou 70% tradicionais da Dinamarca.

Os investidores estrangeiros em títulos dinamarqueses estão sujeitos a risco cambial. Se este é um fator positivo ou negativo depende da moeda doméstica do investidor, de sua percepção sobre a força futura da coroa dinamarquesa e seu impacto sobre a exposição operacional de uma empresa. Através do contato pessoal com investidores e banqueiros estrangeiros, a administração da Novo não acreditava que o risco cambial era um fator que influenciaria o preço das ações da empresa, pois suas operações eram percebidas como bem diversificadas internacionalmente. Mais de 90% de suas vendas eram para clientes localizados fora da Dinamarca.

Em relação ao risco político, a Dinamarca era percebida como uma estável democracia ocidental, mas com potencial para causar problemas periódicos aos investidores estrangeiros. Em particular, a dívida nacional da Dinamarca era considerada alta demais, apesar de essa opinião ainda não ter aparecido na forma de prêmios de risco sobre os empréstimos sindicalizados em euromoeda da Dinamarca.

Rumo à globalização

Apesar de a administração da Novo em 1977 ter desejado escapar das amarras do ilíquido e segmentado mercado de capitais da Dinamarca, muitas barreiras tinham que ser superadas. Vale a pena descrever alguns desses obstáculos, porque eles tipificam as barreiras enfrentadas por outras empresas de mercados segmentados que desejam internacionalizar suas fontes de capital.

Fechando a lacuna informacional. A Novo tinha sido uma empresa familiar desde sua fundação na década de 1920 pelos dois irmãos Pedersen até 1974, quando ela abriu seu capital e listou suas ações "B" na Bolsa de Valores de Copenhague. As ações "A" eram detidas pela Novo Foundation; as ações "A" eram suficientes para manter o controle. No entanto, a Novo era essencialmente desconhecida nos círculos de investimento fora da Dinamarca. Para superar esta disparidade na base de informação, a Novo aumentou o nível de divulgação financeira e técnica nas versões em dinamarquês e em inglês.

A lacuna informacional fechou-se ainda mais quando Morgan Grenfell organizou com êxito um sindicato para subscrever e vender uma emissão de US$20 milhões em eurotítulos conversíveis para a Novo em 1978. Juntamente a esta oferta, a Novo listou suas ações na Bolsa de Valores de Londres para facilitar a conversão e ganhar visibilidade. Essas ações combinadas foram a chave da dissolução da barreira à informação; obviamente, elas também levantaram uma grande quantia de capital de longo prazo em condições favoráveis, o que não teria sido disponibilizado na Dinamarca.

Apesar do impacto favorável da emissão dos eurotítulos sobre a disponibilidade de capital, o custo de capital da Novo na verdade aumentou quando os investidores dinamarqueses reagiram negativamente ao possível efeito de diluição do direito à conversão. Durante 1979, o preço das ações da Novo em coroas dinamarquesas (Dkr) caiu de em torno de Dkr300 por ação para em torno de Dkr220 por ação.

O boom da biotecnologia. Durante 1979, ocorreu um evento fortuito. A biotecnologia começou a atrair o interesse da comunidade de investimento norte-americana, com várias emissões de ações com uma subscrição sensacionalmente alta por empresas iniciantes como a Genentech e a Cetus. Graças à supracitada lacuna informacional, os investidores dinamarqueses não sabiam desses eventos e continuavam a valorizar a Novo a um baixo índice preço/lucro de 5, em comparação a mais de 10 para suas concorrentes estabelecidas e 30 ou mais para essas novas possíveis concorrentes.

A fim de se firmar como uma empresa de biotecnologia com um histórico comprovado, a Novo organizou um seminário na cidade de Nova York em 30 de abril de 1980. Logo depois do seminário, alguns sofisticados investidores individuais norte-americanos começaram a comprar as ações e títulos conversíveis em ações da Novo através da Bolsa de Valores de Londres. Os investidores dinamarqueses estavam felizes demais em suprir essa demanda estrangeira. Portanto, apesar de uma demanda relativamente forte dos investidores norte-americanos e britânicos, o preço das ações da Novo aumentou apenas gradualmente, voltando ao nível de Dkr300 em meados do verão. No entanto, durante os meses seguintes, os juros estrangeiros começaram a se comportar como uma bola de neve, e no final de 1980, o preço das ações da Novo tinha alcançado o nível de Dkr600. Além disso, os investidores estrangeiros tinham aumentado sua proporção de participação proprietária de praticamente nada para em torno de 30%. O índice preço/lucro da Novo tinha subido para em torno de 16, que agora estava alinhado ao de suas concorrentes internacionais, mas não ao mercado dinamarquês. Neste momento, há que se concluir que a Novo tivera êxito em internacionalizar seu custo de capital. Outros títulos dinamarqueses permaneceram presos em um mercado de capitais segmentado. O Quadro 1 mostra que o movimento no mercado de ações dinamarquês em geral não acompanhou o aumento no preço das ações da Novo, nem ele poderia ser explicado por movimentos nos mercados de ações dos EUA ou Reino Unido como um todo.

Emissão de ações direcionada nos Estados Unidos. Durante a primeira metade de 1981, sob a direção da Goldman Sachs e com a assistência de Morgan Grenfell e do Copenhagen Handelsbank, a Novo preparou um prospecto para registro junto à SEC de uma oferta de ações nos EUA e de uma eventual listagem na Bolsa de Valores de Nova York (NYSE). As principais barreiras encontradas nesse esforço, que teriam aplicabilidade geral, estavam ligadas à preparação de demonstrações financeiras que pudessem ser reconciliadas com os princípios contábeis norte-americanos e ao nível mais alto de divulgação exigido pela SEC. Em particular, os relatórios neste segmento setorial era um problema tanto da perspectiva de divulgação quanto da perspectiva contábil porque não havia dados contábeis disponíveis internamente nesse formato. No final, as barreiras ao investimento nos EUA foram relativamente manejáveis, apesar de ser caro e demorado superá-las.

As barreiras mais sérias eram causadas por uma série de regulamentações institucionais e governamentais na Dinamarca. Essas últimas não foram criadas de modo que as empresas pudessem emitir ações ao valor de mercado, porque as empresas dinamarquesas tipicamente emitem ações com valor ao par e com direitos de preferência. Neste momento, no entanto, o preço das ações da Novo, impulsionado pelas contínuas compras estrangeiras, estava tão alto que praticamente ninguém na Dinamarca achava que elas valiam o preço que os estrangeiros estavam dispostos a pagar. Na verdade, antes do momento da emissão das ações em julho de 1981, o preço das ações da Novo tinha subido para mais de Dkr1500, antes de se acomodar em um nível em torno de Dkr1400. A participação proprietária estrangeira tinha aumentado para mais de 50% das ações em circulação da Novo!

Reações do mercado de ações. Uma peça final das evidências da segmentação de mercado pode ser tirada do modo como os investidores dinamarqueses e estrangeiros reagiram à divulgação da emissão proposta de US$61 milhões em 29 de maio de 1981. O preço das ações da Novo caiu 156 pontos no dia de negociações seguinte em Copenhague, igual a aproximadamente 10% de seu valor de mercado. Assim que as negociações começaram em Nova York, o preço das ações imediatamente recuperou todas as suas perdas. A reação de Copenhague foi típica de um mercado ilíquido. Os investidores estavam preocupados com o efeito de diluição da nova emissão de ações porque ela aumentaria o número de ações em circulação em aproximada-

---

QUADRO 1 Preços das ações B comparados aos índices do mercado de ações

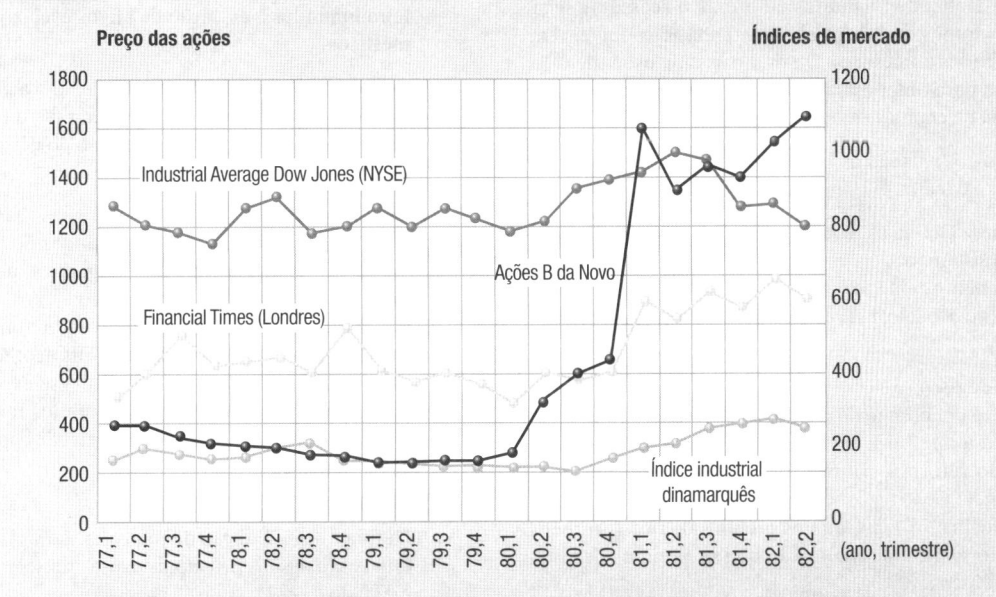

Fonte: Arthur I. Stonehill e Kåre B. Dullum, *Internationalizing the Cost of Capital: The Novo Experience and National Policy Implications*, Londres: John Wiley, 1982, p. 73. Reimpresso com permissão.

mente 8%. Eles não acreditaram que a Novo pudesse investir os novos fundos a uma taxa de retorno que não fosse diluir os lucros por ação futuros. Eles também temiam que as ações dos EUA eventualmente voltassem para Copenhague se a biotecnologia perdesse seu poder de atração.

A reação dos EUA à divulgação da nova emissão de ações foi consistente com uma reação que se esperaria em um mercado líquido e integrado. Os investidores dos EUA viam a nova emissão como criadora de demanda adicional pelas ações, já que a Novo estava se tornando mais visível devido aos esforços de venda de um grande e agressivo sindicato. Além disso, o esforço de *marketing* foi direcionado a investidores institucionais que anteriormente estavam mal representados entre os investidores norte-americanos da Novo. Eles estavam mal representados porque os investidores institucionais norte-americanos queriam ter a garantia de um mercado líquido para as ações a fim de poder sair dele, se desejado, sem deprimir o preço das ações. A ampla distribuição realizada pela nova emissão, juntamente com o registro junto à SEC e a listagem na Bolsa de Valores de Nova York (NYSE), traziam mais liquidez e um custo de capital global.

Efeito sobre o custo médio ponderado de capital da Novo. Durante a maior parte de 1981 e nos anos que se seguiram, o preço das ações da Novo foi determinado por investidores internacionais que negociavam nas bolsas e valores de Nova York, Londres e Copenhague. Esta situação reduziu o custo médio ponderado de capital da Novo e baixou seu custo marginal de capital. O risco sistemático da Novo foi reduzido de seu nível anterior, que foi determinado por investidores institucionais dinamarqueses não diversificados (internacionalmente) e pela Novo Foundation. No entanto, seu nível apropriado de endividamento também foi reduzido para corresponder aos padrões esperados por investidores internacionais que negociavam nos Estados Unidos, Reino Unido e outros importantes mercados. Em essência, o dólar americano se tornou a moeda funcional da Novo ao ser avaliada por investidores internacionais. Teoricamente, seu custo médio ponderado de capital revisado deveria ter se tornado uma taxa mínima de referência ao avaliar novos investimentos de capital na Dinamarca ou no exterior.

Outras empresas que seguem a estratégia da Novo também provavelmente farão seu custo médio ponderado de capital se tornar uma função das exigências de investidores internacionais. Empresas residentes em alguns dos países de mercados emergentes já experimentaram a "dolarização" do comércio e do financiamento de capital de giro. Este fenômeno pode ser estendido a financiamentos de longo prazo e ao custo médio ponderado de capital.

A experiência da Novo foi descrita na esperança de se tornar um modelo para outras empresas que desejem escapar de mercados de ações domésticos ilíquidos e segmentados. Em particular, as EMNs sediadas em mercados emergentes muitas vezes enfrentam barreiras e falta de visibilidade similares àquelas enfrentadas pela Novo. Elas poderiam se beneficiar seguindo a estratégia proativa da Novo empregada para atrair investidores internacionais. No entanto, há que se ter cautela. A Novo tinha um excelente histórico operacional e um nicho de mercado mundial muito forte em dois importantes setores: insulina e enzimas industriais. Esse histórico continua a atrair investidores na Dinamarca e no exterior. Outras empresas também teriam que ter um histórico favorável como esse para atrair investidores estrangeiros.

PERGUNTAS

1. **Dimensões do custo e disponibilidade de capital.** A integração global deu a muitas empresas o acesso a novas e baratas fontes de fundos além daquelas disponíveis em seus mercados domésticos. Quais são as dimensões de uma estratégia para obter este custo mais baixo e maior disponibilidade de capital?

2. **Benefícios.** Quais são os benefícios de alcançar um custo mais baixo e maior disponibilidade de capital?

3. **Definições.** Defina os seguintes termos:
   a. Risco sistemático
   b. Risco não sistemático
   c. Beta (no Modelo de Precificação de Ativos de Capital – CAPM)

4. **Prêmios de risco**
   a. O que é um prêmio de risco?
   b. Qual é a diferença entre calcular um prêmio de risco usando retornos aritméticos e usando retornos geométricos?
   c. No Quadro 14.4, por que os prêmios de risco aritméticos são sempre mais altos do que os prêmios de risco geométricos?

5. **Investidores em carteira.** Os gestores de carteira domésticas e internacionais são alocadores de ativos.
   a. Qual é o objetivo de seu gerenciamento de carteira?
   b. Qual é a principal vantagem que os gestores de carteira internacionais têm em comparação a gestores de carteira limitados à alocação de ativos exclusivamente domésticos?

6. **Dimensões da alocação de ativos.** A alocação de ativos em carteira pode ser realizada em muitas dimensões dependendo do objetivo de investimento do gestor da carteira. Identifique essas várias dimensões.

7. **Liquidez de mercado**
   a. Defina o que significa o termo liquidez de mercado.
   b. Quais são as principais desvantagens de uma empresa localizada em um mercado ilíquido?
   c. Se uma empresa é limitada a levantar fundos em seu mercado de capitais doméstico, o que acontece com seu custo marginal de capital quando ela se expande?
   d. Se uma empresa pode levantar fundos no exterior, o que acontece com seu custo marginal de capital quando ela se expande?

8. **Segmentação de mercado**
   a. Defina a segmentação de mercado.
   b. Quais são as seis principais causas da segmentação de mercado?
   c. Quais são as principais desvantagens de uma empresa localizada em um mercado segmentado?

9. **Liquidez de mercado e efeitos de segmentação.** Qual é o efeito da liquidez e segmentação de mercado sobre o custo de capital de uma empresa?

10. **Novo Industri (A).** Por que a Novo acredita que seu custo de capital era alto demais em comparação ao de suas concorrentes? Por que o custo de capital relativamente alto da Novo cria uma desvantagem competitiva?

11. **Novo Industri (B).** A Novo acreditava que o mercado de capitais dinamarquês era segmentado dos mercados de capitais do mundo. Explique as seis características do mercado de ações dinamarquês que foram responsáveis por essa segmentação.

12. **Novo Industri (C)**
    a. Qual foi a estratégia da Novo para internacionalizar seu custo de capital?
    b. Quais são as evidências de que a estratégia da Novo teve êxito?

13. **Mercados emergentes.** Foi sugerido que as empresas localizadas em mercados emergentes ilíquidos e segmentados poderiam seguir a estratégia proativa da Novo para internacionalizar seu custo de capital. Quais são as pré-condições que seriam necessárias para se ter êxito em tal estratégia proativa?

14. **Custo de capital das EMNs em comparação a empresas domésticas.** Teoricamente, as EMNs deveria estar em melhor posição do que suas contrapartes domésticas para dar suporte a níveis de endividamento mais altos porque seus fluxos de caixa são internacionalmente diversificados. No entanto, recentes estudos empíricos chegaram à conclusão oposta. Esses estudos também concluíram que as EMNs têm betas mais altos do que suas contrapartes domésticas.
    a. Segundo esses estudos empíricos, por que as EMNs têm níveis de endividamento mais baixos do que suas contrapartes domésticas?
    b. Segundo esses estudos empíricos, por que as EMNs têm betas mais altos do que suas contrapartes domésticas?

15. **A "charada".** A charada é uma tentativa de explicar sob que condições uma EMN teria um nível de endividamento e um beta mais alto ou mais baixo do que sua contraparte doméstica. Explique e trace um diagrama dessas condições.

16. **EMNs de mercados emergentes.** Além de melhorar a liquidez e escapar de um mercado doméstico segmentado, por que as EMNs de mercados emergentes diminuem ainda mais seu custo de capital listando e vendendo suas ações no exterior?

PROBLEMAS

*1. **Custo de capital da Trident.** O Quadro 14.2 mostrou o cálculo do custo médio ponderado de capital da Trident. Supondo que as condições financeiras tenham piorado, e usando os seguintes dados atuais, recalcule:

$k_{rf} = 4,000\%$	$k_m = 9,000\%$	$\beta = 1,3$
$k_d = 7,000\%$	$T = 30\%$	$E/V = 50\%$
$D/V = 50\%$	$V = 100\%$	

a. Custo de capital próprio da Trident
b. Custo de capital de terceiros da Trident
c. Custo médio ponderado de capital da Trident

2. **Curacao Pharmaceuticals.** O custo de capital de terceiros da Curacao Pharmaceuticals é de 7%. A taxa de juros livre de risco é de 3%. O retorno esperado sobre a carteira de mercado é de 8%. Depois dos impostos efetivos a alíquota de impostos efetiva da Curacao é de 25%. Sua estrutura de capital ótima é de 60% de capital de terceiros e 40% de capital próprio.
    a. Se o beta da Curacao for estimado em 1,1, qual será seu custo médio ponderado de capital?
    b. Se o beta da Curacao for estimado em 0,8, significativamente mais baixo devido às contínuas perspectivas de lucro no setor de energia, qual será seu custo médio ponderado de capital?

3. **Deming Pipelines, Inc.** A Deming Pipelines, Inc. é uma grande empresa norte-americana de gasodutos de gás natural que deseja levantar US$120 milhões para financiar a expansão. A Deming deseja ter uma estrutura de capital de 50% capital de terceiros e 50% capital próprio. Sua alíquota de impostos corporativos combinada de impostos federais e estaduais é de 40%.

A Deming descobre que pode obter financiamento no mercado de capitais doméstico dos EUA pelas taxas a seguir. O capital de terceiros e o capital próprio teriam que ser vendidos em múltiplos de US$20 milhões, e os valores a seguir mostram os componentes de custos do capital de terceiros e do capital próprio se levantados metade por contração de dívida e metade por venda de ações.

	Custo do capital próprio doméstico	Custo do capital de terceiros doméstico
Até US$40 milhões de novo capital	12%	8%
US$41 a US$80 milhões de novo capital	18%	12%
Acima de US$80 milhões	22%	16%

Um banco de Londres informa a Deming de que os dólares americanos podem subir na Europa pelos custos a seguir, também em múltiplos de US$20 milhões, ainda mantendo a estrutura de capital de 50/50.

	Custo do capital próprio europeu	Custo do capital de terceiros europeu
Até US$40 milhões de novo capital	14%	0%
US$41 a US$80 milhões de novo capital	16%	10%
Acima de US$80 milhões	24%	18%

Cada incremento de custo seria influenciado pela quantidade total de capital levantado. Isto é, se a Deming primeiro tomasse emprestados US$20 milhões no mercado europeu a 6% e neutralizasse isso com outros US$20 milhões em

venda de ações, qualquer dívida acima deste valor custaria 12% nos Estados Unidos e 10% na Europa. A mesma relação vale para o financiamento por emissão de ações.
   a. Calcule o menor custo de capital médio para cada incremento de US$40 milhões de novo capital, onde a Deming levanta US$20 milhões no mercado de ações e outros US$20 milhões no mercado de dívidas ao mesmo tempo.
   b. Se a Deming planeja uma expansão de apenas US$60 milhões, como essa expansão deveria ser financiada? Qual será o custo médio ponderado de capital da expansão?

*4. **Custo de capital da Tata.** A Tata é a maior e mais bem-sucedida empresa de bens especializados sediada na Índia. Ela ainda não entrou no mercado norte-americano, mas está considerando estabelecer instalações de produção e distribuição nos Estados Unidos através de uma subsidiária integral. A empresa procurou dois diferentes consultores de investimentos bancários, a Goldman Sachs e o Bank of New York, para obter estimativas de quais seriam seus custos de capital daqui a vários anos, quando a empresa planejava listar sua subsidiária norte-americana em uma bolsa de valores dos EUA. Usando as suposições dos dois diferentes consultores (mostradas na tabela no alto da próxima página), calcule as perspectivas dos custos de capital de terceiros, de capital próprio e o WACC da Tata.

5. **Prêmios de risco do país.** Usando um século de dados sobre o mercado de ações apresentados no Quadro 14.3, responda as seguintes perguntas:
   a. Que país teve o maior diferencial entre a média aritmética e a média geométrica?
   b. Se uma empresa suíça estivesse tentando calcular seu custo de capital próprio usando esses dados, supondo uma taxa livre de risco de 2,0% e um beta de títulos de 1,4, qual seria seu custo de capital próprio estimado usando a média aritmética e a média geométrica para o prêmio de risco?

6. **The Tombs.** Você se juntou aos seus amigos em um bar local, o The Tombs, para seu debate semanal sobre finanças internacionais. O tópico esta semana é se o custo de capital próprio pode ser mais barato do que o custo de capital de terceiros. O grupo escolheu o Brasil em meados da década de 1990 como objeto do debate. Um dos membros do grupo baixou os seguintes dados históricos descrevendo o Brasil de um *site* da Internet.

Desempenho econômico brasileiro	1995	1996	1997	1998	1999
Taxa de inflação (IPC)	23,2%	10,0%	4,8%	–1,0%	10,5%
Taxa de empréstimos bancários (CDI)	53,1%	27,1%	24,7%	29,2%	30,7%
Taxa de câmbio (real/US$)	0,972	1,039	1,117	1,207	1,700
Índice da bolsa de valores (Bovespa)	16,0%	28,0%	30,2%	–33,5%	151,9%

Larry defende que "é tudo uma questão de o que é esperado *versus* o que é efetivamente entregue. Você pode falar o que os investidores em ações esperam, mas eles geralmente acham que o que é entregue em vários anos em um mesmo período é tão baixo – às vezes até mesmo negativo – que, com efeito, o custo de capital próprio é mais barato do que o custo de capital de terceiros".

Mohammed – que todos chamam de Mo – interrompe: "Mas você não está percebendo uma coisa. O custo de capital é o que o investidor exige em compensação pelo risco corrido por entrar no investimento. Se ele não acabar recebendo-o, e é isso o que estava acontecendo nesse caso, então ele pega seu capital e vai embora".

Curly é a teórica. "Gente, não se tratam de resultados empíricos, mas do conceito fundamental de retornos corrigidos pelo risco. Um investidor em ações sabe que obterá retornos somente depois que todas as compensações tiverem sido feitas aos provedores de dívida. Portanto, ele está sempre sujeito a um nível de risco mais alto sobre seu retorno do que os instrumentos de dívida, e como o modelo de precificação de capital afirma, os investidores em ações determinam seus retornos esperados como um fator corrigido pelo risco acima e além dos retornos dos instrumentos livres de risco".

Neste momento, Larry e Mo simplesmente ficaram olhando para Curly, fizeram uma pausa, e ambos pediram mais uma cerveja. Usando os dados brasileiros apresentados, comente sobre o debate desta semana no The Tombs.

Componente do custo de capital	Símbolo	Goldman Sachs	Bank of NY
Taxa de juros livre de risco	k_{rf}	3,0%	3,0%
Retorno médio do mercado de ações	k_m	9,0%	12,0%
Custo de capital de terceiros estimado, single-A	k_d	7,5%	7,8%
Correlação estimada da Tata com o mercado	ρ_{jm}	0,90	0,85
Desvio padrão estimado dos retornos da Tata	σ_j	24,0%	30,0%
Desvio padrão estimado dos retornos do mercado	σ_m	18,0%	22,0%
Estrutura de capital de terceiros recomendada	D/V	35%	40%
Estrutura de capital próprio recomendada	E/V	65%	60%
Alíquota estimada de impostos efetivos dos EUA	t	35%	35%

7. **Custo de capital da Cargill.** A Cargill geralmente é considerada uma das três maiores empresas de capital fechado do mundo. Sediada em Mineápolis, Minnesota, EUA, a empresa tem tido vendas médias de mais de US$50 bilhões por ano nos últimos cinco anos. Apesar de a empresa não ter ações negociadas na bolsa, ainda é extremamente importante para ela calcular seu custo médio ponderado de capital adequadamente a fim de tomar decisões racionais sobre novas propostas de investimentos.

	Empresa A	Empresa B	Cargill
Vendas da empresa	US$4,5 bilhões	US$26 bilhões	US$50 bilhões
Beta da empresa	0,86	0,78	??
Classificação de crédito	AA	A	AA
Custo médio ponderado de Capital de terceiros	6,885%	7,125%	6,820%
Grau de endividamento	34%	41%	28%
Vendas internacionais/vendas	12%	26%	45%

Supondo uma taxa livre de risco de 2,50%, uma alíquota de impostos efetiva de 40%, e um prêmio de risco de mercado de 5,50%, estime o custo médio ponderado de capital primeiramente para as empresas A e B, e então faça uma 'estimativa no chute' de o que você acredita que seja um WACC comparável para a Cargill.

Stevenson-Kwo e a Charada.

Use as informações na tabela abaixo para responder as perguntas 8 a 10. A Stevenson-Kwo é um conglomerado norte-americano que está debatendo ativamente os impactos da diversificação internacional de suas operações sobre sua estrutura de capital e seu custo de capital. A empresa está planejando reduzir a dívida consolidada depois da diversificação.

	Símbolo	Antes da diversificação	Depois da diversificação
Grau de endividamento	D/V	38%	32%
Participação do capital próprio	E/V	62%	68%
Alíquota de impostos corporativa	t	35%	35%
Correlação dos retornos da S-C com o mercado	ρ_{jm}	0,88	0,76
Desvio padrão dos retornos da S-C	σ_j	28,0%	26,0%
Desvio padrão dos retornos do mercado	σ_m	18,0%	18,0%
Prêmio de risco de mercado	$k_m - k_{rf}$	5,50%	5,50%
Custo de capital de terceiros corporativo	k_d	7,20%	7,00%
Taxa de juros livre de risco	k_{rf}	3,00%	3,00%

8. **Custo de capital próprio da Stevenson-Kwo.** A gerência sênior da Stevenson-Kwo está debatendo ativamente as implicações da diversificação sobre seu custo de capital próprio. Apesar de ambas as partes concordarem que os retornos da empresa serão menos correlacionados com o mercado de referência no futuro, os consultores financeiros acreditam que o mercado avaliará um prêmio de risco adicional de 3,0% por "virar internacional" sobre o custo de capital próprio básico medido pelo CAPM. Calcule o custo de capital próprio da Stevenson-Kwo antes e depois da diversificação internacional de suas operações, com e sem o prêmio de risco adicional hipotético, e comente sobre a discussão.

9. **WACC da Stevenson-Kwo.** Calcule o custo médio ponderado de capital da Stevenson-Kwo antes e depois da diversificação internacional.
   a. A redução nos custos de capital de terceiros reduz o custo médio ponderado de capital da empresa? Como você descreveria o impacto da diversificação internacional sobre seus custos de capital?
   b. Adicionando o prêmio de risco hipotético ao custo de capital próprio introduzido na questão 8 (e adicionados 3,0% ao custo de capital próprio devido à diversificação internacional), qual é o WACC da empresa?

10. **WACC e alíquota de impostos efetiva da Stevenson-Kwo.** Muitas EMNs têm maior capacidade de controlar e reduzir suas alíquotas de impostos efetivas ao expandir suas operações internacionais. Se a Stevenson-Kwo conseguisse reduzir sua alíquota de impostos efetiva consolidada de 35% para 32%, qual seria o impacto disso sobre seu WACC?

EXERCÍCIOS NA INTERNET

1. **Calculadora do custo médio ponderado de capital.** O *Financial Times* possui uma maneira simples online de usar uma calculadora do custo médio ponderado de capital. Use o link abaixo para explorar os impactos de mudanças na estrutura de capital sobre o custo de capital da empresa. Segundo ele, uma empresa com 100% de capital próprio se beneficiaria da alavancagem?

   Custo de capital do Financial Times   www.ft.com/personal-finance/tools

2. **The Data Page.** Aswath Damodaran, um distinto professor da NYU Stern School of Business, mantém uma página de dados financeiros detalhados sobre uma variedade de tópicos – sendo um deles o custo de capital. Visite o seguinte *site* para encontrar estimativas para os últimos cálculos do custo de capital de diversos setores:

   Aswath Damodaran   pages.stern.nyu.edu/~adamodar/

3. **Novo Industri.** A Novo Industri A/S se fundiu com a Nordisk Gentofte em 1989. A Nordisk Gentofte era a principal concorrente europeia da Novo. A empresa combinada, que agora se chama Novo Nordisk, se tornou produtora líder mundial de insulina. Sua principal concorrente ainda é a Eli Lilly dos Estados Unidos. Usando as informações padrões de investidores e o *site* da Novo Nordisk e da Eli Lilly, determine se durante os últimos cinco anos a Novo

Nordisk manteve ou não um custo de capital competitivo com o da Eli Lilly. Em particular, examine os índices preço/lucro, os preços das ações, os graus de endividamento e os betas. Tente calcular o custo de capital real de cada empresa.

Novo Nordisk	www.novonordisk.com
Eli Lilly and Company	www.lilly.com
BigCharts.com	bigcharts.com

CAPÍTULO 15

Obtenção de Capital Próprio no Cenário Global

Faça o que fizer, o capital estará em perigo... Tudo o que pode ser exigido para investir em um depositário é que ele se comporte de maneira confiável e exerça um sólido julgamento. Ele deve observar como homens de prudência, de decoro e de inteligência gerenciam seus próprios assuntos, não no que diz respeito à especulação, mas no que diz respeito à permanente disposição de seus fundos, considerando a renda provável, além da segurança provável do capital a ser investido.
—Prudent Man Rule (Regras do homem prudente), Justice Samuel Putnam, 1830.

O Capítulo 14 analisou por que ganhar acesso aos mercados de capitais globais deve diminuir os custos marginais de capital e aumentar sua disponibilidade, melhorando a liquidez de mercado de suas ações e superando a segmentação de mercado. A fim de implementar uma meta tão grandiosa, é necessário começar elaborando-se uma estratégia que, em última análise, irá atrair investidores internacionais. Isso envolve identificar e escolher dentre caminhos alternativos para acessar os mercados globais. Normalmente também exige alguma reestruturação da empresa, melhorando a qualidade e o nível de suas divulgações, e tornando seus padrões contábeis e de relatórios mais transparentes a possíveis investidores estrangeiros. O minicaso sobre a Novo, no Capítulo 14, é um bom exemplo dos passos que precisam ser dados e das barreiras que podem ser enfrentadas.

Um dos focos deste capítulo envolve as empresas residentes em mercados menos líquidos ou segmentados. São elas que precisam obter acesso a mercados líquidos e não segmentados a fim de alcançar o custo e a disponibilidade de capital globais. Essas empresas são tipicamente residentes em países de mercados emergentes e muitos dos mercados de países industrializados menores. As empresas residentes nos Estados Unidos e no Reino Unido já têm acesso integral a seus próprios mercados líquidos e não segmentados. Apesar de elas também buscarem capital próprio e capital de terceiros no exterior, é improvável que elas tenham um impacto tão favorável sobre seu custo e disponibilidade de capital. Na verdade, a busca de fundos no exterior geralmente é motivada apenas pela necessidade de financiar grandes aquisições estrangeiras em vez de operações domésticas ou estrangeiras existentes.

Este capítulo começa com a elaboração de uma estratégia para obter capital próprio e capital de terceiros no cenário global. Descreve, então, os recibos depositários ou certificados de depósito. Esses são os instrumentos mais importantes que facilitam as negociações de títulos entre diferentes países. O capítulo continua com as especificidades de listar e vender emissões de ações em mais de uma bolsa de valores (a venda de emissões de títulos de dívida no exterior só será abordada no Capítulo 16) e é concluído com uma análise de instrumentos alternativos para a obtenção de capital próprio no exterior.

ELABORANDO UMA ESTRATÉGIA PARA OBTER CAPITAL PRÓPRIO NO CENÁRIO GLOBAL

Elaborar uma estratégia de obtenção de capital exige que a administração chegue a um acordo quanto a um objetivo financeiro de longo prazo e, então, escolha dentre os vários caminhos alternativos para chegar lá. O Quadro 15.1 é uma apresentação visual de caminhos alternativos para o objetivo último de alcançar custo e disponibilidade de capital globais.

Normalmente, a escolha de caminhos e implementação é auxiliada pela indicação logo no início de um banco de investimento como consultor oficial da empresa. Os banqueiros de investimento estão em contato com os investidores estrangeiros potenciais e o que eles estão exigindo atualmente. Eles também podem ajudar a "navegar" pelas várias exigências e barreiras institucionais que têm que ser satisfeitas. Seus serviços incluem aconselhar se, quando e onde deve se iniciar uma listagem (listagem simultânea em mais de uma bolsa de valores). Eles normalmente preparam os prospectos de ações necessários se for desejada uma emissão de ações, ajudam a precificar a emissão e mantêm um *aftermarket* para evitar que o preço das ações caia abaixo de seu preço inicial.

Caminhos alternativos

A maioria das empresas levanta seu capital inicial em seu próprio mercado doméstico (ver Quadro 15.1). Depois, elas sentem-se tentadas a pular todos os passos intermediários e chegar ao passo final, uma emissão de euroações nos mercados globais. Este é o momento em que um bom banco de investimento, como consultor, trará a empresa "de volta à realidade". A maioria das empresas que só levantou capital em seu mercado doméstico não é conhecida o suficiente para atrair investidores estrangeiros. Lembre-se, do Capítulo 14, que a Novo foi aconselhada por seus banqueiros de investimento a começar com uma emissão de eurotítulos conversíveis e simultaneamente listar suas ações (e os títulos de dívida) em Londres. Isso foi recomendado, apesar do fato de a Novo ter um histórico de destaque no que diz respeito ao crescimento, lucratividade e dominância de dois nichos de mercado em todo o mundo (insulina e enzimas industriais).

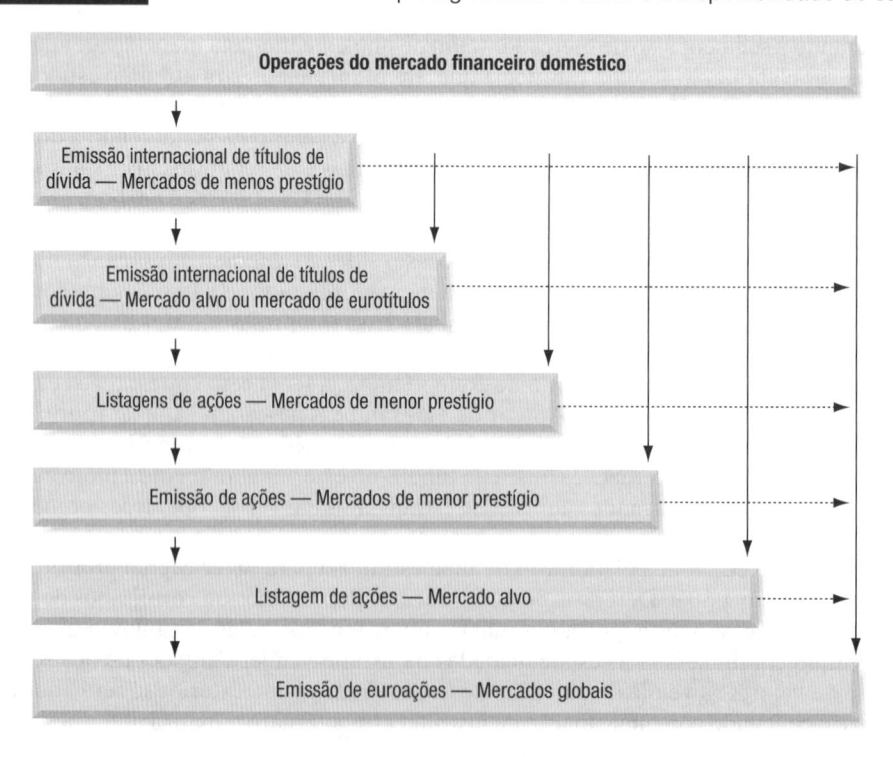

QUADRO 15.1 Caminhos alternativos para globalizar o custo e a disponibilidade de capital

Operações do mercado financeiro doméstico
↓
Emissão internacional de títulos de dívida — Mercados de menos prestígio
↓
Emissão internacional de títulos de dívida — Mercado alvo ou mercado de eurotítulos
↓
Listagens de ações — Mercados de menor prestígio
↓
Emissão de ações — Mercados de menor prestígio
↓
Listagem de ações — Mercado alvo
↓
Emissão de euroações — Mercados globais

Fonte: Oxelhiem, Stonehill, Randøy, Vikkula, Dullum, e Modén, *Corporate Strategies in Internationalizing the Cost of Capital*, Copenhage: Copenhagen Business School Press, 1998, p. 119.

O Quadro 15.1 mostra que a maioria das empresas deveria começar a buscar capital no exterior com uma emissão internacional de títulos de dívida. Ela poderia ser colocada em um mercado estrangeiro de menor prestígio. Isso poderia ser seguido por uma emissão de títulos de dívida em um mercado alvo ou no mercado de eurotítulos. O passo seguinte seria listar e emitir ações em um dos mercados de menor prestígio de modo a atrair a atenção do investidor internacional. O passo seguinte seria listar as ações em bolsas de valores estrangeiras líquidas e de grande prestígio como a de Londres (LSE), a NYSE (NYSE-Euronext), ou a NASDAQ. O passo final seria colocar uma emissão de ações direcionada em um mercado alvo de prestígio ou uma emissão de euroações em mercados de ações globais.

Recibos depositários

Recibos depositários ou *certificados de depósito de ações* (*depositary shares*) são certificados negociáveis emitidos por um banco para representar as ações subjacentes, que são detidas em custódia em um banco estrangeiro. Certificados de depósitos globais (GDRs ou *global depositary receipts*) referem-se a certificados negociados fora dos Estados Unidos. Certificados de depósitos americanos (ADRs ou *American depositary receipts*) referem-se a certificados negociados nos Estados Unidos e denominados em dólares americanos. Os ADRs são vendidos, registrados e transferidos nos Estados Unidos da mesma maneira que qualquer ação, sendo que cada ADR representa algum múltiplo de ações estrangeiras subjacentes. Esse múltiplo permite que os ADRs tenham um preço por ação apropriado para o mercado dos EUA (tipicamente entre US$20 e US$50 por ação) mesmo se o preço das ações estrangeiras for inapropriado quando convertido em dólares americanos diretamente. O Quadro 15.2 ilustra a estrutura subjacente da emissão de um ADR.

Os ADRs podem ser trocados pelas ações estrangeiras subjacentes, ou vice-versa, de modo que o processo de arbitragem possa manter os preços estrangeiros e americanos de qualquer ação os mesmos depois de corrigidos pelos custos de transferência. Por exemplo, a demanda do investidor em um mercado causará um aumento de preço lá, o que causará um aumento de arbitragem no outro mercado mesmo quando os investidores lá não forem tão *bullish** nas ações.

Os ADRs representam certas vantagens técnicas para os acionistas norte-americanos. Os dividendos pagos por uma empresa estrangeira são passados a seu banco de custódia e então ao banco que emitiu o ADR. O banco emissor troca os dividendos em moeda estrangeira por dólares americanos e envia o dividendo em dólar aos detentores dos ADRs. Os ADRs são nominativas em vez de ao portador. a

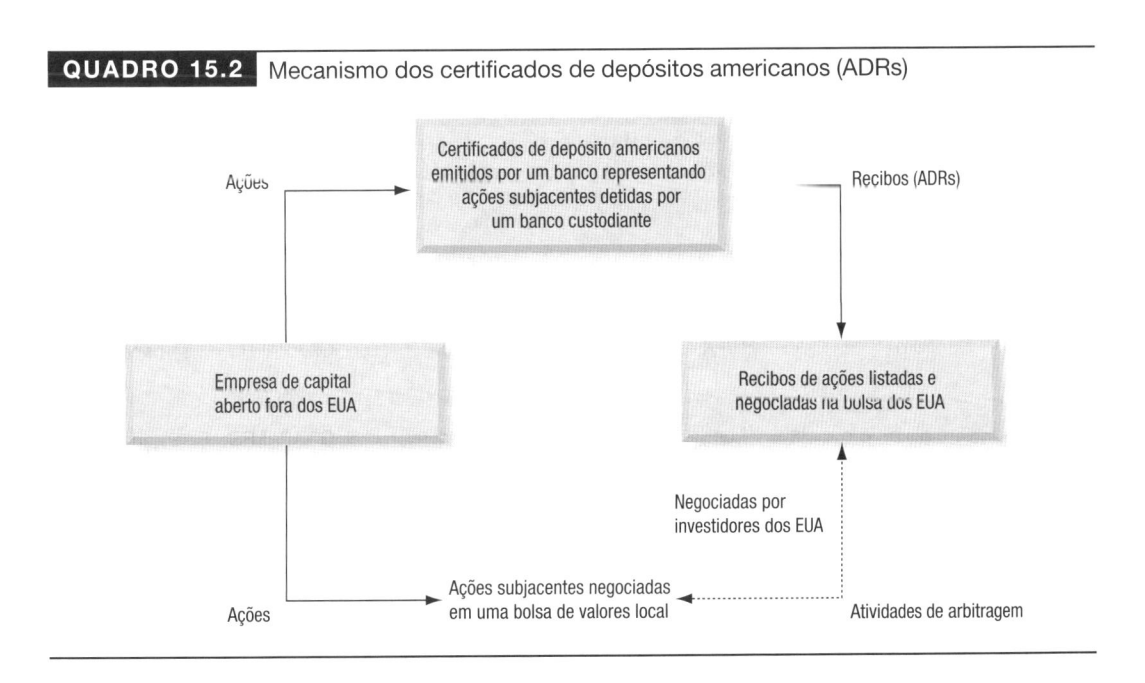

QUADRO 15.2 Mecanismo dos certificados de depósitos americanos (ADRs)

---

* N. de T.: Como já definido anteriormente neste livro, *bullish* indica uma expectativa de movimentação de alta.

transferência de propriedade é facilitada porque é feita nos Estados Unidos de acordo com as leis e procedimentos locais. No caso de morte de um acionista, o espólio não precisa entrar em inventário em um sistema judicial estrangeiro. Normalmente, os custos de negociação são mais baixos do que ao comprar ou vender as ações em seu mercado doméstico. A compensação normalmente é mais rápida nos Estados Unidos. As taxas retidas na fonte são mais simples porque são administradas pelo banco depositário.

Os ADRs são *patrocinados* ou *não patrocinados*. Os ADRs patrocinados são criados a pedido de uma empresa estrangeira que deseja ter suas ações negociadas nos Estados Unidos. A empresa se inscreve na Securities and Exchange Commission (SEC) e em um banco dos EUA para registro e emissão de ADRs. A empresa estrangeira arca com todos os custos da criação de tais ADRs patrocinados. Se uma empresa estrangeira não estiver buscando ter suas ações negociadas nos Estados Unidos, mas investidores norte-americanos estiverem interessados, uma empresa de títulos dos EUA pode dar início à criação de ADRs. Esse tipo de ADR seria não patrocinado, mas a SEC ainda exige que todos os novos programas de ADR tenham a aprovação da empresa propriamente dita mesmo se não se tratar de um ADR patrocinado.

O Quadro 15.3 resume as características dos ADRs nos Estados Unidos. Ele mostra três níveis de comprometimento, distintos em função de padrões contábeis necessários, exigência de registro junto à SEC, tempo até a conclusão e custos. O Nível I ("de balcão" ou negociadas pela *Pink Sheets**) é o mais fácil de satisfazer esses padrões. Ele facilita as negociações de títulos estrangeiros que foram adquiridos por investidores dos EUA, mas os títulos não são registrados junto à SEC. É a abordagem menos custosa, mas pode ter um impacto mínimo sobre a liquidez.

O Nível II se aplica a empresas que queiram listar ações existentes na NYSE, ASE, ou NASDAQ. Elas têm que atender a todas as exigências de registro da SEC. Isso significa reconciliar sua contabilidade financeira com a usada nos GAAP (Princípios Contábeis Geralmente Aceitos) dos Estados Unidos. Isso aumenta o custo consideravelmente. O Nível III se aplica à venda de novas ações emitidas nos Estados Unidos. Também exige registro integral junto à SEC e um prospecto de ações elaborado. Esta é

QUADRO 15.3 Características dos programas de recibos depositários

Tipo	Grau de divulgação	Alternativas de listagem	Capacidade de levantar capital	Padrões contábeis	Programa de implementação
Programa de ADR de balcão (Nível I)	Nenhum; aplicam-se os padrões do país local	Balcão (OTC)/ OTCQX	Precisa fazer *upgrade* no certificado de depósito	U.S. GAAP/IFRS	6 semanas
Regra 144A/Regulamentações S Programa GDR (Nível I GDR)	Nenhum	Não listada	Sim, disponível para QIBs*	U.S. GAAP/IFRS	3 semanas
Programa de ADR listado nos EUA (Nível II)	Sarbanes-Oxley detalhada	NYSE, NASDAQ, NYSE Alternext U.S.	Precisa fazer *upgrade* no certificado de depósito	U.S. GAAP/IFRS	13 semanas
Programa de ADR listado nos EUA (Nível III)	Sarbanes-Oxley rigorosa	NYSE, NASDAQ, NYSE Alternext U.S.	Sim, oferta pública	U.S. GAAP/IFRS	14 semanas
Regra 144A/Regulamentações S Programa GDR (Nível II GDR)	Nenhum	DIFX	Nenhuma	U.S. GAAP/IFRS	2 semanas
Regra 144A/Regulamentações S Programa GDR (Nível III GDR)	Diretiva de prospecto dos EUA e/ou Regra 144-A dos EUA	Londres, Luxemburgo, DIFX, U.S. PORTAL	Sim, disponível para QIBs	U.S. GAAP/IFRS	8 semanas

Fonte: The Bank of New York Mellon, 2 de junho de 2009.
* N. de R. T.: Qualified institutional buyer ou investidores institucionais qualificados

---

* N. de T.: As *Pink Sheets* são um sistema de transação eletrônico que agrega cotações e ofertas (compras e vendas) de corretores para muitos títulos transacionados em OTC (mercados de balcão). A designação "*Pink Sheets*" (que significa folhas cor-de-rosa) vem da cor do papel em que originalmente eram impressas as cotações antes de existir um sistema eletrônico. Hoje, essas cotações são publicadas pela Pink Sheets LLC, uma empresa privada.

a alternativa mais cara, mas a mais provável de melhorar a liquidez das ações e escapar da segmentação do mercado doméstico. Os chamados programas 144A serão descritos mais adiante, neste capítulo.

EMISSÃO E LISTAGEM DE AÇÕES EM BOLSAS ESTRANGEIRAS

Segundo os caminhos alternativos apresentados anteriormente no Quadro 15.1, uma empresa precisa escolher um ou mais mercados de ações nos quais listar suas ações e vender novas emissões. Aonde ir depende principalmente dos motivos específicos da empresa e da disposição da bolsa de valores anfitriã a aceitar a empresa. Ao listar e vender suas ações em uma bolsa de valores, uma empresa tipicamente tenta alcançar um ou mais dos seguintes objetivos:

- Melhorar a liquidez de suas ações existentes e dar suporte a um mercado secundário líquido para emissões de novas ações em mercados estrangeiros
- Aumentar o preço de suas ações superando a má precificação em um mercado de capitais segmentado e ilíquido
- Aumentar a visibilidade e aceitação política da empresa para seus clientes, fornecedores, credores e governos anfitriões
- Estabelecer um mercado de ações secundário usado para adquirir outras empresas no mercado anfitrião
- Criar um mercado de ações secundário que possa ser usado para remunerar a administração e os funcionários locais em subsidiárias estrangeiras

Melhorando a liquidez

Muito frequentemente, os investidores estrangeiros adquirem ações de uma empresa através de canais normais de corretagem, apesar de as ações não estarem listadas no mercado doméstico do investidor, ou de talvez não serem negociadas na moeda preferencial do investidor. A listagem é uma maneira de encorajar tais investidores a continuar a deter e negociar essas ações, assim, melhorando marginalmente a liquidez de mercados secundários. Isso normalmente é feito através de ADRs.

As empresas domiciliadas em países com mercados de capitais pequenos e ilíquidos geralmente crescem para além desses mercados e são forçadas a levantar capital novo no exterior. Tipicamente, os *underwriters* exigem que as ações sejam listadas em uma bolsa no mercado em que esses fundos serão levantados para garantir a liquidez das ações após a emissão.

A seção introdutória deste capítulo sugeriu que as empresas começassem a listar em um mercado menos prestigioso, fazendo, então, uma emissão de ações neste mercado (ver Quadro 15.1). A fim de maximizar a liquidez, no entanto, o ideal é listar e emitir as ações em um mercado de prestígio e eventualmente ser capaz de oferecer uma emissão de ações global.

Ações registradas globais (GRSs)

De maneira similar às ações ordinárias, as GRSs (*global registered shares*) têm o benefício adicional de poderem ser negociadas em bolsas de valores em todo o mundo em uma variedade de moedas. Os ADRs, no entanto, são cotados apenas em dólares americanos e negociados apenas nos Estados Unidos. Teoricamente, os GRSs podem ser negociados 24 horas por dia, seguindo os mercados à medida que eles vão abrindo e fechando ao redor do mundo. As ações são negociadas eletronicamente, eliminando, portanto, os formulários e depositários especializados exigidos por formulários de ações como os ADRs.

Os GRSs não são uma inovação recente. Na verdade, eles são praticamente idênticos à estrutura usada por empresas canadenses que possuem títulos transnacionais negociados nos EUA há décadas. Mais de 70 empresas canadenses são listadas na NYSE, e todas essas ações são negociadas como ações ordinárias tanto em seu mercado doméstico quanto no mercado dos EUA.

Segundo a NYSE, as tarifas de administração cobradas sobre as ADRs custam aos investidores entre 3 e 5 centavos por ação por negociação. Em comparação, as GRSs carregam um custo fixo de US$5 por negociação, independentemente da quantidade de ações negociadas. Para empresas estrangeiras que esperam ver seus títulos se tornarem amplamente negociados por grandes investidores institucionais, a taxa fixa por negociação para GRSs pode aumentar sua eficiência em termos de custo. Uma ligação eletrônica de dupla via entre a Depositary Trust Company nos Estados Unidos e a Deutsche Börse Clearing Company, na Alemanha, facilita a eficiência na cotação, negociação e compensação de ações nas respectivas moedas.

Em outubro de 2001, o Deutsche Bank (DB) da Alemanha decidiu listar suas ações na Bolsa de Valores de Nova York através de ações registradas globais (GRSs). Muitos críticos discutem que ao listar através de GRSs, o Deutsche Bank experimentaria uma baixa negociação de suas ações. Essa expectativa de baixas negociações baseava-se nas experiências das GRSs da DaimlerChrysler em 1998.

Tamanho e liquidez do mercado

Com o intuito de maximizar a liquidez, é desejável listar e/ou vender ações nos mercados mais líquidos. Os mercados de ações têm, no entanto, se sujeitado a duas grandes forças nos últimos anos, que estão mudando seu comportamento e sua liquidez – a *desmutualização* e a *diversificação*.

A *desmutualização* é o processo contínuo através do qual os poucos proprietários com direito de controle em diversas bolsas têm aberto mão de seus poderes exclusivos. Consequentemente, a propriedade real das bolsas vai se tornando cada vez mais pública. A *diversificação* representa a crescente diversidade tanto dos produtos (derivativos, moedas, etc.) quanto das empresas/ações estrangeiras listadas. Isso tem aumentado as atividades e a lucratividade de muitas bolsas, oferecendo, simultaneamente, um *mix* mais global por um custo reduzido e melhores serviços.

Bolsas de valores

No que diz respeito a bolsas de valores, as de Nova York e Londres são claramente as mais líquidas. A recente fusão da Bolsa de Valores de Nova York (NYSE) e da Euronext, que era, por sua vez, produto de uma fusão de bolsas de valores de Amsterdã, Bruxelas e Paris, deu à NYSE a liderança sobre a NASDAQ (Nova York) e a Bolsa de Valores de Londres (LSE). Tóquio tem tido dificuldades nos últimos anos em termos de valor de negociações, já que muitas empresas estrangeiras decidiram deixar de listar suas ações na bolsa de Tóquio. Poucas empresas estrangeiras permanecem listadas em Tóquio agora. A Deutsche Börse (Alemanha) possui um mercado razoavelmente líquido para ações domésticas, mas um nível de liquidez muito mais baixo para negociar ações estrangeiras. Por outro lado, é um mercado-alvo apropriado para empresas residentes na União Europeia, especialmente aquelas que adotaram o euro. Ela também é usada como local de listagem complementar por empresas que já estão listadas na LSE, NYSE ou NASDAQ.

Por que Nova York e Londres são tão dominantes? Segundo a pesquisa recente do *The Economist*, elas oferecem o que as empresas financeiras estão procurando:[1] muitas pessoas qualificadas, acesso rápido ao capital, boa infraestrutura, ambientes regulatórios e tributários atraentes, e baixos níveis de corrupção. A localização e o uso do inglês, cada vez mais reconhecido como o idioma global das finanças, também são importantes fatores.

Segundo a *The Economist* "Os defensores de Londres dizem que ela supera Nova York em finanças estruturadas e novas listagens de ações. É especialmente forte do lado da venda no atacado, representando 24% das exportações mundiais de serviços financeiros (em comparação aos 39% de todas as Américas), segundo a City of London Corporation. Também detêm dois terços do total de negociações de câmbio e derivativos da União Europeia e 42% das negociações de ações da UE. A LSE também possui a maior listagens por empresas internacionais. A partir de meados de julho de 2007, ela tinha em torno de 320 empresas internacionais listadas em seu principal mercado e 480 no Mercado de Investimentos Alternativos (AIM ou *Alternative Investment Market*), que é direcionado a empresas menores.

Derivativos globais

No que diz respeito a derivativos globais, Chicago continua a ser o local dominante para a criação e negociação de derivativos. Essa liderança foi reforçada recentemente com a fusão da Bolsa Mercantil de Chicago (CME ou *Chicago Mercantile Exchange*) e a Câmera de Comércio da Cidade de Chicago (CBOT ou *Chicago Board of Trade*). Outras bolsas de derivativos estão considerando ativamente a possibilidade de realizar fusões para ganhar competitividade e liquidez.

---

[1] "Magnets for Money," *The Economist*, 15 de setembro de 2007.

Panorama

A maioria das bolsas de valores entrou fortemente nas negociações eletrônicas nos últimos anos. Por exemplo, o papel do especialista na NYSE foi muito reduzido com uma redução correspondente no nível de empregos oferecidos por empresas de especialistas. Elas não são mais responsáveis por garantir uma movimentação organizada de suas ações, mas ainda são importantes em tornar os mercados mais líquidos para as ações menos negociadas.

A LSE também está sendo cada vez mais dominada pelas negociações eletrônicas em vez de depender somente em agentes criadores de mercado (*market-makers*). A Lei Sarbanes-Oxley nos Estados Unidos tem encorajado as empresas que eram listadas na NYSE a passarem a listar suas ações em Londres.

Atualmente, diversas fusões estão acontecendo ou sendo contempladas. Por exemplo, a LSE adquiriu o controle da bolsa de Valores de Milão. Há possíveis mudanças em andamento na propriedade da LSE, sujeitas a várias aprovações pelo governo.

A Börse Dubai e sua rival Catar Investment Authority podem acabar com uma participação de 48% na LSE. Dubai está rapidamente se tornando um centro financeiro e comercial regional. A Börse Dubai e a NASDAQ se juntaram para adquirir uma grande participação na OMX, uma empresa de controle sueco que investe nas bolsas de valores nórdicas, mas que também possui uma forte capacidade de negociações eletrônicas. A Börse Dubai também tinha uma participação de 20% na NASDAQ.

EFEITOS DA LISTAGEM E DA EMISSÃO DE AÇÕES NO EXTERIOR SOBRE O PREÇO DAS AÇÕES

Apesar de a listagem e a emissão de ações poderem acontecer juntos, seus impactos são separáveis e significativos independentemente.

Listagem

A mera listagem em uma bolsa de valores estrangeira tem um impacto favorável sobre os preços das ações? Depende do grau de segmentação dos mercados.

Se o mercado de capitais de uma empresa é segmentado, a empresa poderia, teoricamente, se beneficiar da listagem em um mercado estrangeiro se esse mercado valorizasse a empresa ou seu setor mais do que o mercado doméstico. Esta certamente foi a situação experimentada pela Novo ao listar suas ações na NYSE em 1981 (ver Capítulo 14). No entanto, a maioria dos mercados de capitais está se tornando mais integrada com os mercados globais. Até mesmo os mercados emergentes são menos segmentados do que eram há apenas alguns anos.

Já no período de 1969 a 1982, quando os mercados eram mais segmentados do que são hoje, um estudo revelou um forte efeito positivo sobre o preço das ações para empresas estrangeiras que listavam suas ações na NYSE, AMEX ou NASDAQ.[2] Um estudo posterior revelou que os preços das ações aumentavam para empresas estrangeiras que listaram suas ações na forma de ADR na NYSE e na AMEX durante o período de 1982 a 1992.[3] Os autores concluíram que a listagem nos Estados Unidos aumentava o valor das ações reduzindo o efeito geral de segmentação entre diferentes mercados nacionais de títulos.

Um estudo mais recente e abrangente consistia em 181 empresas de 35 países que instituíram seu primeiro programa de ADR nos Estados Unidos ao longo do período de 1985 a 1995.[4] O autor mediu o impacto sobre o preço das ações da divulgação de uma listagem nos Estados Unidos e encontrou retornos positivos anormais em torno da data da divulgação. Estes eram obtidos no período imediatamente seguinte. Como esperado, o estudo mostrou que os retornos anormais eram maiores para empresas residentes em mercados emergentes com um baixo nível de barreiras legais

---

[2] Gordon J. Alexander, Cheol S. Eun e S. Janakiramanan, "International Listings and Stock Returns: Some Empirical Evidence," *Journal of Financial and Quantitative Analysis*, Volume 23, Número 2, junho de 1988, pp. 135-151.

[3] Sundaram, Anant K. e Dennis E. Logue, "Valuation Effects of Foreign Company Listings on U.S. Exchanges," *Journal of International Business Studies*, Volume 27, Número 1, Primeiro Trimestre 1996, pp. 67-88.

[4] Darius P. Miller, "The Market Reaction to International Cross-Listings: Evidence from Depositary Receipts," *Journal of Financial Economics*, Volume 51, 1999, pp. 102-123.

aos fluxos de capitais, do que para empresas residentes em mercados desenvolvidos. As empresas residentes em mercados emergentes com fortes restrições sobre os fluxos de capital recebiam retornos um tanto anormais, mas não tão altos quanto as empresas residentes nos outros mercados. Isso era devido à liquidez limitada percebida das empresas residentes em mercados com restrições demais sobre os fluxos de capital.

Finalmente, um estudo ainda mais recente conclui o seguinte:[5]

> *No final de 1997, as empresas estrangeiras com ações listadas nos EUA tinham índices q de Tobin 16,5% mais altos do que os de empresas do mesmo país, mas que não eram listadas. A diferença na avaliação é estatisticamente significativa e chega a 37% para as empresas que listam suas ações nas principais bolsas dos EUA, mesmo depois de controlar diversas características da empresa e do país. Sugerimos que listar ações nos EUA reduz o quanto os acionistas que detêm controle podem se engajar em expropriação e, dessa forma, aumenta a capacidade da empresa de tirar proveito de oportunidades de crescimento. Mostramos que oportunidades de crescimento são mais valorizadas para empresas que decidem listar suas ações nos EUA, particularmente aquelas de países onde os investidores têm menos direitos.*

O q de Tobin neste estudo é definido como a seguir: "Para o numerador, pegamos o valor contábil do total de ativos, subtraímos o valor patrimonial contábil e somamos o valor patrimonial de mercado. Para o denominador, usamos o valor contábil do total de ativos".[6]

Emissão de ações

Sabe-se que o impacto combinado de uma nova emissão de ações empreendida simultaneamente a uma listagem tem um impacto mais favorável sobre o preço das ações do que apenas a listagem sozinha. Isso ocorre porque a nova emissão cria imediatamente uma base de acionistas maior. Os esforços de *marketing* dos *underwriters* antes da emissão engendram níveis de visibilidade maiores. Os esforços das subscritoras após a emissão de dar suporte a pelo menos o preço de oferta inicial também reduzem o risco do investidor.

O estudo das 181 empresas que listavam, suas ações nos Estados Unidos continha 30 empresas que iniciaram emissões de novas ações (ADRs de nível III). O autor descobriu um retorno anormal estatisticamente significativo para essas empresas, ainda mais alto para empresas que faziam apenas listagem (níveis I e II). Além disso, o retorno anormal mais alto foi de empresas chilenas (8,23 por cento). O mercado chileno tem um dos níveis de restrições mais altos afetando investidores estrangeiros. Como é bem sabido que os preços das ações reagem negativamente a novas emissões domésticas nos Estados Unidos, algo realmente significativo tem que estar acontecendo quando ADRs estrangeiras são vendidas nos Estados Unidos.

Até mesmo as empresas norte-americanas podem se beneficiar emitindo ações no exterior. Um recente estudo de empresas norte-americanas que emitiram ações no exterior concluiu que a maior visibilidade de nome e a maior acessibilidade das emissões globais de ações levaram a maior reconhecimento e participação dos investidores nos mercados primários e secundários.[7] Além disso, a capacidade de emitir ações globais pode validar a qualidade da empresa reduzindo a assimetria de informações entre *insiders* e investidores. Uma outra conclusão foi a de que as empresas norte-americanas podem tirar proveito de uma janela de oportunidade para passar para ofertas globais quando a demanda doméstica por suas ações estiver fraca. Finalmente, o estudo revelou que as empresas norte-americanas que anunciam ofertas de ações globais têm reações de mercado significativamente menos negativas: em torno de um ponto percentual do que se esperaria se elas tivessem limitado suas emissões ao mercado doméstico.

---

[5] Craig Doidge, G. Andrew Karolyi e René M. Stulz, "Why are foreign firms listed in the U.S. worth more?," *Journal of Financial Economics*, 71, 2004, p. 205.

[6] Ibid, p. 216.

[7] Congsheng Wu e Chuck C.Y. Kwok, "Why Do U.S. Firms Choose Global Equity Offerings?," *Financial Management*, Verão de 2002, pp. 47–65.

Aumentando a visibilidade e a aceitação política

As EMNs listam suas ações em mercados onde elas têm operações físicas substanciais. Os objetivos comerciais são melhorar a imagem corporativa, fazer propaganda de marcas registradas e produtos, obter melhor cobertura da imprensa local e se tornar mais familiarizadas com a comunidade financeira local a fim de levantar capital de giro localmente.

Os objetivos políticos podem incluir a necessidade de atender às exigências locais de propriedade para um *joint venture* estrangeiro de uma empresa multinacional. A propriedade local das ações da empresa matriz podem promover um fórum para publicar as atividades da empresa e como elas apoiam o país anfitrião. Este objetivo é o mais importante para as empresas japonesas. O mercado doméstico japonês possui capital de baixo custo e alta disponibilidade. Portanto, as empresas japonesas não estão tentando aumentar o preço das ações, a liquidez de suas ações, ou a disponibilidade de capital.

Potencial crescente para troca de ações com aquisições

As empresas que seguem uma estratégia de crescimento através de aquisições estão sempre procurando maneiras criativas de financiar essas aquisições em vez de pagar com dinheiro vivo. Oferecer suas ações como pagamento parcial é consideravelmente mais atraente se essas ações tiverem um mercado secundário líquido. Neste caso, os acionistas da empresa alvo têm uma maneira fácil de converter suas ações adquiridas em dinheiro se eles não preferirem a troca de ações. Entretanto, a troca de ações geralmente é atraente como uma operação de câmbio isenta de impostos.

Remuneração da administração e de funcionários

Se uma EMN deseja usar opções de ações e planos de remuneração para aquisição de ações pela gerência e pelos funcionários locais, listar as ações da empresa localmente aumentaria o valor percebido de tais planos. Isso deve reduzir os custos de transação e de câmbio de moeda para os beneficiários locais.

BARREIRAS À LISTAGEM E VENDA DE AÇÕES NO EXTERIOR

Apesar de uma empresa poder decidir listar e/ou vender ações no exterior, existem certas barreiras. As barreiras mais sérias são o comprometimento futuro com a divulgação integral e transparente dos resultados operacionais e balanços patrimoniais além de um programa contínuo de relacionamento com os investidores.

O compromisso com a divulgação e com o relacionamento com o investidor

Uma decisão de listar as ações de uma empresa tem que ser equilibrada com um maior compromisso com a divulgação integral e um programa contínuo de relacionamento com o investidor. Para as empresas residentes em mercados anglo-americanos, listar as ações no exterior pode não parecer muito uma barreira. Por exemplo, as regras de divulgação da SEC para listagem nos Estados Unidos são tão rígidas e caras que as regras de qualquer outro mercado parecem brincadeira de criança. Invertendo a lógica, as empresas não norte-americanas têm realmente que pensar duas vezes antes de listar suas ações nos Estados Unidos. Não somente exigências de divulgação de tirar o fôlego, mas também informações trimestrais contínuas são exigidas pelos reguladores e investidores norte-americanos. Consequentemente, a empresa estrangeira tem que fornecer um caro programa contínuo de relacionamento com o investidor a seus acionistas norte-americanos, incluindo os frequentes "*road shows*" e o envolvimento pessoal da alta administração, o que exige muita dedicação de tempo.

A divulgação é uma faca de dois gumes

A escola de pensamento norte-americana é a de que a tendência mundial a exigir divulgações financeiras mais completas, mais transparentes e mais padronizadas dos resultados operacionais e posições financeiras pode ter o efeito desejável de diminuir o custo do capital próprio. Como observamos em 2002, a falta de divulgações completas e precisas, e a falta de transparência pioraram o declínio do mercado de ações norte-americano na medida em que os investidores corriam para títulos mais seguros como os títulos de dívida do governo dos EUA. Essa ação aumentou o custo de capital próprio para todas as empresas. A outra escola de pensamento é que o nível de divulgação exigido nos EUA é um ônus. Ele afasta muitas empresas que possivelmente listariam suas ações lá, estreitando, assim, a escolha de títulos disponíveis para os investidores norte-americanos com custos de transação razoáveis.

Um estudo de 203 ações negociadas internacionalmente concluiu que existe uma relação estatisticamente significativa entre o nível de divulgação financeira exigido e os mercados nos quais as empresas decidem listar suas ações.[8] Quanto mais alto o nível de divulgação exigido, menos provável será que uma empresa liste suas ações nesse mercado. No entanto, para aquelas empresas que listam suas ações apesar das barreiras de divulgação e custo, a compensação poderia ser o acesso necessário a um financiamento adicional para emissão de ações voltada à construção de uma grande fábrica ou a uma aquisição nos Estados Unidos. A Daimler Benz deu o doloroso passo de listar suas ações na NYSE antes de levantar capital próprio nos Estados Unidos para financiar uma nova fábrica de automóveis e, o que acabou acontecendo posteriormente, para se fundir com a Chrysler Corporation.

INSTRUMENTOS ALTERNATIVOS À BUSCA DE CAPITAL PRÓPRIO EM MERCADOS GLOBAIS

Os instrumentos alternativos à busca de capital próprio em mercados globais incluem:

- Venda de uma *emissão de ações direcionada* aos investidores em um mercado alvo
- Venda de uma *emissão pública de euroações* aos investidores em mais de um mercado, incluindo mercados estrangeiros e domésticos
- Colocações privadas sob a Regra 144-A da SEC
- Venda de ações a *fundos de investimento em participações* (*private equity funds*)
- Venda de ações a uma empresa estrangeira como parte de uma *aliança estratégica*

Emissões de ações públicas direcionadas

Uma *emissão de ações pública direcionada* é definida como uma emissão direcionada a investidores em um único país e subscritas integral ou parcialmente por instituições de investimento desse país. A emissão pode ou não ser denominada na moeda do mercado alvo. As ações podem ou não ser listadas em uma bolsa de valores no mercado alvo.

A emissão de ações norte-americana no valor de US$61 milhões realizada pela Novo em 1981 (Capítulo 14) foi um bom exemplo de uma bem-sucedida emissão de ações direcionada que melhorou a liquidez das ações da Novo e diminuiu seu custo de capital. A Novo repetiu este sucesso em 1983 com uma emissão de ações no valor de US$100 milhões a US$53 por ação (ADR), em comparação aos US$36 por ação dois anos antes.

Uma emissão de ações direcionada pode ser motivada por uma necessidade de financiar aquisições ou grandes investimentos de capital em um mercado alvo estrangeiro. Esta é uma fonte de capital próprio especialmente importante para empresas que residem em mercados de capitais menores e que cresceram para além desse mercado. Uma emissão de ações estrangeira, mais a listagem, pode propiciar maior liquidez para suas ações e o meio de usar essas ações para pagar as aquisições.

A Nycomed, uma pequena, mas conceituada empresa farmacêutica norueguesa, foi um exemplo desse tipo de inovação voltada à emissão de ações direcionadas combinadas com uma listagem. Sua estratégia comercial de crescimento era alavancar seu conhecimento sofisticado de certos nichos de mercado e tecnologias dentro do campo farmacêutico adquirindo outras empresas promissoras que possuem tecnologias, pessoal ou nichos de mercado relevantes. A Europa e os Estados Unidos fornecem "terrenos" propícios. As aquisições foram pagas parcialmente com dinheiro e parcialmente com ações. A Noruega é um mercado de capitais doméstico pequeno demais para financiar essas

---

[8] Saudagaran, Shahrokh M. e Gary C. Biddle, "Foreign Listing Location: A Study of MNEs and Stock Exchanges in Eight Countries," *Journal of International Business Studies*, Volume 26, Número 2, Segundo trimestre de 1995, pp. 319–341.

aquisições com dinheiro ou para propiciar um mercado suficientemente líquido para minimizar o custo de capital marginal da Nycomed.

A Nycomed respondeu ao desafio vendendo duas bem-sucedidas emissões de ações direcionadas no exterior. Em junho de 1989, ela listou suas ações na LSE (cotadas na SEAQ Internacional) e lá levantou o equivalente a aproximadamente US$100 milhões em capital próprio junto a investidores estrangeiros. Então, em junho de 1992, ela listou suas ações na NYSE e levantou em torno de US$75 milhões com uma emissão de ações direcionada a investidores dos EUA. A Nycomed acabou se fundindo com a Amersham, uma empresa britânica, e transferiu sua sede para o Reino Unido.

Emissão pública de euroações

A integração gradual dos mercados de capitais mundiais e o maior investimento em carteiras internacionais causou o surgimento de um mercado de euroações muito viável. Uma empresa agora pode emitir ações subscritas e distribuídas em múltiplos mercados de ações estrangeiros, às vezes simultaneamente à distribuição no mercado doméstico. As mesmas instituições financeiras que anteriormente criaram uma infraestrutura para os mercados de euronotas e eurotítulos (descritas detalhadamente no Capítulo 16) foram responsáveis pelo mercado de euroações. O termo "euro" não implica que os emissores ou investidores estejam localizados na Europa, nem que as ações sejam vendidas na moeda "euro". Este é um termo genérico para emissões de títulos internacionais originados e vendidos em qualquer parte do mundo.

As maiores e mais espetaculares emissões foram feitas em conjunto com uma onda de privatizações de empresas estatais. O governo de Thatcher, no Reino Unido, criou o modelo ao privatizar a British Telecom em dezembro de 1984. Esta emissão foi tão grande que era necessário e desejável vender *tranches* a investidores estrangeiros além da venda aos investidores domésticos. Uma *tranche* significa uma alocação de ações, tipicamente para *underwriters* que esperam vender para investidores em seus mercados geográficos designados. O objetivo é levantar os fundos e garantir a liquidez após a emissão em todo o mundo. Infelizmente, no caso da British Telecom, a emissão foi, analisando em retrospecto, subprecificada. A maioria das ações estrangeiras, especialmente as que são colocadas nos Estados Unidos, fluía de volta a Londres, deixando um bom lucro para os *underwriters* e investidores nos EUA. No entanto, outras grandes emissões ligadas a privatizações se seguiram à da British Telecom, mais notadamente a da British Steel, em 1988.

As emissões de euroações ligadas a privatizações foram particularmente populares com os investidores em carteiras estrangeiras, porque a maioria das empresas é muito grande, com excelentes classificações de crédito e lucrativos monopólios quasi-governamentais na época da privatização. O modelo britânico de privatização foi tão bem-sucedido que inúmeros outros seguiram seus passos. Uma das maiores emissões de euroações foi realizada pela Deutsche Telecom A.G. Ela foi privatizada por uma oferta pública inicial de US$13,3 bilhões em novembro de 1996.

Até mesmo empresas estatais em mercados emergentes implementaram privatizações com a ajuda de tranches estrangeiras.

- A Telefonos de Mexico, a gigantesca empresa de telefonia mexicana, concluiu uma emissão de euroações de US$2 bilhões em 1991. A Southwestern Bell, sediada nos EUA, passou a deter uma participação de 10% na empresa, como fizeram inúmeros outros investidores estrangeiros institucionais e individuais. A Telefonos de Mexico é listada com bastante liquidez na NYSE.
- Uma das maiores ofertas de euroações por uma empresa residente em um mercado ilíquido foi a venda de ações, em 1993, no valor de US$3,04 bilhões pela YPF Sociedad Anonima, a empresa estatal argentina de petróleo. Aproximadamente 75% de suas ações foram colocadas em tranches fora da Argentina, com 46% somente nos Estados Unidos. Seu sindicato de subscrição representava um quem é quem virtual dos principais bancos de investimento do mundo.

Parece que muitas das empresas privatizadas tiveram um bom desempenho depois da privatização. Um estudo sobre a privatização concluiu que empresas privatizadas exibiam fortes melhorias de desempenho sem reduzir a segurança no emprego. As empresas no estudo tinham sido total ou parcialmente privatizadas através de emissões públicas de ações durante o período de 1961 a 1990. Depois da privatização, aumentaram-se as vendas reais, elevaram-se os níveis de investimento de capital, melhorou a eficiência e expandiu-se o nível de emprego. No que diz respeito ao desempenho financeiro, sua lucratividade aumentou, os níveis de dívida diminuíram, e os pagamentos de dividendo aumentaram.[9]

Colocações privadas sob a Regra 144A da SEC

Um tipo de emissão direcionada com um longo histórico como fonte de capital próprio e de terceiros é o mercado de colocações privadas. Uma *colocação privada* é a venda de um título a um pequeno conjunto de compradores institucionais qualificados. Os investidores são, tradicionalmente, empresas de seguros e de investimento. Como os títulos não são registrados para a venda ao público, os investidores tipicamente adotam uma política de "*buy and hold*" (comprar e deter) tais títulos. No caso de capital de terceiros, os termos geralmente são personalizados com base em negociações. Os mercados de colocações privadas agora existem na maioria dos países.

Como observado no Quadro 15.3, em abril de 1990, a SEC aprovou a Regra 144A. Ela permite que compradores institucionais qualificados (QIBs) negociem títulos com colocação privada sem as restrições anteriores quanto ao período de detenção e sem exigir registro junto à SEC.

Um *comprador institucional qualificado* (QIB ou *qualified institutional buyer*) é uma entidade (exceto um banco ou uma associação de poupança e empréstimos, ou *savings and loan*) que é proprietária e investe de maneira arbitrária US$100 milhões em títulos de empresas não afiliadas. Bancos e associações de poupança e empréstimos (*savings and loans*) têm que cumprir esse teste, mas também têm que ter um valor líquido mínimo de US$25 milhões. A SEC estimou que existem aproximadamente 4.000 QIBs, principalmente consultorias de investimentos, empresas de investimento, empresas de seguros, fundos de pensão e fundos de caridade.

Simultaneamente, a SEC modificou sua Regulamentação S para passar a permitir que emissores estrangeiros tivessem acesso ao mercado norte-americano de colocações privadas através da emissão da Regra 144A da SEC, também sem registro junto à SEC. Um sistema de negociações automatizado e administrado por uma tela, chamado PORTAL, foi estabelecido pela Associação Nacional de Negociadores de Títulos (NASD ou National Association of Securities *Dealers*) para dar suporte à distribuição de emissões primárias e para criar um mercado secundário líquido para essas colocações privadas não registradas.

Como o registro junto à SEC foi identificado como a principal barreira às empresas estrangeiras que desejam levantar fundos nos Estados Unidos, as colocações da Regra 144A da SEC estão se mostrando atraentes para emissores estrangeiros tanto de ações quanto de títulos de dívida. A Atlas Copco, a empresa sueca multinacional de engenharia, foi a primeira empresa estrangeira a tirar proveito da Regra 144A da SEC. Ela levantou US$49 milhões nos Estados Unidos através de uma colocação privada de ADRs como parte de sua emissão de euroações de US$214 milhões em 1990. Desde então, foram levantados vários bilhões de dólares por ano por emissores estrangeiros com colocações privadas nos Estados Unidos. Entretanto, não parece que tais colocações tenham um efeito favorável sobre a liquidez ou sobre o preço das ações.[10]

Fundos de investimento em participações (*Private Equity Funds*)

Fundos de investimento em participações geralmente são parcerias limitadas de investidores institucionais e prósperos, como fundações universitárias, que levantam capital nos mercados de capitais mais líquidos. Eles são mais conhecidos por adquirir o controle de empresas de capital aberto, torná-las empresas de capital fechado, melhorar a gerência e então revendê-las depois de um a três anos. Elas são revendidas de uma variedade de maneiras, inclusive para outras empresas, para outros fundos de investimento em participações, ou tornando-as uma empresa de capital aberto novamente. Os próprios fundos de investimento em participações são frequentemente muito grandes, mas

---

[9] William L. Megginson, Robert C. Nash, e Mathias Ian Randenborgh, "The Financial and Operating Performance of Newly Privatized Firms: An International Empirical Analysis," *Journal of Finance*, junho de 1994, pp. 403–452.

[10] Boubakri, Narjess e Jean Claude Cosset, "The Financial and Operating Performance of Newly Privatized Firms: Evidence from Developing Countries," *The Journal of Finance*, Volume 53, Número 3, junho de 1998, pp. 1081–1110. Tirou-se esta mesma conclusão no estudo um pouco mais recente de Miller 1999, op. cit.

podem também utilizar uma grande quantia de dívida para financiar suas aquisições de controle. Essas "alternativas", como são chamadas, exigem tarifas de 2% dos ativos mais 20% dos lucros. Além disso, nos Estados Unidos, seus ganhos são tributados pela taxa de ganhos de capital de 15% sobre "juros transitados" em vez da usual taxa de 35% do imposto de renda comum. Os fundos de *private equity* têm tido alguns sucessos com grande visibilidade. O quadro Finanças Globais na Prática 15.1 descreve alguns dos principais fundos de *private equity* e seus ativos.

Muitas empresas maduras de propriedade familiar residentes em mercados emergentes têm poucas chances de se qualificar para custos e disponibilidade de capital globais, mesmo se adotarem a estratégia sugerida neste capítulo. Apesar de elas talvez serem consistentemente lucrativas e estarem crescendo, elas ainda são pequenas demais, invisível demais para os investidores estrangeiros, com falta de profundidade gerencial, e incapazes de financiar os custos à vista de uma estratégia de globalização. Para essas empresas, os fundos de *private equity* podem ser uma solução.

Os fundos de investimento em participações diferem dos fundos de capital de risco tradicionais. Estes últimos normalmente operam principalmente em países altamente desenvolvidos. Eles tipicamente investem empresas iniciantes com a meta de sair do investimento com uma oferta pública inicial (IPO ou *initial public offering*) colocada nos mesmos mercados altamente líquidos. Há muito pouco capital de risco disponível nos mercados emergentes, em parte porque seria difícil lançar uma IPO em um mercado ilíquido. Os fundos de investimento em participações apresentam o mesmo tipo de problema de saída, mas parecem ter um horizonte de tempo mais longo. Eles investem em empresas já maduras e lucrativas e ficam satisfeitos em fazer as empresas crescerem através de uma administração melhor e de fusões com outras empresas.

O Exxel Group é um exemplo de um fundo de investimento em participações bem-sucedido. Seu fundador e CEO, Juan Navarro, foi chamado do "rei das aquisições de controle da Argentina". De 1991 a 2002, a empresa investiu US$4,8 bilhões em 74 empresas na Argentina. Consistente com essa missão, a empresa continuou a buscar o controle operacional integral sobre todas as aquisições a fim de implementar seus superiores conhecimentos gerenciais, industriais e de mercado de modo a criar valor para o acionista.

FINANÇAS GLOBAIS NA PRÁTICA 15.1

Fundos de investimento em participações e seus ativos (bilhões)

Ativos	Alguns de seus investimentos
US$88	**Blackstone** (Nova York): Ativos incluem uma participação na Nielson Media, a operação do parque temático Universal Orlando e a Allied Waste, uma empresa de gestão de resíduos
US$59	**The Carlyle Group** (Washington, D.C.): Possui investimentos na cadeia de cinemas AMC Entertainment e nas Dunkin' Brands (Dunkin' Donuts e Baskin-Robbins)
US$53	**Kohlberg Kravis Roberts** (Nova York): Proprietária da varejista Dollar General, das lojas Toys 'R' Us e da editora Primedia (que publica as revistas *Surfer* e *Hot Rod* e o guia *AutoGuide*)
US$50	**Bain Capital** (Boston): Investiu em empresas de Internet como a ecredit.com e a iwon.com; Ameritrade, uma empresa de serviços financeiros e a Samsonite, que produz malas de viagem.
US$30	**Permira** (Londres): Recentemente adquiriu a gigante dos alimentos congelados Iglo Birds Eye, e a Automobile Association (o maior serviço do Reino Unido de assistência de emergência nas estradas)
US$29	**CVC Capital Partners** (Londres): Possui uma participação na produtora de móveis laminados Formica, em corridas de Fórmula 1 e na Tower Records Japão
US$22	**Cerberus Capital Management** (Nova York): Proprietária parcial da empresa matriz da Air Canada. Proprietária da GMAC Financial Services e da Alamo Rent A Car. Adquiriu o controle da Chrysler através de uma participação majoritária.

Dados extraídos da revista *Newsweek*, 23 de julho de 2007, p. 40.

Alianças estratégicas

As alianças estratégicas são normalmente formadas por empresas que esperam ganhar sinergias de um ou mais dos esforços conjuntos que se seguirão. Elas podem compartilhar o custo de desenvolvimento de tecnologias ou buscar atividades de *marketing* complementares. Elas podem ganhar economias de escala ou de escopo ou uma variedade de outras vantagens comerciais. No entanto, uma sinergia que às vezes pode ser subestimada é a possibilidade de uma empresa financeiramente forte ajudar uma empresa financeiramente fraca a baixar seu custo de capital fornecendo capital próprio ou financiamento de dívidas a preços atraentes.

RESUMO

- Criar uma estratégia de obtenção de capital exige que a administração chegue a um acordo quanto a um objetivo financeiro de longo prazo.

- A empresa precisa, então, escolher dentre os vários caminhos alternativos para chegar lá, inclusive onde listar suas ações e onde emitir novas ações, e em que forma.

- Uma empresa lista suas ações em bolsas de valores estrangeiras por um ou mais dos motivos a seguir:

- Melhorar a liquidez de suas ações existentes usando recibos de depósitos.

- Aumentar o preço de suas ações superando a má-precificação de um mercado de capitais doméstico segmentado e ilíquido.

- Dar suporte a uma nova emissão de ações em um mercado estrangeiro.

- Estabelecer um mercado secundário para ações usadas em aquisições.

- Aumentar a visibilidade e a aceitação política da empresa para seus clientes, fornecedores, credores e governos anfitriões.

- Criar um mercado secundário para ações que serão usadas para remunerar a administração e os funcionários locais em afiliadas estrangeiras.

- Se for para dar suporte a uma nova emissão de ações ou estabelecer um mercado para troca de ações, o mercado alvo deve ser também o mercado onde as ações estão listadas.

- Se for para aumentar a visibilidade política e comercial da empresa ou para remunerar a administração e os funcionários locais, o mercado alvo deve ser os mercados em que a empresa possui operações significativas.

- Os principais mercados de ações líquidos são NASDAQ, NYSE, Londres, Euronext, Tokyo e Deutsche Börse.

- A escolha entre esses seis mercados depende de seu tamanho e da sofisticação de suas atividades de criação de mercado (market-making), inclusive custos de transação competitivos e gerenciamento competente de crises.

- Maior comprometimento com divulgação integral.

- Um programa contínuo de relacionamento com o investidor.

- Uma empresa pode diminuir seu custo de capital e aumentar sua liquidez vendendo suas ações a investidores estrangeiros em uma variedade de formas.

- Venda de uma emissão de ações direcionada a investidores em determinado mercado de ações estrangeiro.

- Venda de uma emissão de euroações a investidores estrangeiros simultaneamente em mais de um mercado, incluindo os mercados estrangeiros e domésticos.

- Colocação privada sob a Regra 144A da SEC.

- Venda de ações a fundos de investimento em participações (*private equity funds*)

- Venda de ações a uma empresa estrangeira como parte de uma aliança estratégica.

MINICASO Petrobras e o custo de capital

A Petrobras se destaca em termos de tecnologia de exploração em águas profundas... mas atualmente fica para trás na área de custo de capital. Acreditamos que, no longo prazo, para a Petrobras se tornar uma participante competitiva no que parece ser o futuro da exploração submarina de combustível, ela estaria na direção certa expandindo internacionalmente, garantindo sua presença no chamado Triângulo de Ouro* da exploração do petróleo e diminuindo seu custo de capital.

A redução do WACC poderia ser imediata. Se a Petrobras adquirisse uma das independentes norte-americanas – que estimamos ter, em média, um WACC na faixa de 6% a

---

* N. de T.: O Triângulo de Ouro da exploração de petróleo conecta as três principais regiões de exploração e desenvolvimento submarino: Brasil, Golfo do México (GOM) e África Ocidental.

8% – ela poderia levantar dívida junto à empresa adquirida e, subsequentemente, diminuir seu WACC no curto prazo. A Petrobras poderia até mesmo cancelar parte de sua própria dívida e/ou emitir novas dívidas através da entidade recém-adquirida. Já vimos outras empresas latinas experientes (i.e., a Cemex através de sua subsidiária espanhola, a Valenciana) fazer isso com êxito no passado.

— "Foreign Expansion Makes Sense at the Right Price," Morgan Stanley Equity Research, 18 de janeiro de 2002, p. 4

A Petróleo Brasileiro S.A. (Petrobras) era uma empresa integrada de petróleo e gás fundada em 1954 pelo governo brasileiro como a empresa estatal de petróleo do Brasil. Em 1997, o governo brasileiro iniciou diversos importantes esforços de privatização, incluindo a da Petrobras. As ações da empresa foram listadas em São Paulo em 1997, e na Bolsa de Valores de Nova York (NYSE: PBR) em 2000. Apesar das listagens de ações, o governo brasileiro continuou a ser o acionista controlador, com 33% do capital total e 55% das ações com direito a voto. Como empresa nacional de petróleo do Brasil, o único propósito da empresa era a redução da dependência brasileira de petróleo importado. Um efeito colateral desse foco, no entanto, foi uma falta de diversificação internacional. Muitos dos críticos da empresa discutiam que ser brasileira e não diversificada internacionalmente resultava em um custo de capital não competitivo.

Necessidade de diversificação

Em 2002, a Petrobras era a maior empresa do Brasil, e a maior empresa de capital aberto de petróleo da América do Sul. No entanto, não era internacional em suas operações. Essa inerente falta de diversificação internacional estava claramente aparente para os investidores internacionais, que atribuíam à empresa os mesmos fatores de risco-país e prêmios que atribuíam a todas as outras empresas brasileiras. Como mostra o Quadro 1, o resultado foi um custo de capital, em 2002, 6% mais alto do que todos os outros. Os estrategistas e mercados de ações consideravam esta uma distinta desvantagem competitiva.

A Petrobras embarcou em uma estratégia de globalização, com várias importantes transações liderando o processo. Em dezembro de 2001, a Repsol-YPF da Argentina e a Petrobras concluíram um intercâmbio de ativos operacionais avaliado em US$500 milhões. No intercâmbio, a Petrobras recebeu uma participação de 99% na cadeia de estações de serviço Eg3 S.A., enquanto que a Repsol-YPF recebeu uma participação de 30% em uma refinaria, uma participação de 10% em um campo de petróleo *offshore* e um direito de revenda de combustível para 230 estações de serviço no Brasil. O acordo incluía uma garantia de oito anos contra riscos de moeda.

Em outubro de 2002, a Petrobras adquiriu a Perez Companc (Pecom) da Argentina. A Pecom tinha entrado no jogo rapidamente depois da crise financeira argentina em janeiro de 2002. Apesar de a Pecom ter reservas internacionais e capacidade de produção significativas, as forças combinadas da desvalorização do peso argentino, uma carteira de dívida em grande parte denominada em dólar e uma multiplicidade de regulamentações governamentais que atrapalhavam sua capacidade de deter e alavancar recursos em moedas fortes, a empresa tinha agido com rapidez no sentido de encontrar um comprador para refinanciar sua estrutura financeira. A Petrobras tirou proveito da oportunidade. A propriedade da Pecom tinha sido dividida entre a família proprietária e a fundação (58,6%), e uma oferta pública (os 41,4% restantes).

A Petrobras adquiriu, então, a participação controladora – todos os 58,6% – diretamente da família.

Nos três anos seguintes, a Petrobras se focou na reestruturação de grande parte de sua dívida (e a dívida que ela tinha adquirido através da aquisição da Pecom) e no investimento em seu próprio crescimento. Mas o progresso na revitalização de sua estrutura financeira tinha sido lenta, e em 2005 já havia uma discussão renovada sobre uma nova emissão de ações para

---

QUADRO 1 | Petrobras sofre com um custo de capital não competitivo

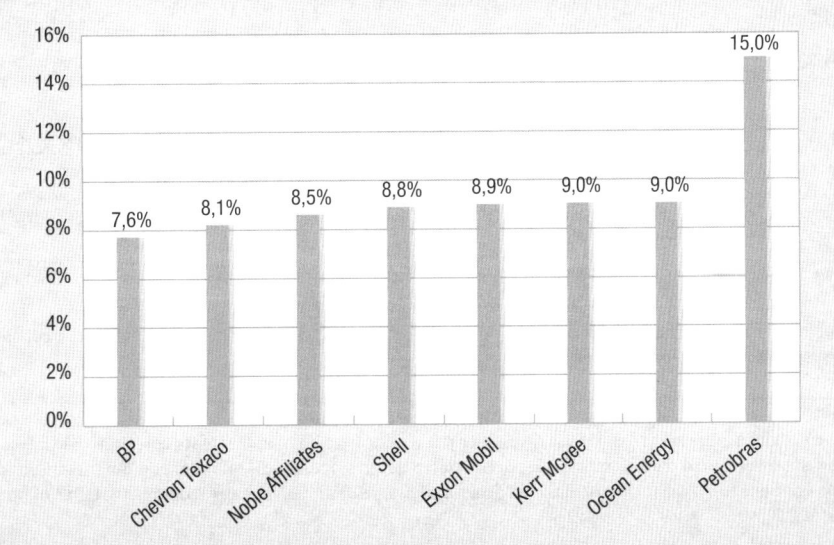

Empresa	Custo de capital
BP	7,6%
Chevron Texaco	8,1%
Noble Affiliates	8,5%
Shell	8,8%
Exxon Mobil	8,9%
Kerr Mcgee	9,0%
Ocean Energy	9,0%
Petrobras	15,0%

Fonte: MorganStanley Research, 18 de janeiro de 2002, p. 5.

aumentar seu capital próprio.[1] Mas a que custo? Qual era o custo de capital da empresa?

Custo de capital e risco-país

O Quadro 1 apresenta o custo de capital de inúmeras das principais empresas de petróleo e de gás em todo o mundo, incluindo a Petrobras em 2002. Esta comparação poderia ocorrer apenas se todos os custos de capital fossem calculados em uma moeda comum; neste caso, o dólar americano. Os mercados globais de petróleo e gás há muito eram considerados "denominados em dólar", e qualquer empresa que operasse nesses mercados, independentemente de em que parte do mundo ela realmente operasse, era considerada como tendo o dólar americano como sua moeda funcional. Uma vez que a empresa tivesse listado suas ações em um mercado de ações norte-americano como a NYSE, a dolarização de seu capital se tornava ainda mais aceita.

Mas qual era o custo de capital – em termos do dólar – de uma empresa brasileira? O Brasil tinha um longo histórico de ondas de alta inflação, instabilidade econômica e desvalorizações e depreciações de moeda (dependendo do regime *de jure das taxas de câmbio*). Um dos principais indicadores da opinião do mercado global sobre o risco-país brasileiro era o *spread* soberano, o rendimento ou custo adicional dos fundos em dólar que o governo brasileiro tinha que pagar nos mercados globais acima e além do que o que o Tesouro dos EUA pagava para emprestar fundos em dólar. Como ilustrado no Quadro 2, o *spread* soberano brasileiro tinha sido alto e volátil na última década.[2] O *spread* às vezes era tão baixo quanto 400 pontos-base (4,0%), como nos últimos anos, ou tão alto quanto 2.400 pontos-base (24%), durante a crise financeira de 2002 em que o real primeiro foi desvalorizado e então passou a flutuar. E isso era meramente o custo da dívida para o governo do Brasil. Como esse *spread* soberano se refletia no custo do capital de terceiros e de capital próprio para uma empresa brasileira como a Petrobras?

Uma abordagem da estimação do custo de capital de terceiros da Petrobras em termos de dólares americanos, $k_d^{US\$}$, era acumulá-los – o custo de fundos em dólar do governo do Brasil corrigido por um *spread* de crédito corporativo privado:

$k_d^{US\$}$ = Taxa livre de risco do tesouro dos EUA +

Spread soberano brasileiro +

Spread de crédito da Petrobrás

$k_d^{US\$}$ = 4,000% + 4,000% + 1,000% = 9,000%

QUADRO 2 — O *spread* soberano brasileiro (dezembro de 1997–agosto de 2005)

Spread de pontos-base em relação aos EUA

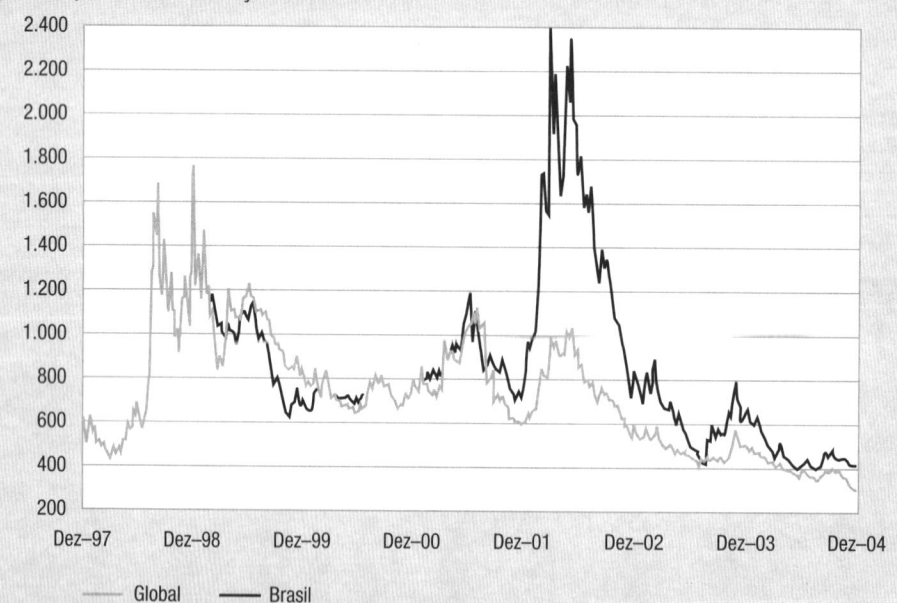

[Gráfico de linhas mostrando spread Global e Brasil de Dez-97 a Dez-04, com valores variando entre cerca de 200 e 2.400 pontos-base, com pico brasileiro próximo a 2.400 em torno de Dez-01/Dez-02]

Fonte: EMBI + *Spread* da JPMorgan, cotados pela Latin Focus, http://www.latinfocus.com/latinfocus/countries/brazilbisprd.htm, agosto de 2005.

---

[1] Em 2005, a estratégia financeira da empresa já exibia uma diversificação significativa. O financiamento corporativo total (sem ser dívida, no sentido de que *project finance* são um não recurso para a empresa depois do início de suas operações) era bem equilibrado: títulos de dívida, US$4 bilhões; BNDES (títulos de dívida emitidos sob os auspícios de uma agência brasileira de desenvolvimento econômico), US$3 bilhões; *project finance*, US$5 bilhões; outros, US$4 bilhões.

[2] A medida do *spread* soberano apresentada no Quadro 2 é a calculada pelo JPMorgan em seu índice Emerging Market Bond Index Plus (EMBI+). Esta é a medida mais amplamente usada para mensurar risco-país pelos profissionais do mercado financeiro.

Se a taxa livre de risco do Tesouro dos EUA fosse estimada usando a taxa de títulos de dívida de 10 anos do Tesouro (rentabilidade), uma taxa base em agosto de 2005 poderia ser 4,0%. O *spread* soberano brasileiro, como visto no Quadro 2, parecia ser 400 pontos-base, ou outros 4,0%. Mesmo se o *spread* de crédito da Petrobras fosse de apenas 1,0%, o custo corrente da dívida em dólar para a empresa seria de 9%. Este custo era claramente mais alto do que o custo da dívida da maioria das grandes empresas petrolíferas do mundo, que provavelmente estavam pagando apenas 5% em média sobre dívidas no final de 2005.

O custo do capital próprio da Petrobras seria similarmente afetado pela taxa de juros livre de risco corrigida pelo risco-país. Usando uma simples expressão do Modelo de Precificação de Ativos Financeiros (CAPM) para estimar o custo de capital próprio da empresa em termos de dólares ($k_e^{US\$}$):

$$k_e^{US\$} = \text{taxa livre de risco} + (\beta_{Petrobrás} \times \text{prêmio de risco de mercado})$$
$$= 8,000\% + (1,10 \times 5,500\%)$$
$$= 14,05\%$$

Este cálculo supunha a mesma taxa livre de risco usada no custo da dívida anteriormente, um beta (com base na NYSE) de 1,10 e um prêmio de risco de mercado de 5,500%. Mesmo com essas suposições relativamente conservadoras (muitos discutiriam que o beta da empresa era, na verdade, mais alto ou mais baixo, e que o prêmio de risco de mercado era 6,0% ou mais), o custo de capital próprio da empresa era de 14%.

Finalmente, o custo de capital corporativo, WACC, poderia ser calculado como a seguir:

$$WACC = (\text{dívida/valor}) \times k_d^{US\$} \times (1 - \text{alíquota de impostos}) + (\text{patrimônio líquido/valor} \times k_e^{US\$})$$

Supondo uma estrutura de capital alvo de longo prazo de um terço de capital de terceiros e dois terços de capital próprio e uma alíquota efetiva de impostos corporativos de 28% (depois de concessões fiscais especiais, sobretaxas e incentivos para o setor brasileiro de petróleo e gás), o WACC da Petrobras foi estimado em pouco mais de 11,5%:

$$WACC = (0,333 \times 9,000\% \times 0,72) + (0,667 \times 14,050\%) = 11,529\%$$

Então, depois de todos os esforços para diversificar a empresa internacionalmente e internacionalizar seu custo de capital, por que o custo de capital da Petrobras ainda é tão mais alto do que suas contrapartes globais? Não somente o WAAC da empresa era mais alto em comparação a outros importantes participantes globais, mas este também era o mesmo custo de capital alto usado como a taxa de desconto básica ao avaliar muitos investimentos e aquisições potenciais.

Várias das empresas de investimento que cobriam a Petrobras observaram que o preço das ações da empresa tinha exibido uma correlação muito alta com o EMBI + *spread* soberano do Brasil (mostrado no Quadro 2), pairando em torno de 0,84 por diversos anos. Da mesma maneira, o preço das ações da Petrobras também tinha uma correlação histórica – inversa – com a taxa de câmbio entre o real brasileiro e o dólar americano. Esta correlação tinha tido uma média de –0,88 ao longo do período de 2000–2004. Finalmente, a questão de se a Petrobras era considerada uma empresa de petróleo ou uma empresa brasileira também estava em debate:

> *O desempenho das ações da Petrobras parece mais altamente correlacionado com o mercado de ações brasileiro e spreads de crédito com base em padrões históricos de negociação, sugerindo que sua opinião sobre a direção ampla do mercado brasileiro é importante ao tomar uma decisão de investimento na empresa. Se a tendência histórica fosse mantida, uma melhoria na percepção do risco brasileiro deveria estimular o desempenho do preço das ações da Petrobras.*
>
> —"Petrobras: A Diamond in the Rough,"
> JPMorgan Latin American Equity Research,
> 18 de junho de 2004, p. 26–27.

Perguntas sobre o caso

1. Por que você acha que o custo de capital da Petrobras é tão alto? Existem maneiras melhores, ou outras maneiras de se calcular seu custo médio ponderado de capital?

2. Esse método de usar o *spread* soberano também compensa o risco de moeda?

3. A última citação de que "sua opinião sobre a direção ampla do mercado brasileiro" sugere que os investidores potenciais consideram a relativa atratividade do Brasil em suas decisões de investimento. Como essa percepção aparece no cálculo do custo de capital da empresa?

4. O custo de capital é realmente um fator relevante na competitividade e estratégia de uma empresa como a Petrobras? O custo de capital corporativo realmente afeta a competitividade?

PERGUNTAS

1. **Estabelecendo uma estratégia para a obtenção de capital próprio no cenário global.** O Quadro 15.1 ilustra caminhos alternativos para globalizar o custo e a disponibilidade de capital. Identifique os passos específicos no Quadro 15.1 que foram dados pela Novo Industri (Capítulo 14) em ordem cronológica a fim de obter um custo e disponibilidade de capital internacionais.

2. **Recibos depositários – Definições.** Defina os seguintes termos:
   a. ADRs
   b. GDRs
   c. Recibos de depósitos patrocinados
   d. Recibos de depósitos não patrocinados

3. **ADRs.** Distinga entre os três níveis de ADRs negociadas nos Estados Unidos.

4. **Listagem e emissão de ações no exterior.** Dê cinco motivos pelos quais uma empresa pode listar e vender suas ações em uma bolsa de valores muito líquida.

5. **Listagem no exterior.** Quais são as principais razões que fazem as empresas norte-americanas listarem suas ações no exterior?

6. **Debate sobre divulgações.** Os mercados de ações norte-americanos são geralmente considerados como os mais exigentes do mundo em termos de divulgações de informações financeiras. Quais são alguns prós e contras deste extremismo?

7. **Barreiras à listagem.** Quais são as principais barreiras à listagem no exterior?

8. **Instrumentos alternativos.** Quais são cinco instrumentos alternativos que podem ser usados para obter capital próprio em mercados globais?

9. **Emissão de ações pública direcionada.**
   a. Defina o que significa uma "emissão de ações pública direcionada".
   b. Por que a Novo decidiu fazer uma emissão de ações pública direcionada de US$61 milhões nos Estados Unidos em 1981?

10. **Emissão pública de euroações.** Defina o que significa uma "emissão pública de euroações".

11. **Colocação privada sob a Regra 144A da SEC.**
    a. O que é a Regra 144A da SEC?
    b. Por que uma empresa estrangeira pode decidir vender suas ações nos Estados Unidos sob a Regra 144A da SEC?

12. **Fundos de investimento em participações.**
    a. O que é um fundo de investimento em participações?
    b. Como eles diferem das empresas de capital de risco tradicionais?
    c. Como os fundos de investimento em participações levantam seu próprio capital, e como esta forma de obtenção de capital lhes dá a vantagem competitiva sobre os bancos locais e fundos de investimento?

13. **Alianças estratégicas.**
    a. Por que as empresas formam alianças estratégicas internacionais?
    b. Por que uma aliança estratégica internacional pode diminuir o custo de capital de uma empresa?

PROBLEMAS

Uma diferença de opinião: o WACC da Petrobras

A Petrobras do Brasil, o tema do Minicaso deste capítulo, é uma empresa petrolífera brasileira com ações listadas em Nova York. Várias grandes empresas de investimento cobrem a Petrobras e, consequentemente, parece haver uma enorme diferença de opinião sobre como calcular seu custo médio ponderado de capital.

*1. **JPMorgan.** O departamento latino-americano de pesquisas em ações da JPMorgan produziu o seguinte cálculo de WACC para a Petrobras do Brasil em comparação à Lukoil da Rússia em seu relatório de 18 de junho de 2004. Avalie a metodologia e os pressupostos usados no cálculo. Suponha uma alíquota de impostos de 28% para ambas as empresas.

	Petrobras	Lukoil
Taxa livre de risco	4,8%	4,8%
Risco soberano	7,0%	3,0%
Prêmio de risco	4,5%	5,7%
Custo de capital próprio de ações	16,3%	13,5%
Beta (realavancado)	0,87	1,04
Custo da dívida	8,4%	6,8%
Grau de endividamento	0,333	0,475
WACC	14,7%	12,3%

2. **Unibanco.** O Unibanco estimou um custo médio ponderado de capital de 13,2% para a Petrobras em reais brasileiros em seu relatório de 12 de agosto de 2004. Avalie a metodologia e os pressupostos usados no cálculo.

Taxa livre de risco	4,5%	Custo da dívida (depois dos impostos)	5,7%
Beta	0,99	Alíquota de impostos	34%
Prêmio de mercado	6,0%	Dívida/capital total	40%
Prêmio de risco do país	5,5%	WACC (R$)	13,2%
Custo do capital próprio (US$)	15,9%		
Taxa de câmbio	2,0%		
Custo do capital próprio (R$)	18,3%		

3. **Citigroup SmithBarney (dólar).** O Citigroup realiza regularmente uma avaliação do fluxo de caixa descontado em dólar americano (DCF) da Petrobras em sua cobertura. Essa análise do DCF exige o uso de uma taxa de desconto que é baseada no custo médio ponderado de capital da empresa. Avalie a metodologia e os pressupostos do WACC da Petrobras real de 2003 (2003A) e as estimativas desse WACC para 2004 (2004E).

	Relatório de 28 de julho de 2005			Relatório de 8 de março de 2005	
	2003A	2004E		2003A	2004E
Taxa livre de risco	9,4%	9,4%	Taxa livre de risco	9,0%	9,0%
Beta alavancado	1,07	1,09	Beta alavancado	1,08	1,10
Prêmio de risco	5,5%	5,5%	Prêmio de risco	5,5%	5,5%
Custo do capital próprio	15,2%	15,3%	Custo do capital próprio	14,9%	15,0%
Custo da dívida	8,4%	8,4%	Custo da dívida	9,0%	9,0%
Alíquota de impostos	28,5%	27,1%	Alíquota de impostos	28,5%	27,1%
Grau de endividamento	32,7%	32,4%	Grau de endividamento	33,4%	33,3%
WACC	12,2%	12,3%	WACC	12,1%	12,3%

4. **Citigroup SmithBarney (reais).** Em um relatório datado de 17 de junho de 2003, o Citigroup SmithBarney calculou um WACC para a Petrobras denominado em reais brasileiros (R$). Avalie a metodologia e os pressupostos desse cálculo do custo de capital.

Taxa livre de risco (*C-Bond* brasileiro)	9,9%
Beta alavancado da Petrobras	1,40
Prêmio de risco de mercado	5,5%
Custo de capital próprio	17,6%
Custo da dívida	10,0%
Alíquota de impostos corporativos	34,0%
Grau de endividamento de longo prazo	50,6%
WACC (R$)	12,0%

5. **BBVA Investment Bank.** O banco de investimento BBVA utilizou uma abordagem um tanto inovadora para lidar com o risco-país e o risco-moeda em seu relatório de 20 de dezembro de 2004 sobre a Petrobras. Use a tabela abaixo para avaliar a metodologia e os pressupostos usados nesse cálculo desse custo de capital.

6. **Comparação do WACC da Petrobras.** Várias estimativas do custo de capital da Petrobras do Brasil parecem diferir amplamente, mas elas realmente diferem? Reorganize suas respostas dos cinco problemas anteriores em custos de capital em dólares americanos *versus* reais brasileiros. Use as estimativas para 2004 como base de comparação.

BBVA Investment Bank	2003	2004
Taxa livre de risco de 10 anos do Tesouro dos EUA (em US$)	4,1%	4,4%
Prêmio de risco-país (em US$)	6,0%	4,0%
Prêmio da Petrobras (em US$)	−1,0%	−1,0%
Taxa livre de risco do Brasil (em US$)	9,1%	7,4%
Prêmio de risco de mercado (em US$)	6,0%	6,0%
Beta da Petrobras	0,80	0,80
Custo do capital próprio (em US$)	13,9%	12,2%
Desvalorização da moeda em 10 anos (2004–2015)	2,50%	2,50%
Custo do capital próprio (em R$)	16,75%	14,44%
Custo da dívida depois de 35% de impostos (em R$)	5,5%	5,5%
Índice do capital próprio de longo prazo	69%	72%
Grau de endividamento de longo prazo	31%	28%
WACC (em R$)	13,3%	12,0%

EXERCÍCIOS NA INTERNET

1. **Novo Industri.** A Novo Industri A/S se fundiu com seu principal concorrente, a Nordisk Gentofte, em 1989, formando a Novo Nordisk. Esta empresa é hoje produtora líder mundial de insulina. Sua principal concorrente hoje é a Eli Lilly (EUA). Usando as informações padrões de investidores como índices preço/lucro, preços de ações, índices de endividamento e betas retirados de vários *sites* da empresa, compare o custo de capital dessas duas grandes empresas hoje.

   www.novonordisk.com
   www.lilly.com
   bigcharts.com

2. **The Data Page.** Aswath Damodaran, um distinto professor da NYU Stern School of Business, mantém uma página de dados financeiros detalhados sobre uma variedade de tópicos – sendo um deles o custo de capital. Visite o seguinte *site* para encontrar estimativas para os últimos cálculos do custo de capital de diversos setores:

   Aswath Damodaran   pages.stern.nyu.edu/ ~adamodar/

3. **Calculadora do custo médio ponderado de capital.** O *Financial Times* possui uma maneira simples online de usar uma calculadora de custo médio ponderado de capital. Use o link a seguir para explorar os impactos de mudanças na estrutura de capital sobre o custo de capital da empresa. Uma empresa com 100% de capital próprio se beneficiaria da alavancagem?

   Custo de capital do
   Financial Times   www.ft.com/personal-finance/tools

CAPÍTULO 16

Obtenção de Capital de Terceiros no Cenário Global

Não ignoramos a teoria de como o aumento da alavancagem financeira resulta na maximização dos retornos. Tendo dito isso, ao longo dos anos, temos visto repetidos exemplos de outros nesse ramo que caíram nas garras de consultores e banqueiros de investimento eruditos, todos utilizando as palavras certas da moda para defender os benefícios de alguma transação financeira, sustentados por teorias financeiras que, na realidade, só suportavam o que chamamos de "a regra clandestina das finanças". (A versão da The Expeditors da Regra Clandestina das Finanças ou "Clandestine Rule of Finance" é parafraseada "Para cada 'brilhante' ideia transacional que é apresentada para a administração à guisa de maximização dos retornos dos acionistas, existe uma enorme Tarifa inversamente proporcional ao retorno realizado real quando a transação ocorre").

—"Selected Inquiries Received Through November 9, 2006," Expeditors International.

Temos que modificar a teoria da estrutura financeira ótima consideravelmente de modo a englobar a empresa multinacional. Este capítulo começa com uma breve análise da teoria doméstica da estrutura financeira ótima. Seguiremos com uma análise das complexidades envolvidas em encontrar uma estrutura financeira ótima para uma EMN. A seção seguinte ressalta as complexidades únicas que influenciam a estrutura financeira ótima para as subsidiárias estrangeiras de EMNs. O capítulo continua com uma análise dos instrumentos de dívida alternativos que uma EMN pode utilizar para alcançar uma estrutura financeira ótima.

ESTRUTURA FINANCEIRA* ÓTIMA

Depois de muitos anos de debate, a maioria dos teóricos de finanças hoje concordam sobre se existe ou não uma estrutura de capital ótima para uma empresa, e em caso afirmativo, como ela pode ser determinada. O grande debate entre os chamados tradicionalistas e a escola de pensamento de Modigliani e Miller aparentemente acabou chegando a um denominador comum. Quando são considerados os custos de impostos e de falência, uma empresa possui uma estrutura financeira ótima determinada pelo *mix* específico de capital de terceiros e capital próprio que minimiza o custo de capital da empresa para determinado nível de risco dos negócios. Se o risco dos negócios dos novos

---

* N. de R. T.: Os autores usam o termo Estrutura Financeira (Financial Structure) de modo similar ao termo mais comumente usado, Estrutura de Capital (Capital Structure). A estrutura de capital relaciona-se à forma com que a empresa é financiada, considerando-se capital próprio e capital de terceiros.

projetos difere dos riscos de projetos existentes, o *mix* ótimo de capital de terceiros e capital próprio mudaria, de forma a reconhecer os *tradeoffs* entre riscos dos negócios e riscos financeiros.

O quadro 16.1 ilustra como o custo de capital varia de acordo com a quantidade de dívida empregada. À medida que o grau de endividamento (definido como o total de dívidas dividido pelo total de ativos a valores de mercado) aumenta, o custo de capital geral (k_{WACC}) diminui devido ao maior peso da dívida de baixo custo [$k_d(1-t)$] em comparação às dívidas de alto custo (k_e). O baixo custo da dívida é, obviamente, devido à possibilidade de se deduzir juros dos impostos, exibido pelo termo $(1-t)$. Um aumento no custo do capital próprio (k_e) neutraliza parcialmente o efeito favorável de mais dívida, pois os investidores percebem um risco financeiro maior. Não obstante, o custo médio ponderado de capital geral depois dos impostos (k_{WACC}) continua a cair à medida que o grau de endividamento aumenta, até o risco financeiro se tornar tão sério que os investidores e a administração percebam um verdadeiro perigo de insolvência. Esse resultado causa um forte aumento no custo de novas dívidas e novas ações, aumentando, assim, o custo médio ponderado de capital. O ponto mais inferior da curva de custo de capital em forma de U, que está a 14% no Quadro 16.1, define a faixa do coeficiente de endividamento na qual o custo de capital é minimizado.

A maioria dos teóricos acredita que o ponto mais inferior é, na verdade, uma área bastante ampla e plana que engloba uma variada gama de graus de endividamento, 30% a 60% no Quadro 16.1, onde há pouca diferença no custo de capital. Eles também acreditam que, pelo menos nos Estados Unidos, a faixa da área plana e a localização do coeficiente de endividamento de uma empresa específica dentro desta faixa são determinados por variáveis como 1) o setor em que a empresa compete, 2) a volatilidade de suas vendas e de sua receita operacional, e 3) o valor colateral de seus ativos.

ESTRUTURA FINANCEIRA ÓTIMA E A EMN

A teoria doméstica da estrutura financeira ótima precisa ser modificada por outras quatro variáveis a fim de acomodar o caso da EMN. Essas variáveis, na ordem de surgimento, são: 1) a disponibilidade de capital, 2) a diversificação dos fluxos de caixa, 3) risco cambial, e 4) as expectativas de investidores internacionais em carteira.

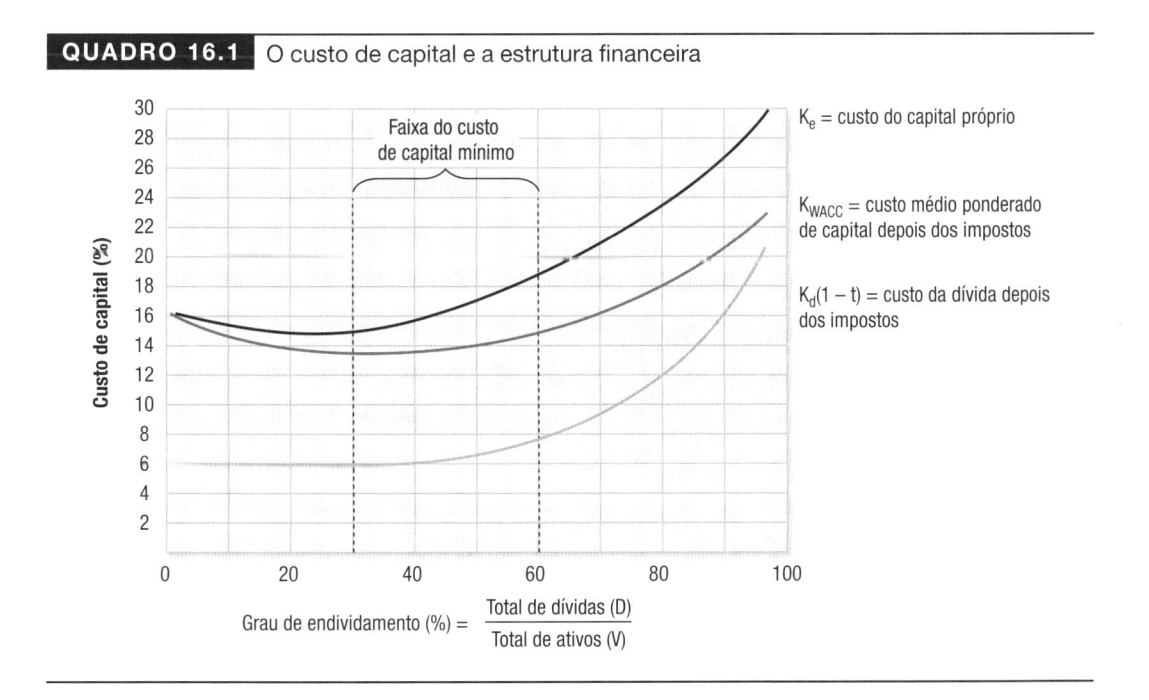

QUADRO 16.1 O custo de capital e a estrutura financeira

Disponibilidade de capital

O Capítulo 14 demonstrou que o acesso a capital em mercados globais permite que uma EMN diminua seu custo de capital próprio e de terceiros em comparação à maioria das empresas domésticas. Permite também que uma EMN mantenha seu índice de endividamento desejado, mesmo quando quantias significativas de novos fundos têm que ser levantadas. Em outras palavras, o custo de capital marginal de uma empresa multinacional é constante para faixas consideráveis de seu orçamento de capital. Esta declaração não é verdadeira para a maioria das pequenas empresas domésticas porque elas não têm acesso aos mercados de ações nacionais ou aos mercados de dívida. Elas têm que contar ou com fundos gerados internamente ou contrair empréstimos no curto e médio prazo junto a bancos comerciais.

As empresas multinacionais domiciliadas em países que possuem mercados de capitais ilíquidos se encontram quase que na mesma situação que as pequenas empresas domésticas, a menos que tenham obtido custo e disponibilidade de capital globais. Elas têm que contar com fundos gerados internamente ou empréstimos bancários. Se elas precisarem levantar quantias significativas de novos fundos para financiar oportunidades de crescimento, elas podem precisar contrair mais empréstimos do que o que seria ótimo a partir do ponto de vista da minimização de seu custo de capital. Isso é equivalente a dizer que seu *custo de capital marginal é crescente para níveis orçamentários mais altos*.

Redução de riscos através da diversificação internacional dos fluxos de caixa

Como explicado no Capítulo 14, existe a possibilidade teórica de que as empresas multinacionais estejam em uma posição melhor do que as empresas domésticas para sustentar níveis de endividamento mais altos porque seus fluxos de caixa são internacionalmente diversificados. A probabilidade de uma empresa dar conta de desembolsos fixos sob condições variáveis nos mercados de produtos, financeiro e cambial deve aumentar se a variabilidade de seus fluxos de caixa for minimizada.

Ao diversificar os fluxos de caixa internacionalmente, a EMN talvez seja capaz de alcançar o mesmo tipo de redução na variabilidade dos fluxos de caixa que os investidores recebem por diversificar suas posses de títulos internacionalmente. Os retornos não têm uma correlação perfeita entre os países.

Em contraste, uma empresa doméstica alemã não desfrutaria do benefício da diversificação internacional dos fluxos de caixa, mas teria que depender integralmente em sua própria entrada de caixa líquida proveniente de suas operações domésticas. O risco financeiro percebido da empresa alemã seria maior do que o de uma empresa multinacional porque a variabilidade de seus fluxos de caixa domésticos alemães não poderia ser neutralizada por fluxos de caixa positivos em nenhum outro lugar do mundo.

Como introduzido no Capítulo 14, o argumento da diversificação tem sido questionado por descobertas de pesquisas empíricas de que as EMNs nos Estados Unidos na verdade têm índices de endividamento mais baixos do que suas contrapartes domésticas. Os custos de agência da dívida eram mais altos para as EMNs, assim como os riscos políticos, riscos cambiais e informações assimétricas.

Risco cambial e o custo da dívida

Quando uma empresa emite dívida denominada em moeda estrangeira, seu custo efetivo é igual ao custo depois dos impostos de pagar o principal e os juros em termos da moeda da própria empresa. Essa quantia inclui o custo nominal do principal e juros em termos de moedas estrangeiras, corrigido por quaisquer ganhos ou perdas cambiais.

Por exemplo, se uma empresa sediada nos EUA tomar emprestados Sfr1.500.000 por um ano a juros de 5,00%, e durante o ano o franco for apreciado de uma taxa inicial de Sfr1,5000/US$ para Sfr1,4400/US$, qual será o custo em dólar desta dívida ($k_d^{US\$}$)? O resultado em dólar do empréstimo inicial é calculado pela taxa à vista corrente de Sfr1,5000/US$:

$$\frac{\text{Sfr}1.500.000}{\text{Sfr}1,5000/\text{US\$}} = \text{US\$}1.000.000$$

Ao final de um ano, a empresa sediada nos EUA é responsável por pagar o principal de Sfr1.500.000 mais 5,00% de juros, ou um total de Sfr1.575.000. Esse pagamento, no entanto, tem que ser feito a uma taxa à vista final de Sfr1,4400/US$:

$$\frac{\text{Sfr}1.500.000 \times 1,05}{\text{Sfr}1,4400/\text{US\$}} = \text{US\$}1.093.750$$

O custo real em dólar do pagamento do empréstimo não é os 5,00% nominais pagos em juros em francos suíços, mas 9,375%:

$$\frac{\text{US\$}1.093.750}{\text{US\$}1.000.000} = 1,09375$$

O custo em dólar é mais alto do que o esperado devido à apreciação do franco suíço em relação ao dólar americano.

Este custo total em moeda doméstica é, na verdade, o resultado do custo percentual da dívida combinado à variação percentual no valor da moeda estrangeira. Podemos encontrar o custo total de contrair um empréstimo em francos suíços por uma empresa cuja moeda-base é o dólar americano, $k_d^{\text{US\$}}$, multiplicando 1 mais as despesas com juros em francos suíços, k_d^{Sfr}, por 1 mais a variação percentuais na taxa de câmbio Sfr/US$, s:

$$k_d^{\text{US\$}} = \left[\left(1 + k_d^{\text{Sfr}}\right) \times \left(1 + s\right)\right] - 1$$

onde k_d^{Sfr} = 5,00% e S = 4,1667%. A variação percentual no valor dos francos suíços em relação ao dólar americano, quando a moeda doméstica é o dólar americano, é

$$\frac{S_1 - S_2}{S_2} \times 100 = \frac{\text{Sfr}1.500/\text{US\$} - \text{Sfr}1.4400/\text{US\$}}{\text{Sfr}1.4400/\text{US\$}} \times 100 = +4,1667\%$$

A despesa total, combinando a taxa de juros nominal e a variação percentual na taxa de câmbio, é

$$k_d^{\text{US\$}} = \left[\left(1 + 0,0500\right) \times \left(1 + 0,041667\right)\right] - 1 = 0,09375, \text{ ou } 9,375\%$$

O custo de capital percentual total é de 9,375%, e não simplesmente o pagamento de juros em moeda estrangeira de 5%. O custo após os impostos dessa dívida denominada em francos suíços, quando a alíquota de impostos nos EUA é de 34%, é

$$k_d^{\text{US\$}}(1 - t) = 9,375\% \times 0,66 = 6,1875\%$$

A empresa divulgaria o custo adicional de 4,1667% dessa dívida em termo de dólares americanos como uma perda em transações cambiais, e essa perda seria dedutível para fins tributários.

Expectativas dos investidores internacionais em carteira

Os dois últimos capítulos ressaltaram o fato de que a chave para obter um custo e disponibilidade de capital globais é atrair e reter investidores internacionais em carteira. Suas expectativas quanto ao índice de endividamento e estruturas financeiras gerais de uma empresa são baseadas em normas globais que se desenvolveram ao longo dos 30 últimos anos. Como uma grande proporção de investidores internacionais em carteira está baseada nos mercados de capitais mais líquidos e não segmentados, como os Estados Unidos e o Reino Unido, suas expectativas tendem a predominar e prevalecer sobre normais nacionais individuais. Portanto, independentemente de outros fatores, se uma empresa deseja levantar capital em mercados globais, ela tem que adotar normas globais que sejam próximas às normas nos EUA e no Reino Unido. Índices de endividamento de até 60% parecem ser aceitáveis. Qualquer índice de endividamento mais alto é mais difícil de atrair investidores internacionais.

ESTRUTURA FINANCEIRA DE SUBSIDIÁRIAS ESTRANGEIRAS

Se aceitarmos a teoria de que minimizar o custo de capital para determinado nível de risco de negócios e orçamento de capital é um objetivo que deve ser implementado a partir da perspectiva da EMN consolidada, então a estrutura financeira de cada subsidiária é relevante apenas na medida em que afeta esse objetivo geral. Em outras palavras, uma subsidiária individual não tem realmente um custo de capital independente. Portanto, sua estrutura financeira não deve ser baseada em um objetivo de minimizá-lo.

As normas de estrutura financeira das empresas variam muito de um país para outro, mas são próximas para empresas domiciliadas no mesmo país. Essa afirmativa é a conclusão de uma longa linha de estudos empíricos que tem investigado a questão desde 1969. A maioria desses estudos internacionais concluiu que as variáveis ambientais específicas a cada país são determinantes-chave dos índices de endividamento. Entre essas variáveis, encontram-se desenvolvimento histórico, tributação, governança corporativa, influência bancária, existência de um mercado viável de títulos de dívida corporativos, a atitude em relação a riscos, regulamentações governamentais, disponibilidade de capital e custos de agência.

Muitas outras diferenças institucionais também influenciam os níveis de endividamento em mercados de capitais nacionais, mas as empresas que estão tentando atrair investidores internacionais têm que prestar atenção às normas de níveis de endividamento que esses investidores esperam. Como muitos investidores internacionais são influenciados pelos níveis de endividamento que existem nos mercados anglo-americanos, há uma tendência a uma conformidade mais global. As EMNs e outras grandes empresas que dependem de atrair investidores internacionais estão começando a adotar padrões similares de nível de endividamento, mesmo que as empresas domésticas continuem a usar padrões nacionais.

Normas locais e a estrutura financeira das subsidiárias locais

Dentro da restrição de minimizar seu custo de capital mundial consolidado, uma EMN deve levar em consideração a possibilidade de adotar normas de nível de endividamento diferentes em cada país ao determinar o nível de endividamento desejado para suas subsidiárias estrangeiras? Para fins de definição, a dívida aqui considerada deve ser apenas aquela tomada emprestada de fontes externas à EMN. Essa dívida incluiria empréstimos em moeda local e estrangeira, além de empréstimos em euromoedas. O motivo desta definição é que empréstimos da empresa matriz às subsidiárias estrangeiras geralmente são considerados como o equivalente a investimento no patrimônio líquido tanto por países anfitriões quanto por empresas investidoras. Um empréstimo concedido por uma empresa matriz é normalmente subordinado a outras dívidas e não cria a mesma ameaça de insolvência que um empréstimo externo. Além disso, a escolha de dívida ou investimento patrimonial geralmente é arbitrária e está sujeita a negociações entre o país anfitrião e a empresa matriz.

Principais vantagens da localização. As principais vantagens de uma estrutura financeira de subsidiárias estrangeiras que estejam em conformidade com as normas de dívidas locais são as seguintes:

- Uma estrutura financeira localizada reduz a crítica das subsidiárias estrangeiras que têm operado com uma proporção muito alta de dívida (avaliada pelos padrões locais), geralmente resultando na acusação de que elas não estão contribuindo com uma fração justa de capital de risco para o país anfitrião. No outro extremo do espectro, uma estrutura financeira localizada melhoraria a imagem das subsidiárias estrangeiras que têm operado com um grau de endividamento excessivamente baixo e, assim, parecem ser insensíveis à política monetária local.
- Uma estrutura financeira localizada ajuda a administração a avaliar o retorno sobre investimentos em ações em relação aos concorrentes locais no mesmo setor. Em economias em que as taxas de juros são relativamente altas para compensar a inflação, a penalidade paga lembra à administração da necessidade de considerar mudanças no nível de preços ao avaliar o desempenho do investimento.
- Em economias em que as taxas de juros são relativamente altas devido à escassez de capital e os recursos reais são integralmente utilizados (pleno emprego), a penalidade paga por tomar emprestados fundos locais lembra à administração que a menos que o retorno sobre os ativos seja maior do que o preço local do capital – isto é, alavancagem negativa – ela provavelmente

estará alocando mal os escassos recursos reais domésticos como terras e mão de obra. Este fator pode não parecer relevante para as decisões gerenciais, mas certamente será considerado pelo país anfitrião ao tomar decisões que envolvam a empresa.

Principais desvantagens da localização. As principais desvantagens de estruturas financeiras localizadas são as seguintes:

- Espera-se que uma EMN tenha uma vantagem comparativa sobre as empresas locais em superar imperfeições nos mercados de capitais nacionais através de uma melhor disponibilidade de capital e a capacidade de diversificar riscos. Por que ela deve jogar fora essas importantes vantagens competitivas para se conformar às normas locais estabelecidas em resposta a mercados de capitais locais imperfeitos, precedentes históricos e restrições constitucionais que não se aplicam à EMN?
- Se cada subsidiária estrangeira de uma EMN localizar sua estrutura financeira, o balanço patrimonial consolidado resultante pode exibir uma estrutura financeira que não se conforma às normas de nenhum país em particular. O nível de endividamento seria uma simples média ponderada do nível correspondente de cada país em que a empresa opera. Este elemento poderia aumentar o risco financeiro percebido e, assim, o custo de capital da matriz, mas somente se duas outras condições estiverem presentes:
  1. O nível de endividamento consolidado é empurrado totalmente para fora da faixa arbitrária de níveis de endividamento aceitáveis na área achatada da curva do custo de capital, como exibido anteriormente no Quadro 16.1.
  2. A EMN é incapaz de neutralizar uma dívida alta em uma subsidiária estrangeira com uma dívida baixa em outras subsidiárias estrangeiras ou domésticas com o mesmo custo. Se o efeito Fisher internacional estiver funcionando, deve ser possível substituir a dívida a um mesmo custo depois dos impostos depois de corrigir pelo risco cambial. Por outro lado, se as imperfeições de mercado impedirem esse tipo de substituição, ainda há a possibilidade de que o custo geral da dívida, e, assim, o custo de capital, poderia aumentar se a EMN tentasse se conformar às normas locais.

- O índice de endividamento de uma subsidiária estrangeira é apenas cosmético, pois, em última análise, os credores consideram a matriz e seu fluxo de caixa mundial consolidado como a fonte de pagamento. Em muitos casos, a dívida das subsidiárias tem que ser garantida pela empresa matriz. Mesmo que não haja nenhuma garantia formal, geralmente existe uma garantia implícita porque quase nenhuma empresa matriz ousaria permitir que uma subsidiária fosse inadimplente em um empréstimo. Se fosse, certamente seriam sentidas repercussões no que diz respeito à situação financeira da matriz, com um consequente aumento em seu custo de capital.

Solução de meio-termo. Em nossa opinião, é possível um meio-termo. As empresas multinacionais e domésticas devem tentar minimizar seu custo médio ponderado de capital geral para determinado nível de risco de negócios e orçamento de capital, como sugere a teoria financeira. No entanto, se houver dívida disponível a uma subsidiária estrangeira com um custo igual à que poderia ser levantada em outro lugar, depois de corrigir pelo risco cambial, então localizar a estrutura financeira da subsidiária estrangeira não deve incorrer em nenhuma penalidade de custo mas, ainda assim, desfrutar das vantagens listadas anteriormente.

Financiamento de subsidiárias estrangeiras

Além de escolher uma estrutura financeira apropriada para as subsidiárias estrangeiras, os gerentes financeiros de empresas multinacionais precisam escolher dentre fontes de fundos alternativas para financiar as subsidiárias estrangeiras. As fontes de fundos disponíveis às subsidiárias estrangeiras podem ser classificadas como *internas à EMN* e *externas à EMN*.

Idealmente, a escolha entre as fontes de fundos deve minimizar o custo de fundos externos depois de corrigir pelo risco cambial. A empresa deve escolher fontes internas a fim de minimizar impostos e o risco político em todo o mundo. Simultaneamente, a empresa deve garantir que a motivação gerencial nas subsidiárias estrangeiras seja direcionada a minimizar o custo de capital mundial consolidado da empresa, em vez de o custo de capital da subsidiária estrangeira. Nem é necessário dizer que esta tarefa é difícil, senão impossível, e a tendência é dar mais ênfase a uma variável em detrimento de outras.

Fontes internas de financiamento. O Quadro 16.2 fornece um panorama das fontes *internas* de financiamento para subsidiárias estrangeiras. Em geral, apesar de o capital próprio fornecido pela matriz ser necessário, ele muitas vezes é mantido no mínimo legal e operacional para reduzir riscos de capital investido. O investimento patrimonial pode assumir a forma ou de *caixa* ou de *bens reais* (maquinário, equipamentos, estoques, entre outros).

A dívida é a forma preferível de financiamento de uma subsidiária, mas o acesso a dívidas no país anfitrião é limitado nas etapas iniciais da vida de uma subsidiária estrangeira. Sem um histórico comprovado de competência operacional e de pagamento de dívidas, a subsidiária estrangeira tem que adquirir sua dívida junto à empresa matriz ou junto às subsidiárias irmãs (inicialmente) e junto a partes não relacionadas com uma garantia da matriz (depois de as operações terem sido iniciadas).

Uma vez que as competências operacional e financeira da subsidiária estrangeira tiverem sido estabelecidas, sua capacidade de gerar fundos internamente pode se tornar crucial para o crescimento futuro da subsidiária. Em casos especiais em que a subsidiária pode estar operando em um mercado altamente segmentado, como o mercado de um país emergente considerado arriscado pelas comunidades internacionais de investimento e bancária, a capacidade da subsidiária de gerar seus próprios fundos a partir de fontes internas é importante. Essas fontes combinam lucros retidos, depreciação e outras despesas que não são feitas em dinheiro. (Uma *despesa que não é feita em dinheiro* é um item dedutível como a depreciação, mas a "despesa" como um fluxo de caixa nunca sai da empresa).

Fontes externas de financiamento. O Quadro 16.3 fornece um panorama das fontes *externas* de financiamento da subsidiária estrangeira para a EMN. As fontes são primeiramente decompostas em três categorias: dívida do país da empresa matriz, dívida de países fora do país da matriz, e patrimônio líquido local. Dívidas adquiridas de partes externas no país da matriz refletem a familiaridade e a confiança do credor na própria empresa matriz, apesar de a matriz neste caso não estar fornecendo nenhuma garantia explícita ao pagamento da dívida.

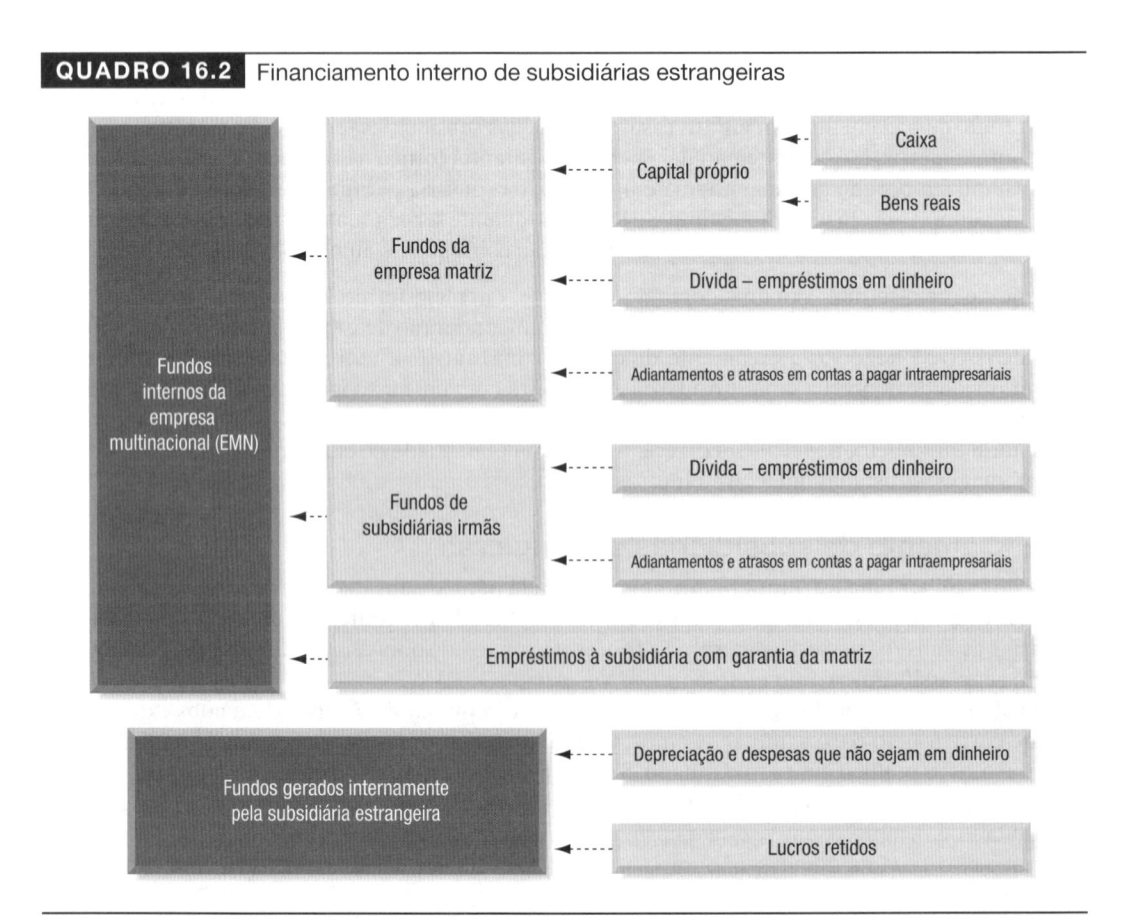

QUADRO 16.2 Financiamento interno de subsidiárias estrangeiras

Fundos internos da empresa multinacional (EMN)

- Fundos da empresa matriz
  - Capital próprio
    - Caixa
    - Bens reais
  - Dívida – empréstimos em dinheiro
  - Adiantamentos e atrasos em contas a pagar intraempresariais
- Fundos de subsidiárias irmãs
  - Dívida – empréstimos em dinheiro
  - Adiantamentos e atrasos em contas a pagar intraempresariais
- Empréstimos à subsidiária com garantia da matriz

Fundos gerados internamente pela subsidiária estrangeira
- Depreciação e despesas que não sejam em dinheiro
- Lucros retidos

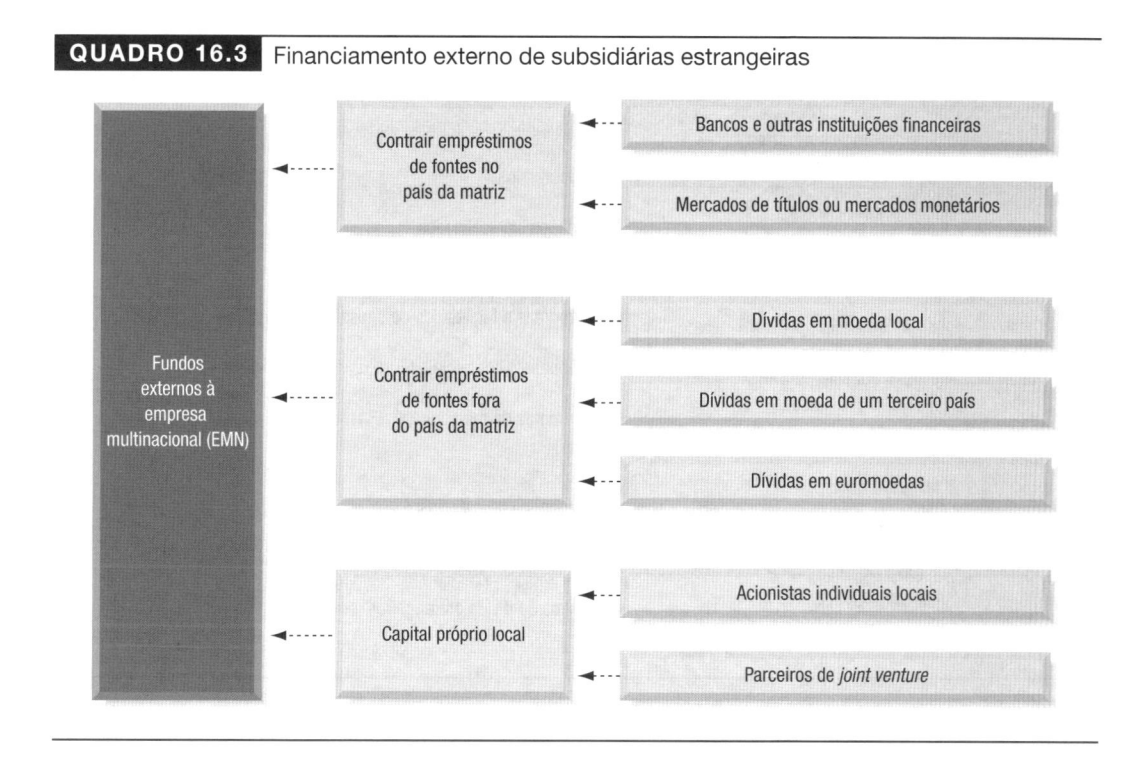

QUADRO 16.3 — Financiamento externo de subsidiárias estrangeiras

Fundos externos à empresa multinacional (EMN):
- **Contrair empréstimos de fontes no país da matriz**
  - Bancos e outras instituições financeiras
  - Mercados de títulos ou mercados monetários
- **Contrair empréstimos de fontes fora do país da matriz**
  - Dívidas em moeda local
  - Dívidas em moeda de um terceiro país
  - Dívidas em euromoedas
- **Capital próprio local**
  - Acionistas individuais locais
  - Parceiros de *joint venture*

Dívidas em moeda local, isto é, dívidas adquiridas no país anfitrião da residência da subsidiária estrangeira, são particularmente valiosas para a subsidiária estrangeira que possui entradas de caixa substanciais em moeda local decorrentes de suas atividades de negócios. Dívidas em moeda local fornecem um *hedge* cambial, "casando" a moeda da entrada de caixa com a moeda da saída de caixa. Ganhar acesso a dívidas em moeda local geralmente exige tempo e paciência da administração da subsidiária estrangeira ao estabelecer operações e desenvolver um perfil de crédito no mercado local. E no caso de muitos mercados emergentes, dívidas em moeda local têm pouca oferta para tomadores, sejam eles locais ou estrangeiros.

MERCADOS INTERNACIONAIS DE DÍVIDA

Os mercados internacionais de dívida oferecem ao tomador uma variedade de diferentes vencimentos, estruturas de pagamento e moedas de denominação. Os mercados e seus muitos diferentes instrumentos variam em fonte de financiamento, estrutura de preços, vencimentos e subordinação ou ligação a outros instrumentos de dívida e patrimoniais. O Quadro 16.4 fornece um panorama das três categorias básicas descritas nas seções a seguir, juntamente com seus componentes primários segundo emissão ou negociação nos mercados internacionais de dívida hoje. As três principais fontes de financiamento de dívidas nos mercados internacionais são *empréstimos bancários internacionais e créditos sindicalizados*, o *mercado de euronotas* e o *mercado internacional de títulos*.

Uma EMN normalmente precisa de dívidas em uma variedade de vencimentos, estruturas de pagamento e moedas, muitas vezes, portanto, usando todos os três mercados além de sua base de financiamento do mercado doméstico. As seções a seguir descrevem os três atributos básicos desses mercados e instrumentos, além de suas relativas vantagens e desvantagens para atender às necessidades de financiamento da EMN individual.

Empréstimos bancários e créditos sindicalizados

Empréstimos bancários internacionais. Os empréstimos bancários internacionais tradicionalmente têm sido obtidos nos mercados de euromoedas. Os empréstimos bancários em eurodólar também são chamados de *créditos em eurodólar* ou simplesmente *eurocréditos*. Este último título é mais amplo porque engloba empréstimos que não são denominados em dólar no mercado de euromoedas.

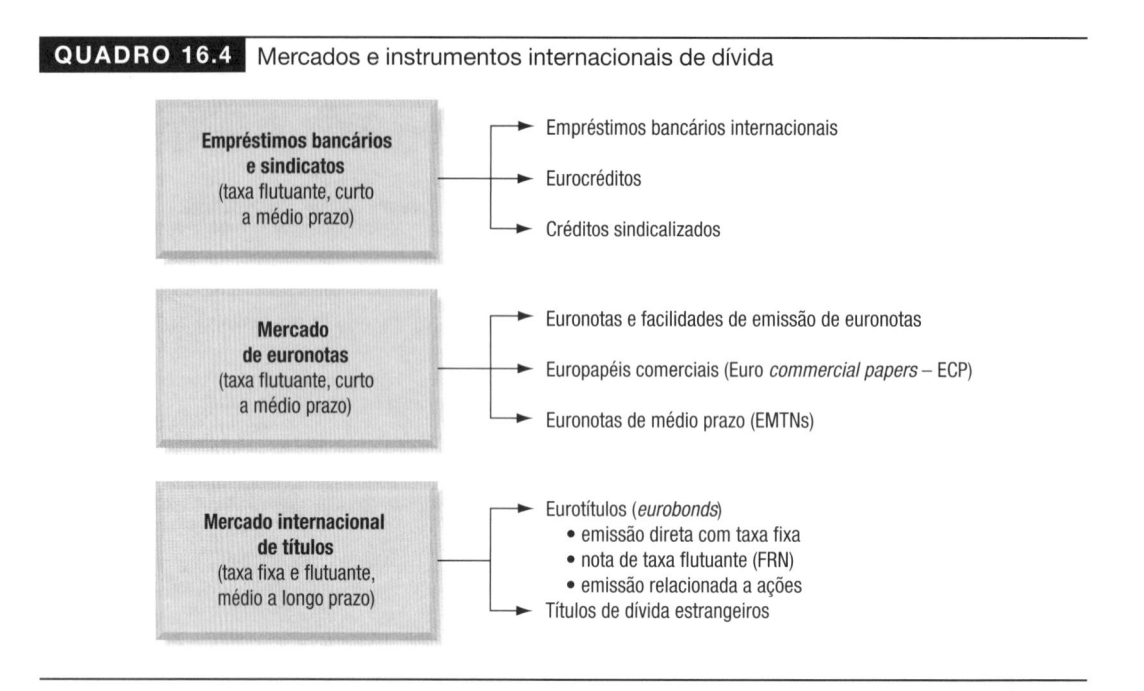

| QUADRO 16.4 | Mercados e instrumentos internacionais de dívida |

Empréstimos bancários e sindicatos (taxa flutuante, curto a médio prazo)
- Empréstimos bancários internacionais
- Eurocréditos
- Créditos sindicalizados

Mercado de euronotas (taxa flutuante, curto a médio prazo)
- Euronotas e facilidades de emissão de euronotas
- Europapéis comerciais (Euro *commercial papers* – ECP)
- Euronotas de médio prazo (EMTNs)

Mercado internacional de títulos (taxa fixa e flutuante, médio a longo prazo)
- Eurotítulos (*eurobonds*)
  - emissão direta com taxa fixa
  - nota de taxa flutuante (FRN)
  - emissão relacionada a ações
- Títulos de dívida estrangeiros

O fator-chave que atrai tanto depositantes quanto tomadores ao mercado de empréstimos em euromoedas é o estreito *spread* da taxa de juros nesse mercado. A diferença entre as taxas de depósito e as taxas de empréstimo geralmente é menos de 1%.

Eurocréditos. Eurocréditos são empréstimos bancários concedidos às EMNs, governos soberanos, instituições internacionais e bancos, denominados em euromoedas e estendidos por bancos em países outros que não o país em cuja moeda o empréstimo é denominado. A taxa de juros básica para empréstimos em eurodólar há muito foi atrelada à Taxa Interbancária do Mercado de Londres (*London Interbank Offered Rate*) (LIBOR), que é a taxa de depósito aplicável a empréstimos interbancários dentro de Londres. Os eurodólares são emprestados para vencimentos de curto e médio prazos, com transações de seis meses ou menos consideradas como rotina. A maioria dos empréstimos em eurodólar são por um prazo fixo sem nenhuma provisão de pagamento adiantado.

Créditos sindicalizados. A sindicalização de empréstimos permitiu aos bancos distribuir o risco de empréstimos muito grandes entre diversos bancos. A sindicalização é particularmente importante porque muitas EMNs de grande porte precisam de um crédito maior do que o limite de empréstimo de um único banco. Um *crédito bancário sindicalizado* é arranjado por um banco líder em nome de seu cliente. Antes de finalizar o acordo de empréstimo, o banco busca a participação de um grupo de bancos, cada participante fornecendo uma fração do total de fundos necessários. O banco gerenciador trabalhará com o credor para determinar o valor total do crédito, a base de taxa flutuante e o *spread* ao longo da taxa-base, o vencimento e a estrutura de tarifas para gerenciar os bancos participantes. As despesas periódicas do crédito sindicalizado são compostas de dois elementos:

1. A despesa de juros real do empréstimo, normalmente declarada como um *spread* em pontos-base ao longo de uma base de taxa variável como a LIBOR.
2. As tarifas de comprometimento pagas sobre qualquer porção não utilizada do crédito. O *spread* pago sobre a LIBOR pelo tomador é considerado o prêmio de risco, refletindo o negócio geral e o risco financeiro aplicável à capacidade de pagamento do mutuário.

O Quadro Finanças Globais na Prática 16.1 ilustra a precificação comum aos mercados de empréstimo sindicalizados, incluindo despesas com juros e as tarifas de comprometimento e de bancos de investimento.

FINANÇAS GLOBAIS NA PRÁTICA 16.1

Precificação e estrutura de um eurocrédito sindicalizado

Tomadores: Irish Aerospace, GPA Airbus, GPA Fokker, GPA Jetprop, GPA Rolls

Valor: US$1,25 bilhão; Empréstimos rotativos/garantias/cartas de crédito

Prazos: Oito anos a 93,75 pontos-base sobre a LIBOR, com uma margem de 7/8% para empréstimos da GPA Airbus

Organizador: Citicorp Investment Bank

Administradores e *underwriters* líderes: Citibank, Chase Investment Bank, Toronto-Dominion Bank, Citibank (Ilhas do Canal) para um sindicato de empresas de leasing japonesas, Credit Suisse, Societe Generale (Londres), Amsterdam-Rotterdam Bank, Bank of Nova Scotia, Bank of Tokyo International, Daiwa Bank, IBJ, Irish Intercontinental

Um empréstimo sindicalizado típico deste tipo teria tarifas à vista totalizando 1,5% do principal. As tarifas seriam divididas entre três grupos: 1) o(s) banco(s) organizador(es) líder(es), que organiza o empréstimo e os participantes; 2) os bancos administradores e *underwriters* líderes, que auxiliam na sindicalização do empréstimo; e 3) os bancos participantes, que realmente fornecem o capital.

Se a tarifa total de 1,5% fosse subdividida igualmente entre os três grupos, o resultado de cada empréstimo depois das despesas de emissão seriam as seguintes:

$$US\$1.250.000.000 - [(0,005 + 0,005 + 0,005) \times US\$1.250.000.000] = US\$1.231.250.000$$

Os pagamentos de serviço da dívida ao longo do período de oito anos antes do pagamento do principal são LIBOR + 93,75 pontos-base; supondo uma taxa LIBOR inicial de 9,00% (redeterminada a cada seis meses para pagamentos de serviço de dívida semianuais):

$$\left[\frac{0,0900 + 0,009375}{2}\right] \times US\$1.250.000.000 = US\$62.109.375$$

O custo efetivo anual é, então:

$$\left[\frac{US\$62.109.375}{US\$1.231.250.000}\right] \times 2 \times 100 = 10.09\%$$

O crédito sindicalizado custará à Irish Aerospace 10,09% pela taxa corrente da LIBOR de 9,000%.

Mercado de euronotas

Mercado de euronotas é um termo coletivo usado para descrever instrumentos de dívida de médio prazo obtidos nos mercados de euromoedas. Apesar de existir uma variedade de produtos financeiros diferenciados, eles podem ser divididos em dois principais grupos – *emissões com subscrição* e *emissões sem subscrição*. As emissões com subscrição são usadas para a venda de euronotas em diversas formas diferentes. As emissões sem subscrição são usadas para a venda e distribuição de europapéis comerciais (ECP ou *euro-commercial paper*) e euronotas de médio prazo (EMTNs ou *euro medium-term notes*).

Emissões de euronotas. Um grande avanço nos mercados monetários internacionais é o estabelecimento de emissões para a venda de notas promissórias negociáveis de curto prazo – as euronotas. Entre as facilidades promovidas por sua emissão estão mecanismos de subscrição rotativa (rufs ou *revolving underwriting facilities*), mecanismos de emissão de notas (nifs), e mecanismos de emissão de notas auxiliares (snifs ou *standby note issuance facilities*). Esses mecanismos são fornecidos por bancos de investimento e bancos comerciais internacionais. As euronotas são, substancialmente, uma fonte mais barata de fundos de curto prazo do que os empréstimos sindicalizados porque as notas são colocadas diretamente junto ao público investidor e a forma securitizada e subscrita permite o pronto estabelecimento de mercados secundários líquidos. Os bancos recebem tarifas substanciais inicialmente por seus serviços de subscrição e colocação.

Europapéis comerciais (ECP). Os europapéis comerciais (ECP ou *euro-commercial paper*), assim como papéis comerciais emitidos nos mercados domésticos em todo o mundo, é uma obrigação de curto prazo de uma corporação ou banco. Os vencimentos são tipicamente de um, três e seis meses. Os papéis normalmente são vendidos a um desconto ou ocasionalmente com um cupom declarado.

Apesar de o mercado ser capaz de suportar emissões em qualquer das principais moedas, mais de 90% das emissões em circulação é denominada em dólares americanos.

Euronotas de médio prazo (EMTNs). As euronotas de médio prazo (*euro medium-term notes*) são o último grande entrante nos mercados de dívida mundiais. As EMTNs efetivamente preenchem a lacuna de vencimento entre os ECPs e os títulos de dívida internacionais de mais longo prazo e menos flexíveis. Apesar de muitas das notas inicialmente terem subscrição, a maioria das EMTNs hoje é sem subscrição.

O rápido crescimento inicial do mercado de EMTNs seguiu diretamente os passos do mesmo instrumento básico que começou no mercado doméstico dos EUA quando a Comissão de Valores Mobiliários dos EUA (SEC) instituiu a Regra #415, permitindo que as empresas obtivessem *registros genéricos* (*shelf registration*) para emissões de dívida. Isso significa que uma vez que o registro seja obtido, a corporação pode emitir notas continuamente sem ter que obter novos registros para cada emissão adicional. Isso, por sua vez, permite que uma empresa venda notas de curto e médio prazo através de um mecanismo de emissão muito mais barata e mais flexível do que os títulos de dívida comuns.

As características básicas das EMTN's são similares às de um título de dívida, com principal, vencimento e estruturas e taxas de cupom comparáveis. Os vencimentos típicos das EMTN's variam de nove meses a um máximo de 10 anos. Os cupons são pago tipicamente semi-anualmente (semestralmente) e as taxas de cupom são comparáveis a emissões similares de títulos de dívida. A EMTN possui, no entanto, três características singulares. Em primeiro lugar, a EMTN é uma facilidade, permitindo uma emissão contínua ao longo de um período de tempo, ao contrário de uma emissão de títulos de dívida que é, essencialmente, vendida de uma vez só. Em segundo lugar, como as EMTNs são vendidas continuamente, para tornar o serviço de dívidas (resgate de cupom) gerenciável, os cupons são pagos em datas determinadas independentemente da data de emissão. Finalmente, as EMTNs são emitidas em denominações relativamente pequenas, de US$2 milhões a US$5 milhões, tornando a aquisição de dívidas de médio prazo muito mais flexível do que os grandes valores mínimos normalmente necessários nos mercados internacionais de títulos de dívida.

Mercado internacional de títulos de dívida

O mercado internacional de títulos de dívida exibe uma rica variedade de instrumentos inovadores criados por banqueiros de investimento imaginativos, que não são tolhidos pelos controles e regulações típicos que governam os mercados de capitais domésticos. De fato, o mercado internacional de títulos de dívida é rival do mercado bancário internacional em termos da quantidade e do custo dos fundos providos a tomadores internacionais. Todos os títulos de dívida internacionais se enquadram em duas classificações genéricas, *eurotítulos* e *títulos de dívida estrangeiros*. A distinção entre categorias é baseada em se o tomador é um residente doméstico ou estrangeiro, e se a emissão é denominada na moeda local ou em uma moeda estrangeira.

Eurotítulos (*Eurobonds*). Um *eurotítulo* é subscrito por um sindicato internacional de bancos e outras empresas de títulos e é vendido exclusivamente em países que não o país em cuja moeda a emissão é denominada. Por exemplo, um título de dívida emitido por uma empresa residente nos Estados Unidos, denominada em dólar americanos, mas vendida a investidores na Europa e no Japão (não para investidores nos Estados Unidos), seria um eurotítulo.

Os eurotítulos são emitidos por empresas multinacionais, grandes empresas domésticas, governos soberanos, empresas governamentais e instituições internacionais. Eles são oferecidos simultaneamente em diversos mercados de capitais nacionais diferentes, mas não no mercado de capitais ou para residentes do país em cuja moeda o título de dívida é denominado. Quase todos os eurotítulos são na forma ao portador com provisões de compra e de fundos de amortização.

O sindicato que oferece uma nova emissão de eurotítulos pode ser composto de *underwriters* de vários países, incluindo bancos europeus, filiais estrangeiras de bancos norte-americanos, bancos de centros financeiros *offshore*, bancos de investimento e bancos mercantis e empresas de títulos que não são bancos.

- **Emissão direta com taxa fixa.** A emissão direta com taxa fixa (*straight fixed-rate issue*) é estruturada como a maioria dos títulos de dívida domésticos, com um cupom fixo, uma data de vencimento estabelecida, e um pagamento integral do principal no último vencimento. Os cupons normalmente são pagos anualmente em vez de a cada semestre, primordialmente porque os títulos de dívida são títulos ao portador e um resgate de cupom anual é mais conveniente para os portadores.
- **Nota com taxa flutuante (FRN).** A nota com taxa flutuante (FRN ou *floating-rate note*) foi o novo instrumento da moda no cenário internacional de títulos de dívida no início da década de 1980. A FRN normalmente paga um cupom semestral que é determinado usando uma base de taxas variáveis. Um cupom típico seria estabelecido como um *spread* fixo sobre a LIBOR. Esta estrutura, assim como os instrumentos que geram juros com taxas variáveis, é criada para permitir que os investidores transfiram ao tomador uma parte maior do risco da taxa de juros de um investimento financeiro. Era um instrumento popular no início da década de1980 quando os mercados mundiais eram caracterizados por taxas de juros relativamente altas e imprevisíveis. Apesar de muitas FRNs terem vencimentos fixos, várias importantes emissões desde 1985 são perpetuidades. O principal nunca será pago. Assim, eles fornecem muitas das mesmas funções financeiras que as ações.
- **Emissão de títulos de dívida internacionais relacionadas a ações.** Os títulos de dívida internacionais relacionados a ações (*equity-related international bonds*) lembram a emissão direta com taxa fixa em praticamente todas as características de preço e pagamento, com o elemento adicional de ser conversível em ações antes do vencimento a um preço por ação especificado (ou, como alternativa, número de ações por título de dívida). O tomador é capaz de emitir dívida com pagamentos de cupom mais baixos devido ao valor adicional do elemento da conversão em ações.

Títulos de dívida estrangeiros. Um *título de dívida estrangeiro* (*foreign bond*) é subscrito por um sindicato composto de membros de um único país, vendido principalmente dentro desse país, e denominado na moeda desse país. O emissor, no entanto, é de um outro país. Um título de dívida emitido por uma empresa residente na Suécia, denominada em dólares, e vendido nos Estados Unidos para investidores norte-americanos por banqueiros de investimento norte-americanos, seria um título de dívida estrangeiro. Os títulos de dívida estrangeiros têm apelidos: títulos de dívida estrangeiros vendidos nos Estados Unidos são "títulos de dívida yankee"; títulos de dívida estrangeiros vendidos no Japão são "títulos de dívida samurai"; e títulos de dívida estrangeiros vendidos no Reino Unido são chamados "bulldogs."

Características singulares dos mercados de eurotítulos ou *eurobonds*

Apesar de o mercado de *eurobonds* ter evoluído mais ou menos ao mesmo tempo em que o mercado de eurodólares, os dois mercados existem por diferentes motivos, e cada um deles poderia existir independentemente do outro. O mercado de *eurobonds* deve sua existência a vários fatores singulares, alguns dos quais mudaram recentemente. Três dos fatores originais que ainda têm importância são a ausência de interferência regulatória, práticas de divulgação menos rígidas e tratamento tributário favorável.

Ausência de interferência regulatória. Os governos nacionais geralmente impõem controles rígidos sobre emissores estrangeiros de títulos denominados na moeda local e vendidos dentro de suas fronteiras nacionais. No entanto, os governos em geral têm menos limitações rígidas para títulos denominados em moedas estrangeiras e vendidas dentro de seus mercados a detentores dessas moedas estrangeiras. Com efeito, as vendas de *eurobonds* caem fora do domínio regulatório de qualquer nação individual.

Divulgação menos rígida. As exigências quanto à divulgação no mercado de *eurobonds* são muito menos rígidas do que as da Comissão de Valores Mobiliários dos EUA (SEC) para vendas dentro dos Estados Unidos. As empresas norte-americanas geralmente acham que os custos de registro de uma oferta de *eurobonds* são menores do que os de uma emissão doméstica e que é preciso menos tempo para levar uma nova emissão ao mercado. Empresas de fora dos EUA geralmente preferem títulos de dívida em eurodólar em vez de títulos de dívida vendidos dentro dos Estados Unidos porque elas não querem se submeter aos custos e à divulgação necessária para registrá-los junto à SEC. No entanto, a SEC relaxou as exigências de divulgação para certas colocações privadas (Regra #144A), o que tornou mais atraentes os mercados domésticos dos EUA de títulos de dívida e de ações.

***Status* tributário favorável.** Os *eurobonds* oferecem anonimato e flexibilidade tributária. Os juros pagos sobre *eurobonds* geralmente não estão sujeitos a um imposto de renda retido na fonte. Como poderia se esperar, os juros sobre *eurobonds* nem sempre são declarados às autoridades fiscais. Os *eurobonds* geralmente são emitidos na forma ao portador, o que significa que o nome e país de residência do proprietário não aparecem no certificado. Para receber os juros, o portador corta um cupom de juros do título de dívida e o apresenta em uma instituição bancária listada na emissão como um agente pagador. Os investidores europeus estão acostumados com a privacidade propiciada pelos títulos de dívida ao portador e relutam em comprar títulos de dívida nominativos, que exigem que os portadores revelem seus nomes antes de receberem os juros. O *status* de portador do título de dívida, é claro, também está ligado à possibilidade de se evitar impostos.

Classificação de *eurobonds* e outras emissões internacionais

Os compradores de *eurobonds* não dependem apenas de serviços de classificação (ratings) de títulos de dívida ou de análises detalhadas de demonstrações financeiras. A reputação geral da empresa emissora e de seus *underwriters* tem sido um fator importante na obtenção de condições favoráveis. Por este motivo, EMNs maiores e mais conhecidas, empresas estatais e governos soberanos conseguem obter as menores taxas de juros. Acredita-se que as empresas cujos nomes são mais conhecidos do público geral, possivelmente por produzirem bens de consumo, tenham uma vantagem sobre empresas igualmente qualificadas cujos produtos são menos conhecidos.

As agências de classificação, como a Moody's e a Standard & Poor's (S&P), fornecem classificações para títulos de dívida internacionais selecionados mediante uma tarifa. As classificações da Moody's para títulos de dívida internacionais implicam a mesma capacidade creditícia de títulos de dívida domésticos de emissoras dos EUA. A Moody's limita sua avaliação à capacidade da emissora de obter a moeda necessária para pagar a emissão de acordo com os termos originais dos títulos de dívida. A agência exclui qualquer avaliação de risco para o investidor causado por mudanças nas taxas de câmbio.

A Moody's classifica títulos de dívida internacionais a pedido da emissora. Com base em demonstrações financeiras de suporte e outros materiais obtidos junto à emissora, ela faz uma classificação preliminar e então a informa à emissora, que tem uma oportunidade de fazer comentários. Depois que a Moody's determina sua classificação final, a emissora pode decidir não publicá-la. Consequentemente, um número desproporcionalmente grande de classificações internacionais publicadas cai nas categorias mais altas, já que as emissoras que receberão uma classificação mais baixa não permitem a publicação.

A análise de risco político da Moody's inclui o estudo do sistema governamental, do ambiente social e das relações exteriores dos países. Sua análise de risco econômico leva em consideração o ônus da dívida, liquidez internacional, flexibilidade do balanço de pagamentos, estrutura econômica, desempenho de crescimento, gestão econômica e perspectivas econômicas. A Moody's também avalia os títulos de dívida de entidades apoiadas pelo governo soberano considerando primeiramente sua capacidade creditícia individualmente e então no ponto em que o apoio soberano aumenta ou diminui a força financeira do tomador. As classificações de crédito são cruciais para os tomadores e para os investidores. A classificação de crédito de uma EMN determina o custo dos fundos a serem levantados.

CAPÍTULO 16 Obtenção de Capital de Terceiros no Cenário Global

O acesso a capital de terceiros (dívida) ainda é, no entanto, uma função das normas fundamentais da sociedade. A própria religião pode desempenhar um papel no uso e na disponibilidade de capital de terceiros. O quadro Finanças Globais na Prática 16.2 ilustra uma área raramente vista pelos ocidentais: finanças islâmicas.

FINANÇAS GLOBAIS NA PRÁTICA 16.2

Finanças islâmicas – não chame de juros*

Como um muçulmano temeroso a Deus financia um poço de gás? Com uma espécie de arrendamento mercantil de sale-leaseback.

Se você é um muçulmano devoto, você não pode investir em uma empresa que produz álcool ou carne de porco. O Alcorão proíbe os juros, então uma hipoteca convencional é proibida. O mesmo ocorreria com um ativo financiado com dívida. Você não pode usar derivativos ou participar de fundos de *hedge* convencionais.

É um negócio complicado participar de uma economia moderna sem infringir a charia, ou legislação islâmica. Mas pode ser feito. Por uma tarifa você pode fazer um consultor arranjar transações financeiras que seriam aceitas por Alá. Pode haver passos extras ou mais papelada, mas às vezes o resultado é o mesmo que você obteria sem a charia.

Há muito dinheiro envolvido. A Moody's (nyse: MCO-news-people) diz que há US$800 bilhões disponíveis para investir em ativos em conformidade com a charia. A UBS (nyse: UBS-news-people), o HSBC (nyse: HBC-news-people), o Barclays (nyse: BCS-news-people), o Deutsche Bank (nyse: DB-news-people), a Standard Chartered, a AIG, a Lloyds TSB (nyse: LYG-news-people), a Morgan Stanley (nyse: MS-news-people) e a Swiss Re são algumas das instituições financeiras ocidentais que colocam no mercado produtos em conformidade com a charia.

Como se coloca tanto dinheiro em jogo sem quebrar a regra da usúria, dada a ubiquidade dos juros? Um pouco de criatividade ajuda. Quase todo fundo de *hedge* está fora do limite aceitável, devido ao estilo de investimento "vale tudo". Então você não entra em um fundo de *hedge*, você compra uma "nota estruturada", cujo retorno está atrelado a um índice de fundos de *hedge*. Um produto exatamente assim foi introduzido em junho pelo Dubai Islamic Bank, Deutsche Bank e Goldman Sachs (nyse: GS-news-people), o Gerenciamento de Ativos (investimento mínimo de US$10.000). "As notas refletem o desempenho do índice, então o dinheiro do cliente nunca entra no fundo de *hedge* propriamente dito", diz Naveed Ahmad, chefe de investimentos do Dubai Islamic Bank, no lançamento do produto.

Essas instituições financeiras de primeira linha (blue-chip**) dependem amplamente de uns 20 acadêmicos "*rock star*" da charia para se certificarem de que seus produtos financeiros estão de acordo com o Alcorão e os ensinamentos do profeta. Esses acadêmicos da elite islâmica podem, cada um deles, fazer parte de 40 ou 50 conselhos de charia, tipicamente ganhando entre US$20.000 e US$30.000 por conselho anualmente.

Em junho, o príncipe da Arábia Saudita Mishaal bin Abdullah bin Turki al-Saud juntou forças com a Bear Stearns (nyse: BSC–news–people) para criar uma empresa de gerenciamento de ativos que orientasse famílias sauditas ricas. Como explica Eric Meyer, um executivo de um fundo de *hedge* de Connecticut e fundador de sua própria empresa Shariah Capital, as instituições financeiras ocidentais estão todas ávidas por aliviar a "constipação de liquidez" do Golfo.

Mahmoud Amin El-Gamal, diretor da cadeira de Finanças Islâmicas na Rice University em Houston, EUA, defende que a indústria de finanças charia está vendendo produtos com preços excessivamente altos para os religiosamente inocentes. De fato, algumas das especificações dos produtos parecem mesquinhas. "Nem os investidores sofisticados nem os ultrapuritanos se deixarão enganar por isso", diz El-Gamal. "Então sobram os crédulos, que não entendem realmente a estrutura. Você se sente bem em pagar US$500 para empresas jurídicas de excelência e acadêmicos 'religiosos'? Acho que isso é inapropriado. Os muçulmanos em todo o mundo têm uma das piores taxas de analfabetismo e mortalidade. Pegue esse mesmo valor e doe para a caridade".

Sheikh Yusuf discorda. "A maior parte das finanças islâmicas tem sido arranjada para investidores institucionais e investidores de alto valor líquido, que representam o investidor mais instruído".

Fonte: Extraído de "Don't Call It Interest," *Forbes*, 23 de julho de 2007. www.forbes.com/forbes/2007/0723/122.html.

---

* N. de T.: Inglês, "Don't Call It Interest", livro de onde o artigo foi extraído. A palavra "*interest*", que significa juros, no sentido literal significa "interesse".

** N. de T.: O termo *blue chip* originou-se nos cassinos, onde no jogo de pôquer, as fichas azuis (literalmente, *blue chips*) são as mais valiosas. No mercado de ações, por analogia, o termo representa empresas bem estabelecidas, de grande porte, com comprovada lucratividade e poucas obrigações, resultando, no longo prazo, em uma situação econômica e financeira positiva.

RESUMO

- A teoria doméstica da estrutura financeira ou estrutura de capital ótima precisa ser modificada por quatro variáveis a fim de acomodar o caso da EMN. Essas variáveis são 1) a disponibilidade de capital, 2) a diversificação dos fluxos de caixa, 3) risco cambial e 4) as expectativas dos investidores internacionais.

- O custo de capital marginal da empresa multinacional é constante para faixas consideráveis de seu orçamento de capital. Essa declaração não é verdadeira para a maioria das pequenas empresas domésticas porque elas não têm acesso aos mercados de ações ou de dívida nacionais.

- Ao diversificar os fluxos de caixa internacionalmente, a EMN pode ser capaz de alcançar o tipo de redução na variabilidade dos fluxos de caixa que os investidores em carteira recebem pela diversificação internacional de seus títulos.

- Quando uma empresa emite dívidas denominadas em moeda estrangeira, seu custo efetivo é igual ao custo depois dos impostos de pagar o principal e juros em termos da moeda da própria empresa. Esse valor inclui o custo nominal do principal e juros em termos de moeda estrangeira, corrigido por ganhos ou perdas cambiais.

- Independentemente de outros fatores, se uma empresa deseja levantar capital em mercados globais, ela tem que adotar normas globais próximas às normas dos EUA ou do Reino Unido. Níveis de endividamento de até 60% parecem ser aceitáveis. Qualquer índice de endividamento mais alto é mais difícil de convencer investidores internacionais.

- É possível adotar uma posição de meio-termo entre minimizar o custo de capital global e estar em conformidade com as normas do capital local (localização) ao determinar a estrutura financeira de uma subsidiária estrangeira. Tanto as empresas multinacionais quanto as domésticas devem tentar minimizar seu custo médio ponderado de capital geral para determinado nível de risco de negócios e orçamento de capital, como sugere a teoria financeira.

- O grau de endividamento de uma subsidiária estrangeira é, na realidade, apenas cosmético, porque, em última análise, os credores consideram a matriz e seu fluxo de caixa mundial consolidado como fontes de pagamento. Em muitos casos, a dívida das subsidiárias tem que ser garantida pela empresa matriz.

- Os mercados de dívida internacionais oferecem ao tomador uma variedade de vencimentos, estruturas de pagamento e moedas de denominação diferentes. Os mercados e seus muitos diferentes instrumentos variam em fonte de financiamento, estrutura de preços, vencimento e subordinação ou ligação a outros instrumentos de dívida ou a ações.

- As três principais fontes de financiamento de dívidas nos mercados internacionais são empréstimos bancários internacionais e créditos sindicalizados, o mercado de euronotas e o mercado internacional de títulos de dívida.

- Os mercados de euromoedas servem a dois propósitos valiosos: 1) Os depósitos em euromoedas são um dispositivo eficiente e conveniente do mercado monetário para deter o excesso de liquidez corporativa e 2) o mercado de euromoedas é uma importante fonte de empréstimos bancários de curto prazo para financiar necessidades corporativas de capital de giro, incluindo o financiamento de importações e exportações.

- Três fatores originais na evolução dos mercados de eurotítulos ou *eurobonds* ainda são importantes: a ausência de interferência regulatória, práticas de divulgação menos rígidas e um tratamento tributário favorável.

MINICASO: Tirstrup BioMechanics (Dinamarca): levantando capital de terceiros em dólar

Apesar de ainda ser agosto, Julie Harbjerg se arqueou com o primeiro vento frio do outono e se apressou ao subir a Rua Strøget, em Copenhague, Dinamarca – a histórica rua de pedestres de paralelepípedo que começa na Câmara Municipal e se estende pelo coração da parte antiga da cidade. Ela tentava manter a cabeça fria para poder avaliar apropriadamente as várias propostas financeiras que tinham sido discutidas nas semanas anteriores com os muitos banqueiros que tinham visitado Copenhague. Tesoureira assistente (internacional) da Tirstrup BioMechanics da Dinamarca, Julie era responsável pela avaliação inicial de propostas de financiamento para os investimentos internacionais da Tirstrup.

Em 2003, os produtos do Grupo Tirstrup englobavam toda uma gama de aparelhos médicos eletromecânicos. A linha de produtos incluía dispositivos para monitorar o ritmo cardíaco, sistemas de marcapasso e desfibriladores implantáveis. Um grande objetivo corporativo era reduzir a dependência da Tirstrup de produtos cardíacos. Em 2003, 60% de suas vendas estimadas em US$2,1 bilhões (kr6,6044/US$) eram fora da Dinamarca, apesar de 85% dos US$2,4 bilhões em ativos do Grupo permanecerem no país.

A Tirstrup estava considerando uma aquisição de US$410 milhões nos Estados Unidos, e Julie Harbjerg era responsável por construir um pacote de financiamento. A Tirstrup tinha aproximadamente US$30 milhões em dinheiro nas mãos, e o vendedor tinha oferecido transferir uma nota no valor de US$75 milhões do total. A note seria por cinco anos a 7,50% ao ano. O chefe de Julie, Knut Wicksell, diretor de finanças, sentia que o financiamento devia ser tal que o pagamento fosse deferido por pelo menos sete anos. Como a Tirstrup tinha sido afetada pelo último aumento nas taxas de curto prazo, todos entendiam que a meta da gerência era aumentar a proporção de dívidas com taxas fixas. Wicksell já tinha dito a Julie que uma emissão de ações estava fora de questão.

Voltando ao escritório, Julie analisou as três escolhas em dólar americano que ela tinha considerado anteriormente e verificou seus cálculos dos custos efetivos (AIC ou *all-in-cost*) mais uma vez (ver Quadro 1).

- **Título de dívida em eurodólar.** Provavelmente a escolha mais óbvia para financiar uma aquisição nos EUA era um título de dívida em eurodólar. Os banqueiros sentiam que o nome da Tirstrup era suficientemente conhecido na Europa para conseguir obter um *eurobond* no valor de US$100 milhões a uma taxa fixa de 5,60% (vencimento de 12 anos). As tarifas provavelmente totalizariam 2%.

- **Colocação privada nos Estados Unidos.** Vários banqueiros tinham recomendado uma colocação privada de dívida com um investidor institucional nos Estados Unidos. O Nordeabank sentia que seus especialistas de Nova York poderiam colocar US$200 milhões dos papéis da Tirstrup dessa maneira. O custo imediato seria de aproximadamente 5,3%, um pouco mais alto do que uma emissão pública nos Estados Unidos (um título de dívida Yankee), mas as tarifas eram significativamente mais baixas – em torno de 7/8% do principal.

- **Título de dívida Yankee.** Como observado, a Tirstrup podia emitir um título de dívida nos Estados Unidos. O problema era que a empresa atualmente não tinha nenhuma operação real nos Estados Unidos e tinha muito pouco reconhecimento de nome como tomadora. Os banqueiros esperavam que a empresa pagasse em torno de 5,75% por uma emissão de sete anos, com tarifas adicionais de 1,5% adiantadas.

Além de considerar as emissões denominadas em dólar, Julie também estava considerando duas emissões denominadas em outras moedas, uma em euro e uma em coroas dinamarquesas.

- **Eurotítulo denominado em €.** O Dresdner Bank (Alemanha) tinha recomendado um *eurobond* denominado em euros no valor de €100 milhões, US$112 milhões pela taxa de câmbio do dia de US$1,1160/€. O valor seria mais alto se o euro se fortalecesse, como muitos economistas esperavam que fosse acontecer logo. A Tirstrup teria que pagar 4,80%, provavelmente em torno de 5,0% incluindo tudo por fundos em euro por sete anos depois das tarifas de 2% terem sido pagas.

- **Título de dívida em coroa dinamarquesa.** O principal banco da Tirstrup em Copenhage garantiu que eles poderiam obter uma emissão de kr650 milhões (aproximadamente US$98,4 milhões pela taxa à vista corrente de kr6,6044/US$). A emissão seria limitada a aproxima-

QUADRO 1

	Colocação privada	Eurotítulo em US$	Título Yankee	Eurotítulo em €	Coroas dinamarquesas
Principal (milhões)	US$200.000	US$100.000	US$100.000	€100.000	kr650.000
Vencimento (anos)	10	12	7	7	7
Taxa fixa (ao ano)	6,500%	5,600%	5,750%	4,800%	4,650%
Tarifas (sobre o principal)	0,875%	2,000%	1,500%	2,000%	1,500%
Ano	Fluxos de caixa	Fluxos de caixa	Fluxos de caixa	Fluxos de caixa	Fluxos de caixa
0	US$198.250	US$98.000	US$98.500	€98.000	kr640.250
1	(US$11.000)	(US$5.600)	(US$5.750)	– €4.800	(kr30.225)
2	(US$11.000)	(US$5.600)	(US$5.750)	– €4.800	(kr30.225)
3	(US$11.000)	(US$5.600)	(US$5.750)	– €4.800	(kr30.225)
4	(US$11.000)	(US$5.600)	(US$5.750)	– €4.800	(kr30.225)
5	(US$11.000)	(US$5.600)	(US$5.750)	– €4.800	(kr30.225)
6	(US$11.000)	(US$5.600)	(US$5.750)	– €4.800	(kr30.225)
7	(US$11.000)	(US$5.600)	(US$105.750)	€104.800	(kr680.225)
8	(US$11.000)	(US$5.600)			
9	(US$11.000)	(US$5.600)			
10	(US$211.000)	(US$5.600)			
11		(US$5.600)			
12		(US$105.600)			
Custos efetivos (AIC)	5,617%	5,836%	6,019%	5,147%	4,908%

Nota: Os custos efetivos (*all-in-cost*) são calculados como a taxa interna de retorno da série completa de fluxos de caixa associados à emissão, incluindo os valores da operação menos tarifas e o pagamento integral do principal e juros.

damente sete anos, e seus banqueiros garantiam que as tarifas seriam "baixas, a 1,5%".

Julie começou a organizar seus pensamentos – e suas planilhas. Ela queria conseguir recomendar um pacote de financiamento que atendesse às necessidades da empresa e minimizasse o custo e o risco. Ela então começou a esboçar uma matriz de financiamento que combinaria todos os elementos em um formulário – um que se focasse, depois de todas as tarifas e *spreads*, no custo de capital efetivo (AIC). O Quadro 1 resume seus cálculos.

Perguntas sobre o caso

1. Quais das muitas características da dívida – moeda, vencimento, custo, taxa fixa ou flutuante – você acredita serem de maior prioridade para Julie e para a Tirstrup?
2. A moeda de denominação depende da moeda da matriz ou da moeda da unidade de negócios que será responsável por pagar a dívida?
3. O Quadro 1 é a análise de planilha de Julie daquilo que ela considera escolhas relevantes. Usando essas escolhas, o que você recomendaria como pacote de financiamento?

PERGUNTAS

1. **Objetivo.** Qual, em palavras simples, é o objetivo de tentar encontrar uma estrutura de capital ótima?
2. **Proporções variáveis de dívida.** À medida que a dívida na estrutura de capital de uma empresa aumenta de nenhuma dívida para uma proporção de dívida significativa (digamos, de 60%), o que tende a acontecer com o custo de dívida, com o custo de capital próprio, e com o custo médio ponderado de capital geral?
3. **Disponibilidade de capital.** Como a disponibilidade de capital influencia a teoria da estrutura de capital ótima de uma empresa multinacional?
4. **Fluxos de caixa diversificados.** Se uma empresa multinacional consegue diversificar suas fontes de entrada de caixa de modo a receber esses fluxos de diversos países e em várias moedas, você acha que isso tende a aumentar ou diminuir seu custo médio ponderado de capital?
5. **Custo de contração de empréstimo *ex-post*.** Muitas empresas em muitos países contraem empréstimos a custos nominais que, mais tarde, se mostram muito diferentes. Por exemplo, o Deutsche Bank recentemente contraiu um empréstimo a um custo nominal de 9,59% ao ano, mas posteriormente essa dívida estava rendendo 7,24%. Ao mesmo tempo, o Reino da Tailândia contraía empréstimos a um custo nominal de 8,70%, mas mais tarde descobriu que a dívida era vendida no mercado com um rendimento de 11,87%. O que causava essas mudanças, e o que a administração poderia fazer para se beneficiar (como fez o Deutsche Bank) em vez de sofrer (como fez o Reino da Tailândia)?
6. **Normas locais.** As subsidiárias estrangeiras de empresas multinacionais devem se conformar às normas de estrutura de capital do país anfitrião ou às normas do país de sua matriz? Discuta.
7. **Argentina.** Em janeiro de 2002, o governo da Argentina se afastou de seu sistema de *currency board* que tinha atrelado o peso ao dólar americano e desvalorizado o peso de APs1,0000/US$ para APs1,40000US$. Isso levou algumas empresas argentinas com dívidas denominadas em dólares à falência. Uma matriz norte-americana ou europeia com boa "saúde financeira" deve "resgatar" sua subsidiária argentina, que, caso contrário, iria à falência devido à gestão política e econômica argentina nos quatro ou cinco anos anteriores a janeiro de 2002? Suponha que a matriz não tenha entrado em um acordo formal para garantir a dívida de sua subsidiária argentina.
8. **Financiamento interno.** Qual é a diferença entre financiamento "interno" e financiamento "externo" para uma subsidiária? Liste três tipos de financiamento interno e três tipos de financiamento externo disponíveis a uma subsidiária estrangeira.
9. **Eurodólares.** Quais a seguir são eurodólares e quais não são?
    a. Um depósito em dólares americanos de propriedade de uma corporação alemã mantido no Barclay's Bank em Londres.
    b. Um depósito em dólares americanos de propriedade de uma corporação alemã mantido no escritório do Bank of America's em Londres.
    c. Um depósito em dólares americanos de propriedade de uma corporação alemã mantido no Banco Sumitomo em Tóquio
    d. Um depósito em dólares americanos de propriedade de uma corporação alemã mantido no Citibank em Nova York
    e. Um depósito em dólares americanos de propriedade de uma corporação alemã mantido na filial de Nova York do Deutsche Bank
    f. Um depósito em dólares americanos de propriedade de um residente dos EUA e mantido na Overseas Banking Corporation em Cingapura
    g. Um depósito em dólares americanos de propriedade de um residente dos EUA mantido na filial de Nova York do Deutsche Bank
    h. Um depósito em euros no Paribas Bank em Paris
    i. Um depósito em euros no Citibank em Nova York
    j. Um depósito em dólares australianos no Paribas Bank em Paris
10. **Depósitos em eurodólar.** Por que alguém, seja um indivíduo ou uma corporação, iria querer depositar dólares americanos em um banco fora dos Estados Unidos quando a localização natural desses depósitos seria um banco nos Estados Unidos?
11. **Defina os termos a seguir:**
    a. LIBOR
    b. Euro LIBOR
    c. Eurocréditos
    d. Créditos bancários sindicalizados
12. **Instrumentos internacionais de dívida.** Empréstimos bancários há muito têm sido a maneira pela qual as corporações e governos tomam fundos emprestados por curtos períodos de tempo. Qual é, então, a vantagem de cada um dos itens a seguir sobre o empréstimo bancário?

a. Empréstimos sindicalizados
b. Euronotas
c. Europapéis comerciais
d. Euronotas de médio prazo
e. Títulos de dívida internacionais

13. **Títulos de dívida em euros *versus* títulos de dívida estrangeiros.** Qual é a diferença entre um eurotítulo e um título de dívida estrangeiro, e por que existem os dois tipos de títulos de dívida internacionais?

14. **Separação.** Em financiamento de projetos, ou *project financing*, o projeto é uma entidade legal separada das empresas que são os proprietários do patrimônio líquido. Por quê?

15. **Projeto singular.** No contexto de financiamento de projetos, o que é um "projeto singular de longa vida e intensivo em termos de capital"?

16. **Previsibilidade.** A previsibilidade dos fluxos de caixa futuros é essencial para induzir os credores a participarem do financiamento de projetos. Como a alavancagem financeira aumenta o risco em projetos altamente alavancados, e como os criadores de investimentos financiados por *project financing* conseguem reduzir a volatilidade dos fluxos de caixa futuros?

17. **Vidas infinitas.** Por que os projetos com uma vida infinita e os projetos com crescimento grandioso não atraem credores que se envolveriam em financiamentos de projetos, enquanto que esses atributos são normalmente muito desejáveis em um investimento corporativo?

18. **Maximização do valor presente.** Os investidores patrimoniais em investimentos baseados em *project financing* procuram maximizar o valor presente de seu investimento ou eles são compensados de alguma outra maneira?

PROBLEMAS

*1. **Window Rock Manufacturing, Inc.** A Window Rock Manufacturing, Inc., uma empresa multinacional dos EUA, tem os seguintes componentes de dívida em sua seção de capital consolidado:

Títulos de dívida de 25 anos denominados em dólares americanos a 6,00%	US$10.000.000
Euronotas de 5 anos denominadas em dólares americanos a 4,00%	US$4.000.000
Títulos de dívida de 10 anos denominados em euros a 5,00%	€6.000.000
Títulos de dívida de 20 anos denominados em ienes a 2%	¥750.000.000
Ações ordinárias	US$35.000.000
Lucros retidos	US$15.000.000

A equipe de finanças da Window Rock estima que seu custo do capital próprio seja de 20%. As taxas de câmbio atuais são:

Euros europeus:	US$1,24/€
Libra esterlina britânica:	US$1,86/£
Ienes japoneses:	¥109/US$

Os impostos de renda são de 30% em todo o mundo depois dos créditos. Calcule o custo médio ponderado de capital da Window Rock. Existe alguma pressuposição implícita em seu cálculo?

2. **The Flatiron Group (EUA).** O Flatiron Group, uma empresa de investimento em participações (*private equity*) sediada em Boulder, Colorado, EUA, toma emprestados £5.000.000 por um ano a juros de 7,375%.
   a. Qual é o custo em dólar desta dívida se a libra for depreciada de US$2,0625/£ para US$1,9460/£ ao longo do ano?
   b. Qual é o custo em dólar desta dívida se a libra for apreciada de US$2,0625/£ para US$2,1640/£ ao longo do ano?

3. **Argosy Associates (EUA).** A Argosy Associates, uma parceria de investimentos sediada nos EUA, toma emprestados €80.000.000 em um momento em que a taxa de câmbio é de US$1,3460/€. Todo o principal tem que ser pago em três anos, e os juros são de 6,250% ao ano, pagos anualmente em euros. Espera-se que o euro seja depreciado em relação ao dólar a 3% ao ano. Qual é o custo efetivo deste empréstimo para a Argosy?

4. **Quatrefoil Construction Company.** A Quatrefoil Construction Company consiste em uma matriz norte-americana e subsidiárias integrais na Malásia (Q-Malásia) e no México (Q-México). Partes selecionadas de seus balanços patrimoniais não consolidados, convertidos em dólar americanos, são exibidas abaixo.

Q-Malásia (contas em ringgits)		Q-México (contas em pesos)	
Dívida de longo prazo	RM 11.400.000	Dívida de longo prazo	Ps 20.000.000
Patrimônio dos acionistas	RM 15.200.000	Patrimônio dos acionistas	Ps 60.000.000

Quatrefoil Construction Company (Balanço patrimonial não consolidado – Apenas itens selecionados)

Investimento em subsidiárias		Dívida de longo prazo da matriz	US$12.000.000
Na Q-Malásia	US$4.000.000	Ações ordinárias	5.000.000
Na Q-México	6.000.000	Lucros retidos	20.000.000
Taxas de câmbio atuais:	Malásia:	RM3,80/US$	
	México:	Ps10/US$	

Quais são as proporções de capital de terceiros e de capital próprio no balanço patrimonial consolidado da Quatrefoil?

*5. **Grupo Bimbo de Mexico.** O Grupo Bimbo, apesar de ter sido incorporado no México, avalia todos os seus resultados de negócios, inclusive custos de financiamento, em

dólares americanos. A empresa precisa tomar emprestados US$10.000.000 ou o equivalente em moeda estrangeira por quatro anos. Para todas as emissões, os juros são pagáveis uma vez por ano, no final do ano. Estão disponíveis as seguintes alternativas:
   a. Vender títulos de dívida em ienes japoneses ao par rendendo 3% ao ano. A taxa de câmbio atual é de ¥106/US$, e espera-se que o iene vá se fortalecer em relação ao dólar a 2% ao ano.
   b. Vender títulos de dívida denominados em euro ao par, rendendo 7% ao ano. A taxa de câmbio atual é de US$1,1960/€, e espera-se que o euro vá se enfraquecer em relação ao dólar a 2% ao ano.
   c. Vender títulos de dívida denominados em dólares americanos ao par, rendendo 5% ao ano.

   Que decisão você recomenda ao Grupo Bimbo e por quê?

6. **Zermatte Air (Suíça).** A Zermatte Air da Suíça retém US$12.000.000 de bilhetes aéreos vendidos para detentores de dólares americanos, depois de pagar gasolina e custos de aterrissagem associados a seus voos frequentes entre o Aeroporto de Dulles, nos Estados Unidos e Gênova, na Itália. Esses fundos atualmente estão depositados no Mid-Manhattan Bank na Cidade de Nova York, onde eles rendem 5,00% ao ano. O Docklands Bank, em Londres, paga 5,50% de juros sobre depósitos em eurodólares, e a Zermatte Air decide transferir seus fundos de Nova York para Londres.
   a. Mostre entradas nos livros-caixa (débitos e crédito) da Zermatte Air, do Mid-Manhattan Bank, e do Docklands Bank que reflitam essa transferência.
   b. Em quanto os depósitos bancários dos bancos dos EUA mudaram?
   c. O que acontece se o Docklands Bank investir os dólares em títulos de dívida de longo prazo do governo dos EUA?

7. **Gas du Ancy.** A Gas du Ancy, uma empresa europeia de gás, está tomando emprestados US$650.000.000 via um eurocrédito sindicalizado por seis anos a 82 pontos-base sobre a LIBOR. A LIBOR para o empréstimo será redeterminada a cada seis meses. Os fundos serão fornecidos por um sindicato de oito bancos de investimento líderes, que cobrarão tarifas adiantadas totalizando 1,2% do valor do principal. Qual é o custo de juros efetivo para o primeiro ano se a LIBOR for de 4,00% nos seis primeiros meses e 4,20% no segundo semestre?

8. **River Thames Insurance Company.** A River Thames Insurance Company planeja vender US$2.000.000 em eurocommercial papers com um vencimento de 60 dias e descontado para render 4,60% ao ano. Quais serão os resultados imediatos para a River Thames Insurance?

9. **Sicilian Capital, S.A.** A Sicilian Capital, S.A., está levantando fundos através de uma euronota de médio prazo com as seguintes características:
   Taxa de cupom: 8,00% pagáveis semestralmente em 30 de junho e 31 de dezembro
   Data de emissão: 28 de fevereiro de 2003
   Vencimento: 31 de agosto de 2005
   Quanto em dólares a Sicilian Capital receberá para cada nota de US$1.000 vendida?

10. **AireAsia.** A AireAsia, sediada em Kunming, China, precisa de US$25.000.000 por um ano para financiar seu capital de giro. A empresa aérea possui duas alternativas de empréstimo:
    1. Tomar emprestados US$25.000.000 em eurodólares em Londres a 7,250% ao ano.
    2. Tomar emprestados HKUS$39.000.000 em Hong Kong a 7,00% ao ano, e trocar esses dólares de Hong Kong por dólar americanos à taxa de câmbio atual de HKUS$7,8/US$.

    A que taxa de câmbio final a AireAsia seria indiferente entre contrair o empréstimo em dólares americanos ou em dólares de Hong Kong?

EXERCÍCIOS NA INTERNET

1. **Histórico das classificações de crédito de um país.** A Fitch, a empresa sediada nos EUA que fornece análises detalhadas e classificações de países e empresas, mantém uma linha do tempo histórica de como as classificações de crédito dos países foi mudando com o passar do tempo. Use o banco de dados de classificações soberanas da Fitch para encontrar a evolução dos históricos de crédito para os seguintes países de mercados emergentes: Argentina, Brasil, China, Índia, Indonésia, Malásia, Romênia, Rússia, Eslováquia, Eslovênia, Tailândia, Turquia e Venezuela.

   www.fitchratings.com/web_content/ratings/sovereign_ratings_history.p

2. **Critérios de classificação de crédito soberano.** A avaliação do risco de crédito e todos os outros riscos relevantes associados à multiplicidade de mutuários nos mercados de dívida mundiais exige uma abordagem estruturada à avaliação de riscos internacionais. Verifique os critérios da Standard & Poor's e da Moody's descritos com profundidade em suas páginas para diferenciar os vários riscos (risco de moeda local, risco de inadimplência, risco de moeda, risco do conversão, e assim por diante) com as principais classificações soberanas em todo o mundo.

   www.standardandpoors.com
   www.moodys.com/

3. **Curva dinâmica de rentabilidade.** Este *site* da Internet fornece dados em tempo real em dólares americanos dos mercados de títulos de renda fixa. A curva dinâmica de rentabilidade que é apresentada permite que o leitor veja estruturas e taxas em modificação ao longo da estrutura de vencimento de 30 anos do mercado de títulos do governo americano.

   stockcharts.com/charts/YieldCurve.html

4. **Títulos *brady* e mercados emergentes.** Os mercados emergentes têm sofrido repetidas vezes com cada grande crise financeira internacional, seja o peso mexicano (1994), o baht tailandês (1997), o rubro russo (1998), ou o real brasileiro (1999). Use os seguintes *sites* para preparar uma análise de por que esses mercados entram sob tal pressão severa quando uma crise ocorre em algum outro lugar do mundo.

   www.bradynet.com/
   www.emgmkts.com/research/bradydef.htm

PARTE V

Decisões Sobre Investimentos no Exterior

CAPÍTULO 17
　　Teoria de Carteiras e Diversificação Internacional

CAPÍTULO 18
　　Teoria do Investimento Estrangeiro Direto e Risco Político

CAPÍTULO 19
　　Orçamento de Capital Multinacional

CAPÍTULO 17

Teoria de Carteiras e Diversificação Internacional

Não se trata de escolher aqueles que, na opinião de alguém, são realmente os mais bonitos, nem mesmo aqueles cuja opinião da maioria considera os mais bonitos. Chegamos à terceira etapa, onde dedicamos nossa inteligência a prever aquilo que a opinião da maioria espera que seja a opinião da maioria.

—John Maynard Keynes, *The General Theory of Employment, Interest, and Money*
(A teoria geral do emprego, do juro e da moeda), 1936.

Este capítulo explora como a aplicação da teoria de carteiras pode reduzir riscos de carteiras de ativos detidas por EMNs ou indivíduos e riscos incorridos por EMNs em geral decorrentes de atividades internacionalmente diversificadas. Na primeira parte do capítulo estendemos a teoria de carteiras do ambiente de negócios doméstico para o internacional. Então, mostraremos como o risco de uma carteira, seja ela uma carteira de títulos ou a carteira geral de atividades da EMN, é reduzido através da diversificação internacional. A segunda parte do capítulo detalha a teoria e a aplicação da teoria internacional de carteiras e apresenta recentes resultados empíricos dos *tradeoffs* de risco-retorno de carteiras internacionalmente diversificadas. A terceira e última seção explora o impacto da diversificação internacional sobre o custo de capital da EMN.

DIVERSIFICAÇÃO INTERNACIONAL E RISCO

A diversificação internacional de carteiras pode ser decomposta em dois componentes: os benefícios potenciais da redução de riscos decorrentes de deter títulos internacionais e o potencial risco cambial extra.

Redução de risco em carteira

Primeiramente, focamo-nos apenas no risco. O risco de uma carteira é medido pelo quociente entre a variância do retorno da carteira em relação à variância do retorno de mercado.* Este é o beta da carteira. Conforme um investidor aumenta o número de títulos em uma carteira, o risco da carteira cai rapidamente no início, e então se aproxima assintoticamente do nível do *risco sistemático* do mercado. Uma carteira doméstica totalmente diversificada teria um beta de 1,0, como ilustrado no Quadro 17.1.

---

* N. de R. T.: O beta da carteira é definido como a relação entre a covariância entre os retornos da carteira e os retornos do mercado e a variância dos retornos do mercado,

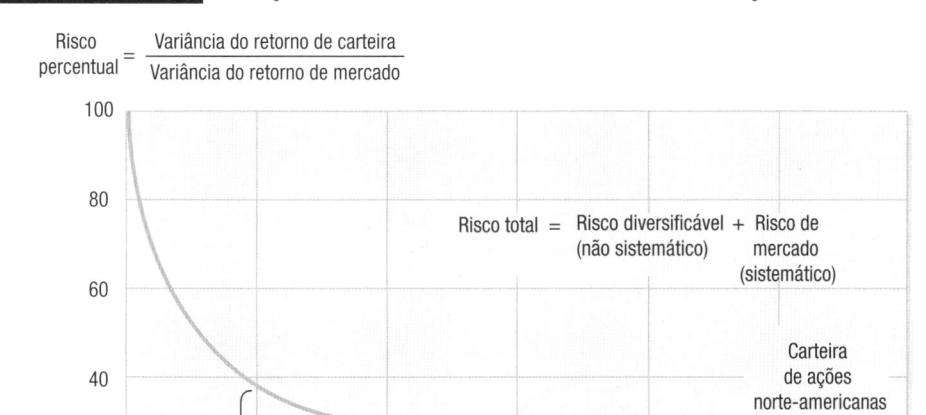

QUADRO 17.1 Redução de risco em carteira através da diversificação

$$\text{Risco percentual} = \frac{\text{Variância do retorno de carteira}}{\text{Variância do retorno de mercado}}$$

Risco total = Risco diversificável (não sistemático) + Risco de mercado (sistemático)

Quando a carteira é diversificada, a variância do retorno da carteira em relação à variância do retorno do mercado (beta) é reduzido ao nível do risco sistemático – o risco do mercado propriamente dito.

O Quadro 17.1 apresenta a redução do risco em carteira para a economia dos EUA. Ele mostra que uma carteira norte-americana totalmente diversificada é apenas 27% tão arriscada quanto ações individuais típicas. Essa relação implica que aproximadamente 73% do risco associado a investir em um único grupo de ações é diversificável em uma carteira norte-americana totalmente diversificada. Apesar de podermos reduzir o risco substancialmente através da diversificação de carteira, não é possível eliminá-lo totalmente porque os retornos sobre títulos são afetados por um conjunto comum de fatores – um conjunto que caracterizamos como o mercado.

O risco total de qualquer carteira é, portanto, composto de *risco sistemático* (o mercado) e *risco não sistemático* (os títulos individuais). Aumentar o número de títulos na carteira reduz o componente de risco não sistemático, mantendo o risco sistemático inalterado.

O Quadro 17.2 ilustra os ganhos incrementais decorrentes da diversificação tanto doméstica quanto internacionalmente. A linha mais baixa no Quadro 17.2 (carteira de ações internacionais) representa uma carteira na qual foram adicionados títulos estrangeiros. Ela possui a mesma forma de risco geral que a carteira de ações norte-americanas, mas possui um beta de carteira mais baixo. Isso significa que o risco de mercado da carteira internacional é mais baixo do que o de uma carteira doméstica. Esta situação surge porque os retornos sobre as ações estrangeiras estão intimamente correlacionados não com os retornos sobre as ações norte-americanas, mas em vez disso, com um beta global. Retornaremos ao conceito de um beta global mais adiante, neste capítulo.

Risco cambial

Os riscos cambiais de uma carteira, seja ela uma carteira de títulos ou a carteira geral de atividades da EMN, são reduzidos por meio da diversificação internacional. A construção de carteiras internacionalmente diversificadas é, ao mesmo tempo, igual e diferente de criar uma carteira tradicional de títulos domésticos. As carteiras internacionalmente diversificadas são o mesmo em princípio porque

QUADRO 17.2 Redução de risco de carteira através da diversificação internacional

$$\text{Risco percentual} = \frac{\text{Variância do retorno de carteira}}{\text{Variância do retorno de mercado}}$$

[Gráfico mostrando número de ações em carteira (eixo X, de 1 a 50) versus risco percentual (eixo Y, de 0 a 100). Duas curvas decrescentes: a Carteira de ações norte-americanas estabiliza em 27%, e a Carteira de ações internacionais estabiliza em 12%.]

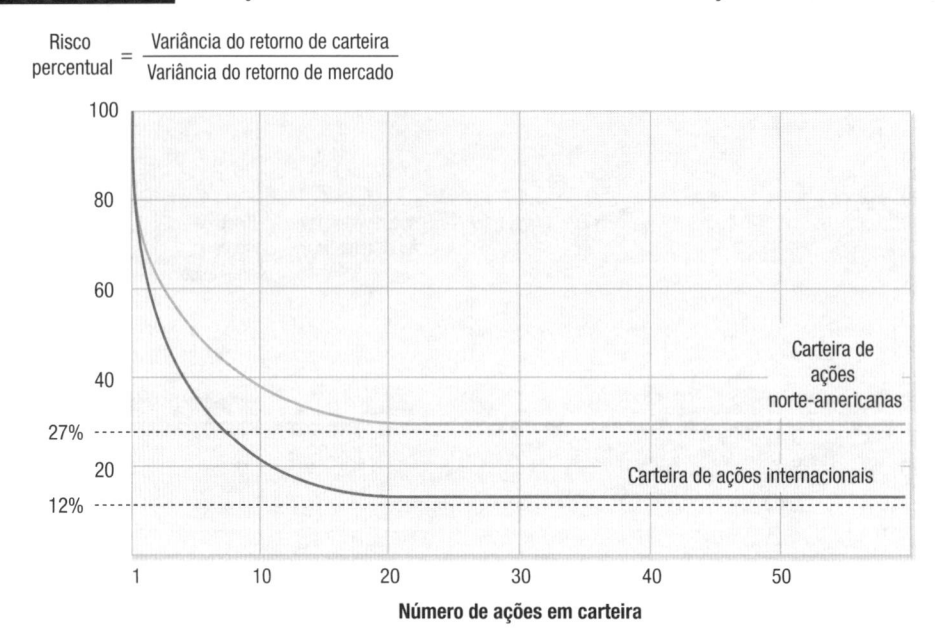

Quando a carteira é internacionalmente diversificada, o beta da carteira—o nível de risco sistemático que não pode ser diluído através da diversificação—é diminuído.

---

o investidor está tentando combinar ativos que são menos do que perfeitamente correlacionados, reduzindo o risco de carteira total. Além disso, ao adicionar ativos fora do mercado doméstico – ativos que previamente não estavam disponíveis para serem colocados na retornos e riscos esperados da carteira – o investidor está tendo acesso a uma variedade maior de investimentos potenciais.

Mas a construção da carteira internacional também é diferente no sentido de que quando o investidor adquire ativos ou títulos fora de seu mercado doméstico, ele também pode estar adquirindo um ativo denominado em moeda estrangeira. Isso nem sempre ocorre. Por exemplo, os investidores sediados nos EUA rotineiramente compram e detêm títulos de dívida em eurodólares (apenas no mercado secundário; isso é ilegal durante a emissão primária), o que não apresentaria risco de moeda ao investidor sediado nos EUA porque eles são denominados na moeda doméstica do investidor. Assim, o investidor na verdade adquiriu dois ativos adicionais – a moeda de denominação e o ativo subsequentemente adquirido com a moeda – um ativo em princípio, mas dois em retornos e riscos esperados.

Exemplo de ações japonesas. Um exemplo numérico pode ilustrar as dificuldades associadas à diversificação de carteira e ao risco de moeda. Um investidor sediado nos EUA pega US$1.000.000 em 1º de janeiro de 2002, e investe em ações negociadas na Bolsa de Valores de Tóquio (TSE ou Tokyo Stock Exchange). No dia 1º de janeiro de 2002, a taxa à vista corrente é de ¥130,00/US$. O US$1 milhão rende, portanto, ¥130.000.000. O investidor usa ¥130.000.000 para adquirir ações na Bolsa de Valores de Tóquio a ¥20.000 por ação, adquirindo 6.500 ações, e detém as ações por um ano.

Ao final de um ano, o investidor vende as 6.500 pelo preço de mercado, que agora é de ¥25.000 por ação; o preço das ações subiu ¥5.000 por ação. As 6.500 ações a ¥25.000 por ação rendem um resultado de ¥162.500.000.

Os ienes japoneses são, então, trocados de volta na moeda doméstica do investidor, o dólar americano, pela taxa à vista de ¥125,00/US$ em vigor em 1º de janeiro de 2003. Isso resulta em um resultado total em dólares americanos de US$1.300.000,00. O retorno total sobre o investimento é, então

$$\frac{US\$1.300.000 - US\$1.000.000}{US\$1.000.000} = 30,00\%$$

O retorno total em dólares americanos é, na verdade, uma combinação do retorno sobre os ienes japoneses (que, neste caso, é positivo) e o retorno sobre as ações listadas na Bolsa de Valores de Tóquio (que também foi positivo). Este valor é expresso isolando-se a variação percentual no preço das ações (rações) em combinação com a variação percentual no valor da moeda ($r^{¥/US\$}$):

$$R^{US\$} = \left[\left(1 + r^{¥/US\$}\right)\left(1 + r^{ações,¥}\right) \right] - 1$$

Neste caso, o valor dos ienes japoneses, aos olhos de um investidor sediado nos EUA, subiu 4,00% (de ¥130/US$ para ¥125/US$), enquanto as ações negociadas na Bolsa de Valores de Tóquio subiram 25,00%. O retorno total sobre o investimento em dólares americanos é, portanto, o seguinte:

$$R^{US\$} = [(1 + 0,0400)(1 + 0,2500))] - 1 = 0,3000 \text{ ou } 30,00\%$$

Obviamente, o risco associado à diversificação internacional, quando inclui o risco de moeda, é inerentemente mais complexo do que o dos investimentos domésticos. Você também deve ver, no entanto, que a presença do risco de moeda pode alterar as correlações associadas a títulos em diferentes países e moedas, fornecendo possibilidades de composição e diversificação de carteira que talvez o investimento e a construção de carteiras domésticas não ofereçam. O quadro Finanças Globais na Prática 17.1 detalha o debate no que diz respeito ao risco cambial.

Em conclusão:

- Os benefícios da diversificação internacional induzem os investidores a exigir títulos estrangeiros (a chamada ponta compradora ou *buy-side*).
- Se a adição de um título estrangeiro à carteira do investidor auxiliar na redução do risco para determinado nível de retorno, ou se aumentar o retorno esperado para determinado nível de risco, então o título agrega valor à carteira.
- Um título que agrega valor será demandado pelos investidores. Dados os limites da oferta potencial de títulos, uma demanda maior fará subir o preço desse título, resultando em um custo de capital mais baixo para a empresa emissora. A empresa que emite o título, a ponta vendedora ou *sell-side* do fornecedor, é, portanto, capaz de levantar capital a um custo mais baixo.

INTERNACIONALIZAÇÃO DA CARTEIRA DOMÉSTICA

Primeiramente, reveremos os princípios básicos da teoria doméstica de carteiras tradicional para auxiliar em nossa identificação das mudanças incrementais introduzidas através da diversificação internacional. Depois, ilustraremos como diversificar a carteira internacionalmente altera o conjunto potencial de carteiras disponíveis ao investidor.

A carteira ótima doméstica

A teoria de carteiras clássica supõe que um investidor é avesso a riscos. Isso significa que um investidor está disposto a aceitar algum risco, mas não está disposto a correr riscos desnecessários. *O investidor típico está, portanto, em busca de uma carteira que maximize o retorno esperado de carteira por unidade de risco esperado da carteira.*

FINANÇAS GLOBAIS NA PRÁTICA 17.1

Os gestores de fundo devem fazer *hedge* de risco de moeda?

Em 2000, o impacto do declínio do euro sobre carteiras globalmente diversificadas fez ressurgir o debate entre gestores de carteiras quanto a se os componentes de moeda e seus riscos nas carteiras deveriam ou não ser protegidos com *hedge*. O declínio do euro ao longo do ano 2000, uma queda de 19,6%, prejudicou severamente os retornos de muitas carteiras internacionais.

O principal índice internacional de ações usado pela maioria dos gestores de carteiras como *benchmark* de desempenho é o Índice europeu, australiano e do extremo oriente da Morgan Stanley Capital International (EAFE – Morgan Stanley Capital International European, Australian, and Far Eastern Index). O índice EAFE caiu 14,17% em 2000. Se o componente de moeda do índice fosse removido (efetivamente protegido por *hedge*), o índice teria caído apenas 4,38%.

Por exemplo, por princípio, o Artisan Fund não pratica *hedge* de moeda. Ele acredita que o componente do risco de moeda de uma carteira internacional seja parte do princípio de diversificação internacional. O problema, no entanto, é que o fundo foi exposto à queda do euro durante todo o ano de 2000 e seus investidores sofreram. Os gestores de fundo que argumentam contra o *hedge* são rápidos em ressaltar que muitas das principais moedas do mundo passam por grandes variações, frequentemente voltando na direção oposta, às vezes rapidamente, em períodos subsequentes.

Outros fundos, como o Janus Worldwide, usavam contratos a termo e opções para proteger suas carteiras completamente com *hedge* contra flutuações de moeda. Eles argumentam que remover os movimentos das moedas dos retornos das carteiras permite que o fundo se foque puramente na escolha de ações, a competência tradicional do gestor de fundos. Por exemplo, a Tweedy, o Fundo Global da Browne Company subiu 12,4% em 2000, tendo um desempenho melhor do que 95% dos fundos internacionais similares vendidos a investidores sediados nos EUA. Segundo o administrador do fundo, o *hedge* de moeda adicionou aproximadamente 10 pontos percentuais ao desempenho do fundo.

Outros fundos praticam *hedge* seletivo, removendo o risco associado às moedas que os gestores de fundos e seus analistas monetários sentem serem as que apresentam maior risco no período corrente. No final das contas, é uma questão de gosto. De maneira similar à questão de se os gestores financeiros devem ou não fazer *hedge* de suas exposições de transação, o debate sobre fazer ou não *hedge* de componentes de moedas de carteiras internacionais continuará.

O investidor doméstico pode escolher entre um conjunto de títulos individuais no mercado doméstico. O conjunto quase infinito de combinações de carteira de títulos domésticos forma o *conjunto de oportunidades de carteiras domésticas* exibido no Quadro 17.3. O conjunto de carteiras formado ao longo da ponta esquerda extrema do conjunto de oportunidades da carteira doméstica é chamado de *fronteira eficiente*. Ela representa as carteiras de títulos ótimas que possuem o mínimo risco esperado para cada nível de retorno esperado da carteira. A carteira com o risco mínimo dentre todas as possíveis é a *carteira doméstica de risco mínimo* (MR_{DP}).

O investidor individual buscará a carteira ótima doméstica (DP ou *domestic portfolio*) que combina o ativo livre de risco e uma carteira de títulos domésticos encontrada na fronteira eficiente. Ele começa com o ativo livre de risco com retorno de R_f (e risco esperado zero), e se desloca ao longo da linha do mercado de capitais até chegar à carteira DP. Esta carteira é definida como a carteira ótima doméstica porque entra no espaço do risco com a inclinação máxima – maximizando a inclinação do retorno de carteira esperado acima do risco esperado – ainda tocando o conjunto de oportunidades de carteiras domésticas. Esta linha é chamada de *linha do mercado de capitais*, e a teoria das carteiras pressupõe que um investidor que possa contrair empréstimos e investir com a taxa livre de risco possa se movimentar para qualquer ponto sobre esta linha.

Observe que a carteira ótima doméstica não é a carteira doméstica de risco mínimo (MRDP). Uma linha que se estende do ativo livre de riscos à carteira doméstica de risco mínimo teria uma inclinação menor do que a linha do mercado de capitais, e o investidor não estaria recebendo um retorno esperado tão alto (distância vertical) por unidade de risco esperado (distância horizontal) quanto o encontrado na DP.

Diversificação internacional

O Quadro 17.4 ilustra o impacto de permitir que o investidor escolha dentre um conjunto diversificado de carteiras potenciais. O *conjunto de oportunidades de carteiras internacionalmente diversificadas* se desloca para a esquerda do conjunto de oportunidades puramente domésticas. Em qualquer

QUADRO 17.3 — Construção da carteira ótima doméstica

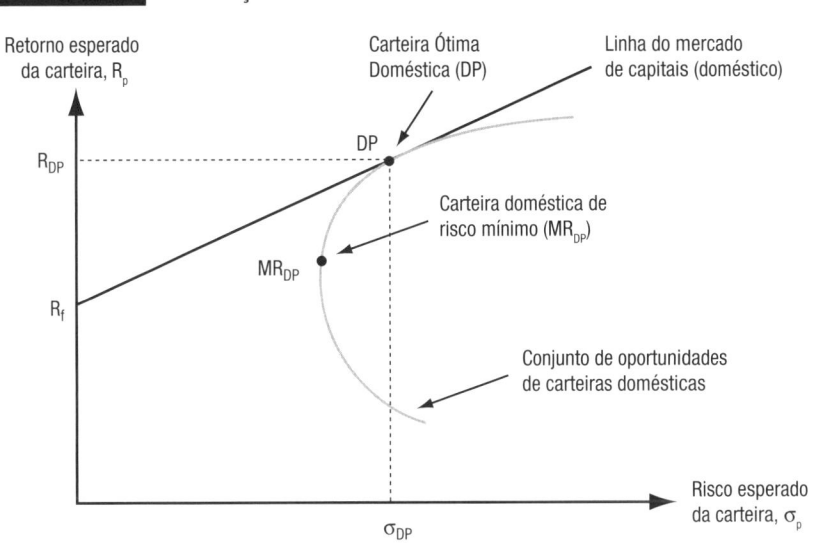

Um investidor pode escolher uma carteira de ativos englobada pelo conjunto de oportunidades de carteiras domésticas. A carteira ótima doméstica se encontra no ponto DP, onde a linha do mercado de capitais é tangente ao conjunto de oportunidades de carteiras domésticas. A carteira doméstica com risco mínimo é designada MR_{DP}.

ponto sobre a fronteira eficiente do conjunto de oportunidades de carteiras internacionalmente diversificadas, o investidor pode encontrar uma carteira com risco esperado mais baixo para cada nível de retorno esperado.

É crucial deixar claro por que o conjunto de oportunidades de carteiras internacionalmente diversificadas tem risco esperado mais baixo do que carteiras domésticas comparáveis. Os ganhos surgem diretamente da introdução de títulos e/ou carteiras adicionais que têm uma correlação menos que perfeita com os títulos e carteiras que formam o conjunto de oportunidades domésticas.

QUADRO 17.4 — O conjunto de oportunidades de carteiras internacionalmente diversificadas

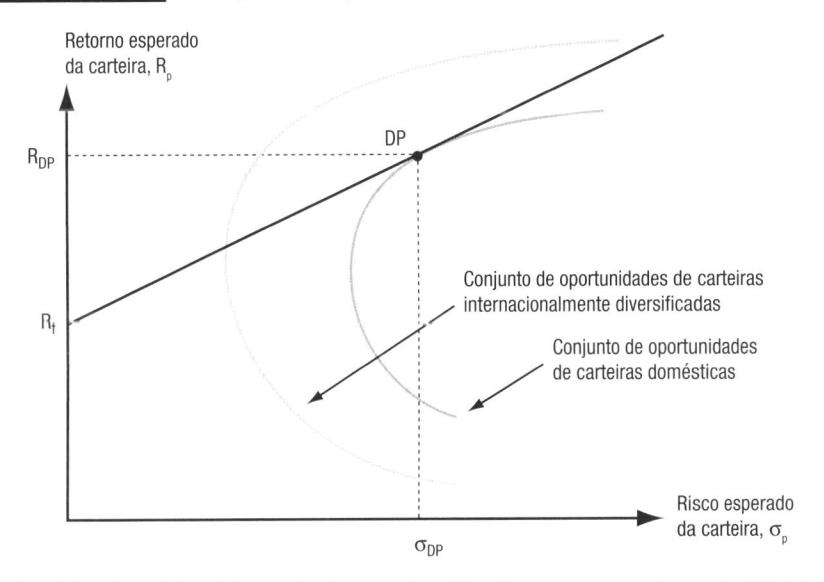

A adição de carteiras internacionalmente diversificadas ao conjunto de oportunidades total disponível ao investidor desloca o conjunto de oportunidades de carteira total para a esquerda, fornecendo carteiras com risco esperado mais baixo para cada nível de retorno esperado da carteira.

Por exemplo, a Sony Corporation está listada na Bolsa de Valores de Tóquio. O preço das ações da Sony deduz seu valor tanto dos resultados de negócios individuais da empresa quanto do mercado em que suas ações são negociadas. Se um deles ou ambos não tiverem uma correlação perfeitamente positiva aos títulos e mercados disponíveis a um investidor sediado nos EUA, então esse investidor observaria o conjunto de oportunidades para se deslocar para baixo no Quadro 17.4.

A carteira ótima internacional

O investidor agora pode escolher uma carteira ótima que combine o mesmo ativo livre de risco de antes com uma carteira da fronteira eficiente do conjunto de oportunidades de carteiras internacionalmente diversificadas. A carteira ótima internacional, IP (de *international portfolio*), novamente pode ser encontrada localizando-se o ponto sobre a linha do mercado de capitais (internacionalmente diversificada) que se estende do retorno de R_f do ativo livre de risco a um ponto de tangência ao longo da fronteira eficiente internacionalmente diversificada. Ilustramos isso no Quadro 17.5.

Os benefícios da diversificação internacional agora são óbvios. A carteira ótima IP do investidor possui um retorno de carteira mais alto ($R_{IP} > R_{DP}$) e um risco de carteira esperado mais baixo ($\sigma_{IP} < \sigma_{DP}$), do que a carteira ótima puramente doméstica. A carteira ótima internacional é superior à carteira ótima doméstica.

O cálculo do risco e retorno de carteira

Um investidor pode reduzir o risco de investimento detendo ativos arriscados em uma carteira. Contanto que os retornos do ativo não tenham uma correlação perfeitamente positiva, o investidor pode reduzir o risco pelo fato de algumas flutuações dos retornos do ativo neutralizarem umas às outras.

Modelo de dois ativos. Suponhamos que a CFO da Trident, Maria Gonzalez, esteja considerando investir títulos negociáveis da Trident Corporation em dois diferentes ativos arriscados, um índice dos mercados de ações dos EUA e um índice dos mercados de ações da Alemanha. Os dois grupos de ações são caracterizados pelos seguintes retornos esperados (a média dos retornos recentes) e riscos esperados (o desvio padrão dos retornos recentes):

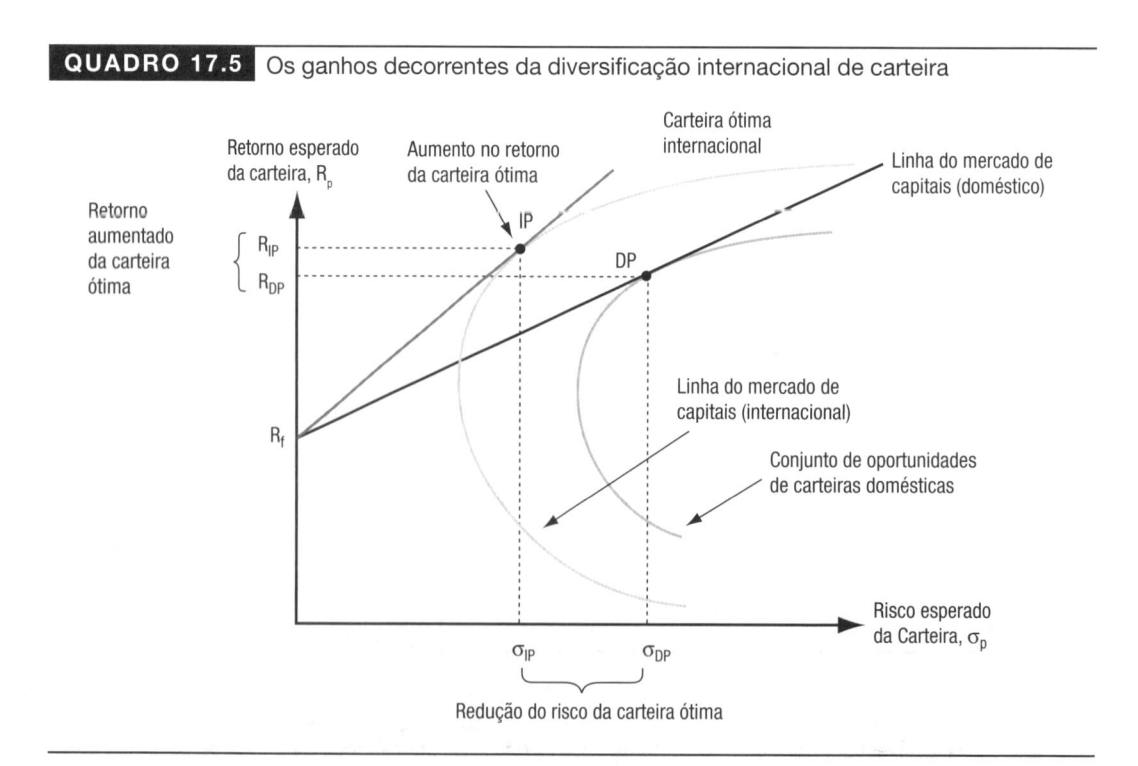

QUADRO 17.5 Os ganhos decorrentes da diversificação internacional de carteira

CAPÍTULO 17 Teoria de Carteiras e Diversificação Internacional

	Retorno esperado	Risco esperado (σ)
Índice de ações dos EUA (EUA)	14%	15%
Índice de ações da Alemanha (ALE)	18%	20%
Coeficiente de correlação ($\rho_{EUA-ALE}$)	0,34	

Se os pesos do investimento nos dois ativos forem w_{EUA} e w_{ALE} respectivamente, e $w_{EUA} + w_{ALE} = 1$, o risco da carteira (σ_P), normalmente expresso em termos do desvio padrão do retorno esperado da carteira, é dado pela seguinte equação:

$$\sigma_P = \sqrt{w_{EUA}^2 \sigma_{EUA}^2 + w_{ALE}^2 \sigma_{ALE}^2 + 2 w_{EUA} w_{ALE} \rho_{EUA-ALE} \sigma_{EUA} \sigma_{ALE}}$$

onde σ_{EUA}^2 e σ_{ALE}^2 são os desvios padrões ao quadrado dos retornos esperados dos ativos com risco nos Estados Unidos e Alemanha (as variâncias), respectivamente. A letra grega rô, $\rho_{EUA-ALE}$, é o coeficiente de correlação entre os dois retornos de mercado ao longo do tempo.

Agora entramos com os valores dos desvios padrões dos Estados Unidos (15%) e Alemanha (20%), e o coeficiente de correlação de 0,34 na equação. Supondo que Maria inicialmente deseje investir 40% de seus fundos nos Estados Unidos (0,40), e 60% de seus fundos em ações alemãs (0,60), o risco esperado da carteira será de

$$\sigma_P = \sqrt{(0,40)^2 (0,15)^2 + (0,60)^2 (0,20)^2 + 2(0,40)(0,60)(0,34)(0,15)(0,20)}$$

que, quando reduzido, se torna

$$\sqrt{0,0036 + 0,0144 + 0,0049} = 0,151 \approx 15,1\%$$

Observe que o risco da carteira não é a média ponderada dos riscos dos ativos individuais. Contanto que o coeficiente de correlação (ρ) seja menor do que 1,0, parte das flutuações dos retornos dos ativos neutralizarão umas às outras, resultando na redução do risco. Quanto menor for o coeficiente de correlação, maior será a oportunidade de diversificação do risco.

Obteremos o retorno esperado da carteira com

$$E(R_P) = w_{EUA} E(R_{EUA}) + w_{ALE} E(R_{ALE})$$

onde $E(R_P)$, $E(R_{EUA})$ e $E(R_{ALE})$ são os retornos esperados da carteira, do índice de ações dos EUA e do índice de ações da Alemanha, respectivamente. Usando os retornos esperados dos índices de ações dos Estados Unidos (14%) e da Alemanha (18%) acima, encontramos o retorno esperado da carteira como

$$E(R_P) = (0,4)(0,14) + (0,6)(0,18) = 0,164 \approx 16,4\%.$$

Alterando os pesos. Antes de Maria finalizar a carteira desejada, ela quer avaliar o impacto de alterar os pesos entre os dois índices de ações sobre o risco esperado e os retornos esperados da carteira. Usando incrementos de 0,5% para os pesos, ela traça o gráfico das carteiras alternativas no gráfico costumeiro do risco-retorno da carteira. O Quadro 17.6 ilustra o resultado.

As diferentes carteiras possíveis usando diferentes pesos com os dois ativos fornecem a Maria algumas escolhas interessantes. Os dois extremos, o retorno esperado máximo e o risco esperado mínimo, exigem estruturas de pesos muito diferentes. O retorno esperado máximo é, como seria de se esperar a partir das expectativas dos ativos originais, com um peso de 100% do mercado alemão na composição da carteira. O risco esperado mínimo da carteira, com um risco esperado de aproximadamente 15,2%, é formado, aproximadamente, de 70% de títulos norte-americanos e 30% de títulos alemães.

Modelo de múltiplos ativos. Podemos generalizar as equações acima para uma carteira que consiste em múltiplos ativos. O risco de carteira é

$$\sigma_P = \sqrt{\sum_{i=1}^{N} w_i^2 \sigma_i^2 + \sum_{i=1}^{N-1} \sum_{j=i+1}^{N} w_i w_j \rho_{ij} \sigma_i \sigma_j}$$

QUADRO 17.6 Perfis alternativos de carteira para diversos pesos de ativos

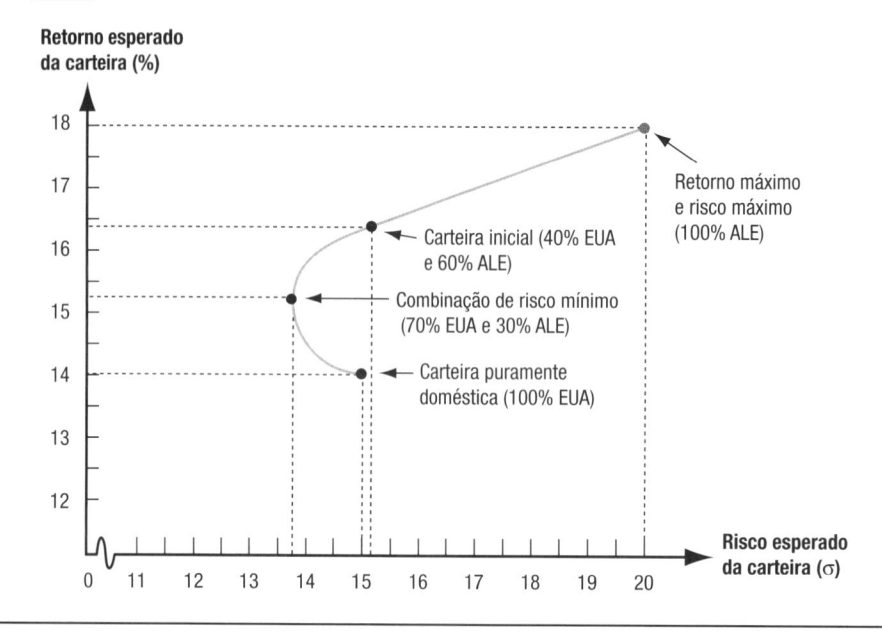

Retorno esperado da carteira (%)

- 18 — Retorno máximo e risco máximo (100% ALE)
- 16 — Carteira inicial (40% EUA e 60% ALE)
- 15 — Combinação de risco mínimo (70% EUA e 30% ALE)
- 14 — Carteira puramente doméstica (100% EUA)

Risco esperado da carteira (σ)

e o retorno esperado de carteira é

$$E(R_P) = \sum_{i=1}^{N} w_i E(R_i)$$

onde N representa o número total de ativos incluídos na carteira. Ao permitir que os investidores detenham ativos estrangeiros, aumentamos substancialmente o conjunto de investimentos viáveis; um retorno mais alto pode ser obtido com determinado nível de risco, ou pode-se alcançar um risco mais baixo com o mesmo nível de retorno.

MERCADOS NACIONAIS E DESEMPENHO DOS ATIVOS

Como demonstrado na seção anterior, as carteiras de ativos são tradicionalmente construídas tanto por ativos que rendem juros livres de risco quanto por ativos com risco. O Quadro 17.7 apresenta o desempenho dos principais mercados nacionais individuais por categoria de ativo – notas, títulos de dívidas e ações – durante o século XX (1900–2000). Os riscos e retornos apresentados são os reais.

O Quadro 17.7 demonstra que, pelo menos durante o período de 100 anos que termina no ano 2000, o risco de investir em ações foi recompensado com retornos substanciais. As ações dos EUA renderam um retorno médio ajustado pela inflação de 8,7%, em comparação a retornos médios de 2,1% sobre títulos de dívida e de 1,0% sobre bilhetes do Tesouro. Mas o mercado norte-americano também não é excepcional e, na verdade, os mercados de ações da Austrália, Alemanha, Japão, África do Sul e Suécia, todos exibiram retornos médios mais altos durante esse século. Também é interessante observar que os retornos sobre ações de todos os 16 países listados demonstraram retornos médios positivos, sendo o menor de 4,8% na Bélgica e o maior de 9,9% na Suécia.

Como demonstrado pelo Quadro Finanças Globais na Prática 17.2, no entanto, os desempenhos médios ao longo de períodos extensos podem ser enganosos, já que têm a tendência de suavizar os retornos que durante a época da crise teriam, de fato, deixado o investidor sem fôlego!

Os verdadeiros benefícios da diversificação global, no entanto, surgem do fato de que os retornos de diferentes mercados de ações ao redor do mundo não têm uma correlação perfeitamente positiva. Como existem diferentes estruturas setoriais em diferentes países e como diferentes economias não seguem exatamente o mesmo ciclo de negócios, esperamos correlações de retorno menores entre investimentos em diferentes países do que entre investimentos dentro de um mesmo país.

CAPÍTULO 17 Teoria de Carteiras e Diversificação Internacional

QUADRO 17.7 Retornos e riscos reais sobre as três principais classes de ativos, globalmente, 1900–2000

País	Ações (%) Média	Ações (%) D.P.	Títulos de dívida (%) Média	Títulos de dívida (%) D.P.	Notas (%) Média	Notas (%) D.P.
Austrália	9,0	17,7	1,9	13,0	0,6	5,6
Bélgica	4,8	22,8	0,3	12,1	0,0	8,2
Canadá	7,7	16,8	2,4	10,6	1,8	5,1
Dinamarca	6,2	20,1	3,3	12,5	3,0	6,4
França	6,3	23,1	0,1	14,4	–2,6	11,4
Alemanha	8,8	32,3	0,3	15,9	0,1	10,6
Irlanda	7,0	22,2	2,4	13,3	1,4	6,0
Itália	6,8	29,4	–0,8	14,4	–2,9	12,0
Japão	9,3	30,3	1,3	20,9	–0,3	14,5
Holanda	7,7	21,0	1,5	9,4	0,8	5,2
África do Sul	9,1	22,8	1,9	10,6	1,0	6,4
Espanha	5,8	22,0	1,9	12,0	0,6	6,1
Suécia	9,9	22,8	3,1	12,7	2,2	6,8
Suíça	6,9	20,4	3,1	8,0	1,2	6,2
Reino Unido	7,6	20,0	2,3	14,5	1,2	6,6
Estados Unidos	8,7	20,2	2,1	10,0	1,0	4,7

Fonte: Extraído de Elroy Dimson, Paul Marsh e Mike Staunton, *Triumph of the Optimists, 101 Years of Global Investment Returns*, Princeton University Press, 2002, p. 60. "Média" é média aritmética; "D.P." é desvio padrão dos retornos médios. As estatísticas de títulos de dívida e notas do Tesouro da Alemanha excluem os anos 1922–1923; as ações na Suíça começam em 1911.

FINANÇAS GLOBAIS NA PRÁTICA 17.2

Crises do mercado de ações no século XX

As maiores perdas do mercado de ações no século passado foram primordialmente relacionadas à guerra e ao terrorismo e à devastação econômica a eles associada.

País	Evento	Perdas do mercado de ações
EUA	Ataques terroristas, 11 de setembro de 2001	–14%
EUA	Quebra do mercado de ações, outubro de 1987	–23%
EUA	*Bear market*, mercado em queda 2000-2001	–37%
EUA	Quebra da Wall Street de 1929	–60%
Reino Unido	*Bear market*, mercado em queda 1973-1974	–71%
Alemanha	II Guerra Mundial, 1945-1948	–91%
Japão	II Guerra Mundial, 1944-1947	–97%

Fonte: Elroy Dimson, Paul Marsh e Mike Staunton, *Triumph of the Optimists, 101 Years of Global Investment Returns*, Princeton University Press, 2002, p. 58.

O Quadro 17.8 relata os coeficientes de correlação entre os mercados de ações do mundo para o período de 1900–2000. Os coeficientes de correlação do lado esquerdo inferior do quadro mostram todo o período, 1900–2000, enquanto que o lado superior direito do quadro mostra o período de 1996–2000. Os coeficientes de correlação relativamente baixos entre os retornos dos 16 países para cada período indicam um grande potencial para a diversificação internacional. Para facilitar a comparação, os retornos foram todos convertidos na mesma moeda base (neste caso, o dólar americano) e são corrigidos pela inflação.

Como observado pelos autores do estudo, as correlações parecem ser "plausíveis e ligadas à geografia e distância", já que os mercados nacionais que são contíguos ou quase-contíguos aparentemente demonstram ter os maiores coeficientes de correlação durante o século. Por exemplo, entre os coeficientes de correlação da esquerda inferior, as correlações mais altas são aquelas entre os Estados Unidos e o Canadá (0,80) e entre a Irlanda e o Reino Unido (0,73).

Os coeficientes de correlação entre os mercados de ações nacionais na parte direita superior do Quadro 17.8, as correlações do período de 1996–2000, são perceptivelmente mais altas do que as do século inteiro. O coeficiente de correlação médio de todo o século foi de 0,36, enquanto que o do período de 1996–2000 foi de 0,50. Apesar de apenas para o segmento de tempo mais recente, e um segmento em que o desempenho do mercado de ações global pode ter sido atípico devido à bolha da Internet em mercados industrializados selecionados, os coeficientes indicam um grau mais alto de integração do desempenho do mercado.[1]

Outros estudos de regressão múltipla empreendidos pelos autores do estudo revelaram que quando o século XX foi dividido ao meio "não havia relação discernível entre as duas metades de

QUADRO 17.8 Coeficientes de correlação entre mercados de ações do mundo, 1900–2000

Lado direito superior: Correlações baseadas em 60 meses de retornos reais em dólar, 1996–2000, do FTSE World (Irlanda e África do Sul) e MSCI (todos os outros).

Lado esquerdo inferior: Correlação baseada em 101 anos de retornos reais em dólar, 1900–2000.

	Mundo	EUA	R. Unido	Suí	Sué	Esp	Áf.S.	Hol	Jap	Itá	Irl	Ale	Fra	Din	Can	Bél	Aus
Mundo		0,93	0,77	0,59	0,62	0,67	0,54	0,73	0,68	0,52	0,69	0,69	0,73	0,57	0,82	0,54	0,69
EUA	0,85		0,67	0,44	0,46	0,53	0,46	0,57	0,49	0,40	0,66	0,56	0,56	0,46	0,78	0,45	0,57
R. Unido	0,70	0,55		0,58	0,44	0,63	0,31	0,71	0,42	0,39	0,73	0,58	0,59	0,57	0,57	0,59	0,56
Suí	0,68	0,50	0,62		0,39	0,60	0,19	0,72	0,36	0,45	0,57	0,53	0,64	0,58	0,35	0,63	0,37
Sué	0,62	0,44	0,42	0,54		0,63	0,38	0,63	0,34	0,49	0,27	0,76	0,76	0,44	0,61	0,29	0,44
Esp	0,41	0,25	0,25	0,36	0,37		0,35	0,63	0,32	0,64	0,50	0,64	0,75	0,56	0,51	0,55	0,54
Áf.S.	0,55	0,43	0,49	0,39	0,34	0,26		0,30	0,44	0,24	0,31	0,42	0,37	0,25	0,62	0,10	0,66
Hol	0,57	0,39	0,42	0,51	0,43	0,28	0,29		0,39	0,59	0,63	0,74	0,77	0,64	0,55	0,70	0,46
Jap	0,45	0,21	0,33	0,29	0,39	0,40	0,31	0,25		0,18	0,33	0,25	0,36	0,24	0,50	0,17	0,59
Itá	0,54	0,37	0,43	0,52	0,39	0,41	0,41	0,32	0,34		0,33	0,55	0,71	0,50	0,40	0,51	0,38
Irl	0,58	0,38	0,73	0,70	0,42	0,35	0,42	0,46	0,29	0,43		0,42	0,45	0,49	0,54	0,57	0,50
Ale	0,30	0,12	−0,01	0,22	0,09	−0,03	0,05	0,27	0,06	0,016	0,03		0,83	0,61	0,57	0,59	0,46
Fra	0,62	0,36	0,45	0,54	0,44	0,47	0,38	0,48	0,25	0,52	0,53	0,19		0,63	0,60	0,66	0,48
Din	0,57	0,38	0,40	0,51	0,56	0,34	0,31	0,50	0,46	0,38	0,55	0,22	0,45		0,55	0,54	0,30
Can	0,80	0,80	0,55	0,48	0,53	0,27	0,54	0,34	0,30	0,37	0,41	0,13	0,35	0,46		0,30	0,65
Bél	0,58	0,38	0,40	0,57	0,43	0,40	0,29	0,60	0,25	0,47	0,49	0,26	0,68	0,42	0,35		0,30
Aus	0,66	0,47	0,66	0,51	0,50	0,28	0,56	0,41	0,28	0,43	0,62	0,04	0,47	0,42	0,62	0,35	

Fonte: Elroy Dimson, Paul Marsh e Mike Staunton, *Triumph of the Optimists, 101 Years of Global Investment Returns*, Princeton University Press, 2002, p. 115. Reimpresso com permissão da Princeton University Press.

---

[1] Elroy Dimson, Paul Marsh e Mike Staunton, *Triumph of the Optimists, 101 Years of Global Investment Returns*, Princeton University Press, 2002, p. 115–116.

século". Eles determinaram também que "não teria sido possível prever correlações para 1950–2000 a partir daquelas estimadas com base nos dados anuais ao longo da primeira metade do século".[2]

Desempenho de mercado corrigido pelo risco: os índices de desempenho de Sharpe e de Treynor

Apesar de o Quadro 17.7 e o Quadro 17.8 fornecerem algumas explicações sobre o desempenho histórico de longo prazo de mercados nacionais individuais e ativos-chave, eles não fornecem um quadro completo de como os retornos e riscos têm que ser considerados em conjunto. O Quadro 17.9 apresenta estatísticas resumidas para os retornos mensais em 18 dos principais mercados de ações no período de 1977–1996. Além das medidas tradicionais de desempenho de mercado individual de retorno médio e desvio padrão (do risco), é divulgado o beta do mercado nacional individual em relação à carteira global além de duas medidas de retornos corrigidos pelo risco, os índices de Sharpe e de Treynor.

Os investidores devem examinar os retornos pela quantia de retorno por unidade de risco aceita, em vez de isoladamente (como em simplesmente riscos e retornos médios). Por exemplo, no Quadro 17.9, o mercado de Hong Kong teve o retorno médio mais alto a 1,50%, mas também o risco mais alto, um desvio padrão de 9,61%. (Um grande fator que contribuiu com sua alta volatilidade talvez tenha sido a incerteza política quanto ao futuro da colônia britânica depois de 1997.)

Para considerar tanto risco quanto retorno ao avaliar o desempenho de carteira, introduzimos duas medidas no Quadro 17.9, o índice de Sharpe (SHP) e o índice de Treynor (TRN). O índice de

QUADRO 17.9 Estatísticas resumidas dos retornos mensais de 18 dos principais mercados de ações, 1977–1996 (todos os retornos convertidos em dólares americanos e incluem todos os dividendos pagos)

	Retorno médio (%)	Desvio padrão (%)	Beta (β_i)	Índice Sharpe (SHP_i)	Índice Treynor (TRN_i)
Austrália	1,00	7,44	1,02	0,078	0,0057
Áustria	0,77	6,52	0,54	0,055	0,0066
Bélgica	1,19	5,53	0,86	0,141	0,0091
Canadá	0,82	5,34	0,93	0,076	0,0044
Dinamarca	0,99	6,25	0,68	0,092	0,0085
França	1,18	6,76	1,08	0,113	0,0071
Alemanha	0,97	6,17	0,84	0,089	0,0065
Hong Kong	1,50	9,61	1,09	0,113	0,0100
Itália	0,90	7,57	0,80	0,071	0,0061
Japão	1,08	6,66	1,21	0,099	0,0055
Holanda	1,39	4,93	0,89	0,197	0,0109
Noruega	1,00	7,94	1,02	0,073	0,0057
Cingapura	1,09	7,50	1,01	0,090	0,0057
Espanha	0,83	6,81	0,94	0,060	0,0044
Suécia	1,37	6,67	0,97	0,143	0,0099
Suíça	1,10	5,39	0,86	0,127	0,0080
Reino Unido	1,35	5,79	1,06	0,162	0,0089
Estados Unidos	1,01	4,16	0,82	0,143	0,0072
Média	1,09	6,51	0,93	0,107	0,0073

Os resultados são calculados mensalmente com dados do mercado de ações da *Capital International Perspectives*, da Morgan Stanley.

---

[2] Ibid., p. 116.

Sharpe calcula o retorno médio acima da taxa de retorno livre de risco por unidade de risco da carteira:

$$\text{Índice de Sharpe} = SHP_i = \frac{\overline{R}_i - R_f}{\sigma_i}$$

onde R_i é o retorno médio da carteira i durante um período de tempo especificado, R_f é a taxa média de retorno livre de risco e σ_i é o risco da carteira i. O índice de Treynor é muito similar, mas em vez de usar o desvio padrão do retorno total da carteira como a medida de risco, ela utiliza o beta da carteira, β_i, o risco sistemático da carteira, medido em comparação à carteira de mercado mundial:

$$\text{Índice de Treynor} = TRN_i = \frac{\overline{R}_i - R_f}{\beta_i}.$$

O índice de Sharpe indica em média com o quanto de retorno em excesso (acima da taxa livre de risco) um investidor é recompensando por unidade de risco que assume.

Apesar de as equações dos índices de Sharpe e de Treynor parecerem similares, a diferença entre elas é importante. Se uma carteira é perfeitamente diversificada (sem nenhum risco não sistemático), as duas medidas fornecem classificações similares porque o risco de carteira total é equivalente ao risco sistemático. Se uma carteira for mal diversificada, é possível que ela mostre uma classificação alta com base no índice de Treynor, mas uma classificação baixa com base no índice de Sharpe. A diferença pode ser atribuída ao baixo nível da diversificação da carteira. As duas medidas, portanto, fornecem informações complementares, mas diferentes.

Exemplo de Hong Kong. O retorno médio de Hong Kong no Quadro 17.9 foi de 1,5%. Se supusermos que a taxa média livre de risco foi de 5% ao ano durante esse período (ou 0,42% por mês), o índice de Sharpe seria calculada como

$$SHP_{HKG} = \frac{\overline{R}_i - R_f}{\sigma_i} = \frac{0,015 - 0,0042}{0,0961} = 0,113$$

Para cada unidade (%) de risco de carteira total que um investidor assumisse, o mercado de Hong Kong recompensaria do investidor com um retorno mensal em excesso de 0,113% durante 1977–1996.

Como alternativa, o índice de Treynor era

$$TRN_{HKG} = \frac{\overline{R}_i - R_f}{\beta_i} = \frac{0,015 - 0,0042}{1,09} = 0,0100$$

Apesar de o mercado de Hong Kong ter tido o segundo maior índice de Treynor, seu índice de Sharpe ficou em oitavo lugar, indicando que a carteira do mercado de Hong Kong não era muito bem diversificada na perspectiva do mercado mundial. Em vez disso, a classificação mais alta pertence ao mercado da Holanda, que apresentou os maiores índices de Sharpe (0,197) e de Treynor (0,0109).

Isso significa que um investidor norte-americano teria tido a melhor recompensa investindo no mercado da Holanda nesse período? A resposta é sim se o investidor pudesse investir em apenas um desses mercados. Teria sido definitivamente melhor do que ter mantido seus investimentos em casa no mercado norte-americano, que teve um índice de Sharpe de 0,143 no período. Entretanto, se o investidor estivesse disposto a combinar esses mercados em uma carteira, o desempenho teria sido ainda melhor. Como esses retornos de mercado não tinham uma correlação positiva perfeita, era possível reduzir o risco ainda mais através da diversificação entre os mercados.

Os mercados estão cada vez mais integrados?

Frequentemente diz-se que à medida que os mercados de capitais de todo o mundo vão se tornando mais e mais integrados, os benefícios da diversificação irão se reduzindo. Para examinar essa questão, dividimos o período amostral de 20 anos entre 1977–1996 em duas metades: 1977–1986 e 1987–1996. O movimento oficial em direção a uma Europa unificada coincide com 1986. Nessa época, a maioria dos países da UE desregulou seus mercados de títulos – ou pelo menos iniciaram o processo de remoção das restrições restantes ao livre fluxo de capitais entre as fronteiras.

O Quadro 17.10 exibe os coeficientes de correlação de mercados de ações selecionados com os Estados Unidos para cada subperíodo. Apenas a correlação entre os mercados Dinamarca-EUA

QUADRO 17.10	Comparação de coeficientes de correlação selecionados entre mercados de ações de dois períodos de tempo (retornos em dólar)		
Correlação com os Estados Unidos	1977–1986	1987–1996	Variação
Canadá	0,66	0,77	+0,11
Dinamarca	0,26	0,18	–0,08
França	0,37	0,55	+0,18
Alemanha	0,24	0,42	+0,18
Hong Kong	0,13	0,61	+0,48
Japão	0,16	0,26	+0,10
Cingapura	0,31	0,66	+0,35
Suíça	0,38	0,47	+0,09
Reino Unido	0,40	0,67	+0,27

Coeficientes de correlação calculados a partir de dados da *Capital International Perspectives*, da Morgan Stanley.

realmente caiu do primeiro para o segundo período. A correlação Canadá-EUA subiu de um já alto 0,66 para 0,77 no segundo período. Da mesma forma, as correlações entre os Estados Unidos e Cingapura e o Reino Unido subiram para 0,66 e 0,67, respectivamente.

A imagem geral é a de que as correlações aumentaram com o passar do tempo. A resposta à pergunta "Os mercados estão cada vez mais integrados?" é mais provável que seja sim. Entretanto, apesar de a integração dos mercados de capitais ter diminuído alguns dos benefícios da diversificação internacional de carteira, os coeficientes de correlação entre os mercados ainda estão longe de 1,0. Ainda há muitas oportunidades de redução de riscos para a diversificação internacional de carteira.

RESUMO

- O risco total de qualquer carteira é composto por risco sistemático (risco associado ao mercado) e risco não sistemático (risco individual dos títulos). Aumentar o número de títulos na carteira reduz o componente de risco não sistemático.

- Uma carteira internacionalmente diversificada possui um beta de carteira mais baixo. Isso significa que o risco de mercado da carteira é mais baixo do que o de uma carteira doméstica. Esta situação surge porque os retornos sobre as ações estrangeiras estão intimamente correlacionados não com os retornos sobre as ações norte-americanas, mas, em vez disso, com um beta global.

- Os investidores constroem carteiras internacionalmente diversificadas na tentativa de combinar ativos que têm uma correlação menos do que perfeita, reduzindo o risco total da carteira. Além disso, ao adicionar ativos fora do mercado doméstico, o investidor agora tem acesso a uma variedade maior de investimentos potenciais.

- A construção de uma carteira internacional também é diferente no sentido de que quando o investidor adquire ativos ou títulos fora de seu mercado doméstico, ele também pode estar adquirindo um ativo denominado em moeda estrangeira.

- O investidor na verdade adquiriu outros dois ativos – a moeda de denominação e o ativo subsequentemente adquirido com a moeda – um ativo em princípio, mas dois ativos no que se refere a retornos e riscos esperados.

- Os riscos cambiais de uma carteira, seja ela uma carteira de títulos ou a carteira geral de atividades da EMN, são reduzidos por meio da diversificação internacional.

- O investidor individual busca a carteira ótima doméstica (DP), que combina o ativo livre de risco e uma carteira de títulos domésticos que se encontra sobre a fronteira eficiente. O investidor começa com o ativo livre de risco com retorno de R_f (e risco esperado zero) e se movimenta ao longo da linha do mercado de capitais até chegar à carteira DP.

- Esta carteira é chamada de carteira ótima doméstica porque entra no espaço de risco com a inclinação máxima – maximizando a inclinação do retorno esperado da carteira acima do risco esperado – mas ainda tocando o conjunto de oportunidades de carteiras domésticas.

- Encontra-se a carteira ótima internacional, IP, obtendo o ponto sobre a linha do mercado de capitais (internacionalmente diversificada) que se estende do retorno de R_f do ativo livre de risco a um ponto de tangência ao longo da fronteira eficiente internacionalmente diversificada.

- A carteira ótima IP do investidor possui um retorno esperado mais alto ($R_{IP} > R_{DP}$), e um risco esperado mais baixo ($\sigma_{IP} < \sigma_{DP}$), do que a carteira ótima puramente doméstica. A carteira ótima internacional é superior à carteira ótima doméstica.

- É possível reduzir riscos através da diversificação internacional porque os retornos de diferentes mercados e ações ao redor do mundo não têm uma correlação positiva perfeita.

- Como há diferentes estruturas setoriais em diferentes países e como diferentes economias não seguem exatamente o mesmo ciclo de negócios, esperamos correlações de retorno menores entre investimentos em diferentes países do que entre investimentos dentro de um mesmo país.

- Os coeficientes de correlação relativamente baixos entre os retornos dos 18 principais mercados de ações ao redor do mundo no período de 20 anos de 1977 a 1996 indicam um grande potencial para a diversificação internacional.

- A ideia geral é que as correlações aumentaram com o passar do tempo.

- Não obstante, 91 das 153 correlações (59%) e a média geral (0,46) ainda estavam abaixo de 0,5 em 1987–1996. A resposta para a pergunta "Os mercados estão cada vez mais integrados?" é sim.

- No entanto, apesar de a integração dos mercados de capitais ter diminuído alguns dos benefícios da diversificação internacional de carteira, os coeficientes de correlação entre os mercados ainda estão longe de 1,0. Ainda há muitas oportunidades de redução de riscos para a diversificação internacional de carteira.

MINICASO: A teoria moderna de carteiras está ultrapassada?[1]

Quem sabia? Os tomadores de empréstimos do subprime não tinham a menor ideia de que o mercado de habitação estava a ponto de entrar em colapso, impedindo que eles refinanciassem suas taxas importunas. Os corretores de hipotecas não perguntavam sobre os empregos para os tomadores ou coisa assim, porque ninguém estava exigindo esse tipo de informação. As agências de classificação não sabiam que essa confluência de crédito fácil, incentivos inapropriados e mercado imobiliário superaquecido alterariam as taxas de inadimplência históricas, ainda mais porque a maioria das recessões da habitação desde a Grande Depressão tinham tido um alcance apenas regional. E as pessoas que agrupavam todas essas hipotecas em títulos tinham acabado de se recuperar do choque da facilidade de vender papéis a investidores gananciosos, cegos que estavam pela realidade de que ninguém mais sabia quanto nada daquilo valia.

Na busca por resposta em vez de desculpas, liguei para Niels Clemen Jensen, antigo executivo sênior da Lehman Brothers, que agora administrava a Absolute Return Partners, um fundo de fundos de Londres de US$400 milhões. Jensen é um profissional experiente nos detalhes da teoria moderna de carteiras e gerenciamento de riscos. Eu sirvo de testemunha que, neste caso, o conhecimento não é uma bênção, e sim mais como um grande salto em direção ao inconcebível.

"Tudo que estava ligado à teoria moderna de carteiras, das ferramentas mais simples, como o desvio padrão, às ferramentas mais complicadas, como o valor em risco (*value-at-risk*), baseava-se no pressuposto muito simples de que o mercado está seguindo a forma de uma curva em sino, isto é, a curva nominal. E acho que se pode defender que se voltarmos em torno de 15, 20 anos ao passado, a grande maioria dos mercados temporais – mercados de *commodities*, mercados de ações e mercados de renda fixa – estavam realmente seguindo a forma de uma curva em sino. Em outras palavras, os retornos seguiam uma distribuição normal. Mas várias coisas mudaram nos últimos 20 anos. Em primeiro lugar, temos acesso a instrumentos muito mais sofisticados. Em segundo lugar, usamos posições vendidas e compradas de modo que, com o surgimento do setor de fundos de *hedge* ou *hedge funds*, os diferentes investidores no mercado se tornaram muito mais sofisticados. Então, estamos não somente usando instrumentos que não existiam há 20 anos, mas também estamos misturando esses instrumentos de uma maneira que torna as coisas muito mais complicadas. E por todos esses motivos, os retornos estão se comportando de maneira diferente hoje em dia do que se comportavam 20 anos atrás".

Eu já sabia da afirmação de Jensen de que, com base em padrões da distribuição "normal" em forma de sino, os 10 "terremotos" que ocorreram no mercado ao longo dos últimos 20 anos – da quebra de 1987 à debandada de ações em agosto – só poderiam ser experimentados uma vez a cada poucos bilhões de anos. Sob o modelo da curva em sino, que funciona melhor para sistemas relativamente estáticos, a quebra de 1987 era tão excessivamente improvável que não deveria ter ocorrido ainda, dada a idade deste universo. Certamente parece que temos um problema de dados em nossas mãos.

Jensen repassou os recentes improváveis acontecimentos: a debandada do mercado de outubro de 1997, o fiasco da Long-Term Capital Management no ano seguinte, passando pelo estouro da bolha da Internet e chegando à liquidação da China de ativos em fevereiro. "Isoladamente, nenhum desses eventos deveria acontecer mais em três, quatro, cinco, seis, sete bilhões de anos", ele diz. "Mas se você tem eventos que acontecem uma vez a cada três bilhões de anos acontecendo a cada dois anos, então há algo errado com as regras. Como setor, precisamos criar novas ferramentas porque as antigas não funcionam mais".

De acordo com Jensen, parte do problema está nas limitações dos dados do mercado sobre que modelos de risco são normalmente construídos, já que as estatísticas só começam a partir de aproximadamente 1970. Mas esse está longe de ser o único problema. Um número insuficiente de instituições, diz, adota a abordagem sensata de perguntar o que poderia acontecer se ocorresse o improvável da maneira que ocorreu algumas vezes nos últimos anos. O que acontece se o mercado de seus ativos "secar"? O que acontece se as chamadas de margem não puderem ser atendidas?

---

[1] Extraído de um artigo de Igor Greenwald intitulado "Modern Portfolio Theory Looks Very Outdated" que foi publicado na Smart Money no dia 20 de novembro de 2007.

"Não estou dizendo que estão todos nessa situação", diz Jensen. "Eu trabalhava na Goldman Sachs e sei que a Goldman tem alguns modelos bastante sofisticados em mãos, então nem todos são culpados disso, mas há um número surpreendente de instituições financeiras que usam ferramentas relativamente não sofisticadas. Você ficaria chocado ao descobrir como muitas instituições no mundo hoje possuem um modelo de risco muito unidimensional. E na maioria dos casos, ele se baseia no valor em risco". E o valor em risco é calculado com base em uma curva em sino bem-comportada, é claro. Eu estava começando a desejar que eu tivesse marcado esta entrevista em um dia mais calmo.

Jensen diz que a próxima geração de modelos de valor em risco – que estarão disponíveis daqui a um ou dois anos – incorporarão as simulações de Monte Carlo já utilizadas por muitos indivíduos e planejadores financeiros pessoais. E já era hora também de o Citigroup passar a usar uma metodologia há muito disponível a qualquer leigo. Mas isso ainda não resolveria o problema de que, essencialmente, o Citigroup e todos os outros estão usando a mesma abordagem para medir risco, praticamente garantindo uma eventual crise. "Parte do problema é que quando todo mundo usa as mesmas ferramentas para gerenciar seu risco, as coisas acabam dando errado mais cedo ou mais tarde", diz Jensen. "Você está reagindo da mesma forma que todo mundo. Não somente ele se baseia em uma suposição que não é razoável, mas também é o modelo padrão do setor, o que significa que todo mundo o está utilizando e isso ampliará o problema quando tudo vier à tona".

Os investidores de longo prazo com bastante tempo de sobra podem conseguir eliminar a volatilidade. Aqueles com horizontes de tempo menores ou menos estômago para assumir riscos podem dedicar uma modesta fração da carteira a deter seguros, ou através de opções de venda de longo prazo, ou através de fundos negociados em bolsas *bearish* ou mesmo através de um fundo *hedge* comprado em volatilidade, diz Jensen. "Mas comprá-las quando tudo está "cor-de-rosa" e ninguém realmente vê nenhuma necessidade de comprar opções de venda", adiciona. Em outras palavras, não compre agora.

Nem todos os choques de mercado recentes foram negativos, é claro. Jensen ressalta a Internet e o desenvolvimento asiático como duas viradas positivas dos últimos anos. Mas choques positivos são mais fáceis de absorver, já que eles tendem a produzir mercados *bullish* extensos em vez de quebras e pânicos financeiros. Para o nosso bem, é melhor esperarmos estarmos, na verdade, vivendo uma época extraordinária, porque Jensen acha que o retornos de mercado acima da média das duas últimas décadas podem precisar voltar a testar a tendência de longo prazo de retornos em torno dos 10% anuais. E isso poderia fazer os preços dos ativos nos EUA caírem até 25% em relação aos níveis atuais.

E claro que este é um problema para os três próximos bilhões de anos – a menos que aconteça na próxima década. No mais curto prazo, até o fim de 2007, Jensen tem boas esperanças de que o mercado de ações com vendas excessivas possa se recuperar. Assim como ele tem esperança de que melhores modelos de risco estejam a caminho. "Não sou um profeta do Apocalipse", ele diz. "Na verdade, sou uma pessoa bastante otimista por natureza. Não acho que esse seja o fim do mundo, mas acho que na primavera teremos mais notícias ruins". Claro que teremos. Nós, otimistas, teremos que nos unir.

Perguntas sobre o caso

1. Por que a curva em sino pode não ser útil ao tentar construir e gerenciar carteiras financeiras modernas?
2. Que riscos são criados se a maioria dos principais agentes do mercado estiverem usando os mesmos modelos nos mesmos momentos?
3. Desde a época do artigo, a economia mundial sofreu uma crise significativa. Que elementos do artigo se mostraram corretos?

PERGUNTAS

1. **Benefícios da diversificação.** Como a diversificação de uma carteira muda seus retornos esperados e seus riscos esperados? Isso, em princípio, é diferente para carteiras internacionalmente diversificadas?

2. **Redução de risco.** Que tipos de risco estão presentes em uma carteira diversificada? Que tipo de risco permanece depois de a carteira ter sido diversificada?

3. **Mensuração do risco.** Como, segundo a teoria de carteiras, é medido o risco de carteira exatamente?

4. **Risco de mercado.** Se todos os mercados nacionais têm risco de mercado, todo risco de mercado é igual?

5. **Risco de moeda.** O risco de moeda associado à diversificação internacional é uma preocupação séria para os gestores de carteira. É possível que o risco de moeda beneficie o retorno da carteira?

6. **Carteira ótima doméstica.** Defina com palavras (sem gráficos) como é construída a carteira ótima doméstica.

7. **Carteiras de risco mínimo.** Se o principal benefício da diversificação de carteira é a redução de risco, o investidor sempre tem um resultado melhor escolhendo a carteira com risco esperado mais baixo?

8. **Risco internacional.** Quando perguntados por que não diversificam internacionalmente suas carteiras, muitos gestores de carteira respondem que "os riscos não valem os retornos esperados". Usando a teoria da diversificação internacional, como você avaliaria essa afirmativa?

9. **Coeficientes de correlação.** Os benefícios da construção de carteiras, doméstica ou internacionais, surgem da falta de correlação entre ativos e mercados. Espera-se que a crescente globalização dos negócios altere essas correlações com o passar do tempo. Como você acredita que elas irão mudar e por quê?

10. **Risco e retorno relativos.** Conceitualmente, como os índices de desempenho de Sharpe e de Treynor definem risco de maneira diferente? Qual você acredita ser uma medida mais útil em uma carteira internacionalmente diversificada?

11. **Ações e moedas internacionais.** Como o mais novo membro da equipe de alocação de ativos de sua empresa, você constantemente tem que responder várias perguntas de seus colegas. O assunto é diversificação internacional. Um analista lhe faz a seguinte pergunta:

    Os preços de títulos são determinados por uma variedade de fatores, mas os lucros corporativos são claramente um dos principais determinantes. E os lucros corporativos – em média – seguem ciclos de negócios. As taxas de câmbio, como lhe ensinaram na faculdade, refletem a avaliação do mercado das perspectivas de crescimento da economia por trás da moeda. Então, se os títulos sobem com o ciclo de negócios, e as moedas sobem com o ciclo de negócios, por que não vemos moedas e preços de títulos ao redor do mundo subindo e descendo juntos?

    Qual é a resposta?

12. **As EMNs são investimentos globais?** As empresas com operações e ativos ao redor do globo, as verdadeiras EMNs, são, de muitas maneiras, tão internacionais em sua composição quanto as carteiras mais internacionalmente diversificadas de títulos não relacionados. Por que os investidores não simplesmente investem em EMNs cujas ações são negociadas em suas bolsas locais e abrem mão de comprar títulos negociados em bolsas estrangeiras?

13. **ADRs *versus* posses diretas.** Quando você está construindo sua carteira, você sabe que quer incluir a Cementos de Mexico (México), mas não consegue decidir se deseja manter suas posses na forma de ADRs negociadas na NYSE ou na forma direta, através de compras na Bolsa da Cidade do México.
    a. Isso faz alguma diferença em relação ao risco de moeda?
    b. Liste os prós e contras das ADRs e das compras diretas.
    c. O que você recomendaria se você fosse um investidor em ativos para uma corporação sem operações internacionais ou posses internacionalmente diversificadas?

PROBLEMAS

1. **Pacific Wietz.** Giri Iyer é analista e estrategista europeu da Tristar Funds, uma empresa de fundos mútuos sediada em Nova York. Giri atualmente está avaliando o recente desempenho das ações da Pacific Wietz, uma empresa de produtos químicos especializados negociada na bolsa da Alemanha, listada na Frankfurt DAX. A linha-base de investimento usada pela Tristar é de US$200.000. Ele reúne as seguintes cotações:

Elemento	Compra em 1º de janeiro	Venda em 31 de dezembro	Distribuições
Preço das ações	€135,00	€157,60	€15,00
Taxa de câmbio	US$1,3460/€	US$1,4250/€	

   a. Qual foi o retorno sobre o título em termos da moeda local?
   b. Qual foi o retorno sobre o título em termos de dólares americanos?
   c. Isso significa que esse era um bom investimento para um investidor local, um investidor sediado nos EUA, ou ambos?

*2. **Boeing e Unilever.** Um investidor está avaliando uma carteira de dois ativos dos seguintes títulos:

Título	Retorno esperado (%)	Desvio padrão (%)
Boeing (EUA)	18,6	22,8
Unilever (Reino Unido)	16,0	24,0

   a. Se os dois títulos têm uma correlação de +0,6, quais são o risco e o retorno esperados para uma carteira igualmente ponderada?
   b. Se os dois títulos têm uma correlação de +0,6, quais são o risco e retorno esperados para uma carteira que é formada por 70% Boeing e 30% Unilever?
   c. Se os dois títulos têm uma correlação de +0,6, quais são o risco e retorno esperados para uma carteira com ponderação ótima? Determine os pesos que minimizam o risco combinado.

3. **Retornos do báltico.** Considere os retornos em dólar americano (médias mensais) exibidos abaixo para três repúblicas bálticas. Calcule os índices de Sharpe e de Treynor de desempenho do mercado.

País	Retorno médio	Desvio padrão	Taxa livre de risco	Beta
Estônia	1,12%	16,00%	0,42%	1,65
Letônia	0,75%	22,80%	0,42%	1,53
Lituânia	1,60%	13,50%	0,42%	1,20

4. **Fundo de ações anglo-americano.** Um investidor está avaliando uma carteira de dois ativos dos seguintes títulos:

Título	Retorno esperado (%)	Desvio padrão (%)
Ações inglesas	12,5	26,4
Ações americanas	10,8	22,5

a. Se os dois fundos de ações têm uma correlação de +0,72, quais são o risco e o retorno esperados para os três seguintes pesos de carteira?

Carteira A:	75% inglesas, 25% americanas
Carteira B:	50% inglesas, 50% americanas
Carteira C:	25% inglesas, 75% americanas

b. Qual das carteiras é preferível? Com base em quês?

Lancaster Technology (Bolsa de Valores de Londres)

A Lancaster Technology é uma empresa prestadora de serviços de tecnologia da informação. Atualmente, opera primordialmente no mercado europeu e, portanto, não é ativa ou negociada em nenhuma bolsa de valores norte-americana. O preço das ações e distribuições de dividendos da empresa têm sido os seguintes nos últimos anos:

	30/6/04	30/6/05	30/6/06	30/6/07
Preço das ações (£)	37,40	42,88	40,15	44,60
Dividendo (£)	1,50	1,60	1,70	1,80
Taxa à vista corrente (US$/£)	1,8160	1,7855	1,8482	2,0164
Taxa à vista corrente (€/£)	1,4844	1,4812	1,4472	1,4845

*5. **Lancaster Technology: Investidores com libras britânicas como moeda-base.** Usando os dados acima, calcule a taxa de apreciação de capital anual média das ações da Lancaster, além do retorno total médio (incluindo dividendos) para um investidor cuja moeda-base é a libra esterlina e que detém as ações por todo o período exibido.

6. **Lancaster Technology: Investidores com dólares americanos como moeda-base (A).** Usando os dados acima, calcule o retorno total anual médio (incluindo dividendos) para um investidor cuja moeda-base é o dólar e que detém as ações por todo o período exibido. Suponha um investimento de US$100.000.

7. **Lancaster Technology: Investidores com dólares americanos como moeda-base (B).** Usando os dados acima, agora suponha que a libra esterlina seja apreciada consistentemente em relação ao dólar em 3,0% ao ano. Comece com US$1,8160/£ em junho de 2004. Calcule o retorno total anual médio (incluindo dividendos) para um investidor cuja moeda-base é o dólar e que detém as ações por todo o período exibido.

8. **Lancaster Technology: Investidores com o euro como moeda-base(A).** Usando os dados acima, calcule o retorno total anual médio (incluindo dividendos) para um investidor cuja moeda-base é o euro e que detém as ações por todo o período exibido. Suponha um investimento de €100.000.

9. **Lancaster Technology: Investidores com o euro como moeda-base(B).** Usando os dados acima, agora suponha que a libra esterlina seja apreciada consistentemente em relação ao euro 1,5% ao ano. Comece com €1,4844/£ em junho de 2004. Calcule o retorno total anual médio (incluindo dividendos) para um investidor cuja moeda-base é o euro e que detém as ações por todo o período exibido.

10. **Investidores brasileiros diversificam.** A economia brasileira em 2001 e 2002 tivera altos e baixos. O real brasileiro (R$) também estava caindo desde 1999 (quando passou a flutuar). Os investidores desejavam diversificar internacionalmente – em dólares, em sua maior parte – para se protegerem contra problemas na economia e na moeda doméstica. Um grande investidor privado tinha investido, em abril de 2002, R$500.000 no índice Standard & Poor's 500, que é negociado na Bolsa de Valores Americana (American Stock Exchange, AMSE: SPY). Os preços inicial e final do índice e as taxas de câmbio entre o real e o dólar eram os seguintes:

	10/4/2002	10/4/2003
Preço das ações da SPY (US$)	112,60	87,50
Taxa de câmbio (R$/US$)	2,27	3,22

a. Qual foi o retorno anual sobre o fundo do índice para um investidor norte-americano?
b. Qual foi o retorno para o investidor brasileiro por deter o índice pelo período de um ano? Se o investidor brasileiro pudesse ter investido localmente no Brasil em uma conta que rendesse juros garantidos de 12%, isso teria sido melhor do que a estratégia de diversificação norte-americana?

11. **Carteira de ações Rússia-EUA (A).** Um investidor está avaliando uma carteira de dois ativos que combina um fundo de ações norte-americano com um fundo de ações russo. Os retornos, riscos e coeficientes de correlação esperados para o período futuro de um ano são os seguintes:

Título	Retorno esperado (%)	Risco esperado (%)
Fundo de ações EUA	10,50	18,60
Fundo de ações Rússia	16,80	36,00

Supondo que o coeficiente de correlação esperado seja de 0,52 para o próximo ano, que pesos (use incrementos de 5%, como 95/5, 90/10) resultariam no melhor *trade-off* entre risco esperado e retorno esperado?

12. **Carteira de ações Rússia-EUA (B).** Refaça o problema 11, mas suponha que você tenha reduzido o coeficiente de correlação esperado de 0,52 para 0,38. Que pesos (use incrementos de 5%, como 95/5, 90/10) resultariam no melhor *trade-off* entre risco esperado e retorno esperado?

EXERCÍCIOS NA INTERNET

1. **Teoria moderna de carteiras.** Use o *site* da Internet MoneyOnLine para revisar as teorias, suposições e ferramentas estatísticas fundamentais que forma a teoria moderna de carteiras.

   www.moneyonline.co.nz/calculator/theory.htm

2. **Diversificação internacional via fundos mútuos.** Todas as principais empresas de fundos mútuos agora oferecem uma variedade de fundos mútuos internacionalmente diversificados. O grau de composição internacional entre os fundos, no entanto, difere significativamente. Use os *sites* de qualquer das principais provedoras de fundos mútuos (Fidelity, Scudder, Merrill Lynch, Kemper, entre outras) e quaisquer outros *sites* do seu interesse, para fazer o seguinte:

   a. Distinguir entre fundos internacionais (*international*), fundos globais (*global*), fundos mundiais (*worldwide*) e fundos estrangeiros (*overseas*).
   b. Determine qual tem sido o desempenho dos fundos internacionais, em termos de dólares americanos, em relação aos fundos mútuos que oferecem carteiras puramente domésticas.
   c. Use o *site* da Comissão de Valores Mobiliários (Security and Exchange Commission), www.sec.gov/pdf/ininvest.pdf, para revisar as questões de risco-retorno relacionadas a investimentos internacionais.

3. **Yahoo! Finance Investment Learning Center.** O *site* Yahoo! Finance fornece materiais de pesquisa e leitura detalhados e atualizados dos nível básico ao avançado relacionados a todos os aspectos de investimentos, incluindo o gerenciamento de carteira. Use o *site* para refrescar sua memória sobre os benefícios – e riscos – da diversificação de carteira.

   biz.yahoo.com/edu/ed_begin.html

CAPÍTULO 18

Teoria do Investimento Estrangeiro Direto e Risco Político

As pessoas não querem uma broca de um quarto de polegada. Elas querem um buraco de um quarto de polegada.
— Theodore Levitt, Harvard Business School.

A decisão estratégica de empreender o investimento estrangeiro direto (FDI ou *foreign direct investment*) e, assim, se tornar uma EMN, começa com uma auto-avaliação. A empresa possui uma vantagem competitiva sustentável? Então, a empresa deve entrar em mercados estrangeiros através de investimento estrangeiro direto ou algum modo alternativo como licenciamento, *joint ventures*, alianças estratégicas, contratos administrativos, ou simplesmente exportações? Se o investimento estrangeiro direto for o método escolhido, onde a empresa deve investir? O investimento deve ser através de um investimento totalmente novo (*greenfield investment*) ou uma aquisição? O investimento estrangeiro direto é domínio exclusivo das grandes EMNs residentes nos países mais desenvolvidos ou as EMNs podem se originar em países menos desenvolvidos?

SUSTENTANDO E TRANSFERINDO A VANTAGEM COMPETITIVA

Ao decidir se deve ou não investir no exterior, a administração primeiro tem que determinar se a empresa possui ou não uma vantagem competitiva sustentável que a permita competir efetivamente no mercado doméstico. A vantagem competitiva tem que ser específica da empresa, transferível e forte o suficiente para compensar a empresa pelas desvantagens potenciais de operar no exterior (riscos cambiais, riscos políticos e custos de agência mais altos).

Com base na observação de empresas que investiram no exterior com sucesso, podemos concluir que parte das vantagens competitivas desfrutadas pelas EMNs são 1) economias de escala e escopo decorrentes de sua grande dimensão; 2) experiência gerencial e de *marketing*; 3) tecnologia superior devido à sua forte ênfase em pesquisas; 4) força financeira; 5) produtos diferenciados; e, às vezes, 6) a competitividade de seus mercado domésticos.

Economias de escala e escopo

Economias de escala e escopo podem ser desenvolvidas na produção, *marketing*, finanças, pesquisas e desenvolvimento, transporte e compras. Todas essas áreas possuem a vantagem competitiva significativa de serem grandes, seja devido à sua dimensão em relação às operações domésticas, seja devido à dimensão em relação às operações internacionais. Podem surgir economias de produção do uso de instalações e equipamentos automatizados de grande escala ou de uma capacidade de racionalizar a produção através da especialização mundial.

Por exemplo, alguns fabricantes de automóveis, como a Ford, racionalizam a produção produzindo motores em um país, transmissões em outro, carrocerias em um terceiro país e montando todas as partes ainda em um outro país, sendo a localização muitas vezes determinada pela vantagem comparativa.

Ocorrem economias de *marketing* quando as empresas são grandes o suficiente para usar as mídias de propaganda mais eficientes com o intuito de criar uma identificação de marca mundial, além de estabelecer sistemas mundiais de distribuição, armazenamento e assistência técnica. Economias financeiras são decorrentes do acesso a todas as variedades de instrumentos financeiros e fontes de fundos, como as euromoedas, euroações e os mercados de *eurobonds*. Programas internos de pesquisa e desenvolvimento são tipicamente restritos a grandes empresas devido ao limite mínimo para estabelecer um laboratório e contratar uma equipe de cientistas. As empresas que podem despachar lotes em caminhões ou navios obtêm economias de transporte. Economias de compras decorrem de descontos por compras em grandes quantidades e poder de mercado.

Experiência gerencial e de *marketing*

Experiência gerencial inclui habilidades em gerenciar grandes organizações industriais de um ponto de vista tanto humano quanto técnico. Engloba também o conhecimento de técnicas analíticas modernas e sua aplicação em áreas funcionais dos negócios. A experiência gerencial pode ser desenvolvida através de vivências anteriores em mercados estrangeiros. Na maioria dos estudos empíricos, observou-se que as empresas multinacionais exportam para um mercado antes de nele estabelecer instalações de produção. Da mesma forma, elas têm experiência anterior na obtenção de matérias-primas e capital humano em outros países estrangeiros, seja através de importações, licenciamento ou FDI. Dessa maneira, as EMNs podem superar parcialmente o suposto conhecimento local superior das empresas do país anfitrião.

Tecnologia avançada

Tecnologia avançada inclui habilidades científicas e de engenharia. Não está limitada a EMNs, mas as empresas nos países mais industrializados têm uma vantagem em termos de dar continuidade a *spin-offs** de novas tecnologias que surgiram nos programas militar e espacial. Estudos empíricos defendem a importância da tecnologia como uma característica das EMNs.

Força financeira

Como discutido no Capítulo 14, as empresas demonstram força financeira alcançando e mantendo um custo e uma disponibilidade de capital globais. Esta é uma variável competitiva de custo crucial que as permitem financiar o FDI e outras atividades estrangeiras. As EMNs que são residentes em mercados de capitais líquidos e não segmentados são normalmente "abençoadas" com este atributo. Entretanto, as EMNs que são residentes em pequenos países industrializados ou em países emergentes ainda podem seguir uma estratégia proativa de procurar investidores estrangeiros e investidores corporativos.

As empresas de pequeno e médio porte geralmente não têm as características que atraem investidores estrangeiros (e talvez domésticos). Elas são pequenas demais ou pouco atraentes para alcançar um custo de capital global. Isso limita sua capacidade de financiar o FDI, e seu custo de capital marginal mais alto reduz o número de projetos estrangeiros que podem gerar a taxa mais alta de retorno exigido.

Produtos diferenciados

As empresas criam suas próprias vantagens específicas da empresa produzindo e comercializando produtos diferenciados. Tais produtos se originam de inovações baseadas em pesquisas ou de grandes despesas com *marketing* para ganhar identificação de marca. Além disso, a pesquisas e o processo de *marketing* continuam a produzir um fluxo contínuo de novos produtos diferenciados. É difícil e caro para os concorrentes copiar tais produtos, e eles sempre enfrentam um defasamento temporal se tentarem fazê-lo. Tendo desenvolvido produtos diferenciados para o mercado doméstico, a empresa pode decidir comercializá-los no mundo todo, uma decisão consistente com o desejo de maximizar o retorno sobre grandes despesas de pesquisa e *marketing*.

---

* N. de T.: "Spin-off" é um termo que descreve uma nova empresa ou atividade que surge a partir de um centro ou grupo de pesquisa público ou privado ou de uma universidade, com o objetivo de explorar um novo produto ou serviço de alta tecnologia.

Competitividade do mercado doméstico

Um mercado doméstico fortemente competitivo pode apurar a vantagem competitiva de uma empresa em relação a empresas localizadas em mercados domésticos menos competitivos. Este fenômeno é conhecido como o "diamante" da vantagem nacional. O "diamante" (um losango) possui quatro componentes, como ilustrado no Quadro 18.1.[1]

O sucesso de uma empresa em competir em determinado setor depende parcialmente da disponibilidade de fatores de produção (terras, mão de obra, capital e tecnologia) apropriados para esse setor. Os países que ou são dotados naturalmente dos fatores apropriados ou são capazes de criá-los provavelmente produzirão empresas que serão competitivas no mercado doméstico e potencialmente competitivas no exterior. Por exemplo, uma força de trabalho especializada no mercado doméstico cria uma vantagem competitiva para as empresas em certos setores de alta tecnologia. As empresas que têm clientes sofisticados e exigentes no mercado doméstico são capazes de aprimorar suas habilidades de *marketing*, produção e controle de qualidade. O Japão é um mercado assim.

As empresas em setores cercados por uma massa crítica de setores e fornecedores relacionados serão mais competitivas devido a esses "atores" de suporte. Por exemplo, empresas de produtos eletrônicos localizadas em centros de excelência, como na área da Baía de São Francisco, EUA, são cercadas de fornecedores eficientes e criativos e desfrutam do acesso a instituições educacionais de vanguarda em termos de conhecimento.

Um mercado doméstico competitivo força as empresas a sintonizarem suas estratégias operacionais e de controle de acordo com seu setor específico e o ambiente de seu país. As empresas japonesas aprenderam como se organizar para implementar seu famoso sistema de controle de estoques *just-in-time*. Uma saída era utilizar inúmeros subcontratantes e fornecedores que eram encorajados a se localizar próximos às fábricas de montagem.

QUADRO 18.1 Determinantes da vantagem competitiva nacional: o "diamante" de Porter

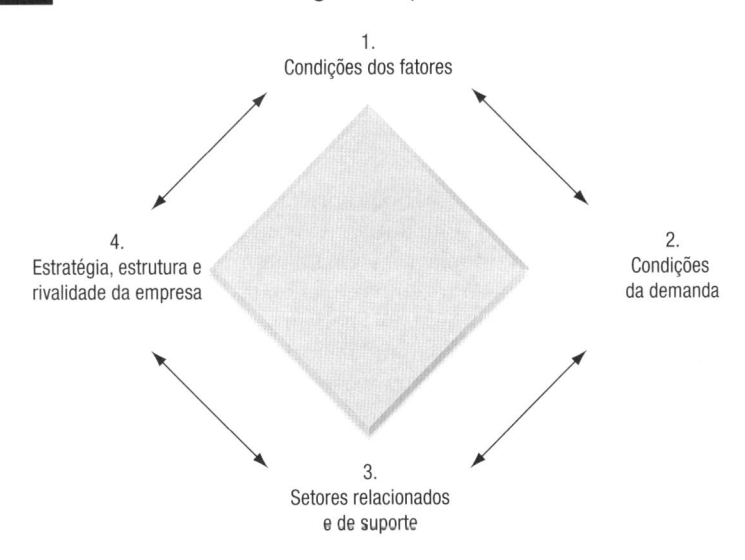

1. Condições dos fatores
2. Condições da demanda
3. Setores relacionados e de suporte
4. Estratégia, estrutura e rivalidade da empresa

Adaptado e reimpresso com permissão da *Harvard Business Review*. Extraído de *The Competitive Advantage of Nations* de Michael Porter, março-abril de 1990. Copyright© 1990 by the Harvard Business School Publishing Corporation. Todos os direitos reservados.

---

[1] Michael Porter, *The Competitive Advantage of Nations*, London: Macmillan Press, 1990.

Em alguns casos, os mercados do país de origem ainda não se tornaram grandes ou competitivos, mas EMNs lá localizadas já desenvolveram, no entanto, mercados de nicho globais atendidos por subsidiárias estrangeiras. A concorrência global em setores oligopolistas substitui a concorrência doméstica. Por exemplo, várias EMNs residentes na Escandinávia, Suíça, e Holanda caem nessa categoria. Algumas delas são a Novo Nordisk (Dinamarca), Norske Hydro (Noruega), Nokia (Finlândia), L.M. Ericsson (Suécia), Astra (Suécia), ABB (Suécia/Suíça), Roche Holding (Suíça), Royal Dutch Shell (Holanda), Unilever (Holanda) e Philips (Holanda).

Países com mercados emergentes também produziram EMNs que aspiram ao mercado global em mercados de nicho apesar de os mercados do país de origem não serem competitivos. Algumas delas são exportadoras tradicionais em áreas de recursos naturais como petróleo, agricultura e minerais, mas estão em transição para se tornarem EMNs. Elas tipicamente começam com subsidiárias de vendas no exterior, *joint ventures* e alianças estratégicas. Alguns exemplos são a Petrobrás (Brasil), a YPF (Argentina) e a Cemex (México). Uma outra categoria de empresas é a daquelas que foram recentemente privatizadas no setor de telecomunicações. Exemplos são a Telefonos de México e a Telebras (Brasil). Outras, ainda, começaram como fabricantes de componentes eletrônicos, mas estão fazendo a transição para produzir no exterior. Exemplos são a Samsung Electronics (Coreia) e a Acer Computer (Taiwan).

O PARADIGMA OLI E A INTERNALIZAÇÃO

O Paradigma OLI (Buckley e Casson, 1976; Dunning, 1977) é uma tentativa de criar um modelo geral para explicar por que as EMNs preferem o FDI a atender a mercados estrangeiros através de modos alternativos como licenciamento, *joint ventures*, alianças estratégicas, contratos administrativos e exportação.[2]

O *Paradigma OLI* afirma que uma empresa tem que primeiramente ter alguma vantagem competitiva em seu mercado doméstico – "O" o *owner-specific* (específico do proprietário) – que possa ser transferida ao exterior se a empresa quiser ter sucesso em investimento estrangeiro direto. Em segundo lugar, a empresa tem que ser atraída por características específicas do mercado estrangeiro – "L" ou *location-specific* (específico do local) – que a permitirão explorar suas vantagens competitivas nesse mercado. Em terceiro lugar, a empresa manterá sua posição competitiva tentando controlar toda a cadeia de valor em seu setor – "I" ou *internalization* (internalização). Isso leva ao investimento estrangeiro direto em vez de a licenciamento ou terceirização.

Definições

O "O" em OLI significa vantagens específicas do proprietário (*owner*). Como descrito anteriormente, uma empresa tem que ter vantagens competitivas em seu mercado doméstico. Elas têm que ser específicas da empresa, não facilmente copiáveis, e em uma forma que permita que elas sejam transferíveis para subsidiárias estrangeiras. Por exemplo, economias de escala e força financeira não são necessariamente específicas de uma empresa, pois podem ser alcançadas por muitas outras empresas. Certos tipos de tecnologia podem ser compradas, licenciadas ou copiadas. Até mesmo produtos diferenciados podem perder sua vantagem para versões levemente alteradas, dado um esforço de *marketing* suficiente e o preço certo.

O "L" em OLI significa vantagens específicas da localização (*location*). Esses fatores são tipicamente imperfeições de mercado ou vantagens comparativas genuínas que atraem o FDI a determinados locais. Esses fatores podem incluir uma força de trabalho de baixo custo, mas produtiva, fontes singulares de matérias-primas, um grande mercado doméstico, investimentos defensivos para reagir a outros concorrentes, ou centros de excelência tecnológica.

O "I" em OLI significa internalização (*internalization*). Segundo a teoria, o ingrediente-chave para manter a vantagem competitiva específica da empresa é possuir informações proprietárias e o controle do capital humano que pode gerar novas informações através de seus conhecimentos e ex-

---

[2] Peter J. Buckley e Mark Casson, *The Future of the Multinational Enterprise*, London: McMillan, 1976; e John H. Dunning, "Trade Location of Economic Activity and the MNE: A Search for an Eclectic Approach," in The International Allocation of Economic Activity, Bertil Ohlin, Per-Ove Hesselborn e Per Magnus Wijkman, orgs., Nova York: Holmes and Meier, 1977, pp. 395–418.

periência em pesquisas. Não é nem preciso dizer que, mais uma vez, grandes empresas com pesquisas intensivas têm mais chances de se adequar a essa descrição.

Minimizar os custos de transação é o fator-chave na determinação do sucesso de uma estratégia de internalização. O FDI de propriedade integral reduz os custos de agência que surgem de informações assimétricas, da falta de confiança e da necessidade de monitorar parceiros estrangeiros, fornecedores e instituições financeiras. O autofinanciamento elimina a necessidade de observar cláusulas de dívida específicas de subsidiárias estrangeiras que são financiadas localmente ou por parceiros de *joint venture*. Se uma empresa multinacional possui um custo global baixo e uma alta disponibilidade de capital, por que compartilhá-la com parceiros de *joint venture*, distribuidores, licenciados e bancos locais, cujos custos de capital devem ser mais altos?

A estratégia financeira

Estratégias financeiras estão diretamente relacionadas ao Paradigma OLI ao explicar o FDI, como mostra o Quadro 18.2. Estratégias financeiras proativas podem ser controladas com antecedência pelos gerentes financeiros da EMN. Elas incluem estratégias necessárias à obtenção de uma vantagem de custo global mais baixo e maior disponibilidade de capital e foram explicadas detalhadamente no Capítulo 14. Entre outras estratégias financeiras, proativas, estão a negociação de subsídios financeiros e/ou de tributação reduzida para aumentar os fluxos de caixa livres, a redução dos custos de agência financeiros através do FDI e a redução da exposição operacional e a exposição de transação através do FDI.

As estratégias financeiras reativas, como ilustrado no Quadro 18.2, dependem da descoberta de imperfeições de mercado. Por exemplo, a EMN pode explorar taxas de câmbio e preços de ações mal-alinhados. Ela também precisa reagir aos controles de capital que impedem o livre movimento de fundos e reagir a oportunidades para minimizar a tributação em todo o mundo.

QUADRO 18.2 Fatores específicos de finanças e o paradigma OLI ("X" indica uma conexão entre o FDI e as estratégias específicas de finanças)

	Vantagens de propriedade	Vantagens de localização	Vantagens de internalização
Estratégias financeiras proativas			
1. Obter e manter um custo e disponibilidade de capital globais			
■ Obtenção competitiva de capital no cenário global	X	X	
■ Listagem preparatória estratégica	X		
■ Propiciar transparência contábil e de divulgação	X		
■ Manter relações comerciais e relações financeiras bancárias que sejam competitivas	X		
■ Manter uma classificação de crédito competitiva	X	X	X
2. Negociar subsídios financeiros e/ou tributação reduzida para aumentar o fluxo de caixa livre	X	X	
3. Reduzir os custos de agência financeiros através do FDI			X
4. Reduzir a exposição operacional e de transação através de FDI	X		
Estratégias financeiras reativas			
1. Explorar taxas de câmbio subvalorizadas ou supervalorizadas		X	
2. Explorar preços de ações subvalorizados ou supervalorizados		X	
3. Reagir ao controle de capital que impede o livre movimento de fundos		X	
4. Minimizar a tributação		X	X

Fonte: Reimpresso de *International Business Review*, Volume 10, Lars Oxelheim, Arthur Stonehill e Trond Randøy, "On the Treatment of Finance Specific Factors Within the OLI Paradigm," pp. 381–398, ©2001, com permissão da Elsevier Science.

DECIDINDO SOBRE ONDE INVESTIR

A decisão sobre onde investir no exterior é influenciada por fatores comportamentais. A decisão sobre onde investir no exterior pela primeira vez não é a mesma que a decisão sobre onde reinvestir no exterior. Uma empresa aprende com seus primeiros poucos investimentos no exterior e o que ela aprende influencia os investimentos subsequentes.

Na teoria, uma empresa deve identificar suas vantagens competitivas. Então, ela deve buscar imperfeições de mercado e vantagens comparativas em todo o mundo, até encontrar um país onde espera desfrutar de uma vantagem competitiva grande o suficiente para gerar retornos corrigidos pelo risco acima da taxa de retorno mínimo da empresa.

Na prática, observa-se que as empresas seguem um padrão de busca sequencial, como o descrito pela teoria comportamental da empresa. A racionalidade humana é limitada pela capacidade de se reunir e processar todas as informações que seriam necessárias para se tomar uma decisão perfeitamente racional baseada em todos os fatos. Esta observação está por trás de duas teorias comportamentais relacionadas do FDI. Elas serão descritas a seguir como a *abordagem comportamental* e a *teoria das redes internacionais*.

A abordagem comportamental aplicada ao FDI

A abordagem comportamental para analisar a decisão de FDI é tipificada pela chamada Escola Sueca de economistas.[3] A Escola Sueca explicou com bastante sucesso não somente a decisão inicial de investir no exterior, mas também decisões posteriores de reinvestir em outro lugar e de mudar a estrutura do envolvimento internacional de uma empresa ao longo do tempo. Com base no processo de internacionalização de uma amostra de EMNs suecas, os economistas observaram que essas empresas tendiam a investir primeiro em países que não eram muito distantes em termos psíquicos. A *distância psíquica curta* definia países com um ambiente cultural, jurídico e institucional similar ao da Suécia, como a Noruega, Dinamarca, Finlândia, Alemanha e o Reino Unido. Os investimentos iniciais eram de dimensões modestas para minimizar o risco de um ambiente estrangeiro incerto. À medida que as empresas suecas aprendiam com seus investimentos iniciais, ficavam dispostas a correr riscos maiores no que diz respeito tanto à distância psíquica dos países quanto à dimensão dos investimentos.

As EMNs em uma perspectiva de rede

À medida que as EMNs suecas cresciam e amadureciam, o mesmo ocorria com a natureza de seu envolvimento internacional. Hoje, cada EMN é percebida como membro de uma rede internacional, com os nós da rede baseados em cada uma das subsidiárias estrangeiras, além de na empresa matriz propriamente dita. O controle centralizado (hierárquico) deu lugar a um controle descentralizado (heterárquico). As subsidiárias estrangeiras competem umas com as outras e com a matriz por maiores compromissos de recursos, influenciando, dessa maneira, a estratégia e as decisões de reinvestimento. Muitas dessas EMNs se tornaram coalizões políticas com redes competitivas internas e externas. Cada subsidiária (e a matriz) está integrada à rede de fornecedores e clientes de seu país anfitrião. Também é membro de uma rede mundial baseada em seu setor. Finalmente, ela é membro de uma rede organizacional sob o controle nominal da empresa matriz. Para complicar as coisas ainda mais, existe a possibilidade de que a própria empresa matriz possa ter evoluído, tornando-se uma empresa transnacional, uma empresa de propriedade de uma coalizão de investidores localizados em diferentes países.[4]

---

[3] John Johansen e F. Wiedersheim-Paul, "The Internationalization of the Firm: Four Swedish Case Studies," *Journal of Management Studies*, Volume 12, Número 3, 1975; e John Johansen e Jan Erik Vahlne, "The Internationalization of the Firm: A Model of Knowledge Development and Increasing Foreign Market Commitments," *Journal of International Business Studies*, Volume 8, Número 1, 1977.

[4] Mats Forsgren, *Managing the Internationalization Process: The Swedish Case*, London: Routledge, 1989.

A Asea Brown Boveri (ABB) é um exemplo de uma empresa sueca-suíça que passou por todo o processo evolucionário internacional, virando uma empresa transnacional. A ABB foi formada através de uma fusão da ASEA, sediada na Suécia, e da Brown Boveri, sediada na Suíça, em 1991. Ambas as empresas já eram participantes dominantes internacionalmente nos setores eletrotécnico e de engenharia. A ABB possui literalmente centenas de subsidiárias estrangeiras, que são gerenciadas de maneira muito descentralizada. A estrutura organizacional "plana" e a estrutura de propriedade transnacional da ABB estimulam a iniciativa local, respostas rápidas, e decisões de FDI descentralizadas. Apesar de a direção estratégica geral ser a responsabilidade jurídica da empresa matriz, as subsidiárias estrangeiras desempenham um papel importante em toda a tomada de decisões. Suas contribuições, por sua vez, são fortemente influenciadas por sua própria participação em suas redes locais e em suas redes setoriais mundiais.

COMO INVESTIR NO EXTERIOR: FORMAS DE ENVOLVIMENTO ESTRANGEIRO

O processo de globalização inclui uma sequência de decisões relativas a onde irá ocorrer a produção, quem será o proprietário ou controlará a propriedade intelectual, e quem será o proprietário das instalações de produção propriamente ditas. O Quadro 18.3 fornece um mapa explicativo dessa sequência de FDI.

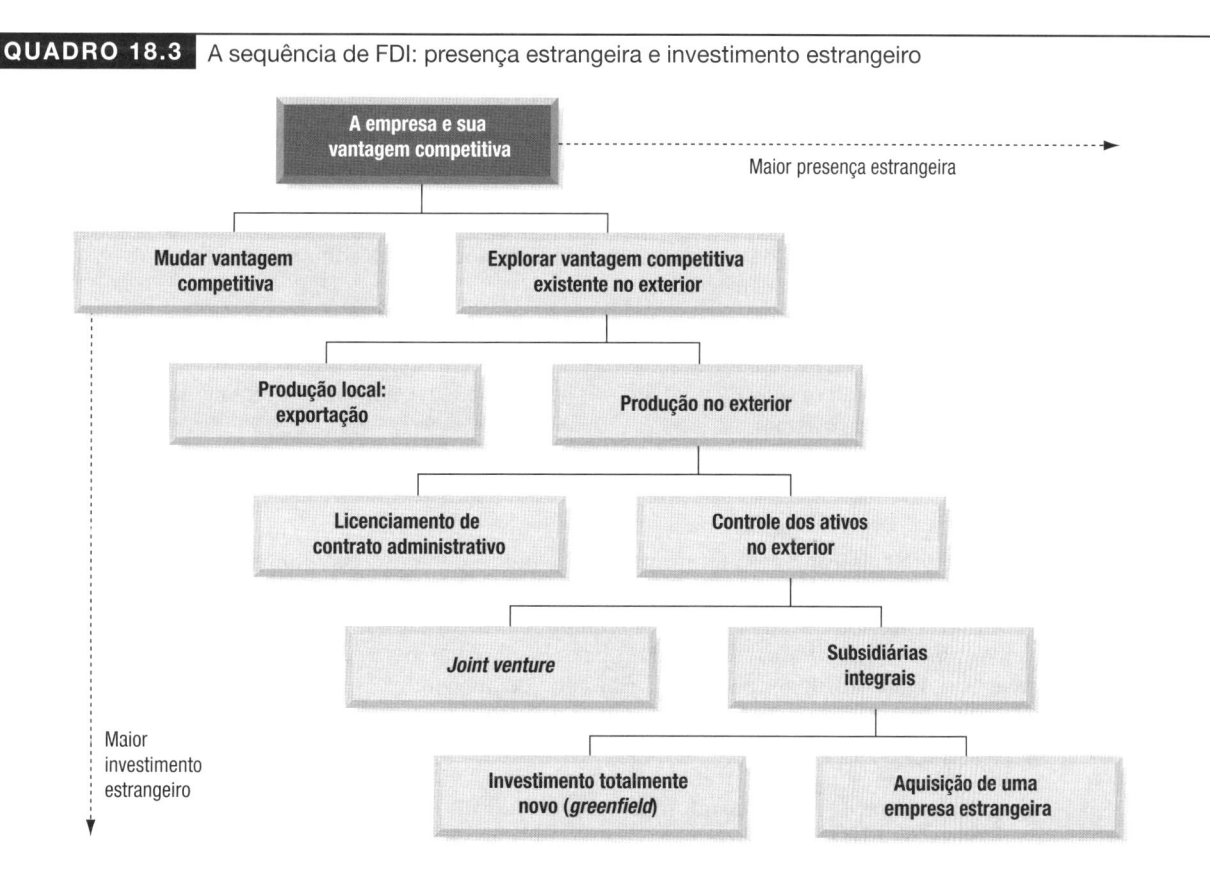

QUADRO 18.3 A sequência de FDI: presença estrangeira e investimento estrangeiro

Fonte: Adaptado de Gunter Dufey e R. Mirus, "Foreign Direct Investment: Theory and Strategic Considerations," não publicado, University of Michigan, 1985. Reimpresso com permissão dos autores. Todos os direitos reservados.

Exportação *versus* produção no exterior

Há várias vantagens em limitar as atividades de uma empresa apenas às exportações. *Exportar* não apresenta nenhum dos riscos singulares enfrentados pelo FDI, *joint ventures*, alianças estratégicas e licenciamento. Os riscos políticos são mínimos. Os custos de agência, como monitorar e avaliar unidades estrangeiras, são evitados. O valor de investimento adiantado é tipicamente mais baixo do que em outras formas de envolvimento estrangeiro. No entanto, os riscos cambiais permanecem. O fato de uma fração significativa das exportações (e importações) ser executada entre EMNs e suas subsidiárias estrangeiras e afiliadas reduz ainda mais o risco das exportações em comparação a outros modos de envolvimento.

Também há desvantagens. Uma empresa não é capaz de internalizar e explorar os resultados de suas pesquisas e desenvolvimento tão efetivamente quanto se tivesse feito um investimento direto. A empresa também arrisca perder mercados a imitadores e concorrentes globais que podem ser mais eficientes em termos de custo na produção no exterior e na distribuição. Como essas empresas captam mercados estrangeiros, elas podem se tornar tão fortes que podem exportar de volta ao próprio mercado do exportador doméstico. Lembre-se que o FDI defensivo é muitas vezes motivado pela necessidade de evitar este tipo de comportamento predatório além de se lançar nos mercados estrangeiros antes de os concorrentes poderem começar.

Licenciamento e contratos administrativos *versus* controle de ativos no exterior

O *licenciamento* é um método popular para as empresas domésticas lucrarem com mercados estrangeiros sem a necessidade de comprometer grandes volumes de fundos. Como o produto estrangeiro é tipicamente uma subsidiária integral local, o risco político é minimizado. Nos últimos anos, vários países anfitriões exigiram que as EMNs vendessem seus serviços "fora da forma de pacotes (*unbundled*)" em vez de apenas através de FDI. Tais países gostariam que suas empresas locais comprassem conhecimento e experiência gerencial de mercados de produtos e de fatores de produção através de contratos administrativos, e comprasse tecnologia através de acordos de licenciamento.

A principal desvantagem do licenciamento é que as taxas de licença provavelmente são mais baixas do que os lucros do FDI, apesar de o retorno sobre o investimento marginal talvez ser maior. Outras desvantagens incluem as seguintes:

- Possível perda de controle de qualidade
- Estabelecimento de um concorrente potencial em mercados de um terceiro país
- Possível melhoria da tecnologia pelo licenciado local, que então entra no mercado doméstico da empresa original
- Possível perda de oportunidade de entrar no mercado do licenciado com FDI mais tarde
- Risco de que a tecnologia seja roubada
- Altos custos de agência

As EMNs tipicamente não usam licenciamento de empresas independentes. Ao contrário, a maioria dos acordos de licenciamento é feita com suas próprias subsidiárias estrangeiras ou *joint ventures*. As taxas de licença são uma maneira de distribuir o custo corporativo de pesquisa e desenvolvimento entre todas as unidades operacionais e um meio de repatriar os lucros de uma forma mais aceitável para alguns países anfitriões do que dividendos.

Os *contratos administrativos* são similares ao licenciamento no sentido de que possibilitam algum fluxo de caixa livre de uma fonte estrangeira sem investimento estrangeiro ou exposição significativos. Os contratos administrativos provavelmente diminuem o risco político porque a repatriação de gerentes é fácil. Empresas internacionais de consultoria e engenharia tradicionalmente conduzem seus negócios estrangeiros com base no contrato administrativo.

Se o licenciamento e os contratos administrativos serão ou não eficientes em termos de custos em comparação ao FDI dependerá do preço que os países anfitriões irão pagar pelos serviços individuais (não na forma de pacotes de serviços). Se o preço fosse alto o suficiente, muitas empresas prefeririam tirar proveito das imperfeições de mercado sem ter que recorrer a pacotes de serviços (*bundled services*), particularmente tendo em vista os riscos políticos, cambiais e de negócios mais baixos. Como observamos que as EMNs continuam a preferir o FDI, temos que supor que o preço da venda de serviços fora de pacotes ainda é baixo demais.

Por que o preço dos serviços fora de pacotes é baixo demais? A resposta pode estar na sinergia cria quando os serviços são empacotados como FDI em primeiro lugar. A experiência gerencial geralmente depende de um delicado mix de fatores de suporte organizacional que não podem ser transferidos ao exterior eficientemente. A tecnologia é um processo contínuo, mas o licenciamento geralmente capta apenas a tecnologia em determinado ponto do tempo. O mais importante de tudo, no entanto, é que as economias de escala não podem ser vendidas ou transferidas em pequenos pacotes. Por definição, elas exigem operações de larga escala. Uma operação relativamente grande em um pequeno mercado não pode conseguir as mesmas economias de escala que uma grande operação em um grande mercado.

Apesar dos obstáculos, algumas EMNs têm vendido serviços fora de pacotes com sucesso. Um exemplo é a venda de experiência gerencial e tecnologia aos países da OPEP. Neste caso, no entanto, os países da OPEP estão dispostos e são capazes de pagar um preço suficientemente alto para ter acesso aos retornos sobre FDI (serviços em pacotes) recebendo apenas os benefícios menores dos serviços fora de pacotes.

Joint venture versus subsidiária integral

Uma *joint venture* é definida aqui como uma propriedade compartilhada em um negócio estrangeiro. Uma unidade de negócios estrangeira de propriedade parcial da empresa matriz é chamada de afiliada estrangeira. Uma unidade de negócios estrangeira com 50% ou mais de propriedade (e, portanto, controle) da empresa matriz é tipicamente designada como subsidiária estrangeira. Uma *joint venture*, portanto, tipicamente cairia na classificação de afiliada estrangeira, mas não uma subsidiária estrangeira.

Uma *joint venture* entre uma EMN e um país anfitrião parceiro é uma estratégia viável se, e somente se a EMN encontrar o parceiro local certo. Algumas das vantagens óbvias de ter um parceiro local compatível são as seguintes:

- O parceiro local compreende os costumes, maneiras e instituições do ambiente local. Uma EMN talvez levasse anos para adquirir tal conhecimento por si própria com uma subsidiária integral totalmente nova.
- O parceiro local pode fornecer uma administração competente, não apenas na alta gerência, mas também em seus níveis intermediários.
- Se o país anfitrião exigir que as empresas estrangeiras compartilhem a propriedade com empresas ou investidores locais, uma propriedade 100% estrangeira não é uma alternativa realista para uma *joint venture*.
- Os contatos e a reputação do parceiro local melhoram o acesso aos mercados de capitais do país anfitrião.
- O parceiro local pode possuir tecnologia apropriada para o ambiente local ou talvez ela possa ser usada em todo o mundo.
- A imagem pública de uma empresa que possui propriedade parcialmente local pode melhorar suas possibilidades de vendas se o propósito do investimento for atender ao mercado local.

Apesar desta impressionante lista de vantagens, as *joint ventures* não são tão comuns quanto as subsidiárias estrangeiras integrais porque as EMNs temem a interferência pelo parceiro local em certas áreas de decisões cruciais. De fato, o que é ótimo do ponto de vista do empreendedor local pode ser subótimo para a operação multinacional como um todo. A seguir temos os mais importantes possíveis conflitos ou dificuldades:

- O risco político aumenta em vez de ser reduzido se o parceiro errado for escolhido. Imagine a situação de *joint ventures* empreendidas com a família ou os associados de Suharto na Indonésia ou de Slobodan Milosevic na Sérvia logo antes de eles serem depostos. O parceiro local tem que ser confiável e ético ou o empreendimento sofrerá por ser uma *joint venture*.
- Os parceiros local e estrangeiro podem ter visões divergentes sobre a necessidade de dividendos em dinheiro, ou sobre se seria desejável financiar o crescimento com lucros retidos ou com novos financiamentos.
- O preço de transferência de produtos ou componentes comprados de ou vendidos a empresas relacionadas cria um potencial para conflitos de interesse.

- O controle de financiamentos é uma outra área problemática. Uma EMN não pode justificar seu uso de fundos baratos ou disponíveis levantados em um país para financiar operações de *joint venture* em um outro país.
- A capacidade de uma empresa de racionalizar a produção em escala mundial pode ser prejudicada se tal racionalização agisse de modo a criar desvantagens para os parceiros locais da *joint venture*.
- Pode ser necessária a divulgação financeira dos resultados locais com ações negociadas localmente, enquanto que se a empresa for de propriedade integral de uma empresa no exterior, tal divulgação não é necessária. A divulgação de resultados dá aos concorrentes que não os divulgam uma vantagem na determinação de suas estratégias.

A avaliação de ações é difícil. Quanto o parceiro local deve pagar por suas ações? Qual é o valor da tecnologia ou das terras com que um país contribui quando se trata de um país como a China, em que todas as terras são de propriedade do governo? É altamente improvável que o país estrangeiro e o país anfitrião tenham custos de oportunidade de capital similares, expectativas similares sobre a taxa de retorno exigido, ou percepções similares sobre prêmios apropriados para riscos de negócios, cambiais e políticos. Na medida em que o empreendimento é um componente da carteira de cada investidor, sua contribuição para o retorno e a variância da carteira pode ser bastante diferente para cada um deles.

Investimento totalmente novo *versus* aquisição

Um investimento totalmente novo (*greenfield*) é definido como aquele que estabelece instalações de produção ou de serviços a partir do zero, ou seja, novo em folha (*green field**). Uma aquisição além-fronteiras, ao contrário, é definida como a compra de uma empresa ou instalações sediadas no exterior.

Alianças estratégicas

O termo aliança estratégica expressa diferentes significados para diferentes observadores. Em uma forma de aliança estratégica além-fronteiras, duas empresas trocam uma com a outra uma fração de sua participação proprietária. Uma aliança estratégica pode ser uma defesa contra uma aquisição hostil se seu propósito primeiro for que uma empresa coloque parte de suas ações em mãos estáveis e confiáveis. Se isso for tudo o que ocorrer, será apenas uma outra forma de investimento em carteira.

Em uma aliança estratégica mais abrangente, além de trocar ações entre si, os parceiros estabelecem uma *joint venture* separada para desenvolver e produzir um produto ou serviço. Podem ser encontrados inúmeros exemplos dessa forma de aliança estratégica nos setores automotivo, eletrônico, de telecomunicações e de aeronaves. Tais alianças são particularmente adequadas a setores de alta tecnologia, onde os custos de pesquisa and desenvolvimento são altos e é importante que haja uma introdução de melhorias no momento apropriado.

Um terceiro nível de cooperação talvez possa incluir o *marketing* conjunto e acordos de assistência técnica em que cada parceiro representa o outro em certos mercados. Alguns analistas acreditam tais acordos começam a se parecer com os cartéis prevalecentes nas décadas de 1920 e 1930. Como reduzem a concorrência, os cartéis foram banidos por acordos internacionais e muitas leis nacionais.

INVESTIMENTO ESTRANGEIRO DIRETO ORIGINÁRIO DE PAÍSES EM DESENVOLVIMENTO

Nos últimos anos, os países em desenvolvimento com grandes mercados domésticos e com considerável talento empreendedor geraram um grande número de EMNs com rápido crescimento e boa lucratividade. Essas EMNs não somente conquistaram grandes participações em seus mercados domésticos, mas também passaram a ter acesso a mercados globais em que elas estão se tornando cada vez mais competitivas.

---

* N. de T.: Em inglês, "*green field*" significa literalmente campo verde, ou campo virgem, no sentido de não cultivado, algo que será explorado pela primeira vez, algo "novo em folha".

O Quadro 18.4 identifica 25 das mais bem-sucedidas EMNs, seus países de origem, seu setor e sua estratégia. Observe que os países de origem são dominados por aqueles com os maiores mercados domésticos. Das 25 EMNs listadas, oito se originam da China, seis da Índia, quatro do Brasil e três da Rússia. A China e a Índia também se beneficiam da terceirização, que cria a infraestrutura para dar suporte a suas competências de *marketing* local e de exportação.

No Quadro 18.4, o Boston Consulting Group identificou seis principais estratégias corporativas empregadas por essas EMNs de mercados emergentes:

1. *Globalizar marcas* significa estabelecer primazia no mercado doméstico, expandir em nações vizinhas e então movimenta-se para o oeste.
2. *Engenharia de inovação* significa ter acesso a talentos de baixo custo no mercado doméstico e então desenvolver produtos inovadores. O Quadro Finanças Globais na Prática 18.1 ilustra como a Embraer (Brasil) conseguiu inovar para competir com gigantes como a Airbus e a Boeing.
3. *Alavancar recursos naturais* significa tirar proveito dos recursos domésticos de petróleo, minérios e madeira para alcançar uma vantagem de custo, e então globalizar.
4. *Modelo de negócios de exportação* significa ter um sistema administrativo e então replicá-lo globalmente através de aquisições.

QUADRO 18.4 Multinacionais de mercados emergentes e suas estratégias globais

Empresa	País	Setor	Receitas (bnUS$)	Estratégia corporativa
América Móvil	México	Serviços de telecomunicações	US$17,0	Modelo de negócios de exportação
Cemex	México	Materiais de construção	15,3	Modelo de negócios de exportação
China Mobile	China	Serviços de telecomunicações	30,1	Modelo de negócios de exportação
CNOOC	China	Petróleo e gás	8,7	Adquirir ativos *offshore*
CVRD	Brasil	Mineração	15,1	Alavancar recursos naturais
Embraer	Brasil	Aerospacial	3,8	Engenharia de inovação
Gazprom	Rússia	Petróleo e gás	48,9	Alavancar recursos naturais
Haier	China	Eletrodomésticos	12,8	Globalizar marcas
Hisense	China	Eletrônicos, eletrodomésticos	4,2	Globalizar marcas
Huawei Technologies	China	Equipamentos de telecomunicações	5,9	Engenharia de inovação
Infosys Technologies	Índia	Serviços de TI	2,0	Engenharia de inovação
Koc Holding	Turquia	Setores diversos	18,0	Globalizar marcas
Lenovo Group	China	Computadores, componentes de TI	13,4	Globalizar marcas
MMC Norilsk Nickel	Rússia	Metais não ferrosos	7,2	Alavancar recursos naturais
Mahindra & Mahindra	Índia	Tratores, automóveis	2,9	Globalizar marcas
Orascom Telecom	Egito	Serviços de telecomunicações	3,3	Modelo de negócios de exportação
Petrobrás	Brasil	Petróleo e gás	56,3	Adquirir ativos *offshore*
Ranbaxy Laboratories	Índia	Farmacêutico	1,2	Engenharia de inovação
Sadia	Brasil	Alimentos e bebidas	3,6	Alavancar recursos naturais
Severstal	Rússia	Aço	4,9	Alavancar recursos naturais
Shanghai Baosteel	China	Aço	15,8	Adquirir ativos *offshore*
Tata Consultancy	Índia	Serviços de TI	2,8	Globalizar marcas
Tata Motors	Índia	Automóveis	5,8	Engenharia de inovação
Techtronic Industries	Hong Kong	Ferramentas mecânicas	3,0	Determinar um nicho como alvo
Wipro	Índia	Serviços de TI	2,3	Engenharia de inovação

Fonte: "Emerging Giants," *Business Week*, 31 de julho de 2006. Esta tabela é baseada no trabalho do Boston Consulting Group, que chamou este conjunto de "os novos concorrentes" (*the new contenders*).

FINANÇAS GLOBAIS NA PRÁTICA 18.1

Embraer

Meia dúzia de jatos recém-pintados enchem um hangar gigantesco. Um, adornado com o logo JetBlue (JBLU), está sendo equipado com 100 assentos de couro e telas de TV individuais, além de 45 km de fiações elétricas. Alinhados ao longo da passarela estão aviões para a Delta Connection, Copa Airlines, do Panamá, United Express (UAL) e Republic Airways. Parece uma fábrica de montagem da Boeing (BA) ou da Airbus. Mas, na verdade, é em São José dos Campos, Brasil, sede da Embraer, a terceira maior produtora do mundo de aeronaves.

Desde 1969, a Embraer tem sido a única empresa – e o Brasil é o único país – a conseguir entrar com sucesso no mercado de jatos comerciais. Mais de 1.000 de suas aeronaves estão voando pelo mundo, incluindo uma nova geração de aeronaves de 118 assentos que estão roubando parte do mercado atendido pelos aviões maiores da Boeing Co. (BA) e da Airbus. A Embraer obteve US$446 milhões em lucros provenientes de receitas de US$3,83 bilhões no ano passado, e 93% dessas vendas foram fora do Brasil.

Como o Brasil teve êxito em um negócio de tão alta tecnologia e de capital tão intensivo? Surpreendentemente, os salários, menos de um terço dos salários na Boeing, não são o fator principal. Em primeiro lugar, a Embraer teve acesso a uma longa tradição de engenharia liderada pelo programa aeroespacial da força aérea brasileira criado depois da Segunda Guerra Mundial. Nos últimos seis anos, a Embraer reinvestiu 6% de suas receitas em pesquisa e desenvolvimento. Ela treina seus recém-contratados engenheiros não somente em aeronáutica, mas também em pesquisa de mercado e finanças. Os clientes acham as aeronaves da empresa bem projetados, confiáveis e mais baratos de operar do que aeronaves rivais.

Em segundo lugar, os brasileiros que conseguem emprego na Embraer sabem que estão entre os poucos sortudos em um país com um número limitado de cargos de alta tecnologia. Os clientes sentem o orgulho, diz Dave Barger, principal executivo operacional da JetBlue Airways Corp. "Se você trabalha na Embraer, no Brasil, você é alguém", ele diz. "É uma cultura muito boa, que se conecta facilmente com a JetBlue". Toda vez que a JetBlue recebe uma nova aeronave da Embraer, a empresa aérea doa US$10.000 a um programa da Embraer que manda alunos pobres, mas talentosos, para a universidade. A JetBlue já encomendou 101 aviões, no valor de US$3 bilhões.

Finalmente, a Embraer tem perseverança. A empresa tem crescido constantemente desde que a antiga empresa estatal foi privatizada em 1994. Seus jatos regionais de alto desempenho com 50 assentos colocou a Embraer no mapa, sendo que mais de 850 deles ainda estão em operação. E sua atual onda de sucesso é decorrente de uma decisão no final da década de 1990 de investir US$1 bilhão para projetar uma nova aeronave maior com 70 a 118 assentos de passageiros para empresas aéreas de baixo custo, que estavam passando por um rápido crescimento.

Os engenheiros da Embraer criaram um novo projeto de fuselagem que eles chamaram de "dupla bolha", que permite muito espaço para a cabeça e pernas do passageiro, além de para bagagem e elimina o assento do meio. Mais de 40 empresas aéreas contribuíram com opiniões. Esta inovação empurrou a Embraer para a frente de sua arqui-rival Bombardier do Canadá e preparou o terreno para um ambicioso avanço para o mercado de jatos executivos. "Há anos nossos concorrentes disseram: 'Como esses patinhos feios da América do Sul ousam tentar vender um jato no Hemisfério Norte'", diz Satoshi Yokota, o vice-presidente executivo de engenharia e desenvolvimento da Embraer. "Felizmente, eles nos subestimaram".

Fonte: "An Ugly Duckling Finds Its Wings," *Business Week*, 31 de julho de 2006, p. 44.

---

5. *Adquirir ativos offshore* significa se tornar um participante global comprando petróleo e recursos minerais ou fazendo parceiras com outras empresas de países em desenvolvimento.
6. *Determinar um nicho como alvo* significa se focar em um setor, ampliar a escala e competências, e então expandir globalmente adquirindo participantes menores.

INVESTIMENTO ESTRANGEIRO DIRETO E RISCO POLÍTICO

Além de riscos de negócios e cambiais, o investimento estrangeiro direto enfrenta riscos políticos.

Definição de risco político

Para uma EMN identificar, medir e gerenciar seus riscos políticos, ela tem que definir e classificar esses riscos. O Quadro 18.5 classifica os riscos políticos enfrentados pelas EMNs como riscos específicos da empresa, específicos do país ou riscos específicos de transações globais.

QUADRO 18.5 | Classificação de riscos políticos

Riscos específicos da empresa
- Riscos de governança

Riscos específicos do país
- Riscos de transferência
  - Fundos bloqueados
- Riscos culturais e institucionais
  - Estrutura de propriedade
  - Normas de recursos humanos
  - Tradição religiosa
  - Nepotismo e corrupção
  - Propriedade intelectual
  - Protecionismo

Riscos específicos de transações globais
- Terrorismo e guerra
- Movimento antiglobalização
- Questões ambientais
- Pobreza
- Ataques cibernéticos

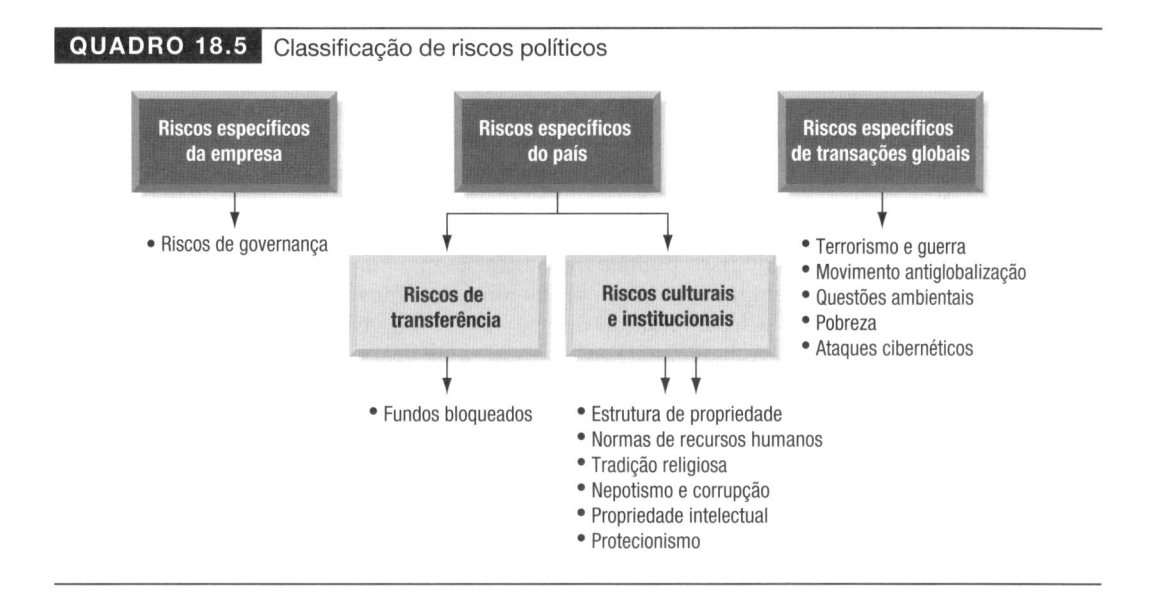

- *Riscos específicos da empresa*, também conhecidos como micro riscos, são os riscos políticos que afetam a EMN no nível do projeto ou no nível corporativo. O risco de governança, devido a um conflito de objetivos entre uma EMN e seu governo anfitrião, é o principal risco político específico da empresa. (Uma EMN também enfrenta riscos de negócios e riscos cambiais, que são extensamente abordados em outras seções deste livro).
- *Riscos específicos do país*, também conhecidos como macro riscos, são os riscos políticos que também afetam a EMN no nível do projeto ou no nível corporativo, mas se originam no nível do país. As duas principais categorias de riscos políticos no nível do país são o risco de transferência e riscos culturais e institucionais. O risco de transferência envolve principalmente o problema de fundos bloqueados, mas também o risco de crédito soberano periférico. Os riscos culturais e institucionais são decorrentes da estrutura de propriedade, normas de recursos humanos, tradição religiosa, nepotismo e corrupção, direitos de propriedade intelectual e protecionismo.
- *Riscos específicos de transações globais* são os riscos políticos que afetam a EMN no nível do projeto ou no nível corporativo, mas se originam no nível global. Exemplo são terrorismo, o movimento antiglobalização, questões ambientais, pobreza e ataques cibernéticos.

Este método de classificação difere fortemente do método tradicional que classifica os riscos de acordo com as disciplinas de economia, finanças, ciência política, sociologia e direito. Preferimos nosso sistema de classificação porque é mais fácil relacionar os riscos políticos identificados às estratégias existentes e recomendadas para gerenciar esses riscos.

AVALIANDO O RISCO POLÍTICO

Como as empresas multinacionais preveem regulamentações governamentais que, do ponto de vista da empresa, são discriminatórias ou impedem a acumulação de riqueza? Normalmente é utilizada uma abordagem em duas etapas.

No nível macro, antes de empreender um investimento estrangeiro direto, as empresas tentam avaliar a estabilidade política do país anfitrião e sua atitude em relação a investidores estrangeiros. No nível micro, as empresas analisam se suas atividades específicas poderiam entrar em conflito com as metas do país anfitrião evidenciadas pelas regulamentações existentes. A tarefa mais difícil, no entanto, é prever mudanças nas metas prioritárias do país anfitrião, novas regulamentações para implementar prioridades reordenadas, e o provável impacto de tais mudanças sobre as operações da empresa.

Prevendo o risco específico das empresas (micro risco)

A partir do ponto de vista da EMN, avaliar a estabilidade política de um país anfitrião é apenas o primeiro passo, já que o objetivo real é prever o efeito de mudanças políticas sobre as atividades de uma empresa específica. De fato, diferentes empresas estrangeiras que operam dentro do mesmo país podem ter diferentes graus de vulnerabilidade a mudanças nas políticas ou regulamentações do país anfitrião. Não se espera que uma franquia do Kentucky Fried Chicken experimente o mesmo risco que uma fábrica de produção da Ford.

A necessidade de análises de risco político específicas para a empresa levou a uma demanda por estudos feitos sob medida empreendidos por profissionais internos de análise de riscos políticos. Essa demanda é intensificada pela observação de que analistas de risco profissionais externos à empresa raramente concordam com o grau de risco macro-político existente em qualquer conjunto de países.

Os analistas de risco político internos relacionam os atributos de macro risco de países específicos às características e vulnerabilidades particulares de suas empresas cliente. As empresas de extração mineral, empresas manufatureiras, bancos multinacionais, seguradoras privadas e cadeias de hotel mundiais são expostos de maneiras fundamentalmente diferentes a restrições de origem política. Mesmo com a melhor análise específica possível, as EMNs não podem ter certeza de que a situação política ou econômica não mudará. Assim, é necessário planejar passos de proteção na intenção de minimizar o risco de danos causados por mudanças imprevistas.

Previsão do risco específico do país (macro risco)

A análise macro do risco político ainda é um campo emergente de estudo. Cientistas políticos na academia, indústria e governo estudam o risco-país para o benefício das empresas multinacionais, tomadores de decisões de políticas externas e planejadores de defesa.

Os estudos de risco político normalmente incluem uma análise da estabilidade histórica do país em questão, evidências de tumultos ou insatisfações atuais, indicações de instabilidade econômica e tendências nas atividades culturais e religiosas. Os dados normalmente são reunidos através da leitura de jornais locais, do monitoramento de transmissões por rádio ou televisão, da leitura de publicações de fontes diplomáticas, do acesso ao conhecimentos de consultores especializados de destaque, do contato com outros executivos que tiveram experiências recentes no país anfitrião e, finalmente, de visitas ao local.

Apesar desta impressionante lista de atividades, o histórico de previsões das empresas, o serviço diplomático e militar têm sido, na melhor das hipóteses, irregular. Quando se analisa tendências, seja na política ou na economia, o que costuma acontecer é prever-se uma extensão das mesmas tendências passadas para o futuro. É raro um previsor conseguir prever uma mudança de direção cataclísmica. Quem previu a deposição de Ferdinand Marcos nas Filipinas? De fato, quem previu o colapso do comunismo na União Soviética e nos satélites da Europa oriental? Quem previu a queda do Presidente Suharto na Indonésia em 1998 ou de Saddam Hussein em 2004?

Apesar da dificuldade de se prever o risco de um país, a EMN ainda assim tem que tentar fazê-lo a fim de se preparar para o desconhecido. Diversos serviços institucionais fornecem classificações de risco-país atualizadas com regularidade.

Prevendo riscos específicos de transações globais

Prever o risco específico de transações globais é ainda mais difícil do que prever os dois outros tipos de risco político. Ninguém previu os ataques surpresa ao World Trade Center e ao Pentágono nos Estados Unidos em 11 de setembro de 2001.

Por outro lado, as consequências deste ataque – a guerra contra o terrorismo global, o aumento da segurança interna dos EUA e a destruição de parte da rede de terrorismo no Afeganistão – eram previsíveis. No entanto, passamos a esperar futuros ataques terroristas surpresa. As EMNs estão particularmente expostas não somente à Al Qaeda, mas também a outros grupos imprevisíveis dispostos a usar o terror ou ações de crime organizado para promover causas tão diversas quanto a antiglobalização, a proteção ambiental e até mesmo a anarquia.

Como há uma grande necessidade de se prever ações terroristas, podemos esperar ver diversos novos índices, similares a índices específicos de países, mas que são dedicados a classificar diferentes tipos de ameaças terroristas, suas localizações e possíveis alvos.

RISCOS ESPECÍFICOS DE UMA EMPRESA

Os riscos específicos de uma empresa enfrentados pelas EMNs incluem riscos cambiais e riscos de governança. Os vários riscos de negócios e riscos cambiais existentes foram detalhados nos Capítulos 11–13. Focaremos nossa discussão sobre os riscos de governança.

Riscos de governança

Como introduzido no Capítulo 2, o risco de governança é a capacidade de exercer controle efetivo sobre as operações de uma EMN dentro do ambiente jurídico e político de um país. Para uma EMN, no entanto, a governança é um assunto similar em estrutura à lucratividade consolidada – tem que ser abordada pela unidade de negócios individual e pela subsidiária, além de pela EMN como um todo.

O tipo mais importante de risco de governança para a EMN no nível da subsidiária surge de um conflito de objetivos entre os objetivos legítimos dos governos do país anfitrião e das empresas privadas que operam em suas esferas de influência. Os governos normalmente são sensíveis ao eleitorado constituído por seus cidadãos. As empresas são sensíveis a um público constituído por seus proprietários e outros envolvidos interessados, ou seja, *stakeholders*. As necessidades válidas desses grupos não precisam ser necessariamente as mesmas, mas o governo determina as regras. Consequentemente, os governos impõem restrições sobre as atividades de empresas privadas como parte de seu funcionamento administrativo e legislativo normal.

Historicamente, surgem conflitos entre os objetivos das EMNs e de governos anfitriões em questões como o impacto da empresa sobre o desenvolvimento econômico, infração percebida da soberania nacional, controle estrangeiro das principais indústrias, compartilhando ou não a propriedade e o controle com interesses locais, impacto sobre a balança de pagamentos de um país anfitrião, influência sobre o valor cambial de sua moeda, controle sobre mercados de exportação, uso de executivos e trabalhadores domésticos ou estrangeiros e exploração de recursos nacionais. As atitudes sobre os conflitos geralmente são direcionadas por opiniões sobre a livre empresa *versus* o socialismo de estado, o grau de nacionalismo ou internacionalismo presente, ou o papel de visões religiosas na determinação do comportamento econômico e financeiro apropriado.

A melhor abordagem para o gerenciamento de conflitos de objetivos é prever problemas e negociar acordos antecipadamente. Diferentes culturas aplicam uma diferente ética à questão de honrar contratos anteriores, especialmente quando eles são negociados com uma administração anterior. No entanto, a pré-negociação de todas as áreas de conflito concebíveis fornece uma base melhor para um futuro bem-sucedido para ambas as partes do que negligenciar a possibilidade de que objetivos divergentes evoluam com o passar do tempo. A preparação geralmente inclui a negociação de acordos de investimento, a compra de seguros e garantias de investimento e a criação de estratégias operacionais de redução de risco a serem usadas depois de a decisão de investimento estrangeiro ter sido tomada.

Negociando acordos de investimento

Um *acordo de investimento* significa direitos e responsabilidades específicas tanto para a empresa estrangeira quanto para o país anfitrião. Governos anfitriões em busca de desenvolvimento buscam a presença de EMNs assim como uma EMN busca determinada localização no exterior. Todas as partes têm alternativas e, assim, é apropriado barganhar.

Um acordo de investimento deve definir políticas sobre questões financeiras e gerenciais, incluindo as seguintes:

- A base sobre a qual fluxos de fundos, como dividendos, taxas administrativas, *royalties*, tarifas de patentes e pagamentos de empréstimos, podem ser remessados
- A base para determinar preços de transferência
- O direito a exportar para mercados em outros países
- Obrigações de construir ou financiar projetos gerais sociais e econômicos, como escolas, hospitais e sistemas de aposentadoria
- Métodos de tributação, incluindo a taxa, o tipo e o meio através do qual a taxa base é determinada
- Acesso aos mercados de capitais do país anfitrião, particularmente para empréstimos de longo prazo

- Permissão para 100% de propriedade estrangeira *versus* exigência de participação local na propriedade (*joint venture*)
- Controles de preço, se houver, aplicáveis a vendas nos mercados do país anfitrião
- Exigências de fornecimento local *versus* importação de matérias-primas e componentes
- Permissão para usar pessoal gerencial e técnico de outros países, e trazer eles e seus pertences ao país sem taxas exorbitantes ou tarifas de importação
- Provisão para resolução de disputas
- Provisões para desinvestimento planejado, caso seja necessário, indicando como o item em questão será avaliado e a quem será vendido

Seguro de investimento e garantias: OPIC

As EMNs às vezes podem transferir riscos políticos a uma agência pública do país doméstico através de um seguro de investimento e programa de garantia. Muitos países desenvolvidos têm esses programas para proteger os investimentos feitos por seus cidadãos em países em desenvolvimento.

O seguro de investimento e programa de garantia dos EUA é gerenciado pela empresa estatal Overseas Private Investment Corporation (OPIC). A finalidade declarada da OPIC é mobilizar e facilitar a participação do capital privado e habilidades norte-americanas no progresso econômico e social de países e áreas menos desenvolvidas e amistosas, complementando, assim, a assistência ao desenvolvimento dos Estados Unidos. A OPIC oferece cobertura de seguro contra quatro tipos separados de risco político, que têm suas próprias definições específicas para fins de seguros:

1. *Inconvertibilidade* é o risco que o investidor não conseguirá converter em dólares seus lucros, *royalties*, tarifas ou outras rendas, além de seu capital investido original.
2. *Expropriação* é o risco de que o governo anfitrião dê um passo específico que por um ano impeça o investidor ou a subsidiária estrangeira de exercer o controle efetivo sobre o uso de suas propriedades.
3. A cobertura contra *guerras, revoluções, insurreições e conflitos civis* se aplica primordialmente a danos às propriedades físicas do segurado, apesar de em alguns casos a incapacidade de uma subsidiária estrangeira pagar um empréstimo devido a uma guerra poder ser coberta.
4. A cobertura de *renda de negócios* fornece recompensa por perdas de rendas de negócios resultantes de eventos de violência política que causem danos diretos aos ativos de uma empresa estrangeira.

Estratégias operacionais depois da decisão de FDI

Apesar de um acordo de investimento criar obrigações na parte tanto do investidor estrangeiro quanto do governo anfitrião, as condições mudam e os acordos geralmente são revisados à luz de tais mudanças. As condições alteradas podem ser econômicas, ou podem ser o resultado de mudanças políticas no governo anfitrião. A empresa que se prende estritamente à interpretação legal de seu acordo original verá que o governo anfitrião primeiro aplica pressão em áreas não cobertas pelo acordo e então, possivelmente reinterpreta o acordo para conformá-lo à realidade política daquele país. A maioria das EMNs, em seu próprio interesse, segue uma política de adaptação para mudar as prioridades do país anfitrião sempre que possível.

A essência de tal adaptação é prever as prioridades do país anfitrião e assegurar que as atividades da empresa tenham valor continuamente para o país anfitrião. Tal abordagem supõe que o governo anfitrião aja racionalmente na busca dos interesses de seu país e que seja baseado na ideia de que a empresa deve começar a reduzir os conflitos de interesses. A futura posição de negociação pode melhorar com a cuidadosa consideração de políticas na produção, logística, *marketing*, finanças, organização e pessoal.

Fornecimento local. Os governos anfitriões podem exigir que as empresas estrangeiras comprem matéria-prima e componentes localmente como uma maneira de maximizar os benefícios que agregam valor e de aumentar o nível de emprego local. Do ponto de vista da empresa estrangeira que está tentando se adaptar aos objetivos do país anfitrião, o fornecimento local reduz o risco político, ainda que como um *trade-off* com outros fatores. Greves locais ou outros tumultos podem fechar a operação e questões como controle de qualidade, preços locais altos devido à falta de economias de escala, e programas de entrega não confiáveis passam a ser importantes. Geralmente a EMN só diminui o risco político aumentando seu risco financeiro e comercial.

Localização das instalações. As instalações de produção podem ser localizadas de modo a minimizar os riscos. A localização natural de diferentes etapas da produção podem ser orientadas por recursos, livre, ou orientada pelo mercado. O petróleo, por exemplo, é extraído no Golfo Pérsico, na Rússia, na Venezuela e na Indonésia e em suas redondezas. Não existe escolha quanto a onde essa atividade pode ocorrer. A refinaria, por outro lado, é livre: uma refinaria pode ser facilmente transferida para um outro local ou país. Sempre que possível, as empresas petrolíferas constroem refinarias em países politicamente seguros, como a Europa Ocidental ou pequenas ilhas (como Cingapura ou Curaçao), apesar de os custos poderem ser reduzidos se a refinaria se localizasse mais próximo dos campos de petróleo. Elas trocam menos risco político e exposição financeira por custos de transporte e refinaria possivelmente mais altos.

Controle do transporte. O controle do transporte tem sido um importante meio de reduzir o risco político. Os oleodutos de petróleo que cruzam fronteiras nacionais, navios-tanque de petróleo, transportadoras de minério, navios refrigerados e ferrovias, todos já tiveram épocas em que eram controlados para influenciar o poder de negociação das nações e das empresas.

Controle da tecnologia. O controle de patentes e processos-chave é uma maneira viável de reduzir o risco político. Se um país anfitrião não pode operar uma fábrica porque não possui técnicos capazes de dirigir o processo, ou de acompanhar as mudanças tecnológicas, é improvável que um acordo de investimento com uma empresa estrangeira seja anulado. O controle da tecnologia funciona melhor quando a empresa estrangeira está continuamente melhorando sua tecnologia.

Controle dos mercados. O controle dos mercados é uma estratégia comum para melhorar a posição de negociação de uma empresa. Tão eficaz quanto o cartel da OPEP foi em elevar o preço recebido por petróleo bruto por seus países membros na década de 1970, o *marketing* ainda era controlado pelas empresas internacionais de petróleo. A necessidade da OPEP pelas empresas de petróleo limitavam o quanto seus membros podiam determinar termos. Nos últimos anos, os membros da OPEP estabeleceram alguns pontos de venda próprios, como a extensa cadeia de postos de gasolina do Kwait, a Q8, na Europa.

O controle de mercados de exportação de bens manufaturados também é uma fonte de alavancagem em acordos entre EMNs e governos anfitriões. A EMN preferiria atender aos mercados mundiais a partir de fontes de sua própria escolha, baseando a decisão em considerações de custo de produção, transporte, barreiras tarifárias, exposição a riscos políticos e concorrência. O padrão de venda que maximiza os lucros no longo prazo do ponto de vista da empresa mundial raramente maximiza as exportações, ou valor agregado, sob a perspectiva dos países anfitriões. Alguns defendem que se as mesmas fábricas fossem de propriedade de cidadãos locais e não parte de um sistema integrado mundial, mais mercadorias seriam exportadas pelo país anfitrião. O argumento contrário é que empresas locais autossuficientes podem nunca obter participação de mercado no exterior por não terem economias de escala no lado da produção e por não serem capazes de comercializar em países estrangeiros.

Nome de marca e controle de marcas registradas. O controle de um nome de marca ou marca registrada pode ter um efeito quase idêntico ao de controlar a tecnologia. Ele dá à EMN um monopólio sobre algo que pode ou não ter um valor substantivo, mas que muito provavelmente representa valor aos olhos dos consumidores. A capacidade de comercializar produtos sob um nome de marca mundial é valioso para empresas locais e, assim, representa um importante atributo de negociação para manter uma posição de investimento.

Base estreita de ações. As subsidiárias estrangeiras podem ser financiadas com uma base estreita de ações e uma grande proporção de dívida local. Se a dívida for contraída junto a bancos de propriedade local, ações do governo anfitrião que enfraqueçam a viabilidade financeira da empresa também coloca em perigo os credores locais.

Contração de empréstimos junto a múltiplas fontes. Se a empresa tem que se financiar com dívida de origem estrangeira, ela pode tomar emprestados fundos de bancos em diversos países em vez de apenas de bancos no país doméstico. Se, por exemplo, uma empresa mantém dívidas com bancos em Tóquio, Frankfurt, Londres e Nova York, os cidadãos de diversos países têm um interesse velado em manter a subsidiária tomadora financeiramente forte. Se a multinacional for de propriedade norte-

-americana, um desentendimento entre os Estados Unidos e o governo anfitrião tem menos chances de fazer o governo local agir contra a empresa se ele também dever fundos a esses outros países.

RISCOS ESPECÍFICOS DE UM PAÍS: RISCOS DE TRANSFERÊNCIA

Os riscos específicos de um país afetam todas as empresas, domésticas e estrangeiras, que são residentes em um país anfitrião. O Quadro 18.6 apresenta uma taxonomia da maioria dos riscos políticos e estratégias contemporâneas de uma empresa que emanam da localização específica de um país. Os principais riscos políticos específicos de um país são os *riscos de transferência* e os *riscos institucionais*.

Fundos bloqueados

O *risco de transferência* é definido como limitações à capacidade da EMN de transferir fundos para dentro e para fora de um país anfitrião sem restrições. Quando um governo fica com pouca moeda estrangeira e não pode obter fundos adicionais através de empréstimos ou atraindo novos investimentos estrangeiros, ele geralmente limita as transferências de moeda estrangeira para fora do país, uma restrição conhecida como *fundos bloqueados*. Na teoria, isso não discrimina empresas de propriedade estrangeira porque se aplica a todos; na prática, as empresas estrangeiras têm mais em jogo devido à sua propriedade estrangeira. Dependendo do tamanho da escassez de moeda estrangeira, o governo anfitrião pode simplesmente exigir a aprovação de todas as transferências de fundos ao exterior, reservando-se, assim, o direito de estabelecer uma prioridade no uso de moeda estrangeira escassa a favor de necessidades, e não de luxos. Em casos severos, o governo pode tornar sua moeda não conversível em outras moedas e, dessa forma, bloquear totalmente as transferências de fundos ao exterior. No meio termo dessas posições há políticas que restringem o tamanho e o momento dos dividendos, amortização de dívidas, *royalties* e tarifas sobre serviços.

As EMNs podem reagir à possibilidade de ter fundos bloqueados em três momentos:

1. Antes de fazer um investimento, uma empresa pode analisar o efeito de fundos bloqueados sobre o retorno esperado sobre o investimento, a estrutura financeira local desejada e conexões ótimas com as subsidiárias.
2. Durante as operações, uma empresa pode tentar movimentar fundos através de uma variedade de técnicas de reposicionamento.
3. Fundos que não podem ser movimentados têm que ser reinvestidos no país local de modo a evitar deterioração em seu valor real devido à inflação ou depreciação da moeda.

QUADRO 18.6 Estratégias de gerenciamento de riscos específicos de um país

Risco de transferência

Fundos bloqueados
- Estratégia de preinvestimento para antecipar fundos bloqueados
- "*Fronting loans*"
- Criar exportações não relacionadas
- Obter dispensa especial
- Reinvestimento forçado

Risco cultural e institucional

Estrutura de propriedade
- *Joint venture*

Tradição religiosa
- Compreender e respeitar a tradição religiosa de um país anfitrião

Nepotismo e corrupção
- Revelar políticas anti-suborno a funcionários e clientes
- Manter um consultor jurídico local

Normas de recursos humanos
- Gerência e pessoal locais

Propriedade intelectual
- Ações legais nos tribunais do país anfitrião
- Dar suporte a tratados mundiais para proteger os direitos de propriedade intelectual

Protecionismo
- Dar suporte a ações do governo para a criação de mercados regionais

Estratégia de preinvestimento para antecipar fundos bloqueados

A administração pode considerar fundos bloqueados em sua análise de orçamento de capital. O bloqueio temporário de fundos normalmente reduz o valor presente líquido esperado e a taxa interna de retorno sobre um investimento proposto. Se o investimento deve ou não ser empreendido mesmo assim dependerá de se a taxa de retorno esperado, mesmo com fundos bloqueados, excede ou não a taxa de retorno exigido sobre investimentos com a mesma classe de riscos. A análise de preinvestimento também inclui a possibilidade de minimizar o efeito dos fundos bloqueados através do financiamento com empréstimos locais em vez de com ações da empresa matriz, acordos de *troca* e outras técnicas para reduzir a exposição à moeda local e, assim, a necessidade de repatriar os fundos. As conexões de fornecimento e vendas com as subsidiárias podem ser predeterminadas de modo a maximizar o potencial de movimentação de fundos bloqueados.

Movimentando fundos bloqueados

O que uma empresa multinacional pode fazer para transferir fundos de países que têm restrições de câmbio ou de remessas? São usadas pelo menos seis estratégias populares:

1. Fornecer meios alternativos de repatriar fundos (analisados no Capítulo 21)
2. Transferir a precificação de bens e serviços entre unidades relacionadas da EMN (analisado no Capítulo 21)
3. Adiantar e atrasar pagamentos (descrito no Capítulo 12)
4. Usar *"fronting loans"*
5. Criar exportações não relacionadas
6. Obter dispensas especiais

***"Fronting loans"*.** Um *"fronting loan"* (empréstimo por adiantamento) é um empréstimo matriz-subsidiária canalizado através de um intermediário financeiro, normalmente um grande banco internacional. Os *fronting loans* diferem dos empréstimos paralelos ou *back-to-back*. Este último é um tipo de empréstimo de compensação entre negócios comerciais arranjados fora do sistema bancário. Os *fronting loans* são às vezes chamados de financiamento vinculado.

Em um empréstimo direto interempresas, uma matriz ou subsidiária irmã concede um empréstimo direto à subsidiária tomadora e em uma data posterior, a subsidiária tomadora paga o principal e os juros. Em um *fronting loan*, ao contrário, a matriz ou subsidiária "credora" deposita fundos em um banco de, digamos, Londres, e este banco empresta o mesmo valor à subsidiária tomadora no país anfitrião. Do ponto de vista do banco de Londres, o empréstimo é livre de risco, porque o banco possui 100% de colateral na forma de um depósito da matriz. Com efeito, o banco faz um adiantamento para a matriz – logo, o nome empréstimo de adiantamento (*fronting loan*). Os juros pagos pela subsidiária tomadora ao banco é normalmente um pouco mais alto do que o banco paga à matriz, dando ao banco uma margem para despesas e lucros.

O banco escolhido para o *fronting loan* fica normalmente em um país neutro, distante da jurisdição legal tanto do credor quanto do tomador. O uso de *fronting loans* aumenta as chances de pagamento no caso de ocorrência de tumultos políticos entre o país doméstico e o país anfitrião. As autoridades do governo têm maior probabilidade de permitir que uma subsidiária local pague um empréstimo a um grande banco internacional em um país neutro do que permitir que a mesma subsidiária pague um empréstimo diretamente à sua matriz. Não realizar os pagamentos ao banco internacional afetaria negativamente a imagem de crédito internacional do país, enquanto que não realizar os pagamentos à empresa matriz teria um impacto mínimo sobre essa imagem e talvez até fornecesse alguma vantagem política ao país doméstico.

Criando exportações não relacionadas. Uma outra abordagem aos fundos bloqueados que beneficia tanto a subsidiária quanto o país anfitrião é a criação de exportações não relacionadas. Como o principal motivo de controles cambiais rígidos é normalmente a persistente incapacidade de um país anfitrião de obter moedas fortes, qualquer coisa que uma EMN possa fazer para criar novas exportações do país anfitrião ajuda a situação e fornece um meio potencial de transferir fundos para fora do país.

Algumas novas exportações podem muitas vezes ser criadas a partir de capacidade produtiva presente com pouco ou nenhum investimento adicional, especialmente se elas estiverem em linhas de produtos relacionadas às operações existentes. Outras novas exportações podem exigir reinvestimento ou novos fundos, apesar do fato de que se os fundos reinvestidos consistirem naqueles já bloqueados, pouco será perdido no sentido de custos de oportunidade.

Dispensas especiais. Se todo o resto falhar e a empresa multinacional estiver investindo em um setor que é importante para o desenvolvimento econômico do país anfitrião, a empresa pode negociar uma dispensa especial para repatriar uma porção dos fundos que, caso contrário, estariam bloqueados. As empresas em setores "desejáveis" como telecomunicações, produção, instrumentação, produtos farmacêuticos ou outras empresas de pesquisas e em setores de alta tecnologia podem receber preferência sobre empresas em setores maduros. O quanto de preferência recebida dependerá da negociação entre as partes interessadas, o governo e a empresa, cada um dos quais está livre para voltar atrás no investimento proposto se não estiver satisfeito com seus termos.

Profecias autorrealizadoras. Ao buscar rotas de fuga para fundos bloqueados – ou ao tentar posicionar fundos através de qualquer das técnicas discutidas neste capítulo – a EMN pode aumentar o risco político e causar uma mudança de um bloqueio parcial a um bloqueio total. A possibilidade de tal ciclo autorrealizador, ou de profecia que se autocumpre, existe a qualquer momento que uma empresa age de uma forma que, independente da legalidade de sua ação, frustre a intenção subjacente de controles de motivação política. Nos palácios do governo de todo o mundo, assim como nos escritórios editoriais da imprensa e TV local, as EMNs e suas subsidiárias são sempre um possível bode expiatório.

Reinvestimento forçado. Se os fundos forem de fato bloqueados para transferência em moeda estrangeira, eles são, por definição, reinvestidos. Em tal situação, a empresa tem que encontrar oportunidades locais que maximizem a taxa de retorno para determinado nível aceitável de risco.

Se a expectativa for de que o bloqueio seja temporário, a alternativa mais óbvia é investir em instrumentos do mercado monetário local. Infelizmente, em muitos países tais instrumentos não estão disponíveis em quantidade suficiente ou com liquidez adequada. Em alguns casos, bilhetes do Tesouro do governo, depósitos bancários e outros instrumentos de curto prazo têm rendimentos que são mantidos artificialmente baixos em relação às taxas de inflação locais ou a mudanças prováveis nas taxas de câmbio. Assim, a empresa geralmente perde valor real durante o período de bloqueio.

Se os investimentos em carteira de curto ou médio prazo, como títulos de dívida, depósitos bancários a prazo, ou empréstimos diretos a outras empresas não forem possíveis, o investimento em novas instalações de produção pode ser a única alternativa. Geralmente, este investimento é o que o país anfitrião está buscando com seus controles cambiais, mesmo se a existência de controles de câmbio seja, por si mesma, contraproducente à ideia de mais investimento estrangeiro. Exemplos de reinvestimento direto forçado podem ser citados no Peru, onde uma empresa aérea investiu em hotéis e instalações de manutenção para outras empresas aéreas; na Turquia, onde uma empresa de embalagem de peixes enlatados construiu uma fábrica para produzir as latas necessárias para a embalagem de seus peixes; e na Argentina, onde uma empresa de automóveis fez uma integração vertical adquirindo uma fábrica de produção de transmissões que anteriormente era de propriedade de um fornecedor.

Se não houver disponíveis outras oportunidades de investimento além de instalações de produção, os fundos podem simplesmente ser utilizados para adquirir outros ativos cujo valor provavelmente aumentará com a inflação local. Aquisições típicas podem ser terras, edifícios comerciais ou *commodities* que são exportados para mercados globais. Até mesmo o acúmulo de estoque pode ser um investimento razoável, dado o baixo custo de oportunidade dos fundos bloqueados.

RISCOS ESPECÍFICOS DE UM PAÍS: RISCOS CULTURAIS E INSTITUCIONAIS

Ao investir em alguns dos mercados emergentes, as EMNs residentes na maioria dos países industrializados enfrentam sérios riscos devido a diferenças culturais e institucionais. Entre muitas dessas diferenças estão as seguintes:

- Diferenças nas estruturas de propriedade permissíveis
- Diferenças em normas de recursos humanos
- Diferenças na tradição religiosa
- Nepotismo e corrupção no país anfitrião
- Proteção de direitos de propriedade intelectual
- Protecionismo

Estrutura de propriedade

Historicamente, muitos países exigiam que as EMNs compartilhem a propriedade de suas subsidiárias estrangeiras com empresas ou cidadãos locais. Assim, *joint ventures* eram a única maneira pela qual uma EMN podia operar em alguns países anfitriões. Países proeminentes que exigiam uma participação local majoritária eram o Japão, México, China, Índia, e Coreia. Essa exigência foi eliminada ou modificada em anos mais recentes por esses países e pela maioria dos outros. No entanto, empresas em certos setores ainda são ou completamente excluídas da propriedade ou têm que aceitar uma participação minoritária. Esses setores tipicamente estão relacionados à defesa nacional, agricultura, setor bancário ou outros setores que são considerados cruciais para o país anfitrião. Nem mesmo os Estados Unidos aceitavam bem a propriedade estrangeira de grandes empresas relacionadas à defesa como a Boeing Aircraft.

Normas de recursos humanos

Muitas vezes os países anfitriões exigem das EMNs que elas empreguem certa proporção de cidadãos do país em vez de manter em sua equipe apenas estrangeiros expatriados. Frequentemente é muito difícil demitir funcionários locais devido às leis trabalhistas e aos contratos sindicais do país anfitrião. Esta falta de flexibilidade para realizar *downsize* em resposta a ciclos de negócios afeta tanto as EMNs quanto suas concorrentes locais, além de se qualificar como um risco específico de um país.

Diferenças culturais também podem inibir as políticas de contratação de uma EMN. Por exemplo, é um tanto difícil para uma gerente do sexo feminino ser aceita por funcionários e gerentes locais em muitos países do Oriente Médio. O exemplo mais extremo de discriminação contra mulheres foi ressaltado no Afeganistão durante o regime talibã. Desde a queda do Talibã no final de 2001, várias mulheres foram indicadas para importantes cargos governamentais.

Tradição religiosa

O atual ambiente hostil para as EMNs em alguns países do Oriente Médio, como Irã, Iraque e Síria está sendo alimentado por alguns sacerdotes muçulmanos extremistas que estão enfurecidos com a contínua violência em Israel e nos territórios árabes ocupados. No entanto, a raiz desses conflitos é um misto de fervor religioso, para alguns, e política, para outros. Apesar de ser popular culpar a religião muçulmana por seu papel no fomento do conflito, diversos países do Oriente Médio, como o Egito, Arábia Saudita e a Jordânia, são relativamente passivos no que diz respeito às jihads – convite aos muçulmanos para atacar os infiéis (judeus e cristãos). O convite de Osama bin Laden ao jihad contra os Estados Unidos não tem gerado grande interesse por parte dos muçulmanos moderados. De fato, a Turquia, um país muçulmano, tem um governo secular há muitas décadas e tem apoiado fortemente os esforços para eliminar o mundo de bin Laden.

Apesar de diferenças religiosas, as EMNs têm operado com sucesso em mercados emergentes, especialmente em setores extrativos e de recursos naturais, como petróleo, gás natural, minerais e produtos florestais. A principal estratégia da EMN é compreender e respeitar as tradições religiosas do país anfitrião.

Nepotismo e corrupção

As EMNs têm que lidar com nepotismo e corrupção em níveis endêmicos em diversos países. A Indonésia era famosa por nepotismo e corrupção sob o governo do agora deposto Suharto. Diversos países africanos tiveram uma história de nepotismo e corrupção depois de se livrarem de seus governos coloniais depois da Segunda Guerra Mundial. A China e a Rússia lançaram uma forte repressão contra essas práticas, muito comentada na mídia. Atualmente, um dos piores casos é o do Zimbábue (antiga Rodésia do Sul). O Quadro Finanças Globais na Prática 18.2 ilustra como a moeda desse país se deteriorou de modo a refletir a influência destrutiva do nepotismo e da corrupção.

Os subornos não se limitam aos mercados emergentes. Este é um problema até mesmo nos países mais industrializados, inclusive nos Estados Unidos e no Japão. Na verdade, os Estados Unidos têm uma lei anti-suborno que levaria à prisão qualquer executivo norte-americano condenado por subornar um oficial do governo estrangeiro. Essa lei foi aprovada em reação a uma tentativa da Lockheed Aircraft de subornar um Primeiro Ministro japonês.

FINANÇAS GLOBAIS NA PRÁTICA 18.2

A moeda descartável do Zimbábue

No passado um dos países mais prósperos da África, o Zimbábue parece estar se aproximando do colapso econômico.

Como você se sentiria com alguns milhões de dólares nas mãos? Se você mora no Zimbábue, e seus salários são em dólares zimbabuanos, não muito bem. Com a hiperinflação a 4.500 por cento anuais, todo esse dinheiro vale menos de US$100. No passado um dos países mais prósperos da África, o Zimbábue parece estar se aproximando do colapso econômico. Estima-se que o desemprego esteja na faixa dos 80 por cento. A eletricidade foi racionada a apenas quatro horas por dia. Um pão de forma custa 44.000 dólares zimbabuanos, aproximadamente 18 centavos de dólar americano a taxas de câmbio do mercado negro – ou US$176 pela taxa oficial.

Para conseguir o apoio público antes das eleições marcadas para março, o Presidente Robert Mugabe, que está no poder desde 1980, impôs controles sobre os preços em junho passado, que foram quase que totalmente ignorados. Ele também propôs uma lei para transferir 51 por cento das empresas de propriedade estrangeira para propriedade local e estabelecer um fundo estatal para ajudar os cidadãos a comprar ações de empresas públicas.

O governo seria capaz de rejeitar qualquer fusão, aquisição ou novos investimentos em que zimbabuanos nativos não tivessem participação majoritária. Para muitos, isso é um eco da apreensão de milhares de fazendas de propriedade de homens brancos realizada por Mugabe, a maioria delas sem nenhum recompensa, no que ele chamou de redistribuição de terras para os negros pobres. Em vez disso, fazendas escolhidas foram entregues a oficiais do governo e a produção de alimentos caiu vertiginosamente, levando a uma crise humanitária. Juntamente com seu poder aquisitivo cada vez menor, os zimbabuanos agora têm a menor expectativa de vida do mundo: ela caiu durante o governo de Mugabe de 60 para 37 anos para homens e de 65 para 34 anos para mulheres.

Fonte: "Zimbabwe's Disposable Currency," *Fortune*, 6 de agosto de 2007.

Lidando com o suborno. As EMNs enfrentam um dilema. Elas devem empregar suborno se seus concorrentes locais usam esta estratégia? A seguir vemos algumas estratégias alternativas:

- Recusar o suborno totalmente, ou os pedidos se multiplicarão rapidamente.
- Reter um consultor local para disseminar as demandas de oficiais locais, agentes da alfândega e outros parceiros de negócios.
- Não contar com o sistema de justiça em muitos mercados emergentes, pois o direito contratual de orientação ocidental pode não concordar com as normas locais.
- Instruir tanto a administração quanto os funcionários locais sobre qualquer tipo de política relativa a subornos que a empresa pretenda adotar.

Direitos de propriedade intelectual

Negócios ladinos em alguns países anfitriões historicamente infringem direitos de propriedade intelectual tanto de EMNs quanto de indivíduos. Os direitos de propriedade intelectual garantem uso exclusivo de tecnologias patenteadas e materiais criativos com direitos autorais. Exemplos de tecnologia patenteada são produtos manufaturados singulares, técnicas de processamento e medicamentos tarjados. Exemplos de materiais criativos com direitos autorais são programas de *software*, materiais educativos (livros didáticos) e produtos de entretenimento (música, filmes e arte).

As EMNs e os indivíduos precisam proteger seus direitos de propriedade intelectual através de um processo jurídico. Entretanto, os tribunais em alguns países historicamente não protegem de maneira justa os direitos de propriedade intelectual de ninguém, muito menos de EMNs estrangeiras. Nesses países, o processo legal é caro e está sujeito a subornos.

O acordo sobre os Aspectos dos Direitos de Propriedade Intelectual Relacionados com o Comércio (TRIPS) para proteger os direitos de propriedade intelectual recentemente foi ratificado pela maioria dos principais países. A China assinou o tratado como uma das condições que precisava atender para entrar para a Organização Mundial do Comércio (OMC ou WTO - World Trade Organization) em 2001. Ainda temos que ver se os governos anfitriões são fortes o suficiente para fazer cumprir seus esforços oficiais de combate à pirataria intelectual. O que complica esta tarefa é a estreita linha que separa o verdadeiro item sendo protegido e imitações ou versões genéricas do mesmo item.

Protecionismo

O protecionismo é definido como a tentativa, por um governo nacional, de proteger certos setores designados contra a concorrência estrangeira. Os setores protegidos normalmente são relacionados à defesa, agricultura e a setores "recém-formados".

Defesa. Apesar de os Estados Unidos serem um proponente vocal do livre mercado, uma empresa estrangeira que proponha comprar a Divisão de Mísseis da Lockheed ou outros fornecedores cruciais do setor de defesa não será bem-vinda. Existe a mesma atitude em outros países, como a França, que sempre quis manter uma capacidade de defesa independente.

Agricultura. A agricultura é outro setor sensível. Nenhuma EMN ousaria tentar comprar propriedades agrícolas, como operações de produção de arroz no Japão. O Japão tentou desesperadamente manter uma capacidade independente de alimentar sua população. A agricultura é o setor da "Mãe Terra" que a maioria dos países deseja proteger para seus próprios cidadãos.

Setores "recém-formados". O tradicional argumento do protecionismo é que setores que surgiram recentemente precisam da proteção contra a concorrência estrangeira até que eles consigam se estabelecer com firmeza. O argumento dos setores recém-formados normalmente é direcionado a limitar importações, mas não necessariamente EMNs. Na verdade, a maioria dos países anfitriões encoraja EMNs a estabelecerem operações em setores que não existem atualmente no país anfitrião. Às vezes, o país anfitrião oferece a EMNs o *status* de setor recém-formado por determinado número de anos. Esse *status* poderia levar a subsídios tributários, à construção de infraestrutura, ao treinamento de funcionários e outros auxílios para a EMN poder começar. Os países anfitriões estão especialmente interessados em atrair EMNs que prometem exportar, ou para suas próprias subsidiárias estrangeiras em outros países ou para partes não relacionadas.

Barreiras tarifárias. Os métodos tradicionais para os países implementarem barreiras protecionistas eram através de regulamentações tarifárias e não tarifárias. As negociações sob o Acordo Geral sobre Pautas Aduaneiras e Comércio (GATT ou *General Agreements on Tariffs and Trades*) reduziram enormemente o nível geral de tarifas nas últimas décadas. Este processo continua até hoje sob os auspícios da OMC. No entanto, muitas barreiras não tarifárias permanecem.

Barreiras não tarifárias. As barreiras não tarifárias, que restringem as importações impondo algo que não seja um custo financeiro, geralmente são difíceis de identificar porque são promulgadas como exigências sanitárias, de saúde ou de segurança.

Estratégias para gerenciar o protecionismo. As EMNs têm apenas uma capacidade muito limitada de superar o protecionismo do país anfitrião. No entanto, as EMNs apoiam com entusiasmo os esforços para reduzir o protecionismo se reunindo em mercados regionais. Os melhores exemplos de mercados regionais são a União Europeia (UE), o Acordo de Comércio Livre da América do Norte (NAFTA), e o Mercado Comum do Sul (MERCOSUL). Entre os objetivos dos mercados regionais estão a eliminação de barreiras internas de comércio, como barreiras tarifárias e não tarifárias, além da livre circulação de cidadãos para fins de emprego. Ainda existem barreiras comerciais externas.

A UE está tentando se tornar um "Estados Unidos da Europa", com um único mercado interno sem barreiras. Ela ainda não chegou lá, apesar de a União Monetária Europeia e o euro terem quase que eliminado as diferenças nas políticas monetárias. A UE ainda tolera diferenças em políticas fiscais, sistemas legais e identidades culturais. De qualquer forma, o movimento em direção a mercados regionais é muito favorável para as EMNs que atendem a esses mercados com subsidiárias estrangeiras.

RISCOS ESPECÍFICOS DE TRANSAÇÕES GLOBAIS

Os riscos específicos de transações globais enfrentados pelas EMNs entraram em evidência nos últimos anos. O Quadro 18.7 resume alguns desses riscos e as estratégias que podem ser usadas para gerenciá-los. O risco recente mais visível foi, é claro, o ataque por terroristas às torres gêmeas do World Trade Center em Nova York, em 11 de setembro de 2001. Muitas EMNs tinham operações importantes no World Trade Center e sofreram com as mortes de vários de seus funcionários. Além do terrorismo, outros riscos específicos de transações globais incluem o movimento antiglobaliza-

| **QUADRO 18.7** | Estratégias gerenciais contra riscos específicos de transações globais |

Terrorismo e guerra	Antiglobalização	Questões ambientais
• Apoio a esforços do governo para lutar contra o terrorismo e guerras • Planejamento de crises • Integração da cadeia de suprimentos além das fronteiras	• Apoio a esforços do governo para reduzir barreiras comerciais • Reconhecimento de que as EMNs são os alvos	• Sensibilidade a questões ambientais • Apoio a esforços do governo para manter condições de igualdade nos controles da poluição
Pobreza	**Ataques cibernéticos**	**Responsabilidade social corporativa**
• Oferta de empregos estáveis, com remuneração relativamente boa • Estabelecimento dos padrões mais rígidos de segurança ocupacional	• Não há estratégia eficaz a não ser os esforços de segurança na Internet • Apoio a esforços do governo contra ataques cibernéticos	• Sustentabilidade corporativa

Movimento da EMN em direção a diversos objetivos primordiais: lucratividade, desenvolvimento sustentável, responsabilidade social corporativa

ção, questões ambientais, a pobreza nos mercados emergentes e ataques cibernéticos a sistemas de informação computadorizados.

Terrorismo e guerra

Apesar de o ataque ao World Trade Center e suas consequências, a guerra no Afeganistão, e a guerra o Iraque terem afetado quase todas as pessoas do mundo, foram cometidos muitos outros atos de terrorismo nos últimos anos. Espera-se que ocorram mais atos terroristas no futuro. As subsidiárias estrangeiras de EMNs e seus funcionários estão particularmente expostos. Como mencionado anteriormente, as subsidiárias estrangeiras estão especialmente expostas a guerras, conflitos étnicos e terrorismo porque são símbolos de seus respectivos países de origem.

Nenhuma EMN possui as ferramentas para evitar o terrorismo. *Hedge*, diversificação, seguros, entre outros, não são adequados à tarefa. Portanto, as EMNs têm que depender dos governos para lutar contra o terrorismo e proteger suas subsidiárias estrangeiras (e agora até mesmo a empresa matriz). Em troca, os governos esperam suporte financeiro, material e verbal das EMNs para apoiar leis anti-terroristas e iniciativas proativas para destruir células terroristas onde quer que elas existam

Planejamento de crises

As EMNs podem estar sujeitas a danos por estar no meio do perigo. Quase todo ano, um ou mais países anfitriões sofrem algum tipo de conflito étnico, guerras com outros países ou terrorismo.

Parece que as EMNs estrangeiras são sempre vistas como símbolos da opressão por representarem seu país de origem, especialmente quando se trata dos Estados Unidos.

Resolver guerras e conflitos étnicos está além da capacidade das EMNs. Em vez disso, elas precisam dar passos defensivos para limitar os danos. O planejamento de crises se tornou uma importante atividade para as EMNs, tanto no nível da subsidiária estrangeira quanto no nível da empresa matriz. Planejar crises significa instruir a administração e os funcionários sobre como reagir a vários cenários de violência. Por exemplo, unidades de EMN têm que saber como manter-se em comunicação umas com as outras; como proteger a propriedade da EMN; como fugir do país; e como se proteger mantendo um perfil discreto.

Integração da cadeia de suprimentos além-fronteiras

O impulso para aumentar a eficiência na produção levou muitas EMNs a adotarem os sistemas *just-in-time* (JIT) de estoque quase zero. Focando na velocidade do estoque, a velocidade com a qual o estoque se movimenta através de um processo de produção, chegando apenas quando necessário, e não antes, permitiu que essas EMNs gerassem lucros e fluxos de caixa cada vez maiores com menos capital ficando preso no ciclo de produção. Este sistema de cadeia de suprimentos primorosamente coordenado, no entanto, está sujeito a riscos políticos se a cadeia de suprimentos se estender, cruzando fronteiras.

Interrupções da cadeia de suprimentos. Considere os casos da Dell Computer, Ford Motor Company, Dairy Queen, Apple Computer, Herman Miller, e The Limited nos dias seguintes aos ataques terroristas de 11 de setembro de 2001. Um resultado imediato do evento foi a proibição de todas as aeronaves de entrarem ou saírem dos Estados Unidos. De maneira similar, as fronteiras por terra (México e Canadá) e mar dos Estados Unidos também foram fechadas e não foram reabertas até vários dias depois em alguns locais específicos. A Ford Motor Company fechou cinco de suas instalações de produção nos dias seguintes ao 11 de setembro devido a estoques inadequados de insumos automotivos cruciais fornecidos pelo Canadá. A Dairy Queen sofreu atrasos tão significativos em ingredientes-chave que muitas de suas lojas também foram temporariamente fechadas.

A Dell Computer, com uma das cadeias de suprimentos virtualmente integrada mais admirada e aclamada, depende de peças de computador e fornecedores e fabricantes de subcomponentes no México e Canadá para atender suas necessidades diárias de montagem e vendas. Nos últimos anos, a Dell estava mantendo menos de três dias de vendas em estoque total – por valor de custo de mercadoria. Os fornecedores são integrados eletronicamente com o sistema de atendimento de pedidos da Dell e entregam os componentes e subcomponentes necessários à medida que os pedidos de vendas vão sendo solicitados. Mas com o fechamento das fronteiras e a proibição da movimentação de voos de frete, a empresa foi levada a uma quase paralisação pelo fato de sua cadeia de suprimentos depender da capacidade de tratar as unidades de negócios e os fornecedores em diferentes países como se fossem todos parte de uma única unidade política indivisível.

Como resultado dessas novas lições aprendidas, muitas EMNs agora estão avaliando o grau de exposição de suas cadeias de suprimento a fechamentos de fronteiras ou outros eventos políticos entre diferentes países. Essas empresas não estão, no entanto, a ponto de abandonar o JIT. Estima-se que somente as empresas norte-americanas tenham economizado mais de US$1 bilhão por ano em custos de manutenção de estoques usando métodos JIT ao longo da última década. Este benefício substancial agora está sendo pesado contra os custos e riscos associados às interrupções da cadeia de suprimentos ocorridas após o 11 de setembro.

Para evitar sofrer um destino similar no futuro, fabricantes, varejistas e fornecedores agora estão empregando uma variedade de táticas:

- **Gestão de estoques.** Fabricantes e montadoras estão considerando manter mais estoque a fim de se proteger contra interrupções do fornecimento e da linha de produção. Os varejistas, enquanto isso, devem pensar sobre quando e com que frequência devem repor seus estoques. Em vez de estocar tudo o que é necessário, as empresas estão se focalizando nas peças mais cruciais do produto ou serviço, e naqueles componentes que são exclusivamente disponíveis de fontes internacionais.
- **Fornecimento.** Os fabricantes agora estão sendo mais seletivos em relação a de onde vêm os insumos de seus produtos. Apesar de as estratégias de escolha de fornecedor variarem de um local para outro, as empresas estão tentando trabalhar mais de perto com os fornecedores existentes para minimizar as exposições entre fronteiras e reduzir os custos potenciais com interrupções futuras.
- **Transporte.** Varejistas e fabricantes estão reavaliando seus arranjos de expedição para o exterior. Por exemplo, muitos insumos que atualmente são levados por voos de passageiros podem ser impedidos de habitar esses voos no futuro. Apesar de o modo de transporte empregado ser determinado em função do valor, volume e peso, muitas empresas agora estão reavaliando se custos mais altos para um envio mais rápido de mercadorias não equilibraria as entregas mais tênues devido a interrupções de voos no futuro devido a problemas trabalhistas, a terrorismo ou mesmo a falências.

Movimento antiglobalização

Durante a última década, houve uma reação negativa crescente por alguns grupos à redução das barreiras comerciais e aos esforços para a criação de mercados regionais, particularmente ao NAFTA e à União Europeia. O NAFTA sofreu uma rigorosa oposição pelos setores do movimento trabalhista que poderia perder empregos para o México. A oposição dentro de centros da União Europeia se foca na perda da identidade cultural, na diluição do controle nacional com a admissão de novos membros, na extrema centralização do poder em uma grande burocracia em Bruxelas e, mais recentemente, no desaparecimento das moedas nacionais individuais em meados de 2002, quando o euro se tornou a moeda única em 12 das 15 nações-membro.

O movimento antiglobalização se tornou mais visível depois de motins em Seattle, EUA, durante a reunião anual de 2001 da Organização Mundial do Comércio. As forças antiglobalização não eram as únicas responsáveis por esses motins, ou por motins subsequentes em Quebec e Praga em 2001. Outros grupos insatisfeitos, como os ambientalistas e até mesmo anarquistas, se juntaram a elas para tornar suas causas mais visíveis.

As EMNs não têm as ferramentas para combater o movimento antiglobalização. De fato, elas são culpadas por promover o problema em primeiro lugar. Mais uma vez, as EMNs têm que depende dos governos e do planejamento de crises para gerenciar esses riscos.

Questões ambientais

As EMNs são acusadas de exportar seus problemas ambientais para outros países. A acusação é a de que as EMNs, frustradas por controles anti-poluição em seus países de origem, realocaram essas atividades em países com controles anti-poluição mais fracos. Uma outra acusação é a de que as EMNs contribuem com o problema do aquecimento global. Entretanto, essa acusação se aplica a todas as empresas em todos os países. Ela se baseia nos métodos de produção empregados por setores específicos e no desejo dos consumidores por certos produtos como automóveis grandes e veículos esportivos que não são eficientes em termos de combustível.

Mais uma vez, a solução de problemas ambientais depende da aprovação de leis e da implementação de padrões de controle anti-poluição pelos governos. Em 2001, o Tratado de Kyoto, que tentou reduzir o aquecimento global, foi ratificado pela maioria das nações, com a notável exceção dos Estados Unidos. No entanto, os Estados Unidos prometeram combater o aquecimento global usando suas próprias estratégias. Os Estados Unidos contestaram as provisões no tratado mundial que permitia que as nações emergentes seguissem padrões menos restritivos, enquanto que o ônus econômico cairia sobre os países mais industrializados, particularmente os Estados Unidos.

Pobreza

As EMNs construíram subsidiárias estrangeiras em países afetados por uma distribuição de renda extremamente desigual. Em um extremo do espectro, encontra-se uma elite bem educada, com boas conexões e com pessoas produtivas. No outro extremo, encontra-se uma classe muito grande de pessoas que vivem no nível da pobreza ou abaixo dele. Elas não possuem educação, infraestrutura social e econômica ou poder político.

As EMNs podem estar contribuindo com essa disparidade empregando a elite para gerenciar suas operações. Por outro lado, as EMNs estão criando empregos relativamente estáveis e bem-remunerados para aqueles que, caso contrário, estariam desempregados e vivendo abaixo da linha da pobreza. Apesar de serem acusadas de apoiar condições de trabalho precárias, as EMNs normalmente se comparam favoravelmente em relação a seus concorrentes locais. Por exemplo, a Nike, uma das EMNs que é alvo de críticas, normalmente paga melhor, fornece mais benefícios, mantém padrões de segurança mais altos e instrui sua força de trabalho de modo a permitir que o pessoal avance na carreira dentro da empresa. É claro que a Nike não pode gerenciar os problemas de pobreza de um país de modo geral, mas pode melhorar suas condições para algumas pessoas.

Ataques cibernéticos

O rápido crescimento da Internet promoveu toda uma nova geração de fraudadores e golpistas que atrapalham a utilidade da World Wide Web. Este é um problema doméstico e internacional. As EMNs podem enfrentar ataques cibernéticos caros devido à sua visibilidade e à complexidade de seus sistemas internos de informação.

Neste momento, não sabemos de nenhuma estratégia exclusivamente internacional que as EMNs possam usar para combater os ataques cibernéticos. As EMNs estão usando as mesmas estratégias para gerenciar ataques cibernéticos estrangeiros que usam para ataques domésticos. Mais uma vez, elas têm que contar com os governos para controlar os ataques cibernéticos.

Responsabilidade social corporativa

Os primeiros anos do século XX testemunharam o ressurgimento das reflexões da sociedade sobre os negócios. Um dos debates mais audíveis tem sido o do desenvolvimento sustentável, o princípio de que o desenvolvimento econômico hoje não deve comprometer a capacidade de futuras gerações alcançarem e desfrutarem de padrões de vida similares. Apesar de o desenvolvimento sustentável inicialmente ter se focado em questões ambientais, ele evoluiu, passando a incluir preocupações que "incorporam a ambição por uma sociedade justa e cuidadosa".[5] Apesar de esses debates terem tipicamente permanecido dentro das áreas do desenvolvimento econômico, o debate nos círculos de negócios se centrou na responsabilidade social corporativa.

RESUMO

- A fim de investir no exterior, uma empresa tem que ter uma vantagem competitiva sustentável no mercado doméstico. Ela tem que ser forte o suficiente e suficientemente transferível para superar as desvantagens de operar no exterior.

- As vantagens competitivas são decorrentes de economias de escala e escopo que surgem da grande dimensão; experiência gerencial e de *marketing*; tecnologia superior; força financeira; produtos diferenciados; e competitividade do mercado doméstico.

- O Paradigma OLI é uma tentativa de criar um modelo geral para explicar por que as EMNs preferem o FDI a atender a mercados estrangeiros através de modos alternativos como licenciamento, *joint ventures*, alianças estratégicas, contratos administrativos e exportação.

- Estratégias específicas das finanças estão diretamente relacionadas ao Paradigma OLI, incluindo estratégias financeiras proativas e reativas.

- A decisão sobre onde investir é influenciada por fatores econômicos e comportamentais, além de pela etapa de desenvolvimento histórico da empresa.

- A distância psíquica desempenha um papel na determinação da sequência de FDI e reinvestimento posterior. À medida que as empresas aprendem com seus investimentos iniciais, elas dão um passo adiante e estão dispostas a fazer maiores comprometimentos em termos de riscos.

- As empresas mais internacionalizadas podem ser vistas a partir de uma perspectiva de rede. A empresa matriz e cada uma das subsidiárias estrangeiras são membros de redes. As redes são compostas de relacionamentos em um setor mundial, nos países anfitriões com fornecedores e clientes e na empresa multinacional propriamente dita.

- Exportar evita o risco político, mas não o risco cambial. A atividade exige um investimento adiantado baixo, mas pode acabar perdendo mercados para imitadores e concorrentes globais que podem ser mais eficientes em termos de custo na produção e distribuição no exterior.

- Existem modos alternativos (a subsidiárias estrangeiras integrais) de envolvimento estrangeiro. Eles incluem *joint venture*, alianças estratégicas, licenciamento, contratos administrativos e exportação tradicional.

- O licenciamento permite que uma empresa lucre com os mercados estrangeiros sem um grande investimento adiantado. Entretanto, as desvantagens incluem retornos limitados, possível perda de controle de qualidade e potencial de estabelecimento de um concorrente futuro.

- O sucesso de uma *joint venture* depende primordialmente da escolha de um parceiro certo. Por este motivo e por diversas questões relacionadas a possíveis conflitos na tomada de decisões entre uma *joint venture* e uma matriz multinacional, a abordagem de uma subsidiária com propriedade 100% estrangeira é mais comum.

- A conclusão do Mercado Interno Europeu no final do ano de 1992 induziu uma onda de entrada de empresas estrangeiras através de alianças estratégicas. Apesar de algumas formas de alianças estratégicas compartilharem as mesmas características das *joint ventures*, elas geralmente também incluem a troca de ações.

- Há seis principais estratégias empregadas pelas EMNs em mercados emergentes: globalizar marcas; engenharia para a inovação; alavancar recursos naturais; desenvolver um modelo de negócios de exportação; adquirir ativos *offshore*; e determinar um nicho de mercado como alvo.

- Riscos políticos podem ser definidos classificando-os em três níveis: específicos de uma empresa, específicos de um país e específico de transações globais.

- Os riscos específicos de uma empresa, também conhecidos como micro riscos, afetam a EMN no nível do projeto ou no nível corporativo.

- Os riscos específicos de um país, também conhecidos como macro riscos, afetam a EMN no nível do projeto ou no nível corporativo, mas se originam no nível do país.

---

[5] Dickson, Tim, "The Financial Case for Behaving Responsibly," Financial Times, 19 de agosto de 2002, p. 5.

- Os riscos específicos de transações globais afetam a EMN no nível do projeto ou no nível corporativo, mas se originam no nível global.

- O principal risco específico de uma empresa é o risco de governança, que é a capacidade de exercer controle sobre a EMN como um todo, globalmente, e dentro do ambiente jurídico e político de um país específico no nível da subsidiária individual.

- O tipo de risco de governança mais importante surge de um conflito de objetivos entre os objetivos legítimos dos governos e os objetivos de empresas privadas.

- As principais ferramentas usadas para gerenciar o conflito de objetivos são negociar um acordo de investimento; comprar seguros e garantias de investimento; e modificar as estratégias operacionais na produção, logística, *marketing*, finanças, organização e pessoal.

- Os principais riscos específicos de um país são os riscos de transferência, conhecidos como fundos bloqueados e certos riscos culturais e institucionais.

- Fundos bloqueados podem ser gerenciados por qualquer uma dessas cinco estratégias: 1) incluir os fundos bloqueados em sua análise de orçamento de capital original; 2) "*fronting loans*"; 3) criar exportações não relacionadas; 4) obter dispensas especiais; e 5) planejar a possibilidade de reinvestimentos forçados.

- Os riscos culturais e institucionais emanam das políticas do país anfitrião relativas à estrutura de propriedade, normas de recursos humanos, tradições religiosas, nepotismo e corrupção, direitos de propriedade intelectual e protecionismo.

- O gerenciamento de riscos culturais e institucionais exige que a EMN compreenda as diferenças, tome providências legais nos tribunais do país anfitrião, apoie tratados mundiais para proteger os direitos de propriedade intelectual e apoie os esforços do governo para criar mercados regionais.

- Os principais riscos específicos de transações globais são atualmente causados pelo terrorismo e guerras, pelo movimento antiglobalização, por questões ambientais, pela pobreza e por ataques cibernéticos.

- A fim de gerenciar os riscos específicos de transações globais, uma EMN deve adotar um plano de crises para proteger seus funcionários e propriedades e para garantir a integridade de sua cadeia de suprimentos. No entanto, a EMN depende amplamente do governo para proteger seus cidadãos e empresas de ameaças específicas de transações globais.

MINICASO: A crise da Mattel na China em 2007

A Mattel foi forçada a fazer um humilhante pedido de desculpas público ao 'povo chinês' na sexta-feira sobre a problemática sucessão de recalls de produtos de brinquedos produzidos na China que a produtora de brinquedos norte-americana anunciou nos últimos meses. Em uma reunião cuidadosamente encenada em Beijing com um executivo sênior chinês, que, estranhamente, foi aberta à mídia, Thomas Debrowski, vice-presidente executivo de operações mundiais da Mattel, leu em voz alta um texto preparado que diminuía o papel das fábricas chinesas nos recalls.

"A Mattel assume toda a responsabilidade por esses recalls e pede desculpas pessoalmente a vocês, o povo chinês, e a todos os nossos clientes que receberam os brinquedos", disse o Sr. Debrowski. O pedido de desculpas contrastava fortemente com os recentes comentários de Robert Eckert, principal executivo da Mattel. Em um depoimento ao Senado dos EUA na semana passada, ele sugeriu que a culpa dos recalls recentes do grupo seria das subcontratantes externas. "Fomos desapontados e então, desapontamos vocês", ele disse.

— "Mattel in Apology to Chinese," Financial Times, 22 de setembro de 2007, p. 15.

Bob Eckert, CEO da Mattel (EUA), tinha um problema – um grande problema. A Mattel tinha descoberto em 30 de julho que vários de seus brinquedos fabricados na China continham tinta com chumbo. O mês seguinte testemunhou uma série de *recalls*, elevando as tensões políticas entre os Estados Unidos e o governo chinês, além de um suicídio. Mas nenhuma empresa tinha estado na China há mais tempo do que a Mattel; a Barbie original tinha sido criada lá em 1959. A Mattel tinha uma profundidade de experiência e uma longevidade de relacionamentos que deveria ter evitado isso. No fim das contas, foram esses relacionamentos e essa longevidade que podem ter contribuído para as falhas na segurança dos produtos.

Fornecimento para a Mattel

A Mattel conhecia há muito tempo os riscos associados ao fluxo de valor de produzir brinquedos. Os brinquedos eram baseados em uma cadeia de suprimentos global altamente sensível a produtos petroquímicos (plástico) e custos de insumos de mão de obra, sensibilidades ambientais e de direitos humanos a práticas de negócios socialmente responsáveis e sustentáveis, interrupções nos transportes e na logística, cruzamento de fronteiras, custos e tempo de colocação de um produto no mercado – dos quais todos aumentavam os riscos.

Havia preocupações e controvérsias cada vez maiores sobre as práticas trabalhistas que tinham levado a Mattel a estabelecer seus Princípios de Produção Global em 1997, em que ela estabelecia princípios e práticas para todas as empresas e locais que fabricavam produtos da Mattel, fossem elas de propriedade da empresa ou empresas licenciadas. Os Princípios de Produção Global (GMP ou *Global Production Principles*) foram estabelecidos para confirmar o comprometimento da empresa com práticas de produção responsáveis em todo o mundo. Para dar suporte aos padrões GMP, a empresa criou o Conselho de

Monitoramento Independente da Mattel (MIMCO ou Mattel Independent Monitoring Council). A Mattel era considerada a primeira empresa global de bens de consumo a aplicar o sistema às suas próprias instalações e contratantes centrais mundialmente. Mas problemas ainda assim tinham acontecido.

A crise tinha começado, na verdade, em junho, quando a fabricante de brinquedos norte-americana RC2 fez um *recall* de 1,5 milhão de produtos do Thomas e Seus Amigos produzidos em Guangdong, a província chinesa adjacente a Hong Kong e há muito tempo centro de produção por contrato para empresas ocidentais. A Mattel seguiu, então, com uma desconcertante série de três *recalls* de produtos em menos de um mês.

- O primeiro *recall* de 1,5 milhão de brinquedos de 83 modelos diferentes foi feito no dia 2 de agosto, dos quais a maioria fora produzida pela Lee Der Industrial, fornecedora da Mattel há 15 anos. Constatou-se que os brinquedos continham altos níveis de tinta com chumbo, um produto químico banido há muitos anos, mas ainda secretamente usado por fabricantes em todo o mundo em um esforço de reduzir custos (tinta com chumbo geralmente seca com mais brilho e mais rapidamente). A Lee Der Industrial tinha deliberadamente usado tintas que não tinham sido aprovadas pela Mattel.

- O segundo *recall*, somando mais de 18 milhões de brinquedos em todo o mundo, foi anunciado no dia 14 de agosto, apenas duas semanas depois do primeiro *recall*. Os produtos em *recall* eram primordialmente produtos da Early Light Industrial da China, parceira da Mattel há 20 anos. O *recall* incluía apenas 436.000 carrinhos da Pixar por preocupações quanto à presença de tinta com chumbo, mas quase 18 milhões por preocupações de que pequenos ímãs em alguns produtos pudessem ser ingeridos. A Early Light tinha subcontratado componentes do carrinho Pixar à Hong Li Da, uma outra empresa chinesa, que tinha, de fato, usado tinta com chumbo. Este segundo pronunciamento resultou em uma queda imediata de 6% no preço das ações da Mattel na Bolsa de Valores de Nova York (NYSE).

- O terceiro *recall*, anunciado no dia 4 de setembro, somava 800.000 brinquedos, a maioria dos quais era acessórios de bonecas Barbie. A Mattel explicou que testes avançados nos produtos tinham indicado que eles possuíam "níveis não permissíveis" de tinta com chumbo. Os produtos se originavam de sete diferentes fábricas chinesas. Este terceiro pronunciamento fez a UE anunciar uma revisão de dois meses na segurança de produtos para brinquedos vendidos dentro da UE, independentemente da origem de sua produção.

Os fabricantes chineses eram a fonte de 65% dos brinquedos da Mattel. Desses 65%, aproximadamente a metade era de propriedade da Mattel, e a outra metade era de produtos fabricados para a empresa sob uma variedade de acordos de produção licenciados. A Mattel ainda é proprietária de 12 fábricas que produzem a maioria de seus produtos centrais como Barbie e Hot Wheels. Mas para a outra metade de suas linhas de produtos, ela conta com um conjunto de fornecedores, que incluíam a Lee Der Industrial e a First Light. Para relacionamentos de tão longo prazo como os que tinha com a Lee Der e a First Light, a Mattel permitia que as empresas realizassem a maior parte dos testes de seus próprios produtos em decorrência do relacionamento de longo prazo e da confiança entre as duas partes. Mas independentemente de quem era o proprietário das instalações de produção, muitos dos fornecedores que não pertenciam à Mattel tinham, por sua vez, terceirizado vários componentes e peças para outras empresas. Todas as empresas na complexa cadeia de suprimentos estavam enfrentando as mesmas pressões competitivas em termos de custo na China – salários crescentes, escassez de mão de obra especializada nas províncias costeiras, preços cada vez mais altos de materiais e *commodities* – alguns dos quais podem ter sido a motivação para os fornecedores poupar esforços e fazer cortes nos custos.

Não estava claro, portanto, se a produção terceirizada era realmente o culpado neste caso, ou simplesmente o fato de que grande parte da produção e setores de materiais que operavam em toda a China eram relativamente fragmentada, recém-desenvolvida, estavam enfrentando fortes pressões de preços e, de modo geral, não eram regulamentadas. A Mattel há muito tinha uma reputação de ser uma das melhores empresas em garantir a fabricação de produtos seguros, e tinha trabalhado de maneira diligente com seus fornecedores para garantir sua conformidade com especificações de fabricação e segurança de produto. O problema resultante foi que diversos fornecedores da China tinham usado tinta com chumbo em vez de a tinta que a Mattel tinha especificado e aprovado para uso. Eles o tinham feito para cortar custos.

No dia 5 de setembro, a Mattel disse a um comitê do Congresso Norte-americano que seu *recall* de 17,4 milhões de brinquedos que continham um pequeno ímã que poderia ser engolido por crianças ocorrera devido a uma falha no *design* dos brinquedos, e não devido a falhas de produção na China. Quanto a alguns outros brinquedos em *recall* devido a níveis supostamente perigosos de tinta com chumbo, a Mattel admitiu que tinha sido mais cuidadosa do que o necessário, e provavelmente tinha feito *recall* de brinquedos que não transgrediam as regulamentações norte-americanas sobre o conteúdo de chumbo.

A China arca com o custo do desenvolvimento

Enquanto Beijing é rígido com a exportação de brinquedos sem segurança e exige mais testes, muitos pequenos produtores de brinquedos na China estão sentindo um arrocho financeiro. O aumento dos testes "criou um verdadeiro caos para alguns... fabricantes" na China, diz Ron Rycek, vice-presidente de venda de brinquedos da Hilco Corp., que vende brinquedos como a Sonic Skillball para a Toys 'R' Us e a Amazon.com.

Até mesmo algumas empresas capazes de se manter em operação estão sentindo o arrocho. Os fabricantes geralmente não são pagos até expedirem seus produtos, e normalmente contraem empréstimos para comprar materiais, pagar salários e cobrir outras despesas até que os clientes transfiram seus fundos. Com os brinquedos agora esperando em armazéns enquanto amostras são enviadas a laboratórios, os produtores não conseguem pagar esses empréstimos com a rapidez que esperavam. Os testes estão "prendendo nosso capital e nosso espaço no armazém", diz Leona Lam, CEO da Leconcepts Holdings, uma subcontratante sediada em Hong Kong que fornece peças para fábricas que fazem brinquedos de plástico para empresas como a Mattel Inc. e a Fisher-Price.

—"Bottlenecks in Toyland," Business Week, 15 de outubro de 2007, p. 52.

Mas independentemente de como o caso foi apresentado na imprensa, uma enormidade de empresas estrangeiras que vendem de tudo, de pasta de dente a telefones celulares descobriram uma variedade de defeitos em produtos e riscos para a saúde e segurança em sua produção e em sua base de fornecedores chineses. Ainda não se sabia dizer, no entanto, o quanto desse risco era, em sua origem, inerentemente "chinês" e o quanto era devido à obtenção de fornecedores em países de baixo custo.

A ansiedade crescente com os produtos chineses e seus riscos e retornos associados em 2007 refletiam uma grande variedade de diferentes dificuldades políticas, econômicas e de negócios. O rápido crescimento da economia chinesa já era bem conhecido e documentado: aproximadamente 5% de todos os bens manufaturados do mundo agora eram chineses; 25% de todos os produtos vendidos nos Estados Unidos tinham conteúdo significativamente chinês; os preços de *commodities* globais como petróleo, cobre, molibdênio, aço e outros estavam vendo níveis recordes à medida que a taxa de desenvolvimento de infraestrutura e negócios na China causava escassez global e pressões de mercado. Mas os custos desse desenvolvimento econômico tão rápido estavam apenas começando a se tornar dolorosamente aparentes.

A taxa de crescimento da produção tinha superado em muito a capacidade do governo chinês, em todos os níveis em gerenciar esse crescimento. Deficiências regulatórias – de saúde, segurança e ambientais – agora eram óbvias. Apesar de a Mattel e outras empresas agora estarem confessando sua própria culpa e aceitando a responsabilidade do gerenciamento dos riscos de seus próprios produtos, o governo chinês estava se apressando para fechar lacunas regulatórias e proteger não somente os clientes de exportação que não estavam se protegendo, mas tentando preservar a reputação da produção chinesa e evitar o aumento das restrições comerciais ou das barreiras a seus produtos em mercados estrangeiros.

Os custos humanos já eram altos. Zheng Xiaoyu, antigo chefe do State Food and Drug Administration (SFDA) chinês, tinha sido executado naquele ano por aceitar subornos para aprovar medicamentos e certificados inferiores, garantindo que a tinta usada pelos fornecedores da Mattel não continha chumbo. O Sr. Zhang Shuhong, CEO da Lee Der Industrial, fornecedora de muitos dos produtos incluídos no primeiro *recall* de produtos da Mattel, tinha cometido suicídio no dia 14 de agosto. Pressões políticas continuaram a aumentar entre o governo chinês e os Estados Unidos à medida que a lista de produtos que tinha sido banida pelo conselho de Proteção ao Consumidor dos Estados Unidos continuava a crescer (ver Quadro 1).

O custo da regulamentação mais rígida já estava subindo. Uma pesquisa de consumidores no Reino Unido em setembro, por exemplo, tinha constatado que 37% das pessoas pesquisadas achavam que a crise tinha afetado sua opinião geral sobre os produtos chineses. Consequentemente, muitos declaravam que seria muito menos provável que eles comprassem produtos produzidos na China. O resultado da crise não foi, de fato, culpa de nenhuma empresa individual, agência regulatória ou governo. Mas os danos foram significativos e duradouros.

Perguntas sobre o caso

1. A busca global de fornecedores pela Mattel na China, assim como todos os outros fabricantes de brinquedos, se baseou em produção de baixo custo, mão de obra de baixo custo e uma massa crítica crescente de fábricas rivalizando por negócios de produção por contrato. Você acha que os *recalls* de produtos e os problemas de qualidade de produtos são separados ou fazem parte da estratégia da busca de países de baixo custo?

2. Seja tinta com chumbo em brinquedos, sejam berços com laterais deslizantes defeituosas, de quem você acha que é a responsabilidade em garantir a segurança – da empresa, como Mattel, ou do país, neste caso a China?

3. Muitos especialistas em comércio e desenvolvimento internacional discutem que a China só agora está descobrindo a diferença entre ser um grande participante econômico nos negócios globais e seu antigo papel periférico como um local de produção de baixo custo na periferia da economia mundial. O que você acha?

QUADRO 1 Produtos manufaturados na China que sofreram *recall* pela Comissão Americana de Segurança de Bens de Consumo

Empresa	Produto	Número de unidades afetadas
Fisher-Price	Vila Sésamo, Geotrax, outros brinquedos	1 milhão
Mattel	Acessórios da Barbie, brinquedos Sarge	925.000
Springs Windows Fashions	Persianas Basic Blindz	140.000
Wal-Mart (Sam's Club)	Lanternas para o exterior	138.000
Hayes	Velas para o exterior	83.000
Jo-Ann Stores	Regadores de criança	6.000
Raleigh America	Bicicletas	1.200
Life Is Good	Casacos infantis com capuz	400

Fonte: "Supply Chain: Thomas and His Washington Friends," CFO, outubro de 2007, p. 18; e Comissão de Segurança de Bens de Consumo (CPSC ou Consumer Products Safety Commission).

PERGUNTAS

1. **Evoluindo ao multinacionalismo.** À medida que uma empresa evolui de uma empresa puramente doméstica a uma empresa verdadeiramente multinacional, ela tem que considerar (a) suas vantagens competitivas, (b) seu local de produção, (c) o tipo de controle que ela quer ter sobre quaisquer operações estrangeiras, e (d) quanto capital monetário investir no exterior. Explique como cada uma dessas considerações é importante para o sucesso das operações estrangeiras.

2. **Teoria da vantagem comparativa.** Qual é a essência da teoria da vantagem comparativa?

3. **Imperfeições de mercado.** As EMNs se esforçam para tirar proveito de imperfeições de mercado em mercados nacionais de produtos, fatores de produção e ativos financeiros.
   Grandes empresas internacionais são melhores em explorar tais imperfeições. Quais são suas principais vantagens competitivas?

4. **Motivos estratégicos para o Investimento Estrangeiro Direto (FDI).**
   a. Resuma os cinco principais motivos que determinam a decisão de iniciar o FDI.
   b. Associe esses motivos às seguintes EMNs:

   General Motors (EUA)
   Royal Dutch Shell (Holanda/Reino Unido)
   Kentucky Fried Chicken (EUA)
   Jardine Matheson (Hong Kong)
   Apple Computer (EUA)
   NEC (Japão)

5. **Vantagem competitiva.** Ao decidir se deve ou não investir no exterior, a administração primeiramente tem que determinar se a empresa possui uma vantagem competitiva sustentável que permite que ela possa competir efetivamente no mercado doméstico. Quais são as características necessárias dessa vantagem competitiva?

6. **Economias de escala e escopo.** Explique resumidamente como podem ser desenvolvidas economias de escala e escopo na produção, marketing, finanças, pesquisas e desenvolvimento, transporte e compras.

7. **Competitividade do mercado doméstico.** Um mercado doméstico fortemente competitivo pode aguçar a vantagem competitiva relativa às empresas localizadas em mercados menos competitivos. Este fenômeno é conhecido como "diamante da vantagem nacional" de Porter. Explique o que significa o "diamante da vantagem nacional".

8. **Paradigma OLI.** O Paradigma OLI é uma tentativa de criar um modelo geral para explicar por que as EMNs decidem fazer FDI em vez de atender mercados estrangeiros através de modos alternativos.
   a. Explique o que significa o "O" no Paradigma OLI.
   b. Explique o que significa o "L" no Paradigma OLI.
   c. Explique o que significa o "I" no Paradigma OLI.

9. **Conexões financeiras ao OLI.** As estratégias financeiras estão diretamente relacionadas ao Paradigma OLI.
   a. Explique como as estratégias financeiras proativas estão relacionadas ao OLI.
   b. Explique como as estratégias financeiras reativas estão relacionadas ao OLI.

10. **Onde investir.** A decisão sobre onde investir no exterior é influenciada por fatores comportamentais.
    a. Explique a abordagem comportamental do FDI.
    b. Explique a explicação do FDI dada pela teoria das redes internacionais.

11. **Exportar *versus* produzir no exterior.** Quais são as vantagens e desvantagens de limitar as atividades da empresa à exportação em comparação a produzir no exterior?

12. **Licenciamento e contratos administrativos *versus* produzir no exterior.** Quais são as vantagens e desvantagens do licenciamento e dos contratos administrativos em comparação a produzir no exterior?

13. ***Joint venture versus* produção de subsidiária integral.** Quais são as vantagens e desvantagens de formar uma *joint venture* para atender um mercado estrangeiro em comparação a atender esse mercado com uma produção de subsidiária integral?

14. **Investimento totalmente novo (*greenfield*) *versus* aquisição.** Quais são as vantagens e desvantagens de atender um mercado estrangeiro através de um investimento estrangeiro direto totalmente novo em comparação à aquisição de uma empresa local no mercado-alvo?

15. **Alianças estratégicas além-fronteiras.** O termo "aliança estratégica além-fronteiras" expressa diferentes significados para diferentes observadores. Quais são esses significados?

16. **Risco de governança.**
    a. O que significa o termo risco de governança?
    b. Qual é o tipo mais importante de risco de governança?

17. **Acordo de investimento.** Um acordo de investimento significa direitos e responsabilidades específicas tanto para a empresa estrangeira quanto para seu governo anfitrião. Quais são as principais políticas financeiras que devem ser incluídas em um acordo de investimento?

18. **Seguro e garantias de investimento (OPIC).**
    a. O que é OPIC?
    b. Que tipos de riscos políticos a OPIC pode segurar?

19. **Estratégias operacionais depois da decisão de fazer FDI.** Espera-se que as estratégias operacionais a seguir, entre outras, reduzam os danos de riscos políticos. Explique cada uma e como ela reduz os danos.
    a. Busca de fornecedores locais
    b. Localização das instalações
    c. Controle da tecnologia
    d. Base de ações estreita
    e. Empréstimos de múltiplas fontes

20. **Riscos específicos de um país.** Defina os seguintes termos:
    a. Risco de transferência
    b. Fundos bloqueados
    c. Risco de crédito soberano

21. **Fundos bloqueados.** Explique as estratégias usadas por uma EMN para reagir a fundos bloqueados.

22. **Riscos culturais e institucionais.** Identifique e explique os principais tipos de riscos culturais e institucionais, exceto o protecionismo.

23. **Estratégias para gerenciar riscos culturais e institucionais.** Explique as estratégias usadas por uma EMN para gerenciar cada um dos riscos culturais e institucionais que você identificou na pergunta 9, exceto o protecionismo.

24. **Definição de protecionismo.**
    a. Defina protecionismo e identifique os setores que são tipicamente protegidos.
    b. Explique o argumento do setor "recém-formado" a favor do protecionismo.

25. **Gerenciando o protecionismo.**
    a. Quais são os métodos tradicionais para os países implementarem o protecionismo?
    b. Quais são algumas barreiras não tarifárias típicas ao comércio?
    c. Como as EMNs podem superar o protecionismo do país anfitrião?

26. **Riscos específicos de transações globais.** Quais são os principais tipos de riscos políticos que têm origem global?

27. **Gerenciando riscos específicos de transações globais.** Quais são as principais estratégias usadas pelas EMNs para gerenciar os riscos específicos de transações globais que você identificou na pergunta 13?

28. **Lei anti-suborno norte-americana.** Os Estados Unidos têm uma lei que proíbe as empresas norte-americanas de subornar oficiais e executivos estrangeiros, mesmo em países onde o suborno é uma prática normal. Algumas empresas norte-americanas alegam que isso as coloca em desvantagem em comparação às empresas do país anfitrião e outras empresas estrangeiras que não estejam sujeitas a tal lei. Discuta a ética e a praticalidade da lei anti-suborno norte-americana.

29. **Cool Cola Company.** Cool Cola Company, um dos maiores fabricantes do mundo de refrigerantes de cola, está considerando o estabelecimento de uma fábrica muito grande de engarrafamento na Índia. A Cool Cola espera vender metade de seus produtos na Índia e exportar a outra metade para países do sudeste asiático. Se o conflito de Kashmir pudesse ser resolvido, o Paquistão e até mesmo o Afeganistão poderiam se tornar mercados importantes.
    a. Prepare uma análise de todas as áreas potenciais de conflito de objetivos entre a Cool Cola e a Índia.
    b. Considerando suas respostas na parte (a), prepare uma previsão de risco político para a fábrica de engarrafamento da Cool Cola na Índia. Considere o potencial de agitação política na Índia ou de guerra no Paquistão, além de se uma fábrica de refrigerantes de propriedade estrangeira seria afetada por tal agitação. Use periódicos e jornais locais para levantar seus dados.
    c. Suponha que a Cool Cola decida construir uma grande fábrica de engarrafamento na Índia. Recomende estratégias operacionais para a Cool Cola Company que reduziria seu risco político. Inclua estratégias para o *marketing*, produção, finanças e organização.
    d. Prepare um plano de crise para a Cool Cola na Índia no caso das condições políticas deteriorarem.

30. **Desinvestimento: China.** Suponha que a Cool Cola Company também tenha uma rede de fábricas de engarrafamento de refrigerantes em toda a China, mas as tensões políticas entre os Estados Unidos e a China aumentem ao ponto de a Cool Cola querer desinvestir no país. O que a Cool Cola deve considerar ao desenvolver um plano que permita que ela desinvista nas fábricas de engarrafamento e sistemas de distribuição na China com perdas mínimas?

EXERCÍCIOS NA INTERNET

1. **O Banco Mundial.** O Banco Mundial fornece um conjunto crescente de recursos informacionais e analíticos para auxiliar na avaliação e na gerência de riscos entre fronteiras. O Grupo de Apoio ao Gerenciamento de Risco (Risk Management Support Group) possui uma variedade de ferramentas de avaliação de risco político, que estão sob constante desenvolvimento. Visite o *site* a seguir e componha um memorando executivo (de uma página ou menos) de que o seguro contra riscos políticos fornecido pelo Banco Mundial cobre e o que ele não cobre.

   www.worldbank.org business/01risk_manage.html

2. **Relatório global de corrupção.** A Transparency International (TI) é considerada por muitos a organização não governamental anti-corrupção líder mundial hoje em dia. Recentemente, ela lançou sua própria pesquisa analisando recentes acontecimentos, identificando desafios contínuos e oferecendo soluções potenciais para indivíduos ou organizações. Uma dimensão dessa análise é o Índice de Pagadores de Suborno (Bribe Payers Index). Visite o *site* da TI para ver a última edição do Bribe Payers Index.

   www.transparency.org/surveys/Internationalindex.html#bpi

3. **Critérios de classificação de crédito soberano.** A avaliação do risco de crédito e todos os outros riscos relevantes associados ao grande número de tomadores nos mercados de dívida mundiais exige uma abordagem estruturada para a avaliação de riscos internacionais. Use os critérios da Standard & Poor's, descritos com profundidade em seu *site*, para diferenciar os vários riscos (risco de moeda local, risco de inadimplência, risco de moeda, risco de transfe-

rência, e assim por diante) contidos nas principais classificações soberanas em todo o mundo.

Vá a www.standardandpoors.com e clique em "Ratings" (classificações) sob "Products & Services" (produtos e serviços).

4. **Índice de acesso a capital do Milken.** O índice de Acesso a Capital do Milken Institute (CAI ou *Capital Access Index*) é um dos mais novos índices informacionais que avaliam o quanto os mercados de capitais do mundo são acessíveis para as EMNs e para os governos de muitos países de mercados emergentes. Segundo o CAI, que países presenciaram a maior deterioração em seu acesso a capital nos dois últimos anos?

www.milkeninstitute.org/

5. **Overseas Private Investment Corporation.** A Overseas Private Investment Corporation (OPIC) fornece seguros de longo prazo contra riscos políticos e auxílio ao financiamento de projetos de recursos limitados para empresas sediadas nos EUA que estejam investindo no exterior. Usando o *site* da organização, responda as seguintes perguntas:
   a. Que tipos de risco exatamente a OPIC segura?
   b. Que limites e restrições financeiras existem sobre essa proteção por seguro?
   c. Como um projeto deve ser estruturado para auxiliar em sua aprovação para cobertura pela OPIC?

www.opic.gov/

CAPÍTULO 19

Orçamento de Capital Multinacional

As baleias só são caçadas quando vêm à superfície, e as tartarugas só conseguem se movimentar adiante quando colocam a cabeça para fora do casco, mas os investidores enfrentam riscos independentemente do que eles façam.
—Charles A. Jaffe.

Este capítulo descreve detalhadamente as questões e princípios relacionados ao investimento em ativos produtivos reais em países estrangeiros, geralmente chamados de *orçamento de capital multinacional*.

Apesar de a decisão original de empreender um investimento em determinado país estrangeiro poder ser determinada por um misto de decisões estratégicas, comportamentais e econômicas, o projeto específico, além de todas as decisões de reinvestimento, deve ser justificado pela análise financeira tradicional. Por exemplo, pode existir uma oportunidade de eficiência de produção para uma empresa norte-americana investir no exterior, mas o tipo de fábrica, o mix de mão de obra e capital, tipos de equipamentos, método de financiamento e outras variáveis do projeto, têm que ser analisados dentro do modelo financeiro tradicional do fluxo de caixa descontado. Também é necessário considerar o impacto do projeto estrangeiro proposto sobre os lucros líquidos consolidados, sobre os fluxos de caixa de subsidiárias em outros países, e sobre o valor de mercado da empresa matriz.

O orçamento de capital multinacional, assim como o orçamento de capital doméstico tradicional, se foca nas entradas e saídas de caixa associadas a possíveis projetos de investimento de longo prazo. São utilizadas técnicas de orçamento de capital multinacional na análise tradicional de IED (investimento estrangeiro direto – *foreign direct investment*), como, por exemplo, a construção de uma fábrica em outro país e o crescente campo de fusões aquisições.

O orçamento de capital de um projeto estrangeiro usa o mesmo modelo teórico que o orçamento de capital doméstico – com algumas diferenças muito importantes. Os passos fundamentais são os seguintes:

1. Identificar o capital inicial investido ou colocado em risco.
2. Estimar os fluxos de caixa a serem obtidos com o projeto ao longo do tempo, inclusive uma estimativa do valor residual ou terminal do investimento.
3. Identificar a taxa de desconto apropriada para determinar o valor presente dos fluxos de caixa esperados.
4. Aplicar critérios de decisão do orçamento de capital tradicional como o valor presente líquido (NPV, *net present value*) e a taxa interna de retorno (IRR, *internal rate of return*) para determiner a aceitabilidade ou a ordenação dos potenciais projetos por prioridade.

Primeiro, este capítulo descreve as complexidades orçamentárias de um projeto estrangeiro. Depois, descrevemos os *insights* obtidos ao avaliar um projeto tanto do ponto de vista do próprio projeto, quanto do ponto de vista da empresa matriz. Então, usamos um investimento hipotético realizado pela Cemex do México na Indonésia para detalhar o processo do orçamento de capital multinacional na prática. Depois introduzimos o conceito da análise de opções reais, um método alternativo para avaliar os retornos potenciais de um projeto ou investimento. Concluímos com uma análise financeira de um projeto.

COMPLEXIDADES ORÇAMENTÁRIAS DE UM PROJETO ESTRANGEIRO

O orçamento de capital de um projeto estrangeiro é consideravelmente mais complexo do que o caso doméstico. Vários fatores contribuem para essa maior complexidade:

- Os fluxos de caixa da empresa matriz têm que ser distinguidos dos fluxos de caixa do projeto. Cada um desses dois tipos de fluxo contribui para uma visão de valor diferente.
- Os fluxos de caixa da empresa matriz geralmente dependem da forma de financiamento. Assim, não podemos separar claramente os fluxos de caixa das decisões de financiamento, como podemos fazer no orçamento de capital doméstico.
- Fluxos de caixa adicionais gerados por um novo investimento em uma subsidiária estrangeira podem ser parcial ou integralmente retirados de uma outra subsidiária, com o resultado líquido de que o projeto é favorável a partir do ponto de vista de uma única subsidiária, mas não contribui em nada para os fluxos de caixa no nível mundial.
- A empresa matriz tem que reconhecer explicitamente a emissão de fundos devido a diferentes sistemas tributários, restrições legais e políticas à movimentação de fundos, normas locais de negócios e diferenças no modo como os mercados e instituições financeiras funcionam.
- Uma série de pagamentos não financeiros pode gerar fluxos de caixa das subsidiárias para a matriz, inclusive o pagamento de taxas de licenciamento e pagamentos de importações da matriz.
- Os gestores têm que prever diferentes taxas de inflação nacionais devido ao seu potencial de causar mudanças na posição competitiva e, assim, mudanças nos fluxos de caixa ao longo de um período de tempo.
- Os gestores têm que ter em mente a possibilidade de mudanças imprevistas nas taxas de câmbio devido a possíveis efeitos diretos sobre o valor dos fluxos de caixa locais, além de efeitos indiretos sobre a posição competitiva da subsidiária estrangeira.
- O uso de mercados de capitais nacionais segmentados pode criar uma oportunidade de ganhos financeiros ou pode levar a custos financeiros adicionais.
- O uso de empréstimos subsidiados pelo governo anfitrião complica tanto a estrutura de capital quanto a capacidade da matriz de determinar um custo médio ponderado de capital apropriado para fins de desconto.
- Os gestores têm que avaliar o risco político porque eventos políticos podem reduzir drasticamente o valor da disponibilidade de fluxos de caixa esperados.
- O valor terminal é mais difícil de estimar porque os compradores potenciais do país anfitrião, da empresa matriz, de outros países ou do setor privado ou público, podem ter perspectivas amplamente divergentes sobre o valor que a aquisição do projeto teria para eles.

Já que o mesmo modelo teórico de orçamento de capital é utilizado para escolher entre projetos estrangeiros e domésticos concorrentes, é crucial que tenhamos um padrão comum. Assim, todas as complexidades estrangeiras têm que ser quantificadas como modificações ou nos fluxos de caixa esperados ou na taxa de desconto. Apesar de, na prática, muitas empresas fazerem tais modificações arbitrariamente, podem-se usar informações prontamente disponíveis, deduções teóricas ou simplesmente o que é sensato para tomar decisões menos arbitrárias e mais razoáveis.

AVALIAÇÃO DE PROJETO *VERSUS* AVALIAÇÕES DA EMPRESA MATRIZ

Há um forte argumento teórico a favor da análise de qualquer projeto estrangeiro a partir do ponto de vista da matriz. Os fluxos de caixa que chegam à matriz são, em última análise, a base dos dividendos para os acionistas, do reinvestimento em outras partes do mundo, do pagamento de dívidas de toda a empresa, e de outros propósitos que afetam os muitos grupos de interesse da empresa. Entretanto, como a maior parte dos fluxos de caixa de um projeto para sua matriz, ou subsidiárias-irmãs, são fluxos de caixa financeiros, e não operacionais, o ponto de vista da matriz geralmente viola um conceito crucial do orçamento de capital, a saber, o conceito de que os fluxos de caixa financeiros não devem ser misturados com os fluxos de caixa operacionais. Geralmente, a diferença não é importante porque os dois são quase idênticos, mas em alguns casos, há uma forte divergência nesses fluxos de caixa. Por exemplo, os fundos que são permanentemente bloqueados da repatriação, ou "forçadamente reinvestidos", não estão disponíveis para pagar dividendos aos acionistas ou para pagar a dívida corporativa da matriz. Portanto, os acionistas não percebem os lucros bloqueados como uma contribuição para o valor da empresa, e os credores não contam com eles ao calcular os índices de cobertura de juros e outras evidências da capacidade da empresa de pagar suas dívidas.

A avaliação de um projeto do ponto de vista local serve a alguns propósitos úteis, mas deve ser subordinada à avaliação do ponto de vista da matriz. Ao avaliar o desempenho de um projeto estrangeiro em relação ao potencial de um projeto concorrente no mesmo país anfitrião, temos que prestar atenção ao retorno local do projeto. Quase todo projeto deve pelo menos ser capaz de obter um retorno de caixa igual ao rendimento disponível sobre títulos de dívida do governo do país anfitrião com um vencimento igual à vida econômica do projeto, se houver um mercado livre para tais títulos. Os títulos de dívida do governo anfitrião normalmente refletem a taxa de retorno local livre de risco, incluindo um prêmio igual à taxa de inflação esperada. Se um projeto não puder obter mais do que o rendimento de tal título de dívida, a empresa matriz deve comprar os títulos de dívida do governo anfitrião em vez de investir em um projeto mais arriscado – ou, melhor ainda, deve investir em outra coisa!

As empresas multinacionais devem investir somente se puderem obter um retorno corrigido pelo risco maior do que os concorrentes locais podem obter sobre o mesmo projeto. Se elas não conseguirem obter retornos mais altos sobre projetos estrangeiros, seus acionistas teriam resultados melhores comprando ações de empresas locais, quando possível, e deixando essas empresas realizarem os projetos locais. Além desses argumentos teóricos, pesquisas realizadas ao longo dos últimos 35 anos mostram que, na prática, as empresas multinacionais continuam a avaliar os investimentos estrangeiros tanto do ponto de vista da matriz quanto do ponto de vista do projeto.

A atenção dada aos retornos de um projeto em várias pesquisas provavelmente reflete a ênfase na maximização dos lucros líquidos consolidados por ação divulgados como uma meta financeira das empresas. Contanto que os lucros estrangeiros não sejam bloqueados, eles podem ser consolidados juntamente com os lucros das outras subsidiárias e da matriz. Como mencionado anteriormente, as empresas norte-americanas têm que consolidar as subsidiárias estrangeiras com participação proprietária de mais de 50%. Se a participação proprietária de uma empresa for entre 20% e 49% pela matriz, ela é chamada de *afiliada*. As afiliadas são consolidadas com os proprietários da matriz na base pró-rata. As subsidiárias com participação proprietária de menos de 20% normalmente são consideradas investimentos não consolidados. Mesmo no caso de fundos temporariamente bloqueados, algumas das EMNs mais maduras não necessariamente eliminam um projeto com relação a sua análise de viabilidade financeira. Elas assumem uma visão de muito longo prazo das oportunidades dos mundos dos negócios.

Se as oportunidades de reinvestimento no país onde os fundos estão bloqueados forem pelo menos iguais à taxa de retorno exigido da empresa matriz (depois de corrigir segundo as mudanças previstas na taxa de câmbio), o bloqueio temporário da transferência de fundos poderá ter pouco efeito prático sobre o resultado do orçamento de capital, pois os fluxos de caixa futuros do projeto serão ampliados pelos retornos do reinvestimento forçado. Como as grandes multinacionais detêm uma carteira de projetos domésticos e estrangeiros, a liquidez da empresa não é prejudicada se alguns poucos projetos tiverem fundos bloqueados; há fontes alternativas de fundos disponíveis para atender a todos os usos planejados de fundos. Além disso, uma perspectiva histórica de longo prazo sobre fundos bloqueados de fato serve de apoio à crença de que os fundos quase nunca ficam permanentemente bloqueados. No entanto, esperar a liberação de tais fundos pode ser frustrante, e às vezes os fundos bloqueados perdem valor enquanto estão bloqueados devido à inflação ou deteriorações inesperadas da taxa de câmbio, apesar de eles terem sido reinvestidos no país anfitrião para proteger pelo menos parte de seu valor em termos reais.

Concluindo, a maioria das empresas parece avaliar projetos estrangeiros dos pontos de vista da matriz e do projeto. O ponto de vista da matriz fornece resultados mais próximos ao significado tradicional de valor presente líquido em orçamento de capital. A avaliação de projetos fornece uma aproximação maior do efeito dos lucros consolidados por ação, que todas as pesquisas indicam ser uma grande preocupação para os gestores praticantes. Para ilustrar as complexidades estrangeiras do orçamento de capital multinacional, analisamos a hipotética busca de mercado para investimento estrangeiro direto pela Cemex na Indonésia.

CASO ILUSTRATIVO: CEMEX ENTRA NA INDONÉSIA[1]

Estamos no início de 1998. A Cementos Mexicanos, Cemex, está considerando a construção de uma fábrica de produção de cimento na ilha de Sumatra, na Indonésia. O projeto, Semen Indonesia (a palavra indonésia para "cimento" é *semen*), seria um investimento totalmente novo (greenfield) de propriedade integral com uma capacidade total instalada de 20 milhões de toneladas métricas por ano (mtm/a). Apesar de isso ser grande para os padrões de produção asiáticos, a Cemex acredita que sua mais moderna tecnologia de fabricação de cimento seria mais eficientemente utilizada com uma fábrica dessa escala.

A Cemex possui três motivos para realizar o projeto: 1) a empresa deseja iniciar uma presença produtiva própria no sudeste asiático, um mercado relativamente novo para a Cemex; 2) as perspectivas de longo prazo de desenvolvimento e crescimento da infraestrutura asiática parecem muito boas; e 3) há perspectivas positivas para a Indonésia agir como um local de produção voltada para a exportação em decorrência da depreciação da rúpia indonésia (Rp) em 1997.

A Cemex, a terceira maior produtora mundial de cimento, é uma EMN sediada em um mercado emergente, mas que compete na arena global. A empresa compete no mercado por participação de mercado e capital. O mercado internacional de cimento, assim como os mercados de outras *commodities* como o petróleo, é um mercado cuja moeda-base é o dólar. Por este motivo, e para compararmos com seus principais concorrentes na Alemanha e na Suíça, a Cemex considera o dólar americano como sua moeda funcional.

As ações da Cemex estão listadas tanto na Cidade do México quanto em Nova York (OTC: CMXSY). A empresa teve êxito em levanter capital – na forma de dívida e de ações – fora do México em dólares americanos. Sua base de investidores é cada vez mais global, com o número de ações movimentadas crescendo rapidamente como uma porcentagem do total de negociações. Consequentemente, o custo e disponibilidade de capital para a empresa estão internacionalizados e dominados por investidores em dólares americanos. Em última análise, o projeto Semen Indonesia será avaliado – em termos de fluxos de caixa e custo de capital – em dólares americanos.

Panorama

Um mapa da análise completa do orçamento de capital multinacional da Cemex na Indonésia é ilustrado no Quadro 19.1. O princípio básico é que, começando no canto superior esquerdo, a empresa matriz investe capital denominado em dólares americanos, que flui no sentido horário pela criação e operação de uma subsidiária na Indonésia, que então gera fluxos de caixa que acabam retornando em uma variedade de formas para a empresa matriz – em dólares americanos. O primeiro passo é construir um conjunto *pro forma* de demonstrações financeiras para a Semen Indonesia, todos em rúpias indonésias (Rp). O passo seguinte é criar dois orçamentos de capital, um do *ponto de vista do projeto* e outro do *ponto de vista da matriz*.

---

[1] A Cemex é uma empresa real; o investimento *greenfield* descrito aqui é hipotético.

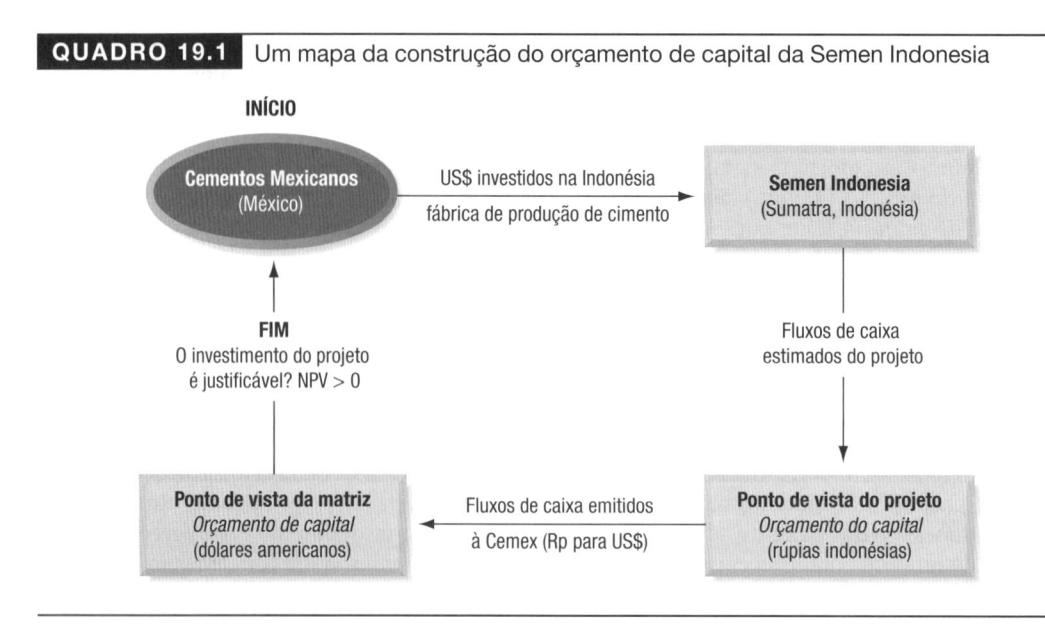

QUADRO 19.1 Um mapa da construção do orçamento de capital da Semen Indonesia

```
                    INÍCIO

         ┌─────────────────────┐
         │  Cementos Mexicanos │ ──US$ investidos na Indonésia──→  ┌─────────────────┐
         │      (México)       │   fábrica de produção de cimento   │ Semen Indonesia │
         └─────────────────────┘                                     │(Sumatra, Indonésia)│
                   ▲                                                 └─────────────────┘
                   │                                                          │
                   │                                                  Fluxos de caixa
                  FIM                                                estimados do projeto
         O investimento do projeto                                           │
         é justificável? NPV > 0                                             ▼
         ┌─────────────────────┐   Fluxos de caixa emitidos   ┌─────────────────────┐
         │ Ponto de vista da matriz │ ◀── à Cemex (Rp para US$)──│ Ponto de vista do projeto │
         │  Orçamento de capital    │                            │   Orçamento do capital    │
         │  (dólares americanos)    │                            │   (rúpias indonésias)     │
         └─────────────────────┘                                 └─────────────────────┘
```

A Semen Indonesia levará apenas um ano para construir a fábrica, com o início das operações marcado para o ano 1. O governo da Indonésia só recentemente desregulamentou os setores mais pesados de modo a permitir propriedade estrangeira. A análise a seguir é realizada supondo que a paridade do poder de compra (PPP) é válida para a taxa de câmbio Rp/US$ por toda a vida do projeto na Indonésia. Esta é uma suposição padrão feita pela Cemex para seus investimentos estrangeiros. As taxas de inflação projetadas para a Indonésia e os Estados Unidos são de 30% ao ano e 3% ao ano, respectivamente. Se supusermos uma taxa à vista inicial de Rp10.000/US$, e que as taxas de inflação na Indonésia e nos EUA são de 30% e 3% ao ano, respectivamente, por toda a vida do projeto, as taxas de câmbio à vista previstas seguirão o cálculo usual da PPP. Por exemplo, a taxa de câmbio prevista para o ano 1 do projeto seria

$$\text{Taxa à vista (ano 1)} = \text{Rp}10.000/\text{US\$} \times \frac{1+0{,}30}{1+0{,}03} = \text{Rp}12.621/\text{US\$}$$

Suposições financeiras

A série de declarações financeiras a seguir é baseada nessas suposições.

Investimento de capital. Apesar de o custo de construir capacidade extra de produção de cimento em qualquer lugar nos países industrializados ter sido estimado em torno de US$150/ton de capacidade instalada, a Cemex acreditava que poderia construir a última palavra em termos de fábrica de produção e despacho na Sumatra por aproximadamente US$110/ton (ver Quadro 19.2). Supondo uma capacidade de 20 milhões de toneladas métricas por ano e uma taxa de câmbio média no ano 0 de Rp10.000/US$, este custo constituirá um investimento de Rp22 trilhões (US$2,2 bilhões). Este valor inclui um investimento de Rp17,6 trilhões em fábrica e equipamentos, gerando uma depreciação anual de Rp1,76 trilhões se supusermos um programa de depreciação em linha reta de 10 anos. O programa de depreciação relativamente curto é uma das políticas das autoridades fiscais da Indonésia cujo intuito é atrair investimentos estrangeiros.

Financiamento. Esse investimento maciço seria financiado com 50% de capital próprio, todo da Cemex, e 50% de dívida, 75% da Cemex e 25% de um consórcio bancário arranjado pelo governo da Indonésia. O custo médio ponderado de capital (WACC) da Cemex, em dólares americanos, foi estimado em 11,98%. O WACC no nível local na Indonésia em termos de rúpias, para o projeto propriamente dito, foi estimado em 33,257%. Os detalhes desse cálculo serão discutidos posteriormente neste capítulo.

QUADRO 19.2 Investimento e financiamento do projeto Semen Indonesia (todos os valores em 000s a menos que seja observado o contrário)

Investimento		Financiamento	
Taxa de câmbio média, Rp/US$	10.000	Capital próprio	Rp 11.000.000.000
Custo da capacidade instalada, US$/ton	US$110	Dívida	
Capacidade instalada	20.000	Dívida em rúpias	2.750.000.000
Investimento em US$	US$2.200.000	Dívida US$ em Rp	8.250.000.000
Investimento em rúpias	22.000.000.000	Total	Rp 22.000.000.000
Fábrica e equipamentos, Rp	17.600.000.000		
Depreciação anual, Rp	1.760.000.000		
Custos de capital: Cemex			
Taxa livre de risco	6,000%	Beta da Cemex	1,500
Prêmio de crédito	2,000%	Prêmio de risco das ações	7,000%
Custo da dívida	8,000%	Custo de capital próprio	16,500%
Custo da dívida, depois dos impostos	5,200%	Porcentagem de capital próprio	60%
Porcentagem de dívida	40%	WACC	11,980%
Custos de capital: Semen Indonesia			
Taxa livre de risco	33,000%	Beta da Semen Indonesia	1,000
Prêmio de crédito	2,000%	Prêmio de risco	6,000%
Custo da dívida em rúpias	35,000%	Custo de capital próprio	40,000%
Custo da dívida em US$, depois dos impostos	5,200%	Porcentagem de capital próprio	50%
Custo da dívida em US$ (equivalente em rúpias)	38,835%		
Custo da dívida em US$, depois dos impostos (equivalente em rúpias)	27,184%		
Porcentagem de dívida	50%	WACC	33.257%

Supõem-se alíquotas de imposto corporativo de 35% e 30% no México e na Indonésia, respectivamente. O custo do empréstimo em US$ é declarado em termos de rúpias, supondo paridade do poder de compra e taxas de inflação em dólares americanos e rúpias indonésias de 3% e 30%, respectivamente, em todo o período.

As estruturas de dívida explícitas, incluindo programas de pagamento, são apresentadas no Quadro 19.3. O empréstimo arranjado pelo governo da Indonésia, parte do programa de incentivo econômico do governo, é um empréstimo de oito anos, em rúpias, a juros de 35% anuais, com amortização total. Os pagamentos de juros são totalmente dedutíveis dos passivos fiscais corporativos.

A maior parte da dívida, no entanto, está sendo fornecida pela empresa matriz, Cemex. Depois de levantar capital de sua subsidiária financiadora, a Cemex tornará a emprestar o capital à Semen Indonesia. O empréstimo é denominado em dólares americanos, com vencimento de cinco anos, e uma taxa de juros anual de 10%. Como a dívida terá que ser paga a partir dos lucros em rúpias da empresa indonésia, as demonstrações financeiras *pro forma* são construídas de modo que os custos esperados de pagamento da dívida em dólar estejam incluídos na demonstração de resultados *pro forma* da empresa. O empréstimo em dólar, se a rúpia acompanhar a previsão de paridade do poder aquisitivo, terá uma despesa efetiva com juros em termos de rúpias de 38,835%. Encontramos essa taxa determinando a taxa interna de retorno de pagar integralmente o empréstimo em dólar com rúpias (ver Quadro 19.3).

Receitas. Dado que a produção de cimento existente na Indonésia está deprimida, todas as vendas são baseadas em exportações. Espera-se que a fábrica de 20 mtm/ano opere com uma capacidade de apenas 40% (produzindo 8 milhões de toneladas métricas). O cimento produzido será vendido no

QUADRO 19.3 Programas de pagamento de dívida da Semen Indonesia e ganhos/perdas de taxa de câmbio

Taxa à vista (Rp/US$)	10.000	12.621	15.930	20.106	25.376	32.028
Ano do projeto	0	1	2	3	4	5
Empréstimo da Indonésia @ 35% por oito anos (milhões de rúpias):						
Principal	2.750.000					
Pagamento de juros		(962.500)	(928.921)	(883.590)	(822.393)	(739.777)
Pagamento do principal		(95.939)	(129.518)	(174.849)	(236.046)	(318.662)
Pagamento total		(1.058.439)	(1.058.439)	(1.058.439)	(1.058.439)	(1.058.439)
Empréstimo da Cemex @ 10% por cinco anos (milhões de dólares americanos):						
Principal	825					
Pagamento de juros		(82,5)	(69,0)	(54,1)	(37,8)	(19,8)
Pagamento do principal		(135,1)	(148,6)	(163,5)	(179,9)	(197,8)
Pagamento total		(217,6)	(217,6)	(217,6)	(217,6)	(217,6)
Empréstimo da Cemex convertido em Rp a taxas à vista programadas e correntes (milhões de rúpias):						
Programadas a Rp10.000/US$:						
Pagamento de juros		(825.000)	(689.867)	(541.221)	(377.710)	(197.848)
Pagamento do principal		(1.351.329)	(1.486.462)	(1.635.108)	(1.798.619)	(1.978.481)
Pagamento total		(2.176.329)	(2.176.329)	(2.176.329)	(2.176.329)	(2.176.329)
Real (à taxa à vista corrente):						
Pagamento de juros		(1.041.262)	(1.098.949)	(1.088.160)	(958.480)	(633.669)
Pagamento do principal		(1.705.561)	(2.367.915)	(3.287.494)	(4.564.190)	(6.336.691)
Pagamento total		(2.746.823)	(3.466.864)	(4.375.654)	(5.522.670)	(6.970.360)
Fluxos de caixa em Rp sobre o empréstimo da Cemex (milhões de rúpias):						
Total de fluxos de caixa reais	8.250.000	(2.746.823)	(3.466.864)	(4.375.654)	(5.522.670)	(6.970.360)
IRR dos fluxos de caixa	38,835%					
Perdas devido a taxas de câmbio sobre o empréstimo da Cemex (milhões de rúpias):						
Perdas devido a taxas de câmbio sobre juros		(216.262)	(409.082)	(546.940)	(580.770)	(435.821)
Perdas devido a taxas de câmbio sobre o principal		(354.232)	(881.453)	(1.652.385)	(2.765.571)	(4.358.210)
Total de perdas devido a taxas de câmbio sobre a dívida		(570.494)	(1.290.535)	(2.199.325)	(3.346.341)	(4.794.031)

O empréstimo da Cemex para a subsidiária na indonésia é denominado em dólares americanos. Portanto, o empréstimo terá que ser pago em dólares americanos, não em rúpias. No momento do acordo do empréstimo, a taxa de câmbio à vista é de Rp10.000/US$. Esta é a suposição usada ao calcular o pagamento "programado" do principal e dos juros em rúpias. No entanto, espera-se que a rúpia seja depreciada acompanhando a paridade do poder de compra. Quando é paga, a taxa de câmbio "real" gera, portanto, uma perda devido a taxas de câmbio já que são necessárias mais rúpias para adquirir dólares americanos para pagar a dívida, tanto o principal quanto os juros. As perdas devido a taxas de câmbio sobre o pagamento dessa dívida serão reconhecidas na demonstração de resultados indonésia.

mercado de exportações a US$58/ton (entregue). Observe também que, pelo menos para a análise conservadora, não supusemos nenhum aumento no preço recebido ao longo do tempo.

Custos. Os custos em dinheiro da produção de cimento (mão de obra, materiais, energia, entre outros) são estimados em Rp115.000 por tonelada para o ano 1 do projeto, subindo a aproximadamente a taxa de inflação, 30% ao ano. Os custos adicionais de produção de Rp20.000 por tonelada para o ano 1 também subirão supostamente segunda a taxa de inflação. Em decorrência de toda a produção ser exportada, os custos de carregamento de US$2,00/ton e de expedição de US$10,00/ton também têm que ser incluídos. Observe que esses custos são originalmente declarados em dólares americanos, e para fins da demonstração de resultados da Semen Indonesia, eles têm que ser convertidos em termos de rúpias. Este é o caso porque os custos de carregamento e despacho são serviços internacionais governados por contratos denominados em dólares. Consequentemente, espera-se que eles subam ao longo do tempo apenas segundo a taxa de inflação do dólar americano (3%).

A demonstração de resultados *pro forma* da Semen Indonesia é ilustrada no Quadro 19.4. Esta é a medida típica da demonstração financeira da lucratividade de qualquer empresa, seja ela doméstica ou internacional. A análise de base supõe uma taxa de utilização de capacidade de apenas 40% (ano 1), 50% (ano 2), e 60% nos anos seguintes. A administração acredita que isso seja necessário, já que os fabricantes de cimento existentes no país operam em uma média de apenas 40% de sua capacidade.

As despesas adicionais na análise financeira *pro forma* incluem taxas de licenciamento pagas pela subsidiária à empresa matriz de 2,0% das vendas, e despesas gerais e administrativas das operações na Indonésia de 8,0% ao ano (crescendo mais 1% ao ano). Os ganhos e perdas devido a taxas

QUADRO 19.4 Demonstração de resultados *pro forma* da Semen Indonesia (milhões de rúpias)

Taxa de câmbio (Rp/US$)	10.000	12.621	15.930	20.106	25.376	32.038
Ano do projeto	**0**	**1**	**2**	**3**	**4**	**5**
Volume de vendas		8.000	10.000	12.000	12.000	12.000
Preço de venda (US$)		58,00	58,00	58,00	58,00	58,00
Preço de venda (Rp)		732.039	923.933	1.166.128	1.471.808	1.857.627
Receita total		5.856.311	9.239.325	13.993.541	17.661.751	22.291.530
Menos custos do dinheiro		(920.000)	(1.495.000)	(2.332.200)	(3.031.860)	(3.941.418)
Menos outros custos de produção		(160.000)	(260.000)	(405.600)	(527.280)	(685.464)
Menos custos de carregamento		(201.942)	(328.155)	(511.922)	(665.499)	(865.149)
Menos custos de expedição		(1.009.709)	(1.640.777)	(2.559.612)	(3.327.495)	(4.325.744)
Custo total de produção		(2.291.650)	(3.723.932)	(5.809.334)	(7.552.134)	(9.817.774)
Lucro bruto		3.564.660	5.515.393	8.184.207	10.109.617	12.473.756
Margem bruta		61%	60%	58%	57%	56%
Menos taxas de licenciamento		(117.126)	(184.787)	(279.871)	(353.235)	(445.831)
Menos despesas gerais e administrativas		(468.505)	(831.539)	(1.399.354)	(1.942.792)	(2.674.984)
EBITDA		2.979.029	4.499.067	6.504.982	7.013.580	9.352.941
Menos depreciação e amortização		(1.760.000)	(1.760.000)	(1.760.000)	(1.760.000)	(1.760.000)
EBIT		1.219.029	2.739.067	4.744.982	6.053.589	7.592.941
Menos juros sobre a dívida da Cemex		(825.000)	(689.867)	(541.221)	(377.710)	(197.848)
Perdas devido a taxas de câmbio sobre a dívida		(570.494)	(1.290.535)	(2.199.325)	(3.346.341)	(4.794.031)
Menos juros sobre a dívida local		(962.500)	(928.921)	(883.590)	(822.393)	(739.777)
EBT		(1.138.965)	(170.256)	1.120.846	1.507.145	1.861.285
Menos impostos de renda (30%)		—	—	—	(395.631)	(558.386)
Lucro líquido		(1.138.965)	(170.256)	1.120.846	1.111.514	1.302.900
Lucro líquido (milhões de US$)		(90)	(11)	56	44	41
Retorno sobre as vendas		−19%	−2%	8%	6%	6%

EBITDA = lucros antes dos juros, impostos, depreciação e amortização; EBIT = lucros antes dos juros e impostos; EBT = lucros antes dos impostos. Créditos tributários resultantes de perdas de períodos correntes são transferidos para os passivos tributários do ano seguinte. Dividendos não são distribuídos no primeiro ano de operações em decorrência de perdas, e são distribuídos a uma taxa de 50% nos anos 2000–2003. Todos os cálculos são exatos, mas podem parecer não bater devido a arredondamentos de casas decimais. O pagamento de impostos no ano 3 é zero, e no ano 4 é menos de 30%, em decorrência do fato de perdas tributárias terem sido transferidas de anos anteriores.

de câmbio são aquelas relacionadas ao pagamento da dívida denominada em dólares americanos fornecida pela matriz e tirada da parte inferior do Quadro 19.3. Em resumo, espera-se que a operação da subsidiária comece a gerar lucros contábeis em seu quarto ano de operações (2000), com um crescimento dos lucros à medida que a utilização da capacidade for aumentando com o passar do tempo.

Orçamento de capital do ponto de vista do projeto

O orçamento de capital do projeto de produção da Semen Indonesia do ponto de vista do projeto é exibido no Quadro 19.5. Encontramos o fluxo de caixa líquido, ou *fluxo de caixa livre* (FCF, *free cash flow*) como geralmente é chamado, somando os EBIT (lucros antes dos juros e dos impostos ou *earnings before interest and tax*), impostos recalculados, depreciação e mudanças no capital de giro líquido (a soma dos incrementos líquidos, contas a receber, estoques e contas a pagar necessárias para sustentar o crescimento das vendas).

Observe que o EBIT, e não o EBT, é usado no orçamento de capital. A depreciação e a amortização são despesas da empresa que não são de caixa (não houve saída de caixa real, apenas um registro contábil) e, portanto, têm que ser somadas de volta para captar todo o fluxo de caixa disponível. Como o orçamento de capital cria fluxos de caixa que serão descontados para o valor presente com uma taxa de desconto, e a taxa de desconto inclui o preço da dívida – juros – não desejamos subtrair os juros duas vezes. Portanto, os impostos são recalculados com base no EBIT. (Isso ressalta a distinção entre uma demonstração de resultados e um orçamento de capital. A demonstração de resultados de um projeto mostra as perdas dos dois primeiros anos de operações em decorrência de despesas com juros e perdas cambiais previstas, então, não se espera pagar impostos. Mas o orçamento de capital, construído com base no EBIT, antes dessas despesas cambiais e de financiamento, calcula um pagamento de impostos positivo). O custo de capital da empresa usado no desconto também inclui a dedutibilidade dos juros da dívida em seu cálculo.

O investimento inicial de Rp22 trilhões é o capital total investido para sustentar esses lucros. Apesar de as contas a receber representarem, em média, de 50 a 55 dias de vendas pendentes (DSO, *days sales outstanding*) e os estoques, de 65 a 70 DSO, as contas a pagar e o crédito comercial também são relativamente longos, a 114 DSO no setor de cimento da Indonésia. A Semen Indonesia espera adicionar aproximadamente 15 DSO líquidos a seu investimento com o crescimento das vendas. Os elementos restantes para completar o orçamento de capital do ponto de vista do projeto são o valor terminal (discutido a seguir) e a taxa de desconto de 33,257% (o WACC da empresa).

QUADRO 19.5 Orçamento de capital da Semen Indonesia: ponto de vista do projeto (milhões de rúpias)

Taxa de câmbio (Rp/US$)	10.000	12.621	15.930	20.106	25.376	32.038
Ano do projeto	**0**	**1**	**2**	**3**	**4**	**5**
EBIT		1.219.029	2.739.067	4.744.982	6.053.589	7.592.941
Menos impostos recalculados a 30%		(365.709)	(821.720)	(1.423.495)	(1.816.077)	(2.277.882)
Depreciação somada de volta		1.760.000	1.760.000	1.760.000	1.760.000	1.760.000
Fluxo de caixa operacional líquido		2.613.320	3.677.347	5.081.487	5.997.512	7.075.059
Menos mudanças no NWC		(240.670)	(139.028)	(436.049)	(289.776)	(626.314)
Investimento inicial	(22.000.000)					
Valor terminal						21.274.102
Fluxo de caixa livre (FCF)	(22.000.000)	2.372.650	3.538.319	4.645.438	5.707.736	27.722.847
NPV @ 33,257%	(7.855.886)					
IRR	18,6 %					

NWC (*net working capital*) = capital de giro líquido. NPV = valor presente líquido. A taxa de desconto é o WACC da Semen Indonesia de 33,257%. IRR = taxa interna de retorno, a taxa de desconto que gera um NPV de exatamente zero. Os valores no quadro são exatos e são arredondados para o milhão seguinte.

Valor terminal. O valor terminal (TV, *terminal value*) do projeto representa o valor de continuação da fábrica de produção de cimento nos anos seguintes ao ano 5, o último ano da análise financeira *pro forma* detalhada exibida aqui. Este valor, assim como todos os valores de ativos segundo a teoria financeira, é o valor presente de todos os fluxos de caixa livres futuros que se espera que o ativo vá gerar. Calculamos o TV como o valor presente de um fluxo de caixa operacional líquido perpétuo (NOCF, *net operating cash flow*) gerado no quinto ano pela Semen Indonesia, a taxa de crescimento suposta para esse fluxo de caixa operacional líquido (g), e o custo médio ponderado de capital (k_{WACC}) da empresa:

$$\text{Valor terminal} = \frac{NOCF_5(1+g)}{k_{WACC} - g} = \frac{7.075.059\ (1+0)}{0,33257 - 0} = Rp21.274.102$$

ou Rp21,274 trilhões. A suposição de que g = 0, isto é, de que o NOCFs não crescerá depois do ano 5, provavelmente não é verdadeira, mas é uma suposição prudente para a Cemex fazer ao estimar fluxos de caixa futuros tão distantes.

Os resultados do orçamento de capital do ponto de vista do projeto indicam um valor presente líquido (NPV) *negativo* de Rp7.885.886 milhões (ou aproximadamente –Rp7,9 trilhões) e uma taxa interna de retorno (IRR) de apenas 18,6% em comparação ao custo de capital de 33,257%. Esses são os retornos que o projeto geraria para um investidor local ou indonésio em rúpias indonésias. O projeto, a partir deste ponto de vista, não é aceitável.

Repatriando fluxos de caixa para a Cemex

O Quadro 19.6 agora reúne todos os lucros incrementais para a Cemex do possível projeto de investimento na Indonésia. Como descrito na seção que precedeu o caso, a avaliação dos retornos de um projeto por um investidor estrangeiro depende dos fluxos de caixa reais que serão retornados, em sua própria moeda. Para a Cemex, isso significa que o investimento tem que ser analisado em termos das entradas e saídas de caixa em dólares americanos associadas ao investimento ao longo da vida do projeto, depois dos impostos, descontados segundo seu custo de capital apropriado.

Construímos este *orçamento de capital do ponto de vista da matriz* em duas etapas:

1. Isolamos os fluxos de caixa individuais, corrigidos por quaisquer impostos retidos cobrados pelo governo indonésio e convertidos em dólares americanos. (Impostos retidos estatutórios sobre transferências internacionais são determinados por tratados tributários bilaterais, mas empresas individuais podem negociar impostos mais baixos com as autoridades fiscais governamentais. No caso da Semen Indonesia, os dividendos terão uma alíquota de 15% de impostos retidos, 10% de pagamentos de juros e 5% de taxas de licenciamento). O México não tributa lucros repatriados, já que eles já foram tributados na Indonésia.
2. O orçamento de capital real do ponto de vista da matriz combina esses fluxos de caixa em dólares americanos depois dos impostos com o investimento inicial para determinar o valor presente líquido da proposta da subsidiária Semen Indonesia aos olhos (e bolsos) da Cemex. Isso é exibido no Quadro 19.6, que mostra todos os lucros incrementais para a Cemex sob a perspectiva do projeto de investimento. Uma peculiaridade desse orçamento de capital do ponto de vista da matriz é que apenas o capital investido no projeto pela própria Cemex, US$1.925 milhões, é incluído no investimento inicial (US$1.100 milhão em capital próprio e o empréstimo de US$825 milhões). A dívida indonésia de Rp2,75 bilhões (US$275 milhões) não é incluído no orçamento de capital do ponto de vista da matriz da Cemex.

Orçamento de capital do ponto de vista da matriz

Finalmente, todas as estimativas de fluxo de caixa agora são construídas, formando o orçamento de capital do ponto de vista da matriz, detalhado no Quadro 19.6. Os fluxos de caixa gerados pela Semen Indonesia de suas operações na Indonésia, dividendos, taxas de licenciamento, pagamentos de dívida, e valor terminal agora são avaliados em termos de dólares americanos depois dos impostos.

A fim de avaliar os fluxos de caixa do projeto que são retornados para a empresa matriz, a Cemex tem que descontá-los segundo o custo de capital da empresa. Lembrando que a Cemex

QUADRO 19.6 Remessa e orçamento de capital da Semen Indonesia: ponto de vista da matriz (milhões de rúpias e dólares americanos)

Taxa de câmbio (Rp/US$)	10.000	12.621	15.930	20.106	25.376	32.038
Ano do projeto	**0**	**1**	**2**	**3**	**4**	**5**
Remessa de dividendo						
Dividendos pagos (Rp)		—	—	560.423	555.757	651.450
Menos imposto retido		—	—	(84.063)	(83.364)	(97.717)
Dividendo líquido remetido (Rp)		—	—	476.360	472.393	553.732
Dividendo líquido remetido (US$)		23,7	18,6	17,3		
Emissão de taxas de licenciamento						
Remessa de licenciamento emitidas (Rp)		117.126	184.787	279.871.	353.235	445.831
Menos imposto retido		(5.856)	(9.239)	(13.994)	(17.662)	(22.292)
Dividendo líquido emitido (Rp)		111.270	175.547	265.877	335.573	423.539
Remessa de licenciamento líquidas remetidas (US$)		8,8	11,0	13,2	13,2	13,2
Remessa de pagamento de dívida						
Juros prometidos pagos (US$)		82,5	69,0	54,1	37,8	19,8
Menos imposto retido @ 10%		(8,25)	(6,90)	(5,41)	(3,78)	(1,98)
Juros líquidos remetidos (US$)		74,25	62,09	48,71	33,99	17,81
Pagamentos do principal remetidos (US$)		135,1	148,6	163,5	179,9	197,8
Orçamento de capital: ponto de vista da matriz (milhões de dólares americanos)						
Dividendos		—	—	23,7	18,6	17,3
Taxas de licenciamento		8,8	11,0	13,2	13,2	13,2
Pagamento de dívida		209,4	210,7	212,2	213,9	215,7
Total de lucros		218,2	221,8	249,1	245,7	246,2
Investimento inicial	(1.925,0)					
Valor terminal						614,7
Fluxo de caixa livre (FCF)	(1.925,0)	218,2	221,8	249,1	245,7	860,8
NPV @ 17,98%	(925,6)					
IRR	−1,84 %					

NPV calculado usando uma taxa de desconto determinada pela empresa de WACC + prêmio de investimento estrangeiro, ou 11,98% + 6,00% = 17,98%.

considera o dólar americano como sua moeda funcional, ela calcula seu custo de capital em dólares americanos. Como descrito no Capítulo 14, a fórmula costumeira do custo médio ponderado de capital é a seguinte:

$$k_{WACC} = k_e \frac{E}{V} + k_d (1-t) \frac{D}{V}$$

onde

k_{WACC} = custo médio ponderado de capital depois dos impostos
k_e = custo do capital próprio corrigido pelo risco
k_d = custo da dívida antes dos impostos
t = alíquota marginal de impostos
E = valor de mercado do capital próprio da empresa
D = valor de mercado da dívida da empresa
V = valor de mercado total dos títulos da empresa (E + D)

O custo de capital próprio da Cemex é calculado usando o modelo de precificação de ativos financeiros (CAPM):

$$k_e = k_{rf} + (k_m - k_{rf}) \beta_{Cemex} = 6,00\% + (13,00\% - 6,00\%)1,5 = 16,50\%$$

onde

k_e = custo do capital próprio corrigido pelo risco
k_{rf} = taxa de juros livre de risco (rentabilidade de títulos de dívida intermediários do Tesouro dos EUA)
k_m = taxa de retorno esperada do mercado acionário norte-americano (ações com grande valor de mercado)
β_{Cemex} = medida do risco individual da Cemex em relação ao mercado

O cálculo supõe que a taxa livre de risco corrente é de 6,00%, o retorno esperado sobre ações norte-americanas é de 13,00%, e o beta da Cemex é de 1,5. O resultado é um custo de capital próprio – taxa de retorno exigido sobre o investimento patrimonial na Cemex – de 16,50%.

O investimento será financiado internamente pela empresa matriz, aproximadamente nas mesmas proporções de dívida/capital próprio que a empresa consolidada, 40% de dívida (D/V) e 60% de capital próprio (E/V). O custo corrente da dívida da Cemex é de 8,00%, e a alíquota de impostos efetiva é de 35%. O custo de capital próprio, quando combinado com outros componentes, resulta em um custo médio ponderado de capital para a Cemex de

$$k_{WACC} = k_e \frac{E}{V} + k_d(1-t)\frac{D}{V} = (16,50\%)(0,60) + (8,00\%)(1 - 0,35)(0,40) = 11,98\%$$

A Cemex normalmente usa este custo médio ponderado de capital de 11,98% para descontar os fluxos de caixa de possíveis investimento para fins de classificação de projetos. O investimento indonésio apresenta uma variedade de riscos, no entanto, que o investimento doméstico típico não apresenta.

Se a Cemex estivesse empreendendo um investimento do mesmo grau de risco relativo que a empresa propriamente dita, uma simples taxa de desconto de 11,980% poderia ser adequada. A Cemex, no entanto, geralmente exige que novos investimentos gerem 3% adicionais acima do custo de capital de investimentos domésticos, e 6% a mais para projetos internacionais. A taxa de desconto para os fluxos de caixa da Semen Indonesia repatriados à Cemex será, portanto, descontada a 11,98% + 6,00%, ou 17,98%. A análise de base do projeto indica um NPV negativo de US$925,6 milhões (IRR de –1,84%), o que significa que é um investimento inaceitável do ponto de vista da matriz.

A maioria das empresas exige que novos investimentos mais do que cubram o custo do capital empregado em seu empreendimento. Portanto, não é incomum para a empresa exigir uma taxa mínima de 3% a 6% acima de seu custo de capital a fim de identificar investimentos potenciais que irão literalmente agregar valor à riqueza dos acionistas. Um NPV de zero significa que o investimento é "aceitável", mas os valores de NPV que excedem zero são literalmente o valor presente da riqueza que se espera adicionar à da empresa e seus acionistas. Para projetos estrangeiros, como discutido anteriormente, temos que corrigir pelos custos de agência e riscos e custos cambiais.

Análise de sensibilidade: mensuração do ponto de vista do projeto

Até agora, a equipe de investigação do projeto usou um conjunto de suposições "mais prováveis" para prever taxas de retorno. Agora está na hora de sujeitar o resultado mais provável a análises de sensibilidade. As mesmas técnicas probabilísticas que são usadas para testar a sensibilidade a riscos de negócios e financeiros estão disponíveis para testar a sensibilidade dos resultados a riscos políticos e cambiais. Muitos tomadores de decisões sentem-se mais confortáveis sobre a necessidade de adivinhar probabilidades de eventos políticos e cambiais não familiares do que para adivinhar seus próprios riscos de negócios ou cambiais mais familiares. Portanto, é mais comum testar a sensibilidade a riscos políticos e cambiais simulando o que aconteceria com o valor presente líquido e os lucros sob uma variedade de cenários hipotéticos.

Risco político. E se a Indonésia impusesse controles sobre o pagamento de dividendos ou taxas de licenciamento para a Cemex? O impacto dos fundos bloqueados sobre a taxa de retorno a partir da perspectiva da Cemex dependeria de quando o bloqueio ocorre, que oportunidades de reinvestimento existem para os fundos bloqueados na Indonésia, e quando os fundos bloqueados seriam finalmente liberados para a Cemex. Poderíamos simular vários cenários para fundos bloqueados e refazer a análise de fluxos de caixa no Quadro 19.6 para estimar o efeito sobre a taxa de retorno da Cemex.

E se a Indonésia expropriasse a Semen Indonesia? O efeito da expropriação dependeria dos seguintes fatores:

- Quando a expropriação ocorreria, em termos de número de anos depois de o negócio ter iniciado suas operações
- Que indenização o governo da Indonésia pagaria, e quanto tempo depois da expropriação o pagamento seria feito
- Que valor de dívida ainda está pendente junto aos credores da Indonésia e se a matriz, Cemex, teria que pagar essa dívida devido à garantia que ofereceu enquanto matriz
- As consequências tributárias da expropriação
- Se os fluxos de caixa futuros seriam perdidos

Muitas expropriações acabam resultando em alguma forma de indenização para os antigos proprietários. Essa indenização pode ser determinada em um acordo negociado com o governo anfitrião ou pode vir do pagamento de um seguro de risco político pelo governo da empresa matriz. Negociar um acordo de indenização leva tempo, e a indenização final às vezes é paga em parcelas em um período de tempo futuro. Assim, o valor presente da indenização é geralmente muito mais baixo do que seu valor nominal. Além disso, a maioria dos acordos de indenização é baseada no valor contábil da empresa no momento da expropriação em vez de no valor de mercado da empresa.

O pagamento da dívida local garantida pela matriz normalmente receberia prioridade em qualquer fundo de indenização pago. Se a Cemex tivesse garantido a dívida da Semen Indonesia aos credores da Indonésia, eles seriam pagos antes de a Cemex receber quaisquer fundos de indenização. Na verdade, o acordo de indenização provavelmente incluiria isso. Como alternativa, a Cemex poderia ter se recusado a garantir a dívida da Semen Indonesia, protegendo-se no caso de uma expropriação, mas provavelmente fazendo a Semen Indonesia pagar uma taxa de juros mais alta e tornando a subsidiária menos lucrativa para sua matriz.

Se não fosse negociado nenhum acordo de indenização, a Semen Indonesia, como uma subsidiária da Cemex independentemente incorporada, poderia ser inadimplente em sua dívida. A Cemex não seria obrigada a pagar a dívida da Semen Indonesia na ausência de uma garantia da matriz. Em termos práticos, é provável que isso ocorra somente quando a dívida da subsidiária for contraída localmente, como no caso da Semen Indonesia. Se a Semen Indonesia tivesse contraído sua dívida de, digamos, bancos em Cingapura, a matriz Cemex sentiria uma obrigação de pagar a dívida mesmo que não fosse tecnicamente obrigada a fazê-lo.

As consequências tributárias da expropriação dependeriam do momento e da quantidade de capital perdido reconhecido pelo México. Essa perda normalmente seria baseada no valor contábil não compensado do investimento indonésio. O problema é que geralmente surgem dúvidas quanto a quando é apropriado fazer uma anulação da dívida (*write-off*) para fins tributários, particularmente se as negociações para uma indenização estivessem demorando a serem finalizadas. Em alguns aspectos, é melhor uma expropriação clara sem esperança de indenização, como a que ocorreu em Cuba no início da década de 1960, do que uma lenta "morte sangrenta" em negociações morosas. A primeira leva a um uso mais cedo de deduções fiscais e de uma anulação da dívida para a proteção dos lucros, enquanto que a segunda tende a deprimir os lucros por anos, à medida que outros custos continuam e não se obtém deduções fiscais.

Risco cambial. A equipe do projeto supôs que a rúpia indonésia seria depreciada em relação ao dólar americano pela "taxa" da paridade do poder de compra (aproximadamente 20,767% ao ano na análise-base). E se a taxa de depreciação da rúpia fosse maior? Embora esse evento fosse tornar os fluxos de caixa supostos para a Cemex menos valiosos em dólares, seria necessária uma análise da exposição operacional para determinar se a rúpia mais barata tornaria a Semen Indonesia mais competitiva. Por exemplo, como as exportações da Semen Indonesia para Taiwan são denominadas em dólares americanos, um enfraquecimento da rúpia em relação ao dólar poderia resultar em lucros maiores em rúpias provenientes dessas vendas de exportação. Isso serve para contrabalançar em parte os componentes importados que a Semen Indonesia compra da empresa matriz, que também são denominados em dólares americanos. A Semen Indonesia é representativa de empresas que hoje têm entradas e saídas de caixa denominadas em moedas estrangeiras, fornecendo um *hedge* natural parcial contra movimentos cambiais.

E se a rúpia fosse *apreciada* em relação ao dólar? É necessário o mesmo tipo de análise de exposição econômica. Neste caso em particular, podemos adivinhar que o efeito seria positivo tanto nas vendas locais na Indonésia quanto no valor em dólares de dividendos e taxas de licenciamento pagas à Cemex pela Semen Indonesia. Observe, no entanto, que uma apreciação da rúpia poderia levar a mais concorrência na Indonésia de empresas em outros países com estruturas de custo agora mais baixas, diminuindo as vendas da Semen Indonesia.

Outras variáveis de sensibilidade do projeto. A taxa de retorno do projeto para a Cemex também seria sensível a uma mudança no suposto valor terminal, na taxa de utilização de capacidade, no tamanho da taxa de licenciamento paga pela Semen Indonesia, no tamanho do custo inicial do projeto, na quantidade de capital de giro financiado localmente, e nas alíquotas de impostos na Indonésia e no México. Como algumas dessas variáveis estão sob controle da Cemex, ainda é possível que o projeto da Semen Indonesia pudesse melhorar seu valor para a empresa e se tornar aceitável.

Análise de sensibilidade: mensuração do ponto de vista da matriz

Quando um projeto estrangeiro é analisado do ponto de vista da matriz, o risco adicional decorrente de sua localização "estrangeira" pode ser medido de pelo menos duas maneiras: *corrigindo as taxas de desconto* ou *corrigindo os fluxos de caixa*.

Corrigindo a taxa de descontos. O primeiro método é tratar todo o risco estrangeiro como um único problema, corrigindo a taxa de desconto aplicável a projetos estrangeiros em relação à taxa usada para projetos domésticos de modo a refletir o maior risco cambial, risco político, custos de agência, informações assimétricas e outras incertezas percebidas nas operações estrangeiras. No entanto, corrigir a taxa de desconto aplicada ao fluxo de caixa de um projeto estrangeiro de modo a refletir essas incertezas não penaliza o valor presente líquido proporcionalmente ou a quantia real em risco ou possíveis variações na natureza desse risco ao longo do tempo. Combinando todos os riscos em uma única taxa de desconto pode, assim, nos fazer descartar muitas informações sobre as incertezas do futuro.

No caso do risco cambial, mudanças nas taxas de câmbio têm um efeito potencial sobre os fluxos de caixa futuros devido à exposição operacional. A direção do efeito, no entanto, pode ou diminuir ou aumentar as entradas de caixa líquidas, dependendo de onde os produtos são vendidos e onde os insumos são adquiridos. Aumentar a taxa de desconto aplicável a um projeto estrangeiro, com base na suposição de que a moeda estrangeira pode ser depreciada mais do que se espera, ignora o possível efeito favorável de uma depreciação de uma moeda estrangeira sobre a posição competitiva do projeto. O maior volume de vendas pode mais do que neutralizer um valor mais baixo da moeda local. Tal aumento na taxa de desconto também ignora a possibilidade de que a moeda estrangeira possa ser apreciada (risco bilateral).

Corrigindo os fluxos de caixa. No segundo método, incorporamos os riscos estrangeiros às correções dos fluxos de caixa previstos do projeto. A taxa de desconto do projeto estrangeiro é corrigida pelo risco somente para riscos de negócios e financeiros gerais, da mesma maneira que para projetos domésticos. A avaliação baseada em simulações utiliza o desenvolvimento de cenários para estimar fluxos de caixa para a matriz decorrentes do projeto ao longo do tempo, sob diferentes cenários futuros econômicos alternativos.

A certeza relativa à quantidade e à cronologia dos fluxos de caixa em um possível investimento estrangeiro é, para citar *O Falcão Maltês*, "as coisas das quais os sonhos são feitos". Devido à complexidade das forças econômicas em funcionamento nos principais projetos de investimento, é essencial que o analista perceba a subjetividade dos fluxos de caixa previstos. A humildade na análise é uma característica valiosa.

Pontos fracos de cada um. Em muitos casos, no entanto, nem corrigir a taxa de desconto nem corrigir os fluxos de caixa é ótimo. Por exemplo, as incertezas políticas são uma ameaça a todo o investimento, não somente os fluxos de caixa anuais. A perda potencial depende parcialmente do valor terminal do investimento não recuperado da matriz, que varia dependendo de como o projeto foi financiado, se foi ou não obtido seguro de risco político, e que horizonte de investimento está sendo contemplado. Além disso, se a expectativa for de o clima político ser desfavorável no futuro próximo, qualquer investimento provavelmente seria inaceitável. Incertezas políticas geralmente estão relacionadas a possíveis eventos adversos que possam ocorrer em um futuro mais distante, mas que não podem ser previstos no presente. Corrigir a taxa de desconto pelo risco político, assim, penaliza os fluxos de caixa mais próximos sem penalizar fluxos de caixa suficientemente distantes.

Repercussões para o investidor. Além dos riscos políticos e cambiais previstos, a EMNs às vezes se preocupam com a possibilidade de que empreender um projeto estrangeiro possa aumentar o custo de capital geral da empresa devido às percepções dos investidores sobre o risco estrangeiro. Esta preocupação pareceria razoável se a empresa tivesse investimentos significativos no Iraque, Sérvia ou Afeganistão na década de 1990. Entretanto, o argumento perde em poder persuasivo quando aplicado a investimentos estrangeiros diversificados com um forte peso nos países industrializados do Canadá, Europa Ocidental, Austrália, América Latina e Ásia, onde, na verdade, se localiza a maior parte do investimento estrangeiro direto. Esses países têm uma reputação por tratar os investimentos estrangeiros segundo padrões consistentes e evidências empíricas confirmam que uma presença estrangeira nesses países pode não aumentar o custo de capital. Na verdade, alguns estudos indicam que os retornos exigidos sobre projetos estrangeiros podem até mesmo ser menores do que os de projetos domésticos.

Práticas das EMNs. Pesquisas sobre EMNs nos últimos 35 anos mostraram que aproximadamente metade delas corrige a taxa de desconto e a outra metade corrige os fluxos de caixa. Uma pesquisa recente indicou um crescente uso da correção da taxa de descontos em detrimento da correção dos fluxos de caixa. Entretanto, a pesquisa também indicou um crescente uso de métodos multifatorias – correção da taxa de desconto, correção dos fluxos de caixa, análise de opções reais e critérios qualitativos – ao avaliar investimentos estrangeiros.[2]

Mensuração do risco de carteira

Como discutimos no Capítulo 17, o campo das finanças distingue duas definições de risco: 1) o risco do título individual (desvio padrão do retorno esperado) e 2) o risco do título individual como componente de uma carteira (*beta*). Um investimento estrangeiro empreendido a fim de entrar em um mercado local ou regional – a busca de mercados – terá retornos que estão mais ou menos correlacionados aos do mercado local. A avaliação baseada em carteira das perspectivas do investimento pareceriam apropriadas, então. Um investimento estrangeiro empreendido com fins de *busca de recursos* ou *busca de produção* pode ter retornos relacionados àqueles da empresa matriz ou a unidades localizadas em algum outro lugar do mundo e pouco têm a ver com os mercados locais. O investimento proposto da Cemex na Semen Indonesia é tanto para a *busca de mercados* quanto para a *busca de produção* (para exportação). A decisão sobre que abordagem deve ser usada pela EMN ao avaliar possíveis investimentos estrangeiros pode ser a decisão analítica mais

---

[2] Keck, Tom, Eric Levengood e Al Longield, "Using Discounted Cash Flow Analysis in an International Setting: A Survey of Issues in Modeling the Cost of Capital," *Journal of Applied Corporate Finance*, Volume 11, Number 3, Fall 1998, pp. 82–99.

importante a ser tomada. A aceitabilidade de um investimento pode mudar drasticamente de um critério para outro.

Para comparações dentro do país anfitrião local, devemos supervisionar o financiamento real de um projeto ou a capacidade de dívida influenciada pela empresa matriz, já que estes provavelmente seriam diferentes para investidores locais do que para um proprietário multinacional. Além disso, os riscos do projeto para os investidores locais podem ser diferentes daqueles percebidos por um proprietário multinacional estrangeiro, devido às oportunidades que uma EMN possui para tirar proveito de imperfeições de mercado. Além do mais, o projeto local pode ser apenas um de uma carteira internacionalmente diversificada de projetos para o proprietário multinacional; se empreendido por investidores locais ela pode ter que ser analisada individualmente, sem diversificação internacional. Como a diversificação reduz o risco, a EMN pode exigir uma taxa de retorno mais baixa do que a que é exigida pelos investidores locais.

Assim, a taxa de desconto usada localmente tem que ser uma taxa hipotética baseada em uma avaliação sobre o que os investidores locais independentes provavelmente exigiriam se eles fossem donos do negócio. Consequentemente, a aplicação da taxa de desconto local a fluxos de caixa locais fornece apenas uma medida aproximada do valor do projeto como um empreendimento individual, e não uma avaliação absoluta.

ANÁLISE DE OPÇÕES REAIS

A abordagem do fluxo de caixa descontado (DCF, *discounted cash flow*) usada na avaliação da Semen Indonesia – e o orçamento de capital e a avaliação em geral – há muito tempo têm seus críticos. Investimentos de longa vida, retornos de fluxo de caixa em anos posteriores ou níveis mais altos de risco do que os níveis típicos das atividades de negócios correntes da empresa geralmente são rejeitados pela análise financeira DCF tradicional. O que é ainda mais importante, é que quando as EMNs avaliam projetos concorrentes, a análise tradicional de fluxo de caixa descontado é tipicamente incapaz de captar as *opções estratégicas* que uma opção de investimento individual pode oferecer. Isso levou ao desenvolvimento da *análise de opções reais*. A análise de opções reais é a aplicação da teoria de opções às decisões de orçamento de capital.

A análise de opções reais é uma maneira diferente de pensar em valores de investimento. Em sua essência, é um cruzamento entre uma análise de árvore de decisões e a pura avaliação de opções. Ela é particularmente útil para analisar projetos de investimento que seguirão trajetórias de valor muito diferentes em pontos de decisão no tempo em que as decisões da administração são tomadas considerando o objetivo do projeto. Esta ampla variedade de possíveis resultados está no cerne da teoria de opções reais. Essas amplas variedades de valor são *volatilidades*, o elemento básico da teoria de precificação de opções descrita no Capítulo 8.

A avaliação de opções reais também nos permite analisar diversas decisões gerenciais que, na prática, caracterizam muitos importantes projetos de investimento de capital:

- A opção de adiar
- A opção de abandonar
- A opção de alterar a capacidade
- A opção de iniciar ou fechar operações (*switching*)

A análise de opções reais trata os fluxos de caixa em termos de valor futuro de maneira positiva, enquanto que o DCF trata os fluxos de caixa futuros de maneira negativa (descontos). A análise de opções reais é um dispositivo particularmente poderoso ao abordar possíveis projetos de investimento com vidas extremamente longas, ou investimentos que não serão iniciados até datas futuras. A análise de opções reais reconhece a maneira como as informações são reunidas ao longo do tempo para dar suporte à tomada de decisões. A administração aprende a adquirir conhecimentos de forma ativa (buscando-os) e de forma passiva (observando as condições de mercado) e então usa esse conhecimento para tomar decisões melhores. O Minicaso deste capítulo ilustra uma aplicação da análise de opções reais.

FINANCIAMENTO DE PROJETOS (*PROJECT FINANCE*)

Um dos tópicos mais populares em finanças internacionais hoje em dia é o de financiamento de projetos ou *project finance*. O *project finance* é o arranjo de financiamento de projetos de capital de longo prazo, de grande escala, de vida longa, e geralmente de alto risco. Esta é uma definição muito geral, porém, porque muitas formas e estruturas podem ser classificadas sob esse título genérico.

O *project finance* não é algo novo. Há exemplos que datam de séculos e incluem muitos negócios internacionais famosos, como a Dutch East India Company e a British East India Company. Esses importadores empresariais financiavam seus empreendimentos comerciais para a Ásia a cada viagem, com o financiamento de cada viagem sendo como capital de risco; os investidores seriam pagos quando o expedidor retornasse e as frutas do mercado asiático fossem vendidas nas docas para mercadores do Mediterâneo e da Europa. Se tudo corresse bem, os acionistas individuais da viagem recebiam pagamento integral.

O *project finance* é amplamente utilizado hoje por EMNs no desenvolvimento de projetos de infraestrutura de grande escala na China, Índia, Oriente Médio e muitos outros mercados emergentes. Apesar de cada projeto individual ter características singulares, a maioria deles é de transações alavancadas, com dívida formando mais de 60% do financiamento total. O capital próprio é um pequeno componente do financiamento de projetos por dois motivos: 1) a simples escala do projeto de investimento geralmente evita que um único investidor ou mesmo um grupo de investidores privados sejam capazes de financiá-lo e 2) muitos desses projetos envolvem assuntos tradicionalmente financiados por governos – como geração de energia elétrica, construção de represas, construção de estradas, exploração, produção e distribuição de energia.

Este nível de dívida, no entanto, gera um enorme ônus sobre o fluxo de caixa para o pagamento da dívida. Portanto, o financiamento de projetos geralmente exige diversos níveis adicionais de redução de riscos. Os credores envolvidos nesses investimentos têm que se sentir seguros de que serão pagos; os banqueiros não são empreendedores por natureza, e não gostam que o financiamento de projetos gere retornos empresariais.

As quatro propriedades básicas a seguir são cruciais para o sucesso do *project finance*:

1. **Separabilidade do projeto de seus investidores.** O projeto é estabelecido como uma entidade legal individual, separada das responsabilidades legais e financeiras de seus investidores individuais. Isso não somente protege os ativos dos investidores, mas também fornece uma plataforma controlada sobre a qual os credores podem avaliar os riscos associados ao projeto singular. A capacidade de os fluxos de caixa do projeto pagarem toda a dívida sozinhos garante que os pagamentos da dívida sejam automaticamente alocados pelo projeto propriamente dito (e não por uma decisão da administração de uma EMN).
2. **Projetos singulares de vida longa e intensivos em termos de capital.** O projeto individual não somente tem que ser separável e grande em proporção aos recursos financeiros de seus proprietários, mas sua linha de negócios tem que ser singular em sua construção, operação e tamanho (capacidade). O tamanho é determinado na concepção e raramente é alterado durante a vida do projeto.
3. **Previsibilidade do fluxo de caixa a partir de compromissos de terceiros.** Um campo de petróleo ou uma usina de energia elétrica produzem uma *commodity* homogênea que pode gerar fluxos de caixa previsíveis se os compromissos de terceiros de receber ou realizar pagamentos puderem ser estabelecidos. Custos não financeiros de produção precisam ser controlados ao longo do tempo, normalmente através de contratos de fornecimento de longo prazo com cláusulas de ajuste de preços baseadas na inflação. A previsibilidade das entradas de caixa líquidas para contratos de longo prazo elimina grande parte do risco de negócios do projeto individual, permitindo que a estrutura financeira seja fortemente financiada por dívida, mas ainda permaneça livre de dificuldades financeiras.

    A previsibilidade do fluxo de receitas do projeto é essencial ao garantir o financiamento de projetos. Típicas provisões de contrato com a intenção de garantir um fluxo de caixa adequado normalmente inclui as seguintes cláusulas: quantidade e qualidade da produção do projeto; uma fórmula de precificação que aumenta a previsibilidade da margem adequada para cobrir os custos operacionais e os pagamentos da dívida e uma clara declaração das circunstâncias que permitem mudanças significativas no contrato, como *força maior* ou condições de negócios adversas.

4. **Projetos finitos com vidas finitas.** Mesmo com um investimento de longo prazo, é crucial que o projeto tenha um ponto final definido no qual toda a dívida e todo o capital próprio tenham sido pagos. Como o projeto é um investimento individual cujos fluxos de caixa vão diretamente para o serviço de sua estrutura de capital, e não para reinvestimentos em crescimento ou outras alternativas de crescimento, investidores de todos os tipos precisam de garantias de que os retornos do projeto serão alcançados dentro de um período finito. Não há apreciação de capital, somente fluxo de caixa.

Exemplos de financiamento de projetos incluem alguns dos maiores investimentos individuais empreendidos nas três últimas décadas, como o financiamento pela British Petroleum de seus interesses no Mar do Norte e no Oleoduto Trans-Alasca. O Oleoduto Trans-Alasca era um *joint venture* entre a Standard Oil de Ohio, Atlantic Richfield, Exxon, British Petroleum, Mobil Oil, Philips Petroleum, Union Oil e Amerada Hess. Cada um desses projetos custou US$1 bilhão ou mais e representou despesas de capital que nenhuma empresa individual tentaria ou poderia tentar financiar. Contudo, através de um acordo de *joint venture*, o risco mais alto do que o normal absorvido pelo capital empregado pode ser gerenciado. O Quadro *Finanças globais na prática 19.1* ressalta o corrente foco de *project finance*, o Oriente Médio.

FINANÇAS GLOBAIS NA PRÁTICA 19.1

Boom de *project finance*

O disparo nas receitas de petróleo trouxe um tempo de *booms* ao Oriente Médio – e com eles, uma demanda sem precentes por *project finance*. Os banqueiros dizem que o Golfo se tornou o maior mercado do mundo de *project finance*. Segundo o HSBC, US$33bi dos US$98,5bi em *project finance* levantados globalmente na primeira metade deste ano foram para o Oriente Médio. Há cinco anos atrás, esse valor foi de US$7bi.

Outros concordam. Simon Elliston, gerente regional de financiamentos de infraestrutura e energia da Europa, Oriente Médio e África do Citigroup, diz: "As transações de *project finance* de novas construções no Oriente Médio superam as novas construções em qualquer outra parte do mundo". Os estados do Golfo estão cheios de dinheiro devido ao aumento no preço do petróleo. As empresas regionais de energia estão investindo fortemente para aumentar a capacidade, indo da produção a montante de petróleo e gás e produtos petroquímicos e geração de energia elétrica. Mas os governos também estão tentando diversificar as economias – a maioria, fortemente dependente dos hidrocarbonetos – fazendo melhorias na infraestrutura, incluindo vastos desenvolvimentos de propriedades e expansões de aeroportos e portos.

Florence Eid, economista sênior do Oriente Médio e África do Norte para a JPMorgan, diz que o *boom* da região é impulsionado pela construção, propriedade, infraestrutura e produtos petroquímicos. Declan Hegarty, diretor-gerente da consultoria de financiamento de dívidas do Oriente Médio para o HSBC, diz que há uma enorme quantidade de atividades. Mas há uma diferença entre os mercados. "Os mercados mais ativos nos últimos anos têm sido os do Catar, Abu Dhabi e Oman" ele diz. "Mas o saldo de atividades tem se deslocado nos últimos 12 meses para a Arábia Saudita, que sempre foi o mercado do futuro. Por exemplo, quando o programa privado de energia da Arábia Saudita estiver concluído, ele terá mais capacidade de energia que o resto da região do Golfo junta. Dubai hoje não é um mercado de *project finance*, embora isso possa mudar devido aos extensos planos em infraestrutura".

Os bancos, que fornecem a maior parte dos financiamentos, estão entre aqueles que se mais beneficiam com esse aumento de atividade repentino. Mas apesar de ter surgido um forte tipo de banco regional e local, bancos internacionais como o HSBC e o Citigroup aumentaram sua presença. Por exemplo, o governo do Catar anunciou recentemente projetos que valiam pelo menos US$130bi e disse que queria financiar pelo menos a metade junto a bancos regionais, alguns dos quais, inclusive o Barclays Capital, Credit Suisse e JPMorgan, estão estabelecendo um centro financeiro em Doha, a capital.

Há vantagens e desvantagens de se pensar em financiamentos para além dos bancos. Eles são importantes, particularmente nas etapas iniciais de um projeto, porque eles compreendem que pode haver atrasos na construção. "Eles podem geralmente reagir porque normalmente têm relacionamentos próximos com os clientes", diz o Sr. Hegarty. No entanto, à medida que um projeto vai amadurecendo, outras fontes de financiamento, inclusive o mercado de títulos de dívida, de securitização e o mercado financeiro islâmico vão se tornando cada vez mais relevantes. O Sr. Hegarty diz: "O modelo de financiamento mais clássico está se esfacelando porque alguns dos projetos estão ficando grandes demais. Temos que procurar diversificar as fontes de financiamento".

Fonte: Extraído de *"Project Finance*: Boom Brings Strong Demand," *Financial Times*, 28 de novembro de 2006.

RESUMO

- O investimento *greenfield* proposto pela Cemex na Indonésia foi analisado segundo o modelo tradicional de orçamento de capital (caso base).

- Complicações estrangeiras, inclusive riscos cambiais e políticos, foram introduzidos na análise.

- Os fluxos de caixa da matriz têm que ser distinguidos dos fluxos de caixa do projeto. Cada um desses dois tipos de fluxo contribui para uma diferente visão de valor.

- Os fluxos de caixa da matriz geralmente dependem da forma de financiamento. Assim, os fluxos de caixa não podem ser claramente separados das decisões de financiamento, como é feito no orçamento de capital doméstico.

- Fluxos de caixa adicionais gerados por um novo investimento em uma subsidiária estrangeira podem ser, parciais ou integralmente retirados de uma outra subsidiária, com o resultado líquido de que o projeto é favorável a partir do ponto de vista de uma única subsidiária, mas não contribui em nada para os fluxos de caixa no nível mundial.

- A emissão de fundos para a matriz tem que ser explicitamente reconhecida devido a diferentes sistemas tributários, restrições legais e políticas sobre a movimentação de fundos, normas de negócios locais e diferenças em como os mercados e as instituições financeiras funcionam.

- Os fluxos de caixa das subsidiárias para a matriz podem ser gerados por uma série de pagamentos não financeiros, inclusive o pagamento de taxas de licenciamento e pagamentos de importações da empresa matriz.

- É necessário se prever diferentes taxas de inflação nacional devido à sua importância em causar mudanças na posição competitiva e, assim, nos fluxos de caixa ao longo de um período de tempo.

- A análise de orçamento de capital de um projeto estrangeiro deve ser corrigida pelos possíveis riscos cambiais e políticos associados ao investimento.

- Diversos métodos alternativos são utilizados para corrigir pelo risco, inclusive adicionar um prêmio de risco adicional ao fator de desconto utilizado, diminuindo os fluxos de caixa esperados e realizando uma detalhada análise de sensibilidade e de cenário sobre os resultados esperados do projeto.

- As opções reais são uma maneira diferente de pensar nos valores de investimento. Em sua essência, é um cruzamento entre a análise de árvore de decisões e a pura avaliação de opções.

- A avaliação de opções reais também nos permite avaliar a opção de adiar, a opção de abandonar, a opção de alterar capacidade e a opção de iniciar ou fechar um projeto.

MINICASO

A entrada da Trident no mercado chinês – uma aplicação da análise de opções reais

A Trident está avaliando a possibilidade de entrar no mercado chinês. A equipe de gerência sênior, liderada pelo CEO Charles Darwin, concluiu, a partir de diversos estudos preliminares (cujo codinome era *Beagle*) realizados por um grupo de consultores, que dentro de três a cinco anos este mercado poderia muito bem determinar quem seriam os principais participantes no setor de telecomunicações da Trident. A equipe de finanças empresariais, liderada pela CFO Maria Gonzalez, concluiu uma análise financeira preliminar própria, com base nos números apresentados pelos consultores.

Os resultados da análise do valor esperado realizada pela equipe de finanças empresariais não foram, no entanto, encorajadores. Como ilustrado no Quadro 1, os lucros brutos esperados do empreendimento foram estimados em apenas US$10 milhões.

- Esperava-se que as receitas seguissem um dentre dois caminhos – ou *altas* (aproximadamente US$130 milhões com uma probabilidade de 50%) ou *baixas* (US$50 milhões com uma probabilidade de 50%). Portanto, usando a análise de valor esperado, as receitas foram estimadas em US$90 milhões.

- Esperava-se que os custos fossem altos (US$120 milhões), médios (US$80 milhões), ou baixos (US$40 milhões), todos com uma igual probabilidade de 33,3% de ocorrência. O valor esperado dos custos era de US$80 milhões.

O que tornava esse lucro bruto de US$10 milhões nada atraente era o fato de o grupo de desenvolvimento de mercado estar exigindo outros US$15 milhões à vista para pesquisa e desenvolvimento (P&D). Esta despesa de capital não poderia ser justificada. O retorno total esperado sobre o projeto seria, então, de US$5 milhões negativos: (US$15) + US$10 = (US$5). A equipe de finanças empresariais concluiu que o projeto não era um investimento aceitável em sua presente forma.

Charles ficou claramente frustrado com a equipe de finanças durante a apresentação de seus resultados. Depois de um debate fervoroso sobre valores individuais, Charles perguntou o que especificamente seria aprendido se os US$15 milhões extras em pesquisas e desenvolvimento de mercado fossem, de fato, gastos. Eles melhorariam a lucratividade esperada do projeto?

Depois de novas análises, a equipe de finanças empresariais concluiu que nada de significativo seria aprendido sobre o mercado ou sobre as probabilidades ou valores esperados de receitas. No entanto, depois da despesa extra com P&D, a equipe se sentiria certa de que o custo das operações seriam mais bem conhecidos.

QUADRO 1 — Análise da Trident sobre a entrada no mercado chinês

Receitas	Valor (milhões)	Probabilidade	Valor esperado (milhões)
Altas	US$130	0,50	US$65,00
Baixas	50	0,50	25,00
Valor esperado	US$90		
Custos			
Altos	US$120	0,33	US$40,00
Médios	80	0,33	26,67
Baixos	40	0,33	13,33
Valor esperado			US$80,00

Lucro bruto esperado = receitas − custos = US$90 − US$80 = US$10.

Charles, então, pediu à equipe de finanças empresariais que vissem o projeto segundo uma abordagem alternativa.

"E se a despesa de US$15 milhões fosse vista como a compra de uma opção de compra sobre o projeto? O que quero dizer é, se gastarmos os US$15 milhões, depois teremos a capacidade de identificar o custo real associado a empreender o projeto. Apesar de ainda não conhecermos realmente as receitas – ainda temos risco de negócios – seríamos capazes de decidir de maneira mais inteligente se devemos parar ou continuar com o projeto naquele momento".

Como mostra o Quadro 2, depois do investimento (ou despesa) de US$15 milhões em pesquisa e desenvolvimento, a empresa saberia em qual dos três níveis de custo estaria – alto, médio ou baixo. Independentemente da receita esperada, ainda supostamente de US$90 milhões, a empresa poderia fazer uma escolha inteligente de parar ou prosseguir nesse momento. Isso era, na opinião de Charles, uma maneira muito mais lógica de realizar a análise.

Maria Gonzalez e sua equipe de finanças, no entanto, ainda não estavam convencidos. Maria disse, "Mas estaríamos gastando os US$15 milhões adiantados e ainda estaríamos olhando para os mesmos resultados esperados. Não vejo como sua abordagem muda qualquer coisa".

Charles continuou, "Ela muda muita coisa. Depois de gastar os US$15 milhões, saberíamos – com mais certeza – qual seria o resultado provável. Se fosse o nível de custo médio ou baixo, prosseguiríamos e acabaríamos com um lucro operacional ou de US$10 ou de US$50 milhões, dependendo das receitas. Se fosse o nível de custo alto, pararíamos todo o trabalho imediatamente, antes de incorrer em novos custos operacionais. O valor esperado, pelo menos segundo meus cálculos, é de US$20 milhões positivos":

$$\text{Valor esperado} = (US\$15) - [(0{,}333 \times US\$0) + (0{,}333 \times US\$10) + (0{,}333 \times US\$50)] = US\$20$$

QUADRO 2 — Análise de opções da Trident sobre a entrada no mercado chinês

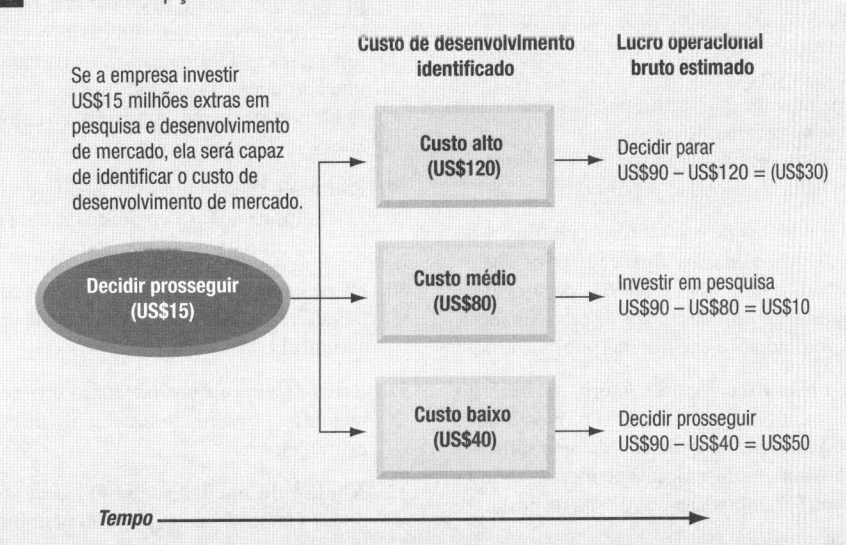

Se a empresa investir US$15 milhões extras em pesquisa e desenvolvimento de mercado, ela será capaz de identificar o custo de desenvolvimento de mercado.

Decidir prosseguir (US$15)

- **Custo de desenvolvimento identificado: Custo alto (US$120)** → Decidir parar. Lucro operacional bruto estimado: US$90 − US$120 = (US$30)
- **Custo médio (US$80)** → Investir em pesquisa. US$90 − US$80 = US$10
- **Custo baixo (US$40)** → Decidir prosseguir. US$90 − US$40 = US$50

Tempo →

Investir na P&D de mercado é equivalente a comprar uma opção de compra.
Os valores estão representados em milhões.

Então Maria percebeu o que Charles estava dizendo. A compra da opção de compra, a despesa de US$15 milhões, permitiria que a Trident evitasse o cenário que geraria perdas (o nível de custo alto com um resultado esperado de US$30 milhões negativos), então o nível de custo alto entraria no cálculo do valor esperado como zero. A compra da opção de compra de fato permitiria que a Trident empreendesse o investimento, se assim o desejasse, somente depois de conseguir mais tempo e conhecimento.

Charles e a gerência sênior concluíram, então, que eles tinham ganho a discussão (como a gerência sênior sempre faz) e aprovaram o projeto.

O potencial da análise de opções reais

A análise de opções reais, assim como o DCF e outras técnicas de análises de investimento, não é nada além de uma ferramenta. As duas técnicas são complementares. A administração deve empregar ambos os métodos na análise de possíveis investimentos e reunir informações a partir de ambos.

Ao contrário de nosso exemplo, a análise de opções reais não é uma mera técnica. É necessário um enorme "conforto" técnico por parte do analista para implementar a técnica corretamente. Como a maioria das técnicas deduzidas da teoria financeira, ela é facilmente abusável. Aqueles que utilizarem as informações fornecidas por uma análise de opções reais têm que ser treinados na interpretação adequada dos resultados.

Mas a análise de opções reais está ganhando uso e popularidade. Consistente com o exemplo da Trident, ela geralmente é favorecida primeiramente pela gerência sênior por possuir duas características de que eles gostam. Sua estrutura reconhece a sequência temporal de um projeto, descrevendo entradas e saídas de caixa em diferentes momentos. Isso é mais consistente com a forma com que a administração geralmente vê um projeto se desenvolver. A análise de opções reais também parece valorizar a "administração" em sua própria natureza; ela dá crédito à capacidade da administração de obter novas informações e tomar boas decisões empresariais nos momentos em que essas decisões têm que ser tomadas.

Perguntas sobre o caso

1. Como a análise de opções reais difere da análise de valor esperado tradicional?
2. Como a análise de opções reais usa a coleta de informações de maneira diferente da análise de fluxo de caixa descontado?
3. Recalcule a análise de retorno esperado e a análise de opções reais da entrada no mercado chinês supondo que as probabilidades de receita alta sejam de 25% e de receita baixa 75%. O projeto é aceitável sob alguma das metodologias de tomada de decisões?

PERGUNTAS

1. **Modelo teórico do orçamento de capital.** O orçamento de capital de um projeto estrangeiro usa o mesmo modelo teórico que o orçamento de capital doméstico. Quais são os passos básicos no orçamento de capital doméstico?

2. **Complexidades estrangeiras.** O orçamento de capital de um projeto estrangeiro é consideravelmente mais complexo do que para um projeto doméstico. Quais são os fatores que adicionam complexidade?

3. **Avaliação do ponto de vista do projeto *versus* ponto de vista da matriz.**
   a. Por que um projeto estrangeiro deve ser avaliado de um ponto de vista tanto do projeto quanto da matriz?
   b. Que ponto de vista, do projeto ou da matriz, gera resultados mais próximos ao significado tradicional do valor presente líquido no orçamento de capital?
   c. Que ponto de vista gera resultados mais próximos ao efeito sobre os lucros consolidados por ação?

4. **Fluxo de caixa.** Os projetos de capital fornecem fluxos de caixa operacionais e fluxos de caixa financeiros. Por que os fluxos de caixa operacionais são preferíveis para o orçamento de capital doméstico, mas os fluxos de caixa financeiros recebem mais consideração em projetos internacionais?

5. **Retorno corrigido pelo risco.** A taxa interna de retorno (IRR) prevista para um projeto estrangeiro proposto deve ser camparada a (a) propostas alternativas do país anfitrião, (b) retornos obtidos por empresas locais no mesmo setor e/ou classe de risco, ou (c) ambos? Justifique sua resposta.

6. **Fluxos de caixa bloqueados.** No contexto da avaliação de propostas de investimento estrangeiro, como uma empresa multinacional deve avaliar os fluxos de caixa no país anfitrião que estão bloqueados para serem repatriados ao país da empresa?

7. **Inflação do país anfitrião.** Como uma EMN deve incluir a inflação do país anfitrião em sua avaliação de uma proposta de investimento?

8. **Custo de capital próprio.** Uma subsidiária estrangeira não possui um custo de capital independente. No entanto, a fim de estimar a taxa de desconto para uma empresa comparável do país anfitrião, o analista deve tentar calcular um custo de capital hipotético. Como parte desse processo, o analista pode estimar o custo de capital hipotético da subsidiária usando a equação tradicional: $k_e = k_{rf} + \beta(k_m - k_{rf})$. Defina cada variável nesta equação e explique como a variável pode ser diferente para uma empresa hipotética do país anfitrião em comparação à matriz da EMN.

9. **Pontos de vista.** Quais são as diferenças nos fluxos de caixa usados na análise do ponto de vista do projeto e na análise do ponto de vista da matriz?

10. **Risco cambial.** Como a sensibilidade ao risco cambial é incluída na análise do orçamento de capital de um projeto estrangeiro?

11. **Risco de expropriação.** Como o risco de expropriação é incluído na análise do orçamento de capital de um projeto estrangeiro?

12. **Análise de opções reais.** O que é a análise de opções reais? Como ela é um método melhor para se tomar decisões de investimento do que a análise tradicional de orçamento de capital?

PROBLEMAS

*1. **Trefica de Honduras.** A Texas Pacific, uma empresa de capital fechado norte-americana, está tentando determinar o quanto deve pagar por uma empresa de fabricação de ferramentas em Honduras chamada Trefica. A Texas Pacific estima que a Trefica vá gerar um fluxo de caixa livre de 13 milhões de lempiras hondurenhas (Lp) no próximo ano (2003), e que esse fluxo de caixa livre vá continuar a crescer a uma taxa constante de 8,0% ao ano indefinidamente.

Uma empresa de capital fechado como a Texas Pacific, no entanto, não está interessada em ser proprietária de uma empresa por muito tempo, e planeja vendê-la ao final de três anos por aproximadamente 10 vezes o fluxo de caixa livre da Trefica naquele ano. A taxa de câmbio à vista corrente é de Lp14,80/US$, mas espera-se que a taxa de inflação hondurenha permaneça a uma taxa relativamente alta de 16,0% ao ano em comparação à taxa de inflação do dólar americano de apenas 2,0% ao ano. A Texas Pacific espera obter uma taxa de retorno anual de pelo menos 20% sobre os investimentos internacionais como a Trefica.
   a. Quanto valeria a Trefica se a lempira hondurenha permanecesse fixa ao longo do período de investimento de três anos?
   b. Quanto valeria a Trefica se a lempira hondurenha mudasse em valor ao longo do tempo segundo a paridade do poder de compra?

2. **Philadelphia Composite.** A Philadelphia Composite Company (EUA) está considerando investir Rs50.000.000 na Índia para criar uma fábrica de azulejos de propriedade integral para exportar para o mercado europeu. Depois de cinco anos, a subsidiária seria vendida a investidores indianos por Rs100.000.000. Uma demonstração de resultados *pro forma* da operação indiana prevê a geração de um fluxo de caixa anual de Rs7.000.000, como a seguir:

Receita anual de vendas	Rs30.000.000
Menos despesas operacionais em dinheiro	–17.000.000
Menos depreciação	–1.000.000
Lucro antes dos juros e dos impostos	Rs12.000.000
Menos impostos indianos a 50%	–6.000.000
Lucro líquido	Rs6.000.000
Somando de volta a depreciação	+1.000.000
Fluxo de caixa anual	Rs7.000.000

O investimento inicial será feito em 31 de dezembro de 2002, e os fluxos de caixa ocorrerão em 31 de dezembro de cada ano posterior. Os dividendos anuais em dinheiro para a Philadelphia Composite da Índia serão iguais a 75% da renda contábil.

A alíquota de impostos corporativa dos EUA é de 40% e a alíquota de impostos corporativos indiana é de 50%. Como a alíquota de impostos indiana é maior do que a alíquota de impostos dos EUA, os dividendos anuais pagos à Philadelphia Composite não estarão sujeitos a impostos adicionais nos Estados Unidos. Não há impostos de ganhos capitais sobre a venda final. A Philadelphia Composite usa um custo médio ponderado de capital de 14% sobre investimentos domésticos, mas adicionará seis pontos percentuais ao investimento indiano devido ao maior risco percebido. A Philadelphia Composite prevê a taxa de câmbio rúpia/dólar para 31 de dezembro nos próximos seis anos como a seguinte:

Ano	Taxa de câmbio	Ano	Taxa de câmbio
2002	Rs 50,00/US$	2005	Rs 62,00/US$
2003	Rs 54,00/US$	2006	Rs 66,00/US$
2004	Rs 58,00/US$	2007	Rs 70,00/US$

Qual é o valor presente líquido e a taxa interna de retorno sobre este investimento?

3. **Atlantic Properties.** A Atlantic Properties (EUA) espera receber dividendos em dinheiro de uma *joint venture* francesa nos três próximos anos. Espera-se que o primeiro dividendo, a ser pago em 31 de dezembro de 2002, vá ser de €720.000. Espera-se, então, que o dividendo cresça 10,0% ao ano ao longo dos dois próximos anos. A taxa de câmbio corrente (30 de dezembro de 2001) é US$0,9180/€. O custo médio ponderado de capital da Atlantic é de 12%.
   a. Qual é o valor presente do fluxo de dividendos esperados em euros se a expectativa é a de que o euro seja apreciado 4,00% ao ano em relação ao dólar?
   b. Qual é o valor presente do fluxo de dividendos esperados em euros se os euros forem depreciados em 3,00% ao ano em relação ao dólar?

4. **Berkeley Devices.** A Berkeley Devices, Inc. projeta componentes para computadores pessoais. Até o presente momento, a produção tem sido subcontratada a outras empresas, mas por motivos de controle de qualidade, a Berkeley Devices decidiu ela mesma fabricar componentes na Ásia. A análise estreitou a escolha a duas possibilidades: Penang, Malásia e Manila, nas Filipinas. Atualmente, apenas o seguinte resumo de fluxos de caixa esperados depois dos impostos está disponível. Apesar de a maioria das saídas de caixa operacionais ser em ringgit malaios ou pesos filipinos, seriam necessárias algumas saídas de caixa adicionais, como mostra a tabela no fim desta página.

Berkeley em Penang	2002	2003	2004	2005	2006	2007
Fluxos de caixa líquidos em ringgit	(26.000)	8.000	6.800	7.400	9.200	10.000
Fluxos de caixa líquidos em dólar	—	(100)	(120)	(150)	(150)	—
Berkeley em Manila						
Fluxos de caixa líquidos em pesos	(560.000)	190.000	180.000	200.000	210.000	200.000
Saídas de caixa em dólar	—	(100)	(200)	(300)	(400)	—

Fim do ano	Demanda de unidades	Preço de venda	Taxa de câmbio (coroas/US$)	Despesas operacionais fixas em dinheiro	Depreciação
0			32,5		
1	700.000	US$10,00	30,0	US$1.000.000	US$500.000
2	900.000	10,30	27,5	1.030.000	500.000
3	1.000.000	10,60	25,0	1.060.000	500.000

O ringgit malaio é negociado a RM3,80/US$ e o peso filipino, a Ps50,00/US$. A Berkeley espera que o ringgit malaio seja apreciado em 2,0% ano ano em relação ao dólar, e o peso filipino seja depreciado em 5,0% ao ano em relação ao dólar. Se o custo médio ponderado de capital da Berkeley Devices é de 14,0%, que projeto parece mais promissor?

*5. **Koch Refining Company.** A Koch Refining Empresa, de capital fechado, está considerando investir na República Tcheca de modo a ter uma refinaria mais próxima de seus clientes europeus. O investimento original em coroas tchecas (K) somaria K250 milhões, ou US$5.000.000 pela taxa à vista corrente de K32,50/US$, tudo em ativos fixos, que serão depreciados ao longo de 10 anos pelo método de depreciação em linha reta. Outros K100.000.000 serão necessários para o capital de giro.

Para fins de orçamento de capital, a Koch supõe a venda como uma preocupação constante ao final do terceiro ano a um preço, depois de todos os impostos, igual ao valor contábil líquido apenas dos ativos fixos (sem incluir o capital de giro). Todo o fluxo de caixa livre será repatriado para os Estados Unidos o mais rápido possível. Os resultados operacionais e financeiros projetados para o projeto são apresentados em dólares americanos acima.

Espera-se que os custos de produção variáveis representem 50% das vendas. Não precisam ser investidos fundos adicionais na subsidiária norte-americana durante o período em consideração. A República Tcheca não impõe nenhuma restrição à repatriação de quaisquer fundos de qualquer tipo. A alíquota de impostos corporativa tcheca é de 25% e a alíquota dos Estados Unidos é 40%. Ambos os países permitem um crédito fiscal para impostos pagos em outros países. Koch usa 18% como seu custo médio ponderado de capital, e seu objetivo é maximizar o valor presente. O investimento é atraente para a Koch Refining?

6. **Tostadas de Baja, S.A.** A Tostadas de Baja, S.A., localizada no estado de Baja California, México, produz comida mexicana congelada, que tem muitos apreciadores na Califórnia e no Arizona. A fim de estar mais próxima de seu mercado americano, a Tostadas de Baja está considerando transferir parte de suas operações para o sul da Califórnia. As operações ma Califórnia começariam no Ano 1 e teria os seguintes atributos:

a. O preço de venda no Ano 1 nos Estados Unidos seria de uma média de US$5 por embalagem, e os preços aumentariam 3% ao ano.

b. O total de produção e vendas do Ano 1 seria de 1 milhão de embalagens. As vendas unitárias cresceriam a 10% ao ano.

c. Os custos de produção na Califórnia de US$4 estimados por embalagem no Ano 1 aumentariam em 4% ao ano. As despesas gerais e administrativas seriam de US$100.000 ao ano. As despesas com depreciação seriam de US$80.000 ao ano.

d. A Tostadas de Baja usa um custo médio ponderado de capital de 16%.

e. A Tostadas de Baja atribuirá um valor após os impostos à sua fábrica da Califórnia no final do Ano 3 igual a um fluxo infinito de dividendos do ano 3, descontados a 20% ao ano. A taxa de desconto mais alta se deve ao fato de a empresa estar preocupada com o risco político de uma empresa mexicana produzindo na Califórnia.

f. Toda a produção está à venda; logo, o volume de produção é igual ao volume de vendas. Todas as vendas são feitas em dinheiro.

g. As alíquotas federal e estadual combinadas são de 30% nos Estados Unidos e de 25% no México.

h. As taxas de câmbio real e esperada, por ano, são as seguintes:

Ano 0: Ps8,00/US$.	Ano 2: Ps10,00/US$
Ano 1: Ps9,00/US$.	Ano 3: Ps11,00/US$

A fábrica de produção da Califórnia pagará 80% de seu lucro contábil à Tostadas como um dividendo anual em dinheiro. Os impostos mexicanos são calculados sobre dividendos brutos de países estrangeiros, com um crédito para os impostos já pagos no país anfitrião. Qual é o preço máximo em dólares americanos que a Tostadas de Baja deve oferecer no Ano 1 pelo investimento?

Santa Clara Electronics.

Use o problema e as suposições a seguir para responder as perguntas 7–10.

A Santa Clara Electronics, Inc., da Califórnia, exporta 24.000 conjuntos de lâmpadas de baixa densidade por ano para a Argentina sob uma licença de importação que expira em cinco anos. Na Argentina, as lâmpadas são vendidas pelo equivalente em pesos argentinos a US$60 por conjunto. Os custos diretos de produção e de expedição juntos nos Estados Unidos somam US$40 por conjunto. O mercado desse tipo de lâmpada na Argentina é estável, sem crescer ou diminuir, e a Santa Clara detém a maior participação de mercado.

O governo argentino convidou a Santa Clara a abrir uma fábrica de produção de modo que as lâmpadas importadas possam ser substituídas pela produção local. Se a Santa Clara fizer o investimento, ela operará a fábrica por cinco anos e então venderá o edifício e os equipamentos a investidores argentinos pelo valor contábil no momento da venda mais o valor de qualquer capital de giro líquido. (O capital de giro líquido é a quantidade de ativos correntes menos qualquer fração financiada por dívida local). A Santa Clara poderá repatriar toda a renda líquida e todos os fundos de depreciação para os Estados Unidos todo ano. A Santa Clara tradicionalmente avalia todos os investimentos estrangeiros em termos de dólares americanos.

- **Investimento.** A despesa de caixa prevista pela Santa Clara em dólares americanos em 2010 seria a seguite:

Edifício e equipamentos	US$1.000.000
Capital de girto líquido	US$1.000.000
Investimento total	US$2.000.000

Todas as despesas de investimento serão feitas em 2010, e todos os fluxos de caixa operacionais ocorrerão no final dos anos 2011 a 2015.

- **Depreciação e recuperação do investimento.** O edifício e os equipamentos serão depreciados ao longo de cinco anos através de depreciação em linha reta. No final do quinto ano, o capital de giro líquido de US$1.000.000 também pode ser repatriado para os Estados Unidos, assim como o valor contábil líquido restante da fábrica.
- **Preço de venda de lâmpadas.** Lâmpadas fabricadas localmente serão vendidas pelo equivalente em pesos argentinos a US$60 por conjunto.
- **Despesas operacionais por conjunto de lâmpadas.** Vemos compras de material a seguir:

Materiais comprados na Argentina (equivalente em dólares americanos)	US$20 por conjunto
Materiais importados da Santa Clara (EUA)	US$10 por conjunto
Total de custos variáveis	US$30 por conjunto

- **Preços de transferência.** O preço de transferência de US$10 por conjunto para matérias-primas vendidas pela matriz consiste em US$5 de custos diretos e indiretos incorridos nos Estados Unidos sobre sua produção, criando um lucro de US$5 antes dos impostos para a Santa Clara.
- **Impostos.** A alíquota de impostos corporativa é de 40% tanto na Argentina quanto nos Estados Unidos (impostos federais e estaduas/municipais combinados). Não há impostos sobre ganhos de capital sobre a venda futura da subsidiária argentina, seja na Argentina ou nos Estados Unidos.
- **Taxa de desconto.** A Santa Clara Electronics usa uma taxa de desconto de 15% para avaliar todos os projetos domésticos e estrangeiros.

7. **Santa Clara Electronics: Análise de base.** Avalie o investimento proposto pela Santa Clara Electronics (EUA) na Argentina. A administração da Santa Clara deseja que a análise de base seja realizada em dólares americanos (e, implicitamente, também supõe que a taxa de câmbio permaneça fixa ao longo da vida de todo o projeto). Crie um orçamento de capital do ponto de vista do projeto e um orçamento de capital do ponto de vista da matriz. O que você pode concluir a partir de sua análise?

8. **Santa Clara Electronics: cenário de aumento das receitas.** Como resultado de sua análise no problema 7, a Santa Clara deseja explorar as implicações de ser capaz de aumentar o volume de vendas em 4% ao ano. Espera-se que a inflação argentina alcance uma média de 5% ao ano, de modo que os preços das vendas e o custo dos materiais aumentem 7 e 6% ao ano, respectivamente, o que é considerado razoável. Embora se espere que os custos dos materiais venham a aumentar, não se espera que os custos baseados nos EUA mudem ao longo de um período de cinco anos. Avalie este cenário a partir do ponto de vista do projeto e da matriz. O projeto é aceitável sob esse cenário de aumento das receitas?

9. **Santa Clara Electronics: Cenário de aumento das receitas e do preço de venda.** Além das suposições empregadas no problema 8, a Santa Clara agora deseja avaliar a possibilidade de conseguir vender a subsidiária argentina ao final do ano 5 por um múltiplo dos lucros da empresa nesse ano. A Santa Clara acredita que um múltiplo de seis é uma estimativa conservadora do valor de mercado da empresa nesse momento. Avalie os orçamentos de capital do ponto de vista do projeto e da matriz.

10. **Santa Clara Electronics: Cenário de aumento das receitas, do preço de venda e do risco cambial.** Uma das analistas da Santa Clara, que acaba de concluir seu MBA, acredita que seja um grande erro avaliar os lucros potenciais e fluxos de caixa do projeto argentino em dólares americanos, em vez de primeiramente estimar seu valor em pesos argentinos (Ps) e então converter em dólares os retornos dos fluxos de caixa para os EUA. Ela acredita que o método correto a ser utilizado seja a taxa à vista do fim do ano em 2003, de Ps3,50/US$ e supõe que ela vá mudar em relação ao poder aquisitivo. (Ela está supondo que a inflação dos EUA será de 1% ao ano e que a inflação da Argentina será de 5% ao ano). Ela também acredita que a Santa Clara deveria utilizar uma taxa de desconto corrigida pelo risco na Argentina, que reflita os custos de capital argentinos (20% é sua estimativa) e uma taxa de desconto corrigida pelo risco para o orçamento de capital do ponto de vista da matriz (18%), supondo que projetos internacionais em um ambiente de riscos cambiais devem exigir um retorno esperado mais alto do que outros projetos de risco mais baixo. Como essas suposições e mudanças alteram a perspectiva da Santa Clara sobre o investimento proposto?

EXERCÍCIOS NA INTERNET

1. **Projetos de capital e o EBRD.** O Banco Europeu de Reconstrução e Desenvolvimento (EBRD ou European Bank for Reconstruction and Development) foi estabele-

cido com o intuito de "fomentar a transição em direção a economias de mercado aberto e promover a iniciativa privada e empresarial nos países da Europa Central e Oriental e da Comunidade de Estados Independentes (CEI), comprometido com e aplicando os princípios da democracia multipartidária, do pluralismo e da economia de mercado". Use o *site* do EBRD para determinar que projetos e empresas o EBRD está empreendendo atualmente.

www.ebrd.org

2. **Mercados emergentes: China.** Projetos de investimento de longo prazo como a geração de energia elétrica exigem uma compreensão profunda de todos os atributos de se fazer negócios nesse país, inclusive restrições a importações/exportações, relações trabalhistas, financiamento junto a fornecedores, regras tributárias, programas de depreciação, propriedades e restrições atuais, fontes de dívida de curto e de longo prazo, entre outros. Atualmente, a China tem sido foco de investimentos e estratégias de penetração de mercado de empresas multinacionais de todo o mundo. Usando a Internet (você pode começar com os *sites* a seguir), construa um banco de dados sobre como fazer negócios na China, e prepare uma atualização de muitos dos fatores como média das contas a receber pendentes e convertibilidade monetária discutidos neste capítulo.

www.chinamarket.com.cn/
www.citic.com/

PARTE VI

Gerenciamento de Operações Multinacionais

CAPÍTULO 20
Gerenciamento de Tributos Multinacionais

CAPÍTULO 21
Gerenciamento de Capital de Giro

CAPÍTULO 22
Finanças em Comércio Internacional

CAPÍTULO 20

Gerenciamento de Tributos Multinacionais

Os tribunais têm dito repetidas vezes que não há nada de errado em organizar os negócios de modo a manter os impostos os mais baixos possíveis. Todos fazem isso, ricos e pobres, e todos fazem a coisa certa, pois ninguém tem nenhuma obrigação pública de pagar mais do que a lei exige: impostos são subtrações forçadas, e não contribuições voluntárias. Exigir mais em nome da moral é mera hipocrisia.
—Juiz Learned Hand, Commissioner v. Newman, 159 F.2d 848 (CA-2, 1947).

O planejamento fiscal de operações multinacionais é extremamente complexo, mas um aspecto vitalmente importante da administração internacional. Para planejar de maneira eficaz, as EMNs têm que compreender não somente as complexidades de suas próprias operações em todo o mundo, mas também as diferentes estruturas e interpretações das obrigações tributárias em diferentes países. *O principal objetivo do planejamento tributário multinacional é a minimização da carga tributária da empresa em todo o mundo.* Este objetivo, porém, não pode ser buscado sem o total reconhecimento de que a tomada de decisões da empresa tem sempre que ser baseada em fundamentos econômicos da linha de negócios da empresa, e não em políticas complicadas adotadas puramente com a finalidade de reduzir as obrigações fiscais. Como ficou evidente em outros capítulos, os impostos têm um grande impacto sobre a renda e fluxos de caixa líquidos da empresa através de sua influência sobre decisões de investimento estrangeiro, estrutura financeira, determinação do custo de capital, gerenciamento cambial, gerenciamento do capital de giro, e controle financeiro.

O propósito deste capítulo é fornecer um panorama sobre o modo como os impostos são aplicados às EMNs globalmente. A primeira seção apresenta o ambiente fiscal internacional de modo geral. Isso inclui um breve panorama dos ambientes fiscais que uma EMN provavelmente encontrará globalmente e os fundamentos dos tratados fiscais entre diferentes países. A segunda seção examina o preço de transferência. Apesar de usarmos impostos norte-americanos como ilustrações, nossa intenção não é dar a este capítulo ou este livro um foco exclusivamente norte-americano. A maioria das práticas norte-americanas que descrevemos apresenta paralelos próximos em outros países, embora modificados para se adequarem a seu sistema tributário nacional. A terceira e última seção deste capítulo, examina o uso de subsidiárias em paraísos fiscais e centros financeiros internacionais *offshore*.

PRINCÍPIOS FISCAIS

A seção a seguir explica os aspectos mais importantes dos ambientes fiscais internacionais e características específicas que afetam as EMNs. Antes de explicarmos as especificidades da tributação multinacional na prática, no entanto, é necessário introduzir duas áreas de importância fundamental: a *moralidade tributária* e a *neutralidade tributária*.

Moralidade tributária (*tax morality*)

A EMN enfrenta não somente uma enorme quantidade de impostos estrangeiros, mas também uma pergunta ética. Em muitos países, os contribuintes – corporativos ou individuais – não cumprem voluntariamente as leis tributárias. Empresas domésticas menores e pessoas físicas são os principais violadores. A EMN tem que decidir se deve seguir uma prática de divulgação integral para as autoridades fiscais ou adotar a filosofia de "dançar conforme a música". Dada a proeminência local da maioria das subsidiárias estrangeiras e a sensibilidade política de sua posição, a maioria das EMNs segue a prática de divulgação integral. Algumas empresas, no entanto, acreditam que sua posição competitiva seria erodida se elas não evitassem impostos na mesma proporção em que seus concorrentes domésticos o fazem. Obviamente, não há uma resposta prescritiva para o problema, já que a ética empresarial é, em parte, uma função de herança cultural e desenvolvimento histórico.

Alguns países têm impostos que parecem ser penalidades tributárias punitivas arbitrárias sobre as EMNs para supostas violações das leis tributárias locais. As avaliações de impostos sobre propriedade ou de renda às vezes são percebidas pela empresa estrangeira como excessivamente altas em comparação àquelas cobradas sobre empresas de propriedade local. O problema é, então, como responder a essas penalidades tributárias que são punitivas ou discriminatórias.

Neutralidade tributária (*tax neutrality*)

Quando um governo decide cobrar um imposto, ele tem que considerar não somente a receita potencial decorrente do imposto, ou com que eficiência ele pode ser cobrado, mas também o efeito que o imposto proposto pode ter sobre o comportamento econômico privado. Por exemplo, a política do governo norte-americano sobre tributação de renda de fontes estrangeiras não possui como objetivo único levantar receita. Em vez disso, possui diversos objetivos, como os seguintes:

- Neutralizar incentivos fiscais que possam favorecer (ou desfavorecer) o investimento privado pelos EUA em países desenvolvidos
- Oferecer um incentivo ao investimento privado pelos EUA em países em desenvolvimento
- Melhorar o balanço de pagamentos dos EUA, removendo as vantagens de paraísos fiscais artificiais e encorajando a repatriação de fundos
- Levantar receita

O imposto ideal não deve apenas levantar receita eficientemente, mas também, deve ter o mínimo possível de efeitos negativos sobre o comportamento econômico. Alguns teóricos discutem que o imposto ideal deveria ser completamente *neutro* em seu efeito sobre decisões privadas e completamente *equitativas* entre os contribuintes. No entanto, outros teóricos defendem que os objetivos das políticas nacionais como a balança de pagamentos ou o investimento em países em desenvolvimento devem ser encorajados através de uma ativa *política de incentivos fiscais*. A maioria dos sistemas tributários chega a um meio-termo entre esses dois pontos de vista.

Uma maneira de estabelecer a neutralidade é exigir que o ônus da tributação sobre cada dólar, euro, libra ou iene ganho em operações no país original de uma EMN deva ser igual à carga tributária sobre cada equivalente monetário ganho pela mesma empresa em suas operações estrangeiras. Isto se chama *neutralidade doméstica*. Uma segunda maneira de ver a neutralidade é exigir que a carga tributária sobre cada subsidiária estrangeira da empresa seja igual à carga tributária sobre seus concorrentes no mesmo país. Isto se chama *neutralidade estrangeira*. Esta última interpretação geralmente é apoiada pelas EMNs porque elas se focam mais na competitividade da empresa individual em mercados de países individuais.

A questão da *justiça ou equidade fiscal* também é difícil de definir e medir. Na teoria, um imposto equitativo é aquele que impõe a mesma carga tributária total sobre todos os contribuintes com situação similar e localizados na mesma jurisdição fiscal. No caso de renda proveniente de investimentos estrangeiros, o Tesouro dos EUA discute que, já que os Estados Unidos usam o princípio da nacionalidade para definir a jurisdição fiscal, as subsidiárias estrangeiras de propriedade norte-americana estão na mesma jurisdição fiscal que as subsidiárias domésticas norte-americanas. Portanto, um dólar obtido em operações estrangeiras deve ser tributado segundo a mesma alíquota e pago no mesmo momento em que um dólar obtido em operações domésticas.

Ambientes tributários nacionais

Apesar dos objetivos fundamentais das autoridades fiscais nacionais, concorda-se que os impostos afetam as decisões econômicas tomadas pelas EMNs. Os tratados fiscais entre as nações, e estruturas tributárias, alíquotas e práticas diferenciais resultam, todas elas, em certa desigualdade fiscal para as EMNs que competem nos mercados mundiais.

O Quadro 20.1 fornece um panorama das alíquotas de impostos corporativos aplicáveis ao Japão, Alemanha e Estados Unidos. As classificações de renda (por exemplo, lucros distribuídos *versus* não distribuídos), as diferenças nas alíquotas de impostos e a discriminação em alíquotas de impostos aplicáveis a rendas obtidas em países específicos servem para introduzir as dimensões críticas do planejamento tributário para a EMN.

As nações tipicamente estruturam seus sistemas tributários segundo uma das duas abordagens a seguir: a *abordagem mundial* ou a *abordagem territorial*. Ambas as abordagens são tentativas de determinar que empresas, sejam elas estrangeiras ou domésticas por incorporação, ou que rendas, estrangeiras ou domésticas em sua origem, estão sujeitas à tributação pelas autoridades do país anfitrião.

Abordagem mundial. A *abordagem mundial*, também chamada de *abordagem residencial* ou *nacional*, cobra impostos sobre a renda obtida por empresas que são incorporadas no país anfitrião, independentemente de onde a renda foi obtida (no país ou no exterior). Uma EMN que obtenha renda tanto em seu país de origem quanto no exterior, teria, portanto, sua renda tributada pelas autoridades em seu país de origem. Por exemplo, um país como os Estados Unidos tributa a renda obtida por empresas sediadas nos Estados Unidos independentemente de essa renda ter sido obtida

QUADRO 20.1 Comparação das alíquotas de impostos corporativos: Japão, Alemanha, e Estados Unidos

Categoria de renda tributável	Japão	Alemanha	Estados Unidos
Alíquotas de imposto de renda corporativo:	41%	29,5%	40%
Impostos retidos sobre dividendos (carteira):			
com o Japão	—	15%	5%
com a Alemanha	15%	—	5%
com os Estados Unidos	10%	0/5/15%	—
Impostos retidos sobre dividendos (posses substanciais):			
com o Japão	—	15%	5%
com a Alemanha	10%	—	5%
com os Estados Unidos	0/5%	0/5/15%	—
Impostos retidos sobre juros:			
com o Japão	—	10%	10%
com a Alemanha	10%	—	0%
com os Estados Unidos	10%	25%	—
Impostos retidos sobre *royalties*:			
com o Japão	—	10%	0%
com a Alemanha	10%	—	0%
com os Estados Unidos	0%	0%	—

Fonte: Alíquotas de imposto de renda corporativo retiradas de "KPMG's Corporate and Indirect Tax Rate Survey, 2008,"KPMG.com. Alíquotas de impostos em vigor a partir de 1° de abril de 2008. Alíquotas de impostos retidos extraídas de Price Waterhouse Coopers, *Corporate Taxes: A Worldwide Summary, 2009*. "Posses substanciais" para os Estados Unidos se aplicam somente a pagamentos de dividendos interempresariais. Na Alemanha e no Japão, "posses substanciais" se aplicam a acionistas corporativos com participação maior do que 25%.

pela empresa no país de origem ou no exterior. No caso dos Estados Unidos, a renda comum de origem estrangeira é tributada apenas quando são enviadas à empresa matriz. Assim como com todos os assuntos referentes a impostos, no entanto, existem inúmeras condições e exceções. O principal problema é que isso não inclui a renda obtida por empresas estrangeiras em operação nos Estados Unidos. Países como os Estados Unidos, então, aplicam o princípio da *tributação territorial* a empresas estrangeiras dentro de sua jurisdição legal, tributando toda a renda obtida por empresas estrangeiras que também estão dentro de suas fronteiras.

Abordagem territorial. A *abordagem territorial*, também chamada de *abordagem da origem* (ou *fonte*), foca-se na renda obtida dentro da jurisdição legal do país anfitrião, e não do país de incorporação da empresa. Países como a Alemanha, que seguem a abordagem territorial, aplicam impostos igualmente a empresas estrangeiras e domésticas sobre rendas obtidas dentro do país, mas, em princípio, não aplicam impostos sobre rendas obtidas fora do país. A abordagem territorial, assim como a abordagem mundial, resulta em uma grande lacuna na cobertura se as empresas residentes obtiverem renda fora do país, mas não forem tributadas pelo país em que os lucros são auferidos. Neste caso, as autoridades fiscais estendem a cobertura tributária à renda obtida no exterior se ela não for coberta pelas jurisdições fiscais estrangeiras. Mais uma vez, é necessário um misto das duas abordagens para a cobertura total da renda.

Adiamento de tributação. Se a abordagem mundial da tributação internacional for seguida ao pé da letra, ela acabará com o privilégio do *adiamento de tributação* para muitas EMNs. As subsidiárias de EMNs pagam impostos de renda corporativos ao país anfitrião, mas os países de origem de muitas empresas matriz adiam a declaração de impostos de renda adicionais sobre essa renda de origem estrangeira *até ela ser enviada à empresa matriz*. Por exemplo, os impostos de renda corporativos nos EUA sobre alguns tipos de renda de origem estrangeira de subsidiárias de propriedade norte-americana incorporadas no exterior são adiadas até que os lucros sejam enviados à empresa matriz nos EUA. Entretanto, em outubro de 2004, as leis fiscais dos EUA foram modificadas, passando a encorajar que rendas de origem estrangeira obtidas antes de 2003 com pagamento de impostos adiado fossem repatriadas aos Estados Unidos segundo uma baixa alíquota de impostos de 5,25%. Para ter direito a essa baixa alíquota, esse dinheiro tinha que ser repatriado antes do final de 2005 e ser usado para estimular a criação de empregos nos Estados Unidos.

Tratados fiscais

Uma rede de tratados fiscais bilaterais, muitos dos quais são modelados segundo um tratado proposto pela Organização para a Cooperação e Desenvolvimento Econômico (OCDE), fornece um meio de reduzir a dupla tributação. Os tratados fiscais normalmente definem se serão ou não cobrados impostos sobre rendas obtidas em um país por empresas de outras nacionalidades e, em caso afirmativo, como isso ocorrerá. Os tratados fiscais são bilaterais, com os dois signatários especificando que alíquotas são aplicáveis a que tipos de renda apenas entre eles dois. No Quadro 20.1, vemos a especificação de impostos retidos sobre dividendos, juros e pagamentos de *royalties* entre empresas residentes no Japão, Alemanha e Estados Unidos, um exemplo clássico da estrutura dos tratados fiscais. Observe que a Alemanha, por exemplo, impõe uma retenção de 10% sobre pagamentos de *royalties* a investidores japoneses, enquanto que o pagamento de *royalties* a investidores dos EUA são retidos a uma taxa de 0%.

As jurisdições fiscais bilaterais individuais especificadas através de tratados fiscais são particularmente importantes para as empresas cuja atividade principal é exportar para outro país em vez de fazer negócios nele através de um "estabelecimento permanente", que seria o caso do estabelecimento de operações de produção no país. Uma empresa que apenas exporta não iria querer que nenhuma parte do restante de sua renda mundial fosse tributada pelo país importador. Os tratados fiscais definem um "estabelecimento permanente" e o que constitui uma presença limitada para fins tributários.

Os tratados fiscais também tipicamente resultam em menos impostos retidos entre os dois países signatários, com a negociação do próprio tratado servindo como um fórum para abrir e expandir as relações comerciais entre os dois países. Esta prática é importante tanto para as EMNs que operam através de subsidiárias estrangeiras, obtendo uma *renda ativa,* quanto para investidores em carteiras individuais, que simplesmente recebem uma *renda passiva* na forma de dividendos, juros ou *royalties*.

Tipos de impostos

Os impostos são classificados com base em se eles são ou não aplicados diretamente à renda, o que é chamado de *impostos diretos*, ou com base em alguma outra característica de desempenho da empresa, o que é chamado de *impostos indiretos*. O Quadro 20.2 ilustra a ampla variedade de impostos de renda corporativos cobrados no mundo hoje em dia.

QUADRO 20.2 Alíquotas de imposto de renda corporativo de países selecionados, 2008

País	2008	País	2008	País	2008
Afeganistão	20%	Estados Unidos	40%	Noruega	28%
África do Sul	35%	Estônia	21%	Nova Zelândia	30%
Albânia	10%	Fiji	31%	Omã	12%
Alemanha	29,51%	Filipinas	35%	Palestina	16%
Angola	35%	Finlândia	26%	Panamá	30%
Antilhas holandesas	35%	França	33,33%	Papua Nova Guiné	30%
Arábia Saudita	20%	Grécia	25%	Paquistão	35%
Argentina	35%	Guatemala	31%	Paraguai	10%
Aruba	28%	Holanda	26%	Peru	30%
Austrália	30%	Honduras	30%	Polônia	19%
Áustria	25%	Hong Kong	17%	Portugal	25%
Bahrein	0%	Hungria	16%	Catar	35%
Bangladesh	30%	Iêmen	35%	Reino Unido	28%
Barbados	25%	Ilhas Cayman	0%	República da Coreia	28%
Bélgica	34%	Índia	34%	República Dominicana	25%
Bielorrússia	24%	Indonésia	30%	República Eslovaca	19%
Bolívia	25%	Irã	25%	República Tcheca	21%
Bósnia e Herzegovina	10%	Irlanda	13%	Romênia	16%
Botsuana	25%	Islândia	15%	Rússia	24%
Brasil	34%	Israel	27%	Sérvia	10%
Bulgária	10%	Itália	31%	Síria	28%
Canadá	33,5%	Jamaica	33%	Sri Lanka	35%
Cazaquistão	30%	Japão	41%	Sudão	35%
Chile	17%	Jordânia	35%	Suécia	28%
China	25%	Kuwait	55%	Suíça	19%
Chipre	10%	Letônia	15%	Tailândia	30%
Cingapura	18%	Líbia	40%	Taiwan	25%
Colômbia	33%	Lituânia	15%	Tunísia	30%
Costa Rica	30%	Luxemburgo	30%	Turquia	20%
Croácia	20%	Macau	12%	Ucrânia	25%
Dinamarca	25%	Malásia	26%	Uruguai	25%
Egito	20%	Malta	35%	Venezuela	34%
Emirados Árabes	55%	Maurícia	15%	Vietnã	28%
Equador	25%	México	28%	Zâmbia	35%
Eslovênia	22%	Moçambique	32%		
Espanha	30%	Montenegro	9%		

Fonte: "KPMG's Corporate and Indirect Tax Rate Survey, 2008," KPMG.com. Alíquotas de impostos em vigor a partir de 1º de abril de 2008.

A alíquota de impostos corporativos efetiva dos EUA é de 40% (Quadro 20.2). Esta alíquota é relativamente alta em comparação a alguns importantes concorrentes como a China (25%), o Japão (41%), a Alemanha (29,51%), a Federação Russa (24%), a Suécia (28%) e o Reino Unido (28%). O Quadro *Finanças Globais na prática 20.1* levanta a questão cada vez maior – os Estados Unidos devem cortar os impostos de renda corporativos, isto é, para pessoas jurídicas?

Impostos de renda. Muitos governos dependem de impostos de renda de pessoas físicas e de pessoas jurídicas (impostos corporativos) como sua principal fonte de receita. Os impostos de renda corporativos são amplamente adotados hoje em dia. Alguns países cobram alíquotas de impostos corporativos diferentes sobre renda distribuída e não distribuída. As alíquotas de impostos de renda corporativos variam em uma faixa relativamente ampla, chegando a altos 45% na Guiana e por outro lado, a 17% em Hong Kong, 15% nas Ilhas Virgens Britânicas, 10% no Chipre e efetivamente 0% em diversos paraísos fiscais *offshore* (que serão discutidos posteriormente, neste capítulo).

FINANÇAS GLOBAIS NA PRÁTICA 20.1

Imposto máximo

Enquanto empregos desaparecem e Washington reflete uma enorme variedade de opções político-econômicas, uma opção que está conspicuamente ausente é a reforma fiscal corporativa. Isso alarma muitos partidários das empresas, que temem que a política fiscal atual esteja ultrapassada e vá prejudicar as empresas norte-americanas se o crescimento global for retomado mais adiante neste ou no próximo ano. "Neste momento fundamental da história", avisa David Lewis, executivo-chefe de impostos da Eli Lilly and Co., "os EUA têm que adotar um sistema fiscal corporativo internacionalmente competitivo".

Exatamente o quanto o aumento das alíquotas de impostos prejudicariam as empresas norte-americanas é algo difícil de medir e que há muito tem sido um assunto de discórdia, pois a lacuna entre as taxas nominal e efetiva podem ser substanciais. Mas os críticos dizem que a rápida globalização torna a reforma ainda mais urgente. Mais de duas décadas se passaram desde que o Congresso reformou os impostos corporativos. Naquela época, surgiu a concorrência global e os Estados Unidos sofreram um aumento de quatro vezes nas importações e um salto ainda maior nas exportações, dois sinais vitais de um mundo muito mais interconectado.

O Canadá, a Alemanha, a Nova Zelândia, a Espanha, a Itália, a Suíça, o Reino Unido, a República Tcheca e a Islândia todos cortaram suas alíquotas de impostos corporativos no ano passado. O setor comercial norte-americano hoje enfrenta as segundas maiores alíquotas de impostos de renda estatutários entre as 30 nações industrializadas pertencentes à Organização para a Cooperação e Desenvolvimento Econômico (OCDE). Apenas as empresas japonesas enfrentam impostos mais altos, com uma pequena margem de diferença.

Não alinhar a política fiscal norte-americana à realidade coloca nossa base industrial em perigo, avisam os especialistas. "Em última análise, significa que as multinacionais norte-americanas provavelmente perderão participação de mercado para multinacionais estrangeiras", diz Peter Merrill, diretor do Grupo Nacional de Economia e Estatística (National Economics and Statistics Group) da empresa de contabilidade PricewaterhouseCoopers. "E elas podem virar alvos de aquisições hostis de multinacionais estrangeiras".

Estáveis no erro

As empresas norte-americanas sofrem com as alíquotas de impostos domésticas que permanecem altas enquanto no exterior, elas caem.

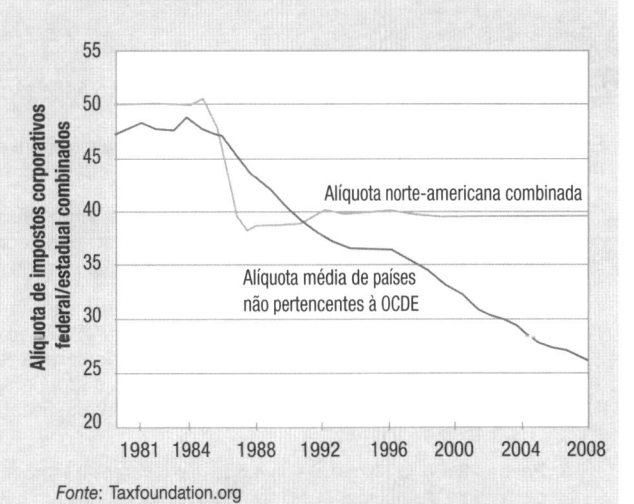

Fonte: Taxfoundation.org

Os defensores de uma reforma tributária para promover cortes insistem que a matemática acabaria com qualquer debate. O Tio Sam tributa a renda corporativa segundo uma alíquota de, no máximo, 35 por cento, enquanto que os estados, em média, cobram 4,3 pontos percentuais. A média entre os países-membro da OCDE é de 26,6 por cento. Assim, para cada dólar obtido no mercado global, as empresas norte-americanas parecem renunciar a quase 13 por cento a mais do que um típico país-membro da OCDE.

Fonte: "Taxed to the Max," Randy Myers, *CFO Magazine*, 1º de março de 2009.

Impostos retidos. A renda passiva (dividendos, juros, *royalties*) obtida por uma empresa residente de um país dentro da jurisdição fiscal de um segundo país normalmente está sujeita a um imposto retido no segundo país. O motivo para a instituição reter impostos é, na verdade, bastante simples: os governos reconhecem que a maioria dos investidores internacionais não declara imposto de renda em todos os países em que investem, e o governo deseja, portanto, garantir que um pagamento mínimo de imposto seja recebido. Como o termo *retido* implica, os impostos são retidos pela corporação sobre o pagamento feito ao investidor, e os impostos retidos são, então, repassados às autoridades governamentais. Os impostos retidos são um grande tema dos tratados fiscais bilaterais, e geralmente variam entre 0% e 25%.

Imposto sobre valor agregado. O *imposto sobre valor agregado* alcançou grande proeminência. É um tipo de imposto sobre vendas nacionais cobrado a cada etapa da produção ou venda de bens de consumo de modo proporcional ao valor agregado durante essa etapa. Em geral, os bens de produção como fábricas e equipamentos, não são sujeitos a impostos sobre valor agregado. Certas necessidades básicas como medicamentos e outras despesas relacionadas à saúde, educação, atividades religiosas e o serviço postal normalmente são isentas ou tributadas segundo alíquotas mais baixas. O imposto sobre valor agregado foi adotado como a principal fonte de receita da tributação indireta por todos os membros da União Européia, a maioria dos outros países da Europa Ocidental, diversos países da América Latina, o Canadá e outros países de diversas partes do mundo. O Quadro 20.3 mostra um exemplo numérico de cálculo de imposto sobre valor agregado.

Outros impostos nacionais. Existem diversos outros impostos nacionais, que variam em importância de um país para outro. O *imposto sobre o volume de negócios* (imposto sobre a compra ou venda de títulos nos mercados de ações de alguns países) e o *imposto sobre lucros não distribuídos* foram mencionados anteriormente. Os *impostos sobre propriedades* e os *impostos sobre heranças*, também chamados de *impostos de transferência*, são cobrados de diversas formas para alcançar a pretendida redistribuição social de renda e riqueza, além de para levantar receita. Há inúmeras acusações de burocracia nos serviços públicos que, na realidade, são impostos de utilização. Às vezes compras ou

---

QUADRO 20.3 Imposto sobre valor agregado aplicado à venda de estacas de cerca de madeira

Este é um exemplo de como estacas de cerca de madeira seriam avaliadas para fins de impostos sobre valor agregado no decorrer de sua produção e subsequente venda. Supõe-se um imposto sobre valor agregado de 10%.

1. **Passo 1.** O proprietário original da árvore vende à madeireira, por US$0,20, a parte da árvore que virará a estaca da cerca. O fazendeiro agregou US$0,20 em valor até este momento plantando e cultivando a árvore. Ao receber US$0,20 da madeireira, o fazendeiro tem que separar US$0,02 para pagar o imposto sobre valor agregado ao governo.

2. **Passo 2.** A madeireira processa a árvore, transformando-a em estacas de cerca e vende cada estaca por US$0,40 para o atacadista de madeira. A madeireira agregou US$0,20 em valor (US$0,40 menos US$0,20) através de suas atividades de processamento. Portanto, o proprietário da madeireira terá que separar US$0,02 para pagar o imposto sobre valor agregado da madeireira ao governo. Na prática, o proprietário provavelmente calcularia o imposto devido pela madeireira como 10% de US$0,40, ou US$0,04, com um crédito fiscal de US$0,02 pelo imposto sobre valor agregado já pago pelo proprietário da árvore.

3. **Passos 3 e 4.** O atacadista de madeira e o varejista também agregam valor à estaca de cerca através de suas atividades de venda e distribuição. Esses valores são avaliados em US$0,01 e US$0,03 respectivamente, tornando o imposto sobre valor agregado cumulativo cobrado pelo governo US$0,08, ou 10% do preço de venda final.

Etapa da produção	Preço de venda	Valor agregado	Imposto sobre valor agregado a 10%	Imposto cumulativo sobre valor agregado
Proprietário da árvore	US$0,20	US$0,20	US$0,02	US$0,02
Madeireira	US$0,40	US$0,20	US$0,02	US$0,04
Atacadista de madeira	US$0,50	US$0,10	US$0,01	US$0,05
Varejista de Madeira	US$0,80	US$0,30	US$0,03	US$0,08

vendas estrangeiras são, com efeito, impostos ocultos, na medida em que o governo obtém uma receita em vez de apenas regular importações e exportações por motivos da balança de pagamentos.

Créditos fiscais estrangeiros

Para evitar a dupla tributação da mesma renda, a maioria dos países concede um *crédito fiscal estrangeiro para impostos pagos* ao país anfitrião. Os países diferem na forma como calculam o crédito fiscal estrangeiro e que tipos de limitações eles impõem sobre a quantia total exigida. Normalmente, também há créditos fiscais estrangeiros disponíveis para impostos retidos pagos a outros países sobre dividendos, *royalties*, juros e outras rendas enviadas à empresa matriz. O imposto sobre valor agregado e outros impostos de venda não são habilitados a receber um crédito fiscal estrangeiro, mas são tipicamente dedutíveis da renda antes dos impostos como uma despesa.

Um *crédito fiscal* é uma redução direta dos impostos que, de outra forma, seriam devidos e deveriam ser pagos. Ele difere de uma *despesa dedutível*, que é uma despesa usada para reduzir a renda tributável antes da alíquota de impostos ser aplicada. Um crédito fiscal de US$100 reduz os US$100 integralmente do imposto a pagar, enquanto que uma despesa dedutível de US$100 reduz a renda tributável em US$100 x t, onde t é a alíquota de impostos. Os créditos fiscais são mais valiosos em termos comparativos do que as despesas dedutíveis.

Se não houvesse créditos para impostos estrangeiros pagos, a tributação sequencial pelo governo anfitrião resultaria em uma alíquota de impostos cumulativa muito alta. Para ilustrar, suponha que a subsidiária integral de uma EMN obtenha US$10.000 antes dos impostos de renda locais e pague um dividendo igual a toda a sua renda depois dos impostos. A alíquota de imposto de renda do país anfitrião é de 30%, e a do país de origem da empresa matriz é de 35%. Pra maior simplicidade, suporemos que não haja impostos retidos. A tributação total com e sem a possibilidade de créditos fiscais é exibida no Quadro 20.4.

Se não forem permitidos créditos fiscais, a cobrança sequencial de um imposto de 30% pelo país anfitrião e então de 35% pelo país de origem sobre a renda que permanece resultará em um imposto cumulativo efetivo de 54,5%, um imposto cumulativo que tornaria muitas EMNs não competitivas com empresas locais que só têm atividades em um único país. O efeito de permitir créditos fiscais é limitar a tributação total sobre a renda *original* antes dos impostos a não mais que a maior alíquota entre as jurisdições. No caso exibido no Quadro 20.4, a alíquota de impostos geral efetiva de 35% com créditos fiscais estrangeiros é equivalente à alíquota mais alta do país de origem da empresa (e que seria a alíquota de impostos pagável se a renda tivesse sido obtida no país de origem).

O adicional de US$500 de imposto no país de origem sob o sistema de crédito fiscal no Quadro 20.4 é a quantia necessária para trazer a tributação total (US$3.000 já pagos mais os US$500 adicionais) para o nível de 35%, mas não acima dele, dos US$10.000 originais de renda estrangeira antes dos impostos.

QUADRO 20.4 Créditos fiscais estrangeiros

Créditos fiscais estrangeiros	Sem crédito fiscal estrangeiro	Com crédito fiscal estrangeiro
Renda estrangeira antes dos impostos	US$10.000	US$10.000
Menos imposto estrangeiro a 30%	–3.000	–3.000
Disponível para a matriz e pago como dividendo	US$ 7.000	US$ 7.000
Menos imposto adicional do país da matriz a 35%	–2.450	
Menos imposto incremental (depois dos créditos)	—	–500
Lucro depois de todos os impostos	US$4.550	US$6.500
Total de impostos, ambas as jurisdições	US$5.450	US$3.500
Alíquota de imposto geral efetiva (total de impostos pagos ÷ renda estrangeira)	54,5%	35,0%

PREÇO DE TRANSFERÊNCIA (*TRANSFER PRICING*)

O preço de transferência, a precificação de bens, serviços e tecnologia transferidos a uma subsidiária estrangeira a partir de uma empresa afiliada, é o primeiro método de transferência de fundos a uma subsidiária estrangeira. Esses custos entram diretamente no componente de "custo de mercadorias vendidas" da demonstração de resultados da subsidiária. Este é um problema particularmente sensível para as EMNs. Mesmo empresas puramente domésticas acham difícil chegar a um acordo sobre o melhor método para a determinação de preços de transações entre unidades relacionadas. No caso das EMNs, os administradores têm que equilibrar considerações conflituosas como o posicionamento de fundos e impostos de renda.

Efeito de posicionamento de fundos

Uma empresa matriz que deseja transferir fundos de determinado país pode cobrar preços mais altos sobre as mercadorias vendidas para sua subsidiária nesse país, até onde permitirem as regulamentações governamentais. Uma subsidiária estrangeira pode ser financiada pela técnica inversa, uma diminuição dos preços de transferência. O pagamento, pela subsidiária, de importações de sua empresa matriz ou subsidiária-irmã transfere fundos da subsidiária. Um preço de transferência mais alto permite que os fundos sejam acumulados no país vendedor. O preço de transferência também pode ser usado para transferir fundos entre subsidiárias-irmãs. A compra de peças componentes de múltiplas empresas em diversos pontos do mundo permite que a troca entre fornecedores de dentro da família corporativa funcione como um dispositivo de transferência de fundos.

Efeito do imposto de renda

Uma importante consideração ao determinar um preço de transferência é o *efeito do imposto de renda*. Os lucros da empresa em todo o mundo podem ser influenciados determinando-se preços de transferência de modo a minimizar a renda tributável em um país com uma alíquota de imposto de renda alta e maximizar a renda em um país com uma alíquota de imposto de renda baixa. Uma empresa matriz que deseja reduzir os lucros tributáveis de uma subsidiária em um ambiente de altos impostos pode determinar preços de transferência com uma alíquota mais alta de modo a aumentar os custos da subsidiária, reduzindo, assim, a renda tributável.

O efeito do imposto de renda é ilustrado no Quadro 20.5. A Trident Europe está operando em um ambiente de impostos relativamente altos (os impostos de renda corporativos na Alemanha são de 45%). A Trident USA está em um ambiente de impostos significativamente mais baixos (as alíquotas de impostos de renda corporativos nos EUA são de 35%), motivando a Trident a cobrar um preço de transferência mais alto da Trident Europe sobre bens produzidos nos Estados Unidos e vendidos à Trident Europe.

Se a Trident Corporation adotar uma política de *markup* alto "vendendo" suas mercadorias a um preço de venda interempresarial de US$1.700.000, os mesmos US$800.000 de renda consolidada antes dos impostos seria mais alocada à Trident USA, com impostos mais baixos, e menos alocada à Trident Europe, com impostos mais altos. (Observe que a Trident Corporation, a matriz corporativa, tem que adotar uma política de preço de transferência que altera diretamente a lucratividade de cada uma das subsidiárias individuais). Em decorrência disso, o total de impostos cai em US$30.000 e a renda líquida consolidada aumenta em US$30.000 para US$500.000 – tudo isso enquanto o total de vendas permanece constante.

A Trident preferiria naturalmente a política de *markups* altos para vendas dos Estados Unidos para a Europa (Alemanha, neste caso). Nem é preciso mencionar que as autoridades fiscais governamentais estão cientes da possível distorção de renda decorrente da manipulação do preço de transferência. Existem diversas regulamentações e casos nos tribunais questionando se os preços de transferência, incluindo taxas e *royalties*, além de preços determinados para mercadorias, são razoáveis. Se uma autoridade fiscal governamental não aceitar um preço de transferência, a renda tributável será considerada maior do que a que foi calculada pela empresa e os impostos aumentarão.

A Seção 482 do Código da Receita Federal dos EUA (U.S. Internal Revenue Code) é típica de leis que circunscrevem liberdade para determinar preços de transferência. Sob essa autoridade, o Serviço de Receita Federal dos EUA (Internal Revenue Service, IRS) pode realocar a renda bruta, deduções ou concessões entre empresas relacionadas a fim de evitar a evasão de impostos ou de refletir mais claramente uma alocação de renda adequada. Sob as diretrizes do IRS e subsequente

QUADRO 20.5 Efeito de um preço de transferência baixo versus alto sobre a renda líquida da Trident Europe (milhares de dólares norte-americanos)

Política de baixa margem	Trident USA (Subsidiária)	Trident Europe (Subsidiária)	Trident (Combinada)
Vendas	US$1.400	US$2.000	US$2.000
Menos custo de mercadorias vendidas*	(1.000)	(1.400)	(1.000)
Lucro bruto	US$400	US$600	US$1.000
Menos despesas operacionais	(100)	(100)	(200)
Renda tributável	US$300	US$500	US$800
Menos impostos de renda	35% (105)	45% (225)	(330)
Lucro líquido	US$195	US$275	US$470
Política de *markups* altos			
Vendas	US$1.700	US$2.000	US$2.000
Menos custo de mercadorias vendidas*	(1.000)	(1.700)	(1.000)
Lucro bruto	US$700	US$300	US$1.000
Menos despesas operacionais	(100)	(100)	(200)
Renda tributável	US$600	US$200	US$800
Menos impostos de renda	35% (210)	45% (90)	(300)
Lucro líquido	US$390	US$110	US$ 500

*O preço de venda da Trident USA passa a ser o custo das mercadorias vendidas para a Trident Europe.

interpretação judicial, o ônus da prova fica nas mãos da empresa contribuinte, que deve mostrar que o IRS foi arbitrário ou não foi razoável ao realocar a renda. Esta abordagem de "considerar culpado até que se prove inocente" significa que as EMNs têm que manter bem documentada a lógica e os custos por trás de seus preços de transferência. O "preço correto" segundo as diretrizes é o preço que reflete um *preço de plena concorrência*; isto é, a venda dos mesmos bens ou serviços para um cliente não relacionado comparável.

As regulamentações do IRS fornecem três métodos para estabelecer preços de plena concorrência: preços não controlados comparáveis, preços de revenda e cálculos de *cost-plus* (custo acrescido de margem). Todos esses métodos são recomendados ao uso em países-membro pelo Comitê de Assuntos Fiscais da OCDE. Em alguns casos, são utilizadas combinações desses três métodos.

Incentivos e avaliação gerencial

Quando uma empresa é organizada com centros de lucro descentralizados, o preço de transferência entre os centros pode atrapalhar a avaliação do desempenho gerencial. Este problema não é exclusivo das EMNs, mas são uma questão controversa no debate de "centralização *versus* descentralização" nos círculos domésticos. No caso doméstico, no entanto, um *mínimo* de coordenação no nível corporativo pode aliviar parte da distorção que ocorre quando qualquer centro de lucro subotimiza seu lucro para o bem da empresa. Além disso, na maioria dos casos domésticos, a empresa pode declarar um único imposto de renda consolidado (para aquele país), de modo que a questão da alocação de custo entre empresas relacionadas não seja crucial do ponto de vista do pagamento de impostos.

No caso multinacional, a coordenação geralmente é prejudicada por canais de comunicação mais longos e menos eficientes, pela necessidade de considerar as variáveis exclusivas que influenciam a precificação internacional e a tributação separada. Mesmo com a melhor das intenções, um gerente em um país pode achar difícil saber o que é melhor para a empresa como um todo ao comprar por um preço negociado de empresas relacionadas em outro país. Contudo, se a sede da empresa estabelecer preços de transferência e alternativas de fornecimento, uma das principais vantagens de um sistema de centros de lucros descentralizados desaparece: a gerência local perde o incentivo de agir em seu próprio benefício.

Para ilustrar, consulte o Quadro 20.5, onde um aumento no preço de transferência levou a um ganho de receita em todo o mundo: a renda da Trident Corporation aumentou em US$195.000 (de US$195.000 para US$390.000), enquanto que a renda da Trident Europe caiu em apenas US$165.000 (de US$275.000 para US$110.000), com um ganho líquido de US$30.000. Os gerentes da subsidiária européia devem perder seus bônus (ou mesmo seus empregos) devido a um desempenho abaixo do esperado (*sub-par*)? Os bônus normalmente são determinados por uma fórmula usada por toda a empresa baseada, em parte, na lucratividade das subsidiárias individuais, mas neste caso, a Trident Europe "se sacrificou" pelo bem maior do todo. Mudar arbitrariamente os preços de transferência pode criar problemas de mensuração de desempenho.

Especificamente, transferir o lucro da Trident Europe, com altos impostos, para a Trident USA, com baixos impostos, muda o seguinte para uma ou ambas as empresas:

- Tarifas de importação pagas (apenas para o importador) e, logo, os níveis de lucro
- Medidas da exposição cambial, como a quantidade de ativos líquidos expostos, devido a mudanças na quantidade de dinheiro e de contas a receber
- Testes de liquidez, como o índice de liquidez corrente, giro das contas a receber e giro do estoque
- Eficiência operacional, medida pelo quociente entre lucro bruto e vendas ou total de ativos
- Pagamentos de impostos de renda
- Lucratividade, medida pelo quociente entre lucro líquido e vendas ou capital investido
- Taxa de pagamento de dividendos, pois um dividendo constante exibirá uma taxa de pagamentos variada à medida que o lucro líquido mudar; alternativamente, se a taxa de pagamento de dividendos permanecer constante, o valor do dividendo mudará, de modo a refletir as mudanças no preço de transferência;
- Taxa interna de crescimento, medida pelo quociente entre lucros retidos e participação acionária existente

Efeito sobre parceiros de *joint venture*

As *joint ventures* apresentam um problema especial na questão do preço de transferência, pois atender ao interesse dos acionistas locais maximizando o lucro local pode ser sub-ótimo do ponto de vista geral da EMN. Geralmente, os interesses conflitantes são irreconciliáveis. De fato, o parceiro local do *joint venture* poderia ser visto como um possível cavalo de Tróia se eles reclamassem às autoridades locais sobre a política de preço de transferência da EMN.

GERENCIAMENTO TRIBUTÁRIO NA TRIDENT

O Quadro 20.6 resume a principal questão do gerenciamento tributário da Trident ao enviar dividendos de volta aos Estados Unidos da Trident Europe e da Trident Brasil, como a seguir:

- Como as alíquotas de impostos de renda corporativos na Alemanha (40%) são mais altas do que nos Estados Unidos (35%), os dividendos enviados à matriz nos EUA resultam em créditos fiscais estrangeiros *excedentes*. Quaisquer impostos retidos entre a Alemanha e os Estados Unidos apenas aumentam a quantidade de crédito fiscal estrangeiro excedente.
- Como as alíquotas de impostos de renda corporativos no Brasil (25%) são mais baixas do que nos Estados Unidos (35%), os dividendos enviados à matriz nos EUA resultam em um *déficit* nos créditos fiscais estrangeiros. Se houver impostos retidos aplicados aos dividendos pelo Brasil sobre remessas aos Estados Unidos, isso reduzirá o tamanho do déficit, mas não o eliminará.

A administração da Trident gostaria de gerenciar as duas remessas de dividendos a fim de igualar os déficits aos créditos. O método mais fácil de fazer isso é corrigir a quantia do dividendo distribuído por cada subsidiária estrangeira de modo que, depois de todos os impostos aplicáveis, de renda e retidos, terem sido aplicados, os créditos fiscais excedentes da Trident Europe (Alemanha) são exatamente iguais aos déficits do crédito fiscal excedente da Trident Brasil. Existem diversos outros métodos para gerenciar os impostos devidos globais da Trident, chamados de *reposicionamento de fundos*, que serão examinados detalhadamente no Capítulo 21.

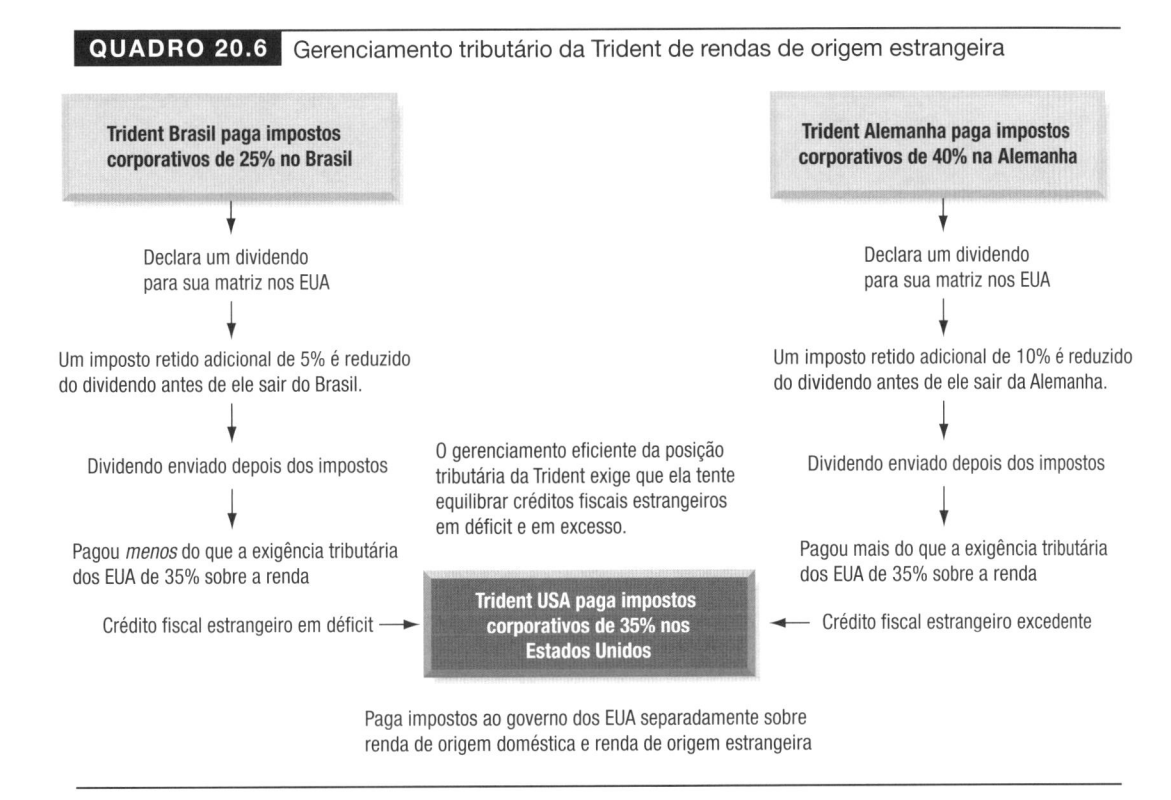

QUADRO 20.6 Gerenciamento tributário da Trident de rendas de origem estrangeira

Trident Brasil paga impostos corporativos de 25% no Brasil

↓

Declara um dividendo para sua matriz nos EUA

↓

Um imposto retido adicional de 5% é reduzido do dividendo antes de ele sair do Brasil.

↓

Dividendo enviado depois dos impostos

↓

Pagou *menos* do que a exigência tributária dos EUA de 35% sobre a renda

Crédito fiscal estrangeiro em déficit →

O gerenciamento eficiente da posição tributária da Trident exige que ela tente equilibrar créditos fiscais estrangeiros em déficit e em excesso.

Trident Alemanha paga impostos corporativos de 40% na Alemanha

↓

Declara um dividendo para sua matriz nos EUA

↓

Um imposto retido adicional de 10% é reduzido do dividendo antes de ele sair da Alemanha.

↓

Dividendo enviado depois dos impostos

↓

Pagou mais do que a exigência tributária dos EUA de 35% sobre a renda

← Crédito fiscal estrangeiro excedente

Trident USA paga impostos corporativos de 35% nos Estados Unidos

Paga impostos ao governo dos EUA separadamente sobre renda de origem doméstica e renda de origem estrangeira

SUBSIDIÁRIAS EM PARAÍSOS FISCAIS E CENTROS FINANCEIROS INTERNACIONAIS *OFFSHORE*

Muitas EMNs possuem subsidiárias estrangeiras que agem como paraísos fiscais de fundos da empresa à espera de reinvestimento ou repatriação. As subsidiárias de paraísos fiscais, chamadas de *centros financeiros internacionais offshore* para fins classificativos, são parcialmente um resultado do adiamento da tributação sobre renda de origem estrangeira possibilitado por alguns dos países das matrizes. As subsidiárias em paraísos fiscais são tipicamente estabelecidas em um país que pode cumprir as seguintes exigências:

- Baixos impostos sobre investimentos estrangeiros ou sobre renda proveniente de vendas obtidas por empresas residentes e baixos impostos retidos sobre dividendos pagos à empresa matriz
- Uma moeda estável para possibilitar a fácil conversão de fundos para e a partir da moeda local; esta exigência pode ser cumprida permitindo-se e facilitando-se o uso de euromoedas
- As facilidades oferecidas para dar apoio a serviços financeiros como boa comunicação, funcionários profissionalmente qualificados e serviços bancários com boa reputação
- Um governo estável, que encoraje o estabelecimento de agências financeiras e de serviços de propriedade estrangeira dentro de suas fronteiras

O Quadro 20.7 fornece um mapa da maior parte dos principais centros financeiros *offshore* do mundo. A típica subsidiária de paraísos fiscais detém as ações ordinárias de suas subsidiárias estrangeiras relacionadas em operação. Pode haver várias subsidiárias em paraísos fiscais espalhadas pelo mundo. A participação acionária da empresa matriz na subsidiária em paraíso fiscal tipicamente é de 100%. Todas as transferências de fundos podem passar pelas subsidiárias de paraíso fiscal, inclusive dividendos e financiamento de capital próprio. Assim, os impostos do país da matriz sobre a renda de origem estrangeira, que normalmente podem ser pagos quando um dividendo é declarado por uma subsidiária estrangeira, poderiam continuar a ser adiados até a própria subsidiária no paraíso fiscal pagar um dividendo à empresa matriz. Este evento pode ser adiado indefinidamente se as

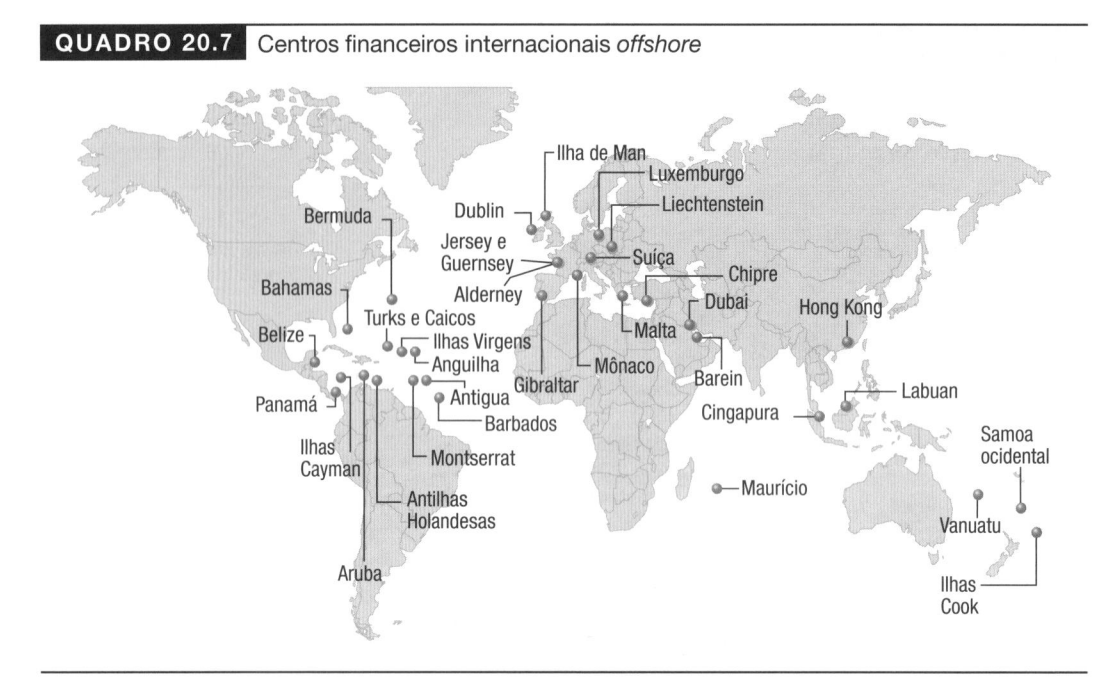

QUADRO 20.7 Centros financeiros internacionais *offshore*

Localizações indicadas no mapa-múndi: Bermuda, Bahamas, Belize, Panamá, Turks e Caicos, Ilhas Cayman, Ilhas Virgens, Anguilha, Antigua, Barbados, Montserrat, Antilhas Holandesas, Aruba, Dublin, Jersey e Guernsey, Alderney, Gibraltar, Mônaco, Ilha de Man, Luxemburgo, Liechtenstein, Suíça, Chipre, Malta, Dubai, Barein, Hong Kong, Cingapura, Labuan, Maurício, Samoa ocidental, Vanuatu, Ilhas Cook.

operações estrangeiras continuarem a crescer e exigirem um novo financiamento interno pela subsidiária no paraíso fiscal. Assim, as EMNs conseguem operar um *pool* de fundos corporativos para operações estrangeiras sem ter que repatriar os lucros estrangeiros através da máquina fiscal do país da empresa matriz.

Para as EMNs dos EUA, o privilégio de adiamento tributário que opera através de uma subsidiária estrangeira não era, originalmente, uma brecha fiscal. Ao contrário, ele era concedido pelo governo dos EUA para permitir que as empresas dos EUA se expandissem no exterior e que elas se equiparassem aos concorrentes estrangeiros, que também desfrutavam de tipos similares de adiamento tributário e subsídios de exportação.

Infelizmente, algumas empresas norte-americanas distorceram a intenção original do adiamento tributário, transformando-o em evasão fiscal. Os preços de transferência sobre bens e serviços comprados de ou vendidos para subsidiárias relacionadas eram artificialmente deturpados, deixando toda a renda da transação na subsidiária no paraíso fiscal. Esta manipulação podia ser obtida fazendo o título legal de bens ou serviços passar pela subsidiária de paraíso fiscal, apesar de os bens ou serviços nunca entrarem fisicamente no país de tal subsidiária. Esta manobra não deixava nenhuma base tributária residual para subsidiárias de exportação ou importação localizadas fora do país paraíso fiscal. Nem é preciso mencionar que as autoridades fiscais dos países exportadores e importadores ficaram chocadas com a falta de renda tributável em tais transações.

Um dos propósitos da Lei do IRS de 1962 foi eliminar as vantagens tributárias dessas corporações estrangeiras "de fachada" sem destruir o privilégio do adiamento tributário para essas subsidiárias de produção e vendas que foram estabelecidas por motivos comerciais e econômicos outros que não tributários. Apesar de o motivo tributário ter sido eliminado, algumas empresas acharam essas subsidiárias úteis como centros de controle financeiro de operações estrangeiras.

RESUMO

- As nações tipicamente estruturam seus sistemas tributários segundo duas abordagens fundamentais: a *abordagem mundial* ou a *abordagem territorial*.

- Ambas as abordagens são tentativas de determinar que empresas, estrangeiras ou domésticas por incorporação, ou que rendas, estrangeiras ou domésticas em sua origem, estão sujeitas à tributação pelas autoridades fiscais do país anfitrião.

- A *abordagem mundial*, também chamada de *abordagem residencial* ou *nacional*, cobra impostos sobre a renda obtida por empresas incorporadas no país anfitrião, independentemente de onde a renda foi obtida (domesticamente ou no exterior).

- A *abordagem territorial*, também chamada de *abordagem de origem (ou de fonte)*, foca-se na renda obtida por empresas localizadas dentro da jurisdição legal do país anfitrião, e não com base no país de incorporação da empresa.

- Uma rede de tratados fiscais bilaterais, muitos dos quais são modelados segundo um tratado proposto pela OCDE, fornece um meio de reduzir a dupla tributação.

- Os tratados fiscais normalmente definem se serão ou não cobrados impostos sobre a renda obtida em um país pelas empresas de outras nacionalidades e, em caso afirmativo, como isso ocorrerá. Os tratados fiscais são bilaterais, com dois signatários especificando que alíquotas são aplicáveis a que tipos de renda, apenas entre eles.

- O *imposto sobre valor agregado* é um tipo de imposto sobre vendas nacionais cobrado em cada etapa de produção ou venda de bens de consumo de modo proporcional ao valor agregado durante essa etapa.

- O preço de transferência é a precificação de bens, serviços e tecnologia entre empresas relacionadas.

- Preços de transferência altos ou baixos têm um efeito sobre os impostos de renda, o posicionamento de fundos, incentivos e avaliação gerencial e parceiros de *joint venture*.

- Para estabelecer um preço de plena concorrência, tipicamente são utilizados três métodos: 1) preços não controlados comparáveis, 2) preços de revenda, e 3) *cost-plus* (custo acrescido de margem).

- As EMNs têm subsidiárias estrangeiras que agem como paraísos fiscais para fundos corporativos que estejam à espera de reinvestimento ou repatriação.

- Os paraísos fiscais são tipicamente localizados em países que possuem uma alíquota de impostos corporativos baixa, uma moeda estável, facilidades para oferecer suporte a serviços financeiros e um governo estável.

MINICASO Stanley Works e transferência de sede social[1]

Esta iniciativa estratégica fortalecerá nossa empresa no longo prazo. Uma importante fração de nossas receitas e lucros é proveniente de fora dos Estados Unidos, onde reside aproximadamente 50% de nosso pessoal. Além disso, uma proporção cada vez maior de nossos materiais está sendo comprada de fornecedores globais. Esta mudança criará uma maior flexibilidade operacional, nos posicionará melhor para gerenciar fluxos de caixa internacionais e nos ajudará a lidar com nossa complexa estrutura fiscal internacional. Consequentemente, nossa competitividade, um dos três pilares de nossa visão para se tornar uma grande marca, irá melhorar. Espera-se que o ambiente de negócios, bem como o regulatório e o fiscal nas Bermudas criem um valor considerável para os acionistas. Além de flexibilida de operacional, de um melhor gerenciamento de caixa no âmbito mundial e de vantagens competitivas, a nova estrutura corporativa melhorará nossa capacidade de acessar os mercados de capitais internacionais, o que é favorável para o crescimento orgânico, futuras alianças estratégicas e aquisições. Finalmente, uma maior flexibilidade para gerenciar obrigações fiscais deve reduzir nossa alíquota global efetiva de impostos de seus 32% atuais para a faixa dos 23%–25%.

—Stanley Works, Form 14A, Securities and Exchange Commission, 8 de fevereiro de 2002.

No dia 8 de fevereiro de 2002, a Stanley Works (EUA) anunciou que entraria em uma *transferência de sede social*, através da qual a empresa se reincorporaria como uma empresa sediada em Bermudas. Isso era chamado de *transferência da sede social para o exterior*, já que a reincorporação transferiria a sede social da empresa dos Estados Unidos a um país estrangeiro.

Atualmente uma empresa sediada nos EUA com escritório central em New Britain, Connecticut, a Stanley transformaria todas as operações norte-americanas em uma subsidiária integral de uma nova empresa matriz sediada em Bermudas – a sede corporativa da Stanley Tools, Ltd. Na verdade, todos os escritórios e centros operacionais da empresa, permaneceriam em Connecticut. O raciocínio por trás disso era simples: a Stanley esperava economizar em torno de US$30 milhões anualmente em impostos de renda corporativos mudando sua cidadania. Na data da divulgação, o valor de mercado da Stanley aumentou em US$199 milhões.

Mas a divulgação foi vista com forte oposição pelos funcionários, acionistas e autoridades locais, estaduais e federais. A mudança exigia uma aprovação de dois terços de seus acionistas. A Stanley sofreu com uma votação controversa sobre a estratégia em maio de 2002. Devido a comunicações confusas da empresa a seus acionistas, uma segunda votação teve que ser programada. Em agosto de 2002, a Stanley se viu como um bode expiatório para o debate público sobre as responsabilidades de um cidadão corporativo e sobre a ética da redução de impostos e patriotismo. Muitos reguladores agora estavam acusando a empresa de manipulação dos tratados. A equipe da alta gerência agora desejava reavaliar sua decisão de transferir sua sede social.

Transferência de sede social

A finalidade de uma transferência de sede social era – para todos os efeitos – reduzir as obrigações fiscais. Os Estados Unidos tributavam as empresas multinacionais sediadas nos EUA com base em sua renda mundial. Como uma empresa sediada

[1] Este minicaso foi extraído de *Stanley Works and Corporate Inversion*, Thunderbird Case Series, Copyright ©2003 Thunderbird, The American Graduate School of International Management, preparado pelos Professores Dale Davison e Michael H. Moffett. Reimpresso com permissão.

nos EUA, a Stanley pagava impostos de renda corporativos sobre toda a renda gerada nos Estados Unidos (renda de origem doméstica) e toda a renda obtida no exterior e repatriada ou considerada repatriada à empresa matriz nos Estados Unidos (renda de origem estrangeira). Era esse último imposto sobre renda de origem estrangeira que estava no cerne do dilema para empresas como a Stanley.

Outros países, por exemplo a Alemanha, tributavam apenas rendas consideradas como obtidas *dentro* do país, o que se chama *tributação territorial*. Empresas multinacionais com sua empresa matriz localizada em países como a Alemanha tinham cargas tributárias efetivas mais baixas cobradas pelas estruturas fiscais de seu país de origem. Os paraísos fiscais *offshore* – países como as Bermudas, as Ilhas Caimão e as Ilhas Virgens Britânicas – não cobravam impostos sobre rendas de origem estrangeira e cobravam poucos impostos ou um valor insignificante sobre rendas de origem doméstica de empresas multinacionais lá incorporadas. Isso fornecia um paraíso fiscal literal para uma empresa multinacional incorporada naquele país apesar de ela ter pouca ou nenhuma presença operacional ou estrutural no local.

História das transferências de sede social

As transferências de sede social não eram uma estratégia tributária nova. A primeira transferência de sede social para o exterior de que se tem conhecimento foi aquela empreendida pela McDermott Company em 1983. A McDermott trocou as ações detidas por seus acionistas norte-americanos por ações na McDermott International, uma subsidiária panamenha da empresa, antes de sua reestruturação. O IRS tinha decidido que a troca de ações seria um evento tributável, cobrando impostos de todos os acionistas norte-americanos sobre a venda de suas ações como ganhos de capital. Essa consequência inesperada foi considerada um inibidor significativo para futuras transferências de sede social, e o Congresso norte-americano logo aprovou uma nova lei tributária, a 1248(i) do Código do IRS, que tornava mais fácil para o IRS a interpretação de algumas transferências de sede como eventos tributáveis para os acionistas norte-americanos.

A próxima grande transferência de sede social foi empreendida pela Helen of Troy, uma empresa de produtos de beleza localizada no Texas, em 1993. Esta foi a primeira chamada *transferência pura* no sentido de que a empresa estabeleceu uma empresa completamente nova *offshore* como sua sede corporativa (em vez de vender as ações da empresa para uma empresa ou subsidiária existente). A administração esperava que essa estratégia fosse considerada uma *reorganização*, em vez de uma venda tributável. No entanto, o IRS, mais uma vez, determinou a transação como um evento tributável: "se os transferidores detivessem, ao todo, 50% ou mais no voto de valor da empresa estrangeira para a qual a sede será transferida imediatamente após a transferência". Apesar de as determinações tributárias sobre a McDermott e a Helen of Troy terem sido consideradas como inibidores significativos de transferências de sedes sociais para o exterior, mais e mais empresas consideraram e, em alguns casos, concluíram a reorganização para a incorporação *offshore*. O ritmo acelerou-se no final da década de 1990, com empresas como a Tyco e a Ingersoll-Rand sendo transferidas para locais *offshore* a fim de reduzir suas obrigações tributárias.

Uma outra consideração foi a resposta do mercado de ações às transferências. Em média, o mercado recompensava a divulgação de uma transferência de sede social para o exterior com uma apreciação de 1,7% no preço das ações da empresa.[2] Achava-se que esta reação do preço das ações representava o valor presente das economias de fluxo de caixa resultantes da redução nos impostos devidos sobre rendas de origem estrangeira e da redução das economias tributárias domésticas (EUA) sobre rendas domésticas em decorrência da reestruturação das operações pós-transferência.

Estratégia tributária

A Stanley, assim como muitas empresas multinacionais sediadas nos EUA, se sentia cada vez mais sobrecarregada pela estrutura fiscal corporativa norte-americana. Os lucros da Stanley nos EUA eram tributados segundo a alíquota de impostos de renda corporativos de 35%. Essa alíquota de impostos norte-americana, que só tinha variado para cima ou para baixo em aproximadamente 1% ao longo de 15 anos, tinha se tornado cada vez mais alta em relação às alíquotas de impostos corporativos globalmente, à medida que muitos países reduziam as alíquotas de impostos corporativos consistentemente e significativamente ao longo da década de 1990.

O problema enfrentado pela Stanley e outras multinacionais era que uma parte cada vez maior de seus lucros era gerada fora dos Estados Unidos, e as autoridades fiscais dos EUA tributavam esses lucros quando reenviadas de volta à empresa matriz nos Estados Unidos. Como ilustrado no Quadro 1, se as operações europeias da Stanley gerassem um lucro, elas primeiramente pagariam os impostos locais ao governo anfitrião, digamos, França ou Alemanha, e então pagaria impostos adicionais sobre esses lucros quando as receitas fossem reenviadas à empresa matriz nos EUA.

No entanto, sob a Subparte F do Código Fiscal do IRS, Seções 951–964, uma empresa matriz norte-americana está sujeita a impostos correntes nos EUA sobre parte da renda obtida por uma subsidiária estrangeira, sem considerar se a renda é enviada à empresa norte-americana ou não.[3] Esta renda, tipicamente chamada de renda da Subparte F, era renda gerada por uma empresa de controle estrangeiro principalmente através da propriedade de ativos, e não através da produção ativa de bens e serviços. As autoridades fiscais norte-americanas tributavam esta renda no momento em que era obtida, em vez de esperar para tributá-la quando (ou se) ela fosse enviada à empresa matriz nos EUA. Esta provisão da Subparte F tinha sido especificamente criada para evitar que rendas de origem estrangeira ficassem permanentemente estacionadas em paraísos fiscais *offshore*, como as Bermudas, que não cobrava impostos de renda corporativos.

O código fiscal dos EUA tinha diversos elementos para eliminar o potencial de dupla tributação (impostos pagos tan-

---

[2] Mihir A. Desai e James R. Hines, Jr., "Expectations and Expatriations: Tracing the Causes and Consequence of Corporate Inversions," *NBER Working Paper 9057*, julho de 2002, www.nber.org/papers/w9057.

[3] Isso se aplica especificamente a *empresas de controle estrangeiro ou CFCs (controlled foreign corporations)*. Uma CFC é definida como qualquer empresa estrangeira com mais de 50% de suas ações com direito a voto de propriedade direta ou indireta de acionistas norte-americanos. Assim, a maioria das subsidiárias estrangeiras de multinacionais sediadas nos EUA era classificada como CFCs.

QUADRO 1 — Obrigações tributárias da Stanley Works nos EUA antes da transferência de sede social para o exterior

Empresa matriz: Stanley Works (EUA)

Subsidiárias estrangeiras: Stanley Europa, Stanley Ásia, Stanley Am Lat

A Stanley paga impostos sobre toda a renda de origem doméstica no momento em que ela é obtida.

A Stanley paga impostos sobre rendas de origem estrangeira como a seguir:
1. Os lucros ativos de subsidiárias estrangeiras somente quando esses lucros são enviados à empresa matriz
2. Os lucros passivos de subsidiárias estrangeiras (empresas de controle estrangeiro) no momento em que a renda é obtida, indepedentemente de ela ser enviada à matriz

---

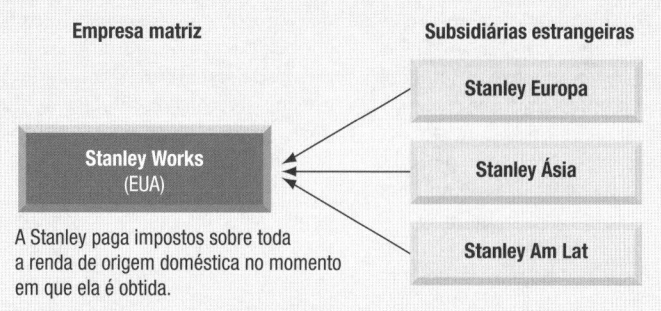

to na Europa quanto nos EUA, por exemplo) ou pelo menos para diminuir o ônus tributário. Muitos dos impostos corporativos pagos a governos anfitriões eram creditados para compensar possíveis impostos devidos nos EUA. Isso tinha se mostrado bastante eficaz quando as alíquotas de impostos corporativos no exterior estavam mais altas do que nos Estados Unidos, mas quando muitos países diminuíram suas alíquotas de impostos para menos do que as dos EUA, os lucros retornados aos Estados Unidos agora resultavam em impostos adicionais devidos.

Como mostra o Quadro 2, as metas tributárias específicas da transferência de sede social para o exterior eram as seguintes:[4]

- Primeiro, as Bermudas, como é típico na maioria dos centros financeiros *offshore*, não tributa rendas de origem estrangeira. (Na verdade, as Bermudas não têm uma alíquota de impostos de renda corporativos). Os lucros da Stanley gerados ao redor do mundo poderiam ser livremente redistribuídos por todas as empresas globalmente, inclusive a matriz, sem criar obrigações tributárias adicionais no país da empresa matriz (agora as Bermudas, em vez de os Estados Unidos).

- Em segundo lugar, as operações da Stanley nos EUA agora seriam conduzidas como a subsidiária norte-americana de uma empresa estrangeira. Isso provavelmente apresentaria possibilidades de reestruturação nas quais a subsidiária norte-americana teria obrigações cada vez maiores à matriz em Bermudas, como *royalties*, pagamento de dívidas e taxas de licenciamento, que eram despesas dedutíveis legítimas nos EUA, mas renda para a empresa matriz nas Bermudas. O resultado seria uma redução líquida nas obrigações tributárias nos EUA sobre os negócios da Stanley conduzidos nos Estados Unidos.

Esta segunda dimensão dos benefícios tributários da transferência de sede social geralmente é chamada de *esvaziamento de lucros* ou *carnings stripping*. O termo refere-se à prática de estruturar as operações dentro dos Estados Unidos para posicionar lá o máximo legalmente possível dos custos da empresa,

---

QUADRO 2 — Obrigações tributárias da Stanley Works nos EUA depois da transferência de sede social para o exterior

Subsidiária estrangeira: Stanley Works (EUA)

As operações da Stanley nos EUA agora são uma subsidiária norte-americana, e pode ser estruturado um resultado de modo a gerar menos lucros nos EUA e menos obrigações tributárias nos EUA.

Empresa matriz: Stanley Tools Ltd (Bermuda)

A Stanley não gera nenhuma renda doméstica, portanto, não paga impostos domésticos.

Subsidiárias estrangeiras: Stanley Europa, Stanley Ásia, Stanley Am Lat

A estrutura fiscal territorial não tributa renda ativa ou passiva de origem estrangeira.

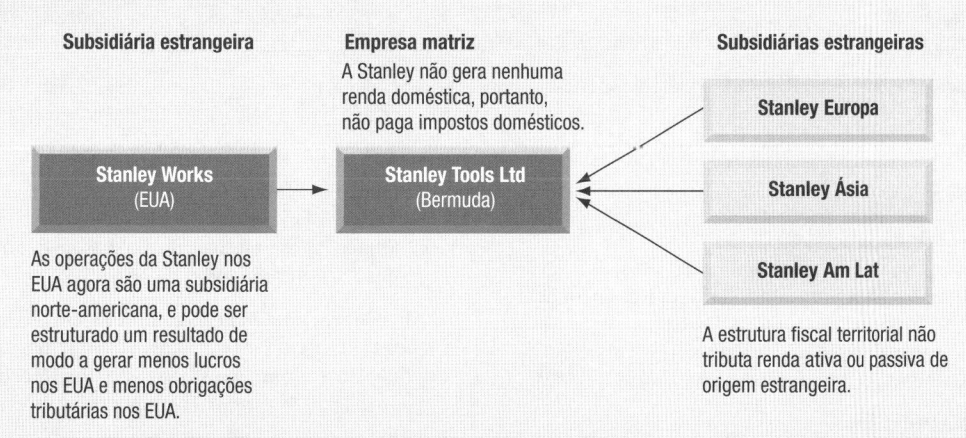

[4] "Special Report: Outbound Inversion Transactions." *Tax Notes*, New York State Bar Association Tax Section, 1° de julho de 2002, pp. 127–149.

de modo a reduzir os lucros tributáveis dentro do ambiente fiscal de alíquotas mais altas dos Estados Unidos.

No entanto, houve um debate considerável quanto aos verdadeiros benefícios fiscais a serem obtidos *versus* os crescentes custos de relações públicas da transferência de sede social. Os benefícios de lucros por ação (EPS, *earnings per share*) tinham sido considerados pela Stanley como uma simples redução na alíquota efetiva de impostos da organização como um todo. Por exemplo, utilizando as estimativas de lucro *pro forma* de 2003, a expectativa era a de que a Stanley pagasse US$134 milhões em impostos em 2003 sobre US$420 milhões em lucros antes dos impostos, como mostra o Quadro 3. Isso supunha uma alíquota efetiva de impostos de 32%. Se a Stanley transferisse sua sede social para as Bermudas, ela estimava que a alíquota efetiva de impostos cairia para 24%, gerando uma economia de US$33 milhões para a Stanley e seus acionistas.[5]

Patriotismo e transferência de sede social

> *O que você acharia de continuar morando em sua casa, mas mandar o IRS catar coquinho nas Bermudas, porque você é um residente legal daquela maravilhosa ilha? Você não pode fazer isso, mas a Stanley Works planeja economizar US$30 milhões por ano transferindo para lá sua sede social. E daí que nosso país está em guerra contra o terrorismo e está gastando bilhões extras com defesa e segurança nacional? Isso é problema nosso, não dos trapaceiros. O problema deles é elevar os lucros para conseguir elevar o preço de suas ações. O que poderia ser mais importante do que isso, já que um bom mercado de ações é bom para a América, certo?*
>
> — Allan Sloan, "The Tax-Free Bermuda Getaway," *Newsweek*, 15 de abril de 2002.

As outras preocupações de John Trani giravam em torno da imagem da Stanley. A estratégia de transferência da sede social para um local *offshore* era vista por muitos como nada patriótica – que não oferecia apoio aos Estados Unidos durante uma época de recessão e contínuas ameaças terroristas no mundo pós 11 de setembro. Além do debate cada vez maior no Congresso sobre o crescente uso de transferências de sedes sociais por empresas, havia uma forte oposição à estratégia por parte dos funcionários e seus sindicatos. Embora a Stanley não estivesse fazendo nada de ilegal e estivesse pagando seus impostos de acordo com a lei atual, a empresa era vista como "fazendo um enorme esforço" para evitar futuras obrigações tributárias. John Trani e sua equipe de alta gerência voltaram à sala de reuniões. O tempo estava acabando. A Stanley precisava remarcar sua votação pelos acionistas se quisesse continuar a transferência de sede social. Ainda permanecia a questão de se os benefícios excediam os custos de *transferir sua sede social* para um *offshore* local.

Perguntas sobre o caso

1. Se a Stanley realmente transferisse sua sede social para um *offshore*, como você acha que a empresa reestruturaria suas operações, tanto dentro quanto fora dos Estados Unidos?
2. Você acredita que o governo norte-americano deveria permitir que uma empresa como a Stanley transferisse sua sede social para fora do país a fim de pagar impostos mais baixos?
3. Se você fosse John Trani, você continuaria a buscar a transferência de sede social para o exterior ou decidiria permanecer onde está?

QUADRO 3 — Possíveis mudanças nos lucros da Stanley Works depois da transferência de sede social

	Lucros *pro forma* 2003		
	Antes	Depois	Economia
Lucros antes dos impostos	US$420	US$420	
Obrigações tributárias (32%/24%)	(134)	(101)	
Lucros depois dos impostos	US$286	US$319	+ US$33
Ações em circulação (milhões)	88,0	88,0	
Lucros por ação (EPS)	US$3,250	US$3,625	+ US$0,375 ou 11,5%

[5] A Stanley tinha adotado uma estimativa conservadora em suas discussões públicas de um cálculo de uma economia tributária de US$33 milhões.

PERGUNTAS

1. **Moralidade tributária.**
   a. O que significa o termo *moralidade tributária*?
   b. Sua empresa possui uma subsidiária na Rússia, onde a evasão de impostos é uma arte. Discuta se você deve cumprir integralmente as leis tributárias russas ou se deve violar as leis, como fazem seus concorrentes locais.

2. **Neutralidade tributária.**
   a. Defina o termo *neutralidade tributária*.
   b. Qual é a diferença entre *neutralidade doméstica* e *neutralidade estrangeira*?
   c. Quais são os objetivos de um país ao determinar a política fiscal sobre rendas de origem estrangeira?

3. **Abordagem mundial *versus* abordagem territorial.** As nações tipicamente estruturam seus sistemas tributários segundo duas abordagens básicas: a *abordagem mundial* ou a *abordagem territorial*. Explique essas duas abordagens e a diferença entre elas.

4. **Adiamento tributário.**
   a. O que significa o termo *adiamento tributário*?
   b. Por que os países permitem o adiamento tributário sobre rendas de origem estrangeira?

5. **Tratados fiscais.**
   a. O que é um tratado fiscal bilateral?
   b. Qual é a finalidade de um tratado fiscal bilateral?
   c. Que políticas a maioria dos tratados cobre?

6. **Tipos de impostos.** Os impostos são classificados com base em se eles são aplicados diretamente sobre a renda, chamados de *impostos diretos*, ou sobre alguma outra característica mensurável de desempenho da empresa, chamado de *impostos indiretos*. Classifique cada um dos tipos de impostos a seguir como diretos, indiretos ou outro.
   a. Imposto de renda corporativo pago por uma subsidiária japonesa sobre sua renda operacional
   b. *Royalties* pagos à Arábia Saudita por petróleo extraído e expedido para mercados em todo o mundo
   c. Juros recebidos por uma empresa matriz norte-americana sobre depósitos bancários mantidos em Londres
   d. Juros recebidos por uma empresa matriz norte-americana sobre um empréstimo a uma subsidiária no México
   e. Pagamento do principal recebido por uma empresa matriz norte-americana da Bélgica sobre um empréstimo feito a uma subsidiária integral na Bélgica
   f. Impostos especiais sobre consumo pagos sobre cigarros fabricados e vendidos nos Estados Unidos
   g. Impostos sobre propriedade pagos sobre o edifício da sede corporativa em Seattle
   h. Uma contribuição direta para assistência a refugiados para o Comitê Internacional da Cruz Vermelha
   i. Imposto de renda adiado, exibido como dedução de imposto sobre o imposto de renda consolidado da empresa matriz norte-americana
   j. Impostos retidos pela Alemanha sobre dividendos pagos a uma empresa matriz no Reino Unido

7. **Crédito fiscal estrangeiro.** O que é um crédito fiscal estrangeiro? Por que os países dão crédito para impostos pagos sobre rendas de origem estrangeira?

8. **Imposto sobre valor agregado.**
   a. O que é um imposto sobre valor agregado?
   b. Quais são as vantagens e desvantagens de um imposto sobre valor agregado?
   c. Apesar de o imposto sobre valor agregado ter sido proposto inúmeras vezes, os Estados Unidos nunca adotou um. Por que você acha que a atitude do imposto sobre valor agregado é negativa nos Estados Unidos, quando o imposto sobre valor agregado é amplamente utilizado no resto do mundo?

9. **Motivação do preço de transferência.** O que é o preço de transferência e um governo pode regulá-lo? Quais as dificuldades e motivos que uma empresa matriz multinacional enfrenta ao determinar preços de transferência?

10. **Subsidiárias irmãs.** A subsidiária Alpha, em Country Able, paga uma alíquota de impostos de 40%. A subsidiária Beta, em Country Baker, paga uma alíquota de impostos de 20%. Atualmente, cada subsidiária importa da outra uma quantidade de bens e serviços exatamente igual em valor monetário ao que cada uma exporta para a outra. Este método de equilibrar o comércio intraempresarial foi determinado pela administração a fim de reduzir todos os custos, inclusive os custos (*spread* de compra e venda) de transações cambiais. Ambas as subsidiárias são lucrativas, e ambas podem comprar todos os componentes domesticamente a preços aproximadamente iguais aos que elas estão pagando à sua subsidiária-irmã estrangeira. Isso parece uma situação ótima?

11. **Precificação correta.** A Seção 482 do Código do IRS especifica o uso de um preço de transferência "correto" e o ônus da prova de que o preço de transferência está "correto" fica nas mãos da empresa. Que diretrizes existem para determinar o preço de transferência adequado?

12. **Subsidiária de paraíso fiscal.**
    a. O que significa o termo *paraíso fiscal*?
    b. Quais são as características desejadas de um país, se ele espera ser usado como paraíso fiscal?
    c. Identifique cinco paraísos fiscais.
    d. Quais são as vantagens que levam uma EMN a usar uma subsidiária de paraíso fiscal?
    e. Quais são as distorções potenciais da renda tributável de uma EMN às quais as autoridades fiscais são contrárias em países que não são paraíso fiscal?

13. **Tratados fiscais.** O que a maioria dos tratados fiscais bilaterais cobre? Como eles afetam as operações e a estrutura das EMNs?

PROBLEMAS

*1. **Renda de origem estrangeira da Pfizer.** A Pfizer é uma fabricante e distribuidora global sediada nos EUA de uma grande gama de produtos farmacêuticos. Como parte do treinamento em seus escritórios de tesouraria corporativa, seus estagiários montam uma análise de planilha dos lucros/análise de distribuição da seguinte subsidiária hipotética. Use a planilha apresentada no Quadro 20.6 para sua estrutura básica.

Uma subsidiária estrangeira possui US$3.400.000 em lucros brutos, e os impostos corporativos dos EUA e do exterior são de 35% e 28%, respectivamente, e os impostos retidos são de 15%.
   a. De quanto é o pagamento total de impostos, estrangeiro e doméstico, sobre essa renda?
   b. Qual é a alíquota efetiva de impostos paga sobre essa renda pela empresa matriz sediada nos EUA?
   c. Qual seria o pagamento total de impostos e a alíquota efetiva de impostos se a alíquota de impostos corporativos fosse de 45% e se não houvesse impostos retidos sobre dividendos?
   d. Qual seria o pagamento total de impostos e a alíquota efetiva de impostos se a renda fosse obtida por uma filial da empresa norte-americana?

2. **Discovery Bay Airlines (Hong Kong).** A Discovery Bay Airlines é uma empresa de frete aéreo sediada nos EUA com uma subsidiária integral em Hong Kong. A subsidiária, DBay-Hong Kong, acaba de concluir um relatório de planejamento de longo prazo para a empresa matriz em

São Francisco, em que estimou os seguintes lucros esperados e taxas de *payout* (distribuição de dividendos) para os anos 2004–2007.

Discovery Bay-Hong Kong

(Milhões de dólares americanos)	2004	2005	2006	2007
Lucros antes dos juros e dos impostos (EBIT)	8.000	10.000	12.000	14.000
Menos despesas com juros	(800)	(1.000)	(1.200)	(1.400)
Lucros antes dos impostos (EBT)	7.200	9.000	10.800	12.600

A alíquota de impostos corporativos corrente de Hong Kong nessa categoria de renda é 16,5%. Hong Kong não cobra impostos retidos sobre dividendos enviados aos investidores norte-americanos (segundo o tratado fiscal bilateral Hong Kong – Estados Unidos). A alíquota de impostos corporativos nos EUA é de 35%. A empresa matriz deseja repatriar 75% do lucro líquido como dividendos anualmente.

a. Calcule o lucro líquido disponível para distribuição pela subsidiária de Hong Kong nos anos de 2004–2007.
b. Qual é o valor do dividendo esperado a ser enviado à empresa matriz norte-americana a cada ano?
c. Depois de ajustes para fins de obrigações tributárias, qual é o dividendo total depois dos impostos (todos os impostos de Hong Kong e dos EUA) esperado a cada ano?
d. Qual é a alíquota efetiva de impostos sobre essa renda de origem estrangeira por ano?

3. **Jurgen-Strut da Alemanha.** A Jurgen-Strut (JS) é uma empresa sediada na Alemanha que produz peças de carburadores de injeção eletrônica de combustível para várias grandes empresas de automóveis da Alemanha, inclusive a Mercedes, a BMW e a Opel. A empresa, assim como muitas empresas na Alemanha hoje em dia, está tendo que rever suas políticas financeiras alinhadas ao crescente grau de divulgação exigida pelas empresas se desejarem listar suas ações em bolsas dentro e fora da Alemanha.

O principal problema da JS é que o código fiscal de impostos corporativos da Alemanha aplica uma alíquota de impostos diferente dependendo de se ele é retido (45%) ou distribuído aos acionistas (30%).

a. Se a Jurgen-Strut planejava distribuir 50% de sua renda líquida, qual seria seu lucro líquido total e o total de suas contas a pagar em impostos corporativos?
b. Se a Jurgen-Strut estivesse tentando escolher entre uma taxa de pagamento de dividendos de 40% ou de 60% aos acionistas, que argumentos e valores a administração usaria a fim de convencer os acionistas sobre qual das duas taxas de pagamento seria de maior interesse para todos?

Wuzhou Blade Company.

Use o caso a seguir para responder os problemas de 4 a 6. A Wuzhou Blade Company (Hong Kong) exporta lâminas de barbeador para sua empresa matriz de propriedade integral, a Cranfield Eversharp (Grã-Bretanha). As alíquotas de impostos de Hong Kong são de 16% e as alíquotas de impostos britânicas são de 30%. A Wuzhou calcula seu lucro por contêiner como mostra a tabela (todos os valores em libras esterlinas britânicas):

Formação do preço		Wuzhou Blade		Cranfield Eversharp
Custos diretos		£10.000		£16.100
Custos gerais		4.000		1.000
Total de custos		£14.000		£17.100
Markup desejado (15%)		2.100		2.565
Preço de transferência (preço de vendas)		£16.100		£19.665
Demonstrativo de resultados (suponha um volume de 1.000 unidades)				
Receita de vendas		£16.100.000		£19.665.000
Menos total de custos		(14.000.000)		(17.100.000)
Renda tributável		£2.100.000		£2.565.000
Menos impostos	(16%)	(336.000)	(30%)	(769.500)
Lucro depois dos impostos		£1.764.000		£1.795.500
Lucro consolidado		£3.559.500		

4. **Wuzhou Blade (A).** A gerência corporativa da Cranfield Eversharp está considerando reposicionar os lucros dentro da empresa multinacional. O que acontece com os lucros da Wuzhou Blade e da Cranfield Eversharp, e com os resultados consolidados de ambas, se o *markup* na Wuzhou fosse elevado para 20% e na Cranfield, fosse reduzido para 10%? Qual é o impacto desse reposicionamento sobre os pagamentos de impostos consolidados?

5. **Wuzhou Blade (B).** Encorajada pelos resultados da análise do problema 4, a gerência corporativa da Cranfield Eversharp deseja continuar a reposicionar os lucros em Hong Kong. Ela está, no entanto, encontrando duas restrições. Em primeiro lugar, o preço final de vendas na Grã-Bretanha tem que ser £20.000 ou menos para permanecer competitiva. Em segundo lugar, as autoridades fiscais britânicas – ao trabalhar com a equipe de contabilidade de custos da Cranfield Eversharp – estabeleceu um preço de transferência máximo permitido (de Hong Kong) de £17.800. Que combinação de *markups* você recomenda que a Cranfield Eversharp institua? Qual é o impacto desse reposicionamento sobre os lucros consolidados após os impostos e o total de pagamentos de impostos?

6. **Wuzhou Blade (C).** Para não deixar de explorar nenhuma oportunidade de reposicionamento de impostos, a Cranfield Eversharp deseja combinar os componentes do problema 4 com uma redistribuição dos custos gerais. Se os custos gerais pudessem ser realocados entre as duas unidades, mas ainda assim totalizar £5.000 por unidade e manter um mínimo de £1.750 por unidade em Hong Kong, qual seria o impacto desse reposicionamento sobre os lucros consolidados após os impostos e o total de pagamento de impostos?

EXERCÍCIOS NA INTERNET

1. **Tributação internacional e a Bulgária.** O *site* a seguir é um bom recurso para encontrar regras, regulamentações e alíquotas fiscais e contábeis globais. Utilize-o para encontrar as questões específicas relacionadas a impostos enfrentadas por uma organização multinacional que deseje fazer negócios com a Bulgária hoje.

    Taxsites.com   www.taxsites.com/international.html

2. **Impostos globais.** *Sites* como o TaxWorld fornecem informações detalhadas sobre a conduta de negócios e as exigências fiscais e contábeis associadas a se fazer negócios em diversos países.

    www.taxworld.org/OtherSites/ International/international.htm

3. **Contribuinte internacional.** O IRS, dos Estados Unidos, oferece um suporte detalhado e exigências documentadas a contribuintes internacionais. Use o *site* do IRS para descobrir quais são as regras, regulamentações e definições jurídicas para obrigações fiscais de residentes internacionais ao obter renda e lucros nos Estados Unidos.

    USIRS Taxpayer   www.irs.gov/businesses/small/international/index.html

4. **Autoridades fiscais oficiais do governo.** As leis fiscais estão em constante modificação, e o planejamento e o processo de gerenciamento tributário de uma EMN têm, portanto, que incluir uma atualização contínua das práticas fiscais de um país. Use os seguintes *sites* fiscais do governo para tratar de problemas específicos relacionados aos respectivos países:

    Transferência de propriedade
    de Hong Kong para a China: www.info.gov.hk/eindex.htm
    Centro de serviços financeiros
    internacionais da Irlanda: www.revenue.ie/
    Incentivos fiscais da República
    Tcheca para o investimento: www.capitaltaxconsulting.com/international-tax/czech-republic/

5. **Práticas fiscais para negócios internacionais.** Muitas das principais empresas de contabilidade fornecem informações e serviços de consultoria online relacionados a práticas fiscais e contábeis. Use os *sites* a seguir para obter informações atualizadas sobre mudanças ou práticas das leis tributárias. Segundo o *site*, que cinco países têm, hoje, as alíquotas de impostos corporativos mais baixas?

    Ernst and Young   www.ey.com/tax/
    Deloitte & Touche   www.dttus.com/
    PriceWaterhouseCoopers   www.pwcglobal.com/

CAPÍTULO 21

Gerenciamento de Capital de Giro

Moralidade, tudo bem, mas e quanto aos dividendos?
—Kaiser Wilhelm II.

O gerenciamento de capital de giro em uma EMN exige o reposicionamento de fluxos de caixa, além do gerenciamento de ativos e passivos circulantes, ao enfrentar restrições políticas, cambiais, fiscais e de liquidez. A meta geral é reduzir os fundos presos no capital de giro fornecendo, simultaneamente, um financiamento e liquidez suficientes para a conduta dos negócios no âmbito global. Isso deve aumentar o retorno sobre ativos e o retorno sobre o patrimônio líquido. Deve também melhorar os índices de eficiência e outros parâmetros de avaliação do desempenho.

A primeira seção deste capítulo descreve o ciclo operacional da Trident. A segunda seção analisa as decisões de reposicionamento de fundos da Trident. A terceira seção examina as restrições que afetam o reposicionamento de fundos da Trident. A quarta seção identifica canais alternativos para a movimentação de fundos. A quinta seção introduz o gerenciamento de capital de giro líquido, inclusive as contas a receber, estoques e caixa. A sexta e última seção examina como o capital de giro é financiado, inclusive os vários tipos de serviços bancários disponíveis.

CICLO OPERACIONAL DA TRIDENT BRASIL

O *ciclo operacional e o ciclo de conversão monetária* da Trident Brasil são ilustrados no Quadro 21.1. O ciclo operacional pode ser decomposto em cinco períodos, cada um deles com suas implicações comerciais, contábeis e de fluxos de caixa potenciais.

Período de cotação

Primeiramente observado no Capítulo 11, quando introduzimos a exposição de transação, o período de cotação se estende do momento da cotação do preço, t_0, até o momento em que o cliente formaliza um pedido, t_1. Se o cliente estiver solicitando uma cotação de preço em termos de moeda estrangeira, digamos, pesos chilenos, a Trident Brasil terá uma possível, mas incerta exposição de transação cambial. A cotação propriamente dita não está listada em nenhuma das demonstrações financeiras tradicionais da empresa, embora uma empresa como a Trident Brasil mantenha uma planilha de cotações oferecidas e seus períodos de tempo.

Período de busca de fornecedores de insumos

Uma vez que um cliente tenha aceito uma cotação, o pedido é formalizado no momento t_1. O comprador e o vendedor assinam um contrato descrevendo o produto a ser entregue, o provável prazo de entrega, condições de entrega e preço e termos de financiamento. Nesse momento, a Trident Brasil encomendaria os insumos necessários para fabricar o produto que ela não possui em estoque. Dependendo da venda individual, o comprador pode fazer um depósito em dinheiro ou dar um

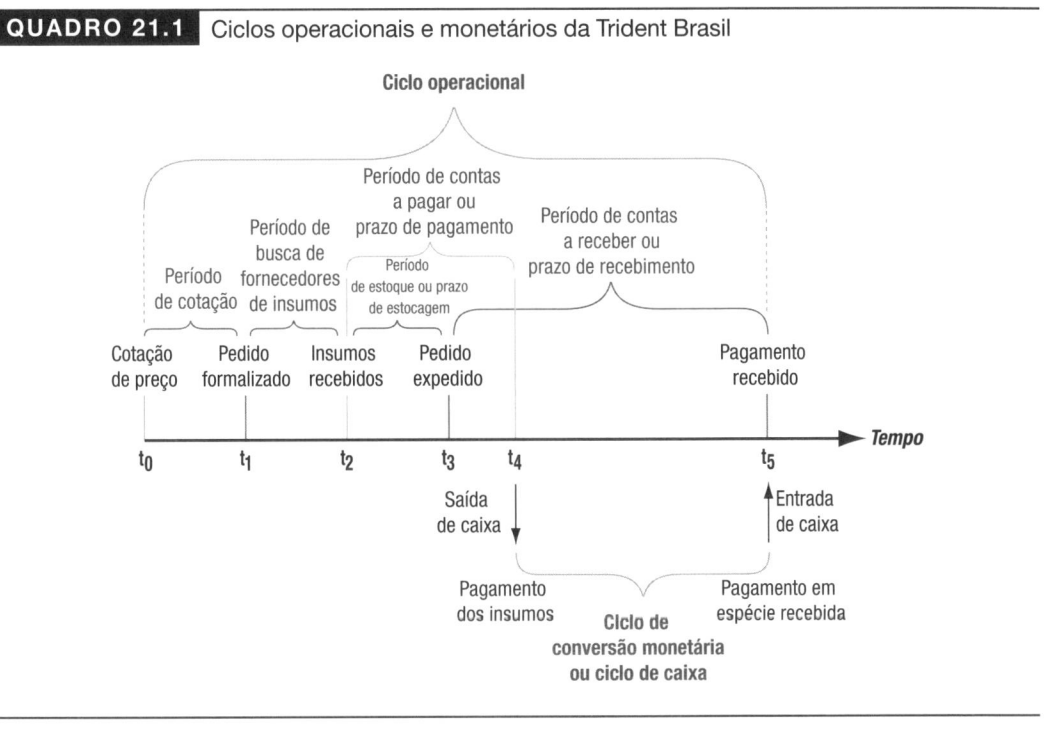

QUADRO 21.1 Ciclos operacionais e monetários da Trident Brasil

sinal. Isso constituiria o primeiro fluxo de caixa real associado ao pedido, uma entrada de caixa para a Trident Brasil, e que iniciaria o ciclo de conversão monetária dessa transação.

Período de estoque ou prazo de estocagem

Quando recebe insumos, a Trident Brasil monta e produz os bens. O tamanho deste período estoque-produção, de t_1 a t_2, depende do tipo de produto (já disponíveis comercialmente *versus* produzido de maneira customizada, de acordo com especificações), da integração da cadeia de suprimentos da Trident Brasil com seus vários fornecedores internos e externos, e da tecnologia empregada pela Trident.

Período de contas a pagar ou prazo de pagamento

À medida que os insumos chegam, a Trident os lista como estoques de materiais e componentes do lado esquerdo do balanço patrimonial da Trident Brasil, com as contas a pagar correspondentes sendo registradas do lado direito do balanço patrimonial. Se os insumos forem faturados em moedas estrangeiras, seja pela Trident USA, uma subsidiária-irmã, ou por fornecedores externos, eles constituirão exposições de transação cambial para a Trident Brasil.

Observe que o período de contas a pagar exibido no Quadro 21.1 começa ao mesmo tempo em que o período de estoque, t_2, mas se estende no tempo até t_4, depois de terminar o período de estoque. Se os fornecedores da Trident Brasil obtiverem crédito comercial, a Trident Brasil poderá adiar o pagamento do estoque por período extenso. É claro, se a Trident Brasil decidir não aceitar crédito comercial, ela poderá pagar pelos insumos no momento em que eles forem entregues. Neste caso, o período de contas a pagar terminaria antes de período de estoque – o período de produção – terminar em t_3. Em qualquer momento no tempo que a Trident Brasil escolher acertar suas contas a pagar em aberto, ela incorrerá em uma saída de caixa.

Período de contas a receber ou prazo de recebimento

Quando os bens são acabados e expedidos, a Trident Brasil registra a transação como uma venda em sua demonstração de resultados e como uma conta a receber em seu balanço patrimonial. Se for uma fatura denominada em moeda estrangeira, a taxa de câmbio à vista nessa data, t_4, será usada para registrar o valor da venda em moeda local. A taxa de câmbio em vigor no dia do pagamento em espécie, t_5, será, então, utilizada no cálculo de quaisquer ganhos e perdas cambiais associadas à transação – a exposição de transação.

O tamanho do período de contas a receber depende dos termos de crédito oferecidos pela Trident Brasil, da escolha feita pelo comprador de ou aceitar o crédito comercial ou pagar em dinheiro à vista, e das práticas de pagamento específicas a cada país e a cada setor. No pagamento em espécie, a Trident Brasil recebe uma entrada de caixa (finalmente) para pagar os bens entregues. No momento t_5, a transação é concluída e todas as entradas contábeis – itens de estoque, contas a pagar, contas a receber – são eliminadas.

DECISÕES DA TRIDENT SOBRE O REPOSICIONAMENTO

Agora, descreveremos a variedade de metas e restrições sobre o reposicionamento de fundos na Trident Corporation. O Quadro 21.2 ilustra a Trident, suas subsidiárias integrais, a moeda e alíquotas de impostos aplicáveis a cada unidade, e as conclusões atuais da administração em relação às perspectivas de crescimento de cada subsidiária. As três subsidiárias estrangeiras da Trident apresentam, cada uma delas, um conjunto singular de preocupações.

- *A Trident Europe*, a mais antiga das três, opera em um ambiente de impostos relativamente altos. Ela opera em uma moeda relativamente estável – o euro – e tem liberdade para movimentar capital para dentro e para fora do país, com poucas restrições. Os negócios da empresa são maduros, com poucas perspectivas de crescimento significativo em um futuro próximo.
- *A Trident Brasil*, o resultado de uma recente aquisição, opera em um ambiente de impostos baixos, mas de moeda historicamente volátil. Está sujeita a apenas algumas restrições ao capital. A Trident acredita que os negócios tenham perspectivas de crescimento muito boas no curto a médio prazo se a empresa for capaz de injetar capital adicional e experiência gerencial.
- *A Trident China*, uma nova *joint venture* com um parceiro do próprio país, que é uma antiga unidade do governo chinês, opera em um ambiente de impostos relativamente baixos, com uma taxa cambial fixa (o renminbi é gerenciado dentro de uma faixa muito estreita em relação ao dólar americano). Está sujeita a várias restrições ao capital. Acredita-se que seus negócios tenham o maior potencial das três – no longo prazo.

Na prática, a gerência sênior da Trident na empresa matriz primeiro irá determinar seus objetivos estratégicos no que concerne ao desenvolvimento dos negócios em cada subsidiária, e então irá projetar um plano de gerenciamento financeiro para o reposicionamento de lucros, fluxos de

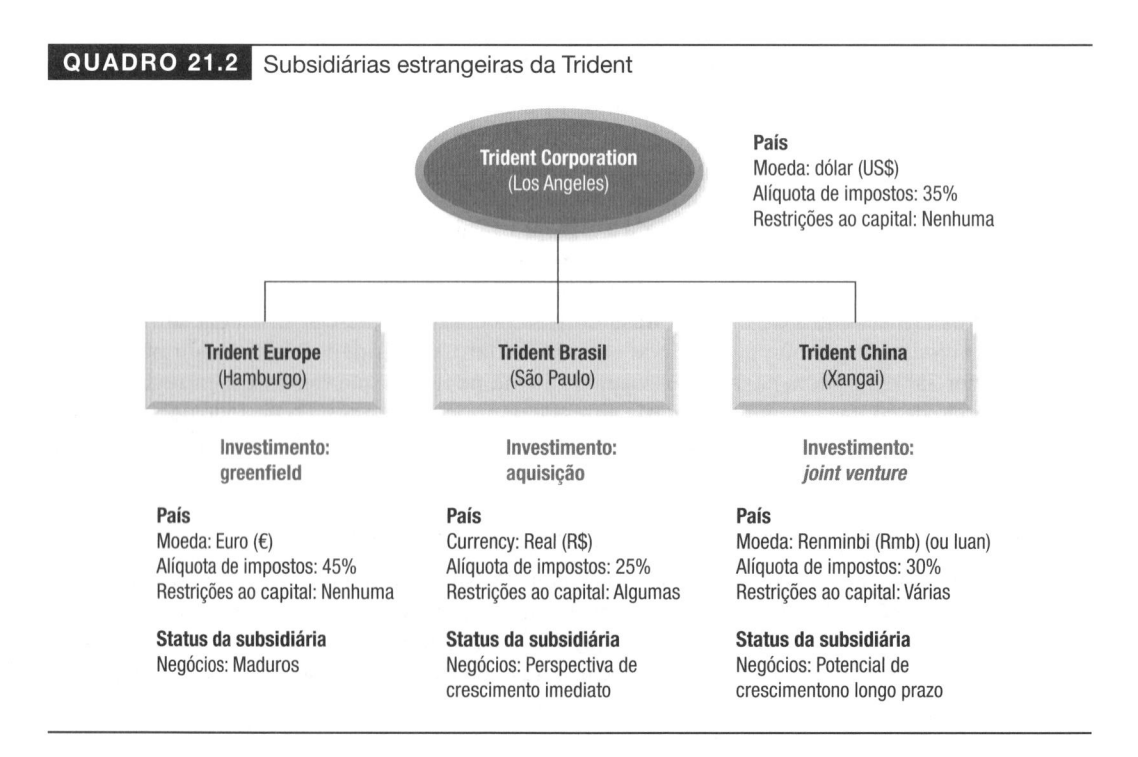

QUADRO 21.2 Subsidiárias estrangeiras da Trident

Trident Corporation (Los Angeles)
País
Moeda: dólar (US$)
Alíquota de impostos: 35%
Restrições ao capital: Nenhuma

Trident Europe (Hamburgo)
Investimento: greenfield
País
Moeda: Euro (€)
Alíquota de impostos: 45%
Restrições ao capital: Nenhuma
Status da subsidiária
Negócios: Maduros

Trident Brasil (São Paulo)
Investimento: aquisição
País
Currency: Real (R$)
Alíquota de impostos: 25%
Restrições ao capital: Algumas
Status da subsidiária
Negócios: Perspectiva de crescimento imediato

Trident China (Xangai)
Investimento: *joint venture*
País
Moeda: Renminbi (Rmb) (ou Iuan)
Alíquota de impostos: 30%
Restrições ao capital: Várias
Status da subsidiária
Negócios: Potencial de crescimento no longo prazo

caixa e capital de cada subsidiária. Como resultado desse processo, a Trident agora tentará buscar os seguintes objetivos de reposicionamento por subsidiária:

- **Trident Europe:** Reposicionar lucros da Alemanha para os Estados Unidos, mantendo, ao mesmo tempo, o valor da maturidade do mercado Europeu na Trident Corporation.
- **Trident Brasil:** Reposicionar ou, de alguma forma, gerenciar o capital em risco no Brasil que está sujeito a riscos cambiais, fornecendo, ao mesmo tempo, um nível adequado de capital frente às perspectivas imediatas de crescimento.
- **Trident China:** Reposicionar a quantidade de fundos que entra e sai da China para se proteger contra fundos bloqueados (risco de transferência), equilibrando as necessidades do parceiro de *joint venture*. E, no final, não somente a Trident é afetada. O Quadro *Finanças Globais na Prática 21.1* ilustra um recente problema que a P&G enfrentou na Índia relacionado a termos de pagamento.

RESTRIÇÕES SOBRE O REPOSICIONAMENTO DE FUNDOS

Os fundos que fluem entre unidades de uma empresa doméstica geralmente são desimpedidos, mas isso não ocorre no caso de uma empresa multinacional. Uma empresa de operações globais enfrenta diversas considerações políticas, fiscais, cambiais e de liquidez que limitam sua capacidade de movimentar fundos com facilidade e sem custos da moeda de um país para outros. Essas restrições são o motivo pelo qual os gestores financeiros de multinacionais têm que planejar com antecedência o reposicionamento de fundos dentro de uma EMN. O planejamento adiantado é essencial até mesmo quando não existem restrições, pois em alguma data futura, eventos políticos inesperados podem levar a restrições.

Restrições políticas

As restrições políticas podem bloquear a transferência de fundos aberta ou ocultamente. O bloqueio aberto ocorre quando uma moeda se torna inconversível ou fica sujeita a controles cambiais pelo governo que evitam suas transferências segundo taxas de câmbio razoáveis. O bloqueio oculto

---

FINANÇAS GLOBAIS NA PRÁTICA 21.1

Aquisição e gerenciamento financeiro da P&G na Índia

As dificuldades enfrentadas pela P&G e Gillette na Índia em 2006 ressaltaram o quanto as políticas financeiras e o gerenciamento influenciam as operações das empresas. Depois de a P&G ter adquirido a Gillette em 2005, teve início globalmente um complicado processo de integração pós-aquisição. Tanto a P&G quanto a Gillette operavam com êxito na Índia há décadas. Depois da aquisição, a P&G decidiu manter as duas empresas bastante separadas em Mumbai, Índia, mas acreditava poder ter benefícios significativos combinando compras e distribuição.

No primeiro trimestre de 2006, os produtos da Gillette se fundiram ao sistema de distribuição da P&G. Os problemas surgiram quase que imediatamente quando os estoques e as vendas dos produtos da Gillette caíram drasticamente. As vendas líquidas da Gillette no primeiro trimestre de 2006 caíram para Rs37,95 *crore*, de Rs107,55 *crore* no primeiro trimestre de 2005 – aproximadamente um terço das vendas do ano anterior. (Rs é a abreviação da rúpia indiana; *crore* é 1 milhão de rúpias, e *lakh* significa 100.000 rúpias). Segundo a taxa corrente à vista de Rs33/US$, isso constituía uma perda de US$2,3 milhões nas vendas.

Enquanto que a distribuição da Gillette na Índia sempre tinha oferecido condições de crédito – prazos de pagamento – de 30 dias, a política atual da P&G era cobrar o pagamento à vista em dinheiro ou em sete dias corridos, dependendo do tamanho e da natureza do varejista. Muitos dos pequenos varejistas da Gillette, primordialmente farmácias, pararam de vender produtos da Gillette como os cartuchos de lâminas de barbear e barbeadores Mach 3 depois de os prazos de pagamento mais curtos terem sido instituídos. Os termos de crédito menos amigáveis para o varejo juntamente com aumentos significativos nos preços (os cartuchos de lâminas de barbear agora custavam mais de Rs700 por pacote contendo oito unidades, enquanto que os barbeadores passavam a custar mais de Rs300) resultaram na maciça perda nas vendas.

O mundo da integração pós-aquisição inclui a compreensão dos impactos do gerenciamento financeiro e das políticas de condições de crédito sobre categorias de produtos e canais de distribuição em todas as partes do mundo.

Fonte: Baseado em "Shift in Distribuição Network Hits Gillette Stocks," *The Business Standard,* Hyderabad, Índia, segunda-feira, 15 de maio de 2006, p. 1.

ocorre quando dividendos ou outras formas de envio de fundos são severamente limitados, fortemente tributados ou excessivamente atrasados por um processo de aprovação burocrático.

Restrições fiscais

As restrições fiscais surgem devido às estruturas fiscais complexas e possivelmente contraditórias de diversos governos nacionais por cujas jurisdições os fundos possam passar. Uma empresa não quer que seus fundos em trânsito sejam erodidos por uma sequência cada vez maior de cobranças de impostos em cada jurisdição pela qual os fundos possam passar.

Custos de transação

Os custos de transações cambiais são incorridos quando uma moeda é trocada por outra. Esses custos, na forma de taxas e/ou a diferença entre as cotações de compra e venda, representam receita para os bancos comerciais e agentes que operam o mercado de câmbio. Apesar de normalmente serem uma pequena porcentagem do valor do dinheiro trocado, tais custos se tornam significativos para transferências grandes ou frequentes. Os custos de transação são grandes o suficiente para garantir a relevância de um planejamento com o intuito de evitar transferências desnecessárias de um lado para outro como ocorreria se uma subsidiária enviasse um dividendo em dinheiro à sua matriz aproximadamente ao mesmo tempo em que a matriz estivesse pagando a subsidiária por bens adquiridos. Cambiar moedas simultaneamente em duas direções é obviamente um grande desperdício de recursos corporativos, mas às vezes ocorre quando uma parte de uma empresa não está coordenada com a outra.

Necessidades de liquidez

Apesar da vantagem geral de se poder transferir dinheiro no âmbito mundial, há que se satisfazer a necessidade de liquidez em cada local individual e que se manter bons relacionamentos com os bancos locais. O tamanho dos saldos apropriados é, em parte, uma decisão subjetiva que não é facilmente mensurável. No entanto, tais necessidades restringem uma abordagem de pura otimização do posicionamento de caixa no âmbito mundial.

CANAIS PARA MOVIMENTAÇÃO DE FUNDOS ATRAVÉS DE TRANSFERÊNCIAS

As empresas multinacionais geralmente *decompõem* sua transferência de fundos em fluxos separados para fins específicos. Os países anfitriões têm, então, mais chances de perceber que uma fração do que seria chamado, caso contrário, de *remessa de lucros*, constitui, essencialmente, uma compra de benefícios específicos que comandam valores em todo o mundo e beneficiam o país anfitrião. A decomposição das transferências de fundos permite que uma empresa multinacional recupere fundos das subsidiárias sem afetar a sensibilidade do país anfitrião em relação a grandes escoamentos de dividendos. Por exemplo, a Trident pode transferir fundos de suas subsidiárias estrangeiras para a matriz, a Trident Corporation, por qualquer dos canais exibidos no Quadro 21.3.

Os canais são separáveis em canais *antes dos impostos* e *depois dos impostos* no país anfitrião. Embora nem sempre sejam o foco da movimentação de fundos intraunidades, as metas fiscais frequentemente fazem desta uma distinção crucial para as estruturas financeiras de uma subsidiária estrangeira. Um aumento no fluxo de fundos (carga fiscal) em qualquer uma das categorias antes dos impostos reduzirá os lucros tributáveis da subsidiária estrangeira *se* as autoridades fiscais do país anfitrião reconhecerem a carga fiscal como uma despesa legítima. A distinção antes dos impostos/depois dos impostos também é bastante significativa para uma empresa matriz que esteja tentando repatriar fundos no método mais eficiente em termos tributários, se ela estiver tentando gerenciar seus próprios créditos/débitos tributários entre as unidades estrangeiras.

Uma correspondência item-por-item das remessas às entradas, como por exemplo a correspondência entre *royalties* por propriedade intelectual e taxas por patentes e consultorias, é equitativa para o país anfitrião e para o investidor financeiro. Ela permite que cada parte envolvida veja o motivo de cada remessa e avalie sua aceitação independentemente. Se todas as entradas de investimento forem *decompostas*, parte do que poderia ter sido classificado como lucros residuais pode acabar sendo classificado como despesas dedutíveis dos impostos relacionadas a um benefício de compra específico. A decomposição das transferências de fundos também facilita a

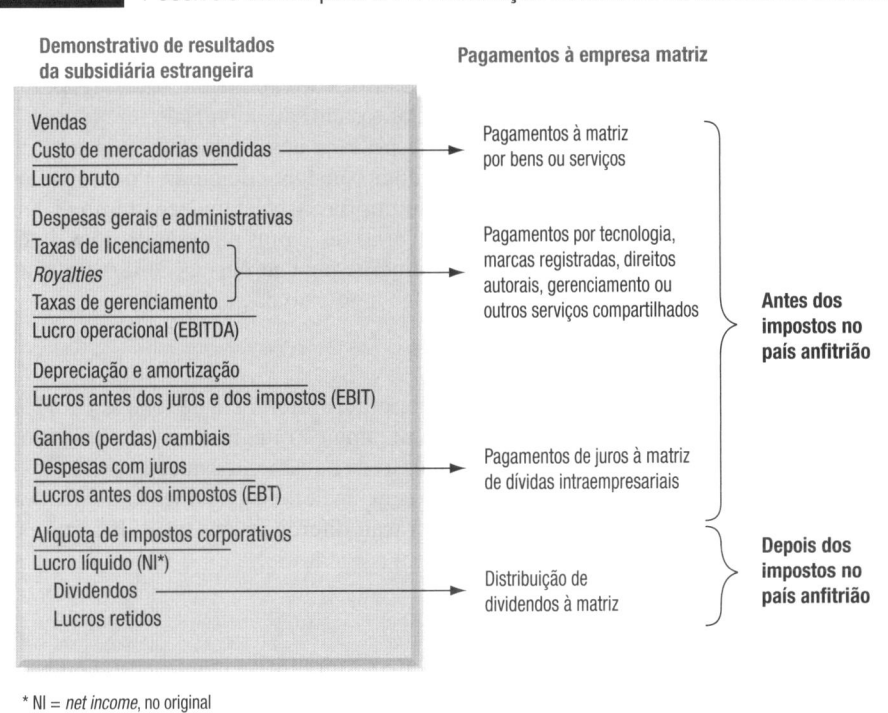

QUADRO 21.3 Possíveis canais para a movimentação de fundos da subsidiária à matriz

Demonstrativo de resultados da subsidiária estrangeira

- Vendas
- Custo de mercadorias vendidas
- Lucro bruto
- Despesas gerais e administrativas
  - Taxas de licenciamento
  - *Royalties*
  - Taxas de gerenciamento
- Lucro operacional (EBITDA)
- Depreciação e amortização
- Lucros antes dos juros e dos impostos (EBIT)
- Ganhos (perdas) cambiais
- Despesas com juros
- Lucros antes dos impostos (EBT)
- Alíquota de impostos corporativos
- Lucro líquido (NI*)
  - Dividendos
  - Lucros retidos

Pagamentos à empresa matriz

- Pagamentos à matriz por bens ou serviços
- Pagamentos por tecnologia, marcas registradas, direitos autorais, gerenciamento ou outros serviços compartilhados
- Pagamentos de juros à matriz de dívidas intraempresariais

} Antes dos impostos no país anfitrião

- Distribuição de dividendos à matriz

} Depois dos impostos no país anfitrião

* NI = *net income*, no original

alocação de despesas gerais da divisão internacional de uma empresa matriz, os chamados *serviços compartilhados*, a cada subsidiária em operação, de acordo com uma fórmula predeterminada. A predeterminação do método de alocação significa que é menos provável que um país anfitrião possa ver determinada remessa como um mero capricho e, portanto, inapropriada. Finalmente, a decomposição das transferências de fundos facilita a entrada de capital local em projetos de *joint venture*, pois a remuneração total a diferentes proprietários pode ser proporcional ao valor das contribuições variadas de cada um deles, em vez de apenas proporcional à quantia de capital monetário que eles investiram.

REMESSAS INTERNACIONAIS DE DIVIDENDOS

O pagamento de dividendos é o método clássico através do qual as empresas transferem lucros aos proprietários, sejam eles acionistas individuais ou empresas matrizes. A política internacional de dividendos hoje incorpora considerações fiscais, risco político e risco cambial, além de um retorno sobre diretrizes empresariais e tecnologia.

Implicações fiscais

As leis tributárias do país anfitrião influenciam a decisão quanto aos dividendos. Países como a Alemanha tributam os lucros retidos com base em determinada alíquota e lucros distribuídos com base em uma alíquota mais baixa. A maioria dos países cobra impostos retidos sobre dividendos pagos a empresas matrizes e investidores estrangeiros. Novamente, a maioria (mas nem todos) dos países de empresas matrizes cobra um imposto sobre dividendos recebidos, mas permitem um *crédito fiscal* para impostos estrangeiros já pagos sobre esse fluxo de renda. Sabendo disso, os dividendos continuam sendo o método mais ineficiente em termos de impostos para a repatriação de fundos, pois eles são distribuídos depois dos impostos.

Isso significa que a empresa matriz muitas vezes enfrentará a geração de créditos fiscais em excesso sobre um dividendo. A remessa de taxas de licenciamento ou de *royalty* é feita antes dos impostos na subsidiária estrangeira; o único imposto tipicamente aplicado é o imposto retido, que possui uma alíquota consideravelmente mais baixa do que as alíquotas de impostos corporativos.

Riscos políticos

Os riscos políticos podem motivar as empresas matrizes a exigir que as subsidiárias estrangeiras enviem todos os fundos gerados localmente que excedam o capital necessário para financiar o crescimento nas vendas (exigências de capital de giro) e expansões de capital planejadas (*capex* ou desembolsos de capital) internamente. Tais políticas, no entanto, não são universais.

Uma estratégia empregada pelas EMNs em resposta a possíveis restrições governamentais pode ser manter um índice de pagamento de dividendos constante de modo a demonstrar que uma política estabelecida está sendo consistentemente cumprida. Isso estabelece um precedente para a remessa de dividendos e elimina a percepção do governo de alguns países anfitriões de que as distribuições de dividendos são escolhidas convenientemente pela gerência. (Observe que até mesmo a terminologia, *declarar um dividendo,* implica em algo a critério da gerência.)

Riscos cambiais

Ao prever uma perda cambial, uma EMN pode acelerar a transferência de fundos para fora do país através de dividendos. Isso normalmente faz parte de uma estratégia maior de passar de moedas fracas para moedas fortes, e pode incluir o aceleramento de pagamentos intraempresariais de contas a receber e de contas a pagar. No entanto, as decisões de acelerar o pagamento de dividendos para antes do que seria normal tem que levar em consideração diferenças nas taxas de juros e o impacto negativo sobre as relações com o país anfitrião.

Distribuições e fluxos de caixa

Os dividendos são um pagamento em dinheiro feito aos proprietários igual ao total ou a uma fração dos lucros de um período anterior. Para pagar dividendos, uma subsidiária precisa de lucros passados e de dinheiro disponível em caixa. As subsidiárias às vezes têm lucros sem terem dinheiro em caixa porque os lucros são medidos no momento da venda, mas o dinheiro é recebido posteriormente, quando a conta a receber é cobrada (uma típica distinção entre lucros contábeis e fluxo de caixa). Os lucros de subsidiárias que estão crescendo rapidamente geralmente estão comprometidos em contas a receber e estoques cada vez maiores (capital de giro). Portanto, as subsidiárias estrangeiras em rápido crescimento podem não ter o dinheiro em caixa necessário para declarar um dividendo igual até mesmo a uma fração dos lucros.

O oposto também pode ser verdadeiro; as empresas podem estar recebendo dinheiro da cobrança de contas a receber antigas mesmo quando os lucros forem baixos porque as vendas atuais caíram ou porque as despesas atuais subiram em relação ao preço de venda corrente. Essas empresas podem querer declarar um dividendo com o intuito de remover um suprimento abundante de dinheiro de um país, mas não ter lucros suficientes com os quais cobrir esses pagamentos. Por qualquer dessas razões, uma empresa tem que avaliar os lucros calculados e o dinheiro disponível em caixa antes de se decidir por uma política de dividendos.

Fatores de *joint ventures*

A existência de parceiros de *joint venture* ou acionistas locais também influencia a política de dividendos. O posicionamento ótimo dos fundos internacionalmente não pode dominar os direitos válidos de parceiros ou de acionistas locais independentes a receber dividendos. Os acionistas locais independentes não se beneficiam com o sucesso mundial da matriz da EMN, mas apenas do sucesso da *joint venture* particular em que detêm participações acionárias. As empresas podem hesitar em reduzir os dividendos quando os lucros vacilam. Elas também podem hesitar em aumentar os dividendos após um aumento súbito nos lucros devido a possíveis reações adversas à redução de dividendos posteriormente, quando os lucros caírem. Muitas EMNs insistem na propriedade integral (100%) de subsidiárias a fim de evitar possíveis conflitos de interesse com acionistas externos.

CAPITAL DE GIRO LÍQUIDO

Se os negócios da Trident Brasil continuarem a se expandir, a empresa aumentará seus estoques e suas contas a pagar (A/P ou *account payable*) continuamente a fim de atender ao aumento nas vendas na forma de contas a receber (A/R ou *accounts receivable*). Esses três componentes formam o *capital de giro líquido* (NWC ou *net working capital*). A combinação é "líquida" em decorrência da capacidade espontânea de financiamento das contas a pagar; as contas a pagar fornecem parte do financiamento do aumento nos níveis de estoque e de contas a receber:

$$\text{Capital de giro líquido (NWC)} = (A/R + \text{Estoque}) - (A/P).$$

Como tanto A/R quanto o estoque são componentes dos ativos circulantes do lado esquerdo do balanço patrimonial, à medida que eles crescem, têm que ser financiados por passivos adicionais de alguma forma do lado direito do balanço patrimonial. A/P pode fornecer uma parte do financiamento. O Quadro 21.4 ilustra o capital de giro líquido da Trident Brasil. Observe que não incluímos caixa ou dívidas de curto prazo no capital de giro líquido. Apesar de eles serem parte dos passivos circulantes e dos passivos circulantes, respectivamente, eles são o resultado da decisão da administração, e não mudam espontaneamente com as operações. Seus fatores determinantes serão discutidos mais adiante, neste capítulo.

Em princípio, a Trident tenta minimizar seu saldo de capital de giro líquido. Ela reduz as A/R se as cobranças forem aceleradas. Ela reduz estoques, mantendo níveis mais baixos de bens acabados e não acabados, e acelerando o ritmo de produção dos bens – reduzindo o chamado *tempo de ciclo*. Todas essas medidas têm que estar em equilíbrio com seus custos relacionados aos clientes. As vendas poderiam ser reduzidas se não houvesse estoques à disposição, ou se as vendas a crédito fossem reduzidas. Do outro lado do balanço patrimonial, o NWC pode ser reduzido aumentando as A/P. Novamente, se isso não for feito com cuidado, poderá prejudicar o relacionamento da empresa com seus principais fornecedores, reduzindo, dessa forma, a confiabilidade e as parcerias da cadeia de suprimentos.

A/P *versus* dívidas de curto prazo

O Quadro 21.4 também ilustra uma das principais decisões gerenciais de qualquer subsidiária: as A/P devem ser pagas antecipadamente, obtendo descontos, se oferecidos pelos fornecedores? O financiamento alternativo para os saldos de NWC é a dívida de curto prazo.

Por exemplo, no Brasil, os prazos de pagamento são bastante longos para os padrões globais, geralmente estendendo de 60 a 90 dias. A Paraña Electronics é um dos principais fornecedores da Trident Brasil. Ela entrega uma carga de componentes eletrônicos e fatura a Trident Brasil em R$180.000. A Paraña Electronics oferece condições de crédito de 5/10 60 dias líquidos. Isso significa

QUADRO 21.4 Exigências de capital de giro líquido da Trident Brasil

O capital de giro líquido (NWC) é o investimento líquido exigido da empresa para sustentar a continuidade das vendas.
Os componentes do NWC tipicamente crescem à medida que a empresa compra insumos, produz produtos e vende bens acabados.

Balanço patrimonial da Trident

Ativos	Passivos e valor líquido
Caixa	Contas a pagar (A/P)
Contas a receber (A/R) Estoque	Dívida de curto prazo
Ativos circulantes	Passivos circulantes

NWC = (A/R + Estoque) – A/P

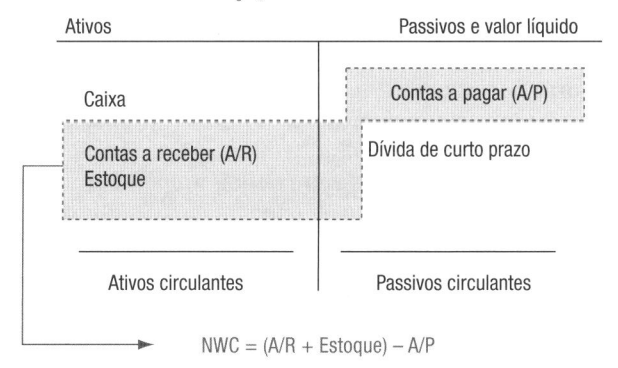

Observe que o NWC não é o mesmo que ativos circulantes e passivos circulantes.

que o valor total da A/P, R$180.000, vence em 60 dias. Como alternativa, se a Trident Brasil desejar pagar dentro dos 10 primeiros dias, será dado um desconto de 5%:

$$R\$180.000 \times (1 - 0,05) = R\$171.000$$

A gerente financeira da Trident Brasil, Maria Gonzalez, tem que decidir qual é o método de mais baixo custo para financiar o NWC. A dívida de curto prazo em reais brasileiros, devido às condições inflacionárias relativamente mais altas comuns no Brasil, custa 24% ao ano.

Qual é o custo anual do desconto oferecido pela Paraña Electronics? A Trident Brasil, com efeito, é "paga" 5% por abrir mão de 50 dias de financiamento (60 dias menos o período de 10 dias para a obtenção do desconto). Supondo uma contagem de 365 dias para o cálculo dos juros,

$$\frac{365 \text{ dias}}{50 \text{ dias}} = 7,30$$

Para calcular o custo efetivo de juros anuais do financiamento oferecido pelo fornecedor, temos que compor o desconto de 5% por 50 dias 7,30 vezes, gerando um custo de manutenção de uma posição (*cost of carry*) oferecido pela Paraña Electronics de

$$(1 + 0,05)^{7,3} = 1,428, \text{ ou } 42,8\% \text{ ao ano.}$$

A Paraña Electronics está, portanto, cobrando 42,8% ao ano da Trident Brasil pelo financiamento. Como alternativa, a Trident Brasil poderia contrair um empréstimo em reais de bancos locais em São Paulo por 24% ao ano, usar os fundos para pagar a Paraña Electronics antes do vencimento e receber o desconto oferecido. Esta última é a escolha óbvia neste caso.

A decisão entre aceitar o financiamento oferecido pelo fornecedor e contrair uma dívida de curto prazo nem sempre é puramente uma questão de comparar os custos dos juros. Em muitos países, as subsidiárias estrangeiras de EMNs estrangeiras têm acesso limitado a dívidas em moeda local. Em outros casos, a subsidiária pode ter fundos oferecidos pela empresa matriz a taxas competitivas. Voltaremos a esse assunto, *transações bancárias internas*, na última seção deste capítulo.

Capital de giro em dias

Um método comum de estabelecer parâmetros para a prática de gerenciamento do capital de giro é calcular o NWC de uma empresa em termos de "vendas em dias". Se o valor das A/R, estoques e A/P no balance patrimonial for dividido pelas vendas diárias anuais (vendas anuais/365 dias), podemos resumir o NWC da empresa no número de dias de vendas que constituem o NWC. O Quadro 21.5 fornece os resultados de uma pesquisa realizada pela revista *CFO Magazine* nos Estados Unidos e na Europa em 2001 para o segmento industrial de *hardware* e equipamentos tecnológicos.

Temos que tomar cuidado com os resultados da pesquisa. Em primeiro lugar, os valores das vendas em dias são das empresas consolidadas, e não para subsidiárias específicas no nível do país. Portanto, as médias poderiam refletir estruturas de capital de giro muito diferentes para subsidiárias individuais das empresas listadas. Em segundo lugar, sem conhecer o negócio específico e as áreas do país incluídas, temos dificuldade em avaliar as decisões de financiamento de curto prazo discutidas na seção anterior tomadas pela administração das empresas listadas.

Apesar dessas reservas, há algumas diferenças claras entre as médias dos EUA e da Europa, além de entre empresas individuais. A média do capital de giro em dias das empresas selecionadas nos EUA, de 29 dias, é menos do que a metade dos 75 dias para a amostra europeia. Uma análise mais detalhada das subcategorias indica uma atitude radicalmente escassa em relação aos estoques entre as empresas norte-americanas, com uma média de 19 dias. As vendas em dias mantidas nas contas a receber, com uma média de 53 dias, é quase 20 dias a menos do que a média europeia, de 70. As contas a pagar são essencialmente idênticas entre os dois grupos. Claramente, as empresas de *hardware* tecnológico sediadas na Europa estão mantendo um nível significativamente mais alto de capital de giro líquido em suas estruturas financeiras do que as empresas comparáveis sediadas nos EUA para sustentar o mesmo nível de vendas.

Entre empresas individuais, a Dell mantém sua fama de ter um dos gestores de capital mais agressivos de todos os setores. O nível de capital de giro líquido da Dell de dois dias negativos indica exatamente o que a empresa diz – um nível de A/P que excede a soma das contas a receber e do estoque. Mesmo com esse feito, seus seis dias em estoques ainda é três vezes maior que os dois dias em estoques da Apple Computer.

QUADRO 21.5 Capital de giro (em dias) de empresas norte-americanas e europeias selecionadas de *hardware* e equipamentos tecnológicos

Empresa	País	Capital de giro (em dias)	Contas a receber (em dias)	Estoque (em dias)	Contas a pagar (em dias)
Intel Corporation	Estados Unidos	48	47	21	20
Cisco Systems	Estados Unidos	54	46	20	12
Dell Computer	Estados Unidos	(2)	41	6	49
Texas Instruments	Estados Unidos	34	65	32	63
Applied Materials	Estados Unidos	41	82	52	93
Apple Computer	Estados Unidos	2	48	2	48
Sun Microsystems	Estados Unidos	58	67	12	21
Gateway Inc.	Estados Unidos	0	25	8	33
Média	Estados Unidos	29	53	19	42
ST Microelectronics	França–Itália	58	65	52	59
Nokia	Finlândia	66	72	31	37
Philips Electronics	Holanda	71	59	51	39
GN Store Nord	Dinamarca	100	92	40	32
Spirent	Reino Unido	107	66	63	22
Getronics	Holanda	51	80	20	49
Infinecon Tech	Alemanha	75	57	69	51
Média	Europa	75	70	47	41

Fonte: CFO Magazine, "2001 Working Capital Survey," 2 de julho de 2001, e CFO Europe Magazine, "2001 Working Capital Survey," julho/agosto de 2001. Capital de giro (em dias) = contas a receber (em dias) + estoque (em dias) – contas a pagar (em dias).

Capital de giro intraempresarial

A EMN propriamente dita apresenta alguns desafios singulares no gerenciamento do capital de giro. Muitas multinacionais produzem bens em alguns países específicos e então enviam os produtos intermediários a outras fábricas pelo mundo para serem completados e distribuídos. As contas a pagar, contas a receber e níveis de estoque das várias unidades são uma combinação intraempresarial e interempresarial. As práticas de negócios variáveis observadas no âmbito global no que diz respeito a prazos de pagamento – tanto em termos de dias quanto em termos de descontos – criam severas incompatibilidades em alguns casos.

Por exemplo, o Quadro 21.6 ilustra os desafios no gerenciamento do capital de giro enfrentados pela Trident Brasil. Como a Trident Brasil compra insumos da Trident USA e então utiliza insumos adicionais de materiais locais para terminar os produtos para distribuição local, ela em que gerenciar dois diferentes conjuntos de contas a pagar. A Trident USA vende de forma intraempresarial com prazos de pagamento comuns nos EUA, 30 dias líquidos. Os fornecedores locais no Brasil, no entanto, usam prazos de pagamento mais próximos às normas brasileiras de 60 dias líquidos (embora em muitos casos esse prazo ainda seja bastante curto para as práticas brasileiras, que, sabe-se, estendem prazos de até 180 dias). Da mesma forma, como os clientes da Trident Brasil são brasileiros, eles esperam os mesmos prazos de pagamento comuns de 60 dias. A Trident Brasil é, então, "pressionada", tendo que pagar à Trident USA muito mais rapidamente do que aos outros fornecedores locais e muito antes de receber um pagamento em espécie de seus clientes.

Além da necessidade da Trident de determinar práticas de pagamento intraempresariais que não coloquem uma carga desnecessária sobre suas subsidiárias estrangeiras, a questão da moeda de faturamento também é extremamente importante. Se a Trident Brasil vender apenas domesticamente, ela não terá entradas naturais de dólares americanos ou de outras moedas fortes – ela só receberá reais brasileiros. Se a Trident USA, então, faturar os insumos que fornece em dólares americanos, a Trident

QUADRO 21.6 Sequência do capital de giro multinacional da Trident

Entradas de caixa para a Trident Brasil surgem das vendas no mercado local. Esses fluxos de caixa são usados para pagar as contas intraempresariais (à Trident USA) e os fornecedores locais.

```
                   Trident Brasil                              Trident USA
                 Balanço patrimonial                        Balanço patrimonial
                                        Intraempresarial:
  60 dias                                    30 dias                                  30 dias
  ────────▶ A/R ┄┄┄┄▶ A/P ──────────────▶ A/R ┄┄┄┄▶ A/P ──────────▶
            Estoque        A/P                     Estoque

                              Fornecimento local: 60 dias
```

Práticas de negócios brasileiras

Os prazos de pagamento no Brasil são mais longos que os prazos tipicamente praticados na América do Norte. A Trident Brasil tem que oferecer prazos de 60 dias aos clientes locais para ser competitiva com outras empresas no mercado local.

Práticas de negócios norte-americanas

Os prazos de pagamento usados pela Trident USA são típicos da América do Norte, 30 dias. Os clientes locais da Trident USA esperam ser pagos em 30 dias. A Trident USA pode considerar estender prazos mais longos ao Brasil para reduzir a pressão.

Resultado: A Trident Brasil é "pressionada" em termos de fluxo de caixa. Ela recebe entradas de caixa em 60 dias, mas tem que pagar a Trident USA em 30 dias.

Brasil terá constantemente uma falta de dólares e incorrerá continuamente em custos de gerenciamento. A Trident USA deve faturar em reais brasileiros e gerenciar a exposição monetária centralmente (possivelmente através de um centro de refaturamento, como discutido no Capítulo 12).

Gerenciamento das contas a receber

A entrada de caixa operacional de uma empresa vem, primordialmente, de suas contas a receber. As contas a receber multinacionais são criadas por dois tipos separados de transações: vendas a subsidiárias relacionadas e vendas a compradores independentes ou não relacionados.

Clientes independentes. O gerenciamento de contas a receber de clientes independentes envolve dois tipos de decisões: em que moeda a transação deve ser denominada e quais devem ser os prazos de pagamento? As vendas domésticas são quase sempre denominadas na moeda local. A questão é se as vendas de exportação devem ser denominadas na moeda do exportador, na moeda do comprador ou na moeda de um terceiro país. A concorrência ou os costumes geralmente determinam a resposta, mas se houver espaço para negociações, o vendedor preferirá determinar o preço e faturar na moeda mais forte, enquanto que um comprador experiente preferirá pagar na moeda mais fraca.

Prazos de pagamento. Os prazos de pagamento são outro fator negociável. As contas a receber de vendas em moedas fracas devem ser cobradas o mais rápido possível para minimizar a perda de valor de câmbio entre a data da venda e a data de recebimento. As contas a receber resultantes de vendas em moedas fortes podem ser deixadas em aberto por mais tempo. Na verdade, se o vendedor estiver esperando uma desvalorização iminente de sua moeda local, talvez ele queira encorajar um pagamento mais lento de suas contas a receber em moeda forte, especialmente se o governo local exigir que recebimentos em moeda estrangeira sejam cambiados imediatamente na moeda local. Uma alternativa, caso seja legal, seria o vendedor aceitar os valores no exterior e mantê-los depositados no exterior em vez de retorná-los ao país de origem.

Em economias inflacionárias, a demanda por crédito normalmente excede a oferta. No entanto, muitas vezes uma grande empresa (seja ela uma multinacional ou uma grande empresa local) tem melhor acesso ao limitado crédito mais barato disponível localmente do que empresas domésticas menores, como distribuidores locais, comerciantes varejistas ou produtores menores.

Contas em débito automático. Alguns sistemas bancários, geralmente por motivo de tradição, têm uma predileção por contas descontáveis em débito automático. Em muitos países europeus, é mais fácil contrair empréstimos de um banco tendo como garantia notas* (*bills*, ou contas a receber em forma negociável) gerados pelas vendas do que tendo como garantia estoques físicos. Conta-se que Napoleão tinha uma filosofia de que nenhum bom comerciante francês deveria ter que esperar por fundos se boas mercadorias tivessem sido vendidas a bons clientes, contanto que existisse algum documento que comprovasse a venda dos itens. O documento tinha que apresentar a assinatura do comprador e o endosso do vendedor e o banco a ser descontado. Assim, na França geralmente é possível reduzir o investimento líquido em contas a receber a zero vendendo tudo com aceites comerciais que podem ser descontadas no banco.

O uso europeu de contas descontáveis** possui uma lógica muito real. Segundo as leis comerciais europeias, baseadas no Código Napoleônico, o título certificado pela assinatura do comprador no bilhete é separado do título baseado na transação subjacente. Por exemplo, um bilhete é facilmente negociável porque objeções sobre a qualidade das mercadorias pelo comprador não afetam o título do detentor do bilhete. Além disso, *bills* não pagos podem ser cobrados através de um processo judicial particularmente rápido que é muito mais acelerado do que a cobrança de contas a receber normais.

Outros prazos. Em muitos países, agências governamentais facilitam o financiamento de estoques à guisa de financiamento de contas a receber estendendo crédito de exportação ou garantindo crédito de exportação de bancos a taxas de juros vantajosas. Quando o prazo do financiamento especial de exportação pode ser estendido de modo a corresponder ao pagamento do comprador estrangeiro, este comprador estrangeiro pode, com efeito, financiar seu estoque através da cortesia do governo do exportador.

Em alguns ambientes, os termos de crédito estendidos pelos produtores aos varejistas têm vencimentos longos demais para constituir "compra" dos varejistas, sendo necessário que tal "compra" construa um sistema de distribuição operacional entre produtor e cliente final. No Japão, por exemplo, prazos de pagamento de 120 para o cliente são bastante comuns, e os esforços de venda de um produtor não são competitivos a menos que se ofereça um auxílio financeiro suficiente aos varejistas para tornar possível ou benéfico para eles comprar o produto do produtor. O auxílio financeiro supostamente assume a forma de compra direta do estoque de capital do varejista, de empréstimos para o capital de giro de compra de equipamentos, subsídios ou empréstimos e reconsideração quanto aos prazos de pagamento. Este financiamento oferecido pelo produtor é uma maneira normal de se fazer negócios no Japão – e contribui para a falta de concorrência doméstica prevalecente naquele país.

Gerenciamento de estoques

As operações em economias inflacionárias, com tendências à desvalorização monetária, às vezes forçam a administração a modificar sua abordagem normal ao gerenciamento de estoques. Em alguns casos, a administração pode decidir manter estoques e reordenar os níveis muito além do que seria necessário em um modelo econômico em que as quantidades se ajustam aos tamanhos dos pedidos.

Sob condições em que é provável que ocorram desvalorizações na moeda local, a administração tem que decidir se irá estocar itens importados na expectativa da desvalorização esperada. Depois da desvalorização, o estoque importado custará mais em termos de moeda local. Um *tradeoff* enfrentado é um custo de manutenção de estoque mais alto, devido ao nível de estoque mais inflado e às altas taxas de juros locais que normalmente refletem a desvalorização esperada. Um *tradeoff* menos óbvio é a possibilidade de que o governo local faça entrar em vigor um congelamento de preços após a desvalorização. Este congelamento evitaria que o estoque importado fosse vendido por um *markup* apropriado acima de seu valor de substituição agora mais alto. O que é ainda pior, a desvalorização pode não ocorrer como prevista, fazendo a administração manter um nível excessivo de estoque até que ele possa ser utilizado. Dispor de estoque excessivo será particularmente prejudicial se os concorrentes tiverem seguido a mesma estratégia de especular em estoque importado.

Zonas de livre comércio e zonas francas industriais

Uma *zona de livre comércio* combina a antiga ideia de portos isentos de impostos aduaneiros (*duty-free*) com leis que reduzem ou eliminam taxas alfandegárias para varejistas ou produtores que estruturem suas operações em uma área de livre comércio. Impostos também podem ser menores em

---

* N. de R. T.: Pode-se considerar, para o mercado brasileiro, as duplicatas a receber como instrumento similar.

** N. de R. T.: Semelhante ao desconto de duplicatas a receber.

áreas de livre comércio. Os antigos portos *duty-free*, tipicamente localizados nas docas dos principais portos marítimos, eram responsáveis por estocar os bens até que o proprietário estivesse pronto para entregá-los dentro do país. As zonas de livre comércio modernas, em comparação, normalmente são localizadas longe de uma área portuária. Por exemplo, a empresa italiana Olivetti possui uma dessas zonas em Harrisburg, Pensilvânia, EUA.

As zonas de livre comércio funcionam de várias maneiras. Como mencionado, pode haver um lugar para descarregar as mercadorias para venda subsequente dentro do país onde a zona é localizada. Um exemplo de tal zona seria uma área de armazenamento para os automóveis Toyota importados no Porto de Los Angeles. Uma grande quantidade de modelos diferenciados pode ser mantida por um agente, no momento em que os carros são "importados" aos Estados Unidos da área de livre comércio. A vantagem de tal arranjo é que uma grande variedade de modelos pode ser mantida próxima aos pontos de venda para entrega rápida, mas as taxas de importação precisam ser pagas apenas quando a mercadoria sai da zona e entra na Califórnia.

Um segundo tipo de zona envolve a montagem de componentes para venda subsequente dentro do país onde a zona é localizada. Um exemplo é a linha de montagem da Mercedes no Alabama, EUA. Componentes são importados para a área de livre comércio onde o trabalho de montagem é concluído. A taxa de importação é paga somente quando o automóvel acabado deixa a zona.

Além disso, o imposto é mais baixo do que seria para um automóvel acabado porque as cargas tributárias sobre componentes são menores do que as cargas sobre um veículo acabado.

Um terceiro tipo de zona é um centro de produção completo com uma grande parte de sua produção sendo reexportada para fora do país. Dois exemplos são Penang, na Malásia, e Madagascar, onde tais zonas são oficialmente designadas como "zonas francas industriais". Em Penang, empresas tão diversas quanto a Dell, National Semiconductor, Sony, Bosch e Trane Air Conditioning produzem produtos finais. Uma grande fração da produção é reexportada, evitando totalmente os impostos alfandegários da Malásia, mas fornecendo empregos para trabalhadores e engenheiros malaios. A fração da produção vendida na Malásia sofre cobrança de impostos apenas sobre os componentes originalmente importados. Entretanto, a variedade de empresas permite que uma compre da outra; a Dell compra chips Pentium da Intel e discos rígidos da Seagate, ambas localizadas a menos de dois quilômetros da fábrica da Dell.

GERENCIAMENTO MONETÁRIO INTERNACIONAL

O gerenciamento monetário internacional é o conjunto de atividades que determina os níveis de saldo de caixa mantidos em toda a EMN, e a facilitação de sua movimentação entre fronteiras. Essas atividades são tipicamente administradas pela tesouraria internacional da EMN.

Motivos para reter dinheiro em caixa

O nível de caixa retido por uma subsidiária individual é determinado independentemente das decisões sobre o gerenciamento de capital de giro discutidas anteriormente. Saldos de caixa, inclusive títulos negociáveis, são mantidos, em parte, para possibilitar os desembolsos de caixa normais do dia a dia e, em parte, para se proteger contra variações imprevistas nos fluxos de caixa orçados. Esses motivos são chamados *motivo transacionário* e *motivo precaucionário*.

O dinheiro desembolsado para operações é reposto a partir de duas fontes: 1) movimentação do capital de giro interno e 2) fornecimento externo, tradicionalmente empréstimos de curto prazo. Os empréstimos de curto prazo também podem ser "negativos", como quando o excesso de caixa é usado para pagar empréstimos de curto prazo devidos. Em geral, as subsidiárias individuais de EMNs tipicamente retêm apenas os saldos de caixa mínimos necessários para atender aos propósitos transacionais. O gerenciamento monetário eficiente tem por objetivo reduzir o caixa retido desnecessariamente no sistema, sem diminuir o lucro ou aumentar o risco, de modo a aumentar a taxa de retorno sobre os ativos investidos.

Pagamentos internacionais em espécie e processamento

As empresas multinacionais aumentam a complexidade da realização de pagamentos e acertos de fluxos de caixa entre empresas relacionadas e não relacionadas. Com o passar do tempo, se desenvolveram diversas técnicas e serviços que simplificam e reduzem os custos de fazer esses pagamentos entre fronteiras. Focamo-nos aqui em quatro dessas técnicas: transferências bancárias, centralização das tesourarias (*cash pooling*), compensação agrupada de pagamento (*netting*), e transferência eletrônica de fundos.

Transferências bancárias

Embora haja diversas redes de computadores usadas para realizar transações e compensações internacionais, duas delas passaram a dominar o setor financeiro internacional, o CHIPS e o SWIFT. A principal distinção entre os sistemas é se eles servem apenas para comunicações seguras ou para transferência e compensação efetivas.

CHIPS. A Câmara de Compensação do Sistema de Pagamento Interbancário (CHIPS – Clearing House Interbank Payment System) é uma rede computadorizada que conecta globalmente os principais bancos. O CHIPS é de propriedade e é operado por seus bancos-membros, tornando-o o maior sistema de pagamentos final de operação privada do mundo. Desenvolvido em 1970 quando as transações monetárias internacionais eram dominadas pelo dólar americano, o CHIPS continuou a dominar a transferência e compensação de transações em dólares americanos por mais de 34 anos.

O CHIPS é, na verdade, uma subsidiária da New York Clearing House, a mais antiga e maior processadora de pagamentos de transações bancárias. A New York Clearing House foi estabelecida em 1853 para fornecer um local central – uma câmara de compensação – onde diariamente, todos os bancos da Cidade de Nova York pudessem compensar transações, como os muitos cheques pessoais passados entre si por indivíduos e empresas privadas. O CHIPS propriamente dito é simplesmente o resultado evolutivo desta necessidade. Como os bancos ainda são o principal prestador de serviços financeiros para as EMNs, as empresas que querem transferir pagamentos interempresariais e intraempresariais globalmente usam os bancos para efetuar os pagamentos e os bancos, por sua vez, utilizam o CHIPS.

SWIFT. A Sociedade para Telecomunicações Financeiras Interbancárias Globais (SWIFT – Society for Worldwide Interbank Financial Telecommunications) também facilita o processo de compensação por transferência bancária no âmbito global. Enquanto o CHIPS realmente compensa transações financeiras, o SWIFT é puramente um sistema de comunicação. Fornecendo um processo de transferência seguro e padronizado, o SWIFT diminuiu muito os erros e custos associados à efetuação de transferências monetárias internacionais.

Nos últimos anos, o SWIFT expandiu seus serviços de mensagens para além dos bancos, passando a agentes de corretagem e gestores de investimento. Em meados da década de 1990, seus serviços ganharam maior amplitude com a expansão da infraestrutura de mercado do SWIFT para pagamentos em títulos do Tesouro, derivativos e serviços comerciais e de títulos. Hoje o sistema é a primeira linha da evolução dos produtos e serviços de Internet para pagamentos eletrônicos, se expandindo dos bancos para clientes do setor não financeiro que estejam realizando comércio eletrônico *business-to-business*.

Centralização de tesourarias (*cash pooling*) e depositórios centralizados

Qualquer empresa com subsidiárias em operação muito geograficamente dispersas pode obter benefícios operacionais centralizando seu gerenciamento monetário. Internacionalmente, o procedimento exige que cada subsidiária retenha um mínimo de caixa para suas próprias transações e nenhum caixa para fins precaucionários. Entretanto, o *pool* central tem autoridade de passar por cima dessa regra geral. Todos os fundos em excesso são enviados a um depositório monetário central, onde uma única autoridade investe os fundos nas moedas e instrumentos do mercado monetário que mais bem atenderem aos interesses da empresa no âmbito mundial.

Um depositório central oferece a uma EMN pelo menos quatro vantagens:

1. Obter informações
2. Reter saldos de caixa precaucionários
3. Reduzir os custos com taxas de juros
4. Localizar custos nos centros financeiros desejados

Vantagem na obtenção de informações. O tamanho de um depositório central lhe oferece vantagem na obtenção de informações. Ele deve ser localizado em um dos principais centros financeiros do mundo, de modo que as informações necessárias por opiniões sobre os relativos pontos fracos e fortes de várias moedas possam ser facilmente obtidas. Também têm que haver disponíveis informações sobre a taxa de risco e retorno de investimentos alternativos em cada moeda e facilidades para executar pedidos. A lógica da centralização das informações é que um escritório que se especializa e opera com somas maiores de dinheiro pode obter melhores informações de bancos, corretores e outras instituições financeiras, além de um melhor serviço na execução dos pedidos.

Vantagem no saldo precaucionário. Um segundo motivo para reter todos os saldos precaucionários em um *pool* central é que o *pool* total, se centralizado, pode ser reduzido sem nenhuma perda no nível de proteção. A Trident USA, por exemplo, possui subsidiárias na Europa, Brasil e na China. Suponha que cada uma dessas subsidiárias mantenha seu próprio saldo precaucionário igual às suas necessidades de caixa esperadas mais uma margem de segurança de três desvios padrão da variabilidade histórica das demandas de caixa efetivas. As necessidades de caixa seguem supostamente uma distribuição de probabilidade normal em cada país, e as necessidades são independentes de um país para outro. Três desvios padrão significa que existe uma chance de 99,87% de que as necessidades de caixa efetivas sejam atendidas; isto é, uma chance de apenas 0,13% de que qualquer subsidiária europeia fique sem dinheiro em caixa.

As necessidades de caixa das subsidiárias individuais, e o total dos saldos precaucionários retidos são exibidos no Quadro 21.7. O total de saldos de caixa precaucionários retidos pela Trident Europe, Brasil e China, somam US$46.000.000, que consistem em US$28.000.000 em necessidades de caixa esperadas e US$18.000.000 em saldos de caixa livres (a soma de três desvios padrão dos saldos de caixa esperados individuais) retidos como uma margem de segurança.

O que aconteceria se as três subsidiárias da Trident retivessem todos os saldos precaucionários em uma única conta com a Trident USA? Como as variâncias são aditivas quando as distribuições de probabilidade são independentes (ver nota de rodapé b no Quadro 21.7), o caixa necessário cairia de US$46.000.000 para US$39.224.972, calculados como a seguir:

$$
\begin{aligned}
\text{Saldo de caixa centralizado} &= \text{Soma das necessidades de caixa esperadas} + \text{Três desvios padrão da soma esperada} \\
&= \text{US\$28.000.000} + (3 \times \text{US\$3.741.657}) \\
&= \text{US\$28.000.000} + \text{US\$11.224.972} \\
&= \text{US\$39.224.972}
\end{aligned}
$$

QUADRO 21.7 Depositórios descentralizados *versus* centralizados

Depositórios descentralizados

Subsidiária	Necessidade de caixa esperada (A)	Um desvio padrão (B)	Saldo de caixa orçado para proteção adequada[a] (A + 3B)
Trident Europe	US$10.000.000	US$1.000.000	US$13.000.000
Trident Brasil	6.000.000	2.000.000	12.000.000
Trident China	12.000.000	3.000.000	21.000.000
Total	US$28.000.000	US$6.000.000	US$46.000.000

Depositório centralizado

Subsidiária	Necessidade de caixa esperada (A)	Um desvio padrão (B)	Saldo de caixa orçado para proteção adequada[a] (A + 3B)
Trident Europe	US$10.000.000		
Trident Brasil	6.000.000		
Trident China	12.000.000		
Total	US$28.000.000	US$3.741.657[b]	US$39.224.972

[a] A proteção adequada é definida como o saldo de caixa esperado mais três desvios padrão, supondo que os fluxos de caixa de todas as três unidades individuais siga uma distribuição de probabilidade normal.

[b] O desvio padrão do saldo de caixa esperado do depositório centralizado é calculado como a seguir:

Desvio padrão = $\sqrt{(1.000.000)^2 + (2.000.000)^2 + (3.000.000)^2}$ = $3.741.657.

Um saldo de caixa orçado de três desvios padrão acima da necessidade de caixa esperada agregada exige apenas US$11.224.972 em saldo de caixa potencialmente livre, em comparação ao saldo de caixa anterior de US$18.000.000. A Trident economiza US$6.755.028 em saldos de caixa sem reduzir sua segurança.

Vantagem da taxa de juros. Uma terceira vantagem do gerenciamento monetário centralizado é que uma subsidiária não contrairá empréstimos a taxas de juros altas ao mesmo tempo em que outra estiver retendo fundos livres excedentes ou investindo-os obtendo taxas de juros baixas. Os gestores do *pool* central podem encontrar os locais mais baratos para contrair empréstimos e os retornos mais vantajosos a serem obtidos sobre os fundos excedentes. Quando for necessário caixa adicional, o gerente do *pool* central determina o local de tal empréstimo. O gerente de uma subsidiária local pode evitar contrair empréstimos por uma taxa acima do mínimo disponível ao gerente do *pool*. Se a empresa possui um excedente de caixa em todo o mundo, o *pool* central pode avaliar taxas de retorno comparativas em vários mercados, custos de transação, riscos cambiais e efeitos tributários.

Localização. Os *pools* monetários centrais normalmente são mantidos nos principais centros financeiros como Londres, Nova York, Zurique, Cingapura e Tóquio. Outros locais populares para *pools* monetários incluem Liechtenstein, Luxemburgo, as Bahamas e Bermudas. Embora esses países não tenham economias fortes e diversificadas, eles oferecem a maioria dos outros pré-requisitos para um centro financeiro corporativo: moeda livremente conversível, estabilidade política e econômica, acesso a comunicações internacionais e procedimentos jurídicos claramente definidos. Sua vantagem adicional como um chamado paraíso fiscal é desejável.

A necessidade de um sistema depositório centralizado significa que os bancos multinacionais têm uma vantagem sobre os bancos de um único país ao criar e oferecer serviços competitivos. No entanto, os bancos de um só país podem ser incorporados ao sistema se os resultados desejados ainda puderem ser alcançados, pois a essência da operação é ter informações e decisões centralizadas. As EMNs podem colocar fundos efetivos em tantos bancos quanto elas desejarem.

Compensação multilateral

A *compensação multilateral* é definida como o processo que cancela, via *offset*, toda ou parte da dívida devida por uma entidade a outra entidade relacionada. A compensação de pagamentos multilateral é útil principalmente quando ocorre um grande número de transações cambiais separadas entre subsidiárias no decorrer normal dos negócios. A compensação reduz o custo de compensação do que, caso contrário, seria um grande número de transações cruzadas à vista.

A compensação multilateral é uma extensão da compensação bilateral. Suponha que a Trident Brasil deva US$5.000.000 à Trident China e a Trident China deva, simultaneamente, US$3.000.000 à Trident Brasil. Uma compensação bilateral exigiria um único pagamento de US$2.000.000 do Brasil para a China e o cancelamento, via *offset*, do restante da dívida.

Um sistema multilateral é a versão expandida deste simples conceito bilateral. Suponha que haja pagamentos em aberto entre as operações da Trident no final de cada mês. Cada obrigação reflete as transações acumuladas do mês anterior. Essas obrigações para determinado mês podem ser exibidas como no Quadro 21.8.

Sem o agrupamento da compensação, a Trident Brasil faz três pagamentos separados e faz três recebimentos separados no final de cada mês. Se a Trident Brasil pagasse suas obrigações intraempresariais diariamente, ou mesmo semanalmente, em vez de acumular um saldo a ser pago no final do mês, ela geraria diversas pequenas transações bancárias de alto custo. Os totais diários somariam os saldos mensais acumulados mostrados no diagrama.

A fim de reduzir os custos de transações bancárias, como o *spread* de cotações cambiais de compra e venda e taxas de transferência, as EMNs como a Trident estabelecem centros de compensação multilateral. Outras empresas contratam bancos para gerenciar seu sistema de compensação. Suponha que as obrigações intraempresariais líquidas da Trident em determinado mês pudessem ser resumidas como mostra o Quadro 21.9.

Observe que as obrigações de pagamentos e recebimentos esperados somam US$43.000.000 porque as dívidas de uma subsidiária são as contas a receber da outra. Se o custo das transações cambiais e taxas de transferência fossem de 0,5%, o custo total da compensação seria de US$205.000. Usando as informações da matriz de compensação no Quadro 21.9, o centro de compensação na Trident USA pode solicitar três pagamentos para compensar todo o conjunto de obrigações. A Trident USA enviará

QUADRO 21.8 Matriz multilateral antes da compensação agrupada (milhares de dólares americanos)

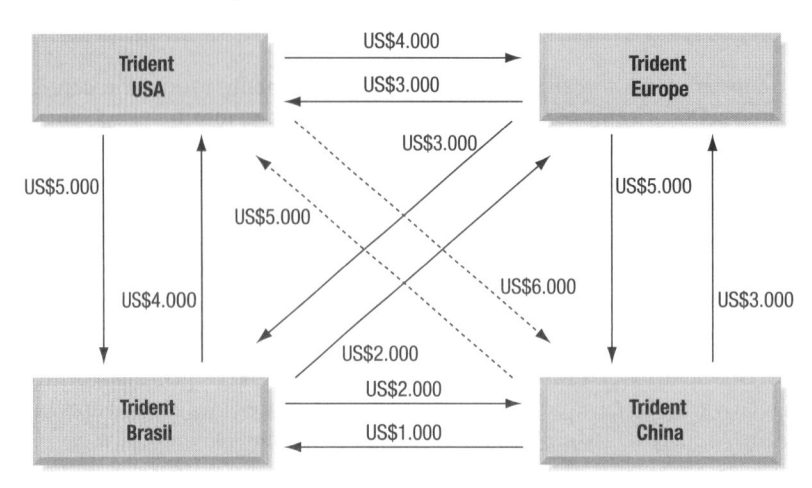

Antes da compensação agrupada, as quatro subsidiárias-irmãs da Trident têm inúmeros pagamentos intraempresariais a serem compensados entre si. Cada pagamento resulta na cobrança de taxas de transferência.

QUADRO 21.9 Cálculo das obrigações líquidas intrassubsidiárias (milhares de dólares americanos)

Subsidiária recebedora	Subsidiária pagante				Total de recebimentos	Recebimento líquido (pagamentos)
	Estados Unidos	Brasil	Europa	China		
Estados Unidos	—	US$4.000	US$3.000	US$5.000	US$12.000	(US$3.000)
Brasil	5.000	—	3.000	1.000	9.000	US$1.000
Europa	4.000	2.000	—	3.000	9.000	(US$2.000)
China	6.000	2.000	5.000	—	13.000	US$4.000
Total de pagamentos	US$15.000	US$8.000	US$11.000	US$9.000	US$43.000	—

ela mesma US$3.000.000 à Trident China e a Trident Europe será instruída a enviar US$1.000.000 ao Brasil e outro US$1.000.000 à China. O total de transferências cambiais é reduzido para US$5.000.000, e os custos de transação a 0,5% são reduzidos para US$25.000. Isso é exibido no Quadro 21.10.

Alguns países limitam ou proíbem o agrupamento de compensação, enquanto que outros permitem o agrupamento de compensação apenas de "pagamentos brutos". Para um único período de compensação, todos os pagamentos podem ser combinados em um único pagamento, e todos os recebimentos serão recebidos como uma única transferência. No entanto, esses dois conjuntos de pagamentos e recebimentos não podem ser compensadas entre si e, assim, têm que passar pelo sistema bancário local.

FINANCIANDO O CAPITAL DE GIRO

A EMN desfruta de uma escolha muito maior de fontes bancárias para financiar suas necessidades de capital de giro do que as empresas domésticas. As fontes bancárias disponíveis às EMNs incluem bancos internos financiados por capital não repatriado, bancos internacionais e bancos locais onde as subsidiárias estão localizadas.

Os bancos internos e os vários tipos de escritórios bancários comerciais externos serão descritos no restante deste capítulo.

| QUADRO 21.10 | Matriz multilateral depois da compensação agrupada (milhares de dólares americanos) |

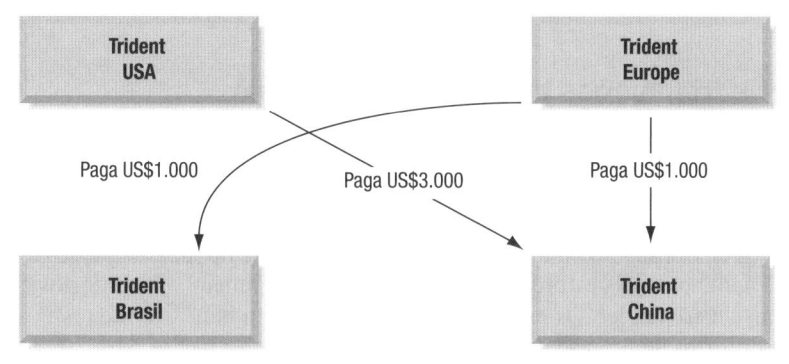

- Trident USA → Paga US$1.000 → Trident Brasil
- Trident USA → Paga US$3.000 → Trident China
- Trident Europe → Paga US$1.000 → Trident China

Depois da compensação agrupada, as quatro empresas-irmãs da Trident têm apenas três pagamentos líquidos para fazer entre si para compensar todas as obrigações intraempresariais.

Bancos internos

Algumas EMNs descobriram que seus recursos e necessidades financeiras são ou grandes demais ou sofisticadas demais para os serviços financeiros disponíveis em muitos locais em que operam. Uma solução para isso tem sido o estabelecimento de um *banco interno* ou *in-house bank* dentro da empresa. Um banco interno não é uma empresa separada; em vez disso, é um conjunto de funções realizadas pelo departamento de tesouraria existente. Agindo como uma entidade independente, a tesouraria central da empresa administra de perto as transações entre as várias unidades de negócio da empresa. O propósito do banco interno é oferecer serviços similares aos de um banco às várias unidades da empresa. O banco interno pode ser capaz de prestar serviços que não estão disponíveis em muitos países e, no caso de estarem disponíveis, o fazem a um custo mais baixo. Além das atividades bancárias tradicionais, o banco interno pode oferecer serviços às unidades da empresa que auxiliam no gerenciamento das exposições de transação existentes. Finalmente, por se tratar de um banco interno, a análise de crédito não faz parte da tomada de decisões desses bancos.

Por exemplo, o banco interno da Trident Corporation poderia funcionar com a Trident Europe e a Trident Brasil. A Trident Brasil vende todas as suas contas a receber para o banco interno no momento em que elas surgem, reduzindo parte de suas necessidades domésticas de capital de giro. Outras necessidades de capital de giro são atendidas pelo banco interno diretamente para a Trident Brasil. Como o banco interno faz parte da mesma empresa, as taxas de juros que ele cobra podem ser significativamente mais baixas do que a Trident Brasil poderia obter sozinha. As fontes dos fundos do banco interno podem surgir dos depósitos de saldos de caixa excedente da Trident Europe. Se o banco interno puder pagar à Trident Europe uma taxa de depósito mais alta do que ela poderia obter sozinha, e se o banco interno puder emprestar esses fundos à Trident Brasil a uma taxa de juros mais baixa do que ela poderia obter sozinha no Brasil, então ambas as unidades operacionais se beneficiarão. Supondo que a taxa de empréstimo seja mais alta do que a taxa de depósito, o banco interno lucra com a margem entre as duas, mas essa margem ou *spread* tem que ser menor do que a que estaria disponível junto a um banco comercial.

Como o banco interno pode operar com um *spread* menor do que um banco comercial comum? Em primeiro lugar, seus custos são mais baixos porque ele não tem que se conformar às rígidas exigências de capital impostas aos bancos comerciais em todo o mundo. Em segundo lugar, os bancos internos não têm os custos gerais de sustentar grandes salas de negociação, redes de filiais, "agências" de varejo e outros serviços necessários para a competitividade do banco comercial. Em terceiro lugar, eles não precisam avaliar a capacidade creditícia das unidades corporativas com que lidam, já que as unidades são todas da mesma "família" – nem precisam cobrir perdas creditícias.

Além de oferecer benefícios financeiros, os bancos internos permitem um gerenciamento de risco cambial mais efetivo. No caso da Trident Brasil, a venda das contas a receber em moeda estrangeira ao banco interno transfere a exposição de transação ao banco. O banco interno é mais bem equipado para lidar com exposições monetárias e possui um volume maior de fluxos de caixa internacionais, o que permite que a Trident USA de um modo geral saia ganhando com o uso mais eficaz da compensação e do casamento de pagamentos. Isso libera as unidades da empresa da luta para gerenciar as exposições de transação e permite que elas foquem em suas atividades empresariais primordiais.

Escritórios de transações bancárias comerciais

As EMNs dependem de seus bancos comerciais para lidar com a maior parte de suas necessidades de financiamento comercial, como cartas de crédito, mas também para dar consultoria sobre o apoio do governo, avaliação de risco-país, apresentações a empresas e bancos estrangeiros e disponibilidade geral de financiamentos. As EMNs fazem uma interface com seus bancos através de diversos tipos de escritórios de transações bancárias, dos quais muitos desempenham funções especializadas. Portanto, é importante para os gestores financeiros compreenderem quais escritórios bancários fornecem quais tipos de atividades. Os principais pontos de contato bancário são com os bancos correspondentes, escritórios de representação, filiais de bancos e subsidiárias. Nos Estados Unidos, há disponível um tipo de banco mais especializado: a Edge Act Corporation*.

Bancos correspondentes. A maioria dos principais bancos do mundo mantém relacionamentos bancários por correspondência com bancos locais em cada uma das principais cidades do mundo. A ligação de duas vias entre os bancos é essencialmente a da correspondência via fax, cabo, e correio, e um relacionamento de depósitos mútuos. Por exemplo, um banco norte-americano pode ter um banco correspondente em Kuala Lumpur, na Malásia, e o banco norte-americano será, por sua vez, o banco correspondente do banco malaio. Cada um deles manterá um depósito no outro em moeda local.

Os serviços de correspondência incluem aceitar saques, honrar cartas de crédito e fornecer informações creditícias. Os serviços são centrados na cobrança ou pagamento de fundos estrangeiros, geralmente devido a transações de importação ou exportação. Entretanto, um executivo visitante pode usar a apresentação do banco de seu país de origem para conhecer banqueiros locais. Sob o relacionamento bancário por correspondência, nenhum dos bancos correspondentes mantém seu próprio pessoal no outro país. O contato direto entre os bancos normalmente se limita a visitas periódicas entre membros da administração de ambos os bancos.

Para o executivo, a principal vantagem de ter acesso a transações bancárias em seu país de origem com um banco que tenha um grande número de relacionamentos com bancos correspondentes estrangeiros é poder resolver assuntos financeiros em um grande número de países através dos banqueiros locais, cujo conhecimento dos costumes locais deve ser amplo. As desvantagens são impossibilidade de fazer depósitos, contrair empréstimos ou realizar pagamentos a partir de uma filial de seu próprio banco. Existe a possibilidade de que os correspondentes dêem uma prioridade mais baixa a prestar atendimento a clientes de bancos estrangeiros do que a seus próprios clientes permanentes.

Escritórios de representação. Um banco estabelece um escritório de representação em um país estrangeiro primordialmente para ajudar os clientes do banco matriz quando estes estão fazendo negócios naquele país ou em países vizinhos. Ele também funciona como um local geograficamente conveniente a partir do qual pode se visitar os bancos correspondentes em sua região em vez de enviar banqueiros do banco matriz, com um custo financeiro e físico mais alto. Um escritório de representação não é uma agência bancária. Ele não pode receber depósitos, conceder empréstimos, comprometer o banco matriz a conceder um empréstimo ou negociar em letras de câmbio, cartas de crédito ou no mercado de euromoedas. De fato, um turista não pode nem mesmo descontar um traveler's check do banco matriz no escritório de representação.

Se o banco matriz acabar decidindo abrir uma agência bancária geral local, a existência de um escritório de representação de algum período anterior normalmente fornece uma valiosa base de contatos e experiência para facilitar a mudança. No entanto, escritórios de representação não são necessariamente um prelúdio à agência bancária geral, nem é necessário que uma eventual agência bancária geral seja o principal motivo para se abrir um escritório de representação.

---

*N. de T.: "Edge Act" é uma emenda da Lei da Reserva Federal dos EUA, de 1913, que permite que bancos nacionais se envolvam em transações bancárias internacionais através de subsidiárias incorporadas no nível federal. A lei recebeu seu nome em homenagem a Walter Evans Edge, senador norte-americano de Nova Jersey, que patrocinou a legislação original desse tipo de subsidiária. A ideia era dar às empresas norte-americanas mais flexibilidade para competir com empresas estrangeiras.

Filiais estrangeiras de bancos. Uma filial estrangeira de um banco é uma parte legal e operacional do banco matriz, com todos os recursos dessa matriz por trás da agência local. Uma filial de um banco não possui seu próprio estatuto corporativo, seu próprio conselho de diretoria ou suas próprias ações em circulação. Embora para fins gerenciais e regulatórios ela mantenha seu próprio conjunto de registros contábeis, seus ativos e passivos são, na verdade, os do banco matriz. Entretanto, os depósitos nas filiais não estão sujeitos a exigências de reservas ou seguro FDIC, no caso de bancos norte-americanos, a menos que os depósitos sejam reemprestados ao banco matriz nos EUA.

As filiais de bancos estão sujeitas a dois tipos de regulamentações bancárias. Como parte da matriz, elas estão sujeitas às regulamentações do país de origem. Entretanto, elas também estão sujeitas às regulamentações do país anfitrião, que pode fornecer qualquer restrição sobre suas operações. A principal vantagem para uma empresa de usar uma filial de seu banco é que a filial irá prestar toda a gama existente de serviços bancários sob o nome e a obrigação jurídica do banco matriz. Um depósito em uma filial é uma obrigação jurídica da matriz. Os serviços prestados aos clientes são baseados no valor mundial do relacionamento com o cliente, em vez de apenas no relacionamento com a agência local.

Os limites legais para empréstimos variam em função do tamanho da matriz, e não da filial. Do ponto de vista de um banqueiro, os lucros de uma filial estrangeira estão sujeitos à tributação imediata no país de origem, e perdas de uma filial estrangeira são dedutíveis da renda tributável no país de origem. Uma nova agência, que gera a expectativa de perdas em seus primeiros anos de operação, cria uma vantagem tributária se ela for inicialmente organizada como uma filial, mesmo se eventualmente a intenção fosse transformá-la em uma subsidiária incorporada separadamente. Do ponto de vista organizacional, uma filial estrangeira é normalmente mais simples de criar e popular com funcionários do que uma subsidiária incorporada separadamente.

A principal desvantagem de uma filial estrangeira recai sobre o banco, e não sobre seus clientes. O banco matriz (e não apenas a filial) pode ser processado no nível local por dívidas ou outras atividades da filial.

Subsidiárias bancárias. Uma subsidiária bancária é um banco incorporado separadamente, de propriedade integral ou parcial de uma matriz estrangeira, que realiza transações bancárias gerais. Como uma empresa separada, a subsidiária bancária tem que cumprir todas as leis do país anfitrião. Seu limite de empréstimos é baseado em seu capital próprio em vez de no capital do banco matriz. Isso limita sua capacidade de atender a grandes tomadores, mas a incorporação local também limita a responsabilidade do banco matriz em relação a seu investimento patrimonial na subsidiária.

Uma subsidiária bancária estrangeira geralmente parece ser um banco local aos olhos de possíveis clientes nos países anfitriões e, assim, geralmente consegue atrair mais depósitos locais. Isso é especialmente verdadeiro se o banco for independente antes de ser comprado pela matriz estrangeira. A gerência pode muito bem ser local, dando ao banco maior acesso à comunidade empresarial local.

Uma subsidiária bancária de propriedade estrangeira tem mais chances de estar envolvida nos negócios domésticos e internacionais do que uma filial estrangeira, que tem mais chances de atrair a comunidade empresarial estrangeira, mas pode encontrar dificuldade em atrair negócios bancários de empresas locais.

Edge Act Corporations. As Edge Act Corporations são subsidiárias de bancos norte-americanos incorporadas nos Estados Unidos sob a Seção 25 da emenda da Lei da Reserva Federal dos EUA, para se envolverem em operações bancárias e de financiamento internacionais. Tais subsidiárias podem não somente se envolver em atividades bancárias internacionais gerais, mas também podem financiar projetos comerciais, industriais ou financeiros em países estrangeiros através de empréstimos de longo prazo ou participações acionárias. Essa participação acionária, no entanto, está sujeita às práticas e políticas diárias do Fed dos EUA.

As Edge Act Corporations geralmente se envolvem em dois tipos de atividades: atividades bancárias internacionais diretas, como agir como empresa detentora das ações de uma ou mais subsidiária bancária estrangeira, e atividades de desenvolvimento de financiamentos que não estão estreitamente ligadas às operações bancárias tradicionais.

RESUMO

- O *ciclo operacional* de uma empresa gera necessidades de financiamento, entradas e saídas de caixa – o ciclo de conversão monetária ou ciclo de caixa – e possíveis riscos cambiais e de crédito.

- As necessidades de financiamento geradas pelo *ciclo operacional* da empresa constituem o *capital de giro*. O ciclo operacional de uma empresa se estende ao longo de uma linha do tempo do momento em que um cliente solicita uma cotação de preço ao momento em que o pagamento é recebido pelos bens entregues ao cliente.

- O *ciclo de conversão monetária ou ciclo de caixa,* um subcomponente do ciclo operacional, é o período de tempo que se estende entre as saídas de caixa para a compra de insumos e materiais e a entrada de caixa recebida em um pagamento em espécie.

- A EMN se esforça constantemente para criar valor ao acionista maximizando a lucratividade da empresa depois dos impostos. Uma dimensão desta tarefa é *reposicionar os lucros* da empresa, de maneira mais legal e prática possível, em ambientes de baixos impostos.

- O reposicionamento de lucros permite que a empresa aumente seus lucros depois dos impostos diminuindo suas obrigações fiscais, mantendo, ainda, a mesma quantidade de vendas.

- Além do gerenciamento tributário, o reposicionamento é útil quando uma EMN deseja movimentar fluxos de caixa ou fundos em geral de onde eles não são necessários para um lugar onde eles possam ser reempregados em atividades que criam mais valor, ou para minimizar a exposição a um possível colapso monetário ou crise política ou econômica.

- As *taxas de royalty* são taxas de remuneração pelo uso de propriedade intelectual que pertença a alguma outra parte. As taxas de *royalty* normalmente são uma porcentagem da receita de vendas (preço x volume), de modo que o proprietário seja compensado de maneira proporcional ao volume de vendas.

- As *taxas de licenciamento* são uma remuneração paga aos proprietários de tecnologias, patentes, nomes de marca e material protegido por direitos autorais (inclusive filmes, vídeos, CDs, *software* e livros).

- As taxas de licenciamento normalmente são baseadas em uma porcentagem do valor do produto ou sobre o volume de produção. Como tais, elas são calculadas independentemente do volume de vendas.

- A política internacional de dividendos agora inclui considerações fiscais, risco político e risco cambial, além de um retorno a diretrizes empresariais e tecnologia.

- Os dividendos são o método mais ineficiente em termos tributários para repatriar fundos, pois eles são distribuídos depois dos impostos. Isso significa que a empresa matriz frequentemente enfrentará a geração de créditos fiscais estrangeiros excedentes sobre um dividendo.

- A remessa de taxas de licenciamento ou de *royalty* ocorre antes dos impostos na subsidiária estrangeira, sendo o imposto retido o único imposto a ser tipicamente aplicado segundo uma alíquota consideravelmente mais baixa do que as alíquotas de impostos corporativos.

- Em princípio, as empresas tentam minimizar seu saldo de capital de giro líquido. As contas a receber (A/R) são reduzidas se as cobranças forem aceleradas. Os estoques mantidos pela empresa são reduzidos mantendo níveis mais baixos de bens acabados e não acabados, e acelerando o ritmo com que os bens são produzidos, reduzindo, assim, o chamado *prazo de ciclo*.

- Todas as empresas têm que determinar se as contas a pagar (A/P) devem ou não ser pagas antecipadamente, recebendo descontos se oferecidos pelos fornecedores, e se devem ou não financiar esses pagamentos com dívidas de curto prazo. Observe que as dívidas de curto prazo não são incluídas no NWC porque não aumentam espontaneamente com as operações, mas têm que ser adquiridas como parte das decisões de financiamento da administração.

- Com o passar do tempo, desenvolveram-se diversas técnicas e serviços que simplificam e reduzem os custos de se fazer pagamentos internacionais. Isso inclui transferências bancárias, centralização das tesourarias (*cash pooling*), e compensação agrupada de pagamentos, e transferências eletrônicas de fundos.

- As EMNs podem financiar as necessidades de capital de giro através de bancos internos, bancos internacionais e bancos locais, onde estão localizadas as subsidiárias.

- Os bancos internacionais financiam as EMNs e atendem a essas contas através de escritórios de representação, relacionamentos com bancos correspondentes, filiais estrangeiras, subsidiárias bancárias, afiliadas e Edge Act Corporations (estas, apenas nos Estados Unidos).

MINICASO — Honeywell e Pakistan International Airways

O Space and Avionics Control Group (SAC) da Honeywell, Incorporated (EUA) ficou bastante frustrado em junho de 1997. A proposta de aperfeiçoamento da cabine de pilotagem junto à Pakistan International Airlines estava em negociação há sete meses e no fim de semana anterior uma nova solicitação for a apresentada – aceitar o pagamento em rúpias paquistanesas. Isso era contra a política empresarial da Honeywell, mas se não fosse feita uma exceção, o acordo – que valia US$23,7 milhões – provavelmente seria desfeito.

Pakistan International Airlines (PIA)

A Pakistan International Airlines Corporation (PIA) era a empresa aérea nacional da República Islâmica do Paquistão. Fundada em 1954, a PIA operava serviços de transporte de passageiros e de cargas. A empresa era 57% estatal, sendo os 43% restantes de propriedade de investidores privados do Paquistão.

A frota da PIA estava ficando velha. Apesar de a empresa aérea ter planejado um programa de modernização significativo, recentes restrições feitas sobre os gastos governamentais pelo Fundo Monetário Internacional (FMI) tinha dado fim ao programa. Com o cancelamento do programa de modernização da frota, a PIA agora tinha que agir rápido para garantir o cumprimento dos mandados de segurança da Administração Federal da Aviação (FAA). Se ela não cumprisse os mandados da FAA de motores mais silenciosos e engenharia de aviação atualizada até 30 de junho de 1998, a PIA seria deixada de fora de seus muitos lucrativos portões dos EUA. A PIA primeiramente aperfeiçoaria a cabine de pilotagem da aeronave utilizada nos vôos de longo alcance para os Estados Unidos, principalmente os clássicos Boeing 747. Devido à vasta experiência do SAC com uma variedade de sistemas de controle da Boeing e seu recente trabalho em aperfeiçoamento da cabine de pilotagem para a aeronave de McDonnell Douglas, o SAC achou que seria o fornecedor preferencial para a PIA. No entanto, o SAC até então não havia realizado aperfeiçoamentos da cabine de pilotagem da Boeing (ninguém o havia feito), e via o acordo da PIA como uma oportunidade de construir uma nova base competitiva. A insistência da PIA no pagamento em termos de moeda local agora era visto como uma tática para extrair concessões melhores do SAC e de sua agente, Makran.

Ibrahim Makran Pvt. Ltd.

Em países como o Paquistão, o uso de uma agente é geralmente considerado um mal necessário. A agente pode oferecer auxílio para fazer a ligação entre as duas culturas e fornecer informações valiosas, mas mediante um custo. A agente da Honeywell, a Ibrahim Makran Pvt. Ltd., sediada em Hyderabad, era considerada uma das mais confiáveis e com melhores contatos no Paquistão. A Makran tinha suas raízes em uma longa associação com o Sperry Aerospace and Marine Group, o precursor da unidade do SAC da Honeywell (o Sperry foi adquirido em 1986). A Makran era também uma das maiores empresas de negociações de importações/exportações no Paquistão. Era uma empresa de propriedade e administração 100% familiar.

A prática padrão no negócio da aviação era oferecer à agente uma comissão de 10%, embora esse valor fosse negociável. Os 10% eram baseados na venda final e era pago depois de todos os pagamentos terem sido recebidos. Tipicamente, era a agente que encontrava a oportunidade de negócio e enviava uma proposta ao *Marketing* do SAC. Quando a PIA contatou a Makran em relação à sua última exigência, a Makran sabia que o SAC iria querer manter o acordo em dólares americanos. A Makran tinha, portanto, perguntado sobre a disponibilidade de fundos em dólares americanos de seu próprio departamento de finanças para um acordo daquele porte. O departamento de finanças confirmou que eles tinham os fundos necessários em dólares americanos para pagar o SAC, mas avisou que a política era cobrar 5% pelos serviços prestados e riscos monetários.

A Makran avisou o SAC que estaria disposta a comprar a conta a receber por 5% adicionais (além de sua comissão de 10%). A subsidiária norte-americana da Makran em Los Angeles faria o pagamento ao SAC dentro de 30 dias após o SAC ter faturado a Makran. A PIA avisou à Makran que se o SAC aceitasse pagamento em rúpias paquistanesas, os prazos de pagamento locais (do Paquistão) seriam aplicáveis. Isso significava 180 dias, a princípio, mas geralmente esse prazo era muito mais longo na prática. A agente também avisou ao SAC que a rúpia paquistanesa estava para sofrer uma outra desvalorização. Ao ser pressionada por mais informações, a Makran simplesmente respondeu que o presidente da empresa, Ibrahim Makran, tinha "bons contatos".

Rúpia paquistanesa

Uma parte central do programa de austeridade do FMI fora uma desvalorização da rúpia paquistanesa em 7,86% em relação ao dólar americano no dia 22 de outubro de 1996. Agora, aproximadamente seis meses depois, renovava-se a especulação sobre uma outra iminente especulação a fim de limitar as importações e ajudar o setor de exportações a obter moedas fortes eram extremamente necessárias. Um outro problema econômico recente fora a decisão pela União Europeia de que o Paquistão era culpado em fazer *dumping* com algodão, impondo multas *anti-dumping* sobre o algodão paquistanês. Isso fora um forte baque para o setor de exportações. A taxa de câmbio atual de 40,4795 rúpias paquistanesas (Rp) por dólar americano era mantida pelo Banco Central Paquistanês. A taxa no mercado paralelo – *a taxa do mercado negro* – estava se aproximando de Rp50/US$. No momento, não havia mercado futuro para a rúpia paquistanesa.

Capital de giro da Honeywell

O departamento de finanças da Honeywell estava tentando reduzir o capital de giro líquido e acabara de concluir uma análise detalhada dos prazos de pagamento existentes e de taxas mundiais de dias de vendas a receber (DSR, ou *days sales receivable*). A meta do departamento era reduzir as taxas DSR mundiais de 55 para 45 dias no ano fiscal corrente. A meta de *pagamento por desempenho* do ano corrente (o sistema de bônus por desempenho anual da Honeywell) incluía metas de capital de giro líquido. Havia uma preocupação na organização de que a meta de capital de giro líquido poderia ser o obstáculo ao alcance de um bônus apesar do excelente crescimento das vendas. A seguir, temos o ultimo relatório de DSR:

Dias de vendas a receber médio por região do SAC Control Systems

Região	Valor real	Valor meta	Quantia
América do Norte	44	40	US$31,0 milhões
América do Sul	129	70	US$2,1 milhões
Europa	55	45	US$5,7 milhões
Oriente Médio	93	60	US$3,2 milhões
Ásia	75	55	US$11,0 milhões
PIA	264	180	US$0,7 milhão
Boeing	39	30	US$41,0 milhões
McDonnell Douglas	35	30	US$18,0 milhões
Airbus Industries	70	45	US$13,0 milhões

Notas:

A. As empresas aéreas comerciais com sede nos EUA distorcem os prazos de pagamento locais reais.

B. O *spread* entre clientes individuais dentro de uma mesma região pode ser extremamente grande.

C. Supõe-se que haja alguma atividade de cobrança. Clientes específicos são periodicamente observados.

D. Faturas impugnadas são incluídas. O valor inclui todos os produtos, serviços e câmbios.

E. Um dos critérios para oferecer preços "preferenciais" é um DSR de 30 dias. A redução de 10% pode ser substancial, mas tipicamente motiva apenas os clientes maiores.

Os prazos de pagamento da Honeywell eram 30 dias líquidos a partir da data de faturamento. No entanto, os prazos e as práticas de pagamento variavam drasticamente entre diferentes países e regiões. Os prazos de pagamento geralmente não eram publicados, à exceção de alguns relatórios privados de agências de classificação de crédito. A Honeywell não tinha, no passado, aplicado termos de crédito rígidos a muitos clientes. Por exemplo, nem os contratos nem as faturas declaravam nenhuma penalidade para pagamentos atrasados. Muitas empresas aéreas pagavam em dia, mas outras se valiam do barato financiamento da Honeywell.

Uma análise do histórico de contas a receber da PIA indicava que eles consistentemente pagavam suas faturas com atraso. O DSR médio corrente era de 264 dias. A PIA tinha sido acionada repetidas vezes pelo departamento de cobranças, forçando os representantes da equipe de *marketing* a pressionar a agente que, por sua vez, pressionava a PIA a pagar. A Honeywell estava muito preocupada com esse acordo. Ela tinha, na verdade, pedido garantias de que a PIA pagaria prontamente. A preocupação da Honeywell também se refletia na cláusula de pagamento de 20% adiantados que constava no contrato. Embora o *marketing* tivesse aumentado a já alta taxa DSR com a PIA e a agente, esperava-se que o acordo proposto atualmente fosse igual, senão pior.

Um atributo positivo do contrato proposto era que a entrega não ocorreria até um ano depois de o contrato ter sido assinado. A fatura com o valor total a ser pago seria emitida nesse momento. Se as melhorias esperadas no DSR fossem feitas, nesse meio tempo, talvez a alta taxa de DSR no acordo com a PIA pudesse estar próxima da média do resto da Ásia. O pagamento de 20% adiantados seria utilizado para financiar o trabalho inicial de engenharia.

A tesouraria global da Honeywell estava sediada juntamente com a tesouraria corporativa em Mineápolis, Minnesota, EUA. A tesouraria corporativa era um centro de lucros e cobrava uma comissão de 1% sobre todas as vendas. A tesouraria, no entanto, repassava o risco monetário à unidade de negócios. Se uma subsidiária local precisasse de moeda local, a tesouraria tentava atender a essa solicitação aceitando as contas a receber na moeda local. Elas tinham avisado ao SAC que para muitos países em desenvolvimento onde a Honeywell tinha pouca ou nenhuma atividade, como o Paquistão, isso era feito apenas como exceção. A tesouraria também avaliava todos os acordos em termos de valor presente dados os períodos de pagamento oferecidos, e o custo de capital corporativo era determinado em 12%.

Negociações

A Honeywell agora especulava que a solicitação de pagamento em moeda local era decorrente da cláusula de pagamento de 20% adiantados. O projeto era considerado um dos mais arriscados que o SAC já empreendera, e o pagamento de 20% adiantados ajudaria a alcançar as metas de DSR do grupo. O DSR estava sendo acompanhado diariamente pela gerência da divisão. Este projeto já tinha sido forçado a ser aprovado em grupo por ter caído abaixo da meta de retorno sobe vendas. A gerência do SAC estava contando com o acordo para bater sua meta de vendas anuais, e isso agora parecia estar em perigo. A empresa teria que agir logo se quisesse alcançar suas metas.

Perguntas sobre o caso

1. Estime que fluxos de caixa e que moedas a proposta provavelmente geraria. Qual é o valor esperado em dólares americanos que seria recebido ao final?
2. Você acha que os serviços oferecidos pela Makran valem o quanto custam?
3. O que você faria se estivesse liderando o grupo SAC da Honeywell que está negociando o acordo?

PERGUNTAS

1. **Restrições sobre posicionamento de fundos.** Cada um dos fatores a seguir é, às vezes, uma restrição sobre a livre movimentação de fundos internacionalmente. Por que um governo imporia tal restrição? Como a administração de uma multinacional poderia discutir que tal restrição não é do interesse do governo que a impôs?
   a. Restrições governamentais sobre movimentar fundos para fora do país
   b. Impostos retidos sobre distribuições de dividendos a proprietários estrangeiros
   c. Regimes de dupla moeda, com uma alíquota para importações e outra alíquota para exportações
   d. Recusa em permitir que empresas estrangeiras no país agrupem a compensação das entradas e saídas de caixa em um único pagamento

2. **Decomposição de transferência de fundos.** O que este termo significa? Por que decompor a transferência de fundos é necessário para fluxos de caixa internacionais de subsidiárias estrangeiras, mas não para fluxos de caixa domésticos entre subsidiárias domésticas relacionadas e sua matriz?

3. **Canais.** No contexto da decomposição da transferência de fluxos de caixa da subsidiária para a matriz, explique como cada item a seguir cria um canal. Quais são as consequências fiscais de cada um deles?
   a. Importação de componentes da empresa matriz
   b. Pagamento para cobrir despesas gerais dos gestores da empresa matriz temporariamente designados para a subsidiária
   c. Pagamento de *royalties* para uso de tecnologias proprietárias
   d. Subsidiária contraindo um empréstimo de fundos de um intermediário ou com vencimento de longo prazo da empresa matriz
   e. Pagamento de dividendos à empresa matriz

4. **Subsidiárias-irmãs.** A subsidiária Alpha no país Able paga uma alíquota de impostos de 40%. A subsidiária Beta no país Baker paga uma alíquota de impostos de apenas 20%. Atualmente, cada subsidiária importa da outra uma quantidade de bens e serviços exatamente igual em valor monetário ao que cada uma exporta para a outra. Este método de equilibrar o comércio intraempresarial foi determinado pela administração a fim de reduzir todos os custos, inclusive os custos (*spread* de compra e venda) de transações cambiais. Ambas as subsidiárias são lucrativas, e ambas poderiam comprar todos os componentes domesticamente por aproximadamente os mesmos preços que estão pagando à sua subsidiária irmã estrangeira. Isso parece uma situação ótima?

5. **Taxas alocadas – A.** Qual é a diferença entre uma taxa de licenciamento e uma taxa de *royalty*? Você acha que as taxas de licenciamento e de *royalty* devem ser cobertas pelas alíquotas de impostos que regulamentam o preço de transferência? Por quê?

6. **Taxas alocadas – B.** Quais são as diferenças entre uma taxa de gerenciamento, uma taxa de assistência técnica e uma taxa de licenciamento para o uso de uma patente? Elas devem ser tratadas de maneira diferente para fins tributários?

7. **Despesas gerais distribuídas.** Que métodos o IRS (Receita Federal) norte-americano pode usar para determinar se as despesas gerais distribuídas estão sendo alocadas de maneira adequada às subsidiárias estrangeiras?

8. **Tratamento de taxas.** No contexto da decomposição da transferência de fluxos de caixa da subsidiária para a matriz, por que um governo anfitrião talvez seja mais permissivo em seu tratamento de taxas do que em seu tratamento de dividendos? Que diferença isso faz para a subsidiária e para a matriz?

9. **O Ciclo.** O ciclo operacional de uma empresa, doméstica ou multinacional, consiste nos seguintes períodos de tempo:
   a. Prazo de cotação
   b. Prazo de busca de fornecedores de insumos
   c. Prazo de estoque
   d. Prazo de contas a receber
   Para cada um desses prazos, explique se há uma entrada ou uma saída de caixa associada ao início e ao fim do período.

10. **Prazo de contas a pagar.** O Quadro 21.1 mostra o prazo de contas a pagar como mais longo do que o prazo de estoque. Isso poderia ser o contrário, e quais seriam as implicações monetárias?

11. **Contas a pagar e contas a receber.** Como gerente financeiro, você preferiria que o período de contas a pagar terminasse antes, ao mesmo tempo ou depois do início do período de contas a receber? Explique.

12. **Exposição de transação.** Supondo o fluxo ilustrado no Quadro 21.1, onde começa e onde termina a exposição de transação se os insumos são comprados com uma moeda no momento t_1 e os pagamentos da venda são recebidos no momento t_5? Existe mais de um intervalo de transação de exposição?

13. **Exposição operacional.** Alguma exposição operacional é criada no decorrer do ciclo operacional de uma empresa?

14. **Exposição contábil.** Alguma exposição contábil é criada no decorrer do ciclo operacional de uma empresa?

15. **Redução do NWC.** Suponha que uma empresa compre estoque com uma moeda estrangeira e o venda por uma outra moeda estrangeira, sendo que nenhuma delas é a moeda doméstica da empresa matriz ou da subsidiária onde ocorre o processo de produção. O que a empresa pode fazer para reduzir a quantidade de capital de giro líquido?

16. **Termos comerciais.** A Roberts and Sons, Inc., da Grã-Bretanha, acaba de comprar itens de estoque que custaram 1.000.000 de coroas suecas de um fornecedor sueco. O fornecedor cotou termos de 3/15, 45 dias líquidos. Sob que condições a Roberts and Sons pode receber o desconto, e quando pode ser uma ideia razoável esperar todos os 45 dias para realizar o pagamento?

17. **Giro de estoque.** As indústria japonesas geralmente é elogiada por sua prática de estoques *just-in-time* entre compradores e vendedores industriais. No contexto do giro das "contas a receber em dias" do Quadro 21.5, qual é o impacto comparativo do sistema *just-in-time* no Japão? Há algum risco associado a esse sistema? Você acha que isso se aplica igualmente às empresas de produção japonesas que buscam fornecedores de matérias-primas e componentes no Japão e para aquelas que buscam itens similares da Tailândia e da Malásia?

18. **Giro das contas a receber.** Por que a defasagem de tempo entre as contas a receber e as contas a pagar intraempresariais de uma multinacional (isto é, tudo o que é recebido ou pago a uma empresa matriz ou subsidiária irmã) difere substancialmente das defasagens de tempo relatadas de transações com empresas não afiliadas?

19. **Risco de desvalorização.** A Merlin Corporation, dos Estados Unidos, importa matéria-prima da Indonésia a termos de 2/10, 30 dias líquidos. A Merlin espera uma desvalorização de 36% da rúpia indonésia a qualquer momento. A Merlin deve aceitar o desconto? Discuta aspectos do problema.

20. **Zonas de livre comércio.** Quais são as vantagens de uma zona de livre comércio?

21. **Motivos.** Explique a diferença entre o motivo transacional e o motivo precaucionário para reter dinheiro em caixa.

22. **Ciclo monetário.** O ciclo de caixa operacional de uma empresa multinacional vai desde a cobrança de clientes, à retenção de caixa para necessidades transacionais previstas (o motivo transacional para reter dinheiro em caixa), a possíveis reposicionamentos de caixa em outras moedas, a eventuais desembolsos de caixa para pagar despesas operacionais. Supondo que a cobrança inicial seja em uma moeda e o desembolso de caixa final seja em outra moeda, o que uma empresa multinacional pode fazer para diminuir seu ciclo monetário e que riscos estão envolvidos?

23. **Electro-Beam Company.** A Electro-Beam Company gera e desembolsos de caixa nas moedas de quarto países: Cingapura, Malásia, Tailândia e Vietnã. Quais seriam as características que você consideraria se fosse encarregado de criar um sistema depositório centralizado para as subsidiárias do sudeste asiático da Electro-Beam Company?

24. **França.** Durante a era do franco francês, a França impunha uma lei a seus bancos e subsidiárias de empresas internacionais em operação na França que impedia que essas subsidiárias agrupassem a compensação de obrigações de fluxo de caixa entre a França e entidades não francesas. Por que você supõe que o governo francês tenha imposto tal lei e o que as subsidiárias na França poderiam fazer a respeito, se é que algo podia ser feito?

25. **Escritório bancário estrangeiro.** Qual é a diferença entre uma agência estrangeira de um banco e uma subsidiária estrangeira de um banco doméstico?

PROBLEMAS

*1. **Asahi-Do, K.K.** A Asahi-Do, K.K., a subsidiária japonesa de uma empresa norte-americana, possui ¥100.000.000 em contas a receber por vendas faturadas aos clientes nos termos 2/30 60 dias líquidos. Os clientes normalmente pagam em 30 dias. A Super-Do também possui ¥60.000.000 em contas a pagar faturadas a ela nos termos 3/10 60 dias líquidos. A Super-Do deixa o pagamento para o ultimo minuto porque normalmente tem pouco dinheiro em caixa. A Super-Do, K.K. normalmente mantém um saldo de caixa médio para transações de ¥30.000.000. Quanto dinheiro em caixa a Super-Do, K.K. poderia economizer aceitando o desconto?

2. **Extreme Ski.** A Extreme Ski de Grenoble, França, produz e vende na França, Suíça e Itália e também mantém uma conta corporativa em Frankfurt, Alemanha. A Extreme tem determinados saldos de caixa operacionais separados em cada país em um nível igual às necessidades de caixa esperadas mais dois desvios padrão além dessas necessidades, com base em uma análise estatística de volatilidade de fluxo de caixa. A seguir vemos as necessidades de caixa operacionais esperadas e um desvio padrão dessas necessidades:

	Necessidades de caixa esperadas	Um desvio padrão
Suíça	€5.000.000	€1.000.000
Itália	3.000.000	400.000
França	2.000.000	300.000
Alemanha	800.000	40.000
	€10.800.000	€1.740.000

O banco de Frankfurt da Extreme sugere que o mesmo nível de segurança seja mantido se todos os saldos precaucionários forem combinados em uma conta central na sede de Frankfurt.

a. Quanto mais baixos os saldos de caixa totais da Extreme Ski Company seriam se todos os saldos precaucionários fossem combinados? Suponha que as necessidades de caixa em cada país sigam uma distribuição de probabilidade normal e sejam independentes uma das outras.

b. Que outras vantagens a Extreme Ski Company pode obter centralizando sua disponibilidade de caixa? Essas vantagens são realistas?

3. **Futebal do Brasil, S.A.** A Futebal do Brasil, S.A. compra bolas recém-costuradas de produtores paquistaneses e as distribui na Argentina, Brasil e Chile. Todas as operações são realizadas através de subsidiárias integrais. As três subsidiárias enviaram os seguintes relatórios de caixa diários, com todas as quantias em milhares de dólares americanos, que a empresa brasileira usa para fins de gerenciamento de caixa. Cada uma das duas subsidiárias estrangeiras pode manter um saldo de caixa de US$1.000.000 de um dia para o outro, sendo o restante enviado a uma conta em dólares americanos mantida em São Paulo, a menos que elas recebessem outras instruções da equipe financeira brasileira. De maneira geral, o custo de movimentar fundos é tal que esses fundos não devem ser movimentados em um dia e então devolvidos no dia seguinte, mas uma movimentação por dois dias que depois é revertida é financeiramente vantajosa. A sede brasileira investe o saldo de caixa excedente acima de US$5.000.000 em instrumentos do mercado monetário norte-americano comprados através do banco correspondente de Miami do banco brasileiro da empresa. Os fluxos de caixa previstos, em milhares de dólares americanos, são os seguintes:

	Companhia Futebal do Brasil	Compañía Fútbal de Argentina	Compañía Fútbal de Chile
Saldo de caixa no final do dia	US$6.000	US$5.000	US$5.000
Saldo operacional mínimo exigido:	US$5.000	US$1.000	US$1.000
Recebimentos (+) ou desembolsos (–) esperados:			
+1 dia	+3.000	–2.000	+5.000
+2 dias	0	+1.000	–3.000
+3 dias	–5.000	–3.000	+2.000

Crie um plano de movimentação de caixa vantajoso que esteja em conformidade com as políticas gerais da Futebal do Brasil.

4. **GeoTech Agriculture.** A GeoTech Agriculture, Inc. (EUA) produz equipamentos agrícolas básicos na China, Espanha e Iowa, nos Estados Unidos. Cada subsidiária possui contas em aberto mensais a pagar ou a receber de outras subsidiárias. No final de dezembro, as dívidas em aberto intraempresariais em dólares americanos eram as seguintes:

GeoTech, China:	Deve US$8 milhões à subsidiária espanhola
	Deve US$9 milhões à matriz de Iowa
GeoTech, Espanha:	Deve US$5 milhões à subsidiária chinesa
	Deve US$6 milhões à matriz de Iowa
GeoTech, Iowa:	Deve US$4 milhões à subsidiária chinesa
	Deve US$10 milhões à subsidiária espanhola

A média dos *spreads* de transações cambiais é de 0,4% dos fundos transferidos.

a. Como a GeoTech poderia agrupar essas dívidas intraempresariais? Quanto seria economizado em despesas transacionais em relação à alternativa sem agrupamento de compensação?

b. Antes de acertar as contas acima, a GeoTech decide investir US$6.000.000 de fundos da matriz na fábrica de produção de um novo equipamento agrícola na nova Zona Franca Industrial em Subic Bay, nas Filipinas. Como esta decisão pode ser incorporada ao processo de pagamento? Quais seriam os encargos bancários totais? Explique.

5. **Crystal Publishing Company.** A Crystal Publishing Company publica livros na Europa através de subsidiárias separadas em diversos países. Em termos de Europa, a Crystal está tendo fluxos de caixa inconstantes. Qualquer livro

específico cria uma saída de caixa durante o período de escrita e publicação, seguido por uma entrada de caixa nos meses e anos subsequentes, quando o livro passa a ser vendido. Para lidar com essa inconstância, a Crystal decidiu criar um banco interno. No início de abril, o banco interno da Crystal mantinha depósitos, sobre os quais pagava 4,8% de juros, como a seguir:

Da Crystal Alemanha	€20.000.000
Da Crystal Espanha	€5.000.000
Da Crystal Grã-Bretanha	£12.000.000

No início de abril, o banco interno da Crystal emprestou fundos a uma taxa anual de 5,4%, como a seguir:

Para a Crystal França	€12.000.000
Para a Crystal Itália	€8.000.000
Para a Crystal Grécia	€6.000.000

A taxa de câmbio entre as libras esterlinas e o euro é de €1,6000/£.

a. Quais seriam os lucros líquidos de juros (juros obtidos menos juros pagos, antes das despesas administrativas), do banco interno da Crystal para o mês de abril?
b. Se a matriz Crystal Publishing subsidiasse internamente todas as suas despesas operacionais, quanto mais o banco interno poderia emprestar no início de abril?

6. **Balanced Tire Company (A).** A Balanced Tire Company produz pneus de automóveis para vender para estabelecimentos de varejo nos Estados Unidos e, através de uma subsidiária integral de distribuição, no seu vizinho Canadá. A capacidade anual da fábrica norte-americana é de 700.000 pneus por ano, mas a produção atual é de apenas 450.000, dos quais 300.000 são vendidos nos Estados Unidos e 150.000 são exportados para o Canadá. As alíquotas de impostos federais e estaduais em ambos os países chega a 40%.

Dentro dos Estados Unidos, a Balanced Tire vende para estabelecimentos de varejo pelo equivalente, em dólares americanos, de C$80 por pneu. O lucro depois dos impostos equivale a C$10,80 por pneu, calculado como exibe a tabela a seguir, com todos os preços expressos em dólares canadenses.

Cálculo do lucro Balanced Tire norte-americano, expresso em dólares canadenses:

Preço de venda da Balanced Tire EUA	C$80,00
menos mão de obra direta nos EUA	20,00
menos materiais diretos nos EUA	20,00
menos despesas gerais de produção nos EUA	12,00
Total de custos de produção	52,00
Margem da fábrica norte-americana	28,00
menos custos de venda e custos administrativos	10,00
Lucro por pneu antes dos impostos	18,00
menos impostos de 40% nos EUA	7,20
Lucro por pneu depois dos impostos nos	C$10,80

A mão de obra direta consiste em custos da folha de pagamento por hora aos trabalhadores da fábrica, e materiais diretos consistem em matérias-primas compradas nos Estados Unidos. As despesas gerais de produção são custos fixos que incluem a supervisão e a depreciação. Os custos de venda e administrativos são despesas fixas com os salários da administração, despesas de escritório e aluguéis.

Para suas exportações para o Canadá, a Balanced Tire vende conjuntos à sua subsidiária canadense a um preço de transferência em dólar equivalente a C$56 por pneu, sendo este o custo de produção nos EUA de C$52 mais um lucro de C$4,00. Os custos de transporte e distribuição somam C$2,00 a mais por pneu, e os pneus são revendidos para estabelecimentos de varejo canadenses por C$80, o mesmo preço equivalente que nos Estados Unidos. Chegou-se a este preço independentemente, com base na análise da elasticidade da demanda no Canadá, exibida na tabela abaixo.

O lucro máximo é obtido pelo preço de venda de C$80,00.

Ao fazer este cálculo, a Balanced Tire determinou que a demanda unitária no Canadá variava em função apenas do preço de venda. Logo, parecia evidente para a administração da Balanced Tire que um preço de transferência para o Canadá de C$80,00 por pneu maximizava a contribuição do Canadá para os lucros, gerando um valor total de C$1.980.000. A atual estratégia de precificação da Balanced Tire para o Canadá está correta?

	Vendas no Canadá (C$)				
Preço de venda unitário no Canadá	85,00	80,00	75,00	70,00	65,00
menos importação	56,00	56,00	56,00	56,00	56,00
menos expedição	2,00	2,00	2,00	2,00	2,00
Lucro por unidade antes dos impostos	27,00	22,00	17,00	12,00	7,00
menos 40% de impostos canadenses	10,80	8,80	6,80	4,80	5,40
Lucro por unidade depois dos impostos	16,20	13,20	10,20	7,20	4,20
Volume esperado em unidades	110.000	150.000	180.000	250.000	400.000
Lucro total (000)	1.782	1.980	1.836	1.800	1.680

7. **Balanced Tire Company (B).** Suponha que a Balanced Tire (do problema anterior) decidisse determinar o preço canadense a C$65. Ambos os países, no entanto, diminuíram suas alíquotas de impostos corporativos: os Estados Unidos para 35% e o Canadá para 38%.
   a. Dada a mudança nas alíquotas de impostos, que preço final em dólares canadenses agora maximizaria os lucros consolidados da empresa?
   b. Reduzir o preço de transferência de C$56 para C$54 aumentaria ou diminuiria os lucros consolidados?

*8. **Surgical Tools, Inc.** A Surgical Tools, Inc. de Illinois, EUA, deseja estabelecer um procedimento regular para transferir fundos de sua recém inaugurada subsidiária de produção na Coreia para os Estados Unidos. O procedimento estabelecido pelo método ou métodos de transferência provavelmente prevalecerá sobre quaisquer objeções do governo que possam surgir em anos futuros. A subsidiária coreana produz ferramentas cirúrgicas para exportação a todos os países asiáticos. As informações financeiras *pro forma* exibidas na tabela abaixo representa os resultados esperados no primeiro ano completo de operações.

Vendas	Won2.684.000.000
Despesas de produção	1.342.000.000
Depreciação	335.500.000
Lucros antes dos impostos	1.006.500.000
Impostos coreanos a 28%	281.820.000
Lucro depois dos impostos	Won724.680.000
Taxa de câmbio	Won1.342/US$
Alíquota de imposto coreana	28%
Alíquota de imposto norte-americana	34%

O CFO da Surgical Tool está pensando nas seguintes abordagens:
   a. Declarar um dividendo de Won362.340.000, igual a 50% de lucros depois dos impostos. O dividendo seria tributável nos Estados Unidos depois de considerar os impostos coreanos já pagos.
   b. Adicionar uma taxa de licenciamento de Won362.340.000 às despesas acima, e enviar essa quantia anualmente. A taxa de licenciamento seria totalmente tributável nos Estados Unidos.

9. **Adams Corporation (A).** A Adams Corporation (EUA), uma unidade recém-alienada da Pfizer e proprietária de uma série de marcas de produtos de consumo valiosas como a Listerine e a Halls, é proprietária de 100% da Adams Brasil, S.A. Este ano, a Adams Brasil, S.A. obteve R$52.000.000, igual a US$20.000.000 pela taxa de câmbio corrente de R$2,60/US$. Não se espera que taxa de câmbio vá mudar. A Adams Corporation deseja transferir metade dos lucros brasileiros para os Estados Unidos e está na dúvida se essa soma seria enviada 1) através de um dividendo em dinheiro de US$10.000.000 ou 2) através de um dividendo em dinheiro de US$5.000.000 e uma taxa de *royalty* de US$5.000.000. A alíquota de imposto brasileira é de 15%, e a dos EUA é de 30%. O que você recomenda e por quê?

10. **Adams Corporation (B).** O governo brasileiro sob o Presidente Lula instituiu uma nova política fiscal com o objetivo de encorajar as EMNs estrangeiras a vir para o Brasil, mas reinvestir seus lucros no país, em vez de levá-los embora. Suponha que existam as mesmas condições que no problema anterior, mas agora suponha que o Brasil tenha instituído os seguintes impostos retidos sobre envios de dividendos, *royalties* e taxas de licenciamento:

Tipo de remessa	Alíquota de imposto retido
Dividendos	30%
Pagamentos de *royalties*	5%
Taxas de licenciamento	5%

Agora que alternativas você recomenda que a Adams utilize ao enviar os US$10 milhões à Adams (EUA)?

11. **Quinlan Company (França).** Os seguintes eventos ocorrem:

1° de março: A Quinlan Company busca uma venda pelo preço de 10.000.000 para itens a serem vendidos a um antigo cliente na Polônia. Para conseguir o pedido, a Quinlan oferece denominar o pedido em zlotys (Z), a moeda da Polônia, por Z20.000.000. Este preço foi determinado multiplicando o preço do euro por Z2,00/€, a taxa de câmbio no dia da cotação. Espera-se que o valor do zloty vá cair em 0,5% por mês em relação ao euro.

1° de abril: A Quinlan recebe um pedido no valor de Z20.000.000 desse cliente. No mesmo dia, a Quinlan faz pedidos aos seus fornecedores de €4.000.000 em componentes necessários para concluir a venda.

1° de maio: A Quinlan recebe os componentes e é cobrada €4.000.000 pelo fornecedor nos termos de 2/20, 60 dias líquidos. Durante os dois meses seguintes, a Quinlan designa mão de obra direta para trabalhar no projeto. As despesas com mão de obra direta são de €5.000.000.

1° de julho: A Quinlan envia o pedido ao cliente e dele cobra Z20.000.000. Em seus livros corporativos, a Quinlan debita contas a receber e credita as vendas.

1° de setembro: O cliente da Quinlan paga Z20.000.000 à Quinlan.
   a. Trace um diagrama de fluxo de caixa para esta transação no estilo do Quadro 21.1 e explique os passos envolvidos.
   b. Que técnicas de gerenciamento de capital de risco a Quinlan pode usar para melhorar sua posição frente a este cliente específico?

EXERCÍCIOS NA INTERNET

1. **Globalizando-se com a CFO.** Um dos *sites* mais úteis da Internet com análise corrente e reflexões sobre diversas questões de finanças empresariais é a versão online da re-

vista CFO. Use os três diferentes *sites* focados em diferentes regiões para explorar a crescente integração do gerenciamento de caixa, do gerenciamento monetário, do controle de operações e serviços de TI.

www.cfo.com
www.cfo.com/europe
www.cfoasia.com

2. **Gerenciamento do capital de giro (A).** Muitos dos principais bancos multinacionais fornecem diversos serviços de gerenciamento do capital de giro e gerenciamento internacional de caixa, descritos neste capítulo. Usando os *sites* de diversos desses bancos multinacionais, procure que bancos oferecem serviços de gerenciamento internacional de caixa que combinariam transações bancárias e gerenciamento cambial. Que bancos fornecem serviços específicos através de centros de serviço regionais ou geográficos?

Bank of America — www.bankamerica.com/corporate/
Bank of Montreal — www.bmo.com/cebssite/

3. **Gerenciamento do capital de giro (B).** Use a definição e a análise de capital de giro do governo da Nova Zelândia e compare com o que foi apresentado neste capítulo. Como a definição de capital de giro da Nova Zelândia resulta em diferentes práticas de gerenciamento?

www.treasury.govt.nz/
publicsector/workingcapital/chap2.asp

4. **Associações de câmaras de compensação.** Associações como a New York Clearinghouse Association têm desempenhado importantes papéis no sistema financeiro internacional há séculos. Use os seguintes *sites* para preparar um *briefing* executivo de duas páginas sobre o papel das câmaras de compensação na história e nas finanças contemporâneas. Use o *site* da Câmera de Compensação do Sistema de Pagamento Interbancário (CHIPS) para estimar o volume de transações financeiras internacionais.

New York Clearinghouse
Association — www.theclearinghouse.org/
Clearing House Interbank
Payments System — www.chips.org/

CAPÍTULO 22

Finanças em Comércio Internacional

As demonstrações financeiras são como bons perfumes: devemos sentir seu cheiro, e não engoli-las.

—Abraham Brilloff.

O propósito deste capítulo é explicar como o comércio internacional – exportações e importações – é financiado. O conteúdo aqui presente é de relevância prática direta para empresas domésticas que apenas importam e exportam e para empresas multinacionais que fazem comércio com entidades relacionadas e não relacionadas.

    O capítulo começa explicando os tipos de relações comerciais. Então, explicamos o dilema comercial: os exportadores desejam ser pagos antes de exportarem e os importadores não desejam pagar até receberem os bens. A seção seguinte explica os benefícios dos atuais protocolos de comércio internacional. Ela é seguida por uma seção que descreve os elementos de uma transação comercial e os vários documentos que são utilizados para facilitar sua conclusão e seu financiamento. A seção seguinte identifica os riscos do comércio internacional, a saber, o risco monetário e o risco de não conclusão. As seções posteriores descrevem os principais documentos comerciais, incluindo a carta de crédito (*letter of credit*), a cobrança documentária (*draft*), e o conhecimento de embarque (*bill of lading*). A seção seguinte resume a documentação de uma transação comercial comum. Segue-se uma descrição de programas do governo para auxiliar o financiamento das exportações, incluindo seguro de crédito de exportação e bancos especializados como o Export-Import Bank of the United States. Depois, comparamos os vários tipos de financiamento de contas a receber no curto prazo e então o uso do *forfaiting* (desconto a *forfait*) para contas a receber no mais longo prazo. O Minicaso no final do capítulo, as preciosas fraldas ultrafinas da Crosswell International, ilustra como uma exportação exige a integração da administração e dos departamentos de *marketing* e finanças.

A RELAÇÃO COMERCIAL

Como discutimos no Capítulo 1, a primeira atividade global significativa realizada por uma empresa doméstica é a importação e a exportação de bens e serviços. O propósito deste capítulo é analisar a fase do comércio internacional de uma empresa doméstica que começa a importar bens e serviços de fornecedores estrangeiros e a exportar para compradores estrangeiros. No caso da Trident, essa fase comercial começou com fornecedores do México e compradores do Canadá.

    O financiamento comercial compartilha diversas características comuns com as atividades tradicionais da cadeia de valor realizadas por todas as empresas. Todas as empresas têm que buscar fornecedores para os muitos bens e serviços necessários como insumos para a produção de seus próprios bens ou para os seus próprios processos de prestação de serviços. O Departamento de Compras e Busca de Fornecedores da Trident tem que determinar se cada fornecedor potencial é capaz de fabricar o produto segundo as especificações de qualidade exigidas, produzindo-os e entregando-os de maneira pontual e confiável, e continuando a trabalhar com a Trident no processo contínuo de melhoria de produtos e nos processos para a manutenção da competitividade. Todos têm que oferecer um preço e termos de pagamento aceitáveis. Como apresentadas no Quadro 22.1, essas questões se aplicam também a clientes potenciais, pois a continuação de seus negócios é igualmente crucial para as operações e o sucesso da Trident.

Compreender a natureza da relação entre o exportador e o importador é crucial para compreender os métodos de financiamento de exportação-importação usados no setor. O Quadro 22.2 fornece um panorama das três categorias de relacionamentos: não afiliado desconhecido, não afiliado conhecido e afiliado.

- Um importador estrangeiro com o qual a Trident não tenha feito negócios anteriormente seria considerado um não afiliado desconhecido. Neste caso, as duas partes precisariam entrar em um contrato de vendas detalhado, definindo as responsabilidades e expectativas específicas do contrato de negócios. A Trident também precisaria buscar proteção contra a possibilidade de que o importador não realizasse os pagamentos integrais dentro do prazo.
- Um importador estrangeiro com o qual a Trident já tenha feito negócios anteriormente com sucesso seria considerado um não afiliado conhecido. Neste caso, as duas partes ainda podem entrar em um contrato de vendas detalhado, mas prazos, expedições de bens e prestações de serviços específicos podem ter uma definição significativamente mais frouxa. Dependendo da profundidade do relacionamento, a Trident pode buscar proteção com terceiros contra a não conclusão do negócio ou pode fazer o negócio com base em um sistema de conta aberta.
- Um importador estrangeiro que seja uma subsidiária da Trident, como a Trident Brasil, seria uma parte afiliada (às vezes chamado de comércio intraempresarial). Como ambas as empresas fazem parte da mesma EMN, a prática mais comum seria realizar a transação comercial sem um contrato ou proteção contra o não pagamento. No entanto, isso nem sempre é o que acontece. Em diversas situações de comércio internacional, pode ainda ser do interesse da Trident detalhar as condições para a transação comercial, e possivelmente se proteger contra qualquer interrupção, por motivos políticos ou específicos de um país, da conclusão da transação comercial.

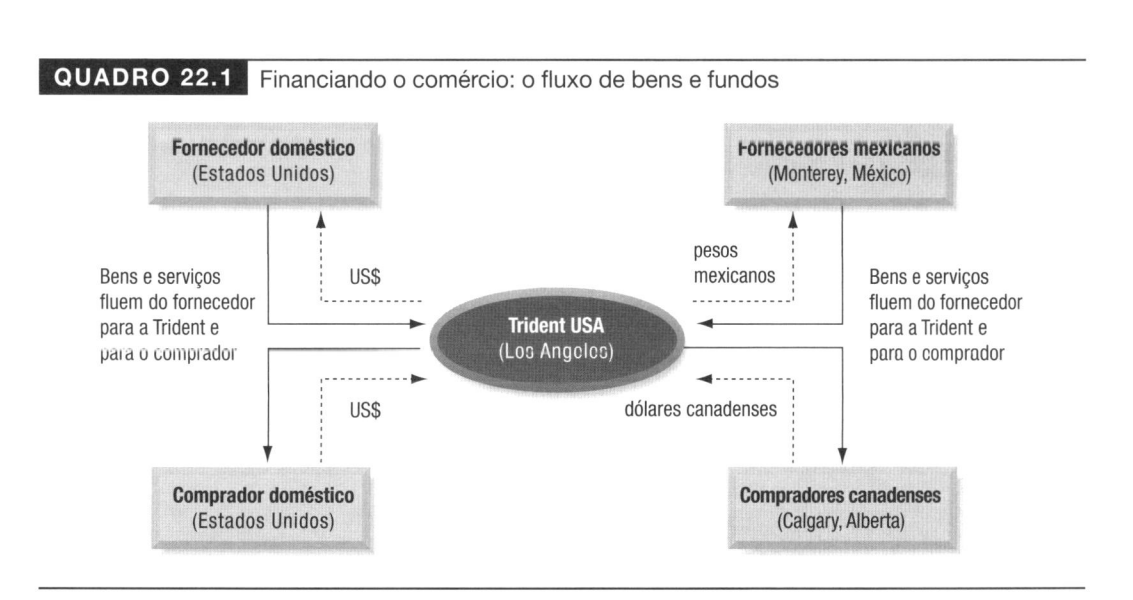

QUADRO 22.1 Financiando o comércio: o fluxo de bens e fundos

QUADRO 22.2 Relacionamentos alternativos em comércio internacional

Trident como exportadora

O importador é...

- **não afiliado desconhecido**: Um novo cliente com o qual a Trident não possui nenhum relacionamento histórico
  Exige:
  1. Um contrato
  2. Proteção contra não pagamento

- **não afiliado conhecido**: Um cliente de longa data com o qual existe um relacionamento estabelecido de confiança e bom desempenho
  Exige:
  1. Um contrato
  2. Possivelmente alguma proteção contra não pagamento

- **parte afiliada**: Uma subsidiária estrangeira da Trident, uma unidade de negócios da Trident Corporation
  Exige:
  1. Nenhum contrato
  2. Nenhuma proteção contra não pagamento

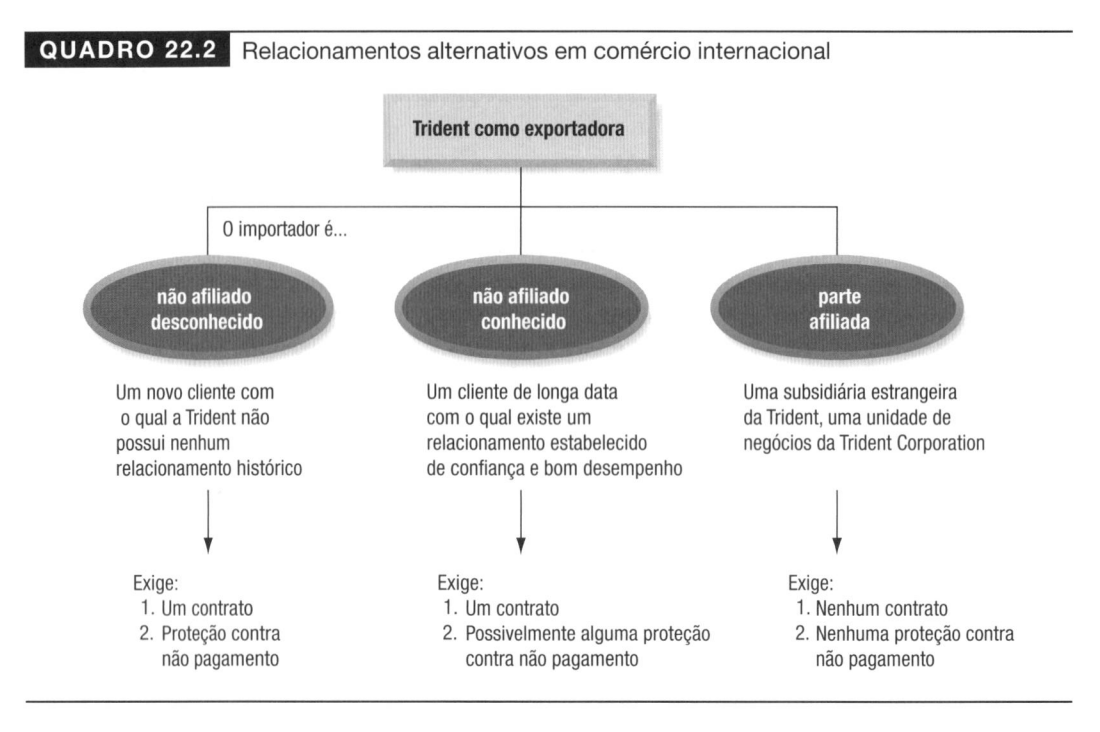

O DILEMA COMERCIAL

O comércio internacional tem que funcionar em torno de um dilema fundamental. Imagine um importador e um exportador que gostariam de fazer negócios um com o outro. Devido à distância entre os dois, não é possível entregar bens e receber os respectivos pagamentos simultaneamente. O importador preferiria o arranjo da parte superior do Quadro 22.3, enquanto que o exportador preferiria o arranjo exibido na parte inferior.

O dilema fundamental de não estar disposto a confiar em um estranho em um país estrangeiro é solucionado com a utilização de um banco extremamente respeitado como intermediário. Uma visão muito simplificada desse dilema é descrita no Quadro 22.4. Neste exemplo, o importador obtém a promessa do banco de realizar o pagamento em seu nome, sabendo que o exportador confiará no banco. Uma promessa de pagamento do banco é chamada de carta de crédito.

O exportador envia as mercadorias ao país do importador. O título das mercadorias é dado ao banco em um documento chamado de *conhecimento de embarque (order bill of lading)*. O exportador

QUADRO 22.3 O mecanismo das importações e exportações

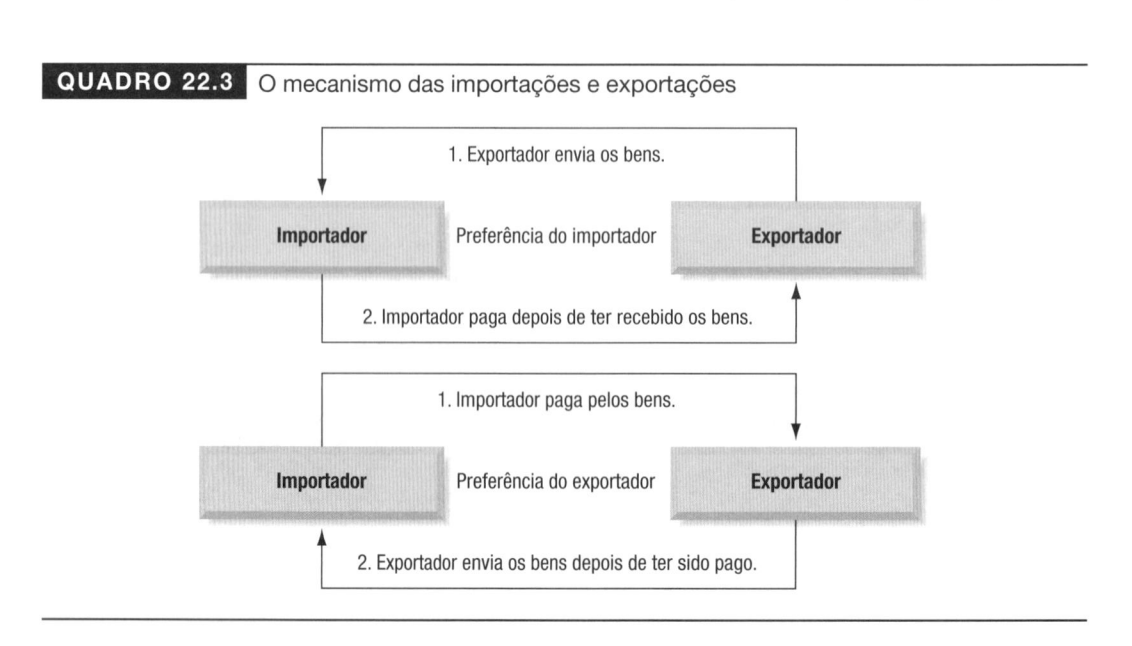

Preferência do importador
- Importador ← 1. Exportador envia os bens. — Exportador
- Importador — 2. Importador paga depois de ter recebido os bens. → Exportador

Preferência do exportador
- Importador — 1. Importador paga pelos bens. → Exportador
- Importador ← 2. Exportador envia os bens depois de ter sido pago. — Exportador

| QUADRO 22.4 | O banco como intermediário da importação-exportação |

Fluxo:

1. Importador obtém de um banco uma promessa de pagamento em nome do importador.
2. Banco promete ao exportador realizar um pagamento em nome do importador.
3. Exportador envia as mercadorias "para o banco" confiando em sua promessa.
4. Banco paga ao exportador.
5. Banco "dá" as mercadorias ao importador.
6. Importador paga ao banco.

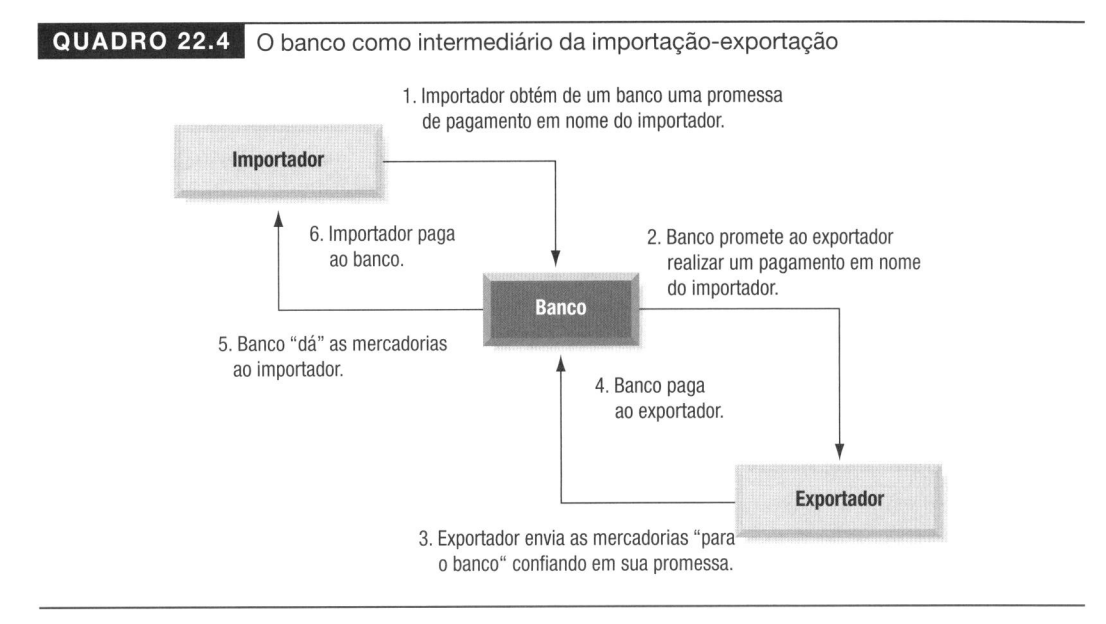

pede ao banco que pague as mercadorias e o banco o faz. O documento para solicitar o pagamento é uma cobrança documentária à vista (*sight draft*). O banco, tendo pago as mercadorias, agora passa o título ao importador, em quem o banco confia. Nesse momento ou posteriormente, dependendo de seu acordo, o importador reembolsa o banco.

Os gestores financeiros de EMNs têm que compreender esses três documentos básicos. Suas empresas muitas vezes farão negócios com partes não afiliadas, e o sistema de documentação fornece uma fonte de capital de curto prazo que se pode aproveitar mesmo quando as cargas forem enviadas a subsidiárias-irmãs.

BENEFÍCIOS DO SISTEMA

Os três principais documentos e sua interação serão descritos posteriormente neste capítulo. Eles constituem um sistema desenvolvido e modificado ao longo de séculos para proteger tanto o importador quanto o exportador do risco de não conclusão do negócio e de riscos cambiais, além de oferecer um meio de financiamento.

Proteção contra o risco de não conclusão do negócio

Como já foi dito, uma vez que o importador e o exportador tenham acordado os termos da transação, o vendedor normalmente prefere manter o título legal dos bens até que tenha sido pago, ou pelo menos até que o pagamento tenha sido garantido. O comprador, no entanto, relutará em pagar antes de receber os bens, ou pelo menos antes de receber o título a eles referente. Cada parte quer garantir que a outra parte conclua sua porção da transação. A carta de crédito (*letter of credit*), a cobrança documentária à vista e o conhecimento de embarque (*order bill of lading*) fazem parte de um sistema cuidadosamente construído para determinar quem sofrerá a perda financeira se uma das partes for inadimplente a qualquer momento.

Proteção contra o risco cambial

No comércio internacional, o risco cambial surge da exposição de transação. Se a transação exigir pagamento na moeda do exportador, o importador correrá o risco cambial. Se a transação exigir pagamento na moeda do importador, será o exportador que correrá o risco cambial.

A exposição de transação pode ser coberta (com *hedge*) pelas técnicas descritas no Capítulo 11, mas a fim de fazer o *hedge*, a parte exposta tem que ter certeza de que o pagamento de uma quantia específica será feito em determinada data ou próximo a ela. Os três documentos-chave descritos neste capítulo garantem tanto a quantia quanto a data do pagamento e, assim, preparam o terreno para um *hedge* eficaz.

O risco de não conclusão e o risco cambial são mais importantes quando se trata de um único episódio de comércio internacional, sem nenhum acordo válido para entregas recorrentes e nenhum relacionamento contínuo entre comprador e vendedor. Quando o relacionamento de importação-exportação é de natureza recorrente, como no caso de bens manufaturados expedidos semanal ou mensalmente para um estabelecimento de montagem final ou de varejo em outro país, e quando ocorre entre países cujas moedas são consideradas fortes, o exportador pode faturar o importador com uma conta aberta (*open account*) depois de uma verificação de crédito normal. Os bancos fornecem informações de crédito e serviços de cobrança fora do sistema de processamento de cobranças documentárias feitos sobre cartas de crédito.

Financiamento do comércio

A maior parte do comércio internacional envolve uma defasagem de tempo durante a qual os fundos ficam presos enquanto a mercadoria está em trânsito. Uma vez que os riscos de não conclusão e de mudanças nas taxas de câmbio tenham sido eliminados, os bancos estarão dispostos a financiar bens em trânsito. Um banco pode financiar bens em trânsito, além de bens mantidos para a venda, com base nos documentos-chave, sem se expor a questões sobre a qualidade das mercadorias ou outros aspectos físicos da carga expedida.

Comércio internacional: calendário e estrutura

A fim de compreender os riscos associados às transações do comércio internacional, é útil compreender a sequência de eventos em qualquer dessas transações. O Quadro 22.5 ilustra, em princípio, a série de eventos associados a uma única transação de exportação.

Sob uma perspectiva de gestão financeira, os dois principais riscos associados a uma transação comercial internacional são o risco monetário e o risco de não conclusão. O Quadro 22.5 ilustra o tradicional problema comercial de gerenciamento de crédito: o exportador cota um preço, finaliza um contrato e envia os bens, perdendo o controle físico sobre os bens baseado na confiança que tem do comprador ou na promessa de pagamento de um banco com base nos documentos apresentados. O risco de inadimplência da parte do importador passa a estar presente assim que o período de financiamento se inicia, como ilustra o Quadro 22.5.

Em muitos casos, a tarefa inicial de analisar a capacidade creditícia de clientes estrangeiros é similar aos procedimentos de análise de clientes domésticos. Se a Trident não teve experiência com um cliente estrangeiro, mas esse cliente é uma empresa grande e conhecida em seu país de origem, a Trident pode simplesmente pedir um relatório de crédito bancário daquela empresa. A Trident também pode falar com outras empresas que fizeram negócio com o cliente estrangeiro. Se essas investigações mostrarem

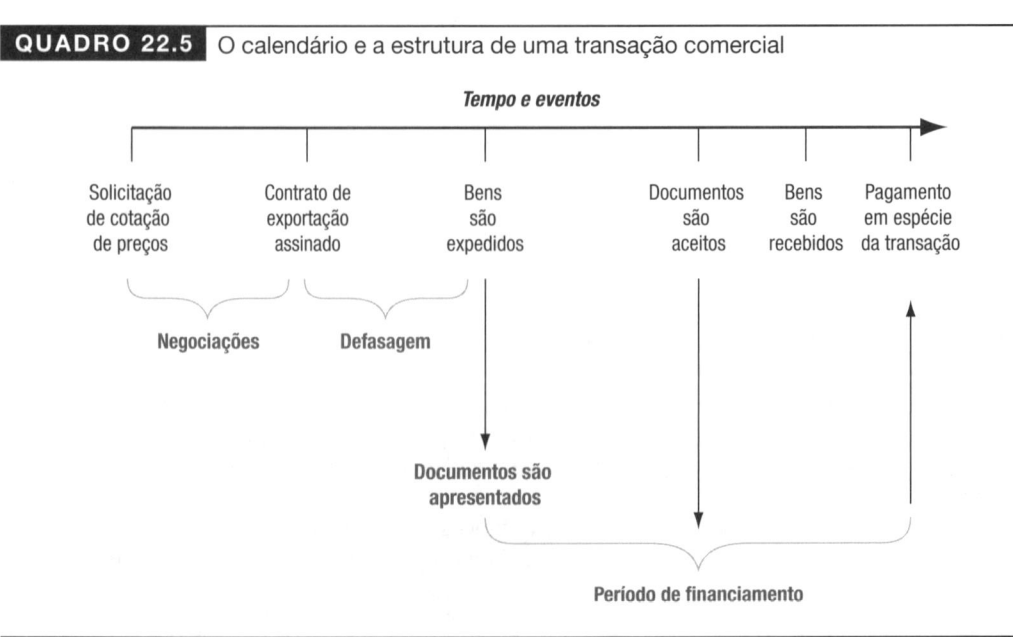

QUADRO 22.5 O calendário e a estrutura de uma transação comercial

Tempo e eventos →

| Solicitação de cotação de preços | Contrato de exportação assinado | Bens são expedidos | Documentos são aceitos | Bens são recebidos | Pagamento em espécie da transação |

Negociações | Defasagem

Documentos são apresentados

Período de financiamento

que o cliente (e o país) estrangeiro é totalmente confiável, a Trident provavelmente enviará mercadorias a ele com base em uma conta aberta, com um limite de crédito, assim como o fariam para um cliente doméstico. Este é o método menos custoso de lidar com exportações porque não existe documentação pesada ou taxas bancárias. Entretanto, antes de um relacionamento comercial regular ter sido estabelecido com uma empresa nova ou desconhecida, a Trident tem que enfrentar a possibilidade de não pagamento de suas exportações ou não conclusão de suas importações. O risco de não pagamento pode ser eliminado através do uso de uma carta de crédito emitida por um banco com capacidade creditícia.

CARTA DE CRÉDITO (L/C – *LETTER OF CREDIT*)

A carta de crédito (L/C) é uma promessa de pagamento bancário emitida por um banco quando solicitada por um importador (o requerente/comprador), na qual o banco promete pagar um exportador (o beneficiário da carta) mediante a apresentação de documentos especificados na L/C. Uma L/C reduz o risco de não conclusão porque o banco concorda em pagar tendo em mãos documentos, em vez de mercadorias em si. A relação entre as três partes é ilustrada no Quadro 22.6.

Um importador (comprador) e um exportador (vendedor) concordam com uma transação e o importador, então, solicita a seu banco local a emissão de uma L/C. O banco do importador emite uma L/C e redige um contrato de venda baseado em sua avaliação da capacidade creditícia do importador, ou o banco pode exigir um depósito em dinheiro ou outro colateral adiantado do importador. O banco do importador irá querer saber o tipo de transação, a quantia de dinheiro envolvida, e que documentos têm que acompanhar a cobrança documentária que será emitida baseada na L/C.

Se o banco do importador estiver satisfeito com a situação creditícia do requerente, ele emitirá uma L/C garantindo o pagamento das mercadorias se estas forem enviadas de acordo com as instruções e condições contidas na L/C.

A essência de uma L/C é a promessa do banco emissor com base em documentos especificados, que têm que acompanhar qualquer cobrança documentária sobre o crédito. A L/C não é uma garantia da transação comercial subjacente. De fato, uma L/C é uma transação separada de qualquer contrato de venda ou de outro tipo sobre o qual ela possa ser baseada.

Irrevogável *versus* revogável. Uma L/C irrevogável obriga o banco emissor a honrar cobrança documentárias feitas em conformidade com o crédito e não podem ser nem canceladas nem modificadas sem o consentimento de ambas as partes, incluindo, em particular, o beneficiário (exportador). Uma L/C revogável pode ser cancelada ou alterada a qualquer momento antes do pagamento; tem o objetivo de servir como meio de arranjar o pagamento, mas não como uma garantia de pagamento.

Confirmada *versus* não confirmada. Uma L/C emitida por um banco pode ser confirmada por outro, caso este em que o banco confirmador passa a honrar as cobranças documentárias feitas em conformidade com o crédito. Uma L/C não confirmada é a obrigação apenas do banco emissor. Provavelmente um exportador desejará que a L/C de um banco estrangeiro seja confirmada por um banco doméstico quando o exportador tiver dúvidas quanto à capacidade de o banco estrangeiro

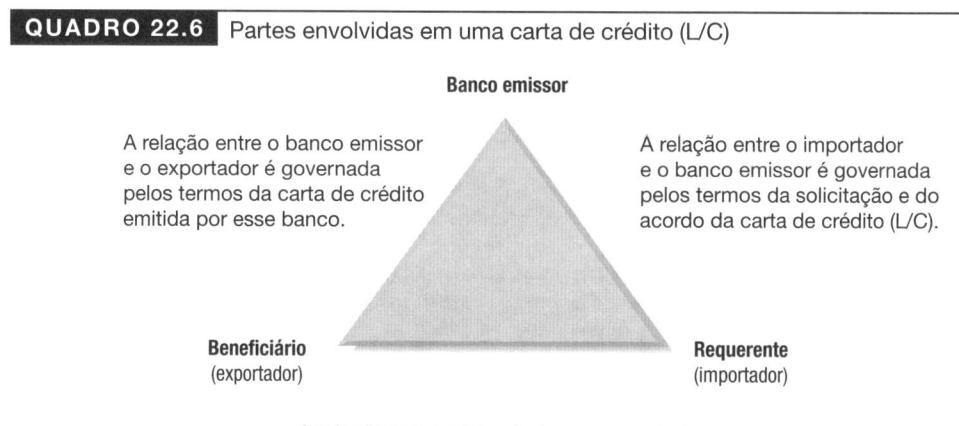

QUADRO 22.6 Partes envolvidas em uma carta de crédito (L/C)

Banco emissor

A relação entre o banco emissor e o exportador é governada pelos termos da carta de crédito emitida por esse banco.

A relação entre o importador e o banco emissor é governada pelos termos da solicitação e do acordo da carta de crédito (L/C).

Beneficiário (exportador)

Requerente (importador)

A relação entre o importador e o exportador é governada pelo contrato de venda.

realizar o pagamento. Tais dúvidas podem surgir quando o exportador não tem certeza da situação financeira do banco estrangeiro, ou se as condições políticas ou econômicas no país estrangeiro forem instáveis. A essência de uma L/C é mostrada no Quadro 22.7.

A maioria das cartas de crédito comerciais são documentárias, o que significa que certos documentos têm que ser incluídos com qualquer cobrança documentária feita sob seus termos. Os documentos exigidos normalmente incluem um pedido de conhecimento de embarque (*order bill of lading* – discutido mais detalhadamente mais adiante neste capítulo), uma fatura comercial e qualquer um dos documentos a seguir: fatura consular, certificado ou apólice de seguro e lista de itens embalados.

Vantagens e desvantagens das cartas de crédito

A principal vantagem de uma L/C é que ela reduz o risco – o exportador pode vender recebendo uma promessa de pagamento bancário em vez de a promessa de uma empresa comercial. O exportador também se encontra em uma posição mais segura quanto à disponibilidade de câmbio para pagar a venda, já que os bancos têm mais chance de estar ciente das condições e regras cambiais do que a empresa importadora propriamente dita. Se o país importador mudasse suas regras cambiais durante o decorrer de uma transação, o governo provavelmente permitirá que as cartas de crédito já válidas sejam honradas por temer jogar seus próprios bancos domésticos em descrédito internacional. É claro que se a L/C for confirmada por um banco no país do exportador, o exportador evitará qualquer problema de câmbio bloqueado.

Um exportador pode achar que um pedido acompanhado por uma L/C irrevogável vá facilitar a obtenção de financiamento pré-exportação no país de origem. Se a reputação de entrega do exportador for boa, um banco local pode emprestar fundos para processar e preparar as mercadorias para envio. Uma vez que as mercadorias tenham sido expedidas em conformidade com os termos e condições do crédito, o pagamento da transação comercial será feito e serão gerados fundos para pagar o empréstimo pré-exportação.

A principal vantagem de uma L/C para o importador é que o importador não precisará pagar fundos até que os documentos tenham chegado a um porto ou aeroporto local e contanto que todas as condições declaradas na carta de crédito tenham sido cumpridas. As principais desvantagens são a taxa cobrada pelo banco do importador para emitir sua L/C e a possibilidade de que a L/C reduza a linha de crédito do importador para empréstimos junto a seu banco. Ela pode, na verdade, ser uma desvantagem competitiva para o exportador exigir automaticamente uma L/C de um importador, especialmente se o importador tiver um bom histórico creditício e não houver nenhuma preocupação concernente às condições econômicas ou políticas do país importador.

QUADRO 22.7 Essência de uma carta de crédito (L/C)

Bank of the East, Ltd.
[Nome do banco emissor]

Data: 18 de setembro de 2009
L/C Número 123456

Bank of the East, Ltd. emite, por meio desta, uma Carta de Crédito documentária irrevogável para a Jones Company [*nome do exportador*] no valor de US$500.000, pagáveis em até 90 dias por uma cobrança documentária feita em nome do Bank of the East, Ltd., de acordo com a Carta de Crédito número 123456.

A cobrança documentária deverá ser acompanhada dos seguintes documentos:
1. Fatura comercial em três vias
2. Lista de itens embalados
3. Conhecimento de embarque a ordem sem nenhuma ressalva quanto ao estado da carga recebida a bordo
4. Documentos de seguro, pagos pelo comprador

No vencimento, o Bank of the East, Ltd. pagará o valor de face da cobrança documentária ao portador de tal cobrança documentária.

Assinatura reconhecida

COBRANÇA DOCUMENTÁRIA OU SAQUE (*DRAFT*)

A cobrança documentária, às vezes chamada de letra de câmbio (*bill of exchange*, B/E), é o instrumento normalmente usado em comércio internacional para efetuar pagamentos. Uma cobrança documentária é simplesmente um pedido feito por um exportador (vendedor) instruindo um importador (comprador) ou seu agente a pagar uma quantia de dinheiro especificada em uma data especificada. Assim, ela é uma cobrança formal de pagamento do importador para o exportador.

A pessoa ou empresa que inicia a cobrança documentária é conhecida como criadora, geradora ou originadora. Normalmente, trata-se do exportador que vende e envia as mercadorias. A parte à qual a cobrança documentária é endereçada é a receptora. Pede-se que a receptora honre a cobrança documentária, isto é, que pague a quantia exigida de acordo com os termos definidos. Em transações comerciais, a receptora é ou o comprador, caso este em que a cobrança documentária é chamada de cobrança documentária comercial, ou o banco de um comprador, caso este em que a cobrança documentária é chamada de cobrança documentária bancária. As cobranças documentárias bancárias normalmente são geradas segundo os termos de uma L/C. Uma cobrança documentária pode ser gerada como um instrumento ao portador, ou pode designar uma pessoa à qual o pagamento deve ser feito. Essa pessoa, conhecida como o beneficiário, pode ser o sacador propriamente dito ou alguma outra parte, como o banco do sacador.

Instrumentos negociáveis

Se geradas adequadamente, as cobranças documentárias podem se tornar instrumentos negociáveis. Como tais, elas fornecem um instrumento conveniente para financiar a movimentação internacional das mercadorias. Para se tornar um instrumento negociável, uma cobrança documentária tem que se conformar com as seguintes exigências (Código Comercial Uniforme, Seção 3104(1)):

- Tem que ser feita por escrito e assinada pelo criador ou sacador.
- Tem que conter uma promessa ou ordem incondicional de pagamento de determinada quantia de dinheiro.
- Tem que ser pagável a pedido ou em uma data futura fixa ou determinável.
- Tem que ser pagável a um beneficiário específico ou ao portador.

Se uma cobrança documentária for gerada em conformidade com as exigências acima, uma pessoa que a receber com os endossos adequados se torna um "possuidor em boa fé". Esta é uma situação jurídica privilegiada que permite que o possuidor receba pagamento apesar de qualquer desacordo pessoal entre o sacador e o sacado devido a controvérsias sobre a transação subjacente. Se o sacado desonrar a cobrança documentária, o pagamento terá que ser feito a qualquer possuidor em boa fé por qualquer endossante anterior ou pelo sacador. Esta clara definição dos direitos das partes que detêm um instrumento negociável como um possuidor em boa fé contribuiu significativamente para a aceitação generalizada de várias formas de cobranças documentárias, inclusive cheques pessoais.

Tipos de cobranças documentárias

Existem dois tipos de cobranças ou saques documentários: cobrança documentárias à vista e cobranças documentárias a prazo. Uma cobrança documentária à vista (*sight draft*) é pagável mediante apresentação ao sacado; o sacado tem que pagar imediatamente ou desonrar a cobrança documentária. Uma cobrança documentária a prazo (*time draft* ou *usance draft*), permite um adiamento no pagamento. É apresentada ao sacado, que a aceita escrevendo ou carimbando uma nota de aceite em sua face. Uma vez aceita, a cobrança documentária a prazo se torna uma promessa de pagamento feita pela parte que a aceitou (o comprador). Quando uma cobrança documentária a prazo é cobrada e aceita por um banco, torna-se um aceite bancário; quando cobrada e aceita por uma empresa, torna-se um aceite comercial.

O período de tempo de uma cobrança documentária é chamado de seu prazo (*tenor*). Para se qualificar como instrumento negociável, e para ser atraente para um possuidor em boa fé, uma cobrança documentária tem que ser pagável em uma data futura fixa ou determinável. Por exemplo, "em 60 dias" é uma data fixa, que é estabelecida precisamente no momento em que a cobrança documentária é aceita. Entretanto, o pagamento "mediante a chegada dos bens" não é determinável, já que a data de chegada não pode ser conhecida antecipadamente. De fato, não há nenhuma garantia de que os bens chegarão.

Aceites bancários

Quando uma cobrança documentária é aceita por um banco, ela se torna um aceite bancário. Como tal, ela é a promessa incondicional de que aquele banco fará o pagamento da cobrança documentária em seu vencimento. Em termos de qualidade, o aceite bancário é praticamente idêntico a um certificado de depósito bancário (CDB) negociável. O detentor de um aceite bancário não precisa esperar até o vencimento para liquidar o investimento, mas pode vender o aceite no mercado monetário, onde ocorrem constantes negociações de tais instrumentos. O valor do desconto dependerá totalmente da classificação de crédito do banco que assinou o aceite, ou de um outro banco que tenha confirmado o aceite bancário, mediante uma taxa. O custo total de usar um aceite bancário em comparação a outros instrumentos de financiamento de curto prazo será analisado mais adiante, neste capítulo.

CONHECIMENTO DE EMBARQUE (B/L – *BILL OF LADING*)

O terceiro documento-chave para financiar o comércio internacional é o conhecimento de embarque (B/L). O conhecimento de embarque é emitido para o exportador por uma transportadora comum que esteja transportando as mercadorias. Ele serve a três finalidades: como recibo, como um contrato e como um documento de título.

Como recibo, o conhecimento de embarque indica que a transportadora recebeu as mercadorias descritas na face do documento. A transportadora não é responsável por assegurar que os contêineres contenham aquilo que se alega ser seu conteúdo, então as descrições das mercadorias nos documentos de conhecimento de embarque normalmente são curtas e simples. Se as taxas de expedição forem pagas adiantadas, o conhecimento de embarque normalmente será carimbado com "frete pago" ou "frete pré-pago". Se as mercadorias forem enviadas a cobrar – um procedimento menos comum internacionalmente do que domesticamente – a transportadora mantém os bens em penhora até que o frete seja pago.

Como um contrato, o conhecimento de embarque indica a obrigação da transportadora de oferecer determinado transporte em troca de certas taxas. As transportadoras comuns não se eximem de responsabilidade por sua negligência inserindo cláusulas especiais em um conhecimento de embarque. O conhecimento de embarque pode especificar portos alternativos no caso de a entrega não poder ser feita ao porto designado, ou pode especificar que os bens serão devolvidos ao exportador às custas deste.

Como documento de título, o conhecimento de embarque é usado para obter pagamento ou uma promessa de pagamento por escrito antes de as mercadorias serem enviadas ao importador. O conhecimento de embarque também pode funcionar como colateral contra os quais fundos podem ser adiantados ao exportador por seu banco local antes ou durante o envio e antes do pagamento final pelo importador.

Características do conhecimento de embarque

O conhecimento de embarque é tipicamente pagável ao exportador, que, assim, retém o título dos bens depois de eles terem sido entregues à transportadora. O título das mercadorias permanece com o exportador até que o pagamento tenha sido recebido, quando o exportador, então, endossa o conhecimento de embarque a ordem (que é negociável) em branco ou para a parte que está realizando o pagamento, normalmente um banco. O procedimento mais comum seria o pagamento ser adiantado tendo como garantia uma cobrança documentária acompanhada pelo conhecimento de embarque a ordem endossado. Depois de pagar a cobrança documentária, o banco do exportador envia os documentos através de canais de compensação bancária ao banco do importador. O banco do importador, por sua vez, libera os documentos ao importador depois do pagamento (cobranças documentárias à vista); depois do aceite (cobranças documentárias a prazo endereçadas ao importador e marcadas D/A); ou depois de os prazos de pagamento terem sido acordados (cobranças documentárias feitas ao banco do importador sob as provisões de uma L/C).

EXEMPLO: DOCUMENTAÇÃO EM UMA TRANSAÇÃO COMERCIAL COMUM

Apesar de uma transação comercial poder ser tratada de muitas maneiras, agora analisaremos um exemplo hipotético que ilustra a interação dos vários documentos. Suponha que a Trident USA receba um

CAPÍTULO 22 Finanças em Comércio Internacional **547**

pedido de um comprador canadense. Para a Trident, esta será uma exportação financiada por uma L/C que exige um conhecimento de embarque, com o exportador cobrando através de uma cobrança documentária a prazo aceita pelo banco do comprador canadense. Tal transação é ilustrada no Quadro 22.8.

1. O comprador canadense faz um pedido à Trident, perguntando se a Trident estaria disposta a enviar as mercadorias sob uma L/C.
2. A Trident concorda em enviar as mercadorias sob uma L/C e especifica informações relevantes como preços e prazos.
3. O comprador canadense solicita a seu banco, o Northland Bank (Banco I), que uma L/C seja emitida a favor da Trident pelas mercadorias que ele deseja comprar.
4. O Northland Bank emite a L/C a favor da Trident e envia ao Southland Bank (Banco X – o banco da Trident).
5. O Southland Bank avisa a Trident da abertura de uma L/C a favor da Trident. O Southland Bank pode ou não confirmar a L/C para adicionar sua própria garantia ao documento.
6. Trident envia as mercadorias ao comprador canadense.
7. A Trident prepara uma cobrança documentária a prazo e a apresenta ao Southland Bank. A cobrança documentária é gerada (endereçada) para o Northland Bank de acordo com a L/C do Northland Bank e é acompanhada por outros documentos exigidos, inclusive o conhecimento de embarque. A Trident endossa o conhecimento de embarque em branco (tornando-o um instrumento ao portador) de modo que o título dos bens passe ao detentor dos documentos – o Southland Bank nesta fase da transação.
8. O Southland Bank apresenta a cobrança documentária e documentos ao Northland Bank para aceite. O Northland Bank aceita a cobrança documentária carimbando e assinando-a, o que a torna um aceite bancário, assume a posse dos documentos e promete pagar a cobrança documentária agora aceita no vencimento – digamos, em 60 dias.
9. O Northland Bank devolve a cobrança documentária aceita ao Southland Bank. Como alternativa, o Southland Bank pode pedir ao Northland Bank que aceite e desconte a cobrança documentária. Se isso ocorrer, o Northland Bank paga o valor menos uma taxa de desconto em vez de devolver a cobrança documentária aceita ao Southland Bank.

QUADRO 22.8 Passos em uma transação comercial típica

10. O Southland Bank, tendo recebido a cobrança documentária aceita, agora um aceite bancário, pode escolher dentre várias alternativas. O Southland Bank pode vender o aceite no mercado aberto com desconto a um investidor. O investidor tipicamente é uma corporação ou instituição financeira com caixa excedente que deseja investir por um curto período de tempo. O Southland Bank também pode deter o aceite em sua própria carteira.
11. Se o Southland Bank descontar o aceite junto ao Northland Bank (mencionado no passo 9) ou descontá-lo no mercado monetário local, o Southland Bank transferirá para a Trident o resultado financeiro menos quaisquer taxas e descontos. Uma outra possibilidade seria a Trident propriamente dita assumir a posse do aceite, detê-lo por 60 dias, e apresentá-lo para recebimento. Normalmente, no entanto, os exportadores preferem receber o valor em dinheiro descontado do aceite imediatamente em vez de esperar que ele vença e receber uma quantia um pouco mais alta de dinheiro em uma data posterior.
12. O Northland Bank notifica o comprador canadense sobre a chegada dos documentos. O comprador canadense assina uma nota ou segue algum outro plano que tenha sido acordado para pagar o Northland Bank pelas mercadorias em 60 dias. O Northland Bank libera os documentos associados de modo que o comprador canadense possa obter posse física da carga imediatamente.
13. Depois de 60 dias, o Northland Bank recebe fundos do comprador canadense para pagar o aceite que está vencendo.
14. No mesmo dia, o sexagésimo dia após o aceite, o detentor do aceite vencido o apresenta para pagamento e recebe seu valor de face. O detentor pode apresentá-lo diretamente ao Northland Bank, como mostra o Quadro 22.8, ou devolvê-lo ao Southland Bank e fazer o Southland Bank recebê-lo através de canais bancários normais.

Apesar de esta ser uma típica transação envolvendo uma L/C, poucas transações comerciais internacionais são realmente típicas. Os negócios, e mais especificamente o comércio internacional, exige flexibilidade e criatividade da administração o tempo todo, como ilustra o Quadro *Finanças globais na prática 22.1*. O Minicaso no final deste capítulo apresenta uma aplicação do mecanismo de uma verdadeira situação comercial. O resultado é um desafio clássico à administração: quando e baseado em quê deve-se comprometer procedimentos típicos a fim de alcançar objetivos estratégicos?

FINANÇAS GLOBAIS NA PRÁTICA 22.1

O ressurgimento do *transaction banking* e das cartas de crédito

Por que esse repentino ressurgimento do interesse naquele que é provavelmente o mais antigo segmento do setor bancário? Ashish Bajaj, Diretor administrativo (*Transaction Banking*) do Citibank, diz: "O *transaction banking* é um comércio de anuidades, e possui fluxos de receitas estáveis e previsíveis". Em épocas voláteis, isso exerce uma grande atração. Então, o negócio está crescendo a mais de 40–50 por cento anualmente. Não é de se admirar que todos os banqueiros gostem deste segmento.

Um cliente de gerenciamento de caixa também traz para o banco negócios relacionados ao comércio. Ao longo dos anos, os bancos têm lidado com pagamentos e emitido cartas de crédito (LCs) para seus clientes. Hoje, a tendência é que os clientes passem do sistema tradicional de LCs para canais eletrônicos, já que são mais eficientes. "Existe a oportunidade de que os bancos prestem mais serviços financeiros de contas abertas à medida que eles passarem a compreender melhor os riscos", diz Ramesh Ganesan, líder de *transaction banking* no ABN AMRO Bank. Esta é uma nova tendência; os bancos estão pegando exposições através de contas abertas onde não há garantias bancárias; as LCs tradicionais são acompanhadas de uma garantia. Tudo isso exige um alto nível de tecnologia integrada do *front-end* ao *back-end*, tanto na Índia como em todo o mundo.

A forte concorrência no espaço do *t-banking* está resultando em uma queda nas (ainda altas) margens. Resultado: a renda "flutuante" (*float*) dos bancos está baixa e muitos agora estão defendendo um sistema de "tarifas". Hoje, aproximadamente 70 por cento dos lucros de um banco vem da primeira e apenas 30 por cento de tarifas. "As empresas não pagam tarifas por serviços de gerenciamento de caixa devido à vantagem do *float* desfrutado pelos bancos", diz um banqueiro. "Não é necessário precificar a transação cientificamente", diz Natasha Patel, líder de Pagamentos e Gerenciamento Monetário Globais do HSBC Índia. Isso, no entanto, nem sempre acontece.

Fonte: "The Return of T-Banking," *Business Today – Nova Delhi*, 7 de outubro de 2007.

PROGRAMAS DO GOVERNO PARA AUXILIAR O FINANCIAMENTO DE EXPORTAÇÕES

Os governos da maioria dos países industrializados voltados para a exportação possuem instituições financeiras especiais que fornecem algum tipo de crédito subsidiado a seus próprios exportadores nacionais. Essas instituições de financiamento de exportações oferecem condições melhores do que as que geralmente são disponibilizadas pelo competitivo setor privado. Assim, os contribuintes domésticos estão subsidiando custos financeiros mais baixos para compradores estrangeiros a fim de criar empregos e manter seus avanços tecnológicos. As instituições mais importantes normalmente oferecem seguro de crédito para exportação e um banco apoiado pelo governo para financiar exportações.

Seguro de crédito para exportação

O exportador que insiste em pagamentos em espécie ou L/C para cargas estrangeiras provavelmente perderá pedidos para concorrentes de outros países que ofereçam condições de crédito mais favoráveis. Condições de crédito melhores geralmente são possibilitadas por meio de seguros de crédito para exportação, que fornecem uma garantia ao exportador ou ao banco do exportador de que, em caso de inadimplência de pagamento do cliente estrangeiro, a seguradora pagará uma grande fração da perda. Devido à disponibilidade de seguros de crédito para exportação, os bancos comerciais estão dispostos a oferecer financiamentos de médio e longo prazo (de cinco a sete anos) para exportações. Os importadores preferem que o exportador compre um seguro de crédito para exportação para pagar pelo risco de incumprimento pelo importador. Dessa maneira, o importador não precisa pagar pela emissão de uma L/C e não reduz sua linha de crédito.

A concorrência entre nações para aumentar as exportações aumentando o período pelo qual transações a crédito podem ser seguradas pode levar a uma guerra creditícia e a decisões de crédito insensatas. Para evitar tal acontecimento negativo, diversas nações líderes em comércio se juntaram em 1934, criando a União de Berna (oficialmente, the Union d'Assureurs des Credits Internationaux) com a finalidade de estabelecer um acordo internacional voluntário sobre prazos de crédito para exportação. A União de Berna recomenda prazos de crédito máximos para muitos itens, inclusive bens de capital pesados (cinco anos), bens de capital leves (três anos), e bens de consumo duráveis (um ano).

Seguro de crédito para exportação nos Estados Unidos

Nos Estados Unidos, o seguro de crédito para exportação é fornecido pela Foreign Credit Insurance Association (FCIA). Esta é uma associação não incorporada de seguradoras comerciais privadas que operam em cooperação com o Export-Import Bank.

A FCIA cria políticas de proteção aos exportadores norte-americanos contra o risco de não pagamento por devedores estrangeiros em decorrência de riscos comerciais e políticos. As perdas devido a riscos comerciais são aquelas que resultam da insolvência ou da inadimplência por morosidade de pagamento do comprador. As perdas políticas surgem de ações governamentais que estão fora do controle do comprador ou do vendedor.

Export-Import Bank e financiamento de exportações

O Export-Import Bank dos Estados Unidos (Ex-Im Bank) é uma outra agência independente do governo norte-americano, estabelecida em 1934 para estimular e facilitar o comércio internacional nos Estados Unidos. É interessante observar que o Ex-Im Bank foi originalmente criado primordialmente para facilitar as exportações para a União Soviética. Em 1945, o Ex-Im Bank teve seu estatuto redefinido, passando a "auxiliar no financiamento e facilitando as exportações e importações e o comércio de *commodities* entre os Estados Unidos e qualquer país estrangeiro ou quaisquer de suas agências ou cidadãos".

O Ex-Im Bank facilita o financiamento das exportações dos EUA através de várias garantias de empréstimos e programas de seguros. O Ex-Im Bank garante o pagamento de empréstimos para exportação de médio prazo (de 181 dias a 5 anos) e de longo prazo (de 5 a 10 anos) oferecidos por bancos norte-americanos a tomadores estrangeiros. A operação de empréstimos diretos de médio e longo prazo do Ex-Im Bank é baseada na participação de fontes privadas de fundos. Essencialmente, o Ex-Im Bank empresta dólares a tomadores fora dos Estados Unidos para a compra de bens e serviços norte-americanos. As quantias provenientes de tais empréstimos são pagas a fornecedores norte-americanos. Os empréstimos propriamente ditos são pagos com juros em dólares ao Ex-Im Bank. O Ex-Im Bank exige participação privada nesses empréstimos diretos a fim de 1) garantir que ele complemente, em vez de competir com fontes privadas de financiamento de exportações; 2) difundir seus recursos mais amplamente; e 3) garantir que as instituições financeiras privadas continuem a fornecer crédito para a exportação.

O Ex-Im Bank também garante transações de *lease*; financia os custos envolvidos na preparação por empresas norte-americanas de engenharia, planejamento e estudos de exequibilidade para clientes não americanos de projetos que envolvem grandes somas de capital; e fornece consultoria a exportadores, bancos, ou outros que precisem de ajuda para encontrar financiamento para bens norte-americanos.

ALTERNATIVAS PARA O FINANCIAMENTO COMERCIAL

A fim de financiar as contas a receber do comércio internacional, as empresas usam os mesmos instrumentos de financiamento que usam para as contas a receber do comércio doméstico, além de alguns instrumentos especializados que só estão disponíveis para financiar o comércio internacional. O Quadro 22.9 identifica os principais instrumentos de curto prazo e seus custos típicos aproximados. A última seção descreve um instrumento de mais longo prazo chamado de *forfaiting*.

Aceites bancários

Os aceites bancários, descritos anteriormente neste capítulo, podem ser usados para financiar contas a receber tanto domésticas quanto do comércio internacional. O Quadro 22.9 mostra que os aceites bancários tipicamente geram um rendimento comparável a outros instrumentos do mercado monetário, especialmente certificados de depósitos bancários negociáveis. Entretanto, o custo total para uma empresa de criar e descontar um aceite bancário também depende da comissão cobrada pelo banco que aceita a cobrança documentária da empresa.

O primeiro proprietário do aceite bancário de uma transação comercial internacional será o exportador, que recebe a cobrança documentária aceita de volta depois de o banco ter nela carimbado "aceita". O exportador pode deter o aceite até o vencimento e então receber. Sobre um aceite de, digamos, US$100.000 por três meses, o exportador receberia o valor de face menos a comissão de aceite do banco de 1,5% ao ano:

Valor de face do aceite	US$100.000	
Menos 1,5% ao ano de comissão por três meses	−375	(0,015 × 3/12 × US$100.000)
Quantia recebida pelo exportador em três meses	US$99.625	

Como alternativa, o exportador pode "descontar" – isto é, vender a um preço reduzido – o aceite para seu banco a fim de receber fundos imediatamente. O exportador irá, então, receber o valor de face do aceite menos a tarifa de aceitação e a taxa de desconto corrente no mercado para aceites bancários. Se a taxa de desconto fosse de 1,14% ao ano, como mostra o Quadro 22.9, o exportador receberia o seguinte:

Valor de face do aceite	US$100.000	
Menos 1,5% ao ano de comissão por três meses	−375	(0,015 × 3/12 × US$100.000)
Menos taxa de desconto de 1,14% ao ano por três meses	−285	(0,0114 × 3/12 × US$100.000)
Quantia recebida pelo exportador imediatamente	US$99.340	

Portanto, o custo total anual de financiar esse aceite bancário é o seguinte:

$$\frac{\text{Comissão + desconto}}{\text{resultado financeiro}} \times \frac{360}{90} = \frac{\text{US\$375 + US\$285}}{\text{US\$99.340}} \times \frac{360}{90} = 0{,}0266 \text{ ou } 2{,}66\%$$

O banco que faz o desconto pode reter o aceite em sua própria carteira, ganhando para si a taxa de desconto de 1,14% ao ano, ou o aceite pode ser revendido no mercado de aceites a investidores. Os investidores que compram aceites bancários fornecem os fundos que financiam a transação.

QUADRO 22.9	Instrumentos de financiamento de contas a receber do comércio doméstico e internacional
Instrumento	Custo ou rendimento típico para vencimentos de três meses
Aceites bancários*	rendimento de 1,14% ao ano
Aceites comerciais*	rendimento de 1,17% ao ano
Factoring	Taxa variável, mas custo muito mais alto do que as linhas de crédito bancário
Securitização	Taxa variável, mas competitiva com as linhas de crédito bancário
Linhas de crédito bancário (cobertas por seguro de crédito para exportação)	4,25% mais *spread* ou pontos (menos pontos se coberta por seguro de crédito para exportação)
Papéis comerciais*	rendimento de 1,15% ao ano

*Esses instrumentos competem com os certificados de depósito bancário a prazo negociáveis.

Aceites comerciais

Os aceites comerciais são similares aos aceites bancários exceto pelo fato de que a entidade aceitante é uma empresa comercial, como a General Motors Acceptance Corporation (GMAC), em vez de um banco. O custo de um aceite comercial depende da classificação de crédito da empresa aceitante mais a comissão que ela cobra. Assim como os aceites bancários, os aceites comerciais são vendidos com desconto a bancos e a outros investidores a uma taxa competitiva com outros instrumentos do mercado monetário (ver Quadro 22.9).

Factoring (fomento mercantil)

Empresas especializadas, conhecidas como empresas de *factoring*, compram contas a receber com desconto com base em um sistema sem recurso, isto é, sem coobrigação ou com recurso, isto é, com coobrigação. Sem recurso significa que a empresa de *factoring* assume os riscos de crédito, políticos e cambiais das contas a receber que ela compra. Com recurso significa que a empresa de *factoring* pode devolver contas a receber que não são recebíveis. Como a empresa de *factoring* tem que arcar com o custo e o risco de avaliar a capacidade creditícia de cada conta a receber, o custo do *factoring* normalmente é bem alto. É mais do que contrair empréstimos pela taxa preferencial mais pontos.

O custo total do *factoring* de contas a receber sem recurso é similar em estrutura aos aceites. A empresa de *factoring* cobra uma comissão para cobrir o risco da ausência de recurso, tipicamente, 1,5% a 2,5%, mais juros deduzidos como um desconto do resultado financeiro inicial. Por outro lado, a empresa que vende as contas a receber sem recurso evita o custo de determinar a capacidade creditícia de seus clientes. Ela também não tem que lançar dívida contraída para financiar essas contas a receber em seu balanço patrimonial. Além disso, a empresa evita riscos cambiais e políticos nessas contas a receber. O Quadro *Finanças globais na prática 22.2* ilustra atividades correntes de *factoring* na África.

FINANÇAS GLOBAIS NA PRÁTICA 22.2

Private Equity e *Factoring* na Tunísia

Em uma entrevista, Aziz Mebarek, sócio fundador da Tuninvest, falou sobre o segundo fundo de *private equity* do grupo e seus investimentos. O AfricInvest Financial Sector Fund investirá em instituições financeiras na África e, em geral, em atividades relacionadas a serviços financeiros: atividades bancárias, *leasing*, *factoring*, crédito ao consumidor, corretagem, birô de crédito, classificação, gerenciamento de ativos e seguros. Ele se focará particularmente em instituições financeiras novas ou existentes em países com setores financeiros nascentes, em países em pós-guerra e em países menos desenvolvidos. O Netherlands Development Finance Co, FMO, é, por enquanto, o único acionista do fundo. A Tuninvest leva empresas ao mercado de ações e investe em empresas listadas contanto que ganhe assentos no conselho diretor e seja capaz de influenciar o crescimento e a estratégia da empresa. Mas ela não está no negócio de compra e venda de ações, que é o que os gestores de recursos de ativos fazem.

Fonte: "Tuninvest Sustainable Profits," *African Business,* outubro de 2007, Número 335, p. S42.

Securitização

A securitização de contas a receber da exportação para financiar o comércio é um complemento atraente para o financiamento e o *factoring* de aceites bancários. Uma empresa pode securitizar suas contas a receber da exportação vendendo-as a uma entidade legal estabelecida para criar títulos negociáveis com base em um pacote de contas a receber de exportação individuais. Uma vantagem desta técnica é a remoção das contas a receber de exportação do balanço patrimonial do exportador por elas terem sido vendidas sem recurso.

As contas a receber normalmente são vendidas com desconto. O tamanho do desconto depende de quatro fatores:

1. O risco de não recebimento histórico do exportador
2. O custo do seguro de crédito
3. O custo de garantir o fluxo de caixa desejável para os investidores
4. O tamanho do financiamento e das tarifas de serviços

A securitização é mais eficaz em termos de custo se houver um grande volume de transações com um histórico de crédito e probabilidade de inadimplência conhecidos. Um grande exportador poderia estabelecer sua própria entidade de securitização. Apesar de o custo de estabelecimento inicial ser alto, a entidade pode ser usada continuamente. Como alternativa, exportadores menores poderiam usar uma entidade de securitização comum oferecida por uma instituição financeira, economizando, assim, os caros custos de estabelecimento.

Linha de crédito bancário coberta por seguro de crédito para exportação

A linha de crédito bancário de uma empresa pode tipicamente ser usada para financiar até um limite superior fixo, digamos, 80%, das contas a receber. As contas a receber da exportação podem se qualificar para inclusão no financiamento por linha de crédito bancário. No entanto, pode ser mais difícil levantar e avaliar informações creditícias sobre clientes estrangeiros. Se uma empresa cobre suas contas a receber da exportação com seguro de crédito para exportação, ela pode reduzir consideravelmente o risco de crédito dessas contas a receber. Esse seguro permite que a linha de crédito bancário cubra mais contas a receber da exportação e diminua os juros dessa cobertura. É claro que qualquer risco cambial tem que ser tratado pelas técnicas de exposição de transação descritas no Capítulo 11.

O custo de usar uma linha de crédito bancário é normalmente a taxa de juros preferencial acrescida de pontos, de modo a refletir o risco de crédito de determinada empresa. Como de costume, 100 pontos é igual a 1%. Nos Estados Unidos, também espera-se que os tomadores mantenham um saldo de contrapartida, uma reciprocidade, depositado na instituição credora. Na Europa e em muitos outros lugares, o empréstimo é feito com base em um saque a descoberto. Um acordo de saque a descoberto permite que uma empresa deixe um saldo negativo em sua conta bancária até o limite de sua linha de crédito. Os juros a taxas preferenciais acrescidas de *spread* baseiam-se apenas na quantia tomada emprestada pelo saque a descoberto. Em qualquer um dos casos, o custo total de empréstimos bancários usando uma linha de crédito é mais alto do que o financiamento de aceites, como mostra o Quadro 22.9.

Papéis comerciais (*commercial papers*)

Uma empresa pode emitir papéis comerciais – notas promissórias sem garantia – para financiar suas necessidades de curto prazo, inclusive suas contas a receber domésticas e de exportação. No entanto, apenas as empresas grandes e conhecidas, com classificações de crédito favoráveis, têm acesso ao mercado de papéis comerciais doméstico ou em euros. Como mostra o Quadro 22.9, os juros dos papéis comerciais se encontram na extremidade inferior da curva de rentabilidade e competem diretamente com os certificados de depósito bancário a prazo negociáveis.

FORFAITING: FINANCIAMENTO DE MÉDIO E LONGO PRAZO

O *forfaiting* é uma técnica especializada para eliminar o risco de não pagamento pelos importadores em casos em que a empresa importadora e/ou seu governo é vista pelo exportador como arriscada demais para abrir um crédito em conta. O nome da técnica vem do francês, "à forfait", um termo que implica "perder ou renunciar a um direto".

Papel do *forfaiter*

A essência do *forfaiting* é a venda sem recurso por um exportador de notas promissórias, letras de câmbio ou documentos similares garantidos por um banco, recebidos de um importador de outro país. O exportador recebe em espécie no momento da transação vendendo as notas ou letras com desconto em relação a seu valor de face a uma empresa financeira especializada chamada de *forfaiter* (repassador). O *forfaiter* arranja toda a operação antes de a transação em si ocorrer. Apesar de a empresa exportadora ser responsável pela qualidade dos bens entregues, ela recebe um pagamento claro e incondicional em espécie no momento da transação. Todo o risco político e comercial de não pagamento pelo importador é passado ao banco que oferece a garantia. Pequenos exportadores que confiam que seus clientes farão o pagamento consideram a técnica do *forfaiting* inestimável porque atenua problemas de fluxo de caixa.

Uma típica transação de *forfaiting*

Uma típica transação de *forfaiting* envolve cinco partes, como mostra o Quadro 22.10. Os passos desse processo são os seguintes:

Passo 1: Acordo. Importador e exportador entram em um acordo de que uma série de importações será paga ao longo de um período de tempo, tipicamente de 3 a 5 anos. No entanto, períodos de até 10 anos ou tão curtos quanto 180 dias já foram financiados pela técnicas. O importador concorda em fazer pagamentos periódicos, geralmente mediante o progresso da entrega ou a conclusão de um projeto.

Passo 2: Compromisso. O *forfaiter* promete financiar a transação com uma taxa de desconto fixa, com pagamento a ser feito quando o exportador entregar ao *forfaiter* as devidas notas promissórias ou outro documento especificado. A taxa de desconto acordada é baseada no custo dos fundos no Euromercado, normalmente na LIBOR pela vida média da transação, mais uma margem acima da LIBOR para refletir o risco percebido no acordo. Este prêmio de risco é influenciado pelo tamanho e pelo prazo do acordo, risco-país, e a qualidade da instituição que oferece sua garantia. Em um acordo de 5 anos, por exemplo, com 10 pagamentos semestrais, a taxa usada seria baseada na taxa LIBOR de 2,25 anos. Esta taxa de desconto normalmente é adicionada ao valor de fatura da transação, de modo que o custo de financiamento seja, em última análise, arcado pelo importador. O *forfaiter* cobra uma taxa de comprometimento adicional de 0,5% a 6,0% ao ano a partir da data de seu compromisso de financiamento até o recebimento do papel de desconto propriamente dito de acordo com o contrato de financiamento. Esta taxa também normalmente é adicionada ao custo de fatura e repassada ao importador.

Passo 3: Aval ou Garantia. O importador se obriga a pagar suas compras emitindo uma série de notas promissórias, normalmente com vencimento a cada 6 ou 12 meses, mediante o progresso da entrega ou a conclusão do projeto. Essas notas promissórias são primeiramente entregues ao banco

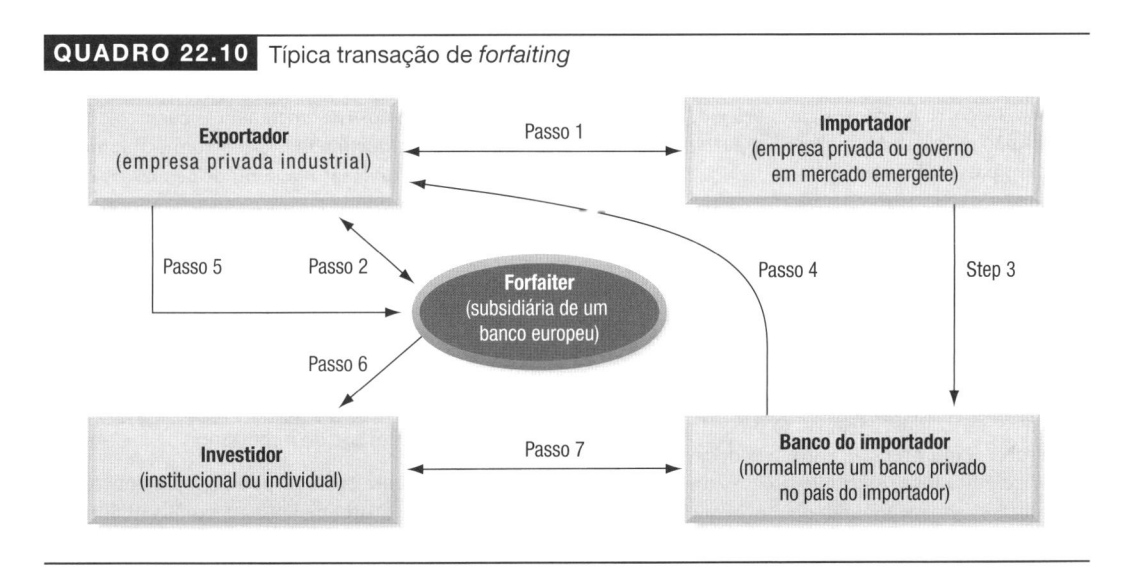

QUADRO 22.10 Típica transação de *forfaiting*

do importador, onde são endossadas (isto é, garantidas) por esse banco. Na Europa, essa garantia incondicional é chamada de aval, que pode ser traduzido por "respaldo". Neste ponto, o banco do importador torna-se o principal devedor aos olhos de todos os detentores subsequentes das notas. O aval ou garantia do banco tem que ser irrevogável, incondicional, divisível e imputável. Como os bancos norte-americanos não emitem avais, as transações nos EUA são garantidas por uma carta de crédito (L/C) *standby*, que é funcionalmente similar a um aval, mas mais complicada. Por exemplo, as L/Cs normalmente só podem ser transferidas uma única vez.

Passo 4: Entrega das notas. As notas promissórias agora endossadas são entregues ao exportador.

Passo 5: Descontos. O exportador endossa as notas "sem recurso" e as desconta junto ao *forfaiter*, recebendo o valor acordado. O valor normalmente é recebido dois dias depois de os documentos serem apresentados. Ao endossar as notas "sem recurso", o exportador se exime de qualquer responsabilidade por pagamentos futuros das notas e, assim, recebe o valor descontado sem ter que se preocupar com mais nenhuma dificuldade de pagamento.

Passo 6: Investimento. O banco que realiza o *forfaiting* ou detém as notas até seu vencimento integral como investimento ou as endossa e redesconta no mercado monetário internacional. Tal venda subsequente pelo *forfaiter* é normalmente sem recurso. Os principais mercados de redesconto são em Londres e na Suíça, além de Nova York para notas emitidas em conjunção com empresas latino-americanas.

Passo 7: Vencimento. No vencimento, o investidor que detém as notas as apresenta para recebimento ao importador ou ao banco do importador. A promessa do banco do importador é o que confere aos documentos seu valor.

Com efeito, o *forfaiter* funciona tanto como empresa do mercado monetário quanto como uma especialista em agrupar acordos financeiros envolvendo o risco-país. Como empresa do mercado monetário, o *forfaiter* divide as notas descontadas em pacotes de tamanho adequado e revende-os aos vários investidores com diferentes preferências de vencimento. Como especialista de risco-país, o *forfaiter* avalia o risco de as notas serem pagas pelo importador ou pelo banco do importador e propõe um acordo que satisfaça as necessidades tanto do exportador quanto do importador.

O sucesso da técnica de *forfaiting* decorre da crença de que o aval ou garantia de um banco comercial pode ser confiável. Apesar de os bancos comerciais serem os avalistas normais e preferenciais, garantias por bancos do governo ou ministérios de finanças do governo são aceitas em alguns casos. Em certas ocasiões, grandes empresas comerciais já foram aceitas como devedoras sem uma garantia bancária. Um aspecto adicional da técnica é que o aval do banco que endossa as notas é visto como uma obrigação "fora do balanço patrimonial", a dívida não é presumivelmente considerada por outros ao avaliar a estrutura de capital dos bancos comerciais.

RESUMO

- O comércio internacional ocorre entre três categorias de relacionamentos: partes não afiliadas desconhecidas, partes não afiliadas conhecidas e partes afiliadas.

- As transações de comércio internacional entre partes afiliadas não exige tipicamente arranjos contratuais ou financiamento externo. As transações comerciais entre partes não afiliadas tipicamente exige contratos e algum tipo de financiamento externo, como aquele disponível através de cartas de crédito (L/C).

- Ao longo de muitos anos, surgiram procedimentos estabelecidos para financiar o comércio internacional. O procedimento básico repousa sobre a inter-relação entre três documentos-chave: a carta de crédito (*letter of credit*), a cobrança documentária (*sight chaft*) e o conhecimento de embarque (*bill of lading*).

- Variações em cada um dos três documentos-chave – a carta de crédito, a cobrança documentária e o conhecimento de embarque – fornecem diversas maneiras de acomodar qualquer tipo de transação.

- Na transação mais simples, em que todos os três documentos são usados e na qual o financiamento é desejável, um importador solicita e recebe uma L/C de seu banco.

- Na L/C, o banco substitui o crédito do importador pelo seu e promete pagamento se certos documentos forem enviados ao banco. O exportador agora pode confiar na promessa do banco em vez de na promessa do importador.

- O exportador tipicamente envia os pedidos com um conhecimento de embarque a ordem, anexa o conhecimento de embarque a ordem a uma cobrança documentária que ordena o pagamento pelo banco do importador e apresenta esses documentos, além de quaisquer outros através de seu próprio banco ao banco do importador.

- Se os documentos estiverem em ordem, o banco do importador ou paga a cobrança documentária (uma cobrança documentária à vista) ou aceita a cobrança documentária (uma cobrança documentária a prazo). Neste último caso, o banco promete pagamento no futuro. Neste passo, o banco do importador adquire o título das mercadorias através do conhecimento de embarque; ele então libera as mercadorias para o importador mediante pagamento ou promessa de pagamento futuro.

- Se uma cobrança documentária à vista for usada, o exportador será pago imediatamente. Se uma cobrança documentária a prazo for usada, o exportador recebe a cobrança documentária aceita, agora um aceite bancário, de volta do banco. O exportador pode deter os aceites bancários até o vencimento ou vendê-los com desconto no mercado monetário.

- Os custos totais de um exportador que entra em um mercado estrangeiro incluem os custos de transação do financiamento comercial, as taxas e tarifas de importação e exportação aplicadas pelos países exportadores e importadores, e os custos de penetração em um mercado estrangeiro, que incluem despesas de distribuição, custos de estoque e despesas com transporte.

- O seguro de crédito para exportação fornece uma garantia aos exportadores (ou aos bancos dos exportadores) de que, caso o cliente estrangeiro seja inadimplente no pagamento, a seguradora pagará por grande parte da perda.

- Nos Estados Unidos, o seguro de crédito para exportação é fornecido pela Foreign Credit Insurance Association (FCIA), uma associação não incorporada de seguradoras comerciais privadas que operam em cooperação com o Export-Import Bank dos Estados Unidos.

- O Export-Import Bank (Ex-Im Bank) é uma agência independente estabelecida para estimular e facilitar o comércio internacional dos Estados Unidos.

- O financiamento comercial usa os mesmos instrumentos de financiamento que o financiamento de contas a receber domésticas, mais alguns instrumentos especializados que só estão disponíveis para financiar o comércio internacional.

- Um instrumento popular para financiamentos de curto prazo é o aceite bancário. Seu custo total é comparável a outros instrumentos do mercado monetário, como certificados de depósito bancário negociáveis.

- Outros instrumentos de financiamento de curto prazo com uma contraparte doméstica são aceites comerciais, *factoring*, securitização, linhas de crédito bancário (normalmente cobertas por um seguro de crédito para exportação) e papéis comerciais.

- O *forfaiting* é uma técnica do comércio internacional que pode fornecer financiamento de médio e longo prazo.

MINICASO: *Precious*, as fraldas ultrafinas da Crosswell International

A Crosswell International é um fabricante e distribuidor de produtos de saúde, inclusive fraldas de crianças. A Crosswell foi contatada por Leonardo Sousa, o presidente da Material Hospitalar, uma distribuidora de produtos de saúde em todo o Brasil. Sousa está interessado em distribuir o principal produto de fraldas da Crosswell, a Precious, mas somente se eles puderem chegar a um arranjo aceitável em relação a preços e prazos de pagamento.

Exportando para o Brasil

O gerente de operações de exportação da Crosswell, Geoff Mathieux, respondeu às discussões preliminares fazendo uma estimativa dos custos de exportação e preços com a finalidade de discuti-los com Sousa. A Crosswell precisa saber todos os custos e preços estimados para toda a cadeia de suprimento e de valor até chegar ao consumidor. Mathieux acredita ser crucial que qualquer acordo que a Crosswell resulte em um preço para os consumidores no mercado brasileiro que seja, ao mesmo tempo, justo para todas as partes envolvidas e competitivo, dado o nicho de mercado em que a Crosswell espera penetrar. A primeira estimativa de preço para a entrada das fraldas Precious no Brasil é apresentada no Quadro 1.

A Crosswell propõe vender a linha básica de fraldas para o distribuidor brasileiro por US$34,00 por caixa, FAS (*free alongside ship* ou "livre ao lado do navio"*) nas docas de Miami. Isso significa que o vendedor, a Crosswell, concorda em cobrir todos os custos associados a fazer as fraldas chegarem ao porto de Miami. O custo de carregamento das fraldas a bordo do navio, o custo do envio propriamente dito (frete), e documentos associados é de US$4,32 por caixa. O subtotal de US$38,32 por caixa é chamado de CFR (*cost and freight* – custo e frete). Finalmente, as despesas com seguro relacionadas à perda potencial dos bens enquanto em trânsito até o porto de destino final, o seguro de exportação, são de US$0,86 por caixa. O CIF total (*cost, insurance and freight* – custo, seguro e frete) é de US$39,18 por caixa, ou 97,95 reais brasileiros por caixa, supondo uma taxa de câmbio de 2,50 reais brasileiros (R$) por dólar americano (US$). Em resumo, o custo de CIF de R$97,95 é o preço cobrado pelo exportador ao importador na chegada ao Brasil, e é calculado como a seguir:

CIF = FAS + frete + seguro de exportação
    = (US$34,00 + US$4,32 + US$0,86) × R$2,50/US$
    = R$97,95.

O custo real para o distribuidor de fazer as fraldas passarem pelo porto e pelos armazéns da alfândega também têm que ser calculados em termos de quais são os custos de Leonardo Sousa na realidade. As várias tarifas e impostos detalhados no Quadro 1 elevam o custo total das fraldas Precious para R$107,63 por caixa. O distribuidor agora arcaria com custos de armazenagem

556 PARTE VI Gerenciamento de Operações Multinacionais

QUADRO 1 — Preço de exportação da linha de fraldas *Precious* para o Brasil

A fralda ultrafina *Precious* será enviada via contêiner. Cada contêiner conterá 968 caixas de fraldas. Os custos e preços abaixo são calculados por caixa, apesar de alguns custos e tarifas serem avaliados por contêiner.

Custos e preços de exportação para o Brasil	Por caixa	Tarifas e cálculo
Preço de FAS por caixa, Miami	US$34,00	
Frete, carregamento e documentação	4,32	US$4.180 por contêiner/968 = 4,32
Preço de CFR por caixa, porto brasileiro (Santos)	US$38,32	
Seguro de exportação	0,86	2,25% do CIF
CIF até porto brasileiro	US$39,18	
CIF até porto brasileiro, em reais brasileiros	R$97,95	2,50 reais/US$ x US$39,18
Custos brasileiros de importação		
Tarifas de importação	1,96	2,00 do CIF
Tarifa de renovação da marinha mercante	2,70	25,00% do frete
Tarifas de armazenamento portuário	1,27	1,30% do CIF
Tarifas de manuseio portuário	0,01	R$12 por contêiner
Tarifas adicionais de manuseio	0,26	20,00% do armazenamento e manuseio
Tarifas de corretagem alfandegária	1,96	2,00% do CIF
Tarifa de licenciamento de importação	0,05	R$50 por contêiner
Taxas de transporte local	1,47	1,50% do CIF
Custo total para o distribuidor em reais	R$107,63	
Custos e preços do distribuidor		
Custo de armazenagem	1,47	1,50% do CIF x meses
Custo de financiamento do estoque de fraldas	6,86	7,00% do CIF x meses
Margem do distribuidor	23,19	20,00% do preço + armazenamento + financiamento
Preço para o varejista em reais	R$139,15	
Custos e preços do varejista brasileiro		
Imposto de produto industrial (IPT)	20,87	15,00% do preço para o varejista
Imposto de serviços de circulação mercantil	28,80	18,00% do preço + IPT
Custos e *markup* do varejista	56,65	30,00% do preço + IPT + MCS
Preço para o consumidor em reais	R$245,48	

Preços das fraldas para os consumidores	Fraldas por caixa	Preço por fralda
Tamanho pequeno	352	R$0,70
Tamanho médio	256	R$0,96
Tamanho grande	192	R$1,28

e estoque totalizando R$8,33 por caixa, o que traria os custos a R$115,96. O distribuidor adiciona, então, uma margem de 20% (R$23,19) para os serviços de distribuição, elevando o preço de venda ao varejista final para R$139,15 por caixa.

Finalmente, o varejista (um supermercado ou outro varejista de bens de consumo de saúde) incluiria suas despesas, impostos e *markup*, chegando ao preço de prateleira final de R$245,48 por caixa. Essa estimativa de preço final agora permite que a Crosswell e a Material Hospitalar avaliem a competitividade de preço da fralda ultrafina Precious no mercado brasileiro, e forneçam uma base para futuras negociações entre as duas partes.

Mathieux fornece a cotação acima como preço de exportação, um esboço de um possível acordo de representação (para Sousa representar as linhas de produto da Crosswell no mercado brasileiro), e termos de pagamento e crédito a Leonardo Sousa. Os termos de pagamento e crédito da Crosswell são que Sousa ou pague o valor integral adiantado, ou com uma L/C documentária irrevogável confirmada com uma cobrança documentária a prazo especificando um prazo de 60 dias.

A Crosswell também solicita a Sousa demonstrações financeiras, referências bancárias, referências comerciais estrangeiras, descrições de forças de vendas regionais e previsões de vendas para a linha de fraldas Precious. Essas últimas solicitações pela Crosswell são muito importantes para a Crosswell ser capaz de avaliar a capacidade da Material Hospitalar de ser um sócio de longo prazo confiável, solvente e competente que represente a empresa no mercado brasileiro. As discussões que se seguem focam-se em chegar a um consenso entre as duas partes e trabalhar para o aumento da competitividade da fralda Precious no mercado brasileiro.

A proposta da Crosswell

A venda proposta pela Crosswell à Material Hospitalar, pelo menos na carga inicial, é de 10 contêineres de 968 caixas de fraldas a US$39,18 por caixa, o CIF Brasil, pagável em dólares americanos. Isso gera uma fatura no valor total de US$379.262,40. As condições de pagamento exigem uma L/C da Material Hospitalar confirmada por um banco norte-americano. O pagamento será baseado em uma cobrança documentária a prazo de 60 dias, sendo a apresentação ao banco para aceitação juntamente com outros documentos na data da expedição das mercadorias. O exportador e seu banco esperam pagamento do importador ou seu banco 60 dias depois desta data de expedição das mercadorias.

O que a Crosswell deve esperar? Supondo que a Material Hospitalar adquira a L/C e que esta seja confirmada pelo banco da Crosswell nos Estados Unidos, a Crosswell enviará as mercadorias depois do acordo inicial, digamos, 15 dias, como ilustra o Quadro 2.

Simultaneamente à expedição das mercadorias, momento em que a Crosswell perde controle físico sobre elas, a Crosswell apresentará o conhecimento de embarque adquirido no momento da expedição juntamente com outros documentos necessários ao seu banco, solicitando o pagamento. Como a exportação será sob uma L/C confirmada, supondo que todos os documentos estejam em ordem, o banco da Crosswell oferecerá à empresa duas possibilidades:

1. Esperar o período integral da cobrança documentária a prazo (60 dias) e receber o pagamento integral (US$379.262,40).
2. Receber o valor descontado dessa quantia hoje. O valor descontado, supondo juros em dólares americanos de 6,00% ao ano, (1,00% por 60 dias), é o seguinte:

$$\frac{US\$379.262,40}{(1+0,01)} = \frac{US\$379.262,40}{1,01} = US\$375.507,33$$

Como a fatura é denominada em dólares americanos, a Crosswell não precisa se preocupar com mudanças nos valores da moeda (risco monetário). E, como seu banco confirmou a L/C, ela está protegida contra mudanças ou deteriorações na capacidade da Material Hospitalar de realizar pagamentos em datas futuras.

O que a Material Hospitalar deve esperar? A Material Hospitalar receberá os bens no sexagésimo dia ou antes. Ela, então, movimentará os bens por seu sistema de distribuição aos varejistas. Dependendo dos termos de pagamento entre a Material Hospitalar e seus compradores (varejistas), ela pode receber o pagamento em espécie ou a prazo para o pagamento dos bens. Como a Material Hospitalar comprou os bens através de uma cobrança documentária a prazo de 60 dias, uma L/C de seu banco brasileiro, no valor total de US$379.262,40 deverá ser paga no dia 90 (a expedição e apresentação de documentos que ocorreram no dia 30 + 60 dias da cobrança documentária a prazo) para o banco brasileiro. A Material Hospitalar, por ser uma empresa brasileira e ter concordado em fazer o pagamento em dólares americanos (moeda estrangeira), passa a correr o risco da transação.

QUADRO 2 Termos de pagamento de exportação das exportações da Crosswell para o Brasil

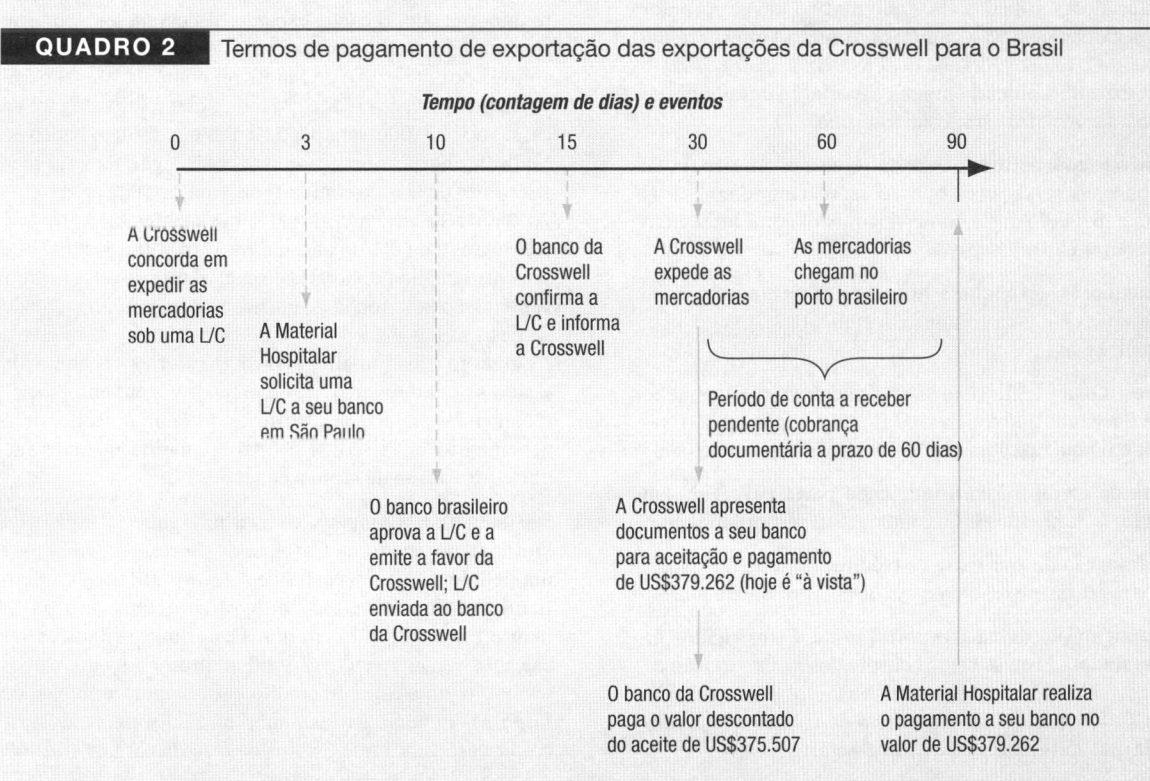

Tempo (contagem de dias) e eventos

- **0**: A Crosswell concorda em expedir as mercadorias sob uma L/C
- **3**: A Material Hospitalar solicita uma L/C a seu banco em São Paulo
- **10**: O banco brasileiro aprova a L/C e a emite a favor da Crosswell; L/C enviada ao banco da Crosswell
- **15**: O banco da Crosswell confirma a L/C e informa a Crosswell
- **30**: A Crosswell expede as mercadorias; A Crosswell apresenta documentos a seu banco para aceitação e pagamento de US$379.262 (hoje é "à vista"); O banco da Crosswell paga o valor descontado do aceite de US$375.507
- **60**: As mercadorias chegam no porto brasileiro
- **90**: A Material Hospitalar realiza o pagamento a seu banco no valor de US$379.262

Período de conta a receber pendente (cobrança documentária a prazo de 60 dias) — entre os dias 30 e 90.

Preocupação da Crosswell/Material Hospitalar

A preocupação que as duas empresas têm, no entanto, é que o preço total para o consumidor no Brasil, R$245,48 por caixa, ou R$0,70/fralda (tamanho pequeno), é alto demais. As principais concorrentes no mercado brasileiro de fraldas de alta qualidade, a Kenko do Brasil (Japão), a Johnson & Johnson (EUA) e a Procter & Gamble (EUA), são mais baratas (ver Quadro 3). Todas as concorrentes produzem no país, evitando, assim, a série de impostos e tarifas de importação, que aumentaram significativamente os preços no destino no mercado brasileiro.

Perguntas sobre o caso

1. Qual a inter-relação entre preço, moeda de denominação e financiamento na cadeia de valor para a penetração da Crosswell no mercado brasileiro? Resuma-os usando o Quadro 2.
2. Qual é a importância de Sousa para a cadeia de valor da Crosswell? Que preocupações a Crosswell pode ter em relação à capacidade de Sousa de cumprir com suas obrigações?
3. Se a Crosswell for penetrar no mercado brasileiro, será necessária alguma maneira de reduzir seus preços. O que você sugere?

QUADRO 3 Preços competitivos de fraldas no mercado brasileiro (em reais brasileiros)

Empresa (país)	Marca	Preço por fralda por tamanho		
		Pequena	Média	Grande
Kenko (Japão)	Monica Plus	0,68	0,85	1,18
Procter & Gamble (EUA)	Pampers Uni	0,65	0,80	1,08
Johnson & Johnson (EUA)	Sempre Seca Plus	0,65	0,80	1,08
Crosswell (EUA)	Precious	0,70	0,96	1,40

PERGUNTAS

1. **Compradores não afiliados.** Por que pode ser usada uma documentação diferente para exportações para um comprador estrangeiro não afiliado que é um novo cliente, em comparação a uma exportação para um comprador estrangeiro não afiliado para quem o exportador vende há muitos anos?

2. **Compradores afiliados.** Por que motivo um exportador usaria a documentação padrão do comércio internacional (carta de crédito, cobrança documentária, conhecimento de embarque a ordem) em uma exportação intraempresarial para sua matriz ou subsidiária-irmã?

3. **Comércio com parte relacionada.** Que motivos você pode dar para a observação de que o comércio intraempresarial agora é maior do que o comércio entre exportadores e importadores não afiliados?

4. **Documentos.** Explique a diferença entre uma carta de crédito (L/C) e uma cobrança documentária. Qual a ligação entre elas?

5. **Riscos.** Qual é a principal diferença entre o risco monetário e o risco de não conclusão? Como esses riscos são tratados em uma típica transação de comércio internacional?

6. **Carta de crédito.** Identifique cada parte envolvida em uma carta de crédito (L/C) e indique sua responsabilidade.

7. **Confirmação de uma carta de crédito.** Por que um exportador insistiria em ter uma carta de crédito confirmada?

8. **Documentação de uma exportação de discos rígidos de computador.** Liste os passos envolvidos na exportação de discos rígidos de computador de Penang, Malásia, para São José, Califórnia, usando uma carta de crédito não confirmada que autoriza o pagamento à vista.

9. **Documentação de uma exportação de madeira de Portland para Yokohama.** Liste os passos envolvidos na exportação de madeira de Portland, no estado do Oregon, EUA para Yokohama, Japão, usando uma carta de crédito confirmada, com pagamento a ser realizado em 120 dias.

10. **Inca Breweries do Peru.** A Inca Breweries de Lima, Peru, recebeu um pedido de 10.000 pacotes de cerveja da Alicante Importers de Alicante, Espanha. A cerveja será exportada para a Espanha sob os termos de uma carta de crédito emitida por um banco de Madri em nome da Alicante Importers. A carta de crédito especifica que o valor de face da carga, US$720.000, será pago 90 dias depois de o banco de Madri aceitar a cobrança documentária gerada pela Inca Breweries de acordo com os termos da carta de crédito.

    A taxa de desconto atual sobre aceites bancários de três meses é de 8% ao ano, e a Inca Breweries estima que seu custo médio ponderado de capital seja de 20% ao ano. A comissão pela venda de um aceite bancário no mercado de descontos é 1,2% do valor de face.

    Quanto em dinheiro a Inca Breweries receberá da venda se ela detiver o aceite até seu vencimento? Você recomenda que a Inca Breweries detenha o aceite até o vencimento ou desconte-o imediatamente no mercado norte-americano de aceites bancários?

11. **Swishing Shoe Company.** A Swishing Shoe Company de Durham, no estado da Carolina do Norte, EUA, recebeu um pedido de 50.000 caixas de calçados atléticos da Southampton Footware, Ltd., da Grã Bretanha, com pagamento a ser realizado em libras esterlinas britânicas. Os calçados serão enviados à Southampton Footware sob os termos de uma carta de crédito emitida por um banco de Londres em nome da Southampton Footware. A carta de crédito especifica que o valor de face da carga, £400.000,

será pago 120 dias depois de o banco de Londres aceitar a cobrança documentária gerada pela Southampton Footware de acordo com os termos da carta de crédito.

A taxa de desconto atual em Londres sobre aceites bancários de 120 dias é de 12% ao ano, e a Southampton Footware estima que seu custo médio ponderado de capital seja de 18% ao ano. A comissão pela venda de um aceite bancário no mercado de descontos é de 2,0% do valor de face.
   a. A Swishing Shoe Company ganharia mais detendo o aceite até o vencimento, em comparação a descontá-lo imediatamente?
   b. A Swishing Shoe Company incorre em algum outro risco nessa transação?

12. **Indo para o exterior.** Suponha que a Grã Bretanha cobre um imposto de 10% sobre calçados importados para o Reino Unido. A Swishing Shoe Company, da pergunta 11, descobre que pode produzir calçados na Irlanda e importá-los para a Grã Bretanha livre de qualquer imposto de importação.

    Que fatores a Swishing deve considerar ao decidir se deve continuar a exportar calçados da Carolina do Norte ou fabricá-los na Irlanda?

13. **Crédito fornecido pelo governo.** Vários governos estabeleceram agências para segurá-los contra o não pagamento de exportações e/ou para oferecer crédito para a exportação. Isso desloca o risco de crédito dos bancos privados para os cidadãos contribuintes do país cujo governo criou e apoia a agência. Por que tal arranjo beneficiaria os cidadãos desse país?

PROBLEMAS

*1. **Indian Motorcycles (A).** A Indian Motorcycles exporta motocicletas de motor grande (maior de 700cc) para a Austrália e fatura seus clientes em dólares americanos. A Sydney Wholesale Imports comprou US$3.000.000 em mercadorias da Indian Motorcycles, com o pagamento vencendo em seis meses. O pagamento será feito com um aceite bancário emitido pelo Charter Bank of Sydney a uma taxa de 1,75% ao ano. A Indian Motorcycles possui um custo médio ponderado de capital de 10%. Se a Indian detiver esse aceite até o vencimento, qual será seu custo total percentual anual?

2. **Indian Motorcycles (B).** Supondo os fatos do problema 1, o Bank of America agora está disposto a comprar o aceite bancário da Indian Motorcycles com um desconto de 6% ao ano. Qual seria o custo total percentual anual de financiar sua conta a receber australiana de US$1.000.000?

*3. **Takagi Toyota.** A Takagi Toyota compra seus carros da Toyota Motors-USA, e então os vende a clientes norte-americanos. Um de seus clientes é a Green Transport, uma empresa de aluguel de carros que compra carros da Takagi Toyota a preço de atacado. O pagamento final para a Takagi Toyota vence em seis meses. A Green Transport comprou US$200.000 em carros da Takagi, com um sinal de US$40.000 e o restante do saldo devedor vencendo em seis meses sem nenhum juros cobrado como incentivo de vendas. A Takagi Toyota terá a conta a receber da Green Transport aceita pela Alliance Acceptance por uma taxa de 2%, e então a venderá com um desconto de 3% ao ano ao Wells Fargo Bank.
   a. Qual é o custo total percentual anual para a Takagi Toyota?
   b. Quanto a Takagi Transport receberá líquido em espécie, incluindo o sinal?

4. **Sun Microsystems (A).** Suponha que a Sun Microsystems tenha vendido servidores de Internet à Telecom Itália por €700.000. O pagamento vence em três meses e será feito com um aceite comercial da Telecom Italia Acceptance. A taxa de aceite é de 1,0% ao ano do valor de face da nota. Este aceite será vendido com um desconto de 4% ao ano. Qual é o custo total percentual anual em euros deste método de financiamento comercial?

5. **Sun Microsystems (B).** Suponha que a Sun Microsystems prefira receber em dólares americanos em vez de em euros pela transação comercial descrita no problema 4. Ela está considerando duas alternativas: 1) Ela pode vender o aceite por euros imediatamente e trocar os euros imediatamente em dólares americanos pela taxa de câmbio à vista de US$1,00/€ ou 2) Ela pode deter o aceite em euros até o vencimento, mas no início vender a termo o valor esperado em euros em troca de dólares pela taxa de câmbio de três meses de US$1,02/€.
   a. Qual é o valor em dólares americanos recebido imediatamente do aceite comercial descontado na alternativa 1?
   b. Qual é o valor em dólares americanos recebido em três meses na alternativa 2?
   c. Qual é a taxa de investimento do ponto de equilíbrio que igualaria o resultado líquido em dólares americanos de ambas as alternativas?
   d. Que alternativa a Sun Microsystems deve escolher?

6. **Hollywood Entertainment (A).** A Hollywood Entertainment vendeu uma combinação de filmes e DVDs para a Hong Kong Media Incorporated por US$100.000, com pagamento vencendo em seis meses. A Hollywood Entertainment possui as seguintes alternativas para financiar esta conta a receber: 1) Usar sua linha de crédito bancário. Os juros teriam taxas preferenciais de 5% mais 150 pontos-base ao ano. A Hollywood Enterprises precisaria manter um saldo de contrapartida de 20% do valor de face do empréstimo. Não serão pagos juros sobre o saldo de contrapartida pelo banco ou 2) Usar sua linha de crédito bancário, mas adquirir seguro de crédito para exportação por uma taxa de 1%. Devido ao risco reduzido, os juros bancários seriam reduzidos a 5% ao ano sem nenhum ponto.
   a. Qual é o custo total percentual anual de cada alternativa?
   b. Quais são as vantagens e desvantagens de cada alternativa?
   c. Que alternativa você recomendaria?

7. **Hollywood Entertainment (B).** A Hollywood Entertainment foi contatada por uma empresa de *factoring* que oferece comprar a conta a receber das importações da Hong Kong Media a um desconto anual de 16% mais uma taxa de 2% por uma cláusula de não recurso.
   a. Qual é o custo total percentual anual desta alternativa de *factoring*?
   b. Quais são as vantagens e desvantagens da alternativa de *factoring* em comparação à alternativas da Hollywood Entertainment (A)?

8. **Forfaiting na Kaduna Oil (Nigéria).** A Kaduna Oil da Nigéria comprou US$1.000.000 em equipamentos de perfuração petrolífera da Unicorn Drilling de Houston, Texas, EUA. A Kaduna Oil tem que pagar esta compra ao longo dos cinco próximos anos a uma taxa de US$200.000 ao ano vencendo no dia 1º de março de cada ano.

   O Bank of Zurich, um *forfaiter* suíço, concordou em comprar as cinco notas de US$200.000 com desconto. A taxa de desconto seria de aproximadamente 8% ao ano com base na LIBOR esperada de três anos mais 200 pontos-base, pagos pela Kaduna Oil. O Bank of Zurich também cobraria da Kaduna Oil uma taxa de comprometimento adicional de 2% ao ano a partir da data de seu comprometimento com o financiamento até a data de recebimento das notas descontadas emitidas de acordo com o contrato de financiamento. As notas promissórias de US$200.000 terão vencimento em 1º de março em anos sucessivos.

   As notas promissórias emitidas pela Kaduna Oil serão endossadas por seu banco, o Lagos City Bank, por uma taxa de 1% e entregue à Unicorn Drilling. Nesse momento, a Unicorn Drilling endossará as notas sem recurso e as descontará com o *forfaiter*, o Bank of Zurich, recebendo o valor principal integral de US$200.000. O Bank of Zurich venderá as notas, redescontando-as sem recurso, a investidores no mercado monetário internacional. No vencimento, os investidores que detiverem as notas as apresentarão para recebimento junto ao Lagos City Bank. Se o Lagos City Bank for inadimplente no pagamento, os investidores receberão as notas do Bank of Zurich.

   a. Qual é o custo total percentual anual para a Kaduna Oil financiar a primeira nota de US$200.000 que vence em 1º de março de 2004?

   b. O que poderia motivar a Kaduna Oil a usar esta alternativa de financiamento relativamente cara?

9. **Andersen Sports (A).** A Andersen Sports (Andersen) está considerando uma oferta para vender US$100.000 em equipamentos de esqui para a Kim Family Enterprises de Seul, Coreia. O pagamento venceria em seis meses. Como a Andersen não consegue encontrar boas informações creditícias sobre a Kim, a Andersen deseja proteger seu risco de crédito e está considerando a seguinte solução de financiamento:

   O banco da Kim emite uma carta de crédito em nome da Kim e concorda em aceitar a cobrança documentária de US$100.000 da Andersen com vencimento em seis meses. A taxa de aceitação custaria à Andersen US$500, e reduziria a linha de crédito disponível da Kim em US$100.000. A nota de aceite bancário de US$100.000 seria vendida com um desconto de 2% ao ano no mercado monetário. Qual é o custo total percentual anual para a Andersen desse financiamento com aceite bancário?

10. **Andersen Sports (B): Linha de crédito bancário com seguro de crédito para exportação.** A Andersen também poderia adquirir um seguro de crédito para exportação junto à FCIA por um prêmio de 1,5%. Ela financiaria a conta a receber de US$100.000 da Kim a partir de sua linha de crédito com juros de 6% ao ano. Não seria necessário um depósito bancário de contrapartida.

    a. Qual é o custo total percentual anual desse financiamento para a Andersen?

    b. Quais são os custos para a Kim?

    c. Quais são as vantagens e desvantagens dessa alternativa em comparação ao financiamento com aceite bancário na pergunta Andersen Sports (A)? Que alternativa você recomendaria?

EXERCÍCIOS NA INTERNET

1. **Globalização com a CFO.** Um dos *sites* mais úteis da Internet com análises atualizadas e discussões sobre uma série de questões sobre finanças empresariais é a versão online da revista CFO. Use os três *sites* com diferentes focos regionais para explorar a crescente integração do gerenciamento de caixa, gerenciamento de caixa, controle de operações e serviços de TI.

CFO.com	www.cfo.com
CFO Europe.com	www.cfo.com/europe
CFO Asia.com	www.cfoasia.com

2. **Serviços de carta de crédito.** Os bancos comerciais em todo o mundo fornecem diversos serviços para auxiliar no financiamento do comércio internacional. Contate alguns dos muitos principais bancos multinacionais (alguns estão listados aqui) e determine que tipos de serviços de carta de crédito e outros serviços de financiamento comercial eles oferecem.

Bank of America	www.bankofamerica.com/index.jsp
Citibank	www.citibank.com/us/index.htm
Barclays	www.barclays.com
Deutsche Bank	www.db.com
Union Bank of Switzerland	www.ubs.com

3. **Export-Import Bank of the United States.** O EX-IM Bank of the United States oferece financiamento para exportadores sediados nos EUA. Assim como a maioria das organizações de financiamento comercial dos países industrializados, seu objetivo é auxiliar na venda de produtos para exportação em que o comprador precisa de termos de financiamento atraentes. Use o *site* do EX-IM Bank para determinar os atuais limites, taxas e outras restrições que se aplicam aos países atualmente. (Nota: A página Web do Export-Import Bank fornece alguns dos melhores links sobre negócios e estatísticas internacionais).

Export-Import Bank of the United States	www.exim.gov

Respostas de Problemas Selecionados

Capítulo 1: Globalização e a Empresa Multinacional

6. a. US$14,77
   b. Estados Unidos – 30,5%, Brasil – 27,1%, Alemanha – 40,1%, China – 2,4%
   c. 69,5%
9. Caso de apreciação: EPS consolidado aumenta em 13,9%.
   Caso de depreciação: EPS consolidado cai em 13,9%.

Capítulo 2: Objetivos Financeiros e Governança Corporativa

1. a. 12,500%
   b. 18,750%
   c. Taxa de dividendo é de 6,250%; os ganhos de capital são de 12,500%.
3. a. 28,00%
   b. 16,57%
   c. 49,21%

Capítulo 3: O Sistema Monetário Internacional

2. –41,82%
7. C$1,2601/US$
13. US$629.644,07

Capítulo 4: A Balança de Pagamentos

Austrália	1998	1999	2000	2001	2002	2003	2004	2005	2006
1. Balança de bens	–5.331	–9.761	–4.813	–1.786	–5.431	–15.369	–18.031	–13.403	–9.596
2. Balança de serviços	–1.091	–931	289	259	–201	–433	–678	–918	869
3. Balança de bens e serviços	–6.422	–10.692	–4.524	–1.527	–5.632	–15.802	–18.709	–14.321	–8.727
4. Saldo na conta corrente	–18.014	–22.295	–15.103	–8.721	–17.385	–30.674	–40.066	–41.461	–41.504

Capítulo 5: Desafios Atuais das Finanças Internacionais: a Crise do Crédito de 2007–2009

	3 meses	6 meses
1. a. Desconto sobre venda	US$6,07	US$23,26
b. Rentabilidade simples	0,0607%	0,2331%
c. Rentabilidade anual	0,2432%	0,4668%

Capítulo 6: O Mercado de Moedas

1. a. 35,29
   b. 352.935

	Compra	Venda	Spread
2. a. 1 mês	1,2585	1,2600	0,0015
3 meses	1,2589	1,2607	0,0018
6 meses	1,2595	1,2615	0,0020

   b. Ela se amplia, mais provavelmente em decorrência de um volume de negociações cada vez menor.

Capítulo 7: Condições de Paridade Internacional

6. a. 1,17
   b. –63,307%
   c. Inflação e crise da balança de pagamento
10. a. US$28.211,81
    b. ¥112,72/US$
    c. US$28.832,47
    d. US$28.677,30
15. Sim, Luis deve aceitar o lucro de arbitragem. Ele ganhará US$5.238,13 para cada US$1 milhão investido.

Capítulo 8: Derivativos de Moeda Estrangeira

1. a. Ele deve comprar uma opção de compra de dólares de Cingapura.
   b. US$0,65046
   c. Lucro bruto = US$0,05000; lucro líquido = US$0,04954.
   d. Lucro bruto = US$0,15000; lucro líquido = US$0,14954.

Capítulo 9: *Swaps* de Taxas de Juros e de Moeda

1. Nova York = US$77.777,78
   Grã Bretanha = US$76.712,33
   Suíça = US$83.333,33
4. Se a LIBOR cair 50 pontos-base por ano = 7,092%.
   Se a LIBOR subir 50 pontos-base por ano = 7,458%.
   Não é um bom negócio.

Capítulo 10: Determinação e Previsão de Taxas de Câmbio

2. –15,38%
5. –40,00%

Capítulo 11: Exposição de Transação

3. 1. US$107.158,89
   2. US$111.755,82
11. 1. Descoberto é incerto; US$209.580,84 pela taxa corrente; US$216.049s38 se pela taxa a termo de 3 meses.
    2. A termo é US$216.049,38 e certa.
    3. O *hedge* do mercado monetário é US$212.973,80.
    Discussão: O contrato a termo é provavelmente a alternativa mais aceitável, se o banco o permitir.

Capítulo 12: Exposição Operacional

2. Case #1: Mesmo preço em yuan gera US$33.913.043.
   Case #2: Mesmo preço em dólar gera US$54.000.000, que é melhor.

Capítulo 13: Exposição Contábil

5. Uma exposição líquida de $U420.000 ou US$21.000.

Capítulo 14: Custo e Disponibilidade Global de Capital

1. a. O novo custo de capital próprio é de 10,500%.
   b. O novo custo de capital de terceiros, depois dos impostos, é de 4,900%.
   c. O novo custo médio ponderado de capital é de 7,700%.

	Goldman Sachs	Bank of New York
4. Beta estimado	1,20	1,16
Custo de capital próprio estimado	10,200%	13,432%
Custo de capital de terceiros estimado	4,875%	5,070%
WACC estimado	8,336%	10,087%

Respostas de Problemas Selecionados **563**

Capítulo 15: Obtenção de Capital Próprio no Cenário Global

	Petrobrás	Lukoil
1. WACC calculado	14,674%	12,286%
WACC divulgado do Banco-I	144,700%	12,300%

Capítulo 16: Obtenção de Capital de Terceiros no Cenário Global

1. 13,9027%
5. O IRR do título de dívida japonês é 5,060%.
   O IRR do título de dívida em euro é 4,860%.
   O IRR do título de dívida em dólar é 5,000%.

Capítulo 17: Teoria de Carteiras e Diversificação Internacional

	Retorno esperado	Risco esperado
2. a. Carteira igualmente ponderada	17,30%	20,93%
b. 70% Boeing, 30% Unilever	17,82%	21,08%
c. O risco mínimo é de 55% Boeing, 45% Unilever	17,43%	20,89%

5. Apreciação no preço das ações = 6,456%.
   Retorno anual, incluindo dividendos = 10,698%.

Capítulo 19: Orçamento de Capital Multinacional

1. a. US$7.912.725
   b. US$5.587.094
5. Ponto de vista do projeto = US$265.073.
   Ponto de vista da matriz = (US$2.249.812).

Capítulo 20: Gerenciamento de Tributos Multinacionais

1. Caso 1: 38,8%
   Caso 2: 45,0%

Capítulo 21: Gerenciamento de Capital de Giro

1. a. 19,41%
   b. 1.800.000
8. Dividendo somente: Retorno total, depois dos impostos = US$247.500.
   Taxa de licenciamento somente: Retorno total, depois dos impostos = US$178.200.

Capítulo 22: Finanças em Comércio Internacional

1. 11,765%
3. a. 5,128%
   b. US$196.000

Glossário

A/P. (*accounts payable*) Em documentação de comércio internacional, uma abreviação para a autoridade de comprar ou a autoridade de pagar. Em contabilidade, uma abreviação de contas a pagar.

Abordagem do mercado de ativos. Uma estratégia que determina se os estrangeiros estão dispostos a deter dois direitos na forma monetária, dependendo de um extenso conjunto de considerações ou direcionadores de investimento.

Abordagem mundial dos impostos. O princípio de que impostos são cobrados sobre rendas obtidas por empresas que são incorporadas em um país anfitrião, independentemente de onde a renda foi obtida.

Abordagem territorial dos impostos. Tributação de renda obtida pelas empresas dentro da jurisdição legal do país anfitrião, não no país de incorporação da empresa.

Aceite bancário. Uma promessa incondicional feita por um banco de realizar um pagamento de uma cobrança documentária em seu vencimento. Ele vem na forma de um endosso bancário (aceitação) de uma cobrança documentária gerada para esse banco de acordo com os termos de uma carta de crédito emitida pelo banco.

Ações registradas globais. Similares as ações ordinárias, as ações registradas globais oferecem o benefício adicional de serem negociáveis em bolsas de valores em todo o mundo em diversas moedas.

Acordo de concessão. Um acordo ou contrato entre uma empresa estrangeira e um país anfitrião definindo as regras sob as quais a empresa pode operar naquele país.

Acordo de investimento. Um acordo que determina direitos e responsabilidades específicas de uma empresa estrangeira investidora e de seu governo anfitrião.

Acordo de Livre Comércio da América do Norte (NAFTA). Um tratado que permite o livre comércio e investimento entre o Candá, os Estados Unidos e o México.

Acordo de taxa a termo. Um contrato negociado entre bancos para comprar ou vender pagamentos de juros sobre um principal nocional.

Acordo Geral de Tarifas e Comércio (GATT). Um modelo de regras para as nações gerenciarem suas políticas comerciais, negociarem barreiras tarifárias internacionais mais baixas e resolver litígios comerciais.

ADB. Asian Development Bank.

Adiantamento. No contexto de atrasos e adiantamentos, o pagamento de uma obrigação financeira mais cedo do que o esperado ou exigido.

ADR. Ver *American Depositary Receipt*.

AfDB. African Development Bank.

Afiliada. Uma empresa estrangeira na qual a empresa matriz detém uma participação minoritária.

Afiliada estrangeira. Uma unidade de negócios estrangeira que possui menos de 50% de participação proprietária pela empresa matriz.

Agency for International Development (AID). Uma unidade do governo norte-americano que lida com ajuda externa.

Aliança estratégica. Um relacionamento formal, menor do que uma fusão ou aquisição, entre duas empresas, formada com a finalidade de ganhar sinergias porque, em algum aspecto, as duas empresas complementam uma a outra.

***American Depositary Receipt* (ADR).** Um certificado de propriedade emitido por um banco norte-americano, representando um direito a títulos estrangeiros subjacentes. Os ADRs podem ser negociados em vez de negociar as ações subjacentes propriamente ditas.

Análise de opções reais. A aplicação da teoria de opções a decisões de orçamento de capital.

Análise técnica. O foco sobre dados de preço e volume para determinar tendências passadas que se espera que continuem no futuro. Os analistas acreditam que as taxas de câmbio futuras sejam baseadas na taxa de câmbio corrente.

Apreciação. No contexto de mudanças cambiais, um aumento no valor do câmbio de uma moeda que é fixada a outras moedas ou ao ouro. Também chamado de reavaliação.

Aquisição além-fronteiras. Uma compra na qual uma empresa adquire outra empresa localizada em um país diferente.

Arbitrador. Um indivíduo ou empresa que pratica arbitragem.

Arbitragem. Uma estratégia de negociação baseada na compra de uma *commodity*, incluindo moeda estrangeira, em um mercado a um preço e sua venda simultânea em um outro mercado a um preço mais vantajoso, a fim de obter um lucro livre de riscos sobre o diferencial de preços.

Arbitragem de juros coberta. O processo através do qual um investidor obtém um lucro livre de riscos de uma da seguinte maneira (1) tomando fundos emprestados em um moeda, (2) cambiando esses fiundos no mercado a vista por uma moeda estrangeira, (3) investindo a moeda estrangeira segundo as taxas de juros de um país estrangeiro, (4) vendendo a termo, no momento do investimento original, os resultados financeiros do investimento a serem recebidos no vencimento, (5) usando os resultados financeiros da venda a termo para pagar o empréstimo original e (6) sustentando um saldo de lucro restante.

Arbitragem de juros descoberta. O processo pelo qual os investidores contraem empréstimos em países e moedas que exibem taxas de juros relativamente baixas e convertem os resultados financeiros em moedas que oferecem taxas de juros muito mais altas. A transação é "descoberta" porque o investidor não vende os resultados financeiros da moeda de maior rentabilidade a termo.

Associação europeia de Livre Comércio (EFTA). Países europeus que não fazem parte da União Europeia, mas que não têm tarifas internas.

Ativos ou passivos monetários. Ativos na forma de dinheiro em caixa ou direitos a recebimento de caixa (como contas a receber), ou passivos pagáveis em dinheiro. Ativos monetearios menos passivos monetários são chamados de ativos monetários líquidos.

Atraso. No contexto de atrasos e adiantamentos, o pagamento de uma obrigação financeira mais tarde do que o esperado ou exigido.

At-the-money. Uma opção cujo preço de exercício é o mesmo que o preço à vista da moeda subjacente.

Balança comercial. Uma entrada na balança de pagamentos que mede a diferença entre o valor monetário das exportações de mercadorias e o valor das importações de mercadorias.

Balança de pagamentos. Uma demonstração financeira que resume o fluxo de bens, serviços e fundos de investimento entre os residentes de determinado país e os residentes do resto do mundo.

Banco Central Europeu (BCE). Conduz a política monetária da União Monetária Europeia. Sua meta é salvaguardar a estabilidade do euro e minimizar a inflação.

Banco correspondente no exterior. Um banco que mantém depósitos e presta serviços a um outro banco, localizado em outra área geográfica, de maneira recíproca.

Banco de Compensações Internacionais (BIS, Bank for International Settlements). Um banco na Basiléia, Suíça, que funciona como um banco para os bancos centrais europeus.

Banco Internacional para a Reconstrução e Desenvolvimento (BIRD ou Banco Mundial). Banco de desenvolvimento internacional de propriedade de nações-membro que concede empréstimos de desenvolvimento aos países-membro.

Banco interno ou *in-house*. Um banco interno estabelecido em uma EMN se suas necessidades forem ou grandes demais ou sofisticadas demais para os bancos locais. Um banco interno não é uma corporação separada, mas desempenha um conjunto de funções realizadas pelo departamento de tesouraria existente. Agindo como uma entidade independente, o banco interno transaciona com várias unidades de negócios da empresa com transações isoladas.

Banco mercantil. Um banco que se especializa em ajudar a financiar corporações e governos através de uma dentre várias técnicas de mercado e/ou tradicionais. Os bancos mercantis europeus as vezes são diferenciados dos bancos de compensação, que tendem a se focalizar em depósitos bancários e saldos de compensação para a maioria da população.

Banco Mundial. Ver Banco Internacional para a Reconstrução e Desenvolvimento.

Barreira não tarifária. Práticas de restrição comercial diferentes de tarifas alfandegárias, como cotas de importação, restrições voluntárias, cobranças variáveis e regulamentações especiais de saúde.

Beta. Segunda letra do alfabeto grego, usada como medida estatística de risco no Modelo de Precificação de Ativos Financeiros. Beta é a covariância entre retornos sobre determinado ativo e retornos sobre a carteira de mercado, dividida pela variância dos retornos da carteira de mercado.

Big Bang. A liberalização, em outubro de 1986, dos mercados de capitais de Londres.

Bulldogs. Títulos de dívida denominados em libras esterlinas britânicas emitidos no Reino Unido por um mutuário estrangeiro.

Cabo. A taxa cruzada do dólar americano por libra esterlina britânica.

CAD (cash against documents) pago mediante apresentação de documentos. Termo do comércio internacional.

Câmara de compensação. Uma instituição através da qual obrigações financeiras são pagas pelo processo de compensação das obrigações de vários membros.

Capitalismo do público envolvido. Um outro nome para maximização da riqueza corporativa.

Carta de crédito (L/C). Um instrumento emitido por um banco, em que o banco promete pagar um beneficiário mediante a apresentação de documentos especificados na carta.

Centro de refaturamento. Uma subsidiária financeira central usada por uma empresa multinacional para reduzir sua exposição de transação faturando todas as exportações do país de origem na moeda local e então, refaturando-as para cada subsidiária em operação na moeda local daquela subsidiária.

Certificado de depósito (CD). Um recibo negociável usado por um banco para fundos depositados por certo período de tempo. Os CDs podem ser comprados ou vendidos antes de seu vencimento em um mercado secundário, transformando-os em um título negociável que rende juros.

Cesta de moedas. O valor de uma carteira com quantias específicas de moedas individuais usado como base para determinar o valor de mercado de outra moeda. Também chamado de composto de moedas.

CIF. Ver Custo, seguro e frete.

CKD (Completely Knocked down). Totalmente desmontado. Termo do comércio internacional para componentes expedidos para um país para lá serem montados. Geralmente usado no setor automobilístico.

Cobertura. Uma transação no mercado de câmbio a termo ou mercado monetário que protege o valor de fluxos de caixa futuros. Cobertura é um outro termo para *hedge*. Ver *Hedge*.

Cobrança documentária. Uma requisição incondicional por escrito solicitando que uma parte (como um importador) pague uma quantia especificada de dinheiro em um momento especificado a geradora da cobrança. Também chamada de letra de câmbio. Cheques pessoais são um tipo de cobranca documentária.

Cobrança documentária a prazo. Uma cobrança documentária que permite atrasos de pagamento. É apresentada ao sacado, que a aceita escrevendo uma nota de aceitação em sua face. Uma vez aceita, a cobrança documentária a prazo passa a ser uma promessa de pagamento pela parte que a aceitou. Ver também aceite bancário.

Cobranca documentária a vista. Uma letra de câmbio (B/E) que vence mediante solicitação; i.e., quando apresentada ao banco. Ver também Letra de câmbio.

Colocação privada. A venda de uma emissão de títulos a um pequeno grupo de compradores institucionais qualificados.

COMECON. Acrônimo de Council for Mutual Economic Assistance ou Conselho para Assistência Econômica Mútua. Uma associação dos governos da antiga União Soviética e da Europa Oriental formada para facilitar o comércio internacional entre países comunistas europeus. A COMECON deixou de existir depois da queda da União Soviética.

Compadrio (nepotismo). A prática de favorecimento de membros da família sobre outras pessoas qualificadas ao conferir benefícios como a concessão de contratos, preços especiais, promoções a vários cargos, etc.

Compensação agrupada de pagamentos (*netting*). a neutralização mútua de somas devidas entre duas ou mais entidades comerciais.

Comprador institucional qualificado (QIB). Uma entidade (exceto um banco ou uma *savings and loan*) que é proprietária e investe com base discricionária mínima de US$100 milhões em títulos de não afiliadas.

Comunidade Econômica Europeia (CEE). O mercado comum europeu composto pela Áustria, Bélgica, Dinamarca, Finlândia, França, Alemanha, Grécia, Irlanda, Itália, Luxemburgo, Holanda, Portugal, Espanha e o Reino Unido. Oficialmente renomeada União Europeia (UE) no dia 1º de janeiro de 1994.

Condições de paridade. No contexto de finanças internacionais, um conjunto de relações econômicas fundamentais que fornecem o equilíbrio entre as taxas de câmbio a vista e a termo, taxas de juros e taxas de inflação.

Conferência de Bretton Woods. Uma conferência internacional em 1944 que estabeleceu o sistema monetário internacional que esteve em vigor de 1945 a 1971. A conferência aconteceu em Bretton Woods, New Hampshire, EUA.

Conhecimento de embarque (B/L, *bill of lading*). Um contrato entre uma transportadora comum e uma expedidora para transportar bens até um destino determinado. O conhecimento de embarque também é um recibo dos bens. Os conhecimentos de embarque normalmente são negociáveis, o que significa que eles são feitos para serem pagos a determinada parte e podem ser endossados para transferir o título dos bens a uma outra parte.

Conhecimento de embarque a ordem. Um documento de expedição através do qual a posse e título da carga reside com seu proprietário.

Conselho de moeda. Existe um conselho de moeda quando o banco central de um país se compromete a garantir todo o seu suprimento monetário com reservas estrangeiras o tempo todo.

Consolidação. No contexto da contabilidade de empresas multinacionais, o processo de preparar uma demonstração financeira em uma única moeda de divulgação que combine as demonstrações financeiras de subsidiárias que são, na verdade, medidas em diferentes moedas.

Conta corrente. Na balança de pagamentos, o fluxo líquido de bens, serviços e transferências unilaterais (como presentes) entre um país e todos os países estrangeiros.

Conta de capital. Uma seção das contas da balança de pagamentos. Sob o formato revisado do Fundo Monetário Internacional, a conta de capital mede transferências de capital e a aquisição e descarte de ativos não produzidos e não financeiros. Sob as definições tradicionais, ainda usadas por muitos países, a conta de capital mede empréstimos e investimentos internacionais públicos e privados. A maior parte da definição tradicional da conta de capital agora está incorporada as demonstrações do FMI como a conta financeira.

Conta de reservas oficiais. Total de reservas mantidas pelas autoridades monetárias oficiais dentro do país, como ouro, SDRs (Direitos de Saque Especiais) e as principais moedas.

Conta dos ajustes acumulados de conversão (CTA). AnUma entrada em um balanço patrimonial convertido em que os ganhos e/ou perdas decorrentes da conversão foram acumulados ao longo de um período de anos.

Conta financeira. Uma seção das contas da balança de pagamentos. Sob o formato revisado do Fundo Monetário Internacional, a conta financeira mede fluxos financeiros de longo prazo, inclusive investimentos estrangeiros diretos, investimentos em carteira e outras movimentações de longo prazo. Sob a definição tradicional, que ainda é usada por muitos países, itens da conta financeira foram incluídos na conta de capital.

Contabilidade de *hedge*. Um procedimento contábil que especifica que ganhos e perdas decorrentes de instrumentos de *hedge* sejam reconhecidos nos lucros, ao mesmo tempo em que os efeitos de mudanças no valor dos itens cobertos pelo *hedge* são reconhecidos.

Contágio. A propagação de uma crise em um país para seus países vizinhos e outros países com características similares – pelo menos aos olhos dos investidores internacionais.

Contrapartes. A parte oposta em uma transação dupla, que envolve um intercâmbio de instrumentos financeiros ou obrigações agora e uma inversão dessa mesma transação em uma data posterior acordada.

Contrato a termo. Um acordo para cambiar moedas de diferentes países em uma data futura especificada e a uma taxa a termo especificada.

Contrato a termo sintético. Uma posição de opção complexa que combina a compra de uma opção de venda e a venda de uma opção de compra, ou vice versa, ambos pela taxa a termo.

Contrato de compartilhamento de riscos. Um acordo contratual em que o comprador e o vendedor concordam em compartilhar impactos da movimentação monetária sobre pagamentos entre eles.

Contratos futuros das taxas de juros. Ver Futuros, ou Contratos de futuros.

Conversão cambial. O processo de refazer as contas em moedas estrangeiras de subsidiárias na moeda de relatório da empresa matriz a fim de preparar uma demonstração financeira consolidada.

Corporação de Investimentos Privados no Exterior (OPIC). Uma seguradora estatal norte-americana que segura corporações norte-americanas contra vários riscos políticos.

Corporação de possessões norte-americanas. Uma corporação norte-americana, a subsidieária de uma outra corporação norte-americana localizada em uma possessão norte-americana como Porto Rico que, para fins tributários, é tratada como se fosse uma corporação estrangeira.

Corretor de câmbio. Um indivíduo ou empresa que arranja transações cambiais entre duas partes, mas não é, em si, um principal no comércio. Os corretores de câmbio ganham comissão por seus esforços.

Cota. Um limite, obrigatório ou voluntário, determinado sobre a importação de um produto.

Cotação. Em negociação cambial, o par de preços (de compra e venda) pelos quais um operador está disposto a comprar ou vender moeda estrangeira.

Cotação direta. O preço de uma unidade de moeda estrangeira expressa na moeda do país de origem. O termo possui significado somente quando o país de origem é especificado.

Cotação em pontos decimais. Uma cotação a termo expressa apenas como o número de pontos decimais (normalmente quatro pontos decimais) em que ela difere da cotação a vista.

Cotação explícita total. O preço total, em uma moeda, de uma unidade de uma outra moeda. Ver Cotação em pontos decimais.

Cotação indireta. O preço de uma unidade da moeda doméstica de um país expressa em termos da moeda de um país estrangeiro.

Créditos fiscais estrangeiros. O quanto uma empresa doméstica pode reduzir (dar crédito) os impostos de renda domésticos em pagamentos de impostos de renda para um governo estrangeiro.

Custo e frete (C&F - cost and freight). Preço, cotado por um exportador, que inclui o custo de transporte para o porto de destino determinado.

Custo médio ponderado de capital (WACC). A soma dos custos proporcionalmente ponderados de diferentes fontes de capital, usada como o retorno-alvo mínimo aceitável sobre novos investimentos.

Custo, seguro e frete (CIF - cost, insurance and freight). Preço cotado do exportador incluindo o custo de embalagem, frete ou transporte, prêmio de seguro e outras taxas pagas em relação aos bens do momento do carregamento no país de exportação até sua chegada no porto de destino determinado ou local de transbordo.

D/A. Documentos disponíveis mediante aceite. Termo do comércio internacional.

D/P. Documentos disponíveis mediante pagamento. Termo do comércio internacional.

D/S. *Days after sight* ou dias de vista. Termo do comércio internacional.

Data de validade da transação. A data quando um valor é dado (i.e., fundos são depositados) para transações cambiais entre bancos.

Decomposição de transferências de fundo. Dividir os fluxos de caixa de uma subsidiária para uma empresa matriz em seus muitos componentes separados, como *royalties*, pagamentos de *lease*, dividendos, etc., de modo a aumentar a probabilidade de que os fluxos de alguns fundos sejam permitidos durante épocas de dificuldades econômicas.

Delta. A variação no preço de uma opção dividida pela variação no preço do instrumento subjacente. Estratégias de *hedge* são baseadas no delta.

Demonstração financeira consolidada. Uma demonstração financeira de uma empresa em que as contas de uma empresa matriz e de suas subsidiárias são somadas, produzindo uma demonstração que divulga a situação da empresa no cenário mundial como se fosse uma única empresa. As obrigações internas são eliminadas nas demonstrações consolidadas.

Depósito a ordem. Um depósito bancário que pode ser sacado ou transferido a qualquer momento sem aviso prévio, em oposição a um depósito a prazo fixo, em que (teoricamente) o banco pode exigir um período de espera antes de o depósito poder ser sacado. Depósitos a ordem podem ou não render juros. Um depósito a prazo fixo é o oposto de um depósito a prazo fixo.

Depreciação. No contexto de taxas de câmbio, uma queda no valor do câmbio a vista de uma moeda flutuante, i.e., uma moeda cujo valor ee determinado por transações no mercado aberto.

Derivativo financeiro. Um instrumento financeiro, como contrato de futuros ou opções, cujo valor é decorrente de um ativo objeto como ações ou moeda.

Desconto. No mercado de câmbio, o quanto uma moeda é mais barata para entrega futura do que para entrega a vista (imediata). O oposto de desconto é prêmio.

Desconto ou prêmio a termo. O mesmo que diferencial a termo.

Desvalorização. A ação de um governo ou autoridade do banco central de fazer baixar o valor da taxa de câmbio a vista de uma moeda que é indexada a uma outra moeda ou ao euro.

Diferencial a termo. A diferença entre as taxas a vista e a termo, expressas como uma porcentagem anual.

Diferimento de impostos. Subsidiárias estrangeiras de EMNs pagam impostos corporativos ao país anfitrião, mas muitos países de origem de empresas matrizes, inclusive os Estados Unidos, adiam a cobrança de impostos adicionais sobre aquela renda proveniente do exterior até que ela seja remetida a empresa matriz.

Dinheiro "quente". Dinheiro que se movimenta internacionalmente de uma moeda e/ou país para outro em resposta a diferenças nas taxas de juros, e é retirado imediatamente quando a vantagem da taxa de juros desaparece.

Direitos compensatórios. Um imposto de importação cobrado para neutralizar um subsídio de exportação oferecido por outro país.

Direitos de propriedade intelectual. Legislação que garante o uso exclusivo de tecnologias patenteadas e materiais criativos com direitos autorais. Um tratado mundial para proteger os direitos de propriedade intelectual foi ratificado pela maioria dos países, inclusive, mais recentemente, a China.

Direitos de Saque Especiais (SDR). Um ativo de reserva internacional definido pelo Fundo Monetário Internacional como o valor de uma cesta ponderada de cinco moedas.

Distância psíquica. As empresas tendem a investir primeiro em países com um ambiente cultural, jurídico e institucional similares.

Dolarização. O uso do dólar americano como a moeda oficial de um país que não seja os EUA.

Domestic International Sales Corporation (DISC). Sob o código fiscal norte-americano, um tipo de subsidiária formada para reduzir impostos sobre bens exportados produzidos nos EUA. Foi considerada ilegal pela Organização Mundial do Comércio.

Dumping. A prática de oferecer bens a venda em um mercado estrangeiro a um preço mais baixo do que o preço do mesmo produto no mercado doméstico ou em um terceiro país. Como usado na GATT, um caso especial de precificação diferenciada.

Edge Act Corporation. Subsidiária de um banco norte-americano incorporado sob a legislação federal para se envolver em diversas operações bancárias e de financiamento internacionais, inclusive participações acionárias que não têm permissão para regular bancos domésticos. A subsidieária Edge Act pode ser localizada em um estado diferente do estado do banco matriz.

Efeito Fisher. Uma teoria em que as taxas de juros nominais em dois ou mais países devem ser iguais a taxa de retorno real exigido aos investidores mais uma compensação pelo valor esperado da inflação em cada país.

Efeito Fisher internacional. Uma teoria em que a taxa de câmbio a vista deve mudar em valor igual a diferença nas taxas de juros entre dois países.

Efeito tequila. Termo usado para descrever como a crise do peso mexicano de dezembro de 1994 rapidamente se espalhou para outras moedas e mercados de ações latino-americanos através do efeito de contágio.

Emissão de ações pública direcionada. Uma emissão que é direcionada a investidores em um único país e subscrita integral ou parcialmente por instituições de investimento desse país.

Emissão pública de ações em euros. Uma nova emissão de ações que é subscrita e distribuída em múltiplos mercados de ações estrangeiras, as vezes simultaneamente a distribuição no mercado doméstico.

Empresa de vendas no estrangeiro (FSC, *foreign sales corporation*). Sob o código fiscal norte-americano, um tipo de corporação estrangeira que fornece renda isenta de impostos ou com diferimento de impostos para pessoas ou empresas norte-americanas que tenham atividades voltadas para a exportação.

Empresa multinacional (EMN). Uma empresa que possui subsidiárias, filiais ou afiliadas em operação, localizadas em outros países.

Empresa transnacional. Uma empresa de propriedade de uma coalizão de investidores localizados em diferentes países.

Empresas de controle estrangeiro (CFC - Controlled foreign corporation). Uma empresa estrangeira em que os acionistas norte-americanos detêm mais de 50% do poder de voto combinado ou de seu valor total. Sob a legislação fiscal norte-americana, os acionistas podem ser responsabilizados por impostos ou lucros não distribuídos das empresas de controle estrangeiro.

Empréstimo *back-to-back*. Um empréstimo em que duas empresas em países separados tomam emprestada a moeda um do outro por um período de tempo específico e pagam a moeda do outro em um vencimento especificado. Às vezes os dois empréstimos são realizados através de um banco intermediário. O financiamento *back-to-back* também é chamado de *link financing*.

Empréstimo paralelo. Um outro nome para um empréstimo *back-to-back*, no qual duas empresas em países separados tomam emprestada a moeda um do outro por um período de tempo específico e pagam a moeda do outro em um vencimento especificado.

Empréstimo sindicalizado. Um grande empréstimo realizado por um grupo de bancos a uma grande empresa multinacional ou governo. Os empréstimos sindicalizados permitem que os bancos participantes mantenham a diversificação não concedendo empréstimos demais a um único tomador.

Empréstimos jumbo. Empréstimos de U$1 bilhão ou mais.

Engenharia financeira. Peças básicas, como posições a vista, a termo e opções, usadas para construir posições que fornecem ao usuário as características desejadas de risco e retorno.

Entidade estrangeira autosuficiente. Uma entidade que opera no ambiente econômico local independentemente da empresa matriz.

Entidade estrangeira integrada. Uma entidade que opera como uma extensão da empresa matriz, com fluxos de caixa e linhas de negócios gerais extremamente interrelacionadas com as da matriz.

EOM. Fim do mês (*end of month*). Termo do comércio internacional.

Equilibrar fluxos de caixa de mesma moeda. A estratégia de neutralizar uma longa e contínua exposição prevista a determinada moeda adquirindo dívida denominada nessa moeda.

Escambo. Comércio internacional conduzido pela troca direta de bens físicos em vez de por compras e vendas separadas com preços e taxas de câmbio determinadas por um livre mercado.

Escritório de representação. Um escritório de representação estabelecido por um banco em um país estrangeiro para ajudar os clientes a fazer negócios naquele país. Também funciona como um local geograficamente conveniente a partir do qual visitar bancos correspondentes em sua região em vez de enviar banqueiros do banco matriz com custos financeiros e físicos mais altos.

Especulação. Uma tentativa de obter lucro ao negociar com base em expectativas sobre preços futuros.

Euro. Uma nova unidade monetária que substituiu as moedas individuais de 12 países europeus que pertencem a União Europeia.

Eurobanco. Um banco, ou departamento bancário, que aceita depósitos a termo e faz empréstimos em moedas diferentes da moeda do país em que o banco é localizado.

Eurocrédito. Empréstimos bancários a EMNs, governos soberanos, instituições internacionais e bancos, denominados em euromoedas e estendidos por bancos em países diferentes do país em cuja moeda o empréstimo é denominado.

Eurodólar. Um dólar americano depositado em um banco fora dos Estados Unidos. Um eurodólar é um tipo de euromoeda.

Euromoeda. Uma moeda depositada em um banco localizado em um país diferente do país que emitiu a moeda.

Euronota. Insrumentos de dívida de curto a médio prazo vendidos no mercado de euromoedas.

Europapéis comerciais (Euro *commercial papers*). Notas de curto prazo (30, 60, 90, 120, 180, 270 e 360 dias) vendidas em mercados monetários internacionais.

Eurotítulo (Eurobond). Um título de dívida originalmente oferecido fora do país em cuja moeda é denominado. Por exemplo, um título de dívida denominado em dólar originalmente oferecido a venda a investidores fora dos Estados Unidos.

***Ex dock* ou nas docas.** Seguido pelo nome de um porto de importação. Termo do comércio internacional em que o vendedor concorda em pagar os custos (expedição, seguro, impostos alfandegários, etc.) de entregar os bens nas docas no porto definido.

Export-Import Bank (Ex-Im Bank). Uma agência do governo norte-americano criada para financiar e facilitar importações e exportações.

Exposição competitiva. Ver Exposição operacional.

Exposição contábil. O potencial para uma mudança de ordem contábil no capital próprio dos proprietários resultante de mudanças nas taxas de câmbio e a necessidade de refazer as demonstrações financeiras de subsidiárias estrangeiras nma moeda da empresa matriz. Ver também Exposição de conversão.

Exposição de conversão. Um outro nome para exposição contábil. Ver Exposição contábil.

Exposição de transação. O potencial de uma variação no valor de obrigações financeiras pendentes que se assumiram antes de uma variação nas taxas de câmbio, mas que não têm que ser pagas até depois da mudança nessas taxas.

Exposição econômica. Um outro nome para exposição operacional. Ver Exposição operacional.

Exposição operacional. O potencial para uma variação nos fluxos de caixa esperados, e, assim, no valor de uma subsidiária estrangeira em decorrência de uma variação inesperada nas taxas de câmbio. Também chamada de exposição econômica.

Exposição tributária. O potencial de obrigações fiscais sobre determinado fluxo de renda ou sobre o valor de um ativo. Normalmente usada no contexto de uma empresa multinacional ser capaz de minimizar suas obrigações fiscais localizando alguma fração das operações em um país em que as obrigações fiscais sejam minimizadas.

Expropriação. Embargo oficial de propriedades privadas pelo governo, reconhecido pelo direito internacional como um direito de qualquer estado soberano contanto que os proprietários expropriados recebam uma compensação imediata e justo valor de mercado em moedas conversíveis.

Facilidade bancária internacional (IBF). Um departamento dentro de um banco norte-americano que pode aceitar depósitos estrangeiros e conceder empréstimos a tomadores estrangeiros como se fosse uma subsidiária estrangeira. As IBFs são livres das exigências de reserva norte-americanas, seguro de depósito e regulamentações quanto às taxas de juros.

Facilidade de emissão de notas (NIF). Um acordo através do qual um sindicato de bancos indica sua disposição a aceitar notas de curto prazo de mutuários e revender essas notas nos mercados de euromoedas. A taxa de desconto geralmente é atrelada a LIBOR.

Factoring. Empresas especializadas, conhecidas como empresas de *factoring*, compram contas a receber com desconto com base em um sistema com recurso ou sem recurso.

FAF. *Fly away free.* Termo do comércio internacional.

FAQ. *Free at quay* **ou livre no cais.** Termo do comércio internacional.

FAS. *Free alongside ship* **ou livre ao lado do navio.** Um termo do comércio internacional em que o preço cotado do vendedor para seus bens inclui todos os custos de entrega dos bens ao lado de um navio no porto de embarque.

FASB 52. Uma regulamentação da Comissão de Padrões de Contabilidade Financeira norte-americana que exige que empresas dos EUA convertam as demonstrações financeiras de subsidiárias estrangeiras pelo método da taxa corrente (taxa de fechamento). A FASB 52 entrou em vigor em 1981.

FASB 8. Uma regulamentação da Comissão de Padrões de Contabilidade Financeira norte-americana que exige que empresas dos EUA convertam as demonstrações financeiras de afiliadas estrangeiras pelo método temporal. A FASB 8 esteve em vigor de 1976 a 1981. Ainda é usada em circunstâncias específicas.

FI. *Free in.* Termo do comércio internacional que significa que todas as despesas para carregar mercadorias para a bordo de um navio se aplicam a conta do consignatário.

Filial. Uma operação estrangeira não incorporada no país anfitrião, ao contrário de uma subsidiária.

Financiamento de projetos. Arranjo de financiamento de projetos de capital de longo prazo de grande escala, longa vida e geralmente de alto risco.

Financiamento temporário. Financiamento de curto prazo de um banco, usado enquanto um tomador obtém um outro financiamento de médio ou longo prazo com taxas fixas nos mercados de capitais.

Financiamento vinculado. Ver Empréstimo *back-to-back* ou *Fronting loan* (empréstimo por adiantamento).

First in, first out **(FIFO).** Uma abordagem de avaliação de estoques em que o custo das primeiras compras do estoque são cobrados das vendas correntes. O oposto é LIFO, ou *last in, first out*.

Flutuação administrada. Um país permite que sua moeda seja negociada dentro de certa faixa de taxas de câmbio.

Flutuação suja. Um sistema de taxas de câmbio flutuantes (i.e., determinadas pelo mercado) em que o governo intervém de tempos em tempos para influenciar o valor cambial de sua moeda.

FOB. *Free on board* **ou livre a bordo.** Termo do comércio internacional em que o preço cotado do exportador inclui o custo de carregar os bens a bordo dos navios em determinado local.

Foreign Credit Insurance Association (FCIA). Uma associação não constituída em sociedade de seguradoras privadas, em cooperação com Export-Import Bank of the United States, que fornece seguro de crédito para exportação a empresas norte-americanas.

Forfaiting. Uma técnica para arranjar financiamentos para exportação de médio prazo sem recurso, usado mais frequentemente para financiar importações para a Europa Oriental. Uma terceira parte, normalmente uma instituição financeira especializada, garante o financiamento.

Fronting loan **(empréstimo por adiantamento).** Um empréstimo da matriz para a subsidiária que é realizado através de um intermediário financeiro como um grande banco internacional a fim de reduzir os riscos políticos. Presumivelmente, as autoridades governamentais têm menos chances de evitar que uma subsidiária estrangeira pague um banco estabelecido do que sua empresa matriz.

Fuga de capital. Movimento de fundos para fora de um país devido a riscos políticos.

Fundo Monetário Internacional (FMI). Uma organização internacional criada em 1944 para promover estabilidade na taxa de câmbio e oferecer financiamento temporário para países que estiverem passando por dificuldades com a balança de pagamentos.

Fundos bloqueados. Fundos na moeda de um país que não podem ser cambiados livremente por moedas estrangeiras devido a controles cambiais.

Futuros, ou contratos de futuros. Contratos negociados na bolsa de valores exigindo a entrega futura de uma quantidade padrão de qualquer bem, como por exemplo, moedas estrangeiras, com um momento, local e preço fixos.

Gama. Uma medida da sensibilidade do índice delta de uma opção a variações de pequenas unidades no preço do título subjacente.

Gap risk. Um tipo de taxa de juros em que o momento dos vencimentos é mal articulado.

Gerenciamento da cadeia de suprimentos. Uma estratégia que se foca na redução de custos através de importações de locais menos custosos com salários mais baixos.

Governança corporativa. A relação entre os interessados ou *stakeholders* de uma empresa usada para determinar e controlar a direção estratégica e desempenho de uma organização.

Hedge. A compra de um contrato (incluindo câmbio a termo) ou bens tangíveis que aumentem em valor e neutralizem uma queda no valor de outro contrato ou bens tangíveis. *Hedges* são empreendidos para reduzir riscos através da proteção do proprietário contra perdas.

Hedge **de mercado monetário.** O uso de empréstimos em moeda estrangeira para reduzir a exposição de transação ou a exposição cambial contábil.

Hedge **do balanço patrimonial.** Uma estratégia contábil que exige um igual valor de ativos e passivos expostos em moeda estrangeira no balanço patrimonial consolidado de uma empresa.

Hipoteca "subprime". Os mutuários *subprime* têm um risco de inadimplência percebido mais alto, normalmente em decorrência de elementos de seu histórico creditício que podem incluir falência, incumprimento de crédito, inadimplência ou simplesmente um mutuário com experiência ou histórico de dívida limitado. Elas são quase que exclusivamente estruturas de taxa flutuante, e carregam *spreads* de taxa de juros significativamente mais altos do que bases de flutuação como a LIBOR.

Hipoteca Alt-A. Um tipo de hipoteca que, apesar de não ser *prime*, é considerada um empréstimo de risco consideravelmente baixo a um mutuário com capacidade creditícia, mas que não possui algumas qualificações técnicas para ser classificada como "conforme".

Hipotecas "prime". Uma hipoteca classificada como conforme (também chamados de empréstimos convencionais), o que significa que ela atende as exigências para revenda para as Empresas subsidiadas pelo Governo (GSEs) Fannie Mae e Freddie Mac.

IMM. Mercado Monetário Internacional. Uma divisão da Bolsa Mercantil de Chicago.

Impossível trindade. Uma moeda ideal teria estabilidade, total integração financeira e independência monetária.

Imposto *ad valorem.* Um imposto alfandegário cobrado como porcentagem do valor avaliado dos bens que entram em um país.

Imposto considerado pago. A fração de impostos pagos a um governo estrangeiro que é oferecida como crédito (redução) nos impostos devidos ao governo local.

Imposto sobre valor agregado. Um tipo de imposto sobre vendas nacionais cobrado em cada etapa de produção ou venda de bens de consumo, e em proporção ao valor agregado durante essa etapa.

Incerteza macroeconômica. Sensibilidade da exposição operacional as principais variáveis macroeconômicas, como taxas de câmbio, taxas de juros e taxas de inflação.

Índice de Sharpe. Calcula o retorno médio acima da taxa de retorno livre de risco por unidade de risco da carteira. Usa o desvio padrão do retorno total de uma carteira como a medida de risco.

Índice de Treynor. Um cálculo do retorno médio acima da taxa de retorno livre de risco por unidade de risco de carteira. Usa o beta da carteira como a medida de risco.

Instrumento negociável. Uma cobrança documentária ou nota promissória por escrito, assinada pela criadora ou geradora, que contém uma promessa incondicional ou ordem de pagamento de uma quantia em dinheiro definida mediante solicitação ou em uma data futura determinável e é pagável a um beneficiário específico ou ao portador. O detentor de um ionstrumento negociável tem direito ao pagamento apesar de quaiquer desacordos pessoais entre o sacado e o sacador.

Internalização. Uma teoria de que o ingrediente principal para manter a vantagem competitiva específica a uma empresa na concorrência internacional é a posse de informações proprietárias e o controle de um capital humano que possa gerar novas informações através de experiência em pesquisas, gerenciamento, *marketing* ou tecnologia.

In-the-money. Circunstância em que uma opção é lucrativa, excluindo o custo do prêmio, se exercida imediatamente.

Investimento estrangeiro direto (IED). Compra de ativos físicos, como fábrica e equipamentos, em um país estrangeiro, a serem gerenciados pela empresa matriz. O IED é distinto do investimento estrangeiro em carteira.

Investimento internacional em carteira. Compra de ações e títulos de dívida estrangeiros, em contraste a investimento estrangeiro direto.

Investimento totalmente novo (*greenfield*). Um investimento inicial em uma nova subsidiária estrangeira sem nenhuma operação anterior nesse local. Contrasta com uma nova subsidiária criada pela compra de uma operação já existente. Assim, um investimento *greenfield* começa, conceitualmente, se não literalmente, com um investimento a partir do zero, ou seja, "novo em folha" (*green field*).

Joint venture. Um empreendimento empresarial de propriedade de duas ou mais entidades, geralmente de diferentes países.

Lambda. Uma medida da sensibilidade de um prêmio de opção a uma variação de uma unidade na volatilidade.

Last in, first out **(LIFO).** Uma abordagem de avaliação de estoques em que o custo das últimas compras de estoque são pagas com as vendas correntes. O oposto é FIFO, ou *first in, first out.*

Lei do preço único. O conceito de que se um produto ou serviço idêntico pode ser vendido em dois mercados diferentes, e não houver restrições sobre a venda ou custo de transportes para a movimentação do produto entre os mercados, o preço do produto deverá ser o mesmo em ambos os mercados.

Lei Sarbanes-Oxley. Uma leia provada em 2002 para regulamentar a governança corporativa nos Estados Unidos.

Lei sobre práticas de corrupção no exterior de 1977. Uma lei norte-americana que pune empresas e seus executivos se eles pagarem subornos ou fizerem outros tipos de pagamentos impróprios a estrangeiros.

Letra de câmbio (B/E, *bill of exchange***).** Uma requisição por escrito solicitando que uma parte (como um importador) pague um valor especificado em um momento especificado ao emissor da letra. Também chamada de cobrança documentária. Ver cobrança documentária a vista.

Liquidez de mercado. O quanto uma empresa pode emitir um novo título sem deprimir o preço de mercado existente, além de o quanto uma variação no preço de seus títulos gera um fluxo substancial de demanda.

Listagem. A listagem de ações ordinárias em duas ou mais bolsas de valores.

Macrorisco. Ver Risco específico de um país.

Marcação a mercado. A condição em que o valor de um contrato futuro é atribuído um valor de mercado diariamente e todas as mudanças de valor são pagas em espécie diariamente. O valor do contrato é reavaliado usando o preço de fechamento do dia. O valor a ser pago é chamado de margem de variação.

Margem. Um depósito feito como garantia de uma transação financeira, caso contrário, financiada com crédito.

Maximização da riqueza da corporação. A meta corporativa de maximizar a riqueza total da corporação em vez de apenas a riqueza dos acionistas. Riqueza é definida de modo a incluir não somente a riqueza financeira, mas também a riqueza técnica, de *marketing* e de recursos humanos da corporação.

Maximização da riqueza do acionista. A meta corporativa de maximizar o valor total do investimento dos acionistas na empresa.

Mecanismo da taxa de câmbio (ERM). O meio através do qual os membros do SME mantinham suas taxas de câmbio dentro de uma faixa acordada em relação as moedas de outros membros.

Medidas aduaneiras de ajustamento. A prática fiscal, sob o Acordo Geral de Tarifas e Comércio (GAAT), através da qual bens importados estão sujeitos parcial ou integralmente aos impostos cobrados no país importador e bens reexportados estão isentos parcial ou integralmente dos impostos cobrados no país exportador.

Mercado comum. Uma associação através de tratado de dois ou mais países que concordam em remover todas as barreiras comerciais entre si. O mais conhecido é o Mercado Comum Europeu, hoje chamado de União Europeia.

Mercado de balcão. Um mercado de ações, opções (incluindo opções em moeda estrangeira), ou outros contratos financeiros realizados atravees de conexões eletrônicas entre operadores. O mercado de balcão não possui local ou endereço físico e, assim, é diferenciada de bolsas de valor organizadas que possuem um local físico onde as negociações ocorrem.

Mercado eficiente. Um mercado em que todas as informações relevantes jea estejam refletidas em preços de mercado. O termo é mais frequentemente aplicável a mercados de câmbio e a mercados de títulos.

Mercado Monetário Internacional (MMI). Uma filial da Bolsa Mercantil de Chicago que se especializa em cambiar moeda e contratos de futuros financeiros.

Mercado negro (ou paralelo). Um mercado de câmbio ilegal.

Mercado paralelo. Um mercado de câmbio não oficial tolerado por um governo, mas não oficialmente sancionado. O limite exato entre um mercado paralelo e um mercado negro não é muito claro, mas a tolerância oficial do que, caso contrário, seria um mercado negro, leva ao uso do termo mercado paralelo.

Mercados de capitais. Os mercados financeiros de vários países em que vários tipos de dívidas de longo prazo e/ou títulos de propriedade ou direitos a esses títulos são comprados e vendidos.

Mercados monetários. Os mercados financeiros em vários países nos quais vários tipos de instrumentos de dívida de curto prazo, incluindo empréstimos bancários, são comprados e vendidos.

Método corrente/não corrente. Um método de conversão das demonstrações financeiras de subsidiárias estrangeiras para a moeda de divulgação da empresa matriz. Todos os ativos e passivos circulantes são convertidos pela taxa de câmbio corrente, e todas as contas não correntes são convertidas por suas taxas históricas.

Método da taxa corrente. Um método de conversão das demonstrações financeiras de subsidiárias estrangeiras para a moeda de divulgação da empresa matriz. Todos os ativos e passivos são convertidos pela taxa de câmbio corrente.

Método monetário/não monetário. Um método de conversão da demonstração financeiras de subsidiárias estrangeiras para a moeda de relatório da empresa matriz. Todas as contas monetárias são convertidas pela taxa corrente e todas as contas não monetárias são convertidas segundo suas taxas históricas. As vezes chamado de método temporal nos Estados Unidos.

Método temporal. Nos Estados Unidos, termo de uma condificação de um método de conversão essencialmente similar ao método monetário/não monetário.

Microrisco. Ver Risco específico a uma empresa.

Minidesvalorizações. Um sistema de câmbio em que a taxa de câmbio é ajustada muito frequentemente para refletir a taxa de inflação prevalecente.

Mobilidade de capital. O grau de liberade com que o capital privado se movimenta de um país para outro em busca das oportunidades de investimento mais promissoras.

Modelo de Precificação de Ativos Financeiros (CAPM). Um modelo teórico que relaciona o retorno sobre um ativo a seu risco, onde o risco é a contribuição do ativo para a volatilidade de uma carteira. Risco e retorno são presumivelmente determinados em mercados financeiros competitivos e eficientes.

Modelo de Precificação de Ativos Financeiros Internacional. Uma estratégia em que a principal distinção na estimação do custo de capital próprio para uma empresa individual usando uma versão internacionalizada do Modelo de Precificação de Ativos Financeiros é a definição de "mercado" e um recálculo do beta da empresa desse mercado.

Moeda conversível. Uma moeda que possa ser cambiada livremente por qualquer outra moeda sem restrições impostas pelo governo.

Moeda de relatório. No contexto da conversão de demonstrações financeiras, a moeda em que uma empresa matriz prepara suas próprias demonstrações financeiras. Normalmente é a moeda local da empresa matriz.

Moeda forte. Uma moeda livremente conversível que não se espera que venha ter seu valor depreciado em um futuro próximo.

Moeda fraca. Uma moeda cujo valor espera-se que venha a cair em relação a outras moedas. O livre comércio em uma moeda considerada fraca é geralmente restringido pelas autoridades monetárias do país emissor.

Moeda funcional. No contexto de converter demonstrações financeiras, a moeda do ambiente econômico primário em que uma subsidiária estrangeira opera e na qual gera fluxos de caixa.

Moeda supervalorizada. Uma moeda com um valor cambial corrente (i.e., preço corrente no mercado de câmbio) mais alto do que o valor dessa moeda. Como "valor" é um conceito subjetivo, a supervalorização é uma questão de opinião. Se o euro tiver um valor corrente de US$1,20 (i.e., a taxa de câmbio corrente é US$1,20/€) em um momento em que seu valor "real" decorrente da paridade do poder aquisitivo ou algum outro método é considerado como US$1,10, o euro estará supervalorizado. O oposto de supervalorizado é subvalorizado.

Moralidade fiscal. A consideração de conduta por uma EMN para decidir se deve ou não adotar uma prática de divulgação total para as autoridades fiscais locais ou adotar a filosofia de "dançar conforme a música".

Neutralidade fiscal. Em impostos domésticos, a exigência de que a carga tributária sobre os lucros das operações no país de origem por uma EMN seja igual a carga tributária sobre cada equivalente monetário do lucro obtido pela mesma empresa em suas operações estrangeiras. A neutralidade fiscal estrangeira exige que a carga tributária sobre cada subsidiária estrangeira da empresa seja igual a carga tributária sobre suas concorrentes no mesmo país.

Nota com taxa flutuante (FRN). Teitulos de médio prazo com taxas de juros atreladas a LIBOR e ajustadas trimestralmente ou semestralmente.

NPV. Ver Valor presente líquido.

NSF. Fundos insuficientes. Termo usado por um banco quando uma cobrança documentária ou cheque é sacado de uma conta que não tenha saldo de crédito suficiente.

O/A. Conta aberta. Arranjo em que o importador (ou outro comprador) paga os bens somente depois de eles terem sido recebidos e inspecionados. O importador é cobrado diretamente depois da expedição dos bens e o pagamento não é atrelado a nenhuma nota promissória ou documento similar.

Obrigações de dívidas colateralizadas (CDO). Uma carteira de instrumentos de dívida de variadas qualidades de crédito agrupadas para revenda como um título garantido por ativos. O colateral do CDO é o imóvel, aeronave, equipamento pesado ou outra propriedade para cuja compra o empréstimo foi usado.

Obrigações desmembradas. Títulos de dívida emitidos por bancos de investimento com base em cupons ou a porção do vencimento (corpus) dos títulos de dívida ao portador originais, em que o banco investimento detém a propriedade fiduciária dos títulos de dívida. Enquanto os títulos de dívida originais têm cupons que prometem pagamentos de juros a cada data (digamos, junho e dezembro de cada um dos próximos vinte anos), uma obrigação desmembrada representa um direito a todos os pagamentos de juros de toda a emissão original devida em determinada data. Uma obrigação desmembrada é, com efeito, um título de dívida de cupom zero manufaturado pelo banco de investimento.

Oferta. O preço pelo qual um operador estea disposto a vender moedas estrangeiras, títulos ou *commodities*. Também chamado de preço de oferta.

Opção americana. Uma opção que pode ser exercida a qualquer momento até a data de vencimento, inclusive.

Opção de compra. O direito, mas não a obrigação, de comprar moeda estrangeira ou algum outro ativo financeiro por um preço especificado dentro de um período de tempo especificado. Ver Opções.

Opção de venda. Uma opção de vender moeda ou contratos financeiros estrangeiros. Ver Opções.

Opção europeia. Uma opção que pode ser exercida apenas no dia em que expira.

Opções. Em câmbio, um contrato dado ao comprador o direito, mas não a obrigação, de comprar ou vender determinada quantidade de moeda estrangeira a um preço fixo por unidade por um período de tempo especificado. As opções para comprar chamam-se opções de compra e para vender, opções de venda.

Opções cambiais híbridas. Compra de uma opção de venda e a venda simultânea de uma opção de compra (ou vice-versa), de modo que o custo geral seja menor do que o custo de uma opção comum.

Operador de câmbio. Um indivíduo ou empresa que compra moeda estrangeira de uma parte (a um preço de compra), e então a vende (a um preço de venda) a uma outra parte. O operador é um principal em duas transações e lucra com o *spread* entre os preços de compra e venda.

Option collar. A realização simultânea da compra uma opção de venda e da venda de uma opção de compra, ou vice-versa, resultando em uma forma de opção híbrida.

Orçamento de caixa. Planejamento de futuros recebimentos e desembolsos de caixa.

Orçamento de capital. A abordagem analítica usada para determinar a viabilidade de investimentos em ativos ou projetos de longa vida.

Organização dos Países Exportadores de Petróleo (OPEC). Uma aliança dos principais países produtores de petróleo bruto, formada com a finalidade de alocar e controlar as cotas de produção de modo a influenciar o preço de petróleo bruto nos mercados mundiais.

Originar e distribuir (OTD). Uma prática comum no mercado imobiliário norte-americano durante o *boom* imobiliário ocorrido entre 2001–2007 em que um credor ou originador imobiliário concede empréstimos com a finalidade expressa de revenda imediata.

Out-of-the-money. Uma opção que não seria lucrativa, excluindo o custo do prêmio, se exercida imediatamente.

Padrão ouro. Um sistema monetário em que as moedas são definidas em termos de seu conteúdo de ouro e pagamentos entre países são realizados em ouro.

Países hiperinflacionados. Países com uma taxa de inflação muito alta. Sob a FASB 52, dos Estados Unidos, eles são definidos como países em que a inflação acumulada de três anos chega a 100% ou mais.

Paradigma OLI. Uma tentativa de criar um modelo geral para explicar por que as EMNs escolhem o investimento estrangeiro direto em vez de atender aos mercados estrangeiros através de modos alternativos como licenciamentos, *joint ventures*, alianças estratégicas, contratos de gerenciamento e exportação.

Paraíso fiscal. Um país isento de tributação ou com alíquotas fiscais muito baixas que usa sua estrutura fiscal para atrair investimento estrangeiro ou transações financeiras internacionais.

Paridade das taxas de juros. Uma teoria de que as diferenças nas taxas de juros nacionais de títulos de risco e vencimento similares devem ser iguais, mas com sinal oposto (positivo ou negativo) ao desconto ou prêmio da taxa de câmbio a termo da moeda estrangeira.

Paridade do poder de compra. Uma teoria de que o preço de *commodities* comercializadas internacionalmente deve ser o mesmo em cada país e, logo, a taxa de câmbio entre as duas moedas deve ser um índice dos preços nos dois países.

Paridade relativa do poder de compra. Uma teoria de que se a taxa de câmbio a vista entre dois países começar no equilíbrio, qualquer variação no diferencial da taxa de inflação entre eles tenderá a ser neutralizada no longo prazo por uma variação igual, mas oposta, na taxa de câmbio a vista.

Participação a termo. Uma posição de opção complexa que combina uma opção de venda comprada e uma opção de compra vendida pelo mesmo preço de realização para criar uma posição líquida zero. Também chamado de Opção de índice custo zero e Acordo de participação a termo.

Pi. A variação esperada em um prêmio de opção causada por uma pequena variação na taxa de juros estrangeira (taxa de juros de moedas estrangeiras).

Planejamento de crises. O processo de instruir a gerência e outros funcionários sobre como reagir a vearias situações de violência ou outros eventos tumultuosos.

Ponto-base. Um centésimo de um ponto percentual, geralmente usado em cotações de *spreads* entre taxas de juros ou para descrever alterações nos rendimentos de títulos.

Pontos. As menores unidades de variação de preço cotada, dado um número convencional de dígitos em que uma cotação é declarada.

Posição comprada. Uma posição em que os ativos em moeda estrangeira excedem os passivos em moeda estrangeira. O oposto de posição comprada é posição vendida.

Posição vendida. Ver Posição comprada.

Preço de compra. O preço que um operador está disposto a pagar para comprar moeda estrangeira ou um título.

Preço de transferência. A determinação de preços a serem cobrados por uma unidade (como uma subsidiária estrangeira) de uma corporação multinacional a uma outra unidade (como a empresa matriz) de bens ou serviços vendidos entre tais unidades relacionadas.

Preço de venda americano (ASP). Para fins alfandegários, o uso do preço doméstico de mercadorias concorrentes nos Estados Unidos como base tributária para determinar impostos de importação. O ASP é geralmente maior do que o preço estrangeiro real, então seu uso é uma técnica protecionista.

Preço de venda. O preço pelo qual um operador de câmbio está disposto a vender moeda estrangeira, títulos ou *commodities*. Também chamado de preço de oferta.

Preço isolado. O preço pelo qual um comprador e um vendedor não relacionado concordam livremente em realizar uma transação. Com efeito, um preço de livre mercado. Aplicado pelas autoridades fiscais ao avaliar o quanto os preços de transferência entre empresas relacionadas é apropriado.

Prêmio de risco. O retorno anual médio do mercado esperado pelos investidores acima da dívida livre de risco.

Prêmio. Em um mercado de câmbio, o quanto uma moeda é mais cara para entrega futura do que para entrega a vista (imediata). O oposto de prêmio é desconto.

Previsor não viesado. Uma teoria de que os preços a vista em alguma data futura serão iguais as taxas a termo de hoje.

Principal nocional. O tamanho de um contrato derivativo, em valor monetário total, usado em contratos futuros contratos a termo, contratos de opções ou acordos de *swap*.

Princípios Contábeis Geralmente Aceitos (GAAP). Princípios contábeis aprovados para empresas norte-americanas, definidos pela Comissão de Padrões de Contabilidade Financeira norte-americana (FASB).

Protecionismo. Uma atitude política ou política cujo objetivo é inibir ou proibir a importações de bens e serviços estrangeiros. O oposto de políticas de livre comércio.

Range forward. Uma posição de opção complexa que combina a compra de uma opção de venda e a venda de uma opção de compra com preços de realização equidistantes da taxa a termo. Também chamado de contrato a termo flexível, opção de cilindro, *option fence*, *mini-max* e túnel de custo zero.

Reavaliação. Um aumento no valor cambial de uma moeda que é atrelada a outras moedas ou ao ouro. Também chamado de apreciação.

Recibo depositário. Ver American Depositary Receipt.

Regra 144A da SEC. Permite que compradores institucionais qualificados negociem títulos de colocação privada sem exigir registro junto a SEC.

Regras do jogo. A base da determinação das taxas de câmbio sob o padrão ouro internacional durante a maior parte dos séculos XIX e XX. Todos os países concordavam informalmente em seguir as regras de comprar e vender sua moeda por um preço fixo e pré-determinado em relação ao ouro.

Rendimento até o vencimento. A taxa de juros (desconto) que iguala os fluxos de caixa futuros de um título de dívida, tanto de juros quanto do principal, ao seu preço de mercado presente. O rendimento até o vencimento é, assim, a taxa de retorno corrigida pelo tempo obtida por um investidor em títulos de dívida.

Repasse da taxa de câmbio. Até que ponto os preços de bens importados e exportados variam em decorrência de mudanças nas taxas de câmbio.

Reposicionamento de fundos. O movimento de fundos de uma moeda ou país para outra moeda ou país. Uma EMN enfrenta diversas restrições políticas, fiscais, cambiais e de liquidez que limitam sua capacidade de movimentar fundos facilmente e sem custo.

Retorno aritmético. Média das variações percentuais anuais na apreciação de capital mais distribuições de dividendos.

Retorno de fluxo de caixa sobre investimento (CFROI). Uma medida de desempenho corporativo em que o numerador é igual ao lucro de operações continuadas menos impostos e depreciação sobre o caixa. Isso é dividido pelo investimento em caixa, que significa a substituição do custo de capital empregado.

Retorno geométrico. Um cálculo que usa os retornos inicial e final pra calcular a taxa média anual de crescimento composto, similar a uma taxa interna de retorno.

Retorno total ao acionista (TSR). Uma medida de desempenho corporativo baseada na soma da apreciação do preço das ações e dividendos correntes.

Risco. A probabilidade de que um resultado real seja diferente de um resultado esperado. O resultado real poderia serm melhor opu pior do que o esperado (risco bilateral), apesar de, na prática, o risco ser mais utilizado apenas no contexto de um resultado adverso (risco unilateral). Pode existir riscos para quaisquer situações incertas futuras, inclusive taxas a vista futuras ou os resultados de eventos políticos.

Risco cambial. A probabilidade de que uma variação inesperada nas taxas de câmbio altere o valor da moeda doméstica de pagamentos em moeda estrangeira esperados de uma fonte estrangeira. Além disso, a probabilidade de que uma variação inesperada nas taxas de câmbio altere a quantidade de moeda doméstica necessária para pagar uma dívida denominada em uma moeda estrangeira.

Risco comercial. Em transações bancárias, a probabilidade de que um devedor estrangeiro não consiga pagar suas dívidas devido a eventos comerciais, em distinção a eventos políticos.

Risco de base. Um tipo de risco de taxa de juros em que a base da taxa de juros não é casada.

Risco de contrapartes. A exposição potencial de qualquer empresa individual de que a segunda parte de qualquer contrato financeiro possa nnao conseguir cumprir suas obrigações especificadas no contrato.

Risco de crédito. A possibilidade de que a capacidade creditícia de um mutuário, no momento de renovar um crédito, seja reclassificada pelo credor.

Risco de reprecificação. O risco de variações nas taxas de juros cobradas ou auferidas no momento em que a taxa de um contrato financeiro é redeterminada.

Risco específico de um país. Riscos políticos que afetam a EMN no nível do país, como riscos de transferência (fundos bloqueados) e riscos culturais e institucionais.

Risco não sistemático. Em uma carteira, a quantidade de risco que pode ser eliminada pela diversificação.

Risco político. A possibilidade de que eventos políticos em determinado país influencie o bem-estar econômico das empresas daquele país. Ver também Risco soberano.

Risco sistemático. Na teoria de carteiras, o risco do mercado propriamente dito, i.e., riscos que não podem ser diversificados.

Risco soberano. O risco de que um governo anfitrião possa repudiar unilateralmente suas obrigações estrangeiras ou possa evitar que empresas locais honrem suas obrigações estrangeiras. O risco soberano geralmente é visto como um subconjunto dos riscos políticos.

Risco-país. Em transações bancárias, a probabilidade de que eventos inesperados em um país anfitrião influenciem a capacidade de um cliente ou de um governo de pagar um empréstimo. O risco-país geralmente é dividido entre risco soberano (político) e risco cambial (moeda).

Riscos específicos a uma empresa. Riscos políticos que afetam a EMN no nível do projeto ou no nível corporativo. O risco de governança devido a conflitos de objetivos entre uma EMN e seu governo anfitrião é o principal risco político específicos a uma empresa.

Riscos específicos de transações globais. Riscos políticos que se originam no nível global, como terrorismo, o movimento anti-globalização, questões ambientais, pobreza e ataques cibernéticos.

Rô. A variação esperada em um prêmio de opção causada por uma pequena variação na taxa de juros doméstica (taxa de juros da moeda local).

Saldo básico. Na balança de pagamentos de um país, o valor líquido das exportações e importações de bens e serviços, transferências unilaterais e fluxos de capital de longo prazo.

Seção 482. O conjunto de regulamentações do Tesouro dos EUA que governa os preços de transferência.

Securitização. A substituição de empréstimos não negociáveis (como empréstimos bancários diretos) por títulos negociáveis (como notas e títulos de dívida negociáveis na bolsa de valores), de modo que o risco possa se diluir entre muitos investidores, cada um dos quais podendo adicionar ou subtrair a quantidade de risco corrida através da compra ou venda do título negociável.

Segmentação de mercado. A divergência dentro de um mercado nacional de taxas de retorno exigidas. Se todos os mercados de capitais estiverem totalmente integrados, títulos de retorno e risco esperados comparáveis devem ter a mesma taxa de retorno exigido em cada mercado nacional depois de corrigir pelos riscos cambiais e políticos.

Seguro de crédito para exportação. Fornece garantia ao exportador ou ao banco do exportador de que, caso o cliente estrangeiro seja inadimplente no pagamento, a seguradora pagará a maior parte da perda. Ver também Foreign Credit Insurance Association (FCIA).

Serviços compartilhados. Uma taxa para compensar a matriz por custos incorridos no gerenciamento geral de operações internacionais e por outros serviços corporativos prestados a subsidiárias estrangeiras que tem que ser recuperada pela empresa matriz.

SIBOR. Taxa interbancária de Cingapura.

SIMEX. Bolsa de Valores de Cingapura.

Sistema Interbancário de Pagamentos da Câmara de Compensação de Nova York (CHIPS). Um sistema de compensação computadorizado, sediado em Nova York, usado pelos bancos para compensar obrigações cambiais interbancárias (a maioria em dólares americanos) entre seus membros.

Sistema Monetário Europeu (SME). Uma aliança monetária de quinze países europeus (os mesmos membros da União Europeia).

Sistema monetário internacional. A estrutura dentro da qual são determinadas as taxas de câmbio, são acomodados o comércio internacional e fluxos de capital e são feitos ajustes na balança de pagamentos.

SIV. Veículo de Investimento Estruturado. O SIV é uma entidade fora do balanço patrimonial inicialmente criado pelo Citigroup em 1988. Foi projetado para permitir a um banco criar uma entidade de investimentos que investiria em ativos de longo prazo e alta rentabilidade como títulos de dívida de grau especulativo, títulos com lastro em hipoteca (MBSs) e obrigações de dívida colateralizadas (CDOs), financiando a si mesmo através de emissões de papéis comerciais (CP).

Sociedade para Telecomunicações Financeiras Interbancárias Globais (SWIFT). Uma rede de computadores dedicada que envia mensagens de transferências de fundos entre bancos-membro em todo o mundo.

Spread. A diferença entre a cotação de compra e a cotação de venda.

Spread **de compra e venda.** A diferença entre uma cotação do preço de compra e uma cotação do preço de venda.

Subparte F. Um tipo de renda estrangeira, segundo a definição do código fiscal norte-americano, que sob certas condições é tributada imediatamente nos Estados Unidos apesar de não ter sido repatriada aos Estados Unidos. É renda de um tipo que, caso contrário, seria facilmente enviada ao exterior para evitar a tributação corrente.

Subsidiária. Uma operação estrangeira incorporada no país anfitrião e com participação proprietária de 50% ou mais por uma empresa matriz. As operações estrangeiras que não são incorporadas são chamadas de filiais.

Subsidiária financeira *offshore*. Uma subsidiária financeira estrangeira de propriedade de uma corporação de outro país. As subsidiárias financeiras *offshore* normalmente são localizadas em jurisdições isentas de impostos ou de baixos impostos para permitir que a empresa multinacional matriz financie operações internacionais sem estar sujeita a impostos ou regulamentações do país de origem.

Subvalorizado. O *status* de uma moeda com um valor cambial corrente (i.e., preço corrente no mercado de câmbio) abaixo do valor dessa moeda. Como "valor" é um conceito subjetivo, a subvalorização é uma questão de opinião. Se o euro tiver um valor de mercado corrente de US$1,20 (i.e., a taxa de câmbio corrente é de US$1,20/€) em uma época em que seu valor "real" decorrente da paridade do poder aquisitivo ou algum outro método for considerado como US$1,30, o euro estará subvalorizado. O oposto de subvalorizado é supervalorizado.

***Swap*.** Este termo é usado em muitos contextos. Em geral, é a compra e venda simultânea de moeda estrangeira ou títulos, com a compra executada imediatamente e a venda de volta a mesma parte, realizada por um preço acordado, a ser concluída em uma data futura especificada. Os *swaps* incluem *swaps* da taxa de juros, *swaps* de moedas, e *swaps* de crédito. Uma taxa de *swap* é uma cotação cambial a termo expressa em termos do número de pontos pelos quais a taxa a termo diferen da taxa a vista.

***Swap* cruzado de moeda.** Ver *Swap* de moeda.

***Swap* de moeda.** Uma transação em que duas contrapartes trocam quantias específicas de duas moedas diferentes no início, e então pagam ao longo do tempo, de acordo com um contrato acordado que reflete pagamentos de juros e possivelmente amortização do principal. Em um *swap* de moeda, os fluxos de caixa são similares aos fluxos de caixa em uma transação cambial a vista ou a termo. Ver também *Swap*.

***Swap* de taxa de juros.** Uma transação em que duas contrapartes trocam fluxos de pagamentos com juros de diferente caráter (como flutuantes *versus* fixos), com base em um valor principal nocional subjacente.

***Swaps* de inadimplência creditícia (*Credit Default Swap*).** Um contrato derivativo que tem seu valor decorrente da qualidade de crédito e desempenho de qualquer ativo específico. O CDS foi inventado por uma equipe do JPMorgan em 1997, e projetado para transferir o risco de inadimplência a terceiros. É uma maneira de apostar se determinada hipoteca ou título deixará de ser paga a tempo ou simplesmente não será paga.

***Swaps* de taxa de juros.** Acordos contratuais para cambiar ou fazer *swap* de uma série de fluxos de caixa com juros.

SWIFT. Ver Sociedade para Telecomunicações Financeiras Interbancárias Globais.

T/A. Aceite comercial. Termo do comércio internacional.

Tarifa. Um imposto ou taxa sobre importações que pode ser cobrado como uma porcentagem do custo ou como um valor específico por unidade de importação.

Taxa a termo. Uma taxa de câmbio cotada para compensação em alguma data futura. A taxa usada em uma transação a termo.

Taxa a vista. O preço pelo qual uma moeda estrangeira pode ser comprada (seu preço de compra) ou vendida (seu preço de venda) em uma transação a vista. Ver Transação a vista.

Taxa bancária. A taxa de juros segundo a qual os bancos centrais de vários países concedem empréstimos para suas próprias instituições financeiras.

Taxa cruzada. Uma taxa de câmbio entre duas moedas calculada através da divisão da taxa de câmbio de cada moeda por uma terceira moeda. Por exemplo, se ¥/US$ é 108 e DKr/US$ é 6,80, a taxa cruzada entre ¥ e DKr é ¥108 ÷ DKr6,80 = ¥15,88/DKr.

Taxa de câmbio. O preço de uma unidade da moeda de um país expresso em termos da moeda de algum outro país.

Taxa de câmbio efetiva. Um índice que mede a variação no valor de uma moeda estrangeira determinado pelo cálculo da média ponderada de taxas de câmbio bilaterais. O cálculo ponderado reflete a importância do comércio de cada país estrangeiro com o país doméstico.

Taxa de câmbio estrangeiro. O preço da moeda de um país em termos de uma outra moeda, ou em termos de uma *commodity* como ouro ou prata. Ver também Taxa de câmbio.

Taxa de câmbio histórica. Em contabilidade, a taxa de câmbio em vigor quando um ativo ou passivo foi adquirido.

Taxa de câmbio nominal. A cotação cambial real, em contraste a taxa de câmbio real, que é corrigida de modo a refletir mudanças no poder aquisitivo.

Taxa de câmbio real. Um índice cambial ajustado de modo a refletir variações relativas no nível dos preços a partir de um ponto-base no tempo, tipicamente um mês ou um ano. Às vezes chamada de taxa de câmbio efetiva real, é usada para medir variações nas taxas de câmbio corrigidas pelo poder aquisitivo.

Taxa de desconto de capital próprio (*all-equity discount rate*). Uma taxa de desconto em orçamento de capital que seria apropriada para descontar fluxos de caixa operacionais se o projeto fosse financiado inteiramente com o capital próprio dos proprietários.

Taxa de referência. A taxa de juros usada em cotações padronizadas, acordos de empréstimos ou avaliações de derivativos financeiros.

Taxa Interbancária do Mercado de Londres (LIBOR). A taxa de depósito aplicável a empréstimos interbancários em Londres. A LIBOR é usada como taxa de referência para muitas transações internacionais que envolvem taxas de juros.

Taxa interna de retorno (IRR). Uma abordagem do orçamento de capital em que se encontra uma taxa de desconto que faça o valor presente esperado de entradas de caixa futuras corresponder ao valor presente de saídas de caixa futuras.

Taxas de câmbio de livre flutuação. Taxas de câmbio determinadas em um livre mercado sem interferência do governo, ao contrário da flutuação suja.

Taxas de câmbio fixas. Taxas de câmbio atreladas a moeda de um país importante (como os Estados Unidos), ao ouro ou a uma cesta de moedas como os Direitos de Saque Especiais (*Special Drawing Rights*) do FMI.

Taxas de câmbio flexíveis. O oposto de taxas de câmbio fixas. A taxa de câmbio é ajustada periodicamente pelas autoridades monetárias do país de acordo com sua avaliação e/ou um conjunto externo de indicadores econômicos.

Taxas de câmbio flutuantes. Taxas de câmbio determinadas pela demanda e oferta em um mercado aberto que é presumivelmente livre da interferência governamental.

TED Spread. *Spread* do Tesouro em eurodólar. A diferença, em pontos-base, entre o índice de *swap* da taxa de juros de 3 meses ou a taxa de juros da LIBOR de 3 meses e a taxa dos bilhetes do Tesouro dos EUA, de 90 dias. Às vezes é usada como um indicador de crise de crédito ou do temor quanto à qualidade creditícia bancária.

Terceirização. Ver Gerenciamento da cadeia de suprimentos.

Termos americanos. Cotações cambiais para o dólar americano, expressas como o número de dólares americanos por unidade de moeda não americana.

Termos comerciais. O índice cambial médio ponderado entre os preços das exportações de um país e os preços de suas importações, usados para medir ganhos com o comércio. Os ganhos com o comércio referem-se a aumentos no consumo total resultantes da especialização da produção e do comércio internacional.

Termos europeus. Cotações cambiais do dólar americano, expressas como o número de unidades monetárias não americanas por dólar americano.

Teta. A variação esperada em um prêmio de opção causada por uma pequena variação no tempo até o vencimento.

Título de dívida ao portador. Dívida corporativa ou governamental na forma de títulos de dívida que não é registrada por nenhum proprietário. A posse do título de dívida implica a propriedade, e os juros são obtidos destacando-se um cupom anexado ao título. A vantagem da forma ao portador é a facilidade de transferência no momento da venda, a facilidade de uso como colateral para dívidas e o que alguns cínicos chamam de anonimato de contribuinte, que significa que os governos acham difícil monitorar os pagamentos de juros a fim de cobrar impostos de renda. Os títulos ao portador são comuns na Europa, mas raramente ainda são emitidos nos Estados Unidos. A forma alternativa de um título de dívida ao portador é um título de dívida registrado.

Título de dívida conversível. Um título de dívida ou outro título de renda fixa que possa ser trocado por determinado número de ações ordinárias.

Título de dívida de cupom zero. Um título de dívida que não paga juros periódicos, mas retorna determinado valor do principal em uma data de vencimento declarada. Os títulos de dívida de cupom zero são vendidos com desconto sobre o valor no vencimento para dar ao detentor uma taxa de retorno composta pelo período em que deteve o título.

Título de dívida estrangeiro. Um título de dívida emitido por uma corporação ou governo estrangeiro para venda no mercado de capitais doméstico de outro país, e denominado na moeda desse país.

Título de dívida registrado. Dívida corporativa ou governamental na forma de títulos de dívida em que o nome do proprietário aparece no título e nos registros do emissor e pagamentos de juros são feitos ao proprietário.

Títulos com lastro em hipoteca (MBO). Um título derivativo composto de hipotecas de imóveis residenciais ou comerciais.

Títulos de dívida canguru. Títulos de dívida denominados em dólar australiano emitidos na Austrália por um tomador estrangeiro.

Títulos de dívida dragão. Um título de dívida denominado em dólares americanos vendido nas chamadas economias do dragão (*dragon*) da Ásia, como Hong Kong, Taiwan e Cingapura.

Títulos de dívida samurai. Títulos de dívida denominados em ienes emitidos dentro do Japão por um tomador estrangeiro.

Títulos de dívida shogun. Títulos de dívida denominados em moedas estrangeiras emitidos dentro do Japão por empresas japonesas.

Títulos de dívida sushi. Títulos de dívida denominados em eurodólar ou outra moeda que não seja o iene, emitidos por uma empresa japonesa para a venda a investidores japoneses.

Títulos de dívida yankee. Títulos de dívida denominados em dólares americanos emitidos dentro dos Estados Unidos por um tomador estrangeiro.

Títulos garantidos por ativos (ABS). Um título derivativo que tipicamente inclui um segundo empréstimo hipotecário ou empréstimo garantido por hipoteca, além de contas a receber de cartão de crédito e empréstimos para compra de automóvel.

Totalizar (impostos). Ver Imposto considerado pago.

Tranche. Uma alocação de ações, tipicamente a subscritoras que provavelmente as venderão a investidores em seus mercados geográficos designados.

Transação a termo. Uma transação cambial acordada para ser compensada em uma data futura especificada, geralmente um, dois ou três meses depois da data da transação.

Transação a vista. Uma transação cambial a ser compensada (paga) no segundo dia útil a seguir.

Transparência. O quanto um investidor pode discernir as verdadeiras atividades e determinantes de valor de uma empresa das informações e resultados financeiros divulgados.

Tratado de Maastricht. Um tratado entre os 12 países da União Europeia que especificou um plano e um calendário para a introdução de uma moeda europeia única, a ser chamada euro.

Tratados fiscais. Uma rede de tratados bilaterais que gera um meio de reduzir a dupla tributação.

Tratamento da nação mais favorecida (MFN). A aplicação por um país de impostos de importação na mesma base, ou base de nação mais favorecida, para todos os países incluídos em tal tratamento. Qualquer redução tarifária concedida em uma negociação bilateral seria estendida a todas as outras nações que receberem *status* de "nação mais favorecida".

Trocas compensatórias. Um tipo de comércio internacional em que as partes trocam bens diretamente, em vez de por dinheiro, um tipo de escambo.

União Europeia (UE). O nome oficial da antiga Comunidade Econômica Europeia (CEE) a partir de 1º de janeiro de 1994.

Unidade monetária asiática. Um departamento de negociação em um banco de Cingapura que lida com depósitos e empréstimos em moeda estrangeira (de fora de Cingapura).

Unidade Monetária Europeia (ECU). Uma moeda composta criada pelo Sistema Monetário Europeu anteriormente ao euro e que foi designada a funcionar como uma moeda reserva. A ECU foi usada como numerário para denominar diversos instrumentos e obrigações financeiras.

Valor amanhã. Uma transação cambial a vista em que a entrega e pagamento são feitos no dia útil seguinte ao contrato. A entrega normal é dois dias úteis depois do contrato.

Valor Econômico Adicionado (EVA). Uma medida amplamente utilizada de desempenho financeiro de uma empresa. É calculado como a diferença entre os lucros operacionais líquidos depois dos impostos para a empresa e o custo de capital investido (capital de terceiros e capital próprio). EVA é uma marca registrada da Stern Stewart & Company.

Valor hoje. Uma transação cambial a vista em que a entrega e pagamento são feitos no mesmo dia do contrato. A entrega normal é dois dias úteis depois do contrato.

Valor intrínseco. O ganho financeiro se uma opção for exercida imediatamente.

Valor presente ajustado. Um tipo de análise de valor presente em orçamento de capital em que os fluxos de caixa operacionais são descontados separadamente (1) das várias deduções fiscais propiciadas pela dedutibilidade de juros e de outras cobranças financeiras, e (2) dos benefícios de concessões de financiamento específicos a cada projeto. Cada fluxo de caixa componente é descontado segundo uma taxa apropriada para o risco envolvido.

Valor presente líquido. Uma abordagem de orçamento de capital em que o valor presente de entradas de caixa esperadas são subtraídas do valor presente das saídas de caixa.

Vantagem comparativa. Uma teoria de que todos saem ganhando se cada país se especializar na produção daqueles bens que ele produz relativamente com mais eficiência e importar aqueles bens que outros países produzem relativamente com mais eficiência. A teoria apoia argumentos a favor do livre comércio.

Vantagem específica de uma localização. Imperfeições de mercado ou vantagens competitivas genuínas que atraem o investimento estrangeiro direto a determinados locais.

Vantagens específicas do proprietário. Uma empresa tem que ter vantagens competitivas em seu mercado doméstico. Elas podem ser específicas a empresa, não podem ser facilmente copiadas e devem ter uma forma que as permite ser transferidas a subsidiárias estrangeiras.

Volatilidade. Em conexão com opções, o desvio padrão do movimento diário do preço a vista.

Zona de livre comércio. Uma área dentro de um país para a qual bens estrangeiros podem ser trazidos com isenção de impostos aduaneiros, geralmente para fins de manufatura adicional, armazenamento de estoque ou embalagem. Tais bens estão sujeitos a impostos apenas quando deixarem a zona de livre comércio para entrar em outras partes do país.

Índice

Números

1876–1913 (padrão ouro durante), 47–48
1914–1944 (anos entre-guerras e a Segunda Guerra Mundial), 48
1944 (Bretton Woods), 48–50
1945–1973 (taxas de câmbio fixas entre), 52–53
1973–presente (arranjos monetários durante), 52–53
2001–2002 (crise argentina), 251–254
2007–2009 (crise do crédito). *Ver* crise do crédito de 2007–2009
2007 (crise de fornecimento da Mattel), 457–461
2009 (crise do crédito), 283
911, série, Porsche, 13–15, 174–175

A

A riqueza das nações (*The Wealth of Nations*), 4
A teoria geral do emprego, do juro e da moeda (*The General Theory of Employment, Interest, and Money*), 412
A/P (contas a pagar). *Ver* contas a pagar (A/P)
A/R (contas a receber), 511–512, 516–517
ABB (Asea Brown Boveri), 437
abordagem comportamental do investimento estrangeiro direto (IED), 436
abordagem do mercado de ativos
 à determinação da taxa de câmbio estrangeira, 244–245
 à previsão, de maneira geral, 245–246
 à previsão, em países extremamente desenvolvidos, 245–248
 definição, 242
abordagem do preço relativo de títulos de dívida, 244–245
abordagem do saldo da carteira, 244–245
abordagem monetária da determinação da taxa de câmbio, 244–245
abordagem mundial da tributação, 492–493
abordagens de fluxos (da balança de pagamentos), 244
ABSs (títulos garantidos por ativos), 103–104
Accounting for Derivative Instruments e Hedging Activities, 238
aceites bancários, 545–546, 550–551
aceites comerciais, 545–546, 551

ações
 ativos e, 385
 base de, 447–448
 custo das, 350–351
 emissão de, 379–381
 emissão de títulos de dívida e, 402–403
 euro, 383–384
 fundos privados, 384–385
 listagem de, 377 379
 mercados de. *Ver* mercados de ações
 obtenção de, no cenário global. *Ver* obtenção de capital próprio no cenário global
 prêmios de risco, 353–355
 tranches, 107–108
 vendas de, no exterior, 381–382
ações ordinárias, 13–15
ações preferenciaiss, 13–15
ações registradas globais (GRSs), 377–378
Acordo sobre os Aspectos dos Direitos de Propriedade Intelectual Relacionados com o Comércio (TRIPS), 452–453
acordos de investimento, 445–446
acordos de participação a termo, 297–299
acordos de taxa a termo (FRAs), 227–228
adiantamentos e atrasos intraempresariais, 315–317
adiantamentos em transferências de fundos, 315–316
administração global, definição, 3
ADRs (*Recibos Depositários Americanos*), 375–376
afiliadas estrangeiras, 439, 466
*Against the God*s, 302
agências bancárias comerciais, 528–530
agentes, 28–29
agricultura, 452–453
Ahmad, Naveed, 404–405
AIC (custo total) de empréstimos, 227
AIM (Mercado de Investimentos Alternativos), 378
ajustes acumulados de conversão (CTA), 238, 326
Alemanha, 13–13–15
álgebra
 da arbitragem de juros coberta, 183
 da lei do preço único, 182
 da paridade de juros, 183–184
 da paridade do poder aquisitivo, 182–183
 da probabilidade normal acumulada, 219
 de opções de compra europeias, 218–219
 de taxas a termo, 183

 do efeito Fisher, 184
 do efeito Fisher internacional, 184–185
alianças estratégicas
 em investimentos estrangeiros diretos, 439–440
 na obtenção de capital próprio, 386
 para obter disponibilidade de capital, 360–361
ambientes fiscais nacionais, 492–493
Amin El-Gamal, Mamoud, 404–405
análise de opções reais, 479
análise técnica, 255–256
Andrews, Edmund L., 126
anos entre-guerras e a Segunda Guerra Mundial, 1914–1944, 48
aquisições, 439–440
arbitradores, 132–133
arbitragem de juros coberta (CIA), 166–168, 183–184
arbitragem de juros descoberta (UIA), 168–169
arbitragem entre mercados, 145–147
arbitragem triangular, 145–147
Argentina
 2001 na, 251–254
 2002, crise na, 250–255
 balança de pagamentos, 97–98
 conselho de moeda na, 58, 250–252
 desvalorização na, 253–255
 repercussões sociais da crise na, 253–254
 taxas de câmbio e, 247–248
ARO (opção de taxa média), 300–301
arranjos monetários ecléticos, 52–53
Arthur Andersen, 32
Asea Brown Boveri (ABB), 437
ASO (opção de preço de exercício médio), 300–301
assistência financeira governamental para exportações, 548–550
Associação dos Banqueiros Britânicos (BBA)
 introdução à, 50–52
 LIBOR e, 117–118
 taxas de referência e, 222
ataques cibernéticos, 456–457
ativos expostos, 334, 337
ativos líquidos expostos, 341
ativos no exterior, controlando, 438–439
ativos no *offshore*, 442–443
atrasos e adiantamentos interempresariais, 315–317

atrasos em transferências de fundos, 315–316
atributos da moeda ideal, 56–58
at-the-money (ATM), opção, 190, 278–279
auditoria
   auditores realizando, 29–30
   em governanca corporativa, 36
   Enron, 39–40
aumentos de volume, 305, 307
aumentos nos preços de venda, 305, 307–308
"aussie" (dólar australiano), 140–141
Austrália, 95–97
aval, 553–554
avaliação da matriz
   mensuração da, 477–478
   orçamento de capital na, 466–467
   panorama da, 466–467
avaliação de projetos
   mensuração da, 475–477
   orçamento de capital em, 472–473
   panorama da, 466–467

B

back-to-back, empréstimos, 312–315
Bajaj, Ashish, 548–549
balança comercial (BOT), 75
balança de pagamentos (BOP), 72–99
   abordagem da, 244
   balanças comerciais e, 87
   comércio de bens da, 76–77
   como demonstrações de fluxos, 74
   contabilidade da, 74–75
   contas correntes da, 75–76
   contas de capital e, 77–81
   contas financeiras e, 77–81
   crise da Turquia na, 92–95
   desvalorização e, 88–90
   em transações econômicas internacionais, 74
   fuga de capital e, 91–92
   introdução a, 72–73
   mobilidade de capital e, 90–92
   PIB e, 85–86
   reservas cambiais e, 81–83
   revisão, exercícios na Internet, 98–99
   revisão, perguntas de, 94–95
   revisão, problemas, 95–99
   revisão, resumo, 92–93
   subcontas de, 75–77
   taxas de câmbio e, 85–87
   taxas de inflação e, 87
   taxas de juros e, 87
   total de, 81–86
   trajetória de ajuste da balança comercial e, 90
   trajetória de ajuste da curva J e, 88–90
   transações típicas da, 73
   variáveis macroeconômicas e, 85–87
balanças comerciais
   desvalorização e, 88–90
   taxas de câmbio e, 87
   trajetória de ajuste, 90
balanço de pagamentos oficial, 81–82

Banco Central Europeu (BCE), 60–63
Banco de Compensações Internacionais (BIS), 120–121, 136–138
Banco Mundial, 48–49
Banco Popular da China, 68–69
bancos. *Ver também* bancos específicos
   centrais, 132–133
   cobranças documentárias de, 544–545
   comerciais, 528–530
   correspondentes, 528
   cotações interbancárias, 139–141
   empréstimos de, 399–401
   filiais estrangeiras de, 529
   internos, 517–518, 527
   internos ou in-house, 527–528
   linhas de crédito de, 552
   liquidez de, 120–121, 249–250
   operadores cambiais não bancários *versus*., 131–132
   regimes baseados em, 30–31
   subsidiárias de, 529
   transações de, 548–549
   transações interbancárias, 133–139
bancos centrais, 132–133
bancos correspondentes, 528
bancos internos ou *in-house*, 527–528
Bang & Olufsen, 360
Bank for International Settlements Quarterly Review, 120–121
barreiras não tarifárias, 452–453
barreiras tarifárias, 452–453
Bastiat, Frederic, 72
BBA (Associação dos Banqueiros Britânicos). *Ver* Associação dos Banqueiros Britânicos (BBA)
BCE (Banco Central Europeu), 60–63
beneficiário de cobranças documentárias, 544–545
Berkshire Hathaway Annual Report, 186, 211
Bernstein, Peter, 209, 302
beta de carteiras, 412, 478
BIS (Banco de Compensações Internacionais), 120–121, 136–138
BIS Quarterly Review, 226
bolha do ponto.com, 100
Bolsa de Valores de Londres (LSE), 378–379
Bolsa de Valores de Nova York ou New York Stock Exchange (NYSE), 378
Bolsa Mercantil de Chicago (CME), 378
bolsas de valores, 378
bolsas de valores organizadas, 191
BOP (balança de pagamentos), 85–87
Boston Consulting Group, 441–442
BOT (balança comercial), 75
Boxster, 13–15
Brasil
   Embraer do, 441–442
   Petrobrás no, 386
   Plano Real do, 252–253
Bretton Woods, 48–50
Brilloff, Abraham, 530–531
Brookings Papers on Economic Activity, 244
bucket shops, 110–111

Buffet, Warren
   capitalismo paciente de, 24–25
   sobre a crise do crédito, 100, 123–124
   sobre a propriedade de CDOs, 108–109
   sobre derivativos, 211–213
   sobre *hedge*, 186
Burke, Edmund, 221
Business Week, 59, 459–460

C

C&F (custo e frete), 555–556
"cabo", 139–141
cadeia de suprimentos
   gerenciamento da, 85–86
   interrupções na, 454–455
   terceirização da, 6–7
CADIVI (Comissão de Administração de Divisas), 148–151
calendar spreads, 297–299
calendário do comércio internacional, 541–543
Câmara de Comércio da Cidade de Chicago (CBOT), 378
câmaras de compensação, 187
canais antes dos impostos, 514–515
canais depois dos impostos, 514–515
canais para decompor fundos, 513–515
capex (desembolsos de capital), 515–516
capital
   acesso a, 4
   contas de, 73, 77–81
   custo de. Ver custo de capital
   custo global de. Ver custo global e disponibilidade de capital, 468–469
   custo médio ponderado de. *Ver* custo médio ponderado de capital (WACC)
   de giro. *Ver* gerenciamento de capital de giro
   de giro em dias, 517–519
   de giro líquido. *Ver* capital de giro líquido (NWC)
   desembolsos de, 515–516
   fuga de, 90–92
   ganhos de, 26
   linha do mercado de, 416
   mobilidade do, 90–92, 122–124
   orçamento de, multinacional. Ver orçamento de capital multinacional
capital de giro em dias, 517–519
capital de giro intraempresarial, 519–520
capital de giro líquido (NWC)
   A/P *versus* dívidas de curto prazo, 517–518
   capital de giro em dias, 517–519
   capital de giro intraempresarial, 519–520
   contas a receber e, 520–522
   gerenciamento de estoque e, 521–522
   introdução ao, 516–518
   zonas de livre comércio, 521–523
   zonas francas, 521–523
capitalismo impaciente, 24–25
capitalismo paciente, 24–25
CAPM (Modelo de Precificação de Ativos Financeiros), 349–353

carry trade, 138–139
cartas de crédito (L/Cs)
　definição, 541
　em transações típicas, 548–549
　panorama de, 542–545
cartas de crédito confirmadas (L/Cs), 543–544
cartas de crédito documentárias (L/Cs), 543–544
cartas de crédito irrevogáveis (L/Cs), 543–544
cartas de crédito não confirmadas (L/Cs), 543–544
cartas de crédito revogáveis (L/Cs), 543–544
carteira doméstica ótima, 415–416
carteira internacional ótima, 417–418
carteiras, diversificação internacional. *Ver* diversificação de carteiras internacionais
carteiras domésticas, 415–420
carteiras domésticas de mínimo risco, 416
carteiras internacionais
　diversificação em. *Ver* diversificação de carteiras internacionais
　investidores em, 355–356, 395–396
　investimentos em, 243
Cayenne, 13–15
CBOT (Câmara de Comércio da Cidade de Chicago), 378
CD (certificado de depósito), 545–546
CDOs (Obrigações de Inadimplência de Crédito), 117–118
CDOs sintéticas, 108–109
Cemex
　introdução à, 4
　medidas do ponto de vista da empresa matriz da, 477–478
　medidas do ponto de vista do projeto, 475–477
　mensuração do risco de carteira da, 478–479
　orçamento de capital da, de modo geral, 467–468
　orçamento de capital do ponto de vista da empresa matriz da, 473–475
　orçamento de capital do ponto de vista do projeto em, 472–473
　pressupostos financeiros da, 468–472
　repatriação de fluxos de caixa para a, 473
centralização das tesourarias, 523–525
centros de refaturamento, 316–318
centros financeiros *offshore*, 500–503
certificado de depósito (CD), 545–546
cestas conceituais, 67–68
CFO Magazine, 518–519
CFTC (Comissão de Negociação de Futuros de *Commodities*), 133–134
Chávez, Presidente Hugo, 148–151
Chicago, 227–228, 378
China
　balança de pagamentos na, 96–97
　crise de fornecedores da Mattel e, 457–461
　empresas multinacionais na, 4
　entrada da Trident Corporation na, 482

hedging contra exposição cambial, 135–137
　reavaliação do yuan pela, 66–69
　reforma de governança corporativa na, 37
　reservas cambiais da, 81–83
　Xian-Janssen Pharmaceutical da, 284–286
CHIPS (Sistema Interbancário de Pagamentos da Câmara de Compensação de Nova York), 133–134, 522–524
CIA (arbitragem de juros coberta), 166–168, 183–184
ciclos de conversão monetária, 510–511
CIF (custo, seguro e frete), 555–558
classificação de títulos de dívida, 403–405
cláusula da assinatura, 34–35
clientes independentes, 520–521
CLS (Liquidação Contínua Integrada), sistemas de, 133–134
CME (Bolsa Mercantil de Chicago), 378
cobertura de renda de negócios, 446–447
cobranças documentárias, 544–546
cobranças documentárias a prazo, 545–546
cobranças documentárias à vista, 545–546
cobranças documentárias bancárias, 544–545
cobranças documentárias comerciais, 544–545
código civil, 31
colateral, 187
collar forwards, 297–299
colocações privadas sob a Regra 144A da SEC, 384
comércio de bens, 75–77
comércio de serviços, 75
comércio intraempresarial, 539
Comissão de Administração de Divisas (CADIVI), 148–151
Comissão de Negociação de Futuros de *Commodities* (CFTC), 133–134
Comissão de Padrões de Contabilidade Financeira norte-americana (FASB), 326
comissões, 187
Comitê Internacional de Padrões Contábeis (IASC), 330–331
Commissioner v. Newman, 490
common law inglesa, 31
compadrio, 451–452
compensação agrupada de pagamento multilateral, 525–526
competitividade do mercado doméstico, 433–434
complexidades causais, 249–251
compradores de opções de compra, 195–197
compradores de opções de venda, 196–199
compradores de proteção, 110–112
compradores institucionais qualificados (QIBs), 384
compras com recurso, 551
compras sem recurso, 551
comunicações em mercados interbancários, 133–134
condições de paridade internacional. *Ver* internacional, condições de paridade

conflitos civis, 446–447
conhecimento, empresas em busca de, 9
conhecimento de embarque (B/L), 545–547
conhecimento de embarque a ordem, 541
conselho diretor, 28–29, 36
consultores jurídicos, 29–31, 39–40
Conta de Reservas Oficiais, 75, 81
contabilidade
　balança de pagamentos, 74–75
　em governança corporativa, 36–37
　exposição. *Ver* exposição contábil
contágio, 115–117, 245–249
contágio global, 115–117, 245–249
contas a pagar (A/P)
　capital de giro líquido e capital de giro líquido e, 516–517
　dívida de curto prazo *versus*, 517–518
　período de, 511
contas a receber (A/R), 511–512, 516–517
contas a receber, gerenciamento de, 520–522
contas correntes, 73, 75–76
contas de erros líquidos e omissões, 75, 80
contas de investimento direto, 77–78
contas de investimento em carteira, 78–80
contas em débito automático, 520–521
contas em eurodólar, 58
contas financeiras, 73, 77–81
contração de empréstimos junto a múltiplas fontes, 447–448
contrapartes, 312–313
contratos a termo, 189–190
contratos a termo flexíveis, 297–299
contratos a termo sem liquidação física (NDFs), 134–137
contratos a termo sintéticos, 297–299
contratos de gerenciamento, 438–440
　avaliação de, 499–500
　experiência em, 432
　incentivos para, 499–500
　objetivos dos, 23
　propriedade *versus*., 22–23
contratos de licenciamento, 438–439
contratos futuros
　comissão de negociações, 133–134
　em moeda estrangeira, 187–190
　taxa de juros, 227–229
cooperação *versus* independência, 64–65
Corporação de Investimentos Privados no Exterior (OPIC), 445–447
Corporação Federal de Seguro de Depósito (FDIC)
　em mercados de euromoedas, 51–52
　formação da, 101
　na falência do Lehman Brothers, 125
corrupção, 451–452
cotações
　de opções em moeda estrangeira, 191–193
　em mercados de câmbio, 139–144
　em termos da moeda doméstica, 143, 147–148
　em termos de uma moeda estrangeira, 143, 148
cotações a termo, 141–143
cotações de compra e venda, 140–142

582 Índice

cotações diretas, 140–141
cotações diretas, 140–143, 147–148
cotações indiretas, 140–143, 147–148
cotações interbancárias, 139–141
CP (Papéis Comerciais). *Ver* Papéis Comerciais (CP)
crédito
    crise do. *Ver* crise do crédito de 2007–2009
    melhoria do, 112–113
    prêmios de, 120–121
    risco de, 11, 222–224
    swaps de, 312–313
    volatilidades de opções e, 283
créditos fiscais, 515–516
créditos fiscais estrangeiros, 497
créditos para a exportação, 520–522
créditos sindicados, 399–401
criação de valor, 3–4
criador de cobranças documentárias, 544–545
crise asiática, 247–251
    colapso monetário na, 248–250
    complexidades causais na, 249–251
    introdução à, 247–249
    taxas de câmbio e, 247–248
crise do crédito de 2007–2009, 100–128
    contabilidade de marcação a mercado na, 116–117
    contágio global durante a, 115–117
    dívida subprime na, 100–104
    empréstimo hipotecário na, 101–104
    Glass-Steagall, revogação da lei, 101
    introdução à, 100
    LIBOR na, 117–122
    melhoria de crédito na, 112–113
    o problema em 2007–2008, 113–115
    obrigações de dívida colateralizadas na, 106–110
    oportunidades de refinanciamento e, 122–123
    remédios para a, 121–122
    revisão, atividades na Internet, 128
    revisão, perguntas de, 126
    revisão, problemas, 126–128
    revisão, resumo, 123–124
    securitização na, 102–106
    swaps de inadimplência creditícia na, 109–112
    veículos de investimento estruturado na, 105–107
Croswell International, 554–558
CTA (ajustes acumulados de conversão), 238, 326
custo, seguro e frete (CIF), 555–558
custo de capital
    global. *Ver* custo global e disponibilidade de capital
    governança corporativa e, 359–360
    obtenção de capital próprio no cenário global e, 386–389
custo de capital de terceiros, 351, 394–395
custo de capital marginal (MCC)
    aumentos no, 394
    em liquidez de mercado, 358
    no custo médio ponderado de capital, 362–364
custo e frete (CFR), 555–556
custo global e disponibilidade de capital, 348–372. *Ver também* custo de capital
    alianças estratégicas e, 360–361
    capital próprio, custo de, 350–351
    conexões entre, 356
    custo médio ponderado de capital, 350–355, 362–364
    custos em, 361–362
    disponibilidade de capital, 361
    dívida, custo da, 351
    EMNs *versus* empresas domésticas e, 361–362
    estruturas financeiras e, 361–362
    exemplo da Novo Industri A/S, 365–368
    globalização de mercados e, 359–360
    introdução a, 4, 348–350
    liquidez de mercado e, 357–359
    Modelo de Precificação de Ativos Financeiros internacional em, 352
    prêmios de risco em, 353–355
    revisão, exercícios na Internet, 371–372
    revisão, perguntas, 368–369
    revisão, problemas, 369–372
    revisão, resumo, 364
    risco sistemático em, 361–362
    segmentação de mercado e, 356–359
    títulos estrangeiros em, 355–361
    Trident e, 351–352
custo médio ponderado de capital (WACC)
    da Trident Corporation, 351–352
    em EMNs *versus* empresas domésticas, 362–364
    em orçamento de capital multinacional, 468
    exemplo de, na Novo Industri A/S, 367–368
    panorama de, 350–355
custo total (AIC) de empréstimos, 227, 406–407
custos, orçamento de, 470
custos de transação, 513–514

D

Darwin, Charles, 482–484
datas de validade de uma transação, 133–134
datas de vencimento, 187
Daytona Manufacturing
    contrato a termo sintético da, 295–296
    opção de taxa média da, 300–301
    opções complexas da, 294–295
    participating forward da, 297–301
    produtos de gerenciamento de risco de segunda geração e, 296
    produtos de opções de prêmio zero e, 297
    range forward da, 297–299
    ratio spreads da, 297–299
DCF (fluxo de caixa descontado), 479
Debrowski, Thomas, 458–459
Declaração de Padrões Contábeis financeiros nº 52 (FAS#52), 326, 330–331
declarando dividendos, 515–516
déficit nos créditos fiscais estrangeiros, 500
delta (sensibilidade da taxa à vista), 201–203
demonstrações de fluxos de caixa, 74
depositários centralizados, 523–525
depreciação, 253–254
derivativos
    Buffet sobre, 211–213
    de dívidas securitizadas. *Ver* securitização
    de taxas de juros, 225
    economia mundial e, 122–123
    em moeda estrangeira. *Ver* derivativos em moeda estrangeira
    globais, 378
derivativos em moeda estrangeira, 186–220
    Buffet sobre, 211–213
    contratos futuros e, 187–190
    desastres gerenciais em, 210
    em especulação, 192–199
    introdução a, 186–220
    opções e, 190–193, 198–199, 201
    precificação de opções em moeda e, 201–209, 217–220
    prudência na prática de, 209
    revisão, exercícios na Internet, 216
    revisão, perguntas de, 213–214
    revisão, problemas, 213–216
    revisão, resumo, 210–211
derivativos globais, 378
desempenho dos mercados corrigido pelo risco, 422–425
desenvolvimento do mercado financeiro, 30–31
desequilíbrio, 247–248
desfazendo *swaps* de moedas, 235–236
desmutualização, 378
despesas dedutíveis, 497
desregulamentação, 122–123, 355
desvalorização
    balança de pagamentos e, 88–90
    em exposição operacional, 305, 307
    na crise argentina de 2002, 253–255
detentores, 190
determinação de taxas de câmbio estrangeiras, 242–264
    abordagem do mercado de ativos à, 244–245
    abordagens da balança de pagamentos à, 244
    abordagens da paridade do poder aquisitivo aplicadas à, 244
    abordagens de fluxos aplicadas à, 244
    abordagens do preço relativo de títulos de dívida aplicadas à, 244–245
    abordagens monetárias aplicadas à, 244–245
    análise técnica na, 245–246
    desequilíbrio e, 247–248
    em mercados emergentes, 247–248
    introdução à, 242–243
    na crise argentina, 250–255
    na crise asiática, 247–251
    previsão e. *Ver* previsões

Índice **583**

revisão, exercícios na Internet, 263–264
revisão, perguntas, 261
revisão, problemas, 261–263
revisão, resumo, 259
teoria da, 243–246
Detroit, 310
dia de trabalho de corretores de câmbio, 132–133
"diamante" de Porter, 433
diferenciais de juros líquidos, 143
diferencial *subprime*, 101–102
diferimento de impostos, 493
dificuldades financeiras, 270
dilemas comerciais, 540–541
Dinamarca, 406–408
Dinova, Veselina, 259–261
direitos de propriedade intelectual, 452–453
Direitos de Saque Especiais do FMI (SDR), 49–50
direitos dos acionistas minoritários, 37
dispensas, 449–450
dispensas especiais, 449–450
disponibilidade de capital, 361, 394
distância psíquica curta, 436
distribuições, 515–516
diversificação
  de carteiras internacionais. *Ver* diversificação de carteiras internacionais
  de financiamento, 307–308, 311
  de fluxos de caixa, 394
  de operações, 307–308–311
  liquidez e, 378
diversificação de carteiras internacionais, 412–430
  atualização da teoria de carteiras e, 426–427
  carteira doméstica ótima para a, 415–416
  carteira internacional ótima na, 417–418
  carteiras domésticas e, 415–420
  desempenho de mercado corrigido pelo risco na, 422–425
  integração de mercados para a, 424–425
  mercados nacionais e, 420–425
  redução de riscos na, 412–413
  revisão, exercícios na Internet, 429–430
  revisão, perguntas, 426–428
  revisão, problemas, 427–430
  revisão, resumo, 425–426
  risco cambial na, 413–415
  risco e retorno, calculando, 418–420
  risco na, 412–415
diversificação internacional de fluxos de caixa, 394
dívida
  cobertura de serviços, 101
  custo da, 351, 394–395
  economia mundial e, 121–122
  mercados de, internacionais. *Ver* mercados de dívidas internacionais.
  mercados de. *Ver* mercados de dívida
  obtenção de, no cenário global. *Ver* obtenção de capital de terceiros no cenário global
dívida *subprime*, 100–104

divulgação
  exigências de, 27–28
  governança corporativa e, 31
  relações com o investidor e, 381–382
documentação, 546–549
dólar de Cingapura, 140–141
dolarização, 58–61
Dornbusch, Rudiger, 244
Dubai, 379
Dufey, Gunter, 283
Duhalde, Presidente Eduardo, 253–254

E

Eastman Kodak, 302–303, 318–319
EBIT (lucros antes dos juros e dos impostos), 472
EBS (Sistema Eletrônico de Corretagem), 132–133
Eckert, Bob, 458–459
economias de escala e escopo, 431–432
ECP (Europapéis comerciais), 401–402
Edge Act, corporações, 529–530
efeito de posicionamento de fundos, 498
efeito do imposto de renda, 495, 498–499
efeito Fisher
  álgebra do, 184
  em condições de paridade internacional, 163–164
  equilíbrio e, 172–174
efeito Fisher internacional
  álgebra do, 184–185
  em condições de paridade internacional, 164
  equilíbrio e, 173–174
efeito tequila, 248–249
Eid, Florence, 481
Einhorn, David, 124
elasticidade-preço da demanda, 163
Elliston, Simon, 481
Embraer, 441–442
emissão direta de títulos de dívida com taxa fixa, 402–403
emissões de ações públicas direcionadas, 382–383
emissões pública de euroações, 383–384
EMNs (empresas multinacionais). *Ver* empresas multinacionais (EMNs)
empresa de fraldas, 554–558
empresas a-nacionais, 5
empresas domésticas (DFs), 357
empresas estatais (SOEs), 37
empresas multinacionais (EMNs)
  empresas domésticas *versus*, 361–362
  estruturas financeiras de. *Ver* estruturas financeiras de EMNs
  gerenciamento tributário de. *Ver* gerenciamento tributário multinacional
  globalização e. *Ver* globalização e empresas multinacionais (EMNs)
  orçamento de capital em. *Ver* multinational orçamento de capital
  perspectiva de rede sobre, 436–437
empresas que buscam a eficiência dos produtos, 9

empresas que buscam matéria-prima, 9
empresas que buscam segurança política, 9
emprestador de último recurso, 125
empréstimo hipotecário, 101–104
empréstimos bancários internacionais, 399–400
empréstimos convencionais, 101
empréstimos paralelos, 312–313
empréstimos permanentemente investidos, 238
EMTNs (Euronotas de médio prazo), 401–402
engenharia da inovação, 441–442
Enron Corporation
  auditores da, 39–40
  colapso da, 38–40
  conselho jurídico da, 39–40
  erro humano na, 41–43
  falta de controle na, 40–42
  fracasso de governança corporativa na, 38–39
  mercados de ações e a, 39–40
  mercados de dívida e a, 39–41
  perguntas de caso sobre a, 42–43
  reguladores da, 39–40
entidades de propósito específico (EPEs), 40–42
entidades estrangeiras autosuficientes, 326, 330–332
entidades estrangeiras integradas, 326, 330–332
EPEs (entidades de propósito específico), 40–42
EPS (lucros por ação), 329
equações de trajetórias de ajuste da balança comercial, 90
Equador, 59–61
equilíbrio
  de fluxos de caixa de mesma moeda, 311–312
  definição, 274–275
  hedges de fluxos de caixa, 314–315
equilíbrio, 170–174
erro humano, 41–43
escala, economias de, 431–432
escopo, economias de, 431–432
escritórios de representação, 528–529
especificações de contrato, 187
especulação
  cambial. *Ver* especulação cambial
  definição, 186
  em mercados de câmbio, 132–133
  taxas de câmbio e, 242–243
especulação cambial
  compradores de opções de compra na, 195–197
  compradores de opções de venda na, 196–199
  derivativos na, 192–199
  em mercados a termo, 193–194
  negociação do "kiwi" como, 194
  nos mercados à vista, 192–193
  nos mercados de opções, 194

subscritoras de opções de compra na, 196–197
subscritoras de opções de venda na, 197–199
Estados Unidos
   como maior devedor do mundo, 88
   empresas multinacionais dos, 4
   prêmios de risco nos, 355
   procedimentos de conversão dos, 329–330
estoques em trânsito, 131–132
estratégias de protecionismo, 452–454
estruturas financeiras (de capital)
   de empresas domésticas *versus* empresas multinacionais, 361–362
   de empresas multinacionais. *Ver* estruturas financeiras de EMNs
   de subsidiárias estrangeiras. *Ver* estruturas financeiras de subsidiárias estrangeiras
   na obtenção de capital de terceiros no cenário global, 392–393
estruturas financeiras de EMNs
   disponibilidade de capital e, 394
   diversificação de fluxo de caixa em, 394
   investidores internacionais em carteiras e, 395–396
   na obtenção de capital de terceiros no cenário global, 393–396
   risco cambial e, 394–395
estruturas financeiras de subsidiárias estrangeiras
   financiamento em, 397–398
   fontes de financiamento externo em, 398–399
   fontes de financiamento interno em, 397–399
   na obtenção de capital de terceiros no cenário global, 396–399
   subsidiárias locais e normas em, 396–397
esvaziamento de lucros, 505–506
EU (União Europeia), 60–64
Eurobancos, 50–51
Eurobonds, 401–405
   classificação de, 403–405
   em obtenção de capital de terceiros no cenário global, 402–404
   emissão de, relacionada a ações, 402–403
   emissão direta de, com taxa fixa, 402–403
   exigências de divulgação de, 403–404
   interferência regulatória com, 403–404
   notas com taxas flutuantes e, 402–403
   status tributário de, 403–404
   títulos de dívida estrangeiros *versus*, 402–403
Eurocréditos, 399–401
Euromoedas, 49–51
Euronotas de médio prazo (EMTNs), 401–402
Europapéis comerciais (ECP), 401–402
euros
   alcançando a unificação monetária com a, 61–65
   câmbio, 284–285
   cobrindo com *hedge*, 340
   introdução à, 60–61
   lançamento da, 61–62

Tratado de Maastricht, 60–62
Xian-Janssen Pharmaceutical e, 284–286
executivos e gerentes na governança corporativa, 28–29
Ex-Im (Export-Import) Bank, 549–550
expectativas de estabilização, 257–258
Expeditors International, 392
experiência em *marketing*, 432
exportações
   criando, não relacionadas, 449–450
   financiamento. *Ver* financiamento do comércio internacional
   modelo de negócios de, 441–442
   produção no exterior *versus*, 438
Export-Import Bank (Ex-Im Bank), 549–550
exposição cambial
   definição, 266
   exposição operacional e, 316–318
   Porsche e, 14–17
exposição competitiva, 266–267, 317–319. *Ver também* exposição operacional
exposição contábil, 325–346
   caracterização das subsidiárias na, 326
   exemplo da LaJolla Engineering Services, 341–343
   exposição de transação *versus*, 339
   exposição operacional *versus*, 336
   fazendo *hedge* de euros e, 339
   gerenciamento da, 336
   hedges do balanço patrimonial na, 337–339
   método de conversão da taxa corrente na, 328
   método temporal de conversão na, 329
   métodos na, 328–331
   moeda funcional na, 326–327
   países hiperinflacionados e, 330–331
   panorama da, 325–327
   práticas internacionais de conversão na, 330–331
   procedimentos norte-americanos de conversão na, 329–330
   revisão, exercícios na Internet, 345–346
   revisão, perguntas, 343
   revisão, problemas, 344–346
   revisão, resumo, 340–341
   Trident Europe, 330–336
exposição de cotação, 270–271
exposição de faturamento, 270–271
exposição de pedidos pendentes (*backlog*), 270–271
exposição de transação, 266–301
   ao comprar com base em contas abertas, 270–272
   ao emprestar fundos, 271–272
   ao tomar fundos emprestados, 271–272
   ao vender com base em contas abertas, 270–272
   contas a pagar na, 280–281
   contratos a termo sintéticos e, 295–296
   contratos cambiais e, 271–272
   da Trident Corporation, 272–280
   definição, 266
   exposição contábil e, 267, 339

exposição operacional e, 266–267, 302
exposição tributária como, 267–268
fazendo *hedge* contra a, 268–270
gerenciamento de risco na, 268, 282
hedges contratuais e, 272–273, 282–283
medindo a, 270–273
opção de taxa média e, 300–301
opções complexas e, 294
opções em, de modo geral, 294–295
participating forwards e, 297–301
produtos de gerenciamento de risco de segunda geração, 296–301
produtos de opções de prêmio zero e, 297
range forwards e, 297–299
ratio spreads e, 297–299
revisão, exercícios na Internet, 292–293
revisão, perguntas, 286–287
revisão, problemas, 287–293
revisão, resumo, 283
saldos de caixa em moeda estrangeira e, 271–273
tipes de, 266–268
Xian-Janssen Pharmaceutical, 284–286
exposição econômica, 266–267. *Ver também* exposição operacional
exposição estratégica, 266–267, 317–319. *Ver também* exposição operacional
exposição não contábil, 268
exposição operacional, 302–324
   atributos da, 302–324
   aumento de volume na, 305, 307
   aumentos nos preços de venda na, 305, 307–308
   centros de refaturamento na, 316–318
   compartilhamento de riscos na, 312–313
   da Toyota Motor Europe Manufacturing, 319–322
   da Trident Europe, 304–308
   desvalorização na, 305, 307
   diversificação e, 307–311
   Eastman Kodak, 318–319
   empréstimos *back-to-back*, 312–315
   equilibrando fluxos de caixa na mesma moeda em, 311–312
   exposição cambial e, 316–318
   exposição contábil, 336
   fazendo *hedge* e, 317–319
   financiamento de fluxos de caixa, 303
   fluxos de caixa intrasubsidiária e, 317–318
   fluxos de caixa operacionais, 303
   garantindo taxas de câmbio e, 317–318
   gerenciamento estratégico da, 307–311
   gerenciamento pró-ativo da, 311
   matérias-primas importadas em, 307–308
   mensuração de perdas na, 307–308
   mudando as políticas da, 307–308
   swap de moedas na, 314–316
   taxas de câmbio na, 307–308
   transferências de fundos e, 315–316
   variações de fluxo de caixa na, 303–305
exposição prevista, 268, 302
expropriação, 446–447
extensão geográfica dos mercados, 130–131

F

factoring, 551
Faiola, Anthony, 250–251
Fannie Mae, 114
FAS# 52 (Declaração de Padrões Contábeis financeiros nº 52), 326, 330–331
FASB (Comissão de Padrões de Contabilidade Financeira norte-americana), 326
fase comercial de doméstica a internacional, 9–11
fase do comércio internacional, 10, 538
Fastow, Andrew, 40–42
fatores de *joint venture* em remessas de dividendos, 516–517
FCF (fluxo de caixa livre), 472
FCIA (Foreign Credit Insurance Association), 549–550
FDIC (Corporação Federal de Seguro de Depósito). Ver Corporação Federal de Seguro de Depósito (FDIC)
Feldstein, Martin, 254–255
fence forwards, 297–299
Fiedler, Edgar, 242
filiais estrangeiras de bancos, 529
finanças comerciais. Ver financiamento do comércio internacional
finanças islâmicas, 404–405
Financial Times
  sobre a Mattel, 458–459
  sobre a Porsche, 17–18
  sobre mercados de câmbio, 144
  Swiss Index, 352
financiamento
  de fluxos de caixa, 303
  de investimentos, 468–469
  de projetos, 480–482
  de subsidiárias estrangeiras, 397–399
  do comércio internacional. Ver financiamento do comércio internacional
  em gerenciamento de capital de giro, 526–530
financiamento de importações-exportações. Ver financiamento do comércio internacional
financiamento do comércio internacional, 538–560
  aceites bancários em, 545–546, 550–551
  aceites comerciais em, 551
  alternativas ao, 550–552
  benefícios das, 541–543
  calendário do, 541–543
  cartas de crédito, 542–545, 548–549
  cobranças documentárias em, 544–546
  conhecimento de embarque em, 545–547
  dilemas comerciais em, 540–541
  documentação em, 546–549
  estrutura do, 541–543
  exportações, assistência financeira do governo para, 548–550
  Export-Import Bank e, 549–550
  factoring em, 551
  forfaiting em, 552–554
  instrumentos negociáveis, 544–546
  introdução ao, 541–542
  linhas de crédito bancário em, 552
  papéis comerciais em, 552
  relacionamentos comerciais em, 538–540
  revisão, exercícios na Internet, 560
  revisão, perguntas, 558–559
  revisão, problemas, 559–560
  revisão, resumo, 553–555
  risco cambial em, 541–542
  risco de não conclusão em, 541
  securitização, 552
  seguro de crédito para exportação em, 549–550, 552
  transações bancárias para o, 548–549
fins de busca de produção, 478
fins de busca de recursos, 478
Fisher, Irving, 163
flutuações gerenciadas, 67–68, 86–87
fluxo de caixa
  ajuste de, 477–478
  demonstrações de, 74
  descontado, 479
  distribuições e, 515–516
  diversificação de, 394
  equilíbrio de, 311–312, 314–315
  financiamento do, 303
  hedges de, 311–312
  intrasubsidiárias, 317–318
  líquido, 266
  livre, 472
  operacional líquido, 473
  repatriação de, 473
  variações esperadas *versus* inesperadas no, 303–305
fluxo de caixa descontado (DCF), 479
fluxo de caixa líquido, 266
fluxo de caixa livre (FCF), 472
fluxo de caixa operacional líquido (NCOF), 473
fluxos de caixa intrasubsidiárias, 317–318
fluxos de caixa operacionais, 303
fluxos voltados para sua terra natal, 116–117
fontes de financiamento externo, 398–399
fontes de financiamento interno, 397–399
Forbes, 21
força financeira, 432
forças externas em governança corporativa, 27–29
forças internas em governança corporativa, 27–29
Ford Motor Company, 312–313
Foreign Credit Insurance Association (FCIA), 549–550
forfaiting, 550–554
fornecedores do setor de defesa, 452–453
França, 23
francos suíços, 191–199, 234–236
Frankel, Jeffrey A., 244–245
FRAs (acordos de taxa a termo), 227–228
fraudes, 133–134
Freddie Mac, 114
FRNs (notas com taxas flutuantes), 402–403
fronteiras eficientes, 416
fronting loans ou empréstimos por adiantamento, 449–450
Fuld, Jr., Robert, 125
Fundo Monetário Internacional (IMF), 48–50, 52–57
fundos bloqueados
  estratégia de pré-investimento prevendo, 448–450
  movimentação de, 449–450
  panorama de, 447–449
fundos de investimento em participaзxes, 384–385
fundos decompostos, 513–515
futuros de câmbio
  contratos a termo vs., 189–190
  derivativos e, 187–190
  especificações de contrato, 187
  usando, 187–190

G

GAAP (Princípios Contábeis Geralmente Aceitos), 29–30, 329–330
Ganesan, Ramesh, 548–549
garantindo taxas de câmbio, 317–318
GDRs (recibos depositários globais), 375
Gemex (Grupo Embotellador de Mexico), 271–272
General Electric, 4
gerador de cobranças documentárias, 544–545
gerenciamento de caixa, internacional, 522–526
  centralização das tesourarias em, 523–525
  compensação agrupada de pagamentos multilateral em, 525–526
  depositários centralizados em, 523–525
  gerenciamento de capital de giro em, 522–526
  liquidação em espécie em, 522–523
  reter dinheiro em caixa, motivos para, 522–523
  transferências bancárias, 522–524
gerenciamento de capital de giro, 510–537
  agências bancárias comerciais em, 528–530
  bancos internos, 527–528
  capital de giro líquido em, 516–523
  centralização das tesourarias e, 523–525
  compensação agrupada de pagamento multilateral em, 525–526
  custos de transação, 513–514
  depositários centralizados em, 523–525
  estudo de caso, 530–533
  exemplo do ciclo operacional da Trident Brasil, 510–512
  financiamento, 526–530
  fundos decompostos em, 513–515
  gerenciamento de caixa internacional em, 522–526
  liquidação em espécie e, 522–523
  necessidades de liquidez em, 513–514
  período de busca de fornecedores de insumos, 510–511
  período de contas a pagar em, 511

período de contas a receber em, 511–512
período de cotação em, 510
período de estoque em, 510–511
remessas internacionais de dividendos em, 514–517
reposicionamento de fundos, 511–514
restrições políticas sobre, 513–514
restrições tributárias, 513–514
retenção de caixa em, 522–523
revisão, exercícios na Internet, 537
revisão, perguntas, 532–533
revisão, problemas, 533–537
revisão, resumo, 530
transferências bancárias, 522–524
gerenciamento de estoque, 454–455, 521–522
gerenciamento de risco financeiro, 268
gerenciamento estratégico, 3–4, 307–311
gerenciamento internacional de caixa. *Ver* gerenciamento de caixa, internacional
gerenciamento pró-ativo, 311
gerenciamento tributário multinacional, 490–509. *Ver também* princípios fiscais
ambientes fiscais nacionais e, 492–493
centros financeiros *offshore* para, 500–503
créditos fiscais estrangeiros no, 497
efeito de parceiros de *joint venture* sobre o, 500
efeito de posicionamento de fundos do, 498
efeito do imposto de renda sobre o, 498–499
incentivos gerenciais e avaliação no, 499–500
introdução a, 490
moralidade fiscal no, 491
na Trident, 500–501
neutralidade fiscal no, 491–492
preço de transferência no, 498
princípios fiscais no, 490–497
revisão, exercícios na Internet, 508–509
revisão, perguntas, 506–508
revisão, problemas, 507–509
revisão, resumo, 502–503
subsidiárias em paraísos fiscais, 500–503
tipos de impostos no, 494–497
transferência de sede social no, 502–507
tratados fiscais e, 493
gestão de risco FX, 268
Gillette, 512–513
Glancey, Jonathan, 325
Global Manufacturing Principles, 458–459
globalização
de carteiras, 352
de marcas, 441–442
de mercados, 359–360
empresas multinacionais e. *Ver* globalização e empresas multinacionais (EMNs)
processo de, 9–13
riscos da. *Ver* riscos específicos de transações globais
globalização e empresas multinacionais (EMNs), 2–20
criação de valor na, 3–4
definição, 7–8
estudo de caso da Porsche, 13–18

gerenciamento estratégico na, 3–4
gerenciamento financeiro em, 7–8
imperfeições de mercado e, 8–9
introdução à, 2
limites da, 12–13
mercados abertos em, 3
passagem da fase comercial doméstica para a internacional, 9–11
passagem da fase comercial internacional para a multinacional, 11–12
processo de, 9–13
revisão, exercícios na Internet, 19–20
revisão, perguntas de, 18
revisão, problemas, 18–19
revisão, resumo, 13
teoria da vantagem competitiva na, 4–7
terceirização da cadeia de suprimentos na, 6–7
globalização financeira, 12–13
GMI (Governance Metrics International), 32
Gonzalez, Maria
análise de opções reais de, 482–484
capital de giro líquido e, 517–518
exposição de transação de, 272–274
gerenciamento de carteiras internacionais por, 418–419
hedges alternativos de, 278–280
hedges no mercado a termo de, 274–275
hedges no mercado de opções de, 277–278
hedges no mercado monetário de, 274–278
sobre custo médio ponderado de capital, 351–352
sobre riscos da taxa de juros, 227–229
swap de moedas de, 232–233
Goodman, Peter S., 66–67
Goodyear, 309
Gopi, Anka, 238–239
governança corporativa
abordagens comparativas à, 30–31
custo de capital e, 359–360
estruturas de, 27–30
fracasso de, 32, 38–39
introdução à, 26–27
na China, 37
na Enron, 38–43
objetivos da, 27–28
objetivos financeiros da. *Ver* objetivos financeiros
propriedade familiar e, 31–32
reforma da, 33–38
reputação e, 32–33
taxas de câmbio e, 250–251
Governance Metrics International (GMI), 32
grafistas, 255–256
Grupo Embotellador de Mexico (Gemex), 271–272
guerra, 446–447, 453–454
Gyrus, 337

H

Haier Group, 4
Hand, Judge Leonard, 490

Harbjerg, Julie, 406–408
Harvard Business Review, 209
Harvard University, 254–255, 431
hedge
alternativas ao, 278–280
benefícios do, 270
contas a pagar em, 280–281
contra a exposição contábil, 339
contra a exposição operacional, 317–319
contra exposição cambial, 135–137
contratual, 272–273
definição, 186, 268–269
em transações cambiais, 131–132
gerenciamento de risco e, 282–283
motivos para evitar o, 269–270
no mercado a termo, 273–275
no mercado de opções, 277–279
no mercado monetário, 274–278
por gerentes de fundos, 416
hedge seletivo, 270
hedges abertos, 273–274
hedges cobertos, 273–274
hedges do balanço patrimonial
em exposição contábil, 337–339
introdução a, 336–337
no mercado monetário, 275–276
hedges financeiros, 272–273
hedges honrados, 273–274
hedges naturais, 272–273, 311–312
hedges operacionais, 272–273
hedges perfeitos, 273–274
hedges proporcionais, 282
hedges sem cobertura, 273–274
Hegarty, Declan, 481
Helen of Troy, 503–504
herança religiosa, 451
hipoteca conforme, 101
hipotecas Alt-A, 101–102
hipotecas prime, 101
Honeywell, 530–533
Hong Kong, 424–425
honrando cobranças documentárias, 544–545
horizontes de investimento, 24–25

I

IASC (Comitê Internacional de Padrões Contábeis), 330–331
Ibrahim Makran Pvt. Ltd., 530–531
IED (investimento estrangeiro direto). *Ver* investimento estrangeiro direto (IED)
iene
carry trade, 169–170
Detroit e o, 310
Ford e o, 312–313
JPMorgan Chase e o, 260–261
Toyota e o, 320–321
IMF (Fundo Monetário Internacional). *Ver* Fundo Monetário Internacional (IMF)
implicações tributárias de remessas de dividendos, 515–516
imposto retido, 496
imposto sobre heranças, 496
imposto sobre lucros não distribuídos, 496

imposto sobre o volume de negócios, 496
imposto sobre propriedades, 496
imposto sobre valor agregado, 496
impostos, gerenciamento multinacional. *Ver* gerenciamento tributário multinacional
impostos de transferência, 496
impostos diretos, 494
impostos indiretos, 494
inconvertibilidade, 445–446
Índia, 96–97, 512–513
indicações, 191
índice da taxa de câmbio real efetiva, 160
índice do Big Mac, 156–158, 176–177
índices da taxa de câmbio real, 159–161
índices de taxa de câmbio nominal, 159–161
Indonésia, 467
informações em tempo real, 144
instrumentos alternativos, 382–386
instrumentos negociáveis, 544–546
insurreição, 446–447
integração da cadeia de suprimentos no exterior, 454–456
integração de mercados, 424–425
interface do comprador, 415
interface do fornecedor, 415
internacional, condições de paridade, 155–185
   arbitragem de juros coberta em, 166–168
   arbitragem de juros descoberta em, 168–169
   carry trade do iene em, 169–170
   efeito Fisher em, 163–164
   efeito Fisher internacional em, 164
   equilíbrio entre preços, taxas de juros e taxas de câmbio, 172–174
   equilíbrio entre taxas de juros e taxas de câmbio em, 170–171
   índices de taxa de câmbio em, 159–161
   introdução à, 155
   lei do preço único em, 155–158
   paridade da taxa de juros em, 165–167
   paridade do poder aquisitivo em, 156–160
   paridade relativa do poder aquisitivo em, 158–160
   preços em, 155–156
   repasse da taxa de câmbio em, 162–163
   repasse de moeda na Porsche e, 174–175
   revisão, exercícios na Internet, 180–181
   revisão, perguntas de, 176
   revisão, problemas, 176–181
   revisão, resumo, 173–174
   taxa a termo prevendo taxas à vista em, 171
   taxas a termo em, 164–166
   taxas de câmbio, de modo geral, 155–156
   taxas de juros e taxas de câmbio em, 163–171
Internal Revenue Service (IRS)
   corporações estrangeiras "de fachada", 501–503
   efeito do imposto de renda e, 498–499
   sobre transferência de sede social, 503–505

internalização, 434–435
investimento estrangeiro direto (IED)
   abordagem comportamental ao, 436
   alianças estratégicas, 439–440
   aquisições em, 439–440
   avaliação do, 435–437
   competitividade do mercado doméstico em, 433–434
   controles dos ativos no exterior em, 438–439
   economias de escala e escopo em, 431–432
   Embraer, 441–442
   experiência gerencial e de *marketing* em, 432
   exportação *versus* produção no exterior, 438
   força financeira em, 432
   investimentos *greenfield* em, 439–440
   joint ventures em, 439–440
   licenciamento e contratos de gerenciamento do, 438–439
   modos de, 437–440
   países em desenvolvimento e, 440–443
   Paradigma OLI em, 434–436
   perspectiva de rede e, 436–437
   produtos diferenciados em, 432
   riscos políticos no. *Ver* riscos políticos
   sequência de, 11–12
   subsidiárias integrais, 439–440
   tecnologias avançadas em, 432
   vantagem competitiva em, 431–434
investimento estrangeiro internacional, 243
investimentos em defesa, 9
investimentos *greenfield versus* aquisições, 439–440
investimentos pró-ativos, 9
IRP (paridade da taxa de juros)
   álgebra da, 183–184
   em condições de paridade internacional, 165–167
   equilíbrio e, 173–174
IRR (taxa interna de retorno), 464, 473
IRS (Internal Revenue Service). *Ver* Internal Revenue Service (IRS)
Ishiyama, Nakako, 169

J

Jaffe, Charles A., 464
Japão, 169–170, 414–415
jarda, 140–141
Jensen, Niels Clemen, 426–427
JetBlue, 441–442
Jickling, Mark, 106–107
joint venture versus subsidiárias integrais, 439–440
Journal of Accounting, Auditing, and Finance, 330–331
JPMC (JPMorgan Chase), 259–261, 388–389
JPMorgan Chase (JPMC), 259–261, 388–389
just-in-time (JIT), sistemas de estoque quase zero, 454–455

K

Key, Primeiro Ministro John, 194
Keynes, John Maynard
   sobre a opinião da maioria, 229–230
   sobre moeda, 130
   sobre o sistema monetário internacional, 48–49
"kiwi" (dólar neozelandês), 140–141, 194
Kodak, 302–303, 318–319
Krieger, Andrew, 194
"kriz" (crise da Turquia), 92–95
Krugman, Paul, 243

L

LaJolla Engineering Services, 341–343
Lam, Leona, 459–460
lambda (sensibilidade da volatilidade), 204–207
lançadores
   de opções, 190
   de opções de compra, 196–197
   de opções de venda, 197–199
Latin Finance, 24, 348
Lehman Brothers, 124–126
lei do preço único, 155–158, 182
Lei Glass-Steagall de 1933, 101
letra de câmbio (B/E), 544–545
Levitt, Theodore, 431
Lewis, David, 495
Lewis, Michael, 124
LIBOR (Taxa Interbancária do Mercado de Londres) na crise do crédito de 2007–2009, 117–122
   introdução à, 50–52
   taxas de referência e, 222
libras esterlinas, 200–208, 238–239
libras esterlinas britânicas, 200–208, 238–239
Liquidação Bruta em Tempo Real (RTGS), sistemas de, 133–134
Liquidação Contínua Integrada (CLS), sistemas de, 133–134
liquidação em espécie, 522–523
liquidez
   de ativos, 103–104
   de mercados, 378
   na obtenção de capital próprio no cenário global, 377
   no reposicionamento de fundos, 513–514
liquidez de mercado
   custo global e disponibilidade de capital, 357–359
   definição, 120–121
   na obtenção de capital próprio no cenário global, 378
listagem, 379–382
listagem e emissão de ações estrangeiras, 377–379
localização de instalações, 446–447
localização de *pools* monetários, 525
"loonie" (dólar canadense), 140–141
LSE (Bolsa de Valores de Londres), 378–379

lucratividade, 266
lucros antes dos juros e dos impostos (EBIT), 472
lucros consolidados, 26–27
lucros por ação (EPS), 329
Luzon Industries, 19

M

macroriscos. *Ver* riscos específicos de um país
Mantoloking, CDO, 108–109
marcação a mercado (MtM), contabilidade, 116–117
marcas registradas, 447–448
margens de manutenção, 187
margens operacionais, 15–17
Marshall, Alfred, 47
Material Hospitalar, 555–558
matérias-primas importadas, 307–308
Mathieux, Geoff, 554–558
Mattel, 457–461
maximização da riqueza dos acionistas (SWM), modelo de, 24–25
maximização de valor ao acionista, 24–25
maximização de valor de longo prazo, 24–25
maximização de valor no curto prazo, 24–25
Mazda, 312–313
MBSs (títulos com lastro em hipotecas), 103–105
MCC (custo de capital marginal). Ver custo de capital marginal (MCC)
McClain, Amber, 188–190
McDermott International, 503–504
McDonald's Corporation, 238–239
Mebarek, Aziz, 551
mensuração de perdas, 307–308
mensuração do risco de carteira, 478–479
mercado
 busca de, 9, 478
 controlando riscos relacionados ao, 447–448
 criadores de, 131–132
 eficiência de, 24–25
 imperfeições de, 8–9
 liquidez de. *Ver* liquidez de mercado
 movimentos do, 257–259–259
 na obtenção de capital de terceiros no cenário global, 403–404
 opções em moeda estrangeira e, 190–191
 ruptura do, 117–118
 segmentação de, 356–359
 tamanho do, 378
mercado de Euronotas, 401–402
Mercado de Investimentos Alternativos (AIM), 378
mercado de títulos de dívida, 401–403
mercado informal, 149–151
mercado internacional de títulos de dívida, 401–403
mercado negro, 148–149

mercado negro do bolívar na Venezuela
 ações da CANTV *versus*, 149–150
 alternativas de Santiago ao, 149–150
 caos político e, 148–149
 controles de capital e CADIVI, 148–151
 introdução a, 148–149
 mercado informal, 149–151
 moeda forte e, 149–151
 na primavera de 2004, 150–151
mercados a termo, 193–194
mercados à vista, 192–193
mercados abertos, 3
mercados de ações
 crises nos, 421–423
 Enron e os, 39–40
 governança corporativa e os, 29–30
mercados de atacado, 51–52
mercados de balcão (OTC), 190–191, 225
mercados de câmbio, 130–154
 arbitradores nos, 132–133
 arbitragem entre mercados nos, 145–147
 bancos centrais nos, 132–133
 cotações a termo nos, 141–143
 cotações de compra e venda nos, 140–142
 cotações diretas nos, 140–141
 cotações indiretas nos, 140–141
 cotações interbancárias nos, 139–141
 cotações nos, 139–144
 especuladores nos, 132–133
 extensão geográfica dos, 130–131
 fraude nos, 133–134
 funções dos, 131–132
 hedging contra exposição nos, 135–137
 informações em tempo real sobre os, 144
 introdução a, 130
 Liquidação Contínua Integrada nos, 133–134
 mercado negro do bolívar na Venezuela e, 148–151
 operadores bancários *versus* não bancários, 131–132
 participantes dos, 131–134
 revisão, exercícios na Internet, 154
 revisão, perguntas de, 151
 revisão, problemas, 151–154
 revisão, resumo, 148
 tamanho dos, 136–139
 taxas cruzadas nos, 144–145
 taxas nos, 139–140
 tesourarias nos, 132–134
 transações a termo diretas nos, 134–135
 transações à vista nos, 133–134
 transações comerciais nos, 131–132
 transações de investimento nos, 131–132
 transações de *swap* nos, 134–135
 transações no mercado interbancário nos, 133–139
 um dia de trabalho dos corretores nos, 132–133
 variações nas taxas de câmbio à vista nos, 147–148
mercados de capitais pequenos, 349
mercados de capitais segmentados, 349
mercados de dívida
 créditos sindicados nos, 399–401

empréstimos bancários nos, 399–400
Enron e, 39–41
governança corporativa e, 29–30
internacionais. *Ver* mercados de dívidas internacionais
mercados de dívidas internacionais. *Ver também* obtenção de capital de terceiros no cenário global
 classificação de títulos de dívida em, 403–405
 emissão de títulos de dívida relacionadas a ações, 402–403
 emissões diretas de títulos de dívida com taxa fixa em, 402–403
 Eurobonds em, 401–405
 Eurocréditos em, 399–400
 Euronotas de médio prazo em, 401–402
 Euro-papéis comerciais em, 401–402
 exigências de divulgação dos, 403–404
 interferência regulatória com os, 403–404
 mercado de Euronotas em, 401–402
 mercado de títulos de dívida, 401–403
 notas com taxas flutuantes em, 402–403
 status tributário de, 403–404
 títulos de dívida estrangeiros em, 402–403
mercados de nicho, 442–443
mercados eficientes, 357
mercados emergentes, 58, 247–248
mercados ilíquidos, 123–124, 348
mercados internacionais de dívida. *Ver* mercados de dívidas internacionais
mercados nacionais, 420–425
mercantilismo financeiro, 115–116
Merck, 318–319
Merrill, Peter, 495
método da taxa corrente, 330–331, 338–339
método da taxa de fechamento do balanço, 330–331
método de conversão da taxa corrente, 328
método dos termos americanos, 139–140, 187
método monetário/não monetário na conversão de taxas, 329
método temporal de conversão, 329–331
métodos dos termos europeus, 139–140
México
 empresas multinacionais no, 4
 Goodyear no, 309
 pesos do, 188–190
Meyer, Eric, 404–405
micro prêmios, 120–121
microriscos. *Ver* riscos políticos específicos a uma empresa
Mills, Steve, 5
minidesvalorizações, 53–54
mini-max forwards, 297–299
modelo de capitalismo do público envolvido (SCM), 24–26
modelo de carteira de dois ativos, 416
modelo de carteiras de múltiplos ativos, 419–420
Modelo de Precificação de Ativos Financeiros (CAPM), 349–353

Modelo de Precificação de Ativos Financeiros internacional, 352
moeda
    arranjo monetário eclético, 52–53
    cláusulas de, 311–312
    colapso monetário, 248–250
    conselhos de, 58, 250–252
    exposição monetária, 320–321
    funcional, 326–327
    período de contração monetária, 88–89
    precificação de opções. *Ver* precificação de opções de moeda
    regimes monetários, 52–58
    repasses de, 174–175
    risco monetário, 269
    substituições, 244–245
    swaps. Ver troca de moeda, 311–312
    taxas de câmbio de. *Ver* expectativas de taxas de câmbio, 294
moeda comprada a termo, 164
moeda funcional, 326–327
moeda vendida a termo, 164–166
Moody's, 403–405
moralidade fiscal, 491
Morgan Stanley, 386–387, 416
Morgenthau, Jr., Henry, 48–49
motivos precaucionários, 522–523
motivos transacionais, 522–523
movimento antiglobalização, 455–456
MRC (retorno marginal sobre capital), 358
MtM (marcação a mercado), contabilidade, 116–117
Mugabe, Presidente Robert, 452
Murthy, Narayana, 2

N

Naboa, Presidente Gustavo, 60–61
natural resources, 441–442
NBER Working Paper, 244–245
NCOF (fluxo de caixa operacional líquido), 473
NDFs (contratos a termo sem liquidação física), 134–137
negociação "*on the run*", 117–118
negociando acordos de investimento, 445–446
Nestlé, 352–353
neutralidade doméstica, 491
neutralidade estrangeira, 491
neutralidade fiscal, 491–492
New York Times, 124, 126
Nixon, Presidente Richard Milhaus, 52–53
Nocera, Joe, 126
nomes de marca, 447–448
normas de recursos humanos, 451
notas com taxas flutuantes (FRNs), 402–403
Novo Industri A/S, 365–368
NPV (valor presente líquido negativo), 473
NPV (valor presente líquido), 464
NWC (capital de giro líquido). *Ver* capital de giro líquido (NWC)
Nycomed, 382–383

NYSE (Bolsa de Valores de Nova York ou New York Stock Exchange), 378–379

O

O Falcão Maltês (*The Maltese Falcon*), 478
O'Connor, Meaghan, 341–343
objetivos financeiros, 21–46
    da China, 37
    fracasso dos, 32
    gerência *versus* propriedade, 22–23
    governança corporativa em. *Ver* governança corporativa da Enron, 38–43
    introdução a, 21
    no modelo de capitalismo do público envolvido, 24–26
    no modelo de maximização da riqueza dos acionistas, 24–25
    objetivos da gerência para os, 23
    objetivos operacionais em, 26–27
    propriedade de empresas e, 21–23
    propriedade familiar e, 31–32
    reformas e, 33–38
    reputação e, 32–33
    revisão, exercícios na Internet, 45–46
    revisão, perguntas de, 42–44
    revisão, problemas, 43–46
    revisão, resumo, 38–39
objetivos operacionais, 26–27
obrigações de dívida colateralizadas (CDOs), 106–110
Obrigações de Inadimplência de Crédito (CDOs), 117–118
obtenção de capital de terceiros no cenário global, 392–410. *Ver também* mercados de dívida internacionais
    classificação da, 403–405
    créditos sindicados, 399–401
    custo da dívida na, 394–395
    disponibilidade de capital na, 394
    empréstimos bancários na, 399–401
    estruturas financeiras de subsidiárias estrangeiras, 396–399
    estruturas financeiras ótimas de modo geral, 392–393
    estruturas financeiras ótimas para EMNs, 393–396
    Eurobonds e, 402–404
    Eurocréditos e, 399–401
    finanças islâmicas e, 404–405
    financiamento de subsidiárias estrangeiras, 397–399
    introdução à, 392
    investidores internacionais em carteiras e, 395–396
    mercado de Euronotas na, 401–402
    mercado para, 403–404
    mercados de dívida na, 399–400
    mercados de títulos de dívida na, 401–403
    redução de risco através da diversificação de fluxos de caixa, 394
    revisão, exercícios na Internet, 410
    revisão, perguntas, 407–409
    revisão, problemas, 408–410
    revisão, resumo, 406

    risco cambial na, 394–395
    subsidiárias locais e normas na, 396–397
    Tirstrup BioMechanics, 406–408
    títulos de dívida estrangeiros e, 402–403
obtenção de capital próprio no cenário global, 373–391
    aceitação política na, 381
    ações registradas globais na, 377–378
    alianças estratégicas for, 386
    bolsas de valores e, 378
    caminhos alternativos para a, 374–375
    colocações privadas na, 384
    criando estratégias para a, 374–376
    derivativos globais e, 378
    divulgação e, 381–382
    efeito da emissão de ações sobre o preços das ações, 379–381
    emissões de ações públicas direcionadas na, 382–383
    emissões pública de euroações, 383–384
    fundos de investimento em participações, 384–385
    fundos de investimento em participações e seus ativos, 385
    instrumentos alternativos para a, 382–386
    introdução à, 373–391
    liquidez, melhorando a, 377
    listagem, barreiras à, 381–382
    listagem, efeito sobre o preço das ações, 379–381
    listagem e emissão de ações estrangeiras, 377–379
    perspectivas para a, 379
    Petrobrás, 386
    preços das ações na, 379–381
    recibos depositários na, 375–376
    relações com os investidores na, 381–382
    remuneração da gerência e funcionários, 381
    revisão, exercícios na Internet, 390–391
    revisão, perguntas, 389–390
    revisão, problemas, 389–391
    revisão, resumo, 386
    swaps com aquisições na, 381
    tamanho do mercado e liquidez na, 378
    venda de ações no exterior, barreiras à, 381–382
    visibilidade na, 381
obtenção de capital próprio nos mercados globais, 381–382
obtenção de fornecedores locais, 446–447
obtenção de suprimentos, 455–456
OCDE. *Ver* Organização para a Cooperação e Desenvolvimento Econômico (OCDE)
OCI (outros resultados abrangentes), 238–239
OISs (*swaps* da taxa de juros no *overnight*), 120–121
Okuda, Hiroshi, 319–321
OMC (Organização Mundial do Comércio), 452–453
opção ATM (*at-the-money*), 190, 278–279
opção de realização média (ASO), 300–301
opção de taxa média (ARO), 300–301

opção europeia. *Ver* precificação de opções de moeda
opção *lookback*, 300–301
opções
　contratos a termo sintéticos usando, 295–296
　de taxa média, 300–301
　derivativos em moeda estrangeira e, 198–199, 201
　em moeda estrangeira. *Ver* opções em moeda estrangeira
　introdução a, 294–295
　mercados de, 194
　participating forwards como, 297–301
　prêmios de, 208–209
　produtos de gerenciamento de risco de segunda geração de, 296
　produtos de opções de prêmio zero, 297
　range forwards como, 297–299
　ratio spreads e, 297–299
opções americanas, 190
opções complexas, 297
opções de cilindro, 297–299
opções de compra, 190
opções de compra europeias, 218–219
opções de índice de custo zero, 297–299
opções de venda, 190
opções em moeda estrangeira
　cotações e preços de, 191–193
　derivativos e, 190–193
　em bolsas de valores organizadas, 191
　em mercados de balcão, 191
　mercados de, 190–191
opções estratégicas, 479
OPIC (Corporação de Investimentos Privados no Exterior), 445–447
oportunidades de refinanciamento, 122–123
option collars, 297–299
option fences, 297–299
orçamento de capital multinacional, 464–488
　análise de opções reais, 479, 482–484
　complexidades do, 465
　financiamento de projetos, 480–482
　medidas de risco de carteira em, 478–479
　medidas do ponto de vista do projeto em, 475–477
　na Cemex, panorama do exemplo de, 467–468
　orçamento de capital do ponto de vista da empresa, 477–478
　ponto de vista da empresa matriz em, 466–467, 473–475
　ponto de vista do projeto em, 466–467, 472–473
　pressupostos financeiros em, 468–472
　repatriação de fluxos de caixa para o, 473
　revisão, exercícios na Internet, 487–488
　revisão, perguntas, 483–485
　revisão, problemas, 484–488
　revisão, resumo, 482
Organização Mundial do Comércio (OMC), 452–453

Organização para a Cooperação e Desenvolvimento Econômico (OCDE)
　alíquotas de impostos na, 495
　governança corporativa e, 27–28
　sobre mercados de títulos, 358
　tratados fiscais e, 493
Oriente Médio, 481
originador de cobranças documentárias, 544–545
originar-e-distribuir (OTD), modelo, 104–105
OTC (de balcão), mercados, 190–191
OTD (originar-e-distribuir) modelo, 104–105
OTM (*out-of-the-money*), opção, 190
out-of-the-money (OTM), opção, 190
outorgantes, 190
outros resultados abrangentes (OCI), 238–239
overshooting, 257–259

P
P&G, 512–513
padrão cerveja, 179–180
padrão ouro, 47–50
pagamentos, balança de. *Ver* balança de pagamentos
países com taxas de câmbio flutuantes, 86–87
　Conta de Reservas Oficiais e, 81
　independentes, 55–56
　introdução aos, 53–56
　que passam a taxas fixas, 234–236
países em desenvolvimento, 440–443
países hiperinflacionados, 330–331
Pakistan International Airways, 530–533
Panamera, 13–17
Papéis Comerciais (CP)
　em financiamento do comércio internacional, 552
　Europapéis comerciais, 552
　na crise do crédito de 2007–2009, 118–119
Paradigma OLI
　definição, 434–435
　estratégia financeira e, 435–436
　internalização e, 434–436
parceiros de *joint-venture*, 500
paridade da taxa de juros (IRP)
　em condições de paridade internacional, 165–167
　equilíbrio e, 173–174
　paridade do poder aquisitivo, 183–184
paridade do poder aquisitivo (PPP)
　álgebra do, 182–183
　desvios da, 161
　em transações cambiais, 131–132
　equilíbrio e, 172–173
　índices da taxa de câmbio na, 159–160
　lei do preço único e, 155–158
　na determinação de taxas de câmbio estrangeiras, 244
　relativa, 158–160
　testes empíricos da, 159–160

paridade relativa do poder aquisitivo, 158–160
Paris, 140–141
partes afiliadas, 539
partes envolvidas em transações comerciais e investimentos, 131–132
participantes em mercados de câmbio, 131–134
participating forwards, 297
passagem da fase do comércio internacional para multinacional, 11–12
Patel, Natasha, 548–549
Paulson, Secretário do Tesouro Hank, 125–126
perdas e ganhos realizados, 267
perfil de rescisão, 101–102
período de ajuste de quantidade, 88, 90
período de busca de fornecedores de insumos, 510–511
período de cotação, 510
período de estoque, 510–511
período de repasse, 88–89
perspectiva de rede, 436–437
pesos argentinos, 251–255
pesos de carteira, 419–420
pesos mexicanos, 188–190, 309
Petrobrás, 386
Philips N.V., 360
pi (sensibilidade à variação nos diferenciais da taxa de juros), 206–208
PIB (produto interno bruto), 85–86, 251–252
pirâmide do Pan-Pacífico, 264–264
planejamento de crises, 453–455
Plano Real, 252–253
pobreza, 455–457
política de incentivos fiscais, 491
políticas, 224
pontos, 141–142
pontos fracos da infraestrutura, 242
Porsche, 13–18
　câmbio e, 14–17
　carteira crescente da, 13–15
　divisão AG, 13–15
　divisão Porsche AG da, 13–15
　introdução à, 13–15
　lucros da, 14–15
　mudanças realizadas pela, 16–18
　Panamera da, 14–15
　perguntas sobre o caso da, 17–18
　repasse de moeda na, 174–175
　retorno sobre capital investido da, 15–17
posição comprada, 188
posições descobertas (sem *hedge*), 273–274
posições vendidas, 110–111, 188, 227–228
PPP (paridade do poder de compra). *Ver* paridade do poder de compra (PPP)
práticas internacionais de conversão, 330–331
prazo de cobranças documentárias, 545–546
precificação de opções de moeda
　derivativos em moeda estrangeira e, 201–209
　deterioração de valor em, 203–205

diferenciais da taxa de juros em, 206–208
preços de realização alternativos e, 208–209
prêmios em, 208–209
sensibilidade da taxa a termo em, 201–202
sensibilidade da taxa à vista e, 201–203
sensibilidade da volatilidade e, 204–207
tempo até o vencimento e, 203–205
preço de transferência
  efeito de posicionamento de fundos do, 498
  efeito do imposto de renda do, 498–499
  incentivos gerenciais e, 499–500
  no gerenciamento multinacional de impostos, 498
  parceiros de joint-venture e, 500
preços
  de opções em moeda estrangeira, 191–193
  em condições de paridade internacional, 155–156
  juros e taxas de câmbio e, 172–174
preços das ações, 379–381
preços de compensação, 187–188, 227–228
preços de empréstimos, 225
preços de exercício, 190, 192–193
preços de realização, 190
preços de realização alternativos, 208–209
preços de saída, 116–117
preços de venda, 131–132
preços de venda, 131–132
preços do ponto de equilíbrio, 196–197
preços isolados, 499
prêmios a prazo, 120–121
prêmios a termo, 165–166
prêmios em opções em moeda estrangeira
  cotações e prices de, 192–193
  introdução a, 190
  sensibilidade de preços e, 201–202
President's Council of Economic Advisors, 254–255
pressupostos financeiros, 468–472
previsibilidade, 318–319
previsões
  abordagem do mercado de ativos a, 245–248
  análise técnica em, 255–256
  consistência das taxas cruzadas nas, 256–258
  movimentações de mercado, 257–259
  na pirâmide do Pan-Pacífico, 264–264
  precisão nas, 259–261
  revisão, exercícios na Internet, 263–264
  revisão, perguntas, 261
  revisão, problemas, 261–263
  revisão, resumo, 259
  serviços de, 255–257
  síntese de, 257–259
  taxas de câmbio estrangeiras. *Ver* determinação de taxas de câmbio estrangeiras
previsores não viesados, 171–173
principal nocional, 187, 229–230
Princípios Contábeis Geralmente Aceitos (GAAP), 29–30, 329–330

Princípios de economia política e tributação (*On the Principles of Political Economy and Taxation*), 5, 155
princípios fiscais, 490–497
  de ambientes fiscais nacionais, 492–493
  de tratados, 493
  em créditos fiscais estrangeiros, 497–500
  em tipos de impostos, 494–497
  moralidade, 491
  neutralidade, 491–492
problema de agência, 22
produção no exterior, 438
produto interno bruto (PIB). *Ver* PIB (produto interno bruto)
produtos de opções de prêmio zero, 296–297
produtos de opções exóticos, 296
produtos diferenciados, 432
profecias autorealizadoras, 450
propriedade
  de capital aberto *versus* de capital fechado, 21–23
    estruturas de, 451
    gerenciamento *versus*, 30–31
propriedade de capital aberto *versus* de capital fechado, 21–23
protecionismo como risco, 452–454
prudência nas práticas, 209
Pudd'nhead Wilson's New Calendar, 266
Putnam, Justice Samuel, 373

Q
QIBs (compradores institucionais qualificados), 384
questões ambientais, 455–456

R
range forwards, 297
ratio spreads, 297–299
receitas em orçamento de capital multinacional, 469–470
recibos depositários, 375–376
Recibos Depositários Americanos (ADRs), 375–376
recibos depositários americanos não patrocinados (ADRs), 378
recibos depositários americanos patrocinados (ADRs), 376
recibos depositários globais (GDRs), 375
regimes de base governamental, 30–31
regimes de mercado, 30–31
regimes de taxa de câmbio
  classificações de, 52–57
  futuros, 64–66
  reforma dos, 68–69
registros genéricos, 401–402
regras, 64–65, 224
Regras do homem prudente (*Prudent Man Rule*), 373
reguladores, 29–30, 39–40
reinvestimentos forçados, 450
relação inversa de contas correntes e contas financeiras, 80–81
relacionamentos comerciais, 538–540

relacionamentos não afiliados conhecidos, 539
relacionamentos não afiliados desconhecidos, 539
remédios para crises de crédito, 121–122
remensuração, 330
remessa de lucros, 513–514
remessas internacionais de dividendos, 514–517
  distribuições e fluxos de caixa em, 515–516
  fatores de *joint venture* em, 516–517
  implicações tributárias de, 515–516
  riscos cambiais de, 515–516
  riscos políticos de, 515–516
remuneração, 381
renda atual, 75
renda de fonte doméstica, 503–504
renda de fonte estrangeira, 503–504
renda passiva, 493
renminbi (RMB)
  e euro, câmbio entre, 284–285
  em reservas cambiais, 81–83
  reavaliação do, 66–69
rentabilidade dos dividendos, 26
repasses, 162–163
repasses de moeda, 174–175
repatriação de fluxos de caixa, 473
repercussões sociais, 253–254
reposicionamento de fundos, 511–514
reprecificação de riscos, 222–224
reservas cambiais, 81–83
responsabilidade social corporativa, 456–457
restrições fiscais, 513–514
restrições políticas sobre reposicionamento de fundos, 513–514
retenção de caixa, 522–523
retorno marginal sobre capital (MRC), 358
retorno sobre capital investido (ROIC), 15–17, 418–420
revenda (*flipping*), 101–102
revolução, 446–447
Ricardo, David, 5, 155
risco
  cálculo de, 418–420
  cambial. *Ver* risco cambial
  compartilhamento de, 312–313
  da taxa de juros. *Ver* risco da taxa de juros
  de não conclusão, 541
  desempenho do mercado corrigido pelo, 422–425
  diversificação dos fluxos de caixa para redução de, 394
  em diversificação de carteiras internacionais, 412–415
  gerenciamento de, 24–25
  político. *Ver* riscos políticos
  redução de, 412–413
  sistemático. *Ver* tolerância a riscos sistemáticos, 279–280
risco cambial
  custos da dívida e, 394–395
  de remessas internacionais de dividendos, 515–516

medidas do ponto de vista do projeto, 476–477
na diversificação de carteiras, 413–415
na fase do comércio internacional, 10–11
proteção contra o, 541–542
risco da taxa de juros
   acordos de taxa a termo no, 227–228
   contratos de futuros e, 227–229
   crédito e, 222–224
   de taxas fixas, 226
   de taxas flutuantes, 225–227
   definição, 221–224
   derivativos cambiais e, 225
   reprecificação, 222–224
   swaps e, 228–232
   taxas de juros no, 224–232
   vantagem comparativa no, 229–231
risco de contraparte
   em opções em moeda estrangeira, 191
   em *swap* de moedas, 235–237
   taxas de juros e, 235–237
risco de *roll-over*, 222
risco não sistemático, 24, 412–413
risco sistemático
   custo médio ponderado de capital e, 350–351
   de EMNs *versus* empresas domésticas, 361–362
   na diversificação de carteiras, 412–413
   no modelo de maximização da riqueza dos acionistas, 24
riscos culturais, 442–443, 449–450
riscos de governança, 442–446
riscos de transferência
   controlando os, 447–448
   definição, 442–443
   fundos bloqueados e, 447–449
riscos específicos de transações globais. *Ver também* globalização
   ataques cibernéticos, 456–457
   avaliando, 444–445
   definição, 442–443
   integração da cadeia de suprimentos além fronteiras e, 454–456
   movimento antiglobalização, 455–456
   planejamento de crises para, 453–455
   pobreza, 455–457
   questões ambientais, 455–456
   responsabilidade social corporativa em, 456–457
   terrorismo e guerra, 453–454
riscos específicos de um país
   avaliando, 443–445
   compadrio em, 451–452
   corrupção em, 451–452
   definição, 442–443
   direitos de propriedade intelectual em, 452–453
   estruturas de propriedade em, 451
   exemplo da moeda de Zimbábue, 452
   fundos bloqueados, de modo geral, 447–449
   fundos bloqueados, estratégia de pré-investimento prevendo, 448–450

fundos bloqueados, movimentação de, 449–450
herança religiosa em, 451
normas de recursos humanos em, 451
protecionismo em, 452–454
riscos culturais e institucionais, 449–450
riscos institucionais, 442–443
riscos políticos
   ataques cibernéticos, 456–457
   avaliando, 443–445
   como risco específico de transações globais, 453–457
   compadrio e corrupção in, 451–452
   Corporação de Investimentos Privados no Exterior e, 445–447
   crise de fornecedores da Mattel e, 457–461
   de remessas internacionais de dividendos, 515–516
   definição, 442–444
   direitos de propriedade intelectual em, 452–453
   específicos de uma empresa, 444–448
   estratégias operacionais e, 446–448
   estruturas de propriedade em, 451
   exemplo da moeda de Zimbábue, 452
   fundos bloqueados, de modo geral, 447–449
   fundos bloqueados, estratégia de pré-investimento prevendo, 448–450
   fundos bloqueados, movimentação de, 449–450
   guerra, 453–454
   herança religiosa em, 451
   integração da cadeia de suprimentos além-fronteiras, 454–456
   medidas do ponto de vista do projeto, 476
   movimento antiglobalização, 455–456
   negociando acordos de investimento, 445–446
   normas de recursos humanos em, 451
   planejamento de crises para, 453–455
   pobreza, 455–457
   protecionismo em, 452–454
   questões ambientais, 455–456
   responsabilidade social corporativa, 456–457
   revisão, exercícios na Internet, 462–464
   revisão, perguntas, 460–463
   revisão, resumo, 456–458
   riscos culturais e institucionais, 449–450
   riscos de governança, 444–446
   riscos específicos de um país em, 447–454
   taxas de câmbio e, 243
   terrorismo, 453–454
riscos políticos específicos a uma empresa
   avaliando, 443–444
   Corporação de Investimentos Privados no Exterior, 445–447
   definição, 442–443
   estratégias operacionais para, 446–448
   negociando acordos de investimento e, 445–446
   riscos de governança, 444–446
riscos políticos estrangeiros. *Ver* riscos políticos

RMB (renminbi). *Ver* renminbi (RMB)
rô (sensibilidade à variação nos diferenciais da taxa de juros), 206–208
ROIC (retorno sobre capital investido), 15–17, 418–420
Rose, Andrew K., 244–245
RTGS (Liquidação Bruta em Tempo Real), sistemas de, 133–134
rúpia
   em medidas do ponto de vista do projeto, 475–477
   no orçamento de capital da Cemex, 467–473
   no orçamento de capital do ponto de vista da empresa matriz, 473–475
rúpia paquistanesa, 530–532
Rycek, Ron, 459–460

S

S&P (Standard & Poor's), 403–404
SAC (Space e Avionics Control Group), 530–531
sacado de cobranças documentárias, 544–545
saldos básicos, 81–82
saldos gerais, 81–82
saldos monetários, 337
saques a descoberto, 552
Sarbanes Oxley (SOX), Lei, 34–36
SCM (modelo de capitalismo do público envolvido), 24–26
script, 253–254
SDR (Direitos de Saque Especiais do FMI), 49–50
SEC, Regra 144A da, 384
securitização
   economia mundial e, 122–123
   em financiamento do comércio internacional, 552
   introdução a, 102–106
   melhoria de crédito e, 112–113
   obrigações de dívida colateralizadas na, 106–110
   swaps de inadimplência creditícia em, 109–112
   veículos de investimento estruturado em, 105–107
sede social, transferência para o exterior, 503–504
Segunda Guerra Mundial, 48
seguro de crédito para exportação, 549–550, 552
seignorage, 59
Semen Indonésia
   Cemex e, 467–472
   fluxos de caixa da, 477–478
   medidas do ponto de vista da empresa matriz pela, 477–478
   medidas do ponto de vista do projeto, 475–477
   mensuração do risco de carteira da, 478
   orçamento de capital do ponto de vista da empresa matriz da, 473–475
   taxas de desconto e, 477–478

serviços compartilhados, 514–515
serviços de taxas de câmbio estrangeiras, 255–257
setor habitacional, 101–104
setores recém-formados, 452–453
Sharpe (SHP), índice de desempenho de, 422–425
Shaw, Simon, 337
SHP (Sharpe), índice de desempenho de, 422–425
Shuhei, Toyoda, 319–321
Shuhong, Zhang, 459–460
Singer, Isaas Merritt, 5
Sistema Eletrônico de Corretagem (EBS), 132–133
Sistema Interbancário de Pagamentos da Câmara de Compensação de Nova York (CHIPS), 133–134, 522–524
sistema monetário internacional, 47–71
    anos entre-guerras e a Segunda Guerra Mundial, 1914–1944, 48
    arranjos monetários ecléticos no, 52–53
    atributos ideais de uma moeda no, 56–58
    Bretton Woods e, 48–50
    classificações dos regimes de taxa de câmbio no, 52–57
    conselho de moedas no, 58
    dolarização no, 58–61
    escolhas de regime no, 58
    euro, alcançando a unificação monetária com o, 61–65
    euro, lançamento do, 61–62
    euro, razões para a unificação monetária e, 61–62
    euro, Tratado de Maastricht e, 60–62
    euro no, de modo geral, 60–61
    Euromoedas no, 49–51
    história do, 47–53
    introdução ao, 47
    mercados emergentes e, 58
    padrão ouro, 1876–1913, 47–48
    reavaliação do yuan e, 66–69
    regimes de taxa de câmbio, futuro do, 64–66
    regimes de taxa de câmbio, reformando, 68–69
    regimes monetários contemporâneos no, 52–58
    revisão, exercícios na Internet, 70–71
    revisão, perguntas de, 69–70
    revisão, problemas, 69–71
    revisao, resumo, 65–67
    taxas de câmbio fixas no, 52–53
    taxas de câmbio fixas *versus* flexíveis no, 56–57
    taxas de juros das Euromoedas no, 50–51
sistemas de base familiar, 30–31
SIVs (veículos de investimento estruturado), 105–107
Skilling, Jeffrey, 38–42
Sloan, Allan, 505–506
Smith, Adam, 4
Smith, Andy, 337

socialismo corporativo, 249–250
Sociedade para Telecomunicações Financeiras Interbancárias Globais (SWIFT), 523–524
SOEs (empresas estatais), 37
SOX (Lei Sarbanes-Oxley), 34–36
Space e Avionics Control Group (SAC), 530–531
spread soberano, 387–388
SPVs (veículos de propósitos específicos), 107–108
Standard & Poor's (S&P), 403–404
Stanley Works, 502–507
Storch, Gerald L., 21
subcontas, 75–77
subordinação, 112
suborno, 452
subprime, hipotecas, 101–102
subsidiárias de bancos, 529
    em exposição contábil, 326
    integrais, 439–440
subsidiárias em paraísos fiscais, 500–503
subsidiárias estrangeiras
    afiliadas *versus*, 466
    estruturas financeiras de. *Ver* estruturas financeiras de subsidiárias estrangeiras
    joint ventures *versus*, 439
subsidiárias integrais, 439–440
subsidiárias locais e normas, 396–397
Sumatra, 467
swap plain vanilla, 228–229
swaps com aquisições, 381
swaps cruzados de moeda, 314–316
swaps da taxa de juros
    benefícios dos, 232
    implementando, 231
    introdução a, 228–230
swaps da taxa de juros no *overnight* (OISs), 120–121
swaps de cupom, 229–230
swaps de inadimplência creditícia (CDSs), 109–112
swaps de moedas, 221–241
    desfazendo, 235–236
    em exposição operacional, 314–316
    exposição da libra esterlina britânica em, 238–239
    fazendo *swap* de dólares a taxas flutuantes por francos suíços a taxas fixas, 234–236
    revisão, exercícios na Internet, 240–241
    revisão, perguntas, 238–239
    revisão, problemas, 238–241
    revisão, resumo, 236–237
    risco de contraparte em, 235–237
    taxas de juros e. *Ver* taxas de juros, introdução a, 233–234
swaps forward-forward, 134–135
swaps para pagar taxas fixas/receber taxas flutuantes, 229–230, 232
swaps para pagar taxas flutuantes/receber taxas fixas, 229–230
swaps para receber taxas fixas/pagar taxas flutuantes, 231–233
swaps sem amortização, 235–236

SWIFT (Sociedade para Telecomunicações Financeiras Interbancárias Globais), 523–524
"swissie" (francos suíços), 140–141
SWM (maximização da riqueza dos acionistas), modelo, 24–25

T

tabela da probabilidade normal acumulada, 219–220
Tailândia, 247–249
tamanho dos mercados, 136–139, 378
Taussig, Russell A., 330–331
taxa de câmbio implícita na paridade do poder aquisitivo, 156
taxa de juros. *Ver também* taxas de juros
    de contratos futuros, 227–229
    derivativos cambiais, 225
    diferencial, 206–208
    exposição, 224
    paridade da. *Ver* paridade da taxa de juros (IRP)
    risco. *Ver* risco da taxa de juros
    swaps da, 228–232
    vantagem da, 525
Taxa Interbancária do Mercado de Londres (LIBOR). *Ver* LIBOR (Taxa Interbancária do Mercado de Londres)
taxa interna de retorno (IRR), 464, 473
taxas. *Ver também* determinação de taxas de câmbio estrangeiras
    de câmbio. *Ver* taxas de câmbio
    de juros. *Ver* taxas de juros
    em mercados de câmbio, 139–140
taxas a termo
    álgebra das, 183
    em condições de paridade internacional, 164–166
    em sensibilidade da precificação de opções de moeda, 201–202
    para prever taxas à vista, 171
taxas à vista
    de francos suíços, 192–193
    sensibilidade às, 201–203
    variações nas, 147–148
taxas *cash*, 141–142
taxas cruzadas, 144–145, 256–258
taxas de câmbio
    à vista, 147–148
    balança de pagamentos, 85–87
    balanças comerciais e, 87
    dinâmica das, 257–259
    em condições de paridade internacional, 155–156
    estrangeiras. *Ver* determinação de taxas de câmbio estrangeiras
    expectativas quanto às, 307–308
    fixas. *Ver* taxas de câmbio fixas
    fixas em relação a outras moedas, 53–54
    flutuantes. *Ver* taxas de câmbio flutuantes
    garantindo, 317–318
    índices das, 159–161

nominais, 159–161
preços e, 172–174
previsão de. *Ver* previsões
reais, 159–161
regimes de. *Ver* regimes de taxa de câmbio
repasses de, 162–163
taxas de juros e, 163–174
taxas de câmbio *de facto*, 53–54
taxas de câmbio de moedas com flutuação independente, 55–56
taxas de câmbio de moedas compostas, 53–54
taxas de câmbio fixas
1945–1973, 52–53
Conta de Reservas Oficiais e, 81
países com, 86–87
swapping e, 232–233
taxas flexíveis *versus*, 56–57
taxas de câmbio fixas dentro de faixas horizontais, 53–54
taxas de desconto, 477
taxas de empréstimos flutuantes, 225–227
taxas de inflação, 87
taxas de juros, 221–241. *Ver também* taxa de juros
acordos de taxa a termo nas, 227–228
em condições de paridade internacional, 163–171
exposição à libra esterlina britânica e, 238–239
fixas, 226–227
flutuantes, 225–227
introdução a, 221
na balança de pagamentos, 87
preços e, 172–174
revisão, exercícios na Internet, 240–241
revisão, perguntas, 236–237
revisão, problemas, 238–241
revisão, resumo, 236–237
risco de contraparte e, 235–237
swap de moedas e, 232–233
taxas de câmbio e, 163–174
vantagem comparativa nas, 229–231
taxas de juros fixas, 226, 232–233
taxas de juros flutuantes, 226–227
taxas de paridade, 81
taxas de participação, 298–301
taxas de referência, 222
taxas de *swap*, 141–143
taxas médias, 205–206
taxas orçamentárias, 297–299
tecnologia, 446–448
tecnologia avançada, 432
TED spread, 118–120
Teknekron, 259–261
tempo até o vencimento e deterioração de valor (teta), 203–205
teoria
complementar *versus* concorrente, 242
da determinação de taxas de câmbio estrangeiras, 243–246
da vantagem comparativa, 12
da vantagem competitiva, 4–7

de carteiras internacionais. *Ver* diversificação de carteiras internacionais
do investimento estrangeiro direto. *Ver* investimento estrangeiro direto (IED)
teoria da agência, 24, 270
teoria de precificação de opções de moeda
derivativos em moeda estrangeira, 217–220
exemplo da opção de compra europeia, 218–219
introdução à, 217–218
tabela da probabilidade normal acumulada, 219–220
terceirização da vantagem comparativa, 6–7
termos ou prazo de pagamento, 520–521
termos percentuais, 143
terrorismo, 453–454
tesourarias, 132–134, 224
teta (tempo até o vencimento e deterioração de valor), 203–205
The Economist
sobre a brusca redução no crédito (credit crunch), 117–118
sobre a economia mundial, 121–122
sobre a JPMorgan Chase, 259
sobre a Porsche, 17–18
sobre a Turquia, 92–93
sobre a Venezuela, 148–149
sobre bolsas de valores, 378
sobre CDS, 109–110
sobre cerveja, 179–180
sobre o índice do Big Mac, 156–158
The World, 110–112
tipos de impostos, 494–497
Tirstrup BioMechanics, 406–408
títulos com lastro em hipotecas (MBSs), 103–105
títulos de dívida estrangeiros, 402–403
títulos estrangeiros, 355–361
alianças estratégicas e, 360–361
globalização de mercados e, 359–360
introdução a, 355–356
liquidez de mercado e, 357–359
segmentação de mercado e, 356–359
títulos garantidos por ativos (ABSs), 103–104
TMEM (Toyota Motor Europe Manufacturing), 319–322
Toyota Motor Europe Manufacturing (TMEM), 319–322
Trajetória de ajuste da curva J, 88–90
trajetórias de equilíbrio fundamental, 257–258
tranches, 383
tranches mezanino, 107–108
tranches sênior, 107–108
Trani, John, 505–506
transações a termo, 134–135
transações a termo diretas, 134–135
transações à vista, 133–134
transações à vista *versus* a termo, 134–135
transações bancárias internas, 517–518, 527
transações cambiais, 130
transações de *swap*, 134–135

transações econômicas internacionais, 74
transações no mercado interbancário, 133–139
transaction banking, 548–549
transferência de poder aquisitivo, 131
transferência de sede social, 502–507
transferência de sede social para o exterior, 503–506
transferência pura (de sede social), 503–504
transferências bancárias, 522–524
transferências correntes, 75
transmissão de dívidas. *Ver* securitização
transparência
divulgação e, 31
em governança corporativa, 27–28, 36
transporte, 446–447, 455–456
tratados fiscais, 493
Treynor (TRN), índice de desempenho, 422–425
tributação equitativa, 491–492
tributação territorial, 493, 503–504
Tricks, Henry, 110–112
Trident Brasil
capital de giro intraempresarial da, 519–520
capital de giro líquido da, 516–518
período de busca de fornecedores de insumos da, 510–511
período de contas a pagar da, 511
período de contas a receber da, 511–512
período de cotação da, 510
período de estoque da, 510–511
reposicionamento, 512–513
Trident China, 512–513
Trident Corporation
análise de opções reais da, 482
comparação de alternativas pela, 278–280
contas a pagar da, 280–281
custo médio ponderado de capital da, 351–352
desfazendo *swaps* de moedas, 235–236
efeito do imposto de renda e, 498
empréstimos com taxas flutuantes e, 225–227
estratégias da, 279–280
exposição de transação da, 272–280
fazendo *swap* de dólares a taxas flutuantes por francos suíços a taxas fixas, 234–236
gerenciamento tributário na, 500–501
hedges alternativos da, 278–280
hedges no mercado a termo da, 273–275
hedges no mercado de opções da, 277–279
hedges no mercado monetário, 274–278
posição sem cobertura da, 273–274
preços de transferência e, 500
taxas fixas, fazendo *swap* para, 232–233
transações comerciais da, 546–549
Trident Europe
conversão pela, 335–336
exposição contábil da, 330–333
exposição operacional da, 304–308

hedges do balanço patrimonial da, 337–339
método da taxa corrente da, 332–334
método temporal da, 334–335
reposicionamento, 511–513
TRIPS (Acordo sobre os Aspectos dos Direitos de Propriedade Intelectual Relacionados com o Comércio), 452–453
TRN (Treynor), índice de desempenho de, 423–425
túnel de custo zero, 297–299
Tunísia, 551
Turki al-Saud, Príncipe Mishaal bin Abdullah bin, 404–405
Turquia, 92–95
TV (valor terminal), 472–473
Twain, Mark, 266

U

UEM (União Econômica e Monetária Europeia), 60–61
UIA (arbitragem de juros descoberta), 168–169
União Econômica e Monetária Europeia (UEM), 60–61
União Europeia (EU), 60–64

V

valor ao acionista
    criando, 24
    da Porsche, 13–15
    da Trident Corporation, 10
    governança corporativa e, 27–28
valor de mercado, 266
valor intrínseco, 199, 201
valor presente líquido (NPV), 464
valor presente líquido negativo (NPV), 473
valor temporal, 199, 201
valor terminal (TV), 472
valor total, 199, 201
valores de ativos, 101–104
vantagem absoluta, 4, 7
vantagem comparativa relativa, 231
vantagem competitiva, 431–434
    competitividade do mercado doméstico em, 433–434
    economias de escala e escopo em, 431–432
    experiência gerencial e de *marketing* em, 432
    força financeira em, 432
    produtos diferenciados em, 432
    tecnologias avançadas em, 432
vantagem na obtenção de informações, 523–524
vantagem no saldo precaucionário, 523–524
vantagens específicas da localização, 434
vantagens específicas do proprietário, 434
variações esperadas *versus* inesperadas nos fluxos de caixa, 303–305
variações inesperadas nos fluxos de caixa, 303–305
variáveis macroeconômicas, 85–87
veículos de investimento estruturado (SIVs), 105–107
veículos de propósitos específicos (SPVs), 107–108
Velmer, Christian, 284
velocidade do estoque, 454–455
venda a descoberto, 48
venda de contrato futuros, 227–228
vendas por concurso, 284
vendedores de proteção, 110–112
visão direcional dos movimentos das taxas de juros, 224, 294
visibilidade, 381
volatilidade
    definição, 479
    movimentos das taxas de juros e, 224
    sensibilidade à, 204–207
    volatilidade futura, 205–206
    volatilidade histórica, 205–206
    volatilidade implícita, 205–206
Volkswagen, 16–18

W

WACC (custo médio ponderado de capital). *Ver* custo médio ponderado de capital (WACC)
Wall Street Journal
    sobre a reavaliação do yuan, 67–68
    sobre a Venezuela, 151
    sobre mercados de câmbio, 144–145
    sobre o sistema monetário internacional, 66–67
    sobre opções em moeda, 191–193
    sobre pesos, 188
Washington Post, 66–67, 250–251
White, Harry D., 48–49
Wiedeking, Dr. Wendelin, 13–15
Wilhelm II, Kaiser, 510
Winston, Edgar, 10
Winston, James, 10

X

Xiaoyu, Zheng, 459–460

Y

Young, Paul, 284
yuan, 66–69, 81–83
Yusuf, Shelkh, 404–405

Z

Zimbábue, 452
zona do euro, 61–62, 97–98
zonas de livre comércio, 521–523
zonas francas, 521–523

Créditos

Capítulo 1

Finanças globais na prática 1.1	De "US Companies Choose: National Multinational or 'A-National'?," Francesco Guerrera, *Financial Times*, 16 de agosto de 2007, p. 7. ©2007 *Financial Times*. Reproduzido com permissão.
Capítulo 1 Minicaso	©2007 Thunderbird School of Global Management. Reimpresso com permissão do autor.

Capítulo 2

Finanças globais na prática 2.1	©June 2007, *Le Figaro*, Reproduzido com permissão.
Quadro 2.4	Classificações de governança por país a partir de 23 de setembro de 2008, de www.gmiratings.com. Reproduzido com permissão da Governance Metrics International.
Quadros 2.5 e 2.6	Harbula, Peter. "The Ownership Structure, Governance, and Performance of French Companies" from *Journal of Applied Corporate Finance*, Volume 19, Número 1, Inverno de 2007. Reproduzido com permissão da Wiley-Blackwell Publishing.
Finanças globais na prática 2.2	De "Shortcomings in China's Corporate Governance Regime," Johnny K. W. Cheung, *China Law & Practice*, fevereiro de 2007. ©2007 *China Law & Practice*. Reproduzido com permissão.

Capítulo 3

Quadro 3.2	De *International Financial Statistics*, www.imfstatistics.org. Reproduzido com permissão do Fundo Monetário Internacional.
Quadro 3.4	Adaptado de Lars Oxelheim, *International Financial Integration*, Springer-Verlag, 1990, p. 10. Reproduzido com a gentil permissão da Springer Science+Business Media.
Quadros 3.5 e 3.7	©2001 Pacific Exchange Rate Service (fx.sauder.ubc.ca). Reimpresso com permissão de Werner Antweiler.
Capítulo 3 Minicaso	©2005 Thunderbird School of Global Management. Reimpresso com permissão do autor.
Capítulo 3 Minicaso Quadro 1	©2005 Pacific Exchange Rate Service (fx.sauder.ubc.ca). Reimpresso com permissão de Werner Antweiler.

Capítulo 4

Quadros 4.2–4.7	De *Balance of Payments Statistics Yearbook*, 2008. Reimpresso com permissão do Fundo Monetário Internacional.
Finanças globais na prática 4.2	©2003 *The Economist Newspaper Limited*, Londres. Reproduzido com permissão.
Quadro 4.9	Obstfeld, M. e A. M. Taylor, "A Stylized View of Capital Mobility in Modern History," de M. D. Bordo, A. M. Taylor, e J. G. Williamson, orgs., *Globalization in Historical Perspective*, Chicago: University of Chicago Press, 2001. Reimpresso com permissão da University of Chicago Press.
Capítulo 4 Minicaso, Quadros 2 e 3	From *Balance of Payments Statistics Yearbook*, 2001. Reimpresso com permissão do Fundo Monetário Internacional.

Capítulo 5

Quadro 5.10	Associação dos Banqueiros Britânicos (BBA), *Overnight Lending Rates*. Reproduzido com permissão.

Finanças globais na prática 5.2	*Berkshire Hathaway Annual Report*, 2008, Letter to Shareholders, pp. 14–15. Reproduzido com permissão.

Capítulo 6

Quadro 6.1	©2001. Reimpresso com permissão do Federal Reserve Bank of New York.
Finanças globais na prática 6.1	*Foreign Exchange and Money Market Transactions*, UBS Investment Bank, Primavera de 2004. ©2004 UBS. Todos os direitos reservados. Reproduzido com permissão.
Finanças globais na prática 6.2	"A Hedge Against Forex Exposure," *Financial Times*, 2 de agosto de 2005. ©2005 *Financial Times*. Reproduzido com permissão.
Capítulo 6 Minicaso	©2004 Thunderbird School of Global Management. Reimpresso com permissão do autor.

Capítulo 7

Quadro 7.1	©2008 The Economist Newspaper Limited, Londres. Reproduzido com permissão.
Quadro 7.3	De *International Financial Statistics*, dezembro de 2008, anual, série REU. Reimpresso com permissão do Fundo Monetário Internacional.
Finanças globais na prática 7.1	Dimson, Elroy. *Triumph of the Optimists*. ©2002 Elroy Dimson, Paul Marsh, e Mike Staunton. Publicado pela Princeton University Press. Reproduzido com permissão da Princeton University Press.
Finanças globais na prática 7.2	"Shopping, Cooking, Cleaning... Playing the Yen Carry Trade; Stories – Inquiry; Why Japanese housewives added international finance to their list of daily chores." *Financial Times*, 21 de fevereiro de 2009. ©2009 *Financial Times*. Reproduzido com permissão.
Tabela, p. 190	Copyright ©1999 The Economist Newspaper Limited, Londres. Reproduzido com permissão.

Capítulo 8

Trecho, p. 221	De "The New Religion of Risk Management", de Peter L. Bernstein, março-abril de 1996. ©1996 Harvard Business School Publishing Corporation; Todos os direitos reservados. Reimpresso com permissão da *Harvard Business Review*.
Capítulo 8 Minicaso	*Berkshire Hathaway Annual Report*, 2008, Letter to Shareholders, pp. 14–15. Reproduzido com permissão.
Quadro 8A.1	De Stoll, Hans R. e Robert E. Whaley, *Futures e Options*, 1E. ©1993 South-Western, parte da Cengage Learning, Inc. www.cengage.com/permissions. Reproduzido com permissão.

Capítulo 9

Quadro 9.1	*Hedging Instruments for Foreign Exchange, Monday Market, and Precious Metals*. ©UBS. Todos os direitos reservados. Reproduzido com permissão.

Capítulo 10

Trecho, p. 261	Solnik, International Investments, ©2000 Pearson Education, Inc. Reproduzido com permissão da Pearson Education, Inc.
Quadro 10.2	De *International Financial Statistics*, outubro-novembro de 1997. Reimpresso com permissão do Fundo Monetário Internacional.
Quadro 10.3	©1999 Pacific Exchange Rate Service (fx.sauder.ubc.ca). Reimpresso com permissão de Werner Antweiler.
Quadros 10.4 e 10.5	De *Political Risk Services*, Argentina Economic Development Agency. Reimpresso com permissão do Fundo Monetário Internacional.
Quadro 10.6	©2002 Pacific Exchange Rate Service (fx.sauder.ubc.ca). Reimpresso com permissão de Werner Antweiler.
Problemas 1, 4, e 9, gráficos, pp. 277 e 278	©2007 Pacific Exchange Rate Service (fx.sauder.ubc.ca). Reimpresso com permissão de Werner Antweiler.

Capítulo 12

Finanças globais na prática 12.2	"Detroit Winners," *Financial Times*, quarta-feira, 5 de setembro de 2007, p. 12. ©2007 *Financial Times*. Reproduzido com permissão.

Capítulo 13

Quadro 13.1	De FASB Statement No. 52, Foreign Currency Translation. Reimpresso com permissão da FASB.
Finanças globais na prática 13.1	"Gyrus Hurt by Dollar Weakness," *Financial Times*, 18 de setembro de 2007. ©2007 *Financial Times*. Reproduzido com permissão.
Finanças globais na prática 13.2, tabela	©2000 The McGraw-Hill Companies, Inc. Reimpresso do número da *BusinessWeek* de 4 de dezembro de 2000 com permissão especial.
Capítulo 13 Minicaso, diagramas	©2004 Pacific Exchange Rate Service (fx.sauder.ubc.ca). Reimpresso com permissão de Werner Antweiler.

Capítulo 14

Quadro 14.4	Elroy Dimson, Paul Marsh, e Mike Staunton, "Global Evidence on the Equity Risk Premium," *Journal of Applied Corporate Finance*, 2003, Volume 15, Número 4, p. 31. Reproduzido com permissão da Wiley-Blackwell Publishing.
Capítulo 14 Minicaso	Stonehill, Arthur I. e Kare B. Dullum, *Internationalizing the Cost of Capital in Theory e Practice: The Novo Experience e National Policy Implications*. ©1982 John Wiley & Sons, Ltd. Reproduzido com permissão da John Wiley & Sons Ltd.

Capítulo 15

Quadro 15.1	Oxelheim, Stonehill, Randoy, Vikkula, Dullum, e Moden, *Corporate Strategies in Internationalizing the Cost of Capital*. ©1998 Copenhagen Business School Press. Reproduzido com permissão.
Quadro 15.3	©The Bank of New York Mellon. Reproduzido com permissão.

Capítulo 16

Finanças globais na prática 16.2	Resumido de Morais, Richard C., "Islamic Finance – 'Don't Call It Interest' ", *Forbes*, 23 de julho de 2007. Reimpresso com permissão da *Forbes Magazine*. ©2009 Forbes LLC.

Capítulo 17

Quadros 17.7 e 17.8	Dimson, Elroy. *Triumph of the Optimists*. ©2002 Elroy Dimson, Paul Marsh, e Mike Staunton. Publicado pela Princeton University Press. Reproduzido com permissão da Princeton University Press.
Finanças globais na prática 17.2	Dimson, Elroy. *Triumph of the Optimists*. ©2002 Elroy Dimson, Paul Marsh, e Mike Staunton. Publicado pela Princeton University Press. Reproduzido com permissão da Princeton University Press.
Capítulo 17 Minicaso	©2007 SmartMoney. Todos os direitos reservados. SmartMoney é uma marca registrada da SmartMoney, uma *Joint Venture* da Dow Jones & Co., Inc & Hearst SM Partnership. Reproduzido com permissão da SmartMoney.

Capítulo 18

Quadro 18.1	De "The Competitive Advantage of Nations" de Michael Porter, março-abril de 1990. ©1990 Harvard Business School Publishing Corporation. Todos os direitos reservados. Reimpresso com permissão da *Harvard Business Review*.
Quadro 18.2	De *International Business Review*, Volume 10, Lars Oxelheim, Arthur Stonehill, e Trond Randoy, "On the Treatment of Finance Specific Factors Within the OLI Paradigm," pp. 381–398, ©2001. Reimpresso com a permissão da Elsevier Science.

Quadro 18.3	Adaptado de Dufey, Gunter e R. Mirus, "Foreign Direct Investment: Theory and Strategic Considerations," não publicado, University of Michigan, 1985. Todos os direitos reservados. Reimpresso com a permissão dos autores.
Quadro 18.4	©2006 The McGraw-Hill Companies, Inc. Reimpresso do número da *BusinessWeek* de 31 de julho de 2006 com permissão especial.
Finanças globais na prática 18.2	Prasso, Sheridan. "Zimbabwe's Disposable Currency" da *Fortune*, 6 de agosto de 2007. ©2007 *Time Inc*. Todos os direitos reservados. Reproduzido com permissão.

Capítulo 19

Finanças globais na prática 19.1	Resumido de "*Project Finance*: Boom Brings Strong Demand," *Financial Times*, 28 de novembro 2006. ©2006 Financial Times. Reproduzido com permissão.

Capítulo 20

Quadro 20.1	©2009 PricewaterhouseCoopers. Todos os direitos reservados. Reproduzido com permissão.
Quadro 20.2	©2008 KPMG. Reproduzido com permissão.
Finanças globais na prática 20.1	Myers, Randy, "Taxed to the Max," *CFO Magazine*, 1º de março de 2009. ©2009 CFO Publishing Corporation. Todos os direitos reservados. Reproduzido com permissão.
Finanças globais na prática 20.1, gráfico	De Taxfoundation.org. Reproduzido com permissão.

Capítulo 21

Finanças globais na prática 21.1	Baseado em "Shift in Distribution Network Hits Gillette Stocks," *The Business Standard*, Hyderabad, Índia, segunda-feira, 15 de maio de 2006. ©2006 Business Standard Limited. Reproduzido com permissão.

Capítulo 22

Finanças globais na prática 22.1	©2009 The India Today Group.
Finanças globais na prática 22.2	De Yedder, Omar Ben, "Tuninvest Sustainable Profits," *African Business*, outubro de 2007. Reproduzido com permissão da IC Publications Ltd.

Moedas do mundo

País	Moeda	Código ISO-4217	Símbolo	País	Moeda	Código ISO-4217	Símbolo
Afeganistão	afghani afegão	AFN		Chade	franco CFA da África Central	XAF	CFA
África do Sul	ranc sul-africano	ZAR	R	Chile	peso chileno	CLP	$
Albânia	lek albanês	ALL		China	renminbi chinês	CNY	¥
Alemanha	euro	EUR	€	Chipre	libra cipriota	CYP	£
Algéria	dinar algeriano	DZD		Cingapura	dólar de Cingapura	SGD	S$
Alto Volta	ver Burkina Faso			Colômbia	pesos colombianos	COP	Col$
Andorra	ver Espanha e França			Comores	franco comorense	KMF	
Angola	kwanza angolano	AOA		Congo	franco CFA da África Central	XAF	CFA
Anguilha	dólar do Caribe Oriental	XCD	EC$	Congo, República Democrática do	franco congolês	CDF	F
Antígua e Barbuda	dólar do Caribe Oriental	XCD	EC$	Coreia do Norte	won norte-coreano	KPW	W
Antilhas Holandesas	gulden das Antilhas holandesas	ANG	NAƒ	Coreia do Sul	won sul-coreano	KRW	W
Arábia Saudita	rial saudito	SAR	SR	Costa do Marfim	franco CFA da África Ocidental	XOF	CFA
Argentina	peso argentino	ARS		Costa Rica	cólon costa-riquenho	CRC	C
Armênia	dram armeno	AMD		Croácia	kuna croata	HRK	kn
Aruba	florim arubano	AWG	ƒ	Cuba	peso cubano	CUC	$
Austrália	dólar australiano	AUD	$	Dinamarca	coroa dinamarquesa	DKK	Kr
Áustria	euro	EUR	€	Djibouti	franco djiboutiano	DJF	Fdj
Azerbaijão	manat azeri	AZN		Dominica	dólar do Caribe Oriental	XCD	EC$
Bahamas	dólar das Bahamas	BSD	B$	Egito	libra egípcia	EGP	£
Barein	dinar bareinita	BHD		El Salvador	usa o dólar americano		
Bangladesh	taka	BDT		Emirados Árabes Unidos	dirrã dos Emirados Árabes	AED	
Barbados	dólar de Barbados	BBD	Bds$	Equador	usa o dólar americano		
Bélgica	euro	EUR	€	Eritrea	nakfa eritreano	ERN	Nfa
Belize	dólar de Belize	BZD	BZ$	Eslováquia	coroa eslovaca	SKK	Sk
Benin	franco CFA da África Ocidental	XOF	CFA	Eslovênia	euro	EUR	€
Bermudas	dólar das Bermudas	BMD	BD$	Espanha	euro	EUR	€
Bielorrússia	rublo bielorusso	BYR	Br	Estados Unidos da América	dólar americano	USD	US$
Bolívia	boliviano	BOB	Bs	Estônia	kroon estoniano	EEK	KR
Bósnia-Herzegovina	konvertibilna marka	BAM	KM	Etiópia	birr etíope	ETB	Br
Botsuana	pula	BWP	P	Fiji	dólar fijiano	FJD	FJ$
Brasil	real	BRL	R$	Filipinas	peso Filipino	PHP	P
Brunei	dólar de Brunei	BND	B$	Finlândia	euro	EUR	€
Bulgária	lev búlgaro	BGN		França	euro	EUR	€
Burkina Faso	franco CFA da África Ocidental	XOF	CFA	Fundo Monetário Internacional	direito de saque especial	XDR	SDR
Burma	ver Myanmar			Gabão	franco CFA da África Central	XAF	CFA
Burundi	franco de Burundi	BIF	FBu	Gâmbia	dalasi gambiano	GMD	D
Butão	ngultrum	BTN	Nu	Gana	cedi ganês	GHS	
Cabo Verde	escudo cabo-verdiano	CVE	Esc	Geórgia	lari georgiano	GEL	
Camarões	franco CFA da África Central	XAF	CFA	Gibraltar	libra de Gibraltar	GIP	£
Camboja	riel cambojano	KHR		Grã-Bretanha	ver Reino Unido		
Campuchea	ver Camboja			Granada	dólar do Caribe Oriental	XCD	EC$
Canadá	dólar canadense	CAD	$	Grécia	euro	EUR	€
Cazaquistão	tenge cazaquistão	KZT	T	Greenland	ver Dinamarca		

(continua)

Moedas do mundo (continuação)

País	Moeda	Código ISO-4217	Símbolo	País	Moeda	Código ISO-4217	Símbolo
Guadalupe	ver França			Itália	euro	EUR	€
Guam	ver Estados Unidos			Jamaica	dólar jamaicano	JMD	J$
Guatemala	quetzal guatemalense	GTQ	Q	Japão	iene japonês	JPY	¥
Guernsey	ver Reino Unido			Jersey	ver Reino Unido		
Guiana	dólar guianense	GYD	GY$	Jordão	dinar jordaniano	JOD	
Guiana Francesa	ver França			Kuwait	dinar kwaitiano	KWD	
Guiné	franco guineense	GNF	FG	Laos	kip laosiano	LAK	KN
Guiné Equatorial	franco CFA da África Central	GQE	CFA	Lesoto	loti lesotense	LSL	M
Guiné-Bissau	franco CFA da África Ocidental	XOF	CFA	Letônia	lats letão	LVL	Ls
Haiti	gourde haitiano	HTG	G	Líbano	lira libanesa	LBP	
Holanda	euro	EUR	€	Libéria	dólar liberiano	LRD	L$
Honduras	lempira hondurenho	HNL	L	Líbia	dinar líbico	LYD	LD
Hong Kong	dólar de Hong Kong	HKD	HK$	Liechtenstein	usa o franco suíço		
Hungria	forint húngaro	HUF	Ft	Lituânia	litas lituana	LTL	Lt
Iêmen	rial do Iêmen	YER		Luxemburgo	euro	EUR	€
Ilha Christmas	ver Austrália			Macau	pataca de Macau	MOP	P
Ilha de Man	ver Reino Unido			Macedônia (antiga República Iugoslava)	dinar macedônio	MKD	
Ilha Johnston	ver Estados Unidos			Madagascar	ariari malgaxe	MGA	FMG
Ilha Norfolk	ver Austrália			Maiote	ver França		
Ilha Pitcairn	ver Nova Zelândia			Malásia	ringgit malaio	MYR	RM
Ilha Wake	ver Estados Unidos			Malawi	kwacha malawi	MWK	MK
Ilhas Cayman	dólar das Ilhas Cayman	KYD	KY$	Maldivas	rúpia maldiva	MVR	Rf
Ilhas Canton e Enderbury Islands	ver Quiribati			Mali	franco CFA da África Ocidental	XOF	CFA
Ilhas Cocos (Keeling)	ver Austrália			Malta	lira maltesa	MTL	Lm
Ilhas Cook	ver Nova Zelândia			Marrocos	dirrã marroquino	MAD	
Ilhas Faroé (Føroyar)	ver Dinamarca			Martinica	ver França		
Ilhas Heard e McDonald	ver Austrália			Maurício	rúpia maurícia	MUR	Rs
Ilhas Malvinas	libra das Malvinas	FKP	£	Mauritânia	ouguiya mauritana	MRO	UM
Ilhas Mariana do Norte	ver Estados Unidos			México	peso mexicano	MXN	$
Ilha Midway	ver Estados Unidos			Mianmar	quiat de Mianmar	MMK	K
Ilhas Solomão	dólar das Ilhas Solomão	SBD	SI$	Micronésia	ver Estados Unidos		
Ilhas Svalbard e Jan Mayen	ver Noruega			Moçambique	metical de Moçambique	MZM	MTn
Ilhas Turks e Caicos	ver Estados Unidos			Moldávia	leu moldavo	MDL	
Ilhas Virgens	ver Estados Unidos			Mônaco	ver França		
Ilhas Wallis e Futuna	franco CFP	XPF	F	Mongólia	tugrik mongol	MNT	T
Índia	rúpia Indiana	INR	Rs	Monserrate	dólar do Caribe Oriental	XCD	EC$
Indonésia	rúpia indonésia	IDR	Rp	Montenegro	ver Itália		
Irã	rial iraniano	IRR		Namíbia	dólar da Namíbia	NAD	N$
Iraque	dinar iraquiano	IQD		Nauru	ver Austrália		
Irlanda	euro	EUR	€	Nepal	rúpia nepalense	NPR	NRs
Islândia	coroa islandesa	ISK	kr	Nicarágua	córdoba nicaraguense	NIO	C$
Israel	novo shequel israelita	ILS		Nigéria	franco CFA da África Ocidental	XOF	CFA

(continua)

Moedas do mundo (continuação)

País	Moeda	Código ISO-4217	Símbolo	País	Moeda	Código ISO-4217	Símbolo
Nigéria	naira nigeriano	NGN	N	Serra Leoa	leone	SLL	Le
Niue	ver Nova Zelândia			Sérvia	dinar sérvio	RSD	din.
Noruega	coroa norueguesa	NOK	kr	Síria	libra síria	SYP	
Nova Caledônia	franco CFP	XPF	F	Somália	xelim somali	SOS	Sh.
Nova Zelândia	dólar neo-zelandês	NZD	NZ$	Sri Lanka	rúpia do Sri Lanka	LKR	Rs
Omã	rial omani	OMR		Suazilândia	lilangeni suazi	SZL	E
Palau	ver Estados Unidos			Sudão	libra sudanesa	SDG	
Panamá	balboa panamenha	PAB	B/	Suécia	coroa sueca	SEK	kr
Panamá, Zona do Canal	ver Estados Unidos			Suíça	franco suíço	CHF	Fr.
Papua Nova Guiné	kina	PGK	K	Suriname	dólar do Suriname	SRD	$
Paquistão	rúpia paquistanesa	PKR	Rs	Tailândia	baht tailandês	THB	B
Paraguai	guarani paraguaio	PYG		Taiti	ver Polinésia Francesa		
Peru	novo sol peruano	PEN	S/.	Taiwan	novo dólar de Taiwan	TWD	NT$
Polinésia Francesa	franco CFP	XPF	F	Tajiquistão	somoni tajique	TJS	
Polônia	zloty polonês	PLN		Tanzânia	xelim tanzaniano	TZS	
Porto Rico	ver Estados Unidos			Terra da Rainha Maud (Dronning Maud Land)	ver Noruega		
Portugal	euro	EUR	€	Território do Oceano Índico Britânico	ver Reino Unido		
Catar	rial	QAR	QR	Timor Oriental	ver Timor-Leste		
Quênia	xelim queniano	KES	KSh	Timor-Leste usa o dólar americano			
Quirguizistão	som quirguiz	KGS		Togo	franco CFA da África Ocidental	XOF	CFA
Quiribati	see Austrália			Trinidad e Tobago	dólar de Trinidad e Tobago	TTD	TT$
Reino Unido	libra esterlina britânica	GBP	£	Tunísia	dólar tunisiano	TND	DT
República da África Central	franco CFA da África Central	XAF	CFA	Turcomenistão	manat	TMM	m
República Dominicana	peso dominicano	DOP	RD$	Turquia	nova lira turca	TRY	YTL
República Tcheca	coroa tcheca	CZK	Kc̆	Tuvalu	ver Austrália		
Reunion	ver França			Ucrânia	grívna ucraniana	UAH	
Romênia	leu romeno	RON	L	Uganda	xelim ugandense	UGX	USh
Ruanda	franco de Ruanda	RWF	RF	Uruguai	peso uruguaio	UYU	$U
Rússia	rublo russo	RUB	R	Uzbequistão	som do Uzbequistão	UZS	
Saara Ocidental	ver Espanha, Mauritânia e Marrocos			Vanuatu	vatu	VUV	VT
Samoa americana	ver Estados Unidos			Vaticano	ver Itália		
Samoa Ocidental	tala	WST	WS$	Venezuela	Bolívar venezuelano	VEB	Bs
San Marino	ver Itália			Vietnã	dong vietnamita	VND	d
Santa Helena	libra de Santa Helena	SHP	£	Zaire	ver Congo, República Democrática		
Santa Lucia	dólar do Caribe Oriental	XCD	EC$	Zâmbia	kwacha zambiana	ZMK	ZK
São Cristóvão e Nevis	dólar do Caribe Oriental	XCD	EC$	Zimbábue	dólar de Zimbábue	ZWD	Z$
São Tomé e Príncipe	dobra	STD	Db				
São Vicente e Grandinas	dólar do Caribe Oriental	XCD	EC$				
Seichelles	rúpia das Seichelles	SCR	SR				
Senegal	franco CFA da África Ocidental	XOF	CFA				

© *2009 por Werner Antweiler, University of British Columbia*. Todos os direitos reservados. O Serviço de câmbio do Pacífico (Pacific Exchange Rate Service) se localiza em Vancouver, Canadá. Uma versão continuamente atualizada desta tabela pode ser encontrada na Internet, no endereço: http://pacific.commerce.ubc.ca/xr/currency_table.html. Este *site* Web foi acessado em janeiro de 2008 para criar a tabela exibida aqui.